日本外交文書

日中戦争　第一冊

外務省

序

外務省では、明治維新以降のわが国外交の経緯を明らかにし、あわせて外交交渉上の先例ともなりうる基本的史料を提供する目的で、昭和十一年『日本外交文書』第一巻を公刊した。以来、既に明治・大正期の刊行を終え、昭和期についても、満州事変、海軍軍縮問題、および日米交渉（昭和十六年）等の特集とともに、昭和期Ⅰ（昭和二―六年）および昭和期Ⅱ（昭和六―十二年）の外務省記録の編纂・刊行を終えた。そして現在は、戦前期の最後となる昭和期Ⅲ（昭和十二―二十年）を鋭意刊行中である。

本巻は、日中戦争の発生から太平洋戦争開戦に至るまでの時期における日中戦争関係外務省記録を特集方式により編纂し、四冊に分けて刊行するものである。本巻の刊行により『日本外交文書』の通算刊行冊数は二〇九冊となる。

激動の時代といわれる昭和期を顧みるにあたって、本巻が正確な史実を提供し、外交問題の歴史的研究に資するとともに、現在の国際関係を考察する上でも貢献できれば幸いである。

平成二十三年三月

外務省外交史料館長

例言

一　太平洋戦争終結に至るまでの昭和期（昭和二―二十年）の外交文書は、次の三期に分けて編纂・刊行している。

昭和期Ⅰ　昭和二―六年　　（一九二七―一九三一）
昭和期Ⅱ　昭和六―十二年　（一九三一―一九三七）
昭和期Ⅲ　昭和十二―二十年（一九三七―一九四五）

二　昭和期Ⅲについては、「日中戦争」、「太平洋戦争」および「第二次欧州大戦と日本」（仮題）の三つの特集を中心に構成する。

三　本巻は『日本外交文書　日中戦争』として、日中戦争発生から太平洋戦争開戦に至るまでの日中戦争関係文書を特集方式により収録した。

1　本巻に収録した文書は、基本的に外務省所蔵記録によった。
なお、収録文書の冒頭に※印のあるものは、外務省所蔵「松本記録」（松本忠雄元衆議院議員が、外務参与官および外務政務次官時代に、外務省記録のうち、特に政治、外交等の主要記録を筆写したもの）に依拠した。

2　本巻では、これら外務省所蔵記録に加え、防衛省防衛研究所図書館所蔵史料、東京大学社会科学研究所所蔵「島田（俊彦）文書」、大東文化大学東洋研究所所蔵「海軍省資料」、首都大学東京図書情報センター所蔵「松本文庫　文書の部」、陽明文庫所蔵「近衛文麿関係文書」、財務省財務総合政策研究所情報システム部財政史室所蔵「野田文書」、国立公文書館所蔵「公文類聚」ならびに「公文別録」、国立国会図書館憲政資料室所蔵「来栖三郎関係文書」、国立歴史民俗博物館所蔵「木戸家史料」、東京大学近代日本法政史料センター原資料部所蔵「阿部信行関係文書」および「極東国際軍事裁判関係文書（米国議会図書館作成マイクロフィルム）」より文書を補塡した。

なお、防衛省防衛研究所図書館所蔵史料より補塡した文書については冒頭に◉印を、東京大学社会科学研究所所蔵史料より補塡した文書については冒頭に◎印を、大東文化大学東洋研究所所蔵史料より補塡した文書については冒頭に☆印を、首都大学東京図書情報センター所蔵史料より補塡した文書については冒頭に※※印を、陽明文庫所蔵史料より補塡した文書については冒頭に†印をそれぞれ付し、その他については末尾にその旨を記した。

3 収録文書は、原則として原文のままとした。

4 収録文書には、一連文書番号および件名を付し、各事項ごとに日付順に配列した。

5 収録文書中発電月日不明の電報は、着電の日付を記し、1月(15)日のように丸括弧を付して区別した。また、原文には発電月日が記されていないが、他の外務省所蔵記録から特定される場合は、その発電月日を採用し、2月[18]日のように角括弧を付して区別した。

6 収録文書中右肩に付した(1)(2)(3)等の記号は、同一番号の電報が分割されて発電されたことを示す。なお、本巻への収録にあたっては、文章の区切りではなくとも分割された箇所をもって改行した。

7 収録文書中来信については、公信番号の下に接受日を明記し、接受日不明のものについては当該箇所にその旨を記した。

8 収録した陸軍電報の中、発着日は記されていないが外務省への移牒日が記入されているものについては、当該日付移牒とした。

9　発受信者名については、初出の場合のみ姓名を表示し、以後は姓のみにとどめた。また発受信者名に付す国名・地名は、原則として辞令に基づく在勤地とした。

10　本巻に採録するにあたって加えた注記は、〔編注〕として当該箇所に明記し、その文面は各文書の末尾に記載した。

11　原文書に欄外記入や付箋がある場合は、〔欄外記入〕として当該箇所に明記し、その文面は各文書の末尾に記載した。

12　収録文書中（省略）（ママ）等の括弧を付したルビは、収録にあたって記したものである。

13　原文書で印字不鮮明等の理由により判読不明な文字は□とし、〔一字不明〕のようにルビを付した。

14　押印については、公印と私印をそれぞれ〔印〕と（印）に区別して記した。

15　巻末に全収録文書の日付順索引を付した。

目次

（以上　第三冊）

日本外交文書　日中戦争　日付索引

(以上　第四冊)

一　日本の対処方針

1　盧溝橋事件の発生から全面戦争への拡大

1　昭和12年7月8日　在中国川越(茂)大使より広田(弘毅)外務大臣宛(電報)

盧溝橋事件の事態拡大回避に関する日高大使館参事官と中国外交部日本科長との会談について

南　京　7月8日後発
本　省　7月9日前着

第四八二號(至急)

八日夕刻外交部董科長本官(編注一)ヲ來訪シ(高司長病氣引籠中)盧溝橋事件ニ關シ秦德純ヨリノ電話報告ニ依レハ昨夜同方面ニテ演習中ノ日本兵二名行衛不明トナレル爲日本軍ハ宛平城内ヲ捜査セントシ支那軍之ヲ拒ミタルニ日本側ヨリ發砲シ支那側ハ應射セサリシカ死傷者百餘名ヲ生シタル趣ノ處(右ノ趣旨ヲ中央通信ニテ報道シ居レリ)原因ノ如何ハ別トシ事態擴大ヲ避クル見地ヨリ日本軍ノ自重ヲ望ミ度ク豐臺ニ兵力集中ストノ報モアリ切實考慮願度シト申出テタルニ依リ本官(編注二)ヨリ北平來電ニ依リ事件ノ發端、推移等ニ關シ適當説明ヲ加ヘタル上本官着任(編注三)以來支那軍憲最近ノ態度カ日支國交ニ害アルヲ憂ヒ何應欽其ノ他ニ力説反省ヲ求メ居タル次第ナルカ今回ノ事件ニ付テモ日本側ニ於テ故意ニ事態ヲ惡化擴大スル意嚮ナク萬事ハ支那側ノ出様如何ニ係ルモノナル旨ヲ説示シ置キタリ(不在)(編注四)

北平、在支各總領事ヘ轉電セリ

編注一　七月九日発訂正電報により、「本官ヲ」は「日高參事官ヲ」に訂正された。

二　七月九日発訂正電報により、「本官ヨリ」は「同官ハ」に訂正された。

三　七月九日発訂正電報により、「本官着任」は「同官着任」に訂正された。

四　川越大使は天津出張中で南京不在のため、本電報は日高参事官が大使名で発電。

2　昭和12年7月9日　閣議決定

臨時閣議で決定された盧溝橋事件処理方針

付　記　東亜局作成「昭和十二年度執務報告　第一冊（第一課關係）」より抜粋

七月九日までの盧溝橋事件現地経過概要

(一)　今次事變ノ原因ハ全ク支那側ノ不法行爲ニ基クコト

(二)　我方トシテハ事件不擴大ノ方針ヲ堅持スルコト

(三)　支那側ノ反省ニ依ル事態ノ圓滿收拾ヲ希望スルコト

(四)　若シモ支那側ニ反省ナク憂慮スヘキ事態ヲ招來スル危機ヲ見ルニ至ラハ我方トシテハ適切迅速ニ機宜ノ處置ヲ講スルコト

(五)　各閣僚ハ何時ニテモ臨時閣議ノ召集ニ應シ得ル樣待機スルコト

編　注　本文書は、東亜局作成「昭和十二年度執務報告　第一冊（第一課關係）」より抜粋。

（付　記）

盧溝橋事件

豊臺駐屯日本北支駐屯軍第一聯隊第八中隊ハ昭和十二年七月七日夜北平西南郊盧溝橋ニ於テ演習中午後十一時四十分頃二十九軍ニ屬スル馮治安麾下ノ部隊ノ爲同部落及同地北方ノ龍王廟方面ヨリ射撃セラレタルニ依リ直ニ演習ヲ中止シ豊臺殘存部隊ト共ニ盧溝橋支那兵營ヲ距ル五六百米ノ地點ニ集結セリ北平駐在ノ我陸軍特務機關長ハ直チニ冀察側ニ聯絡シ寺平大尉、櫻井顧問、外交委員會林耕宇等ノ一行ハ現地調査ノ爲八日午前三時半北平發現地ニ急行連絡ニ當リタルモ兩軍ハ午前五時二十分頃再ヒ砲火ヲ交ヘ我方ハ野島少尉負傷シ鹿内准尉戰死其ノ他若干ノ損害アリタリ尚七日夜ノ不法射撃ト同時ニ豊臺天津間、豊臺北平間軍用電話不通トナリ支那側ノ攻撃カ計畫的ニ非サルヤヲ疑ハシメタリ

八日午前十一時支那側參謀ハ我方將校ト現地ニ於テ會見シ不取敢永定河南方中ノ島ノ支那部隊ハ同河西岸ニ撤退シ北方中ノ島ノ我部隊ハ東岸ニ撤收方話合成立シ同參謀ハ之ヲ支那側本部隊ニ諮リ承諾スルニ於テハ二時間以内ニ撤退スルコトトナレリ一方我方ハ北平ニ於テ秦徳純ト折衝セルモ

先方ハ日本側ニ非アリトノ主張ヲ堅持セル為交渉ハ決裂ニ瀕シタルカ尚折衝ノ結果漸ク支那側ハ撤退ヲ承諾シ九日午後四時頃蘆溝橋殘留支那部隊ハ永定河以西ニ撤退ヲ完了シ保安隊代ツテ入城シ我軍亦豊臺方面ニ集結ヲ開始セリ（以下省略）

3　昭和12年7月9日　盧溝橋事件および日本軍の演習権に関する外務省発表

付記　右英訳文

外務當局發表（七月九日）

蘆溝橋事件ニ關シ外務當局ハ九日左ノ通リ發表シタ。

一、北支駐屯軍ハ北清事變ニ關スル千九百一年ノ連名公書第九條、北清事變ニ關スル最終議定書第九條、及天津還附ニ關スル日清交換公文第四節ノ權利ニ基キ別段地域ヲ限定スル事ナク演習ヲ為スコトヲ例トシ居レリ、卽チ戰闘射撃（實彈ヲ用フ）ヲ行フ場合ノ外ハ演習ニ付キ個々ノ場合ニ通達ヲ必要トセス、然ルニ實際上ハ住民ノ不安ヲ除ク為メ好意的ニ演習ヲ事前ニ通知スルコトトシ居リ今次ハ戰闘射撃ニ非ルモ事前ニ通知ハ發出シアル筈

二、我駐屯部隊カ不法射撃ヲ受ケタル龍王廟附近（蘆溝橋北側地區ハ民家乏シク地形上演習好適地）ハ昨年ノ秋季演習ヲ始メ殆ト我軍ノ練習場ノ如クナリ居ルモノナリ、又蘆溝橋上下流ノ永定河磧ハ西方高地ヲ目標トスル實彈射撃場トシテ屢々利用セラレツツアリ

三、我駐屯軍ハ最近ハ定期檢閲ヲ前ニ控ヘ居ル關係上連日連夜本件關係地域ニ於テ演習ヲ實施シツツアリタルモノナリ。

四、七日午後十一時過我部隊カ支那側ノ不法射撃ヲ受ケタル際ハ演習中ノ事トテ實彈ハ萬一ノ場合ニ備ヘタル一兵當リ一發位ノ數ニ當ル彈藥ヲ部隊長ノ手元ニ保管シ居リタルノミ（輕機關銃用實彈ハ一函ノミ）ニシテ支那軍ニ應射スルニ足ラス、依テ部隊長ハ直ニ傳令ヲ豊臺駐屯部隊ニ派シ應援ヲ求メ豊臺駐屯部隊ハ實彈ハ勿論歩兵砲ヲモ携ヘテ現場ニ急行支那軍ニ對抗シ八日午前五時ノ射撃交換ノ際我軍ハ初テ實彈ヲ以テ應戰シタルモノナリ。

五、支那側ハ我兵カ蘆溝橋村ノ城壁內ニ入込ミタリト稱シ居ルモ我軍ハ常ニ兵ニ對シ局地的事件ノ發生ヲ警メ居ルノ

ミナラス平常ハ我兵カ城門ヲ通過セントスルモ少數ナル時ハ支那側ノ城門歩哨ニ理由ナク停止ヲ命セラレ概ネ事端發生ヲ避ケテ通過ヲ强行セサル慣行トナリ居リ、加之演習地ヨリ該城門ニ近付クニハ土手上ニ線路ヲ有スル鐵道ヲ二回横切ルヲ要シ、二ノ兵カ紛レテ城門ニ近付クコトアリ得ス、又夜間故意ニ危險ヲ求メテ城内ニ入ランﾄスルコトモアリ得ヘカラス。

（付　記）

演習權ニ對スル情報部長說明（七月九日）

CONCERNING THE RECENT MANEOUVRES OF THE JAPANESE TROOPS NEAR LUKOUCHIAO, WHERE THEY WERE WANTONLY FIRED UPON BY THE CHINESE TROOPS, THE FOREIGN OFFICE SPOKESMAN MADE THE FOLLOWING EXPLANATION ON FRIDAY NIGHT, JULY 9, 1937.

Under the provisions of Article IX of the joint Note of the Allied Powers concerning the Boxer Rebellion, and paragraph IV of the Note exchanged between Japan and China concerning the Restoration of Tientsin, the Japanese troops garrisoned in North China have been accustomed to carrying on maneouvres without being subjected to any restriction as to locality or time. It is provided that with the exception of practice with loaded bullets no notice need be given for individual cases of maneouvres. However, as a matter of fact, in order to remove the anxiety of the local inhabitants, notice has been gratuitously served in advance. In the maneouvre in question, though it was not a practice with loaded guns, notice had been served as usual.

It may be added that other Powers maintaining garrisons in China may, and are, in fact, used to holding similar maneouvres frequently.

1. The neighbourhood of Lungwangmiao, where troops were illegally fired upon, lies to the northside of Lukouchiao, and having but few houses, is best suited for military maneouvres. The autumn maneouvre of last year and many subsequent maneouvres, large and small, have been held there, so that the place has come to be regarded

as if it were a regular practice field for our troops. Moreover, the river beach of the Yungting above and below the Lukouchiao Bridge has been frequently used as the grounds for target practice with the high land to the west as a mark.

2. Our troops, with the impending Annual Inspection in view, had been practising continuously day and night in the locality in question.

3. On Wednesday, shortly after 11 o'clock when our troops were fired upon, they had no real bullets with them, save a supply amounting to one cartridge per soldier which was kept by the commanding officer for emergency. There was only one case of ball-cartridges for light machine-guns. Of course, the supply was insufficient for returning the fire, and the commander, to meet the situation, immediately sent for reinforcements to the garrison at Fengtai.

These hastened to the scene with real bullets and infantry guns to oppose the Chinese. It was not until 5 o'clock on Thursday morning that our troops used solid shots in exchanging fires with the Chinese.

4. It is claimed by the Chinese that our soldiers had entered inside the village wall of Lukouchiao. Our troops are always strictly warned against the occurrence of untoward incidents. Moreover, in this particular village our soldiers have been accustomed not to force their way in order to avoid trouble, because the Chinese sentinels there are in the habit of stopping without reason Japanese soldiers even if they wanted to pass the gate. Finally, in order to approach the gate of the village it is necessary to cross twice a railway track running on an embankment. It would be impossible that a handful of our soldiers should steal inside the gate, and certainly it is absurd that they should court danger purposely by trying to enter the village at night.

編　注　本付記は、昭和十二年十月、情報部作成「支那事變關係公表集（第1號）」から抜粋。

4　昭和12年7月9日　在中国川越大使より広田外務大臣宛(電報)

盧溝橋事件を日本側の計画的行動と非難する中国側新聞報道振りについて

南　京　7月9日後発
本　省　7月9日夜着

第四八五號

盧溝橋事件ニ關シ當地漢字新聞ハ何レモ「華北ニ再ヒ滿洲事變ノ前夜訪ツル」「日本ハ計畫的陰謀ニ基キ演習ニ藉口シテ盧溝橋ヲ占據セントス」「壯ナル哉二十九軍盧溝橋ヲ死守ス」「盧溝橋ハ遂ニ民族戰爭ヲ爆發セシメタリ」等ノ大見出ヲ附シ紙面一頁全部ヲ費シテ大々的ニ事件ノ報道ヲ爲シ居ル處其ノ報道振ハ何レモ大体政府方面指導ノ下ニ本件カ日本側ノ計畫的挑戰ニ依リ起リタルコト、支那側ノ應戰ハ正當防衛ノ已ムヲ得サルニ出テタルモノナルコト、支那側ハ事件ノ擴大ヲ欲セサルモ日本側カ無法ナル挑戰ヲ續クルニ於テハ飽迄應戰スヘキコト、外交部ハ逸早ク日本側ニ嚴重抗議ヲ提出セリ(八日董科長ノ日高參事官來訪ヲ指ス)等對外及對内的宣傳ニ努メ居ルヤニ見受ケラレタリ

尙新民報、南京日報、朝報ハ社說ヲ揭ケテ本件ハ日本側ノ計畫的挑戰ナレハ支那國民ハ擧國一致ヲ以テ敵ニ當リ最後ノ勝利ヲ期スヘシ(新民報)、日本ノ所謂國交調整モ經濟提携モ何レモ單ナル假面ニ過キサルコトヲ本事件ニ依リ日本自ラ遺憾ナク暴露セリ(南京日報)今回ノ事件ノ全責任ハ日本ニアリ(朝報)等ノ趣旨ヲ論シ居レリ

北平、在支各總領事ヘ轉電セリ

5　昭和12年7月9日　在中国川越大使より広田外務大臣宛(電報)

盧溝橋事件の責任の所在をめぐる日高参事官と陳介外交部常務次長との会談内容報告

南　京　7月9日後発
本　省　7月10日前着

第四八七號

往電第四八二號ニ關シ

九日午後日高參事官他用ヲ以テ陳介訪問ノ際(董科長同席)陳ヨリ冒頭往電董ノ申入ヲ「コンフアーム」シ且(イ)支那側ノ報告ニ依レハ本件ニ關シ非ハ全然日本側ニアリ又(ロ)支那

側ハ多數ノ死傷者ヲ出シタルニ付將來損害賠償等ノ要求ヲ爲スコトアルヘキヲ留保スト述ヘタルニ付日高ヨリ昨八日董科長ノ申出ハ單ニ事態ノ擴大ヲ避クル爲日本軍側ニ於テ此ノ上兵力ノ集中等ヲ爲サシメサル様セラレ度シトノ希望ヲ述ヘタルモノト了解シ居レリ（昨八日董ハ怖々シ乍ラ賠償留保ノ點ニモ言及シタルモ日高全然之ヲ取合ハサリシモノニテ此ノ點本日同席ノ董モ之ヲ認メタリ）然ルニ貴次長ヨリ斯ル申出ヲ爲サルルニ於テハ更メテ我方ノ言分ヲ申上クヘシトテ次長只今ノ申出ハ自分トシテ此ノ儘之ヲ了承スルヲ得ス當方ノ得タル報告ニ依レハ非ハ全然支那側ニアリ日本側ニモ死傷相當アルニ付將來右ニ付寧ロ日本側ヨリ改メテ何分ノ申入ヲ爲スヘキコトモアルヘキ旨留保スヘシト斷言シ且冒頭往電末段支那軍憲最近ノ態度カ日支國交ニ有害ナル所以ヲ重ネテ强調シ置ケリ（不在）

冒頭往電ノ通リ轉電セリ

6　昭和12年7月10日　在中国川越大使より広田外務大臣宛（電報）

盧溝橋事件に関する中国側報道振りにつき報告

南京　7月10日後発
本省　7月10日夜着

第四八八號

往電第四八五號ニ關シ

本十日ノ漢字新聞ハ兩軍ノ撤退ニ依リ一先ツ現地的解決ヲ見タル旨及東京方面モ事件ノ擴大ヲ欲シ居ラサル旨等ヲ報シ大体ニ於テ報道振稍落着キヲ見セ來リタルカ依然事件ノ發端ハ全然日本側ノ挑戰ニアリテ支那側ニ何等責任ナキコト、陳次長ハ日高參事官ニ對シ支那側ハ合法的要求ヲ保留スル旨重ネテ聲明シ同參事官ノ提出セル要求保留ハ接受シ難キ旨言明セルコト、現地ニ於ケル事件解決ノ話合ニハ何等附帶條件ナキコト等ヲ大々的ニ報道シ對內及對外宣傳ニ努メ居レリ

猶一部ノ新聞中ニハ支那國民ハ一致憤激シ全國各團体ヨリ宋哲元ニ慰問及激勵ノ電報ヲ發シタルコトヲ報シ又「南京市民ヨ武裝セヨ」、「現中國被壓迫ノ奴隷ヨ起テ」、「敵人ノ挑戰ニ對シ吾人ノ執ルヘキ途ハ唯抗戰アルノミ」等激越ナル記事ヲ掲ケ尚社說ニ於テ日本ノ北支工作ノ第一歩ハ冀察政權懷柔ニ依リ北支獨立ヲ圖ルコトニシテ其ノ不成功ノ際

執ルヘキ手段ハ武力的解決ナルカ今回ノ事件ハ後者ノ現レニシテ假令今回ノ事件解決スルトモ今後同様事件頻發スヘシ（新京日報）、若シ日本カ本事件解決交渉ニ無理要求ヲ為スコトアラハ吾人ハ一切ヲ犠牲ニシ日本ト決戰ヲ試ミ日清戰爭後四十年ノ歴史ヲ清算スヘシ（南京日報）等論シタルモノアリ（不在）

北平、在支各總領事ヘ轉電セリ

7 昭和12年7月10日　在中国川越大使より広田外務大臣宛（電報）

盧溝橋事件の善後措置をめぐる日高参事官と王寵恵外交部長との会談内容報告

南京　7月10日後発
本省　7月11日前着

第四九〇號

貴電第一二二號ニ關シ

往電第四八九號(編注)十日汕頭事件ニ關スル會談ニ引續キ先ツ王寵恵ヨリ口ヲ切リ蘆溝橋事件ニ付率直ナル話ヲ申上ケ度ク別段御答ヲ戴カストモ結構ナリト前提ノ上今次事件ハ幸ニシテ戰闘終熄シタルニ付テハ此ノ上ハ出來得ル限リ事態ノ擴大悪化ヲ防キ圓滿ナル解決ニ至ランコトヲ希望スト述ヘタリ依テ日高参事官ヨリ冒頭貴電ノ次第ヲ述ヘ適當措置方申入レタル處王之ヲ了承シ支那側トシテハ本事件ヲ契機トシテ日本ニ楯突ク如キ氣持ハナキニ付日本側モ事態ヲ擴大セサル様願度シ又萬事餘リニ支那側ノ人心ヲ刺戟スル様ノコトハ成ルヘク差控ヘラルルコト希望ニ堪エスト述ヘ次イテ王ハ全然個人ノ資格ニ於テ申上クル次第ナルカ率直ニ言ヘハ多數ノ部隊カ眞夜中ニ實彈ヲ込メタル銃砲ヲ以テ演習ヲ行フカ如キハ動モスレハ誤解ヲ招キ事件ヲ惹起シ易キモノナリト言ヘルニ付日高ヨリモ個人ノ意見トシテ御互ニ「コンファーム」セラレサル事實ニ基キ細キ議論ヲ為スハ自分ノ避ケ度キ所ナルカ今次事件ノ發端ヨリ日支兩軍カ兵火ヲ交フルニ至ル迄ニハ數時間經過シ其ノ間我增援部隊カ現地ニ派遣セラレ居ル點ヨリ見テ當初演習ニ従事シ居タル我兵カ必スシモ實彈ヲ込メタル銃砲ヲ用ヒ居タルモノトハ斷定シ得サルヘク一方我駐屯軍ハ内地部隊ト同様ノ訓練方法ニ基キ夜間演習等ヲ行ヒ居ルモノナルカ右カ條約所定ノ權利義務ノ範圍内ニテ行ハレ居ルコト勿論ノ儀ナリト應酬

シ更ニ支那軍憲ノ對日態度ニ寒心スヘキモノアル點ニ付注意ヲ喚起シ置キタリ

尚王ハ數日中ニ再ヒ盧山ニ赴ク積リナリト述ヘ居タリ(不在)

本電轉電先公館ヨリ至急情報通リ轉電アリタシ

北平、在支各總領事、滿ヘ轉電アリタシ

編　注　『日本外交文書』昭和期Ⅱ第一部第五巻上第396文書。

8　昭和12年7月11日　在中国川越大使より広田外務大臣宛(電報)

関東軍の山海関出動に憂慮を表明した中国側に対し現地における戦闘行為の停止が第一の急務とわが方回答について

南　京　7月11日前発
本　省　7月11日前着

第四九一號(至急)

十日夜十一時半外交部董科長ヨリ日高參事官宛電話ヲ以テ北寧鐵道ヨリノ報告ニ依レハ奉天ヨリ軍隊十列車出動シ二列車ハ既ニ山海關ニ到着セル趣ナルカ右ハ事態不擴大ノ見地ヨリ憂慮ニ堪ヘス累次申出(往電第四八二號及第四九〇號)ノ趣旨ニ依リ斯ル軍事行動ヲ停止セラレ度キ旨申シ來レルニ付日高ヨリ北平發貴大臣宛電報第三八〇號及第三八二號ノ事實ヲ告ケ現場ニ於ケル戰闘行爲ノ停止カ第一ノ急務ナル旨答ヘタル處董ハ往電第四八二號日高ト ノ會談後直ニ冀察政務委員會及第二十九軍ニ對シ軍事行動ヲ執ラサル樣申送レルカ本件ニ付テモ早速申遣ルヘシト述ヘ居タリ

往電第四八二號及第四九〇號在滿大使ヘ轉電アリタシ

北平、在支各總領事、滿ヘ轉電セリ

9　昭和12年7月11日　在中国川越大使より広田外務大臣宛(電報)

盧溝橋事件における日本軍の行動は不法であるとの中国外交部覚書について

南　京　7月11日後発
本　省　7月11日夜着

第四九三號

盧溝橋[1]事件ニ關シ十日午後七時外交部ヨリ節略ヲ以テ左記

抗議文ヲ送付越シタリ
報告ニ依レハ「本月七日夜十二時日本軍一箇中隊ハ蘆溝橋城外ニ於テ演習中銃聲聞エタルニ依リ隊ヲ集結シ點呼シタル處兵士一名ヲ缺キ居レリト稱シ日本松井武官ヨリ右銃聲ハ蘆溝橋駐屯中國軍隊ノ發セルモノニシテ發砲者ハ既ニ城内ニ入レルニ付直ニ隊ヲ率ヰ入城捜査シ度キ旨要求アリタリ
蘆溝橋駐屯中國軍隊ハ時恰モ深夜ニシテ看兵ハ何レモ就寝シ居リ所謂銃聲ハ斷シテ中國軍ノ所爲ニアラス且日本軍ハ中國領土内ニ於テ捜査ノ權ナシトシテ婉曲ニ之ヲ拒絶セリ
同武官ハ入城スルヲ得サル爲直ニ日本軍ニ令シテ蘆溝橋城?包圍ノ姿勢ヲ執ラシメタリ
次テ中國側ハ日本側ト商議ノ上双方ヨリ調査員ヲ派スルコトニ決シタル處日本側派遣ノ寺平副官ハ猶モ入城捜査ヲ要求セリ斯クテ双方交渉中同城東門外及西門外ノ日本軍ハ遽ニ大砲、機關銃ヲ以テ城内ノ中國軍ニ向ツテ射撃シタルカ中國軍ハ努メテ鎭靜ヲ持シ初メ之ニ對シ反撃ヲ加ヘサリシ處日本軍ノ砲火益々猛烈ニシテ中國軍ノ死亡相踵キタルヲ以テ已ムヲ得ス正當防衞ヲ爲スニ至レリ但シ事態ノ擴大防止ノ見地ヨリ猶モ極力容忍シテ交渉ヲ進メ未タ攻勢ヲ執リ居ラサル」趣ナリ
(2)査スルニ近來北支日本軍カ條約ノ範圍及目的ヲ超エ任意部隊ヲ駐屯セシメ隨時隨所ニ實彈演習ヲ行フコト相踵キ右ニ對シ累次本部ヨリ交渉ヲ提議シ制止方要求シタルモ日本側ハ中國ノ主權ヲ蔑視シ未タ適當ノ措置ヲ執ラス更ニ今回日本軍カ深夜蘆溝橋ニ於テ演習セル機會ニ乘シ突如同地ノ中國軍隊ニ向ツテ猛烈ナル攻撃ヲ加ヘ多數中國兵士ノ死傷及莫大ナル物質損害ヲ生セシメタルカ日本軍此ノ種ノ行爲ハ明カニ豫定セル挑發計畫ヲ實行セルモノニシテ極メテ不法ナリ本部本件發生ノ當日既ニ貴官ニ對シ口頭抗議ヲ申入レ竝ニ一切ノ合法的要求ヲ留保シ置キタル處玆ニ重ネテ抗議ス日本大使館ニ於カレテハ早速北支日本軍當局ニ電報セラレ事端ヲ發生セシメタル日本軍ヲ直ニ原地ニ撤退セシメ以テ靜カニ合法的解決ヲ待タシメラレ度シ且本部ハ本事件ニ關スル一切ノ合法的要求ヲ留保ス尙右ニ對スル御同答ヲ請フ(不在)

北平、在支各總領事、滿へ轉電セリ

10　昭和12年7月11日　在中国川越大使より広田外務大臣宛(電報)

日中両軍再衝突後の動向に関する中国側報道振り報告

南　京　7月11日後発
本　省　7月11日後着

第四九五號

往[1]電第四八八號ニ關シ

十一日ノ當地漢字紙ハ日支兩軍ノ衝突再發ニ付

(イ)日本軍ハ約ニ反シ大學宛平ニ進擊シ來タリ守備兵之ニ對シ勇敢ニ應戰シ今朝三時ニ至ルモ尙激戰中ニテ北平郊外ニ於テモ敵我兩軍對峙中

(ロ)日軍ハ續々山海關ヨリ入關中ニシテ既ニ入關セルモノ約十列車(一列車約千人ノ兵ヲ搭載ス)ニ達シ先頭部隊ハ豐臺ニ達セリ

(ハ)今次事件ハ全然日軍ノ計畫的挑戰ニシテ日軍ノ意圖ハ盧溝橋ヲ占據シ平漢線ヲ遮斷シ以テ其ノ多年ノ野望ヲ達成セントスルニアリ日本側ノ事件擴大ノ意思ナシトノ宣傳ハ支那側ヲ欺瞞スル一種ノ緩兵ノ計ニ外ナラス

(ニ)[2]廿九軍駐京辦事處長李世軍ハ何軍政部長ニ會見事件ノ經過ヲ詳細陳述シタルカ李ハ近ク廬山ニモ赴ク筈ナリ

(ホ)北平ノ和平交渉ハ完全ニ停頓セリ

(ヘ)外交部ハ今次事件ニ關シ嚴重ナル抗議文ヲ日本大使館ニ提出セルカ近ク人ヲ北平ニ派シ交渉ヲ共助セシムル筈

(ト)北寧線、平滬線、平保線等ハ十日三時中央ノ命ニ依リ列車ノ運行ヲ中止セルカ北平、天津等ハ目下戒嚴ヲ施行中

等ノ記事ヲ大見出ヲ附シ紙面一面ニ掲載シ居レリ

在支各總領事、滿へ轉電セリ

天津、北平へ轉報アリタシ

11　昭和12年7月11日

今次事件の事態悪化に対して重大決意をなし華北派兵のため所要措置を講ずる旨の日本政府声明

(昭和十二年七月十一日夕刻發表)

帝國政府聲明

相踵ク支那側ノ侮日行爲ニ對シ支那駐屯軍ハ隱忍靜觀中ノ

處從來我ト提携シテ北支ノ治安ニ任シアリシ第二十九軍ノ七月七日夜半蘆溝橋附近ニ於ケル不法射撃ニ端ヲ發シ該軍ト衝突ノ已ムナキニ至レリ爲ニ平津方面ノ情勢逼迫シ我在留民ハ正ニ危殆ニ瀕スルニ至リシモ我方ハ和平解決ノ望ヲ棄テス事件不擴大ノ方針ニ基キ局地的解決ニ努力シ一旦第二十九軍側ニ於テ和平的解決ヲ承諾シタルニ不拘突如七月十日夜ニ至リ彼ハ不法ニモ更ニ我ヲ攻撃シ再ヒ我軍ニ相當ノ死傷ヲ生スルニ至ラシメ而モ頻ニ第一線ノ兵力ヲ增加シ更ニ西苑ノ部隊ヲ南進セシメ中央軍ニ出動ヲ命スル等武力的準備ヲ進ムルト共ニ平和的交渉ニ應スルノ誠意ナク遂ニ北平ニ於ケル交渉ヲ全面的ニ拒否スルニ至レリ以上ノ事實ニ鑑ミ今次事件ハ全ク支那側ノ計畫的武力抗日ナルコト最早疑ノ餘地ナシ

思フニ北支治安ノ維持カ帝國及滿洲國ニトリ緊急ノ事タルハ茲ニ贅言ヲ要セサル處ニシテ支那側カ不法行爲ハ勿論支那側ノ排日侮日行爲ニ對スル謝罪ヲ爲シ及今後カヽル行爲ナカラシムル爲ノ適當ナル保障等ヲ爲スコトハ東亞ノ平和維持上極メテ緊要ナリ

仍テ政府ハ本日ノ閣議ニ於テ重大決意ヲ爲シ北支出兵ニ關シ政府トシテ執ルヘキ所要ノ措置ヲナス事ニ決セリ

然レトモ東亞平和ノ維持ハ帝國ノ常ニ顧念スル所ナルヲ以テ政府ハ今後共局面不擴大ノ爲平和的折衝ノ望ヲ捨テス支那側ノ速カナル反省ニ依リテ事態ノ圓滿ナル解決ヲ希望ス

又列國權益ノ保全ニ就テハ固ヨリ十分之ヲ考慮セントスルモノナリ

編注　昭和十二年七月十四日、東亜局第一課作成の調書「北支事變經緯(1)」によれば、本声明発出を決定した緊急閣議の席上、「陸軍大臣ヨリ軍トシテハ飽迄現地解決及事件不擴大ヲ根本方針トスルモノニシテ派兵ヲ決定セルハ事件ハ現地ニ於テ自然解決セラルヘシト思考スル旨述ヘ海軍大臣ヨリ北支派兵ニ依リ結局全面的日支衝突ヲ招來スルコトトモナルヘク右ノ場合海軍ノミニテハ警備不足ニ付青島及上海ノ兩地ニ對シテモ各一個師團宛派兵アリ度旨述ヘ外務大臣ヨリモ全面的衝突トナル虞アルモ右ハ極力回避スルコト可然旨述ヘタル趣ナリ」とのやりとりがあった。

12　昭和12年7月11日　閣議決定

盧溝橋周辺における軍事衝突を事変と見なす旨の閣議決定

今次北支蘆溝橋附近ニ於ケル日支兵衝突ニ端ヲ發セル事件ヲ事變ト見做ス

13　昭和12年7月11日

盧溝橋事件現地停戦交渉における協定事項

(一)第二十九軍代表ハ日本軍ニ對シ遺憾ノ意ヲ表シ且責任者ヲ處分シテ將來責任ヲ以テ再ヒ斯ノ如キ事件ノ惹起ヲ防止スルコトヲ聲明ス

(二)支那軍ハ豐臺駐屯日本軍ト接近シ過キ事件ヲ惹起シ易キヲ以テ蘆溝橋城廓及龍王廟ニ軍ヲ留メス保安隊ヲ以テ其ノ治安ヲ維持ス

(三)本事件ハ所謂藍衣社、共産黨其ノ他抗日系各團體ノ指導ニ胚胎スルコト多キニ鑑ミ將來之カ對策ヲ爲シ且取締ヲ徹底ス

編注一　東亜局作成「昭和十二年度執務報告　第一冊（第一課關係）」によれば、「十日夕刻ヨリ現地支那軍ハ約ニ反シ龍王廟ヘノ再進出、衙門口方面ヨリノ發砲竝ニ永定河右岸ヨリノ射撃等ノ挑戰的行動ニ出テ來レルモ（支那兵約百名ハ十日午後五時蘆溝橋北方約四粁衙門口附近ヨリ蘆溝橋驛附近ノ我カ部隊ニ攻撃ヲ加ヘ又永定河右岸ニ兵力ヲ增加シ迫撃砲ヲ以テ我カ部隊ヲ射撃セリ）我方ハ尚和平解決ノ希望ヲ棄ツルコトナク鋭意折衝ヲ續ケタル結果十一日午後八時漸ク日支雙方ノ話合妥結ヲ見」て、第二十九軍代表として張自忠と張允栄が本事項を承諾。

二　本文書は、東亜局作成「昭和十二年度執務報告　第一冊（第一課關係）」より抜粋。

14　昭和12年7月12日　在中国川越大使より広田外務大臣宛（電報）

中国外交部に抗日態度是正を要求し中国側の出方如何では重大決意をなすとのわが方意向

伝達について

南京　7月12日前発
本省　7月12日前着

第五〇〇號（至急）

貴電第一二四號ニ關シ

日高參事官ニ於テ本十一日貴電接到後直ニ行政委員長（院長カ）代理タル王寵恵及十日重慶ヨリ飛行機ニテ歸寧セル何應欽ニ會見ヲ申込ミタルモ兩者共不在ノ爲仲々會見ノ運ニ至ラス依テ先方ノ求ニ依リ同日午後四時不取敢外交部陳次長ト會見ス

先ツ陳介ヨリ今次事件ニ關スル支那側ノ報道ヲ縷説シタル上要スルニ支那側トシテハ日本ニ楯突カントスルカ如キ氣持ハナク現地ノ事件ハ出來得ル限リ和平的解決ヲ圖リ度キ意嚮ニシテ外交部ニテハ今朝二名ノ調査委員ヲ北上セシメタル次第ナル處一方日本側ノ動キヲ見ルニ關東軍ハ既ニ關內ニ兵ヲ進メ朝鮮軍モ亦强硬ナル聲明ヲ發出スルアリ又只今接到シタル情報ニ依レハ第五及第十兩師團ニ動員令下リ第五師團ハ既ニ宇品ヲ出帆シタルヤニ傳ヘラレ居ル等寔ニ憂慮ニ堪エス現在二十九軍ト言ハス一般ニ支那側トシテハ日本ヲ敵ニ廻サントスルカ如キ氣持ハナク恐ラク中央軍モ動カサルヘシト思考セラルルニ反シ日本側カ從來北支ニアルヨリ以上ノ兵力ヲ陸續增援スルニ於テハ支那側モ自衞上何等カノ措置ニ出テスト斷言致シ兼ヌル次第ナリトテ此ノ點ニ特ニ念ヲ入レタル後何トカシテ日本軍ノ大部隊ヲ動カスコト丈ケハ止メラレンコト希望ニ堪エスト繰返シ述ヘタリ

依テ日高ヨリ我方ノ報道ニ依ル事件ノ眞相ノ要點ヲ説述シテ本件カ支那側宣傳ノ如ク日本軍ノ豫メ計畫シタルモノナルヤノ謬見ヲ啓發シタル上何レニスルモ現地支那側軍隊カ信義ヲ守リ停戰ニ關スル申合ヲ遵守シタリシナランニハ十日夜ノ如キ衝突ハ避ケ得ラレタルヘシ然ルニ二十九軍將兵ノ從來ノ抗日態度ニ加フルニ中央軍四箇師北上ノ情報モアリ日本側トシテハ貴方ノ出方如何ニ依リテハ重大決意ヲ爲スノ已ムヲ得サルニ立至ルヘシトテ貴電合第四八三號ノ次第ヲ篤ト申入レタル上依テ此ノ際支那側トシテ爲スヘキハ先ツ日本側ノ危惧ノ念ニ對シ責任アル當局ヨリ安心ヲ與フルコトナリト述ヘタリ

之ニ對シ陳介ヨリ支那側兵力カ動カストセハ日本側モ既ニ

派遣シタル兵力ヲ歸還セラルルヤト言ヒタルニ付日高ヨリ右ハ返答ノ限リニアラス但シ若シ支那側ノ最高責任者カ兵力ヲ動カササルヘキ旨ノ確言ヲ與ヘラルルニ於テハ或ハ日本側トシテモ增援部隊ノ必要ヲ認メサルニ至ルヤモ知レスト應酬シ會見ヲ打切リタリ(不在)

北平、在支各總領事、滿ヘ轉電セリ

廣東ヨリ香港ヘ轉電アリタシ

15　昭和12年7月12日　中国外交部より在中国日本大使館宛

盧溝橋事件の解決交渉は中央政府と行うべきとの中国外交部覚書

節　略

關于蘆溝橋事件、本日上午日本大使館參事日高偕同陸軍副武官大城戶海軍副武官中原至外交部面稱：昨晚八時、在北平之中日軍事當局間已成立一種諒解、但內容不明云々。查關于蘆溝橋事件、中日雙方均希望早日圓滿解決。但上述所議定或將來待成立之任何諒解或協定、須經中國中央政府核准、方爲有效。合卽略達。

民國二十六年七月十二日

中華民國外交部印

編　注　本文書は、東亜局作成「昭和十二年度執務報告　第一冊(第一課關係)」より抜粋。

16　昭和12年7月13日　在満州国植田(謙吉)大使より広田外務大臣宛(電報)

今次事変の解決にあたっては対中政策の大局的見地に基づき断固たる決意で臨むべき旨意見具申

新　京　7月13日前発
本　省　7月13日前着

第五七三號(至急、極祕)

今次ノ北支事變ハ其ノ發端及其ノ後ノ經緯、動向等ニ鑑ミルモ反滿抗日ヲ主標トスル支那政府傳統的方針ニ基クモノト認メラレ從テ此ノ機會ニ嚴然タル態度ヲ以テ禍根ヲ一掃スルニアラサレハ假令一時的地方的解決ヲ見ルトスルモ永久ニ我對支政策遂行ニ支障ヲ來スヘキハ勿論滿洲國ノ政治、經濟等ニ至大ノ關係ヲ及ホシ延イテハ對蘇關係處理上種々憂慮スヘキ結果ヲ來スヘキハ明カナリ既ニ中央ニ於テモ重大ナル決意ヲ以テ事態ノ收拾ニ當ラレ居ル際ニテモアリ前記ノ事情篤ト御考察相成リ此ノ機會ニ於テ地方的解決トハ全然別個ニ大局的見地ヨリ國家永遠ノ策ヲ講セラレ東亞安定ノ素地ヲ築キ置クコト最モ緊要適切ナリト思考ス而シテ右措置ヲ執ルニ當リテハ從來ノ冀東、冀察等ノ關係ニ觸ルルコトナク全然新見地ヨリ支那側ト交渉ヲ進メ以テ交換條件等ノ提出ニ依リ事態ヲ永引カスカ如キコトヲ避クルコト必要ナリトモ存ス尚本件折衝ニ當リテハ例ヘハ㈠非武裝地帶ノ擴大㈡梅津・何應欽協定ノ趣旨ノ徹底㈢交通及通信ニ於ケル日本側權利ノ擴充㈣排日取締ノ徹底、防共ノ協力等ニ付此ノ際確乎タル協定ヲ遂クルカ如キコトモ一策ナルヘシト認ム

右ハ中央ニ於テモ既ニ御研究中ト存スルモ不取敢卑見申進ス澤田參事官ヘモ本電ノ趣旨御傳達ヲ請フ

支、北平、天津ヘ轉電セリ

---

17 昭和12年7月14日 在中国日本大使館より中国外交部宛

十日付外交部覚書を反駁し盧溝橋事件の発生は中国側の責任に帰すべき旨を通報したわが方覚書

付記一 昭和十二年七月十六日付中国外交部より在中国日本大使館宛覚書

事件発生の責任は日本側にありとする外交部覚書

二 昭和十二年七月二十八日付在中国日本大使館より中国外交部宛覚書

右中国側主張に反駁したわが方覚書

外第三五號

拜啓陳者今般蘆溝橋附近ニ於テ發生セル事件ニ關シ本月十日附節略ヲ以テ御申越ノ次第閲悉致候然ル處右事件ハ本月七日午後十一時蘆溝橋附近ニ於テ演習中ノ帝國軍隊カ中國軍隊ノ爲蘆溝橋部落及龍王廟ノ二方面ヨリ射擊ヲ受ケタルニ付我軍隊ハ直ニ演習ヲ中止スルト共ニ中國側官憲ニ對シ交渉ヲ開始シタル處翌八日午前五時半頃ニ至リ右我軍隊ハ

更ニ中國軍隊ヨリ射撃ヲ受ケタル爲自衛上之ニ應戰セサル可カラサルニ至リタルモノニシテ右事件ヲ以テ我方ノ豫定セル挑撥計畫ニ基クモノナリト爲スカ如キ見解カ事實ニ反スルハ勿論北支ニ於ケル我軍隊ノ駐屯及演習ハ條約上ノ權利ニ基クモノニ有之從ツテ右事件ニ就テハ何等貴方ヨリ抗議ヲ受クヘキ筋合ノモノニ非サルノミナラス前記ノ通リ右事件ノ發生ハ全然中國側ノ責任ニ歸スヘキモノナルニ鑑ミ貴外交部ノ右事件ニ對スル要求留保ハ我方ニ於テハ之ヲ承認スヘキ限ニ非サルニ付右ニ御承知相成度此段回答得貴意候　敬具

昭和十二年七月十四日

日本帝國大使館

國民政府外交部御中

編注　本文書は、東亜局作成「昭和十二年度執務報告　第一冊（第一課關係）」より抜粋。

（付記一）

節略

查此次蘆溝橋事件、係因日軍挑釁而起、其責任應由日方擔負、業經外交部於本月十日略達在案。茲准日本大使館本月十四日復文、謂日軍不得已而自衞應戰、殊與事實不符。依照前清光緒二十七年七月二十五日議定書、特准外國軍隊之駐紮、僅限於列擧之地點。茲日軍在蘆溝橋一帶、及其他列擧以外之地點演習、顯屬違背條約、迭經我方要求制止有案。乃日本大使館、謂演習係以條約上之權利爲根據、中國政府絕難承認。

自蘆溝橋事件發生以來、大批日軍陸續自各地開入河北省境、竝强占車站、扣留車輛、實屬有意擴大事態、侵害中國主權。應請日本大使館迅電日本政府、立將此次增派來華之日軍悉數撤回、竝將本案肇事日軍徹（撤カ）回原防、恢復事件以前之狀態、靜候合法解結。至關於本案之一切要求、外交部仍保留提出之權。統希查照見復爲荷。合卽略達

民國二十六年七月十六日

國民政府外交部

編注　本付記は、東亜局作成「昭和十二年度執務報告　第一冊（第一課關係）」より抜粋。

（付記二）

外第三九號

拜啓陳者蘆溝橋附近ニ於テ發生セル事件ニ關シ本月十六日附節略ヲ以テ御申越ノ次第閲悉致候然ル處右事件ノ發生ハ本月十四日附書翰ヲ以テ囘答致置タル通ニ有之又蘆溝橋附近ニ於ケル帝國軍隊ノ演習ハ條約上當然ノ權利ニ基クモノニ有之尚今般帝國軍隊ノ派遣ハ居留民ノ保護及駐兵權ニ基キ駐屯スル我軍隊ノ安全上增援ヲ行ヒタルモノニ外ナラス候條右ニ御承知相成度此段囘答得貴意候　敬具

昭和十二年七月二十八日

日本帝國大使館

國民政府外交部御中

編注　本付記は、東亜局作成「昭和十二年度執務報告　第一冊（第一課關係）」より抜粋。

18　昭和12年7月17日

中国政府に対してあらゆる挑戦的言動を即時停止し現地解決を妨害しないよう求めたわが方口上書

覺　書

帝國政府ニ於テハ本月十一日ノ聲明ニ於テ明ニセラレタル通飽迄事態不擴大ノ方針ヲ堅持シ平和的折衝ノ望ヲ棄テス隱忍自重現地ニ於テ解決ニ努力シツツアルニ不拘中國政府ニ於テハ挑戰的態度ヲ持續シ居ラルルノミナラス各種ノ手段ト方法トヲ以テ冀察當局ノ解決條件實行ヲ妨碍シ北支ノ安定ヲ脅威セラレツツアルハ帝國政府ノ誠ニ遺憾トスル所ニシテ此ノ儘推移スルニ於テハ遂ニ重大不測ナル事態ノ發生セサル無キヲ虞ルル次第ナリ中國政府ノ方針モ亦事態ノ不擴大ニ在ルコトハ王部長閣下ノ屢次言明セラレタル所ナルニモ鑑ミ帝國政府ハ中國政府ニ於テ眞ニ此ノ如キ希望ヲ有セラルルニ於テハ之カ實現ノ爲凡有ル挑戰的言動ヲ即時停止シ竝ニ現地當局ノ解決條件實行ヲ妨碍スルカ如キコト無カランコトヲ要請ス尚右ニ對シ速ニ的確ナル囘答ヲ與ヘラレ度

昭和十二年七月十七日

日本帝國大使館

編注一　本文書は昭和十二年七月十七日、日高参事官が王寵恵外交部長と会見して申し入れた。
二　本文書は、東亜局作成「昭和十二年度執務報告　第一冊（第一課關係）」より抜粋。

19　昭和12年7月19日

日中両軍同時撤退および中央交渉による事件解決などを提議した中国外交部覚書

自蘆溝橋事件發生後、我國始終不欲擴大事態、始終無挑戰之意。且屢曾表示願以和平方法謀得解決。乃日本政府雖亦曾宣示不擴大事態之方針、而同時調遺（遣カ）大批軍隊開入我國河北省內、迄今未止、顯欲施用武力。我國政府於此情形之下、固不能不作自衛之適當準備、然仍努力於和平之維持。本月十二日外交部長接見日本大使館日高參事時、曾提議雙方停止軍事調動竝將軍隊撤回原地。日方對此提議迄無表示、不勝遺憾。現在我國政府願重申不擴大事態與和平解決本事件之意、再向日本政府提議兩方約定一確定之日期、在此日期雙方同時停止軍事調動竝將已派武裝隊伍撤回原地。日方既抱和平折衝之希望、想必願意接受此項提議、至本事件解決之道、我國政府願經由外交途徑與日本政府立卽商議、俾得適當解決。倘有地方性質、可就地解決者、亦必經我國中央政府之許可。總之、我國政府極願盡各種方法以維持東亞之和平。故凡國際公法或國際條約對於處理國際紛爭所公認之任何和平方法、如兩方直接交涉、斡旋調解、公斷等、我國政府無不樂於接受也。

中華民國二十六年七月十九日

編注一　本文書は昭和十二年七月十九日、外交部の董日本科長が日高参事官と会見して申し入れた。
二　本文書は、東亜局作成「昭和十二年度執務報告　第一冊（第一課關係）」より抜粋。

20　昭和12年7月19日

最後の関頭に立ち至れば抗争あるのみとの蒋

介石声明

蔣介石ノ聲明全文（七月十九日）

北支事變ニ關スル七月十九日蔣介石ノ聲明全文ハ左ノ通リナリ

一、中國カ對外平和ト國內統一維持ノ根本政策ヲ遂行シテ居タル矢先突如トシテ蘆溝橋事件發生シテ全國民ヲ深刻ナル憤激ノ狀態ニ投込ミ、全世界ニ一大危惧ノ念ヲ與ヘテ居ル、此ノ事件ノ齎スヘキ諸結果ハ、中國ノ存在自體ト東亞平和トヲ脅威スルニ至ツタ、此ノ重大時期ニ際シテ種々ナル質問、照會ニ答ヘ予ハ次ノ如ク述ヘ度イト思フ

中國民族ハ終始和平ヲ愛好スル國民政府トシテハ國內政策ニ關シテハ常ニ國內統一ノ維持ヲ目標トシ、且對外關係ニテハ他ノ諸國トノ相互尊重ト共存ヲ目標トシテ居ル

本年二月三中全會ノ宣言書カ以上ノ諸點ヲ明瞭ニ强調シテ居ル、過去二箇年間ノ明白ナル事實カ證明スル通リニ、國民政府ハ日本ニ對スル政策テ一切ノ懸案ヲ整調シテ一般ニ承認サレタ、外交交渉ノ方法ニヨツテ公正テアリ解決ノ達成ヲ常ニ期待シテ來タ、

我國民ハ中國ノ地位ト立場ヲ了解シ、併セテ我々ハ吾人ノ立場ヲ認識シナケレハナラヌ、弱體國家ノ人民トシテ我々ハ自己ノ力量ノ程度ヲ正當ニ評價セネハナラヌ、過去數箇年間ニ於ケル重大ナル國難ニ當面シテ耐エ難キ苦痛ヲ忍ヒ乍ラモ、我々ハ隱忍自重面目ヲ傾注シテ和平ノ確保ニ努力シ以テ民族復興ノ實現セラレン事ヲ希望シタ

——故ニ一昨年ノ五全大會ニ於イテ外交報告ニ當リ予ハ「和平ノ維持カ完全ニ絕望テナイ限リ、我々ハ決シテ和平ヲ棄テス、我々ハ自制隱忍ノ極點ニ對（達カ）シナイ限リニ於テ輕々シク犧牲ヲ談シナイテアラウ」ト述ヘタカ、其ノ後ノ中央執行委員會ニ於ケル聲明ヲ見テモ我々ノ和平維持ニ對スル熱意カ明瞭テアル、假令弱國タリトハ言ヘ、若シ不幸ニシテ最後ノ關頭ニ立チ到ツタナラハ、我々ノ爲スヘキコトハ唯一卽チ我カ全國民ノ精力ノ最後ノ一滴迄モ傾倒シテ國家存立ノ爲抗爭スヘキノミテアル、而シテ一度右抗爭カ開始サレタ時ニハ時間上、情勢上カラモ中途ニシテ止ミ以テ和平ヲ求メルコトハ許サレナイ、一旦紛爭ノ始マツタ後ニ和平ヲ求メレハ我國家ノ屈從、我民族ノ全滅ヲ意味スル條件ヲ甘受セネハナラヌ、願クハ全國民ハ「隱忍ノ限度」ト此ノ限度ヲ越エタ後ニ於イテ

惹起サレル犧牲ノ範圍ヲ充分認識サレンコトヲ希望スル、一度段階ニ到達スレハ我々ハ常ニ究極ノ勝利ヲ期待シナカラ如何ナル犧牲ヲ拂フトモ最後迄戰ヒ拔カネハナラヌ、若シモ我々カ躊躇シ徒ニ一時ノ偸安ヲ貪ルヤウナコトガアラハ我々ハ永久ニ滅亡スル外ハナイ、

二、世上ニハ蘆溝橋事件カ何等豫メ計畫サレヌ突發的措置ト想像スル者カアルカモ知レナイカ、既ニ一箇月前カラ日本ノ新聞ト幾多外交機關ノ言明ニ徵スモ何等カノ事件カ起ルタラウトノ徵候カ看取サレタ、更ニ事件勃發ノ前後ヲ通シテ各方面カラ日本カ塘沽協定ノ擴張ヲ企圖シテ居ルトカ、冀東僞政府ヲ擴大シヤウトカ、第二十九軍又ハ、宋哲元ヲ追出サウトカ、其ノ他種々ナル要求ヲ押付ケヤウトシテ居ルトノ報道ヲ接受シタコトカラ見テモ蘆溝橋事件ノ勃發カ偶然事件テナイコトカ直ニ明瞭トナルコトト思フ、此ノ事件ヨリシテ日本カ我々ニ對シテ極メテ判然トシタ態度ヲ包藏シテ居ルノテ、和平ハ容易ニ維持シ得ナイコトヲ悟ラネハナラヌ、我々ノ情報ニ依レハ蘆溝橋事件ヲ回避シ得ヘキ唯一ノ方途ハ外國軍隊カ我領土內ニ侵入シテ自由無制限ニ横行濶歩スルコトヲ容認シ而モ中國軍隊ハ其ノ移動ニ付イテ幾多ノ制限ヲ受ケルコトヲ承認スルノ外ナク、又或ハ相手方カ我兵ニ發砲スルヲ容認シテ而モ應射出來ヌト言フコト以外ニハ其ノ方法ハナカツタテアラウ、苟モ自尊心アル以上世界中如何ナル國家ト雖、カカル屈辱ヲ甘受スルコトヲ得ヤウカ東北四省ヲ喪失シテ以來茲ニ六箇年次イテ塘沽協定アリ、次イテ今ヤ爭點ハ蘆溝橋事件ニ於テ、方ニ北平ノ城內ニ到達シタ、若シ蘆溝橋カ武力ニ依ツテ占據サレルコトヲ容認スルナラハ、中國四百年ノ故都トシテ全北支方面ノ政治的、戰略的中心ハ敵ニヨツテ失ハレルノテアル、今日ノ北平ハ第二ノ奉天トナリ河北、察哈爾兩省ハ東北四省ト同一ノ運命ニ陷ルテアラウ、萬一北平カ第二ノ奉天トナツタナラハ、南京カ第二ノ北平トナルコトヲ如何ニシテ阻止スルコトカ出來ヤウカ、故ニ蘆溝橋ヲ保全シ得ルカ否カハ中國存亡ニ懸ル所テアル、今回ノ事件カ果シテ平和解決カ出來ルカトウカハ我等ノ所謂「隱忍自重ノ限界」ニ關スル問題テアル、若シ最惡ノ事態ヲ避ケルコトガ出來ヌ段階ニ到達シタナラハ、我々ハ斷然抗爭スル外ハナク、且最後ノ犧牲ヲモ敢テ辭セナイモノテアル、此ノ我々ノ

抗争コソ外部ヨリ我々ニ强制サレタモノト言フヘキテアリ、我々ハ戦争ヲ自ラ求メルモノテハナク、唯我々ノ生存ヲ脅威スル攻撃ニ對シテ應戰スルモノテアル
全國民ハ、中央政府カ目下防衛手段準備ノ眞最中テアルコトヲ了解サレ度イ、假令弱國テアルト雖我等ハ民族ノ完整ヲ維持シテ國家ノ存立自體ヲ保障スルコトヲ怠ルコトハ出來ナイ、最善ヲ盡シテ祖父（マヽ）傳來ノ此ノ遺産ヲ保全スルコトハ我等カ全力ヲ以テ遂行セネハナラヌ義務テアル、然シ乍ラ戰一度始マツタナラハ逡巡姑苒ハ許サナイ、最後迄戰ヒ拔カネハナラヌコトヲ充分了解セネハナラナイ、若シモ此ノ上更ニ一寸ノ領土カ失ハルニ到ツタナラハ吾人ハ我民族ニ對シテ許シ難イ罪ヲ犯スコトトナル、斯ノ如キ場合ニ於ケル我々ノ義務ハ國民ノ全力ヲ傾注シテ外敵ニ抗争シ最後ノ勝利ヲ期スル一途アルノミ、

三、此ノ嚴肅ナ瞬間ニ於テ、日本ハ蘆溝橋事件カ日支兩國ノ一大戰争ヲ招來スルカ否カヲ決定セネハナラヌ、日支兩國間ニ未タ和平ノ希望カ少シモ殘ツテ居ルカ何ウカハ、一ニ日本軍ノ行動如何ニ懸ツテ居ル、和平ニ對スル一切ノ希望ヲ抛棄スル最後ノ瞬間ニ至ル迄、我等ハ依然トシテ正常ナル外交機關ヲ以テ事件ノ解決ヲ求メルモノテアル、今回ノ事件ニ付イテ我等ノ態度ハ次ノ四件ニ要約出來ル、

イ、如何ナル解決案モ中國ノ領土完整ト主權ヲ侵害スルコトヲ許サス

ロ、冀察政務委員會ノ地位ハ、中央政府ノ決定スル所ニシテ如何ナル非合法的變更ヲモ許サス、

ハ、冀察政務委員會委員長ノ如キ中央政府ノ任命シタ地方官憲カ、外部ノ壓迫ニ依ツテ罷免サルルコトニ同意スルコトハ出來ヌ

ニ、第二十九軍ノ現在ノ駐屯區域ニ對シテ如何ナル制限ヲモ甘受シ得ナイ、

如何ニ弱國タリト雖國家タル以上右四箇條ハ交渉ノ基礎トシテ承認シ得ル最少限度ノ條件テアル、若シ相手方カ地位ヲ變ヘテ我等ノ地位ニ立ツテ東亞平和ノ維持ヲ主眼トナシ日支兩國民ヲ戰争ノ渦中ニ捲込ミテ相互ニ永遠ノ仇敵トナルコトヲ希望セサレハ右四條件カ考慮サルヘキ最少限度ノ條件テアルコトヲ承認スルテアラウト思フ、要スルニ今回ノ蘆溝橋事件ノ危機ニ當ツテ中央政府ハ中

國ノ存立ヲ確保スヘク、明確ニシテ斷乎タル立場ヲ堅持シテ居ル、中國ハ一獨立國家テアル、我等ハ和平ヲ欲求スル、然シ乍ラ如何ナル犧牲ヲ拂ツテモ和平ニ執着スルモノテハナイ、我等ハ戰爭ヲ欲セス、然シ乍ラ我々ハ我等自身ヲ防衛スルノ已ムナキニ至ルカモ知レヌ、此ノ重大危機ニ當リテ政府ハ冷靜自重以テ國民ノ指導ニ當ルテアラウ、國民モ亦眞劍ナル態度ヲ以テ、一糸亂レサル統制ヲ示サネハナラヌ、民族ニ對スル義務ノ遂行ニ關シテハ、南北老幼ノ別ナク一致團結鋼鐵ノ統制ヲ示シテ政府ノ指導ニ從フ様希望スルモノナリ。

編　注　本声明は七月十七日に蔣介石が廬山で行った演説を公表したもの。本文書は、昭和十二年七月二十七日、情報部作成「週刊時報139　北支事變特輯㈢」より抜粋。

21　昭和12年7月19日

盧溝橋事件現地停戦協定第三項の実行に関する第二十九軍代表の誓約

本月十一日調印ニ關スル誓約特ニ第三項實現ノ爲メ左記各項ノ實行ヲ約ス

一、共產黨ノ策動ヲ徹底的ニ彈壓ス

二、双方ノ合作ニ不適當ナル職員ハ冀察ニ於テ自發的ニ罷免ス

三、冀察範圍內ニ其ノ各方面ヨリ設置スル各機關內ノ排日色彩ヲ有スル職員ヲ取締ル

四、藍衣社、C・C團等ノ如キ排日團體ハ冀察ニ於テ之ヲ撤去ス

五、排日的言論及排日的宣傳機關及學生民衆等ノ排日運動ヲ取締ル

六、冀察所屬ノ各部隊ヲ以テ學校ノ排日教育及各學校ノ排日運動ヲ取締ル

編　注　本文書は、東亜局作成「昭和十二年度執務報告　第一冊（第一課關係）」より抜粋。

22

昭和12年7月20日

中国外交部の十九日付覚書はわが方要求に応えておらず中国側に反省が見られなければ時局収拾は困難との外務当局見解

外務當局見解（七月二十日）

七月十七日日高代理大使ヨリ南京政府ニ對シ申入レタル要旨ハ

一、現地解決案ノ履行ヲ阻害スヘカラス

二、對日敵對行動ヲ一切停止スヘシ

ノ二點ナルカ

本(ママ)十九日南京政府ノ右ニ對スル回答ハ概ネ

一、日支双方軍隊ノ同時撤退

二、外交交渉ニ依ル解決

三、現地解決案ハ南京政府ノ許可ヲ要ス

四、南京政府ハ直接交渉斡旋調停乃至仲裁ヲ受諾スル用意アリ

ノ四點ナル處右ハ顧ミテ他ヲ云フモノニシテ我方申入レニ對スル回答ト認メ難シ

抑々㈠今次事變ノ端ヲヒラキタルハ支那側ノ不法射撃ニシテ事件ノ責任ハ擧ケテ支那側ニアリスヘカラク先ツ自ラ不法ヲ止メ兵ヲ撤收シテ誠意ヲ披瀝シテコソ事件ハ圓滿解決ヲ見ルニ至ルヘキナリ然ルニ同時撤退ト云フカ如キハ責ナキ責ヲ我方ニ負ハシメントスルモノト云フヘク加之曩ニ現地ニ於ケル兩軍撤收ノ約ニ背キ我撤收部隊ニ對シ數次不法射撃ヲ加ヘ我軍ニ多數ノ死傷者ヲ生セシメタルカ如キ背信無道ト云フノ外ナク此故ヲ以テ我方ハ去ル十二日支那側ノ同時撤退ノ要望ヲ默殺セリ㈡支那側カ二十數萬ノ大軍ヲ北支ニ集結シ平津ノ我小部隊竝ニ居留民ニ對シ一擧鏖殺ノ姿勢ヲ執リタル爲メ政府ハ遂ニ派兵ノ閣議決定ヲ爲シタルモノニシテ是全ク自衛權ノ發動ナリ然レ共我方ハ尙隱忍自重シテ支那側ノ反省ニ一縷ノ望ヲカケ少數部隊ヲ除キ今尙内地部隊ハ依然待機シ居ル次第ナリ然ルニ支那側カ大軍ノ北支集結ヲ以テ自衛ヲ云々スルカ如キハ詭辯モ又甚タシト云フヘシ㈢冀察政務委員會ハ他ノ地方ニ見サル特殊大規模ノ政治形態ニシテ從來幾多ノ重要ナル地方的交渉ヲ行ヒ來リ南京政府ハ敢テ之ニ容喙セサリシニ今日率然トシテ冀察政權ト我方トノ話合ニ付其ノ容認ヲ主張スルカ如キハ卽チ新

ニ事ヲ構ヘテ故意ニ事件ノ圓滿解決ヲ阻害セントスルモノト云フノ外ナシ。事態悪化ノ原因ハ南京政府カ現地協定ヲ阻害スル一面續々中央軍ヲ北上セシメタル事實ニ在リ。此際南京政府ニ於テ翻然反省スルニ非レハ時局ノ収拾全ク望ナキニ至ラン。

23　昭和12年7月20日　石射（猪太郎）東亜局長、上村（伸一）東亜局第一課長より広田外務大臣宛

内地三師団動員の陸軍側請議に対して閣議で反対するよう切望した嘆願書

一、本月十一日派兵ニ關スル閣議決定以來屢次清鑑ヲ煩ハシタル通リ小官等ハ現下ノ局面収拾ノ唯一ノ途ハ別紙（見当ラズ）ノ通リ第二十九軍ノ受諾セル諸條件ノ履行ヲ見極メ且南京側ノ軍事行動停止ヲ條件トシテ速ニ増派部隊ヲ歸還セシムルノ態度ヲ明カニ中外ニ宣示シ以テ信ヲ世界ニ繫クニアリ而シテ一面從來ノ行懸リニ捉ハレス眞ニ國際正義ニ合致シ且雄偉ナル「ステーツマンシップ」ヲ含ム所ノ一大案ヲ提ケテ日支關係ノ根本的局面打開ヲ試ムルハ正ニ今日ニアルコトヲ確信スルモノニシテ小官等ハ之カ貫徹ノ為此ノ上トモ微力ヲ盡スヘキコト勿論ナルモ冀クハ閣下ニ於カレテモ國家百年ノ大計ニ思ヲ致シ右ニ廟議ヲ決定セシムル様極力御努力方切望シテ已マザル次第ナリ

二、然ルニ陸軍ハ今般更ニ内地師團動員方提議シ來ル趣ノ處此際斯カル措置ニ出ルコトハ前記局地解決事態不擴大ノ主義ニ依ル局面収拾策ニ背馳シ局面ノ平和収拾ヲ愈々困難ナラシムルノミナラス遂ニハ派兵ニ繼クニ派兵ヲ以テセサルヘカラサル破目ニ陥リ最善ノ場合ニ於テモ長期對陣ノ餘義ナキニ立至リ國力之カ為メニ困憊シ蘇聯ノ覬覦ヲ誘致スル虞甚大ニシテ帝國安危ノ分カルル秋ナリト信スルモノニシテ動員ノ措置ニ對シ飽ク迄絶對反對ノ主義ヲ固執方切望ニ絶へ（堪カ）ス萬一閣下ニ於カレテ以上二項ヲ以テ採納ニ値セストノ御意見ナルニ於テハ小官等トシテハ快々トシテ到底其職ニ堪ヘサル次第ニ付先ツ餘人ヲ以テ小官等ニ代ヘラレンコトヲ懇願ス事緊急ナルヲ以テ辭ヲ修スルニ暇ナク蕪言ヲ以テ小官等ノ存意ヲ貴覽ニ達スル次第ナリ

昭和十二年七月廿日

石射猪太郎
上村伸一

外務大臣　廣田弘毅閣下

24　昭和12年7月22日　在中国川越大使より広田外務大臣宛（電報）

現地停戦協定の順調な履行状況に鑑み増派部隊撤退の意向を声明方意見具申

天津　7月22日前11時55分発
本省　着

(編注)屢次ノ往電ニ依リ御承知ノ通リ現地協定ノ實行ハ大體軌道ニ乗リ實行セラレツツアルコト御承知ノ通リニテ別電ノ通(見当ラズ)リ困難トセラレタル第三十七師ノ南方移駐モ既ニ開始セラレタル次第ニモアリ右移駐カ順調ニ進行シ尚豫想セラレサル廿九軍ノ挑戰的態度突發セサル限リ此ノ上武力ヲ用フルコトナク協定ヲ實行セシメ得ルモノト認メラル當方ニ於テ天津軍側ト接觸シ得タル印象ニ依レ(ハカ)ニ軍側ニ於テモ大體事件解決ノ峠ヲ越シタルモノト観測シ前記三十七師ノ移駐カ大體順調ニ進捗スル以上ハ此ノ上増派部隊ヲ駐屯セシメ排日條項等ノ實行ヲ迫ルカ如キ態度ヲ執ルハ面白カラス今後ハ天津軍ノミニテ監視ヲ續クルコトトシ此ノ際ハ寧ロ速カニ増派部隊ヲ撤收シ我方ノ公正ナル立場ヲ示スコト適當ナラスヤトノ意嚮モアルモノノ如シ

當方ノ事情右ノ通リナルニ付細目ノ實行大體見極メ付キタル上ハ速カニ増派部隊撤收ノ意嚮アル旨聲明セラレントスル閣下ノ御意嚮ハ至極時宜ニ適スルモノト存セラル此ノ際速カニ實行セラレンコトヲ希望ス

尤モ右聲明ニ於テ國民政府ノ軍事行動停止ヲ條件トスルコトハ既ニ先方カ同時撤兵ヲ提議シ我方之ヲ取上ケ居ラサル經緯ト矛盾スルノミナラス支那側内部ノ情勢ハ南京ヲシテ先ツ我方ノ撤兵ヲ要求スルノ已ムナキニ至ラシメ事態ヲ紛糾セシメ我方撤兵ノ機ヲ失スル虞アルニ付寧ロ例ヘハ「現地協定履行ノ見据付キ且我方ニ於テ不安ナシト認メタルトキハ速カニ撤兵スル用意アリ」ト云フカ如ク事實上南京ノ軍事行動停止ヲ條件トスルコトヲ言外ニ含メツツ撤兵時期自主的決定ノ自由ヲ留保シ置クコト可然ト存セラル

編　注　本電報は電報番号不明。

25　昭和12年7月23日

外務・陸軍・海軍三省の担当局長において意見の一致を見た時局収拾方針

◎昭和十二年七月二十三日外東亞局長及陸海軍軍務局長間ニ左記ニ依リ時局ノ収拾ニ努力スルコトニ意見ノ一致ヲ見タリ

左記

一、狀況ニ大ナル變化ナキ限リ飽迄現地解決事態不擴大ノ方針ヲ堅持シ此上ノ派兵ハ中止スルコト

二、現地協定履行ノ見据就キ且我方ニ於テ不安ナシト認メタル時ハ自主的ニ速ニ增派部隊ヲ關外ニ撤收スルコト

（註　馮治安部隊ノ保定方面ヘノ移動完了ノ目途就キタル時ヲ以テ現地協定履行ノ見据就キタルモノト見做ス）

三、適當ノ機會ヲ捉ヘ前記一及二ノ趣旨ヲ聲明スルコト

四、追テ我方增派部隊撤收ノ時期略確定ノ上ハ日支國交調整ノ爲速ニ南京政府トノ間ニ交渉ヲ開始スルコト

五、右國交調整ニ關スル交渉ニ當リテハ從來ノ行懸ニ捉ハレサル內容ニ依ルコトトシ其ノ內容ニ關シ三省間ニ於テ速ニ案ヲ練ルコト

國交調整交渉ノ內容（外ム省試案）

一、日本側ヨリ要求スヘキモノ

1滿洲國ノ承認若ハ滿洲問題ニハ觸レストノ約束

2日支軍事同盟ノ締結

二、支那側ニ與フヘキモノ

1王寵惠三原則(1)日支關係ノ平和的處理(2)平等ノ交際(3)友情ノ交際ノ承認

2成都事件交渉ニ於ケル支那側要求五項目(1)塘沽協定及上海停戰協定ノ取消(2)冀東政府ノ解消(3)北支自由飛行ノ停止(4)密輸停止及支那側取締ノ自由恢復(5)冀東及綏北ニ於ケル僞軍ノ解散)ノ承認

26　昭和12年7月24日

関東軍司令部作成の情勢判断

付　記　昭和十二年八月三日付在満州国沢田（廉三）大

使館参事官より石射東亜局長宛書簡

右情勢判断について

昭和十二年七月二十四日調製

關　東　軍　司　令　部

情勢判斷

判　決

一、現下内外ノ事態特ニ西歐ノ情勢ソ聯邦ノ動向就中國内輿論ノ趨勢ハ帝國ノ爲對支積極的經略ヲ進ムヘキ天與ノ好機タルヲ示セリ

故ニ此際斷乎對支就中北支問題處理ニ關スル根本的解決ヲ圖リ以テ滿洲國々礎ヲ鞏化スルト共ニ將來ニ於ケル對蘇問題解決ノ根基ヲ確立スルヲ要ス

二、此機會ニ於テ一擧國内戰時態勢ヲ整ヘ就中國民精神ヲ作興シ總動員準備ヲ促進シ以テ鋭意將來戰準備ノ完成ニ邁進スルヲ要ス

理　由

一、帝國對外國策遂行ノ基石トシテ北支工作ノ必要ナルコトニ就テハ敢テ詳述ヲ要セスト雖關東軍トシテハ其本然ノ任務達成上

(1)滿洲國ノ建設發展及人心ノ安定ヲ圖ル爲

(2)帝國將來ノ對北方作戰ノ遂行竝其準備ニ必要ナル生産力擴充要素獲得ノ爲

(3)南京政權ノ勢力ヲ削減シ以テ南北二正面ノ同時作戰ヲ實質的ニ阻止スル爲

(4)對北方作戰ノ側方根據地トシテ必要ナル内蒙工作完成ノ爲

北支問題ニ重大ナル關心ヲ有シ其急速ナル解決ヲ庶幾シアリ而シテ北支問題解決ニ方リテハ熱河作戰以來幾多事例ノ示ス如ク

(1)南京方面ヨリスル排滿抗日的策動ノ阻止

(2)中央軍北上ニ依ル北支政權ニ對スル脅威除去

ヲ必要トスルヲ以テ今ヤ南京政權ニ對シ斷乎北上軍隊ノ撤退、排外行動ノ禁絶ヲ要求シ必要ニ應シテハ中支方面ニ對スル實力行使ヲモ敢テ辭スルコトナク此際北支問題延テ滿洲國承認等ノ根本的解決ニ邁進スルヲ要ス

二、國際ノ情勢ヲ鑑ミルニ

(1)ソ聯ハ西班牙方面ノ情勢就中國内事情ヨリ當分ノ間我ニ對シ攻勢ニ出ツルコトナカルヘク乾岔子島事件ヲ始

メ國境紛争ノ諸先例等之ヲ證セリ

然レトモ此機ヲ逸センカ将來ニ於ケル彼カ成長ハ必スシモ我カ帝國ノ發展ニ比シ緩慢ナリト見ルヘカラス寧ロ年月ヲ經ルニ従ヒ其専制力ヲ恢復シ國内統制ト作戦準備トヲ强化シ且ソ支策應ノ公算益々増大スヘク

(2)支那亦現狀ヲ以テ推移スルニ於テハ愈々本次日支間ノ紛争ヲ利用シテ其統一ヲ强化シ抗日氣勢ヲ昂揚スルト共ニ其軍備ノ飛躍的増進ヲ來スヘキコト明ナリ

(3)英米ヲ始メ歐洲諸國ハ今次事變ノ擴大ニ對シ單獨又ハ連合シテ實力干渉ニ出ツル能ハサルコトハ既ニ之カ片鱗ヲ明ナラシメタリ而シテ英米武力ノ大擴張未タ着手セラレス特ニ日獨提携ニ依ル歐洲牽制力亦相當ニ之ヲ期待シ得ル今日以上ニ有利ナル一般情勢ハ今後必スシモ近ク之ヲ豫期シ得サルヘシ

以上ノ如キヲ以テ帝國四圍ノ情勢ハ近キ将來ニ於テ對支工作遂行ノ爲現在以上ノ好機得テ期スヘカラスト確信ス

三、帝國ハ未タソ聯ニ對シ決然攻勢作戦ヲ遂行スルノ準備完カラスト雖彼亦斷乎タル手段ニ出ツル能ハサルヘキハ前述ノ如シ而シテ萬一彼ニシテ對日强硬政策ニ出ツルコトアリトスルモ我カ作戦ノ指導如何ニ依リ必スシモ之カ對抗不可能ナラス況ンヤ此天與ノ好機ニ投シ我カ國家ノ戦時態勢ヲ整ヘ支那ニ一撃ヲ與ヘテ以テ對支特ニ北支問題ノ解決ヲ圖ルハ将來ニ於ケル對ソ作戦準備ヲ强化スルト共ニ之ニ依リ滿洲國ノ背後ヲ安全ナラシメ對ソ作戦遂行能力ヲ増大スルモノト謂ヒ得ヘシ

四、國内ノ輿論ハ日露戦争當時ノ如ク眞ニ擧國一致ノ聲ヲ揚ケ以テ積極徹底的解決ヲ要望シ本次事變ヲ以テ最後ノ北支紛争タラシメンコトヲ高唱シアリ今ニシテ此國民的要望ヲ無爲ニ終ラシムルコトアランカ志氣ヲ阻碍シ軍ニ對スル信頼ノ念ヲ薄カラシメ漸ク好轉セル民心ヲ失望離反セシメ今後事アルニ臨ミ國論ノ歸一遂ニ期シ得サルナキヤヲ虞レシム

五、北支事變ノ擴大ハ目下鋭意貯藏セル對ソ戦備ニ屬スル軍需資材ヲ消耗スルノ虞アリト雖此機ニ乘シ國内諸機構ヲ戦時態勢ニ導キ總動員準備ヲ促進セハ急速ニ生産能力ヲ増進シ却テ對ソ作戦準備ノ増强ニ資シ得ヘシ況ンヤ之ニ依リ沈滯セル人心ヲ昂揚シ精神動員ヲ實行センカ是眞ニ天ノ我カ民族躍進ニ惠メルモノナリト謂フヲ得ヘシ

備考

一、對支問題ニ對スルソ聯邦ノ動向判斷別紙ノ如シ

二、對時局處理要綱別紙(七月十九日ノモノニ同シ)ノ如シ

(別紙一)

對支問題ニ對スル「ソ」聯邦ノ動向判斷

判決

一、「ソ」聯邦ハ我對支工作實行ニ方リ直ニ支那ニ策應シ我ニ對シ積極的行動ニ出ツルコトナカルヘシ而シテ彼ヨリ進ンテ我ニ事ヲ構フルニ至ル虞アルハ概ネ次ノ如キ場合ナルヘシ

(1)對支全面戰爭持久シ我カ國力(戰力、經濟力等)著シク疲弊消耗セル時

(註、右ニ對シテハ我ニシテ斷乎急速ニ對支問題ヲ解決スルノ決意强硬ナルニ反比例シ其顧慮小ナリ)

(2)英米等ト協同開戰シ得ル場合

(註、英米ハ裏面的策謀ヲ行フコトアルヘキモ實利ナキ對日戰爭ヲ開始スルカ如キコトナカルヘシ)

二、「ソ」聯邦ハ我カ對支工作妨害ノ爲次ノ如キ手段ニ出ツルコトヲ豫期セサルヘカラス

(1)日本特ニ滿洲國ニ對スル宣傳及謀略的行動(例ヘハ匪賊ノ使嗾强化、民心攪亂、日本中傷宣傳等)

(2)國民政府ニ對スル武器其他ノ支援、共産軍ニ對スル積極行動ノ指令及人的物的支援ノ强化

(3)支那ニ於ケル抗日民衆運動ノ助成等

三、將來年ヲ逐ヒ「ソ」聯邦ノ內容充實スルニ從ヒ「ソ」支策應ノ公算愈々增大スヘシ

(別紙二)

對時局處理要綱

昭和十二年七月十九日

關東軍

現下ノ時局ニ對シテハ左ノ要綱ニ基キ勉メテ迅速ニ之ヲ處理シ持久ニ陷ラサルノ考慮ヲ必要トス

第一段

北支明朗化ヲ標榜シ河北、山東ノ兩省ヨリ二十九軍及稅警團等ヲ擊攘シ別紙北支處理要領ノ如ク施策ス

第二段

第一段施策ニ對スル南京政府ノ妨害ニ對シテハ北上中央軍ノ撤退、排外行動ノ禁絶（梅津、何應欽協定、有吉上海聲明、隣邦敦睦令等指摘）ヲ要求シ彼ニシテ之ニ應セサレハ不意且急速ニ兵ヲ南京及上海ニ進メ之ヲ占領ス

右武力ノ威壓下ニ

イ、一切ノ排外行動ノ禁絶

ロ、滿洲國ノ承認

ハ、北支ノ明朗化

ニ、對赤化共同防備

ニ對スル保障ヲ獲得スルニ勉ム

（但此場合ニ於テモ日本ノ目的トスルトコロハ一部排外分子ノ膺懲ニ存シ支那四億ノ民衆ヲ對象トスルモノニアラス又列國ノ權益ヲ侵害スルモノニアラサルコトヲ表明ス）

第三段

第二段施策中同時ニ在滿兵備ノ急速ナル充實ヲ圖リ北方ニ對スル迫力ヲ增强シ以テ未然ニ蘇邦ヲ威壓ス

別　紙

北支處理要領

昭和十二年七月十九日

關　東　軍

方　針

北支政權ヲ南京政府ヨリ分離セル一地方政權ト爲シ多分ニ自主獨立性ヲ與ヘ日滿兩國ハ右政權ト軍事的、政治的ニ鞏固ナル結合ヲ爲シ特ニ其經濟開發ヲ促進シ日、滿、北支經濟「ブロック」ノ基礎ヲ確立ス

右ニ關スル基礎工作ハ作戰ノ進捗ニ伴ヒ六箇月以内ニ之カ實現ヲ期シ日本内地ヨリ派兵セル主力ハ該時機ニ之ヲ撤退ス

要　領

一、地域ハ差當リ山東、河北ノ二省トシ將來山西ニ推進ス

二、今次事變ヲ契機トシ右地域内ニ盤居スル兵匪ヲ掃蕩シ之ヲ支援スル中央軍ニ決定的打擊ヲ與ヘ以テ獨立政權確立ノ氣運ヲ釀成ス

三、新政權ハ中央集權ヲ目標トスルモ差當リ二省聯省自治ノ形體ヲ取リ中央（北京）ニ統轄機關ヲ設ク

右新政權ノ基礎確立ノ爲該地域ニ於ケル要地(青島、濟南、石家庄、張家口等)ニ日本軍ノ駐兵權ヲ獲得ス

四、右統轄機關ノ中心トシテ德望手腕アル人物(例ヘハ張作相ノ如キ)ヲ擁立シ之ヲ中央委員長ト爲シ之ニ配スルニ獨創的經綸ノ日本人ヲ以テシ之ヲ支援スルニ興中公司等ヲ通スル經濟力ヲ以テス

五、各省主席ハ中央副委員長トス

其豫定例ヘハ左ノ如シ

河北省　殷汝耕

山東省　韓復榘

六、新政權ハ親日滿、防共、道義立國ヲ以テ其根本政策ト爲サシム

七、國際的紛爭ヲ惹起スル虞アル列國ノ利權等ニハ當分ノ內成ルヘク手ヲ加ヘサルモノトス

八、新政權ニ對スル日本側指導機關トシテ北京ニ大特務機關ヲ設ク

九、新政權ニ對スル日本ノ內面指導ハ其特殊性ニ鑑ミ重要軍事事項、重要涉外事項、重要經濟國策、內政上ノ根本方針ノミニ限定シ各省ノ內政ニハ勉メテ干涉セサルヲ主義トス

十、新政權ノ基礎ノ確立ニ伴ヒ山西ニ對シ工作ヲ行フ

十一、北支ニ於ケル經濟工作ニ關スル方策附錄ノ如シ

備　考

內蒙方面ノ工作ハ從前ノ通リトシ北支施策ト併行シテ之ヲ强化シ將來綏遠ニ推進ス

附　錄

北支事變ニ伴フ經濟工作要綱

昭和一二、七、二

關東軍司令部

方　針

北支事變處理ニ方リテハ現下ノ日滿產業五年計畫ノ促進ニ連繫シテ北支ノ資源ヲ公正且經濟的ニ開發シ日滿トノ經濟的融合ヲ圖リ以テ同地方ノ大衆ノ福利ヲ增進シ平和ノ根基ヲ確立シ併セテ我カ大陸政策ヲ遂行シ得ル爲ノ原動力タル生產力擴充要素ノ獲得ニ資スル如ク成ルヘク速ニ實行ニ着手シ得ル如ク工作ス

要　領

一、北支ニ於ケル交通特ニ鐵道、通信、港灣ノ施設ヲ整備強化ス之カ爲興中公司等ヲ通シ之ヲ支援ス
二、各地ノ實情ニ鑑ミ大衆經濟確立ノ爲ノ投資ヲ助成シ人心ノ安定ヲ圖ル
三、重要資源獲得ノ爲例ヘハ鐵鑛、石炭、羊毛、棉花、鹽等ヲ開發シ興中公司其他日本有力産業資本ノ進出ヲ策ス
四、速ニ財政及幣制ノ確立ヲ策ス之カ爲勉メテ日本內地資本ノ援助及在北支資本ノ流出防止其他所要ノ處置ヲ講ス

（付　記）

石射僚兄座下　　八月三日　澤田生

急啓

陳者關東軍に於ては先般小生の離京と行違ひに今村參謀副長に係りの幕僚を從へしめて上京せしめ時局處理に關する意見を具申せしめたるか其情勢判斷なるもの同封の通りなるに付御參考まで御送附申上候

今村君の話にては中央部にても色々意見ありて無論全部の贊成は得さりし趣なるも關東軍としては天津軍及南朝鮮總督には特使を派して其贊認を求めたる趣に有之今後大体此方針に基く主張及處理をなし行くものと存せられ候　頓首

本案寫次官へも送り置申候

27　昭和12年7月26日

廊坊事件に関する情報部長談話

付　記　東亜局作成「昭和十二年度執務報告　第一冊（第一課關係）」より抜粋

廊坊事件の経緯

郎（廊カ）坊事件ニ關スル情報部長談話（七月二十六日）

THE LANG FANG INCIDENT.

The Japanese military telephone and telegraph lines between Peiping and Tientsin have been frequently cut by the Chinese. On the 23rd inst. the lines were put out of order in the neighbourhood of Lang Fang, which is a small station situated half-way between Peiping and Tientsin. The Japanese contingent which was sent to the spot to do the necessary repair work came back without having accomplished the purpose, owing to Chinese obstruction. On the 24th, another unit was despatched from Fengtai, and temporary repair work was made. In order to complete the work, the Japanese military headquarters sent on the 25th a communications corps accompanied by a small unit led by Lieutenant Gonoi, as a covering force, which consisted of less than a company of men. They were despatched after an understanding had been reached with General Chang Tsuchung, Commander of the 38th Division and Mayor of Tientsin. At 4:30 o'clock in the afternoon the Japanese arrived at Lang Fang, and found the station occupied by Chinese troops, one company strong. The Japanese negotiated with the Chinese, after which they entered the station and proceeded to repair the lines. At 11:10 p.m. after the Japanese had stacked their arms and were taking their evening meal, they were suddenly attacked by the Chinese nearby who opened fire, with rifles, hand-grenades, and machine-guns. The Chinese unit under Tsai Chen-lin (of about one regiment and belonging to Chang Tsuchung's 38th Division of the 29th Army), holding a position 300 metres north of the station, joined in the attack, subjecting the Japanese to a fierce fire with trench-mortars, compelling them to return the fire. The Japanese holding the station and fighting the Chinese, suffered several casualties. They sent for reinforcements. And at 5 a.m. on the 26th, from the Japanese Garrison at Tientsin, two train-loads of troops under Colonel Koito were sent to the scene. Meanwhile Japanese war-planes bombarded the Chinese and drove them out of their positions. As soon as the fighting ceased, the Japanese Garrison Commander, Lieutenant-General Katsuki sent a note to General Sung Cheyuan demanding the withdrawal within ten days of the 37th Division from Peiping, and the withdrawal of the Chinese troops at Mentoukou and Siyuan to positions further south toward Paoting as a measure for guarding against a recurrence of similar incidents.

編　注　本文書は、昭和十二年十月、情報部作成「支那事變關係公表集（第一號）」から抜粋。

（付　記）

郎（廊カ）坊事件

天津北平間ノ我軍用電線ハ事變發生以來屢々支那側ノ爲切斷セラレタルカ二十五日郎（廊カ）坊驛附近ニ障害アリシヲ以テ軍ハ支那側ニ其ノ旨通知ノ上同日午後十一時右電線修理中其ノ掩護ニ當リタル我軍約一ケ中隊ハ附近ノ第三十八師所屬約一ケ團ヨリ砲撃ヲ受ケタルニ端ヲ發シ二十六日朝迄ニ數回戰鬪ヲ行ヒ同日早朝飛行機ハ爆撃ヲ行ヒ支那側ニ對シ固安永清方面ヘ撤退方要求セルモ結局午前八時支那軍ヲ四散セシメタルカ同事件ニ於テ我軍ハ死傷十四名ヲ出セル趣ニシテ二十六日ノ松井機關長ノ宋哲元ニ對スル通告（編注）ハ右事件直後發セラレタルモノナリ

編　注　七月二十六日午後三時三十分、松井太久郎北平特務機関長は左の趣旨の香月清司支那駐屯軍司令官通告を宋哲元に手交した。
「郎（廊カ）坊事件ハ支那ノ挑戰的態度ノ緩和セサルニ基因ス仍テ速ニ蘆溝橋及八寶山附近ニ配置セル第三十七師ヲ二十七日正午迄ニ長辛店ニ後退セシメ又北平城内ニ居ル第三十七師ヲ北平城内ヨリ撤退シ西苑ニ在ル第三十七師ノ部隊ト共ニ先ツ平漢線以北ノ地區ヲ經テ二十八日正午迄ニ永定河以西ノ地區ニ移シ爾後引續キ是等軍隊ノ保定方面ヘノ輸送ヲ開始スヘシ」（東亜局作成「昭和十二年度執務報告　第一冊（第一課關係）」）。

28

昭和12年7月27日

広安門事件に関する情報部長談話

付　記　東亜局作成「昭和十二年度執務報告　第一冊（第一課關係）」より抜粋

広安門事件の経緯

廣安門事件ニ對スル情報部長談話（七月二十七日）

THE KUANG-AN MEN INCIDENT.

Our military authorities at Peiping decided upon re-inforcing the Japanese force stationed there in order to protect the lives and property of our residents.

Accordingly, they sent for a contingent about the size of a battalion from the garrison at Fengtai. The latter arrived in trucks about 6:00 p.m., July 26, and tried to enter the city by the Kuang-an men —a gate in the outer wall of Peiping. But, despite the understanding that had been previously obtained from the authorities of the Hopei-Chahar Political Council, the Chinese troops obstructed the entry of the Japanese force. After some heated argument the gate was finally opened only to be closed again when two-thirds of the Japanese troops had passed through it. And on the Japanese troop which marched inside the gate, and virtually trapped between the outer and inner gates, the Chinese began to fire furiously with machine-guns and hand-grenades. The Japanese were compelled to return the fire. It appears that of our soldiers and the newspapermen who were with them, not a few were either killed or wounded, though the casualties sustained have not yet been ascertained.

Captain Teradaira of the Special Service Mission of the Japanese Army and Mr. Kasai, Adviser to the 29th Army, hurried to the scene, and succeeded in causing the Chinese troops inside the inner wall to be concentrated at a certain point. At 2:00 a.m., July 27, a part of the Japanese troops entered the barracks in the Legation Quarter of Peiping.

編　注　本文書は、昭和十二年十月、情報部作成「支那事變關係公表集(第一號)」から抜粋。

(付　記)

廣安門事件

北平軍側ニ於テハ居留民保護竝三十七師撤退ニ關スル交渉ニ資スル爲北平駐屯中ノ軍ヲ増加スルヲ適當ト認メ廣部部隊約一個大隊ヲ北平ニ呼寄スコトトシ豫メ支那側承諾ノ下ニ二十六日午後約四十臺ノ「トラック」ニテ日本兵營ニ入ル爲廣安門ヨリ入市セントスルヤ同門警備中ノ支那軍ニ於テハ城門ヲ閉鎖シ入市ヲ阻止セリ我方ニ於テ折角交渉ノ結果開門セルヲ以テ入市ヲ開始セル處我部隊三分ノ二ヲ通過セル際突如支那兵機關銃手榴彈ヲ以テ攻撃セルニ依リ我方

應戰シ我方ニ於テハ新聞記者ヲ含ム相當ノ死傷ヲ出セリ（戰死二名、負傷十四名其他非戰鬪員中通譯一名戰死シ、櫻井顧門、同盟寫眞班員竝新聞記者各一名、冀東政府日本人囑託三名各何レモ重輕傷ヲ負ヘリ）我方ニ於テハ特務機關ヨリ寺平輔佐官、笠井顧門等現地ニ急行セシメ折衝ノ結果城內支那部隊ヲ集結セシメ翌二十七日午前二時頃我軍一部（百二、三十名）ハ日本兵營ニ入レルカ（當時支那側ハ廣安門ニ於テ約半數ノ日本兵ヲ入市セシメ二十七日中ニ殘部ヲ入市セシムルコトヲ誓約セル由）右廣安門事件ノ發生ハ我軍第一線ノ將士ヲ痛ク憤激セシメ事件擴大ノ直接ノ原因トナリタルコトハ前述（編注）ノ通ナリ

編　注　東亜局作成「昭和十二年度執務報告　第一冊（第一課關係）」の当該箇所には、「廣安門事件ノ發生ヲ見ルヤ我軍第一線ノ將士ヲ痛ク憤激セシメ天津軍ニ於テハ右松井通告（編者注、廊坊事件直後の支那駐屯軍司令官通告、第27文書付記の編注参照）期限ノ二十八日ヲ俟タス二十七日夜明ヲ期シ廣安門ノ占領ノミナラス蘆溝橋、西苑ヲ攻撃スルコトトナリ早クモ命令ノ發出ヲ見タル由ナルカ我方ニ於テ二十八日ノ期限ヲ一方的ニ破棄スルハ對外關係上面白カラサルノミナラス現地協定ヲ水泡ニ歸シ二十九軍ヲ表面敵トスル惧アリシヲ以テ北平森島參事官ト特務機關トノ話合ノ結果同機關ヨリ軍司令部ヨリ少クトモ期限迄俟ツ樣意見具申シ結局二十七日朝ノ攻撃ハ中止シ二十八日早朝ヨリ總攻撃ヲ開始スルコトトナレリ」とある。

29　昭和12年7月27日

在北平森島（守人）大使館參事官より
広田外務大臣宛（電報）

居留民への避難命令発出について

北　平　7月27日前発
本　省　7月27日前着

第五五一號（大至急）

往電第五四八號ニ關シ

廿七日朝ノ攻撃ハ中止ニ決シタルモ情勢ノ變化豫測シ難キニ依リ軍側トモ協議ノ上居留民ニ對シ避難命令ヲ發出シ同日午前中ニ公使館區域ニ收容スルコトトセリ（午前五時半）

支、在支各總領事、滿、張家口ヘ轉電セリ

30　昭和12年7月27日　在天津堀内（干城）総領事より
広田外務大臣宛（電報）

北平居留民の避難に関する支那駐屯軍の要望について

天津　7月27日前発
本省　7月27日前着

第五六八號（極祕）

本官發北平宛電報

第二七號（大至急）

遲クトモ今二十七日午前中迄ニ居留民ヲ交民巷ヘ引揚方實行セシメラレ度シトノ軍（ノ）意嚮ナリ

大臣、支、上海へ轉電セリ

31　昭和12年7月27日　在北平森島大使館参事官より
広田外務大臣宛（電報）

避難居留民の残留財産保護を市政府に申入れについて

北平　7月27日後発
本省　7月27日後着

第五五三號

避難居留民ノ財産及家屋等保護方ニ關シ本官二十七日午前十時市政府祕書長周履安ヲ往訪（市長ニ面會方早朝ヨリ申入レタルモ市長ハ徹宵會議ノ爲周カ市長代理トシテ面會セリ）本官ヨリ今次事件發生以來帝國政府ニ於テハ事態不擴大現地解決ノ方針ノ下ニ措置シ來リタルニ拘ラス十一日ノ協定モ荏苒實行セラレス其ノ間種々ノ事件發生殊ニ一昨日來ノ廊坊廣安門等ノ事件相踵テ起リ居留民ノ不安愈加ハリ來レル結果本日午前五時半大使館ヨリ當地居留邦人全部ニ對シ公使館區域ニ避難スヘキ旨發令シタル次第ナルカ居留民ハ何レモ身一ツヲ以テ避難シツツアルニ付㈠其ノ殘留財産及家屋ハ支那側ニ於テ責任ヲ以テ保護セラレ度キコト㈡保護不充分ニ基キ生スルコトアルヘキ損害ニ付テハ之カ要償ノ權利ヲ豫メ留保ス㈢現ニ避難途上ニアルモノニ對シ充分保護セラレ度キコトヲ申入ルルト共ニ㈣尚本件避難ハ居留民散住シ居ル結果居留民ノ生命財産ニ事故ヲ生セシカ延イテ戰禍ノ市内ニ波及スルコトアルヘキヲ避ケンカ爲ナリト説明シタルニ㈣項御趣旨ノ程ハ感謝スル次第ナリ尚秦市長ハ事件發生以來貴國居留民ノ保護ニ付テハ細心ノ注意ヲ

拂ヒ居ル處御申出ノ次第ハ早速市長ニ報告ノ上保護方ニ付テハ萬全ノ措置ヲ執ルヘキ旨答ヘタルニ付本官ヨリ後刻居留民現住所表等送付スヘキ旨申述ヘ置キタリ
支、上海、天津、張家口ヘ轉電セリ

32　昭和12年7月27日　廊坊・広安門両事件の発生をみて日本軍は必要なる自衛行動をとるのやむなきに至った旨の内閣書記官長発表

内閣書記官長發表(七月二十七日)

政府ハ先般ノ閣議ニテ決定セル自衞的措置ヲ講スルニアタリ、本日院内閣議ニテ書記官長ヲシテ政府ノ意嚮ヲ左ノ如ク發表セシムルコトトシタ。

北支ノ安寧ハ帝國ノ常ニ至大ノ關心ヲ有スル所ナリ。然ルニ支那側ノ徹底セル排日抗日政策ハ屢々北支ノ平和ヲ脅威シ遂ニ蘆溝橋事件ノ勃發ヲ見ルニ至レリ。爾來帝國ハ東亞平和ノ爲事件不擴大、現地解決ヲ方針トシテ平和的處理ニ努メ、冀察側ニ對シ支那軍ノ蘆溝橋附近永定河左岸駐屯停止、將來ニ關スル所要ノ保障、直接責任者ノ處罰及謝罪ノ極メテ寛大且局地的ナル條件ヲ要求シタルニ過キス、冀察側ハ七月十一日夜右條件ヲ承認シタルモ之ガ實行ニ誠意ヲ示サズシテ今日ニ及ヘリ。一方帝國政府ハ七月十七日南京政府ニ對シ、アラユル挑戰的言動ヲ卽時停止シ且現地解決ヲ妨害セサル様注意ヲ喚起シタルモ、南京政府ハ現實ノ事態ヲ無視シ帝國政府ノ主張ヲ容レス、却ツテ益々戰備ヲ整ヘ愈々不安ヲ增大セシムルニ至レリ。然レトモ帝國ハ尙ホ隱忍、平和的解決ニ努力中支那側ハ七月二十六日廊坊ニ於テ電線修理ニ任スル我部隊ニ不法射擊ヲ加ヘ、更ニ同日夕居留民保護ノ爲冀察側ノ諒解ヲ得テ北平城内ニ入城中途ノ我部隊ニ對シ突如城門ヲ閉鎖シ不意ニ急射スルノ暴擧ニ出テタリ。

右兩事件タルヤ我駐屯軍本然ノ任務タル北平、天津間ノ交通線ノ確保及居留民ノ保護ニ對スル支那軍ノ武力妨害ニシテ今ヤ軍ハ此ノ任務遂行竝ニ協定事項ノ履行確保ニ必要ナル自衞行動ヲ採ルノ已ムナキニ至レリ。固ヨリ帝國ノ期スル所ハ、今次事件ノ如キ不祥事發生ノ根因ヲ芟除スルニ在リテ善良ナル民衆ヲ敵視スルモノニアラス。又帝國ハ何等領土的企圖ヲ有セス、且列國ノ權益保護ニハ最善ノ努力ヲ惜マサルコト勿論ナリ。

東亞ノ平和確保ヲ使命トスル帝國ハ事茲ニ至ルモ今尚支那側ノ反省ニ依リ局面ヲ最小ノ範圍ニ限定シ、速カニ圓滿ナル解決ヲ見ンコトヲ切望スルモノナリ。

編 注 本談話は二十七日午後発表。

33 昭和12年7月28日

北平市内でやむなく自衛行動をとる場合一般非戦闘員に損害が及ばざるよう最善を尽くす旨の在北平日本大使館声明

付 記 昭和十二年七月二十八日付

支那駐屯軍声明

北平大使館聲明（七月二十八日）

七月二十八日午前、左記趣旨ノ英文聲明書ハ在北平日本大使館ヨリ同地各大公使館及外國通信員ニ送付サレタ。

「事態ヲ平和的解決ニ導カントセル我方最善ノ努力ニ拘ラス、支那側ハ屢次ノ不法行爲就中廊坊及廣安門事件ニ依リ遂ニ我方カ自衛上必要ナル行動ヲ執ルノ已ムヲ得サルニ至レルハ極メテ遺憾ナリ。然レトモ我方ハ戰禍ノ北平ニ及ハサランコトヲ希望スルモノニシテ、支那側挑戰行爲ニ依リ、城内ニ於テ行動スルノ已ムヲ得サル場合ニ至ルコトアルモ、一般非戰闘員ニ損害ヲ及ホササル爲總ユル手段ヲ講スヘシ」

尚北平英國大使館ハ外國通信員ニ對シ、事變ニ關シ日本側トノ聯絡極メテ良好テ、日本側ニ於テ外國人ニ危害ノ及フ惧アル市內戰闘ヲ阻止スルノ措置ヲ講シタルヲ多トスル旨ヲ述ヘタトイフ。

（付 記）

天津駐屯軍聲明（七月二十八日）

A STATEMENT ISSUED BY THE JAPANESE GARRISON HEADQUARTERS IN CHINA.

It is a matter of sincere regret that a series of armed clashes have occurred between the Japanese and Chinese troops in North China since July 7, when the Japanese troops were unlawfully fired upon by the Chinese troops at Lukouchiao.

From the very beginning of this unfortunate incident, the Japanese Army, in the face of the utterly unwarranted and clearly premeditated provocation on the part of the Chinese troops, have exerted every effort for a peaceful settlement of the whole affair in accordance with our fixed policy of strictly localizing and peacefully settling the present complications on the spot.

Unfortunately however, this sincere attitude on the part of the Japanese Army has only had the result of inviting further acts of challenge and repeated breaches of faith by the Chinese troops, who have revealed no sign of abandoning their attitude of resistance and insult to the Japanese, even after they had definitely expressed their compliance with the Japanese demands and signed an agreement to that effect.

The Chinese troops, meanwhile, have become so arrogant and challenging as to have not only caused the frequent obstruction of our lines of communication and traffic but also dared to launch actions of proved premeditated provocation toward the Japanese troops.

Particularly contemptible are the acts of the Chinese troops, who, violating the definite pledge given by them beforehand to the Japanese Military Authorities, shamelessly started surprise attacks on the Japanese troops at Lang Fang on July 25, when a Japanese detachment was sent there to repair the military telegraph lines, and again at Kuang-an Men, an outer gate of Peiping, on July 26, when another Japanese contingent was despatched for the protection of the Japanese residents in Peiping.

The frequent repetition of these unwarranted and unlawful actions on the part of the Chinese troops evidently proves that they have been deliberately carrying out a plan of provocation, thereby clearly showing their attitude of defiance and contempt toward the Japanese troops.

Moreover, China has committed a serious and

unpardonable breach of faith in rushing northward a formidable number of Central Army troops in utter violation of the Ho-Umezu Agreement and steadily perfecting preparation for action against the Japanese troops.

The above circumstances clearly indicate that peace and order in North China has now been completely disrupted and that the lives and property of the Japanese residents are exposed to imminent danger. Needless to say, the maintenance of peace and order in North China is a matter of serious concern to both Japan and Manchoukuo, but every means at our disposal for a peaceful settlement of the present complications have now been exhausted.

There now only remains the resolute step of meting out a deserved punishment to the challenging Chinese troops. We deeply regret that things have come to such an unfortunate pass in spite of the sincerity and patience of the Japanese Army to localize and peacefully liquidate the present Sino-Japanese complications in North China.

The Japanese punitive expedition, of course, is aimed solely at these Chinese forces who have been persistently challenging the Japanese troops and we have no intention whatever of making the 100 million Chinese population in North China the objective of our punitive action. Furthermore, in taking this step, we intend to exert our best in restoring peace and order in North China as speedily as possible with a view to promoting the welfare of the people in this part of China. We desire also to make it clear that our troops have no intention of using force inside the walled town of Peiping unless the Chinese troops remaining there should try to challenge the Japanese troops, thereby precipitating an armed clash.

It goes without saying that, recognizing the rights and interests of foreign nationals in China, we will try our best to accord adequate protection to the lives and property of the foreign nationals and, last but not least important, take this opportunity of affirming that we entertain absolutely no territorial designs on North China even if we take necessary military actions for the punishment of the recalcitrant Chinese troops.

編注　本付記は、昭和十二年十月、情報部作成「支那事變關係公表集（第一號）」から抜粋。

34　昭和12年7月29日　在天津堀内総領事より広田外務大臣宛（電報）

紡績工場方面の居留民避難措置について

天津　7月29日後発
本省　7月30日前着

第六〇七號

昨夜來情勢急變セルコト累次電報ノ通リナルモ各種ノ困難（軍殘留部隊ノ假稱等、此ノ點部外祕）アリ紡績工場方面ハ依然現住地保護ノ方針ニテ通シ來レル處本日午後特一區公大第六廠ニ集合セル邦人（公大、上海紡、大倉土木等）大半概數五百保安隊一千餘名ノ襲撃目標ナリ（少數ノ日本軍守備シ居ル爲）トノ情報アリ獨逸總領事ヨリモ同樣內報ニ接シタルヲ以テ館員ヲ特一區警察局ニ急派シ是等邦人引揚保護方申入レシメ午後十時半頃「トラック」十臺ヲ以テ全部租界内ニ引揚ヲ了シタリ

尙特三區方面ノ邦人（概數二五〇ノ見込、前顯紡績、天津電業内外、賀久肥料等）引揚ニ付テモ本朝來軍側ト打合セ出來得ル限リノ手ヲ盡シタルカ交通、通信ノ杜絶保安隊ノ途中蟠（踞カ）居等モアリ本日實施スルニ至ラス必要ニ應シ明日中ニハ何トカ引揚ケシメ度キ所存ナリ

支、在支各總領事、北平、滿、張家口、山海關ヘ轉電セリ

35　昭和12年7月30日　在天津堀内総領事より広田外務大臣宛（電報）

紡績工場方面の居留民避難措置に関する続報

天津　7月30日後発
本省　7月30日夜着

第六一三號

往電第六〇七號後段特三區方面邦人ハ大體裕豊紡績ニ約五百名、河下ノ天津紡績（舊裕大）ニ約百餘名（兩者共少數ノ軍隊警備駐屯）集結シ居タル處本朝來天津紡ノ全部（軍ノミ殘留ス）ハ「ランチ」ニテ佛租界ニ上陸シ（英租界ニテハ上

陸ヲ拒絶セラレタリ）租界内ニ無事避難セリ裕豊紡ノ前記五百名及其ノ他ノ各所ニ尚散在殘留セル者約五十名ハ依然現地ニ留マリ居ルカ軍ハ增援部隊ノ着ニ依リ午後三時頃ヨリ此ノ方面ノ保安隊ノ掃蕩竝ニ居留民保護ノ爲兵ヲ進擊セシメタルヲ以テ引揚ハ一時見合セ今後ノ情勢ヲ見ルコトトセリ尤モ此ノ方面ヨリモ個々ニ引揚ケ來レル者若干アリ總站附近公大七廠ハ飛ヒ離レ居リ聯絡杜絶ノ爲詳細不明ニテ相當苦戰ノ模樣ナルカ此ノ方面ニモ午後三時頃ヨリ增援部隊派遣セラレ本日中ニ危險ヲ脫スル見込ナリ

支、在支各總領事、北平、滿、張家口、赤峰へ轉電セリ

36　昭和12年7月30日　時局収拾に関する外務当局作成の方針案

北支時局收拾ニ關スル外務省ノ意見

（十二、七、三十、亞、一）

一、地方政權ノ樹立ハ絕對不可ナリ

平津地方ニ於ケル第二十九軍ノ掃蕩一段落ヲ告ケタル上ハ同方面ノ治安維持ノ爲過渡的措置トシテ一時「自治會」「治安維持會」等ヲ結成シ之ト連絡ヲ保ツハ時局收拾上已ムヲ得サル所ナルヘキモ事件ノ所謂地方的解決ヲ計ル爲南京政權ト離レタル傀儡的中間政權（呉佩孚其ノ他舊軍閥ヲ擁立スルノ不可ナルハ勿論、所謂自治運動ノ形式ニ依ル「故老」擔出シ亦不可ナリ第二十九軍ノ殘黨例ヘハ張自忠擁立ノ如キモ今次派兵ノ目的カ全二十九軍膺懲ニ變更シタル今日主義上反對ナリ）ノ不可ナルハ冀東、冀察政權ノ前例ニ徵シ明ナリ

二、北支時局ノ收拾ハ中央政權トノ直接取引ニ依リ解決スルヲ要ス

西南其ノ他ノ地方政權既ニ崩壞シ南京政權ノ支那統一殆ト完成セル今日、地方政權ヲ樹立シ之トノ話合ニ依リ事態ノ收拾ヲ計ラントスルカ如キハ單ニ一時ヲ糊塗スルニ過キスシテ禍根ヲ千載ニ殘スモノナルハ「一切ノ地方的協定ハ總テ中央ノ許可ヲ得ルニ非レハ有效ナラス」トノ南京政府ノ態度ニ徵スルモ將又過去ノ歷史ニ徵スルモ明ナリ。

三、北支時局收拾ノ目途

㈠蔣介石ハ十九日ノ聲明中ニ於テ「全國民精力ノ最後ノ

一滴迄モ傾倒シ國家存立ノ爲抗争スヘキノミ。一旦紛争ノ始マレル後和平ヲ求ムレハ我國家ノ屈從、我民族ノ全滅ヲ意味スル條件ヲ甘受セサルヘカラス。吾人ハ最後迄戰ヒ抜クノ外ナシ」トノ趣旨ヲ述ヘ又二十九日「中國ハ戰場ニ於テ最後ノ勝利ヲ得サル限リ日本ヲシテ支那ノ權益ヲ尊重セシムル能ハス又名譽アル平和ト正義ヲモ確保スルヲ得ス。全國民ハ擧國一致國力ト民力トヲ擧ケテ民族的抗戰ニ邁進セサルヘカラス」トノ談話ヲ發表シ居レリ。右蔣介石ノ態度ニ鑑ミ中央政權トノ直接取引ノ途ハ(1)此ノ際蔣政權ヲ中央政權ト認メ武力ニ依ル城下ノ盟ヲ以テ蔣ヲシテ我方ノ希望スル所ヲ其ノ儘承諾スルノ已ムナキニ立到ラシムルカ或ハ(2)我軍ニ於テ中央軍撃破ノ結果、支那側内部ノ副作用トシテ蔣政權ノ瓦壞ヲ來サシメ、新ナル中央政權ノ招徠ヲ待ツテ之ト直接取引ヲナスカ二者何レカヲ出テサルヘシ

(乙)我方カ相當ノ面目ヲ保チ時局ヲ拾收スル途ハ前記(甲)(1)(2)以外ニナキモ、諸般ノ狀勢上右(1)(2)迄深入リスルヲ得ス、中途ニシテ停戰スルノ已ムナキニ立チ至リタル場合ニハ二十九軍(及中央軍)膺懲ノ目的ヲ達シタルニ依リ茲ニ撤兵スル旨聲明シ、潔ク且ツ手際良ク兵ヲ收メ、後記五、ノ國交調整ニ依リ日支關係ノ明朗化ヲ計ルヘキナリ。

中途ニシテ停戰シ乍ラ、撤兵ニ關スル面目ヲ糊塗センカ爲北支ニ地方政權ヲ樹立スルカ如キコトアランカ、爾餘ノ支那全体ハ激烈ナル排日抗日トナリ、我方商權ノ失墜ハ勿論、澎湃タル排日ノ氣勢ハ再ヒ北支政權ヲ席捲シ第二第三ノ北支事變トナルコト必定ナリ。況ヤ後記五、國交調整ニ乘リ出サントスルモ北支政權存立スル限リ此ノ種南京トノ話ハ一切不可能トナリ結局北支新政權ノ樹立ハ日支關係及北支ヲ不明朗ナラシムル結果トナル次第ニテ、一時ヲ糊塗セントスル北支地方政權樹立ニハ絶對ニ反對ナリ。

四、南京政權トノ直接取引ニ依ル北支時局收拾案

(1)南京政權ヲシテ梅津何應欽協定(及土肥原、秦徳純協定)ヲ其ノ儘承認セシム

(2)河北省(及察哈爾省)ノ治安ハ保安隊ヲ以テ之ヲ維持シ支那軍隊ハ一切駐屯セシメサルコト

(1)以上ハ河北及察哈爾ノ兩省ヲシテ實質上塘沽停戦協定地域タラシメムトスルモノナルカ中央軍ニ對シ全面的一大打撃ヲ加ヘ更ニ進ンテ南京ヲモ陥ルルノ氣勢ヲ示ササル限リ蔣介石ハ之ヲ受諾セサルヘシ

(2)以上實現ノ上ハ滿洲國ノ南邊ハ實質上支那ヨリ隔離セラルルコトトナルヘキ處右非武装地域ニ對シテハ飽迄地域ヲ單位トシテ考察シ同地域ノ上ニ地方的特殊政權ヲ樹立スルカ如キ考ヲ起ササルコト肝要ナリ。河北及察哈爾ノ兩省カ南京トノ約諾ニ依リ保安隊ノ地區トナレル以上冀東政權及察哈爾盟ノ如キ此等特殊地位ノ上ニ立ツ地方的政權ハ總テ之ヲ解消スルヲ要ス。

(3)協定ノ履行監視ハ日本軍ニ於テ當ルヘキモ協定ニ關スル紛争ハ直接南京政權トノ話合ニ依リ解決スルヲ要スルコト勿論ナリ)

五、日支全面的國交調整問題

前記四ニ依リ北支時局ニ假令一段落ヲ着ケ得ルトスルモ蔣政權ニ代ル親日的新中央政權ノ樹立セラレサル限リ中南支ニ於ケル排日的不祥事件ハ絶ヘサルモノト覺悟セサルヘカラス。日支關係ノ全面的打開ノ為ニハ舊套ニ捉ハレス、全然新ナル立場ニ至ツテ更メテ交渉ヲ開始スルヲ要スル處新ナル基礎ニ立ツ日支國交調整案ニ關シテハ先般作成ノ外務省試案アリ

37 昭和12年8月2日

通州事件に関する情報部長発表

付　記　昭和十二年八月四日

右追加発表

通州事件ニ關スル情報部長發表(八月二日)

According to official report received on the night of July 31, the Chinese Peace Preservation Corps at Tungchow who rebelled against the government and massacred the Japanese refugees and residents numbered approximately 3,000. They carried trench mortars, incendiary shells, and machine-guns.

At the end of June this year, the number of Japanese who were living there was 338, of whom 151 were from Japan Proper and 187 were from Chosen. Only about fifty out of this 338 escaped death as they remained within the army barracks.

The attackers surrounded the Japanese army barracks at 4:00 a.m. on July 29 and at the same time they made surprise attacks against the East Hopei government building, the Japanese Military Special Service Mission and the branch of the police station, the last named being set on fire and all Japanese policemen and their families killed, excepting the wife and child of one policeman.

編　注　本文書は、昭和十二年十月、情報部作成「支那事變關係公表集(第一號)」から抜粋。

(付　記)

通州事件ニ對スル情報部長談話(八月四日)

The latest official report received from Tungchow, contains the following details of the unspeakable atrocities committed by the rebellious Chinese Peace Preservation Corps of the East Hopei Government.

1. Of the 380 Japanese residents of the city, only 120 were refugees in the Japanese military barracks; 150-60 bodies have been recovered, while the actual number of the killed is expected to total 180, or even 200.

2. Most of the refugees were wounded, some quite seriously, attesting to the bitter and desperate resistance put up by the Japanese.

3. The Chinese had planned to slaughter the entire Japanese population, including women and children. Most of the women were carried off and detained and maltreated for 24 hours before they were murdered outside the eastern gate, whither they were dragged, with their hands and feet bound, or their noses and throats pierced through with wire. Their bodies were thrown into a pond nearby; in some cases, the faces were mutilated by smearing a powerful poison upon them.

4. The Chinese robbed every personal belonging of those whom they massacred, and completely looted all the Japanese residences.

編注 本付記は、昭和十二年十月、情報部作成「支那事變關係公表集（第一號）」から抜粋。

38 昭和12年8月3日

陸軍大臣へ示唆すべく外務当局が作成した停戦交渉の条件案

（一二、八、三、東亞一）

一、外務大臣ニ於テ海軍大臣ト會見ノ上三、以下ノ事項ニ付充分懇談シ意見ノ合致ヲ見タル上ニテ三、以下ノ實行ニ移ル

二、外務大臣ヨリ陸軍大臣ニ今次事變ノ收拾ニ關シ次ノ如ク示唆ス

(イ)時局收拾ノ條件

(1)永定河左岸以東地區ヲ非武裝地帶トシ右地域內ニハ支那軍ハ駐屯セサルモノトス

右地域內ノ治安ハ保安隊ヲ以テ維持ス（已ムヲ得サル場合ニハ非武裝地帶設定ノ期限ヲ三年乃至五年トス）

註一、必要ニ應シ我方駐屯軍ノ兵數モ客年增强前ノ兵數ニ縮少スルノ意向アル旨表示ス

註二、塘沽停戰協定、梅津何應欽協定及土肥原秦德純協定ハ解消セラレタルモノトス。

(2)冀察、冀東ヲ解消シ南京政府ニ於テ直接右地域ノ行政ヲ行フコトニ同意ス

但シ右地域ノ行政首腦者ハ例ヘハ何應欽ノ如キ有力者ニシテ相當廣範圍ノ權限ヲ有スルモノタルコトヲ希望ス（必要アラハ我方ハ政治行政等ニ對シ不當ニ干涉スルカ如キコトナキ旨確言シ差支ナシ）

註一、前記(1)非武裝地帶ノ設定ハ事實上塘沽停戰協定ノ擴張ナルヲ以テ南京トシテハ最モ苦痛且ツ受諾ヲ困難トスル所ナルニ鑑ミ何應欽六項目ノ如キ政權ノ樹立ヲ固執スルニ於テハ本件停戰協定成立ノ望ナカルヘシ

註二、北支五省ニ於ケル經濟合作ノ趣旨ヲ協定ス、但シ右ハ日支平等ノ立場ニ立テル合辦其他ニ依ル合作タルコト勿論ナリ

(ロ)右條件切出ノ方法

右條件ニ依ル停戰提議ハ支那側ヨリ切リ出サシムル様外務省側ニ於テ工作ス

三、右二、ニヨル停戰成立ノ上ハ引續キ從來ノ行懸ニ捉ハレサル日支國交調整ニ關スル交渉ヲ行フモノトス

39　昭和12年8月4日　広田外務大臣より在上海岡本(季正)総領事宛(電報)

船津辰一郎と高宗武との極秘会談手配方訓令

本　省　8月4日発

(館長符號、極祕)

船津長崎丸ニテ七日貴地着直ニ高宗武ト極祕會見ノ要アル處船津カ直ニ赴寧スルコトハ人目ヲ惹キ易キニ付領事館其ノ他官憲カ連絡シ居ルカ如キ印象ヲ與フルコトナク七日上海ニテ高ト會見シ得ル様御手配置キアリ度夫レニハ在華紡堤ヲ南京ニ急派シ直接高ニ面談ノ上船津ヨリ電報アリタル趣ヲ告ケ七日夕迄ニ出滬方勸請セシメラルルモ一案ト存セラル(此點船津承知)

尚本件ハ絶對極祕トシ苟モ他ニ漏洩スルカ如キコトナキ様細心ノ注意ヲ拂ハレ度高ニ對シテモ船津ニ會見ノ件ハ絶對他ニ洩ラササル様了解セシムル様御措置アリ度シ

支ヘ轉電セリ

40　昭和12年8月6日　在上海岡本総領事より広田外務大臣宛(電報)

中国保安隊の対日示威活動活発化に伴い閘北方面居留民の租界内避難措置実行について

上　海　8月6日後発
本　省　8月7日前着

第七三六號

一、事變發生以來本官ハ支那側竝ニ租界當局ヲ督勵シテ治安ノ維持ト在留邦人ノ保護ニ協力シ居ル處過般來閘北方面ニ於テハ内密保安隊ノ集結ヲ行ヒ防備施設ヲ施シ連夜演習ヲ擧行シ居ルヤニテ之カ爲上海ニ於テモ日支衝突ノ危機刻々切迫セリトシ各種ノ流言蜚語亂レ飛ヒ閘北及東部地域ヨリ租界内ヘノ支那人避難者晝夜絡繹トシテ虹口一帶ハ上海事變以來ノ混雜ニシテ玆兩三日ノ租界逃入者五萬ヲ突破スル狀態ニシテ右ハ在留邦人殊ニ租界外居住者ニ對シ少カラス不安ヲ與ヘ居ル折柄昨五日夜半ヨリ今曉

ニ亘リ保安隊ハ北部體育路方面ニ於テ殊更日本部落（日本人倶樂部附屬園附近）ヲ目標ニ襲擊演習ヲ擧行セル趣ニテ同地域邦人ハ通州事件ヲ聯想シテ恐怖ニ戰キ婦女子ヲ床下又ハ釀造用大樽ノ中ニ匿シ萬一ニ備フル等非常ノ衝擊ヲ與ヘタル事件發生シ避難ニ關シ當館ノ指揮ヲ懇請シ來レリ

依テ本官ハ六日午後市長ニ面會シ右事實ニ基キ支那側ノ反省竝ニ取締方嚴重要求シタルニ市長ニ於テモ出來得ル限リ保安隊ヲシテ日本人ニ無用ノ不安ヲ抱カシメサル樣適當措置スヘキヲ約セルモ支那側ニ於テハ日本側カ上海方面ニ派兵スル意圖アルコトヲ極度ニ恐レ内々防備ヲ爲シツツアルハ事實ト認メラレ保安隊ノ活動ハ引續キ我カ居留民ヲ刺戟スルモノト覺悟セサルヘカラス此ノ上同方面居留民ヲ孤立無援ノ危險ニ曝スニ忍ヒサルニ付事端ヲ避クル爲ニモ不取敢本日租界内ヘ避難セシムルコトニ取計ヒタリ

二、當地ノ狀況前記ノ如ク動搖セルニ加ヘ奧地引揚邦人ノ斡旋收容等ヲ要スル事態ニ鑑ミ往電第五九六號所報時局委員會ハ本日其ノ一部ノ活動ヲ開始セシメ警備宿舍情報聯絡及救濟等ニ萬遺漏ナキヲ期シ居レリ

三、蘇州在留官民ノ婦女子全部本六日朝到著セリ

〜〜〜〜〜〜〜〜〜〜〜〜〜〜〜〜〜〜〜〜〜〜〜〜

41 昭和12年8月7日 広田外務大臣より在中国川越大使宛（電報）

船津工作の目的および停戦交渉の進め方について

別　電　昭和十二年八月七日発広田外務大臣より在中国川越大使宛館長符号電報

停戦交渉条件案の大要

本　省　8月7日発

（館長符號、極祕、至急、部外祕）

一、現下時局ノ收拾方ニ付豫テ陸海外三省間ニ折角話合中ナリシ處今般大體別電ノ趣旨ニテ纒メ得ル見込立チタルニ付今明日中ニハ政府ノ方針トシテ決定ノ運ヒニ至ルモノト思ハル

二、然ルニ右停戰交涉ノ切掛ハ諸般ノ關係上是非共支那側ヨリ申出テタル形トスルコト望マシキ次第ナルヲ以テ四日上海宛館長符號往電ノ通船津ヲ急派（内地ヨリ增派ノ三個師團ハ大體八月二十日頃迄ニハ集結ヲ了スル豫定ナル

處右以前ニ何トカ話合ヲ着ケルコト甚タ緊要ト考ヘ居ル次第ナリ）シテ高宗武ト極祕會見セシメ船津個人ノ意見トシテ和平解決望アル旨ヲ說キ高ヲシテ貴方ニ停戰方「アプローチ」セシムル樣工作セシムルコトトセル次第ナルカ右ニ應シ高邊リヨリ探リノ積リニテ漫然タル申出ヲナスカ如キコトニテハ甚タ面白カラス苟モ停戰ノ申出ヲ爲ス以上支那側モ相當肚ヲ決メテノ上トスルコト必要ナルニ付高ノ我方ニ對スル開談ハ或程度蔣介石ト話合ヲ遂ケタル上トセシムルコト肝要ト存セラル（此ノ點船津モ承知）

三、右我方工作ニ應シ高ヨリ蔣ト話合ノ上ナルコトヲ前提トシテ停戰交渉ノ申出アリタル場合(イ)前記一、ノ停戰ニ關スル政府ノ方針決定シ右貴方ニ訓電濟ナル時ハ右方針ヲ含ミ高トノ間ニ適宜豫備的話合ヲ開始セラレ差支ナク(ロ)其レ迄ニ右方針決定セル旨ノ電報到達シ居ラサル場合ニハ右高申出ノ次第ヲ具シ卽時請訓アリタシ

四、以上ハ前記政府ノ方針確定ヲ見ル迄ハ諸般ノ關係上絕對極祕トシ（陸海軍武官ニモ極祕トス）外部ヨリノ反對ヲ誘致セサル樣特ニ愼重ヲ期スルノ要アル次第ナルヲ以テ大使ト船津トノ直接會見ノ如キモ當分之ヲ避ケラルルコト適當ト思考シ居レリ

五、尙政府ニ於テハ右停戰ニ關スル交渉ト同時若クハ右ニ引續キ從來ノ經緯ニ捉ハレサル見地ニ立ツテ國交調整ノ話ヲ進メタキ心組ニテ目下折角關係方面ト話合居リ此レ又二三日中ニハ決定ノ見込ナリ

本件ハ陸海軍中央ニ於テモ承知シ居ルモノ極少數ニテ決定ノ上押シ切ラント（シ欠カ）居ル次第ニ付以上ハ貴官限リノ極祕御含トシ置カレ度シ

別電ト共ニ上海ニ轉電セリ

（別　電）

本　省　8月7日発

（館長符號、極祕、至急、部外祕）

(1)概ネ河北省內永定河及海河右岸ニ接近スル諸都市以東及以北地區竝ニ察北六縣ヲ非武裝地帶トシ塘沽停戰協定等ハ解消ス（但シ現ニ河北省內ニ進出シ居ル中央軍ハ一應省外ニ撤退スヘキコト勿論ナリトス）

(2)冀察（場合ニ依リテハ冀東モ）ヲ解消シ南京政府ニ於テ直

接右地域ノ行政ヲ行フコトニ同意ス
右ニ關聯シ北支ニ於ケル日支經濟合作ノ趣旨ヲ協定ス

〜〜〜〜〜〜〜〜〜〜〜〜〜〜〜〜〜〜〜〜〜〜〜〜〜〜

42
昭和12年8月8日　広田外務大臣より在中国川越大使宛（電報）

中国側が誠意をもって停戦提議を行う場合は停戦交渉開始方訓令

別電一　昭和十二年八月八日発広田外務大臣より在中国川越大使宛第一七〇号
停戦交渉条件案

二　昭和十二年八月八日発広田外務大臣より在中国川越大使宛第一七一号
停戦交渉条件案の説明

三　昭和十二年八月八日発広田外務大臣より在中国川越大使宛第一七二号
全般的国交調整案要綱

本　省　8月8日発

第一六九號（極祕、至急、館長符號扱）

一、帝國今次北支派兵ノ目的ハ七月十一日閣議決定ノ通リナル處其後二十九軍ノ不法行爲ニ依リ之レカ掃蕩ノ已ムナキニ至リタルモ徒ニ膺懲ヲ事トスルハ固ヨリ我方ノ本意ニ非ス支那ニシテ反省スル所アリ日支關係ノ常道ニ覺醒シ和平ヲ求メ來ルカ如キ場合ニハ我方トシテモ其ノ態度ニ應シ南京ノ立場ヲモ顧慮シ其ノ難シトスル所ヲ援ケ相携ヘテ日支關係ノ明朗化ニ進ムノ襟度ヲ示スコト東亞ノ安定勢力ヲ以テ自任スル帝國ノ態度ナラサルヘカラス依テ本七日陸海外三相間ニ南京側ノ出方如何ニ依リテハ大要別電第一七〇號ノ肚ヲ以テ其ノ希望ニ應スルノミナラス本事變ヲ契機トシテ日支關係ノ一大改善ヲナスノ方針ヲ決定セリ

二、就テハ支那側ヨリ停戰方提議アリ其ノ態度ニ於テ誠意ヲ認メ得ル場合ニハ貴官ハ之ニ應シ別電訓令ノ趣旨ヲ含ンテ開談シ（出來ルナラハ支那側ヲ誘導シ支那側ヨリ先ツ提案セシムル樣御配慮アリ度シ）先方ノ出方ニ就キ報告竝ニ請訓セラレ度シ尚支那側ニテハ漸ク滿洲國承認ヲ口ニスル樣ナリタル模樣ナルニ付此ノ際一擧ニ滿洲國承認ヲ認メシメ得レハ一層結構ナリ

三、尚別電第一七〇號ハ我方ノ肚ヲ曝ケ出シタルモノナルヲ

以テ申ス迄モナク貴官限リノ含ミトシテ應酬シ先ツ出來得ル限リ有利ニ支那側誘導方御努力アリ度尤モ御推察相成ルヘキ通リ今回政府ノ採リタル寛大ナル態度ハ恐ラク支那側ト雖モ意外トスル所ナルヘク世界モ擧ケテ帝國ノ公正無私ノ態度ニ敬服スヘキ所ナルヲ以テ先ツ支那側ヲシテ十分我方意ノ存スル所ヲ了得セシムル様御配慮相成リ度シ

別電第一七〇號第一七一號及第一七二號ト共ニ上海ニ轉電セリ

(別電一)

本　省　8月8日発

第一七〇號(極祕、館長符號扱)

(甲)非武装地帯ノ設定

左記地區ヲ非武装地帯トシ右地域內ニハ支那軍ハ駐屯セサルモノトス

右地域內ノ治安ハ保安隊ヲ以テ維持ス該保安隊ノ人員及装備ニ關シテハ別ニ定ムル所ニ依ル

記

第一案　德化、張北、懷來、門頭溝、涿州、固安、永清、信安、濁(獨カ)流鎮、興農鎮、高沙嶺ヲ連ヌル線(線上ハ之ヲ含ム)ノ以東及以北地區(切出シハ此案ヨリスルコト勿論ナリ)

第二案　德化、張北、龍門、延慶、門頭溝(以下第一案ニ同シ)

第三案　德化、張北、懷來、門頭溝ヲ連ヌル線(線上ハ之ヲ含ム)ノ以東及以北竝ニ之ト接續スル河北省內永定河及海河左岸(長辛店及附近高地竝ニ天津周邊ヲ含ム)地區

第四案　德化、張北、龍門、延慶、門頭溝ヲ連ヌル線(以下第三案ニ同シ)

(乙)帝國ノ許與シ得ル限度

(1)必要ニ應シ我方駐屯軍ノ兵數モ事變勃發當時ノ兵數ノ範圍內ニ於テ出來得ル限リ自發的ニ縮少スルノ意向アル旨表示ス

(2)塘沽停戰協定(之ニ準據シ成立セル各種約束ヲ含ム)土肥原秦德純協定及梅津何應欽協定ハ之ヲ解消ス但シ北平中合ニ準據セル各種申合卽チ(1)長城諸關門ノ接收(2)

通車(3)設關(4)通郵(5)通空ハ解消セラレサルモノトス
又右非武装地帯內ノ排日抗日ノ取締及赤化防止ヲ嚴ニスルコトヲ約セシム
(3)冀察及冀東ヲ解消シ南京政府ニ於テ任意右地域ノ行政ヲ行フコトニ同意ス
但シ右地域ノ行政首腦者ハ日支融和ノ具現ニ適當ナル有力者タルコトヲ要求ス
尙右ニ關連シ北支ニ於ケル日支經濟合作ノ趣旨ヲ協定ス、但シ右ハ日支平等ノ立場ニ立テル合辦其他ニ依ル合作タルコト勿論ナリ
（註、本項殊ニ冀東ノ解消ハ當方ノ大ナル讓歩ナルニ付交渉ノ懸引ニ充分利用スル樣考慮スヘキモノトス）
㈸梅津何應欽協定ハ㈤ノ通リ解消セシムルモノナルモ本件話合成立迄ハ尙存續スル立前上支那側ハ誠意ヲ示ス爲先ツ現ニ河北省內ニ進出シ居ル中央軍ハ省外ニ撤退スルコト
㈹以上㈠㈤及㈸ニヨル停戰談ト同時ニ從來ノ行懸リニ捉ハレサル日支國交調整ニ關スル交渉ヲ行フコトヲ約セシム

其案ハ別ニ具ス

備　考

一、前記日支間停戰ノ話合成立シ支那軍隊ノ非武装地帯外撤收及中央軍ノ河北省外撤退ヲ見タル上ハ自發的ニ我軍ノ撤收ヲ開始スルモノトス（尤モ前記話合成立ト共ニ適宜我方撤收ノ意向ヲ聲明ス）
二、尙右停戰ノ話合成立シタルトキハ日支双方ニ於テ從來ノ行懸リヲ棄テ眞ニ兩國ノ親善ヲ具現セントスル「ニユーデール」ニ入ルモノナルコトヲ聲明スルモノトス

（別電二）

本省　8月8日発

第一七一號（至急、極祕、館長符號扱）

別電第一七〇號ノ説明

一、門頭溝、涿州、固安……高沙嶺ノ線トシタルハ永定河及海河右岸ノ作戰上重要ナル高地及天津大沽等ノ重要地點ヲ全部包含セシメントシタルモノナリ
二、㈸中央軍ノ省外撤退ハ中央軍ノ河北省進出カ梅津何應欽協定違反ナリトノ立前ヲ執リ來レル我方トシテハ先ツ當

然要求スヘキ所ナリ隨テ支那側カ右ヲ實行セサル限リ停戰ノ話合ハ成立シ得サル筋合ナリ

三、冀東ノ解消ニ就テハ陸軍側ニ相當難色アリタルカ結局右解消ニ依リ本件交渉ヲ有利ニ導キ得ルニ於テハ之ニ同意スルコトトナリ右ノ次第(乙)(3)ノ註ニ記載シアリ仍テ此ノ點特ニ留意アリ度シ

四、(丁)ノ日支國交調整ニ關スル交渉ハ速ニ妥結ニ達シ得ル見込アラハ本件停戰交渉ト同時ニ進ムルコト好都合ナルカ萬一國交調整ニ關スル交渉ノ爲メ本件停戰交渉遲延シ其ノ結果豫期セサル事故發生シ萬事打壞シトナルカ如キハ極メテ望マシカラサルニ付此ノ點特ニ御含アリタシ

(別電三)

本　省　8月8日発

第一七二號(至急、極祕、館長符號扱)

日支國交全般的調整案要綱

一、政治的方面

㈠支那ハ滿洲國ヲ承認スルコト又ハ支那ハ滿洲國ヲ今後問題トセストノ約束ヲ隱約ノ間ニナスコト(本項ハ先方ノ出方ニヨリテハ往電第一七〇號停戰ノ條件ニ加フルヲ可トス)

㈡日支間防共協定(非武裝地帶內ノ防共ハ之ニ依リテ當然實現サルヘキモ同地帶ニ關シテハ特ニ取締ヲ嚴ニス)

㈢停戰條件ニヨリ冀東冀察ヲ解消セシムル外日本ハ內蒙及綏遠方面ニ就テモ南京トノ間ニ話合シ南京ヲシテ我方ノ正當ナル要望(概ネ前記㈡ニ包含セラル)ヲ容レシムルコトトシ同方面ヨリ南京ノ勢力ヲ排除スルカ如キコトヲナサス

㈣支那ハ全國ニ亘リ抗日排日ヲ嚴ニ取締リ邦交敦睦令ヲ徹底セシムルコト(非武裝地帶內ノ排日抗日ニ關シ特ニ取締ヲ嚴ニスヘキハ勿論ナリ)

二、軍事的方面

㈠上海停戰協定ノ解消(之ハ支那側ヨリ希望アリタル場合全般ノ交涉上掛引ニ十分利用スルコト)

㈡自由飛行ヲ廢止スルコト

三、經濟的方面

㈠特定品ノ關稅率引下

(二)冀東特殊貿易ノ當然ナル廢止竝非武裝地帶海面ニ於ケル支那側密輸取締ノ自由恢復

(三)兩國間ノ經濟聯絡竝ニ貿易ノ正常ナル增進發展ヲ圖ルコト

43

昭和12年8月8日　広田外務大臣より在中国川越大使宛（電報）

陸軍内部に難色あるため停戦交渉条件案および全般的国交調整案要綱の保秘につき訓令

本　省　8月8日発

第一七三號（至急、極祕、館長符號扱、部外祕）

往電第一七〇號ニ關シ貴官極祕御含迄左ノ通リ（本電「レファー」セサル樣致度シ）

一、停戰案及國交調節案ハ陸軍内部ニ於テ頗ル難色アル爲メ陸軍大臣ニ於テハ之ヲ極祕ニ附シ居リ部内ニ於テ本件ヲ承知シ居ルモノハ次官、軍務局長、軍務課長、參謀本部首腦者ノ極メテ少數ノモノノミナルニ付貴使ニ於テモ右御含ノ上嚴ニ部外祕トシテ御取扱アリタシ

二、往電第一七〇號ノ(甲)ノ第一案ハ理想案ニシテ結局ノ所第三又ハ第四案ニテ纒ムルモ差支ナキ肚ナリ（右第三又ハ第四案ノトキハ支那ノ主張ニヨリテ讓歩セル形トスルコト）

三、往電第一七〇號(甲)非武裝地帶ノ設定ニ付支那側カ一定ノ期限ヲ附スルコトヲ希望スルナラハ考慮スル肚ナリ

上海へ轉電セリ

44

昭和12年8月11日

上海での大山中尉殺害事件に関する情報部長説明

付　記　東亜局作成「昭和十二年度執務報告　第一冊（第一課關係）」より抜粋

「大山事件竝上海ニ於ケル日支間折衝」

大山事件ニ對スル情報部長説明（八月十一日）

1. The Chinese allege that Sub-Lieutenant Oyama tried to force his way into the Hungjao airdrome and, on being refused by the Chinese Peace Preservation Corps, drew his pistol, killing one of them. This is entirely untrue.

2. Sub-Lieutenant Oyama was on his way to the

Headquarters of the Naval Landing Party from the western outpost (where one company of the marines is stationed) of which he was commander and whose duty it was to safeguard the lives and property of the Japanese in this district. There are in the western district Japanese-owned spinning factories such as the Toyoda-Boseki and Naigaimenka-Boseki. It was quite proper for him to make the necessary inspection of the neighbourhood of the Monument Road where at about 6 p.m. he was shot dead, together with First-class Seaman Saito who was driving the officer's car. Both were in full naval uniform. From the fact that Sub-Lieutenant Oyama did not carry his revolver with him (revolver was later found with his personal belongings at the Headquarters) it is perfectly clear that he was not in a position to pick any quarrel with the Chinese troops. Nor is it likely that he was so reckless as to force his way into the airdrome which was heavily guarded by the Chinese armed with machine-guns. Although it is true that Saito had his revolver with him, it is clear that he could not make use of it as he was at the wheel of the car. Moreover, Sub-Lieutenant Oyama could not have used Saito's revolver because of the distance separating the seats of the two in the car. It is very evident, therefore, that both Oyama and Saito were murdered by the Chinese troop without the least provocation on their part.

3. The motor-car was discovered off the main road, at about 300 metres from the gate of the airdrome, with more than 50 marks of small-calibre bullets as well as several larger holes (including those of trench mortars) on all four sides. The driver's seat was flooded with blood and Oyama was found lying dead outside the car. Chinese troops were massed in the vicinity.

4. A formal joint inquiry held on the 10th established the fact that both Oyama and Saito were murdered by the Chinese immediately after fire was concentrated upon them, the first bullets which pierced their faces proving fatal. Oyama received, however, more than 18 wounds by bayonets and swords. Apparently the Chinese hit his head

with the butts of their rifles and dragged him from the car after which they thrust fixed bayonets into his body. Part of his intestines was laid bare and a hole large enough to pass a fist through was dug into his heart. Saito was also killed outright by the first shot but was later subjected to similar unspeakable atrocities. It is said that the Chinese used dum-dum bullets. Both men were completely robbed of their possessions, including sword, shoes and wrist watches —a conduct most unbecoming of soldiers in a regular army. When Japanese and Chinese troops face each other and untoward incidents happen, chances are that they are always perpetrated by these ill-disciplined Chinese soldiery.

5. In order to avoid the extension of fighting to Central and South China, the Japanese Government have been taking a most cautious and peaceful attitude in Shanghai. But the Chinese have established strong positions around the Japanese Concession menacing its safety. Moreover, they have been inciting anti-Japanese sentiment of the mass so that Japanese residents, women as well as children of tender age, have been subjected to various molestations. Now the Japanese are not able to purchase even their daily provisions.

6. It is said that the policing of Monument Road which is an Extra-Settlement road has been illegally taken over by the Chinese. It is still a pending issue. However, if the Chinese have assumed the right to police the section under discussion it is clear that they should assume full responsibility for the maintenance of peace and order there. If they are merely illegally occupying the said section, it must be said that the Chinese are seriously interfering with the peace and order of that locality which gravely concerns the welfare of the foreign, and particularly, Japanese residents in Shanghai.

7. Since both Sub-Lieutenant Oyama and Seaman Saito were on their duty, they are entitled, by law, to the right of extraterritoriality.

編　注　本文書は、昭和十二年十月、情報部作成「支那事變關係公表集（第一號）」から抜粋。

（付　記）

大山事件竝上海ニ於ケル日支間折衝

一、八月九日午後五時三十分頃上海特別陸戰隊大山中尉（制服着用シ居レリ）及齋藤水兵カ陸戰隊自動車ニ搭乘シ虹橋飛行場附近越界路タル「モニユメント」路ニ差懸リタル際保安隊ヨリ包圍射撃セラレ卽死セル事件發生セリ上海市長兪鴻鈞ハ同夜岡本總領事ヲ來訪甚タ不幸ナル事件發生セルカ雙方調査ノ上不擴大方針ニ依リ解決シ度シト述ヘタルニ付同總領事ヨリ我方ノ提出スヘキ要求ヲ留保セル上差當リノ問題トシテ保安隊ヲ至急前線ヨリ撤退セシメ我方陸戰隊トノ間ニ衝突ヲ惹起セサル樣措置方申述ヘ翌十日午前零時半我方及支那側立會ノ上工部局ノ實地檢證行ハレ支那側行爲ノ不法ナリシコト立證セラレタリ

二、斯テ現地ノ形勢ハ愈々急迫セルヲ以テ十一日岡本總領事ハ更ニ兪市長ト會見上海ノ治安維持及今後類似事件ノ再發ヲ防止スル爲メ差當リノ緊急措置トシテ日本人ノ居住區域ニ接近セル場所ノ保安隊ヲ後退セシムルコト及其ノ防禦施設ヲ一切撤去セシメラレ度キ旨嚴重申入レタル處兪ハ九日岡本總領事ト會見ノ後日本人ノ居住區域ニ接近セル場所（八字橋日本人墓地及麥酒會社附近等）ノ保安隊ニ後退ヲ命スルト共ニ土囊、鐵條網等防禦施設ノ撤收方指令シ何レモ既ニ實施セラレタルカ右ハ支那側ノ自發的措置ニ基クモノナリト答ヘタリ依テ岡本總領事ハ保安隊ノ後退ニ付軍事專門家ノ妥當ト認ムル一定距離迄後退方強調セルニ兪ハ一定距離ヲ定ムルコトニハ同意セサリシモ現位置ヨリ更ニ或程度後退セシムルコトニ同意セリ尙岡本總領事ハ保安隊ノ裝備及行動ハ治安維持ノ爲ニハ必要以上ノモノアリテ明カニ停戰協定ノ趣旨ニ違反スル旨申入レタリ

三、然ルニ右岡本總領事ノ申入ニ對スル兪市長ノ言明ニ拘ハラス保安隊ハ益々進出シ西部ハ勿論北停車場附近迄土囊ヲ構築シ又呉淞方面ニハ正規兵ヲ入レ居ル實情ナリシヲ以テ南京ニ於テモ十一日及十二日日高參事官ヨリ支那側ニ對シ保安隊ノ後退及防禦施設ノ撤廢方申入ルルト共ニ（本章第二節第二款參照）（編注）十二日朝來岡本總領事ニ於テ更

ニ市長ニ嚴重交渉セルモ市長ハ市政府ニ出勤セス官邸ニ留マリ居リ周章狼狽殆ト爲ス所ヲ知ラサルカ如キ狀況ナリキ

四、一方岡本總領事ハ停戰協定共同委員會緊急會議開催方要求シ八月十二日開催(日、英、米、佛、伊、支各國委員出席)セルカ同會議ニ於テハ英米等ニ於テ我方ヲ支援シ不取敢ノ措置トシテ保安隊及正規軍ヲ衝突ノ危險ナキ程度迄撤退方要求シタルモ支那委員(兪上海市長)ハ全然支那軍ニ對スル統制ナキコトヲ白狀シタル實情ニテ目的ヲ達セス委員會ハ僅カニ「日支兩軍ハ互ニ相手方ヨリ攻擊ヲ受クルニ非サレハ戰端ヲ開カサル旨日支委員ヨリ双方ノ司令官ニ申入ルル」旨ヲ決議シ日支委員之ヲ應諾セルニ過キス

五、先之海軍ニ於テハ陸戰隊約千名ヲ上海ニ增派スルコトトナリ十一日同地ニ到着セルカ右ハ從來第三艦隊ヨリ度々要求アリタルヲ抑ヘ待機セシメ居タルモノヲ今回ノ事件モアリ已ムヲ得ス增派ノコトニ決シタルモノニシテ海軍側ニ於テモ之ニ依リテ支那側ヲ刺戟スルカ如キコトナキ樣充分注意ノ上措置セル次第ナルカ右陸戰隊員及軍艦ノ增派ハ支那側ニ對シ異常ナル刺戟ヲ與ヘタルモノノ如シ

六、敍上ノ通リ我方ノ平和的努力ニ拘ハラス十二日ニ至リ共同租界北部方面ノ保安隊ハ我陸戰隊本部ト約百五十米ノ近距離地點タル本部裏鐵道線路迄又嘉興路(吳淞路突當リ)ニ押シ進ミタルノミナラス北停車場附近一帶ニ急遽嚴重防備ヲ施設シタルカ其他當時上海ニ於ケル保安隊ノ狀況ハ其美路方面ハ左迄防禦シ居ラサリシモ市政府中心區ヨリ江灣路、中山路ニ掛ケテハ隨所ニ百名內外ノ兵力ヲ配シ嚴重ナル防禦陣地ヲ構成シ居リ特ニ寶山路、閘北一帶ハ最モ嚴重ニシテ機關銃、步兵砲其ノ他總ユル兵器ヲ裝備シ居タル趣ニシテ上海ハ一般ニ保安隊ニ依リ重圍セラルルニ至レルカ一方滬寧、滬杭沿線ノ正規部隊モ動キ出シ蘇州ノ八十八師入滬セルヤノ情報モアリ支那側ノ態度俄カニ挑戰的トナリ一觸卽發ノ危機ヲ孕ムニ至レリ(以下省略)

編　注　東亜局作成「昭和十二年度執務報告　第一冊(第一課關係)」の当該箇所には、「日高參事官ハ岡本總領事ノ移牒ニ基キ更ニ十二日午後三時半外交部ニ陳次長ヲ往訪シ緊急措置トシテ上海ニ於ケル保安隊ノ後退及防禦施

設ノ撤退ノ至急實行方申入レタル處陳ハ不祥事ノ發生ヲ避クル爲ノ措置ニ付テハ十一日午後兪市長ハ岡本總領事ニ對シ日本人居住區域ニ接近セル場所ノ保安隊ヲ退ケ防禦施設ヲ撤收セル旨答ヘタル趣ナリト述ヘ此ノ際不必要ニ人心ノ刺戟ヲ避クルコト最モ必要ナル處十一日沖野輔佐官ヨリ楊虎ノ代表者ニ對シ陸戰隊二千名ノ增派ヲ決シタル旨申入アリ又他方第三艦隊ノ一部ハ既ニ吳淞ニ到着セル旨ノ新聞報道モアリ第十一戰隊漢口陸戰隊等ト合セ上海及其ノ附近ニ於ケル日本ノ兵力ハ漸次强化セラレタル爲上海ノ民心ハ極度ニ怯ヘ居ル一方地方當局ヨリノ報告ニ依レハ十一日朝杭州飛行場ノ上空ニ日本飛行機三臺飛來シ又十日ノ晩ニハ乍浦ニ日本軍艦三隻、十一日朝舟山列島附近ニ十四隻ヲ認メタル趣ニテ南京ニ於テ非常ナル不安ヲ感シツツアル次第ナリトテ日本側ノ考慮ヲ求ムルトコロアリタリ」とある。

45　昭和12年8月11日

日中和平交渉のため好意的斡旋の用意があるとの英国政府意向を通報した覚書

PRO MEMORIA

Perhaps the Japanese and Chinese Governments might be prepared to appoint plenipotentiaries to discuss terms for settlement. His Majesty's Government might offer their good offices (a) in providing neutral ground where the plenipotentiaries might meet and (b) during negotiations in smoothing any difficulties which might arise.

編　注　本文書は、八月十一日に在本邦ドッヅ英国代理大使より広田外務大臣へ手交されたもので、「本件ハ廣田大使《ママ》ヨリ日本ガ和平解決ノ意アルコトヲ内話シタルニ對シ英側ヨリ提出シタルモノノ由」との海軍側の書き込みがある。

46 昭和12年8月11日 在中国トラウトマン独国大使他より
在中国川越大使宛

上海での日中交戦回避のため必要措置を要望する独米仏英伊五か国大使の共同提案

Nanking, August 11, 1937.

Dear Mr. Ambassador:

In the midst of the general uneasiness occasioned by recent events in North China, we have been feeling increasing anxiety for the safety of our nationals and the welfare of the immense foreign commercial and shipping interests in Shanghai and its vicinity. Your Excellency will agree that it would be deplorable if hostilities should unfortunately occur in that region precipitating inevitably a chain of events which would gravely endanger foreign life and property.

In an oral communication the Chinese authorities have already announced to some of the Embassies most interested their desire to avoid all hostilities in the Shanghai region. Prompted by the considerations mentioned in the foregoing paragraph, the Ambassadors most interested were, at the moment there was delivered to some of them the oral communication of the Chinese authorities indicating their desire to avoid all hostilities in the Shanghai region, preparing to approach simultaneously both the Chinese and the Japanese Governments on this subject. The undersigned diplomatic representatives, in the hope that the Japanese authorities will do all in their power to carry out effectively a plan to exclude the Shanghai area from the scope of any possible hostilities, now address this communication to Your Excellency. We should welcome any assurance to that effect which Your Excellency may feel able to give.

We are, dear Mr. Ambassador,

Very sincerely yours,

(Sgd.) Oscar Trautmann
German Ambassador

(Sgd.) Nelson Trusler Johnson
American Ambassador

(Sgd.) Paul Emile Naggiar
French Ambassador
(Sgd.) H. M. Knatchbull-Hugessen
British Ambassador
(Sgd.) G. Cora
Italian Ambassador

編注　本文書は、東亜局作成「昭和十二年度執務報告　第一冊(第一課關係)」より抜粋。

47　昭和12年8月12日

上海への日本軍増強に対して自衛措置実行のほかなき旨の中国外交部声明

外交部の聲明　　一二、八、一二

蘆溝橋事件以來日本は屢々口頭を以て事態擴大を欲せすと公言せるに拘らす、其の行動は之に反し北支に於ては現地解決を聲明し乍ら大部隊を增援して平津を進攻し殺戮と放火の限りを盡し、又南口を猛撃し河南南部各地を窺ひ止まる所なし、上海に於ける九日の虹橋事件に付き日本は外交交渉に依る解決法に關し口頭を以て同意せるに拘らす、多數の軍艦、飛行機、陸戰隊其の他の武裝兵力を上海に派し諸種の要求を提出し、支那の自衛力を解除乃至は滅弱せんと企圖し又軍事行動準備の爲不法にも上海、杭州、寧波等に飛行せり、右様行爲は領土主權を侵害し各種國際條約に違反す、斯る事態に付支那は最早忍耐をし得す暴行に抵抗し自衛を實行するの外途なし、今後に於ける事態發展の責任は全部日本側にあり

編注　本文書は、昭和十四年五月十八日、情報部第二課作成「支那事變關係聲明集」より抜粋。

48　昭和12年8月13日　在中国日高(信六郎)大使館参事官より在中国ペック米国大使館参事官宛

上海租界周辺の中国側軍隊および軍事施設の撤退が日本軍撤退の前提条件であり中国を説得ありたいとの五か国宛わが方回答通報

August 13, 1937.

Dear Mr. Peck,

I have been instructed by my Ambassador at Shanghai to convey to Their Excellencies the American, British, French, German and Italian Ambassadors the views as stated in the separate paper attached hereto as his reply to their Note of the 11th instant.

I shall be very much indebted to you if you will be so good as to transmit it to the interested Ambassadors at the earliest opportunity.

Yours faithfully,

(Sgd.) S. Hidaka

Willys Peck, Esquire,

United States Embassy,

Nanking.

1. It goes without saying that the safety of the lives and property of the foreigners as well as the Japanese in Shanghai falls under the solicitous care of the Japanese Government. It follows therefore that it is the most sincere desire on their part to avert any armed hostilities being engaged in Shanghai and the districts adjacent to it.

2. In order to successfully fulfil the desire expressed above, however, it is a matter of urgent necessity that, with an ultimate view to achieving the faithful observance of the stipulations of the Shanghai Truce Agreement of 1932 by the Chinese authorities, steps must be taken, as provisory measures to withdraw the Chinese regular troops and the equally well equipped Peace Preservation Corps that are at present concentrated in the vicinity of the settlements and are threatening the Japanese, at least outside the fighting distance, and also to demolish all their military constructions erected in the vicinity of the said area.

3. The Japanese Naval Landing Party are under the strict order to act with utmost self-control and perseverance. It can be definitely stated that they do not entertain the slightest intention of making any unprovoked attack on the Chinese troops or the Peace Preservation Corps. Also, the Japanese Government are fully prepared

to withdraw their Naval Landing Party forces to their original positions provided that the conditions mentioned in the preceding paragraph are accepted by the Chinese authorities.

4. Under these circumstances, the Japanese Government earnestly request the interested Powers that, with the purpose of preserving Shanghai immune from the deplorable consequences of a warfare, they be good enough to exhaust all necessary means at their disposal in order to bring about the withdrawal of the Chinese troops and the Peace Preservation Corps at the earliest moment.

Shanghai, August 12th, 1937.

編　注　本文書は、東亜局作成「昭和十二年度執務報告　第一冊（第一課關係）」より抜粋。

～～～～～～～～～～～～～～～～～～～～～～

49　昭和12年8月13日　在上海岡本総領事より広田外務大臣宛（電報）

上海の事態緊迫に伴う居留民避難措置の実施につき報告

上　海　8月13日前発
本　省　8月14日前着

第八三五號

㈠本十二《ママ》日朝以來支那側ノ行動ノ爲南北部鐵路以西ノ居住邦人ハ極度ニ不安ヲ抱キ始メタルヲ以テ午後三時本官ヨリ任意租界内ニ引揚方勸告ヲ發セリ

㈡更ニ六時半三艦隊ヨリ北四川路、狄思威路方面配備決定ノ通告アリタルヲ以テ七時半鐵道及北四川路間ノ地區竝ニ狄思威路其美附近ノ在住者ニ對シ租界内安全地帶へ避難方命令ヲ發シタリ

因ニ㈠ハ日沒迄ニ略々全部引揚ケ㈡ハ八時半八分通リ避難ヲ了セリ

支、北平、天津へ轉電セリ

～～～～～～～～～～～～～～～～～～～～～～

50　昭和12年8月14日　在本邦ドッヅ英国代理大使より広田外務大臣宛

上海での軍事衝突を回避するため最大限の努力を要請する英国政府通報

British Embassy, Tokyo.

14th August 1937.

My dear Minister,

I have this morning received a most immediate telegram from my Government regarding the reports which have reached them of fighting in the Hongkew district of Shanghai.

His Majesty's Ambassador at Nanking and I are instructed to impress upon the Governments to which we are accredited once more in the strongest terms the importance of avoiding hostilities in Shanghai. Both the Japanese and Chinese Governments are under the strongest moral obligation to refrain from any action likely to lead, whether through their own immediate fault or that of the other party, to such hostilities and to the incalculable danger which will ensue to the many thousands of foreigners in no way concerned. No (Not ヵ) only contact between the troops of the opposing parties but their presence in that area must be recognised as constitution (constituting ヵ) a naked flame in a powder magazine and the responsibility cannot be avoided by argument as to who started firing or what technical right exists to have troops on the spot. Both sides will be responsible for the disastrous results which cannot humanly speaking be avoided if their present attitude is maintained. To the impartial onlooker that attitude is the one most certainly leading to the very trouble which each side profess (professes ヵ) to wish to avoid. No word can alter this fact and His Majesty's Government must appeal to both the Japanese and Chinese Governments with the utmost insistence to make their deeds conform to their assurances. I am instructed to point out to Your Excellency that His Majesty's Government find it difficult to reconcile the assurances of Your Excellency's Government that they are most anxious not to imperil Shanghai with the measure recently taken because two members of their landing party have been killed far outside the city boundary. I am to appeal to Your Excellency for the sake of the good name of Japan and in the interests of humanity to undertake that every effort will be made to avoid not only a recurrence of such incidents but exaggerated measures if and when they do occur and in general such disposition and use of their forces. Under this heading certainly comes the use of the international settlement as a base in any form such as would lead to Chinese counter measures. It is to be hoped that Your Excellency's Government will, on the contrary, take every possible measure to prove to the Chinese that serious action is not intended at Shanghai.

Believe me,
My dear Minister,
Yours very sincerely,
Signed: J. L. Dodds.

His Excellency
Mr. Koki Hirota,
H.I.J.M.'s Minister for Foreign Affairs.

編注　本文書は、東亜局作成「昭和十二年度執務報告　第一冊(第一課關係)」より抜粋。

51　昭和12年8月14日　広田外務大臣／在本邦許世英中国大使　会談

日中間の紛争収拾をめぐる広田・許会談

付記　東亜局作成「昭和十二年度執務報告　第一冊(第一課關係)」より抜粋
八月十三日の日高参事官・王外交部長会談要旨

大臣許大使會談錄

昭和十二年八月十四日
自午前十一時　至午後一時　於大臣官邸

許大使(楊参事官通譯)
昨夜十一時半頃外交部ヨリ電報ニ接セルカ右ニ依レハ上海ノ事態ハ眞ニ一觸卽發ノ情勢ニアリ日本政府ニ於テハ從來屢々不擴大ノ方針ヲ聲明セラレタルカ現實ノ事態ハ此ノ儘放任スルニ於テハ益々擴大シ日本政府ノ方針ニモ反スル結果トナルヘシ。
日本政府ニ於テ提唱セラレ居ル不擴大ノ方針ヲ此ノ際事實上何等カノ方法ニ依リテ具現スルコトカ必要ナルカ日本政府ニ於テハ如何ナル方法ニ依リ右方針ヲ具現セント

セラルルヤ。王部長ニ於テハ昨十三日午後日高參事官ト會見ノ豫定トナリ居ル趣ナルカ現在最モ希望スルハ不擴大方針ノ具体的實行方法如何ニアリ。（大臣ノ質問ニ對シ右ハ單ニ上海ニ限ラス河北ノコトニ關シテモ申上ケ居ル次第ナリト附言セリ）尙個人トシテ申上度キハ兩國ハ兄弟ノ間柄ナルノミナラス一部軍人ニハ或ハ戰爭ヲ好ム者モアルヤモ知レサルカ吾々外交官タル者ハ平和的解決ヲ圖リ民衆ノ犧牲ヲ出來得ル限リ少カラシムルコト必要ニシテ是愛民救人ノ途ナリト信ス

大臣

今囘ノ事件ニ付テハ北支ト言ハス上海ト言ハス政府ハ出來得ル限リ局地的ニ解決シ事態ヲ擴大セストノ根本方針ヲ以テ臨ミ居リ右ハ蘆溝橋事件發生以來終始變ラサル所ナリ。蘆溝橋事件ノ發生後本事件ヲ局地的ニ取纒ムル話合成立セントセル際モ本大臣ヨリ貴大使ニ對シ南京側ニ於テ右話合ヲ妨害セサルコトカ事件不擴大ノ唯一ノ方法ナルコトヲ明確ニ申上ケ置キタリ。然ニ南京政府ノ態度及中央軍ノ軍事行動ハ是等ノ話合ヲ全然無視セントセルモノナリ。數萬ノ中國軍ニ對シ僅カ五千ノ軍隊ヲ有スルニ過キサル我方トシテハ已ムナク派兵ノコトトセル次第ナルカ右派兵モ萬已ムヲ得サル程度ノ範圍ニ於テ派遣セルモノナリシ處其ノ後通州事件、上海事件等支那側ニ於テハ徒ニ事態ノ擴大ヲ事トシ來レルヲ以テ我方トシテモ之ニ應セサルノ已ムナキニ至レル譯ナリ。特ニ最近ハ上海ニ於テ停戰協定ヲ無視シ協定地域ニ中國正規軍ヲ進入セシメ居留民ノ安寧ヲ害セントセルヲ以テ我方官憲ニ於テハ兪市長ニ對シ支那側ノ協定履行方ヲ極力勸說セルニ市長ハ何等約束ハ出來スト云ヒ又支那軍隊ハ嚴ニ發砲セサル旨ノ約束ヲナセル後ニモ之ヲ無視シテ我方ニ發砲シ來ル等ノ始末ニテ斯ノ如キ支那側ノ態度ハ帝國政府ノ不擴大方針トハ全然反對ノモノナリ。帝國政府カ終始不擴大ノ方針ヲ堅持シ來レルコトハ以上申上ケタル事實ニ徵スルモ明瞭ノコトト存ス。上海ハ外國側トモ密接ナル關係アル土地柄ニテ此ノ方面ニ於テ戰鬪ノ發生スルハ帝國ノ最モ希望セサル所ナルヲ以テ政府ニ於テハ既ニ在京關係國大使ニ對シ支那軍隊ヲ事實上戰鬪ノ出來ヌ地域ニ離隔セシムルコト竝ニ上海ニハ停戰協定アリ、列國モ支那軍ノ該協定履行ニ付監視ノ責任アル譯ナルヲ以テ支那側

ノ協定履行監視ニ付十分ノ努力アラムコトヲ希望シ置キタル次第ナルカ今日最モ肝要ナルハ先ツ支那軍隊ヲ撤去セシメ兩軍對峙ノ姿勢ヲ解キ戰鬪ヲ停止スルニ在リ

許大使
北支ニ付テハ如何ナル御考ヲ有セラルルヤ

大　臣
河北ニ對シテモ上海ト同樣ニテ我方ハ河北ノ安全ヲ保持スル爲冀察政權代表ト我方軍隊トノ間ニナシタル取極ヲ支那側カ忠實ニ實行セムコトヲ要求シタルニ拘ラス支那側カ之ヲ無視シ居ル爲危機カ去ラサル譯ナリ

許大使
蘆溝橋事件ノ如キ地方的小事件カ漸次進展シテ南口、良鄉、濁流鎭、（獨カ）靜海等カ日本軍ニ依リ爆擊セラレ又上海ニ於テモ不祥事件發生スル始末ニテ支那側トシテハ果シテ如何ナルコトヲスレハ日本ハ事件ヲ停止スルノカ全ク捕捉ニ苦ミ居ル次第ナリ。事件不擴大ノ爲支那側ニ於テ實行シ得ルコトアラハ中國政府トシテハ喜ンテ之ヲ實行スヘキモ實行不可能ノ條件ナルニ於テハ中國政府トシテモ如何トモ致シ難シ就テハ爾後支那カ如何ナルコトヲスレハ日本ハ事件ヲ擴大セシメサル御意向ナリヤ。貴大臣ハ日本側ニ於テ事件不擴大ノ方針ヲ堅持シ居ルコトハ各般ノ事實ニ付キ明ナリト言ハレタルカ日本ノ飛行機ハ頻リニ爆擊ヲナシ居ルニ拘ラス支那ノ飛行機ハ未タ一回モ爆擊ヲナシ居ラズ。

大　臣
支那側トシテヤルヘキ第一ノコトハ日本側トノ各種ノ約束、其ノ約束カ河北ニ關スルト上海ニ關スルトヲ問ハス、總テ之ヲ嚴重ニ履行スルコトナリ。日支兩國ノ關係ヲヨリ善クセムカ爲ノ自分ノ案ニ付テハ數年前ヨリ申上ケ居ル通リナリ。日本トシテハ支那ノ領土ヲ侵略スルカ如キ意向毛頭ナシ。現在ノ事態ヲ收拾スル爲ニハ大体如何ニセハ可ナルカ又將來ノ國交ヲヨリ善クスル爲ニハ何ウスレハ宜イカト云フコトモ既ニ提案濟ニテ御國ニ於テハ大体承知ノ筈ナリ。本日ハ支那側ノ肚ニ付餘程ノコトヲ聽キ得ルモノト存シ非常ナル期待ヲ以テ會見セルニ拘ラス今更日本ノ態度ヲ聞カレル樣ニテハ餘程認識カ缺ケテ居ルモノト言ハサルヲ得ス。十三日ノ正午董科長ヨリ日高參事官ニ對シ外交部ニ於テハ高宗武氏ヲ至急上海ニ派シ川越大使トノ間ニ事態ノ急變防止ニ關シ話合ヲナサシムルトノ趣通報アリタルカ高宗武氏ヨリハ川越大使ニ對シ必スヤ御國ノ判然トシタ肚ヲ打明ケラルルコトト信ス。貴大使カ本日病氣ヲ冒シテ來訪セラレタル以上何事カアルヘシト期待シ居リタルニ自分ヨリ何等カノ言質ヲ得テ之ヲ利用セントノ御考ナルヤニ見ユルハ自分ノ甚タ遺憾トスル所ナリ

許大使

日本側ニ於テ領土的意圖ナシト言ハルルモ卒直ニ申上クレハ冀東政府ハ中華民國防共自治政府ナル看板ヲ掲ケ居ルモ實際上南京政府ノ行政ハ同地域ニ及ヒ居ラス。貴大臣ハ支那側ノ挑戰的言動ニ付御話セラレタルカ日本ノ新聞ニモ例ヘハ「支那膺懲」等ノ文字アリ是等ハ著ク支那國民ノ感情ヲ刺戟スルモノト存ス

大臣

新聞等ニハ左様ナ字句ヲ弄スルモノアルヤモ知レサルカ政府ニ於テハ左様ナコトヲ發表セルコトナシ然ニ支那ニ於テハ政府ノ聲明ニモ過激ノ字句ヲ使用シ居リ、日本國民ハ右ハ國民政府ノ宣戰布告ニ非スヤトノ感ヲ懷ク次第ナリ北支ノ行政ニ關シ十分承知セル人カ北支ニ來リテ北支ノ行政ヲナスニ於テハ種々ノ遣方モ自ラ考ニ浮ヒ來ルモノト思ハル。今迄ノ如ク一面抵抗一面交渉等ノ遣方ニテハ日本側トシテモ憤慨セサルヲ得ス日本側ト能ク話ヲシ、話カ着ク立派ナ人物カ北支ニ來ラハ北支ノ問題モ話ノ着カサル筈ナシト信ス。何レニセヨ日満支三國間ノ話ヲ着ケル爲ニハ何ヨリ北支ニ戰爭狀態ノ起ラサルコト肝要ナリ。目下日支間ノ國交ヲ阻害シ居ル最大ノ原因ハ満洲國ノ問題ナルカ此ノ問題カ解決セサル爲支那人中ニハ之ヲ利用シ或ハ外國ト組ンテ日支間ノ關係ヲ益々悪化セシメムトノ不心得者モ出テ來ル譯ナリ。是等ノ事モ相互ニ話合ヲセハ十分判ルコトト思ハル尙上海ニ於テハ速ニ戰闘行爲ヲ中止スルコト肝要ニテ支那側ヨリ進テ支那側トシテ取ルヘキ措置ヲ的確ニ我方ニ申出ツルコト必要ナリ右ハ單ニ上海ニ限ラス全体ノ國交ノ問題ニ關シテモ同様ナリ

許大使

上海ニ於ケル停戰ニ付支那側カ全然其ノ意思ナシト云フナラハ話ニハナラサルモ支那側ニ於テハ其ノ希望ヲ有ス

ルモノニ付支那側カ協定ヲ實行セル際ハ日本ハ屢次聲明ノ不擴大方針ニヨリ果シテ如何ナル措置ヲ取ルヘキヤ貴大臣ノ御意向ヲ承知シ度シ

大　臣　上海及北支ニ於ケル種々ナル問題ハ總テ滿洲國ノ問題ニ關聯シテ發生セルモノニテ、滿洲國ニ對スル根本的ノ肚ヲ決メルコトカ先決ナリ。支那側ニ於テ右肚カ決リタル上ハ正式ノ筋ヲ通シテ日本ニ申込マレ度ク左スレハ日本側ニ於テモ之ニ應シ十分考慮ヲ加フル用意アリ

許大使　滿洲ノ問題カ根本的ナルコトハ自分モ諒解シ居レリ。大使ノ資格ヲ離レテ個人トシテノ忌憚ナキ意見ヲ申上ケレハ滿洲問題ハ日支ノ雙方ニ取リ非常ニ困難ナル問題ナリ卽チ假ニ國民政府カ滿洲國ヲ承認スレハ支那國民ハ承服セス又支那側ニ於テ滿洲國ヲ恢復セントスレハ日本ノ國民カ承知セス。時局惡化ノ此ノ際此ノ種根本的問題ヲ持出サルルハ非常ニ困難ノコトニテ、國民政府トシテハ考慮ノ餘地ナキニ非スヤト心配ス

大　臣　日本ニ於テハ既ニ滿洲國ノ獨立ヲ承認セリ此ノ既成事實ニ對シテ支那側ハ如何ニ考ヘラルルヤ、結局不承認テハ日支ノ關係ハ片付カス此ノ重大問題ニ關シ如何ニセハ可ナルカ支那側トシテモ十分肚ヲ決メテ懸ラレ度シ

許大使　滿洲國ノ問題ニ關シ、中庸ノ途ハナキモノナリヤ此ノ點ニ關シ大臣ノ御考ヲ伺ヒ度シ

大　臣　滿洲國ノ取扱ニ關シテハ此ノ問題カ將來兩國間ノ問題トナラヌ樣ニスルコトカ第一ナリ。支那側トシテモ滿洲國ノ問題ニ付テハ此ノ際思切ツタ決心ヲスルコト必要ニテ自分カ外國政府筋ヨリ聞込メル所ニ依レハ在歐支那大使ノ中ニハ個人トシテ滿洲國承認ノ意向ヲ有スル者モアル趣ナリ自分ハ滿洲國承認ノ時機ハ今日遂ニヤツテ來タモノト考ヘ居レリ尙上海ニ於ケル現實ノ問題トシテハ兩軍對峙ノ姿勢ヲ改メ支那軍ヲ撤收セシムルコト必要ナルカ撤兵ニ當リテハ再ヒ不祥事件ノ起ラサル樣適切ノ措置ヲ講スルコト肝要ナリ

許大使

現實ノ問題トシテ支那側ニ於テ停戰協定ヲ忠實ニ實行スル場合ニハ事件不擴大方針ノ具体的表現トシテ日本側ニ於テモ戰鬪行爲ヲ中止シ兵ヲ撤退セラルルヤ

大　臣
今迄述ヘタコトニ付十分覺悟ヲ決メタル上何等申出テラルルニ於テハ我方ニ於テモ考慮ヲ加フヘク之ニ依リ漸次停戰ヲ實行ニ移セハ兩國ニ取リ極メテ結構ナコトト考フ。時機逼迫ノ今日十分考慮セラレムコトヲ希望ス

許大使
大臣ノ御意向ハ能ク諒解セルモ根本的問題ヲ今日提示セラルルハ局面ノ解決ヲ困難ナラシムルモノニ非スヤト存ス尙此ノ際日支間話合ノ爲ニハ別ノ人、例ヘハ政府ノ信頼スル人物ヲ派スル御考ナキヤ

大　臣
全權ノ意味ナリヤ

許大使
一般的問題ニ付隔意ナキ意見ノ交換ヲナシ得ル人トノ意味ナルカ最後ノ決定カ政府ニ存スルコトハ勿論ナリ唯ソレ迄ノ間ニ種々隔意ナキ意見ノ交換ヲナスニ便ナラシメントスル趣旨ナリ。尙此ノ種人物ノ交換ハ人目ヲ惹キ易キニ付第三國例ヘハ香港邊リニテ話ヲスルコト適當ト考ヘラル。

大　臣
何レニセヨ日本側トシテハ決シテ無理ナコトヲ要求スルモノニ非ス此度ハ今後ヲヨリ善クセムトノ考ニテ話ヲ進メムトスルモノニテ此ノ點ニ關シ御心配ハ無用ナリ。日本ノ意向ニ付テハ十分話合ヲナセハ判ルコトト確信ス。自分ハ兩國間ノ永イ間ノ基礎トナル話ヲセントスルモノニテ些細ナル功利的ノ考ハ毛頭有シ居ラス從テ形式ノ如キハ敢テ問フ所ニ非ス。何レニセヨ今日ハ兩國共ニ此ノ問題ノ爲最大ノ努力ヲナスヲ必要トス

（以上會談ノ際許大使ヨリ大使館「雇員」張先基及章蒼萍ノ釋放方ニ付申出アリ又大臣ヨリ岳陽丸引揚者及大使館員等ノ安全保障竝ニ支那側ノ新聞記事、「ラヂオ」放送等ノ取締方ニ申入ヲナシタルカ詳細記載セス）

（付　記）
十三日午後四時日高參事官ハ本省ノ訓令ニ基キ王外交部長

ヲ往訪參事官ヨリ北支事變發生以來我方ハ不擴大方針ヲ執リ最近揚子江沿岸ヨリ居留民竝ニ警備艦ノ引揚ヲ斷行シタルモ全ク右方針ニ出テタルモノナル處恰モ其ノ時大山事件ノ發生ヲ見ルニ至リタルハ洵ニ遺憾ナリトテ其ノ重大性ヲ指摘シ上海ニ於ケル支那側兵力ノ撤退竝軍事的施設ノ撤去方要求セルカ右ニ對シ王ハ保安隊ノ進出ハ日本側カ多量ノ兵員、武器、飛行機、軍艦等ヲ送致セルコトニ依リ刺戟セラレタル結果ニシテ此ノ際支那側一方ニノミ撤退ヲ求ムルハ無理ニシテ双方共事件勃發前ノ狀態ニ歸スコト可然ト述ヘ參事官ヨリ支那側ノ停戰協定違反ヲ指摘セルニ對シ王ハ(イ)本件協定ハ既ニ實施濟ノモノナルコト(ロ)防禦工事ノ如キハ戰鬪行爲ノ性質ヲ有セサルコト(ハ)從來日本ニ於テモ屢々停戰協定區域內ニ兵ヲ動カシ協定違反ヲ行ヒ居ルコト等ヲ擧ケテ支那側ノ見解ヲ述ヘタルニ付日高參事官ヨリ日本側トシテ先ツ差當リ事態ノ惡化ヲ抑止スル爲支那軍隊及保安隊ノ撤收竝ニ軍事施設ノ撤去ヲ以テ絕對必要ノ先決要件ナルト認メ居ルモ(ノ欠カ)ナル旨反復說得シタルモ王ハ之ニ承服セス互讓ヲ主張スルノミニテ物別レトナレリ

52　昭和12年8月14日　上海での中国側空爆に関する情報部長談話

上海支那側空爆ニ對スル外務省情報部長談(英文)

(八月十四日)

DECLARATION BY THE DIRECTOR OF THE INFORMATION BUREAU,

AUGUST 14, 1937.

It is with feelings of intense horror and distress that the Japanese nation has learned the news of the indiscriminate bombing of Shanghai by the Chinese air force. When it was learned that the Chinese Government had warned all foreigners, except Japanese, to evacuate the Hongkew area, the Japanese forces certainly were prepared for an attack. They were ready to fulfill their duty and the mission they had been entrusted with—to protect the lives and the property of Japanese residing legally and peacefully on Chinese soil—and to pursue their cooperation with the forces of the friendly Powers in keeping Shanghai free from the insecurity and disorder rampant in other parts of China.

Time and again, the Japanese have had the bitter experience of seeing the Chinese soldiery, roused to fierce anti-foreign frenzy, running out of hand. The Boxer Rebellion, and nearer to our times, the Nanking and Tsinan outrages, had warned us of what to expect when foreign power was not there to prevent them from plying their will on helpless foreign victims.

We had hoped that the much-vaunted "modern" troops of the Nanking Government would show a fuller measure of discipline, but could not refrain from expressing our misgivings that they might still run true to pattern, especially as we knew how the flame of anti-Japanese sentiments was being fanned by both the Chinese fascists and their recent allies, the agents of the Comintern. Our fears, alas, were but too well-founded. We were prepared to repulse onslaughts on our forces, but truly we were not prepared to witness the massacre of innocent Chinese refugees by Chinese bombs, the wanton destruction of foreign property that had helped to build the wealth of China, the slaughter of the foreign friends of the Chinese people by airplanes of the Chinese Government.

Consternation and sorrow is in the hearts of the Japanese people —sorrow and also a rightful indignation for the attempt to wreck our helpless brethren of Shanghai, —amongst whom were thousands of refugees driven from their homes on the Upper Yangtze River, —fanatic fury in possession of modern means of destruction.

The world will recognize that Japan has shown the greatest restraint and moderation in the recent events. She has done her utmost to minimize the effects of untoward happenings, but on each occasion, her efforts have been thwarted by the prejudiced and disorderly attitude of the Chinese. Lukowchiao was practically settled the next day. Nanking interfered. The Chinese troops got out of hand. The Hungjao affair was being discussed. Now Nanking troops enter Shanghai and her planes bomb the Settlement.

Japan stands for order. She will insist on the protection of her citizen's legitimate rights. She is conscious of her duty to her friends and to those who put their trust in her. Her troops, if necessary, will fight for it reluctantly but without flinching.

編注　本文書は、昭和十二年十月、情報部作成「支那事變關係公表集（第一號）」から抜粋。

53　昭和12年8月14日　在上海岡本総領事より広田外務大臣宛（電報）

上海東部における交戦状況激化により列国外交団の対日態度悪化について

上　海　8月14日後発
本　省　8月14日後着

第八八五號（大至急）

我方ニ於テハ東部方面ヨリノ攻撃ニ對抗スル旁ラ楊樹浦「ゴルフリンク」ヲ地均シ飛行場ト爲ス爲モアリ昨日ヨリ軍艦カ射撃ヲ續ケ居タリ又支那側ハ今朝二時ヨリ攻撃令ヲ下シアリシモノノ如ク（英國側ハ知ツテ居タ様ニテ昨夜英軍司令官本官ヲ來訪同日支那側ト會見ノ結果英米及義勇隊受持區域ニ對シテハ日本カ手ヲ出サスハ支那モ戰鬪行爲ヲ執ラヌ由申シ居ルニ付日本モ同様ノ保障ヲ得度シ戰鬪ハ東部區域ニ限ラレ度キ旨申入レ來レリ）盛ニ攻勢ヲ執リ相當撃合ヲシタル爲カ今朝ニ至リ英國側ノ態度ハ日本ニ誠意ナシトテ俄然悪化シ且今朝出雲ヲ狙ヒシ爆彈カ怡和洋行倉庫ニ落下セルハ畢竟出雲カ附近ニアリシ爲ニ付（當館直ク下流ニ繋留シ當館モ危險ナリ）同艦ヲ下ケラレ度キ旨申入ルル考ナリトカ工部局等ト協議シ義勇隊ヲ受持區域（B區域）ヨリ全然撤退スヘシトカ館員ニ語リシ由ニテ（未タ英及工部局ヨリ公式ニハ意思表示ナシ）今ヤ英、米、佛等ヲ我方ニ惹付ケル工作モ殆ント絶望視サレ又外支人共前回ノ時ノ如キ肚アル政治家ナク我方飛行機ノ出動ハ差當リ不可能ナルモノノ如キヲ以テ陸戰隊及在留民共孤立ニテ蘇州河以東ヲ死守シ今後危機ニ直面スルノ外ナキ形勢ニ置カレタリト觀測セラル（陸戰隊司令官ヨリ義勇隊撤退セハ虹口ノ邦人ノ安全保障難シキニ付他ニ避難セシメラレ度キ旨通報アリ）

午後一時）

支ヘ轉電セリ

54 昭和12年8月15日 中国政府の反省を促すため断固たる措置をとるのやむなきに至った旨の日本政府声明

帝國政府聲明

(昭和十二年八月十五日午前一時十分發表)

帝國夙ニ東亞永遠ノ平和ヲ冀念シ、日支兩國ノ親善提携ニ力ヲ效セルコト久シキニ及ベリ。然ルニ南京政府ハ排日抗日ヲ以テ國論昂揚ト政權强化ノ具ニ供シ、自國國力ノ過信ト帝國ノ實力輕視ノ風潮ト相俟チ、更ニ赤化勢力ト苟合シテ反日侮日愈々甚シク以テ帝國ニ敵對セントスルノ氣運ヲ釀成セリ。近年幾度カ惹起セル不祥事件何レモ之ニ因由セザルナシ。今次事變ノ發端モ亦此ノ如キ氣勢ガ其ノ爆發點ヲ偶々永定河畔ニ選ビタルニ過ギズ、通州ニ於ケル神人共ニ許サザル殘虐事件ノ因由亦玆ニ發ス。更ニ中南支ニ於テハ支那側ノ挑戰的行動ニ起因シ帝國臣民ノ生命財產既ニ危殆ニ瀕シ、我居留民ハ多年營々トシテ建設セル安住ノ地ヲ涙ヲ呑ンデ遂ニ一時撤退スルノ已ムナキニ至レリ。

顧ミレバ事變發生以來屢々聲明シタル如ク、帝國ハ隱忍ニ隱忍ヲ重ネ事件ノ不擴大ヲ方針トシ、努メテ平和的且局地的ニ處理センコトヲ企圖シ、平津地方ニ於ケル支那軍屢次ノ挑戰及不法行爲ニ對シテモ、我ガ支那駐屯軍ハ交通線ノ確保及我ガ居留民保護ノ爲眞ニ已ムヲ得サル自衞行動ニ出デタルニ過ギズ。而モ帝國政府ハ夙ニ南京政府ニ對シテ挑戰的言動ノ卽時停止ト現地解決ヲ妨害セザル樣注意ヲ喚起シタルニモ拘ラズ、南京政府ハ我ガ勸告ヲ聽カザルノミナラズ、却テ益々我方ニ對シ戰備ヲ整ヘ、嚴存ノ軍事協定ヲ破リテ顧ミルコトナク、軍ヲ北上セシメテ我ガ支那駐屯軍ヲ脅威シ又漢口上海其他ニ於テハ兵ヲ集メテ愈々挑戰的態度ヲ露骨ニシ、上海ニ於テハ遂ニ我ニ向ツテ砲火ヲ開キ帝國軍艦ニ對シテ爆擊ヲ加フルニ至レリ。

此ノ如ク支那側ガ帝國ヲ輕侮シ不法暴虐至ラザルナク全支ニ亙ル我ガ居留民ノ生命財產危殆ニ陷ルニ及ンデハ、帝國トシテハ最早隱忍其ノ限度ニ達シ、支那軍ノ暴戾ヲ膺懲シ以テ南京政府ノ反省ヲ促ス爲今ヤ斷乎タル措置ヲトルノ已ムナキニ至レリ。

此ノ如キハ東洋平和ヲ念願シ日支ノ共存共榮ヲ翹望スル帝國トシテ衷心ヨリ遺憾トスル所ナリ。然レトモ帝國ノ庶幾スル所ハ日支ノ提携ニ在リ。之ガ爲支那ニ於ケル排外抗日運動ヲ根絶シ今次事變ノ如キ不祥事發生ノ根因ヲ芟除スルト共ニ日滿支三國間ノ融和提携ノ實ヲ擧ゲントスルノ外他意ナク、固ヨリ毫末モ領土的意圖ヲ有スルモノニアラズ。又支那國民ヲシテ抗日ニ踊ラシメツツアル南京政府及國民黨ノ覺醒ヲ促サントスルモ、無辜ノ一般大衆ニ對シテハ何等敵意ヲ有スルモノニアラズ且列國權益ノ尊重ニハ最善ノ努力ヲ惜マザルベキハ言ヲ俟タザル所ナリ。

55　昭和12年8月16日

上海で発生した事態は日本陸戦隊の存在に基因するので事態解決のため陸戦隊は撤退すべしとの英国政府覚書

1. The situation that has arisen at Shanghai must be considered as ultimately due to the presence of the Japanese landing party there. The best practical contribution which the Japanese Government can make to a solution of it would be to withdraw their landing party. His Majesty's Government are urging the Chinese Government to guarantee that there will be no attack on the Japanese quarter and to dispose their forces so as to remove apprehension of any attack.

2. Arrangements are being made to evacuate a large number of British nationals from Shanghai and His Majesty's Government count upon the Japanese Government to enable this to be done.

3. The greatest and most immediate danger to the lives and property of non-combatants in the International Settlement arises from the presence of the "Idzumo" adjacent to the Settlement wharves and without prejudice to other aspects of the situation, the best practical demonstration that the Japanese Government could give of their expressed desire to avert danger to foreign life and property would be the removal of the "Idzumo" to some more distant station.

His Majesty's Government are at the same time urging upon the Chinese Government in the most insistent manner possible that they should refrain from any repetitions of bombing raids.

編注一　本文書は八月十六日、在本邦ドッヅ英国代理大使より堀内外務次官に手交された。

二　本文書は、東亜局作成「昭和十二年度執務報告　第一冊(第一課關係)」より抜粋。

56　昭和12年8月18日

日中両国が上海撤兵に同意するならば列国とともに租界居住日本人の保護に当たる用意がある旨の英国政府通報

If both the Chinese and Japanese Governments will agree to withdraw their forces including men-of-war from the Shanghai area and will both agree that the protection of Japanese nationals in the International Settlement and on the extrasettlement roads should be entrusted to foreign authorities, His Majesty's Government in the United Kingdom will be prepared to undertake this responsibility if other powers will join with them in doing so.

In putting forward this proposal His Majesty's Government are actuated solely by the desire to keep the International Settlement free from hostilities and the commitments contemplated would be of a temporary nature to hold good during the continuance of the crisis.

British Embassy, Tokyo.

18th August, 1937.

編注一　本文書は八月十八日、在本邦ドッヅ英国代理大使より堀内外務次官に手交された。

二　本文書は、東亜局作成「昭和十二年度執務報告　第一冊(第一課關係)」より抜粋。

57　昭和12年8月19日

上海における戦闘は中国側軍事力の撤退によって終息しうるので右実現のため英国の尽力を要請するわが方覚書

付記　昭和十二年八月十九日付
右覚書に関する外務当局発表

1. The Japanese Government, earnestly desiring to protect the lives and property of foreigners as well as Japanese in and around Shanghai, have done everything possible to keep those areas from the disasters of hostilities. For instance, Ambassador Kawagoe, in reply to the letter dated August 11th, signed by the Ambassadors of Germany, the United States of America, France, Great Britain and Italy, stated, as Your Excellency must be aware, to the following effect;

(1) That the Japanese marines have been given a strict order to act with utmost patience and that Japan has not the slightest intention of taking aggressive action, without provocation, against the Chinese troops or Peace Preservation Corps.

(2) That if the Chinese withdraw their troops and the Peace Preservation Corps which, disregarding the Agreement for the Cessation of Hostilities concluded at Shanghai in 1932, have been massed near the International Settlement menacing the Japanese, and also abolish their military works in the neighbourhood of the Settlement, we are prepared to restore our marines to their original positions.

Furthermore, our Government were giving their favourable consideration to the concrete proposal made to our Consul General Okamoto by the British, American and French Consuls General at Shanghai. Notwithstanding such peaceful attitude on the part of the Japanese Government, the Chinese have not only failed to cease their aggression on the Settlement but even went the length of launching attacks upon our Consulate General and warships bombing them from the air on the 14th when our Government had just received a cable report concerning the said proposal from the above-mentioned Consuls General. This naturally compelled our forces to resort to self-defence.

2. We believe that the authorities of the Powers on the spot are fully aware of the fact that the present Sino-Japanese hostilities in Shanghai have been caused by China which, by violating the Agreement of 1932, moved its regular troops into the district forbidden by the said Agreement, and by increasing the number and armaments of the Peace Preservation Corps took the offensive to provoke the Japanese marines.

Therefore, we trust that Your Excellency will understand that the hostilities will cease as soon as the Chinese troops are evacuated to the districts outside the agreed area and the Peace Preservation Corps are withdrawn from the front lines; and that Japan is not in a position to consider the withdrawal of her forces whose continued presence in the Settlement and the harbour in their present strength does not constitute a cause of further hostilities, since their sole purpose from the outset has been to protect our nationals and they have been maintaining a purely defensive position, having no intention of advancing into the Chinese-inhabited area.

However, Japan with her numerous nationals in the Settlement is as greatly solicitous as other Powers of the safety of the lives and property of Japanese and foreigners in that Settlement, and earnestly desires that hostilities will cease as soon as possible through the evacuation of the Chinese regulars and the Peace Preservation Corps which are similarly armed and are indulging in hostilities against the Japanese, to the areas outside the districts of the Agreement. For this reason, the Japanese Government sincerely hope that the Powers concerned, especially those that have assisted in the negotiations concerning the Agreement for the Cessation of Hostilities of 1932, will exert their influences upon China toward the realization of these aims.

編注一　本文書は八月十九日、堀内外務次官より在本邦ドッヅ英国代理大使に手交された。

二　本文書は、東亜局作成「昭和十二年度執務報告　第一冊(第一課關係)」より抜粋。

(付　記)

北支事變ニ關シ「ドッヅ」英國代理大使堀内次官來訪ニ關スル件(八月十九日)

十八日「ドッヅ」在京英國代理大使堀内次官ヲ外務省ニ來訪、本國政府ノ訓令ニ基ク趣ヲ以テ現下ノ上海問題ニ關シ、「日支双方ニ於テ上海地方ヨリ兵力ヲ撤收スルコトニ同意スルニ於テハ英國ハ他ノ諸國ト共ニ上海在住ノ日本人保護ヲ引受クル用意アル旨」ヲ申入レタリ。

右ニ對シ帝國政府ハ愼重考慮ヲ加ヘタル結果十九日堀内次官ハ同代理大使ノ來訪ヲ求メ要旨左ノ如キ回答ヲ爲シタリ。

曩ニ英、米、獨、佛、伊五ケ國ノ大使ヨリ本件ノ平和的解決ニ付提案アリタル際モ帝國政府ハ右提案ニ付篤ト好意的考慮ヲ加ヘタルニ拘ラス支那側ニ於テハ何等具體的意思表示ヲ爲スコトナカリシノミナラス益々我方ニ對スル不法攻撃ノ手ヲ強メ、現ニ在留日本人ノ生命財産ハ非常ナル危險ニ曝露サレツツアルハ御承知ノ通リナリ、帝國政府トシテハ之等多數ノ居留民保護ニ付自ラ重大ナル責務ヲ感スル次第ニシテ此ノ際居留民保護ノ責任ヲ外國ニ委託スル譯ニ行カサルコトヲ諒トセラレタシ、然レトモ帝國トシテハ租界内ニ於ケル内外人ノ生命財産ノ安全ヲ顧念スル、列國ニ劣ルモノニ非ス。

今次上海事件發生ノ最大原因ハ支那側カ一九三二年ノ停戰協定ヲ無視シ正規軍及之ト同様ノ武裝ヲ爲シ我方ニ對シ敵對行動ヲ執ル保安隊ヲ協定區域内ニ侵入セシメ我方ニ脅威ヲ與ヘ居ル點ニアリ、此ノ見地ヨリ帝國ハ之等正規軍及保安隊カ一九三二年協定ノ區域外ニ撤退シ一日モ速ニ戰鬪ノ中止サレンコトヲ切望スル次第ナリ、就テハ之カ實現ノ爲關係列國殊ニ停戰協定ノ成立ニ盡力セラレタル友好國ニ於テ其ノ有スル「インフルエンス」ヲ支那側ニ加ヘラレンコトヲ希望スルモノナリ。

編　注　本付記は、昭和十二年十月、情報部作成「支那事變關係公表集(第一號)」から抜粋。

58 昭和12年8月21日 在本邦ドッヅ英国代理大使より広田外務大臣宛

上海における事態悪化が日本の行動に基づく事実を認め上海からの日本軍撤退案受諾を再考方英国政府要請

British Embassy, Tokyo.

21st August, 1937.

Immediate.

No. 120.

Your Excellency,

I have the honour, in accordance with telegraphic instructions which I have received today from His Majesty's Principal Secretary of State for Foreign Affairs, to point out to Your Excellency that damage to British property and danger to British lives at Shanghai is continuing and to request that the extent to which the Japanese operations at Shanghai are endangering British interests may be fully realised. The magnitude of these operations has been out of all proportion to the comparative unimportance of the incident, namely the killing of two members of the landing party which gave rise to it. According to the information which has reached His Majesty's Government, the Chinese reinforcements, of which the Japanese Government complain, were only brought up after the Japanese had, as a result of that incident, more than doubled their naval strength at Shanghai and landed a large number of reinforcements there.

2. I am to request that Your Excellency's Government will realise that public opinion in Great Britain and in the world in general attributes the course of events at Shanghai mainly to Japanese action there. His Majesty's Government consider it therefore particularly incumbent on the Japanese Government to insist on measures to end a state of affairs potentially disastrous to others. Acceptance of the proposal for withdrawal which His Majesty's Government have had the honour to put forward would at least be a helpful contribution.

I avail myself of this opportunity to renew to Your Excellency the assurance of my highest consideration.

Signed: J. L. Dodds

His Excellency
Mr. Koki Hirota,
H.I.J.M.'s Minister for Foreign Affairs.

編注　本文書は、東亜局作成「昭和十二年度執務報告　第一冊（第一課關係）」より抜粋。

59　昭和12年8月26日　広田外務大臣より在本邦ドッヅ英国代理大使宛

上海における事態悪化の責任は中国側にあり日本はあらゆる平和的努力を行っている旨の日本政府回答

以書翰啓上致候。陳者、八月二十一日附公文第一二〇號ヲ以テ日本ノ上海ニ於ケル軍事行動カ英國人ノ生命及財産ニ對シ危險ヲ與ヘ居ルコトニ付本大臣ノ注意ヲ喚起セラレ且事態ノ責任ハ主トシテ日本ニ歸セラルヘキモノナルヲ以テ日本ハ速ニ斯カル事態ノ終止ニ付必要ノ手段ヲ採ラレ度旨慫慂セラレタル次第閲悉致候

貴下ハ上海ニ於ケル日本ノ軍事行動カ英國ノ權益ヲ危殆ニ瀕セシメツツアル程度ニ付本大臣ノ充分ナル理解ヲ要請セラレ、且日本側ノ軍事行動ハ事件ノ原因タル二名ノ陸戰隊員殺害ニ對シ餘リニ均衡ヲ失シ過大ナル旨ヲ主張セラルル處、本大臣ハ上海ニ於ケル英國ノ權益ヲ危殆ナラシメントシツツアルハ事實日本軍ニ非スシテ支那軍ノ租界ニ對スル不法ナル攻撃ニアル點、竝ニ日本側今囘ノ軍事行動ハ二名ノ陸戰隊員ノ殺害事件ニ對スル報復ニ非スシテ、一九三二年五月ノ停戰協定ヲ無視シテ邦人居住地域附近ニ迄侵入セル支那軍ノ攻撃ヨリ三萬ニ垂ントスル居留民ヲ保護センカ爲ノ僅少ナル我艦隊竝陸戰隊ニヨル全クノ自衛ノ爲ノ防禦的行動ニ他ナラサリシ點ニ付貴下ノ深甚ナル注意ヲ喚起セント欲スルモノニ有之候。更ニ貴下ハ貴國政府ニ達セル情報ニヨレハ支那兵ノ增援ハ日本カ海軍力ヲ二倍以上ニ强化シ大部隊ノ增援兵ヲ上陸セシメタル結果行ハレタル旨述ヘ居ラルル處、右ハ事件前支那側カ正規軍ト同樣若ハ之以上ノ裝備ヲ有スル保安隊ヲ著シク增加シ、且停戰區域內ニ各

種ノ攻撃據點ヲ建設シツツアリタル事實、支那側ハ其ノ希望スル瞬間ニ希望スル丈ノ軍隊ヲ攻撃ノ目的ヲ以テ上海附近ニ殺到セシメ得ルノ事實、大山事件ニモ鑑ミ日本政府ニ於テハ萬一ノ場合ニ於ケル居留民保護措置トシテ必要ナル最少限度ノ兵力ヲ準備スルノ政府トシテノ且人道上ノ義務ヲ有シ然モ右ハ數百哩ノ海洋ヲ越ヘテ爲サレサルヘカラサリシ事實、竝貴下ノ指摘セラルル日本兵力ノ增加ハ其ノ實現ノ後ニ於テモ之ヲ包圍スル支那兵力ニ比シ驚クヘキ程劣勢ナリシ事實ヲ考慮ニ入レラルルニ於テハ貴下ニ於テモ自ラ異リタル見解ヲ有セラルルニ至ルヘキコトヲ確信致候。尙申ス迄モナク上海ニ於ケル貴國人ノ生命財産ノ安固ハ常ニ帝國ノ顧念セル所ニシテ、在上海帝國軍隊ハ其ノ自衞的防衞行動ノ最中ニ於テモ常ニ右ノ點ニ付出來得ル限リノ努力ヲ爲シツツアルコトヲ貴下ニ通報シ得ルヲ欣幸トスルモノニ有之候。上海ニ於ケル事態ノ發展カ該地ニ於ケル支那ノ行動ニ發端セルコト、竝帝國政府ニ於テ凡ユル平和的努力ヲ爲シタル次第ハ、既ニ八月十八日堀内次官ヨリ貴下ニ對シ委細御說明申上タル通ニシテ、貴國輿論カ右ニ關シ正確ナル認識ヲ缺キ居ルヤニ認メラルルハ本大臣ノ甚タ遺憾トスル所ニ有之候。固ヨリ右貴國輿論ノ如何ニ不拘目下ノ上海ニ於ケルカ如キ他國ニ對シ慘禍ヲ與フル可能性アル事態ノ急速ナル終止ハ帝國政府ニ於テモ最モ希望スル所ニシテ、帝國政府ハ右目的達成ノ爲引續キ最善ノ努力ヲ爲スヘキコト勿論ノ次第ニ有之候

右回答旁本大臣ハ茲ニ重ネテ貴下ニ向テ敬意ヲ表シ候

敬　具

昭和十二年八月二十六日

外務大臣　廣田弘毅

大不列顚臨時代理大使

「ジエイ、エル、ドッズ」貴下

編注　本文書は、東亜局作成「昭和十二年度執務報告　第一冊（第一課關係）」より抜粋。

60　昭和12年8月28日　在天津堀内総領事より広田外務大臣宛（電報）

中国軍が抗日行動を停止しない限り追撃を継続するとの香月支那駐屯軍司令官の記者談話

について

天津　8月28日後発
本省　8月28日夜着

第八四〇號

二十八日香月司令官外人記者團トノ會談中河北省ヨリ支那軍ヲ追拂ヒタル後日本軍ハ何處迄進出スルヤ例ヘハ山東、山西ニモ進出スルヤトノ問ニ對シテハ支那軍ニ於テ抗日行動ヲ止メサル限リ之ヲ撃退スルコト必要ナルカ山東、山西迄進出スルヤ否ヤハ支那軍ノ出方如何ニ懸ルノミナラス軍事上ノ祕密ニ屬スルヲ以テ明言出來スト答ヘ北支政權ノ將來ニ付テハ目下ノ日本軍ノ行動ハ近衛首相ノ聲明ニモアル通リ支那ニ於ケル排日、抗日ノ一掃ヲ目的トスルモノナルヲ以テ北支ニ於テモ過去ニ於ケルカ如キ排日、抗日意識ヲ有セサル新政權ノ成立センコト武人タル自分ノ希望ナリト述フ

上海、北平、滿ヘ轉電セリ

61　昭和12年8月29日

船津(辰一郎)在華日本紡績同業会総務理事より
堀内(謙介)外務次官、石射東亜局長宛

平和工作の失敗に関する日記抜粋の送付について

堀内、石射兩仁兄大人閣下

昭和十二年八月廿九日　在上海　船津辰一郎

謹啓御兩所益御清穆奉賀候陳は時局柄定めし非常に御多忙且つ御辛勞の御事と御察申上候、折角爲邦家御自愛且つ御奮鬪の程奉祈候

却說去る四日拜別後道中無事去る七日着滬、早速御下囑に從ひ、奔走致候處生憎去る九日(高君と會見の當日)大山事件突發、上海に於ける兩國の關係は急轉直下的に惡化、十三日晩方より日支兩軍遂に砲火を交へ茲に全面的衝突の場面を展開するに立至り實に殘念千萬の至に不堪候、早速其顚末御報告可申上筈之處去る十四日以來時局委員として將又紡績同業會總務としての任務上種々雜多なる用事毎日蝟集、晝夜多忙に取紛れ遂に今日迄御無沙汰致申譯無御座候不惡御諒恕被成下度奉願候、今や恰も死兒の齢を算ふる如き感有之候へ共不取敢小生の日誌別紙の通り拔萃御參考迄

供貴覧候　草々頓首

（別　紙）

平和工作失敗日記拔萃

八月四日　其筋ノ内命ニヨリ夜行ニテ急遽東京出發

同五日　朝大阪着、同業會幹部ト事務上ニ關スル打合ハセヲ爲スコト約一時間直ニ神戸ニ向ヒ聯絡船ニテ同十一時出帆

同七日　午後四時半上海着、直チニ岡本總領事ニ面會種々打合ハセヲ爲ス此日午後五時頃川越大使青島ヨリ歸滬、夜ニ入リ同大使ノ希望ニ依リ同大使ニ面會、同樣ノ打合ハセヲ爲ス、

（備考）打合ハセノ要點ハ其筋ノ内意ヲ受ケ居ルコトヲ先方ヲシテ感付カシメサル樣絶大ノ注意ヲ拂フコト、但シ兩國々交ノ調整ハ支那側ノ出樣次第ニテ充分ニ望アルコトヲ先方ヲシテ感得セシムルコト

同業會理事堤孝君昨夜出發南京ニ赴キ今夜十一時歸滬其復命ニヨレバ都合ヨク高亞洲司長ニ面會、八日晩若クハ九日朝高司長ヨリ小生ノ私宅ヲ來訪スルコトニ約束シタル由

八月九日　朝七時高司長着滬十時頃來訪、

船津曰ク、今回自分ガ急遽歸滬シタルハ數日前彼ノ有名ナル人民戰線派ノ幹部ニテ抗日救國聯合會ノ首領連、沈鈞儒以下七名ガ釋放セラレタル由聞及ヒ是ハ我等紡績業者ニ取リ實ニ由々シキ一大事デ、昨年十一月末此一派カ紡績職工ヲ煽動シ怠工、或ハ罷工ヲ爲シ上海ニ於ケル我紡績ハ殆ント全部其災厄ニ遭ヒ莫大ナル損害ヲ被リタリ而シテ彼等ハ其魔手ヲ青島ニ及ボシ同地ニテハ遂ニ我陸戰隊ヲ上陸セシムルノ已ムナキニ立至ラシメタリ、當時南京政府ハ逸早ク此一派ヲ一網打盡ニ逮捕シテ蘇州ニ監禁シ又紡績側ハ上海ニテハ杜月笙氏等ノ盡力ニテ、又青島ニテハ我陸戰隊及貴國官憲ノ壓力ニテ漸ク鎭靜セシムルコトヲ得タルモ今回ハ四圍ノ狀勢一變沈鈞儒等ハ北支事變ノ結果中央政府之ヲ釋放シ各要路ノ人ハ勿論一般民衆ハ此連中ヲ非常ニ崇拜歡迎スル模樣デアルカラ若シ彼等ガ再ヒ去年ノ如ク策動ヲ始メタナラハ遂ニ如何ナル事態ヲ惹起スヤモ計リ難ク北支ニテハ既ニ今日ノ如ク日支間ニ衝突ヲ起シ今後如何ニ發展スルヤ豫測出來ス、憂慮ニ

堪ヘサル際ニ當地方面ニテモ兩國間ニ紛糾ヲ起ス様ナコトアリテハ中日兩國ハ茲ニ全面的衝突ヲ惹起スニ至リ遂ニ收拾スルコトガ出來ナイ様ナ一大危局ニ直面スルコトトナリハセヌカト大ニ憂慮シ何トカシテ之ヲ未然ニ防ク様ニシタイト考ヘ自分ハ急遽歸滬、貴下ニ面會ヲ求メタ次第デアル、實ハ自分ガ南京ニ出懸ケ貴下ヲ訪問シテ御願スルノガ順序デアルガ、目下中日兩國ハ政治的ニ極メテ機微ノ關係ニアルカラ、或ハ外間ニ種々ノ誤解ヲ惹起スヤモ計リ難キニ付失禮ヲ顧ミス、シカモ内密ニ貴下ノ御來訪ヲ御願シタル次第テアル不悪御諒恕ヲ乞フ

高司長曰ク

沈鈞儒一派ニ對スル御心配ハ尤モデアルガ同人等ハ單ニ保釋セラレタルニ過キナイカラ若シ彼等カ政治的策動ヲナス様ナコトアレバ直ニ再ヒ逮捕檢束スルコト容易ナリ左程心配スルニ及ハスト思フ、ソレヨリモ自分ハ日華兩國ノ關係ガ蘆溝橋事件以來益險惡ニ赴キツツアリ何トカシテ之ヲ好轉スル方法ナキヤヲ最モ苦慮シテ居ル、去ル六月十八日貴下南京御來訪ノ際中日兩國ノ官民有力者各五六名宛ノ「グループ」ヲ作リ毎月一回乃至二回會合、極メテ自由ニ意見ヲ交換シ兩國々交調整ノ方法ヲ研究シテハ如何ト述ヘ貴下ノ贊成ヲ得タルカ自分ハ其後病ヲ上海療病院ニ養フコトトナリ而シテ貴下ハ歸國セラレ、遂ニ其儘トナリ居リタル處ニ今日ノ如キ極メテ重大ナル事態トナリ實ニ殘念且ツ憂慮ニ堪ヘス自分ハ今尙ホ何トカシテ兩國々交ヲ軌道ニ載セタイトノ希望ヲ捨テス目下南京ニ於ケル空氣ハ强硬派ノ意氣込中々旺カンデ少シデモ軟論否穩健ナル議論ヲ唱フルモノハ賣國奴ノ譏ヲ受ケ自分ノ如キハ全ク孤城落日ノ觀ガアル、然シ自分ハ中日兩國ノ全面的衝突ハ單ニ兩國ノ不幸ナルノミナラス東洋全体ノ不幸デアルト考ヘテ居ル蔣委員長ハ餘リ露骨ニ自分ノ意見ヲ發表セサルモ内心ハ矢張リ何トカシテ日華兩國々交ヲ調整シタイト考ヘテ居ル様デアル、貴國朝野最近ノ對支意見ハ果シテ新聞紙上ニ顯ハレ居ル如ク强硬一點張リナルヤ如何、又何トカシテ之ヲ挽回スル方法ナキヤ如何、

船津曰ク

北支問題ニ對スル我朝野ノ意見ハ中々强硬デ今ヤ殆ント擧國一致ノ狀態デ恰モ日露戰役當時ト同樣ノ感ガアル、

然シ政府ノ方針ハ飽迄不擴大、現地解決テアルカラ貴國政府ノ出様次第デハ案外容易ニ局部的ニ解決ガ出來ルト思フ、幸ヒ川越大使モ昨日歸滬セラレタカラ至急同大使ニ面會シ充分意見ヲ交換セラレテハ如何、私カ申ス迄モナク貴國ハ蔣介石氏十年間ノ苦辛經營ニヨリ不完全ナカラモ稍統一ノ形カ出來、之レヨリ愈建設的方面ニ向ケ邁進セントスル最モ重大時期デアル此際萬一日本ト全面的衝突ヲ起ス様ナコトニナリタレハソレコソ貴國ハ一敗地ニ塗ミレ到底再起ノ望ミナカルベシ貴國カ最近內政外交財政產業各方面共稍順調ニ進ミツツアリトハ云ヘ、貴我兩國ノ國力ヲ比較スレバ其勝敗ノ數ハ直チニ明カテアル、假リニ昨年ノ兩國歲出入及外國トノ貿易額ヲ比較センカ日本ノ歲入廿三億ニ對シ中國ハ僅カニ九億五千萬、又日本ノ輸出入額各廿七億、合計五拾四億ニ對シ中國ハ輸入ガ九億、輸出ハ七億合計十六億ニ過キナイ、中國ハ土大物博ト云テ威張リ居ルカ前述ノ如ク其富力ハ日本ノ三分ノ一ニナルカ、ナラナイ位テアル、其兵力ニ至リテハ陸軍ノ兵數ハ多カランモ其精鋭ノ程度ニ至リテハ到底比較ニナラヌ、特ニ海軍ニ至リテハ日本ハ世界ノ三大强ノ一デ、貴國ハゼロニ近イ、殆ント比較スル迄モナイ之ヲ相撲ニ譬フレハ恰モ大人ト小供ノ組合同様デアル中國人中或ハ持久力ニ至リテハ中國勝レリトノ錯覺ヲ懷クモノアルカモ知レヌガ、其强弱優劣ノ差ガ如上ノ如ク餘リ懸隔カアル、隨テ其持久力ニ於テモ同様ノ差カアル譯テアル、故ニ中國ハ此際、忍ヒ難キヲ忍ヒ北支問題ヲ成ルヘク速カニ局部的ニ解決スル方得策テアル若シ日本ハ內部的ニ結束ガ弱イトカ、財政的ニ困難シテ居ルトカノ錯覺ニ加フルニ自國ノ進歩發達ヲ過信シ或ハ自暴自棄的ニ萬一ヲ僥倖スル如キ輕擧妄動ニ出テタナラハ、ソレハ全然自カラ破滅ヲ招クモノデアル此際ハ極メテ冷靜ニ且ツ愼重ニ考慮スヘキ時テアル

高司長曰ク

日本ノ要求希望ハ果シテ如何ナル程度ノモノナルヤ蔣介石氏ハ同氏ガ國民ニ對シテ申譯ガ出來、顏カ立ツ程度ナレバ必ス我慢シテ日本ノ要求ニ應スルナラント思フ、其邊ノ御見込如何

船津曰ク

其邊ハ自分モ一寸見當ツキ兼ヌルガ、自分ノ第六感テ想

像スル所デハ日本ノ要求ハ中國側テ想像スル如キ苛酷ナルモノデナイト確信ス、兎モ角至急川越大使ニ面會シ腹藏ナキ意見ノ交換ヲナシ打診ヲ試ミテハ如何、若シ話カ都合ヨク進ム様ナレバ自分モ及ハスナカラ民間側ヨリ一臂ノ力ヲ添フルコトアルベシ

高君曰ク　今日午後川越大使ニ會見スルコトトスル尙其上ニテ今一度貴下ニ面會致シタシ

八月十日

早朝高君ヨリ電話アリ、昨夜川越大使ト會見、極メテ好都合ニ行キタルガ、偶々昨日夕方大山中尉齋藤水兵被害事件アリ、旁々急遽南京ニ引返ス兎ニ角日華國交ノ調整ハ此際最モ至急ヲ要スルニ付、此上共日本民間有志トシテ其促進方ニ就キ側面的ヨリ援助アランコトヲ切望スト述ヘタルニ付小生ハ快諾ヲ與ヘ全然同感ナル旨答ヘ置ケリ

然ルニ他方當地ニ於ケル日支兩國間ノ空氣ハ急轉直下ニ惡化ノ形勢アリ、數日前ヨリ上海ノ支那人ハ毎日數千人宛寧波其他ノ地方ニ避難シ又虹口閘北方面ヨリ英租界佛租界方面ニ避難スルモノ中々多ク今ニモ大戰爭カ始マルコトヲ懼レルモノノ如ク加フルニ長江上流ヨリ引揚ケタル我居留民約千余人亦本日當地着、一般ノ民心ヲ一層動搖セシメタル觀アリ

八月十一日

大山事件ニ對スル支那側ノ態度甚タ誠意ヲ欠クノミナラス其應酬振亦不遜、其上閘北方面ニ於ケル支那側保安隊乃至正規兵益增加シ恰モ我陸戰隊及我居留民ノ多數住居スル虹口一帶ヲ包圍スル形勢ヲ取リ且他面支那人ノ避難者ハ愈益多ク隨テ我方ニテモ萬一ヲ慮ハカリ艦隊及陸戰隊ノ增派等アリ形勢益險惡、眞ニ一觸卽發ノ形勢トナレリ

八月十二日

大山事件ノ爲萬一當地ニテ日支ノ衝突ヲ起ス如キコトアランカ、愈全面的大衝突トナリ例ノ重大ナル國交調整問題モ總テ水泡ニ歸シ遂ニ收拾スヘカラサルニ立至ルヤモ計リ難キヲ憂慮シ小生ハ差當リ上海ニ於ケル日支間ノ衝突ヲ避クルコトガ絶對必要ナルヲ痛感シ、豫シメ岡本總領事ノ諒解ヲ得、周作民、徐新六、錢永銘、杜月笙等諸氏ノ間ヲ奔走シ今囘若シ上海ニテ兩國間ニ衝突ヲ起セバ

此地ハ再ヒ戰亂ノ巷ト化シ其慘禍ノ程度ハ到底千九百卅二年ノ比ニ非ス必スヤ更ニ一層ノ慘狀ヲ呈スルニ至ラン、此際何トカシテ萬難ヲ排シ之ヲ喰ヒ止ムル樣努力スルコト必要ナリ、ソレニハ中國ノ軍隊ヲ或ル距離迄後退セシムルコトカ絕對必要ナリト說キ周作民君モ同意シ、同君ノ名義ニテ大要左ノ如キ書面ト（飛行便ニテ）電信ヲ南京張群氏へ宛テ發送セリ

「船津氏ト數回ニ亘リ祕密ニ相談ノ結果、今日ノ危局ヲ脫スルニハ千九百三十二年ノ停戰協定ニ準シ（千九百卅二年ノ協定ハ支那側ニ於テ既ニ無效ナリトノ見解ヲ持シ居ル模樣ニテ此際舊協定ヲ固執スルトキハ却テ事態ヲ紛糾セシムル虞アルニ付寧ロ新協定ヲ作ルコトニスル方簡單容易ナリトノ周君ノ意見ナルニ付小生モ贊成セリ）新タニ協定ヲ作リ至急實行スルコト、又大山事件ハ飽迄外交交涉ニ依リ解決スルコト、若シ中央ニ於テ右ニ贊成ナレバ至急日本官憲ト交涉スル樣地方官憲（上海市長）へ適當ノ訓令方御斡旋アリタシ」

周作民君ガ右ノ如キ書面ヤ電信ヲ出シテモ萬一此地ニ於テ如何ナル間違ニテ一度衝突ヲ始メタラ「萬事休ス」デアルカラ、小生ハ岡本總領事ヲ通シテ我陸戰隊側ニテモ決シテ輕ハズミノ行動等ナキ樣充分警戒スルト同時ニ支那側軍隊ニモ同樣ノ嚴命ヲ發セシムル樣周君ノ宅ニテ前記ノ杜月笙、錢永銘、徐新六等諸氏ト協議シ兪市長ヤ楊警備司令等ニ交涉スベク十三日ノ午前三時頃迄奔走ヲ續ケタガ何故カ兪市長ノ態度極メテ冷淡、而シテ楊警備司令ノ如キハ其居處サヘ不明ニテ遂ニ不得要領ニテ終リタ《ママ》、然シ幸ヒニ双方ノ衝突ハ未タ起ラスシテ其夜ハ過スコトヲ得タ

八月十三日（金曜日）

蘇州河以北、楊樹浦方面支那人（外人モ）英租界及佛租界方面ニ避難スルモノ益多ク形勢益險惡、因テ小生ハ周作民君ト依然平和工作ヲ繼續シタガ黃昏ニ至リ遂ニ兩國軍隊ノ一部ハ砲火ヲ交フルニ至リ最早萬事休スト思ヒナガラモ其夜十二時頃迄色々奔走シタルガ遂ニ其效ヲ奏セス夜半ニ至リ愈本格的戰鬪ヲ開始スルニ至ツタ、後ニテ聞ク所ニヨレバ支那側ハ大山事件發生後日本側カ若干ノ增援隊ヲ派遣シタルヲ口實トシ南京ニ於ケル强硬論者ハ勿論少壯軍人等ハ既ニ戰意ヲ決シ大勢ハ最早奈何トモスヘ

カラサル狀勢ナリシ由ニテ兪市長カ案外强硬ナル態度ニ出テシモ又張群氏ヨリ遂ニ何等ノ消息ナカリシモ或ハ此大勢ニ壓倒サレタルモノナランカト思ハル

八月十四日

支那軍ハ今朝來陸上空中共ニ猛烈ナル勢ヲ以テ日本軍ニ對シ全面的攻擊ヲ開始シタ、上海ニ於ケル局部的平和的工作モ愈絶望ニ陷レリ　噫

〜〜〜〜〜〜〜〜〜〜〜〜〜〜〜〜〜〜〜〜〜〜〜〜

62　昭和12年9月2日　閣議決定

今次事変を「支那事変」と呼称する旨の閣議決定

今回ノ事變ハ之ヲ支那事變ト呼稱ス

理　由

今回ノ事變ハ北支蘆溝橋附近ニ於ケル日支兵衝突ニ端ヲ發シタルモノナルモ今ヤ支那全體ニ及ブ事變ト化シタルヲ以テ其ノ呼稱モ名實相伴フ如クシ國民ノ意思ヲ統一スルノ必要アルニ依ル

〜〜〜〜〜〜〜〜〜〜〜〜〜〜〜〜〜〜〜〜〜〜〜〜

63　昭和12年9月4日

第七十二回帝国議会開院に当たっての勅語

勅　語　（九月四日）

朕茲ニ帝國議會開院ノ式ヲ行ヒ貴族院及衆議院ノ各員ニ告ク

帝國ト中華民國トノ提携協力ニ依リ東亞ノ安定ヲ確保シ以テ共榮ノ實ヲ擧クルハ是レ朕カ夙夜軫念措カサル所ナリ中華民國深ク帝國ノ眞意ヲ解セス濫ニ事ヲ構ヘ遂ニ今次ノ事變ヲ見ルニ至ル朕之ヲ憾トス今ヤ朕カ軍人ハ百艱ヲ排シテ其ノ忠勇ヲ致シツツアリ是レ一ニ中華民國ノ反省ヲ促シ速ニ東亞ノ平和ヲ確立セムトスルニ外ナラス

朕ハ帝國臣民カ今日ノ時局ニ鑑ミ忠誠公ニ奉シ和協心ヲ一ニシ贊襄以テ所期ノ目的ヲ達成セムコトヲ望ム

朕ハ國務大臣ニ命シテ特ニ時局ニ關シ緊急ナル追加豫算案及法律案ヲ帝國議會ニ提出セシム卿等克ク朕カ意ヲ體シ和衷協贊ノ任ヲ竭サムコトヲ努メヨ

編　注　本文書は、昭和十二年十月、情報部作成「支那事變關係公表集(第一號)」から抜粋。

64　昭和12年9月5日

第七十二回帝国議会における近衛総理演説

第七十二回帝國議會ニ於ケル近衛内閣總理大臣演説

(九月五日)

第七十二回帝國議會ノ開院式ニ當リ

天皇陛下ニハ優渥ナル勅語ヲ賜ヒ帝國ノ嚮フ所ヲ明ニシ國民ノ進ムヘキ道ヲ御示シニナリマシタ。

大御心眞ニ恐懼感激ノ至リニ堪ヘナイノデアリマス。

帝國ハ東亞ノ安定ヲ望ミ、常ニ日支兩國ガ相提携シテ、之ニ依テ世界平和ノ基ヲ樹テンコトヲ欲シテ居タノデアリマス。是ハ帝國ノ一貫シタ國是デアリマス。然ルニ支那ハ常ニ隣交ノ誼ヲ忘レ信義ヲ失シ、永年排日抗日ヲ以テ國策トシ帝國ノ權益ヲ侵シテ暴状ヲ極メ、ソノ結果遂ニ今囘ノ事變ヲ生ズルニ至ツタノデアリマス。

今ヤ外ニ於テハ出征ノ將兵膺懲ノ歩武ヲ進メ、内ニ在テハ銃後ノ國民奉公ノ至誠ヲ致シテ居リマス。然シ乍ラ今囘ノ事變ハ其ノ由ツテ來ル所遠ク事態ノ推移モ亦豫メ測リ難イノデアリマス。此ノ時ニ當リマシテ、我々國民ハ齊シク時局ノ重大ナルコトヲ思ヒ、益々堅忍不拔ノ志ヲ堅ウシテ、今後如何ナル艱難ガ來ヨウトモ之ニ堪ヘ、帝國ノ公正ナル目的貫徹ノ爲ニ敢然トシテ邁進スルノ決意ガナケレバナリマセヌ。

凡ソ難局ヲ打開シ國運ノ隆昌ヲ圖ルノ道ハ、我ガ尊嚴ナル國體ニ基イテ盡忠報國ノ精神ヲ振ヒ起シ、之ヲ國民ノ日常ノ業務生活ノ間ニ實踐スルノ(ママ)ニ在ルト思フノデアリマス。

今般國民精神ノ總動員ヲ行ハウトスル所以モ亦茲ニ存スルノデアリマス。

古來我ガ國民ハ一度艱難ニ遭遇シマスルヤ、必ズ之ニ打チ克チ國家ヲ興隆セシメタノデアリマス。此ノ重大時局ニ際シマシテ我々國民ハヨク以上ノ趣旨ヲ體シ、忠誠公ニ奉ジ、和協心ヲ一ニシ、日本精神ヲ昂揚シテ擧國一致ノ實ヲ擧ゲルト共ニ、之ヲ實踐ニ現シテ愈々國力ノ伸張ヲ圖リ、皇運ヲ扶翼シ奉ランコトヲ勉メネバナラヌノデアリマス。是レコソ我々國民ノ時局ニ處スル覺悟デナケレバナリマセン。

編注 本文書は、昭和十二年十月、情報部作成「支那事變關係公表集（第一號）」から抜粋。

65 昭和12年9月5日

第七十二回帝国議会における広田外相演説

第七十二回帝國議會ニ於ケル廣田外務大臣ノ演說

（九月五日）

曩ニ第七十一回帝國議會ニ於テ、私ハ我カ對外關係ノ全般ニ付テ述フル所カアリマシタカ、本日玆ニ、今次事變ニ關聯スル其以後ノ外交經過ニ付、概要陳述致シタイト存シマス。

事變勃發以來、帝國政府ハ、現地解決事態不擴大ノ方針ニ基キ、南京政府ノ速ナル反省ヲ求メ、時局ノ收拾ニ努力シ來ツタノテアリマスカ、南京政府ハ毫モ誠意ヲ示サス、益々中央軍ヲ北支ニ集中シテ我方ニ挑戰シ來ルト共ニ、揚子江流域及南支各地ニ於テハ、陰險極マル排日ヲ行ヒ、以テ是等地方ニ於ケル我カ在留民ノ平和的活動ハ固ヨリ、其ノ生存ヲスラ危殆ナラシムルニ立至ツタノテアリマス。斯カル狀態ノ下ニ於テモ帝國政府ハ、尙出來得ル限リ事態ノ平和的收拾ヲ期シ、漢口ヲ初メ、長江流域在留邦人ヲ全部引揚ケシメタノテアリマス。其ノ後偶々八月九日上海ニ於テ、我カ陸戰隊大山中尉及齋藤水兵カ、支那保安隊ノ爲無殘ニ殺害セラルルニ至リマシタカ、我方ニ於テハ尙努メテ平和的解決ノ方針ヲ以テ之レニ處シ、右保安隊ノ急速ナル撤退、竝ニ昭和七年ノ停戰協定ニ違反スル各種軍事施設ノ撤去ヲ求メ、以テ事態ノ收拾ヲ圖ラントシタノテアリマス。然ルニ支那側ニ於テハ言ヲ左右ニ託シテ之ニ應セサルノミナラス、益々停戰區域內ニ於ケル其ノ兵力竝ニ軍事施設ヲ增大シ、我方ニ對シテ不法ニモ攻勢ニ出テマシタ爲、帝國ニ於テハ已ムナク應急ノ措置トシテ、少數ノ海軍兵力ヲ上海ニ增遣シ、以テ我カ居留民保護ノ責ヲ全ウセンコトヲ期シタノテアリマス

斯ノ如ク上海ノ形勢不穩ニ立至リマスルヤ、八月十一日在南京、英、米、獨、佛、伊ノ五箇國大使ハ、日支双方ニ對シ、上海ニ於ケル外國人ノ生命財產ノ安全ヲ計ル爲、同地ヲ戰火ノ巷トナササル樣、出來得ル限リノ措置ヲ講セラレ

度キ旨申出タノテアリマス。右ニ對シ帝國政府ハ、上海ニ於ケル内外人生命財産ノ安全ハ、固ヨリ我方ニ於テモ最モ顧念スル所テアルカ、是カ爲ニハ租界附近ニ進出シ我方ニ脅威ヲ與ヘツツアル支那正規軍及保安隊ヲ、交戰距離外ニ撤退セシメ、租界附近ノ軍事施設ハ之ヲ撤收スルコトカ先決問題テ、支那側カ右條件ヲ受諾スルニ於テハ、我方陸戰隊ノ配備ヲモ亦常態ニ復スルノ用意アル旨ヲ答ヘ關係列國ニ於テ先ツ支那側ヲシテ、右條件ヲ受諾セシムル様在支大使ヲシテ五國側ニ申入レシメタノテアリマス。然ルニ支那側ハ右我方ノ應急適切ナル條件ニ對シ、耳ヲ傾ケナカツタ由テアリマスカ、續イテ八月十三日ニハ更ニ在上海、英、米、佛三國總領事ヨリ、交戰停止方ニ關スル一具體案ヲ示シ、日支間ニ直接交渉ヲ行ヒ、目前ニ迫ツタ危機ヲ囘避スル様日支双方ニ申出カアリ、右申出ハ八月十三日夜半東京ニ接到致シマシタカ、支那側ハ右ニ拘ハラス續々上海附近ニ正規軍ヲ進出セシメ、既ニ同日午後ヨリ攻撃ヲ開始シ、十四日ニ至ツテハ遂ニ我カ陸戰隊及軍艦竝ニ總領事館ノミナラス、租界内隨所ニ爆彈ヲ投下スルノ暴擧ニ出テマシタ爲、事茲ニ至ツテハ帝國トシテモ、最早平和的收拾ノ望ヲ捨テ、三萬ニ垂ントスル我カ居留民保護ノ爲遂ニ戰鬪ヲ行ハサルヲ得サルニ至ツタ次第テアリマシテ、關係列國ノ努力モ支那側ノ暴擧ニヨリ、一瞬ニシテ水泡ニ歸シタノハ誠ニ遺憾ニ堪エナイ所テアリマス。

此ノ如ク上海一帶ハ戰火ノ巷トナリマシタ結果、該地ニ莫大ノ投資ト多數ノ居留民トヲ有スル關係各國ハ、自然之ニ對シ重大ナル關心ヲ示スニ至リ、英國ヨリハ、更ニ八月十八日「日支兩國政府カ雙方ノ兵力ヲ撤退シ、共同租界及越界路在住日本臣民ノ保護ヲ外國側ニ委任スルニ於テハ、英國政府ハ他ノ列國カ英國ト共ニ同一行動ニ出ツル限リ、右責任ヲ取ルノ用意アル」旨申出テ、佛國政府モ亦翌十九日右英國政府ノ申出ヲ支持スル旨申出テマシタカ、之ヨリ先、米國政府ヨリモ上海ニ於ケル戰鬪停止方ニ付希望ヲ述ヘ來ツタノテアリマス。帝國トシテモ此等諸國ト同様上海ニハ重大ナル利害關係ヲ有スルニ鑑ミ、出來得ル丈ケ同地ノ平穩ヲ冀念スル次第テアリマスカ、前述ノ如ク、今次上海ニ於ケル支那側ノ行動ハ昭和七年ノ上海停戰協定ニ違反シ、濫リニ正規軍ヲ協定地域内ニ入レ、保安隊ノ數及武裝ヲ增强シ、衆ヲ賴ンテ我軍民ニ挑戰シ來ツタ次第テアリマスノテ、前記英國政府ノ申出ニ對シテハ、我方從來ノ平和的努力竝ニ支那側ノ不法攻撃ノ實狀ヲ詳述シ、上海ニ於ケル戰鬪ハ、支那側カ直ニ右正規軍ヲ協定地域外ニ撒《（撤カ）》退シ、保安隊ヲ前線ヨリ遠サクルコトニ依リ終熄スルノ外ナキ旨ヲ回答シ、英國モ停戰協定關係國ノ一トシテ、速ニ支那側ノ停戰區域外撤退方實現ノ爲盡力センコトヲ求メ、佛國及米國ニ對シテモ、夫々同樣ノ趣旨ヲ回答致シタノテアリマス。尚、北支ニ於キマシテハ、支那側ハ從來我方トノ間ニ存在シマシタ各種ノ約諾ヲ無視シ、大軍ヲ北上セシメテ頻リニ挑戰的態度ニ出テ居リマスルノミナラス、更ニ察哈爾方面ニモ續々軍隊ヲ進出セシメテ參リマシタノテ、我方トシテモ斷然之ニ對應シテ適切ナル措置ヲ執ルノ已ムナキニ至ツタノテアリマス。

以上ノ如ク戰鬪ハ今ヤ北支ノミナラス、中支方面ニモ波及シ、帝國ハ遂ニ支那トノ間ニ廣範圍ニ渉リ戰火ヲ交ヘサルヲ得サルニ至リ、又中南支及山東ニ於ケル約五萬ノ我カ居留民ハ、多額ノ投資、多年ノ地盤及權益ヲ後ニ殘シテ、引揚クルノ止ムナキニ立チ至リ、更ニ戰火ノ犧牲トナツタ居留民モ相當多キニ上リツツアリマスノハ、甚タ痛心ニ堪エナイ所テアリマス。在支第三國人モ亦我カ居留民ト同樣困難ナル立場ニ置カルルモノ尠クナイノハ、誠ニ氣ノ毒ナコトテアルト云ハナケレハナリマセン。是レ畢竟南京政府ノミナラス、地方軍閥ニ至ル迄、多年自己政權强化ノ爲排日抗日ノ氣風ヲ煽動シ、民心ヲ激化スルノミナラス、進ンテハ赤化分子ト苟合シテ、日支ノ國交ヲ益々惡化セシメタル結果ニ外ナラナイノテアリマス。今ヤ我カ忠勇ナル皇軍ハ、擧國一致ノ後援ノ下ニ、日夜有ラユル艱苦ヲ排シテ戰鬪ニ從事シ、目サマシキ效果ヲ擧ケツツアルハ眞ニ感激ニ堪エナイ次第テアリマス。

帝國ノ國是カ日滿支三國間ノ融和提携ニ依リ東亞安定ノ基礎ヲ築キ、以テ共存共榮ノ實ヲ擧ケントスルニアリマスコトハ、今更申スマテモナイノテアリマス。然ルニ支那ハ毫モ我カ眞意ヲ諒解セントセス、却ツテ今日ノ如ク大軍ヲ動カシテ、我カ軍民ニ向ヒ來ル以上ハ、我方モ亦之ニ對應スル軍事行動ニ依リ、斷乎トシテ支那ノ猛省ヲ促スコトヲ急務トスルノテアリマス。而シテ帝國ノ庶幾スル所ハ北支ヲ明朗ナラシメ、支那全土ヨリ今回ノ如キ戰禍再發ノ憂ヲ除キ、兩國ノ國交ヲ調整シ、依テ以テ前述ノ國是ヲ實現セントスルニ外ナラナイノテアリマス。故ニ私ハ支那爲政者カ東亞ノ大局ヲ洞観シ、速ニ反省シテ帝國ノ理想ニ順應シ來ランコトヲ望ンテ止マナイ次第テアリマス。

編注 本文書は、昭和十二年十月、情報部作成「支那事變關係公表集（第一號）」から抜粋。

2　邦人引揚げ問題

(1)　華北

66　昭和12年7月13日　在済南望月(静)総領事代理より広田外務大臣宛(電報)

済南方面居留民保護策につき意見具申

済　南　7月13日後発
本　省　7月13日夜着

第一五二號(至急)

一、當方面在留邦人保護ニ關シテハ貴電ノ通リ支那側ニ申入ヲ爲ス一方時局委員會ヲシテ萬一ノ場合ニ處スル具體的對策ヲ用意セシムル等石野武官トモ聯絡協議シ當館ニ於テ最善ノ努力ヲ拂ヒ居ル次第ナル處時局悪化ノ場合ノ對策トシテハ㈠現地保護㈡先ツ婦女子ノミ青島方面ヘ引揚㈢在留民全部引揚等ノ方途アルヘシ

二、現地保護ハ當方面邦人ノ權利擁護上ヨリスレハ望マシキ所ナルカ先年ノ濟南事件當時トハ事情異リ假ニ皇軍ノ當方面出動可能トスルモ韓復榘カ之ヲ拱手傍觀スヘキヤ疑ハシク各方面ノ情報ヲ綜合スルニ皇軍ノ山東進出ニ對シテハ韓ノ抵抗アルモノト見ルヲ妥當トスヘシ(當館諜報ニ依レハ韓ハ先般我陸戰隊ノ青島上陸ノ際皇軍ノ青島占據ハ默視スヘキモ同地ヲ一歩進出スルニ於テハ之ヲ邀擊スヘシト言明セルコトアリタル由)從テ居留民救援ノ目的ヲ以テスル皇軍ノ山東進出モ却テ其ノ目的ト背馳スルカ如キ結果ヲ招來スル懸念ナシトセス此ノ點ハ青島、天津等ト異リ奥地ニアリ孤立無援ノ當方面居留民保護上最モ考慮ヲ要スヘキ所ナルヘキヲ以テ本省方面ニ於ケル對策考究上特ニ御留意相煩度シ

三、然ルニ皇軍ノ山東出動ハ日支間全面的衝突等ノ場合ハ戰略的見地ヨリ疾風迅雷的ニ行ハルルコトアルヘキヲ以テ是等ノ場合ヲモ考慮シ時局悪化ノ兆アルニ於テハ時宜ニ應シ本官ノ裁量ニ依リ沿線各地トモ聯絡ノ上先ツ早目ニ婦女子ノミハ不取敢青島ニ引揚ヲ慫慂スルコトハ其ノ後

最悪ノ場合全居留民引揚ヲ容易ナラシムル點ヨリスルモ極メテ望マシト考ヘラルルニ付テハ右ニ關シ何分ノ儀至急御回電相煩度シ

四、前述韓ノ態度ニモ照ラシ事態悪化ノ場合當方面ニ皇軍ノ出動ヲ見ルモ現地到著迄居留民ノ生命カ果シテ安全ヲ期待シ得ヘキヤ甚タ疑ハシク旁全居留民引揚ニ關シテモ時機ヲ失セス早目ニ之ヲ決行スルコト最モ肝要ト認メラルルニ付右ニ關シテモ折返シ何分ノ儀御回電相成度シ

支、北平、青島、天津、張店、博山ヘ轉電セリ

---

67 昭和12年7月13日　在済南望月総領事代理より広田外務大臣宛(電報)

駐在武官および居留民代表者と協議決定した居留民保護方針につき報告

済南　7月13日前発
本省　7月13日後着

第一五五號(至急)

今次事件ニ對シテハ其ノ進展ヲ注視スル一方之カ對策ニ關シテハ事件發生以來石野武官トモ聯絡ヲ密ニシ協議シ來レルカ十一日本官石野武官竝ニ在留民代表者ト協議ノ結果不取敢左記方針ヲ以テ進ムコトニ決定セル處右ニ關シ本官心得フヘキ點アラハ御電示相仰キ度シ

㈠當地ハ萬一事件擴大シ全面的ニ日支衝突ノ場合ト雖青島等ノ如ク急速ニ我武力ノ擁護ヲ期待シ難ク現地保護ノ場合ト雖皇軍到著迄ハ在留民ノ生命財産ヲシテ擧テ支那側實力ニ委セサルヲ得サル狀態ナルニ付事件發生以來當地支那側ノ態度ニモ照シ(編注)(三語不明)在留民ハ特ニ愼重ナル態度ヲ持シ苟クモ輕擧妄動ヲ避ケ支那側ノ感情ヲ刺戟スルカ如キ一切ノ言動ハ愼シム一方當館ハ韓復榘トノ間ニ接觸ヲ密ニシ當方面在留民ノ保護ニ關スル萬善(全カ)ヲ期セシムルコト

㈡政府ヨリ全在留民引揚命令發出スレハ別トシ然ラサル限リ今日迄築キ上ケタル邦商ノ權益保護ノ見地ヨリスルモ皇軍ノ來濟有無ニ拘ラス出來得ル限リ現地ニ留マルコト望マシキコト(民間側要望)

㈢在留民引揚ノ已ムナキ事態ニ立至ラハ沿線各地トモ聯絡ノ上支那側ノ保護ヲ求メ其ノ安全引揚ヲ期ス最悪ノ場合ニ於テモ沈着ナル態度ヲ以テ處シ在留民ハ一切無抵抗主

義ニテ局面ノ打開ニ努力ス

㈣民團ヲ中心トシ時局委員會ヲ組織ス同會ハ當館指揮ノ下ニ非常ノ場合ニ於ケル在留民ノ安全地點ヘノ集中、警備、情報ノ蒐集其ノ他在留民ノ保護上必要ナル各種事項ニ付當館ニ協力スルモノナル處目下ノ所ニテハ成ルヘク目立タサル様行動スルコト

支、北平、青島、天津、芝罘、張店、博山、坊子ヘ轉電セリ

編注 「三語不明」は後日電報にて「往電第一四六號及第一五〇號」と修正された。

68 昭和12年7月30日 在済南有野(学)総領事より広田外務大臣宛(電報)

時局急転に鑑み済南および膠済鉄道沿線の婦女子に対し青島への引揚げ勧告発出について

済南 7月30日後発
本省 7月30日後着

第一九九號(至急)

北支時局ノ擴大ニモ鑑ミ本官ハ本三十日午前九時二十分居留民團ヲ通シ在留民婦女子ノ青島ヘ引揚方慫慂ヲ爲シ右ト同時ニ沿線ニ對シテモ張店及博山兩主任ニ對シ管内在留民ニ同様慫慂方電報セリ

右引揚婦女子ハ當地及沿線各地トモ明三十一日午前八時十分當地發特別列車ニ收容シ同日午後六時五十分青島著ノ豫定ナリ委細郵報ス

支、北平、滿、在支各總領事、博山、張店、坊子ヘ轉電セリ

69 昭和12年8月1日 在済南有野総領事より広田外務大臣宛(電報)

残留居留民の多くが引揚げ命令発出を希望しているところ対応方針回示方請訓

済南 8月1日前発
本省 8月1日夜着

第二一一號(大至急、極祕)

當地ハ婦女子引揚後(往電第二〇六號)殘留者ハ男子約六百五十名ノ外看護婦、旅館女中、特殊婦女等約三十名、張店、

博山管内男子約三百五十名見當ナルカ形勢ノ惡化ニ伴ヒ何レモ相當恐怖ニ怯エ速ニ當館ノ引揚命令發出ヲ希望スル向少カラス之カ慰撫ニ可成リ困難ヲ感シ居ル次第ナルカ本官トシテハ屢次往電ノ如ク韓復榘ニ對シ最惡ノ場合ニ於テモ在留民ノ保護上萬遺憾ナカラシムル樣嚴重交渉シ今日ニ於テモ尙韓ノ誠意ニ相當信頼シ得ルモノト信シ居ル次第ニシテ萬一ノ場合ニハ遅滞ナク全居留民引揚ヲ決定シ得ル樣萬全ノ準備ヲ整フル一方是等在留民ニ對シ極力自重平靜ヲ求メツツアル次第ナルカ一方當館ノ避難計畫中第二案タル天津ヘノ避難（天津宛電報第一六號）ハ同方面ノ事態ニ鑑ミ既ニ望薄トナリ鐵道ニ依ル避難ハ目下ノ處青島カ最モ安全且近道ナルカ同地ト雖一旦日本軍上陸等ノ場合ハ直ニ鐵道不通トナルヘク斯テハ結局逃場ヲ失ヒ籠城等最惡ノ結果ニ陥ルノ外ナキ次第ニ付本官トシテハ事態ノ推移、韓ノ態度、中央軍ノ入境如何等極力形勢考察ニ努メ以テ判斷ニ資シ居ル處當地ノ孤立無援ノ特殊事情ニモ鑑ミ今後政府ノ執ルヘキ方針、動向等ニ關シ（特ニ山東出兵ノ件ニ付）御差支ナキ限リ本官含迄御垂示ヲ得ンコトヲ希望ニ堪ヘス

尙在留民全部引揚決行ノ場合貴電第五一號御訓達ノ次第アル處已ムヲ得スト認メタル場合ハ本官命令ヲ以テ引揚ケシメ差支ナキヤ又右引揚ノ場合之ト同時ニ當館ヲ一旦閉鎖シ（其ノ際一應支那側ニ當館建物、物品等ノ保護ヲ賴ムコトニ付韓復榘ハ同意シ居レリ）館署員全部避難地ニ引揚ケ同地ニ於テ執務スル外ナキモノト思考スル處右ニ關シ併セテ何分ノ儀至急御電示相仰度シ

支、在支各總領事、滿、芝罘、博山、張店、坊子ヘ轉電セリ

70 昭和12年8月1日 在張家口中根（直介）領事代理より 広田外務大臣宛（電報）

張家口在留邦人全員の引揚げについて

張家口 8月1日後発
本省 8月1日夜着

第二二一號（大至急、極祕）

卅一日夜湯恩伯ノ部隊一箇師（番號不明）柴溝堡到着設營更ニ本日夕刻大同ヨリ第八十四師及十三軍ノ一部?八列車、明二日七列車張家口ニ到着ノ豫定ニテ劉汝明ハ中央軍側トノ接收ヲ待テ百四十三師ヲ撤退退去スル旨省政府ヨリ通報ア

リ依テ右接收時ニ於ケル混雜ヲ避クル意味ニテ本日午後婦女子及署員ヲ、明日本官全員ヲ引率張北經由引揚ス
尙無電機ハ二日朝撤收ノ豫定
北平、天津、上海、滿、承德ヘ轉電セリ

71　昭和12年8月1日　在青島大鷹(正次郎)総領事より広田外務大臣宛(電報)

済南などからの婦女子引揚げによって青島の人心動揺の旨報告

青　島　8月1日後発
本　省　8月2日前着

第二九七號

濟南及沿線婦女子三十一日午前八時半濟南發午後九時青島着(豫定ヨリ約二時間遲着)特別列車ニテ約六百五十人(豫定ヨリ少數ナリシハ普通列車ニテ引揚ケタル者アル爲ナリ)引揚ケ來タリタルニ付民團、義勇隊(約四十名)及警察官ニ於テ保護ヲ加ヘ親戚、知人方ニ落着ク者ヲ除キ夫々寺院、學校等ニ收容セリ右大袈裟ノ婦女子引揚ハ沿線及當地日本人殊ニ支那人ニ相當衝擊ヲ與ヘ右義勇隊員ハ婦女子收容後警察局ニ局長ヲ訪問シ支那側暴動計畫(八月一日ヲ期シ支那人カ暴動ヲ起スヘク計畫中ナリトノ謠言數日前ヨリアリタリ)ノ責任ヲ問フ手筈ナレハ之カ爲何等事件勃發スヘシトノ謠言飛ヒ偶々支那便衣隊カ發電所ヲ襲擊スヘシ等ノ謠言ト相俟チ甚タシク人心ノ動搖ヲ來タシ同夜十時青島發濟南行列車ノ如キ支那側避難民ニテ滿員ノ有樣ナリシカ本一日モ尙支那側避難者衰ヘサル模樣ナリ右謠言ニ顧ミ三十一日夜ハ警察官ニ於テ支那側保安隊ト協力シ嚴重警戒ニ當リ何等事故ナカリキ
尙避難婦女子ノ生活方法等ハ差當リ各自ニ於テ仕出屋ト協定スルカ又ハ自炊スル等夫々措置シ居ルモ收容期間及其ノ他ノ身ノ振方等ニ付テハ豫メ篤ト考究ノ要アリ右ニ關シ濟南總領事館ト打合方手配中ナリ
支、在支各總領事、北平ヘ轉電セリ

72　昭和12年8月2日　広田外務大臣より在済南有野総領事宛(電報)

済南残留居留民の保護方針につき回訓

本　省　8月2日後6時28分発

第五六號（極祕、至急）

貴電第二一一號ニ關シ

政府トシテハ今後情勢ノ推移ニ應シ臨機ノ措置ヲ講スヘキコト勿論ナルモ差當リ我方ヨリ進ンテ日支ノ全面的交戰ニ導クカ如キ積極的工作ハ之ヲ避クル方針ニシテ從テ山東方面ヘノ出兵モ今後支那側ニ於テ北支方面ニ對シ攻勢ニ出テ來ルカ如キ場合ハ格別目下ノ處ハ考慮シ居ラサル次第ナルカ情勢悪化シ已ムヲ得スト認メラルル場合ニハ引揚命令ヲ發セラレ差支ナク又其際ニハ情勢如何ニヨリテハ貴官ノ裁量ニヨリ貴館ヲ閉鎖ノ上貴館署員全部モ青島ニ引揚ケ何分ノ命アル迄同地ニテ執務スルコトトセラレ差支ナシ

支、北平、在支各總領事、滿、芝罘、博山、張店、坊子ヘ轉電セリ

73　昭和12年8月3日　在芝罘田中（作）領事代理より広田外務大臣宛（電報）

芝罘周辺の中国軍動静に鑑み山東出兵の場合は居留民引揚げを事前に訓令方要請

芝　罘　8月3日後発

本　省　8月3日夜着

第六〇號

當地方ニ移動集中シ來レル山東軍（中央軍モ混入シ居ルト傳ヘラル）ハ日本軍ノ上陸ニ敵對スル爲當地海岸及背後山丘地一帶ニ防備ヲ施シ日夜警戒体勢ヲ執リ居レル處一方右戰備ニ伴ヒ當市内ニ日本軍上陸反對ノ暴動説流布サレ支那人ノ奥地避難者續出ノ現狀ニアリ尚山東軍及威海衛海軍教導隊ハ龍口、威海衛、蓬萊、牟平、榮城(成カ)、長山島沿岸要地一帶ニモ防備ヲ施シ皇軍ヲ邀撃セント構ヘツツアリ當地露國人ノ實見談ニ依レハ牟平ニハ米國、露國人操縱ノ飛行機六臺到着シ居レリト依テ當館ハ警察局長ニ對シ在留民ノ姓名(生命カ)財產保護方ヲ一層督勵シ情勢ノ推移ヲ注視シツツアルカ現在ノ所猶異常無キモ今後皇軍ノ上陸地點如何ニ依リテハ敗殘兵各地ニ入込ミ掠奪暴行ヲ働ク危險性アリ山東出兵ノ場合ハ前以テ管內在留民ノ引揚及當館ノ閉鎖ヲ命セラルル樣豫メ御手配ヲ請フ青島ヨリ第十戰隊ヘ轉報アリタシ

支、青島、濟南、天津ヘ轉電セリ

74　昭和12年8月5日　在天津堀内総領事より広田外務大臣宛(電報)

中国中央軍の北上に対しわが方の空爆も想定されるため至急引揚げ方然るべき旨済南総領事へ通報について

天　津　8月5日後発
本　省　8月6日後着

第六九〇號

本官發濟南宛電報
第一三號

貴電第一七號及大臣宛貴電第二四八號ニ關シ

貴官ノ御苦心ハ諒察ニ難カラサル處ナルモ軍トシテハ中央軍ノ北上ヲ隨時偵察シ狀況ニ依リテハ之ニ空爆ヲ加フル必要モ生スヘキニ付貴地居留民ハ成ルヘク速ニ引揚ヲ可トスヘシトノ意嚮ナリ但シ差當リ偵察ノ爲無用ニ支那側ヲ刺戟スルカ如キ行動(例ヘハ低空飛行)ハ成ルヘク差控フル樣軍ヨリ飛行隊ニ命令セル趣ナリ

大臣、北平、支、青島ヘ轉電セリ

75　昭和12年8月6日　在青島大鷹総領事より広田外務大臣宛(電報)

邦人の自発的引揚げは現地人心の動揺を考慮して目立たぬ方法で行うよう関係方面に注意喚起方要請

青　島　8月6日後発
本　省　8月6日夜着

第三一六號(至急)

當館ニ於テ邦人側ノ輕擧妄動ヲ極力戒メ居ルコト累次報告ノ通ナル處四日鐘紡ニ於テハ本社ヨリ婦女子引揚ノ命令ニ接シタル趣ニテ大連經由等目立タサル方法ニテ漸次引揚クヘキ旨申出アリ之ニ對シ本社ノ命令トアラハ已ヲ得サルヘキ旨述ヘ置キタルニ五日本件カ同業會ノ席上論議セラレタル處鐘紡カ引揚クルニ於テハ他ノ各社モ婦女子全部(鐘紡ヲ合シ大人六百子供千二百人)ヲ引揚ケシムヘシトノコトニ決定シ之カ爲船一艘「チヤーター」スルコト可ナルヘシトノ意見ニテ直ニ大阪ノ同業會ヲ通シ船ノ有無ヲ問合セツツアリ然ルニ曩ニ濟南婦女子特別列車ニテ引揚ケ來タレル際日支人ニ異常ノ動搖ヲ與ヘタルカ本件實現トモナラハ全

在留民及支那人ニ更ニ一大衝動ヲ與フル惧アリ(本件大袈裟ナル引揚ニハ當地陸海軍側ニ於テモ不贊成ニシテ又在留民中ニハ紡績側ノ措置ニ對シ非難ノ聲高シ)就テハ船ヲ「チヤーター」シテ引揚クルカ如キコトハ此ノ際成ルヘク避ケシムルコトト致度ク必要ノ程度ニ從ヒ三々伍々目立タサル方法ニテ引揚クル樣(當方ニテモ極力説得ニ努メツツアルモ)本省ヨリ同業會側ニ御指示相成度ク結果御回電相成度シ

支、在支各總領事、北平ヘ轉電セリ

76 昭和12年8月7日 広田外務大臣より在青島大鷹総領事宛(電報)

青島居留民の多数引揚げは政府の平和的解決への努力に支障を来すおそれがあるため関係方面に自重指導方訓令

本省 8月7日後5時45分発

第一一三號(至急、極祕)

貴電第三一六號ニ關シ

今後ノ情勢如何ニ依リテハ貴地方事態ノ急變ヲ見ルコトナキヲ保シ難キ次第ナルモ當方トシテハ事態不擴大ニ關スル政府ノ方針ヲ堅持シ最惡ノ事態ニ立至ル迄平和的解決方飽ク迄努力ヲ續ケ度キ考ニテ善處シ居レリ(以上部外絶對極祕)從テ之カ爲ノ工作ニ支障ヲ生スルカ如キ措置ハ極力之ヲ避ケ度キ考ニテ右考慮ヨリスル時ハ此ノ際貴地居留民ノ多數引揚ノ如キハ甚タ面白カラスト存セラル尤モ前記當方努力ニ拘ラス萬一最惡ノ事態發生スル場合ヲ顧慮スル時ハ居留民ノ自發的引揚ヲ飽ク迄阻止スルコトハ如何カト思ハルルニ付貴官ハ此上トモ同業會側ヲ指導シテ自重セシメラレ度當方ニ於テハ早速同業會側ト連絡シタル處現地ヨリノ申出ニ對シ汽船「チヤーター」不能ナル旨六日回電シタル趣ニテ結局定期船利用ノ外ナキコトト爲レルカ其ノ場合ニ於テモ日支人ニ衝動ヲ與フルカ如キ目立チタル引揚ヲ見合サシムル樣説示シ置ケリ

要スルニ此ノ際貴地在留民ノ動靜カ直ニ一般情勢ニ影響ヲ及ホス機微ナル事情ニ鑑ミ篤ト前顯當方意ノ存スル所ヲ体セラレ軍側出先及居留民指導方此ノ上トモ御盡力相成度シ

支、北平、在支各總領事館ヘ轉電セリ

77　昭和12年8月9日　在満州国植田大使より広田外務大臣宛(電報)

張北・徳化方面の婦女子等に多倫への引揚げ命令発出について

新　京　8月9日後発
本　省　8月9日後着

第六九〇號(極祕)

軍側ヨリ左ノ通リ內報アリタリ

一、中央軍ノ察哈爾方面進出ノ情勢ニ鑑ミ張北、徳化方面ノ在留邦人中老幼者及婦女子ノ多倫引揚方八日發令濟

二、山海關ヨリ承徳ニ轉出シ居リシ堤枝隊ノ一部ハ八日既ニ張北ニ到着セリ(本項部外祕)

北平、天津ヘ轉電セリ

78　昭和12年8月12日　在済南有野総領事より広田外務大臣宛(電報)

済南および膠済鉄道沿線からの居留民引揚げを軍が作戦上希望している旨報告

済　南　8月12日後発
本　省　8月12日夜着

第二六四號(部外極祕)

天津發閣下宛電報第六六六號ニ關シ

當地石野武官ハ駐屯軍ト打合ノ爲七日發天津ニ赴キ十一日歸來セルカ駐屯軍側ノ意嚮トシテ本官ニ內話スル所左ノ通リ

一、冒頭電ノ今後ノ軍事行動ニ對スル作戰計畫ニ付テハ最近軍司令部ヨリ中央部ニ既ニ請訓シ其ノ指示ヲ待ツ一方後續部隊ノ到着ヲ待チ居リ同部隊ハ今月末乃至ハ遲クモ來月始迄ニハ全部到着ノ見込着キ大体來月初旬中ニハ先ツ保定ヲ攻撃シ更ニ之ト呼應シ津浦線馬廠ヨリ徳州迄ノ中央軍攻撃ヲ開始スル豫定ニテ一方平綏線方面ニテハ今明中ニ南口ヨリ攻撃開始ノ筈ナリ(以上司令官及主トシテ參謀長ノ談話ノ由)

二、駐屯軍側ニテハ河北省內ノ平漢、津浦、平綏各線ノ中央軍ヲ撃破シ南部ハ石家莊ヨリ徳州迄ノ線ヲ確保スルコト絕對必要ト認メ居ル模樣ニ付前顯中央部ニ對スル請訓ニ對シ裁決如何ニ拘ラス決行ノ考ナルカ如シ

三、右ノ情勢ニ付駐屯軍側トシテハ此ノ際戦略上ノ見地ヨリ濟南及山東沿線在留民ノ引揚ヲ希望シ居レリ（此ノ點大城戸參謀談話）

支、北平、上海、青島、天津ヘ轉電セリ

79　昭和12年8月14日　広田外務大臣より在芝罘田中領事代理宛（電報）

芝罘領事館および居留民の引揚げ準備方訓令

本　省　8月14日後9時38分発

第二六號（至急）

上海方面情勢急迫シ事態ハ悪化ノ一途ヲ辿ルノミト認メラルルニ付貴館々署員ハ居留民ト共ニ引揚方準備ノ上時機ヲ失セサル様措置アリ度シ

支、北平、在支各總領事ヘ轉電セリ

80　昭和12年8月14日　広田外務大臣より在済南有野総領事宛（電報）

済南および膠済鉄道沿線の居留民および在外公館に対し引揚げ準備方訓令

本省　8月14日発

第六四號（至急）

上海方面情勢急迫シ事態ハ悪化ノ一途ヲ辿ルノミト認メラルルニ付貴館竝ニ在留民ハ沿線ト共ニ引揚方準備ノ上青島ト聯絡シ時機ヲ失セサル様措置アリタシ

本大臣ノ訓令トシテ張店、博山、坊子ヘ轉電アリタシ

支、北平、在支各總領事ヘ轉電セリ

81　昭和12年8月15日　在済南有野総領事より広田外務大臣宛（電報）

済南および膠済鉄道沿線の居留民および在外公館の引揚げ実施について

済　南　8月15日後発
本　省　8月15日夜着

第二八三號（大至急）

管内在留邦人全部ニ對シ十五日午後六時引揚命令ヲ發セリ十七日朝當地發列車ニテ沿線全部ヲ引纒メ青島ニ向フ豫定當館及張店、博山ノ各館署員モ同時ニ引揚ク

支、在支各總領事、北平、滿、芝罘、博山、張店、坊子、

汕頭へ轉電セリ

82　昭和12年8月15日　在芝罘田中領事代理より
広田外務大臣宛(電報)

芝罘居留民に引揚げ命令発出について

芝　罘　8月15日後発
本　省　8月15日夜着

第八一號(至急)

北平、天津ヨリ大學生入込ミ過激ナル排日路傍演説ヲ爲ス等兎角空氣面白カラス且貴電第二六號ノ次第モアルニ付十五日居留民ニ對シ引揚命令ヲ發シ二十日迄ニハ全部大連ニ到着ノ豫定ナリ尚本官及館署員其ノ他ノ行動ニ付至急何分ノ命ヲ待ツ

83　昭和12年8月16日　在青島大鷹総領事より
広田外務大臣宛(電報)

引揚げ邦人激増で内地への船腹不足のため大連に避難所設立方意見具申

青　島　8月16日後発
本　省　8月16日夜着

第三五四號

濟南及沿線各地ヨリノ引揚者ノ大部分ハ依然當地滯留中ナルニ右各地殘留居留民ノ引揚モ一兩日後ニ迫リ居リ是等避難民及當地居留民ノ内地引揚ニ關シテハ萬全ノ策ヲ講シ萬違(遺カ)漏ナキヲ期シ居ル處十四日ノ水兵事件以來直接内地ニ引揚クル者激増シタルカ當地、内地間ノ航路ハ門司折返シ運航及就航船増配ノ實現ニ拘ラス尚船腹ノ不足ヲ免レス依テ極力大連航路ノ利用ヲ勸メツツアルモ何分費用關係竝ニ乘換等ノ爲大連經由ヲ希望スル者少キヲ以テ此ノ際大連ニ避難民ノ臨時收容所ノ如キモノヲ設ケ(例ヘハ中學校寄宿舍二、三箇所ヲ收容所ニ充ツルカ如キ)便宜ヲ計ルニアラサレハ到底引揚ノ圓滑ヲ期シ得ラレサル狀態ナリ右臨時收容所設置ニ關シテハ不取敢當方ニ於テ滿鐵出張所ト打合中ナルカ本省ヨリモ至急滿鐵若クハ關東州廳等ニ交渉セラレ出來得ル丈ケノ便宜ヲ與ヘラルル樣御配慮願度シ

北平、天津、上海へ轉電セリ

84　昭和12年8月16日　在青島大鷹総領事より　広田外務大臣宛(電報)

税警団の城陽方面集中による中国側抗日気運高揚のため不測事態発生の懸念につき報告

青　島　8月16日後発
本　省　8月17日前着

第三五五號

往電第三四六號ニ關シ

沈市長ハ天龍カ依然埠頭ヨリ離レサルコトヲ理由トシ事件ヲテキパキ解決セサル決心ト見受ケラレ犯人捜査ニ關シ何等申越ナシ他方税警團ハ假面ヲ脱シ歩兵六千名ト砲兵二連ヲ摩天嶺ヨリ城陽ニ集中シ陸戰隊、保安隊ノ防備愈嚴重トナリ在留外國人ハ戰火ノ青島波及ヲ必然ナリト考ヘ大連或ハ香港ニ避難スル者少カラス十六日外國宣教師及英國新聞記者本官ヲ來訪シ前者ハ青島ニ不戰區域設定案ヲ後者ハ青島ノ中立化問題ヲ持出シ本官ノ意見ヲ求メ(之ニ對シ本官ハ英國總領事ヨリ話アレハ返答スヘキ旨ヲ答ヘ置キタリ)又佛國名譽領事ハ先方ヨリ進ンテ城陽方面税警團ノ行動ヲ述ヘ支那側ハ抗日氣分ヲ煽リ過キ居ルニ鑑ミ第二ノ水兵事件ノ如キモノ頻發スル惧アリト述ヘ英米居留民ハ萬一ノ場合東海飯店ニ避難ノ準備アル由ナルモ佛國側ハ六十名ノ在留民ヲ同領事館ニ收容スヘキニ付其ノ際ハ何分ノ保護ヲ得度シトノ申出モアリ尚木村ノ内報ニ依レハ膠濟鐵路局ハ今朝ニ至リ出勤率急減シ皆浮腰ニシテ葛光廷モ路局ヲ濰縣方面ニ移轉スルニ至ルモノト觀測セラルトノコトナリ右情勢(濟南居留民ノ引揚ハ相當ノ刺戟ヲ與フルコトトナルヘシ)ニ付當方ニ於テハ水兵問題ニ關シテモ市政府ニ餘リ迫ラサルヲ得策ト思考シ豫テ市政府側ヨリ避難民用トシテ提供アリタル當館ニ隣レル支那人博物館ヲ快ク借受クルコトトシ其ノ他折角緊張氣分緩和ニ努力シ居ル次第ナリ

北平、天津、上海ヘ轉電セリ

厦門、滿ヘ轉電アリタシ

85　昭和12年8月17日　広田外務大臣より　在青島大鷹総領事宛(電報)

海軍陸戰隊はすべて上海派遣となったため万一に備え婦女子は至急引揚げとし男子も任意引揚げの方針で措置方訓令

本　省　8月17日前11時25分発

第一二七號（極祕、至急）

上海方面ノ情勢ニ鑑ミ海軍ニ於テハ貴地ニ派遣方準備中ノ陸戰隊ヲモ總テ上海ニ差向クルコトトナリタル趣ニテ萬一ノ場合貴地居留民ノ保護ハ差當リハ軍艦ニ依ル外ナキ次第ナリ随テ此ノ如キ場合ヲモ考慮シ婦女子ノミニテモ船腹ノ許ス限リ早目ニ引揚ケシメラルル様（男子モ任意引揚差支ナシ）致シ度ク船舶ニ付テハ當方ニ於テモ遞信省及海軍ト連絡折角努力中ナリ

上海、天津、北平ニ轉電セリ

86　昭和12年8月17日　在青島大鷹総領事より広田外務大臣宛（電報）

青島居留民への引揚げ命令発出は中国側を刺激するおそれあるため内面指導による引揚げ措置実行方請訓

青　島　8月17日後発
本　省　8月17日夜着

第三六六號

貴電第一二七號ニ關シ

當地海軍側ニ達シタル電報ニ依レハ政府ニ於テハ當地婦女子ノ引揚ヲ命シ情勢ニ依リテハ其ノ他ノ者ノ引揚モ然ルヘキ方針ニ決セラレタル趣ノ處本官ハ未タ右引揚命令發出ノ訓令ニ接セサルカ當地ノ事態ハ今直ニ引揚命令ヲ發出スルニ於テハ却テ支那側ヲ强ク刺戟シ局面ヲ悪化セシメ恰モ長江沿岸引揚ノ爲上海ノ事態ヲ悪化セシメタルカ如キ狀況トナラサルヲ保シ難キニ付引揚命令ノ發出ハ此ノ際差控ヘ成ルヘク内面指導ニ依ルコトト致度キニ付右御了承相成度シ

尚貴電第一二九號ノ「スケジユウル」ハ同電ノ二ノ趣旨ニ依リ適宜當方ニ於テ調節致スヘク殊ニ收容豫定人員ハ往電第三六一號申進ノ通リ到底滿タシ得サルニ付船腹ノ配給方此ノ上トモ御配慮相成度シ

上海、天津、北平ヘ轉電セリ

87　昭和12年8月18日　広田外務大臣より在青島大鷹総領事宛（電報）

陸海軍が青島の現地保護方針を確認したが居留民の安全を考慮し内面指導による引揚げ措

置推進方訓令

本省　8月18日発

第一三九號（極祕、部外祕、至急）

往電第一三七號ニ關シ

冒頭往電ノ如キ事情ニテ出來得ル限リ多數配船ノ準備ヲナシタル次第ナルカ其ノ後陸海軍間ニ話合ノ結果青島ハ依然現地保護ノ方針トナリ、海軍側ハ航空部隊、驅逐艦竝ニ陸戰隊ヲ旅順ニ集結セシメ何時ニテモ貴地ニ急行セシメ得ル手配ヲ了シタル趣ニテ（尤モ此ノ際此等ノ兵力ヲ青島ニ派遣スル時ハ却テ事端ヲ起ス惧アルニ付飽迄旅順ニ於テ待機セシムル方針ノ由）右準備ノ整フト共ニ軍側ニ於テハ貴地居留民歸還用ノ配船モ一部停止シ差支ナシトノ考ニ傾キ海軍省ヨリ昨十七日貴地出先ニ對シ居留民ノ歸還ニ關シテハ總領事トモ連絡ノ上善處スヘキ旨訓電セル趣ナリ

軍側ノ考方叙上ノ通ナルカ現地保護ニ依リ居留民ノ安全ヲ保證スル事ハ事實上貴地ニ於テハ困難ナルヘキニ付貴電第三六六號ノ趣旨ニ依リ婦女子ハ出來ル丈ケ早目ニ引揚ケシメ又男子モ任意引揚ハ敢テ留メダテセストノ方針ニテ善處セラレ度（往電第一二九號以上ノ船繰ハ遞信省ニ於テモ差當リ付兼ヌル趣ナリ）尙此ノ上共軍側出先ト充分連絡ノ上出來得ル限リ事端ノ發生ヲ見サル樣御盡力相成度シ

本電ハ機微ナル關係モアリ取扱方特ニ注意アリ度シ念ノ爲上海、天津、北平ニ轉電セリ

88　昭和12年8月22日　広田外務大臣より在青島大鷹総領事宛（電報）

青島派兵は当面行われない見通しについて

本省　8月22日後11時20分発

第一五三號（極祕、館長符號扱）

貴電第四一七號ニ關シ

一、既電ノ通リ貴地ニ對シテハ現地保護ノ方針ハ之ヲ變更ハセサルモ現狀ヲ維持スルコトニヨリ陸戰隊ノ上陸又ハ陸兵派遣等ノコトナクシテ經過シウレバ此上ナキコトニ付テハ貴地ノ狀勢惡化ノ實情ハ同情ニ堪エサル處ナルモ此上トモ貴地ノ局面ヲ維持スル樣內外ニ對シ極力御盡瘁アリ度シ尤モ萬一ノ場合モ考量シ支那側ヲ成ルヘク刺戟セサル樣御工夫ノ上貴地ノ狀勢ニ應シ婦女子其他希望者等ハ成ルヘク引揚ケシムル樣御取計相成度ク以上御含ノ上

貴地及山東ノ最高權者ニ御折衝相成度シ（貴地米國總領事トモ充分御聯絡アリ度シ）

二、東亞局長ヨリ海軍省側ニ確メタル所ニヨレハ海軍側ニテハ下村司令官ニ對シ派兵決定ノ如キ通知ヲナシ居ラス同人ニ對シテハ冷靜ヲ失ハヌ樣隨分申ヤリ居ルニ不拘兎角ハヤリ勝ナリトテ不安視シ居タル由貴官極祕ノ御含迄

三、尙對北支戰略上貴地ヘノ派兵或ハ必要トナル場合ノコトモ軍當局ニテハ考ヘ居ラサルニアラサルモ當分貴地ヘノ派兵ハ作戰上ヨリモ面白カラサル事情アル趣海軍係官ヨリ東亞局長ヘ內話アリタル由右軍機ニ屬スルヲ以テ嚴ニ貴官限リノ御含ニ乞フ

89 昭和12年8月22日 在青島大鷹総領事より広田外務大臣宛（電報）

任意引揚げ者は相当数に上る見込みのため特別の配船方請訓

青島 8月22日後発
本省 8月22日夜着

第四三六號

二十二日二十三日ノ特殊婦女ノ引揚ヲ以テ大體婦女子引揚ハ一段落ヲ告ケタルカ（尙殘留スル者若干アリ）市中ノ日支商店ニシテ閉店スル者更ニ增加シ日本側商店ニ關シ商工會議所ト協議シタルモ支那人使用人ヲ失ヒ居リ又萬一ノ場合掠奪サルル惧アリトテ開店ハ問題トナラス日中ト雖人通少ク凄慘無氣味ナル空氣充滿シ居ル一方洋行筋其ノ他如何ナル筋モ商賣ハ全然杜絕シ居リ生活トシテハ「ボーイ」モ逃ケ出シ（當館ヲ初メ邦人家庭ニ於ケル支那人「ボーイ」ハ皆無ト言フモ過言ニアラス）甚タシク困難ヲ感スル當地ニ無爲徒食スルノ無意味ナルト萬一我軍上陸ニ依リ日支衝突ノ際居留民ノ存在ハ我軍ノ行動ヲ牽制スルモノナリトノ理由ニテ此ノ際男子モ內地ニ引揚クル方可ナルヘシトノ意見當地有力者間ニ俄然擡頭セル處（二十二日參事會長、議長、會頭ヲ初メ有力者十五名凝議ノ結果本官ヲ來訪セリ）本官ハ此ノ際男子ノ引揚ヲ命令又ハ勸告スルコトハ當地ノ現地保護ノ主義ニモ反スルノミナラス其ノ影響スル所大ナルモノアルニ鑑ミ引揚勸告ハ飽迄之ヲ差控ヘ貴電第一三九號ノ御趣旨ニ依リ男子引揚希望ハ强ヒテ留メ立テストノ方針ニテ指導シ度キ意嚮ナルカ引揚者ハ或ハ相當數ニ上リ殊ニ婦

女子引揚ノ際殘シ置ケル荷物ヲモ取纏メ歸國スル者多カルヘキニ付之カ爲二十五、六日頃更ニ當地ニ特別配船方御配慮相煩度ク（下村司令官ハ全然同意ス）各方面ノ觀測ニ依レハ引揚希望者ハ三千人内外（現在殘留者四千餘人トノ見當ナリ）ノ豫定ナリ

北平、上海、天津ヘ轉電セリ

90 昭和12年8月25日　広田外務大臣より 在青島大鷹総領事宛（電報）

青島全居留民引揚げの陸海外三大臣決定に伴いわが方権益および居留民の生命財産保護等につき青島市長の確約取付け方訓令

別電一　昭和十二年八月二十五日発広田外務大臣より在青島大鷹総領事宛第一六二号
右三大臣決定

二　昭和十二年八月二十五日発広田外務大臣より在青島大鷹総領事宛第一六三号
右引揚げ措置の留意点

本　省　8月25日前0時25分発

第一六一號（至急、極祕）

本二十四日外務陸海三大臣間ニ別電第一六二號ノ通リ方針ノ決定ヲ見タルニ就テハ右貴官限リ御含ノ上右決定ヲ極祕トシ沈ニ恩ヲ被セ之ヲ極度ニ利用スル考慮ヨリ至急沈市長ニ對シ「山東殊ニ青島ノ平靜ハ帝國政府ノ最モ顧念スル所ニシテ之カ爲我方ニ於テハ今日迄事端ノ發生ヲ避クル爲凡ユル努力ヲナシ來レル處今後共右方針ニ依リ極力青島方面ノ治安ヲ確保シ度キ考ナリ。從ツテ我方トシテハ支那側ニシテ挑戰的態度ニ出テサル限リ事ヲ起スカ如キ意向毛頭無之此ノ際支那側ヨリ(1)當方面ニ在ル我方權益竝ニ居留民ノ生命財産ニ對シテハ責任ヲ以テ十二分ノ保護ヲナスヘキ旨竝ニ(2)税警團其ノ他青島附近ニアル軍隊ヲ平時常態ニ復歸セシムヘキ旨本官ニ對シ確約ヲ與ヘラルルニ於テハ（沈市長其ノ他ヨリ書面ヲ以テ貴官ニ通報セシムルコトヲ得ハ甚タ好都合ナリ）日本政府ニ於テモ青島ニ派兵等ノコトヲセサルハ勿論現在青島ニ在ル我方海軍兵力モ出來ル丈縮少シ最小限度ニ止ムル用意アリ」トノ趣旨ヲ敷衍説明セラレ右ニ對スル沈ノ意向至急電報セラルルト共ニ引續キ出來得ル限リ前記(1)及(2)ノ確約ヲ取付クル樣御盡力相成度シ。

追テ右交渉ニ當リテハ有野總領事トモ緊密ナル連絡ヲ執ラレ度、有野ヨリ何等カノ方法ニ依リ前記我方意向ヲ韓復渠ニモ傳ヘ韓ヨリモ側面ヨリ沈ヲ指導セシムルト共ニ韓自身ノ指導ニモ資スル様配慮セラレ度シ

別電第一六二號第一六三號ト共ニ上海、北平、天津ニ轉電セリ

以上三電ハ軍側ト打合濟

（別電一）

本　省　8月25日前0時45分発

第一六二號（至急、極祕、館長符號扱）

青島居留民引揚方ニ關スル三大臣決定（外部ニハ絶對極祕）

一、在青島居留民ノ現地保護ノ方針ハ之ヲ採ラサルコトトス。

二、青島在留民ハ全部引揚ケシムルコトトス。

三、右引揚ニ當テハ支那側ヲ刺戟セサル様外務官憲ニ於テ適當措置ス

四、出先外務官憲ハ山東方面ニ於ケル情報蒐集ノ爲引揚居留民ノ遺留財産保護ヲ名トシ、可成青島ニ殘留セシムル筈

（別電二）

本　省　8月25日前1時15分発

第一六三號（至急、極祕）

往電第一六二號ニ關シ

一、冒頭往電ノ二ニ依ル居留民ノ引揚ハ正式ニハ往電第一六一號ニ對スル貴方ノ回電ヲ見タル上當方ヨリ何分ノ儀訓電スルヲ俟ツテ始メテ實行セラルル譯ナルカ右確定ニ至ル過渡的期間中ト雖モ居留民ハ引續キ任意引揚ケシメラレ度シ

二、尙貴地居留民ノ全面的引揚ハ他地方ニ於ケル引揚トハ異ナリ既電ノ如キ事情ニヨリ貴地ニ於テハ絶對ニ事端ノ發生ヲ避ケントスル考慮ニ出ツル次第ナルニ就テハ越軌ノ行動ニ出テ事端ヲ起スカ如キ惧アル者ニ對シテハ假令自己ノ危險負擔ニ於テ殘留ヲ希望スルモ軍側トモ連絡ノ上强制手段ニ訴ヘテモ引揚ケシムル様御措置アリ度尙沈市長其ノ他ニ對シテハ往電第一六一號ノ趣旨御含ノ上今次ノ引揚ハ居留民等ニ對スル不慮ノ事件ヨリ延テ貴地方面ノ事態ニ紛糾ヲ起スカ如キコトヲ豫防セムカ爲ノ日本政府ノ好意的考慮ニ出ツルモノニシテ右以外何等他意ナキ

所以ヲ十分説示セラレ先方ノ疑念ヲ去ルニ努メラレ度シ

91 昭和12年8月25日 広田外務大臣より在青島大鷹総領事宛(電報)

青島居留民引揚げに関する三大臣決定の理由について

本　省　8月25日前1時10分発

第一六四號(至急、極祕、館長符號扱)

往電第一六二號ニ關シ

一、青島現地保護ノ方針ヲ採ラサルコトニ決定セル理由ハ國軍作戰ノ大局ヨリ見テ陸軍ノ派遣ヲ好マシカラストスル事情アルニ因ルモノナリ

二、尙往電第一六一號支那側ノ確約取付ハ之ニ依リ陸兵ノ派遣ヲ必要トセサル所以ヲ對內的ニモ一層明確ナラシムルト共ニ現地保護方針ノ拋棄ニ對スル一部ノ反對ヲ壓ヘムカ爲ノ一ノ手トナル次第ナリ

以上貴官限リ極祕御含ミ迄

上海、北平、天津ニ轉電セリ

92 昭和12年8月25日 広田外務大臣より在青島大鷹総領事宛(電報)

青島におけるわが方の戰闘回避措置につき米国領事へ説明方訓令

本　省　8月25日前0時25分発

第一六五號(極祕)

貴地米國領事ハ從來共青島ニ於ケル日支間ノ危機解消ニ關シ双方ノ間ニ立チ努力シ來レル經緯モアリ同領事ニ對シテハ往電第一六一號ノ趣旨御含ノ上帝國政府ノ意ノ存スル處ヲ十分徹底セシメ同領事ヲシテ側面ヨリ沈ヲ說得セシムルト共ニ右ニ依リ我方意向ヲ出來得ル限リ米國政府ニ反映セシムル樣御措置アリ度シ

追テ昨廿三日在京米國大使ヨリ「青島ニハ米人避暑客ヤ引揚避難民モ多數居ルニ付同地ヲ戰闘區域タラシメサルコトニ付日本政府ノ保障ヲ得度シ同樣支那側ヘモ申入ルル用意アリ」トノ趣旨申越シアリタリ貴地米國領事トノ接觸上之ニ觸ルルハ差控ヘラレタキモ貴官御含迄

上海、北平、天津ニ轉電セリ

93　昭和12年8月26日　在青島大鷹総領事より広田外務大臣宛（電報）

青島市長の応答振りおよび引揚げに強硬に反対する居留民の存在を考慮した措置振り請訓

青　島　8月26日前発
本　省　8月26日前着

第四六一號（大至急、極祕）

[1]貴電第一六一號ニ關シ

二十五日本官沈市長ヲ往訪シ貴電御來示ノ御趣旨ヲ篤ト説明シ沈ノ決意ヲ促シタルニ沈ハ青島ノ平和ハ自分ノ最モ冀フ所ニシテ之カ爲苦シキ立場ニ立チ乍ラ努力シ來レル次第ニシテ當地ニ戰火起ラハ中日兩國人ニ甚大ノ被害ヲ與ヘ何等益スル所ナキヲ以テ極力之ヲ避ケ度キ意嚮ナリ青島ニ於ケル日本ノ權益竝ニ居留民ノ生命財産ノ保護ニ關シテハ誠心誠意之ニ當ルヘキコトハ責任ヲ以テ申上ケ得ル所ナルモ唯事ヲ好ム輩カ中日兩國人ニ相當多キヲ以テ例ヘハ水兵事件ノ如キ突發的事件ヲ今後絶對ニ發生セシメスト責任ヲ以テ保障スルコトハ頗ル困難ナリ又税警團其ノ他ノ軍隊ヲ平時狀態ニ復セシムルカ如キ軍事的措置ハ全然自分ノ權限外ノ事項ニシテ之ヲ引受クルコト不可能ナルニ付御互ニ自分ノ出來得ル權限内ノ事柄ニ付隔意ナキ打合ヲ致度シト述ヘタルニ付本官ヨリ第二ノ點ニ付卽時ニ引受困難ナラハ韓復榘トノ共同意見トシ中央ニ我方ノ意見ト共ニ進言スルコト出來サルヤ又若シ本件ヲ英、米大使邊ヨリ蔣介石ニ申入レシムルニ於テハ如何ナルモノナルヘキヤト反問セルニ市長ハ中央側ニ對スル意見具申ハ自分ノ立場上ヨリスルモ又時期遅キ點ヨリモ困難ニシテ又英、米大使ヨリノ申入ニ付テハ自分ヨリ何トモ申上ケラレスト逃ケタリ依テ本官ヨリ更ニ然ラハ兵力ノ現狀維持ヲ約束シ得ヘキヤト質シタルニ市長ハ右モ自分トシテハ困難ナリト述ヘタルカ唯紡績警備ノ實例ヲ引キ市長ニテ出來ルコト卽チ居留民ノ保護ニ關シテハ總ユル努力ヲ盡スヘク之カ爲必要ナル具體的措置例ヘハ日本浪人ノ退去不良中國人ノ放逐ノ如キ點ヲ話合ヒ度シ等緩々陳述セルカ軍事的處置ノ點ニ關シテハ遂ニ耳ヲ藉ササリキ

[2]右ノ會談ヨリ察スルニ市長ハ我權益及日本居留民ノ生命財産ノ保護ハ誠意ヲ以テ爲スヘキ旨ノ確約ナラハ或形式（例ヘハ本官ヨリ之ヲ要求スル公文ニ對スル回答ノ如シ）ニテ

爲サシムルコト困難ナラサルヘキモ税警團及軍隊ノ復歸ノ點ハ到底之ヲ確約セシムルコト不可能ナリト存セラル又之ヲ確約セシメ得タリトスルモ愈ノ場合之カ如何ナル程度迄信頼シ得ルヤ疑問ナルカ政府ニ於カレテ當地ヘノ出兵ヲ爲ササルコトニ決定セラレタル以上當地ニ於テ支那側トノ摩擦ヲ起スヘキ一切ノ「エレメント」ヲ除去スルコト急務ナルヘク此ノ見地ヨリスレハ差當リ貴電ノ通リ居留民ノ引揚ヲ斷行スルコト最安全ナル方法ナル處居留民中ニハ多年築キ上ケタル財産ヲ抛棄シ引揚クルコトハ若シ引揚後我方ノ出兵ニ依リ右財産ノ保護確實ナラハ兎ニ角之ナクシテ結局（或程度ノ市長ノ保障アリトスルモ）掠奪其ノ他ノ危險ニ曝サルヘキコトヲ豫想シツツミスミス引揚クルニ忍ヒストテ强硬ニ反對スル者アルヘキヲ豫想セラルル次第ナリ就テハ政府ニ於カレテ此ノ種引揚者ニ對シ或程度ノ保障ヲ與フル等何等ヨ《（カカ）》ノ方策ヲ講セラレサルニ於テハ引揚者ノ自暴自棄ヨリ意外ノ事端ノ發生ナキヲ保シ難シト存セラルルニ付此ノ點ハ事前ニ充分考慮置キ相成度シ貴電第二六三號ノ一ノ御訓電ト共ニ何分ノ儀大至急御回電相成度シ

追テ沈市長ハ二十六日謝剛哲ト共ニ本官ヲ來訪ノ筈ナリ御參考迄

北平、上海、天津ニ轉電セリ

94 昭和12年8月26日 在青島大鷹総領事より広田外務大臣宛（電報）

青島全居留民の引揚げに至らざるよう米国を通じて青島戦闘回避の対中交渉を進めるべき旨意見具申

青島 8月26日前発
本省 8月26日前着

第四六二號（大至急、極祕）

貴電第二六四號ニ關シ

當方ニ於テハ引揚希望者ハ此ノ際遠慮ナク任意ニ引揚ヲ行フヘキ旨ヲ申聞カセ居ルニ拘ラス居留民ハ政府ヨリ引揚訓令接到セルモノナリトテ（當館以外ノ方面ヨリ幾分消息ヲ洩ラシタル由）異常ナル「センセイシヨン」ヲ巻起シツツアリ他方沈市長トノ會談ハ往電第四六一號ヲ以テ御承知ノ通リ容易ニ話纏マルヘシトハ豫想セラレス然ルニ居留民中ニハ右往電ニテ申進メタル通リ今直ニ青島ヲ離レ難キ者相

當多數アル見込ナレハ居留民全部ノ引揚ハ出兵ノ如キ短期間ヲ見越ス場合ノ外ハ殆ト不可能ナルヘシトテ全部ヲ引揚ケシメントセハ政府ニ於テ相當ノ賠償的救恤ヲ覺悟セサルヘカラサルヘシ就テハ政府ニ於カレ往電第四六〇號米國領事ノ意見ヲ援用セラレ在本邦竝ニ在支米國大使ヲ動カシ飽迄支那側ヲシテ話合ヲ付ケシムルコトニ極力御盡力ヲ仰クコトト致度シ（當方ニ於テモ米國領事ト協力シ支那側說得ニ努ムヘキハ勿論ナリ）本件話合サヘ纒マラハ第十戰隊モ移動スル必要ナカルヘキニ付居留民全部ノ引揚ハ結局必要ナキニ至ルヘシト思考セラル

本件ニ關シ大至急何分ノ御意見御回示ヲ請フ

95 昭和12年8月26日　在青島大鷹総領事より広田外務大臣宛（電報）

臨時居留民会開催までに引揚げ方針回示方請訓

青　島　8月26日後発
本　省　8月26日後着

第四六四號（大至急）

貴電第一六三號ニ關シ

政府ノ御方針ハ陸海軍側ヨリ居留民ニ相當廣範圍ニ擴マリ居留民モ引揚ノ覺悟ヲ決メツツアリ民團ニ於テハ本日午後五時臨時民會開催ノ豫定ナルヲ以テ其ノ席上本官ヨリ大體ノ方針ヲ說明シ場合ニ依リ命令ヲ以テ引揚ケシムルコトト致度キ處右ニテ差支ナキヤ海軍側ニテハ三十日迄ニ引揚ヲ完了セシメ度キ意嚮ニテ急ク必要アリ依テ本日ノ民會ニ間ニ合フ様大至急御回電相成度シ

96 昭和12年8月26日　広田外務大臣より在青島大鷹総領事宛（電報）

青島全居留民への引揚げ命令発出までに行うべき措置振りにつき訓令

本　省　8月26日後4時25分発

第一六九號（極祕、大至急）

貴電第四六一號ニ關シ

一、沈市長ヲシテ文書ニ依リ青島ニ於ケル邦人ノ權益及財產ノ完全ナル保護ヲ約セシメラレ度シ

尙貴官ハ沈ニ對シ我方ハ不測ノ事故發生ヲ防止スル爲出來得ル限リ居留民全部ノ引揚ヲ斷行スヘキニ付支那側ニ

於テモ居留民引揚迄ノ間ハ絶對ニ事故ヲ發生セシメサル樣凡ユル手段ヲ盡サレ度キ旨嚴ニ要請セラレ度シ

二、我方居留民ノ全面的引揚ハ青島ニ於ケル事故發生ヲ防止センカ爲我方ノ示ス最大ノ好意ナルニ付我方トシテハ支那側カ我方遺留ノ權益財産及少數在留者ノ保護ニ付全責任ヲ負フハ勿論青島ニ於ケル支那側ノ軍事行動ハ我方ノ好意的措置ニ依リ絶對ニ不必要トナリタルニ鑑ミ當然平常狀態ニ回復スルモノナルヲ期待スル旨ヲ述ヘ此ノ點ニハ余リコダハラズ單ニ云ヒ放シ置クニ留メラレ度

三、貴地米國領領(事カ)ニ對シテハ前記我方ノ措置ト共ニ我方意ノ存スル所ヲ説明シ置カレ度

四、以上ヲ實行シタル上ハ居留民ニ對シ引揚ヲ命セラレ度尙遺留財産保護ノ全責任ハ支那側ニ於テ負擔スル次第ナルヲ以テ萬一掠奪等アリタル場合ハ右約束ヲ楯ニ賠償ヲ要求スル建前ヲ持スルヨリ外ナク、又實際問題トシテ假令一部ノ居留民カ財産保護ノ爲殘留スルモ、其ノ爲事故發生スルニ於テハ、賠償ハ却テ取リ悪クナル次第ニ付此ノ邊ノ事情篤ト説明ノ上引揚命令ニ服セシムル樣極力御盡力アリ度シ(尙又救恤ハ當然考慮セラルル所ナルモ他トノ振合モアリ青島丈ケニ特例ヲ設クルコト不可能ナルニ付右御含置アリ度シ)

以上陸海軍ト打合濟

北平、上海、天津ニ轉電セリ

97 昭和12年8月26日 広田外務大臣より在青島大鷹総領事宛(電報)

青島全居留民の引揚げは政府決定であり引揚げ命令発出を前提として対処方訓令

本省 8月26日後5時45分発

第一七〇號(大至急、極祕)

貴電第四六二號ニ關シ

「話合サヘ纏ラハ居留民全部ノ引揚ハ結局必要ナキニ至ルヘシ」トノ貴見ナルモ貴地居留民ノ引揚ハ屢次ノ往電ニ依リ御承知ノ通リ政府ニ於テ決定セル處ナルニ付テハ往電第一六三號及第一六九號ノ次第御含ミノ上此ノ際全面的ニ引揚命令ヲ發セラルルト共ニ殘留ヲ希望スル者ニ對シテモ篤ト懇談ノ上出來得ル限リ大多數ノ者ヲ歸還セシムル樣此ノ上トモ御盡力相成度シ

尚米國側申出ノ件ニ關シテハ種々機微ナル事情アリ當地ニ於ケル話合ハ暫ク之ヲ差控ヘ、貴地ノ形勢ヲ見タル上善處シ度キ考ナルニ付テハ右御含ミアリ度シ

〜〜〜〜〜〜〜〜〜〜〜〜〜〜〜〜

98　昭和12年8月27日　在青島大鷹総領事より広田外務大臣宛（電報）

必要措置を実行したのち青島居留民に対して引揚げ命令発出について

青　島　8月27日後発
本　省　8月27日後着

第四七一號（至急）

貴電第一六九號ニ關シ（青島居留民引揚ノ件）

沈市長ヨリ往電第四六八號ノ趣旨ノ約束ヲ取付ケ冒頭電ニノ申入ヲ爲シ且米國領事ニ對シ説明モ了シタルニ付本廿七日居留民ニ對シ引揚命令ヲ發シ原則トシテ三十日迄ニ引揚シメ事情已ムヲ得スト認ムル者ハ九月二日迄猶豫スルコトトセリ

上海、天津、北平ヘ轉電セリ

〜〜〜〜〜〜〜〜〜〜〜〜〜〜〜〜

99　昭和12年8月27日　在青島大鷹総領事より広田外務大臣宛（電報）

現地保護方針の放棄にも鑑み青島居留民に対し特別救恤を考慮方意見具申

青　島　8月27日後発
本　省　8月28日前着

第四七九號

貴電第一六九號末段ニ關シ

當地ノ現地保護ハ常ニ上海、天津ト共ニ政府ノ確定方針タリ居留民モ其ノ積リニテ萬一ノ場合ハ我陸海軍ニ依リ生命財産ノ保護ヲ受ケ得ル確信ヲ有シ比較的狼狽セス冷靜ニ時局ノ推移ヲ見送リツツアリ從テ商品等モ依然仕入ヲ續ケ來レル次第ニシテ今囘突然ノ現地保護主義抛棄ハ居留民ニ對シ異常ノ衝撃ヲ與ヘタルコト想像ニ難カラス即チ各商社ハ手持商品ヲ處分スル暇モナク（材木會社ノ如キ三百五十萬圓ノ「ストツク」ヲ有シ麥酒會社ハ釀造中ノ麥酒七十萬圓アリ又冷藏庫モ麥酒會社ト同一立場ニアリ）多額ノ財産ヲ危險ニ曝スヘク餘儀ナクセラレタルカ斯ル商品ヲ有セサル一般居留民ニ於テモ家具家財ハ殆ト全部殘シ置ク外ナク是

等ニ對スル損害ハ元々現地保護ヲ爲ササルコトニ決定シ居ル地方ニ於ケル被害ニ比シ遙カニ甚大ナルモノアリ且又地元各會社ハ事變ノ爲株券等殆ト無價値トナレリ萬一紡績工場初メ各社工場ニシテ破壊セラルルカ如キコトアラハ（且支那側ヨリ實際ニ於テ賠償ヲ得サル時ハ）必ス政府ニ對シ救恤ヲ求メ來ルヘシ一方當地居留民團ニ於テハ事變ノ爲ノ救濟費等ヲ併セ經常費（教員吏員ノ俸給等）モ月二萬圓ニ上リ而モ避難ノ爲ニ門司ニ收容所ヲ設クル計畫アルニ拘ラス收入ノ途ナク困窮ノ一途ヲ辿ル外ナキ有樣ナリ二十七日ノ臨時民會ニ於テモ青島居留民ハ最後ノ瞬間ニ至ル迄引揚ノ意ナキモ命令ナラハ言フヘキコトナシトノ悲壯ナル決議ヲ萬（滿カ）場一致ヲ以テ採擇シ帝國ノ權益及邦人ノ經濟的地位ニ關シ政府竝ニ國民ノ注意ヲ喚起セントスル意氣ヲ示シタル程ニシテ斯ル事情ニアル居留民ニ對シ特別救濟ノ途ナシト突撥ネルコト如何ニモ氣ノ毒ナルノミナラス延イテ將來日本人ノ海外發展ノ意氣ヲモ沮喪セシムルモノト言フヘク遺憾至極ト存セラル就テハ居留民ノ急速引揚ヲ圓滑ナラシムル見地ヨリモ政府ニ於カレテ如上ノ事情篤ト御賢察相成リ當地居留民ニ對シ特別救恤方特ニ御考慮相成度ク右ハ海軍側ニテモ全ク同感ニシテ海軍（當）局ニ對シ意見上申セル趣ナリ

100 昭和12年8月29日 在青島大鷹総領事より 広田外務大臣宛（電報）

わが方権益ならびに邦人の生命財産の保護に尽力すべき旨の青島市長回答要領報告

青島 8月29日後発
本省 8月29日後着

第四九〇號

往電第四七一號ニ關シ

八月二十八日附沈市長ノ公文回答要領左ノ通リ

在留日本人ノ生命、權益、財産竝ニ引揚日本人ノ權益竝ニ財産ノ保護ハ當然力ヲ盡シテ御來示ノ通リ取計フヘキモ右保護ニ當リ本市政府ハ左記ノ通リ聲明ス

㈠紡績等ノ工場、公共機關竝ニ個人ノ住宅等ノ財産ハ夫々當該責任者ニ於テ釘付封印ヲ爲スヘシ點檢セサルヲ以テ右内容ヲ知ルコト能ハス唯外部ニアリテ保護及治安ヲ維持スルモ內部ノ財産ニ對シテハ保管ノ責ヲ負ハス

(二)家屋ニ貼付セル封印用紙ノ風雨又ハ其ノ他ノ原因ニ依ル毀損ニ對シテハ責任ヲ負ヒ難シ
(三)總テ財産カ天災地變等不可抗力又ハ日本軍ノ青島或ハ其ノ附近攻撃ニ依リ兩國間ニ軍事行動發生シ之ニ依リ生シタル損害ニ對シテハ何等ノ責任ヲ負ハス尙青島ニ殘留スル日本人ノ姓名、職業、住所ヲ承知致度ク是等殘留者ニ對シ其ノ行動ニ注意スル樣命令アリ度シ尙引揚ケタル日本人工場、商店ノ所在ハ「リスト」ヲ作成ノ上送付アリ度シ

北平、天津、上海へ轉電セリ

101　総領事館を含む一切の邦人の徹底的引揚げを軍側慫慂につき対処振り請訓

昭和12年8月29日　在青島大鷹総領事より広田外務大臣宛(電報)

青　島　8月29日後発
本　省　8月30日前着

第四九八號(至急、極祕)

往電第四九一號ニ關シ更ニ陸海軍側ヨリ當館存置ノ理由タル情報ノ蒐集又ハ殘留財產ノ保護カ不可能ナルニ當館カ殘留シ爲ニ相當數ノ居留民殘存スルコトトナラハ海軍トシテ或程度ノ兵力(驅逐艦一隻位ニテモ)ヲ殘ス要アリ萬一不祥事件勃發ノ際ハ結局縮少セラレタル現地保護ノ結果トナルヘキカ右ハ派兵セストノ我國策ニ反スルヲ以テ寧ロ一切ノ邦人引揚ヲ行ヒ不祥事件發生ノ機會ヲ一掃スルコトコソ右方針ヲ徹底セシムルモノト言フヘク更ニ右ハ我方決意ヲ支那側ニ示ス爲ニモ效果的ニシテ速ニ現在ノ一部殘留ノ如キ不徹底ナル態度ヲ抛棄スルノ要アリ右ノ結果例ヘハ電燈會社ノ如キハ邦人技師離青ノ爲發電不能ニ陷リ或ハ水道「ポンプ」モ運轉ヲ停止シ排水ニモ困難ヲ生スルノ結果トモ相成ルヘキカ右ハ支那側ヲシテ我方トノ離反カ如何ニ不得策ナルカヲ痛感セシムルコトトナリ(歐米人技師ハ目下時局ニテ容易ニ見付カラサルヘシト觀測シ居レリ)却テ好都合ナリトノ見解ニテ當館始メ一切ノ邦人ノ徹底的引揚ヲ慫慂シ來レリ

右ハ稍極端ナル議論ト誤解セラルル惧アルヘキモ事實情報ノ入手等困難ナル今日我方方針ヲ徹底セシムル意味ニ於テ充分考慮ヲ拂フヘキ主張ト存セラルルニ付右ニ對シ本省ノ

御意見折返シ御回示相煩度ク海軍側措置ノ都合モアリ三十日中ニ御回電ヲ請フ（冒頭往電申進程度ノ情報ニテモ之ヲ得ル爲當館残留ノ要アリト認メラルル場合ト雖政府ノ斷乎タル方針ヲ徹底セシムル點ヨリセハ宜シク總引揚ヲ爲スヘキ筋ト存セラル我方ハ全居留民退去ノ時ト雖事ヲ構ヘタルコトナク然ルニ我方ハ十人ニ減少スルモ支那側ヨリ事ヲ起ス可能性アル次第ナリ從テ往電第四九〇號公文中ニ日本人側ノ自制ヲ要求シ越セルカ如キハ支那側トシテハ言語道斷ノ申分ト存セラル）

北平、天津、上海ヘ轉電セリ

102 昭和12年8月30日 広田外務大臣より 在青島大鷹総領事宛（電報）

総領事館を含む青島全居留民の引揚げ措置実施方訓令

本省 8月30日発

第一八六號（大至急）

貴電第四九八號ニ關シ

一、陸海軍トモ協議ノ結果諸般ノ情勢ニ鑑ミ結局貴館ヲ始メ貴地在留邦人全部ヲ引揚ケシムルコトニ決定陸海軍ヨリモ夫々貴地武官宛電報濟ニ付右トモ連絡ノ上至急措置アリ度

二、右ハ既電ノ通リ飽迄事端ノ發生ヲ豫防セントスル我方ノ平和的意圖ニ出ツル次第ナルニ付右ノ點貴地各國領事ニ充分徹底セシメ置カレ度

三、支那側ニ對シテハ右我方引揚ノ理由ヲ懇説シ殘留財産保護方ニ付此上トモ念ヲ押スト共ニ市政府、電燈會社等ノ使用人ニ對シテハ出來得レハ事件一段落後ノ再雇傭ヲ保證セシメ置カレ度

四、尚引揚ノ際ニハ貴官ノ名ヲ以テ「帝國ハ山東方面ノ平和維持ノ爲極度ノ犧牲ヲ拂ヒ居留民ノ全面的引揚ヲナスニ至レル次第ナルヲ以テ支那側ニ於テモ之ニ對應シ全責任ヲ以テ帝國ノ權益及遺留財産等ノ保護ニ任シ我方ノ好意的措置及之ニ伴フ當然ノ要望ヲ蔑視蹂躪シ帝國ヲシテ隱忍シ得サル破目ニ陷ラシムルカ如キコトナキヲ切望ス」トノ趣旨ヲ聲明セラレ度

上海、天津、北平ニ轉電セリ

103　昭和12年8月31日　広田外務大臣より在本邦ドッヅ英国代理大使宛

青島方面の平静保持のため多大の犠牲を忍びわが方は青島居留民の全面引揚げを実行する旨通報

付　記　昭和十二年八月二十五日付、在本邦ドッヅ英国代理大使より広田外務大臣宛公信第一二四号

青島戦闘回避のため一定条件の下に青島市を安全地帯と宣言する旨の英国提案

亞一普通第一四八號

拜啓陳者本月二十五日附第一二四號貴信ヲ以テ一定條件ノ下ニ帝國政府ニ於テモ青島市ヲ安全地域ナリト宣言スルニ同意セラレ度キ趣御申越ノ次第閱悉致候

青島地方ノ平靜ハ帝國政府ニ於テモ最モ顧念スル所ニシテ同方面ニ於ケル事端ノ發生ヲ防止スル爲帝國政府ハ今日迄凡ユル努力ヲナシ來レルモ市當局ノ之ニ對應スル措置我方ノ期待ニ副ハス、爲ニ同地ノ情勢刻々險惡トナリ來レルヲ以テ帝國政府ニ於テハ遂ニ一大決心ヲ以テ萬一居留民等ニ對スル不祥事件ノ發生ヨリ延テ同方面ノ治安ニ動搖ヲ來ス、カ如キコトナキヲ期スル爲同地居留帝國臣民ノ全面的引揚ヲ實行スルコトトナレル次第ナル處帝國カ同地方ニ莫大ナル權益及居留民ノ永年ニ亘ル努力ニ依リ開拓シタル地盤ヲ有スル事實ニ顧ミ前記帝國政府ノ執リタル居留民引揚ノ措置ハ帝國トシテハ極度ノ犧牲ニ有之、此ノ一事ニ依ルモ貴國政府ハ青島方面ノ平靜保持ニ對スル帝國政府ノ誠意ヲ十分諒トセラルルモノト確信致候

尤モ帝國政府トシテハ帝國カ極度ノ犧牲ヲ拂ヒ居留民ノ引揚ヲ實行スル以上支那側ニ於テモ之ニ對應シ全責任ヲ以テ帝國居留民遺留ノ權益、財產竝ニ已ムヲ得サル事情ニ依リ殘留スルコトアルヘキ少數帝國臣民ノ保護ニ當ルト共ニ青島及其ノ附近ニ於ケル支那側軍事行動ハ右帝國政府ノ和平的措置ニ依リ全然不必要トナリタルニ鑑ミ之ヲ平常狀態ニ囘復スヘキモノナリト思考シ右ニ關スル支那側ノ明確ナル保障ヲ要望シ折衝中ニ有之候處、在青島帝國總領事ヨリ今日迄ニ接到セル報告ニ依レハ青島市長ノ態度甚タ不滿足ニテ既ニ居留民ノ遺留財產ニ對スル小規模ノ掠奪モ隨所ニ起リ居ルノミナラス帝國總領事自身ノ同地殘留スラ安全ヲ期

シ難キ事態ニ進ミツツアル趣ニテモアリ帝國政府トシテハ支那側ニ於テ速ニ反省シ我方ノ好意的措置及之ニ伴フ當然ノ要望ヲ蹂躙シ帝國ヲシテ隱忍シ得サル破目ニ陷ラシムルカ如キコトナキコトヲ切望シ居ル次第ニ有之候　敬具

昭和十二年八月三十一日　　廣田　弘毅

在京

英國代理大使

（付　記）

British Embassy, Tokyo.

25th August, 1937.

No. 124

Immediate

My dear Minister,

I have today received from my Government a telegram instructing me to approach Your Excellency with the request that the Japanese Government should agree to declare Tsingtao a safety area on the basis that Chinese troops will not advance beyond a determined line provided that the Japanese agree not to land forces.

In view of the large numbers of British nationals, including women and children, now at Tsingtao whose lives would be endangered and the evacuation of whom would involve great difficulty and hardship, His Majesty's Government consider that every effort should be made to avert hostilities in this area.

His Majesty's Ambassador at Nanking has received instructions to approach the Chinese Government in the same sense.

Believe Me,

My dear Minister,

Yours very sincerely,

Signed: J. L. Dodds.

His Excellency,

Mr. Koki Hirota,

H.I.J.M. Minister for Foreign Affairs.

104　昭和12年9月1日　在青島大鷹総領事より広田外務大臣宛（電報）

総領事館閉鎖および残留居留民全員の引揚げ予定につき報告

青　島　9月1日後発
本　省　9月1日夜着

第五一八號（極祕）

當館事務ハ三日午後一時ヲ以テ閉鎖シ四日午前九時國旗降下式ヲ行ヒ同日正午出帆ノ原田丸ニテ本官以下館員及殘留居留民全部大連經由內地ニ引揚クル豫定ナリ

尙殘存電信符號ハ四日午前九時半L號一部ヲ除ク外全部燒棄ス

天津ヨリ北平ニ轉報アリタシ

天津、上海へ轉電セリ

(2) 華中

105 昭和12年7月20日
在中国川越大使より
広田外務大臣宛（電報）

中国政府の対日態度硬化に鑑み揚子江沿岸在留民などに対し臨機引揚げを実行しうるよう関係方面へ至急準備を訓令方意見具申

南京 7月20日後発
本省 7月21日前着

第五五六號（至急、極祕）

今次北支事件發生以來本邦官民在留各地ニ於テハ支那側地方當局カ出來得ル限リ事端ヲ起サヽラントスル努力モアリ且ハ支那官民共ニ時局ノ重大性竝ニ擴大ノ可能性ニ關シ充分ナル認識ヲ有セサリシ如ク今日迄寧ロ存外ニ平靜ヲ持シ來レル模樣ナル處時局ノ推移ヲ見ルニ北支ニ於テ我軍側ト廿九軍側トノ解決交渉相當進捗シツヽアル一方我方ト南京トノ關係ハ逐日急迫シ殊ニ十九日外交部ノ日高參事官ニ對スル備忘錄（大臣來電合第五九六號）同夜蔣介石ノ談話等ニ窺ハルル如ク今ヤ日支全面的衝突ノ危機ヲ孕ミ來リ而モ一旦北支ニ於テ支那軍隊殊ニ中央軍ト兵火ヲ交ヘンカ意外ニ早ク各地ニ動搖カ波及スル惧多分ニアル樣認メラルルニ付テハ旣ニ御氣付カト存セラルルモ奥地特ニ長江沿岸在留官民ニ對シ必要ニ應シ臨機引揚ヲ迅速ニ實行シ得ル如ク準備方至急御訓令相成ルコト然ルヘキ時機到來セルモノト存セラル（不在）

北平、在支各領事（總領事ヲ含ム）、蘇州、蕪湖ヘ轉電セリ

106 昭和12年7月20日
広田外務大臣より
在中国川越大使宛（電報）

事変が拡大し揚子江沿岸居留民の引揚げを必要とする場合の措置振り訓令

本省 7月20日後10時発

第一四〇號（極祕）

北支事變擴大シ萬一長江沿岸居留民ニ引揚ヲ命スルノ要アルニ至ル場合ハ貴大使ノ裁量ニ依リ九江、蕪湖、南京、蘇州、杭州各管內ノ居留民ニ付テハ上海總領事ヲシテ又漢口上流ノ居留民ニ付テハ漢口總領事ヲシテ夫々出先領事及軍側ト緊密ナル連絡ヲ取リ時期ヲ誤ラス必要ナル措置ヲ採ラ

シメラレ度ク引揚先ニ付テハ機宜ノ指示ヲ與ヘラレ差支ナキモ一應下流ハ上海ニ、上流ハ漢口ニ收容スルヲ適當ト認ム

本件カ事前ニ洩ルルニ於テハ一般居留民ニ不必要ノ動搖ヲ與フルノ虞アルヲ以テ最後迄貴大使及上海漢口兩總領事限リノ含ミトセラレタク只上海及漢口ニ對シテハ引揚者收容ノ方法ニ付豫メ十分ナル講究ヲ遂ケ置ク樣連絡シ置カレタシ

軍、遞信省トモ打合濟

訓令トシテ漢口及上海ニ轉電アリタシ

107　昭和12年7月21日　在漢口松平(忠久)総領事代理より　広田外務大臣宛(電報)

揚子江流域の邦人婦女子および奥地全居留民の引揚げを中央へ具申したとの海軍第十一戦隊参謀の内報について

漢　口　7月21日後発
本　省　7月21日夜着

第二五一號(至急、部外祕)

二十一日當地碇泊第十一戰隊先任參謀重永中佐ノ内報左ノ通リ

一、十一戰隊ニ於テハ重慶碇泊艦比良ニ對シ二十一日同地居留民引揚準備ノ命令ヲ發シタルカ(後刻内報ニ依レハ準備完了シ十時間以内ニ引揚ヲ爲シ得ル由)一方宣(宜カ)昌碇泊艦二見ヨリハ二十一日居留民ノ引揚完了セル旨ノ通報アリタリ

二、尚十一戰隊ニ於テハ(イ)揚子江流域邦人婦女子全部ノ引揚(ロ)奥地ノ居留民全部ノ引揚方ニ關シ二十一日第三艦隊へ具申シ中央へ通報セル趣ナリ

支、在支各總領事、北平、九江、長沙、沙市、宣(宜カ)昌、重慶へ轉電セリ

108　昭和12年7月21日　在上海岡本総領事より　広田外務大臣宛(電報)

海軍側要請の揚子江沿岸居留民引揚げに関し方針回示方請訓

上　海　7月21日後発
本　省　7月22日前着

第五八〇號（至急、極祕）
支發貴大臣宛電報第五五六號ニ關シ
二十一日朝第三艦隊參謀長ヨリ極祕含ミヲ以テ本官ニ對シ長江沿岸在留民竝ニ警備艦ノ引揚實行方意見ノ表示アリタルニ付前者ニ付テハ未タ現地ニ不穩狀態發生シ居ラサル如キヲ以テ兎モ角モ冒頭電報ニ對スル本省ノ回訓到着ヲ俟チ中央ノ肚ヲ知リタル上處置スルモ遲カラスト思考スル旨述ヘ置キタルカ午後第十一戰隊司令官ヨリ三艦隊ニ對シ漢口上流各地ノ引揚ノ通（知）ヲ要スルニ付同司令官ヨリ右命令ヲ下シ差支ナキヤノ問合ノ次第アリタル趣三艦隊側ヨリ追報アリ右ニ對シテハ當方トモ打合ノ結果中央ノ訓令ヲ待ツ樣回示スルコトトシ度キ趣ナルモ前記海軍側ノ事情ニモ鑑ミ至急方針御決定ノ上當方ノ措置振御垂示相成樣致度シ
支、北平、天津、漢口、長沙、宜昌、沙市、重慶ヘ轉電セリ

109　昭和12年7月22日　在漢口松平総領事代理より 広田外務大臣宛（電報）

漢口居留民の引揚げに関する対処方針請訓

漢口　7月22日後発
本省　7月22日夜着

第二五七號（至急、極祕）
在[1]支大使發閣下宛電報第五五六號ニ關シ
一、當方面空氣ハ往電第二四九號所報ノ通リ多少動搖ノ色見エ就中蔣介石ノ第二次談話發表後支那人有識者間ニ事件ノ重大性ヲ認識シ其ノ擴大性ヲ信スル者漸ク多ク沈鬱ナル空氣市面ニ橫溢シ居ルヤニ看取セラレ右ノ點ニ關シ英米總領事ノ如キモ本官ノ意見ヲ徵シ來レル有樣ナル處一方支那側當局ニ於ケル取締ハ往電第一七九號何成濬及吳市長ノ本官ニ對スル明言竝ニ黃紹竑ノ傳言ニ僞ナキカ如ク今日迄邦人中直接ニモ間接ニモ危險ヲ感シ居ル者之ナキノミナラス過般同盟通信漢口支局ノ支那人翻譯員カ漢奸ノ嫌疑ニテ逮捕セラレタル際本官ヨリ警備司令部ニ對シテ交渉後僅々一時間ニテ釋放セラレタルカ如キ又北上ノ途ニアル多少ノ軍隊カ軍宿ノ爲江漢中學附近ニテ交通ヲ禁止セル際ニモ電話ニテ交渉後間モナク解決ヲ見タルカ如キ蘆溝橋事件以來今日迄ニ於ケル支那側ノ言動ヲ仔細ニ檢討スルニ治安ノ維持ニ汲々トシテ苟モ當方面ニ於

テハ日支間ニ新ナル事件ヲ惹起セシメサル様充分警戒且努力シ居ル模様ナリ

二、翻テ支那側作戦上ノ見地ヨリ見ルモ當地ハ北上部隊ノ起點トシテ將又前線部隊ノ大兵站部トシテ最モ重要ナル土地柄ナルニ鑑ミ支那側ハ當地ノ治安ニ動揺ヲ來スカ如キ措置ハ極力之ヲ避クル方針ナルハ想像ニ難カラサル一方最近陸軍側ニ於テ傍受セル情報ニ依レハ蔣介石ハ各省主席ニ對シ外國人(勿論日本人ヲ含ミ居ルモノト察セラル)ノ保護方ヲ嚴命シ居ル趣ニテ當館蒐集ノ情報ヲ綜合スルモ言論機關ニ對シ刺戟的記事ノ登載ヲ禁止シ愛國的諸團體ノ行動ニ對シテモ常軌ヲ逸セサル様充分注意ヲ與ヘ居リ只管治安維持ニ專念シ居ルヲ窺ヒ得ヘキカ如シ

三、[2]依テ當地ニ於ケル引揚問題ヲ云々スルハ時機稍尚早ナルヤニ思考セラルル次第ナルカ假ニ引揚ノ原因トナルヘキモノヲ豫想スルニ

(イ)華北事件擴大シ敗竄兵等カ當地ニ入込ミ支那側當局ニ治安維持ノ能力缺如シテ混亂狀態ニ陷リタル場合

(ロ)戰鬪ノ擴大ニ伴ヒ支那側ノ抗日意識昂マリ當地海軍側殊ニ陸戰隊トノ間ニ衝突ヲ惹起スル場合

(ハ)支那側ニテ宣戰ヲ布告スル場合

等ニシテ(ロ)ノ場合最モ懸念セラルルモ何レニセヨ陸戰隊乃至警備艦アルカ爲ニ早目ニ引揚ヲ考慮セサルヘカラサルカ如キ奇現象ヲ呈シ居ル次第ナル處一方天津軍ハ內地派遣部隊ノ派遣ヲ待テ八月初旬ヨリ行動ヲ開始セントスル意嚮ナルコト明白ニシテ第二次豫?定線タル石家莊迄進出スル前或ハ意外ニ早ク引揚ヲ要スルヤモ測リ難キヲ以テ引揚ノ場合ニ於ケル船舶ノ調査、糧食ノ買付等ハ民團ヲシテ極祕裡ニ準備セシメタルモ在留民ノ動揺ヲ恐レ今日迄發表ヲ見合セ置キタル次第ナリ

四、然ルニ冒頭電ノ次第モアリ南京竝ニ上流方面ノ引揚當地ニ喧傳セラルルヤ居留民ニ相當ノ動揺ヲ與ヘタルモノノ如ク任意引揚ヲ希望スル向多クナレル一方十一戰隊ニ於テハ例ニ依リ引揚運動ヲ開始シタル次第ナルカ當地ニ於ケル引揚ハ其ノ影響甚大ニシテ引揚ニ依リ却テ治安狀態ニ不安ヲ加フルカ如キ結果ナキヲ保セス又引揚後ノ生活ノ保障等社會問題ヲ伴フカ故ニ輕々ニ斷スヘカラサル次第ナル處本官トシテハ關係各方面ノ意嚮ヲ徵シ

(一)任意引揚希望者ニ對シテハ之ヲ阻止セス

(二)本月末ヨリ來月初旬迄ノ事態ノ推移ヲ靜觀シ最惡ノ場合ハ命令ヲ以テ引揚ケシムルモ右ノ場合ト雖男子ハ成ルヘク居殘ラシメ度キ意嚮ニテ然ルヘク居留民ヲ指導シ居ル次第ナリ
就テハ右ニテ差支ナキヤ折返シ御垂示相仰度ク尚命令ヲ以テ引揚クル場合ニハ約二萬元ヲ要スル見込ナルニ付豫メ御含置キ相成度シ
支、北平、在支各總領事ヘ轉電シ、九江、長沙、沙市、宜昌、重慶ヘ空送セリ

110 昭和12年7月22日 広田外務大臣より 在中国川越大使、在上海岡本総領事、在漢口松平総領事代理他宛(電報)

揚子江上流居留民の引揚げについては海軍中央の指示があるまで見合わすよう第十一戦隊に指令が下った旨通報

本省 7月22日発

合第六二二號(大至急、極祕)
長江上流居留民引揚ニ關シ第十一戰隊ヨリノ請訓ニ對シ何分ノ指示アル迄見合ハスヘキ旨第三艦隊ヨリ訓令シタル趣ナリ海軍中央トシテハ引揚ノ時期ハ改メテ指示スル意嚮ナリ尚本件ハ外務海軍充分連絡ノ上措置セラルル筈
本電宛先 支、上海、漢口、重慶、宜昌、沙市、長沙
北平、天津、青島、福州、厦門、廣東、汕頭、香港ニ轉電セリ
支ヨリ南京ヘ轉報アリタシ

111 昭和12年7月23日 在中国川越大使より 広田外務大臣宛(電報)

華北において一度戦端を開けば各地に戦乱波及のおそれがあり揚子江上流居留民の引揚げは前広に準備の要ある旨意見具申

南京 7月23日前発
本省 7月23日前着

第五七五號(極祕)
貴電[1]第一四〇號ニ關シ(中支居留民引揚措置方ノ件)
一、長沙發海軍電ニ依レハ二十日唐炳初ハ何鍵ノ意嚮ナリトシテ同地碇泊勢《(多カ)》田艦長ニ對シ

(イ)最悪ノ場合ニ於テモ警備艦在泊セストモ在留邦人ノ生命、財産ハ絶對ニ保護スヘク

(ロ)支那各地ニ在泊スル日本軍艦ニ對シテハ上海事變當時ノ如ク中立的態度ヲ以テ臨ムコト能ハス全面的開戰トナル場合ニハ中央政府ヨリ武裝解除ノ要求ヲ爲スヘキコトヲ命令シ來ルヤモ測ラレス此ノ場合何鍵トシテハ東洋民族相互ノ流血慘事ヲ欲セス苦慮シ居ル次第ナリト述ヘタル趣ナルカ警備艦ハ在留民ノ引揚ケサル間ハ引揚クルコトヲ得サルヘク結局支那側カ武力ヲ以テ武裝解除ヲ爲サントスル場合ニハ交戰スルコトトナルヘク而シテ右ノ如キ事態發生ノ惧アルハ獨リ長沙ノミニ止マラス長江沿岸各地共同樣ナリトス

二、我長江在泊艦ニ對シ支那側カ敵對行爲ニ出ツル場合ニハ支那ニ於テ戰火ノ巷ニ置クコトヲ欲セサル地方ニ於テ我方ヨリ復讐ヲ受クルコトヲ覺悟セサルヘカラサルヲ以テ北支ニ於テ我軍カ中央軍ト兵火ヲ交ユル場合

(2)支那側カ直ニ長江筋ニ於テ我方ニ對シ敵對行爲ヲ執ルモノト斷スルハ稍早計ナルヘキモ今日支那側ハ擧國一致交戰ノ態勢ヲ整ヘツツアル點及支那軍隊內ニ於ケル抗日意識ノ旺盛ナルコト上海事變當時ノ比ニアラサル點及我方モ空襲等ニ依ル後方攪亂ノ作戰ニ出ツルコトモアルヘキ點等ヨリ考察シテ北支ニ於テ一度支那軍隊殊ニ中央軍ト戰端ヲ開ク場合ニハ敵對行爲ハ上海事變當時ニ於ケルカ如ク一地方ニ局限セラレス意外ニ早ク各地ニ波及スルノ惧多分ニアリ而シテ此ノ場合各地ニアル我居留民ノ安全ヲ充分確保シ得サルコトハ豫メ充分考慮シ置クコトヲ要ス（漢口ノ如キ陸戰隊ト支那軍隊トノ間ニ兵火ヲ交ユル場合ニハ我租界ハ忽チ兵火ノ巷ト化スヘク其ノ他長江沿岸各地ニ於テモ我警備艦カ支那側ト兵火ヲ交ユル場合居留民ノ安全カ充分確保セラレサルヘキコトハ漢口等ニ於ケルト大同小異ナリ）

三、右考慮ノ下ニ長江上流殊ニ漢口ヨリ上流各地ニ於ケル居留民ノ引揚ケハ前廣ニ準備スルノ要アリ殊ニ婦女子ノ引揚ハ中央軍ト交戰スルニ至ルヘキコト確實トナリタル場合ニハ之ヲ開始スルコト必要ト思考セラル

上海、漢口ヘ轉電セリ

112 昭和12年7月23日　在上海岡本総領事より 広田外務大臣宛(電報)

揚子江流域居留民の引揚げ時期は中央で決定ありたき旨意見具申

上海　7月23日後発
本省　7月23日夜着

第五八五號(至急、部外祕、極祕)

支宛貴電第一四〇號ニ關シ

北支ニ於ケル協定履行ヲ見ス我方ト二十九軍トノ間ニ戰鬪開始セラレ(昨今ノ情勢ニテハ右ノ可能性少キヤニ觀測セラル)延イテ中央軍ト衝突スル場合ヲ豫想セハ兵火ヲ交フルト同時ニ長江奧地ノ引揚ヲ開始スルモ少クトモ漢口下流ニ付テハ必スシモ遲キニ過キサルヘキモ之ニ反シ我方ニ於テ十一日閣議決定ノ方針ヲ變更シ北支ニ於ケル協定ニ拘ラス南京ニ對シ斷乎事變ノ責任ヲ追求スルノ態度ニ出ツルコトアリト假定セハ其ノ際ハ素ヨリ全支ニ亘リ急速事態惡化スヘキヲ以テ相當前廣ニ奧地ニ對シ引揚命令ヲ發スルコト絶對ニ必要ナリ

而シテ南京側カ積極的ニ北支ニ於ケル既成事實ヲ破壞スル決心アリトハ觀測セラレサルニ付結局引揚時期ノ決定ハ(奧地ニ不安狀況發生セル場合ハ別トシテ)原則トシテ中央ノ御判定ニ俟ツヘキモノト思惟シ居タルニ不拘冒頭貴電御訓令ニ接シタルハ意外ナル處御承知ノ如ク長江警備海軍側ハ今回モ居留民至急引揚方強ク希望シ居リシ次第ニモアリ右貴電ノ如ク引揚時期決定ヲ出先官憲ノ裁量ニ委ネラルルニ於テハ當方ニ於テ如何ニ三艦隊司令部及海軍武官室ト聯絡ヲ圖ルニ於テモ到底上流ノ過早ナル引揚ヲ阻止シ得サルニ至ルコトヲ惧ル就テハ右御諒察ノ上今一應中央ノ御方針ヲ明確ニ御垂示相成度シ

冒頭貴電ノ通リ轉電セリ

---

113 昭和12年7月24日　広田外務大臣より 在中国川越大使他宛(電報)

目下の華北情勢においては華中・華南方面の居留民は未だ引揚げを必要とする時期には至っていない旨通報

本省　7月24日後4時30分発

合第六五六號(極祕)

突發事件發生等ノ場合事態ノ變化ニ對應シ適宜裁量ニ依リ引揚方應急措置セラルヘキハ勿論ノ義ナルノミナラス政府方針ノ變更若ハ中央ニ於テ豫見シ得ヘキ状況等ニ依リ引揚ヲ必要ト認ムル場合ニハ當方ヨリ即時何分ノ指示ヲ爲スヘキ處往電合第六四〇號ノ如ク現地協定ハ漸次履行セラレ居リ今後南京側ニ於テ積極的妨害挑戰行爲ニ出ツル等大ナル状況ノ變化アラハ格別然ラサル限リ十一日閣議決定ノ方針ニ依リ時局ヲ收拾シ得ヘキヤニ認メラレ旁々目下ノ情勢ニ於テハ現地近接地方ハ別トシ中南支方面居留民ハ未タ引揚ヲ必要トスル時期ニハ至リ居ラサルモノト存セラル

宛先　在支各公館長

至急情報通リ轉電アリタシ

114　昭和12年7月29日　在漢口松平総領事代理より広田外務大臣宛（電報）

宜昌居留民の引揚げを八月一日に実行すると決定について

漢口　7月29日後発
本省　7月29日後着

第二九五號（極祕）

宜昌發本官宛電報

第二三號

大臣へ轉電アリタシ

第二〇號

往電第一九號ノ通リ當地ノ情勢漸次悪化ノ徴アル處在留民月末決濟ノ關係モアリ且此處數日間ハ大體大丈夫ト判斷セラルルニ付八月一日早朝長陽丸ニテ引揚クルコトニ決定シ準備方在留民ニ命シ置ケリ

漢口ヨリ支、上海へ轉電アリタシ

重慶、沙市、長沙へ轉電セリ

115　昭和12年7月29日　在上海岡本総領事より広田外務大臣宛（電報）

海軍省より第三艦隊に対して揚子江上流各地居留民の引揚げ開始方指令があった旨報告

上海　7月29日後発
本省　7月29日夜着

第六四七號（部外極祕）

貴電合第六九三號ニ關シ
廿八日海軍省ヨリ第三艦隊ニ對シ「今後日支全面作戰ニ迄進展スルコトアルヘキヲ豫期スル次第ニシテ此ノ際差當リ漢口ヨリ上流各地居留日本人ハ之ヲ引揚クルノ要アリト認メラルルニ付外務側ト聯絡ノ上現地ノ狀況ニ應シ機宜引揚ヲ開始セシムル樣取計ハレ度キ」旨指令アリタル趣ニテ右ハ冒頭貴電ト相當開キアル處元來長江筋ニ於ケル海軍側ノ態度ハ中央ノ指令ニ基キ當地第三艦隊ニテ具體的ニ決定シ各地ニ訓令スル建前ニテ部內問題ノ處理ニ付常ニ當方ニ相談シ來ル事情ナルヲ以テ前記ノ如キ喰違アリテハ甚タ困却スル次第ナリ
尚當方トシテハ前記三艦隊トノ聯絡關係上或程度迄漢口上流ノ引揚ニ付テモ發言ノ必要ヲ感シ居ル次第ニ付貴電合第四二四號ノ次第ハアルモ必要ニ應シ當方ニ於テ上流ニ對シテモ引揚ニ關スル指令ヲ發シ得ル樣御考慮相煩度シ
支、漢口ヘ轉電セリ

116 昭和12年7月31日 在漢口松平総領事代理より 広田外務大臣宛(電報)

第十一戦隊司令官が居留民の全面的引揚げを強く求めているところ対応方針回示方請訓

漢口 7月31日後発
本省 7月31日夜着

第三一九號(大至急、極祕)

往電第二五七號ニ關シ
一、十一戰隊司令官ト何成濬トノ會見アリタルニ拘ラス同司令官ハ本三十一日本官ヲ來訪シ陸海軍武官同席シテ隔意ナキ意見ヲ交換セル席上ニ於テ北支事變ノ影響必スヤ長江方面ニ波及スル惧アルコトヲ斷シ全面的引揚ヲ要スル事態近キニアルコトヲ覺悟シテ用意スル必要アル旨强調セリ
二、右ハ第三艦隊司令官聲明ト相俟テ或程度迄海軍側ノ決意ヲ表明セルモノト考ヘラルル處果シテ然ラハ冒頭往電四、ノ如キ手溫キ措置ニテハ間ニ合ハサル次第ナル處政府ニ於テハ十一日閣議決定ノ方針ヲ變更セラレ長江方面ニ波及スルモ厭ハス寧ロ北支ニ於テ中央軍トノ交戰ノ際海軍ヲシテ後方ヲ攪亂セシムルカ如キ決意ヲ有セラルルニ於テハ官民一同早目ニ引揚ヲ要スル次第ナリ

三、就テハ當地ノ事態ハ屢次電報ノ通リナル處政府ノ斷乎タル方針御決定相成ルニ於テハ局地的治安關係等ハ問題ニナラサル次第ニテ殊ニ當地ノ如キ袋ノ鼠ニ等シキ土地柄ニ於テハ猶更之ヲ早目ニ考慮セサルヘカラサル次第ナルニ付テハ

㈠全面的官民ノ引揚用意シテ差支ナキヤ

㈡全面的引揚ノ場合ニハ無資力者（約八百名）ニ對シテ支給スヘキ旅費及當座ノ生活費補助八萬元（冒頭往電四、ノ場合ヨリ四萬元多シ）ヲ支給セラレ度キコト

㈢租界ノ始末ニ付心得置クヘキコト等

ニ付大至急御回電相成度シ

支、上海へ轉電セリ

117　昭和12年7月31日　在漢口松平総領事代理より広田外務大臣宛（電報）

重慶全面引揚げを八月一日実施と決定について

漢口　7月31日後発
本省　8月1日前着

第三二〇號

重慶發本官宛電報

第二四號

大臣へ轉電アリタシ

第三〇號

當地ハ漸次悪化ノ徴アルモ下流各地ニ比シ表面ハ依然平穏ナリ然ルニ宜陽丸ハ二十四日出帆間際ニ停船シ既ニ一週間ニ及ヘル爲種々謠言行ハルル一方長陽丸ハ二十七日宜昌出帆後間モナク同地ニ引返シ日清上流航路中止ノ折柄宜陽丸「パイロット」ニ對シ下船ヲ强迫スル排日分子出テ之カ阻止ニ努メ居ル處元來宜陽丸ハ六年間モ上流ニ繋船シアリ本年久振リニ就航シタル船ニシテ支那人船員ハ各方面ヨリ遽ニ驅リ集メタル者ナレハ「パイロット」ハ豫テヨリ民生公司ノ誘惑モアリ動搖シ居ル樣ノ始末ナリ何分宜昌航路ハ「パイロット」ナケレハ一歩モ動ケサル特殊ノ航路ナレハ船長ハ「パイロット」ノ下船ヲ極度ニ恐レ居レリ

北支ノ戰局進展シ中央軍トノ衝突トモナリ統制アル排日運動激化ノ曉ハ通信機關ノ發達、四川中央化ノ今日遠ク奥地ノ當地モ殆ト下流ト同時ニ悪化スヘク現在ハ官憲カ能ク取締リ居ルモ其ノ時ニ至ラハ取合ハサルハ之迄ノ遣口ニ顧ミ

豫想シ難カラス往電第二八號ノ引揚準備ハ略豫定通リ完成セルモ月末ノ集金完了後出發致度キ旨歎願スル者アリ之ヲ待ツモ支障ナキ見込ナルヲ以テ警備艦長トモ協議ノ上本官ハ八月一日在留民ト共ニ當地發漢口迄引揚クルコトニ決定セリ本官ハ二十九、三十ノ兩日賀國光市長吳澤湘警備司令警察局長等ヲ歴訪シ之迄當地排日運動ノ取締ハ行屆ケルモ萬一事件發生セハ土地柄引揚難ニ陷ル惧アルノミナラス復歸ニモ影響スルヲ以テ不擴大ノ趣旨ニモ副フ爲早目ニ引揚クル次第ヲ説明ノ上遺留財産ノ保護方ヲ依頼シ市長トハ租界ノ治安維持ニ關スル公文ノ交換ヲ了シ更ニ遺留財産目錄ヲ添附文書ヲ以テ之カ保護方ノ手續中ナリ賀國光等ハ何レモ快ク承諾シ且本官ヲ答問日清碼頭附近ニ便衣隊ヲ派シ居留民ノ引揚準備ニ特別ノ保護ヲ加ヘ四川省內沿江各地當局ニ宜陽丸ノ保護方ヲ電命シ湖北官憲ニ同様電報セル趣ヲ語レリ

(漢口ヨリ)支、上海、北平、天津、鄭州ニ轉電アリタシ

長沙、宜昌、沙市ヘ轉電セリ

118　昭和12年8月1日　在漢口松平総領事代理より広田外務大臣宛(電報)

海軍側の長沙居留民引揚げ要求に対する措置振り請訓

漢口　8月1日前発

本省　8月1日後着

第三三三號(至急)

[1]長沙發本官宛電報

第三〇號

大臣ヘ轉電アリタシ

第二九號

長沙居留民ノ引揚時期ニ關シ十一戰隊及三艦隊側ニテハ例ニ依リ非常ニ急立テ爲ニ居留民ヲ道連トシテ警備艦ヲ下江セシメントシ居留民ノ反感ヲ買ヒツツアル處本月廿七日勢多艦長ハ十一戰隊司令部ノ命ニ依リ引揚時期ニ關スル本官ノ豫定ヲ照會シ來レルニ付未タ豫定ヲ云々スルハ早キモ原則トシ(イ)當地邦商ノ月末決濟及代金囘收ハ八月二日一杯掛ルニ付八月三日以前ノ引揚ハ不可能ナルコト(ロ)當地在留民カ重慶、宜昌ヨリ早目ニ引揚クル必要ハ毛頭認メサルニ付

大體(イ)ノ豫定ニテ行ケハ重慶、宜昌ノ居留民ト前後シテ漢口ニ到着スルコトトナル見込ニ付引揚ハ地方情勢ヲ見極メタル上八月三日以後適宜決定ノ積リナル旨内話セル處十一戰隊ニテハ八月一日漢口發ノ沅江丸ヲ三十日早發セシメ卅一日長沙着ノ上ハ之ニテ八月一日又ハ二日ニ總引揚ヲ行ハシメントシ來レルニ付艦長ヲ通シ前記(イ)ノ關係ヲ説明スルヤ今度ハ八月三日ヲ以テ長沙居留民引揚ノ時期トシテ待チ得ル最大限度ナリト言フカ如キ口吻ニテ急立テ居レリ(理由ハ明示セス)

[2]勿論十一戰隊及勢多艦長ニ對シテハ右(イ)及(ロ)ハ問ハルル儘當方見込ヲ申シタル迄ニテ約束シ若ハ決定ヲ通知セル譯ニアラサル次第ヲ指摘今後現地情勢ニ依リ引揚期ヲ決定致度キ意嚮ナリト説明海軍側ニテ御急キノ事情ハ諒トスルモ何等明確ナル理由モ示サス唯急立テラルルコトハ居留民ノ反感ヲ益々大ナラシムル所以ナリト警告シ置キシモ昨今ニテハ何トカシテ本官ニ八月三日總引揚ノ命令ヲ出サシメンモノト執拗ニ迫リ此ノ上當地居留民側ノ利害關係、地方情勢等ヲ云々スレハ海軍側ハ本官ニ協調ノ精神ヲ缺クカ如ク言ヒ出ス惧アリ一方當地居留民ハ事件發生後拔本塞源的解決ヲ希望シ場合ニ依リテハ自發的總引揚モ辭セサル決意スラ表明シ居リ本官ノ引揚勸告ニハ何時ニテモ應スヘキモ(イ)中央ニ於テ當地居留民カ現地ニ居殘ルコトヲ以テ不便ト認メラレサル限リハ當地ニ居殘リ度キ希望ヲ有シ(ロ)漢口日本租界居留民ノ引揚未タ外務、海軍共考慮シ居ラサル此ノ際時局ハ左シテ逼迫セリトハ思ハレストテ海軍ノ八月三日下江主張ヲ時期尚早トシテ反對シツツアリ

就テハ海軍側ト居留民側主張ノ中間ヲ取リ現在入港中ノ沅江丸(定期ハ八月五日長沙發六日漢口着)ノ定期ニ依ルコトトシ五日迄待ツコトトセハ大體一般情勢モ判明シ引揚ヲ可トスル空氣トナルニ至ルヘク又右定期ニ依レハ停船命令ヲ出ス必要モナク從テ傭船料(日清ハ一日四百弗ヲ要求本社本省間ノ協定ニ移シ度シト申出テタリ)支拂ノ要モナキニ付前記海軍側ノ意嚮ニ拘ラス五日午前六時迄ノ狀況ヲ見極メタル上大體定期ニテ引揚クルコトトシ同日ハ必要ニ應シ數日間程度ノ停船命令ヲ出スコトトシ差支ナキヤ御回電ヲ請フ

支、北平、上海ヘ轉電アリタシ

119 昭和12年8月1日　広田外務大臣より在漢口松平総領事代理宛（電報）

漢口居留民の全面引揚げは尚早と認める旨通報

本　省　8月1日後0時20分発

第五六號（大至急、極祕）

貴電第三一九號ニ關シ

政府ニ於テハ十一日閣議決定ノ方針ヲ變更シ居ラス旁貴地支那側ノ對日態度ニ關スル累次ノ貴電竝ニ官民ノ全面的引揚ノ及ス影響等ニ鑑ミ貴地ノ全面的引揚ノ實施ハ尚早ナリト認ム尚引揚時期ニ關シテハ中央ヨリ指示スル意嚮ナリ海軍側トモ協議濟

支、上海ニ轉電セリ

120 昭和12年8月1日　在上海岡本総領事より広田外務大臣宛（電報）

第三艦隊は揚子江上流居留民の引揚げは早目に実施すべきだが漢口居留民の引揚げは未だ時期にあらずと考えている旨報告

上　海　8月1日後発

本　省　8月1日夜着

第六八四號

漢口發閣下宛電報第三一九號ニ關シ

三十日長谷川第三艦隊司令長官談トシテ當地ニ於テ發表ノ聲明ハ居留民ニ對シ輕卒ヲ戒ムルト共ニ支那側ニ對シ愼重對處方注意ヲ喚起セルモノニシテ右ハ直ニ事態ノ全面的悪化ヲ暗示スル趣旨ノモノニアラス但シ艦隊側ニ於テハ將來事態進展シ日支双方空軍ノ衝突トモナラハ其ノ影響至大ナルヘキヲ豫想セラルルニ付斯ル事態ニ立至ル場合ヲ豫期シ全面的引揚ヲ決意スル時期モアルヘク之カ爲ニハ上流居留民ハ現地ノ事態ヲ考慮ニ入レツツモ早目ニ漢口迄引揚ケ置クコト然ルヘシト觀察シ居ルモ漢口ヨリノ引揚ハ未タ其ノ時期ニ到達シ居ラサルコトハ艦隊側ニテモ同意見ナリ

艦隊承知濟

支、漢口へ轉電セリ

121 昭和12年8月4日　在上海岡本総領事より広田外務大臣宛（電報）

第三艦隊参謀長が漢口引揚計画の立案を要望し上流域から漢口へ引揚げた居留民の上海ないし内地引揚げを慫慂について

上　海　8月4日前発
本　省　8月4日後着

第七〇一號（極祕）
往電第六八四號ニ關シ
二日第三艦隊參謀長ヨリ本官ニ對シ極內密ノ話トシテ
(イ)北支ニ於ケル軍事行動特ニ敵ノ航空根據地爆擊等萬一事態惡化ノ場合ニ處スル爲漢口ニ於テモ此ノ際最小限度トシテ引揚計畫立テハ至急立テ置クコト必要ナルヘク先般十一戰隊司令官ヨリ松平總領事代理ヘノ話（漢口發閣下宛第三一九號）モ右趣旨ニ外ナラスト述ヘ尙
(ロ)上流引揚民カ漢口ニ止マルコトハ漢口引揚ノ際足手纏トナル惧アリ寧ロ此ノ際成ルヘク上海又ハ內地ヘ引揚ケシムルコト然ルヘシト思料スル旨申出アリタルニ付
引揚決定上ノ狀況判斷ハ至難ニシテ現地ニ於ケル松平代理ノ苦心ハ充分海軍側モ了解セラルル所ナルヘキカ(イ)ノ點ハ漢口ニ於テモ既ニ計畫アル筈ナリ(ロ)ノ點ハ早速東京及漢口ニ傳達シ考慮ヲ加フルコトニ取計フヘキ旨應酬シ置キタルカ衞生及食料購入等ノ點ヲ考慮スルニ上海又ハ內地ヘ引揚方適當ト認メラル
支、漢口ヘ轉電セリ

122　昭和12年8月5日　在漢口松平総領事代理より広田外務大臣宛（電報）

長沙居留民および領事館の引揚げ実施について

漢　口　8月5日後発
本　省　8月5日夜着

第三五一號
長沙發本官宛電報
第三五號
大臣ヘ轉電アリタシ
第三四號
一、何鍵ハ中央ノ招電ニテ約一週間ノ豫定ヲ以テ一昨二日赴寧セルカ其ノ後軍警當局取締ノ甲斐モナク市中ノ空氣ハ北方情勢ニ刺戟セラレ日ニ惡化ノ一途ヲ辿リ三日ニハ邦商使用支那人中外部ノ壓迫ニ堪エ兼ネ辭任スル者續出シ三日ニハ邦商ノ取引スル銭荘一戸奸商トシテ脅迫セラレ逃亡ノ結果邦商ノ月末勘定六軒分合計約二萬弗ノ手形不渡生スル等人心ノ動搖甚タシキニ付之カ交渉旁省政府ヲ往訪シ嚴重取締ヲ申入レタルモ當館「ボーイ」等ハ引揚後ハ不安ニ感シ居付カサル模様（省政府及警察當局ハ本日責任者及係員約十名ヲ當館其ノ他ニ派遣シ來リ極力引留策ヲ講シツツアリ）

二、本四日午前更ニ省政府ヲ往訪代理主席タル民政廳長竝ニ湖南全省保安處長ト會見（唐炳初外外交係係官二名同席）引揚後ニ於ケル遺留財産ノ保管（目録ヲ交付シ置ケリ）留守支那人ノ保護、家屋ノ管理其ノ他一切ノ後事ヲ託シ快諾ヲ得タルカ席上支那側ハ頻リニ別レヲ措（借カ）ミ時局ノ無事解決ヲ心カラ祈リテ同行ノ勢多艦長ヲ痛ク感激セシメタリ

三、本四日午後支那側立會ノ下ニ各家屋ノ封印（日附及省政府ノ緘印日附等ヲ附セリ）ヲ施行當館ヲ最後トシテ日沒迄ニ終了無事全員ヲ沅江丸ニ收容夕刻當館假事務所ヲ船内ニ移セリ

四、明五日未明出帆

支、北平、上海ヘ轉電アリタシ

123 昭和12年8月6日 在漢口松平総領事代理より広田外務大臣宛（電報）

漢口からの全面的引揚げにつき承認方請訓

漢　口　8月6日後発
本　省　8月6日後着

第三五五號（大至急、極祕）

往電第三五四號ニ關シ

支那側民衆ノ空氣俄然著シク惡化シ巡捕ノ逃亡ヲ手始メトシテ「ボーイ」、「アマ」ノ逃亡スル者續出シ生活必要品ノ購入困難トナリ支那側當局ニ於テモ意有ツテ力足ラサル狀態ナリ加フルニ昨五日南京武官來電ノ次第モアリ本官竝ニ陸海軍武官ト協議ノ上十一戰隊司令官ト懇談シ租界ノ防備ヲ强化スル爲昨夜來租界内要所要所ニ土嚢ヲ築キタル處租界附近支那街居住ノ住民殆ント逃亡シ陸戰隊ハ支那側正規軍ト直接對峙スルコトトナリタリ本官ニ於テハ右ノ如キ事態ニ導クコトヲ極力避クル爲專心努力シ來タレルカ事茲ニ至リテハ微力ニシテ殆ント緩和ノ道ナク在留邦人ヲシテ恰

モ噴火山上ニ置クカ如キ狀態ヲ招致セシメ眞ニ遺憾ニ堪エサル次第ナリ

就テハ上流各地領事トモ篤ト協議セルカ當方面事態ノ急迫ニ鑑ミ最早一刻モ猶豫スル能ハス在留邦人ニ對シ全般的引揚ヲ命スルヨリ外ニ道ナシトノ意見ニ到達セリ

就テハ右事態御賢察ノ上至急右ニ御承認賜リ度ク尚何分ノ儀折返シ大至急御回電相成度シ

支ヨリ關係各館へ轉電アリタシ

支、上海、九江、鄭州へ轉電セリ

124 昭和12年8月6日　在中国川越大使より広田外務大臣宛(電報)

中国軍が漢口日本租界を包囲しつつあるため同地居留民の全面的引揚げを至急実行し陸戦隊や警備艦の撤退を進めるべき旨意見具申

南　京　8月6日後発
本　省　8月6日後着

第六五九號(大至急)

漢口宛貴電第五六號ニ關シ日高參事官ヨリ

政府ノ事態不擴大ニ關スル方針ハ充分察シ居ルモ今ヤ中央軍トノ衝突ハ單ニ時期ノ問題ナルヤニ觀察セラルル處五日伊太利大使ハ本官ニ對シ支那側ハ漢口日本租界ヲ包圍スル態勢ヲ取リツツアリ舊獨逸租界內ニアリテ日本租界ニ最モ近接シ居ル伊國領事館ハ日支交戰ノ場合甚タ危險ナル狀態ニアル旨同國領事ヨリ累次電報越シ居ル旨內話セル次第モアリ日支兩軍カ對峙シ居ル場合北支ニ於テ中央軍トノ衝突アリタル場合ハ勿論然ラサル場合ニモ中央ノ意圖ニ關係ナク偶發的事故ニ依リ兩軍ノ間ニ衝突起リ得ルコトハ充分豫想セラルル所ニシテ一度兩軍間ニ敵對行爲ノ開始ヲ見タル場合孤立無援ノ漢口ハ通州ノ二ノ舞ヲ演スルコトナキヲ保セス左リトテ居留民ノ在留スル限リ我陸戰隊及警備艦モ之ヲ撤退スルコト不可能ナルヘキニ付漢口ノ對日空氣モ惡化シ經濟絕交ノ機運モ釀成セラレツツアルニモ鑑ミ且陸戰隊ノ撤退ニハ陸上施設撤去ノ爲相當ノ時日ヲ要スヘキニモ鑑ミ此ノ際同地居留民ノ全般的引揚ヲ實行セシメラレ次テ陸戰隊及警備艦ノ撤退ヲ可能ナラシメラルルコトハ同地居留民保護ノ爲ノミナラス同地租界ヲ戰禍ヨリ救フ爲ニモ必要

ト存セラル尚漢口居留民ノ引揚ト同時ニ九江、蕪湖、鎭江等ノ居留民モ引揚ケシメラルルコト必要ト存セラル
上海、漢口へ轉電セリ

125 昭和12年8月6日 広田外務大臣より在漢口松平総領事代理宛（電報）

漢口の全面的引揚げにつき承認方回訓

本省 8月6日後6時40分発

第六一號（大至急、極祕）
貴電第三五五號ニ關シ
居留民ノ全般的引揚承認ス貴官及必要ノ館署員ハ日清汽船一隻停船セシメ追テ何分ノ命令アル迄殘留アリ度シ
支、上海、九江、鄭州へ轉電セリ
支ヨリ冒頭漢口來電通リ轉電アリ度シ

126 昭和12年8月6日 広田外務大臣より在漢口松平総領事代理宛（電報）

中国側当局に対し漢口居留民引揚げは無用の衝突を避けるためであり中国側も挑戦的行動に出て事態を拡大しないよう説示方訓令

本省 8月6日後11時20分発

第六三號（至急）
往電第六一號ニ關シ
貴官ヨリモ至急支那側ニ對シ本大臣發支宛電報第一六四號ノ趣旨ヲ御申入レアリ度ク尚其際我方ハ日支ノ大局ニ顧ミ今尚事態不擴大ノ主義ヲ堅持シ殊ニ長江方面ニ於テ我方ヨリ事態ヲ荒立ツルカ如キ意向ナク上流居留民引上ノ趣旨モ無用ノ衝突ヲ避ケンカ爲ニ外ナラサルヲ以テ支那側ニ於テモ右我方ノ意ノ存スル處ヲ了解シ今後共支那側ヨリ挑戰的行動ニ出テ事態ヲ擴大スルカ如キコトナキ樣篤ト説示セラレ度尚引上后ノ實際的措置方法ハ貴官ニ於テ支那側責任者ト一應取極メラレタル上請訓相成度
「以下部外祕（極祕暗號）茲數日內ニ外交交渉ニ依リ事態收拾ノ途拓カルル望アリ、就テハ右含ノ上支那側ニモ說示アリ度尚貴地海軍側ニ對シテモ絕對ニ事ヲ起ササル樣懇談セラレ度シ」
支、上海、九江へ轉電セリ
支ヨリ關係各館へ轉電アリ度

127　昭和12年8月7日　広田外務大臣より　在鄭州佐々木(高義)領事代理宛(電報)

鄭州領事館引揚げ方訓令

本　省　8月7日前2時30分発

第一二號(大至急)

今後平漢線方面ニ於テ日支兩軍衝突ノ危險多分ニ存スルノミナラス漢口方面ノ情勢モ急激ニ惡化シ居留民全部引揚ノコトトナリタルニ付テハ此際貴官モ領事館ヲ閉鎖ノ上速ニ飛行機ニヨリ上海ニ引揚クル等萬金(全カ)ノ措置ヲ執ラレ度

支、北平、在支各總領事、滿ニ轉電セリ

～～～～～～～～～～

128　昭和12年8月7日　在漢口松平総領事代理より　広田外務大臣宛(電報)

漢口居留民に引揚げ命令発出について

漢　口　8月7日前発
本　省　8月7日前着

第三六四號(大至急、極祕)

往電第三五八號本省ニ到著前六日早朝民團參事會長、商工會議所會頭竝ニ土着派代表來訪シ昨日來ノ物々シキ防禦陣地構築ヲ目撃セル居留民ノ心理狀態ハ極度ニ不安ニ馳ラレ最早制止シ切レス且租界內支那人ノ逃亡者多ク生活ニモ支障ヲ來ス程ナルヲ以テ是非共全般的引揚命令ヲ發セラレ度キ旨請願セリ依テ本省ノ回訓アル迄正式命令ヲ發シ難キモ此ノ心構ニテ萬端用意スヘキ旨說示シ貴電接到ト共ニ十一戰隊司令官ト協議ノ上六日午後七時四十分正式ニ全般的引揚命令ヲ發出セリ

十一戰隊ニ於テハ極度ニ引揚ノ急速ナル實施ヲ希望シ本七日正午迄ニ乘船ノ完了ヲ強ク主張セルカ結局四時迄トシ曩ニ婦女子ヲ乘込マシメタル信陽丸、鳳陽丸ノ支那人乘客ヲ一時離船セシメ之ニ鮨詰ニスルコトニナレリ

支、上海ヘ轉電セリ

上海ヨリ九江ヘ轉報アリタシ

～～～～～～～～～～

129　昭和12年8月7日　広田外務大臣より　在漢口松平総領事代理宛(電報)

生命の危険がなければ松平総領事代理は居留民引揚げ後も少数の館員とともに漢口に残留し租界の監視および情勢報告に従事方訓令

本省　8月7日後6時30分発

第六六號（大至急）

居留民引揚後ト雖モ租界ノ監視及貴地方ノ情勢等査報ノ爲必要ナルニ付生命ノ危険ナシトノ見込ナラハ貴官ハ必要ナル館署員少數ト共ニ貴地佛租界等ノ安全地帯ニ殘留暫ク形勢ヲ觀ラルルコトト致度（必要アラハ當方ヨリ佛國側ニ保護方申入ルルモ可ナリ）爾餘ノ館員ハ海軍ト同時ニ下江セシメラレ差支ナシ（從テ貴官等殘留員ノ爲日清汽船一隻停船ノ必要ナキ次第ナリ）

尚貴官殘留ノ場合ニ於ケル當方トノ通信方法ハ差當リ支那側電信ヲ利用スル他無シト認メラルルモ支那側ノ妨害等アル場合ニハ外國領事館ニ依賴スル等ノ方法モ考慮シ得ラルヘシト存セラル爲念（尚金一千圓也上海總領事館ヘ電送ノ上貴官ニ轉電方取計ヒ置キタルニ付右受領方法ニ關シテハ直接上海ト打合セラレ度シ）

支、北平、在支各總領事ニ轉電セリ

130　昭和12年8月8日　在漢口松平総領事代理より　広田外務大臣宛（電報）

漢口に残留しても租界監視や情勢報告は不可能であり館員の総引揚げを承認方請訓

漢口　8月8日後発
本省　8月10日夜着

第三七三號（大至急、極祕）

貴電[1]第六六號ニ關シ

一、居留民引揚後ニ於ケル當租界治安ノ維持ハ既報ノ通リ支那側ノ好意アル協調的態度ニ依リ今ノ處大體順調ニ運ヒ居ル處今後館署員大部分ノ引揚ト共ニ租界ノ治安維持ハ事實上支那側ニ依リ代監セラルルコトトナル次第ニテ陳警察局長ノ如キハ自分（陳）ノ護衛隊ヲ本官等ノ身邊警戒ノ爲ニ派遣スル旨言明セルカ當租界ハ御承知ノ通リ漢口市ノ東北端ニ位シ附近ニ細民街多ク租界内ノ遺留品ヲ掠奪セントスル暴民蜂起ノ惧アリ且海軍ノ撤退事實ハ一般民衆ニ租界回收熱ヲ深メシメ右ハ北支ノ事態惡化ノ消息傳ハル瞬間ニ於テ一擧ニ激發シ恐ラク官憲モ能ク之ヲ制止シ得サル狀態ニ立到ル惧少カラス其ノ際本官カ居リ乍ラ見ス見ス租界ヲ回收セラルルカ如キハ帝國ノ威信ニ關ハル次第ナルヲ以テ租界ノ保全ヨリセハ寧ロ今ノ中ニ出來得レハ支那ヲシテ重慶ノ例ニ倣ヒ文書ヲ以テ一時代監セシメ帝國總領事ノ復歸ト同時ニ無條件ニテ引繼キ我方ニ於テ直接監理シ得ルコトヲ確約セシムルコト得策ナリト存ス加フルニ支那側ニ於テ代監スルトセハ本官ハ一擧手一投足ヲ監視セラルヘク事實上監禁セラレ外部トノ交通モ意ノ如クナラス從ツテ他國領事トノ連絡モ事實上不可能トナリ恰カモ捕虜ノ如キ立場ニ置カルル次第ナルヲ以テ租界ノ監視情報ノ蒐集ハ全ク不可能ナルノミナラス情勢ノ如何ニ依リ微小ナル行動ヲモ執ルコト能ハス不測ノ禍ヲ招ク危險性大ナルモノアリ

二、[2]尚又佛租界等安全地帶ニ殘(留)スルコト冒頭貴電御來示ノ如ク考ヘラレサルニアラサルモ當地佛租界ハ共產黨其ノ他不良分子ノ策源地ニシテ現在ノ日本租界ヨリ危險率多キニ加ヘ佛當局ニ於テハ四、三事件ニ依リ引揚ノ際ニ於テ遺留財產ニ對シテ安全保障ヲ與ヘサリシ例モアリ旁現佛國領事ノ消極的方針ノ下ニ於テハ佛當局者ノ意嚮ニ拘ラス生命ノ保障ヲ爲スヤ甚タ疑問ナリ

三、殊ニ租界ヲ支那側ニ代管セシメ治安維持ニ當ラシメ乍ラ總領事館ヲ閉鎖シ國旗ヲ下シテ佛租界ニ其ノ安全ヲ求ムルカ如キハ帝國代表者トシテ支那側ハ勿論同僚タル外國領事ニ對シテモ全然面目ヲ失スル次第ニシテ本官ノ最モ忍ヒ難キ所ナリ

四、右ハ上流各地領事ニ於テモ意見一致シ居ル所ナルニ付本官ハ支那側ノ同意ヲ求メ岳陽丸下級船員ノ動搖ヲ防キ不取敢停船ヲ命シ置キタルヲ以テ今ノ所(三、四日)大丈夫ト認メラルルニ付テハ敍上御賢察賜リ本官以下館署員全部岳陽丸ニテ一律離漢引揚ヲ命セラルル樣御配慮相成度ク結果何分ノ儀大至急御回電ヲ請フ

支、上海ヘ轉電セリ

131　昭和12年8月9日　広田外務大臣より　在漢口松平総領事代理宛（電報）

漢口総領事館の総引揚げ承認方回訓

本　省　8月9日後3時50分発

第七一號(大至急)

貴電第三七三號ニ關シ

十日晩貴地着ノ鄭州館員ト共ニ貴官以下館署員全部岳陽丸ニテ一應上海ニ引揚ケラレ差支ナシ上海到着後ノコトニ就

テハ追テ電報スヘシ

支、上海ヘ轉電セリ

132 昭和12年8月11日 在漢口松平総領事代理より 広田外務大臣宛（電報）

漢口総領事館の閉鎖につき報告

漢口 8月11日前発
本省 8月11日後着

第三八二號（至急）

貴電第七一號ニ關シ（館署員引揚ニ關スル件）

各般ノ後始末ヲ濟シ本十一日午後三時當館ヲ閉鎖シ本官以下館署員全部（五十二名）岳陽丸ニテ同四時出發十三日午前八時頃上海着ノ豫定

支、在支各總領事、北平ヘ轉電セリ

133 昭和12年8月14日 広田外務大臣より 在中国川越大使宛（電報）

揚子江流域居留民の最終引揚げ船の安全運行および南京残留邦人の保護を在本邦中国大使へ要求について

本省 8月14日後2時45分発

第一九四號

本十四日許大使ト會談ノ際本大臣ヨリ我方ニ於テハ事端不擴大ノ爲ワザワザ揚子江筋在留官民ヲモ引揚ケシメタル次第ナル處其ノ最後ノ一船タル岳陽丸ハ支那側ニ依リ下江ヲ止メラレタルハ甚タ遺憾ニシテ斯ノ如キハ我國民ノ感情ヲ刺戟スルコト大ナルニ付至急安全下江方取計ハレ度ク尚南京ニハ日高參事官初メ我方官民多數殘留シ居ル處是等ハ萬一ノ場合ニハ安全地帶ニ引揚ヲ要スル次第ナレハ是等ノ點支那側ニ於テモ十分配慮アリ度キ旨申入レタル處許大使ハ國民政府ニ於テモ十分保護ニ任シ居ルコトトハ存スルモ右ノ次第早速本國政府ニ申送ルコトトスヘシト答ヘタリ

上海ニ轉電セリ

134 昭和12年8月14日 在中国川越大使より 広田外務大臣宛（電報）

事態悪化に伴う南京大使館員の縮小につき請訓

南　京　8月14日後発
本　省　8月14日夜着

第七四五號（大至急、極祕）

日高[1]參事官ヨリ

日支ノ時局ハ遺憾乍ラ刻々惡化ノ傾向ニアルヲ阻止シ難ク殊ニ今十四日朝支那側ノ上海爆撃ニ依リ同地ニ於ケル事態ハ今ヤ最惡ノ場面ニ立至リタルモノト認メラルル處當地ニ於テハ既ニ居留民殆ト全部ヲ引揚ケ（現在殘留者十名）タルハ勿論陸海軍（武官）室側ニ於テモ此ノ事態ニ於テハ任務ノ遂行最早不可能ナレハ速ニ引揚クルニ如カストノ意見ニ到達セリ

本官トシテハ南京ニ於ケル緊迫セル空氣、使用人ノ動搖、食料購入ノ困難、上海トノ交通ノ杜絶等種々ノ困難ニ拘ラス諸外國大使等尙滯留中ノコトニモアリ殊ニ日支國交極メテ嚴重ナル此ノ秋ニ當リ

最後[2]ニ至ル迄萬難ヲ排シ館員ヲ率ヒテ大使館本來ノ任務ノ遂行ヲ期シ度キ所存ナル處若シ事態更ニ惡化シ何等ノ措置ヲ執ルノ必要ニ迫ラレタル際ニ於テ尨大ナル館員ヲ擁スルコトハ行動ノ自由ヲ妨ケラルル惧アルニ付テハ此ノ際當館館員ヲ是非必要ナル人員ニ切リ詰メ爾餘ノ者ハ引揚ケシムルコトト致度ク差當リ別電第七四六號（省略）ノ(甲)ヲ殘留者トシ(乙)ニ列記ノモノハ明十五日午前十時發津浦線列車ニ依リ（船ニ依ル引揚不可能トナリタルコト往電第七四七號ノ通リ）上流各領事館員竝ニ陸海軍武官及職員ト共ニ濟南經由青島ニ引揚ケシムルコトト致度キ處右樣取計ヒ差支無キヤ大至急御回電請フ

尙[3]本官以下殘留ノ館署員ハ此ノ上トモ任務ノ完全ナル遂行ニ微力ヲ盡シ度キ覺悟ナルモ萬一ノ事態ニ立至リタル場合ニハ本官ノ裁量ニ依リ適宜ノ方法ヲ以テ引揚クルコト已ムヲ得サルヤニ認メラルルニ付テハ此ノ點併セテ豫メ御許可賜ハリ度シ

尙又陸海軍武官及職員ノ引揚ニ付テハ中原海軍左方陸軍兩武官ヨリ夫々海軍及陸軍本部ノ承認取付方申出テアリタルニ付大至急御取計相煩度シ

別電ト共ニ上海、北平、天津、濟南、青島へ轉電セリ

135　昭和12年8月14日　広田外務大臣より在中国川越大使宛（電報）

南京大使館員全員の引揚げ方訓令

本　省　8月14日後11時50分発

第一九八號（大至急、極祕）

貴電第七四五號ニ關シ

本十四日朝上海ニ於ケル支那飛行機ノ爆撃ニ依リ海軍ノ態度硬化シ英米佛各國領事ノ十三日申出モ遂ニ海軍側ノ意見纏ルニ至ラス海軍ハ尚明日以後上海附近ノミナラス杭州、廣徳等各地支那側工場ノ大規模爆撃ヲ行フ方針ニテ（當方ニテハ貴地ノ爆撃ハ是非共見合ス様目下海軍側ト懇談中）事態斯クナリテハ貴地ニ於ケル貴官以下ノ生命財産ノ安全モ俄ニ保障シ難キ次第ナルニ付テハ此ノ際冒頭貴電㊅ノ人員ノミナラス㊀ノ人員モ全部御來示ノ如ク津浦線經由（貴電第七四七號未着ナルモ支那側トノ話合ニ依リ外國船、支那軍艦等ニテ上海ニ）引揚ケラルルコトト致度シ

陸海軍武官ノ引揚ニ付テハ夫々海軍及陸軍本部ヨリ承認アリタリ

在支各公館ニ轉電セリ

136

昭和12年8月15日　在中国川越大使より　広田外務大臣宛（電報）

南京大使館残留館員の撤退準備には八月十五日一杯を要する見込みについて

南　京　8月15日前発
本　省　8月15日前着

第七六〇號（大至急、極祕）

貴電第一九八號ニ關シ

日高參事官ヨリ

明十五日午前十時ノ津浦線列車ニテ引揚クルコトハ殘務整理及列（車）ノ都合上遺憾乍ラ不可能ナリ最善ヲ盡クスヘキモ本官以下殘留館員ノ撤（退）準備完了ハ少クトモ明十五日一杯ヲ要スル見込不取敢（不在）

關係各館ヘ轉電セリ

137

昭和12年8月15日　広田外務大臣より　在中国川越大使宛（電報）

撤退準備が完了次第大至急引揚げ方訓令

本　省　8月15日後0時35分発

第二〇〇號（大至急、極祕）

貴電第七六〇號ニ關シ

日高參事官へ

貴地ノ引揚振竝ニ濟南及山東沿線ニ對スル引揚訓電ニ關シテハ作戰上ノ必要モアリ本十五日午前中ニ參謀本部ヨリ天津軍ニ電話聯絡ノ上、關係在留民ノ安全引揚ニ付遺憾ナキヲ期スル筈ノ處冒頭貴電ノ準備完了次第貴官ハ殘留館員ト共ニ出來得ル限リ速ニ南京ヲ引揚ケラレ度念ノ爲（海軍側ヨリ本日南京、南昌、蘇州及虹橋等ノ飛行場ヲ爆撃スル旨通報越セリ）尙陸軍側トシテハ貴官以下ノ殘留館員ハ出來得レハ飛行機ニ依リ直接青島ニ引揚ケラレムコトヲ希望シ居レリ（追テ佐方、堂ノ脇、及御厨ノ各武官ハ本朝既ニ出發濟ノコトト存スルモ參謀本部トシテハ佐方丈ハ貴官ト行動ヲ共ニセムコトヲ希望シ居レリ）

冒頭貴電ト共ニ上海、北平、天津、濟南、青島へ轉電セリ

138　昭和12年8月16日　在済南有野総領事より広田外務大臣宛（電報）

南京からの津浦線による引揚げ者の済南到着について

済南　8月16日前発
本省　8月16日前着

第二八五號（至急）

長江上流各地領事館署員及南京ノ一部竝ニ中原海軍坂田陸軍各輔佐官、新聞記者六名、漢口三菱支店長、岳陽丸及大貞丸船長以下乘組員等合計百四十五名豫定通リ昨十五日午前十一時十五分支那憲兵四十名警護ノ下ニ浦口出發今朝四時半當驛ニ到着セリ膠濟線ニ入レ替ヘノ上五時四十五分青島ニ向ケ發車セリ

南京館員ノ語ル所ニ依レハ南京ハ參事官以下殘留者二十一名ニシテ目下引揚方法トシテ第一案飛行機二臺雇入レ交渉、第二案支那側警護ノ下ニ汽車ニテ濟南經由青島行交渉中ニテ本列車出發前ハ右何レトモ未定ナリシ由ナリ

尙右外務省各館引揚者ノ希望ハ青島（脱）ノ上同地ニ數日間滯在シ其ノ間本省ニ對シ將來ノ進退ニ付請訓ヲ仰ク一方殘務整理ヲ爲シ度キ趣ナリ

支、北平、天津、青島、上海へ轉電セリ

139　昭和12年8月18日　在青島大鷹総領事より
広田外務大臣宛(電報)

日高参事官以下南京大使館員の青島到着について

青　島　8月18日前発
本　省　8月18日前着

第三六八號(至急)

日高參事官ヨリ

本官及館員一行二十三名(外交部員一名附添ヒ憲兵六名警護)十六日午後五時浦口發途中無事十八日午前零時四十五分青島ニ到着セリ

北平、天津、上海ヘ轉電セリ

140　昭和12年8月23日　在上海岡本総領事より
広田外務大臣宛(電報)

邦人の引揚げ状況および上海残留者数につき報告

上　海　8月23日後発
本　省　8月23日夜着

第一〇六六號

一、八月十五日ヨリ二十二日迄ニ出帆シタル避難者輸送船ハ龍田、樂洋、長江、上海、長崎、諏訪、高砂、安洋、富士、長崎及上海ノ十一隻ニシテ其ノ引揚人員ハ一萬四千三百人ナリ今後萬一ノ引揚ニ備フル爲安洋丸ヲ當地ニ呼寄セ待機セシムルコトトナリ同船ハ二十四日朝入港ノ筈

北支事變勃發後十五日迄ニ本邦船及外國船ニ依リ歸國シタル者ハ確數判明セサルモ少クモ三千乃至四千名ニ上ル見込ニシテ從テ現在ノ殘留者ハ六、七千人ト推算セラル

目下調查中

殘留者ハ官吏、公務者、紡績會社工場員、會社員、時局委員會奉仕者、在鄉軍人等現狀ニ於テハ猶當地ニ留マルコトヲ必要トスル者ノ外相當多數ノ生活困窮者ナリ

三、前記十一隻ノ避難者船賃ハ會社ニ對シ民團總括的ニ保障シ無切符ニテ乘船セシメ民團吏員一名又ハ二名ヲ乘込マセ船中ニ於テ可及的調查ヲ行ハシメ又要求(救カ)護者ニ對スル内地汽車賃ハ夫々長崎縣及兵庫縣ヘ立替支給方依賴セリ(其ノ後貴電第三五〇號ヲ接到シタルモ民團トシテハ支給額ノ公正ヲ期スル爲成ルヘク縣ノ立替支給ヲ希望シ居レリ)

當館ノ避難證明書ハ略全部ノ避難者ヘ所持セシメタリ戰

禍匆々ノ間旅費ノ準備等ナク殆ント着ノミ着ノ儘乗船シタル者多キニ付結局右避難船ニ依ル引揚者ニ對シテハ其ノ大部分ニ救護旅費ヲ支給スルコト、ナルヘシ
三、第一項末尾ノ生活困窮者ハ殘留セシムレハ引續キ救護セサルヲ得サルニ付當地ニアリテ何等カノ役ニ立ツ者ノ外ハ此ノ際救護旅費ノ外大人三十圓、十二歳未滿十五圓宛ヲ給シ成ルヘク歸國セシムルコトニ決シ二十二日出帆上海丸ヨリ右取扱ヲ始メタリ
四、右取扱ハ二十二日以前ノ引揚者中生活困窮ヲ告クル者ニモ適用スヘシトノ强キ要望起リ居ル處右救濟ハ內地關係地方廳ニ於テ行ハル、ヤ民團指導上至急承知致度キニ付折返シ回電アリタシ

(3) 華南

141 昭和12年7月20日 広田外務大臣より在福州内田(五郎)総領事、在広東中村(豊一)総領事他宛(電報)

事変が拡大し華南地方居留民の引揚げを必要とする場合の措置振り訓令

本省 7月20日後10時発

合第六〇四號(極祕)

北支事變擴大シ萬一貴地居留民ニ引揚ヲ命スルノ必要アルニ至ル場合ハ貴官ノ御裁量ニ依リ貴地軍側トモ緊密ナル連絡ヲ取リ時期ヲ失セス必要ナル措置ヲ採ラレ度ク引揚先ニ付テハ機宜決定セラレ差支ナキモ引揚先トハ十分連絡ヲ保タレ度シ

本件カ事前ニ洩ルルニ於テハ一般居留民ニ不必要ノ動搖ヲ與フルノ虞アルヲ以テ最後迄貴官限リノ含ミトセラレ度シ

軍、遞信省トモ打合濟

中支ニ對シテハ在支大使宛同趣旨訓電濟爲念

本電宛先 福州 厦門 廣東 汕頭 雲南 香港 臺灣外事課長ニ轉電セリ

142 昭和12年8月1日 在雲南川南(省一)領事より広田外務大臣宛(電報)

抗日気勢高揚のため在留邦人にハノイへの引揚げ命令発出について

雲南 8月1日後発
本省 8月1日夜着

第一六號

當地省黨部ニ於テハ三十日各機關團體代表ヲ召集シ抗日工作ニ關スル協議ヲ行ヒタル結果雲南全省各界ヲ網羅セル抗敵後援會ヲ組織シ(中等學校以上ノ學校ハ別ニ學生聯合抗敵後援會ヲ組織)徹底的抗日運動ヲ起スコトニ決定シ不取敢同會ノ名義ヲ以テ蔣介石、中央政府及黨部ニ宛テ既定國策擁護ノ通電ヲ發セリ

抗日氣勢ハ蔣介石ノ聲明、劉主席ノ放言ニ拍車ヲ加ヘ日ヲ逐ヒ濃厚トナリ當館々員宿舍ニ投石硝子ヲ破壞セル外(負傷者ナシ)車庫ニ收容シアル自動車ニ「日本走狗」等ノ侮辭ヲ數個所ニ切附ケ損害ヲ與ヘ門扉ノ抗日的落書ハ益々增

大シツツアル實狀ナリ支那側ニ對シテハ右事實ヲ擧ケ嚴重取締方ヲ要求シ現ニ私服巡警ヲ配置シアルモ何等效果ナシ居留民ノ住宅ニモ投石シ使用人ヲ脅迫スル爲不安ノ念ニ驅ラレ居ルカ此ノ上前記後援會ノ活動ヲ見ルニ於テハ滿洲事件直後ニ於ケル暴行事件ノ實(例)モアリ何時不祥事件發生スルヤモ測リ難キ情勢ニ立至リタルヲ以テ本官ハ在留民ニ對シ河内ヘノ引揚方ヲ命セリ

河内ヘ轉電セリ

河内ヨリ支、上海ヘ轉電アリタシ

143　昭和12年8月2日　坂本(龍起)台湾総督府外事課長より広田外務大臣宛(電報)

福建省主席を往訪し治安維持および居留民保護を申入れた旨福州総領事よりの報告

台　北　8月2日後発
本　省　8月2日夜着

第八二號

福州發本官宛電報[(1)]

第四號

大臣へ轉電アリタシ

第一三二號

臺灣外事課長發貴大臣宛電報第七三號ニ關シ

一、北支事變今後ノ展開ハ素ヨリ豫斷ヲ許ササルモ南支ノ一角ヨリ見ルトキハ今次事件ハ先ツ北支丈ケニ止マリ中南支一帶ニ亘ル全面的衝突ニハ至ラサルヤニ見ラレ支那側カ全國的ニ盛ニ對日抗日陣ヲ張リ居ルハ日本ノ攻撃ニ對スル應戰體形ニシテ對内政策上已ムナキ「ヂエスチユア」ト見ルヲ妥當トスルモノノ如ク北支以外ニ於テハ我方ニ於テ兵力ヲ用ヒサル限リ正面衝突ハ避ケ得ルヤニ認メラルルモ一般空氣ノ惡化ニ依リ居留民ニ對スル突發的不祥事件ハ豫想セサルヲ得サルカ故ニ此ノ點ニ對シ警戒ヲ要スル次第ナルカ福建ニ於テハ北支事件相當展開ストモ居留民全部ノ引揚ハ未タ考慮スルノ時期ニ達シ居ラス先ツ婦女子ノ避難乃至引揚ヲ考フルヲ以テ足ルモノト考ヘ居レリ

福建ニハ一萬名ノ籍民アリ是等ハ内地人ト異リ土地ト密接ナル關係ヲ有シ最惡ノ場合ニ於テモ引揚ケ難キ者及引揚ケテモ臺灣ニ身寄ナク直ニ生活ニ窮スル者相當アリ之

ヲ福州ノミニ就テ見ルニ在留籍民千八百ノ中(イ)勸告ニ依リ內地人婦女子ト共ニ臺灣ヘ避難スル籍民婦女子五百(ロ)命令ニ依ル場合引揚籍民婦女子一千(ハ)領事館ト進退ヲ共ニスル男子五百(ニ)命令ニ依ルモ引揚ケサル土着籍民二、三百ノ推(定)ナルカ最惡ノ場合命令ニ依ル引揚者中四百名ハ生活費ヲ補給スルヲ要シ一人月十圓トシ一箇月約四千圓ヲ要スル見込ニシテ旁全部ノ引揚ハ折角ノ地盤モ一朝ニシテ崩レ仲々行ヒ難キ事情アリ厦門ノ如キハ特ニ然リトス

斯[2]ノ如クナルヲ以テ日支間ノ全面的交戰狀態ニ入ラサル限リ當地方ノ形勢多少惡化スルコトアルトモ成ルヘク婦女子ノ引揚ニ止メ各商社男子ハ領事館ト進退ヲ共ニスル決心ヲ以テ踏止マルヘク指導スルト共ニ福建當局ト手ヲ握リ治安ノ確保ヲ計リ內臺人ノ地盤ヲ保持スルコトモ最モ策ノ得タルモノト信シ且現在ノ空氣ニ於テハ假ニ上海、廣東方面相當混亂スルコトアリトモ福建ノ關スル限リ大体右方針ニテ進ミ得ン樣ニモ考ヘラレ陸軍武官トモ話合ノ結果差當リ右方針ニテ進ムコトニ協議ヲ遂ケタリ

依テ一昨二十七日本官陳儀往訪本官限リノ心配ナリト前提シ福建ニハ多數ノ籍民アリ不幸最惡ノ場合ニ於テモ全部引揚不可能ナル事情ヲ述ヘ若シ支那側ニ於テ治安ノ維持及居留民ノ保護ヲ全フシ得サル場合ニハ或ハ兵力ニ依ル現地保護ノ必要ヲ生スルコトナシトモ限ラス斯ルコトトモナラハ日支兵力ノ衝突ヲ覺悟スルヲ要シ福建ヲ兵火ノ巷ニ化スルコトモ考ヘラルル次第ナルカ本官ノ熱望スル所ハ民族的ニ將又經濟的ニ臺灣ト極メテ密接ナル關係ニ在ル福建省民ヲ塗炭ノ苦シミニ陷ラシメサルニアリ斯ク考フルトキ福建ニ關スル限リ貴方ニ於テ全責任ヲ以テ領事館側ト提携シ治安ノ維持ト內臺人ノ保護ニ任シ以テ福建ヲ兵火ノ巷ヨリ救フコト大局上執ルヘキ萬全ノ策ト信スル處貴官ハ其ノ決心ト自信ナキヤ否ヤト問詰メタリ

右ニ對シ陳儀ハ自分モ此ノ點ハ非常ニ心配シ居ル所ナルカ大体御意見ノ通リ出來得ル樣考ヘラルルモ福建ハ謠言多ク疑心暗鬼ヲ生スルノカ心配ナリ兎ニ角確實ノ所ハ暫ク熟慮セシメラレ度シト申出テタルヲ以テ本官ハ今直クノ問題ニハアラサルヲ以テ能ク考慮シ大局上ヨリ善處セラレ度シト強ク申入レ置キタリ

支、上海、南京、厦門、廣東、沙(汕カ)頭、臺灣外事課長ヘ暗送

セリ

144　昭和12年8月4日　坂本台湾総督府外事課長より広田外務大臣宛（電報）

有事の際の台湾籍民に対する保護措置に関し福州総領事より請訓

台　北　8月4日後発
本　省　8月4日後着

第八三號

福州發本官宛電報

合第九七號

大臣へ轉電アリタシ

第一三六號

貴大臣發臺灣外事課長宛電報

第五〇號ニ關シ

臺灣籍民ハ原則トシテ現地保護ノ御方針ノ趣ナルカ右ハ內地人引揚後ニ於テモ臺灣籍民ハ引揚セシメサル趣旨ト解セラルル處元來南支ニ於ケル籍民ハ四十餘年ノ久シキニ亘リ我治外法權ノ庇護ヲ受ケ生ヒ立チ來レルモノニシテ常ニ帝國臣民タルコトヲ看板トスル者大部分ニシテ支那人ト混同視セラルル者ハ極ク小部分ニ過キス一朝有事ノ際ニハ寧ロ內地人ヨリモ強ク支那側ノ反動的迫害ヲ受クナキヤヲ惧ルル實狀ニシテ形勢惡化セハ籍民婦女子モ任意引揚クル者多カルヘシ又命令ニ依ル引揚ノ場合籍民ノミヲ除外スルコトハ現地領事トシテ實際上及約束上行ヒ惱キ立場ニアル次第ナルカ冒頭貴電ニ所謂現地保護トハ籍民ノ現地放棄ヲ意味スルモノニアラスシテ保護卽チ最惡ノ場合兵力ニ依ル保護ヲ意味スルモノトモ解セラルル處籍民ノ現地保護ヲ爲ス以上內地人モ同樣保護シ得サル理由モナカルヘク此ノ點些カ了解ニ苦シム所ニシテ陸海軍武官トモ協議シタルカ遂ニ了解ニ達スルヲ得サリシ次第ナリ

今次事變ハ往電第一三三號ヲ以テ卑見開陳ノ如ク福建ノ關スル限リ支那側ノ責任ヲ問ヒツツ善處シ行カハ大體婦女子ノ引揚ヲ以テ足ルヤニ存セラルルモ萬一ノ場合ニ處スル心得上前陳籍民保護ニ關スル具體的措置振御回電ヲ煩ハシ得レハ幸ナリ

支、上海、厦門、汕頭、廣東、臺灣外事課長ヘ轉電セリ

廣東ヨリ香港ヘ轉報アリタシ

145　昭和12年8月11日　在汕頭山崎（誠一郎）領事より 広田外務大臣宛（電報）

数日中に汕頭居留民に引揚げ命令発出の予定について

汕　頭　8月11日後発
本　省　8月11日夜着

第一二四號（至急）

往電第一二一號ニ關シ

昨十日引揚勸告ヲ發シ殘留者中便船アリ次第引揚クル者モアリ又職業上命令アル迄引揚困難ナル者モアリ唯當初ヨリ苦心（セル）問題ハ居留民ノ商品財産等ノ處分ニテ事變直後ヨリ種々研究セシモ排日貨ノ折柄外支人共引受者ナク外國人倉庫經營者モナク左リトテ運出不可能ナル他面逐日生命ノ脅威ヲ感スル現狀トナリ漸ク支那側ニ善意ノ財産保護ヲ依頼スル（脫?）ノ外ナキ處居留民ハ今ヤ生命第一主義トナリタルハ萬已ムヲ得ス且情勢ノ悪化ト支那側ノ防備逐日完成スル狀況ニテ遲延セハ退路ナシ廣東青年有志ノ抗敵大刀隊、軍隊ノ黒幕ニテ無頼漢ノ「テロ」決死隊ノ組織モアル模様其ノ他港口封鎖ノ噂モアリ殊ニ日々市内外ニ軍隊增加スルコトトテ北支ノ變化ニ伴ヒ或ハ何等事端發生セハ直ニ擴大シテ引揚不能ニ陥ル見込充分ナリ右等ノ情勢ニ鑑ミ數日内ニ引揚命令ヲ發シ其ノ直後全部ノ居留民ヲ引揚ケシムル豫定ナリ本官及館署員ハ右引揚終ラハ同船ニテ一應臺北ニ引揚ケ御指令ヲ待ツ所存ナリ

右海軍側ト充分打合濟

支、廣東ヘ轉電セリ

146　昭和12年8月11日　在広東中村総領事より 広田外務大臣宛（電報）

対日空気の悪化に伴う居留民保護方針請訓

広　東　8月11日後発
本　省　8月11日夜着

第三四四號（部外極祕）

[1]當地方ノ排日狀況ハ往電第二九七號以後仇貨偵察隊ノ出現、抗日學生宣傳隊ノ街頭演說、漢奸ノ拘禁及銃殺、抗日歌ノ放送等ニ依リ抗日氣勢擧リ支那使用人ノ辭職、支那街通行中ノ邦人ニ對スル惡戯者又邦人ニ對シ薪炭食料ヲ販賣セサル者等現レ人氣惡化セルノミナラス汕頭方面引揚ノ報道ア

リ又上海大山中尉射殺事件モ加ハリ前途暗澹タルモノアルニ依リ更ニ引揚者増加シ十四日唐山丸ヲ最後トシテ殘存者百四十名中婦女子三十名ノ豫定ナルカ是等ハ英佛租界當局ヨリ退去ヲ要求セラルル迄籠城ノ決心ヲ固メツツアリ

當港ニハ目下驅逐艦早苗アリテ居留民全部退去スル迄ハ警備ニ當ラルル決心ニテ一同感激シ居ル所ナルモ冷靜ニ省察スルニ軍艦ニ對シテハ往電第三一六號ノ如キ過激分子ノ陰謀アリ又虎門要塞ニ魚雷十六個配備セラルル諜報アリ別ニ當地陸軍武官室ニハ廣東軍ハ先ツ汕頭及海南島碇泊ノ我軍艦ヲ砲擊シ事變ヲ南支ニ擴大シ北支ヲ牽制セントスルヤノ情報モアリ

一[(2)]方軍艦附近ニハ多數ノ民船碇泊シ爆彈ヲ投スルカ如キコト絶無ニアラス且行動不便ナル河川中ニアリテ陸上ノ支那軍ト衝突スルハ眞ニ不利ナル次第ナリ又滿洲事變當時ノ如ク支那軍カ軍艦ヲ標準ニ砲列ヲ敷クカ如キ事態起ラハ其ノ後ニ拔錨スルハ帝國海軍ノ名譽ニモ關スル次第ト存シ憂慮シ居ルカ英佛領事モ我軍艦ト支那軍砲火ヲ交フルノ結果租界カ影響ヲ受ケ日本人ニ危害ノ及フコトナキヤヲ懸念シ屢其ノ意ヲ本官ニ洩ラシタルコトアリ

當地在留邦人ノ多數ハ英佛租界内ニ在住シ租界當局ハ保護上充分ノ誠意ヲ示シ居リ生命ノ危險ナク事態險惡トナリ引揚ノ場合モ軍艦保護ノ下ニ邦船ニ依リ香港ニ出ツルコトハ出入船舶少キ爲不可能ト認メラレ居ル處往電第三三八號所報ノ如ク租界前ニ英船ヲ留メ邦人ヲ之ニ收容下航スル了解ヲ取付ケ居ル次第ナリ

居留民及領事館員全部撤收迄軍艦ヲ留メ置クコトハ軍艦在留民共ニ相當ノ危險ニ遭遇スルカ又ハ引揚ノ時機ヲ不必要ニ早メサルヘカラサルニ至ルヘキヲ以テ海軍當局ト御折衝ノ上早目ニ警備艦ノ下航方御考慮相仰度ク陸軍武官ト打合ノ上意見上申ス

支、福州、厦門ヘ暗送セリ

147　昭和12年8月13日　在汕頭山崎領事より広田外務大臣宛(電報)

汕頭居留民の引揚げ実施について

汕　頭　8月13日後発
本　省　8月13日夜着

第一二六號

往電第二四號（二二四カ）ニ關シ
情勢悪化ニ伴ヒ上海關係ニテ夕張司令官ヨリ速ニ引揚ヲ可トスル旨勸告モアリ成田司令ト協議ノ上急轉直下昨十二日午前八時引揚命令ヲ發シ乘船場所ヲ二箇所ニ定メ引揚者ハ正午迄ニ乘船ヲ終ル樣通知スルト共ニ直ニ警察官ヲ手分シテ保護ニ任シタルカ極メテ順調ニ運ヒ午後四時引揚者左記ノ通リ全部ノ乘船ヲ完了セリ
本官ハ市長代理ニ對シ領事館ハ一時事務休停引揚ニ付財産保護ノ爲巡警ヲ派スル樣依賴シ次テ帝國臣民ハ長年貴方ノ保護下ニ居住營業セル處近來貿易杜絶ノ狀況ニ加ヘ當地軍隊ノ防備形勢ニ極度ノ脅威ヲ感シ大部分ハ引揚クルモ一部ハ殘留スルニ付是等ノ生命財産ヲ充分保護セラレ度ク若シ引揚ノ際保護全カラス事端ヲ發生スル場合ハ其ノ性質ノ如何ニ依リ日本海軍ハ保護ノ責任上自發的保護ノ手段ヲ講スヘク之ニ依リテ生スル全責任ハ支那側ニ在ルコト御承知アリタシト通告シ覺書トシテ交付シタリ他面首席米國領事ヲ訪問シ引揚ノ事情ヲ語リ支那側ニ交付セル覺書ノ寫ヲ交付シテ各國領事ニ「サーキュラー」ヲ依賴シタリ
本官ハ館署員ヲ纒メ午後二時領事館ヲ閉鎖シ軍艦ニ謝意ヲ表シ港外迄軍艦保護ノ下ニ福建丸ニテ午後五時出帆セリ
尙引揚ニハ些細ノ防害（妨カ）ナク時間ノ餘裕モアリ完全ニ終了シタリ

記

引揚者
內地人全部ニテ四八名、籍民一三九名、朝鮮人一名
殘居者
汕頭、籍民四二名（支那人ヲ假裝乃至諸種ノ事情ヨリ引揚ノ意思ナキ者及香港行四名ヲ含ム）
奥地、內地人七名（支那人ノ妻五及其ノ子二）
籍民七七名（支那籍ヲ僞稱シ居ル者多ク危險ノ見込少ナシ）
（本十三日厦門着明十四日高雄着ノ豫定）
福州、廣東、臺灣外事課長ヘ轉電シ
厦門ヘ轉報セリ
支、北平、上海ヘ轉電アリタシ

148　昭和12年8月14日　広田外務大臣より　在広東中村総領事宛（電報）

上海方面の情勢急迫に対し広東官民引揚げ方訓令

160

本　省　8月14日後8時50分発

第五七號(至急)

上海方面ノ情勢急迫シ海軍ニ於テハ各方面ニ相當大規模ノ作戰行動ヲ執ル模様ニモアリ今後事態ハ一層惡化スルモノト認メラルルニ付貴館竝ニ居留民ハ時機ヲ失セサル様引揚ケラレ度貴地軍艦ニ付テハ海軍省ヨリ何分ノ訓令アル筈

支、北平、在支各總領事ヘ轉電セリ

149　昭和12年8月15日　在広東中村総領事より広田外務大臣宛(電報)

広東居留民の引揚げ予定について

広　東　8月15日後発
本　省　8月17日後着

第三五四號

在留民約百六十餘名館員附添ノ上驅逐艦早苗?ノ護送ヲ受ケ十八日午前十時唐山丸ニテ當地發香港ヘ引揚ク本官以下館員數名殘務整理ヲ終ヘ次第出發ノ豫定

本電唐山丸香港着迄發表セラレサル様願度シ

支、上海、福州、厦門、香港、臺灣外事課長ヘ轉電セリ

150　昭和12年8月16日　在福州内田総領事より広田外務大臣宛(電報)

海軍側の福州総領事館引揚げ要請に対し事情の許す限り残留を希望する旨請訓

福　州　8月16日後発
本　省　8月16日後着

第一四四號(大至急、極祕)

當地ハ陳主席以下各首脳部ノ誠意ニ依リ上海事件モ大ナル影響ナク極メテ平靜ナルカ海軍側ハ頻リニ居留民ノ引揚ヲ急キ風聲鶴唳的「デマ」ニ神經ヲ尖ラセ最惡的解釋ヲ下シ單調ナル居留民一部モ之ニ引摺ラレ引揚ヲ希望スル大勢トナリタルカ右ハ特ニ閩江入口ヲ封鎖セラレ軍艦諸共袋ノ鼠トナル惧アリトノ情報ニ脅エタルモノニシテ當地ノ地勢上考ヘラレサルニアラス本官ニ於テモ全然此ノ如キ(脱)ナシトシテ萬一ノ場合ノ責任ヲ執リ得サルニ付昨十五日附ヲ以テ婦女子(內臺人共)ノ引揚ヲ勸告シ男子ニ對シテハ引揚ノ準備ヲ命シ明十七日ヨリ四隻ノ船ニテ二十日迄ニ內臺人男女千?五百名ノ引揚ヲ完了スルコトトナレリ右ハ當地ノ地勢上已ムナキ所ニシテ且又昨十五日臺灣軍一機南昌爆撃ノ爲

當地上空ヲ往復シタル事實モアリ日支人双方共重苦シキ空氣ニ閉サレ商賣モナク不安裡ニ殘留スル要モナキヲ以テ引揚已ムナキ次第ト存ス

然ルニ海軍側ハ當館ノ引揚ヲモ希望シ居ル處當館ノ閉鎖ハ外支人ニ對スル反響モ大ニシテ且又引揚ノ理由モ立チ難キヲ以テ殘務整理竝ニ殘留者（内少數、籍民百名位ノ見込）及公私有財産保護監視ノ理由ヲ以テ本官館署員數名ト共ニ當分殘留シ當地方ノ狀況ヲ見ルコトト致度ク右ニ付テハ絶對ニ不安ナキニ付事情ノ許ス限リ右樣殘留スヘキ旨御訓電ニ接シ度シ（海軍ニ對スル關係上本省ノ自發的御訓令トセラレ度シ）

本官以下ノ殘留ニ軍艦ヲ必要トセサルニ付此ノ點海軍省ト聯絡アリ度ク又軍ノ對福軍略モアルヘキニ付陸海軍側ノ諒解ヲモ御取付請フ

上海、厦門、臺灣外事課長へ轉電セリ

151　昭和12年8月17日　広田外務大臣より　在福州内田総領事宛（電報）

福州総領事館員は居留民とともに至急引揚げ方訓令

本省　8月17日前6時5分発

第四一號（至急）

貴電第一四四號ニ關シ

上海方面ノ情勢ニモ鑑ミ今後事態全面的ニ悪化ノ虞アルニ付貴官ハ館署員及居留民ト共ニ至急引揚ケラレ度シ（籍民中任意殘留スルモノハ其ノ意ニ任セ差支ナシ）

厦門、臺灣外事課長へ轉電セリ

152　昭和12年8月17日　在福州内田総領事より　広田外務大臣宛（電報）

福州居留民および総領事館員の引揚げ予定について

福州　8月17日後発

本省　8月17日夜着

第一五〇號（至急、極祕）

貴電第四一號ニ關シ

今次日支紛争ニ付テハ帝國政府ハ今猶不擴大主義ヲ抛棄セサルニ拘ラス支那側ハ當初ヨリ日支全面的衝突ヲ豪語シ必

死ノ反抗ニ躍進シ來リ我方之ニ引摺ラレ既ニ我不擴大政策ノ破調ニ瀕セルハ何人モ認ムル所ナリ
斯クナル以上全面的ニ對支問題ヲ解決スルノ外ナキハ當然ナルモ此ノ點ニ付本省ヨリ判然タル御垂示ナク唯引揚ヲ急クノミニテ出先ハ少カラス之ニ迷ハサレタリ然レトモ今帝國ノ進ムヘキ途ハ明カニ示サレタモノノ如クナルヲ以テ本官館署員、居留民全部ヲ率キテ來ル二十一日ヲ期シ臺灣ニ引揚ク
福建省ハ地理的ニ民族的ニ將又經濟的ニ臺灣ト離ルヘカラサル關係ニ在リトハ人ノ口ニスル所ナリ然レトモ帝國ノ對福政策ハ領臺後數(年)?ナラスシテ崩潰シ爾來四十年ノ久シキ何等ノ進展ヲ見ス斯クテ臺灣併合ノ意義ノ大半ヲ沒却シ去レリ
幸ナル哉今次日支全面的衝突ノ幕切下サレタル以上帝國トシテ將又臺灣總督府トシテ福建ニ對スル遠大ナル計畫ヲ樹テ速ニ其ノ實行ニ移ルノ急務ナルヲ痛感ス
往電第一四七號我軍部ノ對厦門戰略ノ樞機ニ關シテハ本官當地引揚ケ臺灣着ノ上總督府及軍部側ト協議ノ心算ナリ僭越乍ラ御含迄

上海、臺灣外事課長ヘ轉電セリ

153 昭和12年8月21日 坂本台湾総督府外事課長より広田外務大臣宛(電報)

海軍側勧告に従い厦門居留民に引揚げ準備を命令した旨厦門総領事代理よりの報告

台　北　8月21日後発
本　省　8月21日夜着

第一三四號(部外絶對極祕)
厦門[1]發本官宛電報
合第四〇號
本官發大臣宛電報
第六二號
上海方面ノ戰局擴大ニ伴ヒ當地ノ空氣頓ニ緊張シ市政府ニ於テハ極力民衆ノ安定及不穩行動ノ防止ニ努メ居ルモ厦門ヲ繞ル對岸各要地ニハ支那兵相當多數集結シ塹壕ヲ構築シ防衛施設ヲ施スト共ニ厦門城內ニ便衣兵ヲ放チ居留民ノ動搖ヲ窺ヒ居ル一方數日來奥地其ノ他ヨリ潛入シ來レル浮浪ノ徒目立チテ增加シ他方臺灣人無賴漢ノ中ニモ此ノ機ニ乘

シ何等策動セントスル氣配アリ(時局ニハ直接關係ナキモ茲數日中ニ臺灣人ノ關係スル傷害事件二件アリ)何時不測ノ事端發生ノ懸念ナシトセス又臺灣人無頼漢ノ妄動等カ切懸トナリ何等事端ヲ醸スカ如キコトアリテハ勢ノ趨ク處海軍陸戰隊ノ上陸トナリ思ハサル重大事件ノ發生ヲ誘致スルコトナキヲ保セサル處先般來五水司令官(當港ニハ目下夕張、追風在泊中)ヨリ本官ニ對シ頻リニ當地居留民ノ引揚ヲ慫慂シ福州引揚ト決スルヤ更ニ當地ノ引揚ヲ迫リ當方トシテモ既ニ戰局ハ全面的ニ擴大ノ惧アリ當地ノ形勢ノミヨリ判斷シ荏苒日ヲ送リ居ルノミナラス[2]海軍側ノ申出ヲ斥ケテ迄當地ノ安全ヲ保障シ得サル次第ニ付萬一ノ場合ヲ慮リ十七日不取敢婦女子ノ引揚ヲ勸告シ置キタルカ右海軍側ノ當地引揚ヲ焦リ居ルハ或ハ作戰上ノ見地ニ出テタルニアラスヤトモ察セラレ在留民ノ經濟的權益モ考慮セサルニハアラサルモ既ニ時期ノ問題トナリ居ル以上早目ニ引揚ヲ敢行スル方事端發生ヲ防止シ却テ損害ヲ少クスル所以ト存シ海軍側ノ勸告ヲ入レ本十八日居留民ニ對シ全面的引揚ノ準備ヲ命シ二十四、五日迄ニ引揚ヲ完了セシムルコトトセリ尚内地人ハ勿論籍民モ商賣杜絶シ此ノ儘踏止マレハ經濟的ニ立チ行カサル者少カラス既ニ此ノ事アルヲ觀念シ引揚ヲ希望シ居ル者多キモ當地ノ特殊情勢ニモ鑑ミ本省ノ訓令ニ依ル引揚命令ノ形式ヲ取リ度キニ付至急御回電ヲ請フ尚當館及在留民引揚費用見込額金二萬圓至急電送アリ度シ

上海、福州、香港、臺灣外事課長へ轉電セリ

154 昭和12年8月22日 坂本台湾総督府外事課長より広田外務大臣宛(電報)

厦門居留民の全面引揚げ承認方厦門総領事代理より請訓

台北 8月22日前発
本省 8月22日前着

第一三八號(至急、部外絶對極祕)

厦門[1]發本官宛電報

第三九號

大臣へ轉電アリタシ

第六五號

貴電第三〇號ニ關シ

當地情勢ハ其ノ後表面著シク悪化セリトハ思ハレサルモ對岸各要地ニハ支那兵多數集結陣地ヲ構築シ在泊帝國軍艦ノ眼ノ前ニ砲坐ヲ築キ居ル外市内ニハ便衣兵及不浪者《(浮カ)》潜入（其ノ數昨今目立チテ增加セリ）日臺人ニ對シ直接ノ危害コソ加ヘサルモ面當的ニ振舞ヒ居ル爲内地人家族ノ如キハ當方ヨリ何等ノ勸告モ爲ササルニ數日前迄ニ既ニ大部分自發的引揚ヲ了シ殊ニ當地在留民カ福建ニ於ケル「バロメーター」トモ目シ居ル福州在留民總引揚ノ報傳ハルヤ上海方面ノ戰局ニモ鑑ミ厦門側ハ勿論鼓浪嶼内邦人モ極度ニ狼狽ノ色見エタルモ當方ハ本邦ノ福建ニ對スル特殊關係ヲモ考慮シ極力在留民ノ動搖防止ニ努メ一方市當局ニ對シ市内ノ治安維持ニ遺憾ナキ様要求シ更ニ形勢ヲ觀望セント決意セル次第ナルカ海軍側ニテハ當初ヨリ當地ノ現地保護ノ困難ナルヲ主張シ（現地保護ニハ相當多數ノ兵ヲ要スルノミナラス兵ノ使用カ戰略上ノ見地ニ出ツルナラハ兎ニ角場合ニ依リテハ却テ居留民保護ノ目的ニ副ハサルコトアルヘキハ言フ迄モナシ）上海方面ノ戰局發展スルヤ頻リニ居留民ノ引揚ヲ迫リ當方トシテモ萬一ノ場合ヲ考慮不取敢家族ノ引揚ヲ勸告セル處福州引揚ト聞クヤ更ニ全面的引揚方强ク勸告シ來レリ

本官ノ得タル印象ニ依レハ五水戰トシテハ當地方ニテ問題ヲ起ササランコトニ非常ニ氣ヲ付ケ居リ此ノ上居留民ノ殘留ハ事端發生ノ端ヲ爲スヤモ知レスト懸念シ居リ（現地海軍トシテハ支那側ヨリ何等挑發的行爲アラハ之ニ應戰ノ外ナカルヘク自然居留民ノ生命ニ迄危險ヲ及ホスコトトナリ斯ク考フルモ無理ナキコトナルヘシ）刻々變轉スル情勢ニ鑑ミ一刻モ速ニ當地ノ全面的引揚ヲ迫リ當方トシテモ海軍側ノ切ナル勸告ヲ押シ切テ迄當地ノ安全ヲ保障シ得サルニ付已ムヲ得ス今回ノ措置ニ出テタルモノニシテ既ニ引揚相當進捗セル此ノ際是非共之ヲ完了セシメ度キニ付御了承ヲ請フ

尙見方ニ依リテハ海軍側ノ考フルカ如キ危險性ナシトセス殊ニ一萬ニ近キ居留民ノ輸送ニハ相當ノ時間ト十數隻ノ船舶ヲ要シ萬一ノ場合船繰リノ都合付クヤ否ヤ甚タ心許ナク且鼓浪嶼ハ周圍三哩ニ過キサル小島ニテ收容能力其ノ他ノ點ヨリ見テ避難場所トシテ不適當ナルノミナラス必スシモ安全地帶トモ考ヘラレス又事件發生ノ場合ニハ主ナル輸送機關、舢板等ハ利用シ得サルヤモ知レス在留民保護ニ萬全

ヲ期セントセハ此ノ際一時引揚モ已ムナキ次第ト存セラル

155　昭和12年8月23日　広田外務大臣より坂本台湾総督府外事課長宛（電報）

厦門居留民の全面引揚げは承認するが引揚げ命令は総領事館より発出方厦門総領事代理へ訓令

本　省　8月23日後6時40分発

第六七號（至急）

厦門へ左ノ通

第三二號

貴電第六二號ニ關シ

貴地ノ全面的引揚ハ已ムヲ得スト認ムルモ本大臣ノ名ニ於テ引揚ヲ命スルコトハ他地トノ振合モアリ面白カラサルニ付貴官ノ裁量ニ依リ命令ヲ發セラレ差支ナシ貴官發坂本外事課長宛電報第三七號ノ次第モアリ爲念

經費二萬圓ニ付テハ内容不明ナルモ不取敢北支事件費（款項）各目ヨリ左ノ通リ前渡（機密費ハ本拂）電送ス右ハ精算證明ヲ要スルモノニ付御注意アリタシ

外國旅費（館署員分）　三、四〇〇圓

居留民救護費　一三、六〇〇圓

雜　費　二、〇〇〇圓

機密費　一、〇〇〇圓

上海、香港、臺灣外事課長へ轉電セリ

156　昭和12年8月24日　在福州内田総領事より広田外務大臣宛（電報）

厦門居留民の引揚げ問題に関する台湾総督ならびに陸海軍の意向について

台　北　8月24日後発

本　省　8月25日前着

第一五七號（極祕）

厦門ノ引揚問題ニ關シ

總督竝ニ陸海軍ト協議シタルカ何レモ事情ノ許ス限リ全面的引揚ヲ希望シ居ラス海軍緒方大佐ハ厦門ハ軍艦碇泊ニ便ナルヲ以テ最後迄相當ノ海軍力ヲ置クヲ厭フモノニアラサルモ海軍力ニ依ル支那街迄ノ防備ハ事實上不可能ニシテ結局最惡ノ場合ノ目標ハ鼓浪嶼ニ收容シ得ル限度ノ居留民ニ制限スル要アリト思惟シ居ルモ決定的ノコトハ中央ノ方針

ヲ問合スヘシト語レリ又陸軍林參謀ハ陸軍ノ方針トシテハ厦門ニ於テ内臺人二、三被害アル位ニテハ兵ヲ出シ得サルモ餘リニ悪化セハ上海方面ノ戰局收拾ノ後ニ於テ同方面ノ一部軍隊ヲ南ニ廻シ厦門方面及奥地ノ對日空氣ノ悪シキ地點ヲ衝キ度キ意嚮ナルモ（奥地ハ飛行機爆撃ニ依ル）貴總領事ノ御意見等モアリ福建ニ於テハ一般人民ニハ被害ヲ與ヘス却テ將來内臺人ノ入込ミ發展ニ便宜トナル様軍事行動ノ目標ヲ極力警戒制限スル方針ナリト語レリ

臺灣外事課長ヘ轉報シ厦門ヘ轉電シ香港ヘ暗送セリ

上海、青島、北平、天津、滿ヘ轉電アリタシ

157　昭和12年8月25日　在香港水沢（孝策）総領事より　広田外務大臣宛（電報）

広東省ないし粤漢鉄道への空爆につき広東総領事より意見具申

香　港　8月25日後発
本　省　8月25日後着

第一五六號（極祕）

中[1]村總領事ヨリ

第三八〇號

臺灣方面ニ於テハ近ク廣東省爆撃ノ計畫アルヤニ傳聞スル處元來

㈠廣東省民カ各階級ヲ通シ全支抗日運動ノ源泉ヲ爲シ來リタルハ未タ日本ノ實力ヲ體驗セサルコトモ重大ナル原因ナルカ今回ハ我軍空襲ノ聲ニ驚キ市民ハ狼狽其ノ極ニ達シ居ル有様ナリ今次帝國政府ニ於テ全支ニ亘リテ軍閥カ挑戰態度ニ出テタル上ハ廣東省ニモ我實力ヲ認識セシムルコトハ將來ノ爲ニ極メテ必要ナリ

㈡粤漢線ハ最近有力ナル軍事輸送機關トナリ歐米ヨリノ軍需品ハ全部香港經由本線ニ依リテ四川方面ニ輸送セラレ戰局ノ長引クニ連レテ益々其ノ利用價値ヲ發揮スヘシ

廣東省内ノ軍事配置ハ屢電報ノ通リ汕頭及海南島方面ニ我軍ノ活動アルコトヲ考慮シ廣東軍ハ勿論廣西軍ノ援助ヲ得テ防禦シツツアリ

斯[2]ル事情ノ下ニ在リテハ此ノ際廣東省殊ニ粤漢線英徳附近ノ鐵橋ヲ破壊シ韶關附近ノ飛行機工場ヲ爆破シ且絶エス廣東省方面ニモ軍事行動ノ行ハルヘキコトヲ暗示スルハ廣東、廣西ノ兩軍ノ北上ヲ阻止シ且中央ヨリノ援軍ヲ南下セシム

ルコトトナリテ北支ニ於ケル軍事行動ヲ牽制スルコトトナルヘシ

素ヨリ空爆ニ先立チテハ第三國ニ與フル影響ヲモ考慮シ爆撃ノ目的ヲ明瞭ニシ且目標ヲ軍事施設ニ限定シ殊ニ廣州市内ニハ既ニ主要軍政機關ハ他ニ分散シ居ルニ拘ラス英佛ノ租界アリ且高射砲ノ準備モ相當固〆居ルコトナレハ爆撃ノ效果モ大ナラス寧ロ無辜ノ人民ニ與フル惡影響ヲ顧慮シ之ヲ避クルコト等愼重ナル考慮ヲ加フルニ於テハ國際關係ヲ刺戟スルコトナク充分膺懲ノ目的ヲ達シ得ヘシト思考ス御參考迄

支、臺灣外事課長ヘ轉電アリタシ

158 昭和12年8月25日 坂本台湾総督府外事課長より広田外務大臣宛（電報）

厦門居留民の引揚げに対する中国軍の妨害行動に関し中国側へ抗議について

台　北　8月25日後発
本　省　8月26日前着

第一六一號

情報ニ依レハ厦門市政府及保安隊等ハ第百五十七師ノ爲ニ强制接收セラレ（多少死傷者ヲ出シタル由）又本府關係全閩新日報社モ同師兵士ニ闖入セラレ大阪商船ヨリハ邦人引揚ノ爲廻航ノ三隻（盛京、大球、長沙）ハ陸上トノ交通ヲ阻止セラレ引揚者收容不能トナリ當地引揚者ヲ運搬ノ香港丸モ亦港外ニ碇泊中ナル旨申出ノ次第アリタリ右ノ眞僞ハ兎モ角トシ本廿五日内田福州總領事當課員同道支那總領事ヲ往訪支那人引揚ニ付我方ニ於テ特ニ好意ヲ以テ取計ヒ居ルニモ拘ラス支那側ニ於テ斯ル暴擧ニ出ツルハ甚タ不都合ニシテ結局之カ爲支那人ノ引揚ヲ不可能ナラシムヘキヲ以テ陳主席、厦門市長及第百七十五師ニ對シ支那在留民ノ狀況ヲ篤ト說明シ引揚者ニ對シテハ日支双方ニ於テ便宜ヲ供與シ前顯ノ如キ不都合極マル行動等ハ絕對ニ之ヲ取締ル樣電報ニテ至急申入レラレ度シト嚴重要求シタル處支那總領事ハ早速手配スヘキ旨快諾セリ

厦門ヘ轉電セリ

159 昭和12年8月26日 坂本台湾総督府外事課長より広田外務大臣宛（電報）

厦門居留民に対し引揚げ命令発出の旨厦門総領事代理より報告

台　北　8月26日前発
本　省　8月26日前着

第一六三號（至急）

厦門發本官宛電報

第五五號

大臣へ轉電アリタシ

第七四號

當地ノ形勢日ヲ逐フテ惡化シツツアル次第ハ累次往電ニテ御承知ノ通リナルカ本二十五日五水司令官ヨリ海軍省ノ電命ニ依ル趣ヲ以テ至急引揚命令發出方勸告シ來リ出來得レハ今明日中ニ引揚ヲ完了スル樣申入レ來レル處既報支那軍ノ手荷物及身体檢查ハ益々嚴格ヲ極メ籍民中何等取ルニ足ラヌ些細ノ嫌疑ニテ不法拘引セラルル者續出シ當初ハ市政府ヘノ抗議ニテ直ニ釋放セラレタルカ市政府ハ支那軍ノ爲市內警察權ヲ完全ニ奪ハレ本朝來市政府トノ交涉ハ全然無效果トナリ市政府ノ存立ハ殆ト有名無實トナレル結果殘留居留民ハ極度ノ危險ニ曝サルルニ至リ此ノ上不安ノ狀態ニ放任シ置クニ忍ヒサルヲ以テ司令官ノ勸告ヲ容レ當地出張中ノ山田武官トモ話合ノ上本二十五日殘留日臺人ニ對シ引揚命令ヲ發出シ一兩日中ニ引揚完了ノ豫定ナリ、尤モ引揚者既ニ五千百八十名（內地人二百三十五名、朝鮮人二十二名、籍民四千九百二十三名）引揚ヲ了シ內地人ハ當館署員、臺灣軍派遣員及當館ト聯絡ノ要アル少數ノ者ヲ除キ明二十六日迄ニ全部引揚クル筈ニテ現在殘留籍民ハ約三千名アルモ內支那人トノ血族關係其ノ他ノ理由ヨリ引揚不可能又ハ引揚ヲ希望セサル者二千名內外ノ見込ニテ大体本二十五日迄ニテ大部分ノ引揚ヲ了セル次第ナリ

尙「ライター」及荷役苦力ハ二十四日來支那軍ノ指金ニ依ルモノカ邦船ノ荷役ヲ停止シ船舶（脫?）ニ依リ僅ニ積荷ヲ爲シ居ル狀態ニテ一方海上交通モ二十四日來午後八時迄ニ制限セラレ前記荷物檢查ト共ニ引揚者ニ多大ノ困難ヲ與ヘ居レリ

臺灣外事課長ヨリ內田福州總領事へ轉報アリタシ

香港へ轉電セリ

160

昭和12年8月28日　坂本台湾総督府外事課長より
広田外務大臣宛（電報）

海軍側が作戦上の理由から厦門総領事館の引揚げを勧告について

台　北　8月28日前発
本　省　8月28日前着

第一七四號（大至急）

厦門發本官宛電報

第六〇號

大臣へ轉電アリタシ

第七八號

貴電第三四號ニ關シ

厦門側カ逐日悪化シ居ル狀況ニ關シテハ累次往電ニテ御承知ノ通リニシテ鼓浪嶼ハ差向キ危險ヲ生スル程度ニハ達シ居ラサルモ支那軍入市以來市民ニ紛レ便衣兵盛ニ潜入シツツアリトノ情報アリ租界內ノ人心頗ル動搖シ居ルノミナラス事實之カ潜入ノ形跡アルヲ以テ當館警備ノ爲（本官自身保護ノ爲ニアラス）一昨日來夕張ヨリ警戒兵若干ヲ派遣シ居ル處昨二十六日海軍側ニ於テハ南支一帶ニ於ケル作戰上ノ必要ヨリ卽刻當館ノ引揚ヲ勸告シ（往電第七五號）更ニ本二十七日ニ至リ當館止マルトモ同樣ノ理由ニ依リ本日ニモ在泊艦（夕張外驅逐艦一隻?）全部ヲ引揚クルノ外ナキ情勢ニ立至レル旨申越セリ當方トシテハ當地ノ形勢ニ鑑ミ出來得レハ夕張ノ警備繼續ヲ希望スルモ作戰上（第三艦隊カ南支沿岸ノ平時封鎖ニ着手セルコトモ其ノ一理由ナルヘシ）ノ必要トアラハ已ムヲ得サルヘシト存ス

尙居留民引揚事務ハ本日ヲ以テ完了セリ

臺外ヨリ內田總領事ヘ轉報アリタシ

香港ヘ轉電セリ

161

昭和12年8月29日　坂本台湾総督府外事課長より
広田外務大臣宛（電報）

厦門総領事館の引揚げを決定した旨同総領事代理より報告

台　北　8月29日後発
本　省　8月29日夜着

第一八一號（至急）

厦門發本官宛電報

第六三號

大臣へ轉電アリタシ

第八〇號

往電第七八號ニ關シ

五水司令官ヨリ在泊軍艦ハ本二十八日中ニ全部引揚クヘキ旨通告シ越セルニ付本官同司令官ヲ往訪セル處軍艦ノ滯泊ハ最早事情許ササル趣ニテ自分（司令官）トシテハ命令權ハナキモ作戰行動開始後當館ノ殘留ハ非常ナル危險ニ逢着スヘク假ニ當館殘留ストモ右行動ハ中止スルコト能ハサルヘシトテ堅キ決心ヲ示サレタル處當鼓浪嶼モ厦門側ノ窮迫ニ伴ヒ急速ニ惡化シ昨二十七日夜ノ如キ便衣兵、暗殺團等ノ活躍活潑トナリ殘留臺灣人數名ノ如キモ逃込ム始末ニテ一方當館モ一時是等便衣兵ニ遠巻キニサレ館署員ハ何レモ館内ニ集リ一歩モ外出出來サル有樣トナリ此ノ儘ノ狀態ニテ軍艦引揚クルトセハ如何ナル事態ニ立至ルヤモ知レサルニ付貴電第三三號御回訓ノ次第ハアルモ萬已ムヲ得ス本二十八日當館引揚ニ決セリ

當方トシテハ海軍引揚クルトモ館署員一同岡崎總領事來任迄何トカシテ頑張リ度ク決意シ居リタルモ居留民引揚事務モ終了セル此ノ際刻々惡化スル上記ノ如キ形勢ニ於テ當館ヲ存置セシムルコトハ最早無意味トナリタルノミナラス此ノ上ノ殘留ハ事端發生ノ因ヲ爲スコトトナルヘク其ノ結果中央ノ御方針ニモ副ハサルヤモ知レスト存シ山田武官トモ充分話合ノ上當館引揚ヲ決行スルコトトセルニ付テハ何卒右御了承ヲ請フ

尚邦人ノ厦門ヘノ通行ハ絶對ニ不可能トナリ諜者ニ依リ情報蒐集等ノ如キモ頗ル困難トナレル次第ニテ山田武官外臺灣軍派遣員モ此ノ上當地ニ滯留ストモ大ナル效果ヲ擧ケ得サルノミナラス海軍側ノ作戰ニ支障ヲ來スカ如キコトアリテハ面白カラストナシ臺灣軍ニ請訓ノ結果右承認ヲ受ケ居リ本二十八日當館々員ト共ニ長沙丸ニテ引揚クルコトトナレリ當館閉鎖竝ニ保管居留民殘留財産ノ委託其ノ他ニ依リテハ夫々市政府及工部局兩當局ニ依賴濟尚臺北ニ於テ御指揮ヲ待ツコトト致度シ

香港へ轉電セリ

162　昭和12年9月1日　在香港水沢総領事より広田外務大臣宛（電報）

広東空爆により香港の対日空気悪化のため婦女子は内地引揚げについて

香港　9月1日後発
本省　9月1日夜着

第二一〇號

(1)三十一日午前九時廣東爆撃ノ報ニ接スルヤ本官ハ警視總監ヲ訪ヒ邦人保護方重ネテ申入ルルト共ニ日本人會側ニ對シテモ萬一事件發生ノ場合ニ處スヘキ手配豫メ準備方注意シ置キタルカ支那人ノ對邦人人氣ハ頓ニ惡化セルモノノ如ク

一、同日午後一時半頃些細ナル動機ヨリ當市灣仔ノ邦人食料品雜貨商鎌田(政吉)商店前ニ五、六百名ノ支那人蝟集シ口々ニ「日本人ヲ打殺セ」、「燒拂ヘ」等殺伐ナル叫ヒヲ擧ケタルカ我方ノ急告ニ依リ多數ノ警官出張シタル結果群集ハ二時半頃離散セリ尚同七時頃再ヒ同所ニ支那人ノ集團ヲ見タルモ格別事端ノ發生ナク十一時頃平穩ニ歸セリ

二、(2)大阪商船碼頭ニ於テ廣東丸船員「キヤツチボール」ノ遊戲中午後五時頃過テ水中ニ落タル球ヲ拾ハントセル支那人苦力ヲ他ノ支那苦力カ拾ツテ遣ルナト妨害セシニ端ヲ發シ大喧嘩トナリ約百名ノ支那人同船側ニ集マリ氣勢ヲ示セルモ警察官ノ出張ニ依リ解散シ事ナキヲ得タリ

三、同日九龍驛附近ニテ邦人ノ手荷物ヲ運搬セル二人ノ苦力カ他ノ苦力仲間ニ毆打セラル

四、七日當地出帆ノ淺間丸ニテ約百名ノ在留邦人婦女子内地ヘ引揚クルコトトナレリ

上海、北平、臺灣外事課長ヘ轉電アリタシ

163　昭和12年9月1日　在香港水沢総領事より広田外務大臣宛(電報)

香港英当局が在留邦人に対して指定箇所に集結避難するよう通告発出について

香港　9月1日後発
本省　9月1日夜着

第二一四號

一日午前十一日(時カ)警視總監ヨリ電話ニテ在留日本人ハ豫テ指定ノ箇所ニ來?ル四日正午迄ニ集結セシムル樣總督ノ命ヲ受ケタルニ付本夜若クハ明二日朝警察官ヲシテ日本人側ヘ通告セシムル手筈ナリト申シ來レリ

仍テ本官ハ警視總監ニ面會ヲ求メ仔細事情ヲ聽取シタルカ本朝行政院(「エキセキユーテイヴ、カウンシル」)會議ノ結果政府ノ命令發出トナリタルモノノ由ニテ民政長官ヨリ追テ本官ヘ正式通告アルヘシトノコトナリキ本官ハ豫テ在留民ノ集結ハ之ヲ絶對必要トスル事態發生スルニアラサレハ行ハサル建前ニテ警視總監ト話合ヲ付ケ置キタル次第ナルモ先方ニ於テハ事件發生豫防ノ見地ヨリ必要ト認メ斯ル措置ヲ執ルコトニ決シタル以上邦人保護方ヲ一切當政府ニ委ネ居ル當方ノ立場トシテハ押返シ彼此爭フ餘地ナキ次第ニ付直ニ日本人會側ニ通知シ在留民ニ對シ集結準備ヲ整ヘル様今夜中ニ周知方取計ハシムル筈

上海、北平、天津、臺外ヘ轉電アリタシ

英ヘ轉電セリ

164　昭和12年9月13日　在香港水沢総領事より広田外務大臣宛(電報)

香港英当局の在留邦人集結措置に対し引揚げ者続出の旨報告

付　記　昭和十三年三月十九日発在香港中村総領事より広田外務大臣宛電報第三三〇号

避難集結中の邦人の一時帰宅について

香　港　9月13日後発
本　省　9月13日後着

第二八三號

當地在住民ノ集合避難竝ニ引揚狀況ニ關シ

一、在留民ノ集結ハ七日夕刻迄ニ秩序正シク行ハレ(一部少數者ハ自己ノ危險負擔ニ於テ頑トシテ自宅ニ留マレル者アリ)タルカ其ノ後民内ニ異變モナク避難所ハ至ツテ平穩ナリ

二、然ルニ集結避難ニ決スルヤ在留民ハ一般ニ浮足立チ將來ノ不安ト營業不能トニ基キ本邦ニ引揚クル者多數ニ及ヒ今日迄ノ歸國者約八百五十名(集結決定前百二十、其ノ後廣東丸三百、福建丸百九十、香港丸五十一、宮崎丸百八十六名)ニ達シ今後北野丸、照國丸等ニ依リ二百名内外引揚クル見込ナルカ之ニ依リ婦女子ハ殆ト全部歸國スルコトトナリ殘餘ノ千?四百名ハ事態極メテ險悪トナラサル限リ踏留マルモノト豫測セラル

（付記）

香港　昭和13年3月19日後発
本省　昭和13年3月19日夜着

第三三〇號

客年往電第二八三號ニ關シ
當地居留民ハ長期ニ亘リ避難集結ノ爲營業及生活上多大ノ不便ヲ感シ居ルヲ以テ本官着任以來之カ緩和方考究シ居リシ處昨今我方爆撃ノ支那人ニ對スル影響モ慢性的トナリ又集結以來被害ヲ受ケタル邦人ナク且試ミニ歸宅セル者モ特ニ危險ヲ感セサルニ立至リタルニ鑑ミ本官ヨリ數日前警視總監ニ對シ毎日十名位ヲ目立タサル樣歸宅セシメ一時集結ヲ停止スルコトノ可否ニ付意見ヲ求メタル處總監ハ中央及行政委員會ニ諮リ新聞紙等ニ公表セサルコトトシ之ニ賛成シ來リ十七日ヨリ實行中ナリ
尚差當リ直接邦人ノ生命ヲ脅カス危險ナキモ支那人ノ排日感情ハ緩和セル次第ニハアラサルヲ以テ萬一ノ場合ハ何時ニテモ數時間ノ豫告ニテ再集結シ得ル樣避難所ハ其ノ儘存置スルコトニ手配シアリ
尚又引揚家族ノ復歸ハ特別ノモノヲ除キ當地ノ物價高、家屋拂底及不安定狀態等ニ鑑ミ尚早ト思考ス
上海、臺灣外事課長へ轉電アリタシ

165　昭和12年12月
引揚げ居留民の善後措置に関する内田総領事の意見書

付　記　外務省作成、作成年月日不明
「引揚人員調」

昭和十二年十二月

支那事變關係
居留民善後處置ニ關スル意見書

支那引揚居留民關係事務所
主任　内田總領事　提出

目　次

第四　復興資金ノ融通
第五　就職斡旋機關ノ新設
第六　既存政府貸下資金ノ融通
第七　支那事變被害善後處置委員會ノ設立
第八　引揚居留民關係事務所ノ廢止ト東亞二課ノ擴充

支那事變關係居留民善後處置ニ關スル意見書

内田總領事

総　説

今次事變勃發當時ニ於ケル在支居留民ハ二十六地（在外公館所在地ヲ單位トス）八萬七千人ナリシカ事變ニ依リ引揚ケタルモノハ内地へ引揚者四萬二千人臺灣其他へ引揚者一萬三千人合計五萬五千人ニシテ現地ニ殘留シ居ルモノハ上海（五千）北平（三千）天津（一萬二千四百）ノ三地二萬餘ノ外其後復歸シタルモノヲ加ヘ漸ク三萬ニ過キス

此等内地臺灣等ニ引揚ケタル居留民ハ多年粒々辛苦築キ上ケタル地盤ト生活ノ本據ヲ抛棄シ急遽混亂ノ中ニ漸ク僅カ當座ノ手廻品ヲ携ヘ身ヲ以テ引揚ケタルモノニシテ現金ヲ所持スルモノ少ク大部分ハ早速生活ニ窮シ鄕里又ハ知人ヘノ寄食モ永キニ亘リテハ容易ナラス内地滯留ノ永引クト寒氣ノ迫ルトニ伴ヒ過半數冬着及寢具ノ持合セモナキ引揚者ノ困窮狀態益々痛々シキモノアリ、今次事變ハ在支居留民ニ取リテハ殆ント致命傷ニ近キ痛手ナルカ居留民モ國策ノ赴ク處止ムナシトシテ大袈裟ナル不滿ヲ唱フルモノナキモ其ノ日ノ生活上ノ脅威ニ付テハ强キ不安ヲ感シ政府ノ善處ヲ要望スル聲漸次高マリツツアリ

勿論引揚者ニ對シテハ内務省ニ於テ四十萬圓ノ豫算ヲ以テ窮困者ノ救濟ニ當リ居ルモ五萬餘人ニ對スル四十萬圓ハ一人平均十圓ニ達セサル極メテ小規模ノ金額ニシテ右ハ事變勃發當時時局ノ見透附カサリシ爲メ差シ當リノ應急措置トシテ豫算ヲ得タルモノナルカ既ニ其額甚タ少額ナルノミナラス内務省側ノ救濟審査ハ内地ノ貧民救濟制度ヲ其儘當テ嵌メントスルモ引揚者ハ現ニ窮ストハ云ヘ現地ニ相當ノ資産ト地盤ヲ有スルモノニシテ其間自ラ生活狀態ニ差異アルヲ免カレサル次第ナルカ内務省側ハ洋服ヲ着シ居ルモノハ紳士ト觀ルカ如キ審査方法ニテハ引揚者中其救濟ヲ受ケ得ルモノハ極メテ少部分ニシテ且其救濟額モ一家族最大限度打チ切リ百圓以內ニ制限セラレ居ル結果十二月初旬迄ノ救

濟成績ハ第一回千余名八萬余圓第二回三千余名六萬余圓計四千余名十五萬圓ニ過キス殘額二十五萬圓ヲ今猶握リ居ルカ如キ内務省側ノ救濟振ニ付テハ居留民側ノ不平甚タシキモノアリ

又就職ニ就テハ引揚事務所及民團側ニ於テ極力斡旋シ居ルモ在外居留民ノ業務狀態ハ内地ノ求職者ト其趣ヲ異ニシ且内地滯留期間不確定ニテ腰掛ケノ嫌アル爲メ就職モ容易ナラス又内地從業員ノ軍事應召ニ依リ缺員ト成リ居ル仕事モ應召者ニ對スル給與續行ノ爲メ後任採用ノ余地少キト國民一般ノ同情ハ軍ニ集注セラレ引揚等ニ對シ一顧ヲ與フルモノナキ等極メテ不利ナル立場ニ在ルハ誠ニ氣ノ毒ニ堪ヘサルナリ

然レトモ支那引揚者ハ我對支發展ノ先驅ニシテ事變ノ爲メ國策ノ犧牲トシテ政府ノ命令ニ依リ引揚ケタルモノナルカ故ニ政府トシテモ全幅ノ同情ト理解トヲ以テ是カ善後處置ニ當ルコト當然ノ任務ナルヘシ元來今次事變ハ我邦未曾有ノ事變ニシテ其直接影響ヲ眞向ヨリ受ケタル居留民ノ善後處置ニ付テハ非常時的態度ヲ以テ大所高所ヨリ施策スヘキニ拘ラス徒ニ事務的ニ流レ經倫（綸カ）ヲ欠クカ如キ消極的態度ハ須ク一擲シ積極的ニ乘リ出ス要アルヘク今ヤ軍事行動モ大体一段落ノ域ニ進展セル此際最モ時機ヲ得タルモノト認メラルル次第ナルカ萬一之ヲ等閑ニ附シ去ラハ政府殊ニ外務省ハ一般ノ非常ナル糾彈ニ遇ヒ恐ルヘキ事態ヲ惹起スルナキヤヲ憂慮セラルルカ故ニ對支軍事工作ノ一段落ト帝國議會開會ヲ「チャンス」トシ引揚者善後方策ヲ樹立シ政治的ニ之ヲ解決シ急ヲ要スルモノヨリ速急着手實行スルノ要アリト認ム

差シ當リ執ルヘキ善後方策案ニ付テハ別紙ニ詳述セルモ當面ノ所要經費ハ

(甲)本年度追加豫算要求額金五百七拾參萬八千參百圓也（第二ハ内務省所管）

一、百八十五萬五千圓　支那復歸資金

二、八十八萬圓　内地滯留者救助金（内務省所管）

三、參百萬圓　復業資金ノ貸附高

四、參千三百圓　支那事變關係居留民善後處置委員會經費

(乙)來年度豫算要求額金四百貳拾八萬千七百圓也（第二ハ内

務省所管）

一、百八十五萬五千圓　　支那復歸資金
二、貳拾七萬圓　　內地滯留者救助金（內務所管）
三、貳百萬圓　　復業資金ノ貸附高
四、拾四萬圓　　就職斡旋機關新設費
五、壹萬六千七百圓　　支那事變關係居留民善後處置委員會經費

以上甲乙兩者合計金千壹萬九千七百圓也（內、百拾五萬圓內務省所管）（五百壹萬余圓ハ下附、五百萬圓ハ貸下ゲ）ニシテ事件費ノ總額ヨリ觀レハ所謂九牛ノ一毛ニモ達セサル少許ノモノナルヲ以テ新議會ニ本年度追加豫算又ハ來年度豫算トシテ夫々提出要求シ居留民善處方策ヲ確立スルコト緊要事ト認ム（以下省略）

（付　記）

引揚人員調

支那引揚人員數ノ確數調査ハ至難ナルカ大體ノ推算左ノ通リ

本表人員數ハ引揚ケタル總數ニシテ其後復歸シタルモノ又ハ他へ移動シタルモノ相當アリ尚本表數ハ臺灣、朝鮮、關東州へ引揚ケタルモノヲモ含ム

地名別	引揚人總數	備考
天津	推定 六、〇〇〇	鮮人ノ引揚先ハ北支、滿洲等ニテ朝鮮へ歸還ハ少數ナルベシ
張家口	約 四三〇	
芝罘	六〇〇	
青島	一六、六三三	
濟南	三、二一四	
上海	推定 一五、〇〇〇	
蘇州	七五	
杭州	五四	
南京	四二〇	
蕪湖	五四	
九江	七五	
漢口	一、七六一	
鄭州	九	

長沙	九四	
沙市	八	
宜昌	一〇三	
重慶	二八	
福州	一、七〇〇	大部分臺灣へ引揚
汕頭	七〇〇	同前
廈門	八、五〇〇	同前
廣東	六三〇	
雲南	四	
香港	二〇〇	推定
計	五六、三一一	

3　トラウトマン工作と「対手トセズ」声明の発出

166　昭和12年9月6日　在満州国植田大使より広田外務大臣宛（電報）

中ソ不侵略条約の成立にも鑑み華北自治政権樹立と防共地帯設定が緊要の旨意見具申

新　京　9月6日後発
本　省　9月6日後着

第七九四號（極祕）

事變後蘇支呼應滿洲國擾亂ノ謀略益々活潑ナルコトハ屢次申進ニ依リ御承知ノ通リナル處蘇支不侵略條約公表セラレ支那ノ容共政策益々露骨トナリタル今日ニ於テハ帝國政府既定ノ方針タル南京政府ノ膺懲赤化禍害ノ除去、眞ノ日滿支提携ニ邁進スヘキハ勿論ノコトナルモ之カ爲現南京政府ノ反省ヲ期待スルカ如キハ至難ノコトナルヘク旁此ノ際一日モ速ニ我實力ノ及ヒ居ル北支ニ於テ北支人ノ北支建設ヲ目標トスル强力ナル自治政權ヲ樹立シ諸般ノ施策ヲ合理適正ナラシムルト共ニ特ニ防共地帶ノ設定ニ依リ南京政權ニ痛撃ヲ與フルコト我國策遂行ヲ容易ナラシムル上ニ於テモ將又滿洲國ノ安定上ヨリスルモ緊要ナリト思考ス之カ爲ニハ帝國政府ニ於テモ北支我實力範圍内ニ於ケル財源ノ確保其ノ他凡ユル施設ニ付急速ニ確乎タル方針ヲ決定實行シ以テ自治政權ノ樹立ニ滿幅ノ指導、協力ヲ與フルコト急務ト認ム

右既ニ御取計中ノコトトハ存スルモ敢テ卑見具申ス

167　昭和12年9月14日　在天津堀内総領事より広田外務大臣宛（電報）

磯谷第十師団長が外国人記者団に対し日本軍の目的は抗日中国軍の膺懲であると力説した旨報告

天　津　9月14日後発
本　省　9月14日夜着

第九三一號

當地外人記者側ニ於テ從來戰線視察ニ付日本人記者ト差別待遇ヲ受ケ居ルコトヲ溹(ママ)シ居ル向アリシヲ以テ軍側トモ相談ノ結果馬廠占領ヲ機會ニ十二、十三日ニ亘リ外人記者團八名井口及軍係官同行馬廠ニ赴キタリ

㈠唐官屯ニ於テ磯谷中將ニ會見中將ヨリ戰況ノ說明アリタル後濟南迄行クヤトノ外人側ノ質問ニ答ヘ日本軍ノ目的ハ東洋ノ平和ニ害アル抗日支那軍ノ膺懲ニアルヲ以テ何處迄行ク等ノ地域的占據ノ如キ第二次的問題ナリ支那政府及軍隊ノ抗日病膏盲(肓カ)ニ入リ居ルヲ以テ相當大手術ヲ必要トスヘク日本ノ態度ハ降魔ノ劍ヲ振フ佛ニ似タルモノニシテ唯之カ爲ニ苦シム支那民衆ニ對シ氣ノ毒ニ堪ヘスト述ヘ滄州攻略ハ天氣好キ爲馬廠ノ如ク長ク掛ラサルヘシト答ヘタリ

㈡同地ニ日本軍入城後支那民衆ノ復歸スル者漸次多キヲ加ヘツツアルモ皆老人、女子、子供ニシテ若者ハ全部支那軍ニ强制徵用サレ南方ニ連行カレ爲ニ老人、子供ノミ勞働ニ從事スルヲ見掛ケタルカ軍ノ話ニ依レハ右ハ今囘ノ戰爭ニテ何レノ地ニテモ同樣ナリシト言フ又唐官屯支那人基督敎徒代表十名許リ外人記者團歎(歡カ)迎ニ來リ支那軍ノ掠奪振等ヲ語リ日本軍入城ニ依ル秩序囘復、食糧配給等心ヨリ日本軍ニ感謝ノ意ヲ表シ居ル次第ヲ述ヘ外人側ニ好印象ヲ與ヘタル模樣ナリ

㈢馬廠河及運河兩岸ノ支那軍防禦工事ノ堅固ナルコト連日ノ降雨ノ爲道路ノ泥濘劇シキコト運河ノ左岸三、四箇所ニ支那軍カ堤防ヲ決潰シ附近田地ニ侵(浸カ)水セシメ日本軍ノ進擊ヲ阻止セル跡等ヲ見津浦線方面ニ於ケル日本軍ノ遭遇セル困難ヲ偲ヒ進擊意ノ如ク速ナラサリシコトヲ今更乍ラ實感セルモノノ如シ

北平、上海ヘ轉電セリ

168

昭和12年9月15日　在上海岡本総領事より広田外務大臣宛（電報）

日本が事変に何を求めているのか蒋介石が苦慮していた様子など南京情勢に関する伊国大使内話について

上　海　9月15日後発
本　省　9月15日夜着

第一四五六號（極祕）

十五日伊國大使ハ往訪ノ日高參事官ニ對シ左ノ如ク內話セリ御參考迄

一、自分ハ十三日南京ヨリ自動車ニテ途中無事歸滬セルカ先般貴官以下大使館員南京出發ニ際スル自分ノ配慮ニ關シ廣田大臣ヨリ在東京「アウリッチ」大使ヲ通シ本國政府ニ對シ鄭重ナル御挨拶ヲ賜ハリ自分ハ過分ニ面目ヲ施セリ

二、滯寧中蔣介石ノ希望ニ依リ同人ト屢々會見セルカ(蘇支聯繫ノ體裁ヲ取繕フ爲ノ「ゼスチユア」カトモ思ハルル旨附言セリ)最後ノ會見ノ際蔣ハ日本カ何ヲ求メ居ルカヲ知リ度キ旨熱心ニ述ヘ居タリ自分ハ廣田大臣カ伊國大使ニ話サレタル趣旨(日本側ニ於テハ支那側ト何時ニテモ開談ノ用意アリ支那側民間有力者カ日本側ト接觸スルコト然ルヘシトノ趣旨ナリト語レリ)ヲ私見トシテ告ケタル處蔣ハ別ニ意見ヲ述ヘス單ニ謝意ヲ表シ居タリ

三、蘇支協定ニ付キテハ蔣ハ最後迄反對ナリシカ如ク上海事件發生以來蔣ハ英米ノ干渉ヲ誘致セント計リタルカ如キモ(支那側空擊カ右ノ意圖ニ出テタルヤノ疑アルコトモ話題ニ上レリ)英米動カサルヲ見テ取リ蔣ハ嫌々蘇支協定ニ決セリ不可侵協定ノ裏ニ實質的援助ナキヤニ付キテハ支那側ニ於テハ六箇月位頑張レハ蘇側ノ援助ヲ受ケ得ルモノト期待シ居リ一方蘇側ハ出來得ル限リ兵ヲ損セス思切ツテ後方ニ撤退シ以テ長期抵抗ヲ試ミル樣支那側ニ勸告シタルカ蔣ハ支那軍隊ノ統制訓練ヨリ見テ之ニ應シ得サル旨應酬セル模樣ナリ

四、南京ハ日本側空爆ニ備フル爲所々ニ「コンクリート」地下室ヲ設ケ又政府各機關ハ市ノ內外ニ場所ヲ變ヘツツ執務シ居リ未タ全般的ニ遷都ノ氣配ナキモ行政院ノ或ル部ノ如キハ既ニ書類ヲ長沙ニ送リツツアルモノモアリ場合ニ依リテハ一部ハ長沙邊リニ移轉ヲ考慮シ居ルヤニ存セラル

五、伊國大使館ハ「コンクリート」地下室ヲ設ケ(「ソ」大使館ノ如キハ完備セル地下室ヲ設ケタリ)書記官書記生各一名ヲ殘シ置ケリ自分ノ歸寧ハ未定ナルカ一方長江航路ニ從事シ居タル殘船一隻ヲ徵發シ機銃ヲ搭載シ軍艦トシテ日支双方ニ通告シ下關ニ碇泊セシメ之ニ無電ヲ裝置セリ右ハ目下上海ニアル砲艦ヲ遡航セシメントシ之ヲ果ササリシ結果ナルカ長江封鎖開始ニ付テハ既ニ三回ニ亘リ

列國ヨリ共同申出ヲ爲シタルモ支那側ノ肯スル所トナラサリキ江陰下流ハ最近更ニ日清ノ「ポンツーン」等ヲ沈メ事實航行不能トナレル趣ナリ

北平、天津ヘ轉電セリ

伊ヘ轉電アリタシ

169　昭和12年10月1日　総理・外務・陸軍・海軍四大臣決定

「支那事變對處要綱」

支那事變對處要綱

總　則

一、一般方針

今次事變ハ軍事行動ノ成果ト外交措置ノ機宜ト兩々相俟チ成ル可ク速ニ之ヲ終結セシメ支那ヲシテ抗日政策及容共政策ヲ解消セシメ、眞ニ明澄且ツ恆久的ナル國交ヲ日支間ニ樹立シ以テ日滿支ノ融和共榮ノ實現ヲ期スルヲ本旨トス。

情勢ニ依リ長期兵力行使ニ堪ユル爲メ之ニ關スル所要ノ處置ヲ講ス。

二、軍事行動

軍事行動ハ、支那ヲシテ速ニ戰意ヲ抛棄セシムルヲ目途トシ、兵力ノ行使、要地ノ占據及之ニ伴フ必要ナル諸工作等適時適切ナル手段ヲ執ルモノトス。

三、外交措置

外交措置ハ速ニ支那ノ反省ヲ促シ、我方ノ所期スル境地ニ、支那ヲ誘致スルヲ目途トシ、支那及第三國ニ對シ、機宜ノ折衝及工作ヲナス。

事變ノ終結ニ方リテハ、支那ヲシテ、抗日政策及容共政策ヲ解消セシメ、從來ノ行懸ニ捉ハレサル、劃期的國交調整條件ヲ以テ、外交交渉ヲ行フ。

四、軍事、外交及之ニ伴フ諸施策ハ國際法上許サルヘキ範圍ヲ逸脱セサル樣愼重實行ス。

準　則

一、兵力行使

(1)陸上兵力行使ノ主要地域ハ、概ネ冀察及上海方面トス。

(2)所要地域ニ對シ、海上竝ニ航空作戰ヲ行フ。

二、國家總力ノ整備

作戰ノ遂行ヲ圓滑ナラシムルト共ニ、國際情勢ノ最惡化スル場合ニ應スル爲、總動員ノ實施、戰時法令ノ制定、耐久的擧國一致ノ具現等所要ニ應シ、國家諸般ノ運營ヲ之ニ適合セシム。

三、北支對策

北支問題ノ解決ハ、日滿支三國ノ共存共榮ヲ實現スルヲ目途トシ支那中央政府ノ下ニ、眞ニ北支ヲ明朗ナラシムルヲ以テ本旨トス。

四、中南支對策

中南支ハ、日支通商貿易ノ增進及發展ノ永續ニ適スル情態ヲ、此處ニ、出現セシムルコトヲ期ス。

五、北支作戰後方地域ニ對スル措置

事變中、北支作戰後方地域ニ對スル措置ハ、敵國領土占領ノ觀念ヨリ脫却シ、槪ネ左ノ如ク律ス。

㈠占領地行政ハ之ヲ行ハス。但治安ハ軍ノ指導ニヨリ、之ヲ確立ス。

㈡政治機關ハ、現地住民ノ自主的組成ニ委ス。但之ヲ指導シ、明朗ナル施政ヲナサシム。

㈢軍事上必要ナル交通施設及資源ノ開發ハ、必要ナル統制下ニ之ヲ行フ。

但以上㈡及㈢ハ、和局出現後ノ國交調整ニ影響セシムルコトナシ。

六、對外通商竝經濟財政關係

日支及第三國間ノ、通商竝ニ經濟財政事項ニ關シテハ、支那ヲシテ、戰意ヲ抛棄セシムルヲ主眼トシ之ヲ律ス。

七、對第三國關係

第三國ニ對スル、外交措置竝ニ之ニ伴フ諸工作ハ、進テ我ニ好意ヲ持タシムルト共ニ、第三國トノ紛爭ヲ釀シ、又ハ其干涉ヲ誘發スルコトナキ樣之ヲ施策ス。軍事行動及之ニ伴フ諸工作モ亦、右ノ主旨ニ副フ樣愼重施行ス。

八、居留民ニ對スル處置

居留民ニ對シテハ、救恤ヲ行フ。

九、前記諸項ノ具体的方策ハ別ニ之ヲ定ム。

170　昭和12年10月1日　総理・外務・陸軍・海軍四大臣決定

「事變對處要綱附屬具體的方策」

付　記　右方策の別紙

事變對處要綱附屬具體的方策

時局收拾ノ條件ハ、概ネ左ノ通リトス。

第一、北支

(甲)非武裝地帶ノ設定

北支某一定地域(概ネ永定河附近ヨリ張家口ヲ連ヌル線)ヲ、非武裝地帶トシ、同地帶ノ治安維持ハ、武裝ヲ制限セル支那警察ヲシテ、其ノ責ニ任セシム。

(乙)北支ニ於テ帝國ノ許與シ得ル限度

(1)必要ニ應シ、我方駐屯軍ノ兵數モ、事變勃發當時ノ兵數ノ範圍内ニ於テ、出來得ル限リ自發的ニ、縮少スルノ意向アル旨表示ス。

(2)塘沽停戰協定(之ニ準據シ成立セル各種約束ヲ含ム。但北平申合ニ準據セル各種申合、卽チ(1)長城諸關門ノ接收(2)通車(3)設關(4)通郵(5)通空ハ、解消セラレサルモノトス。)土肥原秦德純協定、及梅津何應欽協定ハ、之ヲ解消ス。(尤モ、現ニ河北省内ニ進出シ居ル中央軍ハ、省外ニ撤退スヘキコト勿論ナリトス。)但右非武裝地帶内ノ、排日抗日ノ取締及赤化防止ヲ、嚴ニスルコトヲ約セシム。

(3)冀察及冀東ヲ解消シ、南京政府ニ於テ、任意右地域ノ行政ヲ行フコトニ同意ス。

但右地域ノ行政首腦者ハ、日支融和ノ具現ニ、適當ナル有力者タルコトヲ希望ス。

尙右ニ關聯シ、北支ニ於ケル、日支經濟合作ノ趣旨ヲ協定ス。但右ハ日支平等ノ立場ニ立テル、合併其他ニ依ル合作タルコト勿論ナリ。

第二、上海

上海ニ非武裝地帶ノ設定

(1)上海周邊一定地域ヲ非武裝地帶トシ、同地帶ノ治安維持ハ、國際警察若ハ武裝ヲ制限セル支那警察ヲシテ、其ノ責ニ任セシメ、租界工部局警察之ヲ援助ス。

(2)右ニ依リ、各國カ租界ニ陸上兵力ヲ保持スルノ要ナキ情態ヲ出現セシムルコト。(軍艦ノ在泊ハ此ノ限ニ非ス。)

第三、日支國交ノ全般的調整

以上、第一及第二ニ依ル停戰談ト同時ニ、又ハ引續キ、從來ノ行懸リニ捉ハレサル、日支國交調整ニ關スル交涉ヲ行フモノトス。國交調整案ノ要綱左ノ通リ。

尙右停戰ノ話合成立シタルトキハ、日支双方ニ於テ、從來ノ行懸リヲ棄テ、眞ニ兩國ノ親善ヲ具現セントスル「ニューディール」ニ入ルモノナルコトヲ聲明スルモノトス。

一、政治的方面

(一)支那ハ滿洲國ヲ正式承認スルコト

(二)日支間防共協定(北支非武裝地帶內ノ防共ハ、之ニ依リテ當然實現サルヘキモ、同地帶ニ關シテハ、特ニ取締ヲ嚴ニス)

(三)停戰條件ニヨリ、冀東冀察ヲ解消セシムル外、日本ハ內蒙方面ニ就テモ南京トノ間ニ話合シ、南京ヲシテ我方ノ正當ナル要望(概ネ前記(二)ニ包含セラル)ヲ、容レシムルコト(支那ハ、錫、察兩盟ニ於ケル德王ノ原狀ヲ認メ、之ヲ以テ滿支間ノ緩衝地帶トシ、双方右狀態保持ヲ尊重ス。)

(四)支那ハ全國ニ亘リ抗日排日ヲ嚴ニ取締リ、邦交敦睦令ヲ徹底セシムルコト。(北支非武裝地帶內ノ排日抗日ニ關シ、特ニ取締ヲ嚴ニスヘキハ勿論ナリ。)

二、軍事的方面

自由飛行ヲ廢止スルコト。

三、經濟的方面

(一)特定品ノ關稅率引下。

(二)冀東特殊貿易ノ廢止、竝ニ非武裝地帶海面ニ於ケル、支那側密輸取締ノ自由恢復。

(付　記)

事變對處要綱附屬具体的方策ノ別紙

(甲)北支非武裝地帶ノ設定

(1)德化、張北、龍門、延慶、門頭溝、涿州、固安、永清、信安、濁《(獨カ)》流鎮、興農鎮、高州《(沙カ)》嶺ヲ連ヌル線(線上ハ之ヲ含ム)ノ以東及以北地區ヲ非武裝地帶トシ右地域內ニハ支那軍ハ駐屯セサルモノトス

右地域內ノ治安ハ保安隊ヲ以テ維持ス該保安隊ノ人員及裝備ニ關シテハ別ニ定ムル所ニ依ル

(2)寶昌、張北、龍門、延慶、門頭溝ヲ連ヌル線(線上ハ之ヲ含ム)ノ以東及以北竝ニ之ト接續スル河北省內永定河及海河左岸(長辛店及附近高地竝ニ天津周邊ヲ含ム)地區ヲ非武裝地帶トスルコトニ同意ス(此ノ場合ニ於テモ保安隊ノ件前項ニ同シ)

(3)支那側カ非武裝地帶ノ設定ニ付一定ノ期限ヲ附スルコ

トヲ條件トシテ前記(1)若ハ(2)ヲ受諾スヘキ旨強ク主張スル場合ニハ期限付ニ同意シ差支ナシ
但シ期限付ノ場合ニハ期限滿了ノ際ノ措置ニ付更ニ研究スルコトトス。尤モ交渉ノ模様ニ依リテハ期限滿了ト共ニ新ニ滿支國境ニ沿フ地區ニ一定ノ線(例ヘハ長城ヨリ三〇粁)ヲ劃シテ非武装地帯ヲ設定スルノ了解ヲ確立シ置ク案モ考慮シ差支ナシ。
(註)以上(1)(2)(3)ノ何レニ依リ妥結ヲ計ルヘキヤハ交渉ノ際ノ情勢ニ因ルモノトス

171

昭和12年10月1日　総理・外務・陸軍・海軍四大臣決定

「國交調整ト同時ニ交渉スヘキ諸事項」

國交調整ト同時ニ交渉スヘキ諸事項

前述時局收拾ニ關スル方針ハ㈠非武装地帯ノ設定等ニ依リ、將來ニ於ケル日支間軍事衝突ノ危險ヲ緩和スルト共ニ㈡國交ノ全般的調整ニ依リ、兩國間ニ蟠ル、相剋ノ原因ヲ芟除シ、新ナル國交關係ノ基礎ニ於テ、眞ニ明朗ナル日支關係ヲ樹立センコトヲ期スルモノナリ。從テ日支間懸案事項ノ如キモ、右明朗ナル國交關係其ノ緒ニ着キタル上、日支双方ノ常道的話合ニ依リ圓滿ナル解決ヲ計リ、兩國ノ善解ヲ愈々强化增進センコトヲ理想トス。

然ルニ戰局ノ擴大ニツレ、國民ノ戰果ニ對スル期待モ亦增大シ、以上ノ如キ常道ニ滿足スル能ハス、賠償等物質的條件ノ獲得ヲ熱望スヘキヲ以テ、對內的考慮ニ基キ、前述大乘的收拾策ノ精神ニ出來得ル限リ背馳セサルヲ念トシ、國交調整交渉ト同時ニ左記諸項ヲ交渉スルモノトス。

別途條件

(甲)賠償(支那側ニ於テ保護方引受ケタル、我方財產竝ニ權益ニ與ヘタル直接損害、及支那側カ我方財產又ハ權益ヲ不法ニ使用又ハ處分シタルコトニ依リ生シタル直接損害、及之ニ類スル損害等)

(乙)日支合辧一大「シンジケート」ヲ創立シ、例ヘハ、左記事業ヲ經營ス。
(1)海運(招商局ト日清汽船—及大連汽船—ノ合併)
(2)航空
(イ)上海福岡、青島福岡、福建臺北、廣東臺北連絡飛行ノ實施

(ロ)満支連絡（恵通公司ノ營業線ハ之ニ吸收ス）

「歐亞連絡飛行ハ合辦トシ、本「シンジケート」ニ入ルヘキヤ又ハ別途交渉トスヘキヤ、研究ヲ要スルモ、差シ當リ左記ヲ考慮ス」

(ハ)歐亞航空公司ヲ本「シンジケート」ニ合併ス（同公司ノ獨逸側持株ヲ我方ニ於テ買收ス）

(3)鐵道

(イ)膠濟鐵道及同延長線ノ建設及經營

(ロ)津石鐵道ノ建設及經營

(ハ)承平鐵道ノ建設及經營

(4)礦業

北支ニ於ケル金、鐵、炭礦等

(5)農業其他適當ナル事業

(丙)懸案ノ解決（左記頭番號ハ概ネ解決ヲ計ルヘキ順序ヲ示ス）

(1)日支關税協定ノ締結（細目別表甲(見当ラズ)）

輸出入税ノ引下若ハ撤廢

(2)輸出入ノ禁止制限ノ撤廢若ハ緩和（細目別表乙(見当ラズ)）

(3)鹽ノ生産及輸出制限ノ撤去

備考

前記附屬具体的方策第一北支、甲非武裝地帯ノ設定ノ項ハ陸海外三省間話合ノ際ニ於テハ一應別紙ノ通リ事務的ニ纒リタルモ其ノ後之ヲ簡單ニスル趣旨ヨリ十月一日決定ノ通リ修正セラレタルモノナリ

172　昭和12年10月5日　広田外務大臣より在中国川越大使宛

「支那事變對處要綱」など三文書の送付に際し留意点通報

付記一　昭和十二年九月十六日、東亜局第一課作成
「支那事變對處要綱ニ關スル次官會議議題ノ説明」

二　昭和十二年十月一日、外務省作成
「支那事變對處要綱」など三文書の四相決定に関する広田外相口述録

亞一機密第一二二號

昭和拾貳年拾月五日

外務大臣　廣田　弘毅

在支（上海）

特命全權大使　川越　茂殿

支那事變對處要綱送付ノ件

今次事變處理ニ關スル帝國政府ノ方針ニ就テハ豫テ關係方面ト協議ヲ進メ來レル處今回議漸ク纒リ別紙（編注）支那事變對處要綱、事變對處要綱具体的方策及國交調整ト同時ニ交渉スヘキ諸事項ノ三文書ヲ一括シ本月一日總理及外陸海四大臣ニ於テ之ニ署名ヲ了シ近衞總理ヨリ御內奏ノ手續ヲ了シタルニ就テハ同文書一通宛送付ス

尚本文書ヲ閣議決定トセス總理以下四大臣ノ署名トセルハ一ニ本件文書ノ內容ヲ極祕ニ附スル必要ニ出テタル次第ナルカ他方陸軍側ニ於テハ差シ當リ出先ニ對シテハ方面軍司令官丈ニ三文書中事變對處要綱ノミヲ傳達スル趣ニ付右御含ミ置キ相成度シ

本信寫送付先

北平參事官、上海及天津總領事

編　注　省略。本書第169文書〜第171文書として採錄。

（付記一）

支那事變對處要綱ニ關スル次官會議議題ノ說明

（十二、九、一六、亞、一）

別紙（省略）支那事變對處要綱、同附屬具体的方策及國交調整ト同時ニ交渉スヘキ諸事項ノ三文書ハ外務、陸、海三省事務當局間ニ於テ一應話合ヲ遂ゲタルモノナリ

但シ別紙中赤字「タイプ」ノ部分ハ結局事務當局間ニ於テ話合纒ラス、三省次官間話合ニ移シ、其ノ裁定ヲ仰クコトトナリタル次第ナルガ、議論ノ要旨左ノ通リ

㈠（概ネ永定河ノ線）─要綱附屬具体的方策。第一、北支、㈢

非武裝地帶設定ノ項

（說明）三大臣署名ノ文書ニハ、北支非武裝地帶ノ地域ヲ明定セルモ、陸軍側ハ事態當時ト著シク變化シ、目下同地方ニ於テ戰鬪行ハレ居ル現狀ニ鑑ミ、今玆ニ非武裝地帶ノ地域ヲ明定スルハ、軍ノ作戰ニモ影響アリ面白カラサルヲ以テ、單ニ北支某一定地域トシ置クコトトシ度シ、尤モ陸軍トシテハ三相決定ノ地域ヨリ廣クセントノ考ナキ旨說明セリ

外務側ハ結局三相決定ノ通リ明記シ得ストスルモ、セメテ

大体ノ目安丈ハ記載シ置ク必要アリトテ(概ネ永定河ノ線)ノ一句挿入方主張シ、海軍モ亦三相決定ノ地域ヨリ廣ケサルコトヲ保障スル何等カノ字句挿入ノ要ヲ主張セルカ、陸軍ハ明記セストモ大丈夫ナリトテ承知スルニ至ラス。
但シ最后ニ陸軍ハ考慮ヲ約シタリ

(二)滿洲國承認ノ件

三相決定ニハ「支那側ニ正式承認ノ意向アル様ナラハ可成正式承認セシムルコト」トアリタルヲ、陸軍ノ主張ニ依リ本項ノ通リ「支那ハ滿洲國ヲ正式承認スルコト」ト修正スルコトニ同意シタル次第ナリ。依テ外務側ハ余裕ヲ取ル爲(止ムヲ得サルモ今后問題トセストノ約束ヲ陰約ノ間ニナスコト)ノ一句挿入方固執シタルモ遂ニ陸軍ノ同意ヲ得ス、懸案トシテ殘ルニ至レリ

(三)附屬具体的方策。第三、日支國交ノ全般的調整ノ三、政治的方面(三)末尾

同方面ヨリ南京ノ勢力ヲ排除スルカ如キコトナシノ點。
右一句ヲ削除スルヤ否ヤハ、次官間ノ話合ニ殘サレタル、最モ重要ナル問題ナリ

陸軍側ノ主張。(イ)當初ハ内蒙自治政府ノ樹立乃至獨立宣言ヲ行フヤ否ヤハ只今明言シ得サルニ付、余裕ヲ取ル爲、右一句ノ削除ヲ主張シタルカ、後(ロ)軍中央ハ自治政府樹立ノ意向ナキモ、玆ニ萬一「南京ノ勢力ヲ排除セス」ナド、明記スルニ於テハ、關東軍ハ却テ其レナラト云フ氣ニナリ、獨立ヲ强行スルコトトナルヘキヲ以テ、斯カル刺激的字句ハ削除アリ度旨主張ス

海軍側。今回ノ時局收拾方針ハ日支關係ノ眞ノ樹テ直シヲ根本方針トシ、依テ冀東冀察ヲモ解消シ、日支相剋ノ禍根ヲ芟除セントスルニ在リ。然ルニ內蒙丈ハ陸軍ノ道樂トシテ殘シ置クコトトセハ、內蒙問題ヨリ、再ビ日支關係ノ惡化、延テハ衝突ニ迄進ム危險性アリ。折角日支衝突ノ禍根芟除ノ一大決心ヲナシ乍ラ、內蒙丈ヲ除外シ、此ノ點ヨリ再ビ日支衝突トナルコトハ、何トシテモ承服シ得ス、陸軍ノ主張ニハ絶對反對ナリ。

批評

(イ)陸軍ハ内蒙ヲ赤化ヨリ救フ爲、南京ノ干渉ヲ排シ、我方ノ手ニテ抑エ置ク要アリト云ハンモ內蒙、外蒙ノ國境ハ、外蒙側ニテ嚴重ニ閉鎖シ、外蒙ヨリ內蒙へ赤化ノ手ハ伸ビ居ラス

一般的赤化ナラ、蒙昧ナル內蒙ヨリハ、文化ノ程度高キ北支ノ方、一般危險ニテ、北支ヲ手離シ、內蒙丈抑ヘ置ク理ナシ

(ロ)軍事的施設(飛行場等)ノ問題ナラハ、南京ノ勢力ヲ排除セサルコトトシ、南京ト話合ヲナサバ、或程度希望ヲ達成シ得ベク、他方我方カ內蒙ヲ冀東化スル結果ハ

(1)南京ト衝突ノ危險アリ、少クモ對日感情ヲ惡化セシムヘク

(2)每年巨額ノ經費ヲ支出シ、而モ日本ノ手カ加ハレバ加ハル程內蒙ノ民心ハ反抗的トナル傾向アリ(最近二、三年ノ間內蒙ノ民心ハ却テ惡化セリ。)

(ハ)要之此ノ際ハ、日支間相剋ノ禍根ヲ完全ニ芟除シ、日支關係ノ明朗化ヲ計リ、茲十年位ハ滿洲國ノ育成ト日本ノ國力ノ培養ニ專心スルコト絕對ニ必要ニシテ、陸軍一部ノ道樂ノ爲、內蒙獨立ノ禍根ヲ貽シ、其ノ爲舊態依然トシテ、日支關係ヲ不明朗ナラシメ、日支關係ヲ再衝突ノ危險ニ曝シ置クカ如キハ、絕對ニ取ラサル所ナリ

依テ赤字「タイプ」ノ一句ノ搜(挿カ)入ハ絕對必要ナリ。

(四)賠償ノ件

今次事變ノ結末トシテ賠償ヲ要求スルカ如キハ本件ノ如キ公明正大ナル我方要求ヲ只此ノ一事ノミニテ、著敷不明朗ナラシメ、支那ノ面目ヲ傷ケ、世界ニ對シテモ、面白カラサル印象ヲ與フヘシ、僅カ計リノ賠償ヲ取ランカ爲、日支關係乃至帝國ノ世界ニ對スル立場ヲ著敷不明朗ナラシムルハ取ラサル所ナリ。(海軍モ同意見。陸軍モ餘リ强カラス)

但シ前文中ニ「賠償ノ如キ物質的要求……」ト說明トシテ挿入スルハ妨ケス

(付記二)

支那事變對處要綱ニ關シ十月一日廣田外務大臣ヨリノ御話要領左ノ通リ

一、一日陸海外總理ノ四相間ニ於テ右要綱ヲ決定セリ、總理ヨリ上奏ノ筈

二、四相間ニ於テ右要綱ハ南京政府カ日本ト交涉能力ヲ有スル場合ニ適用アルヘキモノニシテ同政府カ潰滅スルカ或ハ局面ニ重大變化アル場合ハ自ラ別ノ工夫ヲナササルヘカラストノ話合トナレリ但シ陸相ヨリ其場合ニモ右要綱ノ根本觀念ハ變ラサルヘシト云ヘリ

三、内蒙ノ問題ニ關シ海相ヨリ將來陸軍ニ於テ南京政府ノ意向ヲ無視シ兵力ヲ以テ徳王ヲ助ケ錫察二盟以外ニ進出スルカ如キ憂ナキヤソレテハ困ルト云ヒタルニ對シ陸相ハ右ノ如キコトハセサルヘシ現ニ我方ヨリ徳王ニ財的援助ヲナシ居ルモ若シ張家口テモ徳王ノ支配ニ這入レハ收入モアルニ付財的援助モ必要ナクナルヘシト云ヘル由

173

昭和12年10月22日　外務・陸軍・海軍三省決定

事変に対する第三国の斡旋・干渉へのわが方対応方針

日支事變ニ對スル第三國ノ斡旋乃至干渉ニ對シ帝國政府ノ採ルヘキ方針決定ノ件

昭和十二年十月廿二日、陸海外三省決定

(欄外記入)

日支事變ノ進展ニ伴ヒ英、蘇、米等ノ各國ハ漸次事變ニ容喙ノ態度ヲ示シ來リ、國際聯盟ノ決議、九國條約會議ノ招請等ヲ見ルニ至レル處此ノ如キ豫メ帝國ヲ被告ノ地位ニ置ク干渉乃至調停ハ固ヨリ之ヲ排斥スルヲ當然トスルモ我方軍事行動ノ目的略達成セラレ南京政府ハ其ノ壓力ニ耐ヘ兼ネ内心我ニ和ヲ乞ハント欲スルモ表面强硬態度ヲ裝フノ必要ニ迫ラルルコトアルヘク斯ル際ニ於ケル英米其他第三國側ノ好意的斡旋ハ其ノ方法等宜シキヲ得レハ寧ロ之ヲ支那側引出ノ具トシテ利用スルコト有利ニシテ殊ニ日本ト友好關係ニアル獨伊兩國ノ如キカ支那側ヨリ依頼セラレテ斡旋ノ擧ニ立ツカ如キコトトナラハ更ニ妙ナルモノアルヘシ

叙上ノ次第ニ鑑ミ此際豫メ陸海外三省間ニ左記方針ヲ決定シ置クコトト致シ度シ

記

一、日支事變ニ對スル第三國ノ過早ナル干渉乃至調停ハ極力之ヲ豫防排除スルモ對支軍事行動ノ目的略達成セラレタル時機ニ於ケル第三國ノ公正ナル和平勸告的斡旋ハ之ヲ受理スルヲ妨ケス

二、右方針ハ之ヲ必要ナル在外使臣ニ訓令シ右含ミニテ工作セシムルモノトス但シ之ヲ過早ニ公表シ若クハ外國政府ニ申入ルルコトハ帝國ニ弱味アリテ收拾ヲ焦リ居ルカ如キ印象ヲ與ヘ不得策ナルニ付之ヲ避クルコトトシ唯獨伊兩國ニ對シテハ適當ナル機會ニ於テ豫メ右方針ヲ通達シ以テ帝國政府ノ希望ニ副ハシムル如ク工作ス

三、前記對支軍事行動ノ目的略達成セラレタリト認ムヘキ時機竝ニ獨伊兩國ニ對シテ本方針ヲ通達スヘキ時機ニ付テハ陸、海、外三省ニ於テ協議ノ上之ヲ決定ス

(欄外記入)

十月二十一日外務大臣決裁

編注一　本文書の外務省高裁案には、広田外務大臣による「日本ガ九國會議參加拒絶ノ際英米獨伊等ニ此意向ヲ内示スルコト可然」との書き込みあり、その横に「此點陸海軍不賛成」との別人の書き込みあり。

二　昭和十二年十月二十七日、広田外相ないしは堀内外務次官が在本邦英米独伊各国大使へ九国条約会議不参加を説明し、日中直接交渉の斡旋方に言及した会談内容については、本書第925文書および第926文書参照。

174　昭和12年11月7日　在上海岡本総領事より広田外務大臣宛(電報)

日本軍の杭州湾上陸に関する中国紙報道振り

報告

上海　11月7日後発
本省　11月7日夜着

第二一八一號

七日漢字紙ハ支那側ノ虚ヲ衝キ杭州灣ヨリ上陸ノ日本軍部隊ハ松江ノ南迄進出シタルモ支那ハ大軍ヲ以テ之ヲ包圍シ肅清近キニアリ蘇州河南岸ノ支那軍ハ原陣地ヲ確保ス太原近郊ハ混戰ニ陷リ砲火猛烈ヲ極ムト報シ申報ハ日本軍ノ杭州灣上陸ハ該地方漁民等ノ訓練ナキニ依リ之ヲ豫知スルヲ得ス支那ノ失敗ニ付今後民衆訓練ヲ嚴重ニスヘシト悲鳴ヲ擧ケ大公報短評ハ山西ノ失敗ノ原因トシテ同省軍政當路高官連中カ舊態依然タルコト民衆ノ組織不定ニシテ軍ニ有效ナル協力ヲ爲シ得サルコト等ヲ擧ケラルル處今回ノ失敗ヲ教訓トシ將來ニ備ヘサルヘカラスト述ヘ居レリ

又「ノース・チャイナ・デーリー・ニュース」ハ第一面ニ大見出ヲ附シ日軍五千乍浦附近ニ上陸セル結果戰局ノ興味ハ此ノ方面ニ向ケラレタリト報シ上海「タイムス」モ同様第一面ニ多クノ傍觀者ハ紛爭ハ最後ノ局面ニ急進シツツアリト報シ居レリ

尚漢字紙ハ日本軍カ朱家濱（蘇州河南）附近ノ戰鬪ニ於テ毒瓦斯ヲ使用セリトカ崑山ニ於テ日本飛行機ハ救護車ヲ爆撃セリ等宣傳シ又六日ノ南京發中央通信ハ日本ノ對支宣戰及大本營設置説ハ九國會議ニ對スル「ゼスチヤ」ニ過キスト傳ヘ居レリ

175　昭和12年11月8日　在上海岡本総領事より広田外務大臣宛（電報）

九国条約会議に期待しつつ抗戦を継続するとの蔣介石のロイター会見談につき報告

上　海　11月8日後発
本　省　11月8日夜着

第二一九〇號

南京七日發路透ノ蔣介石トノ會見談通信左ノ通リ

九國會議ニ於テ萬一日支直接交渉ヲ議決スルカ如キハ會議ノ精神ニ反シ日本ニ無理要求ヲ爲サシムルコトトナリ支那ハ愈々困難ノ地位ニ置カルヘシ又日本ハ決シテ約束ヲ守ラサルニ付有效ナル保障ナケレハ日支限リニテ事件ヲ解決スルモ東亞ノ安定及支那ノ保全ニ役立タス軍事ノ將來ニ付テハ支那ノ目的ハ戰鬪力ヲ蓄ヘ日本軍ヲシテ疲弊セシムルニアリ上海浦東ハ決シテ有利ナル防禦地ニアラサルモ支那ハ日本ニ對シ日露戰爭以來ノ大打撃ヲ與ヘタリ戰線後退セハ支那有利トナリ最後ノ勝利ハ支那ニアリ九國會議ニ付テハ結局成功スト思フ處支那ハ條約及國際信義尊重セラルル迄戰フヘシ

176　昭和12年11月8日

外務省作成の「對支宣戰布告ノ得失」

對支宣戰布告ノ得失

（外務省　昭和一二、一一、八）

一、結　論

宣戰ハ不可ナリ

二、理　由

試ニ宣戰ニヨル利益ヲ擧ケンニ左ノ如シ

(1)帝國ノ牢固タル戰爭遂行ノ決意ヲ支那側ニ印象セシム但シ反對ニ支那側ノ決意ヲモ固メシメ事態收拾ヲ困難ナラシムル結果トナル虞モアリ

(2)戰時禁制品ノ輸送防遏及戰時封鎖ニヨリ第三國船ニヨル對支武器輸出ヲ防遏シ得ヘシ但シ同時ニ列國トノ葛藤ヲ増シ武力衝突ニ迄至ル危險ナシトセス(香港澳門廣州灣及佛領印度支那等ヲ封鎖シ得サルハ勿論ナリ)

(3)軍事占領、軍政施行等交戰權ノ行使ヲ爲シ得ルノ利益アリ

然ルニ此等宣戰ヲ利益トスル諸點ニハ同時ニ前記ノ如キ不都合ヲモ伴フ次第ナル處更ニ宣戰ニヨル積極的不利益ヲ擧クレハ次ノ如シ

(1)宣戰ノ結果ハ支那國民全體ヲ敵トシテ戰フコトトナリ政府ノ累次宣明シタル「日支提携ヲ目的トス」「支那民衆ヲ敵トセス」ト云フ主張ト矛盾スルニ至ル

(2)宣戰ヲ布告スルトキハ國交斷絶シ直接交渉ノ端緒ヲ摑ムノ途ヲ失フノミナラス講和ニ依リ始メテ國交ヲ恢復シ得ヘキモノナルカ故ニ時局收拾ヲ遲延セシメ場合ニ依リテハ事實上停戰トナリタル後モ相當長キニ亘リ國交ヲ恢復シ得サル事態ヲ生シ得ヘシ(滿洲事變ノ如キモ實質上ハ戰爭狀態ニ在リタルニ拘ラス國交ヲ維持シ後始末ヲ比較的容易ナラシメタリ)

(3)不戰條約違反ノ謗ヲ受ケ列國ノ對日態度ヲ惡化セシメ邦品不買、對日不賣、對日金融財政上ノ便益拒否等ヨリ經濟制裁ニ迄進ム可能性アリ右情勢ハ結局支那ノ戰意ヲ鼓舞シ其ノ決意ヲ硬化セシムルコトトナルヘシ

(4)聯盟規約制裁條項ノ適用問題ヲ發生スル可能性アリ日支間ニ宣戰ナル新事態發生セハ聯盟トシテモ日支事變ヲ再檢討セサルヲ得サルニ至リ其ノ結果規約第十七條又ハ第十條第十一條ニ基キ對日制裁的措置ニ出ツルヲ餘儀ナクセラルルニ至ル危險性アリ殊ニ我方宣戰スルモ支那ハ宣戰セス聯盟等ニ對シ日本ヲ侵略者トシテ制裁方泣訴スルカ如キ場合ニ於テ聯盟トシテモ相當思ヒ切リタル措置ニ出ツルヲ餘儀ナクセラルヘシ

(5)宣戰ノ結果米國中立法ハ當然適用セラレ之カ爲支那ハ現在以上困ラサルヘキモ帝國ハ兵器彈藥軍用器材ハ勿論供給ヲ絶タルルノミナラス石油鐵屑其ノ他ノ重要物資ノ供給ヲモ絶タルル虞大ナルモノアリ又金融上ノ便宜ヲ失フノ不利益ハ我方ニトリ頗ル苦痛トスル所ナリ

(6)香港及佛領印度支那向武器供給(右ヲ阻止セサレハ宣戰ニヨル利益ノ(2)ハ殆ト無價値トナルヘシ)防遏ノ場合ハ

英、佛等トノ間ニ相當紛争ヲ生シ國際關係ノ悪化スルヲ覺悟セサルヘカラス

(7)蘇聯邦ハ支那トノ密約ノ有無ニ拘ラス對支援助强化ノ機會ヲ狙ヒ居ルモノト認メラル從テ前記ノ如ク帝國宣戰ノ結果國際關係悪化スル場合ニハ蘇聯ハ此機ニ乘シ積極的行動ニ出テ來ル懸念アリ

(8)帝國ノ支那ニ有スル治外法權、租界、團匪賠償金其ノ他ノ條約上及契約上ノ權利ヲ喪失スヘク假令戰後此等ヲ恢得（復カ）シ得ルトスルモ完全ナル恢復ハ困難ナルヘシ加之支那ハ日本ノ宣戰ニヨリ一應日本トノ不平等條約關係ヨリ脱却スルコトトナリ南京政府ハ之ヲ國民鼓舞ノ具ニ供シ支那トシテ一致抗日ヲ繼續スルナラハ此等ノ利權ハ永遠ニ支那ニ復歸シ不平等條約撤廢ノ先驅トナラント宣傳ニ力メ國民ノ抗日意識益々强化スルニ至ラン

(9)在支帝國公私財産及船舶等ハ支那官憲ニヨリ沒收若クハ押收セラルルヲ免レス

要之叙上ノ利益不利益ヲ比較考量セハ宣戰ニヨリ受クヘキ不利不便遙ニ大ナルノミナラス一般ニ日支ノ戰闘モ大體一段落ニ近ツキツツアリト見ラレ、九國條約會議モ日支兩國ヲ刺戟セサル樣穩健ナル態度ニ出テツツアリ、世界ノ輿論モ鎭靜ニ向ヒツツアル今日、突如宣戰ヲ布告スルハ平地ニ波瀾ヲ起スモノニシテ宣戰布告ノ時期トシテモ最モ不適當ナリト認メラル

編注　本文書は、国立歴史民俗博物館所蔵「木戸家史料」より採録。

177

昭和12年11月12日　在上海岡本総領事より広田外務大臣宛（電報）

中国軍の上海撤退に関する中国紙報道振り報告

別電　昭和十二年十一月十二日発在上海岡本総領事より広田外務大臣宛第二二三九号

軍事委員会政治訓練処の声明

上　海　11月12日後発
本　省　11月12日夜着

第二二四〇號

十二日漢字紙ハ南市、浦東ノ支那軍ノ撤退ヲ特報シ南市軍警ハ中央ノ撤退電命ヲ受ケ昨夜七時半ヨリ退却ヲ實行シ十

一時頃迄ニ大部分完了シ一五（三字アキ）一部殘留抵抗中ト報シ
軍事委員會政訓處ノ上海同胞ニ告クルノ書別電第二二三九號及兪鴻鈞ノ戰略上戰線カ上海ヨリ離ルルモ上海民衆ハ落膽スルコトナク益々國家ニ誠忠ヲ盡スヘシトノ市民ニ告クルノ書ヲ掲載シ申報、大公報短評ハ避難民ノ救濟ニ遺憾ナキヲ期スヘシト論シ居レリ又蔣介石カ九國會議ニ對シ支那軍ノ上海撤退ハ戰略上ノ擧ニ出テタルモノニシテ政府及人民ノ徹底的抗戰ハ一日モ忽ニセス如何ナルコトアリトモ九國條約ハ必ス遵守ス九國會議ノ成功ヲ信シテ疑ハスト電報シタル旨ノ武府「ハバス」電ヲ載セ居レリ
尙本日ノ孫文誕辰紀念日ニ關聯シ神州日報ハ孫文ノ遺囑ヲ引キ支那ハ自由平等ヲ得ル爲戰フモノニシテ其ノ爲ニ民衆（脱?）ヲ喚起シ平等ヲ以テ我ヲ遇スル國家ト聯合スヘシ其ノ國トハ蘇聯ニ外ナラストノ趣旨ヲ論シ特ニ時事新報ハ支那カ全面抗戰ヲ以テ日本ノ軍力ヲ支那ニ引付ケ置ク時カ卽チ蘇聯カ起チ蘇支一致行動ヲ執ル時ナリト（一字アキ）ヘ其ノ他民報、中華日報モ論說ヲ掲ケタルカ孫文ノ遺囑ヲ體シ軍（一字アキ）一致努力ヲ爲スヘシト述ヘ居レリ

（別　電）

上海　11月12日後発
本省　11月12日夜着

第二二三九號

軍事委員會政治訓練處ハ昨十一日「上海ノ同胞ニ告クルノ書」ヲ發表シ市民ニ訣別ノ辭ヲ述ヘタルカ右ハ支那軍ノ上海附近ヨリノ後退ハ戰略上ノ計畫的退却ニシテ戰事ノ失敗ニ依ルモノニアラス眞ノ抗日戰爭ハ之カラニシテ必ス近キ期間内ニ淞滬ヲ奪回スヘシト強カリ且過去三箇月間ニ亘リ上海市民カ軍民合作抗敵ノ精神ヲ全フセルハ感銘ニ堪ヘスト述ヘタル上軍隊撤去後上海市民ハ日本軍ヨリ種々ノ壓迫及誘惑ヲ受クヘク其ノ痛苦ト犧牲ヲ思ヘハ眞ニ痛心且憂慮ニ堪ヘサルモ軍隊ハ猶上海ヨリ近キ嘉定、南翔ノ線ニ在ルノミナラス殉國將卒ノ靈モ上海ヲ護リ居ルニ付市民ハ艱苦ヲ忍ヒ民族精神發揚ノ中心地タル上海ヲ國家精神上ノ長城ト爲スコトニ努メラレ度ク我軍隊ハ必ス近ク上海ニ歸リ以テ市民ニ報ユヘシト結ヘリ
北平、天津ヘ轉電セリ

178　昭和12年11月13日　在上海岡本総領事より広田外務大臣宛(電報)

日本軍の上海全市占領を伝える中国紙報道振り報告

付　記　昭和十二年十一月二十日
中国国民政府の遷都宣言

上　海　11月13日後発
本　省　11月13日後着

第二二五〇號

十三日漢字紙ハ上海全市ハ完全ニ日本軍ニ占領セラレ支那軍ハ嘉定、青浦、松江ヲ連ヌル第二線ニ依リ防備ヲ堅ム、山東北部ニモ猛裂(烈カ)ナル戰鬪發生ス、劉湘南京ニ來ル、十二日日本飛行機ハ無錫ニ在ル米國敎會ニ投彈シ「アンドリユウス」病院ヲ爆擊セリ等報シ又上海市黨部ノ發出セル全面抗戰ハ一日モ止メス後援工作ニ益々努力スヘシトノ趣旨ノ全國同胞ニ告クルノ書ヲ掲ケ申報ハ租界内ニ支那側各種機關アル處日本ハ武力ニ依リ支那ノ主權ニ屬スル一切ノ政治問題ヲ解決シ得サル譯ニテ英、米、佛各國ハ必スヤ支那ノ主權尊重ノ原則ヲ堅守スヘシトテ租界内ニ於ケル支那側機關退去問題ニ關シ豫防線ヲ張リ時事新報、神州日報ハ歐洲大戰ノ獨逸ノ如ク連戰連勝必スシモ最後ノ勝利者ニアラス敵カ内地ニ入ル程支那側ニ有利ナルモノナリトノ趣旨ヲ述ヘ例ノ如ク激勵シ悲觀的厭世主義者、無智ナル恐日病者何レモ漢奸ノ一種ニシテ警戒セサルヘカラスト述ヘ居レリ

尚日本カ九國會議ノ再招請ヲ拒絶セリトノ報ヲ大キク掲ケ大公報カ支那ハ國際協調ヲ望ムモノナレト今ヤ日本カ九國會議ノ出席ヲ拒絶シテ協定ノ方法ナキニ至レルヲ以テ其ノ經過ヲ聯盟ニ報告シ其ノ規約ニ依リ適切ナル辨法ヲ發動セシムヘシ當局ハ此ノ爲ニ努力シ國民ハ上下一致シテ愈團結ヲ固クシ此ノ重大ナル新階段ニ對處スヘシト論シ居レリ

(付　記)

國民政府の遷都宣言

一二、一一、二〇

蘆溝橋事變發生以來、北平天津は敵手に落ち、戰事は蔓延するに及ひ、政府は此の暴日の飽くことなき侵略に鑑み爰に抗戰自衛の方策を決定せり、全國民衆は敵愾心に燃え全將士は忠勇の念に奮ひ立ち、侵略を被りたる各省に於ては

何れも激烈なる奮闘の後壯烈なる犧牲を遂けたり、而して淞滬の一隅に於ては抗戰三ケ月に亘り、各地の將士義を聞き難に赴くもの、朝に命を受くれは夕に至るの狀ありき、其の前線にある者は血肉の己か體を以て塹壕となし、死するも退かさるの決意を示す、暴日は其の陸海空軍の力を傾け包圍攻擊し來り、ために陣地は廢墟に化するも將士の信念金石の如く、陣に臨みて勇あり死するや壯烈を極むるは實に民族獨立の精神を照示し中國復興の基礎を定むるに足るものなり。

近來暴日更に貪汚の心を肆ままにし、兵を分ちて西進し我首都に迫る、其の意圖を察するに暴力を恃み我と城下の盟をなさんと企圖せるものにして、彼等は我國か抗戰自衞を決定せるの日よりこれそ最後の關頭なりとし國家の生存、民族の矜持のため、又世界平和のために斷して屈服する餘地なきことを我等か已に覺悟せるを知らさるなり、凡そ血氣あるの士にして寧ろ玉碎すとも瓦全を恥つるの決心を有せさるなし、國民政府は茲に戰況に適應し長期抗戰の全局を籌策せんか爲本日より重慶に移駐することとなれり、此の後は廣大なる規模に於て更に持久戰鬪に從事せん、思ふに中國人民の衆多なると土地廣大なるとは、人々必死の心を持ちその熱血を以て土地と凝結し一體とならは如何なる暴力とても能く之を分離せしめ得るものにあらさるなり、外に於ては諸外國の同情を得、內にありては民衆の團結あり抗戰を繼續することにより我等は必すや國家民族の生存獨立を維持擁護するの目的を達するを得ん、特に此に宣言す。

~~~~~~

179 「大本營ト政府トノ連繫ニ關スル件」

昭和12年11月19日　閣議決定

大本營ト政府トノ連繫ニ關スル件

昭和十二年十一月十九日　閣議決定

大本營ト政府トノ連繫ニ關シテハ左ノ如ク取計ラヒ度

政戰兩略ノ一致ハ事變處理ノ爲最緊要ナルニ鑑ミ特ニ大本營ト政府トノ連繫ヲ緊密ナラシムル措置ヲ講スルヲ要ス而シテ之カ連繫ハ當然陸海軍大臣之ニ膺ルト雖政戰相關聯スル重要案件ニ就テハ所要ニ應シ關係閣僚ト統帥部首腦者トノ會談ヲ行ヒ特ニ緊急重大ナル事項ニ關シテハ御前會議ヲ奏請ス
~~~~~~

前者ノ會談ハ內閣總理大臣、陸軍大臣、海軍大臣其ノ他必要ナル閣僚、參謀總長及軍令部總長ヲ以テシ要スレハ臨時必要ノ者ヲ加フルヲ可トスヘシ
後者ノ　御前會議ニハ前記閣僚ト參謀總長、軍令部總長ノ外ニ所要ニ應シ　勅旨ニヨリ召サレタル者ヲ列セシメ且　御前會議ノ奏請ハ通常大本營側ト政府側ト協議ノ上總理大臣又ハ兩總長之ヲ行フコトトスルヲ可トスヘシ
前者ノ會談又ハ　御前會議其ノ他ニ關スル事務ハ內閣書記官長、陸海軍省兩軍務局長常ニ密接ニ連繫シテ之ヲ處理スルモノトス

180　昭和12年11月21日　参謀本部第二課作成の「南京政権ノ将來ニ關スル判斷（案）」

付　記　昭和十二年十月三十日、陸軍省軍務局軍務課作成
「事變長期ニ亙ル場合ノ處理要綱案」

一二、一一、二一　第二課

南京政權ノ將來ニ關スル判斷（案）

一、南京政權ハ現在和戰兩派ニ分レ蔣ハ心中和ヲ欲シアルモ對內統制上抗日抗戰ヲ標榜シアリ共產派及少壯抗日派ハ主戰側ニ屬シ又蔣一派及大局派ハ和平側ニ屬シ別ニ反蔣(付箋)派ノ存在アリテ兩者ノ間ニ交錯ス
而シテ和戰兩派ノ對立ハ時日ノ經過ニ伴ヒ對內苦境ノ增大ト共ニ益々深刻化スヘシ
二、南京政權ノ戰爭持久方策ハ英、蘇、米ノ協力ニ期待シ英ニ對シテハ廣東香港ヲ蘇ニ對シテハ新疆ヲ直接ノ連絡線トシ又米ニ對シテハ外交施策ニ依ルヘク更ニ長期持久ノ場合ニハ安南ヲ通スル連絡線ヲ考慮シアリ
三、講和ヘノ移行ハ左ノ方法ニ依ルナラン
イ、　蔣一派カ主戰派ヲ彈壓シテ行フモノ
ロ、　蔣ハ下野シ政權ヲ委讓セラレタル繼承者カ行フモノ
ハ、　反蔣派カ蔣政權ヲ倒壞(壊カ)シテ行フモノ
右何レノ場合ニモ主戰派（反中央政權派）ハ統制外ニ自立シ戰後ニ問題ヲ遺ス
而シテ自立政權領域ノ大小ハ講和政權ノ實力ニ依リ差異アルヘク自立派ノ掃滅ハ講和政權ノ擔任トナルモ日支共

同ノ關心タリ

四、持久ヲ企圖スルトキハ左ノ如キ方法ニ依ルナラン

イ、南方開放セラレアル場合ハ主トシテ之ニ依リテ補給シ持久戰ヲ繼續ス

ロ、南方遮斷セラルル場合ハ奥地ヲ保持シ主トシテ後方擾亂工作ニ依リ持久ス此ノ場合時日ノ經過ト共ニ赤化ノ傾向ヲ辿リ他政權ノ發生ト共ニ一地方政權ニ墮ス

ハ、蔣政權簒奪者ニ依リ持久ヲ强行ス此ノ場合ハ大規模ノ赤化ニ移行ス

右何レノ場合ニモ支那ハ分裂ノ形勢トナル是天下動亂ノ兆ナリ

五、現在ノ情勢ニ於テハ講和ヘノ移行（第三項）ノ公算多ク亦之ニ努ムヘキモノナリ

若シ我諸般ノ施策ニシテ機宜ヲ失シ時日ヲ遷延セハ一般ノ情勢持久（第四項）ニ陷ラン今ヤ其轉機ナリ

（付　箋）

意見　軍務課（川本印）

媾和ノ對照ハ寧ロ南京政府カ分裂スルヤ否ヤニ關スルモノニアラスシテ支那カ反省スルヤ否ヤニ存ス此見地ヨリ支那ノ現狀ヲ觀察スルニ今カ媾和ヲ斷行スヘキ絶好ノ時機ナリトハ斷言シ得ス

編　注　本文書および本文書付記は、参謀本部と軍務局の間で相互に検討されたものと思われる。

（付　記）

事變長期ニ亙ル場合ノ處理要綱案

昭和一二、一〇、三〇　軍務課

方　針

一、南京政府ニシテ遂ニ反省セス交渉ノ對象トスヘカラサルニ於テハ一地方ノ共産政權ト見做シ所有方法ヲ以テ之カ（付箋一）壞滅ヲ計ルト共ニ一方北支政權ヲ擴大强化シ更生新支那ノ中央政府タラシムル如ク指導シ併セテ此地域ニ於ケル産業ノ開發、貿易ノ促進、治安ノ恢復安定ヲ計リ以テ支那ノ更正ヲ北支ヨリ全支ニ及ホス如ク施策ス

要　領

一、右方針達成ノ爲軍事行動ハ最小限左記ノ如ク進捗セシム

1、韓復榘ノ態度ハ上海方面ノ作戰ノ進展ニヨリ漸次中央ヨリ離隔スルニ至ルモノト判斷セラル、モ然ラサル場合ニ於テハ少クモ濟南ヲ攻略シ山東工作ノ據點タラシム尚要スレハ一部ノ兵力ヲ以テ青島ヲ占領スルコトアルヘキヲ考慮ス

2、平漢線方面ニ於テハ主力ヲ以テ石家庄附近ニ集結シ平漢線沿線方面ヲ把握スルト共ニ山西工作ニ呼應セシム（付箋二）

3、山西方面ニ於テハ太原ヲ手中ニ收メ對山西工作ノ據點タラシム

4、察哈爾、綏遠、内蒙方面ハ軍ノ實力ト内蒙軍ノ利用、綏遠政權ノ招撫ニヨリ此等地方ヲ我權力下ニ置ク

5、上海方面ニ於テハ既定ノ方針ニヨリ速ニ上海周邊ノ支那軍ヲ撃攘シ南京トノ交通ヲ絕チ常熟蘇州及嘉興ノ線ヲ占領ス

福建方面ニ在リテハ狀況之ヲ許セハ厦門ヲ占領シテ對福建工作ノ根據タラシム

6、海上交通ノ遮斷支那要地特ニ粤漢線ノ爆撃ハ依然執拗ニ之ヲ續行此際爲シ得レハ戰時封鎖ニ準スル方法ヲ取ルコト、シ支那側戰力ト戰意ノ消耗ヲ期ス

7、北支五省ノ結成ヲ見ルニ到ラハ左記ノ如ク日本軍隊ヲ配置シ治安ノ維持ト人心ノ安定ニ任ス但シ其兵力ハ（付箋三）必要ノ最小限トスルモノトス

左記略ス

二、獨立政權ノ培養、指導

治安維持會聯合會ニヨル北支ノ統一的政務指導ハ日本軍勢力範圍内ニ於ケル後方治安維持ノ爲設定ヲ見タルモノナルモ支那側カ長期抵抗ヲ敢テスルニ於テハ北支ノ統一的政務指導ハ將來更生支那ノ中心トナルヘキ政權ノ基礎ヲ培養シ其發達ヲ助長ス

之カ爲採ルヘキ方策次ノ如シ

1、現北京、天津、冀東ヨリナル治安維持會聯合會ヲ擴大强化シ河北省内各地ノ治安維持會ヲ統合シ速ニ河北省ヲ代表シ得ル政權ヲ確立ス

2、察哈爾省ニ於テハ察南自治政府ヲシテ察哈爾省政府ニ發達セシム

3、山西省ニ於テハ政治工作ニヨリ成ル可ク速ニ全省統一政權ノ樹立ヲ計ルモ差當リ既設晋北自治政府竝太原

附近ニ設置セラルヘキ治安維持會ヲ指導シ山西省代表政治機關ヲ成立セシム
4、綏遠省ハ内蒙新政權ニ合流セシム此際特ニ漢蒙兩民族ノ融合ニ關シ特別ノ考慮ヲ拂フ
5、山東方面ニ對シテハ努メテ政治工作ニヨリ反南京ノ獨立政權ノ樹立ヲ企圖ス
6、右河北(冀東ヲ含ム)、山東、山西、察哈爾ノ各獨立政權ノ樹立ヲ見レハ此等北支五省ノ聯合ヲ策シ漸次連省自治ノ形態ニ進マシム
此際政府要人ノ選任ニハ特ニ意ヲ用ヒ地方的ニ偏セス有爲ノ士ハ廣ク之ヲ全支ニ求ム
(終局ニ於テハ軍事、外交、財政ヲ連省政府ニ於テ掌握ス)
7、爾後中、南支ニ呼ヒカケ聯省政府ニ對スル合流ヲ策スルト共ニ逐次支那中央政府ニ代ルヘキ政府タラシムル如ク指導ス
8、中南支方面ニ對スル施策ニ關シテハ別途研究ス
三、治安維持
1、治安維持ノ爲警察竝保安隊ヲ設置スルモ成ル可ク其ノ數ヲ限定シ其ノ素質ヲ優良ナラシムルノ主義ヲトル
2、右指導ノ爲要スレハ日本人顧問ヲ配スルモ力メテ其ノ數ヲ制限シ成ル可ク中央官衙ニ限ル
3、當政權ニハ當分ノ間正規軍ヲ設置セサルモノトス
四、對滿蒙關係ノ調整
A、對滿關係
1、諸般ノ關係ニ於テ新政權ヲ援助スル如ク指導スルモ北支政權乃至民衆ヲシテ滿洲國ノ政治的又ハ領土的野心ト認メラル、如キ行動ハ嚴ニ之ヲ愼マシム
2、北支新政權ノ發達ニ伴ヒ其ノ權威ヲ高メ滿洲國ノ理解ヲ十分ナラシムル爲相互ノ間ヲ律スヘキ條約乃至取極メヲ結ハシムル如ク指導シ要スレハ代表ヲ交換ス
終局ニ於テ日、滿、北支、内蒙間ニ防共、軍事協定ヲ締結スル如ク指導スヘキモ其ノ時期ハ過早ナラサルヲ要ス
3、滿洲國ト北支トノ交通貿易關係ヲ密接ナラシムル如ク指導ス
B、對蒙關係
1、内蒙ニ於ケル自治政府ノ發達ニ伴ヒ南京政府ニ對シ

テハ常ニ北支政権ト其ノ態度ヲ共ニシ協同動作ニ出テシムル如ク指導ス

2、日本ノ實力北支、內蒙ニ伸暢セル機會ヲ利用シ帝國ノ仲介斡旋ニヨリ永年ノ問題タル漢蒙關係ノ根本的解決ヲ計ル殊ニ兩者勢力ノ錯雜セル綏遠省竝綏東地區ノ公平妥當ナル解決ヲ期ス

右施策ノ著眼ハ蒙古民族ノ團結ト依日ノ氣運ヲ起サシムルト共ニ其經濟的獨立ノ道ヲ講シ以テ强固ナル防共地帶ノ設定ニ資ス、又漢民族ニ對シテハ蒙古民族ノ生存ヲ脅威セサル範圍ニ於テ其ノ發展ノ途ヲ開ク如ク協定セシム

3、內蒙政權ト北支政權トノ關係ハ北支政權發達ノ狀況ニヨリ差異アルヘキモ當初北支五省ノ範圍ニ於テハ友好關係ニアル對等ノ政權トシテ指導スルモ將來北支政權ノ發展ヲ豫期シ得ルニ到ラハ其ノ宗主權下ニ特別區トシテ發達セシムル如ク指導ス

4、滿洲國ハ內蒙政權ニ對シテ形而上下ニ於ケル熱烈ナル援助ニヨリ其ノ不可分關係ノ樹立ニ努メ要スレハ其ノ關係ヲ律スヘキ協定ヲ結ヒ代表ノ交換ヲ行ハシム

5、滿蒙、北支蒙古間ノ交通、貿易ノ發達ヲ計ルト共ニ蒙古民族ノ文化向上ニ協力ス

6、日、滿、內蒙、北支間ニ於ケル防共、軍事協定ノ締結ニ關シテハ對滿關係ニ述ヘタルト同様ナルモ內蒙ト日滿トハ要スレハ北支ニ先ンジ防共、軍事協定ヲ締結スルヲ妨ケス

五、經濟竝ニ文化工作ニ就テ

北支ニ於テハ成ル可ク速ニ左記著意ノ下ニ經濟工作ヲ開始シ時日經過ト共ニ北支ノ獨立性ト日滿支依存關係ノ强化ヲ計ル(付箋四)

1、差當リ戰禍、水災ニヨル窮民救濟ノ資ニ供シ得ルカ如キ經濟工作ヲ行ヒ收攬ニ努ム

2、帝國ノ現況ニ卽シ當初ハ成ル可ク資金ヲ要セスシテ民衆ノ利益トナルカ如キ工作、例ヘハ鹽田開發、棉花工作等ヲ行ヒ逐次鑛工業ニ及ホスカ如キ順序ヲ採ル

3、日、滿、北支ヲシテ眞ニ一經濟「ブロック」トシテノ依存關係ヲ絕對化シ三者ヲシテ分離シ得サルカ如キ狀態ニ立到ラシム

4、北支ノ經濟工作ハ支那資本要スレハ外國資本ノ導入

ヲ計リ日本獨占ノ思想ヲ排除ス
但シ日滿ノ產業トノ調和ヲ計リ相互撞着ナカラシムル如ク指導ス
5、北支金融ヲシテ日滿ニ依存セシメ且南京政府ト分離獨立シ得ル金融組織ヲ採ラシム之カ爲天津、青島、秦皇島、芝罘、龍口、威海衞ノ海關ハ之ヲ接收ス但シ外債擔保部分ハ之レヲ保留セシム
6、北支政權ヲシテ日本軍駐屯費ノ一部ヲ分擔セシムル如ク指導ス
7、北支ト中南支トノ貿易關係ヲ杜絕セシム但シ中南支ニ於ケル親日政權ニ屬スル區域ニ對シテハ此ノ限リニアラス
8、文化工作ニ當リテハ徒ラニ賣恩的工作ヲ警メ支那在來ノ風俗習慣ヲ尊重シ支那人ヲシテ自ラ充分活躍セシムル如ク指導ス
六、引上ケ居留民ノ處理
事變長期ニ亘ル場合ニ於テハ引上居留民ノ處理ヲ適當ナラシムルコト必要ニシテ海外發展ノ第一線ニ立チアリシ日本臣民ヲ虐待シ且無爲ニ終ラシムルカ如キコトナキ様措置スルコト必要ナリ之カ爲採ルヘキ方策左ノ如シ
1、衣食ニ窮スル引上ケ居留民ノ救恤ニ關シ國家トシテ速ニ有效適切ナル手段ヲ講シ外務省內ニ此等ノ世話ヲナス一委員會ヲ設立ス
2、北支ニ在リシ居留民ヲシテ復歸セシムルト共ニ山東殊ニ青島ハ各種ノ手段ヲ盡シ狀況許スニ到ラハ速ニ復歸セシム
3、長江沿岸奧地引上者ニシテ當分復歸ノ望ナキ者ニ對シテハ上海及北支ニ各一機關ヲ設ケテ優先的ニ就職斡旋ノ道ヲ講セシム
4、南支方面ヨリ臺灣ニ引上ケアル者ハ各種ノ手段ヲ盡シ成ル可ク速ニ局地的ニ復歸セシムル如ク指導スルモ要スレハ就職斡旋ノ機關ヲ臺北ニ設置ス

（付箋一）
大体異存無之
細部ハ別紙情勢判斷御參照被下度　晴氣
川本中佐殿
（付箋二）

黄河以北ノ肅清ヲ必要トス

(付箋三)

速カニ先ツ北支ヲ中心トスル中央政府ヲ設立シ次イテ其下ニ各地方政府(省政府)ヲ樹立セシムル如ク指導スルヲ要ス但治安維持會ハ其本來ノ性質上省政府等ニ發展セシムルコト困難ナルヘシ

(付箋四)

經濟工作ハ南京ニ對シテハ凡有攪亂工作ヲ講シ以テ長期抵抗ヲ不可能ナラシムルノ方策ヲ採ルト共ニ北支、上海ニ對シテハ資源ノ開發竝經濟復興ニ努メ以テ我戰力保持ノ資ニ供スルヲ要ス

181　昭和12年11月24日　在張家口中根総領事代理より広田外務大臣宛(電報)

蒙疆連合委員会成立について

付　記　昭和十二年十一月二十二日
蒙疆連合委員会の設立宣言

第二五四號

張家口　11月24日後発
本　省　11月24日夜着

察南・普《晋カ》北・蒙古三自治政府ノ指導統制ヲ計ル爲廿二日當地ニ於テ三政權代表(蒙古側察哈爾盟長卓圖巴札布・察南側最高委員于品卿・普《晋カ》北側最高委員夏恭)ノ間ニ蒙疆聯合委員會ニ關スル協定ノ調印ヲ了シ卽日成立セルカ同委員會ハ總務委員會及產業、金融、交通ノ三專門委員會ヨリ成リ三政權ハ共通ノ重要政務ニ付其ノ權能ノ一部ヲ之ニ移讓スルモノニシテ蒙古側三名、察普《晋カ》各二名、計七名ノ代表委員ヲ以テ構成スル總務委員會ノ委員長(當分缺員トシ最高顧問金井章治其ノ職務ヲ代行ス)聯合委員會ノ名ニ於テ命令ヲ發シ政治ヲ執行スルコトトナリ居レリ(協定文其ノ他郵報)

尙同日三政權ノ連帶債務(各百萬元宛分擔)トシ滿洲中央銀行ヨリ三百萬元借款(期限五箇年、年利五分)ノ形ニテ「クレヂツト」ヲ設定シ資本金一千二百萬元(四分ノ一拂込)ノ蒙疆銀行ヲ設定スルト共ニ察南銀行ハ之ト合併スルコトトナレルカ總裁ハ當分缺員トシ副總裁ニハ察南副總裁山田シゲシ就任スル趣ナリ

北平、天津、上海ヘ轉電セリ

（付　記）

蒙疆聯合委員會設立宣言

一二、一一、二二

暴戻なる南京政府竝に軍閥の羈絆を脱し、敢然起つて東亞永遠の平和確立の大旆を掲け相次いで設立を見たる我か察南自治政府、晋北自治政府、蒙古聯盟自治政府は、相互の善隣關係を促進し各政府共同の目的たる防共、民族協和、竝に民生向上の實現に向つて邁進する爲、玆に相計りて本日を期し蒙疆聯合委員會を設立し以て相互に利害休戚を同ふし偕に相關聯する重要事項に關し緊密なる協議統制を加へ以て各自政府の協力に依り蒙疆方面七百萬人の人心安定を圖り本地方一帯をして明朗一點の曇りなき樂土たらしめんことを期す、聯合委員會の設立に當り右宣言す

成吉思汗紀元七百三十二年十一月二十二日

蒙疆聯合委員會

182

昭和12年12月7日　在本邦ディルクセン独国大使より広田外務大臣宛

日本政府の和平条件に対する蔣介石回答を仲介伝達した独国覚書

付　記　昭和十二年十二月三日、海軍軍令部が傍受した十二月二日発孔祥熙行政院副院長より在米国王正廷中国大使宛電報

在中国独国大使が提出した日本の講和条件について

†日支事變媾和斡旋ニ關シ駐日獨逸大使ヨリ廣田外務大臣ニ手交セシ通牒

日本外務大臣ハ十一月二日駐日獨逸大使ニ對シ日支事變媾和交渉ノ爲ノ基本原則トシテ當時日本政府部内ニ於テ專ラ行ハレアリタル考案トシテ左ノ諸項ヲ示サレタリ

一、内蒙古民族ハ自治政府ヲ樹立ス其國際的地位ニ關シテハ外蒙ニ同シ

二、北支ニ於テハ滿洲國國境ヨリ南方天津北平ニ亘ル間ニ非武裝地帶ヲ設定シ支那警察隊之カ治安維持ニ當ル

直チニ平和成立ノ場合ニ於テハ北支全行政權ハ南京政府ノ手ニ存スルモ此場合ニハ日本ハ行政長官トシテ親日的人物ヲ希求ス

又若シ直チニ平和成立ヲ見サル時ハ新行政機構ヲ創設ス

ルノ必要アリ

新機關ハ平和締結後ト雖其機能ヲ繼續ス

經濟問題ニ關シテハ事變勃發前交渉中ナリシ鑛産權利讓(與欠カ)ニ關シ日本ニ滿足ナル結果ヲ生スヘシ

三、上海ハ非武裝地帶ヲ擴大シ國際警察隊ヲ設ケテ之ヲ管理ス

其他ニ關シテハ變更ヲ加フル企圖ヲ有セス

四、日本ハ抗日政策ノ廢止ヲ要求ス右ハ一九三五年ノ南京交渉ニ同シ

五、共産主義ニ對シ協同シテ戰フ

但右ハ「ソ」支不侵略條約ヲ(ママ)抵觸セス

六、日貨ニ對スル海關税ヲ低減ス

七、外國ノ權利ヲ尊重ス

右ノ諸件ハ獨逸政府ニ通達セラル同政府ハ駐支同國大使「トラウトマン」ヲシテ十一月六日蔣介石ニ傳ヘシメタリ

蔣介石ハ之ニ對シテ左ノ如ク回答セリ

日本カ事變前ノ情態ニ復歸スルノ用意ヲ有スルニ非スンハ支那政府ハ如何ナル日本側ノ要求ヲモ受諾シ能ハス勿論日本ノ要求事項ノ若干ニ就テ交渉スルコト必スシモ不可能ニアラサルモ右ハ日本カ事變前ノ情態ニ復歸シタル後ノコトナリ

加之支那ハ目下「ブラッセル」ニ於テ列強ト協力中ナルヲ以テ支那トシテ是等ニ關スル公式攝(接カ)受ハ困難ナリ

十一月二十日頃駐日獨逸大使ハ廣田外相其他トノ談話ニヨリ此際獨逸政府カ更ニ平和空氣ヲ打診スルコトハ日本ニ於テ歡迎セラルヘキコト

日本ノ平和條件ノ主要條項ハ前ノモノニ同シカルヘキコト

又北支ニハ未タ新機構發生シアラサルヲ以テ北支ノ自治ハ要求セラレサルヘキコト等ニ關スル印象ヲ得之ヲ獨逸政府ニ報告セリ

「トラウトマン」大使ハ十二月二日蔣介石ト會見ス蔣ハ「ト」ニ對シ日本ノ要求ハ前ト同樣ナリヤト尋ネタルニ對シ「ト」ハ主要條項ハ變化ナキ旨答ヘタリ

蔣曰ク

一、支那ハ媾和交渉ノ一基礎トシテ日本ノ要求ヲ受諾ス

二、北支ノ宗主權、領土保全權、行政權ニ變更ヲ加フヘカラサルコト

三、獨逸ハ當初ヨリ媾和交渉ノ調停者トシテ行動スヘキコ

ト

四、支那カ列國トノ間ニ締結セラレタル條約ハ媾和交渉ニ依リ影響ヲ受ケサルコト

終リニ於テ蔣ハ曰ク

支那ハ協調的精神ヲ以テ日本ノ要求ヲ討議シ諒觸《（解カ）》ニ達スル用意アリ日本ヨリモ同様ノモノヲ期待ス

ト述ヘ停戰ニ關シテハ

本宣言カ日本政府ニ傳達セラレタル後且日本政府ノ承認ヲ經タル後ニ於テ「ヒツトラー」總統ヨリ東京竝南京ニ對シ敵對行爲ヲ終媳《（熄カ）》スヘキ公式竝嚴肅ナル「アッピール」アリテ之ヲ行フヘキコトニ同意セリ

「トラウトマン」大使ハ前記蔣ノ申出ノ第三項ニ關シ獨逸カ媾和交渉ノ調停者タルカ如キハ以テノ外ニシテ獨逸ハ唯兩者接近ノ斡旋テ《（ヲカ）》ナスニ止ル旨述ヘタルトコロ蔣ハ之ヲ諦メタリ

編注一　本文書の原文は見当たらない。

二　石射東亜局長の回想（昭和十九年五月十九日付覚書、外務省外交史料館所蔵）によれば、十二月七日の独国大使通牒に接した広田外相は、「右同答ニ基キ帝國政府ノ方針ヲ決定セントセル處當時ハ我國內ニ於テモ既ニ大本營政府聯絡會議開催セラレ居リ支那ニ於テモ南京陥落シ居リテ內外一般ノ形勢ニモ變化アリ、順序トシテモ右方針ヲ一應大本營政府聯絡會議ノ承認ヲ求メサルヘカラサルコトトナリ居リタルニ付石射東亞局長ヨリ町尻陸軍軍務局長　（井上欠カ）　海軍軍務局長ニ相談シ前記ノ方針ヲ　月《（ママ）》　日聯絡會議ニ於テ審議ノ爲提出セリ聯絡會議ニハ近衛首相杉山陸相米內海相末次內相廣田外相賀屋藏相出席アリ多田參謀次長古賀軍令部次長等モ出席シ石射東亞局長ヨリ詳細説明シ此ノ上條件ヲ附加スルコトアラハ到底國民政府ノ承諾スル見込ナキ旨力説セリ然ルニ新ニ加ハリタル末次內相ハ最强硬ニ反對シ沿岸ニ海軍根據地ヲ求ムルコト賠償ヲ求ムルコト北支ノ特殊地帯ヲ求メ上海方面ニ非武裝地帯ヲ設定シ滿洲國ヲ承認スルコト等條件ハ頗ル强硬ナルモノトナリタリ米內海相古賀次長等ハ之レニ反對シタルモ大勢ニ押サレテ廣田外相モ亦自カラ筆ヲ執リテ原案ニ加筆スル等ノコトアリテ遂ニ强硬説カ勝ヲ制シ之ヲ傳達スルコ

トトナリ然モ日限ヲ二週間ニ限ルコトトセリ、獨逸大使ニ於テハ之レハ伯林ニ請訓シ更ニ在支トラウトマン大使ニ訓令ヲ要スル次第ナルニツキ到底二週間ニテハ回答ヲ期待シ得サルヘシトノ見込ナリシニ付年末迄回答ヲ期待スル旨附言シテ國民政府ニ傳達方ヲ依頼セリ」との経過をたどったと言う。

（付　記）

昭和十二年十二月三日

軍令部第十一課

十二月三日〇九五五東京傍受
十二月二日二一四五　發信
發漢口孔祥熙
宛駐華盛頓支那大使

日本ヨリ獨大使ニ託シ提起セル媾和條件

親展
先月五日獨國大使來訪左ノ日本ノ和議條件七ヶ條ヲ提セリ
一、支那主權下ニアル內蒙自治ノ地位ヲ外蒙ト同等ニス
二、滿〇?ニ沿ヒ平津以南一帶ニ非戰區域ヲ設定シ―（五字不明）―北支行政ハ支那全權ニヨリ之ヲ處理ス而シテ該區ノ最高長官ノ人選ハ對日理解者タルヲ要ス
目下ノ情勢ニ於テ〇?セハ和議ノ成立ハ可能ナルモ北支ニハ必ス新政府ヲ設置シ該政府ハ其ノ成立後戰爭前ニ於ケル礦產ノ權利讓與等。ノ交涉事件ニ關シ滿足ナル結果ヲ具フル樣繼續商議ヲ行フヘシ
三、上海ハ非戰區ヲ擴大シ國際警察ニヨリ之ヲ管理ス、其ノ變更ハナシ
四、排日政策ヲ停止シ一九三五年日本提出ノ條件ヲ接受スルコト
五、共同防共
六、日貨ノ輸入稅ヲ低減ス
七、外人ノ權利ヲ尊重ス等
支那ハ當時九國會議ニ際シ日本ノ提議ハ之ヲ受理スル能ハストシテ婉曲ニ獨國ノ好意ヲ謝絕シタリ然ルニ「ブラッセル」會議失敗ニ歸シ軍事亦利アラス、國聯ハ切實ニ我ヲ援助スル?。ノ。辦法ヲ講セサル以上國手?ト雖モ起死回生ノ道ナシ日本ハ昨日又獨國大使ニ託シテ重ネテ調停ヲ提起シ來レリ、而シテ停戰媾和ノ條件ハ依然前案ニ根據。セリ

貴兄ノ觀察ニヨリ近來歐米ノ日支問題ニ對スル趨勢如何、切實ニ我ヲ援助セントスル○○アリヤ否ヤ
停戰交渉提議ニ對シ我ハ之ヲ接受スヘキヤ否ヤ右詳細御電示相成度
以上ノ述フル所ハ極祕ニシテ國ノ内外人ヲ問ハス之ヲ知ルモノナシ
此ノ國家緊急關頭ニ際シ特ニ密電シ以テ參考ニ供ス祕密ヲ守ラレ度
御高見アラハ密報ヲ乞フ

183　昭和12年12月8日　大谷（尊由）拓務大臣より広田外務大臣宛

事変解決方針に関する拓務省意見の送付について

官文第九五九號　（12月9日接受）

昭和十二年十二月八日

拓務大臣　大谷　尊由（印）

外務大臣　廣田　弘毅殿

對支方策ニ關スル件

首題ノ件ニ關シ意見書瀧企畫院總裁宛提出致置キタル處別紙寫御參考迄及送付候也

（別　紙）

對支方策

我對支軍事行動着々進捗シ首都南京ノ攻略既ニ目捷ノ間ニ迫ル從ツテ此際急速ニ對支根本方策ヲ決定シ之レヲ實施スルヲ要ス

一、對支根本方策

(1)東洋永遠ノ平和確立ヲ目標トス

(2)蔣政權ノ如何ニ關ラズ左ノ地域ニ駐兵ス

(イ)北支方面ニ於テハ現占據地域（狀況ニヨリ之レヲ擴大スルモ可ナリ）ニ駐兵ス

(ロ)南京ヨリ大湖ヲ經テ嘉興（松江）ニ至ル線ト揚子江トノ間ノ地域ヲ保證占領ス

但シ上海ニハ特別市制ヲ布ク

(3)北京ヲ聯省自治政府ノ所在地タラシム

二、對支政治、行政ノ根本方針

(1)支那民衆ノ經濟力ヲ復興シ其生活及文化ノ向上ヲ圖ル

(2)支那新中央政權ニ帝國ヨリ最高指導機關ヲ特派ス（特

派大使トスルモ可ナリ）
(3)諸施設ハ支那ノ民情ニ卽セシム
三、支那ノ政治、行政機構
(1)支那中央政權竝ニ地方政權ノ樹立
(イ)北京ニ聯省自治政府ヲ樹立セシメ各省自治政府ヲ統轄セシム
(ロ)我占據地域ハ勿論其他ノ各地方ニ於テモ自治政府ヲ組織セシム
(ハ)行政權運用ノ形式ハ從來ノ制度ヲ重ジ急激ナル改變ヲ加ヘズ民情ニ卽セシム
(2)帝國ト支那中央政權トノ聯繫
(イ)國防、外交及重要ナル經濟政策ニ關シテハ帝國ト協同處理ノ方途ヲ講ズ
(ロ)聯省自治政府所在地ニ帝國ヨリ其最高指導機關ヲ派シ前號ノ處斷ニ當ラシム
(ハ)最高指導機關ニハ文武ノ幕僚ヲ附屬セシム
(ニ)各省自治政府ニ邦人顧問ヲ置ク
(ホ)最高指導機關ハ各省自治政府顧問ヲ統轄ス
四、支那經濟開發

(1)根本方針
(イ)日、滿、支、經濟「ブロック」ノ强化ヲ期ス
(ロ)北支、中支、南支ノ地區ニ大別シ各々其特殊事情ニ應ジ方針ヲ定ム
(ハ)軍事上及交通上特ニ必要ナルモノ竝ニ日滿支經濟「ブロック」構成ニ特ニ必要ナルモノ以外ノ經濟開發ニ就テハ門戸解《(開カ)》放主義ヲ採ル
(ニ)此際特ニ支那側資本及米國資本ノ導入ヲ企圖ス
(註)米國ニ對シテハ導匯借款事業ノ復活、水利事業ノ開發等ニ當ラシム
(2)具體的措置
(イ)北支及中支經濟開發ノ綜合中樞機關トシテ一大國策會社ヲ新ニ設立ス
(ロ)南支ニ對シテハ臺灣拓殖株式會社ヲシテ之レニ當ラシム
(ハ)國策會社ハ日本政府ノ監督ヲ受クル特殊會社トシ投資竝ニ事業ノ統制及特殊事業ノ經營ニ當ルモノトス
(ニ)聯省自治政府最高指導機關ハ右特殊會社ニ對シテモ指導ノ任ニ當ルモノトス

(ホ)各種産業部門ニ於ケル具體的事業ニ關シテハ右國策會社トノ密接ナル聯絡ノ下ニ日本産業資本ノ進出ヲ勸奬シ各々其特殊技能ヲ充分利用セシムルト共ニ地元資本ノ活動ヲモ促進セシムル様措置スルモノトス

(ヘ)國防産業及交通ニ對スル外國人ノ權益ハ漸ヲ逐フテ之レガ回收ヲ圖ルコトヲ要スルモ其他ノ一般産業ニ對シテハ友邦諸國ノ既得權益ハ充分之ヲ尊重スルト共ニ我國ノ指導權確保ニ支障ヲ生ゼザル限界ニ於テ之等諸國ノ新規投資ヲ認ムルモノトス

(ト)金融機關ノ整備改善ヲ圖ル爲メ(一)發券銀行ヲ整理統一シ聯省中央銀行ノ速ナル實現ヲ圖リ(二)農村金融ノ確立ヲ期スル爲メ合作社ノ普及發達ヲ助成スル等ノ方策ヲ講ズルモノトス

(チ)交通、運輸施設整備ノ爲メ、鐵道道路ノ建設、改修、港灣ノ修築、自働車、航空及沿岸、內水航路ノ諸施設ノ充實ヲ圖ルモノトス

(之等ノ施設ハ各地域ノ特殊性ニ應ジ南滿洲鐵道株式會社、航空運輸株式會社、日清汽船株式會社等ノ既設ノ同種會社ヲシテ特ニ代行セシムルヲ適當トスルコトアルベシ)

(リ)農業(開拓事業ヲ含ム)、鑛業、鹽業、工業、水利、動力事業等ニ關シテハ支那民衆ノ經濟力復興ノ爲メ極力之レガ開發ヲ圖ルト共ニ我國重要資源確保ノ見地ヨリ適當ナル措置ヲ講ズルモノトス

(ヌ)聯省自治政府ノ收入タルベキ關稅、鹽稅ニ關シテハ外國借款ノ擔保ヲ保證スルト共ニ聯省自治政府ノ收入ヲ確保スル爲メ之レヲ整理スルモノトス

特ニ關稅ニ關シテハ日、支貿易ノ調整ヲ圖ル爲メ適當ニ措置スルモノトス

五、文化事業

(1)現在ノ支那各地方ニ於ケル小學校ヲ基礎トシ中等程度ノ教育指導ヲ目標トシ計畫實施ス

(2)女子教育普及ノタメ充分ノ施設ヲ講ズルモノトス

(3)醫學、實業、自然科學ヲ主トスル大學教育ヲ起ス

(4)日支兩國民族ノ國民性ヲ相互ニ理解セシムル如キ文化運動、東洋文化復興運動ヲ起ス

(終)

184　昭和12年12月10日　在上海岡本総領事より広田外務大臣宛(電報)

南京城内の中国軍に対する松井司令官の投降勧告を伝える中国紙報道振り報告

上　海　12月10日後発
本　省　12月10日夜着

第二五八九號

十日漢字紙ハ南京城内ハ各所ニ火災起リ棲霞、湯山、大校飛行場ハ占據セラレ光華門突破セラレタルモ支那軍ハ尙之ヲ堅守ス等報シ松井軍司令官ヨリ唐生智ニ對シ本十日正午ヲ限リ投降ヲ勸告セルコト又我方ヨリ南京在留ノ外國人ニ退去勸告ヲ通報セルコトモ載セ外交部發言人カ蔣介石ハ此ノ國家危急ノ秋ニ全國領導ノ責任ヲ抛棄セス難局擔當ノ決心ヲ有スト語リ蔣ノ下野ヲ否認セルコト及孔祥熙モ同樣蔣介石ノ外遊說ヲ否認セルコト等ヲ漢口國民社電報ニテ報シ又國民政府ハ軍政府組織トナリ朱、毛、彭等ハ政府部內重要分子トナルヘシトノ路透消息ヲ特報シ居レリ

尙伊太利カ本週中ニハ聯盟ヲ脫退スヘシトノ外電ヲ大キク掲ケ大公報短評ハ右ハ滿洲國承認ト關係アリ聯盟脫退ノ日獨伊各國ノ結成ハ注目ニ値スト述ヘタリ

北平、天津へ轉電セリ

185　昭和12年12月14日

南京陥落に際しての近衛総理談話

南京陷落ノ際ニ於ケル首相談(十二月十四日)

サシモノ南京カカクノ如ク早ク陷落シタコトハ、寧ロ意外ナ程テ是偏ヘニ　陛下ノ御稜威ノ然ラシムル所テアルカ又我陸海軍ノ忠勇ノ致ストコロ國民擧リテ感謝スル次第テアル、殊ニ戰傷死者ニ對シテハ捧クヘキ言葉ヲ知ラナイ、本事變ノ當初ニオイテ、日本ハ出來ルタケ不擴大解決ノ方針ヲ執ツタノテ戰略的ニハソレタケ日本ニ不利テアツタ、ソレニモ拘ラス僅カ數ケ月ニシテ北ハ黃河以北ノ大地域ヲ席巻シ南ハ江南一帶ノ要塞地帶ヲ擊破シタ皇軍ノ實力ニツイテハ、事實カ雄辯ニ語ツテ剩ストコロハナイト思フ、獨リ日本軍隊ノミナラス、總シテ今日ノ日本ノ實力ニ對スル測量違ヒカ、南京政府ノ致命的錯覺テアツタ、自分ハ支那カコノ點ニ關スル從來ノ誤謬ヲ訂正シ、コノ上無用ナル抵抗

ヲ止ムヘキテアルト思フ、諸外國モ亦東亞ノ安定力タル日本ノ地位ヲ正シク認識スルニ相違ナイ、但シ支那ノ軍隊モ僅カニ强クナツタ、アレタケノ軍隊ヲ本來ノ使命ノタメニ使ハス、見當外レノ方向ニ使用シタノハ呉々モ殘念テアツテ、コレハ全ク支那指導者ノ責任トイハネハナラヌ、イハユル本正シウシテ末成ルテ、國民政府カ排日ヲ前提トシテ支那ノ民族主義ヲ動員シタコトカ九仞ノ功ヲ一簣ニ缺クノ結果ヲ招イタノテアル。

ワレワレハ今日マテ一貫シテ支那カコノ點ニ猛反省ヲ加ヘ飜然トシテ日支提携ノ大道ニ還ランコトヲ求メタ、松井最高指揮官ノ最後ノ投降勸告モコノ已ムヲ得サル苦衷ニ出テタノテアル、コレニ對シ一顧モ與ヘナカツタノテ總攻擊ヲ敢行スル外ナカツタノテアル、南京陷落ノ報ニ接シテ、ワレワレハ當然ノ勝利ニ喜フ前ニ、同文同種五億民衆ノ立場ニ立ツテ彼等ノ救フヘカラサル迷妄ヲ悲シマサルヲ得ナイ。頻リニ南京死守ヲ豪語シタ蔣介石ハ逸早ク脫出シ、今猶長期抵抗ヲ呼號シテヰルカ、近代戰爭ハ軍事ノミナラス產業ソノ他ノ全般ニワタル國家總動員ノ體制ノ上ニ行ハレル、所謂「ゲリラ」戰術ノ效果ヲ期待スルナトトイフノハ例ニヨツテ共產黨ノ術中ニ陷ルハカリテアル。

國民政府ハ外交的ニモ實力行動ニオイテモ、排日ノ極限ヲ盡シタ、シカモソノ結果ニ對シテハ責任ヲトラス、首都ヲ棄テ、政府ヲ分散シ今ヤ一箇ノ地方軍閥ニ轉落シツツアル今日、猶毫末モ反省ノ色ナキコト明白ナルニ到リテハワレワレモ改メテ考ヘ直ス外ハナイ、蓋シ日本ハ抗日政權ト軍隊トニ對シテハ飽マテ膺懲ノ手ヲ緩メヌカ、支那一般民衆ノ生活ニ對シテハ關心ナキヲ得ナイ、凡ソ人民ノアルトコロ政府無キ能ハス、ソノ政府タルヤ實體アルモノテナケレハナラヌ、然ルニ北京、天津、南京、上海ノ四大都市ヲ放棄シタ國民政府ナルモノハ實體ナキ影ニ等シイ然ラハ國民政府崩壞ノ後ヲウケテ方向ノ正シイ新政權ノ發生スル場合ハ、日本ハコレト共ニ共存共榮具體的方策ヲ講スル外ナクナルテアラウ、今次事變ニオイテ不慮ノ戰禍カ友好的ナル第三國人ノ生命財產ニ及ンタコトハ同情ニ堪ヘナイ。

思フニ今ヤ世界ハ一箇ノ變革期ニアル、コノ世界ノ時運ヲ正解スルモノナラハ親日的基礎ノ上ニオイテノミ支那ノ國家組織ハ成功スルモノテアリ、マタカカル新支那ノ出現ニヨツテ、歐米諸國ノ東洋ニオケル利益ハ初メテ安全テアルコトヲ疑ハナイテアラウ、支那事變ハ東亞ニオケル一箇ノ悲劇テアルカ、コノ種ノ悲劇ヲ繰リ返サヌタメニハ、コノ際日本ハ根本的手術ヲ回避シテハナラヌ、南京陷落ハコノ意味カライヘハ全般的ナ支那問題ノ序幕テアツテ、眞ノ持久戰ハコレカラ始マルト覺悟セネハナラヌ、コノ際內治外交百般ニ亘リ國民諸君ニ一層ノ御奮闘ヲ御願ヒシタイ。

編　注　本文書は、昭和十二年十二月、情報部作成「支那事變關係公表集（第二號）」から抜粋。

186　昭和12年12月14日

中華民国臨時政府の樹立宣言

中華民國臨時政府宣言

一二、一二、一四

國民黨政柄を竊據して民衆を瞞罔する事十有餘年災禍洊りに臻り稅劍苛細、內に民生を剝奪して虐政相踵き時に大地日に崩れ反復して共黨を容納す、倒行逆施して、社稷の將に顚覆する事を顧みす、猶且恬として恥を知らす、共黨の睡餘を拾ひて「黨權は一切の上にあり」の邪說を唱へ國家を私す、遂に釁を隣邦に構へ同種相食む、口に焦土抗戰を呼號するも百戰百敗、數月を經すして國都を喪ひ省市の半數を喪ふ、夫れ既に內容の朽腐を知らは何すれそ輕卒に干戈を動かす又既に戰備十年にして如何して斯くも脆きや、頻年國防を名に託して消耗せし金錢幾十億に達するや測り知るへからす、若し正途に用ふれは斯かる摧枯拉朽に至らさるへし、而かも其の大部分を着服せしは審核を俟たすして明かなり、彼等は廉潔を標榜すれと實は金を外國に運ひ名を化して貯金となしある事公然の祕密なり、又正義に廉恥を偶道するも魑魅魍魎白晝公然として出て要路を盤踞し綱紀を蕩然せしめ加ふるに公論を撲滅し黑白を顚倒し廣く狂犬を飼ひ正人を狙殺せし事十有餘年來の事實たり、今や首都既に喪ひて愴徨として逃遁し自ら收拾すること能はす、同胞の生命何處にか託せんや

茲に同人相謀りて中華民國二十六年十二月二十六日北京に於て臨時政府を樹立す、志は民主國家を回復し汚穢なる黨治を洗滌するにあり、絕對に共產主義を排除するにあり、東亞の道義を發揚し世界友邦との敦睦を厚うするにあり、

産業を開發し民生を向上するにあり、權責を制定し中外相安んせしむるにあり、凡て從前政府の對外事務にして既に國民に公にしたるものは吾人之に代りて一切の義務を負ふ、萬惡の國民政府宜しく容共の非を悟り民衆を瞞せし罪を謝し又引咎下野して人民に政權を還すへし、若し頑として大言壯語なほ止めすして其の罪を掩はんか陸沈の禍は形容すへからさるものあり、以上の如く國民黨の政策悉く誤れるも國民黨中にも老成碩望の士に乏しからす、吾等と同し心理を有する者あり、吾人は初めより區域分別の見解を有せす諸公光臨せられなは共に大局支持に當らんとす要するに東亞の同志なるか故に決して一率に排斥するの意なし、天下は公器なるを以て一黨一派の壟斷を許さす、區々たる心は天日に誓ふへし、同人は世變に飽經し垂暮の年にて何等の企圖なし、但し中國人として駔儈の手により祖國の斷せらるるを見るに忍ひす故に暫し立ち上りて大難を冒して其の所信を遂行するものなり、然し將來に於て國家の政治軌道に復歸すれは吾等は相携へて鄕里に歸るへし

茲に宣言す

中華民國二十六年十二月十四日

中華民國臨時政府

編注　臨時政府の成立経緯については、第208文書付記参照。

187　昭和12年12月19日

戦果に対する国民の過大な期待に鑑み対ソ作戦等に備えるため急速撤兵が必要と対内宣伝を行うべきとの岡崎総領事意見書

上海方面ニ於ケル我軍兵力撤收ヲ促進スル爲ノ對內宣傳振リニ關スル岡崎總領事意見

（昭和一二、一二、一九、中田記）

一、上海方面ニ於テハ或ル地點迄軍事行動カ進行セハ和平ノ能否如何ニ拘ラス一箇師乃至二箇師ノ必要ノ兵力ヲ殘シ他ハ之ヲ內地ニ引揚クルコト必要ナルカ之カ爲ニハ國民ノ戰果ニ對スル期待大ナルモノアルニモ鑑ミ今ヨリ對內的工作ヲ行ヒ一般輿論ヲ誘導シ置ク要アリ

二、其ノ方法トシテハ北支ハ別トシ上海方面ニ於ケル戰爭ノ目的ハ大体左記諸點ニ在リ而モ既ニ其ノ目的ノ大半ヲ達

成セルヲ以テ我方兵力ハ來ルヘキ對蘇作戰等ニ具フル爲急速撤兵ノ要アルコトヲ國民ニ宣傳ス

三、上海戰ノ目的ハ之ヲ對支那人問題及對外國問題ニ分チ考フルヲ得ヘシ

(1)對支那人問題

(イ)抗日意識ヲ失ハシムルコト

(ロ)戰鬪能力ヲ破壞スルコト

(ハ)支那側經濟力ヲ破壞スルコト

(イ)ノ支那民衆ノ排日意識ヲ失ハシムル工作ハ之ヲ戰後ノ文化工作乃至宣撫工作等ニ俟タサルヘカラサルモ(ロ)ノ支那側戰鬪能力ハ既ニ大半之ヲ失ハシメ是カ恢復ニハ尠クトモ今後約十年ヲ要スヘク經濟力モ上海近郊ニ於ケル支那側ノ富力ヲ根抵(柢カ)ヨリ破壞シ去リ其ノ打擊ハ三十億圓ニ達スト稱セラレ當分恢復ノ見込ナカルヘク支那抗日民衆ヲ懲シメントスル我方目的ハ達成セリ

(2)對外國問題

(イ)外國ノ威信ヲ失墜セシメ支那人ノ歐米特ニ英國依存ノ迷夢ヲ醒サシメ(英國國旗ノ賴ムヘカラサルコトヲ知ラシム)

(ロ)實際的ニ英米人ノ利權特權人的優越地位ヲ我方ニ於テ取テ代ルコト

以上ノ見地ヨリ租界ニ對スル干涉威嚇、我軍ノ租界內自由行進、稅關ノ接收、壓迫及日本人割込、郵政電政ヘノ干涉及日本人割込等ハ出來ルタケ大膽ニ憚ル所ナク之ヲ行ヒ之ニ依リ實際ノ利益ヲ收ムルト共ニ支那人ニ及ホス反響ヲ大ナラシム

四、右ノ外我方ニ於テ特殊會社ヲ設定シ之ニ對シ「パブリック、ユーティリティーズ」ニ對スル「フランチャイズ」ヲ賦與シ又ハ飛行場ノ接收、航空連絡權ノ獲得(支那全土ノ航空事業ヲモ含ム)碼頭ノ接收及沿岸航行權ノ獲得、支那領域內ノ漁業權ノ獲得、上海附近ニ於ケル我方土地所有權又ハ永租權ノ承認、對邦人關係諸懸案ノ解決、一箇師乃至二箇師ノ我軍ノ市政府地域內ニ於ケル常駐權ノ確認(右ニ依ル日本人街ノ出現)等幾多ノ實益アルコトヲ列擧シ我方ノ實際的收穫ノ尠ナカラサリシコトヲ宣傳ス(駐兵權ニ付テハ一應上海附近ニ在ル全部ノ外國軍隊ヲ撤退セシメ然ル後我方ノミハ防共協定等ニ依ル特殊ノ駐兵權トナササシムルコト一層妙ナルヘシ)

188 昭和12年12月21日　閣議決定

わが方の和平条件に関する在本邦独国大使への回答案

在京獨逸大使ニ對スル回答案

（昭和十二、十二、二十一、閣議決定
〃　〃　〃　二十三、獨大使ニ回答）

本月七日貴大使ヨリ本大臣ニ對スル口頭御説明竝ニ同日附覺書ニ依ル日支事變ノ和平直接交渉ニ對スル貴國政府ノ好意的御配慮及在支貴國大使ノ御努力ハ本大臣ノ感佩スル所ナリ

然ルニ最近戰局急速ニ發展シ事態ニ大ナル變轉ヲ見タル情勢ニ鑑ミ帝國政府ノ提示セントスル基礎條件ハ左記ノ如キモノニシテ支那側カ之ヲ媾和ノ原則トシテ總括的ニ承認シテ帝國政府ニ和ヲ乞フノ態度ヲ表示シ來ルニ於テハ帝國トシテモ之ニ應シ日支直接交渉ヲ開始スルノ用意アリ

若シ右原則ニシテ受諾セラレサル場合ニハ帝國トシテハ遺憾乍ラ從來ト全ク新ナル見地ニ立チ事變ニ對處スルノ已ムナキニ至ルヘキコトヲ含ミ置カレ度

左　記

一、支那ハ容共抗日滿政策ヲ放棄シ日滿兩國ノ防共政策ニ協力スルコト

二、所要地域ニ非武裝地帶ヲ設ケ且該各地方ニ特殊ノ機構ヲ設定スルコト

三、日滿支三國間ニ密接ナル經濟協定ヲ締結スルコト

四、支那ハ帝國ニ對シ所要ノ賠償ヲナスコト

口頭説明

㈠支那ハ防共ノ誠意ヲ實行ニ示スコト

㈡支那ハ一定ノ日限内ニ媾和使節ヲ日本ノ指定スル地點ニ派遣スルコト

㈢我方トシテハ大體本年中ニ回答アルモノト考ヘ居ルコト

㈣蔣介石カ只今内示ノ原則承認ノ意ヲ表明シタル上ハ獨逸側ニ於テ日支双方ニ對シ停戰ノ慫慂ニアラスシテ日支直接交渉方ノ慫慂ヲ爲サルル樣致度

㈤獨逸大使ノ質問ニ應シ只今内示ノ原則ヲ一層具體化セル條件トシテ我方ニ於テ考慮シ居ル所ヲ御參考迄ニ申上クレハ別紙ノ通ナリ(極祕トシテ)

（別　紙）

日支媾和交渉條件細目

一、支那ハ滿洲國ヲ正式承認スルコト
二、支那ハ排日及反滿政策ヲ放棄スルコト
三、北支及內蒙ニ非武裝地帶ヲ設定スルコト
四、北支ハ支那主權ノ下ニ於テ日滿支三國ノ共存共榮ヲ實現スルニ適當ナル機構ヲ設定之ニ廣汎ナル權限ヲ賦與シ特ニ日滿支經濟合作ノ實ヲ擧クルコト
五、內蒙古ニハ防共自治政府ヲ設立スルコト其ノ國際的地位ハ現在ノ外蒙ニ同シ
六、支那ハ防共政策ヲ確立シ日滿兩國ノ同政策遂行ニ協力スルコト
七、中支占據地域ニ非武裝地帶ヲ設定シ又大上海市區域ニ就テハ日支協力シテ之カ治安ノ維持及經濟發展ニ當ルコト
八、日滿支三國ハ資源ノ開發、關稅、交易、航空、交通、通信等ニ關シ所要ノ協定ヲ締結スルコト
九、支那ハ帝國ニ對シ所要ノ賠償ヲナスコト

附　記

㈠北支、內蒙及中支ノ一定地域ニ保障ノ目的ヲ以テ必要ナル期間日本軍ノ駐屯ヲナスコト
㈡前諸項ニ關スル日支間ノ協定成立後休戰協定ヲ開始ス
支那政府カ前記各項ノ約定ヲ誠意ヲ以テ實行シ日支兩國提携共助ノ我方理想ニ眞ニ協力シ來ルニ於テハ帝國ハ單ニ右約定中ノ保障的條項ヲ解消スルノミナラス進ンテ支那ノ復興及其ノ國家的發展、國民的要望ニ衷心協力スルノ用意アルコトヲ茲ニ闡明ス

189　昭和12年12月22日　広田外務大臣／在本邦ディルクセン独国大使　会談

わが方和平条件に関する広田外相と在本邦独国大使との会談

付　記　昭和十二年十二月二十九日、陸軍省軍務局軍務課作成

「廣田外相ト獨逸大使會談要旨」

十二月二十二日廣田外相ハ獨逸大使ニ面會ノ上前日ノ閣議ニテ決定シ其直後上奏シタル條項ヲ示シ、其上ニ口頭ヲ以テ

一、支那ガ防共ニ誠意ヲ示スコト

二、支那ガ之レヲ受諾スルニ於テハ講和使節ヲ派遣スルコト
三、本年内ニ右同答ヲナスベキコト
四、獨逸ハ單ニ日支間ノ斡旋者タルニ止ルベキコト
ヲ説明シ、コレヲ支那側ニ提示センコトヲ求メタ
コレニ對シ獨逸大使ノ質問アリ、大臣應答シタリ、其質問應答次ノ如シ
問、滿洲國ノ承認ヲ含ムヤ
答、云フ迄モ無キコトナリ
問、防共ノ協力トハ防共協定ヲ意味スルヤ
答、然ル様致シタシ
問、蘇支不可侵條約廢棄ヲ意味スルヤ
答、必ズシモ之レヲ要求セザルモ、支那ニ於テ之レヲナセバ最モ可ナリ
問、特殊機構トハ自治ナリヤ、南京ヨリ獨立スルモノナリヤ
答、獨立セズ、支那主權ノ下ニ立ツモ、廣汎ナル權限ヲ有スルコトヲ必要トス
問、所要地域トハ南京上海ヲ含ムヤ
答、之レヲ含ミ要スルニ日本ノ占領地域ナリ
問、經濟協定トハ經濟上ノ諸懸案解決ヲ意味スルヤ
答、ソレ以上ナリ
問、駐兵スルヤ
答、之レヲ必要トスト考フ
尚獨逸大使ハ條件ガ加重シタルニアラズヤト言ヒ、大臣ハ戰局ノ進展ニヨリ、既ニ事情ニ大ナル變化アル以上其加重亦當然ナリト答ヘ、獨逸大使ハコレニテハ蔣介石モ受諾ヲ困難トスルナラントノ感想ヲ述ブ

（付　記）

廣田外相ト獨逸大使會談要旨(編注)

昭和一三、一二、二九　軍務課

大使　排日及反滿政策ノ放棄中ニハ滿洲國承認ヲ意味スルモノナルヤ
外相　意味ス
大使　防共政策ノ確立云々ノ意ハ支那ヲシテ日獨伊ノ防共協定ニ參加セシムルノ意ナルヤ
外相　參加シ得レハ結構ナルモ必スシモ參加スルヲ要セス

大使　防共政策確立セハ蘇支不可侵條約ハ廢棄セサルモ可ナルヤ
外相　廢棄セサルモ可ナリ
大使　所要地域ノ非武装地帯トハ如何ナル地方ヲ指スヤ
外相　北支、內蒙及中支ノ某一定地域ヲ指ス
大使　北支ニ於ケル特種ノ政治機構トハ如何ナル意ナルヤ
外相　北支ハ內蒙ノ如キ自治ヲ意味スルモノニアラス同地ノ政權ハ支那主權ノ下ニ廣範ナル權限ヲ附與セラルヘキモノニシテ必スシモ蔣介石政權ニデペンドセス
大使　內蒙ノ自治ハ問題ナラサルヘキモ本件ハ蔣モ最初ヨリ重大視シアル處ナルヲ以テ斯ノ如キ政治機構ノ設定ニハ難色アラン
大使　經濟提携ハ從來ノ日支懸案ノ解決ヲ意味スルモノナルヤ
外相　懸案ノ解決ノミナラス交通、交易、資源ノ開發、關税、航空等ニ關シ密接ナルコーペレーシヨンヲ設定スル意ナリ
大使　支那ニ駐兵スルヤ否ヤ
外相　保障ノ爲主要ナル地點ニハ駐兵ス

大使　概括シテ條件ハ前ヨリモ非常ニ過重セラレタモノト思ハル就中北支特種政權ノ設定及賠償ノ要求ノ如キ之テハナカナカ話カ面倒ナルヘク自分ノ觀測テハ到底交渉ハ纒マラヌタラウト思フ
外相　前ヨリモ條件カ過重サレタノハ全ク其後ノ狀況ノ變化ニ基クモノテ已ムヲ得サルモノト思フ交渉ハ或ハ困難カモ知レヌカ折角御盡力ヲ乞フ
時ニ本件ニ關シ伊太利ハ相當ナ關心ヲ有シアル模樣ニシテ既ニ三國防共協定モ出來テ居ル今日故伊太利ニモ話シテ呉レヌカトノ申出モアルコト故伊太利ニモコノ際一役買ツテヤラシテハ如何カト思フ尤モ伊太利カ今回ノ橋渡シニ介入スルハ面白カラヌモ直接交渉カ出來サウニナツタラ日支兩國ニ對シ伊太利カ直接交渉勸告ヲナス樣貴方ノ了解ヲ得ルコトカ出來レハ誠ニ好都合ナリ
大使　伊太利ニ本件ヲ話スコトハ暫ク待ツテ戴キタイ未タ本件ニ關シ伊太利ニハ何等話ヲシテ居ラン本國ノ都合モアルコト故本國政府カラノ通知ヲ待チ更ニ御話致スヘシ
其後(二十六日頃)外相ハ獨大使ヲ招キ次ノ如キ會談ヲナセ

リ

大使　先日ノ交渉條項ハ駐支大使「ドラウトマン」及本國政府ヘ電報セルモ飜譯其他ノ關係上之カ蔣政府ノ下ニ屆ク迄ニハ相當ノ時間ヲ要スルモノナルニ付本年中返答スル事ハ困難ナラント思ハルニ付ナシ得レハ若干期日ヲ延期シテ戴ク理ニハ行クマイカ

外相　ナルヘク期日ノ延期ハ避ケ度キモ四、五日頃迄ハ差支ナカラン

大使　協定成立後ニアラサレハ休戰セストノ事ナルモ之ハ非常ニ難問題ナラン

外相　ソレハ斯様ニ嚴格ニ解セスモ可ナリ大体協定カ出來レハ其時ノ狀況ニヨリ全部ノ細目迄決定ヲ見ストモ休戰シテ可ナル場合モアルヘシ

大使　今回ノ獨逸ノ役目ハ傳書鳩ト同シ様ナ役目ナリ從テ二羽ノ傳書鳩ハ必要ナカラン卽チ本件ニ關シ伊太利ノ參加ハソノ必要ナカルヘシト思フ只日獨間ニ斯ノ如キ話合ノアル事ヲ伊太利ニ話ス事ニ關シテハ異議ナシ本件ニ關シテハ本國側ヨリ伊太利ニ話ス筈ナリ

外相ハソノ翌日伊大使ヲ招キ日獨間ノ交渉ニ關スル話合アル旨ヲ語リ四項目ノ大綱ヲ交付スソノ際伊大使トノ間ニ次ノ如キ談話ノ交換ヲナス

伊大使　獨ト話合ヲ初メタノハ何時頃ナルカ之迄ニ何故ニ伊太利ニ話ヲナササリシヤ其ノ理由判明セサルニ於テハ只今受領シタコノ四項目モ本國ニ電報シ得サル次第ナリ

外相　色々ノ事情モアリ今日迄オ話シ得ナカツタ次第テコノ點ハ悪カラス御了承ヲ乞フ要スルニ橋渡シハ獨逸一國テ澤山ナリト思フ直接交渉ノアツピールハ獨伊間ノ話合トセラレタシ

伊大使　北支ノ將來ハトウスルツモリカ

外相　前日獨大使ニ答解セシト同様ノ事ヲ説明ス

編　注　本会談要旨の前段部分は十二月二十二日の会談内容と思われる。

190　昭和12年12月24日　閣議決定

「事變對處要綱（甲）」

事變對處要綱（甲）

昭和一二、一二、二四　閣議決定

事變勃發以來帝國政府ハ南京政府ニ於テ速ニ其ノ抗日容共政策ヲ棄テ帝國ト提携シテ東亞ノ安定ニ寄與センコトヲ切望シ居ルヲ以テ同政府ニ於テ反省スルニ於テハ之ト共ニ時局ノ收拾ヲ計ルヘキモ、同政府ニシテ猶長期ノ抵抗ヲ標榜シ毫モ反省ノ色ヲ示ササル場合ニ對處スル爲ト他方我軍事行動ノ進展ニ伴ヒ帝國ノ占據區域廣汎トナリ至急之カ處理ヲ行フノ要アルニ至レルトニ鑑ミ今後ハ必スシモ南京政府トノ交渉成立ヲ期待セス之ト別個ニ時局ノ收拾ヲ計リツツ事態ノ進展ニ備ヘ軍事行動ト相俟チ南京政府ノ長期抵抗ニ對應スル爲北支及中支方面ニ於テハ左記方針ニ依リ措置スルコトトス

右趣旨ハ適當ノ機會ニ之ヲ中外ニ闡明ス

一、北支處理方針

北支ニ於テハ支那民衆ノ安寧福利ノ増進ヲ以テ政策ノ主眼トシ政治的ニハ防共親日滿政權ノ成立、經濟的ニハ日滿支不可分關係ノ設定ヲ目途トシ之カ促進ヲ計リ漸次本政權ヲ擴大强化シ更生新支那ノ中心勢力タラシムル如ク指導ス

然レトモ中央政府トノ交渉成立ノ場合ハ右新政權ハ和平條件ニ從ヒ之ヲ調整スルモノトス

甲、政治指導方針

㈠北支新政權ハ單ニ北支ノミナラス中南支方面ノ信望ヲ收メ得ルカ如キモノタラシムルコト肝要ニシテ之カ爲ニハ(イ)右政權ノ首腦者ハ支那全國ニ信望ヲ有スル人材ヲ網羅スルコト(ロ)右政權ハ新時代ニ適應スル組織ヲ備ヘ(ハ)全支ニ呼掛ケ得ルカ如キ主義綱領ヲ持シ(ニ)右政權ニ對スル我方ノ指導ハ大綱ニ關スル邦人顧問ノ內面指導ニ止メ日系官吏等ヲ配シ行政ノ細部ニ亙ル指導干渉ヲ行ハサルコトヲ方針トシテ指導スルモノトス

㈡北支新政權ニ包含セラルヘキ地域ハ軍事行動進展ノ程度ニ依ルヘキモ略河北、山東、山西ノ三省及察哈爾省ノ一部トス冀東自治政府ハ之ヲ解消シ新政權ニ合流セシム尙察南及晋北兩自治政府ハ時期ヲ見テ右新政權ニ合流セシムルモノトス

又蒙古自治政權トハ密接ナル聯携ヲ保持セシム

(三)差當リ第三國トノ紛糾ヲ避クル爲租界ニハ手ヲ觸レサルコトトスヘキモ租界外ニ於テハ新政權樹立以前ト雖モ郵政、電政、税制、路政等ノ行政組織ヲ完備セシムル如ク指導スルモノトス

海關ニ付テハ別ニ考慮ス

乙、經濟開發方針

(一)北支經濟開發ノ目標ハ日滿經濟ノ綜合的關係ヲ補强シ以テ日滿支提携共榮實現ノ基礎ヲ確立スルニ在リ之カ爲支那現地資本竝我方ノ資本及技術ヲ緊密ニ結合セシメテ經濟各部門ヲ開發整備シ以テ秩序ノ維持民衆生活ノ安定ヲ圖リ併セテ日滿兩國ニ亙ル我廣義國防生産力ノ擴充ニ資スルモノトス

而シテ開發實施ニ際シテハ日滿及北支ノ國際收支ノ適合及物資需給ノ調節ヲ尊重シ緩急ヲ誤ラサル樣措置スルト共ニ努メテ支那側ヲ表面ニ立テ經濟的壓迫ヲ與フルカ如キ感ヲ抱カシメサル如クシ且我全國民ノ期待ニ反セサル適切ナル國策的運營ニ重點ヲ置クモノトス

(二)北支經濟開發及統制ノ爲一國策會社ヲ設立スルモノトシ擧國一致ノ精神ト全國産業動員ノ趣旨ヲ具現スルカ如ク之ヲ組織スルモノトス

主要交通運輸事業(港灣及道路ヲ含ム)、主要通信事業、主要發送電事業、主要鑛産事業、鹽業及鹽利用工業等ニ關スル重要産業ハ右會社ヲシテ之カ開發經營又ハ調整ニ當ラシムルモノトス

右會社ノ運營ニ就テハ日滿兩國ノ重要産業計畫ニ即應スルト共ニ常ニ我國ノ實情ニ鑑ミ緩急宜シキヲ制スル事ニ意ヲ用フヘキモノトス

右重要産業以外ノ事業ハ特別ノ事由アル場合ノ外特別ナル統制ヲ加ヘサルモノトス

(三)北支經濟開發ニ當リテハ支那側資本ノ利用ニ努ムルト共ニ支那側企業トノ協議ヲ圖ルモノトス

(四)北支經濟開發ニ對スル第三國ノ協調的投資ハ之ヲ認ムルモノトス

北支ニ於ケル列國ノ既存經濟權益ハ事情ノ許ス限リ之ヲ尊重スルモノトス

(五)日滿北支貿易關係ノ緊密化ヲ圖ルト共ニ北支對第三國貿易ノ適切ナル調整ヲ行フモノトス

(六)現地政権ヲシテ農業ノ改善、治水及利水、植林、合作社等ニ關シ逐次所要ノ施設ヲ爲サシムルモノトス

(七)北支ニ於ケル既存事業ニシテ重要産業ニ關スルモノハ本方針ニ從ヒ之ヲ整理又ハ調整スルモノトス

(八)差當リ直チニ着手シ得ル事業ニ付テハ將來本方針ニ基ク整理又ハ調整ヲ條件トシテ速ニ之ヲ開始スル樣措置スルモノトス

(九)北支經濟開發ニ關スル交渉ノ相手方ハ差當リ中華民國臨時政府治安維持會若クハ其ノ聯合會又ハ局地政權トス

二、上海方面處理方針

(一)軍ノ占據區域ニハ機ノ熟スルヲ俟チ北支新政權ト聯絡アル新政權ノ樹立ヲ考慮スルモ當分ノ間治安維持會及必要ニ應シ其ノ聯合會ヲ組織シテ治安ノ維持ニ當ラシム

(二)租界及租界周邊ニ對スル方策ハ別ニ之ヲ定ム

租界周邊處理方針

甲、行　政

租界周邊ニ就テハ將來ニ於ケル租界周邊ノ發展ニ協力シ且ツ租界ノ安全保障組織ノ確立ヲモ考慮シ左記要領ニ依リ之ヲ處理ス

(一)租界ノ周邊卽チ租界及越界道路ヲ除ク大上海市管轄區域ヲ特別市トス

(二)特別市ノ行政ハ支那人市長之ヲ管掌ス

但シ特別市ニハ市長ヲ輔佐シテ一般行政ヲ指導セシムヘキ日本人顧問ヲ置ク

顧問ノ權限ハ別ニ之ヲ定ム

(三)特別市ノ警察行政ヲ行フ爲特別警察部ヲ設置ス　警察部長以下凡ソ長タル者ハ支那人トスルモ、長ト協力スル爲相當數ノ邦人顧問ノ權限ハ別ニ之ヲ定ム

尙必要ニ應シ外國人顧問ノ採用ヲモ考慮ス

支那人警察官ノ數及武裝ハ別ニ之ヲ定ム

特別市内ノ日本人ニ對スル警察權ハ總領事館警察ノ管轄トス

(四)特別市ノ財政ハ舊上海市ニ於テ徵收ノ諸税ノ外特別市範圍内ニ於ケル税制、電政、郵政等舊南京政府直轄各機關ノ接收又ハ新設ニ依リ得ラルヘキ諸收入ヲ以テ之ヲ維持ス

㈤将來（中支新政權樹立ノ場合ヲ豫想ス）特別市全部ヲ開港市トシ外國人ノ居住營業竝ニ土地ノ所有權若ハ永租權ヲ認メシム

（差當リハ邦人土地ニ關スル懸案解決ヲ期ス）

乙、帝國ノ經濟的權益設定策

上海ヲ據點トシ中支方面ニ對スル帝國ノ經濟的發展ノ基礎ヲ確立スルヲ目標トシ其ノ具體的方策ノ一トシテ左ノ通リ措置スルモノトス

㈠租界ノ周邊（租界及越界道路ヲ除ク大上海市管轄區域）ヲ特別市トシ右特別市内ニ於ケル電話、電力、電燈、水道、瓦斯、電車、バス等公共的性質ヲ有スル諸事業ノ實權ヲ我方ニ把握シ之ヲ經營スルト共ニ下記各項ニ關聯スル事業ノ經營又ハ調整ニ當ラシムル爲國策會社ヲ設立ス

右國策會社ノ規模及事業着手ノ順序等ニ就テハ我國ノ實情及現地情勢ヲ參酌シ別ニ之ヲ定ムルモノトス

右國策會社ノ資本ニ付テハ其ノ目的上支障ナキ限リ現地資本ノ利用ヲ圖ルモノトス

尙特別市及租界内邦人中小企業家ニ對スル資金融通及邦人ノ租界内不動産取得ニ對スル資金融通等ニ付テハ可及的速ニ別途考慮スルモノトス

㈡特別市内ニ於ケル舊支那側官有ノ機關及土地建物等ハ全部我方ニ於テ接收シ適宜利用スルモノトス但シ特別市當局ニ於テ行政上必要アルモノハ之ヲ使用セシム

㈢上海附近ト本邦各地北支、滿洲國間等トノ通信運輸航空ノ聯絡基地トシテ、出來得ル限リ特別市地域ヲ利用スルモノトシ差當リ左ノ各項ヲ實施スルモノトス

(イ)適當ナル汽船會社等ヲシテ虬江碼頭招商局碼頭等ヲ利用セシム

(ロ)將來上海方面ニ於ケル有線無線（放送ヲ含ム）通信權ノ實質的獲得ニ必要ナル諸施設ヲ管理運用ス

(ハ)上海福岡連絡飛行基地トシテ龍華飛行場ヲ管理運用ス尙虹橋及遠東飛行場ノ管理權ヲ獲得シ將來日支航空連絡ニ對スル實質的權益ノ設定ニ資ス

㈣特別市地域ニ大市場ヲ建設シ租界ニ對スル魚類、肉類、野菜等ノ生活必需品ノ供給ヲ爲サシムルモノトス（差當リ上海市魚市場等ノ利用ヲ考慮シ尙小型船舶ノ自由出入港ヲ認メシム）

㈤差當リ直ニ着手シ得ル事業ニ付テハ國策會社成立ノ際適宜整理又ハ調整スルヲ條件トシテ速ニ之ヲ開始スル様措置スルモノトス

㈥本經濟的權益設定ニ關スル交渉ノ相手方ハ差當リ治安維持會又ハ局地政權トス

北支處理方針乙、經濟開發方針ニ對スル閣議諒解事項(一)

一、主要交通運輸事業、主要通信事業ニ付テハ滿支ヲ通スル一會社ノ一元經營ハ之ヲ認メサルコト

二、北支政權ノ財政强化ニ努メ以テ北支ニ於ケル公共事業其他ノ開發諸事業ニ寄與セシムルコト

三、北支對第三國國際收支ノ維持改善ヲ圖ル爲有效適切ナル方策ヲ講スルコト

四、北支ニ於ケル產金事業ハ我國國際收支ノ觀點ヨリ特ニ速カニ着手セシムルコトトシ今後ニ於ケル調整ニ際シテモ此ノ事情ヲ考慮スルコト

五、北支ニ於ケル經濟開發殊ニ鑛工業開發ノ計畫ヲ樹ツルニ當リテハ內地產業ノ實情ニ考慮ヲ拂ヒ且事情ノ許ス限リ內地ニ於ケル當該企業ノ技術、經驗及資本ヲ利用スル様措置スルコト

同方針ニ對スル閣議諒解事項(二)

日滿支ノ交通、通信ノ圓滑ナル連絡ニ資スル爲北支ニ於ケル交通、通信事業ヲ經營スル機關ハ滿鐵竝滿洲電々會社ト常ニ緊密ナル關係ヲ保持セシムル様措置シ尙滿鐵竝電々社員ノ大陸ニ於ケル活動ノ適性竝今次事變ニ於ケル活動ノ實狀ニ鑑ミ交通、通信事業ノ經營ニ際シテハ之等ノ人員技術經驗等ヲ充分活用スルノ方針ヲ執ルコト

上海周邊處理方針乙、帝國ノ經濟的權益設定策ニ對スル閣議諒解事項

右國策會社ニ對シ特別市ニ於ケル軍ノ管理スル土地其他我方ノ管理下ニアル土地ニ關スル經營等ノ諸事業ヲモ必要ニ應シ之ヲ行ハシムルコトヲ得

191　昭和13年1月11日　御前会議決定

「支那事變處理根本方針」

昭和十三年一月十一日　御前會議ニ於テ決定セラレ、一月十五日第二段ノ措置ヲ執ルコトニ決定セラル

支那事變處理根本方針

帝國不動ノ國是ハ滿洲國及支那ト提携シテ東洋平和ノ樞軸ヲ形成シ之ヲ核心トシテ世界ノ平和ニ貢獻スルニアリ

右ノ國是ニ基キ今次ノ支那事變處理ニ關シテハ日支兩國間過去一切ノ相剋ヲ一掃シ兩國國交ヲ大乘的基礎ノ上ニ再建シ互ニ主權及領土ヲ尊重シツツ渾然融和ノ實ヲ擧クルヲ以テ窮極ノ目途トシ先ツ事變ノ再起防遏ニ必要ナル保障ヲ確立スルト共ニ左記諸項ヲ兩國間ニ確約ス

(一)日滿支三國ハ相互ノ好誼ヲ破壞スルカ如キ政策、教育、交易、其他凡ユル手段ヲ全廢スルト共ニ右種ノ惡果ヲ招來スル虞アル行動ヲ禁絶スルコト

(二)日滿支三國ハ互ニ相共同シテ文化ノ提携防共政策ノ實現ヲ期スルコト

(三)日滿支三國ハ産業經濟等ニ關シ長短相補有無相通ノ趣旨ニ基キ共同互惠ヲ約定スルコト

右ノ方針ニ基キ帝國ハ特ニ政戰兩略ノ緊密ナル運用ニ依リ左記各項ノ適切ナル實行ヲ期ス

(一)支那現中央政府ニシテ此際反省翻意シ誠意ヲ以テ和ヲ求ムルニ於テハ別紙(甲)日支媾和交渉條件ニ準據シテ交渉ス

帝國ハ將來支那側ノ媾和條項實行ヲ確認スルニ至ラハ右條件中ノ保障條項別紙(乙)ヲ解除スルノミナラス更ニ進ンテ支那ノ復興發展ニ衷心協力スルモノトス

(二)支那現中央政府カ和ヲ求メ來ラサル場合ニ於テハ帝國ハ爾後之ヲ相手トスル事變解決ニ期待ヲ掛ケス新興支那政權ノ成立ヲ助長シコレト兩國々交ノ調整ヲ協定シ更生新支那ノ建設ニ協力ス支那現中央政府ニ對シテハ帝國ハ之カ潰滅ヲ圖リ又ハ新興中央政權ノ傘下ニ收容セラルル如ク施策ス

(三)本事變ニ對處シ國際情勢ノ變轉ニ備ヘ前記方針ノ貫徹ヲ期スル爲國家總力就中國防力ノ急速ナル培養整備ヲ促進シ第三國トノ友好關係ノ保持改善ヲ計ルモノトス

(四)第三國ノ權益ハ之ヲ尊重シ專ラ自由競爭ニヨリ對支經濟發展ニ優位ヲ獲得スルコトヲ期ス

(五)國民ノ間ニ事變處理根本方針ノ趣旨ヲ徹底セシムル樣國

論ヲ指導ス對外啓發ニツキテモ亦同シ

別紙　甲

日支媾和交渉條件細目

一、支那ハ滿洲國ヲ正式承認スルコト
二、支那ハ排日及反滿政策ヲ放棄スルコト
三、北支及內蒙ニ非武裝地帶ヲ設定スルコト
四、北支ハ支那主權ノ下ニ於テ日滿支三國ノ共存共榮ヲ實現スルニ適當ナル機構ヲ設定シ之ニ廣汎ナル權限ヲ賦與シ特ニ日滿支經濟合作ノ實ヲ擧クルコト
五、內蒙古ニハ防共自治政府ヲ設立スルコト其ノ國際的地位ハ現在ノ外蒙ニ同シ
六、支那ハ防共政策ヲ確立シ日滿兩國ノ同政策ニ協力スルコト
七、中支占據地域ニ非武裝地帶ヲ設定シ又大上海市區域ニ就テハ日支協力シテ之カ治安ノ維持及經濟發展ニ當ルコト
八、日滿支三國ハ資源ノ開發、關稅、交易、航空、交通、通信等ニ關シ所要ノ協定ヲ締結スルコト
九、支那ハ帝國ニ對シ所要ノ賠償ヲナスコト

附　記

㈠北支內蒙及中支ノ一定地域ニ保障ノ目的ヲ以テ必要ナル期間日本軍ノ駐屯ヲナスコト
㈡前諸項ニ關スル日支間ノ協定成立後休戰協定ヲ開始ス支那政府カ前記各項ノ約定ヲ誠意ヲ以テ實行シ日支兩國提携共助ノ我方理想ニ眞ニ協力シ來ルニ於テハ帝國ハ單ニ右約定中ノ保障的條項ヲ解消スルノミナラス進テ支那ノ復興及其ノ國家的發展、國民的要望ニ衷心協力スルノ用意アリ

別紙　乙

㈠別紙甲中保障條項タルモノ左ノ如シ
一、第三項ノ非武裝地帶
二、第四項ノ折衝ニ當リ保障ノ目的ヲ以テ設定セラルヘキ特殊權益及之カ爲存置ヲ必要トスル機關
三、第七項ノ非武裝地帶
四、附記㈠及之ニ伴フ軍事施設、主要交通ノ管理擴充ニ關スル權益
㈡媾和ニ關聯シテ廢棄スヘキ約定
一、梅津何應欽協定、塘沽停戰協定、土肥原秦德純協定、

上海停戰協定
二、保障事項ノ解消ト同時ニ從來ヨリ有スル對支特殊權益（例ヘハ治外法權、租界、駐兵權等ノ如シ）ノ廢棄ヲ考慮ス

192
昭和13年1月11日
「支那事變處理根本方針」の決定経緯

支那事變處理根本方針（御前會議議題）ニ關スル件
（昭和一三、一、一一、東亞一）

一、陸軍側ヨリ別紙第一號支那事變解決處理方針案（一二、一二、一）ヲ三省間ニ於テ審議ノ上御前會議ニ於テ決定シ度キ旨提案アリタルカ外、海事務當局ニ於テハ支那事變處理ニ關シテハ既ニ根本方針トシテ對處要綱アリ更ニ和戰兩樣ノ備ヘトシテ事變對處要綱(甲)成立シ又蔣介石トノ和平解決ノ場合ノ條件ハ在京獨逸大使ニ對スル囘答ノ際一切ノ審議ヲ完了シ居ル次第ニ付右ノ外ニ更ニ改メテ策案ノ必要ナカルヘシトノ趣旨ニテ其ノ儘ニ放置シ置キタリ

二、然ルニ參謀本部側ニ於テハ平和交渉ニ關スル對獨回答實行後媾和條件ハ甚タシク侵略的ニシテ日支國交ノ將來ヲ誤ラシムヘキモノナルニ付此ノ際御前會議ヲ開キ日支國交再建ノ根本方針ヲ確立シ置キ動モスレハ侵略的ニ傾カントスル國內趨勢ニ對シ豫メ豫防方策ヲ講シ置ク必要アリトノ意向漸次强クナリ直接參謀本部側ヨリ陸、海、外三省事務當局會議ニ出席シ此ノ精神ヲ說明スル所アリタリ仍テ外、海共陸軍側カ右ノ如キ大乘的考トナリタルハ洵ニ結構ニ付前項ノ如キ事情ハアルモ此ノ際右精神ヲ活カシ置ク爲參謀本部ノ提案通リ御前會議議題ヲ練ルコトモ徒爾ニ非サルヘシトノ意見トナリ結局別紙第二號（省略）御前會議議題ヲ三省事務當局間ニ於テ作成シ各々三省上司ノ同意ヲ得タリ

三、仍テ一月九日午前十時ヨリ政府大本營連絡會議ヲ開催シ右議題ヲ提案シ東亞局長ヨリ趣旨ノ說明アリ審議ノ結果別紙第三號（省略）ノ通リ修正セラレタルカ更ニ同日午後閣議ヲ開キ三省提案ノ議題中日支國交再建ニ關スル「イディオロギー」的部分ヲ削除シタル別紙第四號（省略）案ヲ作成シ更ニ之ヲ內閣參議會ニ提案同意ヲ得タル趣ナリ

四、然ルニ翌十日更ニ連絡會議及閣議ニ於テ陸軍側ヨリ別紙第四號第三行目及四行目ヲ別紙第五號（編注一）ノ通リ修正シ原案ノ趣旨復活方提議アリ右ノ通リ決定セリ（別紙第五號）
尙陸軍側ハ右修正中「……日支兩國間過去一切ノ相剋ヲ一掃シ……」ノ一句ヲ原案通リ「過去一切ノ相剋ノ因果ヲ清算シ」ト修正方主張シタルモ結局兩者ノ間別ニ相異ナシトノコトニテ前者ノ通リ一應決定シタルニ依リ御前會議ノ際陸軍側ハ「過去一切ノ相剋ヲ一掃シ」トハ「一切ノ相剋ノ因果ヲ清算シ」ノ意味ト諒解スル旨述フルコトトセリ
五、御前會議ニハ平沼樞密院議長モ召サルルコトトナリタルニ依リ十日夕內閣書記官長及外務次官ニ於テ議題ヲ一應說明シ更ニ十一日朝外務次官ハ東亞局長ヲ同伴樞相ヲ往訪シ質問ニ應シ說明スル所アリタルカ同議長ニ於テハ特ニ交渉條件細目四、北支問題ニ關聯シ日支和議成立ノ場合現在成立セル北支政權ヲ如何ニスヘキヤ及細目末項輿論ノ指導ニ付關心ト意見トヲ有シ居タリ（御前會議ニ先チ宮中ニ於テ外相及內相ヨリ是等ノ點ニ付平沼議長ニ說明スル所アリタルカ御前會議ニ於テ同議長ヨリ意見ノ陳述アリタリ）
六、一月十一日豫定通リ御前會議開催セラレ大本營ヨリ閑院參謀總長宮、伏見軍令部長宮、參謀次長、軍令部次長、內閣ヨリ近衛總理、外、陸、海、內、藏各大臣及特旨ニ依リ平沼樞密院議長出席シ別紙第五號（編注二）(乙)根本方針ヲ決定シタルカ其ノ際參謀總長宮（別紙第五號(丙)）軍令部長宮（別紙第五號(丁)）及樞密院議長（別紙第五號(戊)）ヨリ夫々別紙ノ如キ意見ノ開陳アリタリ

（別紙第一號）

支那事變解決處理方針

（昭和一二、一二、一　軍務局）

注　意

一、本處理方針ハ我國トシテ忍フヘキ最下限ヲ示シタルモノトス
二、本處理方針ヲ軍部外又ハ國外ニ出ス場合折衝上ノ戰術トシテ開示スヘキ輪廓ハ別ニ愼重ナル考慮ニ基キ之ヲ定ムヘキモノトス從ツテ本案ノ取扱ニハ特ニ周到ナル注意ヲ要ス

支那事變解決大綱

本次事變ノ解決ハ左記諸項ニ準據シテ之ヲ處理ス

其一、解決大綱

一、解決ハ日支間全般ノ問題ヲ一括シテ根本的ニ之ヲ行フモノトシ其交渉ハ日支直接ニ之ヲ行ヒ第三國ノ干渉ヲ許サス其過程ニ於テ第三國善意ノ内面的斡旋ハ之ヲ認ムルモ正式交渉ニハ關與セシムルコトナシ解決條項中滿洲國ニ關係アルモノハ同國ニ對シ別途承認セシムルノ處置ヲ執ル

二、解決ノ斡旋又ハ交渉中ト雖支那カ其一(二カ)ノ第一、第二項及第二(其二カ)乃至其四ノ全要目承認ノ時期迄ハ休戰スルコトナク所要ノ作戰行動ヲ繼續ス

三、解決ノ氣運醞釀セハ事變ノ終結ヲ促進シ其成果ヲ有利ニシ且爾後ノ國交調整ヲ便ナラシムル如ク戰爭指導上百般ノ處置ヲ講ス特ニ作戰行動ヲシテ之ニ卽應セシム

四、休戰ニ關スル議定事項ハ別ニ之ヲ定ム

五、休戰後解決條約批准迄ノ期間ニ於テハ適時再ヒ開戰シ得ルノ態勢ヲ緩ムルコトナシ

六、解決ニ方リテハ努メテ事變前ニ於ケル歐米列強ノ在支權益ニ觸ルルコトヲ避クルモ已ムヲ得サル第三國關係事項ハ解決成立後處理スルヲ以テ本旨トナス

七、解決條約ノ爲ノ附帶事項ハ別ニ之ヲ研究ス同事項モ亦批准事項ニ包含セシメ媾(和カ)話成立後ノ平時外交ニ持越スコトナシ

其二、締結方針

日支兩國ハ協力シテ東洋ノ道義文化ヲ再建設シ亞細亞民族ノ復興ヲ期スヘキコトヲ誓約シ過去一切ノ相剋ヲ清算シ東洋平和ト互助共榮トヲ圖ル爲左記諸項ヲ約ス

左　記

一、日滿支三國ハ渾然相提携シテ東洋ノ平和ヲ確保シ善隣友好ノ實ヲ擧クルコト之カ爲相互ノ好誼ヲ破壞スルカ如キ政策、教育、交易手段等ヲ全廢スルト共ニ右種ノ惡果ヲ招來スル虞アル行動ヲ禁絶スルコト

二、東洋道義ノ文化ニ對スル侵略破壞ハ其武力的思想的經濟的政治的ノ何レナルヲ問ハス日滿支協同シテ之カ防衛芟除ニ當ルコト

三、日滿支三國ハ互助共榮ノ實ヲ擧クル爲産業經濟等ニ關シ

長短相補有無相通ノ主旨ニ基キ協同互意ヲ約定スルコト

其三、締結條項

一、支那ハ滿洲國ヲ正式承認スルコト

二、支那ハ北支及內蒙ニ夫々日滿支互助共榮及防共强化ノ具現ヲ容易ナラシムヘキ政權ヲ樹立スルコト

三、支那ハ排日及反滿政策ヲ放棄スルコト

四、支那ハ防共政策ヲ確立シ日滿兩國ノ同政策遂行ニ協同シ尙滿洲國ト共ニ日獨伊防共協定ニ參加ヲ約スルコト

日滿支三國又ハ其何レカ三國以外ノ國ヨリ受クル侵略特ニ武力侵攻及共產赤化工作ニ對シテハ三國商議ノ上直接若ハ間接ニ協同防衛ノ措置ヲ執ルコト

五、日本ハ支那ノ新上海建設ニ關シ協力スルコト

六、日滿支三國ハ資源開發物資交易航空連絡交通等ニ關シ所要ノ互惠的協定ヲ設定スルコト

七、支那ハ本事變ノタメ日本居留民ノ受ケタル損害ニ對シ補償ノ責ニ任スルコト

八、日本ハ本條約ノ成立ト同時ニ左ノ諸協定ヲ廢棄スルコト

梅津何應欽協定

河北停戰協定

土肥原秦德純協定

上海停戰協定(昭和七年)

其四、保障事項

日支兩國ハ本條約ヲ誠意ヲ以テ履行スルノ保證トシテ左記事項ヲ約定ス

一、日本軍ノ進出セル地域ハ非武裝地域トナシ現在スル日本軍ハ地方治安ノ恢復ト共ニ自主的ニ撤兵スルコト

北支ニ於ケル重要地域及上海附近ニ於テハ日支協同シテ治安ノ維持竝防共ノ爲支那警察隊ニ依ルノ外最小限度ノ日本軍ノ駐屯竝必要ノ軍事施設竝主要交通ノ管理擴充ヲ容認スルコト

二、支那ハ日本ニ對シ北支五省ニ於ケル金融、關稅處理、資源開發、交通通信管理等ニ關シ特殊權益ヲ與ヘ所要機關ノ存置ヲ認ムルコト

日本ハ本條約及之ニ伴フ諸約定ノ實現ヲ確認スルニ於テハ右保障ノ爲ノ約定ヲ解除シ之ニ伴フ權益中保證ノ目的ヲ以テ保有セシ部分ヲ支那ニ返還スルト同時ニ日本ハ支那ノ國權回復及其復興等ニ協力ノ目的ヲ以テ從來ヨリ有スル其在支權益ハ當時ノ情勢ニ應シ之ヲ支那ニ返還スヘキ用意アル

コトヲ約ス

（別紙第五號㈹）

御前會議ニ於テ大本營陸軍部トシテノ御報告（草案）

本日ノ議題タル支那事變處理根本方針ニ關シ大本營陸軍部ト致シマシテ內閣側ト意見ノ一致ヲ見ルニ至リマシタ見解ニ就キ御報告申上ケマス

日支兩國ハ先ツ國防上大局ノ見地ニ基キマスルモ相互ニ衷心ヨリ道義的ノ親善提携ヲ必要トスル間柄テコサリマシテ更ニ我國是ニ基ク兩國國交ノ大道ニ關シマスルトキハ益々其必要ヲ感スルノテコサリマス

此見地ニ基キ內閣側ト種々意見ノ交換ヲ重ネマシタ結果只今外務大臣ヨリ御報告ニ及ヒマシタ方針案ニ關シ幕僚部トシテハ次ノ趣旨見解ニ基キ意見ノ一致ヲ見ルニ至リマシタ次第テコサリマス

今次支那事變ノ解決ヲ契機トスル日支兩國ノ國交恢復ニ方リマシテハ從來ノ國交ニ一大轉換ヲ劃シマシテ東亞ニ於ケル兩國カ過去一切ノ相剋ノ因果ヲ淸算シ道義的基礎ノ上ニ衷心ヨリスル善隣友好互助共榮ノ實ヲ擧ケ協同シテ東洋ノ平和ヲ確保シ其道義文化ノ擁護興隆ヲ圖リ延イテ世界ノ平和ニ貢獻スルコトヲ主眼トスヘキモノテアリマシテ本件ハ今次事變出兵目的ノ骨子ヲ成スモノト信セラレマス例ヘハ「日支兩國間過去一切ノ相剋ヲ一掃シ兩國國交ヲ大乘的基礎ノ上ニ再建シ」ト述ヘラレ又「文化提携」ノ語句ヲ用ヒラレマシタノハ此觀念ヲ意味スルモノト諒解致シテ居リマス

次ニ媾和ノ條件ハ勝敗及犧牲ノ程度等ニ依リ自ラ差異アルハ避ケ難イ所ト存セラレマスカ前述ノ主眼ニ基キマスレハ此際ノ解決ニ當リマシテモ戰勝國カ戰敗國ニ對シ過酷ナル條件ヲ强要スルカ如キ心境ハ毫末モ之ヲ有スヘキニアラストスル根本ノ觀念ニ立脚致シマシテ公明正大ニシテ支那民衆ヲシテ努メテ帝國ノ媾和條件ニ怨恨ヲ懷カシメス且公平ナル第三國ニ對シテモ我眞意ノ存スル所ヲ認識諒解セシムル爲努メテ寬大ナルヲ要スヘキモノト思惟致シテ居リマス

唯々支那側爲政者ノ媾和ノ內意及其不信行爲ニ關スル從來ノ經驗等ニモ照シ駐兵權、非武裝地帶ノ設定等必要ナル保障ハ確實ニ之ヲ把握致シマスト共ニ約諾ノ實行ニ伴ヒ之ヲ解除スルコトヲ約シマシテ爾他ノ媾和條件ト確然タル區別ヲ設ケ以テ將來ニ於ケル事端ノ再發ヲ防遏シ今次事變ノ尊キ犧牲ヲ意義アラシメマスルト共ニ爾他ノ媾和條件ヲ努メテ寛大ナラシムルコトヲ容易ニシ且支那側ニ對シ將來ニ希望ト光明トヲ與ヘ併セテ今後成ルヘク速ニ而モ誠意アル約諾ノ實行ヲ促進スル等ノ目的ヲ併セ達成スルヲ得策トスル次第ト存シマス本案ハ基礎條件細目ノ內容カ適正穩健ニ規定サレマスナラハ正ニ此趣旨ニ合スルモノト見解致シテ居リマス

之ト併行シ事變解決後ノ國際情勢ノ變轉等ニ備フル爲國家總力就中國防力ノ充實整備ヲ必須ノ措置ト致シマス卽チ今次事變解決ノ效果ヲ眞ニ根本的ノモノタラシメ得ルヤ否ヤハ寧ロ我方今後ニ於ケル此等ノ措置如何ニ懸ルモノカ大テアルト存シマス事變カ持久ノ態勢ニ移行致シマスル場合ニハ右ノ充實整備ハ一層促進セラルヘキモノテアリマシテ本案ハ此等ノ點ニ關シ十分ノ覺悟ヲ表示セラレアルモノト幕僚部ハ見解致シテ居リマス

尚大本營陸軍幕僚部ト致シマシテハ事變發生當時ヨリ長期ニ陷ル場合ヲ顧慮シ適時持久ノ態勢ニ轉移シ得ル爲諸般ノ準備ヲ整ヘツツアリマスルカ前述我國防上ノ大局的見地、我國是ニ基ク日支國交ノ大道等以外ニ於テモ統帥ノ立場トシテ支那ニ對スル兵力行使ノ持久戰爭的物資、列强ノ對支援助竝帝國ノ對第三國軍備及建設塗《(途カ)》中ニ在ル滿洲國ノ現狀等ニ稽ヘ又統帥部方面ヨリ見タル國際諸情勢、國內及國家總力ノ實情等ニ鑑ミマスレハ今次事態ハ其出兵目的ノ本旨達成ニ遺憾ナキ限リ成ルヘク速ニ之ヲ終結ニ導クヘキモノト存セラルルノテコサリマス加之最近ノ如キ氣運ニ投シ若我出兵目的ニ適スル媾和解決ノ成立ヲ見ルコトヲ得マスレハ啻ニ帝國ノ爲ノミナラス日滿支三國ノ國力就中國防力ノ適度ノ減耗ヲ防キ防共ヲ容易ニシ帝國カ將來ニ處スヘキ此等ノ充實整備ノ餘力ヲ存セシメ東洋ノ平和ノ爲誠ニ喜フヘキ所テコサリマス從テ帝國トシテハ目下ノ時期ニ於テハ尚先ツ此目的ノ爲政戰兩略上ニ於ケル諸般ノ措置ヲ統合シテ善處スヘキモノト考ヘ本案ヲ以テ此趣旨ニ合スルモノト解シ同意致シマシタ次第テコサリマス

(別紙第五號(丁))

軍令部總長宮殿下御口述覺(草案)

本方針ニ對シマシテハ異存アリマセヌ、又參謀總長ノ述

ヘラレマシタ所見ノ主旨ニハ同感テアリマス、尙本方針ニ基キ實行スヘキ條項ノ第三郎

本事變ニ對處シ國際情勢ノ變轉ニ備ヘ前記方針ノ貫徹ヲ期スル爲國家總力就中國防力ノ急速ナル培養整備ヲ促進シ第三國トノ友好關係ノ保持改善ヲ計ルモノトス

ハ支那現中央政府カ和ヲ求メ來ラサル場合ハ勿論和ヲ求ムル場合ニ於キマシテモ今後ノ國際情勢カ益々機微ナラムトシマスルニ鑑ミ特ニ重要テアルト認メマスカラ各部協力一致シテ極力之カ實現ニ邁進スルノ要アルモノト認メテ居リマス

（別紙第五號(戊)）

御前會議ニ於ケル意見陳述ノ要旨（平沼樞府議長）

意見ヲ申上マス唯今當局大臣ノ説明ヲ聽キ尙ホ開會前疑問ノ存スル所ヲ當局大臣ニ質シ其ノ辨明ヲ聽キ本案ノ趣旨ヲ領承致シマシテ之ニ贊意ヲ表シマス又此ノ席ニ於テ參謀總長殿下竝ニ軍令部總長殿下ノ御示シニナリマシタル點ニ付キマシテハ全ク意見ヲ同ク致シマス此ノ案ニ付テハ異議ハ御座リマセヌガ此ノ案ノ本旨ヲ遂行スルニ付深ク考慮スヘキ點アリト信シマスルガ故ニ之ヲ述ヘテ責任アル當局者ノ注意ヲ喚起致シ度ク存シマス

支那事變起リテヨリ當局者カ是迄克ク聖旨ヲ奉シテ其ノ任務ヲ遂行セラレタコトハ深ク感謝スル所テ御座リマスカ今後ニ於キマシテハ是レ迄ヨリ一層事ノ困難ナルコト從テ責任ノ益々重キヲ加ヘルコトヲ痛感致シマス殊ニ善後ノ處理宜シキヲ制スルコトニ深ク留意スルコトヲ切望セサルヲ得マセヌ、善後ノ處理トシテハ上下心ヲ一ニシテ中正ナル途ヲ講シ國威ヲ宣揚スルト共ニ信ヲ中外ニ失ハス世界平和ノ基礎ヲ確立セネハナリマセヌ當局ノ立案ハ此ノ見地ニ立脚シテ居ルコトハ勿論テアルト考ヘマス乍去此ノ案ハ綱領ヲ示シタモノデ御座リマス實際ニ於テ其ノ目的ヲ達スルニハ尙細目ニ渉リテ事ヲ定ムルノ必要ガアリ又之ヲ遂行スルニ當リ幾多考慮ヲ要スルコトガアルト存シマス、要スルニ寛嚴宜シキヲ制スルコトガ大切テ御座リマス、嚴ニ過クルコト寛ニ失スルコトハ何レモ再ヒ禍亂ヲ生スルノ因ヲ爲スモノト思ヒマス

本文ニ依レハ支那現中央政府カ和ヲ求メ來リ和議成ルトキハ永ク其ノ地位ヲ認メネハナリマセヌ、現中央政府ヲ存

置スル場合ニ於テ別紙(甲)ニ記載スルガ如ク內蒙ニ自治政府ヲ成立セシメ北支ニ特種ノ政治機構ヲ設立スルナラハ現在內蒙竝ニ北支ニ事實上存在スル政治機構ハ如何ナル運命ニ立至ルヘキヤ此點ニ付當局大臣ノ辯明ヲ求メタルニ現存スル機構ハ其ノ儘新設セラルヘキ自治政府又ハ政治機構トシテ認ムルノ方針ナリトノ答ヲ得マシタ案スルニ內蒙竝ニ北支ニ現存スル機構ハ皆我方ノ指示ニ依リ其ノ組織ヲ見ルニ至リタルモノテ御座リマス、若シ和講（マヽ）成リタル場合ニ於テ支那中央政府カ之ヲ反逆視スルカ如キコトアラハ我ハ信ヲ中外ニ失スルコトハ必然テ御座リマス素ヨリ事體（態カ）ノ推移ニ因リ多少ノ變動ハ免ルヘカラサルコトデアリマセウカ大體ニ於テ當局大臣ノ答フルカ如キ趣旨ニ於テ處理スルコトヲ以テ動カサル方針ト爲サネハナラヌコトト考ヘマス

別紙(甲)ニ依レハ「北支ハ支那主權ノ下ニ於テ日滿支三國ノ共存共榮ヲ實現スルニ適當ナル機構ヲ設立シ之ニ廣汎ナル權限ヲ賦與シ特ニ日滿支經濟合作ノ實ヲ擧クルニアリ」ト記シテアリマス案スルニ此ノ機構ヲ設立スルノ目的ハ三國ノ經濟合作ノ實ヲ擧クルニ在ルモ其ノ機構ノ本體ハ一種ノ政治機構テアルコトハ明デ御座リマス而テ此ノ機構ハ內蒙ニ設立セラルヘキ自治政府ト異ナリ中央政府ノ統制下ニ置カルヘキモノデ御座リマス若シ此ノ機構カ一般地方政廳ノ如ク各般ノ事項ニ付キ支那中央政府ノ指揮ヲ受クヘキモノデアレバ到底所期ノ目的ヲ達スルコトハ出來マセン獨立國家ノ如ク條約ヲ締結スルコトヲ許サザルハ勿論ナルモ少クトモ所定ノ目的ノ爲メニハ中央政府ノ指揮ヲ待タスシテ有效ナル協定ヲ爲シ得ルノ權限ヲ有セシムルコトヲ動カスヘカラサルノ條件トセネハナラヌコトト考ヘマス此ノ如クナラハ永ク支那ノ內政ヲ拘束スルノ結果トナルモコレハ東洋平和ノ爲メニ已ムヲ得ザルコトトシテ忍ハネバナリヤセヌ

本文ノ末項ニ「國民ノ間ニ事變處理根本方針ノ趣旨ヲ徹底セシムル樣國論ヲ指導ス、對外啓發ニ付亦同シ」トアリマス案スルニ大方針カ聖斷ニ依リ定マリタル以上ハ國民一人トシテ之ニ異議ヲ唱フルモノナキコトハ明デアリマス輔翼ノ國務大臣ハ國民全體ヲシテ徹底的ニ其ノ趣旨ヲ了解セシムルノ責任ヲ有スルコトハ勿論デ御座リマス若シ此ノ點ニ付萬一ノ失アルトキハ國民ノ間ニ疑惑ヲ生シ思ハサルノ結果ヲ生スルノ恐ナシト斷言スルコトハ出來マセヌ人心ヲ

中正ニ導クコトハ最モ大切ナルコトデアリマスガ古來爲政者ノ最モ難ンジタル所テ御座リマス此點ニ付國務大臣ノ責任ノ輕カサルコトヲ痛感致シマス

以上當局者ニ望ム所ノ大要ヲ述ヘマシテ意見ノ開陳ヲ終リマス

附　記

（左記ハ前記要旨手交ニ當リ平沼樞密院議長ヨリ堀内次官ニ述ヘタル趣旨ナリ）

御前會議議題ヲ受領シテヨリ會議マテノ間十分時間ノ餘裕ナカリシ爲メ御前會議ニ於テ自分ノ意見ヲ陳述スルニ當リテハ單ニ其ノ要旨ヲ「メモ」ニ留メ右ニ依リ意見ヲ申述ヘタル次第ニテ其ノ後前記要旨ヲ書上ケタルモノナルニ付キ本件書キ物ハ御前會議ニ於テ陳述セル所ト字句ニ於テ必スシモ一致シ居ラサル所アルノミナラズ簡略ニシタル箇所アルモ趣旨ニ於テハ何等變ル所ナシ

實ハ右以外ニモ意見申述ヘタキ點アリタルモ既ニ參謀總長及軍令部總長兩宮殿下ノ述ヘラレタル所ト重複スル部分モアリタルニ付キソレ等ノ點ハ自分ニ於テ全然同感ナリト述フルニ止メ繰返シ自分ノ意見ヲ開陳スルコトハ之ヲ差控ヘタリ

編注一　第五号㈲の誤りかと思われる。省略。なお、第五号㈲と第五号㈦の違いは編注二を参照。

二　省略。本書第191文書として採録。
なお、第五号㈲からの修正点は、冒頭に「昭和十三年一月十一日　御前會議ニ於テ決定セラレ、一月十五日第二段ノ措置ヲ執ルコトニ決定セラル」の一文を加えたこと。

193　昭和13年1月12日　広田外務大臣より在英国吉田(茂)大使、在米国斎藤(博)大使他宛(電報)

「支那事變處理根本方針」の保秘につき訓令

本　省　1月12日後3時50分発

合第一〇九號(大至急、極祕、館長符號扱)

往電合第九八號御前會議決定ノ方針ニ付陸軍ハ之ヲ直チニ(欄外記入)出先ニ電報スルノ可否ニ付キ尚ホ研究中ノ趣ニ付當方ヨリ何分ノ議(儀カ)申進スル迄ハ右内容ハ嚴ニ貴官限リノ御含ミトシ

特ニ陸海軍ヲモ含ム部外ニハ絶對極祕ニ取扱ハレ度シ
冒頭往電ノ通リ轉電轉報アリ度シ

（欄外記入）
電信課長殿
「滿」宛ニハ冒頭ニ「澤田參事官ヘ」ト挿入願度（松村印）

194　昭和13年1月12日　広田外務大臣より在上海岡本総領事、在北平森島大使館参事官、在天津堀内総領事他宛（電報）

「支那事變處理根本方針」の軍側における伝達方法について

本　省　1月12日後8時20分発

合第一一三號（部外極祕、至急、館長符號扱）
往電合第一〇九號ニ關シ
軍中央ヨリハ關東軍司令官、北支那及中支那方面軍司令官、駐蒙兵團司令官及臺灣軍、朝鮮軍司令官宛本件處理根本方針ノ極ク大要（條件細目等ニハ觸レ居ラス）ヲ電報シ本文ハ近ク人ヲ派シテ傳達スルコトトセル趣ニ付右御含ミ置キアリ度シ
本電宛先上海、北平、天津、在滿澤田參事官

編　注　在満州国大使宛については「澤田參事官宛トスルコト」との指示が付されている。

195　昭和13年1月15日　閣議決定

和平交渉打切りに関する在本邦独国大使への通告案

付　記　昭和十三年六月、東亜局第一課作成「日支事變處理經過」より抜粋
「五、獨逸ノ和平交渉斡旋」

在京獨逸大使ニ對スル通告案（編注一）

日支事變ノ和平直接交渉ニ對スル貴國政府ノ好意的斡旋及貴大使ノ御盡力ハ本大臣ノ感佩スル所ナリ
然ルニ右交渉ニ關スル支那側ノ回答ハ數次之ヲ延期シテ一月十日ニ至ルモ到着セス回答到着期日ヲ更ニ延期シ漸ク昨日ノ回答ニ接セルカ右ハ單ニ更ニ我方條件ノ詳細ヲ承知シ

タキ旨ノ遷延的回答ニ過キス畢竟支那側ハ曩ニ本大臣ノ開示セル媾和ノ原則ヲ總括的ニ承認シテ帝國政府ニ和ヲ乞フノ態度ヲ表示セサルモノト認メラルルヲ以テ帝國政府ハ茲ニ遺憾乍ラ貴國ノ好意的御配慮ニ依ル日支兩國和平交渉ヲ打切リ從來ト全ク新ナル見地ニ立チ事變ニ對處スヘキコトヲ決定セリ

終リニ貴國從來ノ本問題ニ對スル御配慮竝御努力ニ對シ深甚ナル謝意ヲ表ス

編注一　昭和十三年一月十六日午前、広田外相は在本邦独国大使を招致し、本通告案を手交した。

二　本文書は、昭和十三年六月、東亜局第一課作成「日支事變處理經過」より抜粋。

（付　記）

五、獨逸ノ和平交渉斡旋

(甲)交渉條件提出迄ノ經緯

(イ)十月ニ入リ武府ニ日支和平交渉斡旋ニ關スル九ケ國條約會議開催ノ議アリ帝國ノ參加方要請シ來レルヲ以テ、十月二十七日外務大臣ハ在京關係國大使ヲ招致シ右會議ニ對スル帝國不參加ノ次第ヲ回答セルカ、前記四、第三國ノ斡旋ニ對スル方針ノ次第モアリ其際外務大臣ヨリ主要各國大使ニ對シ、武府會議ニ對スル帝國ノ態度ハ右ノ通リナルカ、各國カ個々ニ事變解決ノ爲日支直接交渉開始方南京政府ヲ說得セラルルコトハ寧ロ希望スル所ナリト述ヘタル經緯アリ

（前記三、十月一日決定ノ對處要綱ニ於テ和平條件ノ大綱ヲ決定シ、爾後獨逸側ニ對シテハ陸軍側ヨリ在京獨逸武官ヲ通シ和平斡旋ヲ辭セストノ意嚮ヲ通シ置キタル趣ナリ）

(ロ)十一月八日在京獨逸大使外務大臣ヲ來訪在支獨逸大使ノ報告ニ依レハ支那側ノ和平條件ニ對スル意嚮左記ノ通リナル旨内報セリ

(1)支那ハ日本側ニ原狀回復ノ用意アルニアラサレハ交渉ニ應シ得ス。條件ノ一部ニ付話合ヲナスコトハ可能ナルモ右ハ原狀回復ノ後ニ於テナサルヘク、平和條約ノ締結ハ兩國ノ將來ニ亘リ友好關係ノ礎石タルカ如キモノナラサルヘカラス。

(2)支那ハ目下武府會議ニ於テ審議中ノ列國ト協調中ナルヲ以テ、日本側ノ條件ヲ公式ニ諒承スルコトハ不可ナリ

(附)確實ナル情報ニ依レハ支那側ノ和平解決條件大要左ノ通リト認メラル

(1)北　支

北支ノ主權領土及行政ノ完整ヲ確保シ得レハ經濟開發、及資源ノ供給ニ關シ相當ノ讓歩ヲナス

各國駐兵權ヲ全部放棄セシムレハ最モ可ナルモ、然ラサレハ日本ノ駐兵ハ義和團條約規定ノ地域トシ、兵力ハ列國トノ振合ニ應シ別ニ條約ヲ以テ定ム

(2)上　海

(a)八月十三日以前ノ原狀ニ復ス

(b)上海停戰協定所定ノ地域內ニ於テ、武裝團体防禦施設禁止ニ關スルカ如キ事項ハ國際協定ヲ以テ規定ス。

日本及列國ノ上海ニ於ケル駐兵及軍事施設ハ租界守備區域ニ必要ナル最少限度ニ減シ、其ノ兵力ハ現共同委員會又ハ別ノ委員會ニ於テ研究決定ス。

右有效期限ヲ當分五年トス。

(c)前項區域ハ略現停戰協定區域トシ之ヲ著シク擴張スルハ不可ナリ

(乙)日支和平條件ノ決定

(イ)陸軍側原案別紙第一號(省略)ノ通リ

(ロ)右原案ニ基キ陸海外三省間ニ於テ屢次會合研究シ且ツ閣議及政府大本營間連絡會議ニ於テモ再三討議ノ結果、政府トシテ最後的ニ決定セル回答振別紙第二號(編注一)ノ通リ

(ハ)尚前記(イ)陸軍案ニ基キ陸海外三省事務當局ニ於テ最大限ノ條件トシテ此ノ際考慮シ得ル條件案トシテ一應纏リタルモノ別紙第三號(省略)ノ通リ

別紙第三號事務當局案ト別紙第二號閣議決定案末尾ノ「日支媾和交渉條件細目」トノ重要ナル相違點大要左ノ通リ

(1)事務當局案ノ四、ノ趣旨ハ北支政權ハ特殊ノ「行政形体」トスルモ中央政府ノ下ニ立ツモノナルコトヲ前提トシ、從テ行政統一ノ形式ヲ保持シ、中央政府ノ面目ヲ立テ遣ルコトヲ考慮セルモノナリ

閣議決定ノ「條件細目」四、ハ北支政權ヲ單ニ支那主

権ノ下ニ於ケル特殊「機構」トシ之ニ廣汎ナル權限ヲ附與スルコトトセリ。卽チ支那主權ノ下ニ立ツニ於テハ中央政府ト分離セル獨立政權トスルモ差支ヘナキ趣旨トナリ居レリ

(2)閣議決定「條件細目」中ノ附記(二)ハ日支間ノ協定成立後休戰協定ヲ開始スル旨明記セリ

事務當局案ニ於テ右規定ヲ削除セル理由ハ、和平交渉開始スルモ事實上軍事行動ヲ進メ差支ナキ次第ナルト共ニ、適當ノ場合ニハ休戰協定ヲモ交渉シ得ル次第ニテ、右附記(二)ノ如キ規定ヲ明記セストモ明記スルト同様ノコトヲナシ得ヘク、從テ明記ナキ方萬事余裕アリテ可ナリトノ意嚮ニ出テタル次第ナリ。事實漢口側ハ本規定ニ依リ當初ヨリ著シク衝撃ヲ受ケタル模様ナリ

(丙)條件提出ヨリ決裂迄

(イ)十二月二十二日廣田外務大臣ハ獨逸大使「ディルクセン」ヲ招致シ別紙第二號對獨回答文ヲ示シ、數箇ノ點ニ付口頭説明ヲナシ、獨逸大使ヨリモ種々質疑アリ、結局獨逸大使ハ右ヲ在支獨逸大使ヲ通シ漢口政府ニ提出スヘキ旨約シタリ

其ノ後本件ニ關シ在京獨逸大使ト廣田大臣トハ屢々會合シ獨逸大使ヨリハ再三支那側ノ態度ニ關シ中間的報告アリ、大臣ヨリハ又屢々支那側ノ最後的回答ヲ得ル様督促セリ

(ロ)内閣ニ於テハ一月早々支那側ノ確答アルヘキヲ期待シ、大体一月五六日迄ニハ確答アルモノト豫定シ居リタルモ容易ニ確答ニ接セス

一月十三日閣僚會合ノ際ニハ何時迄モ便々トシテ支那側ノ回答ヲ待チ居ル譯ニモ行カサルニ付十五日中ニ支那側ヨリ確答ナキ場合ニハ直ニ國民政府トノ交渉ニ期待ヲ掛ケス事態ヲ處理シ行クノ第二手段ヲ取ルヘキ旨聲明スルコト然ルヘク右ハ十四日ノ閣議ニ於テ決定スヘキ旨ノ話合ヒ成立セリ

(ハ)一月十四日在京獨逸大使外務大臣ヲ來訪シ十三日支那外交部長ノ在支獨逸大使ニナサレタル聲明ヲ手交シタル上

支那側ハ日本ノ要求スル細目ヲ承知シ度シトノコトナルカ在支獨逸大使ハ曩ニ貴大臣ヨリ承リタル日本側條

件ノ大体ハ支那側ニ傳ヘタルモノト思考スルモ別ニ書物ヲ以テセサリシ次第ニ付此ノ際日本側ノ細目條件十一ケ條ヲ書面ニ認メ支那側ニ手交スルニ於テハ此ノ二十日二十一日頃迄ニハ支那側ノ確答ヲ得ラルヘキ旨述ヘタリ。

右ニ對シ外務大臣ハ支那側ノ聲明ハ如何ニモ日本ヨリ和ヲ乞フカ如キ書キ振リヲナシ居ル處抑モ媾和ノ希望及條件等ハ進ンテ支那側ヨリ提示スヘキ筋合ナルニ日本側ノ條件ヲ大体承知シナカラ尚日本側條件ノ細目ニ付說明ヲ求メ、而モ支那側ノ意見ヲ示ササルカ如キハ、支那側ニ和平ノ誠意ナク、遷延策ヲ講シ居ルモノト見ル外ナシ。恰モ目下閣議開催中ニ付直ニ右支那側申出ノ次第ヲ閣僚ニ諜リ追テ何分ノ回答ヲナスヘキ旨答ヘ置キタリ

(ニ)右支那側ノ態度ニ基キ、直ニ漢口トノ和平交渉ヲ打切リ、國民政府ヲ對手トセストノ聲明ヲ爲スヘキヤ否ヤニ付テハ政府及大本營間ニ於テ種々ノ意見生シ議ヲ纒ムル爲政府及大本營間ノ連絡會議ヲ重ネタル結果結局交渉ヲ打切リ斷乎タル聲明ヲ爲スコトニ決定セリ

(ホ)仍テ外務大臣ハ十六日午前在京獨逸大使ヲ招致シ別紙第四號(編注二)交渉打切ニ關スル通告ヲ手交スルト共ニ獨逸側ノ從來ノ好意ヲ謝シタル後

同日正午別紙第五號(編注三)帝國政府ノ聲明ヲ發出セリ

編注一　省略。第188文書として採録。

二　省略。第195文書として採録。

三　省略。第196文書として採録。

196

昭和13年1月16日

「爾後國民政府ヲ對手トセズ」との日本政府声明

付記一　昭和十三年一月十四日、東亜局第一課作成
右声明発出後の処理方針

二　昭和十三年一月十七日、東亜局第一課作成
右声明発出に伴う諸問題に関する議会用擬問擬答

帝國政府聲明

(昭和十三年一月十六日)

帝國政府ハ南京攻略後尚支那國民政府ノ反省ニ最後ノ機會ヲ與フル爲今日ニ及ベリ、然ルニ國民政府ハ帝國ノ眞意ヲ解セズ漫リニ抗戰ヲ策シ、内民人塗炭ノ苦ミヲ察セズ、外東亞全局ノ和平ヲ顧ミル所ナシ、仍テ帝國政府ハ爾後國民政府ヲ對手トセズ、帝國ト眞ニ提携スルニ足ル新興支那政權ノ成立發展ヲ期待シ、是ト兩國國交ヲ調整シテ更生新支那ノ建設ニ協力セントス、元ヨリ帝國カ支那ノ領土及主權竝ニ在支列國ノ權益ヲ尊重スルノ方針ニハ毫モカハル所ナシ、今ヤ東亞和平ニ對スル帝國ノ責任愈々重シ政府ハ國民カ此ノ重大ナル任務遂行ノ爲一層ノ發奮ヲ冀望シテ止マズ

編　注　本声明は一月十六日正午に発出された。

（付記一）

南京政府ヲ相手トセサル旨聲明シタル後ニ於ケル處理方針

（昭和一三、一、一四、東亞一）

甲、方　針

一、南京政府ヲ相手トセストノ今回ノ聲明ハ一方ニ於テ新政權ノ樹立及之カ承認ニ進ムコトヲ豫告スルト共ニ他方南京政權ノ存在ヲ意識シツツ而モ之ヲ無視スルノ態度ヲ示シタルモノニシテ南京政府トノ國交斷絶ト云フカ如クハッキリ南京政府ヲ對等ノ相手方トシテ扱フコトハ之ヲ無視セントスル趣旨ニ合セス

從ッテ右ノ如キ態度ハ之ヲ國際法上ヨリ説明スルコト困難ナルカ日支間及支那ノ特殊事態ニ鑑ミ現實ノ大戰爭スラ國際法上ニ云フ戰爭ニ非ストシテ押通シ來レル程ナルニ付今回ノ事態モ亦事實上ノ行爲、事實上ノ關係トシテ之ヲ取扱ヒ總テハッキリ法律關係ヲ明確ニセス我方ニ有利ナル解釋ヲ取リツツ進ムコト然ルヘシ

二、在本邦支那大使館及領事館竝ニ在留民ニ對スル取扱モ亦必スシモ法的理論ニ捉ハレサルコトトス

但シ帝國ハ南京政權打倒ヲ目的トスルモ支那人ト鬪フモノニ非ス根本ハ日支兩國人ノ諒解ヲ進メ日支間親善關係ヲ樹立スルニアルヲ以テ南京政權下ニアリタル支那人ト雖モ我方ニ於テ之ヲ遇スルニ道ヲ以テスルニ於テハ日支關係再建ノ役ニ立ツヘク徒ニ感情ニ走リ敵タ

ラシムルコトヲ避クルコト肝要ナリ況ンヤ大國民ノ襟度トシテモ實力ナキ在本邦支那官民ニ對スル扱ヒヲ冷酷ニスルカ如キハ絶對ニ之ヲ避クルコトヲ方針トス

乙、要　領

一、川越大使ニ歸朝ヲ命ス

(イ)但シ外部ニ對シテハ南京政府ヲ相手トセサル旨帝國政府ニ於テ聲明セルニ依リ右帝國ノ決意ヲ明ニスル爲大使ニ歸朝ヲ命シタルモノナル旨發表ス

(ロ)外國側(在支)ニ對シテハ單ニ川越大使歸朝シ爾後大使館ノ館務ハ上海ニ於テハ日高參事官、北平ニ於テハ森島參事官之ヲ管掌ス但シ兩參事官トモ代理大使ト稱セサル旨通知ス

(ハ)大使館參事官以下ノ館員及總領事以下ノ領事館員ハ現狀ノ儘トス

二、支那側ニ對シテハ川越大使ニ歸朝ヲ命シタル趣旨ヲ説明シ(東亞局長ヨリ楊參事官アタリニ話スコト然ルヘシ)在本邦支那大使以下ノ外交官及領事館員全部ノ本邦引揚ヲ勸告ス

(イ)引揚迄ハ外交官及領事官ノ特權ヲ認メ其ノ身體財産ニ付テハ十分ノ保護ヲ爲スモノトス

(ロ)大使館及領事館ノ建物ハ支那新政權ニ於テ接收スル迄我方官憲ニ於テ立入ルコトナク之ヲ保護スルモノトス

(ハ)我方引揚ノ勸告ニ拘ラス引揚ヲ實行セサル場合ニ於テモ之ヲ保護スルコト從前ノ通リトシ大使館及領事館ニハ我方官憲ニ於テ無斷侵入シ若クハ館員ヲ逮捕スルカ如キコトナシ

但シ衣食住以外ノ問題卽チ公用ニテ外部ト接觸スルコトヲ禁ス

帝國カ新政權ヲ承認シタル場合ニ於テハ南京政府ノ任命セル外交官及領事官ヲ一切退去セシムヘキコト勿論ナリ

(ニ)引揚勸告後一定期日ノ後ハ諜報防遏ノ目的上暗號電信ノ發受ヲ禁ス

(説　明)

以上ノ措置ハ國際法上ヨリ説明スルコト困難ナルモサリトテ確然國交斷絶トスル時ハ在支帝國外交官ノ駐在ヲ否認スルコトトナリ若シ外國側ニ於テ理窟ヲ言ヒ出セハ外

交團トノ關係モ一切非公式ノモノトナリ不便アルノミナラス條約關係ニ於テモ不利アルヘシ

仍テ大規模ナル事實上ノ戰爭ヲ爲シツツ國際法上ノ戰爭ニ非ストシテ押通シ來レルコトナルニ付今回モ支那新政權承認迄ハ國際法上ニ於テハ未タ國民政府ノ存立ヲ認メ居リ法律上ノ國交斷絶ニモ非ス唯事實上國交斷絶ト同樣ノ狀態ニナリタルモノトノ建前ヲ採リ置クコトトシタル次第ナリ

從ツテ大使ノ引揚モ法律上ヨリ云ヘハ單ナル歸朝ニシテ代理大使ヲ置カサルコトモ單ニ帝國ノ決意ノ强キコトヲ示ス爲ニ過キストノ說明トスルコトトシタシ

（付記二）

帝國政府ノ國民政府ニ對スル態度決定ニ伴フ諸問題ニ關スル第七十三議會用擬問擬答

註　昭和十三年一月十四日作成當課關係擬問擬答中本擬問擬答ト重複スルモノハ削除相成度

東亞局第一課（昭和一三、一、一七）

問　帝國政府今後ノ對支方針如何

答　一月十六日政府聲明ノ通リ今後ハ國民政府ヲ對手トセス帝國ト眞ニ提携スルニ足ル新興支那政權ノ成立發展ヲ期待シ是ト兩國國交ヲ調整シテ更生新支那ノ建設ニ協力セントスル次第ナリ

問　若シ今後國民政府ヨリ媾和停戰等ノ申出アリタル場合之ニ對スル帝國ノ方針如何

答　帝國政府トシテハ今後國民政府ヲ對手トセサル方針ヲ堅持スルモノナルヲ以テ今后萬一國民政府ガ國民政府ノ名ニ於テ媾和停戰等申出來ルコトアリトスルモ之ヲ取リ上ケ得サル次第ナリ。

尤モ國民政府カ新興支那中央政權ノ傘下ニ合流シ新政權トシテ停戰媾和等ノ申出ヲナシ來ル場合ハ此ノ限リニ非サルコト勿論ナリ。

問　政府ニ於テ爾後國民政府ヲ對手トセストハ如何ナル意味ナリヤ

答　帝國政府カ國民政府ヲ對手トセストハ事實上今後ハ日支兩國間ノ問題ニ就テハ一切同政府ヲ對手トスル交涉ヲナサス帝國ハ全然帝國獨自ノ立場ニ於テ事態ニ對處

セントスル趣旨ナリ

問　國民政府ヲ對手トセストハ同政府トノ國交斷絶ヲ意味スル次第ナリヤ

答　右ハ事實上今後同政府ヲ對手トセストノ趣旨ニテ兩國外交關係ノ斷絶ニ依ル國際法上ノ所謂國交斷絶トハ見ス

(註)「祕」

對手トセストハ帝國ノ決意乃至方針ヲ簡明直截ニ述ベタルモノニシテ、飽ク迄事實關係ニ過キス従テ國際法上ノ國交斷絶ニハ非サルモ强ヒテ類似ノ用語ヲ用ヒントセハ事實上ノ國交斷絶ニ近シト云フヲ得ヘシ。要之日支間ノ問題ハ其ノ特殊事態ニ鑑ミ普通ノ國際法ヲ其儘適用シ得サル場合多ク、今回ノ例モ亦然ル次第ナリ。

問　政府ハ何故此ノ際國民政府ニ宣戰ヲ布告シ若クハ同政府ヲ否認スルノ措置ニ出テサルヤ

答　此ノ際國民政府ニ宣戰スルコトハ却テ或ル意味ヨリ言ヘハ之ヲ對等ノ對手トシテ認ムルコトトモナルノミナラス諸般ノ關係上ヨリ云フモ適當ナラスト認メ居ルカ故ナリ又此ノ際國民政府ヲ否認スルト云フコトハ法理上ノ觀點ヨリ妥當ヲ缺クモノト認メラレ帝國政府ニ於テ將來新政權ヲ承認スル曉ニ於テハ當然國民政府ノ否認ノ結果ヲ招來スルコトトナル次第ナリ

問　帝國政府聲明中ノ新興支那政權ノ成立發展ヲ期待スルトハ結局中華民國臨時政府ヲ承認セントスル趣旨ナリヤ

答　特定政權ヲ指名スルコトハ未タ其ノ時期ニ非スト認メラルルモ帝國政府トシテハ帝國ト理想ヲ同シウスル新支那新政權ニシテ將來全支那ノ中央政權タルヘキモノノ成長發展ヲ期待シ之ヲ支那中央政府トシテ承認セントスル趣旨ナリ

問　帝國政府ハ在京支那大使ノ引揚ヲ要請スル意向ナリヤ

答　法理上外交關係ノ斷絶ニ非サルヲ以テ帝國政府ニ於テハ正式ニ在京支那大使ノ引揚ヲ要請スル等ノコトハ無之モ帝國政府トシテハ今後國民政府ヲ對手トセサル次第ナルニ付在京支那大使トノ公的交渉ハナクナル譯ニモアリ其ノ滯京ヲ必要トセサル事態トナリタルモノト認メ居ル次第ナルヲ以テ同大使ニ於テモ結局東京ヲ引揚ケラルルモノト考ヘ居ル次第ナリ

問　川越大使召喚後日高參事官代理大使ニ任命セラレ居ル處斯クテハ尙帝國政府カ國民政府ヲ對手トシ居ル形トナリ政府ノ方針ト矛盾シ居ルヤニ認メラルル處此ノ點如何

答　代理大使ハ特ニ任命スル次第ニハ非スシテ大使離任セハ館員中ノ先任者カ自働的ニ代理大使トナリ館務ヲ統轄スルコトトナリ居ル次第ナリ。從テ代理大使カ存在スルコトハ制度上ノ問題ニテ事實上帝國カ今後國民政府ヲ對手トセサル建前トハ何等矛盾セサルモノト解シ居レリ

197　「國策大綱」

昭和13年1月20日　閣議決定

國策大綱

國體ノ本義ニ基キ擧國一致内ニ國力ノ充實ヲ圖リ外ニ帝國ノ發展ヲ遂クルヲ以テ施政ノ根本方針トシ向後數年ニ亘ル非常時ヲ目標トシ緩急輕重ヲ計ツテ左記諸政策ヲ遂行ス

一　帝國ノ對外國策ハ日滿支ノ鞏固ナル提携ヲ具現シ東洋永遠ノ平和ヲ確立シ世界ノ平和ニ貢獻スルヲ以テ基本トス

二　日滿兩國不可分關係ヲ堅持シテ對滿重要策ノ完成ヲ期シ對支策ノ具現ニ積極的努力ヲ爲シ南方ニ對スル經濟發展ニ努ム

三　支那事變ニ對スル軍事目的達成ニ遺憾ナカラシメ且國防ノ必要ニ應スル爲國家總動員態勢ヲ完成スルト共ニ今後一層軍備ノ充實ヲ圖ル尙支那長期抵抗ニ對應スル一切ノ措置ヲ執ル

四　向後四年ヲ目標トシ重要產業ノ振興ヲ計リテ生產力ノ綜合的擴充ヲ爲シ日滿ノ外更ニ北支等ヲモ加ヘテ全體的計畫ノ下ニ國防上重要物資ノ供給ヲ確保シ且輸出貿易ヲ促進シテ國際收支ヲ改善シ以テ國防經濟ノ確立、帝國經濟力ノ充實ヲ期ス

五　今次事變ニ於ケル銃後ノ處理及戰死傷病者竝ニ其ノ遺族家族ニ對スル扶助援護ニ遺憾ナカラシメ且復員ノ措置ヲ適切ニシ更ニ在支居留民ノ復興ニ必要ナル措置ヲ講シ以テ將來ニ於ケル帝國發展ノ萬全ヲ期ス

六　國民思想ノ指導ヲ强化徹底シ學術文化ノ振興ヲ圖リ大

國民タルノ資質ヲ涵養スヘク文教ノ刷新ヲ期ス

七　非常時局ニ對スル國民ノ覺悟ヲ益々强調シ犧牲的精神ヲ發揮セシムルト共ニ國民生活ノ安定ニ必要ナル諸政策、就中農山漁村ノ振興、中小商工業者及勞務者ノ厚生竝ニ國民體力ノ向上ニ力ヲ致ス

八　軍備充實、産業振興及國民生活安定ノ爲物價、金融、事業、貿易、交通、動力、勞務等ニ對シ必要ナル國家的統制ヲ加フルト共ニ非常時財政計畫ヲ確立ス

九　共産主義其ノ他國體ト相容レサル思想行動ニ對シ之カ艾《(芟カ)》除克服ヲ期ス

十　以上ノ諸政策遂行ヲ迅速的確ナラシムル爲政治行政ヲ刷新シ國家諸般ノ機構ヲシテ之ニ適應セシムルコトヲ期ス

理　由

蔣介石政權ハ國都ヲ始メ主要地域ヲ喪失セシト雖未タ抗日ノ迷濛醒メス反テ外國ノ援助ヲ期待シ日本ノ經濟的消耗ト財政的疲弊トヲ期待シ長期抵抗ニ專念セントシツツアリ他力本願ト名分固執ノ民族性ハ今後執拗ナル抵抗ヲ繼續スルモノト判斷セラルヘシ此間英、蘇兩國ハ巧ニ支那側ヲ煽動シツツアリテ其ノ勢ノ嚮ク處形勢樂觀ヲ許ササルモノアリ此ノ如キ情勢ヲ達觀スルトキ帝國ハ一意今次事變ノ軍事目的達成ニ邁進シ支那ノ長期抵抗ヲ覆滅スルト共ニ一面帝國ノ飛躍的海外發展ヲ策シ將來國際情勢ノ如何ナル推移ニモ對應スル爲擧國一致牢乎タル覺悟ト萬全ノ準備トヲ整フルコトヲ必要トス之ガ爲ニハ向後數年ヲ目標トシテ國家ノ嚮フ處ヲ明確ニシ國家百般ノ事象ヲシテ擧ケテ此ノ目的達成ニ卽應スルコトハ實ニ焦眉ノ急務タリ玆ニ國策大綱ヲ樹立シ施政ノ方針トシテ着々之カ實現ヲ期セントスル所以ナリ

編注　本「國策大綱」は、企画院が起草し、昭和十二年十二月二十八日に各省へ送付。閣議の修正を経て、一月二十日に閣議決定し、翌二十一日に裁可された。

198

昭和13年1月21日

一月十六日声明後の中国外交機関の地位に関する情報部長談話

一月十六日帝國政府聲明後ニ於ケル支那外交機關ノ

地位ニ關スル情報部長談（一月二十一日）

南京政府ヲ相手トセストノ十六日帝國政府聲明ハ帝國ハ事實上南京政權ヲ無視スルノ態度ヲ示シタモノテ川越大使ニ對スル歸朝命令ハ右帝國ノ決意ヲ明ニスル爲テアル尙今回ノ事態ニ基ク支那外交機關ノ取扱ニ就テモ事實上ノ關係トシテ大體左ノ通之ヲ行フ方針テアル

一、在本邦支那大使以下ノ外交官及領事館員ノ引揚ケル者ニ付テハ引揚迄ハ外交官及領事官ノ特權ヲ認メ其身體財産ニ付テモ十分ノ保護ヲ與ヘル

二、引揚ヲ爲サス本邦ニ居殘ル者ニ付テモ身體財産ニ對スル保護ニ付テハ從前ノ通ノ取扱ヲスル

三、在本邦支那大使館及領事館ノ建物ハ支那外交官領事官ノ本邦引揚後ト雖モ我方官憲ニ於テ立入ル事無ク之ヲ保護スル

編注　本文書は、昭和十三年十二月、情報部作成「支那事變關係公表集（第三號）」から抜粋。

199

昭和13年1月22日

第七十三回帝国議会における広田外相演説

第七十三回帝國議會ニ於ケル廣田外務大臣演説

（一月二十二日）

支那事變ニ對スル帝國政府ノ方針ニ付キマシテハ、曩ニ第七十二回帝國議會ニ於テ、陳述スル所アリマシタカ、本日茲ニ、其ノ後ノ情勢、及我カ對外關係ノ全般ニ付イテ、所見ヲ開陳致シタイト存シマス。

今次事變ニ對スル帝國政府ノ態度ハ、屢次ニ亙ル政府所信ノ披瀝ニ依テ明カテアリマシテ、帝國政府ハ、支那ニ對シ何等ノ領土的野心ヲ有セス、又北支ヲ支那ヨリ分離セシメントスルカ如キ意圖ヲモ有シテ居ナイノテアリマス。卽チ帝國ノ求ムル所ハ、唯支那カ大局ニ目覺メ、日支提携共存共榮ノ理想ニ協力スルニ至ランコトニアルノテアリマス。

從テ事變勃發ノ後ニ於キマシテモ、國民政府ニシテ排日抗滿ノ政策ヲ捨テ、右帝國ノ理想ニ協力スルノ誠意ヲ披瀝シ來ルニ於テハ、帝國ハ之ト手ヲ携ヘ東亞和平ノ確立ニ邁進センコトヲ期シテ居タノテアリマス。然ルニ國民政府ハ帝

國ノ眞意ヲ解セス、多年自ラ鼓吹シ來レル排日抗日ノ主張ニヨリ自縄自縛ニ陷リ、冷靜ニ大局ヲ顧念シテ善處スルコトヲ得ス、或ハ第三國ニ頼リ、或ハ共產黨ト結ヒ、今尙長期抵抗ヲ唱ヘ、四億ノ民衆ヲ塗炭ノ苦ミニ投シ敢テ顧ミナイノテアリマス。今ヤ帝國ノ忠勇ナル軍隊ハ、北ニ南ニ勇戰奮鬪シ、爲ニ國民政府ハ首府南京ヲ捨テテ遠ク長江上流ニ逃竄セサルヲ得ナイコトニナリマシタカ、而カモ尙自ラ覺ルコトナク、自暴自棄的抵抗ヲ續ケテ居リマス。斯クノ如キハ支那民衆ノ爲ニモ、將又東亞ノ大局ノ爲ニモ、痛惜措ク能ハサル所テアリマス。帝國政府ハ、曩ニ獨逸政府ヨリ、日支兩國ノ間ニ立チ直接交渉ノ橋渡シヲナスヘキ旨ノ好意的申出ニ接シマシタノテ、國民政府ニ最後ノ反省ヲ與ヘンカ爲、事變解決ノ基礎條件トシテ次ノ四點ヲ提示シタノテアリマス。

一、支那ハ容共抗日滿政策ヲ放棄シ日滿兩國ノ防共政策ニ協力スルコト

二、所要地域ニ非武裝地帶ヲ設ケ且該地方ニ特殊ノ機構ヲ設定スルコト

三、日滿支三國間ニ密接ナル經濟協定ヲ締結スルコト

四、支那ハ帝國ニ對シ所要ノ賠償ヲナスコト

右ハ何レモ帝國政府ノ絕對必要ト認メル、最少限度ノ要求ヲ概括致シタモノテアリマシテ、私ハ國民政府カ速ニ此ノ基礎條件ニヨリ、和ヲ求メ來ランコトヲ切望シテ居タノテアリマスカ、東亞ノ大局ニ目覺メサル同政府ハ我方ノ寬容ト獨逸政府ノ好意トヲ無視シ、虛心坦懷ニ和ヲ乞フノ態度ニ出テス、徒ラニ遷延ヲ事トシタル末遂ニ何等誠意ノ認ムヘキ回答ヲシナカツタノテアリマス。

右國民政府ノ態度ハ、帝國政府ノ與ヘタル最後ノ好機ヲ自ラ抛擲シタルモノト云フヘキテアリマシテ、事態此處ニ至ツテハ、此ノ上荏苒同政府ノ反省ヲ待ツモ、到底事變解決ノ見込ナキコト明カト相成ツタノデアリマス。之レ去ル十六日帝國政府カ今後國民政府ヲ對手トセサル旨ノ聲明ヲナスニ至レル所以テアリマス。尙該聲明中ニモ明示シテアリマスル通リ、今後帝國政府ハ、帝國ト眞ニ提携スルニ足ル新興支那政權ノ成立發展ヲ期待致シマシテ、是ト兩國ノ國交ヲ調整シ、更生新支那ノ建設ニ協力スル決意テアリマシテ、私ハ此レカ、帝國ノ理想トスル日支提携ニヨル東亞ノ安定ヲ得ル唯一ノ途タルコトヲ信シテ疑ハナイノテアリマ

ス。

尚此ノ機會ニ一言致シ度イノハ、歐米諸國ニ於キマシテハ、動モスレハ、帝國カ支那ノ門戶ヲ閉鎖シ列國ノ權益ヲ驅逐センコトヲ企圖シテ居ルカノ如キ誤解ヲ有スル向カアルコトテアリマス。帝國政府ハ、帝國軍隊ノ占據區域內ニ在ル列國ノ權益ハ飽ク迄之ヲ尊重スヘキコトハ勿論、廣ク支那民衆ノ副（福カ）利增進ノ為、諸外國ニモ門戶ヲ開放シ、其ノ資本ノ進出ヲモ歡迎スルモノナルコトヲ茲ニ明ニシ度イト存シマス。私ハ關係列國カ、支那ニ於ケル新ナル事態ヲ直視シ、之ニ卽應シテ帝國カ現ニ為シツツアリ、又ハ今後為スコトアルヘキ合理的調整ノ要求ヲ諒解シ、以テ東亞ノ新ナル秩序ノ建設ニ協力セラレンコトヲ希望スル次第テアリマス。

次ニ日滿兩國關係ヲ見マスルニ、滿洲國ヲシテ帝國ト緊密不可分ノ關係ヲ持シツツ獨立國トシテ其ノ健全ナル發展ヲ遂ケシムルコトハ、帝國對滿國策ノ基調テアリマスカ、帝國カ多年滿洲ニ於テ享有セル治外法權、及日露戰爭ノ代償タル南滿洲鐵道附屬地行政權ニ付キマシテモ、政府ハ右國策ノ基調ニ遵據シ可成速ニ之カ撤廢乃至移讓ヲナスヘキ方針ヲ決定シ、右實現ノ為昭和十一年六月ノ條約、竝昨年十一月ノ條約ヲ締結シタノテアリマス。而シテ右兩條約ノ實施狀況ハ極メテ順調テアリマス。一方國際政局ニ於ケル滿洲國ノ地位ヲ見マスルニ、建國以來帝國ノ協力ノ下ニ庶政ノ改革ニ邁進致シマシタ結果、今ヤ列國モソノ對滿認識ヲ新ニスルニ至リ、昨年十一月末、先ツ伊國ノ正式承認ヲ得、次テ十二月初、西班牙「フランコ」將軍ノ政府トノ間ニ相互ニ、正式承認ヲ行ヒマシタコトハ、御同慶ノ至リテアリマス。

「ソヴィエト」聯邦トノ關係ニ付キマシテハ、帝國政府トシテハ、由來、兩國關係ヲ出來得ル限リ正常ナル狀態ニ置クコトカ、東亞平和ノ為喫緊ト信シ、此ノ方針ヲ以テ措置シ來ツタノテアリマス。卽チ兩國間年來ノ懸案タル漁業條約ノ修正問題ヲ、昨年中ニ解決セント努力致シマシタコトモ、一ニ此ノ方針ニ基クモノテアリマスカ、「ソヴィエト」政府當局ノ態度ニヨリ、昨年末遂ニ一昨年ト同樣ノ暫定取極ヲ結フノ已ムヲ得サルニ至リマシタコトハ、私ノ遺憾トスル所テアリマス。尤モ「ソヴィエト」政府ニ於テモ、現行條約ヲ修正スル協定ヲ締結スル為、必要ナル國內的準備ヲ進メテ居リマスルカ故ニ、引續キ交涉ヲ行ヒ、以テ可成速ニ、新協定ノ實現ヲ見ル様折角手配中テアリマス。尚政府ハ北樺太ニ於ケル利權事業ノ正常ナル進行ヲ極メテ重要視スルモノテアリマシテ、日「ソ」基本條約ニ由來スル此種ノ利權カ、不當ノ壓迫ニヨリ有名無實トナルカ如キコトハ、帝國政府トシテ默過シ得ナイ所テアリマス。又「ソヴィエト」聯邦ト支那トノ關係ニ付テハ、我國一般ノ特ニ注意ヲ惹イテ居ル所テアリマシテ、支那ハ昨年八月「ソ」聯邦トノ間ニ不侵略條約ヲ結ヒ殊ニ國際共産黨員カ支那ノ各層ニ喰入ツテ同國ノ社會秩序ヲ破壞シ、延イテ東亞ノ安定ニ禍シテ居リマスルコトハ、東亞ノ文明ト諸民族ノ福祉ヲ念トスル帝國トシテ、多大ノ關心ヲ持タサルヲ得ナイ次第テアリマス。

帝國ハ對支軍事行動ヲ進ムルニ當リ、在支第三國人及第三國權益ニ不測ノ被害ノ及ハサル様、特ニ留意シ來ツタノテアリマスカ、不幸ニシテ英米トノ間ニ、昨年末米艦「パナイ」號、及英艦「レデイバード」號事件カ起リマシタコトハ、甚タ遺憾トスル所テアリマス。此等事件カ我方ノ故意ニ出テタルモノニ非サルハ申ス迄モナイ所テアリマスカ、右兩事件ハ、一時、我國ト右兩國ノ感情疎隔ノ因ヲ成スコトナキヤヲ氣遣ハシメタノテアリマス。幸ニシテ兩國政府ノ冷靜且公正ナル態度ト、我官民一致ノ誠意トニヨリマシテ、事件ノ圓滿ナル解決ヲ見マシタコトハ、邦家ノ爲欣快ニ堪ヘナイ所テアリマス。

今次事變勃發以來、米國政府ハ常ニ公正ノ態度ヲ持シ、ヨク日米關係ノ大局ヲ顧念シテ善處シ、前述「パナイ」號事件ノ如キ不祥事件ノ突發ニモ不拘、兩國友好關係ニ何等累ヲ及ホスコトナカリシコトハ、私ノ欣幸トスル所テアリマス。帝國ノ外交上米國ノ理解認識ノ必要ニ付テハ、今更茲ニ言フヲ要シナイ所テアリマシテ、此ノ上共日米親善ノ爲メ、出來得ル限リノ努力ヲ續ケテ行キ度イ所存テアリマス。

英國トノ關係ニ付キマシテハ、帝國政府カ日英兩國ノ傳統的友好關係ヲ維持セントスル從來ノ方針ニハ、何等渝ル所カナイノテアリマス。私ハ英國政府及國民ニ於テモ、日英關係ノ重大性ニ付充分ノ理解ヲ持チ、東亞ニ於ケル帝國ノ立場ヲ正解シ、我方ト協力シテ、兩國ノ親善增進ニ努力セントスル態度ニ出テ來ルヘキコトヲ期待スルト共ニ、我國民モ亦克ク時局ノ重大ナルニ鑑ミ、右政府ノ方針ニ協力スルノ態度ニ出テンコトヲ希望シテ已マナイ次第テアリマス。

獨逸トノ關係ニ付キマシテハ、昨年秩父宮殿下英國ヨリ御歸朝ノ途次、同國ヲ御訪問遊サレ、又帝國軍艦足柄ノ「キール」廻航等ノコトカアリマシテ、兩國ノ關係益々親善ヲ加ヘマシタルコトハ、御同慶ニ堪ヘナイ所テアリマス。殊ニ同國カ日獨防共協定ノ精神ヲ體シテ、我方ニ對シ極メテ理解アル態度ニ出テツツアルコトハ、帝國政府ノ大イニ多トスル所テアリマス。政府ハ今後益々兩國ノ提携强化ニ努力致シタイト考ヘテ居ルノテアリマス。

次ニ、伊國政府ハ今次事變ノ當初ヨリ帝國ノ眞意ヲ了解シ、各方面ニ亘リ協力ヲ吝マナカツタノテアリマスカ、殊ニ昨年十一月武府ニ於テ九國條約關係國會議ノ開催ニ當リマシテ、終始一貫極力我方支持ノ態度ヲ示サレタルコトハ御承知ノ通リテアリマスカ、前述ノ本事變解決方ニ付キマシテモ、伊國政府ハ同情アル關心ヲ示シテ居タノテアリマシテ、右伊國側段々ノ好意ハ帝國ノ深ク感謝スル所テアリマス。同國ハ豫テ反共ノ點ニ於テ、帝國ト事實上共通ノ立場ニ在リマシタカ、昨年十一月日獨防共協定ニ參加シ、茲ニ日獨伊三國カ防共ノ旗幟ノ下ニ提携スルニ至リマシタコトハ、世界平和確保ノ見地ヨリ慶賀ニ堪ヘナイ所テアリマス。政府ハ獨伊兩國ト協力シテ今後益々本協定ノ效果ヲ發揮センコトヲ期シテ居ル次第テアリマス。西班牙ニ於キマシテハ、一昨年七月內亂勃發以來、戰況ハ次第ニ「フランコ」將軍ノ政府側ニ有利ニ展開シ、最近同政府ハ西班牙ノ大半ヲ其ノ勢力ノ下ニ收メ、政府ノ基礎モ大イニ鞏固ヲ加ヘタノテアリマス。他方、同政府カ防共ヲ以テ國策トスル點ハ、帝國政府ノ方針ト相通スル所カアルノテアリマシテ、帝國政府ハ此等諸般ノ事情ニ鑑ミ、同政府ヲ承認スルヲ適當ト認メ、昨年十二月初承認ノ手續ヲ執ツタノテアリマス。

次ニ、昨年ニ於ケル通商關係ヲ概觀致シマスルニ、一昨年ニ比シ、輸入金額ニ於テ、三割五分餘、又輸出金額ニ於テ一割八分餘ノ激增ヲ示シ、貿易總額實ニ七十二億七千餘萬圓ト云フ未曾有ノ巨額ニ達シタノテアリマス。

然シ乍ラ、諸外國ニ於ケル經濟的障害ハ、其ノ後依然トシテ存續シテ居リマスノテ、政府ト致シマシテハ、諸國ノ事情竝其ノ措置ニ應シ、各個ニ外交手段等ニ依ル打開ヲ圖リツツアル一方、貿易促進ノ爲不斷ノ努力ヲ致シツツアル次第テアリマシテ、昨年中英領印度、「ビルマ」及土耳其トノ間ニハ通商協定ノ締結ヲ完了シ、又暹羅トノ間ノ通商條約、及伊領植民地ニ關スル日伊間通商追加協定モ、舊臘調印ヲ了シタ次第テアリマシテ、更ニ尙新舊市場ニ亘リ諸國ト通商ニ關シ必要ナル取極ノ締結ヲ交渉中テアリマス。諸國中ニハ事變ニ關スル支那側ノ虛構ノ宣傳ニ惑ハサレ、若ハ多數在住スル華僑ノ策動ノ結果、本邦品排斥ノ擧ニ出テタルモノモアリマシタルコトハ、誠ニ遺憾ニ堪ヘナイ所テアリマスカ、我カ官民一致ノ努力ト諸國民一般ノ公正ナル態度トニ依リマシテ、其ノ擴大ヲ見ルニ至ラナカツタコトハ誠ニ幸トスル所テアリマス。

日滿支三國ノ生產力ヲ合理的ニ擴充シ、其ノ經濟的連繫ヲ鞏固ニスルト共ニ、之ト諸外國トノ貿易關係ノ發展ヲ圖ルコトハ、日滿支三國、延イテハ東亞全體ノ繁榮ト世界協和トヲ齎ラスヘキ必須條件ノ一ト信スルモノデアリマシテ、之カ實現ノ爲、政府ハ目下內外ニ亘リ萬全ノ措置ヲ講シツツアルノテアリマス。

最後ニ附言致シタイト思ヒマスコトハ文化事業ニ付テテアリマス。國際間ノ親善ヲ增進シ人類ノ眞ノ平和ヲ招來センナトセハ、各國民カ相互ニ文化的連繫ヲ緊密ニシ、相互ノ眞意ヲ充分ニ理解スルコトカ必要テアリマス。今次事變ノ如キモ、一面ニ於テ、支那側カ此ノ點ニ於テ缺クル所アツタコトニ起因スル所カ尠クナイノデアリマスカ故ニ、日支間恆久ノ親善關係ヲ樹立スル爲ニハ、日支兩國民カ相互ニ其ノ國情ト國民性トヲ理解シ、東洋本然ノ精神ニ立脚シ文化的提携ノ實ヲ擧クルノ必要カアルノテアリマス。政府ハ此ノ見地ヨリ、對支文化事業ニ一層ノ努力ヲ爲シ、之ヲ以テ兩國間百年ノ計ノ基礎タラシメントスルコトヲ期シテ居ル次第テアリマス。尙右ト同時ニ我國文化ノ海外一般ニ對スル紹介ヲ行フコトニ依リ、正義ト平和トヲ愛好スル我ガ國民性ト我ガ固有ノ文化トヲ海外ニ宣揚スルコトハ、現下ノ國際情勢ニ鑑ミ、特ニ緊要ナルモノカアルト考ヘマスノテ、政府ハ益々國際文化事業ニ努力セントスルモノテアリマス。

以上縷述致シマシタ所ニヨリ、今次事變、竝對外問題ノ全般ニ關スル政府ノ所見ヲ大體御諒察願ヘルコトト存スルノテアリマス。之ヲ要スルニ、政府ノ對外政策ノ根柢ヲナスモノハ、一ニ東亞ノ禍根ヲ除キツツ、大義ヲ宇內ニ顯揚シ、以テ世界平和ノ基ヲ樹テントスルニアリマシテ、此ノ目的ノ爲政府ハ最善ヲ盡シテ居ルノテアリマス。何卒諸君ニ於カセラレテモ、政府ノ意ノアル所ヲ御了解ノ上、現下非常重大ノ時局ニ處スル帝國外交ノ目的達成ノ爲、切ニ御協力アランコトヲ希望スル次第テアリマス。

編注 本文書は、昭和十三年十二月、情報部作成「支那事變關係公表集（第三號）」から抜粋。

200 昭和13年1月23日 在上海岡本総領事より広田外務大臣宛（電報）

長期抗戦に向けて中国側が四川省や雲南省などの開発に着手したとの中国紙報道報告

上海 1月23日後発
本省 1月23日夜着

第二五九號

廿三日新聞ハ近衞首相、廣田外相ノ議會ニ於ケル演説概要ヲ路透及同盟ニテ掲載セルカ（生活日報及上海「タイムス」全文ヲ載セタリ）論説ヲ掲ケタルモノナシ

尙漢字紙ハ漢口電報ニテ蔣介石ハ廿二日武昌ニ於テ各將領ト會議セルカ右會議ノ結果武力抵抗ノ決心ヲ重ネテ表示スヘシト報シ重慶電ニテ國民政府ハ廿二日正式ニ張群ヲ四川省主席ニ任命セルコトヲ報シ漢口電報トシテ支那政府ハ長期抗日ノ爲四川、貴州、雲南、甘粛ノ西南諸省ヲ開發シ人力、物力ヲ同地方ニ仰クコトニ決定シ同地省政府ニ中央ノ重要人物ヲ配シ力ヲ注キ居リ特ニ張群ノ四川省主席ハ意義深シト傳ヘタリ尙北京臨時政府ノ新税則宣布ハ差別的ノモノトシテ特報サレタリ

北平、天津ヘ轉電セリ

201 昭和13年1月27日

「中支政務指導方案」

付記 昭和十三年一月二十七日付
「中支新政權樹立方案」

中支政務指導方案

（本案ハ新政權樹立當初若干期間ニ及フ）

（昭、十三、一、二十七、一應ノ確定案）

第一、方 針

一、高度ノ聯日政權ヲ樹立セシメ漸次歐米依存ヨリ脫却シ日本ニ親倚スル支那ノ一地域タル基礎ヲ確立セシム

二、右政權ノ指導ハ其ノ發育ニ從ヒ將來北支政權ト圓滿相投合シ得ル如クシ大綱ニ關スル邦人顧問ノ內面指導ニ止メ日系官吏等ヲ配シ行政ノ細部ニ亘ル指導干渉ヲ行ハサルコトヲ方針トス

三、蔣政權ノ潰滅ヲ計ルト共ニ皇軍占領地帶ニ於テ至短期間ニ排共滅黨ノ實現ヲ期シ其ノ餘勢ヲ速ニ隣接地域ニ擴大ス

第二、指導要領

四、政務ノ指導ハ最高政治機構就中立法部門竝ニ實行機關タル行政部門內ノ內政（保安ヲ主トス）財政、實業及文政ノ各部ニ重點ヲ置ク上海周邊ニ特種施設ヲ行ヒ中支經濟發展ノ基礎ヲ確立ス

五、省政府以下ノ指導ハ出來得ル限リ邦人顧問ニ依ル干與ヲ排シ上位政治機構ヨリスル指導ノ流通ヲ容易ナラシム
速カニ皇軍占領地域特ニ戰區ニ於ケル安民就業ノ實現ヲ圖ル

六、速カニ財政ノ基礎ヲ確立シ金融機關ヲ整備シ中支ニ於ケル日支經濟提携具顯ヲ期ス其ノ處理要領別册（見当ラズ）要綱ノ如シ

七、軍備ハ治安維持ノ爲メ最少ノ兵力ヲ整備シ日本軍ノ指導ノ下ニ速ニ治安囘復ヲ圖ルヲ主旨トス但シ海空軍ハ擧テ日本ノ國防計畫內ニ包含セシム

八、全域ヲ通シ行政系統ニ屬スル保安隊ノ組織ヲ强化ス、爲之若干ノ日本人警察指導官ヲ入レ警察行政ヲ確立セシム

九、優良官吏ノ養成、文化工作促進ノ爲メニスル特種學校ノ設立、政務ノ淨化促進ヲ目的トスル特種側面機關ノ設立ハ別ニ計畫ス

一〇、局地ニ於ケル自治會ハ行政組織ノ整備ニ伴ヒ逐次撤廢ス

一一、當初ノ行政地域ハ差シ當リ皇軍ノ占領區域トシ逐次之ヲ擴大ス

（付　記）

中支新政權樹立方案（政務指導方案ニ準據ス）

（昭、十三、一、二七、一應ノ確定案）

第一、要　綱

一、新政權ノ名稱左ノ如シ
華中臨時政府

二、政府所在地左ノ如シ

臨　時　上　海
將　來　南　京
三、國　旗　五色旗
四、政　體
別ニ定ム
五、宣言並政綱(見当ラズ)別册ノ如シ
六、新政權ノ組織機構左ノ如シ(見当ラズ)(要圖)
七、新政權ハ速ニ之ヲ樹立シ之レカ培養ニ依リ有形無形ノ壓力ヲ以テ反抗勢力ノ破摧ヲ期ス
爲之皇軍ノ駐防地ニ逐次發生スル地方自治會ヲ强化シ日本ヲ背景トスル新政權ノ擁立ヲ企圖スルノ空氣ヲ激生セシメ又上海ヲ中心トスル地域ニ經濟ノ更生ヲ速カニ實現シ以テ新行政機構ノ確立ヲ期ス
八、新政權樹立當初ニ於ケル一般經費中相當額ハ日本側ヨリ援助ス
九、難民ノ救濟、產業復興ノ爲メ速カニ應急對策ヲ講シ特ニ農產出廻リヲ圓滑ニスルト共ニ春耕ノ着手ニ不安ナカラシム
爲之地方ノ治安維持ハ新政府機關ノ現地確立迄日本軍ニヨリ可及的完成ヲ期ス
十、新行政機構確立ノ順位左ノ如シ
1中央政府機構
特ニ立法並ニ行政部門
2上海特別市政府機構
3省政府機構
4縣以下自治機關ノ組織
十一、右1、2ト併行シテ上海特有ノ青、紅幇等ノ勢力回收ヲ企圖シ新政權ヲ直接、間接ニ後援セシム
十二、地方行政區劃ハ概ネ舊區劃ヲ尊重ス
十三、租界ニ於テハ新政權ノ强化ニ順ヒ漸次我方ノ勢力ヲ扶植ス已ニ陸海軍ノ掌握下ニアル舊政府機關等ハ新政權樹立後適時該政權ニ移管スルト共ニ未解決事項ヲ速カニ處理セシム
十四、大道市政府、市民協會等上海市新生機關ハ新上海市政府ノ機構內ニ統合ス
十五、省以下ノ純行政機構ハ概ネ舊制ニ依ルモ學制並ニ教育ノ內容ニハ一大刷新ヲ加フル如ク別ニ計劃ス

202　昭和13年1月29日

事変収拾をめぐる外務・陸軍・海軍三省次官懇談記録（第一回）

一月二十九日外、陸、海三省次官懇談記録

（昭和一三、一、二九　東亞一）

一月二十九日午後零時半ヨリ食事ノ間及食後三時半迄自由ニ意見ヲ交換セリ其大要左ノ通リ

第一、先ツ梅津陸軍次官ヨリ北支出張ノ結果ニ付左ノ通リ語レリ

今回出張ノ主タル任務ハ御前會議ノ議題ニ付出先高級幹部ニ説明シ意思ノ疎通ヲ圖ルニアリタリ內地ヘ色々「デマ」モ傳ハリ居タルカ出先何レノ方面ニ於テモ大体中央ノ意向ヲ能ク納得セリ。尤モ十七日現地出發ノ前日帝國政府ノ國民政府ヲ對手ニセストノ發表アリ右ニテ出先ノ意見モ或ル程度迄實現シタル譯ニテ喜ヒ居レリ其ノ間問題トナリタル所ヲ述ヘンニ

(1)對蔣交渉問題

出先ニテハ蔣トノ和平交渉ヲ不可ナリトスル意見強ク寺內司令官ハ最モ强硬ナリシカ話シタル結果諒解セリ。土肥原ハ强ク蔣ヲ對手トスルコト不可ナルコトヲ主張シタルカ陸軍次官ヨリ蔣トノ交渉ニ依リ纒リタル場合ニ於テモ結局蔣ハ下野スヘク北支新政權ノ立場ヲ保持シ得ヘシト說キタル處强ヒテ反對セサリキ磯谷、板垣ハ進軍中ニテ會見ノ機會ナカリシカ大体土肥原ト同意見ナリシト思フ

(2)和平條件

條件ニハ大体異議ナシ

堀內次官ヨリ支那軍備制限論ナカリシヤト問ヒタルニ對シ梅津次官ハ右樣ノ論ハナカリシモ非武裝地帶ハ其ノ一ナリトモ云ヒ得ヘシ今回特ニ感シタルハ斯ル廣大ナル非武裝地帶ヲ作ル場合ニハ相當多數ノ保安隊、警察隊等ヲ置ク必要アルコトナリト述ヘ堀內次官ヨリ如何ニシテ是等ノ部隊ヲ作ルカト問ヒタルニ急ニハ出來サルカ北支新政權ニハ少數ノ親衞隊ヲ作リツツアリ將來之ヲ擴張スルコトトナラント說明セリ

(3)山東問題

出先ニテハ山東ヲ還付前ノ狀態ニ復歸セシメヨトノ論

强カリシカ此ノ問題ハ研究ヲ要スル點アリト話シ置キタリ

(4)占領地鐵道問題

占領地鐵道ヲ全部取得スヘシトノ論强ク梅津次官ハ之ニ對シ鐵道ノ地位ニハ種々アリ。平綏線ノ如ク支那資本ノモノ、膠濟線ノ如ク日本借款ノモノアリ外國借款ノモノモアリ一概ニハ取扱ヒ得スト説明シ置ケリ

第二、今後ノ戰略如何

(1)陸軍次官曰ク、北部方面ハ現在山西省太原ノ少シ南方ニ前線アル處其ノ南方ニハ支那側ノ强力ナル部隊(山西軍及雜軍)ヲ集結シ居リ之ヲ擊退シ黄河ノ邊迄確保セサレハ山西方面ハ不安ナルニ付結局右作戰ニ出ツル筈ナリ但シ山西ノ大同太原間ハ尙共產軍殘リ居リ交通モ短區間ハ鐵道ヲ用ヒ居ルモ大部分ハ自動車ヲ用ヒ居リ又正太線ハ一米ノ狹軌ナレハ非常ニ輸送力少ク目下軌道改築準備ニテ輸送力不足シ僅ニ軍隊ノ必需品輸送ヲ充タス程度ニ過キス新作戰ニハ準備ヲ要シ二月末位トナラン

(2)陸軍次官曰ク、廣東方面ニ付テハ曩ニ航空基地獲得計畫アリ一時實行見合セトナレルカ對外關係竝ニ作戰上ノ困難アリ將來絕對必要トナラサレハ廣東攻略ハ爲サルヲ可ト考ヘ居リ參謀本部モ同樣意見ナリ

海軍次官曰ク、實ハ軍令部及軍務局ノ係官ヨリ廣東攻略計畫ヲ提出セルカ實行上種々困難アリト思ハル尠クトモ五箇師團位ナクハ不十分ナルヘク研究ヲ要スル故自分モ又軍令部次長モ未タ右ノ案ニ同意ヲ與ヘ居ラス結局航空基地ヲ作ル位ナラ實行可能ナランカ柴山軍務課長ハ或ル地點ヲ取ラハ前方ニ進擊セントスルヲ差控ヘシムルコト困難ナリ計畫以上深ク進ムコトアルヘシトノ話モアリ旁々必要アラハ航空基地ヲ作ルコト位ニ止ムルコト適當ト思考シ居リ漢口方面モ海軍トシテハ支那側ノ航空兵力ノ囘復ヲ阻止スル爲ニハ漢口南昌方面ヲ攻擊スル必要アリ現在ノ日本ノ飛行機ハ速力遲ク漢口ニ至リ僅ニ十五分位ヨリ爆擊シ得ヌ困難アリ現在ノ南京又ハ蕪湖ヲ基地トスルコトハ不利ニシテ安慶邊迄占領シ基地ヲ前進セシムル要アリ但シ陸軍ノ大部隊ヲ以テ漢口迄前進スルハ海軍トシテハ飛行機ニ依ル以外軍艦ニ依ル共同作戰ハ不可能ト思フ旨述ヘタリ

陸軍次官ハ更ニ此ノ際漢口迄進軍スルコトトナラハ相當强大ナル兵力ヲ要シ兵站線ノ維持モ困難ニシテ實行容易ナラスト思フ旨述ヘタリ海軍次官ハ兎モ角本日參謀本部及軍令部ノ各第一部長ノ間ニ廣東、漢口方面作戰ニ付協議スル筈ナルカ海軍トシテハ先ツ航空基地ノ問題ヲ中心トシテ研究シ度シト思フ旨述ヘタリ

尚海軍次官ヨリ陸軍次官ニ向ヒ陸軍側ニテハ日蘇衝突ノ可能性ヲ考ヘ居ル次第ナリヤ若シ然リトセハ此際支那ノ爲人的及物的資源ヲ極度ニ使用スルコトハ危險ナラスヤト問ヒタル處陸軍次官ハ日蘇ハ早晩衝突アリ得ルモノト考ヘ置カサルヘカラス故ニ此際國防力ニ余裕ヲ殘スコトハ必要ナリト述ヘタリ

次ニ陸軍次官ヨリ今朝閣議ニテ內務大臣ハ此ノ際積極的ニ新作戰行動ヲ起ス要アリト述ヘ拓相又同樣ナル意見ヲ述ヘタルカ陸軍大臣ハ實行困難ナルヲ述ヘ結局未解決ニ終レリ尚ホ其ノ際內相ハ必要アラハ兵員ヲ召集シ大軍ヲ編成シテ送レト言ハレシモ陸軍大臣ハ兵ハ召集シテ二三箇月訓練スレハ可ナランモ士官ノ養成ハ急ノ間ニ合ハス裝備モ充分ヲ期シ難シト思フ旨說明セル趣ナルカ此ノ種問題ヲ閣議ニテ論議スルハ適當ナラス四相間ニテ先ツ話合フヘキモノト思考シ居レル旨述ヘタリ

第三、今後ノ外交工作

堀內次官ヨリ今日ノ事態トナリテハ時局收拾ノ爲ノ外交工作ハ頗ル困難ナリ殊ニ政府ニ於テ去ル十六日爾今國民政府ヲ相手ニセストノ聲明ヲ發シタル關係モアリ同政府トノ和平交渉ハ爲シ得サルコトトナレル故一層困難トナリタルカ今後英米ヲ利用シテ何等カ國民政府ニ「インフルーエンス」ヲ及ホサシメ得ルニ於テハ或ハ時局收拾ニ付何等カノ端緒ヲ見出シ得ルヤモ圖ラレス此ノ點ニ付過日松方幸次郎氏カ米國國務次官「ウエルス」ニ會見ノ際米國側カ日支和平問題ニ斡旋ノ意向ナキヤヲ質シタル處日本側カラ正式申出ナキ限リハ自發的ニ發動シ得サルコト九國條約關係ノ問題ヲ先ツ處理スルノ要アルコト日本側ノ和平條件カ極メテ茫漠タルコト等ヲ述ヘタル趣ナルカ齋藤大使ヨリハ日支兩國ノ和平ニ付相當ノ見込付カサル限リ米國ハ斡旋ニ乘出ササルヘシト觀測シ居レル旨申越シ又英國ニ於テハ「チェンバレン」首相ノ側近者タル

「ロード・ティレル」及「サー・ホレス・ウイルソン」等ニ於テ日英關係ノ改善ニ付吉田大使ニ種々意見ヲ述ヘ居レルカ門戸開放、領土的野心ノ否認、歐米資本ノ歡迎等ノ外務大臣議會演說中ノ諸點ヲ大臣ヨリ更ニ英國首相ニ「メッセーヂ」トシテ申出方ヲ「サヂェスト」シ來レル經緯モアリ多少日英關係ニ付英國側ニ於テモ展開ノ空氣ナキニ非サルヲ以テ今後英米ヲ利用スルヤウ工夫スルノ必要アリト考ヘ居レリ但シ一方國內ニ英米等ノ干與ヲ欲セサル空氣アルニ付ヤリ悪キ點アル旨述ヘタル處陸海軍兩次官ハ大局上此ノ時局ヲ成ヘク速ニ收拾スルコト得策ナルニ付英米ヲ利用シ得ル場合ニハ之ヲ利用スルコト可ナルヘシトノ意見ヲ述ヘ居レリ

第四、北支及中支兩政權關係

陸軍次官ヨリ王克敏トノ會談ノ模様ニ付說明(內容北京來電アリ)アリタルカ右ニ關シ堀內次官ヨリ過日在上海陸海軍兩武官上京ノ際現地案ノ說明ヲ聽取シ三省主務官ノ間ニ於テ協議セルカ其ノ際ハ兩政權ノ將來ニ付キ尙ホ意見ノ不一致アリタルモ其ノ後係官ノ間ノ協議ニ依リ妥協案ノ成立ヲ見タリ自分ノ傳聞スル所ニ依レハ松井司令官ハ北支政權ニ對立スルカ如キ政權ヲ中支ニ於テモ設立シ度キ考ノ模様ナルカ軍ノ幕僚及特務機關ハ必スシモ同様ノ考ニ非サルヤウニ見受ケラルル旨述ヘタル處陸軍次官ヨリ外務省側ニ於テハ大体北支政權ヲ主トスルコトニ反對ナキヤト質問アリタルヲ以テ外務省側トシテモ別ニ反對ナキ旨答ヘ置ケリ要スルニ三次官トモ中支方面ニ相當有力ナル政權ヲ樹立スルコトハ容易ナラサルヘシトノ觀測ニ一致セリ

因ニ堀內次官ヨリ二十九日朝新聞ニ見エタル北支ニ於ケル顧問設置ノ問題ニ付キ質問シタル處陸軍次官ヨリ右ハ先般現地ニ於テ新政權ニ對シテハ滿洲國ニ對スル如ク日系官吏ヤ多數顧問ヲ入ルル遣方ハ不可ナリトシ方面軍ノ顧問ヲ設ケル方針(特務部ノ顧問ニ非ス)ヲ立テ人選中ナリシカ過日陸軍大臣ヨリ外務大臣ノ諒解ヲ求メ既ニ現地ニ在ル大達、阪谷兩氏ノ外前內務次官湯澤氏モ內諾シ平生前文相ニモ交涉中ナルカ昨日陸軍大臣ヨリ總理及外務大臣ニ對シ右ニ內定ノコトヲ話シタル處圖ラスモ新聞ニ出テタル次第ナリトノ說明アリタルヲ以テ堀內次官ヨリ外務省側ニ於テモ在北京參事官及天津總領事ハ大体同格

ノ地位ニ在ルヲ以テ之ヲ總括スル爲何等カノ形ニ於テ高級者ヲ配置スルノ必要ヲ認メ居リ直接新政權トノ交渉ニ當ラシムルノ趣旨ニハ非サルモ軍側トノ連絡ニ便宜ト考ヘ居レル旨話セル處陸軍次官ヨリ右ノ場合ニハ軍ノ顧問ヲ兼ネシムルコトモ一案ナルヘシト答ヘタリ尚外務次官ヨリ上海方面ニモ外務省側ノ高級者派遣ヲ必要ト考ヘ居ル旨述ヘ置ケリ

第五、青島ニ於ケル三省關係機關

陸軍次官ヨリ青島ニ於テハ陸海軍間ニ不一致アルヤウニ聞キ居レルカ右ハ何トカ圓滿ニ取纏メ度キ旨述ヘタル處海軍次官ヨリ現地ニ於テハ在留民間ニ海軍カ將來青島ニ鎭守府又ハ要港部ヲ設置スルノ考アルヤノ風評等アリ陸軍ノ出先ニ何等誤解ヲ生シタルヤウナルカ海軍トシテハ斯様ナ考ハナク結局略々現在數ノ陸戰隊ヲ駐屯セシムルコトトナルヘシト述ヘタル處陸軍次官ハソレハ可ナラン要スルニ青島モ亦北支政權ノ領域ノ一部ナレハ其ノ趣旨ニ於テ經營スレハ宜シカラント述ヘタリ更ニ陸軍次官ヨリ神鞭氏ヲ青島方面ノ顧問トスル案ヲ聞キ居レルカ右ハ在留民ノ復興事業ニ關スル顧問トノコトナレハ外務省ノ囑託トスルコト穩當ナルヘシトノ意見ヲ述ヘタルヲ以テ堀內次官ヨリ陸海外三省ノ囑託トスルコト可ナラント述ヘ置ケリ右ニ關聯シ海軍次官ヨリ上海ニ赴任セル川越顧問モ外務省顧問トスル方宜シカルヘシト述ヘタリ尚堀內次官ヨリ青島入域營業許可權ニ付陸軍特務機關ニ於テ作戰上ノ理由ヨリ別箇ノ許可權ヲ主張シ居ル模様ナルモ總領事カ陸海軍側ト充分聯絡シテ取扱ハ可ナラント述ヘタルニ陸海軍次官トモ別ニ不同意ヲ言ハス

第六、占領地內支那人救恤問題

堀內次官ヨリ上海、南京方面視察者ノ感想ヲ聞クニ各地トモ荒廢甚タシク恰モ關東大震災ノ跡ノ如シトノコトナル處夫等地域ニ復歸スルハ多クハ貧民ニシテ彼等ノ救恤竝復業助成ヲ行フコト緊急ト思ハルルモ現在ノ宣撫班ノ工作ニテハ不十分ト思ハルル旨述ヘタルニ對シ陸軍次官ヨリ北支新政權ニ於テハ災區救濟部ヲ設置シ支那人ヲシテ之ヲ行ハシメ居レルカ右方法適當ト思ハレ尚日本側援助ニ付テモ研究ノ要アリト述ヘ居タリ

尚今後重要問題アル場合ニハ隨時會合スルコトニ申合セタリ

203　昭和13年2月16日

中国での作戦行動の可否をめぐる大本営御前会議の討議状況について

大本營御前會議ノ件　（昭和一三、二、一八　東亞一）

十六日大本營御前會議開催セラレ

海軍側ヨリ今後空襲ヲ容易ナラシムル爲ニハ尠クトモ揚子江方面ニ於テハ安慶、南支ニ於テハ香港附近ニ飛行基地ヲ獲得スル必要アル旨ヲ述フ

右ニ對シ陸軍側ハ其ノ軍事行動ヲ隴海線方面ニ迄進出セシムル豫定ナルカ（鄭州占領ノ豫定ナルモ徐州ハ直接攻撃セス作戰ニ依リ支那軍ヲ撤退セシムル考ナル由）安慶占領ハ目下ノ所考慮シ得ス

香港廣東方面ニ陸兵ヲ派遣スルコトモ實行スル考ナシ

陸軍トシテハ對蘇關係ヲ考慮シ餘裕ヲ殘シ置ク必要アル旨ヲ述フ

海軍側ハ之ニ對シ海軍トシテモ英米ニ備フル爲海軍兵力ノ擴張ヲ必要トスル旨述フ

右ニ對シ　陛下ヨリ陸相ニ對シ對蘇及英米ニ對スル備ヘヲ同時ニ實行シ得ルヤトノ御下問アリ

陸軍大臣ハ其ノ點ニ關シテハ閣僚トモ十分相談ノ上奉答申上クヘキ旨言上セリ

右ニテ一應閉會トナリタリ（以上海軍側ノ内話）

204　昭和13年2月28日

事変収拾をめぐる外務・陸軍・海軍三省次官懇談記録（第二回）

二月二十八日外、陸、海三省次官會談錄　（昭和一三、三、二　亞一）

二月二十八日外務次官官邸ニ於テ外陸海三省次官會合シ第二回ノ懇談會ヲ開催セリ主ナル事項ニ關スル會談要領左ノ通リ

一、日英關係調整問題

○堀内次官　過日總理、外、陸、海四相ノ會議ニ於テ時局收拾ニ關スル意見交換アリタル際外務大臣ヨリ此ノ際若シ日英關係ノ好轉ヲ圖リ英國ヲ利用スルコト得策ナリト

ノコトナラハ其ノ方法ナキニシモ非スト思考ス又一方蘇聯トノ衝突ヲ避クルコト得策トノコトナラハ日蘇關係調整ノ途モナキニ非スト思考ス要スルニ軍事當局ニ於テモ右様ノ方針ニ出ツルコト適當ナリトノ意見ヲ纒メラルルコトヲ希望スト述ヘタル結果陸軍大臣ニ於テ陸軍部内ノ意見ヲ纒メ其ノ結果ニ付更ニ話合フコトトナリタルヤニ承知シ居レリ

○梅津次官　陸軍大臣ヨリ大体右様ノ話ヲ聽キタルカ其ノ後未タ十分協議ヲ行フ迄ニ至ラス

○堀内次官　此ノ際直ニ武力ヲ以テ國民政府ヲ潰滅セシムルコト困難ニシテ且中支政權樹立問題モ餘リ多クノ期待ヲ繋キ得ストスレハ結局支那側カ最モ頼ミトシ居レル英國トノ關係ヲ能フ限リ好轉セシメ以テ之ヲ日本ノ味方トシ國民政府ニ對シ背后ヨリノ壓迫ヲ感セシムルコトノ外當面ノ方策ナシト考フ

○梅津次官　蘇聯ニ對シ我方ヨリ仕懸クル考ナキコトハ勿論ナルカ英國ニ就テモ大体同感ナリ最初英國ハ支那側ノ背後ニ在テ相當援助ヲ與ヘ武器ノ供給ヲナシ又財政的援助ヲ與ヘ居レル様想像セラレ日本側ニ對スル好意ヲ期待シ得スト考ヘラレタルヲ以テ之ヲ日支間ノ媾和ニ利用スルハ面白カラスト思ヒ獨逸ノ斡旋ヲ希望シタル次第ナルカ其ノ後獨逸ノ斡旋モ不成功ニ終リ再ヒ之ヲ利用スルコト困難ト思ハルルノミナラス英國側ノ對支援助モ想像サレタル程ニ非サルコト明カトナレルヲ以テ今日トナリテハ陸軍部内ニ於テモ英國利用ニハ格別反對モナカルヘシト思フ此ノ點海軍側ノ意向ハ如何

○山本次官　海軍側ニテハ日英關係ヲ好轉セシメ之ヲ利用スル方策ニハ勿論異議ナシ

○堀内次官　過日參謀本部第二部長本間少將及影佐支那課長其ノ他數人谷公使ト懇談ノ際英國利用ノ必要ヲ說キ上海赴任ノ同公使ニ盡力方ヲ希望セル由聞及ヘリ又過日自分カ貴族院研究會ニ於テ時局對策調査委員會ニ出席シ外交方針ノ說明ヲナセル際座長兒玉伯其ノ他一二ノ人々ヨリ時局收拾ノ爲英國利用ノ必要ヲ力說セリ

○梅津次官　最近英國側トノ間ニ何等話合アリタルヤ

○堀内次官　二月二十五日石井子爵「カドーガン」次官ト會談シタル際日支媾和問題ニ言及シタルカ「カ」ハ日支兩國ヨリ依頼ナクンハ斡旋ノ勞ヲ取ル譯ニ行カス又英國

單獨ニテハ他國ノ疑惑ヲ受クル惧アル故米國ト共同ニ非サレハ斡旋シ得スト述ヘタルヲ以テ石井子爵ハ日本ハ曩ニ獨逸ノ斡旋ニ依リ媾和條件ヲ提示シタルニ拘ラス支那側ノ拒絶ニ逢ヒタル行懸リモアリ今更他國ニ斡旋ヲ依頼シ得ス故ニ先ツ英國側ヨリ支那側ヲ說得スルコトヲ希望ス夫ニハ自分トシテ英米兩國共同ニテモ差支ナシト思フ旨述ヘタルニ「カ」ハ英國トシテハ進テ支那ヲ說得スルコトヲ得ス若シ日本側カ曩ニ聲明シタル平和條件ヲ幾ラカニテモ緩和スルト云フ內意ヲ支那ニ通セシメントノコトナラハ英國政府ハ其ノ取次ヲナシ得ルト思考スト述ヘタルヲ以テ石井子爵ヨリ夫ニハ未タ時機ニ非サル次第說明セル由報告アリタリ

日英關係調整ノ爲ニハ

第一ニ不祥事件ノ發生ヲ避クルコト必要ナルハ勿論ナルカ

第二ニハ支那ノ海關問題其ノ他英國ノ重大關心ヲ有スル懸案ヲ能フ限リ公正ニ解決スルコト必要ナリ海關問題ニ付テハ上海ニ於ケル交涉餘リ進捗セサルヲ以テ過日東京ニ於テ自分ト「クレイギー」大使トノ間ニ懇談シ多少意見一致ノ見込付キツツアリ更ニ英國側ヨリ一九三一年ノ稅率ヲ此ノ際支那全國ニ適用スヘキコトニ付申出ノ次第アリタリ(英國申出ニ付說明セリ)

第三ニハ北支及中支ノ經濟開發ニ英國側ノ資本ヲ誘導シ且或ル程度ノ企業參加ヲ認ムルコト必要ナリ最近平生氏カ開灤炭鑛代表「ネーサン」氏ニ對シ三百萬噸增產ノ爲約八百萬圓ノ增資ヲ勸告シ目下話合ヲ行ヒツツアル旨平生氏ヨリ內聞セリ若シ英資誘致ニ付此ノ種具体的事例カ出來レハ今後英國ノミナラス米國ノ資本ヲモ誘致スル氣運トナルヘシ併シ其ノ爲ニハ出先ニ於テモ右ノ方針ニテ進ム要アリ然ルニモ拘ラス往々張家口ニ於ケル羊毛買付等ノ場合ニ於ケル如ク邦人企業獨占ノ傾向見ユルニ付出先ヲ適當ニ指導スル必要アリ

第四ニハ極力國內輿論指導ノ必要アリ最近中央ニ於テハ反英運動下火トナレルカ地方ニ於テハ今尙相當强烈ナリ過日加藤總領事カ大阪ニ於テ講演ヲ行ヒタル際日英親善ノ要ニ言及シタル處講演後大阪府知事及府警察部長ヨリ右ハ個人ノ意見ナリヤ又ハ外務省ノ方針ナリヤト質問シ實ハ內務省ヨリハ反英運動ノ取締ニ付暴行ニ涉ラサル限

リ之ヲ放任シ然ルヘシトノ訓令アル旨述ヘタル趣ナリ對內宣傳方針モ此ノ際適當指導ヲナスノ必要アリ又日英關係調整ノ趣旨ハ出先ニ徹底セシムルノ必要アリ就テハ此ノ際先ツ三省主任官ノ間ニ方針ノ要綱ヲ作成シ四大臣ノ決裁ヲ仰キ出先ニ之ヲ徹底セシムルコトトシ度
（右ニ對シ梅津、山本兩次官ヨリ贊意ヲ表セリ）

二、新政府指導問題

○梅津次官　軍務課長ヨリ自分ノ手許ヘ提出アリタルモノニシテ公式ノモノニハ非サルカ北支新政府指導ハ北支方面軍司令官之ニ當ルトノ趣旨ノ覺書アリ（右案ニ付説明ス）右趣旨ニ御異存アリヤ

○山本次官　海軍トシテハ未タ右ニ同意シ得ス新政府ノ指導ハ中央ニ於テ三省間ニ協議決定ノ上出先ヲ指導スヘキモノト考ヘ居レリ

○梅津次官　（覺書ヲ引込ム）實ハ青島ニ於テハ今尙陸海軍雙方相對立シ困リタル事態ナリ要スルニ山東方面モ新政府ノ支配下ニアルモノトノ見方ニハ外海兩省ニ於テ別ニ異議ナカルヘシ軍司令官カ新政府ヲ通シテ青島其ノ他ノ地方政權ニ必要ナル指導ヲ與フルコトトスレハ宜シカルヘシ

○堀內次官　總領事ハ從前通リ職務ヲ行ヘハ可ナリト思フ

○山本次官　要スルニ中央ニ於テ決定シタル方針ニ從ヒ出先カ夫々ノ職權ヲ行フコトトスレハ宜シ今尙對立アルハ甚タ遺憾ナリ實ハ出先ノ海軍ニ於テハ青島ヲ軍港又ハ少クトモ要港ニシ度キ考ニテ種々措置ヲ採リタル模樣ナルカ右ハ海軍中央ノ考ニハ非ス海軍ニ於テ市政府ノ建物ヲ占據シ居レルハ不可ナレハ之ハ支那側ニ返還スヘキモノト考フ郵便局ノ問題ハ既ニ解決シタル筈ナリ

○梅津次官　現在ハ陸海軍警備區域重複スル爲問題生シ居レリ元來陸海軍トモ兵力多キニ過ク海軍側ハ港務局ニ二三十人モ置クコトトスレハ宜シク陸軍モ一箇中隊乃至一箇大隊位トシ殘餘ハ他方面ニ移駐スル方然ルヘシ

○山本次官　出先ニ於テ親補官カ數名モ居リ乍ラ斯カル問題ヲ解決シ得ス一々中央ニ請訓スルハ面白カラス必要ナラハ人ヲ更ヘテモ差支ナシト思フ

三、北支顧問制ノ問題

○堀內次官　平生氏カ愈々最高經濟顧問ヲ引受ケタル模樣ナルカ寧ロ經濟協議會ノ委員ヲ本務トシ方面軍顧問ヲ兼

ネシムルヤウ方法立タサルヤ
○梅津次官　實ハ平生氏ノ希望モアリ政府派遣ノ形ナキヤト種々研究シ見タルカ名案ナク結局親任官待遇ノ陸軍省囑託（北支方面軍顧問）トシ經濟協議會ノ副會長トスルコトトナレリ日本側ノ意見ヲ纏ムル爲メ別ニ經濟委員會ヲ設ケ現地ノ各省關係各機關ヲ凡テ網羅シ成ヘク批判的立場ニ立ツモノナキ様シ度シトノ平生顧問ノ希望モアリ右様取計フコトトセルニ付外務省ヨリハ參事官、海軍ヨリハ須賀補佐官ヲ參加セシメラレ度シ
○堀内次官　外務省ヨリ參事官ヲ參加セシムルコト差支ナキモ方面軍ニ專任顧問ヲ置ク方然ルヘシト考慮中ナリ
○梅津次官　ソレニテモ結構ナリ現地ニ於テハ寧ロソレヲ希望シ居レリト思フ尙平生氏ハ此ノ際北支經濟問題ニ付中央ニ機關ナキ方敢テ宜シカルヘシト述ヘ居レリ

205　昭和13年3月1日　在上海田尻（愛義）大使館一等書記官より上村東亜局第一課長宛

華中新政府樹立工作の進捗状況について

拜啓愈々御清榮奉賀候陳者當方面新政府樹立ノ件ニ關シテハ小生過般上京ノ際迄ノ經緯ニ付テハ大体報告致置キタル筈ニテ上京ニ際シ淸水書記官ニ傳言シ松室少將ト共ニ地均工作ヲ爲ス様軍部ノ諒解ヲ得サシメタルカ小生上京後ノ工作ハ大体右「ライン」ニテ進メラレ結局唐紹儀ハ出馬セサルモ唐ノ乾分タル溫宗堯一派、梁鴻志一派及陳群一派ニ於テ夫々新政權樹立ニ參劃シ度希望ヲ表示シ來リ小生歸滬シタル當時ハ之等三派カ相提携スルモノナリヤ否ヤカ殘サレタル問題ナリシ處右ノ點ハ主トシテ李擇一ニ於テ擔當斡旋シタル結果夫モ可能ナルコト判明シタルヲ以テ松井將軍離滬ニ先チ右三名打揃ヒテ將軍ニ挨拶ヲ爲ス迄ニ進展シ爾來十七日ヨリ臼田機關ニ於テ右三名ヲ中心トシテ協議ヲ重ネ別紙（見当ラズ）政府組織大綱、政府成立宣言及外交部談話、竝ニ職員ノ振當一應決定ヲ見明二日ニハ政綱ヲ審議スル所迄漕キツケタル次第ニ候
右ノ中政府組織大綱ハ左シテ問題ナカルヘキモ宣言ハ「トーン」低ク尙修正ヲ欲スル個所ナキニ非ス談話ハ當方ノ起案セルモノ政綱ハ支那側ヨリ持チ出シタルマヽニテ之亦訂正ヲ要スルモノト考ヘ居リ其等ノ點ハ陸海軍係官五日本省

ニ出頭シ詳細ノ經緯ト共ニ説明スル筈ナルカ尚當方ヨリモ重要ナル點ハ電報シ度考居リ右御含ミ相煩シ度別紙中日本語ノ政綱ハ本年一月頃王子惠カ主トナリ起案シタルモノニシテ支那ノ分ハ之ヲ參考トシツクリタル筈ニ候

此際新政府ヲ樹立スルコトニ付テハ本省ニ於テモ御異存ナキコトト存シ當方ヨリハ係官トシテ何人モ上京セサル譯ナルカ別電ニテ御承知ノ如ク參事官ノ上京許可アラハ四日頃ノ飛行機ニテ楠本等ノ後ヲ追カケ參加スル形式トスルモ可然カト存居候

政治工作ノ裏面ニハ最近又々臼田、長、ノ活動アリ殊ニ臼田ハ熱情漢ニテ松井將軍ヲ送ル際將軍在滬中ニ政府ヲ出カササリシハ自分ノ不德ナリトテ涙ヲボロボロ出シテ居タ程ナルカ其ノ後モ右樣私的感情モアリテ將軍參內ノ日迄ニ一切ノ準備ヲ整ヘ發表スヘシトイキマキ之カ爲ニ亦又王子惠ヲ利用シタルコト從來ノ腐レ緣トニ依リ王ヲ部長ニ据エルニ至レルハ遺憾至極ナルカ右對策ハ楠本ヨリ話スヘキカ大体ハ東京ノ意向トシテ王反對ヲ表明シ更ニ陳情ノ爲臼田カ上京シタ上愈々駄目タカラ時期ヲ俟ツヘシトイフコトニシテ王ヲ引込マシメル話合ツキ居リ臼田ハ右手續ヲフルナラハ王ヲ引込マス自信アリト申居ル由ニ付其ノ御含ミニテ三省協調シ工作ヲ爲サレル樣致度尚王ニ關シテハ沖野ヨリ説明スル筈ナリ

政府ノ所在地ハ支那人ハ南京ヲ欲スルモ臼田等ヲ除キテハ何レノ方面モ上海ヲ主張シ南京行ハ時期ヲ見タ上ノコトトシ度意向ナリ場所ハ不取敢「シヴィック、センター」市圖書館ヲ修理シ十五日頃ニハ使用出來ルニ至ル見込ナリ

尚話カ前後シタルモ王ハ「テロ」ニ關係アリ支那要人ハ之ヲ虞レ王ノ出馬ヲ嫌ヒ乍ラモ口ニシ得ヌ狀況ト認メラレ候

政府成立ヲ急ク事情ハ大体電ニ依リ御賢察相成居ル通ナルカ四圍ノ情勢ヨリ判斷スルニ英國ハ今ヤ蔣介石ト心中スル意向ナキモ上海ニ於テ日本ト一所ニナル譯ニモ參ラス當方面ニ新政府ノ出現ヲ俟チ居ルニアラスヤ少クトモ新政權出來レハ轉向スル可能性ヲ與ヘラルルモノト觀測シ居ル譯ニテ尚英國ヲ今後如何ニ利用スヘキヤニ付テハ伊藤公使ヨリ既ニ意見ノ上申アリシコトト存居リ小生等モ同感ニ御座候

右電報補足旁々走リ書シタ譯ナレト未タ意ヲツクササル點モアルヘク大体之ヲ基礎トセラレ陸海軍係官ヨリ適當ニ話ヲ引出サルル樣致度　亂筆多謝

三月一日

田尻　愛義

上村課長殿

206　和平条件に関する蔣政権の意向を伊国大使内報について

昭和13年3月23日　在上海日高総領事より広田外務大臣宛（電報）

上　海　3月23日発
本　省　　　　着

第九六四號

谷公使ヨリ

伊國大使トハ本使着任以來屢々會談ノ機會アリタルカ其ノ都度同大使ハ過般我方ヨリ獨逸側ヲ介シ提示ノ諸條件ニ對スル漢口側ノ意嚮（同地駐在伊參事官ヨリ汪兆銘、孔祥熙等ト接觸シテ得タル情報）ヲ報告シ廿二日右參事官ト更ニ往復ノ結果確報トシテ本使ニ語ル所左ノ通リ

（右ハ第一回ノ報告（九日）ノ際漢口側ニ賠償金支拂及北支ノ特殊制度ニ異議アリシニ比シ急激ノ讓歩ヲ示シ居レリ）

卽チ漢口側ハ左ニ異議ナシ

一、滿洲國ノ無條件承認

二、內蒙ヲ外蒙類似ノ自治地域トスルコト

三、北支ハ支那文化發祥ノ地ナルヲ以テ之カ主權ノ拋棄ハ絕對ニ承服シ得サルモ支那主權ノ下ニ行政的自治ヲ與フル形式ニ付協議シ度シ

四、防共協定

五、中支ニ非武裝地帶等ノ特殊制度

六、經濟提携

七、賠償但シ額ハ協議シ度シ

トノ意嚮ニテ過日本使ヨリ聞キタル現在ノ漢口政府其ノ儘ニテハ交涉不可能ノ點ハ日本側トノ交涉纒マレハ直ニ共產分子ヲ排擊ノ用意アリト述ヘタルニ付

本使ハ過日來屢次ノ情報ヲ感謝スルト共ニ其ノ間大使ヨリ時々調停云々ノ言葉アリタルニ言及シ此ノ際率直ニ御尋ネスル次第ナルカ過日來ノ情報ハ全ク貴大使ノ御好意ニ基クモノニシテ本件斡旋方帝國政府ヨリ御願ヒシタル譯ニアラスト了解ス

尙調停ノ如キハ獨逸ニモ依賴シタルコトナク又仄聞スル所

ニ依レハ支那側モ直接交渉ヲ欲シ居ル趣ナリト告ケタルニ大使ハ自分等ハ自發的ニ行動シ居ル次第ナリト答ヘタリ依テ本使ヨリ一月十六日帝國政府ノ聲明以後ハ今次ノ時局收拾ニ當リ漢口政府ノ根本的改組ノ必要以外新政權トノ關係ヲ如何ニスヘキヤノ問題アリ政府ノ改組ニ付テハ苟モ我條件中防共協定ニ應スル以上共産分子トノ決裂ハ事理ノ當然ニシテ寧ロ先決問題ナリ又斯ル際蔣カ責任ヲ取ツテ下野スヘキハ支那ノ慣習ニモ副フ所以ナリ新政權トノ妥協問題ニ至ツテハ汪兆銘ト王克敏トハ親友ノ間柄ニモアリ支那人同志ノ妥協ハ屢我々外國人ノ意表ニ出ツルモノアリト述ヘタルニ大使ハ右帝國政府ノ聲明ニ鑑ミ漢口政府ニ何等カノ變化ナカルヘカラストハ自分モ豫テ考ヘ居タル所ナリト語レリ

尚右會談中大使ハ漢口政府カ頗ル動搖シ居ル旨ヲ語リ平和克復ノ曉伊國カ支那ニ於ケル經濟活動ヨリ疎外サルルコトナキヤヲ憂フルカ如キ口吻アリタルヲ以テ本使ヨリ其ノ憂ナキコト竝ニ北支ニ於テハ既ニ伊國ノ參加ニ付種々考慮セラレ居ル旨ヲ告ケ置キタリ

207

昭和13年3月24日　閣議決定

「北支及中支政權關係調整要領」

付記一　昭和十三年三月二十二日、東亜局第一課作成
「中支政權成立問題經緯」

二　昭和十三年三月二十二日、東亜局第一課作成
「中、北支政權問題及稅率問題等ニ關シ喜多少將ノ談話要領」

北支及中支政權關係調整要領

昭和一三、三、二四　閣議決定

第一、方　針

中支新政權ハ一地方政權トシテ之ヲ成立セシメ中華民國臨時政府ヲ中央政府トシテ成ルヘク速カニ之ニ合併統一セシム

第二、要　領

一、中支新政權ハ其成立宣言ニ所要ノ修正（北支及中支兩政權當事者ノ協議セルモノニ據ル）ヲ行ヒ之ヲ成立セシム

二、中支新政權ハ成ルヘク速カニ之ヲ中華民國臨時政府ニ合併統一セシム

是カ爲中支新政權機構組織ハ前項ノ合併統一ニ支障ヲ來サヽル樣具現セシメ又中支ニ於ケル海關、統稅局、鹽務局（共ニ主要人事ヲ含ム）等ニ對スル措置ハ合併前ニ於テモ地方的情勢ヲ考慮ノ上中華民國臨時政府ノ統制ノ下ニ之ヲ行ハシム

三、兩政權合併ノ爲速カニ双方ノ支那側代表ヲ集メ協議會ヲ開カシム

四、軍事、外交、財政、金融、經濟、交通、通信、郵務、文化及思想對策等ニ關シテハ北支、中支間ニ矛盾ナカラシムル樣指導ス

北支及中支政權關係調整要領ニ關スル諒解事項

一、第一、方針中ニ所謂中華民國臨時政府ヲ中央政府トストノ趣旨ハ支那ニ於ケル各地政權指導上ノ原則トシテ規定セルモノニシテ帝國カ之ヲ支那ノ中央政府トシテ承認スル問題ニ關シテハ別個ノ考慮ニ依リ決定スヘキモノトス

二、第二、要領ノ二、前段北支臨時政府ニ合併統一ノ場合ニ於ケル首都ノ選定ハ專ラ支那側ノ考慮ニ委スルモノトス

三、中支ノ通貨及金融ニ付テハ北支ト統一的ニ處置スヘキコトヲ根本方針トスルモ之ヲ直チニ實行スルコトハ中支金融ノ複雜性ニ顧ミ今後充分ニ實情ヲ見究メタル上適當ノ時期ニ於テ行フモノトス

從ツテ例ヘハ中國聯合準備銀行券ヲ中支ニ流通セシムヘキヤ或ハ先以テ中支ニ於ケル通貨ヲ整理シ然ル後北支及中支ノ通貨政策ノ調整ヲ圖ルヤ等ノ問題ハ今後充分考究ノ上之ヲ決定スルモノトス

（付記一）

中支政權成立問題經緯

（昭和一三、三、二三　東亞一）

一、中支政權成立ニ關聯シ北支政權側ニ重大異論ノ生シタルコトハ外務來電ノ通リナルカ三月十八日別紙第一號ノ通リ北支政權側ヨリ妥協案ノ提示アリ（斡旋調停ノ爲曩ニ北京特務部根本大佐赴滬シ更ニ上海特務部楠本大佐中支政權代表任援道同伴北京ニ飛行シ他方上海特務部長原田少將及上海海軍特務部藤田大佐田尻中佐中央ト打合セノ爲十八日來京シ十九日ニハ北京特務部長喜多少將亦來京シ越エテ二十日北京特務部吉野中佐其ノ後ノ情勢報告ノ

爲東京セリ東京ニ於テハ十九日夜外務次官々邸ニ於テ陸海外三省間ニ意見交換アリタル外二十日ニハ午前十時ヨリ午后二時半迄、又二十一日ニハ午后三時ヨリ六時半迄夫々東亞局長室ニ於テ三省協議會ヲ行ヒタリ）

二、前記一、末段妥協案ニ對スル現地ノ意嚮ハ別紙第二號ノ通リニテ東京ニ於テハ主トシテ上海ヨリ來京ノ陸海武官協議ノ上中支政權ノ聲明中ニ記載スヘキ「中華民國臨時政府ニ合流スヘシ」トアルヲ「臨時政府ト合流スヘシ」ト訂正ノ上妥協方可然トノ意見ヲ原田少將ヨリ北京特務部宛電報シ大體右ラインニテ解決シ得ヘシト考ヘ居タリ

三、然ルニ喜多少將來京シ北支側ノ意嚮及北支中支間話合ノ事情ヲ述ヘ結局現狀ニ於テ中支政權カ北支政權ヲ凌キ中央政府タルノ內容實質ヲ具備スルニ至ルヘシトハ考ヘラレス北支政權カ必然中央政權トナルヘキモノナルニヨリ此ノ際明カニ北支政權ヲ中央政權トスルノ原則ヲ立テ置キ今後共今回ノ如キ紛爭ヲ避クルコトトシ度ク現ニ中支政權ノ首腦者タル梁鴻志ノ如キモ初メヨリ北支政權ニ對立スル考ヘナク政權成立スルモ自ラハ行政院長代理ニ就任シ何時ニテモ大物カ行政院長ノ職ニ就キ得ル樣考慮シ居ル次第ナルニモ鑑ミ此ノ際ハツキリ「臨時政府ニ合流スル」ノ趣旨ヲ明確ニシ置ク要アリトノ意見ヲ開陳シ陸軍中央ニ於テモ右意見ヲ是認シ外海側ノ諒解取付ケノ態度ニ出テ來レリ

四、前記趣旨ニ則リ二十日早朝原田、喜多、兩特務部長間ニ於テ別紙第六號ノ覺ヲ協定スルコトトナリタル趣ニテ二十日ノ三省協議會ノ席上陸軍側ヨリ右覺ハ固ヨリ陸軍以外ニ披露スヘキ種類ノモノニ非サルカ外海側ニ隱シ立テスルモ面白カラスト存シ御見セスル次第ナリトテ披露アリ右ニ付討議シタルカ結局斯ノ如キ紛爭生シタル原因ハ日本側カ北支中支双方ニ連絡ナク働キカケ若クハ別々ニ強キ指導的態度ヲ取リタル爲ニシテ北支中支兩政權ノ支那人間タケニ委セ置ケハ必スヤ總テノ話合ハ圓滿ニ進行スヘキモノナルニ依リ今後ハ日本側カ餘リ出過キタル干涉的態度ニ出ツルコトヲ避クルコト最モ肝要ナリトノ趣旨ニ大體意見ノ一致ヲ見其ノ結果三省係官丈ノ申合セトシテ別紙第七號ノ通リノ覺ヲ作成セリ（陸軍側ハ右覺ヲ正式ニ確認スルノ態度ヲ避ケ居タリ）

五、二十一日三省會議ノ席上陸軍ヨリ別紙第八號電報ノ披露

アリ大體北支政權側ト中支代表トノ間ニ話合成立シ右話合ノ趣旨ニ依リ速ニ中支側ニ於テ聲明案ヲ作成シ右聲明案ヲ北支側ニ内示シ其ノ承諾ヲ得タル上ハ直ニ中支政權ノ成立式ヲ擧行シ右聲明ヲ發表スヘク成立後直チニ梁鴻志以下北京ニ急行ノ上必要ナル協議ヲ行フコトトナレル旨披露アリ

事情右ノ通リトナリタルニ依リ此ノ際我方ノ指導ニ關スル腹案ヲモ確立シ置ク必要アリ三省間ニ取極メ置キタキ旨提案シ討議ノ結果別紙第九號ノ通リ一應話合ヲ纒メタリ尚兩特務部長間ニ於テハ二十日披露ノ覺ヲ別紙第十號ノ通リ修正スルコトトナリタル旨説明アリ外海兩省側ハ兩特務部長間ノ覺ハ公式ニハ取上ケサルモ第九號ノ通リ三省間ノ話合纒リタル上ハ兩特務部長間ノ覺モ右修正ノ趣旨ニ依リ再修正方可然旨述ヘ陸軍側之ニ同意セリ

六、右別紙第九號作成ノ際ハ海軍軍務局第一課長病氣缺席ノ爲メ軍務局藤井中佐出席シタルモノナルカ二十二日朝ニ至リ海軍側ニ於テハ別紙第九號北支政權ヲ中央政府トスルコトヲ明確ニ此ノ際決定スルコト自身ニ異議アリ從ツテ右第九號ノ申合セハ其儘承認スルヲ得ストノ態度ヲ表明シ來レルニ依リ中支政權成立問題ト本件三省間指導方針取極問題トヲ切離シ中支政權ハ別紙第八號中北支支那人間ノ話合ノ趣旨ニ依リ速カニ成立セシムルト共ニ他方此等政權指導ニ關スル三省側ノ意見取纒メハ別ニ出來ル丈ケ速カニ實現スル樣努力スル方針ニ大體ノ話合ヲ付ケタリ

（別紙第一號）

甲方特電第七一六號（三、一八后六、四〇發）

次官、次長宛　　甲集團特務部長

一、昨夜王克敏ノ語リタル所ニ依レハ議政委員會ニ於テ研究ノ結果左記三方法ノ何レカニ依リ上海新政權ト妥協致シ度希望ナリト

1、臨時政府ヲ改組シテ正式政府トナシ總統ヲ推擧?シ役員ヲ發表スルコト（註、本方法ハ恰モ英國ニ於ケル「アイランド」ノ方法ニ依ルモノナリト）

2、臨時政府行政委員會ノ蘇皖浙行政分會ヲ設立シ其中ノ重要人物ハ臨時政府委員ニ加入セシムルコト

3、政府宣言中ニ全國ハ二個ノ政府ヲ有スル能ハス現在ノ

時勢上已ムヲ得ス○○政府ヲ設立セルモ將來必ス臨時政府ニ合流スヘキコト及將來中央政府カ當然處理スヘキ政務ハ卽チ臨時政府便宜ニ議スヘキコトヲ確實ニ聲明スルコト（但シ該宣言ハ折衝妥協ノ後ニ發表スルコト）

二、因テ當方ヨリハ右第一ノ方法ハ現在ノ事態ヲ直ニ解決スヘキ方法ニアラサルヲ以テ論議ノ餘地ナシ

第二ノ方法ハ其ノ名稱ニ於テ上海方面ノ立場上到底實現困難ナルヘキ事ニテ結局第三ノ方法ニ依リ妥協ノ道ヲ發見スルヨリ外ナカルヘキヲ説明シ置ケリ

三、而シテ王克敏ハ第三ノ方法中ニ個ノ政府云々ノ文句ヲモ採用セラレサル場合ハ事態カ之カ超惡化セサル以前ニ潔ク地位ヲ讓ルヘキ決心ナリト語リ此點決シテ何等ノ對立的意志ナキヲ以テ誤解ナキ樣願ヒ度旨附言シ置ケリ、尙詳細ハ喜多少將上京ノ上説明スヘキモ右取敢ヘス（終）

（別紙第二號）

至急親展　昭和一三、三、二〇

祕電報　三、一九後四、五五發七、〇五著

甲方特電第七二八號

次官、次長宛　　　　　　　　　　　　甲集團特務部長

原田少將へ　楠本大佐ヨリ

軍務電第三二九號敬承

當方ニ於テモ昨十八日夕北京著後直ニ王克敏提案（喜多少將携行）ノ第三案ニ據リ妥協セシムルニ如カスト考ヘ任援道ニ意圖ヲ含メテ臨時政府王以下要人ト商議セシメタル結果（全然日本側ヨリ參加セス）

相互ニ良ク了解シ宣言中ニ兩政府對立スルモノニアラサル趣旨ノ一文ヲ挿入スルコトニ大体一致セリ

詳細甲方特電ニ依ラレ度

尙一、二事ノコトニテ兩者間ニ意見ノ相違ナキニアラサルカ細事ニ拘泥スルコトナク之ニテ手ヲ打タシメル方大局上必要ト認ム速ニ任ヲ歸滬セシメタル上原案通リ宣言ニ挿入セシムル心算ナリ又本日ノ會議ニ於テ王ヨリ金融財政、軍事等全般ニ關シ原則的取極メヲ要望シアル所右ハ文書ヲ交換スルカ如キモノニアラス

單ニ將來個々ニ勝手ニ實行セサル趣旨ヲ口頭ニテ明ニシ置ク程度ニテ何等問題トナラス

事實上ハ將來日本側ノ仲介ニ依リ兩者協定セシムルコトヲ

然ルヘシト考ヘアリ

伊集スミ

（終）

（別紙第六號）

覺

一、兩政權ノ合併統一ハ北支臨時政府ヲ中心トシテ至短期間内（津浦線ノ開通ヲ目途トス）ニ實現ヲ期スルコト

是カ爲中支新政權機構組織ノ具現ハ必要ノ最小限度ニ止メ勉メテ之ヲ簡素ナラシメ置クコト

二、兩政權合併ノ爲速カニ双方ノ代表ヲ北京ニ集メ協議會ヲ開カシムルコト

右協議會ニ對シテハ軍部ハ斡旋スル程度ニ止メ之ニ參加セサルヲ原則トス

三、合併後當然豫想セラルル中支新政府ノ名稱及組織等ノ變更ハ前項協議會ノ決定ニ委スルコト

四、合併前中支新政府カ諸法規ヲ決定スルニ當リテハ勉メテ範ヲ臨時政府既定ノモノニ採ラシムルコト

五、中支ニ於ケル海關、統稅局（共ニ主要人事ヲ含ム）ニ關シテハ合併前ヨリ直ニ臨時政府ノ統制下ニ置クコト

六、軍事、外交、金融、經濟、交通、通信、郵務及思想對策等ニ關シテハ兩特務部協議ノ上一貫セル方針ニ基キ各々支那側ヲ指導スルコト

昭和十三年三月　日

寺内部隊特務部長

畑　部隊特務部長

（別紙第七號）

覺

一、兩政權（支那人）間ノ話合ニ委シ速ニ中支政權ノ成立ヲ期ス

二、兩特務部長間覺書ハ我方ノ腹トシテ取纒メタルモノニシテ前記一、ノ原則ニ障害ヲ與フルコトナシ但シ前記一、ノ原則ニシテ實行シ得サル事態ニ立チ至リタル場合ニハ右覺書ノ（一字アキ）旨ニ依リ事態拾收ニ努ムルモノトス

（別紙第八號）

至急親展　一三、三、二一

祕電報　一三、三、二〇、後、五、三〇發七、二一五着

方特務電第七四三號

次官、次長宛

喜多少將ニ傳ヘラレ度

甲集團特務部長

上海代表任援道來京シ十八日王克敏以下臨時政府各部長ト任意會見（日本側ハ立會セス）シ左記事項ヲ協議決定セリ

一、上海方面ノ政府成立ノ際宣言文中ニ左記事項ヲ押《(挿カ)》入スルコト「中國ハ二個ノ政府ヲ有スルコトヲ欲セス新機構ノ成《(性カ)》質ハ素ヨリ暫定的組織ニシテ蘇、皖、浙三省ヲ以テ範圍トシ臨時政府ト始ヨリ對立的ノ意見ナシ、將來中央ノ所管ニ屬スヘキ一切ノ事項ハ臨時政府ニ協議シテ辨理ス、津蒲《(浦カ)》、隴海兩鐵道ノ交通回復スルヲ待チ臨時政府ニ合流ス

二、臨時政府ト維新政府トノ合流ヲ容易ナラシメ且其繋爭ヲ除去スル爲左記事項ヲ協議決定ス

(一)國家トシテ統制スヘキ一切ノ事項トハ外交、軍事、財政、幣制、法律、交通、人事トス

(二)外交軍事ニ關シテハ追テ協議ス

三、財政關係事項ハ左ノ如クス

(イ)關稅、鹽稅、統稅ノ稅率及徵稅方法ヲ劃一ナラシム

(ロ)國家ノ收入支出ハ皆國家ノ銀行ヲシテ取扱ハシム卽チ國庫業務ハ中國聯合準《(備欠カ)》銀行ヲシテ行ハシムルヲ本則トシテ逐次指導ス

(ハ)國稅ノ收入ハ臨時、維新兩政府相互ニ通報シ其ノ業務ニ關シテハ臨時政府ニ於テ定ムル處ヲ適要《(用カ)》ス、又國稅ノ分配使用ニ關シテハ追テ協議ス

(ニ)幣制ノ統一ノ國家銀行ハ唯一トシテ中國聯合準備銀行ヲ以テ之ニ當ツ

(ホ)法令ハ重複ヲ避クル爲臨時政府ト商議決定ノ上之ヲ發布シ且臨時政府ノ既ニ發令セシモノト牴觸セサルモノトス

右ニ關シ楠本大佐ハ原則トシテ異議ナシ詳細ハ本二十日出發上京セシ吉野中佐ヨリ聞カレ度（終）

（別紙第九號）

北支及中支政權關係調整要領

昭和一三、三、一二　三省事務當局內定

第一　方針

中支新政權ハ一地方政權トシテ成立スルコトトナリタルニ依リ中華民國臨時政府ヲ中央政府トシテ成ルヘク速カニ之

ニ合併統一セシム

第二　要　領

一、中支新政權ハ其成立宣言ニ所要ノ修正（北支及中支兩政權當事者ノ協議セルモノニ據ル）ヲ行ヒ之ヲ成立セシム

二、中支新政權ハ成ルヘク速カニ之ヲ北支臨時政府ニ合併統一セシム

是カ爲中支新政權機構組織ハ前項ノ合併統一ニ支障ヲ來ササル樣具現セシメ又中支ニ於ケル海關、統税局、鹽務局（共ニ主要人事ヲ含ム）等ニ對スル措置ハ合併前ニ於テモ臨時政府統制ノ下ニ之ヲ行ハシム

三、兩政權合併ノ爲速カニ双方ノ支那側代表ヲ集メ協議會ヲ開カシム

四、軍事、外交、財政、金融、經濟、交通、通信、郵務及思想對策等ニ關シテハ北支、中支間ニ矛盾ナカラシムル樣指導ス

北支及中支政權關係調整要領ニ關スル諒解事項

（十三、三、二）

一、第一、方針中ニ所謂中華民國臨時政府ヲ中央政府トストノ趣旨ハ支那ニ於ケル各地政權指導上ノ原則トシテ規定セルモノニシテ帝國カ之ヲ支那ノ中央政府トシテ承認スルコトハ本規定中ニ豫想セス承認問題ハ此レト別個ノ考慮ニ依リ決定スヘキモノトス

二、第二、要領ノ二、前段北支臨時政府ニ合併統一ノ場合ニ於ケル首都ノ選定ハ專ラ支那側ノ考慮ニ委スルモノトス

（別紙第十號）

覺（案）

一、兩政權ノ合併統一ハ北支臨時政府ヲ中心トシテ至短期間內ニ實現ヲ期スルコト

是カ爲中支新政權機構組織ノ具現ハ必要ノ最小限度ニ止メ勉メテ之ヲ簡素ナラシメ置クコト

二、兩政權合併ノ爲速カニ双方ノ代表ヲ北京ニ集メ協議會ヲ開カシムルコト

右協議會ニ對シテハ日本軍部ハ之ヲ斡旋シ合併實現ヲ容易ナラシム

三、合併後當然豫想セラルル中支新政權ノ名稱及組織等ノ變更ハ前項協議會ノ決定ニ委スルコト

四、合併前中支新政權カ諸法規ヲ決定スルニ當リテハ勉メテ範ヲ臨時政府既定ノモノニ採ラシメ要スレハ之ト商議決定ノ上發布セシメ以テ重複牴觸ヲ避ケシムルコト

五、中支ニ於ケル關税、鹽税、統税（共ニ主要人事ヲ含ム）ニ關シテハ畫一ヲ期スル爲合併前ヨリ直ニ臨時政府ノ統制下ニ置クコト

六、金融ニ關シテハ幣制ノ統一、國庫業務ノ確立ヲ圖ル爲中支新政權ハ北支臨時政府ノ主張ヲ尊重シ逐次之ヲ實現スル如ク指導スルコト

七、軍事、外交、財政、金融、經濟、交通、通信、郵務及思想對策等ニ關シテハ兩軍協議ノ上要スレハ中央ノ指示ニ依リ一貫セル方針ニ基キ各々支那側ヲ指導スルコト

昭和十三年三月　　日

寺内部隊特務部長

畑　部隊特務部長

編　注　別紙第三号〜第五号は省略。

（付記二）

中、北支政權問題及税率問題等ニ關シ喜多少將ノ談話要領

（昭和一三、三、一二、東亞一）

二十二日喜多特務部長ノ上村ニ對スル談左ノ通リ

一、北支中支兩政權合併ニ關聯シ中央政府ヲ南京ニ定メント ノ考へ中央ニ於テ議論セラレ居ル由ナルカ假令津浦線開通シ北支中支ノ連絡着キタル上モ南京方面ハ常ニ漢口方面ヨリノ攻撃ニ曝サレ安心シテ政務ヲ執リ得サルノミナラス現狀ニ於テ中央政權ヲ南京ニ樹ツルカ如キコトトナラハ右政權ハ結局日本側ヨリ離レ日本側ノ希望セサル方向ニ進ム惧アリ故ニ北京ニ置キ日本ノ力ヲ以テ餘程確ツカリ押サヘ置クニ非ラサレハ思フ通リノ方向ニハ進マサル可ク結局此處二三年ハ中央政府ヲ北京以外ニ移スコトハ考ヘラレス

二、一九三一年ノ税率問題ハ實ハ北支政權成立ノ際自分ハ右税率ヲ其儘實施シ度キ考ヘヲ有シ居タルカ滿洲方面ヨリ來レル專門家カ色々研究ノ上過般施行シタル新税率ヲ作リ上ケタル譯ナレハ一九三一年ノ税率ヲ實施スルコトニ就イテハ自分等トシテハ何等異存ナシ但シ北支政權側ニ於テハ目下ノ處新ニ税率改正ノ考ヘモナキ次第ナルニ付

新税率ヲ實施スルヤ否ヤハ專ラ中央ニ於テ各般ノ情勢ヲ考慮ノ上御決定アリ度シ

三、北支稅關ノ外債支拂問題ニ關聯シ新法幣ニ依ル稅收ヲ外貨トシ得サルニ於テハ事實上外債支拂不可能トナル次第ナルカ此ノ點如何ニ考ヘ居ルヤト尋ネタル處喜多少將及同行ノ吉野中佐ハ共ニ外債支拂ノ爲ニハ必ス外貨ニ替ヘ得ヘキ旨確言シ居リタリ

208 昭和13年3月28日

中華民国維新政府の成立宣言

付　記　外務省作成、作成年月日不明

中華民国臨時政府・維新政府の成立経緯概要

中華民國維新政府の成立宣言

一三、三、二八

近年百政腐敗し群小朝に滿ち外交を諳んせすして只豪語を誇る、民を導かすして戰を作さしめ軍備無くして空言を恃む、啻に民命を犧牲となし國家を賭物と爲すに止まらす、遂に神州を塗炭に陷れ京邑を廢墟と化し萬竈に煙無く四民業を失ふに至る、國に當る者師を喪ふこと益々多くして敗報愈々頻なり、失地益々多くして搾取愈々甚し然も未た一事を擧けて以て過を省み、一言出して以て己を罪せるものあるを聞かす、焦土政策は自殺に等しく容共政策は寇を招くに同し、是れ中國有史以來唯一の惡政府にしてその居心行事は蓋し桀紂も爲すを肯んせす閩獻も及はさる所なり、現に四川に一時の安逸を求め湖北、湖南に潛伏すると雖も只徒らに呼號するを以て自ら娯むのみ既に統御の力を失へり、吾人等義憤措く能はす急に起ちて亡を救ひ舊を除きて新を布き民と共に更始せんとす、爰に三月廿八日南京首都に中華民國新政府を重建す其唯一の使命は卽ち領土主權を戰前狀態に復現し、隣邦と樽俎折衝して敦睦に歸し、勉めて國人をして戰禍の苦を免れしめ、同種をして兄弟相爭ふ事なからしめ、吾國舊有の道德に基き東亞の平和を確立し、更に歐米列國と聯絡を保持するにあり、維新政府の成立は江蘇、浙江等の省の事實に根據しその性質は暫定的のものにして臨時政府とは始めより對立の心なし、將來中央所管の事項と不可分のものは臨時政府により商約辦理す、且つ津浦隴海兩路の交通恢復せる後は臨時政府と合併すへし、

蓋し同人等は常に國内に對立的兩政府あるを願はさるものなり、秩序を恢復し流民を慰撫し農村を安定し商業を復興せしむことは目下最緊の急務なり、謹んて常に群力を集合し逐一進行し以て老父母子弟をして各常業に安んせしめ漸次に生計を復せしむへし、人民のために兵災を減少せしむるは卽ち國家のために元氣を培養する所以なり、これを醫療に譬ふれは先つ治療を先とし病既に除かるるを待ちて後徐に養生を圖るへし敢て治理を空談し富强を豪語し以て困苦九死一生の民衆を欺かんとするものに非さるなり、荊棘地に遍く烽火天に滿つ、祖國を灰燼と化し窮民を傷殘せしめたる後においては功を表はすこと易からす、又着手最も難きこと明かなり、唯各知能を盡し、我使命を全うし初志を貫徹すへきことを天民と共に誓ふものなり茲に敢て民衆に告く。

(付　記)

(欄外記入)

一、中華民國臨時政府

昭和十二年北支地方ニテハ德州、綏遠、彰德、太原等ノ要地相次デ陷落シ又中支方面ニ於テハ十一月下旬國民政府ハ漢口、重慶、長沙各地ニ分散移轉ヲ行ヒ十二月十三日首都南京モ遂ニ陷落スル等戰局ノ大勢決スルニ至レリ茲ニ於テ豫テ北支要人間ニ於テ考慮中ナリシ新政權樹立ノ氣運次第ニ熟セリ

北支政權ノ首班ニ王克敏ノ出馬シタル經緯ニ付テ述ブレバ王ハ事變ノ當初香港ニ遁レ居タルガ北平特務機關長喜多少將ハ熱心ニ王ヲ北支ニ出馬セシメントシ上海ノ山本榮治ヲシテ專ラ右工作ヲ擔當セシメ北平ヨリ直接又臺灣軍ヨリ特ニ軍參謀ヲ香港ニ派シ勸誘ニ努メタル結果王ハ十一月二十四日上海着、十二月六日飛行機ニテ福岡ニ飛ビ出迎ノ山本、余晉龢ト共ニ北支ニ向ヘリ王ハ上海出發ノ際ハ未ダ北支政權ノ主腦者タルコトニ完全ニ同意シタルニ非ズ單ニ狀況視察ヲ條件トシテ承諾シタルモノトシ言ハル

北支軍當局ハ北支新政權ハ結局將來ノ支那中央政權トシテ守リ立ツル方針ニシテ陣容ノ整備ニ意ヲ用ヒ王ノミナラズ南方有力者ヲ漸次北方ニ誘致セントシ吉野及今井(當時武官)等上海ニ在リテ熱心ニ之ガ工作ヲ進メタリ右北支中心主義ハ軍中央部及北支寺内大將等モ略贊成ナリ

シモ上海武官室側ニ於テハ反對ニシテ殊ニ楠本大佐ハ政權樹立工作上初メヨリ北支中心ト定メテ掛ル必要ナク南北ヲ問ハズ善キ政權ガ出來タル所ヲ中央トナサバ可ナルベク此ノ意味ニテ上海ヨリ多數要人ヲ引拔クコトハ反對ナリトノ意向ヲ有シ居リタルモノノ如シ

王克敏北京到着後王ヲ中心ニ協議ノ結果王モ出馬ヲ決意スルニ至レリ斯クテ新政府ノ組織大綱宣言等ヲ決定シ昭和十二年十二月十四日北京ニ中華民國臨時政府ノ成立ヲ見ルコトトナレリ

本政府ノ組織大綱及宣言要旨左ノ通リ

㈠政府ハ政府主席(當分空席)ノ下ニ三權分立トシ獨立セル左記三委員會ヲ以テ組織ス

(イ)議政委員會(重要國策及其他政治一般ノ審議機關)

委員長 湯爾和

常務委員 王克敏、朱深、董康、王揖唐、齊燮元

委員 江朝宗、高凌霨

(ロ)行政委員會(行政全般ノ實施機關ニシテ祕書局及行政、治安、文敎、法制、災區救濟ノ五部ヲ置ク)

委員長 王克敏

行政部長 王克敏(兼任)

治安部長 齊燮元

文敎部長 湯爾和

法制部長 朱深

災區救濟部長 王揖唐

河北省長兼天津特別市長 高凌霨

北京特別市長 江朝宗

(ハ)司法委員會

委員長 董康

㈡國旗ハ五色旗トス

㈢宣言要旨

(イ)民主々義ヲ復活シ汚穢ナル黨治ヲ芟除ス

(ロ)共產主義ヲ絕對ニ排除ス

(ハ)東亞ノ道義ヲ發揚シ世界友邦トノ敦睦ヲ厚フス

(ニ)產業ヲ開發シテ民生ヲ向上ス

(ホ)從前政府ガ公表セル對外義務ハ一切責ヲ負フ

臨時政府成立ノ結果北京地方維持會、天津治安維持會、平津治安《(治安カ)》維持聯合會ハ何レモ之ニ合流スルコトトナリ又

冀東政府モ十二月十四日池宗墨以下官民全体ノ名ヲ以テ新政府ニ對シ同政府ニ合流シ冀東政府ハ自然解消スベキ旨電報セルガ昭和十三年一月三十日臨時政府ニ合流セリ

臨時政府成立直後昭和十二年十二月閣議ヲ以テ決定セル「事變對處要綱（甲）」ニ依レバ南京政府ガ反省スルニ於テハ之ト時局ノ收拾ヲ圖ルベキモ同政府ニシテ長期抵抗ヲ標傍（榜カ）シ反省セザル場合ニ對處スル爲ト他方帝國ノ占據區域廣汎トナリ至急之ガ處理ヲ行フノ要アル爲今後ハ必ズシモ南京政府トノ交渉成立ヲ期待セザルコトトシ別個ニ時局ノ收拾ヲ計ルコトトスル方針ヲ決定シ北支ニ於テハ支那民衆ノ安寧福利ノ増進ヲ以テ政策ノ主眼トシ政治的ニハ防共親日滿政權ノ成立、經濟的ニハ日滿支不可分關係ノ設定ヲ目標トシ漸次本政權ヲ擴大强化シ更生新支那ノ中心勢力タラシムル中央方針ヲ決定セリ尤モ舊南京政府トノ交渉成立ノ場合ハ本政權ハ和平條件ニ從ヒ調整セラルルコトトナリ居リタリ

更ニ昭和十三年一月十一日御前會議ニ於テ決定セラレタル「支那事變處理根本方針」ニ依レバ中央政府ニ對シテハ依然トシテ舊南京政府ガ反省飜意シ誠意和ヲ求メ來ルニ於テハ別ニ決定ノ講和交渉條件ニ準據シ交渉スルノ方針ヲ留保スルト共ニ同政府ガ和ヲ求メ來ラザル場合ハ帝國ハ爾後之ヲ相手トスル事變解決ニ期待ヲ掛ケズ新興支那政權ノ成立ヲ助長シ之ト兩國々交ノ調整ヲ協定シ更生新支那ノ建設ニ協力スルコトトナリ舊南京政府ニ對シテハ帝國ハ之ガ潰滅ヲ圖リ又ハ新興中央政權ノ傘下ニ收容セラルル如ク施策スル方針ヲ決定セリ

而シテ獨逸政府ヲ仲介トスル和平交渉ハ舊南京政府ヨリ帝國ノ要求條件ハ範圍廣汎ニ過グルヲ以テ支那側ニ於テ最後的決定ニ達センガ爲更ニ詳細ナル内容ヲ承知シタキ旨一月十四日在京獨大使ノ傳達アリ帝國ノ講和基礎條件ハ獨逸ヲ通ジ充分承知シ居ルモノト認メラルルヲ以テ本支那側回答ハ講和ニ誠意ナク單ニ遷延策ヲ講ゼントスル趣旨ト認メラレタルヲ以テ帝國政府ハ一月十五日今後ハ國民政府ヲ相手トスル事變解決ニ期待ヲ懸ケズ新興支那政權ノ成立發展ヲ助長スル一月十一日御前會議決定方針ノ第二段ノ措置ヲ執ルコトニ廟議決定シ十六日右趣旨ヲ中外ニ聲明スルト共ニ獨ヲ通ジ日支和平交渉打切ヲ通告セリ

二、中支ニ於ケル政權樹立運動

日本軍上海附近ニ於テ支那軍ヲ撃破シ昭和十二年十二月十三日南京ヲ攻略スルヤ中支ニ於ケル政權樹立運動開始セラレ先ヅ上海ニ十二月五日上海市大道政府ノ成立ヲ見タリ上海以外ニ於テハ治安維持會ノ成立ヲ見タルガ主タルモノハ昭和十三年一月一日成立セル南京自治委員會及杭州治安維持會ナリ然ルニ上海方面ニ於テハ蔣政權及國民黨ノ勢力ハ南京陥落ノ頃ニ於テモ猶意外ニ強ク親日分子モ共同租界内ニ於テスラ公然トハ日本側ニ接近スルコト不可能ノ狀態ナリシモノニシテ北支ニ於ケル如ク有力ナル新政權ノ樹立ハ永ク困難ノ事情ニ在リタリ

南京陥落ノ前後維新政府樹立迄ニ中支方面ニ於テ起リタル政權樹立運動概略左ノ如シ

(一)上海市大道政府(大道市政府)

本政府ハ陸軍武官室楠本大佐ガ參謀本部影佐大佐ト協議シ成立ニ斡旋シタル由ニ傳ヘラレ現地海軍及外務官憲ニ於テハ成立迄之ヲ承知シ居ラザリシモノニシテ當時一般ニ甚ダ不評判ナリシモノナリ(市長蘇錫文ハ福建人、早大出身、天津ニテ鹽務ノ官吏タリシコトアリ)

本市政府ハ浦東、南京、滬西、閘北、眞茹、市中心、呉淞、北橋、嘉定、寶山、奉賢、南匯、川沙、崇明、各區ノ管轄區域ヲ有シ祕書處、特區辨事處、社會、警察、財政、教育、衞生、土地、交通、工務各局、肅檢處、地方政總署ノ組織ヲ以テ成立セリ

(二)上海市戰區善後整理會

張嘯林ノ青帮ノ勢力ヲ背景トシ虞洽卿等ノ商人團体ガ主トナリ上海市ノ治安維持、商工業ノ復興及戰區一切ノ善後措置ヲ行ハントスルモノニシテ名ハ整理會ト言フモ政治團体ナリ委員制ヲ採用シ委員長ヲ互選シ合議制ヲ行ハントセリ本運動ハ上海ニ於ケル實力者ノ企圖セルモノナルモ結局政權樹立迄ニ發展セズシテ止ミタリ

(三)西山派ノ唐紹儀擁立運動

松井司令官ハ事變ノ當初萱野長智(知カ)ヲ上海ニ連行セルガ萱野ハ山田純三郎等ト共ニ陳中孚ト連絡シ唐紹儀、許宗智、居正等西山派ヲシテ新政権ヲ樹立セシ

メントシタルモ渉々シキ展開ヲ見ズ又一方唐紹儀一派モ日本側ガ將來蔣政權ト妥協スルガ如キコトナキヤ又純然タル傀儡政府ヲ樹立セシメントスルニ非ズヤトノ危惧ノ念ヲ抱キ當時猶其ノ態度ハ消極的ナリシナリ（其後唐、吳（佩孚）ノ連絡成リ相當ノ進展ヲ示シタルモ十三年八月唐ノ暗殺事件アリ唐吳聯立出馬ハ挫折セリ）

(四)孔祥熙一派ノ和平運動

孔祥熙一派ノ内孔ノ息孔令侃（輔佐役樊光）ハ上海ニ於テ密□□（二字不明）本側ノ態度打診ニ當リ居タルガ同人ガ香港ニ去リテヨリハ孔ノ祕書喬輔三及薛學海等ガ日本側ト連絡ニ當リツツアリタルモ遂ニ發展セズ

(五)上海財界人ノ運動

上海財界人中周作民、徐新六、林康侯、李銘等モ運動スル所アリタリ之等ハ前記靑帮ノ運動ト略々同一系統ナリ殊ニ周作民ハ十二月頃漢口ニ赴キ當時衡山ニ在リト稱セラレタル蔣介石ニ面會シ其ノ對日態度ヲ打診シタリトモ傳ヘラレ周トシテハ和平ノ望アレバ日本側ト折衝スル心組ノ如クナリシモ遂ニ不成功ニ終レリ

(六)熊斌一派ノ運動

熊斌モ上海ニ在リテ種々運動シ居リタルガ彼ハ江蘇治安維持會ナルモノヲ作リ將來何應欽ト連絡セントスル計畫ナリシモノノ如シ

以上(二)ヨリ(六)ニ至ル運動ニ對シテハ軍特務部トシテハ既成勢力ノ政權獲得運動ニ類スルモノハ排撃スル方針ナリシ由ニシテ結局上海市大道政府ノ外ハ政權トシテ成立ヲ見ルニ至ラザリシ實情ナリ

更ニ汪精衞系トシテハ神戸華僑陳伯藩初メ李聖五、王延松等ガ上海ニ於テ日本側ト連絡ヲ試ミツツアリシ時期アリ（尚中支ニ於ケル中心政權ハ當初ヨリ北支政權ト圓滿相投合セシムルモノタルベシトノ考ヘ方アリ中央ニ於テ「中支政務指導方案」（昭和十三年一月二十七日）ナルモノ一應確定ヲ見タル經緯アリ當時ノ我方新政權指導方針ヲ知ルニ足ルベシ）

三、中華民國維新政府

中支ニ於ケル中心政權樹立運動ハ梁鴻志、任援道、陳

群、溫宗堯ト出馬セントスルニ及ンデ漸ク熟セリ之等各派ノ連携運動ニ對シテハ現地ニ於テハ上海陸軍特務部原田少將、楠本大佐、上海海軍特務部之ヲ援助推進スル所アリタルモノナリト傳ヘラル然ルニ本政府成立ニ關聯シ北支側ニ重大異論生ジタリ

三月二十八日成立セル當時ノ維新政府組織大綱及政綱要旨ハ左ノ通リ

㈠政府ハ三權鼎立ノ民主立憲政体トシ三院七部制ヲ採ル

(イ)行政院

行政院長(代理)　梁鴻志
外交部長　陳　籙
內政部長　陳　群
綏請(靖カ)部長　任援道
財政部長　陳錦濤
教育部長　陳則民
交通部長(兼)　梁鴻志
實業部長　王子惠
行政院祕書長　吳用威

(ロ)法制院

法制院長　溫宗堯

(ハ)立法院

立法院長(未定)

㈡國旗ハ五色旗トス

㈢政綱要旨

(イ)三權鼎立憲政制トシ一黨專制ヲ取消ス
(ロ)極力防共ヲ旨トス
(ハ)外交ハ平等、主權維持、中立敦睦、東亞和平、各國親睦ヲ圖ル
(ニ)難民復業保安清鄉ヲ圖ル
(ホ)資源開發農工振興、國外資本吸收、友邦トノ經濟提携ヲ圖ル
(ヘ)商工金融ヲ發達セシメ國富ヲ增進ス
(ト)固有文化ヲ本トシ科學知識ヲ吸收シ矯激ナル教育ヲ廓清ス
(チ)財政ノ適合ヲ圖リ人民ノ負擔ヲ輕減ス
(リ)人材登傭、言論公開ヲ行ヒ政治ヲ批判セシム
(ヌ)變則機關撤廢、官吏肅正ヲ行フ

右維新政府成立ノ結果其ノ下ニ地方政府ヲ組織スルコトトナリ各地治安維持會ハ何レモ解消スルコトトナレリ斯クテ五月二十三日江蘇省政府六月二十日浙江省政府七月二十三日安徽省政府四月二十四日督辦南京市政公署夫々成立セリ上海ニ於テハ上海市大道政府ノ組織ヲ其ノ儘用ヒ特ニ行政院直轄ノ下ニ大道ノ二字ヲ取消シ形式的ノ改組ヲ斷行シタル督辦上海市政公署四月二十八日成立セリ

(欄外記入)
中華民國臨時政府及維新政府ニ關スル本記録ハ當時ノ現地報告及關係文書ニ依據シテ正確ニ作成セラレタルモノナルコトヲ證明ス

昭和二十一年五月二十四日
外務省總務局總務課長　大野勝己(印)

編　注　本付記は、「極東国際軍事裁判関係文書」より採録。

209　昭和13年4月5日　在北京森島大使館参事官より広田外務大臣宛(電報)

「北支及中支政権關係調整要領」に関する外務・陸軍・海軍三省関係者の協議状況報告

北　京　4月5日後発
本　省　4月5日夜着

第四八二號(極祕、館長符號扱)

貴電[1]第二二四號ニ關シ

三日維持(新カ)政府代表梁鴻志一行來京セルニ付北支及中支政權關係調整要綱(領カ)ニ關シ四日特務部ニ陸、海、外(上海原田、本田兩少將及幕僚參加)關係官參集ノ上要領第二ノ細目ニ付話合ヲ遂ケタル處上海側ニテハ其ノ準備ナシト言ヘルモ一應左ノ通リ申合乃至話合アリタリ

一、ニ付テハ問題ナク

二、ハ津浦、隴海兩線開通ヲ期シテ合併スルモ夫レ迄相當ノ時日ヲ要スルニ付出來得ル限リ臨時政府ニ相談ノ上措置スルコト尚合併前ニ於ケル海關、統税局、鹽務局ニ關スル措置ニ付テハ海關ハ目下外務側ノ交渉ニ委ネアルモ英國側ト了解ヲ遂ケタル後實施ノ形式ヲ如何ニスルヤハ外

務側ニ於テ研究サレ度キコト、關稅率ニ付テハ臨時政府ハ全支ニ對シ又維新政府ハ三省ニ對シ同一內容ノ命令ヲ發出スルコト、統稅ハ積出地主義ニ依リ課シ北方ヨリ來レルモノハ維新政府ニ送金ヲ請求スルコト、鹽務ハ稅警?ナキ爲未タ手ニ着カサルコト、維新政府ニ於ケル稅收ハ其ノ剩餘金ハ北方ニ送ルコト總稅務司ハ一應現在ノ鵺的存在ヲ續クルコト

三[(2)]、ニ付ニ《(テカ)》ハ兩政權合併ノ爲兩政府間ニ籌備委員會ヲ設ケ正式政府樹立ノ準備ヲ進メシメ次テ正式政府成立後ハ兩政府ヲ解消スルコト又日本側ニ於テモ南北ノ協議會ヲ開催シ兩政府指導ノ任ニ當ルコト、梁鴻志一行ノ北上ニ對スル答禮ノ爲北方ヨリ代表(代表一、隨員二)ヲ派シ籌備會開催等ニ關シ合議セシムルコト

四、ノ軍事ニ關シテハ北支、中支共何等問題ナキモ唯中支ハ軍官學校ハ之ヲ設立セス北方ノ軍官學校ヲ利用スルコト、出來得ルナラハ北支警官學校モ利用スルコト、二、ノ如ク對外關係多キ外交及財政ニ對應スル爲維新政府ノ外交、財政兩總長ヲ北方政府ニ兼任セシムルコト、郵務ノ郵便切手ハ郵便貯金ノ關係モアリ民衆ニ及ホス影響大ナルニ依リ現狀ヲ維持スルコト、南方法幣ノ下落ニ對シテハ充分愼重ニ考慮ヲ爲スコト、鐵道ハ各別ノ會社トスルモ南北連絡ノ時ハ會議ヲ開クコト、文化及思想對策ニ關シテハ學校教科書ハ中支側ハ北支ニ於テ既ニ改停《(訂カ)》セルモノヲ使用スルコト、新民會ヲ中支ニ設置スルコトハ尚研究ノ要アルコト(席上其ノ指導要領ニハ各方面共反對ナキモ張燕卿ニ對スル非難相當强キモノアリタリ)、漁業ニ付テハ其ノ統制ハ支那民衆ヲ壓迫スル惧アルニ付充分考慮ヲ要スルコト

上海、天津へ轉電セリ

---

210 昭和13年4月5日　在北京森島大使館参事官より広田外務大臣宛(電報)

王克敏・梁鴻志会見による臨時・維新両政府の合流協議について

別電　昭和十三年四月五日発在北京森島大使館参事官より広田外務大臣宛第四八五号

王克敏が提出した合流試案

北　京　4月5日後発
本　省　4月5日夜着

第四八四號（極祕）

往電第四七八號ニ關シ

梁鴻志一行ト臨時政府側トノ折衝ハ五日迄ハ大體儀禮的ニ止マリ居リタル處五日午前王克敏、梁鴻志ノ會見ニ於テ（喜多、原田、本田各少將竝ニ本官同席）王ハ貴電第二二四號中北支調整要領ヲ基礎トシ將來兩政府合流ニ對シ支障ナカラシムル趣旨ヲ以テ二日間ニ亘リ熟考セル試案ナリトテ要領別電第四八五號ノ趣旨ノ希望ヲ述ヘタル處梁ハ閣議決定ナルモノハ昨夜始メテ承知セル所ニシテ同僚ニモ何等話合ヲシ居ラス王委員長ノ意見ハ充分理由アリト思考スルモ合流後ノコトニ係ルヤニ思ハル自分トシテハ專門的知識ニ缺クルヲ以テ歸滬ノ上所管官廳竝ニ特務部トモ話合ノ上回答スヘキ旨ヲ述ヘ意見ノ陳述ヲ保留セリ

梁一行ノ北上ハ兩政府間ニ合流ノ基礎的了解ヲ進ムルニ效果アリ北方側ニ對シ多大ノ好感ヲ與ヘタルモノト認メラルルモ具體的問題ニ關シ何等進展ヲ見サリシハ南方代表ハ政府成立早々ニシテ何等具體問題ニ關シ準備ナカリシト共ニ今回ノ北上カ儀禮ヲ主トセルニ依ルモノニシテ事情已ムヲ得サルモノト思考セラル

本電別電ト共ニ天津、上海、青島、濟南、張家口ヘ轉電セリ

（別　電）

北　京　4月5日後発
本　省　4月5日夜着

第四八五號（極祕）

一、維新政府ヨリ速ニ責任アル代表者ヲ北京ニ派遣シ兩政府合流ノ爲ノ協議ヲ爲サシム

二、維新政府ハ今日迄臨時政府ニ於テ發布セル法令ヲ尊重ス維新政府ニ於テ今後法令ヲ發布スル場合ニハ臨時政府ノ法令ノ範圍内ニ於テ右ニ牴觸セサル樣措置セラレ度ク臨時政府ニ於テ今後全國的ニ法令ヲ發布スル場合ニハ豫メ維新政府ニ協議スヘシ

三、維新政府ニ於テハ新銀行ヲ設立セス

四、關稅ハ日本政府ニ於テ諸外國ト折衝ヲ願ヒ其ノ結果ニ基キ決定スルノ外ナキ處右ニ付テハ日本側ヨリ臨時政府ニ

協議ヲ願ヒ臨時政府ヨリ維新政府ニ通報スヘシ

五、統税ハ各品目毎ニ両政府専門家ヲシテ協議研究セシメ税額ハ相互ニ通報ス

六、鹽税ニ關シテハ維新政府ノ管轄區域内ニ於ケル官署ノ設置竝ニ人事ハ同政府ニ於テ主管セラルヘク税額ハ相互ニ通報ス

七、鹽税、關税、統税ヲ全國的ニ主管スヘキ機關(總税務司ノ如シ)ハ臨時政府ニ於テ設置スルノ意嚮ナキニ付維新政府ニ於テモ之カ設置ヲ差控ヘラレ度シ

211　昭和13年4月29日

近く訪日予定の王克敏に対する応酬方針骨子

付　記　陸軍省作成、作成日不明
中華民国臨時政府への折衝・指導に関する陸海外三省間覚書案

王克敏ニ對スル應酬方針骨子

昭和一三、四、二九　外務省

一、帝國ノ支那ニ對シ求ムル所ハ支那カ眞ノ親日防共ノ國家トナリ帝國及滿洲國ト相提携シテ文化、經濟、軍事等各方面ニ於テ完全ナル融合協力ヲ實現シ以テ東亞ノ安定世界ノ平和ニ寄與セントスルニアル次第ヲ篤ト諒解セシムルコト

二、帝國ノ國民政府ニ對スル態度ハ本年一月十六日帝國政府聲明ノ通同政府ヲ對手トセス飽迄之カ潰滅ヲ計リ中途半端ナル媾和ヲナスカ如キ意圖絶對ニナキコトヲ說示シ安心ヲ與フルコト

三、帝國ノ臨時政府及維新政府ニ對スル方針ハ全力ヲ以テ之カ發展ヲ支援シ前記第一項ノ趣旨ニヨル兩國國交ノ調整ヲ計リ更生新支那ノ建設ニ協力セントスルニアリ又臨時、維新兩政府ノ關係ニ付テハ帝國政府ハ臨時政府ヲ中央政府トシテ維新政府ハ成ルヘク速ニ之ニ合併統一セシムル方針ヲ堅持スルモノナルコト勿論ナル次第ヲ篤ト說明スルコト

四、今次事變ニ對スル帝國ノ國論ハ上下、軍民完全ニ一致シ對支政策ノ遂行ニ付毫末ノ不一致アルコトナキ次第ヲ特ニ充分納得セシムルコト

五、帝國ノ國力ハ益々充實發展シ軍事、財政、金融、產業、

各般ニ亘リ毫モ不安アルコトナク、今後モ國民政府潰滅ノ爲軍事行動ヲ進ムルト共ニ對支經濟開發ノ如キモ着々實現ニ乘出シ得ルコト、又國際情勢モ帝國ニ有利ニ展開シ居リ內外ニ於ケル帝國ノ地位ハ牢固トシテ微動タニセサル次第ヲ篤ト認識セシムルコト

（本項ニ付テハ例ヘハ軍事ハ陸海軍大臣、外交ハ外務大臣、財政ハ大藏大臣日銀總裁等各關係ノ向ニ於テ所管事項ニ付特ニ詳細ナル説明ヲ與ヘ指導セラルル樣致度）

（付　記）

陸海外三省間覺書

陸軍省案

帝國政府ノ中華民國臨時政府ニ對スル折衝竝指導ハ作戰期間ハ從前ノ通リ北支那ニ於ケル陸軍最高指揮官之ヲ代行スルモノトス

説　明

一、帝國政府ハ中華民國臨時政府ヲ新興支那ノ中心勢力トシテ之ヲ育成スヘク決意シタリ

此決意ヲ達成シ且新興支那ヲ眞ニ親日滿タラシムルニハ我帝國ノ指導ハ一途ニ出テ苟クモ支那側ニ乘セラルルノ罅隙ナカラシムルヲ要ス

而シテ現在ハ作戰行動中ニシテ占據地域內ニ於ケル治安モ未タ完全ニ恢復セス軍ノ實力ヲ以テセサレハ支那側ニ對スル的確ナル指導ヲ爲シ得サルノ狀態ニシテ從前モ事實上軍カ指導シテ新政權ヲ誕生セシメタルモノナリ

從テ現狀ニ於テハ臨時政府ニ對スル指導ハ北支那方面陸軍最高指揮官ヲシテ實施セシムルヲ要ス

二、若シ作戰上ノ要求ニシテ陸海兩軍ニ關係スルモノアラハ中央部ニ於テ協議ノ上之ヲ現地ニ移シ陸軍最高指揮官ヲシテ臨時政府ニ要求スルヲ適當トシ又居留民ニ關スル問題或ハ青島ノ如ク局地的ニ處理シ得ル問題等ニ就テハ陸海外現地機關互ニ協議シテ實行ニ移セハ可ナリ

三、將來作戰終了時機トナラハ帝國政府ノ代行機關ハ別ニ考慮セラルヘキモノトス

編　注　石射東亜局長の閲了サインと「不贊成、參謀本部ハ本案ニ反對ナル由ノ情報アリ」との書き込みあり。

4　宇垣外相就任から第一次近衛内閣退陣まで

212　昭和13年5月27日

宇垣外相就任に当たり東亜局第一課が作成した「事變ニ關聯セル各種問題」

事變ニ關聯セル各種問題

（昭和一三、五、二七　亞一、松村）

一、宣戰布告問題

本件ハ客年十一月内閣參議會ニテ問題トナリタルコトアルモ宣戰ニヨル利益不利益ヲ比較考量セハ不利不便ノ方遙ニ大ナルノミナラス當時ノ國際情勢ニ鑑ミルモ時期不適當ナリトテ「ドロップ」セラレタル次第ナルカ今日ニ至リ宣戰スルモ其ノ主タル目的トスル戰時禁制品ノ輸送防遏及戰時封鎖ニヨリ第三國船ニヨル對支武器輸出防遏ハ蘇聯ニ對シ無效ナルノミナラス主タル輸送經路カ香港、佛印等ナル關係上英佛等トノ葛藤ヲ增シ武力衝突ニ迄至ル危險アルノミナラス米國中立法ノ適用ニヨル重要物資ノ供給杜絶等ノ虞アルコト當時ニ異ラス特ニ常識的ニ云フモ既ニ「對手ニセス」ト聲明セル國民政府對手ニ宣戰布告ヲナスハ妥當ナラス

二、九國條約廢棄問題

帝國政府ノ九國條約ニ對スル方針ハ窮極ニ於テ之カ事實上ノ消滅ヲ目標トシツツモ今日迄我ヨリ進ンテ同條約ノ無效ヲ主張スルニ於テハ米、英其ノ他ノ國際輿論ヲ不必要ニ刺戟シ面白カラサル政治的影響ヲ招來スヘキ虞アリタルニ鑑ミ前記事實上ノ消滅ノ目標ヲ常ニ明確ニ意識シツツ積極的否認ノ擧ニ出テサル一方苟クモ同條約ヲ論議スルカ如キ機會ハ極力之ヲ避ケ且如何ナル場合ニ於テモ之カ效力ヲ更メテ確認スルカ如キ言辭ハ嚴ニ之ヲ愼ミ漸次本條約ヲ自然消滅ニ導ク方針ヲ以テ進ミ來レル次第ナルカ今后帝國政府ニ於テ支那新政權ヲ中央政權トシテ承認ノ運ニ至ラハ東亞及世界ニ於ケル情勢ノ進展ヲ見窮メ同政府及帝國政府ニ於テ併行的ニ本條約脱退方ヲ考慮ス

ル價値アルヘク右ニ付テハ目下折角研究中ナリ

三、英國利用ニヨル時局收拾問題

英「カドーガン」外務次官ハ二月二十五日石井子ニ對シ英ハ「日支兩國ヨリ依賴ナクンハ斡旋ノ勞ヲ執ル譯ニ行カサルモ英國單獨ニテハ他國ノ疑惑ヲ受クル惧アル故米國ト共同ニ非サレハ斡旋シ得ス」ト述ヘタル次第アル處支那カ最モ賴ミトシ居ル英國トノ關係ヲ好轉セシメテ日本ノ味方トシ國民政府ニ對シ背後ヨリノ壓迫ヲ感セシムルコトハ武力ニヨル國民政府ノ解決早急ニハ付キ兼ヌル現狀ニ於テハ最善ノ方策ノ一ニシテ右ニ付テハ陸海軍共原則トシテ異論ナキ所ナルカ日英關係調整ノ爲ニハ

(イ)不祥事件ノ發生防止

(ロ)英國關係懸案ノ公正ナル解決

(ハ)英國側ノ北中支ニ對スル資本投下ノ誘導及企業參加ノ或程度ノ承認

(ニ)國內輿論ノ指導

等必要ナルカ本件ニ關聯シ英國側ニ香港經由武器輸入禁止ヲ行ハシメ之ニ對シ我方ニ於テ若干ノ代償ヲ與ヘントスルカ如キ具体的問題トシテ目下陸海海《(外カ)》三省間ニ研究中ナリ

四、臨時政府指導機關

二月中旬頃陸軍側ヨリ帝國政府ノ中華民國臨時政府ニ對スル折衝竝指導ハ作戰期間ハ北支那ニ於ケル陸軍最高指揮官之ヲ代行スヘキ旨陸海外三省間ニ協定方申出アリタル處右ニ對シテハ外務海軍共新政府ノ指導ハ中央ニ於テ三省間ニ協議決定ノ上出先ヲ指導スヘキモノナリトノ建前ニテ反對シ纒マリ居ラス（但シ實際□□□《(三字不明)》シテハ顧問、經濟協議會等軍司令官ニ於テ專ラ指導ニ當リツツ□《(一字不明)》ルコト御承知ノ通ナリ）

213　昭和13年5月28日　在上海日高総領事より宇垣(一成)外務大臣宛(電報)

近衛内閣改造に対する上海の報道振り報告

付　記　昭和十三年六月二十一日、情報部作成「支那事變ニ關スル各國新聞論調(148)」より抜粋

六月十七日の外国人記者会見での宇垣外相談話に関する各国論調

上海　5月28日後発
本省　5月28日夜着

第一六九七號

内閣改造ニ關シ[1]二十八日當地英漢字紙ハ何レモ社說ヲ掲ケタルモ漢字紙ハ外國電報ヲ多數掲ケタルニ止マリ社說ヲ掲ケタルハ文匯報ノミナリ各紙ノ社說要領左ノ通リ

一、「デイリー、ニユース」

今次内閣改造ハ從來ノ官僚及民間トノ妥協廢止、軍部獨裁ヲ實現シ國内政治經濟體系ヲ强化スルコトニ依リ急速ナル戰爭ノ終結ヲ企圖スルモノナルカ今後日本カ增兵スルト否トヲ問ハス莫大ナル軍費ヲ要スヘキヲ以テ如何ニ日本ノ財政經濟ノ整備ヲ計ルカガ重大ナル問題トナルヘキナリ最モ意外ナリシハ宇垣大將ノ外相就任ニシテ之ニ依リ日本ノ外交方針カ根本的ニ變更サルヘキヤ未タ豫想シ得サルモ廣田前外相ハ從來第三國ノ權益尊重ニ關シ累次聲明ヲ爲セルニ拘ラス現地官憲ニ對スル統制力ヲ缺如セル爲何等實際的效果ヲ充ササリシニ鑑ミ軍部出ノ宇垣外相カ改メテ同樣ノ聲明ヲ爲シ之カ實行ニ努力センコトヲ期待ス

二、[2]「プレス」

日本ハ南京陷落當時漢口迄攻略シ得ヘキ優勢ノ地位ニ在リタルニ拘ラス決斷ヲ怠リ支那軍ニ立直ル餘裕ヲ與ヘ徒ニ長期戰ニ引込マレ更ニ臺兒莊ニ於テ再ヒ重大ナル作戰上ノ錯誤ヲ爲シ多大ノ犧牲ヲ拂ヒ漸ク徐州ヲ攻略セル後初メテ内閣改造ヲ行ヒ對支戰爭ノ徹底的遂行ノ決意ヲ固メタルモノナル處之ニ依リ漢口及廣東ノ攻擊カ豫想セラルルニ至レルモ徐州戰ニ於テ日本ノ主張スルカ如ク支那軍カ致命的打擊ヲ蒙ラサリシ今日果シテ日本軍ノ希望スル卽戰卽決カ可能ナリヤ否ヤ甚タ疑問ナリ

三、「タイムス」

戰時内閣(改造)ノ屢々行ハルルハ歐洲大戰當時ノ各國ノ事例ニ徵シテモ明カナルカ今次ノ近衛内閣改造ハ漢口政府膺懲ニ對スル鞏固ナル國論ヲ背景トシテ出現セル强力内閣ニ外ナラス軍人閣僚ノ增加モ軍部獨裁ヲ意味スルニアラスシテ戰時中已ムヲ得サル必要ニ基クモノナルヘシ外國ニ取リ廣田外相ノ引退ハ多少危惧ノ念ヲ抱クヘキモ戰時ニ際シ軍事及外交一元化ノ見地ヨリ宇垣外相ノ就任ハ最適任ナルヘク之ニ依リ第三國ノ權益尊重ナル日本ノ

従來ノ方針ニハ何等變更ナカルヘシ

四、文匯報[3]

近衛内閣ハ今次ノ改造ニ依リ完全ニ軍人ノ手中ニ墜チタルモノニシテ右改造ノ眞因ハ對外的必要ニ基クモノニアラス幾多ノ對内的摩擦カ新陣容ヲ要求セルモノナルヘシ宇垣ノ出馬ハ日本ノ最モ苦痛トセル二重外交ヲ調整シ外交權ノ集中ヲ計ルト共ニ同外相ニ依リ幾分ニテモ少壯派ノ氣焔ヲ抑壓セントシ又荒木ノ文相ハ末次内相ト協力シ危險思想ノ彈壓ニ努力スヘク池田ノ入閣ハ軍閥ノ歡心ヲ買ヒ政治的勢力ヲ運用スルニアラサレハ損潰ノ運命ヲ免ルルニ由ナキヲ以テ證明スルモノニ外ナラス斯カル國内的矛盾ヲ糊塗セントスル内閣改造ヲ以テシテモ對支戰ニ於ケル日本慘敗ノ宿命ヲ挽囘スルコトハ不可能ナルヘシ漢口發路透ニ依レハ同地漢字紙ハ何レモ内閣改造ヲ大々的ニ報道シ居ルモ之カ日支戰爭ニ及ホス影響ニ付テハ夫々見解ヲ異ニシ一般ニ軍部獨裁ノ表面化セルコトハ支那ニ對スル更ニ激烈ナル軍事行動ヲ豫想セシムルモノナリト評シ居レルニ對シ大公報ハ宇垣ノ外相就任ハ近衛首相ノ後繼者タル前提ト看做シ且「フアツシヨ」ノ反對スル宇垣、荒木ヲ共ニ入閣セシメタルハ近衛カ内閣ヲ更ニ擧國的トナラシムル意圖ナリト論シタル趣ナリ

（付　記）

A　支那

△宇垣外相談ヲ報道

六月十八日上海各紙ハ東京發「ロイテル」電ヲ以テ、宇垣外相カ外人新聞記者會見ニ於テ、日本ト英國トハ傳統的ニ特別ノ友誼關係ニ在ルカラ、今後原狀囘復ニ盡力スルト共ニ、更ニ一層親善トスル考テアル。日本政府ノ態度ハ一月十六日ノ宣言以來何等ノ變更ナク、日支和平條件等ヲ考慮シタコトハナイカ、情勢カ根本的ニ變動スルヤウナ場合ニハ、政府ノ態度ニ付テ再考慮スルコトモアラウ。日本ハ支那ニ領土的野心ヲ有タヌト重ネテ確言シタト報道シタ。

尚戰況記事ニハ變化ナク、宋子文カ六月十七日香港ニ赴イタコトノ他、爆擊防止方ニ關スル英、米、佛方面ノ消息ヲ大キク詳報シタ。

B　米國

△宇垣外相ノ記者會見談ヲ報道

六月十七日「クリスチヤン・サイエンス・モニター」紙ハ宇垣外相ノ新聞記者會見ニ關スル電報ヲ報道シテ居ルカ、（他ノ新聞ハ未タ報道セヌ）其ノ際外相カ日本ハ重大ナ事態ノ變化ノアツタ場合ハ國民政府ヲ相手トセストノ既定方針ヲ再考スルコトモアラウト語ツタノテ、日本ハ必スシモ既定方針ヲ固執スルモノテナイトノ印象ヲ與ヘタト報シタ外、日本ノ「フアツシヨ」化問題及佛國ノ南寧鐵道問題等ニ關スル談話カアツタコトヲ報シタ。

C　英國

△宇垣外相談ヲ好感テ迎フ

六月十七日宇垣外相カ外人記者ニ與ヘタ會見談ハ十八日ノ重要諸新聞ニ報道セラレ、「日英關係ヲ從前ニモ增シテ親密ニシタイ」ノ言葉ハ特ニ好感情ヲ以テ迎ヘラレタ。尙「支那ノ事態ニ重大ナル變化カ起レハ、日本ハ支那政權ニ對スル方針ヲ再考スル必要カアラウ。但シ目下斯ノ如キ變化ハ豫想サレヌ」、「南北政權ノ合併ハ支那人ノ意嚮ニ懸ル問題テアル」「防共協定强化ノ必要ハアルカ、日本ハ「フアシズム」ノ方向ニ向フモノテナイ。立憲議會政治ヲ持續スル」等ノ話等カ特報サレタ。

214　昭和13年6月7日

駐日中国大使館引揚げに関する情報部長談話

駐日支那大使館引揚ニ關スル情報部長談（六月七日）

帝國政府カ去ル一月十六日國民政府ヲ對手トセストノ聲明ヲ發シタ後ニ於テモ政府當局ノ在本邦支那外交機關、領事機關及ヒ在留華僑ニ對スル取扱振ハ極メテ寛大テ殊ニ在京支那大使館員ニ對シテハ暗號電報ノ受理、租稅ノ免除、議會傍聽等他ノ諸外國ノ大公使館員ト同樣ノ特殊榮譽ヲ認メ又財產建物ニ付テモ我方官憲ニ於テ充分ノ保護ヲ加ヘテ居ルノテアル。

現下ノ事變ニ拘ハラス漢口政權ニ屬スル外交機關カ斯ノ如キ寛大ナル取扱ヲ受ケツツアルコトハ蓋シ國際法上ニ於テモ類例ナキ所テアラウ。

然ルニ最近ノ情報ニヨレハ漢口政府ハ近ク在京支那大使館ヲ閉鎖スルコトニ決定セリトノコトテアル其ノ理由カ那邊ニアルカハ知ラナイカ右ハ漢口政府ノ任意ノ措置テアツテ

日本政府ノ關知スル所テナイ。
尚引揚後ノ同大使館ノ建物ニ付テハ我方官憲ニ於テ充分ノ保護ヲ加フヘキコトハ勿論ノ次第テアル。

編　注　本文書は、昭和十三年十二月、情報部作成「支那事變關係公表集（第三號）」から抜粋。

215　昭和13年6月17日　在ベルギー来栖（三郎）大使より宇垣外務大臣宛（電報）

列国の動向に注意しつつ中国新政府の急速設立を図り蔣政権が抗日容共政策を放棄して新政府に参加するよう工作すべき旨意見具申

ブリュッセル　6月17日後発
本　　省　6月18日前着

第一五三號（極祕、館長符號扱）

北[1]中支兩政權ノ合流ニ依ル支那新政府設立ニ關シテハ既ニ著々諸般ノ準備ヲ進メラレツツアル儀ト拜察スル處愈々右新政府成立ノ曉其ノ治下ニ屬スヘキ地域ハ現在ニ於テスラ既ニ上海ヲ始メ諸外國重要權益ノ所在地ヲ包含シ居ル關係上是等諸外國トシテモ滿洲國政府ニ對スルカ如ク長ク風馬牛ノ態度ヲ固執スルヲ得サルヘク旁々以テ是等諸外國ノ態度モ大體西班牙「ブルゴス」政府ニ對スル經緯ノ如ク次第ニ變轉シ來ルヘキヤニ觀測セラルル處右ハ只管外力ニ依存シツツアル蔣政權ノ最モ苦痛トスル所ナルヘキヲ以テ同政權トシテハ右樣事態ニ直面スルニ先立チ何トカ和平斡旋ニ付既ニ諸外國ニ泣付キ居ルニアラスヤト察セラルル節アリ（往電第一四一號孫科當地來訪ノ際此ノ點ニ觸レタルヤノ情報アリ更ニ探査中）

蓋シ今日ノ情勢ニ於テ諸外國カ我國ノ意嚮ヲモ考ヘス濫リニ蔣政權ノ運動ニ動カサルルカ如キハ萬之ナカルヘシトハ思考スルモ客年ノ九國會議ニモ各國ノ要求ニ依リ再開シ得ルコトヲ決議シ居リ假ニ支那側カ蘇聯等ト語ラヒ右會議再開ヲ求メ來ルカ如キ場合ニ於テハ列國トシテモ該決議ノ手前何トカ辻褄ヲ合ハセサルヘカラサルコトトナリ（「ノルマン・デビス」ハ米國赤十字代表トシテ目下滯英中ノ由）先[2]ツ二、三箇國ニ於テ一應和平ヲ勸告シ來リ我國カ第三國介入排除、蔣政權否認ノ建前上之ヲ峻拒スルニ於テハ戰亂繼續ノ責ヲ我方ニ嫁シ來ルカ如キコトナキヲ保セスト思考セラルルニ付我國トシテモ此ノ際主要國ノ動向ニ注目シ事態如何ニ依リテハ九國條約等ニ關シテモ適宜措置セラルルト共ニ支那新政府ノ設立ハ他ノ重要ナル事情ノ許ス限リ成ルヘク速ニ之ヲ實現セシメ且此ノ際戰亂繼續ノ責カ蔣政權ニ存スル所以ヲ强ク中外ニ印象セシムル爲新政府ヲシテ現漢口政權ニ對シテモ領土的野心否認ニ關スル帝國政府累次ノ聲明ニ信頼シ速ニ抗日容共政策ヲ一擲シ且事變責任者ヲシテ潔ク責ヲ負ハシメタル上進ンテ新政府ノ傘下ニ集マリ相携ヘテ和平ノ恢復、經濟ノ再建ニ協力スヘキコトヲ勸告セシムルト同時ニ蔣政權ニ對シ各種ノ援助ヲ與ヘ直接間接ニ同政權ノ抗戰繼續ヲ奬勵シツツアルカ如キ外來勢力ニ對シテモ東亞和平確立ノ見地ヨリ充分戒告ヲ與ヘシメ置カルルノ要アリヤニ思考ス

右ハ既ニ折角御配意中ノコトトハ思考スルモ出先トシテノ觀測何等御參考迄ニ稟申ス

216 昭和13年6月22日

王寵惠外交部長の和平論に関する情報部長談話

王寵惠ノ和平論ニ關スル情報部長談（六月二十二日）

二十二日香港及上海發同盟ニ依レハ支那外交部長王寵惠君ハ二十一日獨乙人記者ト會見シ『外務省「スポークスマン」ハ「日本ハ蔣介石政權ノ合法性ヲ否認スルモノテナイ」ト言明シタカ右ハ明ニ日本カ蔣介石政權ノ不承認ヲ押切ル意思ノナイコト卽チ日本政府カ平和的解決ノ可能ヲ考ヘテヰルコトヲ物語ルモノナル』旨陳述シタ趣テアルカ自分ハ六月八日外人記者ノ質問ニ應ヘ一月十六日ノ帝國政府聲明ハ蔣政權ヲ和平交渉ノ對手トセサルコトヲ意味スルモノト説明セルコトニ止リ政權ノ合法性云々ニ觸レタコトハナイ。王寵惠君カ日本トノ平和的解決ヲ希望シ都合ヨク之ヲ利用セントスル衷情ハ察スルニ難クハナイカ蔣政權ヲ對手トセストノ帝國政府ノ方針ハ依然之ヲ堅持スルモノナルコトヲ指摘シテ置カウ。

編注　本文書は、昭和十三年十二月、情報部作成「支那事變關係公表集（第三號）」から拔粋。

217

昭和13年6月24日　五相会議決定

「今後ノ支那事變指導方針」

今後ノ支那事變指導方針

昭和十三年六月二十四日

五　相　會　議　決　定

一、支那事變ノ直接解決ニ國力ヲ集中指向シ概ネ本年中ニ戰争目的ヲ達成スルコトヲ前提トシ内外諸般ノ施策ヲシテ總テ之ニ卽應セシム

二、第三國ノ友好的橋渡シハ條件次第ニテ之ヲ受諾スルヲ妨ケス

218

昭和13年6月28日　宇垣外務大臣／在本邦クレーギー英国大使　会談

日中間調停のためあらゆる努力を払う用意があるとのクレーギー大使提議について

☆宇垣外相、「ク」大使會談内聞　一三、六、二八、

「ク」揚子江航行問題、上海ニ於ケル問題等ノ話ノ後英國トシテハ日支間ノ調停ニ凡ユル努力ヲ拂フ用意アリ

「宇」先日池田氏ヲ通ジテ話ヲ承リ英國ガ日支間ノ問題ニ配慮セラルルハ感謝シアリ唯自分トシテハ日支間ノ現狀ハ未ダ其ノ時機ニアラズト考ヘアリ、△一例トシテ英政府ハ蔣政權ニ對シ長期「クレヂット」ヲ許シ之ヲ支持スルハ事變ヲ遷延シテ◎非戰斗員ニ迄モ被害ヲ余儀ナクシ人道ニモ反シ甚ダ遺憾ト思フ

「ク」池田氏ニ話シタルハ池田氏ハ貴大臣ト親シキ故話ガ傳ハル爲ト考ヘタルガ故ナリ、日支間ノ調停ハ日支双方共ニ納得スルトコロニアラザレバ成立シ難ク一方ヲ壓伏スルガ如キハ宜シカラズ、

英國ハ「クレヂット」提供ノ希望ヲ妨害セザルベシトノコトアリシノミ、他ノ中立國ト同様ニナシツツアルノミ。

英國ハ事實支那ニ余リ武器ヲ供給シ居ラズ、支那ニ這入ル武器ハ概ネ獨逸、伊太利、「チェッコ」ノモノナリ。

又人道問題云々ハ外國ヲ納得セシメ得ズ支那政府ハ若シ戰争ヲ十分長引カシメ得レバ戰勝ヲモ獲得シ得ト信ジアリ。

「宇」先日バトラー外務次官ハ議會ニ於テ英國人ガ支那ニ對シ商租クレヂット設定等ノ意思アル場合ハ政府トシテ考慮スル旨答ヘタルハ英國ガ支那ニ「モーラルサポート」ヲ與ヘタルモノトシテ不愉快ニ考ヘ居ルトコロナリ、

「ク」其ノ件ハ全然初耳ナリ、何日左樣ノコトヲ述ベシカ解リ居ラバ知ラサレタシ、

立掛ケテ更ニ質問ス

「ク」海南島問題ニ關シテハ前廣田外相當時「アシュランス」ヲ得タルモノト諒解シ居リタルトコロ其後時日モ經過シ又大臣モ更迭セラレタルコト故更メテ「アシュランス」ヲ得タシト思フ次第ナリ

「宇」政府トシテハ今海南島ヲ取ラントスルノ考ヲ有セザルモ今後漢口作戰ノ推移ニ伴ヒ廣東作戰モ考慮セラルルコトアルベク其等ノ場合海南島ニ對シテモ軍事行動ヲ執ルコトアルベシト思フ、但シ帝國ハ海南島ニ對シ領土的野心ヲ有セザルヲ以テ作戰ハ純軍事的見地ニ限ラルルコトハ明言シ得ベシ

「ク」海南島ニ對シテ英國ハ深キ「プレヂュヂス」ヲ有スルヲ以テ若シ日本軍ガ同島ヲ占領スルガ如キコトアラバ「ミリタリー、テンション」ヲ來ス惧アルコトヲ了解セラレタシ

而シテ廣東作戰ハ政府ニテ「デシィジョン」セラレタル問題ナリヤ

「宇」未ダ決定シ居ラズ、

△（特情）

支那ガ諸列强ヨリ人員及物資ノ援助ヲ受ケアル限リ日本ハ如何ナル形式ノ外國ノ調停ヲモ受諾シ難シ支那ハ外國ノ援助ナクシテハ日本ニ抗スルコト不可能ナルモ此ノ外國ヨリノ援助繼續セラルル限リ日本ハ戰爭ヲ持續セザルベカラズ、其ノ場合ハ最後迄戰フノ已ムナカルベシ

◎

更ニ銘記セザルベカラザルコトハ「漢口ガ遠カラズ陷落スベキコトハ疑ナキ所ナリ漢口陷落セバ現在ノ支那政府ハ蔣麾下軍隊ガ實際ニ占領シアル比較的小地域以外ノ支那地域ハ支配シ得ザル地方政權トナリ果

ツルニ至ルベシ、同時ニ日本軍ガ完全ニハ支配シ得ザル地域モ廣大ナルベシ此等支配シ得ザル地域ニ於テハ共産主義跋扈シ其ノ主義主張ハ殷盛ヲ極ムルニ至ルベシ」

219　昭和13年6月29日

蔣介石政権の動向に関する岩井副領事の香港視察報告

昭和十三年六月二十九日

漢口攻略後ニ於ケル蔣介石政權ノ動向ト我方對策

外務省情報部

本文ハ上海總領事館在勤岩井副領事カ過般當情報部ノ用務ヲ帯ヒテ香港ヲ視察セル際本務ノ傍ラ蔣介石政權ノ現勢及今後ノ動向ニ付蒐集シタ材料ヲ取纒メタモノテアルカ何等執務參考ノ爲ニ配付ス

情報部第三課

目　次

(中略)

二、漢口政府部内ノ和平機運ト蔣ノ下野問題

私カ香港へ出發スル以前上海方面テハ漢口政府部内ノ和平機運ト云フモノカ相當強ク傳ヘラレタ。現ニ三月伊太利大使ヲ通スル和議申入レノ外ニ維新政府、實業部長王子惠カラモ私ニ對シ極祕ノ打明話トシテ孔祥熙ヨリ賈某ナルモノカ代表トシテ連絡ニ來ラ居ルトノ話モアツタシ、又我方ノ有象無象ノ支那通カ漢口政府ノ脈ノ引キ處トシテ居ル元孔祥熙祕書喬輔三カラモ極ク「プライベート」テハアルカ上海方面カラ適當ノ人ヲ寄越シテ欲シイ、次第ニ依ツテハ孔院長モ御目ニ掛ツテモ宜イト云フ話ナトアリ折柄徐州會戰ノ後テモアリ旁々何トナク和平機運頓ニ擡頭ヲ思ハシムル

モノカアツタノテアル。果シテ武漢政府部内ニ此種和平空氣アリヤ否ヤ。成程私カ香港テ會ツタ孔祥熙元祕書喬輔三ノ如キハ日支戰爭ノ現狀カ結局第三國ニ依リ漁夫ノ利ヲ占メラルルカ落チテ兩國及ヒ東洋民族ノ立場カラ云ヘハ速ニ和平解決ノ方途ニ出ツヘシタト云フ理由カラ和平解決ノ途ナキヤヲ質問シタリシテ居タ。之ナト孔祥熙ノ意向ヲ受ケルモノト見ラレヌテモナイカ更ニ一歩突込ンテ見レハ彼ハ要スルニ香港ニ於ケル孔ノ情報員テ日本側ノ出方ヲ研究シテ居リ其ノ材料ニ和平問題ヲ持出シテ居ルノニ過キナイノヂヤナイカトノ印象ヲ深メタ。何レニモセヨ香港全体ノ感シカラ云ヘハ上海方面テ感セラレタ和平機運ナトケシ飛ンテ徒ニ奧地ノ抗日決意ノ愈强固ナルヲ感セシムル許リテアツタ。私ノ親友テ漢口方面其ノ他各種消息ニ精通スル某君ノ如キモ和平解決ノ時機ハ從來ニナカツタコトハナカツタ。然シ時機ハ過キタ。現在テハ絕望テアル。支那側内部ニ於ケル抗日決意ハ實ニ鞏固ナルモノカアル。日本側トシテモ其ノ見透ノ下ニ對策ヲ樹テラレル要カアルト思フ。自分トシテハ遙々ト來港サレタ貴君ニ對シ和平解決望ミアリ等ト通リ一片ノ喜ハセヲ云ツテ御茶ヲ濁スコトモ出來ルカ自分ノ良心ハ貴君ヲ欺クコトハ出來ナイ日支間ニ和平ノ望ミハ萬々ナイト悲痛其ノモノノ顏ヲシテ物語ツタコトカアル。和平問題ニ關シ私ノ香港ニ於テ得タ印象ハ之カ全部テアル。和平問題ニ關聯シ帝國政府ノ蔣介石ヲ對手トセサル聲明ニ變化ナキ限リ問題トナルノハ蔣ノ下野問題テアル。私ハ喬輔三ニ會ツタトキニ和平ノ途如何ト問ハレテ卽座ニ蔣ノ下野カ最先決問題テアルト答ヘ更ニ附言シテ今次事變ニ於テ蔣ノ周圍ニ如何ナル事情アリ假令蔣ノ意思ニ反シテ起サレタモノトハ言ヘ無益ナ戰ニヨリテ百數十萬ノ民衆ヲ損傷シ國土ノ大半ヲ失ツタ責任ハ免レ得ヌ處テアル。由來我國ニ於テハ身ヲ殺シテ仁ヲ爲スト云フ言葉アリ、一人ノ犧牲ニ於テ多數ノ民衆ヤ國家ノ利益カ守ラレテ來タコトハ其ノ例枚擧ニ遑ナイ程テアル。カ此ノ道義的精神モ元ヲ云ヘハ支那カラ傳ハツタモノテアル。蔣介石ハ旣ニ固有道德ノ復興ヲ提倡シテ居ル。蔣ニシテ眞ニ民ヲ愛シ國ヲ憂フルナラハ萬難ヲ排シ下野ヲ敢行スヘキテ之ノミカ支那ヲ救フ唯一ツノ途テアルト說イタノテアルカ、喬モ大分感動シタラシク孔ニ電報スルト云ツテ居タ。然シ二回目ニ會見ヲ求メラレタトキニハ彼ノ答ハ、蔣ノ下野ハ問題トナラス理由ハ周圍ノ事情之ヲ許サス又之ヲ許ストシテモ蔣ヲ措イテ外ニ時局擔當ノ人ナシト云フニアツタ。

右ハ喬トノ應答ヲ一例ニ引用シタ迄テアルカ其ノ他ノ意見モ略同樣テアツタ。之ヲ要スルニ私ノ香港テ得タ和平問題及蔣下野問題ニ關スル支那側ノ言分ハ結局次ノ二點ニ歸スル。

一、我軍ノ軍事行動カ繼續セラルル限リ支那側ノ內部結束ハ依然堅持セラレ抗日意識ハ愈々熾烈トナリ和平問題ナト何人モ之ヲ口ニシ得サル狀態カ續クテアロウ。蔣ノ下野等モ日本側カラ迫ラレテハ絕對ニ問題ニナラナイ。

二、然シ何等カノ形式テ日支間ニ戰鬪カ休止セラレ和平交涉ニ入リ得レハ支那側自發的ニ蔣ヲ下野サセルコトハ必スシモ困難テナイ。

最後ニ最近我方和平解決論者ノ中ニハ蔣介石ヲ相手トシテ何故惡イカト云フ甘イ議論ヲ爲スモノモアルカ、今次事變ノ動機ニ付テ香港ニ於テ次ノ樣ナ內輪話ヲ聞イタ私トシテハ今更蔣介石ヲ相手ニスル氣ニハナレナイ。參考迄ニ聞込ノ儘右內輪話ナルモノヲ左ニ揭記セウ。

私ノ親友ニシテ博識ノ某君ハ語ル。

蔣介石抗戰ノ動議《ママ》ハ完全ニ其ノ政權維持ノ爲メテアル。蓋シ西安事變後彼ハ偶像的ナ英雄崇拜ノ的トナツタカ、實際ニハ彼ノ權威ハ下リ阪タツタ。

ソコテ全國ノ共產黨始メ各黨各派ノ連中ハ蔣ヲ窮地ニ追込ム爲メニ抗日戰ヲ手段トシテ蔣ニ逼ツタノテアル。蔣ハ最早絕對絕命其ノ政權維持ノ爲ニハ抗日戰指導ノ任務ヲ負フテ蹶起セサルヲ得ス他ノ如何ナル手段ヲ以テシテモ此ノ窮地ヲ切拔ケルコトハ出來ヌ破目ニ陷ツテ居タノテアル。折シモ蘆構橋事件カ突發シタカ、日本側ハ對內對露關係カラ不擴大方針ヲ持シ上海方面ニハ極メテ消極的態度ニ出タ。

固ヨリ蔣ノ對日認識ノ不足ニ基クモノテハアルカ、彼ハ遂ニ此ノ機會ヲ捉へ計畫的ニ虹橋路事件ヲ發動シ日本ノ援軍來ラサル以前ニ於テ上海ニ於ケル日本海軍陸戰隊ノ實力ヲ殲滅シ其ノ時機ニ於テ英米等ノ調停ニ依テ戰爭ヲ結束《ママ》シ此ノ邊テ國內ニ於ケル自己ノ倒潰ヲ目指ス敵本主義ノ抗日各派ノ口實ヲ封シ以テ其ノ政權ノ强化ヲ謀ラウトシタノテアル。然シ此種蔣ノ計畫ハ成功セス戰爭ハ益々擴大シ、收拾スヘカラサル事態トナツタノテアルカ、要スルニ蔣ハ自己ノ取權《政カ》維持ノ爲メニ對日戰爭ヲ賭ケタモノテアル云々。」

果シテ然ラハ蔣ノ立場ニ種々同情スヘキ困難アリトスルモ彼カ自己政權擁護ノ具ニ對日戰爭ヲ賭クルニ至ツテハ最早寸毫モ假藉スルコトハ許サレス彼ノ存在ハ徹底徹尾否認サレテ然ルヘシト思ハレル。(以下省略)

220 昭和13年7月

事変対策に関する石射東亜局長意見書

今後ノ事變對策ニ付テノ考案

(此ノ一文ハ省内ノ一僚員ヨリ本大臣ニ提出セルモノナリ内容行文共ニ整理ヲ要スト認ムルモ其所說概ネ本大臣ノ所見ニ合致ス　宇垣)

㈠事變對策ノ回顧

今後ノ對策ヲ案スル爲メニハ今迄ノ成行ヲ反芻咀嚼スルコト强チ徒爾ナラサルヘシト考フルヲ以テ局ニ當レル者ニハ分リ切ツタルコトナレトモ本年年初以來ノ對事變處置振ヲ茲ニアラマシ回顧スルコトトセリ

一、本年一月十一日御前會議ノ當時ハ獨逸政府カ日支兩國政府間ニ和平橋渡シノ役ヲ買ツテ出テ、豫テ日本側ヨリ「デイルクセン」獨大使ニ內話シタル講和交涉條件ニ對シ支那側ヨリ何等カ返答アルヘキ筋合トナリ居タル際トテ右御前會議ニ於テ決定ヲ見タル「支那事變處理根本方針」ハ和戰兩建ノ腹ヲ以テ起案セラレタリ是即チ右根本方針中ニ「支那現中央政府ニシテ此際反省飜意シ以テ和ヲ求ムルニ於テハ……事變ノ解決ヲ計ルモノトス」ノ一項アルニ對應シテ「支那現中央政府ガ和ヲ求メ來ラサル場合ニ於テハ帝國ハ爾後之ヲ相手トスル事變解決ニ期待ヲ掛ケス」トノ一項アル所以ナリ。然ル所其後支那側ヨリ來ル筈ナル回答ハ急速ニ來ルヘクモアラス、我政府ハ最早支那側ヨリ誠意アル回答ハ來ラサルモノト見切ヲ付ケ右ノ「和ヲ求メ來ラサル場合」ノ項ヲ發動シ急轉的ニ一月十六日ノ聲明ヲ發出シ「爾後國民政府ヲ相手トセス」ト打遣リヲ喰ハスニ至レリ(當時我國內ノ表面的輿論ハ政府ノ此ノ聲明ヲ以テ英斷ナリトシテ共鳴セリ)

二、「相手ニセズ」トハ文字通リ國民政府トハ和平話シハセヌト云フコトニシテ其意義ハ最初カラ二義アル筈ハ無カリシ次第ナルモ其用語ノ持ツ所ノ俗語味ノ爲メニ多少ノ融通性ヲ感セシメ、後日ニ至ツテ或ハ國民政府ト和ヲ談スルコトモアルヘキヤトノ一抹ノ含蓄カ潛メル如キ印象ヲ當時内外ニ與ヘタル様子ナリキ、然レトモ其後議會其他ノ場所ニ於テ近衛首相、廣田外相其他政府當局者カ交々説明シテ「相手ニセス」トハ國民政府否認以上ナリト强調シ或ハ彼ヨリ和議ヲ申込ミ來ルトモ何處迄モ之トハ和ヲ談セサル趣旨ナリト註釋シテ以來「相手ニセス」ノ絶對性ハ世間ノ常識トナレリ、尙又國民政府カ蔣介石ノ領導スル所ナルノ故ヲ以テ、我人共ニ「國民政府ヲ相手ニセス」トハ當然「蔣介石ヲ相手ニセサルコト」ナリト解シテ怪マサルニ至レリ（首相外相ノ如上ノ説明ハ是又表面的輿論ノ禮讃ヲ買ヘリ）

三、「相手ニセス」ノ聲明以來帝國政府ノ國民政府ニ對スル方針ハ前記根本方針ニ云フ所ノ「支那現中央政府ニ對シテハ帝國ハ之カ潰滅ヲ見ルカ或ハ新興中央政權ノ傘下ニ收容セラルル迄長期持久ノ策ヲトル」ノ一途ヲ辿ルノミトナリ此ノ目的ヲ達スル爲メニ所謂政戰兩略ノ運用ヲ期スル事トナレリ、而シテ戰略ニ於テハ敵ノ諸據點ニ對シ繰返シ空襲ヲ續クルノ外、山西南部ノ攻略、厦門ノ占領、徐州會戰、廣東ノ大空爆、鄭州包圍ヘト順ヲ逐フテ進展シ更ニ近ク國民政府ノ本丸ト頼ム漢口ヲヒタ押シニセントスルノ陣形ヲ整ヘツツアリテ之ニ堪エ兼ヌル國民政府ハ早クモ雲貴落チノ用意ニ着手セリト報セラル、戰略ノ奏效誠ニ目覺シキモノアリト云フヘシ、然ラハ此間政略ニ於テ如何ナル働キヲ見セタルカ

四、政略ヲ如何ニ運用スルモ國民政府ヲ一擧根刮キニ崩シ去ル如キハ望ンテモ達セラレサル所ナルハ當初ヨリ明ナリシカ、切メテ彼等ノ戰意ヲ稀薄ナラシムヘキ情勢ヲジリジリ支那國内ニ於テ將又國際關係ニ於テ醞醸セシムル爲メノ諸々ノ工作ハ當然考ヘラレタリ今此等工作ノ經過ト其將來性トヲ織交セテ檢討ヲ加フヘシ

㈠昨年十二月十四日國民黨排擊、日支親善ヲ高調シテ北京ニ出現シタル臨時政府及其弟分トシテ今年三月二十八日南京ニ旗擧ケシタル維新政府カ國民政府ニ取リ不愉快ナル存在トナレルハ事實ニシテ殊ニ維新政府カ臨時政府ニ隷屬セスニ別個ニ成立スルニ至レルハ中支ニ於テモ唐紹儀ノ如キ支那元老ヲ擁立シテ一大新政府ヲ建テ之ニヨツテ國民政府ニ脅威ヲ與ヘントスル思惑カ元々存シタルコトニモ由來スルモノナルカ臨時政府ニ

セヨ維新政府ニセヨ其成立カ支那側人士ノ政治的熱意ニ基カス其構成分子モ同床異夢ニテ兩政府ニ權威モ付カス氣魄モナキ爲、國民政府ノ脅威トナラサルノミカ却テ我方内部ノ悶着ノ種トナレリ、此ノ兩政府カ眞ニ支那國民ノ間ニ根ヲ下シ根ヲ張ツテ搖ガヌ存在振ヲ示スニアラザレバ兩者ヲ合流スルモ大シタ脅威力ヲ發揮シ得サルベシ

(二)汪精衛、何應欽、張群、孔祥熙等先方部内ノ所謂知日派ニシテ密カニ和平ニ心ヲ寄セ居ルモノト傳ヘラルル有力分子ヲ引ツコ抜キ國民政府ニ大穴ヲ開ケントスルノ構案、或ハ事變前蔣介石ニ對シテ一敵國ノ觀ヲ呈シ居タル廣西派ノ李、白ヲシテ再ヒ反蔣ノ旗ヲ擧ケシメ又ハ自己地盤ノ中央化ヲ迷惑ニ感シ居タル地方將領ヲ我方ニ誘致シ以テ抗日戰線ニ大異狀ヲ惹起セシメントスルノ工作ハ何人モ思付ケル所ナルカ支那側ノ現役眞打ヤ將領ハ彼等ノ大義名分或ハ蔣介石トノ從來ノ關係又ハ自己從來ノ抗日主張ニ縛ラレテ我方ニ款ヲ通スルニ由ナキ立場ニアルヲ如何トモ爲シ得ス(例ヘハ汪精衞カ我方ニ投シ來ルニハ自己ノ政治的生命ノ源泉タル國民黨ト袖ヲ分タサルヘカラス、何應欽、張群カ國民政府ヲ見捨ツルカ爲メニハ蔣ヨリノ多年ノ信任ヲ裏切ラサルヘカラス、李、白カ此際反蔣ノ旗ヲ擧クルニハ自己多年ノ主張タル抗日ノ看板ヲ外シテ國民ヲ賣ラサルヘカラス、如斯コトカ自分等ニ何ヲ齎スカヲ見損フニハ彼等ハ餘リニ聰明ナリ)殊ニ彼等ヲ我方ニ靡カス爲ニハ其前提條件トシテ我方ノ腹ヲハツキリ極メ之ヲ彼等ニ示ササルヘカラス其譯如何ト云フニ臨時維新兩政府カ日本ノ虜トシテ成立シ更ニ遡ツテ滿洲國カ今日何人ノ滿洲國ナルカヲ熟知スル漢口要人連トシテハ前車ノ覆轍ヲ踏ンテ國民識者ノ笑物トナルヲ深ク恐レ居ルハ必然ニシテ彼等カ日本側ノ誘致ニ應スルカ、或ハ自發的ニ國民政府ト別レテ一旗擧ケンコトヲ劃策スル場合先ツ日本側ヨリ取付ケ度キ約束ハ「君等ヲ決シテロボツトニセス」トノ確約及其確守ナルヘキ處日本側ノ腹カ二ツモ三ツモアリ而モ動搖常ナク之ヲ彼等ニ示スニ由ナキ間ハ如何ニ工作スルモ無駄ナリトノ見透ノ下ニ外務當局ハ此方面ノ政略ニ頭ヲ突込ムコトヲ以テ寧ロ有害無益ノ業ナリト考ヘ來レリ張群ノ子分袁良ハ

過般上海ニ於テ我方某人ニ告ケテ曰ク『日本ノ遣口ハ支那人カラ見レハ本末顚倒ナリ日本側ハ兎モ角モ政權ヲ造ルト云フコトニノミ性急ニシテ其政權ヲシテ何ヲヤラセルカノ問題ヲ先決トセス先ツ政權ヲ造ラセ之ヲ「ロボット」トスルノテハ心アル今日ノ支那人士ハ集マラス』ト、此言ヲ覆ヘスニ手アリトハ思ハレス陸軍側ニテハ戰略ノ一端トシテ政略(及謀略)ヲ用フルコトニオサオサ拔カリナキ樣子ニテ先般太原特務機關ニ於テ閻錫山取込ミニ成功シタリト報セラレタルニ其後杳トシテ續報ナキハ中間ニ沈維敬アリタル爲メニアラサルカ。又本年二月初約三十萬圓ヲ投シタリト稱セラルル廣東擾亂ニハ一場ノ花火ノ如ク而モ支那側ノ用心ヲ强ムルノ逆效果ヲ奏シタル如シ。去ル五月中唐繼堯ノ子ヲ密使トシテ雲南ノ龍雲ヨリ王克敏ニ款ヲ通シ來レリト聞ク處漢口陷落ノ場合ノ落延ヒ先ノ一トシテ蔣介石カ手配ヲ怠ラヌ雲南ニ於テ反蔣ノ烽火ヲ揚クル隙アルヘシトハ考ヘラレス、右ハ龍雲カ蔣沒落ノ場合ヲ豫想シテ先物ヲ買ヒ置キ丸損ヲ免レントスル保身ノ魂膽ト見ルヲ至當ト云フヘク北支ニ呼應シテ蔣ノ土臺ヲグラ付カセル如キ藝當ヲ演スル程ノ度胸ニハアラサルヘシ

㈢法幣ヲ切崩スコトニヨリ國民政府ノ財政經濟ヲ行詰ラセルコトハ政略ノ一手段トシテ妙ナリト考フル向アリタリ外務當局ハ最初ヨリ法幣切崩シノ無益ニシテ却テ我方ニ有害ナルコトヲ主張シ來レリ。國民政府ハ一九三五年ノ幣制改革ニヨリ銀國有、紙幣ノ兌換停止ヲ斷行シテ以來國有銀ヲ絕エス英米ニ現送シテ在外資金トシ政府自身ノ買物及民間買物ノ具ニ供シ來レリ、斯ル在外資金ノ現在高ハ的確ニハ知リ得サルモ五億元內外ナルヘシトハ何處カラトモ無ク傳ハリ來リ當ラストモ遠カラヌ數字ト見ラル、(事變以來國民政府カ香港經由銀現送ヲ絕ヤササルハ最近ノ香港總領事來電ニヨリ明カナリ)此在外資金ハ其大部又ハ一部カ法幣準備ヲナスト同時ニ實ニ國民政府ノ生命ノ綱ナレハ若シ法幣カ攻擊ヲ受ケ其爲メニ此在外資金危シト云フコトニナレハ國民政府ハ外貨賣ヲ窮屈ニシテ攻擊ヲ防キ(今日ノ上海ニ於ケル爲替統制ノ如シ)或ハ場合ニヨツテハ地方的ニ外貨ト法幣トノ緣ヲ切リ去ルコト迄モ斷行ス

ヘシ之カ爲メニ法幣ハ値下リシ或ハ無價値トナリ民衆塗炭ノ苦ミヲ出現スヘシト雖モ、茲ニ支那人ノ諦メ性カ働キ別段八釜シキ社會問題トハナラヌコト過去幾多ノ前例ニ漏レサルヘク、倒產スルモノハ倒產ノシ損、乞食トナルモノハ乞食トナリ損トナリ、政府ハ現銀カ無クナル迄存在ヲ續ケ得ル處ニ支那ナルモノノ下等動物的不死身性カ存スルコトヲ忘ルヘカラス、而シテ斯ル場合法幣崩壞ノ爲メニ支那人ノ購買力ハ減殺サレテ我對支輸出ナルモノハ愈々減退シ支那ニ於ケル圓「ブロック」ノ擴大ニツレ蛸配的貿易ニ墮シアベコベニ對支輸出ヲ取締ラネハナラヌ樣ナ醜体トナルコト恰モ今日ノ對北支輸出ノ如キモノトナリ所謂虻蜂取ラスニ了ルヘシ

(四)次ニ一般的對外工作ニ付キ先ツ考ヘラレタルコトハ我國ノ眞意ヲ諸外國ニ說キ彼等ノ認識ヲ正シ以テ事變始ツテ以來ノ諸外國ニ於ケル對日惡感情ヲ拂拭セサル迄モ之ヲ緩和シテ我國ノ立場ヲ改善シ引イテ彼等ノ對支同情ヤ援助ヲ稀薄ナラシムルコトナリキ此使命ヲ以テ昨冬以來自薦他薦ノ說客ヲ手別ケシテ各國遊說ニ送リ出シタル迄ハヨケレドモ其結果ハ今更云フモ愚、之ハ說客其人ヲ得サリシカ爲メニアラスシテ日本自身カ自己辯解以外ニ先方ヲ納得セシムルニ足ル對時局哲學ヲ持合セヌコトカ病原ナルヲ以テ說客カ如何ニ布婁那ノ辯ヲ揮フトモ歐米ヲシテ謹聽セシメ得サリシハ當初ヨリ定マリ居タル約束事ニテ是非モナキ次第ナリキ

(五)昨年十一月以來所謂防共樞軸ニヨリ我國ト親類附合トナレル獨伊中、當初誠意ヲ疑ハレタル伊ガ次キ次ギト我方ニ實意振ヲ示シ呉レ支那ニ對シテ愛想盡シヲサヘ公言スルハ我ノ多トスル所ナルカ我ヘノ好意振カ何トナク實感ヲ伴ハヌ嚮アルハ國民政府ニ對シテモ可然御機嫌ヲ取結ビ二股ヲカケ居ルカ爲ナルヘシ、獨ニ至ツテハ當初ヨリ知ラヌ顏シテ事實上支那ニ抗戰力ヲ注射シ來リ、見ルニ見兼テ我方ヨリ度々責付ケタル擧句最近ニ至ツテ漸ク武器ノ對支賣込ヲ取止メ在支軍事顧問ヲ引上ケントスル迄ニ至レリ、夫レモ澁々ノコトニ見ユ而モ武器賣込取止メノ爲メニ對支貿易ニ於テ失フ所ノ一億數千萬馬克ノ勘定書ヲ日本ニ廻サントスル如キ申出ハ我方ヨリ見レハ不愉快ト云フヘキ處獨逸トシテ

ハ武器其他製品ノ買手タリ「タングステン」ノ供給者タル支那ヲ日本故ニ袖ニスルハ引合ハヌ勘定ト云フベシ最近正金ノ倫敦情報ニヨレバ元獨逸經濟相「シヤハト」（現獨逸國立銀行總裁）ハ正金加納支店長ニ對シテ『日本ハ速ニ支那ト「ビスマーク」的平和ヲ講スベキナリ日獨兩國ハ政治的ニ好友ナルモ經濟關係歩調ヲ一ニスルニアラザレバ持續スルモノニアラズ、支那モ等シク獨逸ノ友邦ナリ故ニ日支抗争中ハ日獨經濟關係タケヲ改善發展セシムルコト困難ナリ』ト私語ケルハ蓋シ獨逸側ノ本音ナルヘシ、サレバ獨逸ハ政治的ニハ防共樞軸ヲ振翳シテ英佛蘇ヲ牽制シ自己身邊ニ對スル政策ノ具トナシ居レトモ事支那ニ關シテハ日本ヘノ味方振ニ氣合ヒガ乘リ居ラサルヲ見ル、獨伊共ニ算盤ノ合フ樣ニシテヤラナケレバ支那テハ全面的ニ日本ト抱キ合ハサルヘシ。

彼ノ防共協定强化ノ問題ノ如キモ尚幾多ノ檢討ヲ要スヘク結局ハ支那事業ヘノ割込ト關聯シテ考ヘネバナラヌカトモ思惟セラル

(六)支那カ頼ミトスル所ノ英米佛蘇ヲシテ國民政府ニ疎遠ナラシメ彼ヲ孤城落日ノ悲運ニ突落スコトノ時局收拾ノ上策ナルハ云フ迄モナシ。英カ果シテ如何ナル支援ヲ國民政府ニ與ヘ居ルヤハ判然セヌ事ノ一ナルカ事變以後國民政府カラ金錢的援助ヲ求メラレタルモ體ヨク逃ケヲ張リ通シ來レルハ事實ト認メラル、武器供給モ「クレギー」大使ノ言ニヨレバ香港經由量ノ三％最近ハ一％ニ過ギズト云フ、此點モ素直ニ信用シテ大過ナカルヘシト思ハルルニ國民政府カ英ヲ頼ミト思フノハ英カ別ニ提供シツツアル「サービス」ノ爲ナルベシ而シテ其ノ「サービス」ノ大ナルモノハ香港ノ地利上ノ作用ト精神的對支支援ナルヘシ。若シ英カ粤漢鐵道ニ對シテ香港ヲ閉ツルナラハ國民政府カ直ニ呼吸困難ヲ來スハ明カナルヲ以テ曾テ前外務大臣ヨリ武器ニ關スル限リ香港ノ閉鎖方英側ニ誘ヲ掛ケテ見タルモ我占領地區内ノ英ノ條約上ノ權利及公私ノ權益ニ對シ我方ニ於テ尊重ノ實ヲ示サヌ限リ先方ニテ斯ル話ニ乘ラントハセサリシコトモ亦是非ナキコトナリ只此間海關收入ノ處理及税率改訂ニテ日英協調カ出來タルコトハ切メテモノ國民政府ヘノ一痛手ナリ、次ニ英ノ精神的對支支援如何ト云フニ之ハ公私ノ在支英國機關カ直接間接ニ國民政府ニ向ツテ與フル同情ト入智恵カ主タルモノナルヘシ、前英大使「ヒユーゲンセン」現英大使「カー」等ノ親支的態度ハ蔽フヘクモアラズ就中「リースロス」ノ名代トシテ支那ニ殘留スル「ホールパッチ」ガ「日本ノ財政經濟ノ行詰リ近キニアリ」トノ觀察ヲ支那側ニ聞カセルコトガ國民政府ヲシテ最後ノ勝利ヲ夢見マシムル有力原因トナリ居ルハ匿レモナキ事實ナリ、過般「ホールパッチ」來朝ノ節外務大藏兩當局、財界有力者數名相集リ我方ノ財政難ニアラサル所以ヲ彼ニ吹込ムコトニ申合セ居タルニ彼ハ二三我方要人ト會見後北京ニ至リ此度日本ニ至リ益々其財政難ニ迫ラレ居ルヲ感得シタリト云ヘル由情報アリ手ニ負ヘヌ男ト云フベシ、尙英ガ大切ニ思フノハ自己ノ手鹽ニカケタル法幣ニシテ法幣崩壞セハ英人ノ在支投資ノ受クル打擊ハ實ニ巨大ナルヘシ、サレバコソ法幣維持ノ爲ニモ英ハ國民政府ノ面倒ヲ見テヤルノヲヤメ得サルナリ、支那ノ依存スル他力ノ本尊タル英ヲ我方ニ引付ケ國民政府ヨリ引離スニハ小細工ニテハ乘リ來ラズ我方ニテ支那ニ於ケル日英協調ノ腹ヲ極メ先ツ手初メニ英ノ權益尊重ノ實ヲ示サヌ限リ彼ヲ誘フニ手ナシ。

米政府ハ事變以來所謂中立精神ニ立籠リ居レトモ輿論ハ壓倒的ニ支那ニ味方シ居リ稍々モスレバ米政府ヲシテ反日本的ナル言動ヲナスノ餘儀ナキニ至ラシメントス。前ニハ「パネー」號事件、南京ノ軍紀事件近クハ廣東大爆擊等ハ米國ノ輿論ニ拂拭シ得サル惡影響ヲ與ヘ最近國務長官ノ飛行機ノ對日輸出抑制勸告ノ表明トサヘナレリ。尙米政府ハ支那ニ於ケル門戶開放、機會均等、九國條約、不戰條約ノ番人トシテ自負シ居ルモノナレハ此等ノ點ニツキ毫モ彼ヲ滿足セシメ得サル今日彼ヲ根本的ニ我方ニ引付クルニ由ナシ

佛ハ佛印ヨリノ對支武器輸入ヲ嚴ニ差止メタリト稱シ乍ラ依然其跡ヲ絕タサルノミナラス最近支那ニ對シテ龍州鐵道建設契約ヲ與ヘタル如キハ我方ニ對シ甚タ面白カラヌ仕打ナリ但シ佛ニ對シテハ佛印故ニ持ツ弱身ニツケ込ミ或程度ノ强談ハ效キ目アルヘシ

諸外國中蘇聯ハ日支ノ消耗戰ヲ最モ自家ノ利益トスルモノナルガ支那トノ關係ニ餘リ深入リセサルヲ賢明ト

考ヘ自制ノ方針ヲ持シ居タルモノノ如キ處近頃次第ニ鋒鋩ヲ顯ハシ武器供給、飛行士、軍事專門家等ノ對支供給大分活潑トナレル様子ナリ、之ハ最近支那側ノ泣付キ（孫科ノ再度ノ莫斯科訪問）カ效ヲ奏シタルニヨルモノカト思ハルルノミナラズ蘇支間ニ密接ナル軍事約定成立シタリトノ報サヘアリ。過日ノ我方ヨリノ抗議ハ蘇聯ニヨリ輕ク扱ハレ此上抗議ヲ繰返スモ些モ效キ目アルベシトハ思ハレズ、去リトテ實力ヲ以テ脅カサハ日蘇間ノ大事ヲ惹起スヘシ

五、之ヲ要スルニ國民政府側ニ對スル政略ヤ謀略ハ抗日ヘノ結束ヲ亂スニ足ル妙手ナク第三國ヲ國民政府ヨリ引離ス爲メニハ我方占領地區内ニ於テ第三國ノ權益ヲ尊重シ國民政府治下ニ於ケル時ヨリモ增シナリトノ實感ヲ第三國側ニ與フルコトガ先決條件ナリ

(貳)今後ノ見通シト對策

一、國外諸般ノ條件カ吾ニ取リ有利ニ展開セサル約束ニアルコト前述ノ如キ情勢ノ下ニ於テ軍略ノ方面ハ跛行的ニ目覺シキ運用ヲ見セ我軍ノ漢口攻略モ遠カラスト期待セラルルニ至レリ然ラハ國民政府カ漢口ヲ失フノ曉抗日ノ兜ヲ脱クヤ否ヤ此ノ質問ニ對シ我カ國民識者ノ多クハ否ト答ヘルモノナルヘシ、固々我カ當局モ國民モ支那ノ抗日意識ト力量トヲ餘リニ低ク評價シ事變ノ當初ニ於テハ北支ニ進出セル中央軍ニ一撃ヲ與フレハ支那ハ戰意ヲ抛棄スルモノトサヘ輕ク考ヘタル程ニテ此ノ誤算ニ出發シタルカ故ニ東洋未曾有ノ深刻且大規模ナル戰役ヲ今日ニ見ルニ至リ遂ニ我方ニ於テモ長期持久ノ看板ヲ掲クル破目トナリタル次第ナルカ國民政府抗戰ノ執拗振リニ驚キ誤算ヨリ目覺メタル國民識者ノ今日ニ於ケル答案ハ前記ノ如ク「國民政府ハ漢口失守後モ兜ヲ脱カス」トナラサルヲ得サルヘシ

吾人ヲ以テ見ルニ我國朝野カ支那ノ抗日意識ト力量トニ付誤算ヲナシタルハ茲數年來ノ支那國內情勢、國民ノ民族的自覺、國力ノ增進等ヲ深ク究メス又一九三五年秋ノ國民黨五全大會ニ於ケル蔣介石ノ外交演説及昨年七月十九日同シク蔣介石ノ蘆（廬カ）山ニ於テ發表シタル聲明等ヲ周到ニ解剖研究セサリシコトニ基クモノナリ、支那國內情勢、民族的自覺、國力ノ伸展等ニ付テハ暫ク措キ蔣介石ノ右聲明ニ付テ見ルニ五全大會ニ於ケル外交演説ニ於テ彼ハ

「平和ノ維持カ完全ニ絶望ナラサル限リ吾々ハ決シテ平和ヲ捨テナイ吾々カ自制隱忍ノ極點ニ達シナイ限リ輕々シク犠牲ヲ談シナイ今ハ最期ノ關頭ヲ未タ云々スヘキ時ニ非ス」トノ趣旨ヲ述ヘ居レリ之ハ當時支那國內各方面ニ鬱積シ居タル抗日氣運ノ爆發ヲ抑ヘタルモノナルカ我國方面ニ於テハ右演說中ニイザト云フ場合ニ於ケル國民政府ノ強キ決心カ閃カサレ居ルコトニ深ク注意ヲ拂フコトヲセサリキ而シテ昨年ノ蘆(廬カ)山聲明ニ於テ、蔣ハ「我々ノ爲スヘキコトハ唯一ツ卽チ我カ全國民精力ノ最後ノ一滴迄モ傾倒シ國家存立ノ爲抗爭スヘキノミ而シテ一度右抗爭カ開始サルレハ時間ノ上カラモ情勢ノ上カラモ中途ニシテ止ミ平和ヲ求メルコトハ許サレナイ一旦紛爭ノ始マツタ後平和ヲ求ムレハ我カ國家ノ屈從、我カ民族ノ全滅ヲ意味スル條件ヲ甘受シナケレハナラナイ願クハ全國民ハ隱忍ノ限度竝ニ右限度ヲ超ヘタ後惹起サルル犠牲ノ範圍ヲ十分認識セラレ度イ一度段階ニ到達スレハ吾々ハ常ニ究極ノ勝利ヲ期待シツツ如何ナル犠牲ヲ拂フトモ最後迄鬪ヒ拔カナケレハナラン去リ乍ラ吾々カ躊躇シ徒ニ一時ノ偸安ヲ貪ルナラハ吾々ハ破壞ニ滅亡シ去ル外ハナイ」ト述ヘ居リ日本トノ開戰ニ至ル場合其ノ喫スヘキ戰敗、犠牲等ハ當初ヨリ覺悟シツツ遂ニ支那側ノ所謂最期ノ關頭ハ今ゾ到來セリト切ツテ落シタルモノナルカ此聲明ハ當時事變勃發早々昂奮シ居タル我朝野ノ耳ニハ引カレ者ノ小唄トノミ響キ其ノ持ツ所ノ重大意義ニ氣ヲ留ムルモノ稀ナリキ此ノ決意ト覺悟トヲ以テ始マレル支那ノ抗日戰意ハ北支ニ於ケル敗戰、上海南京徐州ノ陷落ニヨリテメゲザルノミナラズ近ク漢口守ヲ失フトモ軍用金ノ續ク限リ尙執拗ニ持續セラルベシ

蓋シ彼等ハ此覺悟ニ加フルニ「ホールパッチ」其他外國側ヨリノ情報ニヨリ日本ノ財政逼迫ヲ信シ長期抗戰ニヨリ日本ヲ消耗セシムレハ最後ノ勝利ハ自分等ニ歸スト見透シ一城一地方ノ敗戰ハ問題ニアラストナシ居ルモノニシテ之ヲ以テ彼等ノ大向フヘノ宣傳トノミ見ルハ諸般ノ情報ニ照シ誤ナリ只彼等ノ生命ノ綱タル在外資金ノ盡クルトキカ眞ニ彼等ノ弓折レ矢盡ル一期ナルカ之トテ目下ノ處尙相當ノ餘力ヲ持チ居ルノミナラズ頻リニ銀現送ヲ續ケテ補充ニ努メ居ルコト祕密情報ニ依リ察知シ得ヘシサレハ彼等ハ貴陽カ昆明カ知ラネトモ壇ノ浦迄退キテ迄

モ尚長期抗戰ヲ持續スルモノト計算セサルヘカラス故ニ「國民政府ヲ相手ニセス」一本槍ニテ進ム以上軍略ニ於テハ我軍尚長驅シテ雲南、貴州迄モ深入リスルヲ餘儀ナクセラルヘシ、我國ハ果シテ之ニ堪フヘキヤ否ヤ此ノ問題ニ答フルニハ先ヅ我カ國内諸般ノ實情ヲ考察セサルヘカラサル處吾人ノ最モ危惧スル處ノ問題ハ我國ノ財政問題ナリ外務當局ハ財政ノ局外者トシテ精確ナル數字ヲ知ルコト困難ナルモ其ノ知ル限リニ於テハ我國ノ現在ノ財政狀態及將來ノ財政見透シハ大體別紙（見当ラズ）東亞一課ノ提出セル「今後ノ對支政策處理ニ關シ考量スヘキ事項」ニ記述スル如キモノナルヘシト憂ヘ居レリ從テ過日一外字新聞カ「日本ハ其ノ資源大部分既ニ涸渇セルニ拘ラス尚支那征服ヲ行ハサルヲ得ス勝利ハ軍事行動上ノ問題ニ非スシテ經濟上ノ耐久力ノ問題トナリツツアリ支那ノ防禦力ノ如何ニ非スシテ日本カ戰費支出ヲ何時迄持續シ得ルヤニアリ」ト論セル所ハ痛ク吾人ノ胸ヲ打ツ。

今ヤ我國識者ハ我カ財政ノ危機ヲ言ハス語リニ感知シ一刻モ早ク今事變ヲ終熄セシムルコトヲ欲シツツアルカ如ク巷間ニ於テハ我政府ハ「太閤様ノ居ナイ朝鮮征伐」ヲナシツツアリト皮肉交リニ心配スル者スラ有リ、恐ラクハ今ニシテ此ノ事變ニ結末ヲ付クルニ非サレハ我國力ノ消耗ニ北叟笑ム英蘇其他ノ乘スル所トナリ我國ノ將來ハ遂ニ取返シ得サル破綻ト屈辱ニ直面シ其時ニ至ツテ姿勢ノ立直シヲナサントスルモ狂瀾ヲ既倒ニ返ヘスニ由ナカラン、吾人ハ我政府カ此際早キニ及ンテ正々ノ案ヲ備ヘ斷然時局收拾ニ邁進スヘキモノナルコトヲ切言セサルヲ得ス

二、然ラハ最短期間内ニ今次事變ヲ終局セシムル方策如何、之ニ關スル諸説ヲ檢討スルニ概ネ左ノ如シ

㈠消極論

此ノ説ハ漢口攻略後ハ我軍ノ配置ヲ縮少シ㈑中支那ニ於テハ上海、南京、杭州ヲ結フ三角地帯㈺長江河筋一帯及漢口附近㈧北支ニ於テハ隴海線以北及津浦線南段以東ノ地帯ノ各前線ノ要地ニ防禦陣地ヲ構築シ之ニ最少限度必要ノ兵力ヲ配シツツ各地帯内ノ治安工作及經濟開發ニ精進スヘシトノ説ナルカ無用ノ長追ヲヤメテ守勢ニ轉シ爾後ノ抗戰ヲ經濟的ニ上ケ從來ノ戰果ヲ全ウセントノ趣旨ナルニ於テ一應得策ト聞ユルモ國民政

府ヨリ見レハ或ル程度ノ失地回復トナリ其ノ支那民衆ニ對スル聲望ヲ増シ從テ占領地帶内ノ支那民衆ノ人心定マラス防禦陣地地帶ハ勿論背後ノ治安維持益々困難トナルコト必定ニシテ加フルニ是ニ乘シテ國民政府ハ其ノ得意トスル「ゲリラ」戰術ヲ愈々逞シウスル外、此ノ機ニ乘シテ軍備ヲ増强シ我方ニ對シ積極的ニ消耗戰ヲ挑ムノ作戰ニ出ツベク隨テ我方トシテモ會戰ニ依ツテ之ヲ撃破セサルヲ得サルニ立至リ相當大規模ノ戰闘再演ヲ免レサルヘシ假ニ然ラストスルモ漢口迄六百哩ノ長江及占領地區内ノ數千哩ノ鐵道ニヨル交通線ヲ確保シツツ廣大ナル占領地區内ノ治安工作ヲナスニ必要ナル兵力ノ維持ダケデサヘ莫大ナ犧牲ヲ要スヘク又之ニテハ毫モ事變ノ解決ニハナラズシテ支那トノ抗戰ニ膠着シ依然時局ハ他ニ必要ナル方面ノ國防ニ取リ大脅威トシテ存續スヘシ、故ニ此説ハ萬已ムヲ得サル場合ノ下策トシテノミ價値ヲ有ス

(二)新中央政權樹立承認論

之ハ臨時維持（新カ）兩政府及今後漢口ニ出現スルコトアルヘキ政府ヲ合流シ其ノ上ニ中央政府ヲ樹立シ唐紹儀、呉佩孚等ヲ出馬セシメテ中央政府ノ樞軸トシ（唐、呉ノ間ニハ既ニ或程度ノ了解アリト稱セラル）我方之ヲ承認ノ上日支國交ノ調整ヲ協定シ事變ニ鳧ヲ付ケントスルノ論ナリ

之ニ從ヘハ本年一月十一日御前會議決定ノ事變處理根本方針中ノ「新興支那政權ノ成立ヲ助長シコレト兩國國交ノ調整ヲ協定シ」ニ適合スル次第ニモアリ又唐紹儀ノ關スル限リ國民黨ノ一部及南支方面ニ對スル其聲望ノ故ヲ以テ、又呉佩孚ノ關スル限リ北支及四川ニ對スル其舊緣ノ故ヲ以テ新中央政府ノ威望ハ自然ニ備ハリ占領地域内外ノ支那民衆、地方將領等風ヲ望ンテ傘下ニ歸セントスヘク國民政府ハ見捨テラルルニ至ルヘシトハ此説ノ狙フ所ナルカ右ハ唐、呉ノ政治的遺骸ヲ餘リニ高價ニ見積ルモノナルト同時ニ民族意識、國家意識而シテ之ト表裏ヲナス所ノ抗日意識ノ味ヲ引込メル支那今日ノ有識大衆ノ頭腦ノ働キ、又之ヲ把握シ居ル國民黨ノ吸心力、殊ニ愛國ノ權化ト崇メラレ居ル蔣介石ノ威望等ニツキ又シテモ誤算ヲ重ヌルノ説ナリト云フヘシ、唐、呉ハ支那ニ於テハ既ニ業ニ過去ノ遺物

ニシテ近來ノ支那政治ニ發言權ヲ持チタルコトナク遠ク人心ヨリ忘レ去ラレ居リ彼等ノ再起ハ年寄ノ冷水トシテ失笑セラルベシ、唐氏ハ先年隱居役トシテ郷里廣東省中山縣々長ヲ勤メ乍ラ其施政ヲ誤リタル爲郷黨カラ暴動的ニ排斥ヲ喰ヒ香港ニ落チ次テ上海ニ隱棲シタル程威望ノ平價切下ケヲナシタルモノ、彼ノ出馬ハ晩節ヲ汚スモノト惜シマルル位カ關ノ山ナルベシ。吳氏ニ至ツテハ「乃公出レバ」ノ野心大イニ動キ居ル由ナルカ之ハ一時華ヤカナリシ自己ノ過去ノ宿醉未タ醒メザルノ容態ト打診セザルヲ得ズ、吳氏立タバ彼ノ遺産タル四川將領先ツ反蔣スヘシトノ期待アル如キモ之ハ時期ノ點ニ於テ見込違ヒヲ來スヘシ四川ノ楊森劉存厚等諸將カ吳氏ト古キ因緣アリ又彼等カ四川ノ中央化ヲ喜ハサルハ事實ナレトモ彼等諸將領間ニ互ニ嫉妬排擠アリテ一致容易ナラサルコト、國民政府ノ對四川監視カ鋭キコト、抗日戰線ヨリノ脫退カ四川トシテ非常ナル冒險ナルコト等ノ諸事由ヨリ見テ四川將領ハ吳氏出馬スルモ直ニ之ニ呼應スルコトナク恐ラク愈々國民政府ノ命數盡キタリト見据ガツク迄日和見ノ態度ヲ持シテ動カサルヘシ唐吳兩氏カ「范增齡七十尙會風雲濟時難」ノ意氣ハ大イニ可ナルモ彼等ニヨツテ眞ニ時難ヲ濟ヒ得ルモノト考フルハ彼我共ニ時代錯誤ト云ハザルベカラズ、又我方カ唐吳ノ中央政府ト國交ヲ調整スルトスルモ彼等政府ノ弱體性ハ現在ノ臨時維新兩政府ト大差ナカルベク對國民政府關係ニ於テハ依然戰爭ノ相手ヲ日本ガ勤メザルベカラザル狀態ニハ變化ナク結局何等事變解決ニ資スル所ナカルベシ、尤モ時局收拾ノ途到底ツカザル場合臨時維新兩政府及漢口ニ出現スルコトアルベキ新政府ヲ合流シテ兎モ角モ格好ヲツケル爲ニハ先以テ此案位ヨリ外ナカルベキモ之モ已ムヲ得ザル場合ノ下策ト云フベシ

㈢三政權大合流論

之ハ臨時維新兩政府ヲシテ國民政府ニ工作セシメ三政權ヲ合流シ此所ニ新ナル中央政權ヲ實現セシメ之ト和ヲ講セントスルモノ（或ハ之ヲ和平條件トスルモノ）ナルカ三民主義排擊國民黨否認ヲ看板トスル臨時維新兩政府ト國民政府トハ本質的ニ相容レザル所ナルノミナラズ國民政府ヨリ見レバ僞政府ト嗤ヒ居ル處ノ兩政權

ト合流スルガ如キハ本質的相違ハ別問題トスルモ體面的ニ降參ニ等シキモノナルヲ以テ如何ニ妥協作用ニ巧ミナル支那人ノ常トハ云ヘ到底問題トナラズ況ンヤ此說ハ蔣介石ノ下野ヲ前提條件トスルコトニ於テ愈々實現性ナシト云フヘシ、兩政權ヲシテ國民政府ニ對シ工作セシムルモ徒ニ我方ノ內兜ヲ見透カサルルノミナルベシ

(四)國民政府相手論

本說ニ付テハ項ヲ改メテ述ブベシ

(參)國民政府對手論

一、「國民政府ヲ相手ニセス」トノ聲明ハ國民政府ニ對シテハ打遣リヲ喰ハセ我カ國民ニ對シテハ其嗜好ニ投スル政策ノ約手ヲ發行シタルモノナル故「相手ニセス」一本槍ニテ進ムコトハ之ニ對シテハ公然何人モ喰ツテ掛ル者ナキ所カラシテ、政府トシテ當面甚タ樂ナ行キ方ナルカ實ハ押シノ一手以外、情勢ノ變化ニ應スルノ手ヲ自ラ封シタルモノニテ土俵ノ上ニテ斯ル見榮ヲ切ルハ田舍ノ宮相撲ノ觀アリ、吾人ハ戰雲ヲ收メテ時局ヲ收拾シ進ンテ眞ニ日支國交ヲ調整シ昨年九月ノ臨時議會ニ賜リタル勅語ノ御趣旨ニモ副ヒ奉リ續テ來ルヘキ虞アル或者ニ專念對抗セントスルニハ國民政府ヲ相手ニ東亞ノ大事ヲ談スルヨリ外途ナシト觀スルモノナリ

國民政府カ國民黨ヲ母體トシ以黨治國、三民主義ノ黨是ヲ具現セントスル中央政府ナルコトハ今更絮說ヲ要セス以黨治國ニ對シテハ支那國內隨所ニ反對分子アリ又國民黨內ニ於テモ例ヘハ西南派、孫科派、汪精衛派等ノ明鬪暗鬪アルモ反黨分子ハ次第ニ解決セラレ黨內ノ相剋モ蔣介石ノ駕御ニヨリ激化スルニ至ラス黨其モノハ近年ニ於テハ寧ロ結束ヲ固メ蔣ヲ中心トシテ大同ニ就クノ情勢ヲ呈セリ日本側ニテ國民黨攻擊ノ種トシ居ル國共合作ナルモノヲ吟味スルニ實情ハ共產黨カ國民黨ノ抗日戰線ニ參加スルヲ許容サレタルモノニテ、今日ノ國民黨ハ過去ニ於テ共產黨ニ手ヲ燒キタル苦キ體驗ヨリシテ共產黨カ此機會ヲ利用シテ盛返ヘシヲ策シ居ル下心ヲ讀ミ共產黨トシテノ活動ハ罷リ成ラヌトノ方針ニテ用心オサオサ怠リナシ、最近周恩來ヤ毛澤東等ノ共產黨幹部ノ國民黨籍取得カ傳ヘラルルノモ共產黨カ國民黨ヲ蠶食スルモノテハナク斯クノ如キ形ヲ取ラネハナラヌ程共產黨カ雌伏ヲ强

ヒラレ居ルモノト解スヘキナリ
國民政府ハ其ノ初期ニ於テハ國民黨ノ所謂革命外交ニ依リ非合法的ニ諸外國ノ在支權益ヲ囘收センコトヲ目論見タルモ滿洲事變ニ依リテ其ノ鋭鋒ヲ挫カレテヨリ以來態度ヲ緩和シ合法的主權恢復ニ轉シ來リ日本ヲ除ク諸外國トノ國際關係モ次第ニ改善セラレ就中英トノ間ニ親交ヲ呈スルニ至レリ、內政ニ於テモ國民政府ノ最近數年ノ施政目覺シキモノアリ卽チ政治ノ方面ニ於テハ國內統一ヲ目指シ西南派トノ合流、福建獨立政府ノ解決、共產軍ノ江西省ヨリノ淸掃等ニ成功シ斯クテ公約ノ如ク訓政期ヲ終リ立憲政治ニ迄進マントスルノ慨ヲ示セリ軍事的ニハ軍備ノ充實、經濟的ニハ資源ノ開發、諸般ノ建設事業、財政的ニハ幣制ノ改革、文敎ニ付テハ敎育ノ鼓吹、新生活運動ノ實施、社會的ニハ諸慈善事業ノ奬勵、窮民ノ救濟等ニ著々歩ヲ進メ支那トシテハ珍ラシキ革新的行政振ヲ見セ近代國家建設ノ曙光ヲ放チタルカ爲國民政府ノ權威ト實力ハ着々トシテ支那ノ大地ニ根ヲ張リ國民ヲ把握シツツアリタリ而シテ此ノ近年ノ國民政府ヲ領導セルハ蔣介石ニシテ國民政府ヲ扇ニ例フレハ蔣介石ハ將ニ其ノ要ノ地位ニ在ルコトハ否ミ難キ所、而シテ蔣介石ハ將ニ民族意識ニ目覺メタル支那知識大衆ノ强キ「イデオロギー」トナレル國家生存民族復興ノ「チヤンピヨン」トシテ信賴サレ其一身ハ國民黨及政府部內ノ何人ヨリモ燦然ト光リ（最近ノ國民黨六全大會ハ特ニ黨總裁ナル地位ヲ設ケ之ニ蔣ヲ推戴セリ蓋シ黨祖孫文ニ次クノ地位ナリ）大衆的ニハ民族的英雄トシテ渴仰セラルルニ至レリ此吸心力ノ增大セル國民政府、此國民ノ「アイドル」タル蔣介石ヲ打倒セントスルハ張學良ノ滿洲ヤ其他ノ地方軍閥ヲ討ツトハ事變リ現ニ我方ノ國力問題サヘ云々セラルル程ノ大事業タラサルヲ得サルノミナラス日支提携東亞安定ノ理想ヨリ見テ全ク狙ヒ所ヲ誤リ居ルモノト云フヘシ國民政府ヲ打チ滅シ蔣介石ヲ打チ倒シタル曉其ノ後ニ來ルベキ政權ハ何人ヲ以テシテモ半身不隨ノ弱體政權タルヲ免レサルヘク國內ノ統制ヲ把握シ得サル結果支那全體ガ政治的ニ經濟的ニ破產狀態ニ陷リ國內ニ惹起セラルル混亂無秩序ハ其極ニ達シ、其間最モ攪亂ニ成功スルモノハ組織ト「イディオロギー」ヲ持ツ所ノ共產黨ナルヤ必セリ此ノ場合ニ於テハ我國ハ破產管財人ノ役ヲ引受ケ敗殘兵ノ討伐、地方ノ靖綏、宣撫、建設、民生ノ立テ直シ迄ヤラネバナラヌ外、當面ノ敵トシテ支那共産黨ヲ討ツヲ余儀ナクセラレ而シテ共産黨ノ背後ニ蘇聯アルヲ思フトキ之カ平定ニハ長年月ト莫大ナル犠牲ヲ拂ハセラレ日支提携ニ依ル東亞ノ安定ハ愚ロカ、經濟開發等モ實現困難ニ陷ルヘシ、故ニ日支兩國ノ間ニ存スル此時難ヲ救ツテ大局ヲ定ムルニハ從來ノ行懸リニ捉ハレス國內統制力ヲ尚保持スル國民政府ヲ利用シテ共ニ大事ヲ談スル外打ツヘキ妙手ナシトノ結論ニ達ス而シテ此手ヲ打ツヘキ時期ハ漢口攻略ニ先立ツヲ要ス、何トナレバ漢口攻略後ハ惰勢ニ引摺ラレテ再ビ長期抗戰ノ新ナル段階ニ踏込ム恐大ナレバナリ

二、我方ニ於テハ蔣介石ヲ以テ濟度シ難キ排日ノ權化トシ排日ヲ以テ國內統一ノ具トナシ來リタルモノト憎惡シ居レルモ蔣其ノ人ハ果シテ斯ノ如キ人物ナリシカ、一九三五年末蔣カ行政院長トナルヤ閣員ニ蔣作賓、張公權、張群、吳鼎昌等ノ知日派ヲ配シタルハ之等トノ協力ニ依リ日支國交ヲ調整セントノ彼ノ用意ニ外ナラス又一九三六年一月當時ノ我大使館附武官磯谷中將ニ對シテモ彼蔣ハ「ロ巾ツタキ樣ナルモ自分カ行政院長ノ職ニ在ルコトハ日支關係改善ニ對シテハ千載一遇ノ好機ト云フヘク此ノ機會ヲ逸センカ五十年百年モ其ノ機會ヲ失フヘシ」トテ日支國交ノ調整ニ對スル熱意ヲ語ル所アリ又確聞スル所ニ依レバ現外相カ朝鮮總督在任中蔣ハ一再ナラス竊ニ使者ヲ京城ニ派シ總督ニ對シテ日支國交調整ヲ切望シタルコトアリト云フ、以テ彼ノ衷情ヲ知ルヘシ此ノ蔣ノ衷情ハ他ノ必要ナル機會ニ於ケル彼ノ發言ニモ盛ラレ居ル所ニシテ就中昨年七月十九日例ノ廬山聲明ニ就テ見ルニ彼ハ「國民政府ハ其ノ日本ニ對スル政策テ一切ノ懸案ヲ調整シ且一般ニ承認セラレタル外交交渉ノ方法ニ愬ヘテ公正ナル解決ノ達成ヲ常ニ期待シ」タリト言ヒ、又曰ク「過去數年間重大ナ諸問題ニ當面堪ヘ難キ苦痛ヲ忍ヒ乍ラモ吾々ハ隱忍自重面目ヲ傾注シテ和平ノ確保ニ努力シ仍テ以テ民族ノ復興ヲ實現スルコトヲ期シタ」ト、之ヲ以テ蔣ノ世迷言トセルハ獨リ我國「ジヤーナリズム」ノ罪ニハアラサルヘシ、此ノ蔣介石ヲシテ遂ニ匙ヲ投ケテ「最後ノ關頭到レリ」ト叫ハシメタルハ返ス返スモ殘念ナリト言ハサルヘカラス、然レトモ今日ト雖モ我方カ大乘的

態度ヲ以テ國民政府ト蔣トニ臨ムニ於テハ彼及彼等ヲ再ヒ日支國交調整ノ立前ニ引戻スコト敢テ難事ニアラサルヘシ

三、國民政府ヲ相手トシ之ト和ヲ談スル場合ニ障碍トナルハ「國民政府ヲ對手トセス」トノ聲明ナルカ今ヤ我國情ハ斯ノ如キ聲明ヲ乘切リテモ事變ノ終結ヲ圖リ以テ狂瀾ヲ既倒ニ囘スノ必要ニ迫ラレツツアルモノト認ムル處之ヲ乘切ルヤ否ヤハ一ニ我政府當局ノ勇氣ノ問題ナリト言ハサルヘカラス、勇氣トハ政策ノ大轉囘ノ爲ニ國內ニ生スルコトアルヘキ反動的波紋ニ直面シテ政府當局カ一身ヲ危クスルモ尙之ヲ敢行スル政治的勇猛心ノコトナリ。我政府ハ日支事變ノ收拾ニ第三國ノ干與ヲ許サヌ建前ヲ堅持シ來リタルモ日支双方見榮ヲ切ツテ果シ合ヒヲ始メ夫レカ今日ノ如キ深刻ナル摑ミ合ヒノ喧嘩トナリテハ日支何レカラモ和平話ヲ公然持出スコトハ体面上出來ヌ仕儀ニテ實ハ形式的ニテモ第三國カ水ヲ入レ呉レルコトカ最モ都合宜敷、此役目ヲ勤メ呉レル第三國ノ誰ナルカニヨリ或ル程度穩カニ「對手ニセズ」ノ聲明ヲ乘切ルコトモナシ得ベシ、ソレハ日獨伊三國防共樞軸ヲ利用シ密ニ獨伊ニ工作ノ上兩國ノ發案トシテ日支双方ニ和平勸告ノ勞ヲ取ラセ我方ハ他ナラヌ獨伊ノ勸告ナルヲ以テ之ヲ無礙ニ拒絶シ難シトノ態度ヲ執ルナラハ我國民ノ獨伊ニ對スル傾倒振ヨリ見テ先々大ナル冒険トハナラサルヘシト考ヘラル、獨伊兩國カ日支ノ間ニ立チテ一役勤メ度キ存念ナルコトハ昨年末ノ獨ノ橋渡シ最近ノ伊ノ動ニ鑑ミ明カニシテ我方ヨリ旨ヲ授クレハ得タリ賢シトナスヤ必定ナリ只支那ノ問題トナルト獨伊ハ互ニ排擠スル癖アルハ昨年末獨逸ノ日支橋渡ノ際伊ノ參加ヲ獨カ拒絶シタル事例ノ通リナルガ此ノ點ハ我方ノ出方ニヨリ調和スルヲ得ベシ

尙考量スヘキ點ハ彼等ハ只働キスル筈ナク我ニ對シ如何ナル「サービス」料ヲ要求スルカニアル處之トテ支那ニ於ケル經濟活動ノ分前ニ過キサルヘク之ニ對シテハ我方ハ相當ノ雅量ヲ示シテ可ナリ。國民政府ニ對シテ重キヲ爲ス所ノ英米ヲ仲裁者トシテ働カシムルコト殊ニ英ハ日支間ニ話ヲ纒ムルニハ持ツテ來イノ役目ナルモ我國內ノ反英感情ニ鑑ミ國內ヨリ打壞ハサルル恐アリ米ヲ利用スルトキハ門戸開放機會均等、九國條約等ノ蒸シ反シヲ前

提條件トシテ持出サルルヤモ知レサルヲ以テ兩國ニハ頼マサルカ安全ナリ

獨伊兩國ヲシテ右ノ役目ヲ勤メシムルニハ事前ニ日支間ニ極祕ノ「チャンネル」ヲ通シテ豫メ和平條件ヲ定メ地均シヲ爲シ置カサルヘカラサルハ勿論ナルカ國民政府ニ和議ノ動キカアルヤト云フニ其然ルコト最近諸情報ノ示ス通リナリ、蓋シ彼等ハ最後ノ勝利ヲ云々シ抗日ニ凝リ固マリ居ルモ其苦境ハ慘憺タルモノアリテ和平ニ渇シ居ルハ事實ナルヲ以テナリ、但彼等ノ和平モ條件次第ニテ條件若シ苛酷又ハ屈辱的ナラハ飽迄抗戰ヲ續クル丈ケノ見識アルコトヲ我方ニ於テ看過スベカラス

四、昨年十月一日總理、陸、海、外四大臣ノ間ニ於テ決定セラレタル支那事變對處要綱附屬具体的方策ハ極メテ大乘的觀點ヨリ事變後ノ日支國交調節條件ヲ定メタルモノナル處軍事行動ノ進展ニ伴ヒ次第ニ隴ヲ得テ蜀ヲ望ミ本年一月十一日御前會議ニ於テ決定セル支那事變處理根本方針中ニ豫定セラレタル日支媾和交渉條件ハ頗ル加重セラレタルモノニシテ到底支那側ノ受諾セサルヘキ底ノモノナリキ、國民政府ハ今日連戰連敗シツツアリト雖モ尚ホ最後ノ勝利ヲ夢見ツツ終極的敗戰ヲ認メ居ラサルコト、竝ニ國民政府從來ノ聲明ニ徵シ我方カ之ニ屈辱的條件ヲ强ヒント欲スルモ到底應シ來ラサルヘキヲ以テ之ニ對スル和平條件ヲ定ムル上ニ於テハ概ネ左記ノ前提條件ヲ心得トセサルヘカラス、項ヲ別ニシテ之ヲ述フ

(肆)和平基礎條件

一、昨年九月四日帝國議會ニ賜ヘル勅語ニ於テ「帝國ト中華民國トノ提携協力ニ依リ東亞ノ安定ヲ確保シ以テ共榮ノ實ヲ擧クルハ是朕カ夙夜軫念措サル處ナリ」ト宣ヒ又「今ヤ朕カ軍人ハ百難ヲ排シテ其ノ忠勇ヲ致シツツアリ是一ニ中華民國ノ反省ヲ促シ速ニ東亞ノ平和ヲ確立セントスルニ外ナラス」ト宣ヘリ聖旨ノ存スル所炳乎トシテ明ナリ此ノ聖旨ニ出發シテ本年一月十一日ノ御前會議決定ノ支那事變處理根本方針ニ於テ政府ハ「帝國不動ノ國是ハ滿洲國及ヒ支那ト提携シテ東洋平和ノ樞軸ヲ形成シ……右ノ國是ニ基キ今次ノ支那事變處理ニ關シテハ日支兩國間過去一切ノ相剋ヲ一掃シ兩國國交ヲ大乘的基礎ノ上ニ再建シ互ニ主權及ヒ領土ヲ尊重シツツ渾然融和ノ實ヲ擧クルヲ窮極ノ目途トス」トナセリ誠ニ俯仰天地ニ恥

ヂザル國是ナル哉、而シテ此根本方針ノ趣旨ヲ徹底セシムル様國論ヲ指導スルコトモ亦御前會議ノ決定スル所ナルニ拘ハラズ當局ハ嘗ツテ國民ニ對シテ之カ徹底ニ努ムル所ナキノミナラズ自ラ此國是ニ背致スルノ言動ヲ愼マザレバ我官民其ノ後ノ言フ處、爲ス處ヲ見ルニ或ハ「大陸政策ハ此ノ時」ト意氣込ミ或ハ「支那ハ外國ナリトハ言ヘ植民地視シテ可ナリ」トノ説カ横行シ「敵産ハ斯々處分スヘシ」ト主張シ「斯ノ如キ大犠牲ヲ拂ヒタル以上セメテ北支、中支位ハ我方ノ自由ニセネバ國民カ承知スマイ」ト決メ込ム等、支那ニ對シテ領土的野心ナシトハ表面ダケノコトニテ實ハ征服戰ヲ行ヒ居ル氣持トナリ居ルコトヲ我人共ニ反省セス此ノ氣持カ末梢的ニ働イテ「物取リ主義」、「先取主義」、「分前主義」トナツテ現レ又第三國ニ對シテハ同ジク御前會議決定ニ「第三國ノ權益ハ之ヲ尊重シ專ラ自由競爭ニヨリ對支經濟發展ニ優位ヲ獲得ス」トアル所ヲ全ク忘却シ去レリ、斯ノ如キ言行ハ恐レ多クモ遠ク聖旨ヲ逸脱シ御前會議決定ノ根本方針ヨリ脱線スルコト甚タシキモノニシテ此支離滅裂振ヲ以テシテ日支提携東亞ノ平和カ得ラルベキヤ

今回ノ事變ハ東洋ニ歷史アツテ以來未曾有ノ大殺陣劇ナルカ思フニ此ノ大詰ニハ爲政家ノ腕次第ニテ全ク相反シタル二樣ノ場面ノ何レカ一ヲ上場シ得ヘシ、若シ征服意識カラ出發シテ國民政府ニ城下ノ誓約苛酷ノ條件ヲ强フル時ハ彼等ハ之ヲ蹴ツテ再ヒ抗日續行ニ立戻ル虞アルノミナラス假リニ彼等カ已ムナク苛酷ナル條件ヲ受諾シタリトスルモ爾後支那民族ハ面從腹背常ニ日本ヘノ復讐ヲ狙ヒ日本ハ支那ノ反噬ヲ抑壓スルニ汲々シ日支兩國民ハ永遠ニ「血ニ報ユルニ血」ノ慘劇ヲ繰返ヘササルヘカラス、是レ今回ノ事變ノ持チ得ル悲劇的大詰ナリ之ニ反シ若シ從來ノ行懸リニ捉レサル大乘的決意ヲ以テ彼等ニ臨ムニ於テハ今回ノ事變ハ之ヲ轉シテ日支國交調整ノ爲ノ千載一遇ノ機會トシテ活用シ得ベク、聖旨ノ存スル所前記根本方針ノ以テ不動ノ國是トナス所ノ兩國ノ渾然タル融和ヘノ序幕カ玆ニ初メテ開幕セラルヘシ這ハ爲政家ノ腕次第決心次第ニシテ我政府タルモノ一大勇猛心ヲ以テ此ノ事變ニ日支提携東洋平和ノ精神ノ籠ツタ結末ヲ付クヘキナリ此ノ目的ヲ以テ日支間ニ和平ヲ實現スルニハ先ツ和平條件ヲ決定スル上ニ於テ是非心得置クヘキ數ケ條

アリ左ノ如シ

㈠寛厚ノ度量ヲ持シ成ルヘク支那側ノ面目ヲ立テヤルコト

國民政府ヲ目シテ罪ヲ我方ニ乞フモノトナシ之ニ對シ秋霜烈日ナル條件ヲ强ヒントスル時ハ彼等カ和平交渉ニ乘リ出シ來ラサルヘク假リニ彼等カ之ヲ容レタリトスルモ日支間ニ百年ノ讐ヲ結フニ至ルヘキハ前言ノ通ナリ、强者タル日本カ弱者タル彼等ニ臨ムニ寛厚ノ態度ヲ以テスルコトハ誰カ見テモ日本ノ估券カ下リタリト思ハサルノミナラス世界ハ日本ノ武士道的態度ニ傾倒シ諸外國從來ノ對日惡感情ハ一擧ニ拂拭セラルヘク、又支那ヲシテ從來日本ニ對シテ抱キタル怨恨ヲ消散セシメ日本信頼ノ念ヲ彼等ニ植付ケ得ヘシ、我方ハ國民政府相手ノ和平ヲ論スル以上獨逸國立銀行總裁「シヤハト」カ倫敦正金ノ加納ニ言ヘケル如ク「ビスマーク」的媾和ヲ爲シ彼等ノ面目ヲ立テヤリツツ大キク支那ヲ摑ムノ心掛ケヲ要ス

㈡支那主權ニ制限ヲ加ヘサルコト

主權ノ維持ハ孫文ノ遺訓ノ下ニ支那國民黨及ヒ國民政府カ生命トセル鐵則ニシテ之カ實現ヲ目指シテ努力スルカ爲ニ國民黨及ヒ國民政府ハ兎ニモ角ニモ青年支那民心ヲ自己ニ繋キ居ルモノニシテ若シ主權ヲ永久ニ制限スルカ如キ媾和條件ヲ强フルナラハ是亦大乘的國交調整ノ機ヲ逸スヘシ

㈢蔣介石ノ下野ヲ絶對ノ要求トハセサルコト

假リニ蔣介石ノ下野ヲ要求スル場合ニ、下野ニ實質的下野ト形式的下野トアリ得ヘシ一ハ蔣ヲシテ實質的ニモ形式的ニモ政權ヨリ離レシムルコト、二ハ單ニ形式的ニ蔣ヲ下野セシメ實質的ニ彼カ國民政府及國民黨ノ柱石タルノ地位ヲ維持スルモ大目ニ見テヤルコトナリ、蔣カ民族英雄トシテ支那國民大多數ノ渇仰ノ中心テアリ國民政府ニ取リ扇ノ要ナルコトハ曩ニ述ヘタリ此ノ蔣ヲ實質的ニ下野セシムルコトハ卽チ國民政府其ノモノヲ崩壞セシムルニ等シ形式的下野ノ要求ハ支那國民渇仰ノ中心人物ニ詰腹ヲ切ラセル譯ニテ只處刑カ幾分輕シト云フノミニテ先方ノ持ツ屈辱感ニハ變リナシ何レニシテモ蔣ノ下野ヲ要求スルコトハ蔣介石ヲ取卷ク處ノ强硬分子ヲ驅ツテ愈長期抗日ニ追込ム恐アルヲ悟

覺セサルヘカラス、寧ロ蔣ヲ助ケテヤリ之ヲ利用スルノ雅量ヲ示スヘキナリ

(四)支那ノ内政ニ干與セサルコト

今回ノ事變ハ冀察政權ナルモノヲ我カ藥籠中ノ物トシテ特殊ノ存在タラシメントスル遠心力ト支那國家主義ノ吸心力トノ相剋カ其原因ノ一トナリタルコトニ鑑ミ其ノ覆轍ヲ再ヒ履マサル心掛ケカ必要ナリ

(五)國民黨ノ解消ヲ要求セサルコト

三民主義ノ旗幟下ニ結成セル國民黨ハ善カレ悪シカレ革新支那ノ骨格ヲ成ス、是ヲ解消セシムルコトハ支那ノ政治ヲシテ無力ト云フヨリ寧ロ支離滅裂ナラシムルモノニシテ群雄割據而モ其ノ間ニ共產黨ノ跋扈ノ端ヲ開クコトトナリ始末ニ困ル事態ヲ惹起スルコト必定ナルヲ以テ之カ解消ノ如キハ考慮外ニ置クコトヲ要ス又之ヲ和平條件トスルモ先方ニテハ到底問題トセサルヘシ

(六)經濟提携ニ重點ヲ置クコト

日本カ政治的ニ支那ニ乘リ出サントスル處ニ日支間紛爭ノ根本原因カ存在スルニ鑑ミ今後ノ日支關係ハ經濟提携ニ重點ヲ置キ眞ニ有無相通シ共存共榮ノ實ヲ擧クルコトノ線ニ沿ツテ發展セシムルヲ要ス

二、以上ノ如キ心得ノ下ニ和平基礎條件ノ大綱ハ概ネ左ノ如ク定ムヘキナリ

(一)政治方面

(イ)滿洲國ノ正式承認

國民政府ニ滿洲國承認ノ意嚮アルコトハ先ニ伊國側ヲ通シテ略明カトナリタル所ナリ之ヲ支那側ニ要求スルモ今日ノ國民政府ハ失地回復等ハ諦メテ受諾スヘシ

(ロ)防共政策ノ確立及遂行

支那ヲシテ今直チニ日獨伊防共協定ニ參加セシムル如キハ困難ナルモ昨年二月ノ國民黨三中全會ニ於テ採擇セラレタル赤(化欠カ)根絶決議ニ於テ「赤化ノ根絶ハ支那ノ國家民族擁護ノ不易ノ大道ナリ」ト宣言シ居ル所ニ鑑ミ日支間ニ或程度ノ防共協定ヲ締結スルコトハ支那側トシテナシ得ヘキ處ナリト思考ス但シ昨年締結ノ蘇支不侵略條約ニ觸レサルコトヲ要ス、支那共產黨ノ清算ヲ併セテ要求スルコトハ寧ロ國民黨及

國民政府ノ歡迎スル所ナルヘシ

(ハ)支那ハ全國ニ亘リ反滿抗日ヲ嚴ニ取締リ日本トノ國交敦睦ヲ徹底セシムルコト

既ニ我方カ大乗的ニ時局ヲ拾收セントスル以上支那側ニ於テモ從來ノ行懸リヲ捨テ日本トノ親善ヲ國民ニ要望スルコトハ敢テ難シトスル處ニ非ルヘシ

(ニ)臨時及維新兩政府ハ合體ノ上中央政府ノ下ニ地方特殊政權トシテ之ヲ存續セシム但若干年後ニハ之カ改組ヲ中央政府ノ任意トスルコト

和平談ヲ進ムル上ニ於テ最モ障害トナルモノハ臨時及維新兩政府ノ存在ナリ實ヲ云ヘハ此ノ兩政府ヲ解消セシムルコトカ日支國交調整ノ爲ニ最モ望マシキコトナルカ之カ成立ノ由來ニ鑑ミ暫ラク之ヲ存續セシムルコトハ已ムヲ得サルヘシ

但シ永ク之ヲ存續セシムルコトハ再ヒ冀察政權ニ對スル如キ關係ヲ生シ紛爭ノ種トナルニ付之カ存續ニ一定ノ期限ヲ附シ其ノ期限後ハ之カ改組ハ中央政府ノ任意トスルコトトスヘシ

(ホ)内蒙ハ支那主權ノ下ニ自治的現狀ヲ維持セシムルコト

國民政府ニ此ノ條件受諾ノ意アルコトハ先ニ獨逸側カ和平橋渡シノ節明カトナレル所ナリ

(二)軍事的方面

(イ)長城南方一帶ノ地、上海周邊一定ノ地域ヲ非武裝地帶トスルコト

本項モ大体支那側ヲシテ受諾セシメ得ヘシ但シ支那側ノ面目ヲ重ンシヤリ期限付トシ地帶ノ範圍ハ絶對必要ノ限度ニ止ムルヲ可トス

(ロ)北支内蒙及中支ノ一定地域ニ日本ノ駐兵ヲ認ムルコト

但シ駐兵ハ後始末及保證ノ意味ニ於テスヘク一年ヲ出テサル期間位ノ暫行トシ駐兵地點モ兵力モ最少限度ニ止ムルヲ可トス

(三)經濟方面

(イ)北中支ニ於ケル資源開發ニ（ママ）日支經濟合作

北中支ノ國策會社及之カ子會社ヲ日支合作ノ下ニ遺憾ナク活用ス第三國ノ經濟活動ヲ妨ケサルコトヲ要ス

(ロ)日満支三國間ニ交通、航空、交易ニ關シ適當ナル協定ヲナスコト

(四)賠償

支那側ニ於テ保障方引受ケタル我方財産竝權益ニ與ヘタル直接損害及支那側カ我カ方財産又ハ權益ヲ不法ニ使用又ハ處分シタルコトニ依リ生シタル直接損害ヲ要求ス「支那民衆ヲ敵トセス」トノ方針ニ鑑ミ今後數十年ニ亘リ支那國民ノ重荷トナルヘキ戰費賠償ハ之ヲ要求セヌコトトスヘキナリ

三、和平ハ概ネ前記各條件ノ「ライン」ニ卽シテ談ヲ進ムヘク之ニ基ク細目ノ極メ方モ亦重箱楊子ニ流レサルヲ要スル處、一方之カ爲ニハ政府ノ大乘的方針ヲ國民ニ徹底セシムル樣諸般ノ工作ヲ施ササルヘカラス殊ニ言論機關ニ對スル統制取締、各種政治的團体經濟團体ノ啓發操縱等ニ周到ナル工夫ヲ要スヘシ

(伍)結　言

吾人ノ考フル所ヲ以テスレハ今ヤ帝國ハ其ノ對支政策ニ於テ右スヘキカ左スヘキカ重大ナル岐路ニ立チツツアリ右スルハ飽迄强壓ヲ以テ支那ニ踏込ミ之ヲ植民地的ニ料理シ去ラントスル途、左スルハ歩ヲ起スニ當リ荊莿アルモ後ニハ日支融和ノ境地ニ達スルノ途ナリ事變始ツテ以來帝國政府ハ一再ナラス事變處理ノ根本方針ヲ決定セリ卽チ昨年十月一日總理、陸、海、外四大臣間ニ決定ノ支那事變對處要綱、同シク十二月二十四日閣議決定ノ事變對處要綱(甲)及本年一月十一日御前會議決定ノ支那事變處理根本方針之ナリ之等ヲ通觀スルニ或ハ「明徵且恆久的ナル國交ヲ日支間ニ樹立シ」ト前提シ或ハ「支那民衆ノ安寧福利ノ增進ヲ以テ政策ノ主眼トシ」トナシ或ハ「支那ト提携シテ東洋平和ノ樞軸ヲ形成シ云々」ヲ帝國不動ノ國是トナス等其ノ盛ラレタル精神ハ由々シクモ大乘的ナルモノナルモ之等ノ根本方針ハ一度決定セラルルヤ爾後枝葉末節ノミノ實行ヲ取急キ其ノ根本精神ハ毫モ顧ミラレサルノ形ナリ、政府ハ此ノ際改メテ根本方針ヲ再檢討シ右ナラ右、左ナラ左ト取ルヘキ針路ヲ判然見定メ其ノ何レカニ決定シタル以上之カ實踐ニ向テ全能力ヲ動員スヘキナリ今回ノ事變ハ口ニ有難キ經文ヲ唱ヘツツ中腰ニナツテ打開シ得ヘキ底ノ難局ニハ非ルヘシ、唯吾人ハ昨年九月議會ニ賜リタル　御勅語ノ聖旨ヲ只管ニ國是ノ金科玉條ト奉信シ之ヲ實踐窮行スルコトカ眞ニ皇道

ヲ興起シ國威ヲ世界ニ向テ伸張スル所以ナルコトヲ確信スルカ故ニ此ノ際巨腕ヲ振ツテ日支融和ノ境地ニ到達スルノ途ニ向テ針路ヲ確取シ粛々ト國民ヲ率ユヘキコトヲ以テ政府ノ大責務ト見、大乘的和平ヲ切言スルモノナリ、然レトモ吾人ハ日支國交ヲ整フルニハ單ニ此事變ノ大乘的結末ヲ以テ足レリトセス更ニ進テ日支國交調整何年計畫ト云フカ如キ建設的國交目標ヲ協定シ日支共同シテ之カ實現ニ努ムヘキコトヲ唱導スルモノナリ右計畫ニ付テハ案ヲ具シテ追テ述フル所アルヘシ

（欄外記入）

證言第一八號

本意見書は予が外務大臣在職中（一九三八、六月―九月）東亞局長石射猪太郎が一九三八年七月予に提出シタルモノノ複寫ニ相違ナシ右證明ス

昭和廿四年五月廿三日　宇垣一成（印）

221　昭和13年7月3日

陸軍省作成の「時局外交ニ關スル陸軍ノ希望」

時局外交ニ關スル陸軍ノ希望

昭和一三、七、三　陸軍省

外交一般方針

一、方　針

一、防共樞軸ノ强化ヲ圖ルト共ニ强力明快ナル事變處理ニ依リ列國ヲシテ我對支政策ヲ事實上了得シ帝國ノ方針ニ基ク新支那建設ニ協力セシメ彼等ヲシテ自ラ帝國ノ態度ヲ支持スルニ至ラシメ以テ事變ノ解決ヲ迅速且容易ナラシムルト共ニ事變解決後ニ於ケル帝國ノ對外政策ノ遂行ニ資ス

二、外交及經濟上ノ工作ハ總テ國策第一主義ニ統合指導ス

二、要　領

一、外交上ノ努力ヲ左ノ重點ニ集中ス

1. 防共樞軸ヲ强化スルコト

2. 「ソ」聯邦ニ對シテハ積極的ニ今次事變ニ參加セシメサル如ク努ムルコト

（「ソ」聯邦ノ東亞ニ對スル侵冦的企圖ヲ挫折セシムヘキ根本方針ハ依然トシテ變化ナシ）

3.英國ヲシテ親蔣援支政策ヲ抛棄セシムルコト
4.米國ヲシテ少クモ中立的態度ヲ維持セシメ爲シ得レハ之ヲ親日的ニ誘致シ特ニ經濟的友好關係ヲ强化セシムルコト

二、武力行使ノ外、外交折衝ニ依リ對支武器輸入ヲ斷絶セシム

三、列國ノ在支權益ハ左ノ原則ニ牴觸セサル限リ之ヲ尊重スルト共ニ帝國ニ好意的態度ヲ有スル第三國ニ對シテハ新支那經濟開發ニ參加セシムルコトヲ歡迎ス

1.新支那ノ幣制、關稅率、稅關等全般的ノ財政經濟政策確立ニ就テハ帝國ニ於テ之ヲ援助シ第三國ヲシテ之ニ追隨セシム
2.北支及蒙疆ニ於ケル國防資源ノ開發ハ帝國之ヲ實質的ニ支配ス
3.中支ニ於ケル產業開發事業ニ就テハ帝國ハ概ネ列國ト併存的ニ之ヲ實施ス
4.前二項以外ノ地域ニ於ケル產業開發事業ニ就テハ概ネ現狀ヲ承認ス
5.對支通商ニ就テハ原則トシテ自由競爭主義ニ依ル
6.事變發生後蔣政權ト協定シテ設定セラレタル在支權益ハ之ヲ認メス

四、第三國ノ好意的橋渡シハ事變解決ニ關スル既定方針ニ反セサル限リ之ヲ受理スルコトヲ妨ケス

五、第三國ノ干涉ニ對シテハ斷乎トシテ之ヲ排除ス

六、第三國ニ對シ帝國ノ眞意ヲ諒解シ速ニ親蔣援支ノ態度ヲ改メ世界的反共氣運ヲ釀成スル爲政府ハ有力ナル對外宣傳機構ヲ整備ス、爲之特ニ在野ノ適任者ヲ起用スルコトニ着意ス

防共樞軸ノ强化工作

一、方　針

一、日獨伊間ニ於ケル政治的關係ヲ强化ス
二、日滿對獨伊間ニ於ケル經濟的提携ヲ鞏固ナラシム
三、必要ナル諸國ヲ防共協定ニ加盟セシムル如ク工作ス特ニ滿洲國ノ加盟ハ速ニ之カ實現ヲ期ス

二、要　領

一、日獨伊間ニ於ケル政治的關係ノ强化方策左ノ如シ
獨逸ニ對シテハ防共協定ノ精神ヲ擴充シテ之ヲ對「ソ」

軍事同盟ニ導キ伊太利ニ對シテハ主トシテ對英牽制ニ利用シ得ル如ク各個ニ祕密協定ヲ締結ス

二、日滿對獨伊間ニ於ケル經濟提携ヲ鞏固ナラシムル爲ニハ概ネ左ノ如キ着眼ニ依ル

1.日滿對獨伊貿易協定乃至一般經濟提携ノ促進

2.產業擴充就中工作機械ニ關スル要求ニ卽應スヘキ適應ノ處置

3.滿洲、支那ニ於ケル經濟開發ニ協力要スレハ支那ニ於ケル對獨伊經濟利權ノ附與

4.日獨國交特ニ經濟提携强化ノ爲南洋植民地返還問題ノ促進

三、波蘭及羅馬尼等ノ諸國ヲ成ルヘク速ニ防共協定ニ加盟セシムル如ク工作ス

四、世界的反共氣運ノ釀成昂揚

對「ソ」工作要領

一、方　針

「ソ」聯邦ニ對シテハ今次事變ニ積極的ニ參加セシメサル如ク諸般ノ工作ヲ實施ス

二、要　領

一、國力就中滿洲ノ經濟建設及在滿兵備ヲ充實シ以テ對「ソ」彈撥力ヲ保持增進ス

二、「ソ」聯邦ノ眞相及不信行爲ヲ海外就中英、米、佛ニ對シテ宣傳シ其國際的地位ヲ低下孤立セシム

三、直接對「ソ」外交ハ公正且毅然タル態度ヲ以テ處理シ特ニ既存條約ハ之カ完全ナル履行ヲ迫ル

四、「ソ」聯邦ノ對支策謀ト對日滿不法行爲トヲ宣傳シ國內ノ輿論ヲ喚起ス

五、日「ソ」不可侵條約ハ締結セス

對英工作要領

一、方　針

英國ニ對シテハ帝國ノ公正且毅然タル態度ヲ諒解セシムルト共ニ在支日英經濟狀態ヲ調整シ以テナルヘク速ニ其親蔣援支政策ヲ抛棄セシム

二、要　領

一、事變ノ遷延ハ英國ノ極東政策上不利ナルコトヲ自覺セシムルト共ニ英國ニシテ帝國ノ事變解決方針ニ順應スルニ

於テハ之ニ應シ逐次其中南支ニ於ケル權益ニ關シ好意的考慮ヲ拂フ
之カ爲特ニ在支英諸勢力ヲ利用ス
二、英國ノ在支權益ニ對スル措置ニ就テハ特ニ愼重ヲ期シ無用ノ摩擦ヲ避ク
三、大英「ブロック」ニ於ケル我外交、經濟及宣傳機關ヲ統制刷新スルト共ニ帝國內朝野ノ對英言動ヲ規整シ以テ英國ヲシテ我對支政策貫徹ニ關スル信念ト實力トヲ認識セシム

對米工作要領

一、方　針

米國ヲシテ少クモ本事變間中立的態度ヲ維持セシメ爲シ得レハ之ヲ親日的ニ誘致シ特ニ經濟的友好關係ヲ强化セシム

二、要　領

一、適切ナル宣傳特ニ現實ノ事態ヲ事實ニヨリテ宣傳シ對日觀ノ是正ニ努ム
二、在支米權益ノ保全ニツキ爲シ得ル限リノ努力ヲ拂フ
三、經濟的友好關係ヲ强化スル爲前二項ノ外各般ノ手段ヲ盡シ通商振興、米資導入ヲ計ル
例(1)總動員上資源取得ノ爲對米貿易ノ强化
(2)產業擴充就中工作機械ニ關スル要求ニ卽應スヘキ對米「クレヂット」ノ設定
(3)滿洲、支那ニ於ケル經濟開發ニ協力要スレハ支那ニ於ケル對米經濟利權ノ附與
四、本方針達成ノ爲適時外交的折衝ニヨリ日米關係ノ調整ニ就キ工作ス

對佛工作要領

佛國ニ對シテハ親蔣援支政策ノ抛棄特ニ對支武器供給ヲ中止セシム

222

昭和13年7月6日

容共抗日政策を維持する国民政府との和平はあり得ないとの近衛総理記者談話

近衛首相、記者團ト一問一答

◎國府トノ和平ハアリ得ナイ

(東京七日發同盟)聖戰早クモ一周年ヲ迎ヘテ政府、國民相トモニ堅忍持久、時艱克服ニ邁進セントノ決意ヲ新タニシツ、アルトキ近衛首相ハ六日午后三時首相官邸テ記者團ト會見、マヅ事變勃發以來今日ニ至ルマデ大陸ニ勇戰奮闘、護國ノ鬼ト化シタ幾多忠勇ナル將士竝ニ戰傷勇士ニ對シテ敬愛ナル感謝ノ言葉ヲ述ベタノチ事變ヲ中心トスル左ノ如キ時局談ヲ認ミ《ママ》、漢口攻略ヲ控ヘタ帝國政府ノ決意竝ニ蔣政權ヲ繞ル列國最近ノ動靜トコレニ對スル政府ノ決然タル方針ヲ明ラカニシ更メテ事變ノ重大性ニ對スル國民ノ決意ヲ喚起シ今後ニ處スベキ覺悟ニツキソノ奮起ヲ要請シタ

「問」最近列國ガ和平ヲ策シテヰルト傳ヘラレヰルガ政府ノコレニ對スル方針ハ如何

「答」第三國ノ動イテヰルコトハ承知シテヰルガコノ問題ノ解決ハ屢々聲明シテヰル通リ原則トシテハ日支直接交渉ニヨツテ鳬ヲツケル方針ニ何ラ變化ハナイ

「問」蔣介石ヲ相手ニセズトノ聲明ハヂエスチユアデアルトカ、マタ蔣介石ガ考ヘ直シテモナゼ相手ニシナイノカトイフモノモアルガ蔣政權ヲドウ見テヰルカ

「答」コノ點モ政府ノ方針ニ變化ハナイ一月ノ聲明ハ單ニ蔣介石ヲ相手ニシナイトイフノデナクシテ「國民政府ヲ相手ニシナイ」トイフタノデアツテ、日本ガ一蔣介石ヲ相手ニ云々スルトイフコトデハナイ、國民政府ノ組織トカ政策ガ變ツテ現在トツテヰル容共抗日政策ヲ放棄シテクレバソレハ最早本質的ニ從來ノ國民政府デハナクナツテクル、然シ蔣ハ日本ニモ少ナカラズ因縁ヲ持ツテヰルガ蔣ノ過去ノ經歷カラ見レバクーデターヲ起シテ共產黨ヲ驅逐シテヲリ又今次事變ガ始マレハ再ビ共產黨ノ援助ヲ仰グトイフヤウニ變轉常ナイノデ實際問題トシテ蔣ヲ相手トシテ安ンジテ和平ナド出來ルモノデハナイ、蔣ガ下野スルナラシテ眞ニ日本ト手ヲ握ル誠意アル政治家ガ國府ノ中心ニ立ツタトシテモ直チニコレヲ中央政府トシテ認メルワケニハ往カナイ然シ臨時、維新兩政權ガ出來テヰルノデコノ兩政權ガ合流シタルノチニソノ政權ガ改組シタ國民政府ト交渉ヲ持ツコトハ何ラ差支ナイ

「問」然ラバ第三國ノ仲裁ニヨル國民政府トノ和平ハナスヤ

「答」

「答」左様ナコトハアリ得ナイ

「問」漢口攻略ニヨリ蔣政權獨自ノ國防力ハ大タイ消耗サレルトミルガナホ頑强ニ抗日戰ヲ續ケルトナレバ第三國ノ對蔣援助ガ絶對條件ニナルト考ヘラレル政府ハ第三國ニ對スル方策ヲドウ考ヘテヰルカ

「答」第三國ノ對蔣援助ヲ放棄セシメルコトニツイテハ外交上ニモ經濟上ニモ充分考慮シテヰル、マタ第三國ノ支那ニオケル權益ハ充分尊重スル現在ハ戰鬪行爲ノ行ハレテヰル際デアルカラ適當ノ時期サヘクレバ從來通リノ仕事ガ出來ル英國ハ日本ノ眞意ヲ疑ツテヰルヤウダガコレヲ機會ニ英國ノ全勢力ヲ驅逐スルヤウナコトハ全クナイ

「問」占領地ノ治安ヲ脅ヤカス策源地カ上海ナドノ佛租界アタリニアルヤウダガ適切ナ處置ヲ講ズル意志ナキヤ

「答」事變ニ對スル日本ノ眞意モ今後諒解サレルデアラウシ、マタ戰爭進展ニ伴レテ英、米、佛等ノ對日態度モ漸次變ツテクルモノト思フカラ今後戰況ノ進展ニ伴レテ第三國人ノ考ヘ方ノ變ルヤウニ政策ヲ導イテユク考デアル

「問」戰時經濟强化ニ對スル意見如何

「答」戰時經濟ヘノ意向《(移行カ)》ハ絶對必要デアル、單ナルゼスチユアデモナケレバ將來ニ豫メ備ヘルタメノミデハナイ、支那事變ノ今後ニ對處スルタメデアル

「問」對支中央機關問題ハ

「答」五相會議デ決定スルコト、ナツテヰルガ話ガマダ決ラナイ目標ハ決ツテヰルノダカラ事務的ナ一元化ガ目的デアル

223

昭和13年7月7日

事変一周年に際しての宇垣外相声明

顧レハ、支那事變ハ早クモ茲ニ一周年ヲ迎フルニ致ツタノテアルカ、蘆溝橋ニ端ヲ發シタル日支事變ハ、我カ方カ極力事態ノ不擴大ニ努メタルニモ拘ラス、暴戻ナル支那側ノ挑發ニヨツテ、遂ニ、今日ノ如キ、發展ヲ見ルニ至ツタノテアル。卽チ、戰局ハ北支ヨリ中南支ニ擴大シ、皇軍ハ南北全支沿岸ノ航行ヲ遮斷シ、首都南京ヲ初メ各地ノ重要都

市ヲ攻略シ、今ヤ蔣介石カ最後ノ據點ト頼ム漢口ニ向ツテ殺到シツツアリ、又廣東ヲ初メ各地ノ重要軍事據點ニ對シテ徹底的ナル爆撃ヲ加ヘ、コレカ壊滅ヲ期シテ居ルノテアル。

然ルニ、首都ヲ抛棄シ、各地ニ敗退轉々トシテ奥地ニ遁入シ、一個ノ地方軍閥ニ顚落シツツアル國民政府ハ、敗戰ヲ糊塗シ内外ヲ欺瞞スルタメニ虚構ノ宣傳ヲ事トシ、赤化勢力ニ苟合シ、尙モ第三國ノ支援ヲ頼ンテ長期抗日ヲ呼號シツツアリ、而モ、黄河ノ決潰氾濫ヲ企ツル等、暴虐到ラサルナク、愈々支那民衆ノ慘禍ハ增大セラレツツアル實情テアル。

帝國政府ハ、既ニ去ル一月十六日ノ聲明ヲ以テ蔣介石政權ヲ相手トセス、親日防共ヲ目標トシテ誕生セル新政權ヲ支持シ、明朗支那ノ建設ニ邁進シツツアル次第ニシテ、既ニ臨時、維新兩政權竝ニ蒙疆政權ノ强化發展ニヨリ、戰禍ハ一掃セラレ、治安ハ囘復セラレ、着々トシテ復興カ進メラレツツアルコトハ周知ノ如クテアル。

事變一ケ年ノ外交問題ヲ顧レハ、國際聯盟會議、九國條約會議ヲ初メトシテ、列强各國トノ間ニ、幾多ノ折衝カアリ、誠ニ波瀾曲折ヲ極メタノテアツタカ、此ノ複雜微妙ナル國際關係ヲ處理シテ、事變ノ眞意義ヲ世界ニ徹底セシメ、歐亞ヲ貫ク防共陣ヲ完成シ、陰險執拗ナル反日外交ヲ克服シ得テ、大過ナキヲ得タルハ、一ニ全國民ヲ擧ケテノ强力ナル支持ニヨルモノニ他ナラヌノテアル。徐州陷落ヲ以テ事變ハ最後ノ段階ニ進ミ、最モ重大ナル時期ニ入ツタノテアル。從ツテ帝國政府モ、陣容ヲ强化シ長期戰ノ體制ヲ整備シ、最後ノ勝利ヲ期シテ居ルノテアル。玆ニ事變ノ一周年ヲ迎フルニ當リ、此ノ間ニ於テ現地ノ戰線ヲ初メ各方面ニ於テ貴キ犧牲トナラレタル將士其他諸氏ノ英靈ニ對シテ、衷心ヨリノ敬意ヲ表スルト共ニ、愈々我々ノ責任ノ重大ナルヲ痛感スルノテアル。今日ニ於ケル事變ノ成果ハ、我國民カ一致協力能ク幾多ノ困難ヲ克服シ得タルトコロニヨルモノテアルカ、東洋平和ノ確立ヲ大目的トスル事變ノ前途ニハ、尙、非常ナル試錬カ加ハリ來ルコトハ、素ヨリ覺悟ノ事テアル。コレカタメ全國民カ、一致結束、益々堅忍持久ノ大精神ヲ發揮センコトヲ切望スル次第テアル。

編注 本文書は、昭和十三年十二月、情報部作成「支那事變關係公表集（第三號）」から抜粋。

224　昭和13年7月8日　五相会議決定

「支那現中央政府屈伏ノ場合ノ對策」

支那現中央政府屈伏ノ場合ノ對策

昭和十三年七月八日
五　相　會　議　決　定

第一、方　針

支那現中央政府ニシテ屈伏シ來リタル場合ニ於テハ帝國ハ之ヲ一政權トシ「新興支那中央政權ノ傘下ニ合流セシム」トノ　御前會議決定方針ニ基キ處理ス

第二、要　領

一、帝國ハ事變解決ニ關スル既定方針ヲ堅持シ支那現中央政府ヲ相手トシテ日支全面的關係ノ調整ヲ行フコトナシ

二、支那現中央政府ニシテ屈伏シ且後述第三ノ條件ヲ受諾シタルトキハ之ヲ友好一政權トシテ認メ既成新興支那中央政權ノ傘下ニ合流セシムルカ又ハ既存ノ親日諸政權ト協力シテ新ニ中央政權ヲ樹立セシム

既成新中央政權トノ合流、新中央政權ノ樹立等ハ主トシテ支那側ヲシテ行ハシムルモ帝國之ヲ內面的斡旋ス

第三、支那現中央政府屈伏ノ認定條件

一、合流若クハ新中央政權樹立ニ參加スルコト

二、右ニ伴フ舊國民政府ノ改稱及改組

三、抗日容共政策ノ放棄及親日滿防共政策ノ採用

四、蔣介石ノ下野

第四、停　戰

一、支那現中央政府ノ屈伏ノ事實ヲ認定シ得ルニアラサレハ停戰等ハ議セス

但シ停戰ヲ議スル場合ニ於テハ其條件ハ別ニ考究ス

225　昭和13年7月8日　五相会議決定

「支那現中央政府ニシテ屈伏セサル場合ノ對策」

支那現中央政府ニシテ屈伏セサル場合ノ對策

昭和十三年七月八日
五　相　會　議　決　定

第一、方　針

帝國ハ愈々國力ヲ統合シ作戰、内政、外交、經濟、謀略、宣傳等國家一切ノ努力ヲ擧ケテ支那現中央政府ノ潰滅若クハ屈伏ニ集中スルト共ニ長期戰ニ應スル現下必須ノ諸政策ヲ强化シ以テ形而上下ヲ通シ眞ニ戰時態勢ヲ實現セシム

第二、要　領

一、要衝占據迄ノ對策

1.支那ノ大勢ヲ制スルニ足ル要衝ノ占據ヲ目標トシ努メテ間隙ナカラシムル如ク積極作戰ヲ指向シ連續セル敗戰感殊ニ其中原喪失ニ依リ支那現中央政府ノ自壞作用ト繼戰意志ノ放棄トヲ誘導ス

2.作戰ノ進展ニ伴ヒ政治、經濟、外交、思想等ノ各般ニ亙リ益々謀略ヲ强化シテ親日反共諸勢力ノ助成ニ努ムルト共ニ抗日勢力内部ノ切リ崩シト和平氣分ノ醸成及財政經濟基礎ノ破綻ヲ策シ以テ成ルヘク速カニ支那現中央政府ノ分裂崩壞少クモ其局地政權ヘノ轉落ヲ期ス

右施策ハ帝國自ラ行フ外特ニ裏面的ニ親日支那諸政權其他ヲ指導シテ之ヲ行ハシム

3.親日諸政權ヲ擴大强化スルト共ニ成ルヘク速カニ是等政權ヲ聚大成シテ一政權ニ統合セシメ眞ニ支那中央政府タルノ實ヲ擧ケシメ以テ内外ヲシテ現實ニ支那現中央政府ニ代ル新政權トシテ認メサルヲ得サルニ至ラシム

帝國ノ新中央政權承認ハ一ニ當時ノ情勢ニ依ルモ該政權カ中央政府ノ實ヲ備フルニ至ラハナルヘク速カニ行フ

4.列國ノ權益ハ努メテ之ヲ尊重シ好ンテ彼等ト事ヲ構フルカ如キ態度ハ避クルモ强力明快ナル事變處理ノ斷行ニ依リ列國ヲシテ我對支政策ヲ事實上了得セシメ彼等ノ既得權益ノ保持增進上自ラ我態度ヲ支持スルノ已ムヲ得サルニ至ラシメ以テ支那現中央政府ノ孤立化ヲ策ス

二、要衝占據後ノ對策

要衝ヲ占據スルモ支那現中央政府ニシテ尙屈伏セサルトキハ帝國ハ爾後直接武力ニヨル早急ナル事變解決ニ焦慮スルコトナク益々新中央政權ノ擴大强化ヲ促進スルト共ニ政治、外交、經濟、思想的ニ支那現中央政府ヲ愈々壓縮スル等主トシテ政略、謀略ノ運營ニヨリ支那現中央政府ノ潰滅ヲ計ル

三、實行ノ方法ニ就テハ別ニ策定ス

226　昭和13年7月12日　五相会議決定

「時局ニ伴フ對支謀略」

付　記　昭和十三年七月二十二日、五相会議決定
「時局ニ伴フ對支謀略」等の訂正事項

時局ニ伴フ對支謀略

昭和十三年七月十二日
五相會議決定

方　針

敵ノ抗戰能力ヲ崩壞セシムルト共ニ支那現中央政府ヲ倒壞シ又ハ蔣介石ヲ失脚セシムル爲現ニ實行シアル計畫ヲ更ニ强化ス

其ノ要綱左ノ如シ

要　領

一、支那一流人物ヲ起用シテ支那現中央政府竝支那民衆ノ抗戰意識ヲ弱化セシムルト共ニ鞏固ナル新興政權成立ノ氣運ヲ釀成ス

二、雜軍ノ懷柔歸服工作ヲ促進シテ敵戰力ノ分裂弱化ヲ圖ル

三、反蔣系實力派ヲ利用操縱シテ敵中ニ反蔣、反共、反戰政府ヲ樹立セシム

四、回教工作ヲ推進シ西北地方ニ回教徒ニ依ル防共地帶ヲ設定ス

五、法幣ノ崩落ヲ圖リ支那ノ在外資金ヲ取得スルコト等ニ依リ支那現中央政府ヲ財政的ニ自滅セシム

六、右諸工作ノ遂行ヲ容易ナラシムル爲所要ノ謀略宣傳ヲ行フ

備　考

要領第五項ニ對シテハ尙ホ研究ヲ繼續ス

（付　記）

訂正事項

昭和十三年七月廿二日
五相會議決定

一、時局ニ伴フ對支謀略中第五項ノ「法幣ノ崩落ヲ圖リ」ヲ削除ス

二、支那新中央政府樹立指導方策ノ別紙支那政權內面指導大

綱中第三、經濟、交通及救濟ノ第五項ヲ削除シ第六項ヲ第五項トス

227 昭和13年7月12日 五相会議決定

「英獨大使ノ和平斡旋申込ニ對スル態度」

英獨大使ノ和平斡旋申込ニ對スル態度

昭和十三年七月十二日

五相會議決定

英大使

一應婉曲ニ斷ハル然シ手ハ切ラヌ

「誠意カ認メラレヌ故暫ク靜觀スル」

獨大使

一應話ヲ聞キ取ル

時局ニ伴フ對支謀略ノ要領第五項ニ對シテハ尚研究ヲ繼續ス

228 昭和13年7月14日 在上海日高総領事より宇垣外務大臣宛(電報)

和平条件をめぐる汪兆銘言動につき伊国参事官からの情報報告

上海 7月14日発

本省 着

336

第二一九八號

伊國參事官「アレキサンドリニ」漢口ヨリ來滬セルニ付(十四日發歸漢ス)十三日森島參事官ト共ニ會見セル處「ア」ハ日支和平問題ニ關スル從前ノ經過ニ言及シ三月竝ニ六月ノ二回ニ亘リ汪精衞ノ使者ヨリ同參事官ニ對シ往電第九六四號ノ諸條件ヲ示シ日本側ノ態度ヲ承知シ度キ旨申越アリ右ニ對シ同參事官ハ日本側ノ態度ハ極メテ明白ニシテ漢口攻略ハ既定ノ事實ナリ又日本ハ蔣ヲ相手トセスト稱シ居ルヲ以テ自分ヨリ調停又ハ斡旋ヲ爲スヲ得スト回答シタルモ自分トシテハ右ノ如キ支那側ノ讓歩ヲ日本側ニ通知シ置クコト機宜ニ適スト認メタルニ付必要ノ方面ニ電報シ置キタル次第ナリト述ヘタルニ付森島ヨリ汪ノ立場ハ自己ノ責任ニ於テ右ノ如キ諸條件ヲ提示シ得ル程鞏固ナルモノニアラスト思考セラルル處㈠貴下ハ汪ノ立場ハ漢口政府部內ノ意見ヲ取纏メ得ル程鞏固ナリト認メラルルヤ又㈡右汪

ノ提案ハ蔣トノ完全ナル了解ノ下ニ爲サレタルモノト思考セラルルヤト問ヒタルニ「ア」ハ㈠汪ハ現在ノ所蔣ニ代ハリ得ルカ如キ力ナク㈡蔣トノ了解ニ付テハ半分半分ナルヘシト答ヘタル上日本トシテハ此ノ際漢口ヲ成ルヘク速ニ攻略セラルルコト絶對ニ必要ニシテ漢口攻略後ニ至レハ蔣モ其ノ威信ヲ著シク失墜シ汪一派ノ擡頭ヲ見ルコトトナルヘク其ノ際汪一派ト和ヲ講セラルルコト日本トシテ得策ナルヘキ旨ヲ述ヘタリ

右ノ經過ヨリ見ルニ所謂汪ノ提案ナルモノハ單ニ日本側ノ意嚮ヲ探ラントノ魂膽ニ出ツルモノニシテ漢口側トシテ爾ク明確ナル方針ヲ定メ居ルモノトハ受取リ難ク又伊獨（國カ）大使ハ參事官ヨリノ報告ヲ早合點シタル傾アルト共ニ歸國前ニ何トカ手柄ヲ擧ケ度シトノ氣持モ手傳ヒ居タルニアラスヤト察セラル尙「ア」ハ本國政府ヨリ調停斡旋等ノ措置差控方電訓ニ接シ居ル旨附言セリ

229　昭和13年7月15日　五相会議決定

「支那新中央政府樹立指導方策」

支那新中央政府樹立指導方策

昭和十三年七月十五日

五 相 會 議 決 定

第一、方　針

一、支那新中央政府ハ單ニ今次事變處理ニ關スル支那側當事者タルニ止マラシムルコトナク日支ノ國交ヲ過去一切ノ相剋ヨリ脱却シテ大乘的見地ニ於テ善隣タルノ基礎ヲ確立セシムル爲ノ支那國政府タラシム

二、支那新中央政府ノ樹立ハ主トシテ支那側ヲシテ行ハシムルモ帝國之ヲ内面的斡旋シ其ノ政治形態ハ分治合作主義ヲ採用ス

第二、樹立要領

一、成ルヘク速カニ先ツ臨時及維新兩政府協力シテ聯合委員會ヲ樹立シ次テ蒙疆聯合委員會ヲ之ニ聯合セシム

爾後右諸政權ハ逐次諸勢力ヲ吸收又ハ此等ト協力シテ眞ノ中央政府ヲ聚大成セシム

二、漢口陷落シ蔣政權カ一地方政權ニ轉落スルカ若クハ蔣下野、現中央政府改組ノ事態生起スル迄新中央政府ヲ樹立セス

三、漢口陷落後蔣政權ニ分裂改組等ヲ見サル場合既成政權ヲ以テ新中央政府ヲ樹立ス

四、蔣政權ニ分裂、改組等ヲ見親日政權出現シタル場合之ヲ中央政府組織ノ一分子トナシ中央政府樹立ニ進ム

五、新中央政府承認ノ時機ハ第四項ノ改組(分裂)政權ニシテ停戰ノ擔當者タリ得タル場合若クハ第三項統一政權カ中央政府タルノ實ヲ備フルニ至リタル場合ト豫定ス

六、支那新中央政府樹立工作ニ伴フ日支關係ノ調整ハ左記ニ準據ス

其具体的事項ハ別ニ定ム

1.新日支關係設定ノ爲調整、締約セラルヘキ基礎事項概ネ左ノ如シ

(イ)北支資源ノ利用開發

(ロ)北支及揚子江下流地域ニ於ケル日支强度結合地帶ノ設定

蒙疆地方ノ對「ソ」特殊地位ノ設定

南支沿岸諸島ニ於ケル特殊地位ノ設定

(ハ)互恵ヲ基調トスル日滿支一般提携就中善隣友好、防共共同防衛、經濟提携原則ノ設定

以上ノ目的ヲ達成スル爲所要ノ期間帝國ノ内面指導ヲ行フ

2.内面指導ノ爲ノ基準、別紙第一「支那政權内面指導大綱」(編注)ノ如シ

第三、聯合委員會ノ機構及組織

一、臨時、維新兩政府及蒙疆聯合委員會ヨリ成ル聯合委員會(以下聯合委員會ト稱ス)ノ機構概ネ左ノ如シ

1.聯合委員會ハ臨時、維新兩政府及蒙疆聯合委員會ノ代表者ヲ以テ組織スル簡素ナル委員制トシ差當リ北京ニ置ク

2.各地方政權ノ境界ハ差當リ概ネ現在ノ儘トス

3.北支、中支、蒙疆等ノ各地方政權ニハ各其特殊性ニ卽應スル廣汎ナル自治ヲ行ハシム

4.聯合委員會及地方政權ノ權限ハ前項ノ趣旨ニ基キ別ニ研究スルモ交通、通信、郵務、金融、海關、統税、鹽税、文教及思想對策等ノ共通事項ニ關シテハ聯合委員會ノ所要ノ統制下ニ地方政權ヲシテ行ハシムルモノトス

5.治安維持ニ關シテハ聯合委員會統制ノ下ニ地方政權之

ニ當ル

6.外交ニ關シテハ當分ノ間共通外交事項ハ聯合委員會ノ權限トシ局地的關係事項ハ各地方政權ヲシテ處理セシム

編注　本書第230文書として採録。

230

昭和13年7月19日　五相会議決定

「支那政權內面指導大綱」

支那政權內面指導大綱

昭和十三年七月十九日
五相會議決定

方針

帝國ノ支那政權內面指導ノ目標ハ現事變ノ解決ニ稗(裨カ)益スルト共ニ日支兩民族ノ提携ヲ促進シ日滿兩國ノ不可分的善隣關係ノ確立ト相俟チ我國防國策ニ投合スルニアリ

之カ爲抗日思想瀰漫セル現狀ニ對シテハ威力ヲ背景トシテ局面ヲ打開スルトトモニ國民經濟ヲ向上シテ人心ヲ收攬シ東洋文化ヲ復活シテ指導精神ヲ確立シ恩威併ニ用ヒテ一般漢民族ノ自發的協力ヲ促スモノトス

要領

第一、軍事

一、支那軍ノ投降ヲ促進シテ之ヲ懷柔歸順セシムルト共ニ其反蔣反共意識ヲ暢達シテ新政權ヲ支持シ成ルヘク多數ノ支那軍ヲ以テ抗日容共軍潰滅ノ爲日本軍ニ協力セシムル如ク努メ以テ民族的相剋ヲ主義的對立ニ誘導ス

二、我占領地ノ海港及鐵道水路等交通ノ要衝竝主要資源ノ所在地等必要ノ地點ニ所要ノ日本軍ヲ駐屯シ僻陬地方ニハ支那武裝團體ヲ組織シテ治安ノ確保ニ當ラシム

其兵力量ハ各地ノ實情ニ適合セシムル如ク決定スルモノトス

三、防共軍事同盟ヲ締結シテ日本軍ノ指導下ニ漸次軍隊ヲ改編シ情勢之ヲ許スニ至レハ國防上必要ナル最少限度ニ裁兵ス

第二、政治及外交

一、聯合委員會若クハ新中央政府ノ下ニ北支、中支、蒙疆等各地域毎ニ其特殊性ニ卽應スル地方政權ヲ組織シ廣汎ナ

ル自治權ヲ與ヘテ分治合作ヲ行ハシム
二、諸政權ノ首腦者以下官吏ハ支那人トスルモ樞要ノ位置ニハ所要ニ應シ少數ノ日本人顧問ヲ配置シ或ハ日本人官吏ヲ招聘セシメ以テ内面指導ヲ容易ナラシム
三、諸政權ヲシテ抗日容共政權ノ打倒崩壞ニ努力シ特ニ反蔣反共分子ヲ招撫シテ彼等ノ内訌ヲ激發セシムル如ク工作セシム
四、外交ハ概ネ帝國ノ外交方針ニ追隨シ防共協定ヲ締結セシム

第三、經濟、交通及救濟

一、經濟及交通ノ開發ハ日滿支三國國防ノ確立ニ資スルト共ニ三國經濟ノ發展竝ニ民衆ノ厚生ニ遺憾ナカラシム、特ニ所要ノ交通ハ帝國之ヲ實質的ニ把握シ就中北支ニ於テハ國防上ノ要求ヲ第一義トシ中、南支ニ於テハ一般民衆ノ利害ヲ特ニ考慮スルモノトス
二、經濟ハ日滿支有無相通ノ原則ニ從テ開發シ三國經濟圏ノ完成ニ邁進ス但シ第三國ノ既得ノ權益ヲ尊重シ或ハ經濟開發ニ參加セシムルコトヲ妨ケサルモノトス
三、鐵道、水運、航空、通信ハ實質的ニ帝國ノ勢力下ニ把握シ軍事行動遂行ニ遺憾ナカラシムルト共ニ民衆ノ厚生ニ寄與セシム
四、在來ノ資本閥ヲ利導シ諸政權ノ政策ニ協力セシム
五、北、中支、蒙疆等ノ地方政權ハ各其政府銀行ヲ存續若クハ新設スルト共ニ此等ヲ統制スル爲中央銀行ヲ設立スルモノトス
此等銀行ハ何レモ當分金圓「リンク」ノ紙幣ヲ發行スルモ特ニ新支那中央政府財政ノ充實ニ伴ヒ中央銀行ヲシテ國家銀行タルノ機能ヲ發揮セシムル如ク育成指導シテ將來之ヲ唯一ノ發券銀行タラシムルモノトス
六、農事ヲ振興シ治水、土木ヲ興シテ一般民衆ノ生活ヲ向上シ特ニ事變中ハ差當リ食糧ノ配分ヲ圓滑ナラシムルコトヲ以テ急務トナシ次テ復興ヲ主眼トスル所要ノ救濟事業ヲ行フ

第四、文化、宗教及教育

一、漢民族固有ノ文化就中日支共通ノ文化ヲ尊重シテ東洋精神文明ヲ復活シ抗日的言論ヲ徹底禁壓シ日支提携ヲ促進ス
二、諸政權ノ政策遂行ノ爲日支提携實現ノ基調タルヘキ主義

ヲ確立シ又本主義ノ温床タラシメンカ爲民衆團體ノ組織ヲ强化促進ス
三、共產黨ハ絕對之ヲ排擊シ國民黨ハ三民主義ヲ修正シテ漸次新政權ノ政策ニ順應スルモノタラシム
四、宗敎ハ日滿支提携ノ促進ヲ阻碍セサル限リ信仰ノ自由ヲ許容ス
五、學者ヲ招撫シテ之ヲ保護シ且儒敎ヲ振興ス
六、實用科學ヲ振興シテ產業開發ヲ容易ナラシム

編　注　昭和十三年七月二十二日の五相会議決定によって要領第三の第五項は削除され、第六項を第五項と修正した。

231　昭和13年7月21日　胡霖との会談に関する神尾茂の石射東亜局長宛報告

在香港大朝顧問神尾茂ヨリ東亞局長宛親展信

拜啓

東京出發ノ際ハ種々御厚情ヲ蒙リ難有奉感謝候

七月一日無事到着致候ニ付早速御紹介狀ヲ携ヘテ中村總領事ヲ訪問爾來公私共御世話樣ニ相成申候

茲ニ改メテ厚ク御禮申上候

然ルニ香港ハ聞キシニマサル日支乖離ノ狀態ニテ一通リノ紹介狀等ニテハ到底接近デキズ何等ノ手ガカリモナク自ラ測ラズ斯クノ如キ處ニ飛ビ込ミ來タレル無暴サニアキレル有樣ニ御座候到着以來スデニ三週間ニ候處碌々何ノナストコロモナク誠ニ汗顏ノ至ニ存候

カネテ御承知ノ大公報ノ胡霖、張熾章ノ所在ヲツキトメ聯絡ヲ取ラント七月八日漢口ニアテセンサーヲ恐レツツ手紙差出候處十日ホドシテ反響有之胡君ハ香港大公報發刊準備ノタメホンコンニ在リ張君ヨリ胡君ニアテ長距離電話ヲ以テ小生ヨリ來狀ノ件ニツイテ申越アリタル由ヲ以テ胡君昨夜遲クホテルニ訪問シ來リ二時間バカリ會談致候其ノ詳細ニツイテ本日中村總領事ヲ訪問シテ報告ニ參リ候處情勢トシテハ其ノ話ノ通リト信ズルカラ私ヨリ東亞局長マデ一書認メ差出シテ置イテハ呉レマイカトノ注意有之候ニ付丁度御無沙汰御詫ニモナルカト存ジ茲ニ概略ヲ記述致候間御參照被下候ハバ幸甚ノ至ニ御座候右取急ギ御一報迄

匆々拜具

七月二十一日

胡霖君トノ談話ノ要領（七月二十日夜）

先ツ話ノ切出トシテ「御互ニ新聞人トシテ兩國ノ關係カ日增シニ險悪ニナッテ行クノハ座視スルニ忍ヒナイ、幸ニモ漢口ニハ張君カ居リ蔣介石ノ信任ヲ得テヰルシ、香港ニハ君カ居ルカラ、我々新聞人トシテ自由ニ討論シソレニ基イテ兩國當局者ニ建議シ時局終結ノタメニ一臂ノ力ヲ致スモ本懐テハナイカ」ト説キ二時間ニ亘リ自由ニ談論シテ得タルモノカ此筆記ナリ、胡君ハ本日張君ヘ書面ニシテ詳細申送ル筈ニテ今後モ電話ニテ打合ノ上會談スル事ヲ約セリ

抑モ今度ノ國民參政會議ハ眞ニ各階級ヲ網羅シタモノテ全國民代表ト見ルコトカ出來ル、ヨクカカル際ニ年少氣鋭ノ徒ノミカ出勝チテアルノニ、今回ハ老熟シタモノハカリテ平均年齢ハ五十才、中ニハ前清時代ノ大官張一麐ノ如キ七十六才ノ老齢ヲ以テ蘇州カラハルバル參加シテヰル、又天津テ日本軍ノ爆撃ヲ受ケタ南開大學ノ校長張伯苓ノ如キモ六十五才テアル、一人息子ノ飛行將校カ日本空軍ノタメニ擊墜サレテ戰死シテヰルカナカナカノ元氣テアル、今度ノ戰爭テ支那ハ連戰連敗、ドウシタッテ戰爭ニハ勝味ハナイ、唯精神ノ昂揚今日ノ如キハ四千年來曾ツテナカッタトコロ、今日ノ如ク人心ノ統一シタコトモナイ、從ッテ國民政府ノ精神的基礎ハ史上比類ナキ鞏固サテアル、到ル處戰爭ニハ敗ケルカ農村ノ子弟ハ日本ニ對スル敵愾心ニ燃ヘテヰル、是レ皆日本軍ノ暴行ノ結果テナイモノハナイ、山西、山東方面農村ノ住民ハアラユル暴行ヲ受ケ怨ミ骨髓ニ達シテヰル、今日迄國民政府ノ惡政ヲ攻擊シテキタモノモ今ハ昔ヲ忘レテ皆日本ヲ怨ムヤウニナッタ、今テモ日本ハ國民黨ノ宣傳ニ歸シテヰルカ眞相ヲ知ラナイコト甚タシイ、從ッテ日本テハ今ニモ反蔣運動カアチコチニ起ルヤウニ期待シテヰルラシイカ日本ノ壓力カ加ハレハ加ハルホド反蔣運動ハ消ヘテ行ク、故ニ時局ノ大轉換戰爭終結ニハ少クトモ次ノ點ニツイテ日本ノ認識ヲ新タニシテ貰ハネハナラヌ

第一、蔣介石相手ニセスカラ改メナケレハ和議ノ餘地ハナイ、

蔣介石ハ西安事變ノ打擊カラ全ク癒ヘテ今ハ大元氣テアル、彼レハ西洋型ノ人物テハナク東洋的テアル、若シ彼レカ西洋型ノ將軍ダッタラ戰爭ハ極力サケタラウ、彼レ

ハ東洋的信念ニ活キテヰルカラコソ今戰ツテヰルノダ、ソノ東洋的テアルトコロニ今迄ノ反蔣派ノ連中モ感心サセラレテ今テハ滿腔ノ支持ヲ與ヘテヰル、日本ハコノ點ヲ認識セネハナラヌ、王克敏アタリヲ代リニ立テテ支那ヲ纒メサセヤウトスルノテハ双方ノ距離ハ餘リニ大キイ

第二、獨立國家トシテノ領土、主權ノ問題ニツイテ日本ハ果シテ支那ヲ滿足セシメ得ルヤ否ヤ、日本ハ戰敗國ニ對スルカ如キ態度ヲ捨テ得ルヤ否ヤ

第三、支那モ日本モ國內ニ對スル考慮ヲ拂ハネハナラヌ點ニ於テ同シテアルカ日本ノ困難ノ方カ支那ヨリモ甚シクハナイカ、換言スレハ日本ハ支那ニ對スル條件カ寛大ニ失ストノ批難ヲ押ヘ切ルカ否カ

第四、最大ノ難題ハ賠償問題ナラン、**トラウトマン**調停ノ時日本ハ後ニ至リ追加シタノテ、支那ハ尻込ミシタ、アノ時軍事委員會テハアレサヘナカツラ《(タ欠カ)》、講和ニ絶對反對ヲ主張シタモノハ一人モナカツタ由實ニ惜シイコトテアル

第五、南京陷落前ト陷落後トテ成立ノ難易如何トイフ時期ノ問題ハ、今度漢口ニツイテモ言ヘルト思フ、漢口カ奪取サレテカラテハ晩イ、却テ困難カ加ハルタラウ

第六、日本テハ**ロシヤ**ニ備ヘルタメニ支那ヲ征伐スルト言フカ、支那ヲ味方ニツケルタメナラ何故ニ支那ヲカクマテイヂメルカ、コレテハ支那ヲ無理押シニ**ロシヤ**ノ側ニ追ヒヤルモノテハナイカ

第七、和戰ノ決ハ固ヨリ合議的ニ定マルケレトモ蔣ノ決心一ツテ時局ノ轉換ハ今テモ出來ルト信スル、反對ニ蔣カ若シ**ロシヤ**ト結ンテ一カ八カヤラウトスレハ**ソ**聯トノ關係モ更ニ惡化スルタラウ

第八、時局轉換ノ發言ハ日本カ**イニシアチヴ**ヲ取ラネハナラヌ、デナケレハ支那ハ城下ノ盟ヲスル事ニナリ益々遲レル

第九、日支直接交渉カ、列國調停カハ一ツノ問題タカ、**ワシントン**會議ノ山東問題ノ解決ノ如キ形式ハ參考ニナル

（以　上）

編　注　宇垣外相、堀内次官等の閲了サインあり。

232
昭和13年7月23日

日中和平に関する在香港中村総領事と喬輔三との交渉経緯

香港ニ於ケル中村總領事ト孔祥熙代表喬輔三間ノ日支和平交渉ニ關スル會談

（昭和一三、七、二三 亞一）

一、六月二十三日中村、喬會談

孔祥熙祕書ニシテ香港ニ於ケル其ノ代表者タル喬輔三ハ從來日本人トノ關係ヲ避ケ已ムナキ筋ニ對シテモ和平問題ニ付テハ漢口方面ニハ未タ斯ル意嚮ナシト突撥ネ來リタル處偶々宇垣大臣ノ外人記者ニ對スル談話中ニ支那側ニ根本的變化アルニ於テハ和平ヲ考フルコトアラントノ趣旨ノ聲明アリシニ刺戟セラレ最近孔祥熙ヨリ在香港中村總領事ニ會見ノ上日本側ノ所謂根本的變化トハ如何ナル意味ナリヤ又日本側ニ和平ヲ談セラルル意嚮アリヤヲ査報スヘキ旨密令アリタル趣ヲ以テ同總領事ニ會見ヲ申越シタリ

依テ中村總領事ハ六月二十三日夜喬ト會見シ先方ノ希望ヲ聽取シタル上先ツ同總領事ヨリ孔院長ヨリ斯ル申出ヲ爲スニ至リタル經緯ニ付尋ネタルニ喬ハ本年四月佐藤少將來訪ノ當時ハ全ク講和ノ見込ナシト答ヘ置キタル程ナルカ其ノ後一般ニ時日ノ經過ニ伴レテ何日迄何ノ目的ノ爲ニ斯ル戰爭ヲ續クヘキヤト反省シ來リ又現ニ責任ノ地位ニ在ル者モ其ノ感ヲ深クスルニ至レリ今日ニテハ一部急進論者ノ反對ハアルモ之モ蔣介石ノ考如何ニ依リ抑ヘ得ヘキ情勢ニ立至リタリト答ヘ又同總領事ヨリ孔院長初メ責任者カ希望スルモ支那側ノ内外關係ヨリ講和ニ支障ヲ齎スモノナキヤト質問セルニ對シ喬ハ蘇聯其ノ他ノ現下ノ關係ヲ見ルモ講和ヲ談スルニ何等障碍トナルコトナシト述ヘ更ニ又内政上李、白及共產黨トノ關係ニ付突込ミタルニ本件ハ漢口ニ一應確メタル上ナラテハ明瞭ニ答ヘ得サルモ李、白ノ中央ニ於ケル地位ハ左シテ重大ナラサルヲ以テ別段問題ナカルヘキモ唯共產黨ハ平和成立セハ當然分立スヘク問題ハ將來ニ貽サルルニ至ルヘシト答ヘ又

次テ喬ハ孔祥熙ハ汪精衛、何應欽等共良ク各黨派ヨリ親マレ居リ今日迄變ラサル平和主義者ナリ蔣介石自身モ内心ハ平和ヲ希望シ居ルコト勿論ナルモ立場上口外シ得サルノミナリ其ノ下野問題ハ蔣自身トシテハ何等介セサルカ如クナルモ唯周圍ノ者ニテ輕々ニ下野ヲ言出スコトモナラス今日迄結論ヲ得サル次第ナリ宋子文ニ至ツテハ講和ニ反對ナル

モ之亦蔣ノ考ニテ抑ヘ得ヘク又戰局ノ永引クコトハ結局日支兩國共ニ極東ニ關係アル各國ノ爲ニ踊ラサレ居ル次第ナレハ講和交渉ハ第三國ヲ交ヘス極祕裡ニ兩國間ニ於テ進行スルコト最モ望マシト述ヘ重ネテ冒頭孔祥熙ノ訓令ノ趣旨ヲ繰返シ飽迄蔣介石ノ下野ヲ必要トスルヤ否ヤ等最低限範圍ヲ問合ハサレ度シト懇願セリ

二、前記支那側申出ニ對スル應酬方針回訓

右六月二十三日喬ノ申出ニ對シ中村總領事ヨリ蔣介石ノ辭職ハ如何ナル話合ヲ始ムルニモ絕對必要ナルコトヲ申聞ケタル上其ノ他ノ條件ニ關シテハ支那側ヨリ責任アル代表ヲ差出スヲ俟ツテ提示スヘキ旨申聞ケ先方ノ出方ヲ待ツコト然ルヘシト思考スル處何分ノ回訓ヲ得度キ旨電稟ノ次第アリ

仍テ本省ヨリ本件支那側申出ニ對シテハ話ヲ繫キ置ク含ミヲ以テ和平條件ノ大綱ニ付テハ客年末獨逸側ヲ通シ提示セル所ニ依テ承知シ居ル筈ナルニ（我方條件別紙《（見当ラズ）》第三號參照）國民政府ハ今ヤ如何ナル條件ヲ以テ和平セントスルモノナリヤ和平論ヲ切出スナラハ先ツ國民政府側ヨリ眞ニ反省シテ誠意ヲ披瀝シ來ルヘキ筋合ト思考ス懸引ナトハ此ノ際無用ナリ須ク肚ヲ打明ケ東亞ノ大局維持ノ爲進ムヘキナリトノ趣旨ニテ應酬スヘキ旨竝ニ蔣ノ下野問題ニ付テハ東亞局長ヨリノ內報トシテ蔣ノ下野ヲ和平開談ノ前提條件トスルヤ否ヤニ付テハ東亞局長ノ知ル限リ如何ニ變化スルヤ何共言ヘサルモ政府部內ノ某部分ニハ之ヲ絕對條件トスヘシトノ强硬ナル意見モアリ民間ノ空氣モ同樣ナリトノ趣旨ニテ應酬スヘキ旨訓令セリ

三、六月二十八日中村喬會談

六月二十八日喬祕書ハ重ネテ孔祥熙ヨリノ訓令ニ依ル趣ヲ以テ中村總領事ヲ來訪シ成ルヘク速ニ我方ノ回答ニ接シ度キ旨又同總領事トノ折衝ニ付テハ勿論蔣介石トモ協議ノ上爲サレ居ルモノナルコトヲ內話シ又孔院長カ相當ナル條件ニテ和平ヲ熱望シ居ル誠意ハ充分宇垣大臣ニ御傳達ヲ願度キ旨ヲ繰返シタリ

四、七月一日中村、喬會談

七月一日喬祕書ハ孔祥熙ノ訓令ニ基ク趣ヲ以テ中村總領事ヲ來訪シ孔等ハ衷心ヨリ和平殊ニ戰鬪行爲ノ卽時中止ヲ熱望シ居リ又和平交渉ハ從來第三國ヲ介シテ行ヒ來リタルモ結局日支双方ノ直接交渉ニ依リ解決スルコトカ最モ望マシ

キ次第ヲ確信シ居リ幸ヒ直接折衝ノ途モ開ケタルニ付速ニ
日本政府ヨリ回答アル様斡旋方願出テ來リタリ

五、七月十三日中村、蕎會談

七月十三日夜蕎祕書中村總領事ヲ來訪シ過般來會談ノ次第ハ逐一孔祥熙宛必親展書ニテ報告シ置キ昨夜深更電話シタル處孔ヨリハ漢口側ニテハ誠意ヲ以テ和平ヲ希望スルコトハ繰返ス要ナキモ日本政府ニ於テモ果シテ講和ノ意嚮アリト認メラルルヤト問ハレタルニ對シ蕎ヨリハ同總領事トノ會談ニ依リ確信スルモ詳細ハ面談ヲ可トスヘシト答ヘタル處孔ヨリ親シク訓令スヘキニ付至急來漢スヘキ旨依頼アリ十五日飛行機ニテ赴漢スヘキ豫定ナリト述ヘタリ

尚右會談ノ際中村總領事ヨリ夫レトナク支那側ニ於テハ既ニ伊國參事官ヲ通シ汪精衞ヨリ約七項ノ條件ヲ日本側ニ提出シ居リ（見当ラズ）(別紙第一號及第二號參照)従テ孔カ日本側ニ提案スル場合ニ於テモ是等ノ經緯ヲ考ヘ駈引ト思ハルル惧アル態度ニ出ツルコトナク誠意ヲ披瀝スルコトヲ說キタルニ蕎ハ其ノ話ハアリタルモ漢口政府ニ於テ是等條件ヲ承諾シタルカ如キコトナシト答ヘタリ

六、

(イ)七月十八日中村、蕎會談

七月十八日蕎祕書ハ孔祥熙ノ意嚮ヲ齎シ漢口ヨリ飛來シ同夜中村總領事ト會談セルカ其ノ孔ノ意向トシテ語レル所左ノ通ナリ

一、先ツ孔祥熙ハ日支ノ現狀ヲ頗ル遺憾トシ日本ハ支那ヲ武力的壓迫ノミニ依リ料理セントシツツアルモ支那軍隊モ容易ニ屈セサルヘク又民衆ノ怨恨モ益々深刻トナリ斯テハ日支兩國ハ相俱ニ疲弊困憊ヲ重ヌルノミトナルヘシ其ノ間英米佛露ノ諸國ハ益々軍備ヲ擴張シ日本ハ支那ヲ倒潰スルモ疲弊ノ結果ハ日支兩國共潰滅スルニ至ルヘキヲ惧ルルニ付一日モ速ニ日支共存共榮ノ路線ニ轉換スル必要アリ

二、臨時維新兩政府ヲ擁護シ進マントスルモ兩政府ハ眞ノ民衆ノ支持ナク日本ニ援助セラレテ占領地帶一部ノ治安ヲ維持シ居ルニ過キス兩政府ノ實力如何ハ日本ノ最モ能ク知ラルル所ニテ將來日本カ外國ト事ヲ構フル羽目ニ立至ラハ右ハ却テ日本ノ足手纏トナルヘシ

三、今日迄ニ種々ノ緣故ヲ辿リテ國民政府ニ接近シ來ル日本人アルモ話ハ常ニ連續セス龍頭蛇尾ニ終リ來リ今回

初メテ日本政府ノ責任者タル中村總領事ト會談シ又其ノ慫慂ニ從ヒ時局解決ノ條件ヲ直接申上クルコトトナリタルヲ喜フモノナリ然レトモ今日迄ノ日本側首相外相陸相等ノ各聲明ヲ仔細ニ研究スルニ假令外務當局トハ遠大ナル立場ヨリ十分了解ヲ付ケ得タリトスルモ又復軍部ノ爲ニ破壞セラレ折角ノ企モ水泡ニ終レル歷史ヲ繰返スニアラスヤト憂慮シ居レリ

四、支那ハ折角ノ慫慂ニ依リ解決案ヲ提出スルニ付テハ漢口陷落前ニ至急成立ヲ希望ス漢口陷落セハ講和ヲ議スルコト再ヒ困難ナリ

五、休戰ハ最モ希望スル所ニシテ兩軍共協定成立ノ時ニ於ケル地位ニ於テ停止致度シ（尙中村總領事ヨリノ質問ニ對シ蕎ハ觀測トシテ休戰期間中ニハ支那ハ戰鬪力ヲ增加セサルコト例ヘハ軍需品ノ輸送新ナル買入等ハ停止シ又占領地域内ニ於ケル「ゲリラ」隊ノ如キモ政府ノ關係アルモノハ停止スルコト等ハ考慮シ得ヘシト述フ）

六、蔣介石ハ西安事變以後事實上國家ノ元首トシテ全國ノ衆望ヲ集メ來リアルヲ以テ日本ノ要求ニ依リ之カ辭職ヲ承認スルコトハ困難ナリ然レ共日本政府ノ方針モアリ時局茲ニ至レルハ素ヨリ行政院長タル孔ノ責任ナルヲ以テ孔ハ全責任ヲ負ヒ辭職シ度シ

右ニ對シ中村總領事ハ日支共存共榮論ニ付テハ同感ナリ今日ノ改造内閣ハ軍部外務等ノ區別ナク全然擧國一致ノ實ヲ擧ケ居ルモノナルヲ以テ斯ル憂慮ハ杞憂ニ過キス此ノ點ハ安心アリテ可ナリ今日迄多クノ日本人ニ接觸セラレタリト言フモ是等ニ倚賴セラレタルハ貴方ノ誤ナリ兎ニ角孔ノ具體的申出ハ政府ニ取次クヘキモ蔣介石カ辭職セスシテハ話ハ六ケ敷シカルヘシ日本ノ滿足スルカ如キ條件ニテ和ヲ結フトセハ蔣氏ハ支那國民ニ對スル責任上日本ノ要求ヲ待ツ迄モナク辭職スルヲ當然トス此ノ點日本ノ責任感ヲ以テスレハ了解ニ苦ム所ナリト述ヘタルニ蕎ハ御尤モナリト當惑ノ色アリタリ

(ロ)孔祥熙ノ腹案トシテ蕎輔三ノ提示セル和平條件

右孔ノ意向ヲ傳ヘタル後蕎ハ孔ノ腹案トシテ左記和平條件ヲ提示シ中村總領事ノ觀測ヲ求メタリ

(一)中國政府ハ對日好感ノ實現ニ努メ總テノ反日行爲ヲ停止ス日本モ亦東洋永遠ノ平和ノ爲ニ極力日支關係ヲ良

好ナラシムル爲全力ヲ盡サレ度シ
(二)滿洲國ハ日滿支三國條約締結ニ依リテ間接ニ承認ス尙滿洲國カ自發的ニ滿洲自由國トスルニ於テハ中國民衆ニ好感ヲ與フヘキニ付之ヲ切望ス
(三)內蒙ノ自治ヲ容認ス
(四)華北ノ特殊地域決定ハ甚タ困難ナリ尤モ中國ニ於ケル互惠平等ノ經濟開發ハ之ヲ認ム
(五)非武裝地帶ノ問題ハ日本ノ具體的要求ヲ俟ツテ解決ス支那軍隊ハ駐在セス保安隊ヲシテ治安維持ニ當ラシメ度シ
(六)未タ充分論議ヲ交シ居ラサルモ共產黨トノ關係ハ淸算スヘシ防共協定ニ加入スルヤ特別協定ヲ結フヤ等ハ更メテ研究セサルヘカラス
(七)中國ハ現在頗ル荒廢且困窮シ居ルヲ以テ中國政府トシテハ賠償ヲ議スルモ支拂ノ能力無シ
(八)右和平條件ニ關スル中村・蕎應酬
右ニ對シ中村總領事ハ蔣ノ辭職問題ハ重要ナル先決問題ナル外日本トシテハ勿論其ノ他ノ要求モアルヘキ處孔ノ案ヲ批判セハ先ツ第二項滿洲國ハ我國ハ素ヨリ各國之ヲ承認シ居リ嚴然タル既存事實ナレハ今更國名ノ變更ハ考ヘ得ラレス
第四項ニ關シ蕎ハ屢唱ヘラレタル河北ノ特殊地域設定ハ支那側ヨリスレハ領土分離ノ第一步ト誤解サレ易ク困難ナルモ單ニ北支ニ限ラス支那全体ニ亘リ協力シテ經濟的開發ヲ行ヒ度シト述ヘタリ依テ中村總領事ハ單ニ支那全体ニ亘ル平等互惠ト言ヘハ日本ノ地位ハ列國ト同一ニ看做サレ到底滿足ナラス過去ニ於テ華北ハ既ニ特殊地位ヲ形成シ居リ且日本ハ純粹ナル經濟提携ヲ以テ臨ミタルニ對シ國民政府ハ瑣事ニ至ル迄容喙シタルコト今次日支事變ノ原因ヲ爲セリ從ツテ將來斯ルコトノナキ樣日本カ何等ノ要求ヲ爲スハ當然豫想セサルヘカラスト應酬シ更ニ今日ニ於テハ中支方面ニモ既ニ我方ノ經濟會社設立サレ居ルニモ鑑ミ日本側ヨリ特定事項ヲ列擧シ來ラハ全國ニ亘リテ之ヲ認ムル趣旨ナリヤト追究シタルニ蕎ハ此ノ點ハ孔ヨリ充分詳細ニ話ヲ聞キタル譯ニアラスト答ヘタリ
第五項ニ關シ蕎ハ日本側ノ欲スル地帶ノ大小竝ニ設定ノ地方モ總テ不明ナレハ直ニ承認ヲ云爲シ得ス尤モ曩ニハ上海地方ノ實例モアリ困難トハ思ハレサルカ斯ル地帶ノ

設定アル場合日本側モ駐兵セサル様希望スト述フ第六項ニ付テハ中村總領事ヨリ防共ハ日本側ノ最モ重大視スル所ナリト述ヘタルニ蕎ハ元來國共兩黨ハ分離スヘキ宿命ニアルヲ以テ國民黨側ヨリ手ヲ下ササルモ共產黨側ニテ自ラ離レ行クモノト観ラルト答フ第七項賠償問題ハ蕎ヨリ支那側ノ支拂能力ナキヲ繰返シタルニ付中村總領事ハ支那今日ノ狀況ニテハ直ニ現金賠償ヲ爲スコト困難ナルヘキモ我方トシテハ支那側カ保管シ居レル邦人財產等ヲ爆破又ハ沈沒セシメタル一事ヨリスルモ賠償ヲ要求スルコト當然ノ筋道ナレハ支拂期日條件等ハ別トシ原則的ニハ承認セサルヘカラスト述ヘタル處蕎ハ應接ニ窮シ居リタリ

尙蕎ハ漢口到着ノ七月十五日ニ孔祥熙ニ報告シ十六日ハ孔ヨリ前記ノ通リ明確ニ意思ヲ發表シ居リ其ノ間孔ハ蔣介石トモ會見シ蔣自身ノ下野問題ヲ除キ他ハ全部蔣トノ打合ヲ了シタルモノト認メラルル旨附言シ居タリ

七、七月十九日中村・蕎會談

七月十九日中村總領事ハ更ニ蕎祕書卜會談ヲ繼續シ蔣ノ辭職問題ニ付同總領事ヨリ例ヘハ總テノ條件ニ對スル雙方ノ了解成リ剩スハ蔣ノ辭職問題ノミトナリ和平交涉ノ破裂ヲ來スカ如キ場合ニ立至ルモ蔣ハ尙現地位ニ執着シ居ルヤト突込ミタルニ蕎ハ情況斯クナル上ハ蔣トシテモ居辛クナリテ下野スルニ至ルヘシト答ヘ更ニ臨時、維新兩政府ト國民政府ヲ合シテ新政府ヲ組織スル問題ニ付テハ同總領事ノ質問ニ對シ蕎ハ兩政府共ニ現ニ地方治安ノ維持ニ當リ居ル上元々同シク中國人ナルヲ以テ是等ノ合體ハ案外容易ニ成立スルモノト考ヘラルルモ以上ノ二問題ハ何レモ孔祥熙ノ責任アル表示ヲ爲シ得サルモ自分ハ右ノ如ク觀察スト述ヘタリ

233　昭和13年7月25日

時局解決策に関する在香港中村総領事の意見書

昭和十三年七月二十五日稿

時局解決ニ關スル一考察

在香港總領事　中村　豐一

緒　言

支那ニ於ケル對日人心ノ傾向ハ北支中支南支ニ依リテ著シ

ク異ナルモノアリ蓋シ北支ニ於ケル支那人ハ日本ノ實力ニ壓倒セラレ又其ノ偉大サヲ感得シ居ル爲ニ大體ニ於テ妥協的ナリ中支ニ於テハ諸外國ノ關係復(複カ)雜ニシテ其ノ影響ヲ受ケ歐米崇拜ニ流ルルモ一面亦外交的ニモナリ露骨ニ其ノ眞意ヲ吐露スルヲ避ク南支ニ至リテハ多クハ日本ノ實力ヲ知ラス又其ノ長所モ知ラス人心モ僑(憍カ)慢ニ流レ容易ニ屈セサルノ慨アリ今日支那カ對日抗戰ニ當リテハ全國一致蔣介石ヲ擁護スルモ其ノ精神的中心ヲ爲スモノハ南支ノ思想ナリト斷言シテ過言ニアラス、故ニ將來支那側ノ抵抗力ヲ判斷スルニ當リテモ此ノ點ヲ考慮シテ北支ノ人心ヲ以テ標準トシ北支ニ於テ成功セル方針カ全支ニ及ヒ得ヘシト考フルハ頗ル危險ナリト思考ス

第一　抗日支那ノ体勢

蔣政權ハ滿洲上海兩事件ヲ經テ「先安內後攘外」ノ方針ヲ立テ國內軍備ノ充實經濟建設剿匪ノ完成等ヲ當面ノ急務トシ國民ノ眼光ヲ國家統一問題ニ仕向ケ其間對日態度ハ隱忍ヲ事トシ民氣ヲ養成シ他日日本ニ報復スヘキ時期ニ備ヘントスルノ態度ヲ執レリ

而シテ華北問題ノ發生北支ノ增兵西南ノ抗日宣言ハ何レモ支那民衆ノ抗日心ヲ激化シ殊ニ西南ノ統一ハ國民ノ國家的觀念ヲ强化シ續テ起レル西安事變ニ依リテ共產黨ヲモ抗日戰線ニ拉レ來リ全支ヲ擧ケテ抗日ノ實行ニ移リ遂ニ今日ノ事變ニ導クニ至リタリ

然レトモ現蔣政權ノ傘下ニ集レル各種ノ勢力ハ必スシモ蔣ト其ノ立場ヲ同一ニシ來レルモノニアラス共產黨、廣西、四川軍及北方軍閥ノ殘存部隊等ハ何レモ各自ノ立場アリ蔣ノ領導ノ下ニアリテハ步調ノ整ハサルモノアルヘシトノ豫想モ無理ナラス又此ノ關係ヲ利用シテ蔣介石牽制ヲ策スルモノモアリタリ然ルニ對日抗戰發動スルヤ蔣ハ表面ハ「抗日ハ何モノヨリモ高シ」トノ標語ヲ掲ケ反蔣各派ニ隙ヲ與ヘス裏面ニアリテハ藍衣社及CC團ノ分子又黃埔系軍人ヲ各地方ノ要處ニ配置シテ監視ヲ怠ラス戰爭ノ實行ニ當リテモ雜軍ノ整理ヲ考慮ニ入レ之ヲ第一戰線ニ立テ中央直系軍ハ日本軍トノ直接戰闘ヲ成ルヘク囘避シ地方軍ノ反亂ヲ監視セリ其ノ間言論界ヲ動員シテ銃後ノ人心ヲ抗日ニ集中セシメタリ又各地方ヨリ北上軍ヲ抽出ニ當リテハ既訓兵ヲ順次戰線ニ立テ殘留部隊ノ實力ヲ著シク低下セシムルノ方策ヲ執ル等用意周到巧妙狡猾ナル手段ニ訴ヘテ叛亂ヲ防キタ

リ抗戰發動一年今日程ノ軍事的打擊ヲ受ケ居ルニ拘ラス未タ何處ニ於テモ我軍ニ內應シテ反旗ヲ飜スモノナキコトハ民衆ニ抗日心ノ徹底セルト前記ノ如キ政策ノ成功セル結果ニ基クモノナリ

之ヲ軍事以外ノ政治ヲ見ルニ國民黨ハ四月初臨時代表大會ニ於テ三民主義ニ基ク政治經濟上ノ建設ニ依リ中國ノ自由平等ヲ獲得スヘシトノ方針ヲ明ニシ大會開催前一時共產黨ノ著シキ擡頭ヲ豫想セラレタルモ國民黨ハ右派ニヨリテ斷然陣樣（容カ）ヲ新ニシ蔣ヲ總裁トシテ國民黨ノ基礎ヲ確立セルノ感アリ而シテ七月初旬ノ參政會ニ於テハ共產黨ヲモ含ム各派代表ヲ召集シ國民ノ中堅層ヲ總動員シ蔣倒ルレハ共產黨ノ天下トナリ國民黨ハ自滅シ中華民國モ亦存在スルコトナシトノ思想ヲ植付ケ此レヲ前提ニ立チテ蔣ノ推戴擁護ノ氣勢ヲ揚ケシメ和戰何レニシテモ蔣ヲ中心トシテ決セントスル大勢ニ導キタリ然モ支那ノ必死抗戰ト傀儡政權否認ノ二大綱目ヲ揭ケ日支兩國民ノ和睦ヲ希望スル旨宣言セリ西安事變以來嵩マリ來リタル國內ニ於ケル蔣ノ地位ハ戰敗ヲ重ヌルニ拘ラス益々牢固タラシメタルモノアリ

今日支那ノ青年層カ擧ツテ抗日ニ燃エ居ルハ明ナルモ平均年齡五十才以上ノ參政會員（二百名ノ內百五六十名出席）カ强硬一致蔣介石擁護ヲ決議セルコトハ中老人層ニ於テモ亦蔣ノ領導ノ下ニ抗日以外ニ生キル途ナシトノ結論ニ達シタルニ據ルコトハ注目ニ値ス

茲ニ注意スヘキハ國民黨ト共產黨トノ關係ナリ一言スレハ兩者ノ關係未タ完全ニ融和シ居ラス、共產黨ハ國民黨臨時代表大會ニ對シテハ各黨ノ同盟組織ヲ建立シ共同抗日綱領ノ作成ヲ提議シ又ハ十三年時代ノ國共合作ノ恢復ヲ提議セルモ國民黨ハ其ノ領導的地位ヲ維持セントシテ各黨對等ノ地位ニ依ル同盟組織ヲ欲セス、國共合作ニ關シテハ十三年時代ノ夫レト相似タル跨黨ヲ容許スヘキ旨ヲ表示セルモ共產黨ノ國民黨內ニ於ケル活動ノ自由ヲ制限スルモノニテ未タ共產黨ノ滿足スヘキ程度ノモノニアラス

共產黨ノ勢力ノ擴大セサルハ蘇聯ノ援助カ彼等ノ揚言スルカ如キ有力ナルモノナラサリシコト一大原因ナルモ國民黨ニ於テモ共產黨ニ異常ナル警戒ヲ加ヘ居ルコトモ亦原因ナリ今日ノ共產黨ハ國民黨ノ壓迫ニ逢フモ忍從シ此レニ隷屬シ漸次國共聯合ノ蔭ニ隱クレ全國ニ勢力ヲ擴充センコトヲ期シ居ル爲ニシテ一度國共聯合決裂スルトキハ共產黨ハ西

北ノ天地ニ追ヒ遣ラレ孤立スルニ至ルヘシ、彼等ノ狙ヒ所ハ抗日ノ成敗ヲ問ハス抗日ヲ利用シテ全國青年層及衆民層ノ獲得ニアリ、國民黨モ亦之ヲ知ルカ故ニ三民主義青年團ヲ組織シ蔣介石ヲ總裁トシテ對抗シ之ノ將來ニ多大ノ期待ヲ繫キツツアリ、共產黨モ之ニ對シテ表面ヨリ反對セス警戒監視ノ態度ヲ執リツツアリ

第二　對日抗戰ト外國ノ援助

以上ノ如ク蔣政權ハ抗日ノ体勢ヲ完成シタルカ、更ニ諸外國ノ同情カ擧ケテ支那側ニ在リト宣傳シ之ニ依リテ一ハ國內ノ民心ヲ繫クト共ニ他ニ日本ト各國トノ關係ヲ紛糾セシメント企テタリ又外國トノ關係ニ於テハ中央宣傳部ハ全國ノ言論機關ヲ統制シ國民ニ正確ナル認識ヲ與フル途ヲ塞キ例ヘハ獨伊ノ滿洲國承認獨逸顧問ノ引揚英國ノ借款拒絕等ノ如キ支那ニ不利益ナル事實ニモ成ルヘク默殺的態度ヲ指示シ蘇佛ノ對支援助モ亦其ノ內容等祕密ヲ嚴守シ寧ロ其ノ內容ノ貧弱サヲ被ヒツツ如何ニモ諸外國ノ同情ヲ誇稱シツツアルモ諸外國ノ對支援助ハ差シテ實際的大ナルモノニアラザルベシト思考ス

要之支那カ對日抗戰ヲ發動スルニ當リテ其ノ內部的ニ充分準備セルニ比シテ對外關係ニ於テハ國際情勢ノ然ラシムルトコロナリトハ云ヘ寧ロ孤立無援ノ環境ニ在リタルモノト云フヘシ

各國ノ援助ノ內容ヲ檢スレハ英米獨伊ノ諸國モ現金取引ニ依ル武器彈藥ノ賣買ノ範圍ヲ出テス米ハ銀價ヲ維持セントスル自國ノ白銀政策ト一致スル範圍ニ於テ支那銀ヲ買入レツツアル程度ナリ、蘇聯、佛トノ關係ハ一步ヲ進メタルモノアルモ之レトテモ多少ノ飛行機及飛行士ヲ現金又ハ信用ニ依リ供給シツツアルモノナリ尤モ蘇聯カ强大ナル軍隊ヲ蘇滿國境ニ集中シ之ニ對シテ日本モ亦大ナル精銳ヲ準備セサルヘカラサルハ支那ニトリテハ絕大ノ援助ナルモ此レ寧ロ我方ノ外交方針カ二元的ナルニ依リテ生スル結果ニシテ此ノ間ノ調整ヲ爲シ得サルハ我方外交ノ失敗ナリ

支那モ亦蘇聯ニ深入センカ英米ノ同情ヲ失スルノ破目トナルヲ虞レ政策ノ徹底ヲ缺キ今日迄ノ處兎角蘇聯トノ關係ニ於テハ躊躇勝ナリ蔣介石ト共產黨ノ關係カ世間ニ於テ傳ヘラルル如ク密接ナラス又蘇聯ニ於テモ思想的ニ相容レサル蔣介石ヲ信用シ居ラサルニアラスヤト思考セラル

要之蔣ニ對スル各國ノ援助ナルモノハ抗戰ニ精神的ニ寄與

セル處ハ多大ナルモノアルモ未タ實質的ニハ著シク抗戰ヲ高ムルカ如キ程度ニアラス抗戰其ノモノハ主トシテ自國民ノ手ニ依リテ實行セラレ居ルモノナリ

諸外國ノ援助ノ今後ノ成行ヲ觀測スルニ日本ノ壓迫カ增大スルモ英米ハ差當リハ日本ノ占領地域内ニ於ケル自國ノ權益保持ニ主力ヲ注キ我方ノ遣リ方カ成功ノ可能性アリト見レハ蔣介石政權ノ沒落ヲ坐視スルノ態度ヲ執ルナランモ我方カ疲弊スルニ於テハ寧ロ蔣政權救濟ノ立場ヨリ彼レニ好意的斡旋ニ出ツヘシ

蔣ハ日本軍ノ進出止マス又英米モ積極的ニ蔣ヲ支持セサルコト確定的トナラハ寧ロ不利益ナル條件ニテ蘇聯ニ深入リスルニ至ルヘシ佛國ハ日本ノ實力ノ容易ニ及ハサル南支方面ニ於テ利權ヲ漁リ事變後ニ處スル爲ニ蔣政權トノ間ニ既成事實ヲ作クルヘシ

要之今日迄ハ日本ハ外交上極メテ好都合アル環境アリタルモ英伊協定、英獨協定ノ進行狀態ヨリ見レハ或ハ英カ極東ニ餘力ヲ傾注シ來ル可能性モアリ今後ノ動キハ最モ警戒ヲ要スルモノト認ム

第三　和平ハ必要ナリヤ

兵ヲ出サントスル場合ニハ先ツ引揚クヘキ時期ヲ考慮シ置カサルヘカラス徒ラニ鬪爭ノ範圍ヲ擴大スルコトハ遂ニ帝國ヲシテ第二ノ獨逸タラシメ軍事的効果ヲ犧牲トセサルヲ得サルニ立至ラシムル危險アリ

今ヤ日支ノ抗爭ハ益々範圍ヲ擴大シ停止スル所ヲ知ラサル處此ノ時局ヲ如何ニシテ收捨《(拾カ)》スヘキカヲ考察スルニ二途アルヘシ

第一ハ條約又ハ取極ヲ以テ我方ノ希望スルトコロヲ獲得セントスルモノニシテ此レカ爲ニハ相當ナル相手方ヲ殘シ置クカ又ハ斯ル相手方ヲ作ラサルヘカラス、次ニ充分ナル實力ヲ現地ニ保持シ其ノ實力ノ下ニ諸般ノ事項ヲ强行スル所謂實力居据リノ決意ナカルヘカラス之レカ利害得失ニ關シ考察スルニ左ノ如シ

㈠實力居据リ論

1、　實力居据リノ實行ニハ廣大ナル地域ニ亘リテ長期駐兵ノ要アリ此レヲ滿洲ニ於ケル治安維持ノ實績ニ徴スルモ右期間ハ遙カニ長期ニ亘ルモノト信ス且ツ不斷ニ遊擊隊ヲ討伐セサルヘカラサルコト滿洲匪賊ノ比ニアラサルヘシ、假リニ占領地域ヲ狹メ重要沿岸都會ノミ

ヲ占領シ蔣政權ノ自滅ヲ待ツコトトセンカ兵力及軍ノ供給線ヲ節約シ得ル所ナランモ培養地タル內地ト引離レタル都會ノ保持ハ經濟的ニハ殆ント無價値ニシテ我方ノ負擔著シク內地ニ於テハ蔣政權ハ反ツテ其ノ世帶ヲ縮少シテ自給自足ノ抵抗ヲ續クヘシ恰モ廣東ト離レタル香港大陸ト離レタル厦門カ經濟上立行カサルニ等シ

實力行使ノ期間ノ長短ハ我財政ト至大ノ關係アリ戰線ヲ漢口迄擴大シ又廣東ヲモ攻略セサルヘカラサルカ如キ大舞臺トナラハ我國ノ經費ハ益々多額ヲ要スヘキモ蔣政權ガ數ケ月ニシテ崩壞スヘシトノ前提ノ下ニ居据リヲ策スレハ大ナル誤謬ニ陷入ルヘシ

2、占領地域內ニ於テ親日政權ヲ作リ之ヲシテ政治ヲ行ヒ我國ハ成ルヘク中國ノ政治ニ不干涉ノ態度ヲ執ル場合ニ於テモ如何ナル程度ニ支那民衆ノ支持ヲ得ルコト可能ナリヤヲ考察スルニ今日ノ親日政權ヲ構成スルモノハ若干人ヲ除ケハ何レモ過去ノ人物ニシテ今日支那ノ中堅層トハ頗ル掛ケ離レタル存在ナリ支那側ヨリ見タル大義名分ニ於テ蔣政權ニ劣ルトコロ遠ク又多年ノ宣傳ト敎育ニヨリテ刻ミ付ケラレタル激烈ナル抗日意識ト長年日本ノ大陸侵略ヲ想定シテ培養サレ來リタル反抗心理ハ牢固トシテ拔クヘカラサルモノアリ今日ノ日支關係ヲ此ノ儘何等整調スルトコロナク軍事占領ヲ繼續スル場合ニハ民衆ノ支持ヲ得ルコト頗ル困難ナリ

國民黨ノ壓政ニ對スル怨嗟ノ聲盛ニシテ又知日派モ亦若干殘存スルハ事實ナリ彼等ハ日本軍ノ進出ニ依リテ國民黨ノ暴政軍隊ノ橫暴ヨリ免レ得ヘシト期待シ居リタルモノモアルヘシ

然ルニ今次ノ日本軍隊ノ進出ニ當リテ意外ニモ其ノ暴行振リハ支那民衆ノ憤懣ヲ買ヒ、彼等ノ日本軍ニ對スル信賴ノ大ナリシタケニ其ノ失望モ亦頗ル大ナルモノアリ

此等ハ內地及現地ニ於テハ事實蔭蔽セラレ居ルモ外國通信員及南支ニ於ケル出版物ニ於テハ忌憚ナク發表セラレ居リ內地ニ於テハ想像モ及ハサルトコロナリ此ノ儘ニテハ將來日支兩國民提携ニ多大ノ障害トナルヘシ加之上海方面ニ於ケル特務機關ニ依ル阿片ノ密輸入問題、日本軍ヲ笠ニ着タル不良商人、不良支那人、日系

ノテロ事件等何レモ巨細ニ報道セラレテ民心ヲ刺戟シ居リ日本軍ノ信用ヲ害スルコト甚タシ此等ノ非難ハ一大決心ヲ以テ粛清スルニアラサレハ皇軍ノ名聲ヲ墜スコト大ナルヲ憂慮ス

3、南支ニ於ケル空爆モ亦多數ノ市民ヲ殺傷シ支那ハ之ヲ宣傳ニ利用シ諸外國ノ同情ヲ買ヒ軍事行動ヲ牽制セントト企テ日本ニ對スル怨嗟ヲ深カラシメツツアリ

4、我軍事行動ニ依リテ蔣政權ヲ崩壞セシメタリトスレハ其後ニ來ルモノヲ考フルニ親日政權ノ出現ヲ期待スルハ今日ノ人心ノ傾向ニ徵シ困難ナルノミナラス之カ實現ヲ計ランニハ多大ノ實力ト經費ヲ要シ成功ヲ危マルルノミナラス我兵力ノ及ハサル廣大ナル地域ニ亘リテハ共產支那ノ實現ヲ見ルヘシ斯クテハ支那ハ我經濟的地盤トシテハ無價値ナルノミナラス蘇聯ノ勢力ヲ強大化スル結果トナルヘシ

抑々親日政權ヲ育成シ此レト善隣關係ヲ樹立セントスルハ我方ノ既定方針ナルモ臨時維新兩政府ノ實力ナルモノハ茲ニ說明ヲ省略スルモ指導者ノ最モヨク知レルトコロナルヘシ同一ノ組織ヲ支那各地ニ擴大スルカ如キハ兩政府成立ノ經驗ニ徵スルモ多大ノ時日ト經費トヲ必要トシテ我財政ノ到底支持シ得サルトコロナルヘシ又斯ル親日政權カ支那民衆ノ信賴ヲ得居ルト見ルハ事實ニ反シ現狀ニテハ彼等ノ存在ハ我方ノ武力援助ト同一期間ナリ結局親日政權ノ樹立ハ我軍ニ依ル支那統治ニ外ナラス本案ニ依レハ我軍ノ撤退經費ノ輕減ハ何時ノ日カ期待スルヲ得ス

5、次ニ蔣政權ノ崩壞ハ如斯容易ナリヤヲ見ルニ蓋シ我軍ノ漢口攻略ニ當リテハ彼等ハ必スヤ早キニ臨ンテ中央軍ヲ後退シ日本軍トノ正面衝突ヲ避ケ實力ノ保有ヲ計リ我軍ヲシテ更ニ多大ノ軍隊ヲ湖北湖南方面ニ駐屯セサルヘカラサルニ至ラシムヘシ

要之蔣政權ヲ軍事的ニ崩壞セシムルニハ相當長期間ヲ必要トシ又崩壞後ニ於テモ支那民衆ノ信望ヲ獲得スルコト現狀ニテハ甚タ困難ナリ全支ニ亘リテ居据ルコトハ甚タ困難ナルヲ憶ハシム

果シテ然ラハ日本軍ハ廣大ナル地域ノ治安ヲ維持スル消極的方面ニ既ニ多大ノ經費ヲ要シ荒廢地ヲ生產的タラシムルノ復興更ニ新經濟建設ニ邁進スルカ如キ經費

ハ何處ヨリ之ヲ捻出セントスルヤ若シ夫レ「圓ブロック」ノ擴充ヲ計ラントスルカ如キハ全帝國ノ經濟ヲ崩壞セシムルノ結果トナルヘシ

要之居据リ政策ハ中國ヲ疲弊セシメ日本ヲ疲弊セシメ英米蘇聯佛ノ諸國ハ居ナカラニシテ相對的實力ヲ增大シ帝國ノ國際的地位ノ低下ヲ招致スヘシ

本案ハ全然支那民衆ノ人心ヲ無視シ武力ノミニ依リテ外國人カ支那ヲ統治セントスルモノニシテ其ノ民衆トノ摩擦タルヤ極メテ大ニシテ結果ニ於テモ實績ヲ擧クルヲ得サルヘシ

(二)妥協ニ依ル和平論

次ニ日本カ蔣政權ヲ徹底的ニ崩壞セシメス餘力ヲ殘シテ和平ヲ計ル場合ヲ考察スルニ

1、國民政府カ殘存セル實力ヲ保有スル場合ニハ他日之ヲ以テ反日的勢力ヲ再ヒ盛リ返シ國權ノ囘復ヲ企圖スル危險性アリ殊ニ此ノ際ニハ雜軍ヲ整理シタル後ナレハ反ツテ精鋭ヲ取リ纒メテ國民的意識ヲ一層濃厚ニシ日本ヲ脅威スルヤモ計レス此レ吾人ノ最モ關心ヲ有スル點ナリ

戰後ニ於テ國權囘復ヲ企圖スルコトハ或程度迄ハ已ムヲ得サルトコロニシテ我國モ亦實力ヲ養成シ一面諸外國ニ備フルト共ニ支那ニ對シテモ亦備ヘサルヘカラス然レトモ支那ノ反撥力ニモ自カラ限度アルヘシ蓋シ今日ニ於テコソ蔣介石ハ抗日ノ潮流ニ楫シテ國民信望中心ヲ爲スト雖モ一旦和平招來シ國民ノ關心對外問題ヨリ離レ來ルトキハ國民黨ノ批(秕カ)政戰敗ニ對スル責任論等モ湧然出現シ來リ蔣介石反對ノ勢力モ亦擡頭シ來ルヘシ一般國民モ日本ニ對スル怨嗟ノ情アルモ反對ニ脅怖心モ伴ヒ來リ將來ノ對日態度ニハ從來ノ如キ盲目的ナル態度ヲ反省シ來ルヘシ此ノ際我方ニ於テ恩威竝ヒ行ハルルノ政策ニ出スルコトハ日支ノ親善ニ資スル所以ニシテ又斯ク進マサルヘカラサルトコロナリ此レヲ歐洲ノ歷史ニ見ルニ「ビスマルク」ハ强敵佛國ヲ控ヘテ先ツ墺國ト戰ヒ比較的寛大ナル條件ニテ和平ヲ締結シ他日佛國ト戰フ時期ニ於テ墺國ヲシテ好意的中立ヲ維持セシメタリ我國ハ將來海ニ於テ將又陸ニ於テ更ニ强大ナル外國ト相對峙セサルヘカラサル場合アリトセハ其ノ際支那ヲシテ墺國ノ故智ニ倣(傚カ)ハシムルコト滿洲國

ノ安全ヲ保持シ又支那ニ於ケル帝國ノ資源ヲ確保スルノ途ナリト云フヘシ今次事變ノ結末ハ更ニ遠大ナル見地ニ立チテ此レカ解決ヲ計ラサルヘカラス

2、蔣介石軍ノ實力ヲ見ルニ常識論ヲ以テスルモ相當實力ヲ消耗シ居ルコトナレハ此レニ配スルニ非武裝地帶ノ設置相當期間ノ駐兵軍事顧問ノ派遣等ヲ以テスルトキハ相當ナル程度ニ於テ反日勢力ノ勃興ヲ防止スルコトヲ得ヘシ

此レヲ軍需資材ノ方面ヨリ見ルモ今回ノ戰爭ニ於テ支那側ハ大多數ノ軍需品ヲ外國ノ供給ニ仰キ國内ノ產業ハ戰爭ニ依リテ破壞セラレタル爲ニ我國軍需工業其ノ他ノ工業カ非常ナル進步發展セルニ反比例シテ支那ノ消耗ハ著シク玆ニ霄壤ノ差ヲ生シ而モ中國全土カ破壞セル爲ニ此レカ復興ニスラ相當長期ヲ要シ殊ニ多數ノ白銀ノ流出ハ經濟界ヲ逼迫セシメ軍需工業ノ勃興ニハ餘力ヲ剩ササルヘシ、斯ル氣息奄々タル支那ヲ控フルトキハ國民政府ヲ殘存スルモ相當長期ニ亘リテ憂慮スルノ要ナカルヘシト思考ス殊ニ前述ノ如ク將來ヲ考慮シテ和平條件ヲ決定スルトキハ反ツテ將來ノ親善關係ヲ確立スルノ基礎トナルヤモ計レス

3、現今ノ國際環境ハ我國ニトリテ最好都合ナリ、卽チ獨伊ノ聯盟アリ英米ノ態度モ中立的ニシテ僅カニ蘇佛カ好意ヲ表示セサルモ、斯ル國際情勢カ永續スルモノトスルハ樂觀ニ過クヘシ蓋シ英伊、英獨ノ接近モ頗ル可能性アリ我國カ長期抗戰ノ結果疲弊スルトキハ米ハ兎ニ角英ニ於テ好意的斡旋ヲ名トシテ我國ノ牽制ヲ計ルヤモ保シ難ク若シ夫レ萬一日蘇ノ間ニ干戈ヲ交ルニ至ラハ到底居据リノ占領狀態ヲ保持シ得ス或ヒハ急遽撤兵ヲ行フノ要アルヘク斯クテハ今日迄ノ軍事的效果ヲ獲得シ得サルノミナラス極メテ不利益ナル條件ノ下ニ蘇支聯合軍ト戰ハサルヘカラサルニ到ルヘシ

國内狀勢ヲ顧ミルモ我國モ聖戰一年漸ク各方面ニ影響深刻トナリツツアルニ付此ノ邊ニテ一應整理シテ今日迄ニ擧ケタル效果ヲ新基礎トシテ更ニ飛躍ヲ遂クルノ準備ヲ爲スコト帝國ニトリテ健全ナル發展ノ順序ナリト云ハサルヘカラス

4、又共產黨トノ關係ニ於テハ既ニ述ヘタルカ如ク現在ノ處蔣介石ハ共產黨及蘇聯ニ對シテ相當愼重ナル態度

ヲ保持シ居ルモ漢口陥落後ニ至リテ英米ノ支援ナク我軍事的壓迫增大スルニ於テハ勢ヒ蘇聯ニ依頼スル態度濃厚トナリ遂ニ蔣軍崩壞セハ其ノ後ニ出現スルモノハ第八路軍ナリトノ危險アリ現ニ蘇聯ハ對支援助ヲ爲スニ當リテモ武器ノ分配ニハ第八路軍ヲ優遇セシメ又八路軍モ日本軍トノ衝突ヲ避ケ實力保持ヲ計リツツアリ中共ハ武漢ノ防禦ニハ保衞ヲ强調スルモ積極的ニ支持ヲ爲サス蔣軍疲弊ヲ待チツツアルハ注目スヘキ現象ナリ

斯ク論シ來ラハ今日成ルヘク速ニ和平ヲ爲スコトニ依リテ媾和ニ依リテ得ヘキ利權ヲ獲得シ支那ノ共產化ヲ防止シ我軍費ヲ節約シ其ノ餘力ヲ以テ經濟建設ニ向ハシメ又我公正ナル態度ヲ示スコトニ依リテ日支關係ノ根本的融和ヲ試ムル機會ヲ與フルモノ然モ後述ノ如ク日支直接交涉ニ依リテ解決シ支那ヲシテ歐米依存ノ迷夢ヲ打破セシムルカ如キハ最モ好都合ナル環境ニアリト云フヘシ

第四　和平ニ至ルヘキ經路

今次事變ハ支那ノ抗日侮日ト表裏スル歐米依存主義ノ產物ナリ、然ルニ今日支那國民カ內心渴望シ居ル和平カ歐米ノ斡旋ニ依リテ然モ日本ヲ多少ニテモ壓迫スルコトニ依リテ成立センカ支那民衆ハ歐米ヲ救世主ノ如ク思惟シ益々依存心ヲ增大セシメ我國カ拂ヒタル多大ノ犧牲ヲ無益ナラシメ我國ハ戰勝ニ依リテ得タル精神的成果ヲ滅却スヘシ依ツテ交涉ハ斷然第三國ノ斡旋ヲ排シテ日支直接交涉ニ依リテ行ハサルヘカラス

今日迄獨伊ヲシテ仲立セシメタルコトスラ既ニ根本的錯誤ナリ

而シテ日支直接交涉ニ依ルトスレハ如何ナル方面ト交涉スヘキカ此レ蔣介石ノ辭職ヲ要望シ居ル我國ノ內政上ノ立場ト相關聯シ重大ナル問題ナリ蔣介石ノ現在ノ地位ハ第一抗日ノ体勢ニ於テ詳述セル如ク軍黨政ノ各層ヲ通シテ親蔣タルト反蔣タルトヲ問ハス等シク傘下ニ網羅シ蔣ヲ繼クヘキモノ果シテ何人タルハ見當モ着カサル程ニ聲望ヲ獨占セリ人或ヒハ陳誠ヲ以テ彼レノ後繼者ニ擬スルモノアルモ到底近キ將來ニ實現ノ可能性ナカルヘシ、蔣介石ヲシテ斯ル聲望ヲ擅ニセシメタルハ日本カ蔣介石ヲ餘リニ目ノ敵トシタル結果ナルコトハ反蔣派諸要人ノ一致セル見解ニシテ又英獨伊ノ諸大使モ何レモ同樣ノ觀察ヲ爲ス

然ルニ日本ニ於テハ其ノ理由ノ如何ヲ問ハス蔣ノ下野ヲ絶對要件トスルニアラサレハ媾和ヲ談セサルヘシト爲ストコロニ多大ノ困難ヲ生シツツアリ以上ノ如ク妥協ニ依リテ媾和スヘキ途ヲ選フニ於テハ其ノ何人タルカヲ問ハス取極ヲ實行シ得ヘキ能力ヲ有スルコトヲ前提要件トス然ラハ國民政府又ハ此レヲ含ミタル新政府ニ非サレハ媾和條件ノ履行ヲ期待スルヲ得ス、現在ノ如キ武力ヲ有セサル親日政權ニハ媾和條件ヲ確實ニ實行スル能力ナシト斷セサルヘカラス況ンヤ和平後ニ必然的ニ來ル現存抗爭部隊ノ整理、共產黨問題ノ解決等ノ武力ノ背景ヲ必要トスル事業ヲ擔任シ得ル組織ヲ支那ニ求ムルナラハ國民政府以外ニ發見スルヲ得ス蔣政權ヲシテ多少餘力ヲ保有セシメテ漢口ヨリ退出セシメタル後（此ノ可能性頗ル多シ）中支北支ヲ併セタル新政權カ誕生スルトスルモ此ノ政權カ蔣政權ニ對抗シ又ハ治安維持ニ當ルヘキ實力ヲ保有スルコトヲ期待スルヲ得ス從ツテ蔣政權ノ漢口退出後ニ於テモ政局ノ安定ハ固ヨリ期待スルヲ得ス故ニ國民政府ヲ相手トスルコトハ實際上我方カ何物カヲ獲得シ之ヲ保有シ又速ニ戰爭ヲ休止スル要件ナリト云ハサルヘカラス

果シテ然ラハ相當ナル條件ニテ國民政府カ和ヲ求メ來リタル場合ニハ之ト交渉スルコト我方ニ有利ニシテ好ムト好マサルニ拘ラス又已ムヲ得サル解決方法ナリト云ハサルヘカラス且ツ國民政府カ自カラ承諾シタル事項ナレハ之ヲ實行スルノ責任ヲモ有スル筋合ナル上第三國ニ對スル取極ノ效果モ亦彼等ノ承認シタル國民政府ノ受諾シタル處ナルヲ以テ一層效果的ナリト云ハサルヘカラス國民政府ヲ全然無視シテ新政權ト取極ヲ結フモ殘存セル國民政府ハ之カ不承認ヲ宣言スルコト明ニシテ國民政府ハ此ノ新協定否認ヲ目標トシテ必ス反抗運動ヲ續クルニ至ルヘキコト二十一個條ノ如キ實例アルヲ注意スルヲ要シ斯ル國民的目標ヲ作ラシメサルコトハ今後ノ日支平和ノ爲ニ絶對必要ナリ日本政府ニ於テ蔣介石ヲ否認シ國民政府ヲ否認セル方針ト前記ノ實際上ノ必要トノ調和ヲ如何ニスヘキカノ問題ハ一ツニ內政問題ニシテ內情ニ通セサル本官等出先官憲ニ於テ權威アル立論ヲ爲スヲ得サルモ一言以テ此レヲ評スレハ政府ハ支那ノ實情ニ通セサル方針ヲ確立セルモノナリト云ハサルヘカラス

帝國外交ノ目標ハ帝國ノ權益ノ增進ニアリ固ヨリ日本民族

發展ノ必要ニ依リテ定マルヘキモノナルモ外交方針ノ實行ニ當リテハ此レカ適用ヲ受クヘキ當該國ノ國情ニ依リテ緩急ナカルヘカラス此ノ點ニ於テハ本國政治家ハ支那ノ狀勢ニツキ正確ナル判斷ヲ爲シ此レニ適應スル樣外交方針ノ適用ヲ加減セサルヘカラス場合ニ依リテハ日本ノ責任政治家ハ此レカ爲ニ異常ノ決心ヲ爲ササルヤモ計リ難シ

蔣介石辭職問題ト我內政ノ方針トノ調和ニツキテハ次章ニ於テ考慮スヘシ假リニ媾和ノ爲ニ改造セラレタル國民政府カ出現シ北京、維新兩政府カ此レト聯合シテ新政府ヲ組成スルコトアランカ我方ノ希望ニ一歩ヲ進ムルモノナルモ此ノ際ニ於テモ國民政府系カ他ノ政權ニ比シテ人材ヲ集中シ居ル事實ヲ思ハハ實質的ニ新政府ニ重要ナル地位ヲ占ムヘキコト又已ムヲ得サルトコロナルヘシ

或ヒハ和平ニ至ル手續トシテハ先ツ根本條件ヲ國民政府ニ受諾セシメ休戰ヲ實行シ各政府モ亦同一ノ條件ヲ受諾シ茲ニ聯合セル新政府カ當該和平條件ニ贊同シ支那全國ヲ擧ケテ和平條件ヲ受諾セル形態ヲ作ルコト一策ナリト思考ス

第五　蔣介石ノ辭職問題

和平ヲ談スルニ當リテ蔣介石ヲ相手トセサルコト我政府ノ屢々聲明セルトコロナリ今ヤ媾和問題ノ主要條件ト爲ルニ至リタリ世界大戰ノ休戰ニ際シテ聯合國カ獨逸ノ「カイザー」ヲ否認シタルニ類似ス然レ共聯合國ハ「カイザー」ヲ否認シ社會民主黨ト媾和ヲ締結シタルモ條約ノ履行ニ於テハ滿足ヲ得タルコトナシ或ヒハ反ツテ「カイザー」ヲシテ責任ヲ執ラシメタル方賢明ナリシヤモ知レス我國民ハ實質的利益ノ獲得ヲ目標トセサルヘカラス

日本カ蔣ヲ忌避スル理由ハ蔣ノ抗日的傾向ニアリ又彼カ最手強キ相手ナルニモアルヘシ、蔣ヲ知ルモノハ云フ蔣ハ時ノ流レニ乘ルモノナリ、彼レカ抗日的ナルハ寧ロ國民的傾向カ抗日的ナルニ基クモノナリ蔣ハ何人ヨリモ日本ヲ知ル彼レヲシテ親日ニ轉換セシムルコトハ困難ナルニシテモ排日ヲ止メシムルコトハ不可能ニアラサルヘシト、彼カ最モ手強キ相手方タルハ事實ナランモ彼ヲシテ今日アラシメタルハ日本ノ過去ニ於ケル政策ノ結果ナルコトモ否認スルヲ得ス然レ共我國ニ於テ蔣ノ辭職ヲ絕對必要トスル結果ハ益々彼ノ地位ヲ高メシメ之ヲ英雄化シ支那國民ヲシテ彼ノ失敗ヲ忘却セシムルコトトナルヘシ現ニ反對派要人ノ一致セル意見ニ依レハ今日蔣ヲシテ媾和セシメ媾和ノ責任ヲ蔣

ニ負ハシメ再起不能ノ狀態ニ置クコト最モ望マシト爲ス

然レトモ辭職問題ハ我方ノ方針ト支那ノ內情トノ間ニ正面衝突ヲ來スニ付暫ク此レヲ回避スル爲ニ先ツ媾和條件ヲ討議シ此等條件ニシテ受諾センカ蔣介石ハ必然辭職セサルヘカラサル環境ニ追ヒ込ムコト得策ナリ尤モ之ヲ策シテ必ス目的ヲ達シ得ヘキヤ否ヤ現下ノ情勢ヨリ見テ確信ナキモ兎ニ角盡クスヘキ手段ナリト云フヘシ

蔣ヲ相手トセサルコトヲ標榜スルコトハ戰爭ヲ遂行スル爲ニ我民心ヲ統一スル見地ヨリ固ヨリ緊要ナランモ我方カ實質的ニ有利ナル媾和條件ヲ獲得シタル上ハ一蔣ノ辭職ニ懸リテ戰局ヲ永引カスコトハ絶對ニ避クヘキモノナリト確信ス

兎ニ角媾和條件ヲ非公式ニ討議スルコトヲ差當リノ措置トス蔣ノ辭職ニ懸リテ時日ヲ遷延スルコトハ不得策ナリ

然モ和平ヲ談スヘキ時期ハ漢口陷落以前ナラサルヘカラス本官ノ接觸又ハ査報セル範圍ノ要人ハ何レモ漢口陷落セハ蔣ハ此レ以上失フヘキ何物モナク又日本モ之以上追撃スルコトハ益々困難トナリ長期ニラミ合ヒノ形勢トナリテ遂ニ和平ニ依ル時局解決ノ機會ヲ失フヘシ今日支那側カ和平ヲ熱望スルハ軍事上抵抗不能ニ至リタルニ基クモ面子ヲ保持セントシ又成ルヘク犧牲ヲ少クシ且ツ一部ニハ自暴自棄ニ陷リ共產黨蘇聯トノ關係ノ深入リセサル以前ニ時局ヲ終局セントスルニアルヘシ

234　昭和13年7月26日　五相会議決定

「對支特別委員會」

對支特別委員會

昭和十三年七月二十六日

五相會議決定

一、對支特別委員會ハ五相會議ニ屬シ其決定ニ基キ專ラ重要ナル對支謀略竝新支那中央政府樹立ニ關スル實行ノ機關トス

二、前項業務ニ關係アル現地各機關ハ該業務ニ關シテハ對支特別委員會ノ區處ヲ受クルモノトス

三、對支特別委員會ト大本營トノ連絡ハ陸海軍大臣之ニ任ス

235 昭和13年7月29日 五相会議決定

「對支特別委員會ニ關スル解釋ノ件」

對支特別委員會ニ關スル解釋ノ件

昭和十三年七月二十九日

五相會議決定

一、第一項ノ對支特別委員會ノ構成

土肥原、野村、坂西ヲ中心トシタル機關ト解ス

一、第一項ノ重要ナル對支謀略トハ

政治及經濟ニ關スル謀略ニシテ直接作戰ニ關係アルモノヲ含マサル義ト解ス

一、第二項ニ關スル見解

現地機關ニハ統師機關ヲ含マサル義ト解ス

但統帥機關ノ擔任スル謀略業務中本委員會ノ謀略業務トノ間ニ調整ヲ要スルモノアルトキハ第三項ニ依リ各其隷屬系統ヲ經テ調整ヲ行フ義ト解ス

236 昭和13年8月6日

香港へ帰任する中村総領事に宇垣外相が示した日中和平交渉に関する方針概要

日支和平交渉ニ關スル件　（昭和一三、八、六　亞一）

八月五日中村總領事香港歸任ニ當リ宇垣大臣ヨリ左記趣旨ノ御話アリタリ

一、自分ノ今言ハントスル所ハ孔祥熙ヨリノ和平話ニ對スル直接ノ返事ニハアラス唯日本ノ和平問題ニ對スル考ヘ方ヲ述フル次第ニ付其ノ積リニテ聞カレ度シ

孔祥熙ニ付テハ大シタ者ニアラスト之ト眞正面ヨリ和平問題ヲ交渉スルハ如何トノ議論モアル次第ナルカ孔トノ話合カ日支和平交渉ノ第一歩トナルコトモ考慮スル要アリ此ノ意味ニ於テ孔トノ話モ繫キ置クコト然ルヘシト考フ

二、和平交渉ニ關スル自分ノ考ハ大要左記ノ通リ（詳細別紙參照）

(イ)日支提携カ根本ナリ

日本ハ支那ニ對シ領土的野心ナシ衷心日支ノ提携ニ依ル東亞ノ安定實現ヲ希望シ居ル次第ニテ右ハ畏クモ大御心ノ存スル所ナルニ依リ臣下トシテ右大御心ニ副

フ様最善ノ努力ヲ爲シ居ル次第ナリ

斯カル大戰爭ノ後日支間ノ親善ハ不可能ナリトノ說アルモ自分等ハ可能ト信ス普墺戰爭ノ例ニ見ルモ固ヨリ獨逸民族ナリトノ點ハアルモ普魯西ノ寛大ナル媾和條件ニ依リ墺太利ヲシテ其後普佛戰爭ニ於テモ更ニ又世界大戰ニ於テモ壇ノ浦迄普魯西ニ就カシメタル例モアリ戰爭後兩國ノ親善不可能トハ斷定スルヲ得ス

(ロ)蔣介石ノ下野問題

近來本件ニ付テハ相當柔カキ意見モアレト大勢ハ未タ蔣ヲ相手ニテハ話出來ストノ議論强シ

蔣ノ下野ヲ前提トスル理由ハ感情ヤ我利ニアラス結局蔣ノ下野カ東亞ノ大局維持及日支親善ノ爲有利ナリ殊ニ支那ノ爲有利ナリトノ考ヨリ出ツ

卽チ蔣ハ日支戰爭ノ責任者ニテ日本ノ仇敵ナリ而モ我ハ勝者ナリトノ考我國民ノ間ニアリ從ツテ蔣居ラハ和平ノ條件ハ嚴重トナラサルヲ得ス然ルニ蔣下野セハ日本ノ感情モ緩和シ同情モ起リ條件寛大トナリ斯クテ媾和ニアラス將來ノ日支親善ヲ目標トスル和平交渉成立シ得ル譯ナリ斯クノ如クシテ日支ノ關係ハ往年ノ普墺ト同様ニナリ兩國關係ハ明朗化シ支那ノ復興モ容易トナルモノニシテ此ノ關係ハ蔣ノ賢明ヲ以テセハ容易ニ理解シ得ヘク其ノ下野ハ天下ノ大道ニシテ男子ノ本懐ナリト考ヘラル

下野ハ自發的ト他動的トアルモ自發的ヲ可トシ其ノ時機ハ和平成立前ヲ可トス(成立後ニテモ宜シトハ目下ノ所言ヒ切レス)

(ハ)北支特殊地域ノ問題

我方トシテハ北支ヲ防共障壁トシテ固メタキ意向ノミ蒙疆タケニテハ地域モ狹ク十分ナラス此ノ點ハ外國側モ相當認識シ居ル次第ニ付出來得ル限リ强調シ貰ヒタシ

自分ハ防共ノ第一線ハ朝鮮ノ咸鏡北道ヨリ北滿熱河ニ至ル線、第二線ハ朝鮮ノ南部、南滿、北支、蒙疆ト考ヘ居レリ

北支特殊地帶ノ細目ハ要スルニ產業ノ開發、交通ノ整備確保、治安及軍隊ノ整備ニ付日本カ相當ノ力ヲ加ヘ得ル狀態トシ置クコトニシテ支那主權ノ侵害ノ如キハ毫モ考ヘ居ラス

(ニ)第三國ノ仲介

和平交渉ノ橋渡シ程度ナラハ敢テ之ヲ排除セス尤モ直接交渉ヲ最善トス

橋度シ以上ニ第三國カ深入リセハ事態ヲ紛糾セシメ將來ニ於ケル干渉誘致ノ禍根トナルヘク絶對ニ排除スルヲ要ス

滿洲事變ノ際モ事變勃發後數ケ月ノ間ニ直接交渉行ハレタリトセハ恐ラク滿洲ニ於ケル日本權益ノ嚴格ナル尊重――少シ進ミテモ自治位ノ所ニテ結末ヲ付ケタル可ク滿洲事變ノ當初ニ於テハ日本トシテハ滿洲國ノ獨立等全然考ヘ居ラス支那カ直接交渉ニ依ラス聯盟ニ提訴シタル爲遂ニ滿洲國獨立ニ迄至リタル次第ニテ支那側トシテハ今回ノ和平交渉ニ當リテモ此ノ經緯ハ十分ニ考慮シ善處ノ要アリ

(ホ)賠償

賠償ヲ課スルハ氣ノ毒ナルカ日本國民ハ日本ハ勝者ナリ從ツテ賠償ハ當然ナリト考ヘ居リ無賠償ハ今ノ所國民ヲ納得セシメ得ス金ナクハ物ニテ濟シ崩シニ拂フモ差支ナシ此ノ點モ蔣カ交渉ノ相手ナリヤ否ヤニ依リ輕重アルヘシ要之我方ヨリ保管ヲ委託セル財産ニ對スル賠償ハ如何ニ考フルモ當然ナルヘシ

三、和平交渉ニ關スル話合ニ付テハ懸引等ハ一切止メ誠心誠意ノ取引ヲ必要トシ日支關係明朗化ノ第一段階トシタキ考ヘナリ右考ヘニテ時機至ラハ談判ヲ進メタシ

香港ヨリ歸來セル萱野ノ話ニ依ルモ居正ノ細君ハ萱野ニ對シ愈々和平交渉開始ノ際ハ孔祥熙、居正、張群等打チ連レ出デ來ル用意アル旨述ヘ居レリ

談判ノ場所ハ雜音ノ入ラン所ヲ可トシ南方ニ出來タル政權トノ交渉ナレハ臺灣邊リ、中支、北支政權相手ナレハ雲仙邊リヲ適當トスヘク上海ハ煩サクテ不可ナリト思フ

(中村總領事ヨリ澳門ヲ適當トスヘシトノ意見出デタリ)

四、香港ニ於テ外國側トノ接觸ニ當リテハ日本ハ最近生產力擴充ノ設備愈々完成ニ近ツキツツアリ且支那ニ於ケル占據地域ハ勿論滿洲方面ニ於ケル鐵鑛、石炭等ノ開發モ進捗シ石油ニ付テモ低溫乾溜、石炭液化等ノ技術進ミ居リ且愈々長期抗戰トモナラハ戰線ヲ整理シ兵力ヲ半減シテ經費ノ節約ヲ圖ルコトモ考ヘ居リ我方カ財政的ニ行詰ルヘシトノ意見ハ全然事實ニ反スル所以ヲ强調セラレタシ

五、尚五相會議ニ於テ對支特別委員會設定セラレ對支謀略ヲ進ムルコトトナリタルカ政權樹立方面ニ於テハ差當リ唐紹儀、吳佩孚、曹汝霖等ヲ連結シ委員會樣ノモノニテモ作リ時機ヲ見テ之等ノ委員中ヨリ大總統ヲ押スカ如キ方向ニ進ムル考ヘナリ

（別　紙）

一、日本ハ日支仲好ク提携協力シテ東洋平和ノ確立ト東亞繁榮ノ建設ニ邁往センコトヲ望ムモノテアル、絕對ニ支那ヲ侵略スルトカイヂメルトカ獨立ヲ奪フトカ或ハソノ衰亡ヲ望ムモノテハナイ、否寧ロ日支共存共榮ノ基礎ノ上ニ立チ進ンデ支那ノ民族國家トシテノ興隆强化ヲ衷心ヨリ祈望スルモノデ、夫レカ爲ノ協力支持ハ決シテ惜マヌモノテアル、

二、日支間ニ悲慘ナル鬪爭ヲ重ネタル後ニ日支ノ親善握手ナドハ決シテ出來ルモノデナイト唱フルモノカ多イ、ケレトモ余ハ斷シテ親善ヲ不可能事也トハ思ハヌ。多分ノ困難ハ伴フニシテモ是非實施セネハナラヌト考ヘテ居ル、日支ノ親善提携ハ夙夕軫念且希望遊ハサレテ居ル畏キ大御心デアル。吾々臣子ノ分トシテハ萬難ヲ排シテモ夫レヲ實現シテ聖慮ニ副ヒ奉ラネハナラヌ、又夫レヲ實現スルコトガ東洋ノ大局ヲ維持シ眞正ナル東亞ノ平和ト繁榮ヲ招來スル唯一無二ノ道ナリト確信スル、又普墺間ノ歷史ハ夫レノ可能ナルコトヲ暗示シテ居ル、

三、蔣介石ノ下野ニ關スル吾國民主張ノ道程ニハ彼カ憎イトカ彼ハ怪シカラヌトカ彼ノ存在ハ日本ノ爲ニナラヌトカ色々ト感情ヤ我利ニ出發シテ居ルモノモナクナイ、余カ彼ノ下野ヲ至當ナリト考ヘ來リシ根底ハ左樣ナル感情論テモナケレハ日本丈ケノ利害ヤ体面論テモナイ、唯彼ノ下野カ東亞大局維持ノ上換言スレハ日支間ニ眞ノ親善和協ヲ招來シ提携握手シテ行ク爲、日支相互間ニ、否日本ヨリモ支那ノ方ニ、ヨリ有利テアルト考ヘテ居ルカラテアル、日本國民ノ悠容タル廣量モ此處ヨリ湧出シ來ルト思フタカラテアル、假リニ和平ノ交涉ニ際シテ蔣氏ヲ相手トシテ日本カ話ヲ進ムル場合ニハ日本國民ノ胸中ニハ彼ハ今日マテノ敵手テアリ、親愛スル同胞ノ鮮血ヲ奪ヒ及其他多大ノ犧牲ヲ拂ハシメタル仇敵テアリ、我ハ勝者トシテ、彼ハ敗者トシテノ觀念ノ上ニ自然ト交涉カ進メ

ラルルコトニナルカラ其際ニ於ケル日本國民ノ要求スル條件ナルモノハ相當ニ嚴厲テアリ莊重ナモノテナケレハ日本國民ハ斷シテ承知シナイ、然ルニ茲ニ蔣氏カ下野シテ他ニ親日排共主義者カ新政權ヲ握リテ和平交渉ノ局ニ當ルコトニナル場合ヲ想到スルニ元々日本ハ支那國民ヲ相手トシテ闘爭シテ來タノテハナク、只排日容共ノ主義ヲ奉スル蔣氏ト其一味ヲ膺懲セント努メ來リシ丈ケノコトテアルカラ前述ノ如キ新政權ハ勿論仇敵テハナク寧ロ期待スル所ノ親友テアル、從テ之レヲ相手トシテノ戰後始末ノ談判ハ講和テハナクテ協同提携ヲ約束スル取極テアリ又夫ニ對スル日本ノ國民的要望モ蔣氏一派ニ對スルモノトハ異ナリテ頗ル寛大テアリ和協テアルヘク豫期セラルル恰モサドワ會戰後ノ獨墺間ノ關係ノ如クニ床シキ狀態ヲ實現シテ爲ニ支那ハ明朗ナル立場ヲ得テ其戰後復興モ容易迅速トナリ又茲ニ眞正ナル日支間ノ親善協和モ期待シ得ルト信スル、蔣氏ノ明ヲ以テシテ夙ニ茲ニ想到シアルコトト信スル、夫レカ又責任ト名分ヲ正シク世道人心ノ上ニ綱常ヲ維持シ行ク大道ニシテ丈夫ノ本領ナリト思惟スル、

彼氏引退ノ動機ニハ自發ト他動トアリ又其時機ニ就テハ和平交渉前ト和平成立後ニモ在リト考フルカ其選擇ハ四圍ノ情勢ト蔣氏ノ信念ニヨリテ斷セラルヘキモノナリ

四、日本カ北支ヲ特種地域トシテ取扱ハント希望スル意味ハ何等ノ他意モナク只防共ノ障壁地帶トシテ堅メタイノテアル、蒙疆自治地域タケテハ地方カ餘リニ貧弱テアリ、人烟ハ稀薄テアリ、所謂防共事業ノ足場トシテハ堅確ナリトハ云ヘヌ、此地域ハ畢竟スルニ背後地域ト相待ツテ價値ヲ生スル次第ナレハ防共ノ第二線タルノ意味ニ於テ日本トシテハ若干北支ニ特種的ノ色彩ヲ中南支等ト異ナリテ濃クシテ置キタイト云フ希望ニ過キナイ、換言スレハ産業ノ開發、交通ノ整備、治安ノ維持、軍事ノ施設等ニ關シテ日本トシテハ若干ノ特種關係ヲ持チタシト云フニ過キスシテ支那主權ノ侵害ナトハ毛頭考ヘテ居ラヌ

五、和平交渉ヲ開始スル橋渡シ程度ノ第三國ノ介入ハ敢テ妨ケナキモ之レトテ御互ヨリ好ンテ求ムヘキモノテハナイ、況ンヤ夫レ以上ニ居中調停ナトト云フコトヲ招來スルニ至リテハ單ニ紛糾ヲ增スノミニ過キヌト考ヘル、假リニ公正ナル双方ノ滿足スル調停カ出來タリトシテモ將來永

ク第三國ノ容喙ヲ蒙ルノ端緒ヲ作ルコトニナリテ折角民族國家トシテ支那ヲ强化シタイ處ノ吾々ノ希望ヲ裏切リテ今後モ支那ヲウダツノ上ラヌ破目ニ陷ルルノ恐カアルカラ絶對ニ避ケ度日支間ノ直接交渉カ一番宜シイ、滿洲事變勃發ノ當初ニ於テ支那カ日本ノ直接交渉ニ快ク應シテ居ナケレハ滿洲ノ地圖ノ色合ヒハ今日ノモノトハ異ナツテ居ルト思惟スル

六、賠償ナトヲ今日ノ支那ニ課スルナトハ氣毒ナ感シモスルガ勝者タリ敗者タルノ因緣ニ於テ之レニ對スル日本國民ノ要望ハ頗ル高イ而カモ金カナケレハ物ヲ以テ代ヘテモ宜シイ、之レモ蔣氏カ交渉ノ相手トナルト否トニヨリテ必スヤ國民的ノ要望ニ輕重、大小ヲ生スヘキコトカ豫想シ得ラレル、保管ノ依託ヲ引受ケナカラ之ヲ破滅セシメタルモノニ對シテハ必然的ニ賠償スヘキテアルト信スル、

七、談判ノ場所トシテハ閑靜テアリ餘リ異邦人ノ寄リ附ケナイ、色々ノ雜音ノ入ラサル所カ宜シイ、此意味カラスレハ香港モ上海モ適當テナイ、臺灣邊ハ如何カトモ思フカ交通モ氣候モ餘リ宜シクナイカラ、結局ハ長崎(雲仙)邊カ好クハナイカト差當リノ思付テアル

八、今後ニ於ケル日支相互間ノ話合ハ懸引ヤ術策ヲ弄セス所謂誠意ト誠心ノ取引ニシタイ、明朗ナル東亞建設ノ第一階段トシテノ此ノ談判ニ於テハ斷シテ陰暗ナル策略ナトヲ用フルコトヲ許サヌ、支那ノ使臣ノ人選如何ニヨリテハ日本ハ首相ヤ外相モ乘リ出シ來ルノ意氣テアル

九、日本ハ財政、經濟的ニ行詰リ近ク破綻シ最後ノ勝利ハ支那ニ歸スルトノ觀察ハ支那人ヲ始メトシテ歐米人間ニモ眞面目ニ持チ居ル樣テアル、夫レハ著シク日本ヲ理解セサル認識不足ノ見方テアル、前年來努力シ來リシ生產力ノ擴充ハ本年末頃カラ來年ニカケテ愈々效果ヲ發揮シ來ルコトナリ、數モ問題視サレテ居ルノハ鐵ト石油テアル、北支滿鮮ノ鐵鑛モ開發ノ計畫カ大ニ進ミ今年末カラ來年ニカケ大ニ生產能力ヲ高メ、長江筋ノ鐵鑛モ大ニ利用出來ルシ石油ノ如キモ低溫乾溜、石灰化《(ママ)》事業モ大ニ進捗シテ工業化スルニ至ルヘシ、之ニ加フルニ戰線ノ大整理ヲ行ヒ來ルトキハ兵力モ現時ノ半分以下延ヒテ經費モ約半部以下ニ止ムルコトハ困難ナラズ、殊ニ年度ヲ重ヌルニ從ツテ糧ニ敵ニヨル式ノ妙用モ加ハリテ裕ニ五年テモ十年テモ戰爭繼續ハ敢テ困難ナラサルヘシ矣、

棉花羊毛ノ如キモ鮮満北支ヲ通シテ追々ト増産ノ傾向ニアリ又利用ノ道モ整備シツヽアルカラ明年位カラハ大ニ余裕ヲ生スルニ至ルヘシ、

十、両軍相搏チ共ニ疲レツヽアルノヲ金儲ケヲ為シナカラホホ笑ヲ漏シツヽアル國カ其邊ニハ多イ、斯様ナ惨事ヲ御互ニ永ク繼續スルコトハ東亞ノ破滅ヲ意味スルカラ一日モ早ク戰争ハ止メネハナラヌト考ヘテ居ル、左リナカラ日支間ノ眞ノ親善提携ノ出來ヌ様ナ姑息ノ平和ハ矢張リ禍ヲ後日ニ貽シテ東洋ノ破滅、第三者ノ利得ニ落付クニ過キヌカラ日本ハ獨力テモ東亞民族ノ繁榮ト東亞ノ平和ヲ建設スヘク而カモ支那カ反省シテ衷心ヨリ誠意ヲ以テ參加シ來ランコトヲ祈リツヽ今次ノ事變ニ對應シツヽアル所テアル、之レカ今次出兵ノ目的テアル、惨事ヲ續ケルコトハ本意テナイ、寧ロ痛恨事トシテ居ル

237　張燬章との会談に関する神尾茂の報告

昭和13年8月9・10日

香港神尾ヨリ朝日緒方宛書面

朝日神尾―張燬章會談

一、小生カラ改造サレタ近衞内閣ハ戰争遂行上ニモ基礎鞏固ヲ加ヘタカ、コレニブレーキヲカケ得ル力モ持ツコトニナツタ、和戰何レトモ時機ノ宜ニ應シ得ル準備カアルト言ツテヨイ、其ノ何レニ進ムカハ支那ノ出方態度如何テアル、必スシモ戰争一點張テナイコトニ着眼シテ支那モ速カニ順應スヘキテアルコトヲ説イタニ對シテ、張君ハ、支那ノ態度ハ一ツシカナイ、主權ヲ護リ領土ヲ保持スル以外ニ何ノ野心モナイ、タダソレダケダ、簡單明瞭、支那ノ方針ハ一貫シテヰル、ソノ文獻ハ昨年七月蔣介石盧山ノ演説、臨時全國代表大會ノ宣言書(汪兆銘執筆)ニツキテヰル、簡單ナルカ故ニ國人悉ク一致シテ之ヲ支持シ、最後マテ抵抗スルトイヘハ誰レニテモワカルノタ、實際抵抗以外ニ何ノ考ヘモナイ、云々トソノ堅決想像以上テアルコトカ看得サレル

二、ソノ基ク基礎的見解ハカウテアル、卽チ今コソ日本ハ支那ト交戰シテヰル、一年ニシテ約五十億ノ巨資ヲ費シ國力ノ消耗甚タシイ、コレニロシヤカ加ラナイト誰カ保障シ得ルカ、昨年六月カンチヤンツ事件ノ際ト今回ノ張鼓

峯事件ト比較スルト、**ロシヤ**ニ何カシカノ決心ノアルコトハ明カタ、客觀的ニ見テ**カンチヤツ**ノ時ハ日支間ニハ戰爭ハナカツタ、今日ハ已ニ一年間ノ戰爭ヲヤツテノ後テアル、恐ラク第二、第三ノ張鼓峯事件カ起ルモノト見ラレルカ、ソノ都度**ロシヤ**ノ態度ハ硬化スル、日本ハ今コソ穩《（隱カ）》忍モスルカ恐ラクハ勢ノ趨クトコロ大決心ヲセネハナラヌ時カ來ヤウ、日露ノ大戰ハ一年カカルカ半年カカルカ何レカ勝ツカ敗ケルカ豫想テキナイケレトモ、幸ニモ日本カ勝ツタトシテ、國力ノ消耗ハ如何、恐ラクヘトヘトタラウ、ソノ時**アングロサクソン**ノ擴張サレタ海軍カ物ヲ言フノテアル、英米ノコトタカラ强力テムキ出シニ押シツケテ來ルコトハナイニシテモソノ頤使ニ甘シナケレハナラナイノハ明白タ、日本ハ戰勝ノ結果ヲ失ヒ彼等ノ欲スルトコロニヨツテ訂正ヲ餘儀ナクサレ、日本ハ一等國トシテノ位地ヲ失フタラウ、……コレカ張君ノ基本的國際形勢觀テアルカ、翌朝ノ新聞ニ汪兆銘カ重慶ノ紀念週テヤツタ演說ト觀察ニオイテ符節ヲ合シタヤウニ一致シテヰルニ驚イタ、張君ニ次ノ日質シタトコロ、コレハ漢口方面ノ常識テ別段打合シタワケテハナイト言ツテヰル、……張君モ汪兆銘モ日本ヲシテ現在英米ニ對シ一敵國ノ觀アラシメルノハ其强大ナル海軍カアルタメタ、然ルニ三年後ニハ日本ハ國力消耗ノ結果海軍擴張ノ競爭ニ於テ資力ノ缺乏カラドウシテモ落伍セサルヲ得マイ、トノ觀察ヲ下シテヰル、……ソコテ今コソ戰爭ヲ中斷シテ日本ノ國力ヲ蓄ヘルナラハ、日本ハ押モ押サレモセヌ一等國トシテ將來ノ繁榮ヲ約束サレルノテハナイカト言フノカ張君ノ斷案テス

二《（ママ）》、餘リニ日本ノコトバカリ言ヒオタメゴカシニ墮シタノデ翌日ノ會見ニ於テ私ハ、日支兩國ノ運命ヲ共同的ニ開拓維持スル立場ニ返ラナケレバ如何ナル立言モ役ニタタヌ、三年ノ後日本ハヘトヘトニナルト君ハ云フガ、支那ハ如何ト反問シタ張君ハ支那固ヨリ疲弊困憊、日本以上デアラウ假リニ三年ノ長期戰ヲ續ケタラ、支那奧地ノ破壞ハ想像以上デアラウ、今ナレバコソ漢口マデデ濟マサレルガ奧地悉ク破壞爆擊ニ會フダラウ、ダカラ「日支共倒レ」ト言ヘバワカル、今度ノ戰爭ハ日支ノ結合ヲ喜バヌモノノ蔭ニヒソメル戰ヒデアル、日支ヲ永遠ニ離間シ日本ヲ葬ツテ然ル後ニ支那ヲ自由ニシヤウトスルモノノ戰

ヒデアル、故ニ我等ハソウ知リツツ日本ノ近視的壓迫政策ニ追ヒ詰メラレテロシヤノ懷ニモ縋リ唯ダ抗日、抵抗アル而已トイフコトニナツテヰル、今ニシテ若シ日本ガ大乘的立場カラ斷然從來ノ對支政策ヲ一新シテ根本的革新ヲ遂ゲルナラバ、和議ハ立ロニ成ルモノト確信スル、我等モ及バズナガラ協力シテ御援助シタイノデアル。

三、ソレニハ先ヅ第一ニ日本ノ支那觀ヲ根本カラ改メナケレバナラヌト張君ハ主張スル、曰ク、支那ハ未完成國家デアル、自ラ獨立ヲ保持シ得ナイ積弱ノ國家デアルトイフノガ、コレマデノ日本ノ見方デアツタ、今度一年間ノ戰爭デ、難有イコトニ日本カラ叩キツケテ貰ツタオ蔭デ、支那國民ハ自國ノ領土ヲ守リ主權ヲ保持シヤウトスル魂ヲ入レテ貰ツタ、今日マデ一年間斷然戰ヒヌイタ旺盛ナ獨立擁護ノ精神ハ大シタモノダ、立派ニ獨立國タル根本條件ヲ備ヘルニ至ツタノダ、マヅ之ヲ日本カラ認メテ貰ハネバナラヌ、支那國民ハ今コソ二年デモ三年デモ如何ナル犧牲ヲモ拂フベク決心シテヰル、官吏ガ減俸ニ會ヒ百姓ガ追立テラレテモ仕方ナイト觀念シテヰル、コノ獨立擁護ノ精神ヲ認メテ、支那ハ弱國デモ獨立國家トシテノ新タナ認識ヲ與ヘテ貰ヒタイ、恰カモヨーロツパニ於テオランダ、ベルギーナドハ小國デアルケレドモ英佛等ノ大國ノ間ニ伍シテ平等ノ待遇ト尊敬ヲ與ヘラレルト同樣デアリタイ

四、大局ノタメニ從來ノ經緯ヲ捨テ乾坤一擲ノ大轉換ヲヤルナラバ、ソノ日本ノ行動ハ全世界ノ暗雲ヲ一掃シ日本ノ立場ヲ明朗ニスルモノダ、スベテノキーハ日本ノ對支那政策ニアル。對支政策ノ大轉換ニ在ル

五、英米ノ對日方針ガ一變スルダラウ、ロシヤノ日本ニ對スル相對的勢力ハ急ニ低下シ對日壓力ハ減殺サレルダラウ

六、ソコデ張君ハ私ト十二分ノ討議ヲ遂ゲタ後斯ウ言ヒ出シマシタ、……事ハ急デアル、果斷ト迅速ヲ以テ而シテ極祕裡ニ收拾ヲ圖ラナケレバナラヌ、漢口ガ落チテ仕舞ツタノデハ遲イ、トラウトマンノ斡旋モ南京陷落前ダカラコソアソコマデ行ケタノダ、ソシテ結局ハ南京ガ落チタノデ失敗シタノダ今度又漢口ガ落チタラ國民政府ハ又シテモ敗戰ヲ吃シ体面上カラシテモ强イコトヲ放送シナケレバナラヌ、ソレデハ半年以上遲クレル、或ハ當分ソノ機會ガナイカモ知レナイ

七、先ヅ第一ハ事實上ノ停戰ダ、日本ハ自ラ決心シテ自然ト進兵ヲ停止スル
八、ソノ間ニ然ルベキ代表者ヲ派遣シテ內交涉ヲ開始スル、代表ハ軍人デモヨイ、或ハ支那カラ汪兆銘ヲ出シ副使トシテ何應欽ヲツケテモヨイ、汪ガ出レバ日本カラ宇垣外相自ラ出馬シテ貰ヒタイ、ソシテ疾風迅雷ノ決定ヲナシ日支自ラ善後ノ處置ヲツケテ歐米ヲアツト言ハシテヤル、コノ間ノコツハ西安事變ノ際共產黨トノ妥協ヲ完成シテ奇蹟的解決ヲ告ゲタヤウナ遣方デナケレバアチラカラ故障ガ起リコチラカラ反應ガ起ツテ頓挫ヲ免レナイダラウ
九、最後ノ仕上ゲハ支那ノ國內消費ノタメニ斯ク出來上ツタ內交涉ノ結果ヲ形式的ニ第三國ノ調停ニカケテ仕上ゲヲスル、ツマリ實質的ニハ日支直接交涉、形式的ニハ第三國ノ調停トイフコトニシテハ如何
十、以上ハ張君ノイハユル「ステーツマンライク、スペクタキユラー、アクト」ニヨル日本ノ「イニシヤティーヴ」ヲ求メタ結論デアル、ソシテ曰ク、初メカラ條件ニツイテ逐條審議的ニ押ツケテ行カウトシタノデハ見込ガナイ、ト

十一、ソレデモ根本精神ハ以上ノ如キモノトシテ實質的ニ如何ニ考ヘテヰルカヲ叩イテ見タ
1、下野問題、形式的ニ肩スカシヲヤレバ却ツテ從來ノ行掛ヲ一掃シ日本ノ要求條件モ緩和シ得ルデハナイカト說イテ見タノニ對シテ曰ク蔣ハ北伐以來十數年ノ犧牲カラ生レタ國民的ヒーローデアル、今若シ長期戰爭ヲシヤウトスル場合ナラバ、蔣ノ下野ガアツテモ抗日ノ波ニ乘ルカラ他ノ代リノ人ガ出テ來ルカモ知レヌ、併シ和議ヲ遂ゲル場合ハ蔣ヲ措イテ外ニ人ガナイ、國人ノ信賴ヲ集メテ責任ヲ負フモノガナイ、コレハ實際ノ情勢ダ、但シ下野ノ形式デ一時去ルコトニヨリ支那ヲ救ヒ支那ヲヨイ方ニ導キ得ル確實ナ途ガアルナラバ蔣氏ハ自己ノ進退ヲ問題ニハシナイダラウシカシ周圍ガ聽クマイ
2、北支政權ヲ如何ニスルカノ箇條ニツイテ、小生カラ、國民政府ハスデニ共產黨ト妥協シ「中國蘇埃維《ソヴエート》政府」ノ解消ヲ條件トシテ之ヲ特別行政區トシ毛澤東ヲ首班トスル特別地域ヲ認メタト同樣ニ、王克敏ヲ首班トスル特別行政區トシテ、形式上國民政府ノ傘下ニ入ルル

コトハ如何トノ提言ニ對シテ、張君ハ容易ニ承認ヲ肯ゼズ陝西ノ邊境地方ト北京天津地方ノ相違ヲ論ジテ但シコレニハ妥協ノ餘地ガアルト思フノハ、蔣介石ハ北支ニツイテハ何時モ政治的問題ニ重キヲ置キ經濟的問題ニハ注意ヲ拂ハナイ風ガアル、日支經濟提携トイフ實質的問題ニツイテ日本ノ必要ヲ充タスナラバ妥協ノ餘地ハアリソウダト結論シタ、……張君ノ話ニヨレバ陝西特別區ハ正式ニハ未ダ國民政府ノ承認ハナイ、タダ抗日戰爭ノタメニ實際上大目ニ見ラレテヰル程度ダト主張スル

3、防共問題、共產黨ト國民政府トノ關係ニツイテハ日本ニ根本的誤解ガアル、カク接近サセタノハ日本ノ壓迫ニ因ル、且ツ共產黨ハ昔日ノ共產黨デハナク三民主義ヲ奉ズル國民政府ノ司令ノ下ニ立ツテヰル、階級鬪爭、マルキシズム、土地沒收等ノ政策ハ引込メテヰル、張君ハカク說明シテカラ支那モ日本ニ對シテフアッショ化ハ不可ダト言フ樣ナ考方ヲヤメ、相互ニ內政不干涉主義ヲ尊重シテ、互ニ相手國ノ國內政治ニハ容喙シナイト言フ態度ニ出タイモノデアルト主張スル

4、撤兵(駐兵)問題ニツイテハ事軍事ニ亘ルカラワザト提言スルコトヲ避ケタガ、張君ノ獨立國待遇論カラ餘程強イ主張ノアルモノト推定スル

十二、以上ハ九日、十日ノ兩夜、前後七時間ニ亘ル意見交換ノ結果得タル張君ノ話テアル……張君ハ外界ニ漏レルコトヲ氣遣ヒ、惡ルイ反應ト、惡意ノ宣傳材料ニ供サレルコトヲ恐レテヰル、當局者ノ參考資料トシテハ極メテ生新ラシイモノト信スルカ、東京ノ內部ハ極メテ複雜テアルカラ之ヲ如何ニ御使用ニナルカニツイテハ全ク尊兄ノ愼重ナルディスクレッシヨンニ御任セシタイノテアリマス

十三、時局重大、形勢逼迫ノ際テスカラ、何卒國家百年ノ大計ヲ立テ、後世子孫ノタメニ針路ヲ誤マラナイヤウニ致シタイモノテアリマス廟堂諸公ノ支那ニ關スル認識如何ハ關係スル所極メテデリケートト且ツ重大テアル、願クハ尊兄ニ於テ然ルヘク御裁量ノ上御提示アランコトヲ祈リマス

十四、私ハコノチヤンネルノ開拓ト維持ノタメニ及ハスナカラ努力スヘク、必要ナラハ何時テモ東京ヘ急行シテ說明

ノ任ニ當リタイト思ヒマス

238　昭和13年9月2日　宇垣外務大臣／板垣(征四郎)陸軍大臣　会談

広東出兵に関する宇垣・板垣会談

付記　昭和十三年九月五日、外務省作成
「廣東出兵ニ關スル外務當局ノ意見」

廣東攻略ニ關シ宇垣大臣、板垣陸軍大臣會談ノ件

（昭和一三、九、三、亞一）

九月二日朝板垣陸相宇垣大臣ヲ來訪、陸軍トシテハ茲一箇月位ノ中ニ廣東攻略ヲ實行スル計画アル處右ニ對スル外務大臣ノ御意見ヲ承リ度旨述ヘタリ

右ニ對シ宇垣大臣ハ廣東攻略ハ國際關係上影響スル所大ナルニ付自分トシテハ愼重研究ノ要アリ、卽チ支那事變發生以來廣東ノ問題ニ關シ外務大臣ト各國大使トノ間ニ如何ナル應答アリタルヤ其ノ他現在ノ國際關係上ヨリ見タル廣東攻略實行ノ可否、廣東攻略ヲ行フトスルモ漢口攻略ノ上支那ニ於ケル事態ノ推移ヲ見定メタル上行フヲ可トスルヤ將又漢口攻略前行フヲ可トスルヤ等研究スヘキ點尠カラス、更ニ大切ナルコトハ支那事變ニ對スル見透シ如何ノ問題ナリ、陸軍トシテハ如何ナル見透シヲナシ居ルヤ等ノ應酬アリタルカ結局大臣列擧ノ諸點ニ付更ニ研究ヲ進ムルコトトシテ一應會談ヲ打切リタリ。

編注　本文書および本文書付記は、「極東国際軍事裁判関係文書」より採録。

（付記）

廣東出兵ニ關スル外務當局ノ意見（十三年九月五日）

去ル二日陸相來訪、廣東方面ヘノ出兵ニ關シテ一應ノ説明ヲ與ヘラレ卽答ヲ求メラレタルカ、卽答ヲ爲スニハ事餘リニ重大ナリト考ヘ數日間ノ猶豫ヲ求メテ考慮シ且研究スルコトトセリ。考究ノ結果トシテハ

政、戰兩略上及兩廣地方民心ノ傾向等ニ照シ該方面ニ出兵シテ皇威ヲ示シ又蔣軍補給ノ根據ヲ剿滅スルコトハ必要ナリト常々ヨリ考慮シ居ル所ナルモ、其ノ出兵ノ時機ニ就テハ今日ニ於テハ、大乘的ニ戰局ノ收拾、戰後ノ經營等ニモ想到シテ、南支ニ深キ利害ヲ有スル列國ニモ餘リ深刻ナル

刺戟衝動ヲ與フルコトハ、出來ル丈ケ避ケル樣努ムルコト賢明ナリ、之カ爲ニハ事前及事中ヲ通シテ、相當ノ工作ヲ行フコト肝要ナリ。

然ルニ事前ノ準備工作トモ看做シ得ヘキ對列國關係ノ懸案ノ如キハ、其ノ解決遲々トシテ進捗セス、將又廣東地方ノ軍事的價値ハ、蔣介石軍ノ四川、雲貴方面退避、漢口死守、粤漢鐵道杜絶等ノ噂ニヨリ、從來ヨリモ漸次減少シ來ルヤノ感アル今日、突如トシテ廣東出兵ヲ行フニ至リテハ、政略出兵ナリトノ疑惑ヲ生セシメ、只サヘ國際感情ノ緩和シ居ラサル所ニ、更ニ大ナル刺戟衝動ヲ與ヘ、頗ル面白カラサル關係ヲ生スルノ虞アリ。

就テハ別紙「廣東攻略ニ伴ヒ考慮ヲ要スヘキ諸點」ニ示セル如ク、該出兵ハ漢口攻略後ニ實施スルヲ適當ナリト認メラル。

將又陸相累次ノ御話ニヨルト、漢口、廣東ノ始末カ付ケハ、陸上ニ於ケル積極的ノ軍事行動ハ一段落ナリトノコトナリ。然ラハ所謂漢口、廣東ノ作戰ハ、對蔣軍事行動ノ最後ヲ飾ルヘキ華ニシテ、又此處ニ政略カ、軍略ニ代リ時局ノ前線ニ進出活動スヘキ轉換ノ要機ニテモアリ、軍事的成果ノ偉大ト完全ヲ期スルト共ニ、爾後ノ政略運用ニ有利ナル素地ヲ作ルヘキ餘裕ヲ與フル意味合ヨリ、同時ニ二兎ヲ追ハス、又餘リ事ヲ急カサル方得策ナリト思惟ス。

然レトモ用兵上是非トモ急ヲ要スルトノ事ナレハ、漢口攻略前ノ出兵モ已ムヲ得サルヘキモ、其ノ際ニ於テモ左ノ件々ニ十分ニ注意ヲ拂ハルルコトヲ要望ス。

一、用兵上支障ヲ生セサル範圍ニ於テハ、勉メテ出兵ヲ豫想漢口陷落ノ時期ニ近ツケ、國際關係調節ノ爲メ餘裕ヲ與フヘキコト。

二、今日迄列國トノ協和ヲ害スル重要原因タリシ各種懸案ヲ急速ニ解決スヘク協力スルコト。

三、出兵ニ際シテハ別紙所載ノ諸點ニ就キ十分ニ注意スルコト。

（別　紙）

廣東攻略ニ伴ヒ考慮ヲ要スヘキ諸點

（昭和一三、九、三　亜一）

一、外交上ノ經緯

(イ)本年一月六日廣田大臣「クレイギー」英大使會談ノ際

英大使ヨリ若シ日本側ニ於テ香港近クヲ攻撃セラルルコトトナラハ英國側ヲ刺戟スルコト甚大ナルヘシト述ヘタルニ對シ廣田大臣ハ日本側ニ於テ今ノ所斯ノ如キ計畫ナキモ廣東ニ對スル點ハ蔣介石ノ出様如何ニ依ル譯ナリト應酬セリ

(ロ)本年二月九日廣田大臣「クレイギー」ト海南島問題ニ關シ會談ノ際「ク」ヨリ日本側ニ於テ香港附近ノ島嶼ヲ占領セハ問題ヲ惹起スル惧アリト述ヘタルニ對シ廣田大臣ヨリ我方ハ目下ノ所香港附近ノ島嶼ヲ占領スル考ナキモ右占領カ必要トナリタル場合ニ於テモ香港トノ機微ナル關係ヲ十分考慮スヘシト述ヘタリ

(ハ)本年六月二十八日宇垣大臣「クレイギー」ト會談ノ際大臣ヨリ帝國政府トシテハ海南島占領ノ意思ヲ有セサルコトハ屢々聲明ノ通ナルカ將來軍事行動ノ廣東方面ニ及フカ如キ事態ニ立到ラハ或ハ海南島ヲ攻擊スルコトアリ得ヘキモ右ハ固ヨリ領土的野心ニ基クモノニ非サル旨答ヘタル處「ク」ハ海南島ノ占領ハ英國ニ於テモ種々偏見ヲ以テ見ルヘキニ付十分御含ミ置キアリ度シト述ヘタリ

卽チ帝國政府ハ英國竝ニ其他ノ國ニ對シ廣東方面ヲ攻略セストノ約束ヲ與ヘタルコトナシ唯上記ノ通リ若シ香港附近ノ島嶼ヲ占領スルコト必要トナリタル場合ニハ香港トノ機微ナル關係ヲ十分考慮スヘキ旨ヲ英國側ニ了解セシメ居ルノミナリ

二、廣東附近ニ於ケル英國側主要權益

(イ)香港方面ニ付テ言ヘハ英國ノ領土タル香港島(一八四二年南京條約)九龍租借地及其ノ附近一帶ノ租借水面(一八九八年ノ香港地域擴張ニ關スル條約)アリ

(ロ)廣東ニ付テ言ヘハ一八六一年ノ協定ニ基ク英國租界アリ沙面ノ約五分ノ四ヲ占ム

(ハ)其ノ他廣九鐵道、粤漢鐵道、廣梅鐵道ニ關スル英國ノ借款上ノ權益アリ又各種ノ通商航海條約ニ基ク通商航海上ノ權利ハ略々英國カ上海及揚子江ニ付有スルモノト性質ヲ同シクスルモノト心得間違ナカルヘシ

三、要スルニ香港ハ政治經濟ノ兩方面ヨリ見テ英國ノ對支活動ニ關スル最初ニシテ又最後ノ據點ナリト云フヘク隨テ之ニ近接セル廣東地方ヲ攻略スルコトハ如何ナル場合ニモ英國側ニ對シ大ナル衝擊ヲ與フルコトトナルヘキニ付

英國側ノ既得權益ノミナラス其ノ國民的感情ニ付テモ最モ細心ナル注意ヲ拂フヲ要ス從テ

(イ)我軍事行動ノ結果ニ伴フ英國側權益ノ侵害ニ付テハ極力之ヲ避クルコトヲ要シ殊ニ突發的椿事ヲ惹起スルカ如キコトハ絶對愼マサルヘカラス

(ロ)之カ爲ニハ成ル可ク英國領土、租借地域及水面ヲ敬遠スルコト問題發生ヲ避クル實際的方法ナルヘク、又支那側カ第三國殊ニ英國ヲ捲込マントスル謀略ニハ絶對引掛ケラレサル樣注意スルハ勿論英國側自身カ此ノ種謀略ヲ用フルコトモ充分警戒スルコト肝要ナルヘシ

(ハ)軍事行動開始ニ當リテハ適當ノ時機ヲ見計ラヒ英國側ニ對シ我方ノ目的ヲ明ニシ香港ヲ中心トスル英國側權益ハ十分尊重セラルヘキコトヲ了解セシメ以テ無用ノ猜疑心竝ニ感情ノ昂奮ヲ惹起セシメサル樣手ヲ打チ置ク必要アルヘシ

四、廣東攻略ニ關連シ主トシテ海軍側ヨリ海南島攻略ノ議論起ルヘキコト豫想セラル

然ルニ海南島ヲ我方ニ於テ占領ノ意圖ナキ次第ハ前記英國大使トノ會談ノ際宇垣大臣ヨリ言明シタル通リナルノミナラス、海南島ノ攻略ハ單ニ佛國ニ對スルニ止マラス香港ヲ有スル英國ニ對シテモ同樣大ナル衝擊ヲ與フル次第ニテ現ニ英國大使ハ我方ニ對シ機會アル每ニ廣東攻略ノ意圖ト共ニ海南島攻略ノ意向ニ付テモ質問スルヲ怠ラサリシ次第ナリ隨テ廣東攻略ト同時ニ海南島攻略ヲ行フカ如キコトアラハ英國ヲ極度ニ刺戟シ事態ヲ重大化スルノミナラス英佛ノ聯繫ヲ愈々堅クシ我方ニ對スル國際關係ヲ極度ニ惡化セシムヘシ仍テ廣東攻略ヲ決行スルニ當リテハ嚴ニ海南島攻略問題ヲ切離スノ方針ヲ確立シ置クコト肝要ナリ

五、廣東攻略ノ時機ニ付考慮スルニ

(イ)日本軍漢口攻略ノ上ハ次ニ來ルヘキモノハ廣東攻略ナリトノ考方漸次常識化スヘキヲ以テ英國側ニハ或ル程度諦メノ念モ生スヘク漢口攻略前突如廣東攻略ノ擧ニ出ツルヨリモ英國側ノ人心ヲ刺戟スルコト尠カルヘシ

(ロ)漢口陷落ノ後、廣東攻略ヲ行フ場合ニハ廣東側モ既ニ士氣沮喪シ居リ漢口陷落前ノ攻略ニ比較シ攻略容易トナルヘシ

廣東攻略ノ際敵軍ノ戰鬪意識强烈ニシテ激戰トモナラ

ハ勢ヒ香港附近及其ノ他ノ英國權益ニ不慮ノ災害ヲ與ヘ英國トノ間ニ思ハサル事端ヲ釀ス惧モアリ、對外關係ヲ考慮セハ廣東攻略戰ハ出來ル丈ケ激戰ナクシテ終了セシメ得ルカ如キ狀勢ノ下ニ行フ方適當ナリ

以上ヲ考慮スルニ廣東攻略ハ漢口攻略後トスルコト適當ナリト思考セラル

編注　別紙に基づき本文の部分は宇垣外相自身が起草したとのメモあり。

239

昭和13年9月4日

事変収拾方針に関する宇垣外相の石射東亜局長への内話要領

九月四日宇垣大臣ノ石射ヘノ内話（私邸ニ於テ）

一、漢口攻略ト廣東攻略ニ付テ

漢口攻略ハ陸軍大臣ハ九月一杯ニ出來ル樣ナ話ヲシテ居ルカ我軍ハ廬山附近ニ於テ相當打擊ヲ受ケ居リ、又本格的ニ漢口攻略ヲスルニハ或地點テ一應我兵力ノ勢揃ヘヲ仕直スコトニナリ居ルモ未タ其地點ニモ豫定ノ通リ達シ居ラス旁々九月一杯ニハ六ケ敷カラン。我漢口攻擊軍ノ兵力ハ東久邇宮樣ノ率ヰラルル三ケ師團（大別山脈ノ北カラ）ト長江筋ノ五箇師團ト合セテ八ケ師團位ナルカ漢口守備軍ノ兵力ニ比シ餘リニ寡シト思フ、此點大丈夫カト陸相ニ念ヲ押シタルニ陸相ハ大丈夫ト云ツテ居タカ、過日凱旋ノ香月第一軍司令官ノ言ニヨレハ現在ノ日本軍ノ戰鬪力ハ事變中半減シタル由、夫レハ兵數ニアラス兵ノ素質卽チ未教育兵ヤ後備ヲ多ク動員シタルカ爲ナリ。故ニ自分ハ或ハ漢口攻略ハ現兵力ニテハシクシリハセヌカト心私カニ心配シ居ル次第ナリ。別紙(編注)ノ書物中ニモ漢口廣東攻略ハ、此戰役ヲ飾ル最後ノ華ナルソト書キタルハ失敗シテハナラヌソトノ意ヲ持タセタル積ナリ。サレハ廣東攻略ハ後廻シニシテ廣東ヘノ爲メニ今上海テ待機セシメテ置ク二箇師團ヲ場合ニヨリテハ漢口ニ注キ込ムノ用意必要ナリ。此點カラ云フモ廣東攻略ハ漢口攻略後ノ情勢ニヨリテ取掛ルカヨロシト思フ尤モ多田參謀次長ノ言ニヨレハ廣東攻略ハ今直ク御裁下(可カ)ヲ得テモ準備ニ一ケ月以上ヲ要スル故攻略ヲ實施スルノハ十月十日ヨリ廿

日ノ間トナルヘシ（陸相ハ九月末カ十月初ニ實施出來ルト云ヒ居リ此點兩者ノ話カ喰違フ）トノコト、ソウスレハ結局廣東攻略ハ漢口攻略後ト云フコトニ事實上ナルテアロウ。

二、事變ノ收局ニ付テ

事變ノ收局ニ付テハ君ノ提案ノ如ク蔣介石相手ノ和平ヨリ外ナカルヘシト思フ。自分モ大臣就任ノトキ近衞首相ニ對シ一月十六日ノ聲明ハ場合ニヨリ乘リ切ルコトトノ了解ヲ得テ居ルノタ、只急ニ蔣相手ノ和平ヲ提案シテハ騷カレルハカリタカラ潮時ヲ見テ居タノタカ最近ノ狀勢カラ見テ最早其工作ニ取掛ツテ然ルヘキ時ト思フ、出來ルナラハ漢口攻略前ニ蔣ト話ヲ付ケ度シト考フ。國內ノ狀勢ヲ見ルニ、昨日來訪ノ多田次長ハ何トカシテ一日モ早ク時局ヲ收拾シテ頂キ度イト切ニ言ツテ居ツタ、ソコテ蔣相手ノ和平ハ陸軍ハトウカイト尋ネタルニ最早今日テハ一月十六日聲明ニコタワラヌカヨロシイト思ヒマストノ返事テアツタ。然ラハ陸軍ハソレテ纏メテ行ケルカト反問シタルニ多田ハ陸軍全體トハ云ヒ兼ネルカ軍令系統ノ方ハ纏メ得マスト云ヒ居タリ。聞ク所ニヨルト先日閑院宮様カ參內セラレタトキ陛下ヨリ陸軍テハ蔣介石相手ハマタイカンカトノ御下問アリ之ニ對シ宮様ハ卽答申上ケス翌日再ヒ參內シ蔣相手モ已ムヲ得マセヌトノ趣旨ヲ御答申上ケタ由ナリ。問題ハ陸軍ノ一部ニアルテアロウ所ノ强硬論者タカ、板垣モ此頃ハ大分蔣介石ヲ相手トセスト云フコトノ解釋ノ間口ヲ廣クシテ來タ樣テアルカマタ煮エ切ラヌ點カアル、夫レト云フノハ板垣ハ坂西等ノ謀略カウマク行ツテ相當ナ中央政權カ出來、夫レニ漢口政府部內ノ一部ヲ參加セシメ得ルカモ知レナイト云フ所ニ望ヲ繫イテ居ル樣タ。何レ今月中旬坂西カ歸京スレハ其邊ノコトカ少シ明カトナルテアロウ、此工作ハ君ノ意見ニヨレハ下策ナリトアリ、自分モシカ思フモ今ノ所蔣ヲ相手ニセスト云フコトカ前提トナツテ居ル故直ク打切ル譯ニハ行カヌ。此外五相ノ中テハ池田藏相トハヨク話合ツテ居リ、米內海相モ結局蔣相手ノ和平ニ異存ナキモセメテ和平成立後蔣カ下野スルコトニシテ貰ヒ度イトノ意見ジヤ。民間方面テハ朝日ノ緒方ヤ同盟ノ岩永ナトノ來テノ話ニヨルモ一般ニ一日モ早ク戰爭ヲヤメテ貰ヒタイトノ氣分故蔣ヲ相手ニセスナト云フコトハ問題ニセサルヘシトノ事ナリ。殘ル所ハ右翼ナルモ之モ何トカナルヘシ。

（石射ヨリ最近政黨ノ一部ニ蔣相手ノ卽時和平論ヲ唱フル者アルコト、頭山翁卽《（側カ）》近者ノ話ニヨレハ頭山翁カ蔣相手ノ和平ノ爲メニ時期ヲ見テ起ツ意向アルコト、其他石射ノ得居ル情報等ヲ御話セリ、大臣註釋シテ云フ政黨方面ノ連中ハ表面ニハ蔣相手論ハ出來ヌタロウ、今日テハ頭山ノ率ヰル右翼ハ右翼全體ヲ代表シテ居ラヌ）

三、香港總領事ニ對スル訓令ニ付テ

右ノ如キ次第故香港中村ニ對シ一歩進ンタ訓令案ヲ研究シテ貰イタイ、夫レハ日本國内ノ情勢ハ和平後蔣カ支那國民ニ對シ罪ヲ謝シ自發的ニ下野スルナラハ蔣ヲ相手ニ和平スルモ可ナリトノ空氣カ濃厚トナリツツアル旨ヲ喬ニ告ケ孔トノ話ヲ繋キ再ヒ先方ノ意向ヲ打診セヨトノ趣旨ヲ練ツテ訓令案ヲ起草シテ貰イ度イ。昨日モ萱野カ一兩日中ニ又香港ニ行クトテ來訪シタルカ萱野モ右ノ如キ下野ナラハ大丈夫出來ルト云ツテ居タ（之ニ對シ石射ヨリ蔣ノ下野カ一時的、自發的テアリ復職ニ日本側カ文句ヲ云ハス先方ノ自由ト云フコトニスレハ蔣モ事變後靜養ヲ欲スヘキニヨリ下野ノ話ハツクナラント「コンメント」ス）

四、其他ノ和平條件ニ付テ

多田次長ハ和平條件ノ一トシテ北支ヲ日本色ノ濃イ特殊地域ニシ度イ、蔣介石ト和平シタカラトテ臨時政府ヲ見捨テタノテハ日本カ餘リ信義ヲ無視スルコトトナリ後日ノ爲ニモ面白カラスト云ヒ居タリ之ニ對シ自分ハ特殊地域ト云ツテモ儲ケ主義テナク日本ノ國防資源ヲ之ニ求ムル爲メノ經濟的特殊地域トシ、中村へ手交セル訓令ニモ書イテ置イタ通リ防共線トシテノ特殊地域ナラハヨロシイ、アトハ臨時政府カトウナラウト夫レハ支那人同志《（士カ）》ノ話ニ任セテナル様ニナラセタラヨロシイト答ヘ置キタリ。

（此點ニツキ石射ヨリ神尾ト張季鸞トノ話ニアリタル通リ蔣ハ北支ノ政治的「インテグリテー」ニ重キヲ置クモ日本ニヨル經濟開發ニハ反對的關心ヲ持チ居ラヌコト。政治的特殊地域ハ冀察政權ニ對スルト同樣ノ失敗ヲ繰返スコトトナル故絕對ニ避クヘキコト、和平諸條件ハ思切ツテ寛大ニスル必要アルコトヲ述ヘ大臣ハ其通リナリト云フ）

五、蔣ヲ相手トセサル場合ニ付テ

多田次長ハ蔣ヲ相手トセサルトキハ漢口攻略後ハ積極的進撃ハヤメテ守戰ニ移リ京津地方、及滬寧地方ハ之ヲ平面的ニ治安ヲ維持シ、其他ハ線的ニ治安ヲ維持スル積ナリト云ッテ居タ、其説明ニヨレハ平面的ト云フハ其地一帶相當ノ範圍內ノ治安、線的トハ鐵道線路ノ確保ト云フ意味テ其他ノ地方ト京漢線ノ鄭州以南ハ放棄スル由ナリ。夫レテ兵力ハ幾何節約出來ルカト質問シタラ現在ノ在支兵力ノ二割位ナルヘシトノ事ナリ。夫レテハ中央政府ヲ立テテヤツテモ結局日本カ手辨當テ何年モ大軍ヲ駐兵シ財政カ持テルモノテ無イト云ッテ置イタ。

六、雜　談

(第三委員會決定ノ上海都市建設基本要綱竝ニ上海恆産株式會社設立要綱ニ關スル石射ノ説明ヲキキタル後閣議へ提出スヘキ右ノ書類ニ花押シツツ)

ナゼコンナモノヲ急クノカナア、君ノ問題ニシタ土地買上値段ノ不合理ナ點ト土地代金トシテ賣主ニ渡スヘキ社債ノ不合理ナ點ハ閣議テモ注意シテ置カウ、上海カラ來電ノ梁鴻志ノ話ニヨルト反對側ノ西部ノ地價カ上ッテ行クト云フ、皮肉ナコトテハナイカ、梁鴻志ヅラニアノ電報ノ様ナコトヲ云ハレルノハ心外タカ肯綮ニ當ッテ居ルノタカラ仕方カ無イナ

(石射ヨリ板垣陸相ハ支那ニ關係スルコト長キニ拘ハラス阪《(坂カ)》西氏等ノ工作ニ望ミヲカケ實力アル中央政府カ出來ル様ニ考ヘテ居ルノハ全ク支那ニ關スル認識不足ト云ハサルヲ得ナイト述ヘタルニ對シ)

板垣ハ古クハ支那ニ居タカ數年來滿洲ニバカリ居タカラ最近ノ支那ヲ知ラナイノタヨ

(其他アリタレトモ略ス)

編　注　別紙とは第238文書付記のことと思われる。

240　昭和13年9月9日

坂西・袁良会談要領

坂西中將ト袁良トノ會見談(要領)　(九月九日袁良ノ私宅ニ於テ)

坂西

自分等ノ育テタル子供等カ不手ギワナル遣方ヲ繰返ヘシ居ルヲ以テ老軀ヲ挺シテ渡支セル次第ナリ
實ハ自分ハ一昨年南京ニ於テ蔣介石氏ト會見シ日露戰爭前ニ於ケル日支ノ關係ヲ具ニ説明シ日露戰爭中ニ於ケル清國ノ採リタル政策ニ言及シ當時ノ日支間ノ關係カ眞ニ理想的ナリシ所以ヲ詳述シ最後ニ蔣氏ニ對シ日蘇ノ間萬一戰火ヲ見ルニ至ラハ閣下ハ如何ニセラルルヤ決心ヲ伺ヒ度シト質問セル所蔣介石氏ハ熟慮ヲ請ヒ數日後其ノ決心ヲ披瀝シ「日蘇ノ間ニ萬一戰端ヲ開クカ如キコトアラハ自分ハ中立ヲ嚴守スル爲ニ全力ヲ盡スヘシ何トナレハ支那カ蘇聯ト提携シテ對日戰爭ノ片棒ヲ擔クコトアル場合ヲ想像シ見ルニ日本カ勝利ヲ得レハ支那ハ蘇聯ト共ニ敗退セサルヘカラサルカ之ニ反シ蘇聯カ勝利ヲ得タル場合ニ於テモ支那ハ全國赤化ヲ免レサルヲ以テ支那ノ取ルヘキ途ハ中立以外ニナシトノ結論ニ到達セリ」ト述ヘタリ
自分ハ蔣介石氏ニ對シ「閣下ノ御決心ヲ聽キ欣快ニ堪ヘス此ノ重大ナル決心ヲ拜聽セルカラニハ歸國後日本當局ヲシテ國策ヲ誤ラシメサル樣及ハス乍ラ側面的ニ努力致スヘシ」ト挨拶シ勇躍歸國ノ途ニ就ケリ其ノ途次南關東軍司令官竝ニ宇垣朝鮮總督ニ對シ蔣介石氏ノ決心ヲ語リ更ニ歸京後某閣僚ニ對シ右蔣介石ノ決心ヲ傳ヘテ善處方ヲ薦メタル處同閣僚ハ之ニ躊躇セルヲ以テ其ノ儘同問題ニ深入リスルコトナク太平洋會議ニ出席ノ爲赴米セリ自分ノ考ヘトシテハ米國ヨリ歸國後更ニ政府ニ進言スル積リナリシカ不幸十二月十二日ノ西安事變ノ爲ニ蔣介石氏ハ殆ト其ノ自由ヲ奪ハレタルヲ知リ日支兩國ノ爲ニ痛心セル次第ナリ

袁良

蔣介石ハ當時右樣ノ決心ナリシコトハ自分ニ於テモ之ヲ承知シ居レリ實ハ昨日モ松平氏ニ申上ケタル次第ナルカ坂西閣下カ蔣介石氏ト會見セル頃ニ於テ各省主席民政廳長竝ニ特別市長ノ行政會議ヲ開催セルコトアリタルカ其ノ閉會式ノ席上ニ於テ蔣介石氏ハ祕密ノ訓示ヲ與ヘタルコトアリ右訓示ニ於テ蔣氏ハ「最近國内ニ於テハ日支戰爭ヲ豫期シ居ル者アル處右ハ甚タ不心得ノ考方ナリ日支相戰ハハ何レモ疲勞困憊シ何等得ルコトナキハ想像シ得ラルル所ニシテ斯カル考方ハ今後絶對ニ排斥セサルヘカ

ラス又世間ニハ日蘇戰爭ヲ希望スル者モアル處日蘇ノ戰爭ハ支那ヲ戰場トスヘク且支那ニ赤化ノ機會ヲ與フル結果トナルモノニシテ支那トシテハ極力之ヲ阻止セサルヘカラサル次第ナルヲ以テ行政長官トシテハ右ノ方針ニテ善處セラレ度シ」トノ重要ナル一節アリタリ

尚自分ハ本年二月末及六月末兩同ニ亙リ漢口ニ赴キ親シク漢口政權ノ要人ト懇談セルカ蔣介石ノ聲望ハ日一日ト高マリ殆ト「オール・マイティー」ノ感アリ自分ハ蔣氏ノ努力ニハ感佩シ居ルモ其ノ政治的手腕ニハ感心セサルモノナル處蔣氏ノ獨裁ハ數年前ヨリ既ニ相當ノ域ニ達シ居リ自分ノ經驗ニ依ルモ二年前一夕蔣介石ノ宴會ニ招カレ何應欽、程潛、熊式輝、魏道明等ト共ニ蔣介石ノ卓子ニ着キタルカ席上軍事委員會ノ某職員ヨリ蔣介石ニ對シ一支那人カ木炭ノ自動車ノ優秀ナルモノヲ發明セルヲ以テ之ヲ軍事的ニ使用スル爲軍事委員會ニ於テ補助ヲ與ヘ更ニ研究セシメテハ如何ト進言セル處蔣介石ハ其ハ甚タ結構ナルヲ以テ至急右樣取計フヘシト述ヘタルニ竝居ル面々何レモ唯々諾々トシテ之ニ應シタルヲ以テ自分ハ頗ル齒痒ク思ヒ蔣氏ニ對シ戰爭ハ急速ヲ尊フコトハ御承知ノ通リニシテ自動車ノ如キ一分一秒ヲ爭フモノナルニ拘ラス木炭車ノ如キ速力カラ言ヘハ時代遲レノモノニ對シテ軍事委員會ヨリ補助ヲ與ヘテ研究セシムルカ如キハ妥當ナラサルヲ以テ右ノ進言ハ之ヲ退ケテハ如何ト言ヒタル處蔣氏ハ成程ト肯キタルモ他ノ面々ハ何レモ互ニ顔ヲ見合シ苦笑ヒシ居リタルコトアリタリ

右ノ一事ハ蔣介石カ如何ニ獨裁的ニシテ之ニ對シ直言スル者ナキカヲ示シ居ル事例ナルカ最近ニ於テハ右ノ傾向ハ益々助長セラレ何人ト雖モ蔣介石氏ニ楯突ク者ナキ有樣ナリ例ヘハ過般佐藤安之助氏ヨリ得タル日支媾和條件ナルモノノ寫ヲ漢口ニ持參セル際ニ於テモ張群等ハ蔣介石下野ノ一項ハ之ヲ削除シテ蔣介石ノ閲覽ニ供セル程ニテ汪精衞、孔祥熙、張群何レモ眞正面ヨリ蔣介石ノ下野ヲ切出ス勇氣アルモノナク偶々政治的、財政的專門知識ヲ以テ蔣介石ノ啓發ニ努メタル呉鼎昌ノ如キモ眼ヲ蔽ウテ蔣介石ニ盲從セサルヲ得スト述懷シ居ル程ナリ

蔣氏ノ聲望ハ獨リ軍政財界ニ於ケルノミナラス殆ト一般民衆ニ迄及ヒ居リ小學生迄モ蔣委員長ノ名ヲ聞ケハ直チニ起立シテ尊敬ノ意ヲ表シ自分等カ偶々蔣介石ノ悪口等

ヲ口走ランカ子供等カ眼ヲ剝イテ其ノ親ヲ白眼視スルカ如キ態度ヲ取ルカ如キ始末ナリ

蔣氏ヲシテ斯ク迄ニ偉大ナラシメタルモノハ數年來ニ於ケル日本ノ遣口カ與ツテ力アルヘシト思考シ居レリ

坂西

日支兩國ノ間ハ不幸干戈ノ間ニ相見ユルニ至レルカ日本ノ根本方針ハ昨年九月臨時議會開院式ニ於テ　陛下ノ降シ賜ヘル勅語ナリ卽チ「帝國ト中華民國トノ提携協力ニ依リ東亞ノ安定ヲ確保シ以テ共榮ノ實ヲ擧クルハ是レ朕カ夙夜軫念措カサル所ナリ」トノ大御心カ我國ノ對支根本方針ナリ政府ハ右勅語ノ趣旨ヲ体シ㈠支那ノ主權ヲ侵害セス㈡領土權ヲ侵害セス㈢在支第三國人ノ權益ヲ尊重ストノ三原則ヲ樹立シテ此ノ戰爭ニ臨ミタリ

然レトモ日本ハ客年來實ハ支那ノ主權ヲ最大限ニ侵害シ居ル戰爭ヲナシ居ル次第ニシテ右ハ三原則ト矛盾スル譯合ナルカ日本トシテハ觀念的ニハ抗日分子ト戰爭シ非抗日分子ト戰爭シ居ル次第ニ非ス若シ抗日分子ト非抗日分子トヲ地理的ニ判然區別シ得ルニ於テハ抗日分子ノ地域ノ主權ヲ侵ス戰爭ヲナスモ非抗日分子ノ地域ニ於テハ完全ニ前記三原則ヲ實行シ得ル道理ナルカ抗日分子ト非抗日分子トハ地域的ニ區別シ得サルヲ以テ三原則ヲ其ノ儘尊重スルコトニ困難ヲ感スル次第ナリ

斯ノ如ク無差別ノ戰爭ヲ繼續スルコトハ日本ノ本意ニ非サル處支那ニ於テモ思慮アル政治家ナキニ非サルヲ以テ右樣ノ戰爭ヲ繼續スルコトノ馬鹿ラシサヲ悟ル者出テ來ルヘキヲ期待シ居レリ

袁良

漢口政權部內ニ於テモ心アル政治家ハ何レモ戰爭ノ馬鹿ラシサヲ信シ居リ現ニ汪精衞ノ如キハ自分ニ對シ日支間ニ「兩個大馬鹿」カ居リ頑迷ニ戰爭ヲ繼續シ居ルコトハ正ニ東亞ノ悲劇ナリトテ頗ル痛心セルコトアリ他ノ面々モ戰爭ノ無益有害ナルコトヲ悟リツツアルモ前述ノ通リ蔣介石ニ對シテ之ヲ直言スルモノナキノミナラス陳誠ノ如キハ自分ノ問ニ對シ日支戰爭ノ目的ハ支那側トシテハ日本ト共ニ斃ルルニ在リト自稱シ殆ト政治家ニ耳ヲ藉ササル狀態ナリ

自分ハ二月末赴漢ノ際蔣介石氏ニ對シ日支戰爭ノ眞ノ目的ハ奈邊ニ在リヤト問ヒタル處蔣介石ハ斯ノ如キ莫大ナ

ル犠牲ヲ拂ヒテ日本ト戰爭スルカラニハオメオメト屈服スルニ於テハ國民ニ對シテ何等ノ面目モ立タサル次第ニシテ國民ヲシテ納得セシムル爲ニハ何等カノ成果ヲ獲得セサルヘカラス右成果トハ卽チ日本ノ侵略主義者流ノ反省ヲ促シ日本ヲシテ爾今對支侵略政策ヲ取ラシメサルヤウスルコトニアリト確信シ居レルヲ以テ此ノ目的カ貫徹セサル限リ中途ニ於テ挫折スルコトナシトノ決心ヲ披瀝セリ

然レトモ蔣介石トシテモ共產黨ノ恐ルヘキハ今尙十分承知シ居リ表面國共合作ヲ實現シツツモ成ヘク共產黨ノ勢力ノ國民政府部內ニ伸張スルヲ阻止シ蘇聯側ヨリノ武器彈藥モ直接第八路軍ニ與フルコトナク全部之ヲ一應蔣介石直系部隊ニ於テ受領シ居リ尙蘇聯人飛行士ノ行動ニ對シテモ努メテ支那側正規軍トノ共同作戰ヲ阻止シ居リ只管赤化ノ防止ニ汲々トシ居ルハ張群カ自分ニ對シ極祕ノ含ミトシテ內話セル所ニシテ右ヨリ察スルモ飽迄蘇聯ト合作シテ其ノ運命ヲ共ニスル氣ニハナリ居ラサルモノノ如シ

從テ心アル政治家ハ何等カ局面ノ展開ヲ圖ラントスル一縷ノ望ヲ有シ現ニ宇垣外務大臣カ就任直後外國新聞記者ニ對シテナセル談話（蔣介石カ眞ニ覺醒シ來ルニ於テハ日本トシテモ必スシモ一月十六日ノ聲明ヲ固執スルモノニ非ストノ趣旨）ニ刺戟セラレ張群カ蔣介石ノ意ヲ酌ミテ自分ノ赴漢ヲ促シタル時ニ於テモ着漢後張群、汪精衞、孔祥熙等ト共ニ媾和ノ討議ヲ續ケ張群ノ如キハ曾テ見ラレサル程昂奮シ眞ニ日本カ和平ヲ希望スルニ於テハ自分（張群）カ全權大使トシテ媾和ノ衝ニ當ルモ差支ナシト迄切言セルカ七月六日ノ板垣陸相ノ談話竝ニ七月七日ノ近衞首相ノ談話カ傳ヘラルルヤ豫ネテ今迄穩健的要旨ヲ盛レル蘆溝橋事變一週年記念ノ蔣介石ノ聲明ニ突如修正ヲ加ヘ近衞首相ニ對スル對抗的ノ聲明ヲ發スルニ至リ媾和ノ話ハ全ク一頓挫ヲ來セル經緯アリタリ

坂西

實ハ陳誠ノ如ク徒ニ强カリヲ言フ者カ巾ヲ利カセ居ルハ眞ニ遺憾ノ極ナルカ日本ニ於テモ陳誠ノ如キ者ナキニ非ス隨テ今直ニ停戰トカ或ハ和平交涉トカヲ持出ス時期ニ非サルヤニ思考シ居ルモ自分ハ多年支那ニ在住シ多數ノ友人ヲ有シ居リ眞ニ日本ヲ愛シ、眞ニ支那ヲ愛シ、眞ニ

東亞ヲ愛スル者ナルカ故ニ何時迄モ此ノ狀態ヲ坐視スルニ忍ヒサルヲ以テ御互ニ反省シ（坂西氏ハ「先ツ日本ヨリ反省スルヲ可ナラント思考シ居レリ」ト述ヘタリ）日支間ノ空氣ノ改善ニ努ムル爲及ハス乍ラ老軀ニ鞭打チテ努力致シ度キ考ニテ今般ハ多少ノ責任ヲモ有シ居ルニ付テハ充分視察ヲ遂ケ意思ノ聯絡ヲ圖リ歸朝後政府ニ報告シ度考ヘナリ就テハ貴殿ニ於テモ之ヲ諒トセラレ何分ノ援助ヲ與ヘラレ度シ

袁良

自分ハ閣下ノ御決心ヲ承リ頗ル力强ク感シ居レリ自分モ支那ヲ愛シ、日本ヲ愛シ、延テハ東亞ヲ愛スル者ナルカ故ニ雙手ヲ擧ケテ閣下ノ御趣旨ニ共鳴シ爾今及ハス乍ラ犬馬ノ勞ヲ取ルヘキニ付何ナリ共御申付ケ相成度微力乍ラ閣下ニ對シ御援助申上ケル積リナルニ付御示敎ニ預リ度シ

〰〰〰〰〰〰〰〰

241　昭和13年9月9日　五相会議決定

「聯合委員會樹立要綱」

昭和十三年九月九日
五相會議決定

聯合委員會樹立要綱

目次

第一、方針

昭和十三年七月十五日五相會議決定支那新中央政府樹立指導方策ニ準據シ成ルヘク速ニ聯合委員會ヲ樹立ス

第二、聯合委員會樹立要領

一、聯合委員會ノ樹立ハ主トシテ支那側ヲシテ行ハシムルモ帝國之ヲ內面的ニ斡旋ス

聯合委員會樹立指導ニ關スル現地案決定セハ中央ノ認可ヲ受ケタル後支那側ヲ斡旋スルモノトス

二、聯合委員會樹立指導ニ關スル帝國ノ具体案決定セハ北支及中支政務指導機關斡旋ノ下ニ大連ニ準備委員會ヲ開催セシメ聯合委員會樹立ニ關スル諸般ノ準備ヲ行ハシム

三、準備委員會ノ準備ニ基キ北京ニ聯合委員會ヲ開催セシム

第三、聯合委員會ノ組織及權限

聯合委員會ノ樹立ニ關シ支那側斡旋ノ基準概ネ左ノ如シ

一、聯合委員會ハ臨時政府及維新政府ノ政務ニ關スル共通事項ヲ統制シ且新中央政府ノ成立ヲ容易ナラシム

二、聯合委員會ノ組織概ネ左ノ如シ

㈠聯合委員會ハ差當リ北京ニ置ク

㈡聯合委員會ニ委員六名ヲ置キ臨時及維新兩政府ヨリ各三名ヲ出シ內各一名ヲ常任委員トシテ聯合委員會ニ常置ス

本會ニ蒙疆委員會參加ノ場合ハ同會派遣ノ委員二名ヲ增加ス

㈢委員中ヨリ主席委員ヲ選出ス

㈣主席委員及常任委員ヲ以テ常任委員會トナス

㈤聯合委員會ニ事務局ヲ設ケ事務總長(假稱)一名、局員若干名ヲ置ク

㈥主席委員ハ委員會ヲ統轄シ且會務ヲ處理ス

㈦委員會ハ主席委員及各政府ノ必要ト認ムルトキ之ヲ提議シ隨時開會ス

㈧委員會閉會中ハ輕易ナル事項ニ關シ常任委員會ニ於テ委員會ノ業務ヲ代行ス

㈨委員會及常任委員會ノ議事ハ主席委員全員ノ贊成ヲ得ルニアラサレハ議決スルコトヲ得ス

㈩事務總長ハ主席委員ノ命ヲ受ケ事務局ノ職員ヲ統轄シテ聯合委員會ニ關スル事務ヲ處理ス

(土)聯合委員會ニ要スル經費ハ各政府ニ於テ之ヲ分擔ス

三、聯合委員會ノ權限左ノ如シ

㈠委員會ハ臨時維新兩政府ノ交通、通信、郵務、金融、海關、統稅、鹽務、文教及思想對策等ノ內統制ヲ要スル事項ニ關シ協議ヲ行フモノトス

㈡聯合委員會ニ於テ議決スル事項ハ其性質ニ應シ聯合委員會若クハ各政府ニ於テ之ヲ執行スルモノトス各政府ニ於テ執行セル事項ハ之ヲ聯合委員會ニ報告スルモノトス

第四、聯合委員會指導要領

一、北支及中支政務指導機關ハ對支特別委員會ト密接ニ連繫シ聯合委員會ヲ指導ス

之カ爲右政務指導機關主任者ヲ以テ隨時連絡會議ヲ開催

ス

二、聯合委員會及同事務局ノ事務指導ノ幹事役ハ北支政務指導機關之ヲ擔任スルモノトス

三、聯合委員會及臨時維新兩政府ハ聯合委員會ノ開催、議案ノ提出及其議決ノ執行等ニ方リテハ豫メ其他政務指導機關ノ諒解ヲ得シムル如ク指導スルモノトス

四、聯合委員會及同事務局ノ指導ニ關スル重要事項ハ豫メ中央ノ認可ヲ受クルモノトス

242

昭和13年9月13日

対中工作の現状に関する坂西中将の谷公使に対する内話要領

坂西中將ノ谷公使ニ對スル內話

（九月十三日佛租界大使館邸ニ於テ）

自分カ早クヨリ主張シ來レルコトカ五相會議ニヨリテ論議セラレ殆ント二ケ月ヲ經テ七月廿五（六カ）日一應ノ決定ヲ見、其ノ結果主トシテ蔣介石政權ノ弱体化ヲ圖ル爲ノ謀略ト新中央政府組織工作ヲナス用務ヲ帯ビテ渡支シ海軍側ノ津田中將ト共ニ土肥原ヲ補佐スルコトトナリタル次第ナリ

自分等ノ任務カ臨時、維新兩政府、蒙疆聯合委員會及漢口ニ新設セラルヘキ政權ヲ合シテ新政府ヲ樹立シ同時ニ蔣介石政權ヲ分離セシメテ福建、廣西、貴州、雲南、四川等ニ保境安民式ノ獨立乃至半獨立政權ヲ作リ之ヲ新政權ニ合流セシムルニ在ル次第ナルハ御承知ノ通リナリ廣東ニ於テ獨立政權ヲ作ルヘキヤ否ヤ又ハ作リ得ヘキヤ否ヤハ尚研究中ナルカ今次渡支ノ結果北中支ノ事態ハ過般（五月）視察ノ際ニ比シ豫想外ニ不良ナルヲ見聞シ驚キ且悲觀シ居ル次第ニテ本工作ニ着手セル時期ガ既ニ遲カリシニモ鑑ミ心ノミアセレドモ工作ハ中々思フ樣ニ進マサルヲ惧レ居ル次第ナリ大体北方ニテハ第一流（元老級）第二流（大臣級）第三流（次長、局長級）第四流（課長事務官級）ニ人物ヲ區別シテ接シ來レルカ第一流第二流ノ人物ハナキニ非サルモ第三流第四流級ニシテ實際ニ仕事ノ衝ニ當ル人物拂底シ（指導工作ノ功（巧カ）拙ハ別トシテ）能率上ラサルヲ以テ此等ノ人物ハ將來如何ニシテモ國民政府部內ニ求メ之ヲ拉シ來ラサルヘカラサルヲ痛感セリ

中支ニ於テモ勿論各級ノ人物拂底ナルヲ以テ一面指導宜シ

キヲ得ルト共ニ先ツ國民政府部内ノ三流所ノ人物ニ目星ヲ付ケ手ナツケ置クコト緊急ナリト認メ居レリ勿論是等ト雖モ直ニ來ルモノトモ思ハレサルモ多分ニ色氣ヲ有スルモノモアル模様ニテ（例ヘハ彭學沛、譚乃甘）金サヘ惜マサレハ働手ヲ連レ來ルコト決シテ不可能ニ非ス只此カ爲ニハ相當シツカリシタ支那人ヲ香港邊ニ派シ將來中北支ニ於ケル政權掌握ノ爲ノ政黨組織ノ目的ヲ以テ運動シ居ルカ如クニ見セ掛ケシメ專ラ右支那人ヲ活動セシメテ日本人カ蔭ニテ之ヲ監督スルカ如キ仕組トスルコト功（巧カ）妙ニシテ此ノ工作ノ費用ハ概略月十萬弗ヲ要スル見込ナルカ工作ハ外務省ニテ當ルヲ至當ト認メ居ルヲ以テ（理由ヲ説明セス）土肥原、津田トモ相談ノ上歸京後大臣ニ進言シ出來得ヘクンハ費用ヲモ外務省ヨリ支辨シ早急右工作ヲ開始セシメタキ所存ナリ
第一流人物中唐紹儀ハ中々「ウルサ」型ニテ傀儡ニハナラスト稱シ居ル由ナルヲ以テ或ハ徐世昌カ高齢且不健康ニテモアリ唐ヲ元老院長ノ如キモノニシテ滿足セシメ其レデモマダ兎ヤ角言フ時ニハ嚴トシテ唐ノ我儘ヲ通サシメサル態度ヲ以テスルコト必要ナラスヤト考ヘ居レリ靳雲鵬ノ如キ解リモ好ク寛容ナルカ實行力乏シキ嫌アリ此ノ點ハ唐トハ反對ナリ只元老中ニテ竝大名式ニシタル場合困ルノハ呉佩孚ナルカ彼ハ矢張武人トシテ働カシムル方ヨロシカルヘク此ハ自分限リノ考ナルカ討共軍總司令ノ如キモノニシタラハ萬事好都合ニ收マルニ非スヤト思考シ居レリ
尚將來改組國民政府カ新政府ニ入リ來ル場合ニ於ケル實際ノ政治家ヲ求ムレハ宋子文ニ非スヤト思考シ居レリ自分ト宋トノ交友ハ數年來ノモノナルカ宋ノ氣性、考方ハ殆ント日本人ト似通ヒタル點アリ彼ノ如キカ眞ニ日本ヲ理解シテ出テ來ル樣道ヲ開キ置ク必要アリト信シ徐新六ヲシテ之カ聯絡ニ當ラシメ置キタルカ最近徐ノ奇禍ノ爲有力ナル聯絡者ヲ失ヒ落膽シ居ル次第ナリ尚此ノ宋ノ件ニ關シテ絶体極祕ニシ居ル所ナルニ付其ノ含ミニ願ヒ度シ

243 昭和13年9月15日

対支特別委員会の上海における会議要領

對支特別委員會議　（於上海、九、十五）

一、柴山大佐

(一)唐紹儀トノ聯絡劉華瑞(船津ヨリ森島參事官ニ紹介セル人物)ヨリ得タル情報ニ依レハ唐ハ人ヲ日本ニ派シ度シトノコトナリ唐出馬ノ意思ハアルラシキモ其ノ意判然セス

(二)反戰救國運動

(イ)都甲少佐ニ於テ主トシテ靑年層ニ反戰ヲ起サシムル計劃ヲ樹テ實施シ居レリ

(ロ)四川ニ於テハ川康綏靖署參謀張藩來滬シ同人ヲシテ四川省主席王纉緒ト聯絡ヲ採ラシメ居ル處張ハ大膽ニ之カ計劃ヲ進メ居ル趣ナリ(高橋大佐主宰)

(ハ)長江ニテ當面ノ敵ノ中ニテ反戰聯絡者金安人ナルモノアリ部下五萬ヲ有シ居ル趣ニテ最近敵ノ第一戰ヨリ逃亡兵出テ團體的捕虜多キハ同人ノ劃策スル所ナリ

(ニ)浙江省臺州保安隊(兵力一萬)ノ陳群生張友軍(陸士三十七期生)ナルモノニ聯絡ヲ付ケ九月廿三日ニ旗擧スル約束ヲナシタル趣ナリ

(三)南支方面

(イ)余漢謀カ參謀李學ヲシテ藤井ヲ通シ香翰屛ト共ニ反蔣ヲナス意アリト申出テ來レル由ナルカ右ノ中ニハ英人モ介在シ居ルヲ以テ眉唾モノナリ石野武官モ斯ク判斷シ居レリ

(ロ)余ノ部下中ニハ李振球カ余漢謀ニトツテ代ラントスル野心アルモ何等施策シ居ラス

(ハ)和知大佐ハ李濟深引出ニ熱中シ居レリ同大佐ノ報告ニ依レハ湯恩伯、胡宗南、李濟深、李、白ヲ聯絡シ反蔣的ナラシムル手配ヲナシ稍々緒ニ就キタル趣ナルモ右ニハ五百萬圓ヲ要スル由ナリ、但シ右計畫ハ尙檢討ノ要アリ

(尙柴山大佐ハ大倉組林ノ中支金融ニ關スル意見ヲ報告シ委員會ニ於テ政府ニ對シ中支金融對策ヲ講スル樣進言方ヲ慫慂セリ)

二、坂西委員

谷公使ニナシタルト同樣ノ談話ヲ繰返セリ(但シ蔣政權ノ三四流人物引出工作ニ對シ土肥原中將ハ贊否ヲ明答セス態度消極的ナリキ)保境安民工作ハ陳中孚ヲシテヤラシテハ如何ト提案シ何レモ之ニ贊成セリ(仍テ右ハ同日午後陳ヲ呼ヒ正式ニ依賴シ陳ハ心ヨク之ヲ引受ケタリ)

四川ノ反蔣運動ニ國家主義青年團ヲ用フルコトヲ慫慂シ何レモ贊成ス

（右工作ハ大迫少將カ天津ノ劉招魂（假名）ト聯絡シ進行中ナリ）

三、津田委員

廈門ノ人心收攬ニ注意スル必要アリ

杉坂カ之ヲ主宰スルコトトナリ廈門ニ赴ク豫定ニテ華僑福州ニ呼ヒカクル工作ヲナスヘク福州方面ニ對シテハ海軍ノ指導ニ依リ張鳴之ニ當リ居ルニ付御諒承アリタシ

四、土肥原委員

北支ニ於テハ反共興國軍ヲ組織スルコトニ決定セリ

右ニ對シテハ靳雲鵬モ力ヲ入レ居ル處主任者トシテハ殷同之ニ當リ居レリ

漢口攻略後治安維持會ノ成立ヲ俟テ國民大會デモ開クコト肝要ナルヲ以テ其ノ準備ニトリカカル必要アリ、殊ニ同大會ニハ漢口政權側ヨリ成ルヘク委員ヲ出スヤウ工作シ度シ

244

昭和13年9月16日

東亜局第一課作成の「新中央政府組織ニ關スル一考察」

新中央政府組織ニ關スル一考察　（昭和十三、九、十六、松平）

新中央政府ハ全支ヲ打ツテ一丸トスルカ如キ名實相備ハレル政府タルヲ理想的トスルコト勿論ナル處現下ノ情勢ヲ以テシテハ漢口陷落後蔣介石ノ下野乃至蔣政權ノ改組分裂ノ如キ到底實現不可能ナルヘシ

卽チ蔣介石ノ統制力ハ事變後益々鞏固ヲ加ヘ國民黨員ハ勿論一般民衆ノ信仰的尊敬ヲ集メ其ノ獨裁能力ハ事變當初ノ比ニ非サル模樣ナリ本年七月袁良ノ齎セル平和條件（佐藤安之助ヨリ私案トシテ提示ス）ニ關シテモ汪精衞、張群、孔祥熙等ハ蔣下野ノ部分ハ之ヲ削除シ蔣介石ノ閲覽ニ供セル位ニテ彼等モ正面ヨリ蔣ニ下野ヲ勸告スル勇氣ナク何應欽、程潛、熊式輝等ノ穩健派モ蔣ノ前ニ於テハ恰モ猫ノ前ニ出テタル鼠ノ如ク殆ント命令ヲ鵜呑ニシ居リ平時蔣介石ニ對シテモ多少トモ政治的財政的意見ヲ吐露シテ蔣ノ啓發ニ

努メタル呉鼎昌スラ今ヤ眼ヲ塞キテ蔣ニ盲從セサルヲ得スト述懐シ居ル程ナリ

今日國民政府ノ傘下ニハ種々ノ異分子混在シ居ルモ此等ハ何レモ蔣介石ヲ首領トシテ推戴シ其ノ統制ノ下ニ服シ居リ蔣ハ正ニ支那ニ於ケル軍事的政治的經濟的活動ノ源泉タルノ觀アリ彼ニシテ直ニ下野スルカ如キコトアランカ漢口政權ハ拾收付カサル狀態ニ陷ルコト必定ナレハ此ノ點ヨリスルモ蔣介石ノ下野ハ事實上不可能ナルヘシトノ觀測頗ル多シ

次ニ蔣政權ノ分裂改組ノ如キモ目下ノ蔣介石ノ統制力、民衆ノ抗日意識、列國殊ニ英米佛蘇ノ對支態度ノ存續スル限リ大分裂大改組ヲ助長セシムルコト亦不可能ニシテ蔣政權ヨリ單獨離反者ヲ出サシムルコト位カ關ノ山ナルヘシ尤モ南支方面ニ於テ謀略ノ請負ヲ希望スルモノナキニ非サルモ實力ヲ有スルモノ殆ントナク從テ成功ノ可能性ニ乏シキ次第ナリ

然レトモ新政府ノ樹立工作ニ當リ次ノ事項ニ注意シ堅忍努力シ樹立後モ其ノ努力ヲ傾倒セハ數年ノ後ニハ或ハ蔣政權ヲシテ事實上壞滅セシムルヲ得ルニ至ルヘシ

一、新政府組織ノ當初ヨリ南方系大物（例ヘハ唐紹儀許崇智等）ヲ起用ス

右ハ蔣政權ヲ弱体化ニ導ク最良法ナルカ對支特別委員中ニハ唐等ノ出馬カ面倒トセハ不取敢北方ニ於ケル大物ノミヲ以テ政府ヲ組織セシメントスル意嚮ヲ有スルモノ（例ヘハ土肥原中將）アルヲ惧ルル次第ニシテ假ニ北方系ノモノノミニ限ラルルカ如キコトアランカ右ノ政府ハ中支ニハ「アツピール」セス況ンヤ蔣政權ニ働キ掛クルコト全然不可能ニシテ我方ノ希望ニ反スルコト萬々タリ苟クモ中外ニ「アツピール」シ兼ネテ蔣政權ノ切崩ヲ策スル能力ヲ有セシムル爲ニハ南方系大物ヲ必要トシ之ヲ起用スル爲ニハ多少ノ犧牲ヲ拂フコトヲモ覺悟セサルヘカラス

二、黨派ノ別ヲ論セス人材ヲ登用ス

國民黨員タリシモノト雖モ其ノ「メリツト」ニ應シテ登用スヘク寧ロ行政的經驗ヲ有シ且仕事ニ熱心ナルモノハ國民政府側ノ役人ニ多キヲ以テ此等ノモノヲ多ク起用スルコト功妙（巧カ）ナリ

三、政府樹立ノ方式ハ民主的ナルヘシ

外支人ヲ納得セシムル爲メ形式的ニモセヨ民主的方法（救國善後會議又ハ各省會議等）ヲ採ルコト肝要ニシテ臨時、維新兩政府ノ如ク闇ヨリ生シタル如キ感ヲ與フルハ採ルヘカラス

尚其ノ樹立前ニ通電戰ヲナシ就中國民政府主席林森ノ參加ヲ要求スル通電ヲ發シ樹立後ニハ施政方針ニ關スル宣言ヲ發スルコト肝要ナリ

四、政府ノ權限

廣汎ナル權限ヲ與フルハ不可ナルモ與ヘタル權限ハ自主的ニ之ヲ行ハシメ濫リニ干渉セス成ルヘク傀儡タラシメサルヲ要ス

是ハ新政府ヲシテ民心ヲ把握セシムル所以ニシテ蔣政權ノ切崩ヲ容易ナラシメ列國ノ信用ヲ得シムルニ足ルヘケレハナリ

五、在支帝國軍民ノ對支態度ノ改善

新政府ヲシテ眞ニ親日防共ノ有力ナル政府タラシムル爲メニハ在支帝國軍民ノ文化的水準ヲ高メ眞ニ支那人ヨリ尊敬セラルルニ至ルヲ要ス之カ爲メニハ早急ニ火事泥的行爲ノ禁止不正業者ノ取締ヲナスハ勿論官民就中下級軍人ノ支那人ニ對スル暴擧腕力沙汰ヲ嚴ニ取締ル必要アリ

245 昭和13年9月22日

中華民国政府連合委員会の成立宣言

中華民國政府聯合委員會成立宣言

一三、九、二二

國民黨政權を專らにし輕々しく戰端を開きてより兵の敗退潰滅枚擧に遑なしこの時に當り臨時維新兩政府は時勢の要求に應し何れも戰禍を緩和し國交を恢復し中國垂死の難民を救ひ以て東亞百年の大計を樹立せんとするの目的を以て相前後して成立せり、爾來數ケ月審かに事態の推移を見るに兩政府の分離狀態を以て重要なる政務遂行に積極的なる能はさる憾みあり、然れとも直ちに中樞機關を樹立せんとすれは尙愼重考究を要するものあり、依つて幾度か檢討を加へ商議を重ね今日遂に中華民國政府聯合委員會を組織し救國の精神に基き協力一致して以て反共の實を擧けんとするに決定せり、其の責任重且大なりと云ふへし、本會を組織せる兩政府は素より誓つてこの目的達成に努力すへしと

雖も望むらくに朝野の諸賢も深く民衆の難苦を明察し本會に參加協力して以て國脈の保全に力め一般民衆又國民黨政府の宣傳を誤信し之に盲從することなく速かに迷夢より覺め安危利害の別を明かにして以て其の福利を享受するの道に進むへし、今や共產黨は中國の危機に乘し統一の爲には聯共によらさるへからすと僞り、先つ國民黨政府內部の蠶食を試み將に中華全土を赤化せんとしつつある事、遍く世人の知るところとなれり然かるに蔣介石は頑迷にして悟らす容共を以て飲酖止渴の策となし、徒黨を率ひて無爲の宣傳に狂奔し敢へて立國の道を構せす、專ら外國人を煽惑し、國內有識者に對しては或は脅迫により或ひは食はすに利を以てし之を陷穽に導き、遂に山曲の險を恃して戰禍を延長せしめ以て今日の局面を釀成せり、我か兩政府同人及ひ聯合委員會は斯くの如き悲慘なる國家の犧牲と國民の無窮の悲痛とを坐視するに忍ひす敢へて抱負を揭け今日實行に移さんとす若し夫れ中國にして反共の實を擧けんか國事必す安定すへし、國事安定せは卽ち東亞の平和立ちところに實現し、東洋の平和實現せは卽ち世界は擧けてその利福を享受するに至るへし、聯合委員會成立の意義實に茲に存す、世界有識人士克くこの誠をくみ、その意を達し協力を惜しまされは卽ち從來友好關係に在るものは素より皆兄弟朋友たり、之に反して蔭に蔣を援けて共產黨と相通し表に傍觀を裝ひて國內同胞の水深火熱の苦痛を助長し以て漁夫の利を收めんとするものあらんか吾人之と睦義を厚ふせんとするも能はさるなり、惟ふに我か誠意のあるところ必す全福（幅カ）の支持を受くへしと信す、之實に中國全部の興亡禍福の岐れるところなり

謹んで茲に中外に向つて宣言す

中華民國二十七年九月二十二日

中華民國聯合委員會

246

昭和13年10月(1)日　在香港中村総領事より近衛（文麿）外務大臣宛（電報）

宇垣外相辞任に関する報道振り報告

香港　発

本省　10月1日夜着

第一二二六號

本一日ノ當地大公報ハ宇垣外相ノ辭職ハ軍部、外務ノ對立

ノ犠牲トナリタルモノナルモ更ニ重大原因ハ外相ノ意圖スル列國トノ親善工作殊ニ必要アラハ本年一月十六日ノ聲明ヲ固執セサルカ如キ態度カ軍部ニ受入レラレス且「クレーギー」大使トノ親善工作カ「フアッシヨ」派ノ反對トナリ其ノ身邊サヘ氣遣ハルルニ至リ又近衛首相ノ軍部接近ハ遂ニ外相ノ外交擔任ノ勇氣ヲ喪失セシメタルニ依ルモノニシテ今後日本ハ板垣陸相ノ勢力益々加ハルト共ニ和平自由ノ思潮ハ政治上活動ノ餘地ナキニ至ルヘキカ外相ノ失脚ハ個人的ノモノニアラス之ヲ支持スル方面ノ沒落ヲ意味シ吾人ノ重視スヘキモノナリト論セリ

次ニ華僑日報ハ外相ノ辭職ハ對英、對蘇聯親善工作カ祟リタルト軍部カ歐洲政局ノ混亂ニ乘シ支那侵略行爲ヲ强化セントスル企圖カ外相ノ穩和主義ヲ排シタル結果ナリト述ヘ又大衆日報ハ宇垣「クレーギー」會談ノ失敗ハ日本ノ外交ノ前途ヲ悲觀的ナラシメタルト今後ノ外務省ハ空洞ノ運命ニ陷ルヘキヲ察シ外相ハ去リタルモノナリト論シ居レリ

北京、上海、臺灣外事課長へ轉電アリタシ

---

247 昭和13年10月5日 在北京堀内総領事より近衛外務大臣宛

汪兆銘の密使と王克敏との会見内容に関する情報報告

機密第三四二號　（10月18日接受）

昭和十三年十月五日

在北京

總領事　堀内　干城〔印〕

外務大臣　宇垣　一成《ママ》殿

汪精衛密使來京説ニ關スル件

汪精衛ノ最モ信任篤キ祕書前中國經濟委員會委員黃洙榮ハ本月《ママ》二十三日汪精衛ノ密旨ヲ齎シ祕ニ上海ヨリ天津經由來京王克敏ト會見シタル趣ナルカ其會談内容ニ關シ聞ク處ニ據レハ汪個人トシテ中日政治ノ誤解ニ對スル王克敏個人ノ意見ヲ打診シ且臨時維新兩政府ノ合流ヲ機會ニ何等カ政治的地歩ヲ得ントスルモノノ如ク又日支紛爭ヲ中心トスル個人トシテノ停戰和平ノ斡旋方ニ及ヒタリト云フ

又一説ニ據レハ黃ハ事前ニ王克敏梁鴻志等ノ招請ニヨリ新中國建設重要人物トシテ來京シタルモノナリトモ傳ヘラル

何レニスルモ黄ノ來京ハ停戰ニ動キツツアルコトヲ物語ルモノナリト一部ニ喧傳サル

右諜知ノ儘何等御參考迄報告申進ス

本信寫送付先

在滿大、張家口、天津、濟南、青島、上海、南京、厦門

〰〰〰〰〰〰〰〰〰〰

248

昭和13年10月6日　在天津田代(重德)総領事より近衛外務大臣宛(電報)

唐紹儀暗殺後の新政権樹立工作および漢口陥落の場合の和平見通しに関する陳中孚内話について

付記一　昭和十三年九月三十日発在上海後藤(鎰尾)総領事代理より近衛外務大臣宛電報第二九三七号

唐紹儀遭難の第一報

二　昭和十三年九月三十日発在上海日高総領事より近衛外務大臣宛電報第二九四三号

唐紹儀死亡について

三　昭和十三年十月五日発在上海日高総領事より近衛外務大臣宛電報第二九七七号

唐紹儀襲撃事件の犯人に関する情報報告

天　津　10月6日後発
本　省　10月6日夜着

第九六四號(部外祕)

五日上海ヨリ歸來セル陳中孚ノ館員ニ爲セル談話概要御參考迄

(一、欠カ)約二箇月前ニ赴滬シ唐紹儀ノ蹶起ヲ促シタル處呉佩孚出馬セハ自分(唐)モ出馬スヘシ(呉モ又唐ノ下ナレハ働クヘシト稱シ居タル由)トノコトニテ安堵シ居タル處偶々今回ノ不祥事發生シ南北合作ニ一頓挫ヲ來セルハ返ス々々モ遺憾ナリ、目下唐ニ代ルヘキ人物物色中ナルモ適任者ナク困リ居レリ

二、南京政府重慶移轉ハ四川軍トノ關係上困難ニ付結局常德經由一先貴陽ニ落着クコトトナルヘク漢口拋棄後ト雖引續キ抵抗スヘシ

三、廣東派ノ態度ハ時局收拾ニ影響スル所大ナルヘキ處李宗仁、白崇禧ハ依然南京側ニ加擔スヘク陳濟棠ト余漢謀ハ折合惡シキ爲結局李濟深以外ニ兩廣ヲ背負ヒ立ツヘキ人

物ナシ、李ハ漢口陥落後廣東ニ歸還スヘク目下鳴ヲ鎮メテ機ヲ窺ヒツツアリ

四、四川軍ハ漢口陥落後南京反對ノ旗幟ヲ鮮明ニスヘク既ニ或程度ノ聯絡付キ居レリ

五、時局拾收ハ相當困難ナルモ漢口陥落ヲ機會ニ日本側ヨリ何等カ支那民衆ヲ納得セシメ得ルカ如キ聲明ヲ發表セラルルニ於テハ平和運動勃然トシテ起リ比較的早ク平穏トナルヘシ

六、蔣介石ハ戰爭ニ依ル救國ヲ叫ヒ居ルニ付自分等トシテハ平和運動ニ依ル救國ヲ叫フ積リニテ種々劃策中ナリ云々

尙陳ハ七日赴京ノ豫定ナリ

北京、上海へ轉電セリ

（付記一）

上　海　9月30日後発
本　省　9月30日後着

第二九三七號（大至急）

唐紹儀ハ本朝九時前後佛租界自宅ニ於テ支那刀ヲ所持スル三名ノ刺客ニ襲ハレ重傷ヲ負ヘリ不取敢

北京、天津、香港へ轉電セリ

（付記二）

上　海　9月30日後発
本　省　9月30日夜着

第二九四三號（至急）

往電第二九三七號ニ關シ

唐ハ本日午後四時半頃死亡セリ尙犯人ハ未タ逮捕ニ至ラス

北京、天津、香港へ轉電セリ

（付記三）

上　海　10月5日後発
本　省　10月5日夜着

第二九七七號（極祕）

往電[(1)]第二九三七號ニ關シ

佛租界工部局警察ニテハ三千元ノ懸賞金ヲ附ケ暗殺犯人逮捕ニ躍起トナリタル結果容疑者十數名ノ逮捕ヲ見主犯者謝志培（子培トモ言フ）ノ氏名モ判明シタルカ謝ハ今日迄依然行方不明ノ様子ナリ尙本件ニ關シ五日ＸＹカ軍事委員會當

地機關ヨリノ確實ナル消息トシテ内報スル所ニ依レハ主犯謝ハ唐ノ親戚ニシテ軍事委員會ノ廻者トシテ相當以前ヨリ唐ノ言動ノ監視役ヲ勤メ居タル者ナル處最近唐カ土肥原中將ト會見同中將ニ反共反蔣ノ態度ヲ明確ニセル親筆ヲ與ヘタルコト（但シ右親筆中ニハ將來樹立セラルヘキ中央政權ニ對スル態度ニ付テハ何等言及セラレ居ラサリシ由）及李濟深ヲ上海ニ引出ス爲侯[2]某ヲ使者トシテ香港、湖南方面ニ密派セルコト等軍事委員會當地責任者方面ニ筒抜ケニ判リタル爲（如何ニシテ土肥原中將ニ與ヘタル親筆ノ內容カ漏レタルカニ付テハXYハ承知セサリシモ侯ヲ派遣シタルコトニ付テハ侯カ出發前軍事委員會關係者タル友人ニ個人的ニ其ノ使命ヲ打明ケ了解ヲ求メタルカ爲ナリト語レル由）遂ニ謝等ヲシテ暗殺セシムルニ至リタル由ナルカ軍事委員會關係者側ニテハ被逮捕者中ニハ同委員會特務工作機關ノ會計係ノ者一名捕ヘラレ居ル爲大恐慌ヲ起シ幹部級ハ何レモ居所ヲ晦マシ居レル趣ナリ

追テ本件犯人ニ付テハ三日船津ヨリモ加害者謝ハ往年唐カ廣東中山縣縣長當時生命ヲ助ケタル男ニテ同人カ藍衣社員トシテ活躍シ居タルヲ知ラス平常ヨリ近付ケ居タルモノナル由內報アリタリ

北京、天津、南京ヘ轉電セリ
香港ヘ轉電アリタシ

249　昭和13年10月7日　五相会議決定

「土肥原中將ニ與フル指示」

土肥原中將ニ與フル指示

昭和十三年十月七日
五　相　會　議　決　定

貴官ノ任務ハ從前ノ如シト雖特ニ先ツ「蔣」政權ノ切崩シ工作ニ重點ヲ指向スヘシ

「唐紹儀」ノ逝去ニ伴フ新中央政權樹立難ヲ補フ意味合ニ於テモ中堅タルヘキ壯青年層ノ把握ハ將來益々其意義ヲ增大スヘシ

貴機關ノ行フヘキ主ナル工作ニ關スル當會議ノ腹案左ノ如シ

一、新政權樹立準備工作

「呉佩孚」「靳雲鵬」「舊東北軍」ニ對スル工作
「唐紹儀」ノ遺營ヲ通スル工作
對廣東、廣西工作
一、「蔣」政權切崩シノ爲ノ工作
「蕭振瀛」ヲ通スル工作
「高宗武」ヲ通スル工作
「李宗仁」「白崇禧」ニ對スル工作

250 昭和13年10月8日 近衛外務大臣より在香港中村総領事宛(電報)

岩井副領事の香港出張について

本省 10月8日発

第三九八號(極祕)

在上海總領事ヨリ曩ニ同館岩井副領事カ貴地居住支那人ト連絡ノ爲派遣セル連絡者ヨリ準備出來タル旨ノ電報アリ仍テ此ノ際武漢陷落前後ニ於ケル貴地方面ヨリ見タル奧地情勢ノ査察、貴地居住有能支那人ノ出來ルタケ多數ノ抱込ミ乃至ハ同地軍側駐在員其ノ他トノ連絡ヲ一層緊密ナラシムル等ノ諸要務ヲ以テ近ク岩井副領事ヲ貴地ニ出張セシメ度キ趣ヲ以テ許可方稟請越シタルニ付右許可スルト共ニ貴地ニ於ケル此ノ種工作ハ貴官統制ノ下ニ之ヲ行フコト有效且必要ト認メラルルヲ以テ一應在上海總領事ノ意向ヲモ徵シタル上岩井ヲ八日附貴館兼勤トセリ
尤モ岩井ノ貴館兼勤ハ同人今後ノ工作ノ性質上內部關係ニ止メ外部ニハ一切發表セサルコトトセルニ付右御含ミ置キ相成度シ
上海ニ轉電セリ

251 昭和13年10月20日 在上海日高総領事より近衛外務大臣宛(電報)

新中央政権の実務を担う人材確保のため中国知識階級懐柔工作への機密費支出方稟請

上海 10月20日後発
本省 10月21日前着

第三一一二號(極祕)

谷[1]公使ヨリ
往電第二九四五號ニ關シ
漢口、廣東兩地攻略ト共ニ時局ハ收拾ノ方向ニ進展スヘキ

モ之ニ呼應シテ政治、經濟、文化各方面建設ノ基礎工作ニ努力スルニアラサレハ其ノ成果ヲ收メ得サルコト申ス迄モナキ儀ナル處現在臨時、維新兩政府カ猶充分ノ活動ヲ爲シ得ス中央政權ノ樹立工作亦容易ニ捗ラサルハ其ノ原因多多アルヘキモ近年來軍閥ニ代リテ社會的勢力ノ中心トナレル支那中堅「インテリ」階級カ事變以來殆ト我方ニ離反シ今猶其ノ接觸ヲ囘復シ得サル狀態ニアルコト根本的原因ナリト存セラル若シ現狀ノ儘ヲ以テ進マンカ新政權ノ强化、中央政權ノ樹立モ容易ナラサルヘキハ勿論開發、振興兩會社ヲ中心トスル經濟工作ノ如キモ果[2]シテ豫期ノ目的ヲ達シ得ルヤ否ヤ甚タ覺束ナク思想、文化工作ノ如キニ至リテハ全然手ノ着ケ樣モナキ次第ナリ

右ノ實狀ハ最近現地ニ於テモ次第ニ認識シ來リ之カ對策ヲ講スルノ必要力說セラルルニ至レルカ是等知識分子ヲ我方ニ誘致スル工作ハ多年支那ニ於テ特殊ノ交友關係ヲ有スル外務側ニ於テ之ニ當ルコト最モ適當ニシテ特別委員會關係者モ此ノ方面ノ仕事ハ全ク當方ノ活動ニ期待シ居ル實狀ナリ右ハ中央政權樹立工作ノ準備ノ必要上ノミナラス今後各般ノ建設ノ基礎ヲ築ク根本問題ナルヲ以テ當方ニ於テモ出來得ル限リ努力スル方針ニシテ既ニ之カ工作ニ着手シ居ル次第ナルカ其ノ方法トシテハ中堅知識階級ノ活動分子ニ意ヲ授ケ

最[3]初ハ日本側ト直接關係ナキ體裁ニテ研究會カ又ハ倶樂部等ヲ組織セシメ各自夫々「グループ」ヲ作リ既ニ錢承緒ヲ中心トスル中國經濟研究會、劉華瑞ヲ中心トスル中外經濟協?社、博(傅カ)式說、趙正平ヲ中心トスル會名未定ノ三箇ノ團體組織ヲ開始シタルカ近ク周憲文ヲ中心トスル文化界尖銳分子ノ糾合ヲ目論ミ居レリ(以上氏名、會名絕對極祕トセラレ度シ)而シテ右工作ノ成否ハ當方ノ熱心ト努力トニ負フ所多キハ勿論ナルモ經費ノ關係ハ其ノ影響最モ多大ニシテ本使ノ手許ニ殘存ノ機密費ハ大部分右ニ消費シ盡シ居ル實情ナルニ付冒頭電中進ノ機密費支出方特ニ御詮議ヲ得度ク事情追報旁々重ネテ電稟ス

〰〰〰〰〰〰〰〰

252　昭和13年10月21日　近衛外務大臣より在上海日高総領事宛(電報)

中国知識階級懐柔工作への機密費送金方回訓

本　省　10月21日後8時40分発

第一七一七號（極祕）
貴電第二九四五號ニ關シ
谷公使ヘ
差當リノ工作費トシテ不取敢金三萬圓送金ス尙本件工作ノ
成否ハ主トシテ漢口、廣東攻略後ノ情勢如何ニ依ルモノト
思ハルルニ付將來ノ分ハ今後ノ情勢ニ應シ考慮スルコトト
致シ度尙又申ス迄モナキ事乍ラ貴方ノ活動ハ對支特別委員
會ノ工作ト二途ニ出ツルコトナキ樣同委員會側ト緊密ナル
連絡保持方御配慮相成リ度ク之ガ經理方法ハ日高總領事宛
往電第一六〇八號末段訓令ニ依ラレタシ

253 香港方面での特別工作のため岩井副領事に携行させる近衛外相より谷公使宛書簡について

昭和13年10月25日　近衛外務大臣より在上海谷（正之）公使宛

亞一機密第一五號
昭和拾參年拾月廿五日
外務大臣　近衛　文麿
在上海
特命全權公使　谷　正之殿
香港ニ於テ特別工作ニ從事スルコトトナレル岩井副領事ニ近衛大臣發谷公使宛書翰ヲ持參セシムル件
今般香港ニ赴キ特別工作ニ從事スルコトトナリタル岩井副領事ノ活動ヲ容易ナラシムル爲別添本大臣發貴公使宛書翰ヲ作成送付スルニ付本信又ハ寫ヲ岩井ニ携行セシメラレ錢永銘、杜月笙等ノ抱込ミニ利用セシメラルル樣致度
本信寫送付先　在香港總領事

（別　添）

機密半公信
昭和拾參年拾月廿五日
外務大臣　近衛　文麿
在上海
特命全權公使　谷　正之殿
赴香特別工作ニ從事スヘキ岩井副領事ニ携行セシムヘキ書翰
拜啓陳者今般貴館岩井副領事ヲシテ香港ニ赴キ特別工作ニ從事セシムルコトト相成候處同副領事赴香ノ上ハ同地中村

總領事ノ指導ノ下ニ特ニ左記ノ詣點ニ留意ノ上最善ノ努力ヲ致ス様御申聞ケ相成度此段申進候　敬具

記

一、錢永銘、杜月笙兩氏ノ如キハ新中國ノ柱石トナルヘキ人物ナルニ付我方トシテハ是非共其ノ出馬ヲ希望シ居レリ
二、兩氏ノ生命財産ノ安全保護ハ勿論行動ノ自由モ我方ニ於テ十分之ヲ保障スヘキコト
三、錢氏トハ將來日支提携ノ具体策ニ付又杜氏トハ大上海ノ繁榮策ニ付夫々關係責任最高當局ト懇談方取計ラハシムル用意アリ

本信寫送付先　香港

254　「國家總動員强化ニ關スル件」

昭和13年10月28日　五相会議決定

國家總動員强化ニ關スル件

昭和十三年十月二十八日
五　相　會　議　決　定

現下支那事變ノ遂行竝ニ長期ニ亙ル建設ニ資スル爲今後愈々精神作興、軍備充實、生産力擴充、貿易振興及國内調整ヲ圖ルコト最モ緊要ナルヲ以テ國家總動員法中必要ナル事項ヲ速ニ發動シ總動員態勢ヲ强化ス之カ爲關係勅令ハ遲クモ本年末迄ニ制定公布ス

（備考）

必要ナル事項トハ差當リ別紙ノ範圍トス

（別　紙）

一　法第五條ニ依ル國民ノ協力ヲ求ムル件
一　法第六條ニ依ル職工爭奪防止ノ件
一　法第六條ニ依ル賃金規正ノ件
一　法第十條ニ依ル物資ノ使用收用ノ件
一　法第十一條ニ依ル資金運用異常ナル高率增配ノ抑制及留保益金ノ處分ニ關スル件（留保）
一　法第十三條ニ依ル施設ノ使用收用ノ件
一　法第十三條ニ依ル土地、工作物ノ管理使用收用ノ件
一　法第十六條ニ依ル事業設備ノ新設擴張改良ニ關スル件（資金調整法ニナキ部分ヲ補充スルヲ目的トス）
一　法第十九條ニ依ル價格統制ノ件

一　法第二十一條ニ依ル國民登錄ノ件
一　法第二十二條ニ依ル技能者養成ニ關スル件

說　明

對支大作戰ハ廣東及武漢ノ陷落ニ依リ一段階ヲ劃スルカ如シト雖今後廣大ナル地域ノ治安確保、長期ニ亙ル建設ノ大業ヲ成就スルハ勿論第三國ノ干涉壓迫ニ對處スル爲軍備充實、生產力擴充ヲ遂行スルコト最モ緊要ナリ右ト併行シ貿易振興及國內調整ヲ圖リ以テ軍備ト國力ノ均衡、國民負擔ノ公正化等ニ善處スルヲ要ス

255　**英国政府より日中和平調停提議について**

昭和13年11月1日　近衛內閣總理大臣　在本邦クレーギー英国大使　会談

近衛總理、「クレーギー」英國大使會談要旨（總理未閱）

一三、一一、一
於　總　理　官　邸

（欄外記入）

「クレーギー」英國大使ハ午後二時官邸日本間ニ近衛總理ヲ來訪、會談ノ機ヲ得タルヲ謝シタル後、

大使　最早外相ニアラサル閣下ニ御會見ノ機ヲ御願スルハ稍々當ヲ得サルモノトハ考フルモ、實ハ有田新外相任命前本國政府ヨリ總理ニ申入ルル樣訓令ヲ受ケ居タルモノニシテ本日ハ本國政府ノ訓令ニ基キ非公式ニ英國政府ノ提案ヲ申入ルルナリ。

最近英國政府ハ信賴スヘキ筋ヨリ日本政府トシテ英國政府ノ調停ヲ歡迎スヘシ（Japanese Government would welcome）トノ趣旨ヲ耳ニシタル（It has reached the ears of the British Government that...）趣ヲ以テ、英國政府ハ此ノ際調停者ノ資格ニ於テ（in the intermediatory capacity）其ノ「サーヴイス」ヲ爲スヘシトノ意ニ之ヲ解シ自分ニ對シテモ相談アリタル次第ナルカ、自分トシテハ日本政府側ニハ何等右ノ如キ徵候ヲ見出シ得スト（I could detect no sign on the part of the Japanese Government）回答シ居リタル處、本國政府トシテハ今次ノ悲慘ナル日支事變ヲ終結セシムルニハ假令望ミ稀薄ナリト雖モ（even least promising）英國政府トシテハ斡旋ノ努力ヲ爲スコトヲ忽セニスヘカラサルモノナリトノ意向ヲ有スル所ナリ。英國政府調停ノ條件ヲ本日簡略ニ明示シ日本政府ニ對シ非公式ノ英國側提案ヲ爲スモノナ

リ。條件ハ卽左ノ通リナリ、

一、日本ハ支那ニ於ケル其ノ軍隊ヲ徐々ニ併シナカラ完全ニ(gradual but complete withdrawal)撤退スルコト

二、列國ハ支那ニ於テ完全ナル平等權(complete equality among all powers in China)ヲ有スルコト

三、日支事變ニ關連スル一ノ協定(a Sino-Japanese agreement)ニ英國政府モ加入シ(British Government will subscribe)支那ニ於ケル凡ユル排日特ニ通商上ノ排日ニ支那政府筋ノ活動スルコトヲ(cessession of official Chinese activities in anti-Japanism especially in trade)停止セシメ之カ實行ニ關シテハ英國政府其ノ責ニ任スルコト

右條件ヲ全ク非公式ニ且極祕「プライベート」ニ御開示申上ケ英國ハ斡旋ノ勞ヲ惜シム者ニ非ストノ英國政府從來ノ言明ヲ茲ニ重ネテ申述ヘ且日支兩國間聯絡ノ機關(in the channel of communication)トシ或ハ其ノ他有益且希望セラルル如何ナル他ノ方法ニ於テモ(any other way which would be useful or desirous)斡旋ヲ申入ルルモノナリ。

本件ハ愼重考慮ヲ要スヘク今日閣下ヨリ何等確答ヲ戴クコトハ自分ノ必スシモ期待セサル所ナルカ出來得ヘクンハ閣下ヨリ何等カ本件ノ如キ英國側ノ努力カ其ノ時期ニ非ス(inapportune)ト認メラルルヤ或ハ左ニ非サルヤニ付今日茲ニ閣下ノ個人的御意見ナリトモ御伺スルヲ得ハ幸甚ナリ。

今ヤ漢口モ陷落シ日支事變ヲ終結セシムルカ如キ努力ハ何ナリトモ忽セニスル時機ニ非ス英國政府カ本申入ヲ爲ス所以ナリ。

總理　英國ノ日支紛爭終結ニ對スル希望、場合ニ依リテハ調停ノ勞ヲ惜シマストノ意向ハ茲ニ感謝スルモノナリ。只今大使御申出ノ事項ハ重要且「デリケート」ナル問題ナルニ付本日直ニ御答ヲ致シ兼ヌル次第ナリ。漢口、廣東ノ攻略モ一段落ヲ告ケ日支事變カ今ヤ一轉換期ニ到達セルコトハ自分モ齊シク認ムル所ナリ。今後日本トシテ如何ニスヘキヤノ問題ニ付テハ實ハ今日閣議ノ最中ニシテ自分ハ閣議中中座ヲシ貴大使ニ會見シ居ル實狀ナリ、從ツテ貴大使御申入ノ件ニ付テハ篤ト國內ノ情勢竝ニ支那ノ情勢ニ付考慮ヲ加ヘ近キ內ニ自分個人トシ

テノ意見或ハ回答ヲ申述ヘルコトトモナルヘク本日卽座ニ御返答ハ致シ兼ヌ。

大使　御懇篤ナル御言葉ヲ感謝ス。現在ノ如キ非常時ニ(in the present emergency)於テ英國トシテ何等カ御役ニ立チ度シトノ意向ヲ以テ本件「プライヴエート」ノ申入ヲ爲スモノナルニ付此ノ點ハ十分御承知置ヲ戴キ度ク閣下カ閣議中中座セラレタルコトニ對シテハ御禮ヲ申上クル所ナリ。

此ノ機會ニ於テ本國政府ノ訓令ニ基ク譯ニハ非サルモ、最近ノ自分トシテ憂慮シ居ル事柄ニ付自分個人トシテノ意見ヲ申述ヘ度キ處、御承知ノ通リ自分ハ日英國交調整竝ニ極東ノ將來ニ付種々努力ヲ重ネ來タルモノナルカ最近自分ノ仄聞スル所ニ依レハ(it came to my knowledge)日本政府ハ防共協定ノ强化ニ眞面目ニ考慮(serious consideration)ヲ加ヘ居ル由ナルカ、斯ノ如キ强化ニシテ實現センカ日英間諸問題ノ解決ハ益々困難ナルヘシト思考ス。

勿論防共協定其ノモノニ(pact as such)對シ英國トシテ何等異議アル者ニ非ス、唯所謂防共協定ハ一般ニハ廣汎ナル政治的意味ヲ有スル(wide political significance)カ如ク解セラレ事實上ハ共產主義ニ備フルモノニ非スシテ却テ英國ニ向ケラレタルモノ(against Great Britain)ナリト解セラルル向モアルヤニ觀測セラル、英國政府トシテハ世界各國ノ協調ニ基ク世界平和ノ維持ヲ冀願シ居ルモノニシテ所謂「イデオロギカル・キヤンプ」ヲ結成スルカ如キハ英國政府ノ希望スル所ト相去ルコト甚タ遠キ所ナリ。日本カ獨逸竝ニ伊太利ト親善關係ヲ增進スルコトハ英國トシテモ歡迎スル所ナル事ハ明瞭ニ御諒解ヲ戴キ度シ、唯親善關係ハ他國ノ犧牲ニ於テ或ハ他國ニ向ケラレタルカ如キ方法ニ於テ之カ增進ヲ圖ルヘカラスト云フカ英國政府ノ意向ナリ、世界諸國ハ相共ニ携ヘテ協力スルカ如キ基礎ニ基カサルヘカラサルモノニシテ世界列國ヲ分割(divide)スルカ如キ方法ヲ採ルハ誠ニ不幸ナル所ト考フル次第ナリ。

總理トノ會見ハ或ハ今日ノモノヲ以テ最後ナルヤモ測ラレサルト考ヘタルニ付日英國交調整ノ見地ヨリ茲ニ純然タル個人的意見ヲ申述ヘタル所ナルカ自分カ僭越ニモ日本ノ國内問題ニ批判ヲ加ヘタリトノ意味合ニ御考ナキ樣

特ニ希望ス、唯茲ニ私見ト云フモ本國政府トシテモ恐ラク自分ノ考フル所ト同意見ナルヘシト考ヘタレハコソ敢テ開陳シタル次第ナリ。尤モ英國政府トシテモ共産黨反對ナルコトハ御諒解戴キ度ク、唯共産主義或ハ「コミンテルン」ヲ反撃スル方法ヲ異(different way of fighting against communism or Comintern)ニスルノミナリ。

總理　防共協定ハ防共ヲ目的トスルモノニシテ我國國論ノ中ニ防共協定ハ或ハ國際共産主義若クハ「ソ」聯邦ヲ目的トスルモノニ非スシテ英米其ノ他ノ國ヲ對象ト爲スモノナリトノ如キ言論ヲ爲ス者アルヤモ知レサルカ政府トシテハ防共ハ飽迄防共ニシテ何等他ノ目的ヲ有スルモノニ非ス、此ノ點ハ大使ニ於テ誤解ナキ様御諒解アリ度シ。將來防共協定强化ノ如キコトアリトスルモ斯ノ如キ强化モ亦今申述ヘタル範圍内ニ於テ爲スモノナルハ我々政府當局者ノ意向ナリ。

大使　御言葉ヲ伺ヒテ安心スル次第ナルカ、防共協定强化ノ日英兩國ノ輿論ニ及ホス影響ニ付テハ充分御銘記ヲ戴キ度ク强化實現ノ曉ニハ日英兩國間ノ諸難事ヲ益々困難ナラシムルモノナルコトヲ併セテ御含ミ戴キ度シ。

ト述ヘ更ニ、歡談數分、約四十五分ニシテ會談ヲ終ル。

（欄外記入）

十一月七日接受

256　昭和13年11月3日

東亜新秩序建設に関する日本政府声明

帝國政府聲明

（昭和十三年十一月三日）

今ヤ、　陛下ノ御稜威ニ依リ、帝國陸海軍ハ克ク廣東、武漢三鎭ヲ攻略シテ、支那ノ要域ヲ戡定シタリ。國民政府ハ既ニ地方ノ一政權ニ過キズ。然レドモ同政府ニシテ抗日容共政策ヲ固執スル限リ、コレガ潰滅ヲ見ルマデ、帝國ハ斷ジテ矛ヲ收ムルコトナシ。

帝國ノ冀求スル所ハ、東亞永遠ノ安定ヲ確保スベキ新秩序ノ建設ニ在リ。今次征戰究極ノ目的亦此ニ存ス。

コノ新秩序ノ建設ハ日滿支三國相携ヘ、政治、經濟、文化等各般ニ亙リ互助連環ノ關係ヲ樹立スルヲ以テ根幹トシ、東亜ニ於ケル國際正義ノ確立、共同防共ノ達成、新文化ノ創造、經濟結合ノ實現ヲ期スルニアリ。是レ實ニ東亜ヲ安定シ、世界ノ進運ニ寄與スル所以ナリ。

帝國ガ支那ニ望ム所ハ、コノ東亜新秩序建設ノ任務ヲ分擔センコトニ在リ。帝國ハ支那國民ガ能ク我ガ眞意ヲ理解シ、以テ帝國ノ協力ニ應ヘムコトヲ期待ス。固ヨリ國民政府ト雖モ從來ノ指導政策ヲ一擲シ、ソノ人的構成ヲ改替シテ更生ノ實ヲ擧ゲ、新秩序ノ建設ニ來リ參スルニ於テハ敢テ之ヲ拒否スルモノニアラス。

帝國ハ列國モ亦帝國ノ意圖ヲ正確ニ認識シ、東亜ノ新情勢ニ適應スベキヲ信ジテ疑ハズ。就中、盟邦諸國從來ノ厚誼ニ對シテハ深クコレヲ多トスルモノナリ。

惟フニ東亜ニ於ル新秩序ノ建設ハ、我ガ肇國ノ精神ニ淵源シ、コレヲ完成スルハ、現代日本國民ニ課セラレタル光榮アル責務ナリ。帝國ハ必要ナル國內諸般ノ改新ヲ斷行シテ、愈々國家總力ノ擴充ヲ圖リ、萬難ヲ排シテ斯業ノ達成ニ邁進セザルベカラズ。

茲ニ政府ハ帝國不動ノ方針ト決意トヲ聲明ス。

---

257 昭和13年11月3日

東亜新秩序建設に邁進すべしとの近衛総理ラジオ演説

近衛總理大臣「ラヂオ」放送(十一月三日)

本日ココニ明治節ヲ迎ヘ、明治天皇ノ盛徳ヲ偲ヒ奉ルニ際シ、　天皇ノ御遺業タル東洋平和ノ確立ニ關シ、政府ノ所見ヲ開陳スルハ私ノ最モ光榮トスル所テアリマス。

今ヤ廣東陷落ニ引ツツイテ支那內地ノ心臟漢口モ亦我有ニ歸シ、近代支那ノ全機能ヲ支配スル七大都市ノ全線ヲ包容スル尨大ナル地區、卽チ所謂中原ハ全ク日本軍ノ掌中ニアルノテアリマス。中原ヲ制スルモノハ卽チ天下ヲ制ス、蔣政權ハ事實ニ於テ一地方政黨ニ轉落シ終ツタノテアリマス。日本ハ一方ニ於テ、外部カラノ干渉ヲ排撃スルニ足ル十分ノ精鋭ナル戰闘力ヲ保留シツツ、餘裕綽々トシテコノ戰果ヲ獲得シタノテアリマス。コレ偏ヘニ　陛下ノ御稜威ノ下、忠勇ナル將兵ノ奮闘ニ依ルモノテアリマシテ、日本國民ノ感激ハ比類ナキ迄ニ高潮シタノテアリマス。

コノ輝シキ戰果ヲ思フニツキマシテモ、國民ノ感謝ハ先ツ何ヨリモ數萬ノ戰歿者ト負傷者トニ向ツテ捧ケラレネハナリマセヌ。吾々ハコノ尊キ犧牲ニ對シテ二ツノ義務ヲ感スルノテアリマス。第一ハ是等犧牲者ノ志ヲ嗣イテ戰ノ目的ヲアクマテモ貫キ通スコトテアリマス、第二ハ是等犧牲者ノ遺族家族ニ對シテコレニ報イルコトヲ忘レテハナラヌト云フコトテアリマス。

今ヤ支那ヲ如何樣ニ處理スルトモ、ソノ鍵ハ全ク日本ノ手ニアルノテアリマス。然シ乍ラ、我カ日本ノ眞ニ希望スル所ノモノハ支那ノ滅亡ニアラスシテ支那ノ興隆ニ在ルノテアリマス。支那ノ征服ニアラスシテ支那トノ協力ニアルノテアリマス。日本ハ、東洋人トシテテ《（ママ）》ノ自覺ニ目醒メタル支那國民ト相携ヘテ、眞ニ安定セル東亞ノ天地ヲ築カンコトヲ欲スルモノテアリマス。實ニ支那ノ民族的情勢ヲ認識シ、支那ノ獨立國家トシテノ完成ヲ必要トスルコトニ於テ、日本程切實ナルモノハナイノテアリマス。

等シク東亞ニ相隣スル日本ト滿洲ト支那トノ三大國カ各自ノ個性ヲ存分ニ生カシツツ、東亞保全ノ共同使命ノ下ニ固キ結合ヲナスヘキ關係ニアル事ハ正ニ歷史ノ必然テアリマス。然ルニ日支兩國ノ間ニ於ケル此理想ノ實現カ國民政府ノ誤レル政策ノ爲ニ阻止セラレタル事ハ獨リ日本ノミナラス全東亞ノ爲ニ遺憾ノ極テアリマス。抑々國民政府ノ政策ノ基調ハ、歐洲大戰後ノ反動期ニ於ケル一時ノ風潮ニ便乘シタル淺薄ノモノテアリマシテ、此ハ斷シテ支那國民本來ノ良知良能ニ根差シタルモノテハナカツタノテアリマス。

殊ニ政權維持ノ爲ニハ手段ヲ選ハス、支那ノ共產化竝ニ植民地化ノ勢ヲ激成シテ顧ミナカツタ事ハ新支那建設ノ爲ニ身命ヲ賭シテ戰ヒタル幾多憂國ノ先輩ニ對スル反逆テアルト云ハナケレハナリマセン。コレ日本カ東亞ニ於ケル二大民族カ同文相搏ツノ悲劇ヲ演スルヲ欲セサルニ拘ラス、猶且蔣政權打倒ノ爲ニ戈ヲ執ツテ起ツニ至リマシタ所以テアリマス。

日本ハ今ヤ支那ノ覺醒ヲ望ンテ止マサルモノテアリマス。支那ニ於ケル先憂後樂ノ士ハ速ニ支那ヲシテ本來ノ道統ニ立歸ラシメ、更生支那ヲ率ヒテ東亞共通ノ使命遂行ノ爲ニ蹶起スヘキテアリマス。既ニ北京、南京ニハ更生ノ氣運脈々タルモノアリ、又蒙疆ニハ蒙古復興ノ氣カ漲ツテ居ルノテアリマス。五千年ノ長キ歷史ヲ通シ幾度カ世界文化史上ニ炬火ヲ點シタル支那民族ハ、其偉大性ヲ發揮シ新東亞建設ノ大業ヲ分擔スル事ニヨリ、世界文化ニ新ナル光明ヲ齎シ、祖先ニ恥チサル歴史ヲ殘スヘキテアリマス。國民政府ト雖モ、此支那民族本來ノ精神ニ立歸リ、從來ノ政策ト人的構成トヲ改メ全ク生レ更リタル一政權トシテ支那再建ニ來リ投スルニ於テハ、日本ハ固ヨリ之ヲ拒ムモノテハナイノテアリマス。

世界各國ハ又此東亞ニ於ケル新狀勢ノ展開ニ對シ、明確ナル認識ヲ持ツヘキテアリマス。從來支那ノ天地カ帝國主義的野心ニ本ツク列强角逐ノ犧牲トナリ、常ニソノ平和ト獨立トヲ脅威セラレツツアリシコトハ、歴史ニ徴シ明白テアリマス。日本ハ今日以後カクノ如キ事態ニ對シ根本的修正ノ必要ヲ認メ、正義ニ基ク東亞ノ新平和體制ヲ確立セン事ヲ要望スルモノテアリマス。

固ヨリ日本ハ列國トノ協力ヲ排斥スルモノテハアリマセン。又第三國ノ正當ナル權益ヲ損傷セントスルモノテモアリマセン。モシ列國ニシテ帝國ノ眞意ヲ理解シ、此東亞ノ新狀勢ニ卽シテ其政策ヲ講セントスルニ於テハ、帝國ハ東洋平和ノ爲ニ之ヲ協力スル事ヲ吝ムモノテハナイノテアリマス。

日本カ夙ニ共產主義ト戰ヒ拔カントスル熱情ヲ有スルコトハ、世界周知ノ事實テアリマス。「コミンテルン」ノ企圖スル所ハ東洋ノ赤化テアリ、世界平和ノ攪亂テアリマス。日本ハ蔣政權ノ所謂「長期抵抗」ノ背後ニ妄動スル赤化ノ根源ニ向ツテ、斷乎之カ絶滅ヲ期スルモノテアリマス。幸ニシテ防共ノ盟邦獨逸及伊太利ハ、日本ノ東亞ニ於ケル意圖ニ共感シ、今次事變ニ際シ兩國ノ寄セタル精神的援助カ我カ國民ヲ鼓舞スル所大ナルモノアリシハ吾々ノ深ク多トスル所テアリマス。吾々ハ事變ヲ通シ、此盟約ヲ愈々緊密ニスル必要ヲ痛感スルノミナラス進ンテ共通ノ世界觀ノ下ニ、世界秩序ノ再建ニ協力セントスルモノテアリマス。

實ニ現下ノ世界ニ必要ナルハ、眞ニ公正ナル均衡ノ上ニ平和ヲ築クコトテアリマス。過去ノ諸原則カ事實上、不均衡ナル原狀ノ維持ヲ鐵則化シ固定化スル所ニアツタコ（ト欠カ）ハ否ムヘクモアリマセヌ。聯盟規約ノ如キ國際條約カソノ權威ヲ失墜シタ事ハ、實ニ此ノ不合理ニソノ根本原因カアルル（ママ）ノテアリマス。國際正義ヲシテ一個ノ美文タルニ止マラシメス、通商、移民、資源、文化等ノ人間生活ノ各部門ニ亘リ之ヲ綜合シタル見地ニ立脚シ、現實ニ卽應シツツ歴史ノ發展ニ併行スル新平和體制カ創造セラレネハナラヌノテアリマス。而シテ以上ノ諸條件ヲ完備スルコトカ、現下ノ一般的危機ヲ克服スル唯一ノ手段テアルコトヲ確信スルモノテアリマス。

戰場ノ勇士ヲ絶對ニ信頼シツツ默々トシテ銃後生産ニ從事シ、長期戰ノ姿勢ヲ充實シツツアル全國民ノ姿ハ、正ニ日本人本來ノ面目ヲ現代ニ再現シタルモノテアリマス。日本ノ消長發展カ常ニ國體ニ對スル自覺ト相併行スルコトハ、日本歴史カ如實ニ證明スル處テアリマス。我皇室ノ御軫念アラセラルル處カ常ニ東洋永遠ノ平和確立ニ存スルコトヲ拜察シ奉ルトキ、吾等臣民タルモノハ道德的使命ノ重且大ナルニ恐懼感激セサルヲ得ナイノテアリマス。今ヤ日本國民ハ粛然襟ヲ正シテ自ラニ課セセ（ママ）ラレタル責任ヲ直視セネハナリマセヌ。東亞諸國ヲ聯ネテ、眞ニ道義的基礎ニ立ツ自主的連帶ノ新組織ヲ建設スル任務カ、如何ナル意義ヲ有シ、如何ナル犧牲ヲ求メ、如何ナル用意ヲ必要トスルカニ就テ、徹底セル理解ヲ持チ斷シテ認識ヲ誤ルコトカアツテハナラナイノテアリマス。モシ漢口廣東ノ攻略ヲ以テ一轉機トシテ泰平ノ時代カ直ニ到來スルカ如キ思想ヲ抱ク者アリトセハ、カクノ如キハ今次事變ノ重大意義ヲ理解セサルモノニシテ、天下之以上ノ危險ハナイノテアリマス。新シキ東亞ノ築設ヲ擔當スヘキ日本ハ、其國民生活ノ全分野ニ於テ新シキ創造ノ時代ニ入ツタノテアリマス。コノ意味ニ於テ、眞ノ戰ハ今始マツタノテアリマス。眞ニ偉大ナル歴史的國民タランカ爲メニ、吾々ハ上下一致固キ信念ト決意トヲ以テ、内外整備建設ニ邁進シナケレハナラヌノテアリマス。

258

昭和13年11月17日　在北京堀内大使館参事官より有田（八郎）外務大臣宛（電報）

土肥原機関による呉佩孚擁立工作の急速進展と北支那方面軍などの反発について

別　電　昭和十三年十一月十七日発在北京堀内大使館参事官より有田外務大臣宛第一七〇八号

中央政府樹立問題に関する北京特務部の意見

付記一　昭和十三年十一月十一日、北支那方面軍司令部作成

「和平救國工作指導要綱」

二　昭和十三年十一月十七日

「吳佩孚工作大要案」

北　京　11月17日後発
本　省　11月17日夜着

第一七〇七號（部外極祕）

一、[1]新政府樹立工作ニ關シ最近土肥原機關ニ依リ吳佩孚ヲ首班トスル中央政府樹立ノ工作急激ニ具體化シ（聯合委員會側ニ於テ行ヘル反共救國運動ニモ刺戟セラレ）大體本月二十日頃ヨリ各方面ノ要人ニ對シ（蔣介石以外殆ント一切ノ要人ヲ含ム）反將(蔣カ)、反共ノ通電ヲ發シ二十五日ヲ期シ中央政府ノ準備機關タル元老院ヲ組織シ之ヲシテ急速ニ吳ヲ大總統ニ推戴セシムル運トナルニ至レリ

二、然ルニ右工作ハ軍及臨時、維新政府側トノ聯絡ヲ缺キ居タル爲軍司令部及特務部ニ於テハ中央政府ハ漢口、廣東等ニ政權樹立セラレ蔣政權內ヨリ要人引拔ノ能否ニ關スル目途付キタル時期ニ於テ徐ニ樹立スルヲ可トスヘク吳佩孚ノ工作ニ引摺ラレ急速ニ中央政府樹立ニ着手スルハ臨時、維新政府ヲ動搖セシムルモノトシテ一時意見ノ對立ヲ生スルニ至レリ

三、右ニ關シ十六日喜多部長本官ヲ來訪シ右ノ如キ經緯ヲ述ヘ結局兩者ニ於テ會談ノ結果元老院ノ樹立ノ工作ハ一先ツ之ヲ延期スルコトトシ
[2]不取敢吳ヲ委員長トスル綏靖委員會ナルモノヲ徐州、開?封邊ニ（北京ニ置クハ甚タ迷惑ナリトノ意見ノ爲）設置シ之ヲシテ通電其ノ他ニ依リ反蔣、反共ノ工作ヲ實施セシメ其ノ反響ヲ見タル上徐々ニ中央政府樹立ノ工作ニ移ルコトニ大體話合纏マリ土肥原及喜多兩氏共十八日上京中央ト協議ノ上決定ヲ仰クコトトナリタル趣說明アリタルニ依リ本官ハ對支特別委員會ハ五相會議ニ隷屬シ五相會議ノ決定方針ニ從ヒ工作スヘキモノナルヲ以テ中央政府ノ樹立ニ先チ先ツ反蔣、反共等ノ宣傳工作ニ依リ徐々ニ右樹立ノ機運釀成ヲ計ルニ努ムヘキコト又新中央政府ハ臨時、維新?ノ新政權ノ基礎ノ上ニ樹立セシムヘキモノナルコトハ當然ノ施策ト了解シ居リ從テ今日諸般ノ目安モ付カス且新政權側トノ連繫モ遂ケスシテ早急ニ前述樹立工作ノミヲ進ムルコトハ却テ將來ノ人的工作ニ支障ヲ來スノミナラス臨時、維新新政府等既ニ其ノ基礎固マラントシツツアルモノ迄モ失フ結果トナリ適當ナラス
[3]寧ロ今後各地ニ於ケル新政權ノ樹立ヲ待チ是等各政權ヲ

基礎トシ且出來得レハ國民黨系ノ人物ヲモ網羅シテ今日ノ聯合委員會ヲ擴大强化スル如キ方向ニテ進ムコト最適ト思考シ居ルヲ以テ軍ノ意嚮ニ贊成ナル旨ヲ述ヘタリ

四、本件ニ對スル臨時政府側ノ空氣ニ關シテハ喜多部長ヨリ當地軍側ノ考ヲ說明シタル上王克敏ノ意嚮ヲ質シタル處王ハ元來自分カ臨時政府ノ設立ヲ引受ケタルハ主トシテ國民政府ノ切崩ニ依リ事變ノ速ナル解決ヲ誘致スルト共ニ占領地域內ニ於ケル善政ヲ布キテ人心ヲ收攬スル政治工作ヲ擔當セントスルニ存シタルモノナルカ不德ノ致ス所今日迄右施策ニ成功スルニ至ラス今日トシテハ臨時、維新兩政府等ノ新政權ノ基礎ヲ着々固メ其ノ連繫ヲ益々緊密ナラシメ行クコト結局國民政府ノ切崩ト崩壞ヲ促進スルモノトノ考ニテ進ミ居ル次第ニテ若シ土肥原機關ノ工作カ自分等ノ行方ニ對スル不信ニ起因スルモノトセハ何時ニテモ其ノ職ヲ去ル考ナル旨ヲ述ヘタルヲ以テ部長[4]ハ本件ハ各方面ニ於テ相當機微ナル關係ヲ有スルモ前記軍側ノ意嚮ニモ鑑ミ愼重自分ト其ノ去就ヲ共ニセラレ度シト說示セル由ナルカ曩ニ述ヘタル綏靖委員會ハ上記困難打破ノ爲王揖唐ノ提出セル案ニシテ右程度ノモノナラハ大體異存ナキ趣ニテ王揖唐、湯爾和等他ノ要人モ大體王委員長ト進退ヲ共ニセントシ居ル模樣ナリ（齊燮元ハ治安部トノ關係上綏靖委員會ニモ相當反對シ居ル由）

尙土肥原機關ノ工作ニ對シテハ最初殷同邊リ相當緊密ナル連繫ヲ執リ居タル模樣ナルカ其ノ後張燕卿、池宗墨、李景銘（前庸報社長）等相當札付カ關係スルニ至リタル爲殷モ右工作ニモ見極ヲ付ケ最近手ヲ引クニ至レル由ナリ

尙坂西中將ハ本官トノ話合ニ依レハ餘リ急進主義ニ贊成シ居ラサルモノト存ス

五、本問題ニ關シテハ上記ノ如ク土肥原、喜多氏ノ外原田少將モ中央ニ參集スル筈ナルカ當地特務部ヨリ持參ノ意見書御參考迄ニ別電第一七〇八號ノ通リ內報ス

本電別電ト共ニ上海ヘ轉電セリ

（別　電）

北　京　11月17日後発
本　省　11月17日夜着

第一七〇八號（部外極祕）

一、[1]時期

漢口、廣東ニ政權樹立セラレ蔣政權內ヨリ要人引拔ノ能否ニ關シ目途付キタル時期ニ於テ徐ニ樹立スルヲ可トス吳佩孚ノ工作ニ引摺ラレ急速ニ中央政府ノ樹立ニ着手スルハ最モ警戒スルヲ要ス

二、方法竝ニ機構

㈠新中央政府ハ分治合作ノ方式ニ依リ各地方政權ヨリ所要ノ閣僚ヲ入ルルト共ニ諸勢力ノ首腦者ヲ加入セシメテ組織シ首班ハ之ヲ虛位タラシムル如クス

㈡地方政權ハ其ノ位置ニ依リ特質ヲ異ニスルモ相當廣範圍ノ自治ヲ許シ(地方的外交處理竝ニ治安維持ノ爲所要ノ地方軍ヲ有セシム)特ニ北支及蒙疆ハ帝國ノ國防的見地ニ基キ特殊性ヲ强化ス

㈢各地方政權ハ必スシモ同一ノ機構權限タルコトヲ要セス各地ノ事情ト帝國ノ其ノ地方政權ニ求ムルモノニ依リ確保スヘキ條件ヲ異ラシム

㈣[2]新中央政府ノ首府ハ之ヲ南京ニ置キ北支蒙疆地方ノ特殊性强化ニ便ナラシム

㈤新中央政府ハ帝國ノ國策ニ反セサル限リ細部ノ拘束ヲ加ヘス

三、名稱

新中央政府ノ名稱ハ分治合作ノ主義ニ基キ聯邦國家的印象ヲ施政者竝ニ一般民衆ニ與フル必要上「中華民國聯合政府」等ノ合邦政府的名稱ヲ附與ス

又人心一轉ノ爲年號ヲ改ム

四、樹立要領

樹立要領ハ「支那新中央政府樹立指導方策」ニ準據シテ實施セラルヘキモ中央部ニ於テハ新中央政府ト地方政權ノ權限其ノ他ニ關シ充分ナル研究ヲ遂ケ樹立指導機關ニ的確ナル準據ヲ與フヘク又此ノ樹立工作ハ現存政權ノ指導ニ密接ナル關係ヲ有スルヲ以テ樹立指導機關ハ兩軍司令部及特務部ト密接ナル聯絡ヲ保持シツツ之ニ任シ工作シ齟齬ヲ來ササル如クスルヲ要ス

(付記一)

和平救國工作指導要綱

昭一三、一一、一二

甲集團司令部

第一、方　針

一、土肥原機關及北支、中支兩軍司令官ノ密接ナル連絡諒解ノ下ニ恰モ民意ニ依リ和平救國會ヲ組織セシメ蔣政權勢力ノ切崩及離散軍隊ノ收編工作ヲ實施セシメ其成果ヲ擧ケ大功ヲ樹立セシメ名實共ニ現時局收拾ノ實勢力ヲ培養セシム

二、本謀略工作中吳佩孚ヲ中心トスル工作ハ現存政權ノ範域外ニ於テ行フモノトス

三、本工作成功ノ見透確實トナレハ現存政權ヲ合シ新中央政府ノ樹立ニ着手セシム

第二、指導要領

一、土肥原機關ト北中支兩軍特務部トノ完全ナル諒解協調ノ下ニ現存政權ノ指導及和平救國工作ノ指導ニ相互齟齬ヲ來サシメサル如ク絕ヘス密接ナル連絡ヲ保持スルモノトス

二、上海、北京、天津ノ在野要人ヨリ和平救國時局收拾ノ通電ヲ發セシム

三、全國官民有力者ヲ以テ和平救國會(弭戰救國會)ヲ組織セシメ停戰和平救國救民ノ通電ヲ發セシム

四、各民衆團體(政府、省、特別市公署其他政府機關及新民會等ヲ除ク)若クハ個人ハ蹶起シテ左記對象ニ對シ左記要旨ノ通電ヲ發ス

原案ヲ若干修正スルコト

(イ)反共倒蔣、和平救國、東亞新秩序ノ建設ニ協力親日防共等々

(ロ)(コノ間ニ脱文アリカ)日本軍ヘハ不要「進行見合セハ」……ハ反日本軍トナル虞アリ現在ハ尙敗殘軍ヲ追擊中ニシテ戰果ノ擴大ハ之カラナリ

時期尙早

六、臨時政府維新政府ハ本工作ト平行シテ反共救國大會ヲ豫定計畫ニ基キ實施シ全國代表大會開催ノ機運ヲ促進ス

七、十一月下旬「聯合委員會常任委員會ニ於テ審議スヘキ全國代表大會」ト「土肥原機關ノ指導スル國民代表大會」トノ目的組織、開催要領日時場所等ヲ討議硏究セシメ密接ニ連繫セシム

而シテ右代表大會ノ實施ハ臨時、維新兩政府管轄地域內ニ於テハ聯合委員會ノ指導ニ依リ兩政府之ヲ實施シ、其

他ノ地區ニ對シテハ土肥原機關ノ指導ニヨリテ外方ヨリ發起セシメ內外呼應シテ眞ノ全國代表大會ノ實ヲ備ヘシム

右全國代表大會ハ十二月中旬ト豫定ス

八、此ノ間適當ノ地ニ於テ離散軍隊ノ收編ヲ行ハシム

九、以上ノ工作順調ニ進展セハ更ニ計畫ヲ樹立檢討ス

（付記二）

吳佩孚工作大要案

於東京

昭和十三年十一月十七日

第一期　和平救國工作

一、上海、北京、天津ノ在野要人ノ團體ハ速カニ停戰和平、元老ノ時局收拾要望ノ通電ヲ發セシム

二、全國ノ各民衆團體若クハ個人ハ十一月二十日前後ニ一齊ニ蹶起シテ左記對象ニ對シ和平停戰要望ノ通電ヲ發出ス

對象

㈠元老（出馬懇請）

㈡蔣以外ノ交戰軍事長官

㈢日本側ノ軍事長官、各主務大臣、樞密、貴衆各院議長、各大新聞通信社

三、吳佩孚ヲ中心トシ官民有力者ヲ以テ北京ニ停戰救國會（弭戰救國會）ヲ組織シ「救國救民ノ爲卽時停戰和平ヲ計ラサルヘカラサル」旨ノ通電ヲ發ス

四、臨時政府及維新政府ハ本工作ト平行シテ反共救國運動ヲ促進シ以テ停戰救國會ノ工作ニ呼應ス

五、停戰救國會ハ第三項通電發出後ナルヘク速カニ吳佩孚ノ出馬ヲ懇請シ中華救國綏靖委員會ヲ組織シ吳佩孚ヲシテ其委員長タラシメ和平救國贊同軍隊ノ集中收編ニ當ラシム

中華救國綏靖委員會ハ不取敢其籌備處ヲ北京ニ開設スルモナルヘク速カニ委員會ヲ京津以外ノ地區ニ設ク

六、前項工作ノ進展ニ伴ヒ停戰救國ハ國民大會開催ノ氣運ノ釀成ニ努メ政府聯合委員會亦之ニ協力ス

右協定ノ爲派遣スヘキ要員等ノ選出ハ政府側ニ於テ之ヲ決定スルモノトス

爾後第五項工作ノ成果發揚ヲ見ルニ至ラハ北京ニ國民代表大會籌備委員會ヲ組織ス其指導及組織ハ別ニ定ム

七、國民代表大會ヲ北京ニ於テ開催シテ元老ノ選出及出馬ノ懇請ヲ爲ス其時機ハ追ツテ定ム
八、元老選出セハ元老府ヲ開設ス
　第二期　建國工作
第一期ノ結果ニ基キ諸般ノ狀況ヲ考慮シ更ニ計畫ス

259　中央政権樹立工作をめぐる土肥原機関と現地軍との意見対立につき報告

昭和13年11月17日　在上海日高総領事より有田外務大臣宛(電報)

上　海　11月17日後発
本　省　11月17日夜着

第三四四〇號(極祕、部外祕)
谷[1]公使ヘ森島參事官ヨリ
一、本月三日南京ニ於ケル三省會議ノ際(喜多、原田、野村各少將、菅大佐、本官竝ニ秋山書記官等出席)聯合委員會議決ニカカル反共救國全國代表大會開催ニ當リテハ特別委員會側ノ計畫ト歩調ヲ合スコト必要ナルヲ以テ特ニ上海ヨリ土肥原機關附晴氣少佐ノ來寧ヲ求メ土肥原機關側ノ計畫ニ關シ說明ヲ聽取セリ晴氣少佐ハ詳細ナル內容ニ關シ充分承知セサルモノノ如クナリシモ十一月二十五日ヲ期シ全國代表大會ヲ開催スヘキ旨ヲ披露シタルカ右代表中ニハ維新及臨時兩政府代表者ノ參加ヲ豫定シ居ラス又右全國代表大會ハ反共救國ノ趣旨ヲ宣揚スルニ止マルヤ又ハ右ニ依リ直ニ中央政權樹立ニ移行セントスルモノナリヤ明白ヲ缺キタルモ北支竝ニ中支三省係官トモ(イ)[2]十一月二十五日ハ何レノ途時期尙早ナルコト(ロ)維新、臨時兩政府ヲ差措キテハ將來摩擦ヲ生スルコト必然ナルヲ以テ特別委員會側ノ中央政權樹立工作進捗ニ當リテハ適宜兩政府ト密接ナル連繫ヲ保持スルコト緊要ナリ(ハ)中央政權樹立ニ當リテハ聯合委員會ヲ唯一ノ足場トスルノ要ナキモ聯合委員會又ハ臨時、維新兩政府ニ關聯性ヲ有セシムルコト必要ナリトノ結論ニ到達セリ
二、右ノ趣旨ニ基キ喜多、原田兩部長カ北京ニ於テ土肥原中將ト懇談スルコトトナリタル處原田少將北上ニ先チ喜多部長ヨリ大要土肥原中將ト懇談シタル處妥結ニ至ラサルヲ以テ原田部長ノ北上ハ暫ク延期スルコト然ルヘク問題ハ結局中央部ノ裁決ニ依ル外ナカルヘキ旨電報アリタル

趣ニシテ二十日頃東京ニ於テ土肥原、喜多、原田等會合
中央部ト協議スルコトニ決定セル趣ナリ
三、(3)本官ニ於テ陸海關係者ト懇談ノ際得タル印象竝ニ諸般ノ情勢ヲ綜合スルニ第二回聯合委員會ニ於テハ何等中央政府樹立工作ニ關シ議決スル所ナカリシニ拘ラス本邦諸新聞竝ニ通信カ中央政權樹立ノ前提トシテ大袈裟ナル報道ヲ爲シタル爲土肥原機關ニ於テハ第二回聯合委員會ハ中央部決定ニ基ク所定任務以外ニ逸脱シ中央政權樹立ニ專念シツツアルヤノ誤解ヲ抱ケル傾アリ且唐紹儀ノ横死ハ中央政權樹立ニ一大支障ヲ與ヘタル關係上ヨリモ幾分焦リ氣味ノ傾向アルヤニ看取セラル其ノ間時局收拾上ノ至難ナル實情ニ胚胎シ中南支ハ暫ク措キ事態ヲ北支ニ限局シ一應北支ヲ固メ以テ時局ニ一段落ヲ付クルヲ以テ當面ノ急務ト爲ス意嚮モ一部ニ擡頭シ居ルニアラスヤト推察セラルル節ナキニアラス
四、強力ナル中央政權ヲ成ルヘク速ニ樹立スルコトハ對外關係處理上ノミヨリスルモ必要缺クヘカラサル所ナルカ徒ニ弱体ナル政府ヲ取急キ作ルモ左シタル效果ナカルヘク又(4)維新、臨時兩政府ト無關係ニ工作ヲ進ムルトキハ將來兩政府トノ間ニ對立的情勢ヲ誘致スルコト維新政府成立當時ノ經緯ニ鑑ミルモ明カナルノミナラス他方情報ニ依レハ呉佩孚ハ唐ノ生前ニ於テハ同人ト提携シ出馬スルノ決意強固ナリシモ今日ニ於テハ南方系要人ニシテ蹶起スル者ナキ以上必スシモ單獨出馬ヲ決意シ居ルモノトモ思考セラレサルカ如ク又呉佩孚ト靳雲鵬トノ提携モ充分ノ確實性ナキ趣ニモアリ將來中央政權樹立工作進行ニ當リテハ維新、臨時兩政府共充分ノ打合ヲ遂クルコト絶對ニ必要ニシテ徒ニ時期ヲ急カス廣東竝ニ漢口方面地方政權ノ樹立ヲ見タル上右各地政府ノ聯合體ニ右以外ノ有力分子ヲ網羅スルコト機宜ニ適スヘク此ノ際ノ措置トシテハ全國ニ對シ反共救國ノ運動ヲ擴大スルニ努ムルノ外ナカルヘシ
本官閣下御歸朝後土肥原中將ト直接懇談ノ機ヲ得ス其ノ眞意ヲ的確ニ突止メ居ル次第ニアラス上記ノ觀察正鵠ヲ失シ居ルヤモ知レサルモ御滯京中關係者ト御面談ノ機會アルヘシトモ存シタルニ付右御參考ノ爲電報ス
北京ヘ轉電セリ

260 昭和13年11月18日 在上海日高総領事より有田外務大臣宛(電報)

土肥原機関が中央政権樹立工作に当たって臨時・維新両政府の関与を排除した理由について

上海 11月18日後発
本省 11月18日夜着

第三四五一號(極祕、部外祕)

往電第三四四〇號ニ關シ

谷公使ヘ森島ヨリ

土肥原機關側ニ於テハ維新、臨時兩政府ノ成立ニ當リテハ事前ニ何等民衆ニ對スル工作ヲ爲サス要人ノ引拔ノミニ依リテ之カ樹立ヲ計リタル爲一般民衆ハ依然兩政府ヲ日本ノ傀儡ト認メ居ル事實ニ鑑ミ中央政權樹立ニ當リテハ右ノ如キ遣方ヲ變ヘ出來得ル限リ民衆ノ自發的推戴ノ實質ヲ擧ケ以テ中央政權ト民衆トノ連繫ヲ密ナラシムルト共ニ中央政權成立後ノ指導ニ當リテモ右兩政府ニ對スルカ如キ遣方ヲ變更セントノ方針ヲ持シ居リ全國代表大會ニ兩政府代表ヲ除外セントスルハ一ニハ右根本方針ニ出ツルモノト認メラル右前電補足迄

北京ヘ轉電セリ

261 昭和13年11月20日

日華協議記録、同諒解事項および日華秘密協議記録

付記 昭和十三年十一月二十一日、参謀本部今井(武夫)中佐作成
「渡邊工作ノ現況(第二)」

日華協議記録

昭和十三年十一月二十日、日本側影佐禎昭、今井武夫ノ兩名ハ中國側高宗武、梅思平ノ兩名ト左記ノ如キ内容ヲ協議成立セリ

左記

第一、日華兩國ハ共產主義ヲ排擊スルト共ニ侵略的諸勢力ヨリ東亞ヲ解放シ東亞新秩序建設ノ共同理想ヲ實現センカ爲メ相互ニ公正ナル關係ニ於テ軍事、政治、經濟、文化、教育等ノ諸關係ヲ律シ善隣友好、共同防共、經濟提携ノ實ヲ擧ケ强固ニ結合ス之カ爲左記條件ヲ決定ス

第一條　日華防共協定ヲ締結ス
其内容ハ日獨伊防共協定ニ準シテ相互協力ヲ律シ且日本軍ノ防共駐屯ヲ認メ内蒙地方ヲ防共特殊地域トナス
第二條　中國ハ滿洲國ヲ承認ス
第三條　中國ハ日本人ニ中國内地ニ於ケル居住、營業ノ自由ヲ承認シ日本ハ在華治外法權ノ撤廢ヲ許容ス
又日本ハ在華租界ノ返還ヲモ考慮ス
第四條　日華經濟提携ハ互惠平等ノ原則ニ立チ密ニ經濟合作ノ實ヲ擧ケテ日本ノ優先權ヲ認メ特ニ華北資源ノ開發利用ニ關シテハ日本ニ特別ノ便利ヲ供與ス
第五條　中國ハ事變ノ爲生シタル在華日本居留民ノ損害ヲ補償スルヲ要スルモ日本ハ戰費ノ賠償ヲ要求セス
第六條　協約以外ノ日本軍ハ日華兩國ノ平和克復後卽時撤退ヲ開始ス
但シ中國内地ノ治安恢復ト共ニ二年以内ニ完全ニ撤兵ヲ完了シ中國ハ本期間ニ治安ノ確立ヲ保證シ且駐兵地點ハ相方合議ノ上之ヲ決定ス
第二、日本政府ニ於テ右時局解決條件ヲ發表セハ汪精衞氏等中國側同志ハ直ニ蔣介石トノ絶縁ヲ闡明シ且東亞新秩序建設ノ爲メ日華提携竝反共政策ヲ聲明スルト共ニ機ヲ見テ新政府ヲ樹立ス

昭和十三年十一月二十日

日本側　影　佐　禎　昭
今　井　武　夫
中國側　高　宗　武
梅　思　平

日華協議記錄諒解事項

一、第一條ノ防共駐屯ハ内蒙及連絡線確保ノ爲平津地方ニ駐兵スルモノトス
又其駐兵期間ハ日華防共協定有效期間トス
二、第四條ノ優先權トハ列國ト同一條件ノ場合ニ日本ニ優先權ヲ供與スルノ意トス
三、日本ハ事變ノ爲メ生シタル難民ノ救濟ニ協力ス

昭和十三年十一月二十日

日本側
中國側

日華祕密協議記錄

日華兩國ハ東亞ノ新秩序ヲ建設シ善隣トシテ强固ニ結合センカ爲メ今後左記諸條件ノ實行ヲ約ス

第一條　日華兩國ハ東洋ノ新秩序建設ノ爲メ相互ニ親日親華教育竝政策ヲ實施ス

第二條　日華兩國ハ蘇聯邦ニ對シ共同ノ宣傳機關ヲ設置シ且ツ軍事攻守同盟條約ヲ締結シ平時ニ在リテハ相互ニ情報ヲ交換シ內蒙竝其連絡線確保ノ爲メ必要ナル地域ニハ日本軍ヲ新疆ニハ中國軍ヲ駐屯シテ協力シ戰時ニアリテハ共同作戰ヲ實行ス

第三條　日華兩國ハ共同シテ東洋ノ半殖民地的地位ヨリ漸次解放シ日本ハ中國ヲ援助シテ一切ノ不平等條約ヲ撤廢セシム之カ爲メ協力シテ所要ノ處置ヲ講スルモノトス

第四條　日華兩國ハ東洋ノ經濟復興ヲ目的トシテ經濟的ニ合作シ其具体的辦法ハ別ニ研究ス

尙經濟合作ハ中國以外ノ南洋等ニ於テモ同一主義ヲ以テ合作ス

第五條　右條項實施ノ爲メ日華兩國ハ必要ナル委員ヲ置ク

第六條　日華兩國ハ成ルヘク亞細亞ニ於ケル日華兩國以外ノ諸國ヲ本協定ニ加盟スルニ努ム

昭和十三年十一月二十日

（付　記）

昭和十三年十一月二十一日

渡邊（編注）工作ノ現況（第二）

今井中佐

其一、高宗武等トノ協議

豫テ日支相互間ニ約束セシ如ク影佐大佐及今井中佐ノ兩名ハ十一月十九日夜以來二十日夕刻ニ至ル迄上海東陸戰隊路土肥原公館ニテ支那側代表高宗武及梅思平ノ兩名ト周隆祥（庠カ）ヲ通譯トシテ會見シ東亞新秩序建設ヲ現想（理カ）トスル日支相互ノ同志トシテ共產主義及侵略的帝國主義ヨリ解放シテ東亞ヲ再建設シ且之カ爲今事件ヲ解決センカ爲メノ方法手段ニ就テ協議セリ

右協議ノ結果日華協議記錄及同諒解事項ニ記名シ又日華祕密協議記錄ニ就テハ完全ニ意見一致シ且別紙日本政府聲明案ヲ參考ノ爲メ支那側代表ニ閱讀セシメタリ

右ノ中日華協議記錄及同諒解事項竝日華祕密協議記錄ハ夫

レ夫レ東京及重慶ニ持歸リ日支相方ノ同志ニ異存ナキニ於テハ上海及香港ノ連絡者ヲ通シテ其旨回答シ茲ニ始メテ效力ヲ發生シ汪精衞等ハ直ニ工作ノ實行ニ着手スルモノトス

其二、日華協議記錄及同諒解事項竝日華祕密協議記錄

日華協議記錄及同諒解事項竝日華祕密協議記錄左ノ如シ（省略）

其三、協議ノ經緯

第一、日本側協議記錄案ニ對スル支那側意見左ノ如シ

一、第一條防共協定ノ締結ニハ異議ナキモ日本軍ノ防共駐屯ヲ內蒙ニ限定セラレ度シトノ意見ヲ强硬ニ主張シタレ共連絡線確保ノ名義ニテ平津地方ニ駐兵スルコトヲ容認セシメ之ヲ諒解事項トセリ

但駐兵期間ヲ年限ヲ以テ限定セラレ度トノ主張ニ對シテハ防共協定有效期間トシテ之ヲ納得セシム

尙蒙疆ノ辭句ハ蒙古及新疆ト誤解セラルル恐アリト稱シタルヲ以テ之ヲ內蒙地方ト改メタリ

二、第二條「支那ハ滿洲國ヲ承認ス」ヲ「滿支相互ニ承認ス」ト改メシメントセシカ支那側ハ本事實ハ當然ノコトト主張スルノミナラス本協議ハ日支ノ代表間ノ協議ニシテ滿洲國ノ意志ヲ代表スルモノナキヲ以テ本協議ノ通リトナセリ

又「日本ハ支那ノ領土及主權ヲ尊重ス」トノ意味ヲ日本側ニテ加ヘント提議セシモ彼等ハ東亞新秩序建設ノ理想ノ下ニハ當然ナリト稱シ强ヒテ之ヲ要求セサリシヲ以テ削除セリ

三、第三條後段ハ日本側ヨリ「日本ハ在支治外法權ノ撤廢竝租界ノ返還ヲ考慮ス」トノ案ヲ提議セシモ支那側ニテ考慮ノ二字ヲ廢止シ直ニ實行ヲ確約セラレ度シト主張シ日本側ハ諸種ノ準備上困難ナリト應酬シ結局「日本ハ在支治外法權ノ撤廢ヲ許容シ竝ニ租界ノ返還ヲモ考慮ス」ト改ム

四、第四條ノ日本ノ優先權ニ對シ支那側ヨリ優先權トハ國內的ニハ日本ノ侵略主義ト解セラレ對外的ニハ列國ヲ刺激スルヲ以テ廢セラレ度シト主張セシモ結局諒解事項トシテ「優先權トハ列國ト同一條件ノ場合ニ日本ニ優先權ヲ供與スルノ意トス」ノ辭句ヲ設ケタリ

尙特別ノ便益トハ支那側ニ反響不良トノ提議ニテ特別

ノ便利ト改メタリ

五、第五條ハ新ニ提議シ支那側ヲシテ之ヲ容認セシメタルモ支那側ノ希望ニテ「日本ハ事變ノ爲メ生シタル難民ノ救濟ニ協力スル」旨諒解事項ニ加フ

六、日本軍ノ撤兵ニ關シテハ日本側ヨリ最初期限ヲ加ヘ難シト極力主張シ且治安ノ確保ニ對スル保證トシテ逐次ニ撤退ノ止ムナキヲ主張シ支那側ハ本件ニハ本協定ノ眼目ナリト應酬シ日本側ヨリ「治安恢復後一年以內ニ完全ニ撤兵ヲ完了ス」ト提議セシモ支那側ト意見合ハス結局本協定ノ如クナセリ

七、「日支兩國ハ善隣友好、共同防共、經濟提携ノ實ヲ擧クル」旨獨立セル一箇條トナサントセシカ實質的ノモノニアラサルヲ以テ前文ニ加フルコトトセリ尙日本側提案ノ前文ハ支那側モ亦極メテ贊意ヲ表シテ完全ニ意見一致セリ

八、汪精衛等支那側同志カ直ニ蔣介石ノ下野ヲ要求センカ汪ニ後任タレト宣言セラレ立場不利トナル恐アリトノ意見ニ依リ蔣介石トノ絕緣ヲ闡明スルニ改ム

第二、日本側提案ノ祕密協議記錄ニ對スル支那側意見左ノ如シ

第四條ニテ日支經濟共同委員會ヲ設置シ支那政府ノ經濟開發方針ハ凡テ本委員會ニ諮ル如ク提案セシモ支那側ハ內政干涉ト批難セラルル恐アリト稱シ相方合議ノ上本記錄ノ如ク改メタリ

第三、日本側代表ヨリ日本政府聲明案ヲ閱讀セシメ日華協議記錄ノ修正ニ伴ヒ若干ノ辭句ヲ修正セリ其本文別紙ノ如シ

其四、協議以外支那側意見

一、汪精衛等支那側擧事後日本軍ノ中央軍ニ對スル作戰的援助ノ希望ニ對シテハ日本軍ハ貴陽マテ速ニ進擊スルカ如キハ困難ナルモ努メテ中央軍ヲ牽制スルニ力メ且支那軍後方地帶ヲ爆擊スル如ク考慮スヘシト應酬シ置ケリ
尙支那側ヨリ中央軍ヲシテ四川、雲南ノ汪精衛側軍隊ヲ攻擊シ得サル如ク其背後ヲ遮斷スルコト竝汪精衛等昆明乘込後之ヲ爆擊セサル如ク注意サレタシト申出テタリ

二、支那側ヨリ新政府樹立後ハ臨時、維新兩政府ト同一資格ニテ中央政權ヲ樹立シ難シト再ヒ申出テタルヲ以テ前回會談ノ趣旨ヲ繰リ返シ置ケリ

三、汪精衛等擧事後最初暫ク過度ニ日本側ニテ汪等ヲ支援スルカ如キ宣傳ヲ注意セラレ度卽チ汪精衛ノ立場ヲ漢奸的ナラシメ不利ナルヲ以テナリト申出テタリ

其五、高宗武等ノ行動豫定

十一月二十二日　高宗武、梅思平兩名上海發
同　二十四日　高宗武、梅思平兩名香港着
同　二十五日　梅思平河內着
同　二十六日　梅思平昆明着
同　二十九日　梅思平重慶着
十二月三日頃　日本側ヨリハ上海周隆祥（庠カ）ニ諾否回答
　　　　　　　　　　　　香港高宗武ニ諾否回答
　　　　　　　支那側ヨリハ上海伊藤芳男ニ可否回答
　　　　　　　　　　　　香港西義顯ニ可否回答
十二月五日以前　汪精衛重慶發昆明着
　　　　　　　汪精衛昆明着ノ電報アレハ日本政府ヨリ別紙聲明案ヲ發表シ日本ニテ聲明發表セハ汪精衛蔣介石トノ絶縁ヲ聲明ス
　　　　　　　次テ汪精衛ハ香港ニ到リ東亞新秩序建設ノ爲メ日支提携竝反共政策ヲ聲明ス

尙萬一十二月五日頃マテニ發動困難ノ事情發生セハ十二月二十日過トナルヘシトノ支那側意見ニ對シ極力迅速ニ發動スルノ必要ヲ述ヘ彼等モ斯ク努力スル如ク誓ヒタリ

（別紙）

聲明案

政府ハ曩ニ一月十六日抗日國民政府ヲ相手トセス帝國ト提携スルニ足ル新興政權ノ成立發展ニ期待シ之ト兩國國交ヲ調整シ以テ更生新支那ノ建設ニ協力スヘキヲ宣明シ又十一月三日國民政府ト雖モ從來ノ指導政策ヲ一擲シ其人的構成ヲ改替シテ更生ノ實ヲ擧ケ東亞新秩序ノ建設ニ來リ參スルニ於テハ敢テ拒否スルモノニアラサルコトヲ明示セリ

然ルニ最近支那各地ニ於テハ同憂具眼ノ士簇出シ競テ更生新支那ヲ建設セントスルノ氣運澎湃トシテ勃興ス此氣運ハ全支那ヲ統轄スヘキ善隣新支那ノ成立ニ迄發展スルノ機會近キニ在ルヲ信ス茲ニ日支新關係調整ノ要目ヲ豫メ中外ニ闡明セントス

日滿支三國ハ東亞新秩序ノ建設ヲ以テ共同ノ目標トシテ結合シ相互ニ善隣友好、共同防共、經濟提携ノ實ヲ擧クヘク、更生新支那ハ日獨伊協定ノ精神ニ則リ日支防共協定ヲ締結シ日本軍ノ防共駐屯ヲ認メ且內蒙地方ヲ防共特別地域トナシ日支互惠平等ノ原則ニ立チテ帝國臣民ニ支那內地ニ於ケル居住營業ノ自由ヲ容認シ密ニ經濟合作ノ實ヲ擧クヘク特ニ北支資源ノ開發利用ニ關シ日本ニ特別ノ便益ヲ供與シ滿支兩國相互ニ承認シ事變ノ爲メ生シタル在支日本居留民ノ損害ヲ補償スルコト必要ナリ

更生新支那ニシテ右ノ要目ヲ具現スルニ於テハ帝國モ亦東亞新秩序建設ノ見地ニ立脚シ支那領土及主權ヲ尊重スルハ固ヨリ治外法權ノ撤廢ヲ許容シ竝ニ租界ノ返還ヲモ考慮スヘシ

敍上ノ如ク兩國ノ國交調整セラレ支那ノ治安確立シ且締約ノ實施ヲ保證シ得ルノ事態實現シ帝國軍カ協定區域以外ノ地區ヨリ迅速且完全ニ撤退シ得ル時機ノ到來スルコトハ東亞新秩序建設ノ爲メ同慶措ク能ハサル所ナリ若シ夫レ迷夢未夕醒メスシテ抗日容共ヲ繼續スル國民政府竝其軍隊ニ對シテハ之カ潰滅ヲ見ル迄帝國ハ斷シテ矛ヲ收メサルコト勿論ナリ

編　注　「渡邊」は「高宗武」を意味する符牒。

262　昭和13年11月20日

陸軍省起案の「支那新中央政府樹立工作ニ關スル打合事項」

付　記　昭和十三年十一月二十一日

「土肥原中將ニ與フル指示」

支那新中央政府樹立工作ニ關スル打合事項

支那新中央政府樹立工作ニ關シ土肥原中將、喜多少將及原田少將トノ打合ハ概ネ左ノ件ニ關シテ懇談シ以テ中央案ヲ納得セシムルコトニ努ムルモノトス（付　箋）

一、土肥原中將ノ任務確定及現地軍ノ協力

㈠主題

土肥原中將ハ現任務ノ外陸軍大臣ノ區處ヲ受ケ支那新中央政府ノ樹立ニ任スルモノトス

但之カ實施ハ當分ノ間新中央政府樹立準備工作ノ範圍

ニ止ムルモノトス
北支那方面軍司令官及中支那派遣軍司令官ハ右土肥原中將ノ工作ニ對シ密ニ協力シ之ニ必要ノ援助ヲ與フルモノトス
㈡土肥原中將ノ意見
概ネ異存ナシ
㈢現地軍側ノ意見
1、土肥原中將ニ任務ヲ與ヘラルルコト異存ナシ
2、軍ノ協力援助差支ナキモ若シ土肥原中將ノ工作カ既存政府ヲ無視シ若クハ現地ノ安定及治安ニ累ヲ及ホスカ如キ結果ニ陷ル虞アルトキハ軍ハ軍ノ任務ニ基キ之ヲ拒否セサルヲ得ス
㈣結論
1、土肥原中將ハ五相會議ノ決定ニ基キ對支特別委員トシテ新中央政府樹立ニ關スル實行ニ當ルトノ一般任務ヲ有ス右決定ハ變更シ得サル事情ニ在リ
2、軍ハ從來土肥原中將ニ對シ前項ノ任務ヲ局限シ謀略ノ範圍卽新中央政府樹立ニ關スル氣運促進ノミノ任務ヲ與ヘラル

3、現情勢ハ土肥原中將ノ工作カ政務指導ノ範圍ニ入ルモノト認メラルルヲ以テ主題ノ如キ任務ヲ與ヘントスルモノナリ
但新中央政府樹立ニ關スル具体表面工作ハ暫ク之ヲ見合ハスヲ適當ト認メ土肥原中將ノ任務ヲ實行上ニ於テ暫ク制限ス
4、新中央政府樹立工作ハ現地軍本來ノ任務範圍ノ外ニ在リト解セラル從テ土肥原中將ノ任務附與ニ關シ異存ナキ筈ナリ
5、土肥原中將ノ工作ニ對シ現地軍ハ十分ナル理解ト同情トヲ以テ協力援助セラレ度
素ヨリ土肥原工作ハ既存政權ヲ無視シ該政權ノ存立ヲ危クシ其他現地ノ安定治安ノ確保ヲ妨クルカ如キハ當然之ヲ避クルコト勿論ニシテ現地軍トシテハ從來ノ末梢的事例ニ拘泥セス大局ノ見地ニ立チ兩者協力一致ノ實ヲ擧ケラレ度
二、新中央政府構成要素
㈠主題
新中央政府ノ構成要素如何

(二)土肥(原欠カ)中將ノ意見

既成政權ハ民心ノ上ニ立チアラス新中央政府構成ノ主体ヲ其ノ外ニ置キ呉其他ノ在野勢力ヲ中心トスルヲ要ス

(三)現地軍側ノ意見

既成政權ヲ傀儡政府トスルハ當ラス

五相會議ノ決定方針ハ既成政權ヲ以テ新中央政府ヲ樹立スルコトヲ明示セラル故ニ既成政權ヲ無視シテ新中央政府ヲ樹立スルハ適當ナラサルノミナラス呉一派ノ政府組織ハ呉一派獨占ノ陰謀ニシテ民心ヲ繫キ得ス

(四)結論

1、五相會議ノ決定ニ基キ既成政權ヲ無視シテ新中央政府ヲ樹立スルコト能ハス

2、現段階ニ於テハ改組重慶政府ヲモ包含セシムル豫定ノ下ニ工作スルヲ要シ現ニ右工作進捗中

3、故ニ現在ハ別紙(見当ラズ)甲型ヲ以テ新中央政府樹立ノ型態トスルヲ至當トス

(甲型説明)

4、之ヲ要スルニ新中央政府ト既成政權トノ關係ハ甲型ノ通リニシテ既成政權ハ逐次諸勢力ヲ吸收又ハ之等ト協力シテ眞ノ中央政府ヲ聚大成セシムルトノ五相會議ノ決定方針ニ則ルヲ要ス

從テ既成政權ヲ輕視乃至無視シテ新中央政府ヲ樹立シ若クハ既成政權ヲ以テ其儘新中央政府ヲ組織スルカ如キハ何レモ右趣旨ニ合セス要ハ新中央政府樹立ニ方リテハ廣ク人材ヲ天下ニ求メ特ニ有力ナル中堅層ノ多數ヲ把握シ以テ名實共ニ充實シテ眞ニ内外ノ信頼ヲ繫持シ得ルコトニ努ムルヲ可トス

三、呉工作ニ關スル判斷

(一)主題

1、呉佩孚蹶起ニ關スル呉自身ノ眞意如何

2、呉佩孚ノ思想政策如何

3、呉佩孚ノ周圍清淨ナリヤ

4、呉ヲ元首(最高首腦)トスル意圖アリヤ

5、呉工作ヲ急速ニ具体的表面化スルノ利害如何特ニ

イ、呉工作ノミニテ人心ヲ把握シ得ルヤ

ロ、既成政權ヲ動搖乃至崩壞ニ導ク虞ナキヤ

ハ、呉工作ノ進展ハ重慶政府ノ屈伏ニ如何ニ作用スルヤ

ニ、呉工作ニ反省修正ノ餘地ナキヤ

㈡結論

右主題ニ關シ土肥原及喜多、原田兩少將ノ忌憚ナキ意見ヲ交換セシメ兩者ノ大局的協同一致ノ見地ヨリ概ネ左ノ結論ニ到達セシムルコトニ努ム

1、呉工作ノミニ依リテ新中央政府ヲ樹立スルハ適當ナラス

2、呉佩孚ヲ最高首班トシテ新中央政府ヲ樹立スルモノト今直ニ決定スルハ適當ナラス新中央政府首腦者ノ決定ニハ多分ニ餘地ヲ存スル必要アリ今ヨリ決定セサルヲ要ス

3、呉工作遂行ノ爲今後其内容ヲ修正スルノ餘地アリ特ニ中堅層ノ把握、呉工作ニ參加スル日支不良分子ノ清掃等ヲ考慮スルヲ要ス

4、呉工作ノ結果既成政權ヲ崩壞的混亂ニ導クハ適當ナラス

5、呉工作ハ甲型採用竝前述ノ諸事情ニ鑑ミ重慶政府ヲ崩壞又ハ屈伏ニ導ク工作ノ成否ニ關スル見透シ付ク迄（概ネ來年一、二月ノ交ト豫定ス）新中央政府樹立ニ關スル具体的表面工作（建國工作）ヲ見合ハセ專ラ反戰空氣ノ醞釀、民衆ノ獲得等（和平救國工作）ニ全力ヲ傾注スルヲ要ス

四、土肥原機關ト現地軍トノ協調

㈠兩者ノ連繫

土肥原機關ノ工作ハ差當リ和平救國工作ノ範圍ニ止メ而モ之カ實施ニ方リテハ十分ニ現地軍側既成政權側ノ立場ヲ考慮スル以上土肥原機關ト現地軍トノ間ニ根本的杆格ナキ筈ナルヲ以テ右兩者ハ密接ナル連繫ノ下ニ各方面一致ノ工作ヲ遂行セラレ度此際兩者各々ノ立場ヲ固持シ遂ニ事變解決ノ目的達成ニ齟齬ヲ來ササル樣特ニ考慮セラレ度

㈡呉工作ヲ軍管轄區域外ニ驅逐ノ件

全國國民代表大會乃至新中央政府樹立工作ニ關シ土肥原機關ト現地軍側トノ間ニ地域的分野ヲ設ケ呉工作ヲ軍管轄區域外ニ驅逐スルコトハ適當ナラス前述ノ如キ

中央ノ意見ノ下ニ實施スル土肥原中將ノ工作ハ根本的ニ軍ノ立場ト背致（馳カ）スルモノニアラサルヲ以テ土肥原中將ノ工作ヲ理解シ之ヲ排斥スルノ結果ニ陥ラサルコトヲ希望ス

㈢停戰救國會ヲ中心トスル土肥原機關ト現地軍トノ協力

現地軍ハ呉ヲ中心トスル停戰救國會ヲ北京ニ組織スルコトヲ認メ且臨時維新政府ヲシテ右工作平行シテ反共救國運動ヲ促進シ以テ停戰救國會ノ工作ニ呼應セラレ度

㈣綏靖委員會ニ關スル調整

1、支那軍隊雜軍ノ集中改編ハ治安維持ニ任スル軍ノ責任ナリ

2、故ニ前項目的達成ノ工作タル綏靖委員會ノ工作ハ本來軍ノ權限ニ屬スルモノト解スルヲ至當トスルヲ以テ綏靖委員會ノ工作ハ軍司令官ノ權限トシ之ヲ土肥原中將ニ委囑スルノ建前ノ下ニ土肥原中將之カ實施ニ當ルヲ可トセスヤ

從テ軍ニ於テハ綏靖委員會籌備處ヲ北京ニ開設スルモナルヘク速ニ委員會ヲ京津以外ノ地區ニ設クルコトニ同意セラレ度

3、綏靖委員會ト軍トノ擔任區域ハ山東省南境及黄河ノ線トス

4、綏靖委員會ノ工作ニ關シ軍ハ之カ實施及經費ニ關シ協力援助セラレ度

㈤國民代表大會開催準備

1、國民代表大會ノ開催準備ヲ呉工作ト軍側ト二途ニ別レテ實施スルコトナク停戰救國會ヲシテ國民代表大會開催ノ氣運ノ釀成ニ努メシメ政府聯合委員會之ニ協力スルノ建前ヲ採ラレ度尙右協力ノ爲派遣スヘキ要員等ノ選出ハ政府側ニ於テ決定スルモノトス

2、停戰救國會ノ工作ノ進展ニ伴ヒ北京ニ國民代表大會籌備委員會ヲ組織スルモ其指導組織ハ別ニ定ム

㈥國民代表大會ノ開催

國民代表大會ノ開催時機方法等ハ別ニ定メ早急之ヲ實施セス

（付　箋）

本案ハ明二十一日朝參謀本部ト打合セヲ行フ予定ニテ未決定

軍務課　川本中佐

（付　記）

土肥原中將ニ與フル指示　一一、一二

一、貴官擔任ノ謀略中現在ノ急務ハ蔣政權內部ノ切崩シ又ハ之ヲ屈服ニ導クコトニ在リテ玆數ヶ月ハ之ニ向テ其主力ヲ傾到(ママ)シ以テ成果ノ獲得ヲ期ス

二、吳佩孚工作モ前項ノ趣旨ニ則リ差當リ和平救國工作ノ外雜軍ノ懷柔歸服ニ重點ヲ置クヲ要ス

而シテ雜軍ノ懷柔歸服工作ハ軍ノ占領地域內ニ於テハ主トシテ軍ノ擔任トシ貴機關之ニ協力シ軍ノ占領地域外ニ於テハ主トシテ貴機關ノ擔任トス

故ニ軍ノ行フ工作ト密ニ連繫シ特ニ河南四川方面ニ本工作ヲ推進スルノ着意ヲ必要トス

三、湖北、湖南、江西ヲ範圍トスル政權竝ニ西南政權ノ樹立工作ニ關シテハ夫々「漢口方面政務處理要綱」及「南支作戰ニ伴フ政務處理要綱」ニ準據スルト共ニ新中央政權樹立ノ一般方針ニ適應セシムル如ク謀略ヲ指導スルヲ要ス

263　昭和13年11月24日　有田外務大臣／在本邦クレーギー英国大使　会談

英国の和平調停提議に対するわが方拒絶回答について

有田大臣「クレーギ」英國大使會談要領

（昭和十三年十一月二十四日午後三時於外務省）

一、英大使ヨリ本國政府ノ訓令ニ依ル趣ヲ以テ揚子江問題ニ付テノ口上書ヲ持參シ諸種ノ例ヲ擧ケ急速解決方ヲ申出テタルニ對シ大臣ヨリ御返事トシテハ差當リ此ノ前ノ帝國政府「ノート」ニ述ベタル處ヲ繰返ス以外ニハ何モナク尤モ此口上書ニ對シテハ更ニ下僚ヲシテ研究セシム可キ旨答ヘタリ

二、次デ英大使ヨリ前回會談ノ節門戶開放機會均等ノ問題ニ付忌憚ナキ意見ノ交換ヲナシタルカ其後本問題ニ付「サンソン」トモ協議ノ上別紙(見当ラス)ノ如キ「メモランダム」ヲ得タリ自分ノ方ノ意見ヲ述ヘタルモノナルニ付御覽アリタシトテ之ヲ手交シ更ニ自分（英大使）ノ「プライベート」ノ意見トシテ日滿支三國ノ經濟「ブロック」ナルモノハ種々ノ點ヨリ見テ日本ニトリ却ツテ損ナルモノナリ現ニ

「オタワ」協定ノ如キモ今日迄ノ處必スシモ成功ト云ヘス其ノ變更カ企テラレ居ル狀態ナリ英トシテハ獨リ支那ノミナラス世界各地ニ於テ機會均等ヲ要求シ來レルモノニシテ（英大使ハ此點ニ關シ「オープンドア」ハ「クローズドドア」ニ對スルモノニシテ問題ハ結局「イクオルオポチュニティー」ト云フコトトナル可シト云ヘリ）支那ニ關スル經濟「ブロック」カ（大臣ヨリ經濟「ブロック」ナル言葉ハ色々誤解ヲ招ク虞ナキニ非ズ必スシモ之ニ「ステイック」スルノ要ナク或ハ三國間經濟ノ「コーオペレーション」ト云フ方宜シキヤモ知レスト「リマーク」セリ）若シ貿易ノ關係ニ於テ「プレフェレンシヤルタリフ」又ハ「エクスチエンヂコントロール」若ハ「バーターシステム」ノ如キモノヲ設定スルモノナレハ英トシテ之ニ反對セサルヲ得ス「ローマテリヤル」ノ問題ニ付テハ英ハ日本ノ勢力圏內ニ於テ之カ非常ニ少キコトハ認メヲリ從テ既ニ支那ニ於テ英カ着手シヲル原料ニ關スル事柄ニ付テハ勿論之ヲ維持セサルヲ得サルモ將來ノ問題トシテ日本カ優先權（「ファーストオポチュニティー」）ヲ持ツコトニハ異議ナシ卽チ貿易ニ付テハ完全平等ヲ主張シ原料等ノ問題ニ付テハ將來ニ於ケル日本ノ優先權ヲ認メントスルモノナリト述ベタリ

三、次テ英大使ヨリ調停問題ノ「パブリシティー」ノ問題ニ言及セルヲ以テ大臣ヨリ本問題ニ付近衛首相ヨリ返事ノ傳言アリ首相ハ貴大使ニ對シ「此際時期ニ非ズ」トオ傳ヘセヨトノコトナリト述ベタル處英大使ハソノ意味ハソノ條件ヲ不可ナリトセラルルヤ或ハ第三國カ介入スルコトヲ絕對不可ナリトセラルルモノナリヤト質問セリ大臣ヨリ首相ノ傳言ハ唯「此際時期ニ非ズ」ト云フノミナリ自分（大臣）ノ意見トシテハ英政府ノ條件ナルモノハ全ク事態ニ合致セヌモノナリト思フ旨答ヘタル處英大使ハ右ハ英政府ノ條件ニ非ズ元來本問題ハサル信スヘキ日本人（名前ハ明サス）カカル條件ニテ日本政府ニ「アプローチ」ニテ《（シカ）》見テハ如何ト「サヂェスト」シタルニ基クモノニシテ近衛首相ニハ斯ク々々ノ事ヲ某日本人カ云フタルカ斯カル事ヲ信シテ宜シキモノナリヤトノ趣旨ニテ質問セシニ過キス條件ノ提示又ハ協定ノ「オファー」ニハ非ズト陳辯セルヲ以テ大臣ヨリソノ點ニ付誤解アルモノノ如シ某日本人ノ「サゼスチョン」カ貴國政府竝ニ貴下ヲ妙ナ地位ニ陥レタルコトハ甚タ残念ナリト述ベ尙英大使ヨリ平和ノ爲ニ調停ヲ申出ルコトハ少シモ差支ナキモノト思フガ如何ト質問セルニ對シ大臣ヨリ日本トシテモ英カ考ヘテ適當ナリトスル處ヲ申出テラレルコトニ付別ニ反對スルモノニ非ズト答ヘタリ

四、更ニ大臣ヨリ英ハ何故ニ蔣介石支持ヲ繼續スルヤト問ヒタルニ對シ英大使ハ別ニ蔣ヲ支持シ居ラスト前回ヨリノ言辭ヲ繰返シ尤モ英國内ニ於テハ蔣ニ對スル同情信頼ノ念ハ大ナル旨ヲ述べ若シ支那ニ新中央政府出來レバ勿論承認ノ問題ヲ生スヘシト述ヘタルヲ以テ大臣ヨリ然ラハ日本カ新中央政府ヲ承認セハ英モ之ヲ承認スル用意アリヤト問ヒタル處英大使ハソレハ中央政府ヲ構成スル首班ノ人物ニヨリ又少クトモソレカ「パペットガバーメント」ナラサルコトヲ必要トスト答ヘタリ依テ大臣ヨリ今日日本人一般ノ信念ヲ申上クレハ英カ蔣援助ヲ繼續シ居ルハ結局日本カ敗ケルト云フ考ヘニ基クモノナランモ右ハ誤謬ニシテ英カ蔣援助ヲ依然繼續スレハ結局英ハ總テヲ失フコトトナルヘシ英カ若シ蔣援助ヲ見限リ新中央政府ヲ承認スレハ假令ソノ傀儡政府ナリヤ否ヤハ別トシ「サムシング」ヲ得ルコトヲ得ヘシト云フニアリト述ヘタリ

264

昭和13年11月25日

東亜局第一課作成の中国および第三国に対する外交方針骨子

（昭和一三、一一、二五　亜一）

（欄外記入）

一、對支外交方針骨子

對支外交ハ日滿支三國ノ政治、經濟、文化ノ各般ニ亙ル互助連環ニ依ル東亞ニ於ケル新秩序ノ建設ヲ目途トシ概ネ左ノ要領ニ依ル

(1)蔣介石政權トノ和平ハ第三國ノ橋渡シニ依ルト蔣政權自體ノ申出ニ依ルトヲ問ハス之ヲ行ハス但シ蔣政權カ其ノ政策及內容ヲ改メ自カラ政權ヲ解消シテ新中央政權ノ傘下ニ合流シ來ルカ如キ場合ハ別個ノ考量ヲナシ得ヘシ

(2)既存竝ニ新ニ樹立セラルヘキ親日諸政權ヲ基礎トスル強固ナル新中央政權ノ成立ヲ助長シ其ノ確立ヲ俟チ右トノ間ニ左記各項ヲ實施ス

(イ)日滿支一般提携就中善隣友好、防共共同防衛、經濟提携原則ノ設定

(ロ)北支及蒙疆ニ於ケル國防上竝經濟上(特ニ資源ノ開發利用)日支強度結合地帶ノ設定

蒙疆地方ハ前項ノ外特ニ防共ノ爲軍事上竝政治上特殊地位ノ設定

(ハ)揚子江下流地域ニ於ケル經濟上日支強度結合地帶ノ設定

(ニ)南支方面ニ於テハ沿岸特定島嶼ニ特殊地位ノ設定ヲ圖ル外重要都市ヲ起點ニ日支協力提携ノ素地ヲ確保スルニ努ムルコト

(前記各項ノ詳細ナル內容ハ別紙(編注)日支新關係調整要綱參照)

(3)列國ノ在支權益ハ左ノ各項ニ牴觸セサル限リ之ヲ尊重シ殊更ニ排除制限ヲ行ハサルト共ニ帝國ニ好意的態度ヲ示ス第三國ニ對シテハ進テ新支那經濟開發ニ參加セシム

(イ)主トシテ北支及蒙疆ニ於ケル國防資源ノ開發ハ帝國之ヲ實質的ニ支配ス

(ロ)新支那ノ幣制、關稅及海關制度ニ付テハ日滿支經濟「ブロック」確立ノ見地ヨリ之ヲ調整ス

二、第三國ニ對スル外交方針骨子

九國條約其ノ他集團的機構ニ依ル支那問題處理ノ觀念ヲ排除スルニ努ムルト共ニ防共樞軸ヲ強化シ事變ノ急速明快ナル處理ニヨリ列國ヲシテ各個ニ我カ對支政策ヲ事實上諒解シ進テ帝國ノ態度ヲ支持スルカ尠クトモ之ヲ傍觀スルノ態度ニ出ツルノ已ムナキニ至ラシムルヲ目途トシ概ネ左ノ要領ニ依リ施策ス

(1)日獨伊間ニ於ケル政治的關係及日滿對獨伊間ニ於ケル經濟的提携ヲ強化ス

(2)英米佛三國ニ對シテハ夫々強力明快ナル支那事變ノ處理ニ依リ我カ對支政策ヲ事實上了得セシメ右ニ伴ヒ各個ニ從來ノ援蔣方針竝ニ集團機構ニ依ル東亞問題處理ノ觀念ヲ拋棄セシムルニ努メ之カ工作ノ材料トシテ前記三國就中英ニ付テハ日獨伊防共協定強化等外交大策以外ニ其ノ在支權益ノ保障問題ヲ利用ス但シ不必要ナル摩擦ヲ避クル爲具體的各個ノ懸案ニシテ東亞ニ於ケル帝國ノ優越地位ニ障害ヲ及ホサルカ如キ案件ハ逐

次之ヲ解決ス

(3)蘇聯邦ニ對シテハ今次事變ニ積極的ニ參加セシメサルカ如ク諸般ノ工作ヲ實施ス

有田大臣ノ注文ニヨリ作成セル試案

(欄外記入)

編注 別紙は見当らないが、本書第265文書「日支新關係調整方針」の別紙「日支新關係調整要項」を指すと思われる。

265 昭和13年11月30日 御前会議決定

「日支新關係調整方針」

付 記 昭和十三年十一月三十日

「日支新關係調整要綱ニ關スル御前會議次第」

日支新關係調整方針

昭和十三年十一月三十日

御前會議決定

日滿支三國ハ東亞ニ於ケル新秩序建設ノ理想ノ下ニ相互ニ善隣トシテ結合シ東洋平和ノ樞軸タルコトヲ共同ノ目標ト爲ス之カ爲基礎タルヘキ事項左ノ如シ

一、互惠ヲ基調トスル日滿支一般提携就中善隣友好、防共共同防衛、經濟提携原則ノ設定

二、北支及蒙疆ニ於ケル國防上竝經濟上(特ニ資源ノ開發利用)日支強度結合地帶ノ設定

蒙疆地方ハ前項ノ外特ニ防共ノ爲軍事上竝政治上特殊地位ノ設定

三、揚子江下流地域ニ於ケル經濟上日支強度結合地帶ノ設定

四、南支沿岸特定島嶼ニ於ケル特殊地位ノ設定

之カ具体的事項ニ關シテハ別紙要項ニ準據ス

別紙

日支新關係調整要項

第一 善隣友好ノ原則ニ關スル事項

日滿支三國ハ相互ニ本然ノ特質ヲ尊重シ渾然相提携シテ東洋ノ平和ヲ確保シ善隣友好ノ實ヲ擧クル爲各般ニ亙リ互助連環友好促進ノ手段ヲ講スルコト

一、支那ハ滿洲帝國ヲ承認シ日本及滿洲ハ支那ノ領土及主權ヲ尊重シ日滿支三國ハ新國交ヲ修復ス

二、日滿支三國ハ政治、外交、教育、宣傳、交易等諸般ニ亙リ相互ニ好誼ヲ破壞スルカ如キ措置及原因ヲ撤廢シ且將來ニ亙リ之ヲ禁絕ス

三、日滿支三國ハ相互提携ヲ基調トスル外交ヲ行ヒ之ニ反スルカ如キ一切ノ措置ヲ第三國トノ關係ニ於テ執ラサルモノトス

四、日滿支三國ハ文化ノ融合、創造及發展ニ協力ス

五、新支那ノ政治形態ハ分治合作主義ニ則リ施策ス
蒙疆ハ高度ノ防共自治區域トス
上海、青島、厦門ハ各々既定方針ニ基ク特別行政區域トス

六、日本ハ新中央政府ニ少數ノ顧問ヲ派遣シ新建設ニ協力ス特ニ強度結合地帶其他特定ノ地域ニ在リテハ所要ノ機關ニ顧問ヲ配置ス

七、日滿支善隣關係ノ具現ニ伴ヒ日本ハ漸次租界、治外法權等ノ返還ヲ考慮ス

第二　共同防衛ノ原則ニ關スル事項

日滿支三國ハ協同シテ防共ニ當ルト共ニ共通ノ治安安寧ノ維持ニ關シ協力スルコト

一、日滿支三國ハ各々其領域内ニ於ケル共産分子及組織ヲ芟除スルト共ニ防共ニ關スル情報宣傳等ニ關シ提携協力ス

二、日支協同シテ防共ヲ實行ス
之カ爲日本ハ所要ノ軍隊ヲ北支及蒙疆ノ要地ニ駐屯ス

三、別ニ日支防共軍事同盟ヲ締結ス

四、第二項以外ノ日本軍隊ハ全般竝局地ノ情勢ニ卽應シ成ルヘク早期ニ之ヲ撤收ス
但保障ノ爲北支及南京、上海、杭州三角地帶ニ於ケルモノハ治安ノ確立スル迄之ヲ駐屯セシム
共通ノ治安安寧維持ノタメ揚子江沿岸特定ノ地點及南支沿岸特定ノ島嶼及之ニ關聯スル地點ニ若干ノ艦船部隊ヲ駐屯ス尙揚子江及支那沿岸ニ於ケル艦船ノ航泊ハ自由トス

五、支那ハ前項治安協力ノタメノ日本ノ駐屯ニ對シ財政的協力ノ義務ヲ負フ

六、日本ハ概ネ駐兵地域ニ存在スル鐵道、航空、通信竝主要港灣水路ニ對シ軍事上ノ要求權及監督權ヲ保留ス

七、支那ハ警察隊及軍隊ヲ改善整理スルト共ニ之カ日本軍駐屯地域ノ配置竝軍事施設ハ當分治安及國防上必要ノ最少限トス

日本ハ支那ノ軍隊警察隊建設ニ關シ顧問ノ派遣、武器ノ供給等ニ依リ協力ス

第三　經濟提携ノ原則ニ關スル事項

日滿支三國ハ互助連環及共同防衛ノ實ヲ擧ケルタメ產業經濟等ニ關シ長短相補有無相通ノ趣旨ニ基キ共同互惠ヲ旨トスルコト

一、日滿支三國ハ資源ノ開發、關稅、交易、航空、交通、通信、氣象、測量等ニ關シ前記主旨竝以下各項ノ要旨ヲ具現スル如ク所要ノ協定ヲ締結ス

二、資源ノ開發利用ニ關シテハ北支蒙疆ニ於テ日滿ノ不足資源就中埋藏資源ヲ求ムルヲ以テ施策ノ重點トシ支那ハ共同防衛竝經濟的結合ノ見地ヨリ之ニ特別ノ便宜ヲ供與シ其他ノ地域ニ於テモ特定資源ノ開發ニ關シ經濟的結合ノ見地ヨリ必要ナル便益ヲ供與ス

三、一般產業ニ就テハ努メテ支那側ノ事業ヲ尊重シ日本ハ之ニ必要ナル援助ヲ與フ

農業ニ關シテハ之カ改良ヲ援助シ支那民生ノ安定ニ資スルト共ニ日本ノ所要原料資源ノ培養ヲ圖ル

四、支那ノ財政經濟政策ノ確立ニ關シ日本ハ所要ノ援助ヲナス

五、交易ニ關シテハ妥當ナル關稅竝海關制度ヲ採用シ日滿支間ノ一般通商ヲ振興スルト共ニ日滿支就中北支間ノ物資需給ヲ便宜且合理的ナラシム

六、支那ニ於ケル交通、通信、氣象竝測量ノ發達ニ關シテハ日本ハ所要ノ援助乃至協力ヲ與フ

全支ニ於ケル航空ノ發達、北支ニ於ケル鐵道(隴海線ヲ含ム)、日支間及支那沿岸ニ於ケル主要海運、揚子江ニ於ケル水運竝北支及揚子江下流ニ於ケル通信ハ日支交通協力ノ重點トス

七、日支協力ニ依リ新上海ヲ建設ス

附

一、支那ハ事變勃發以來支那ニ於テ日本國臣民ノ蒙リタル權利利益ノ損害ヲ補償ス

二、第三國ノ支那ニ於ケル經濟活動乃至權益カ日滿支經濟提携强化ノ為自然ニ制限セラルルハ當然ナルモ右强化ハ主

トシテ國防及國家存立ノ必要ニ立脚セル範圍ノモノタルヘク右目的ノ範圍ヲ超エテ第三國ノ活動乃至權益ヲ不當ニ排除制限セントスルモノニ非ス

（付　記）

日支新關係調整要綱ニ關スル御前會議次第

昭和十三年十一月三十日宮中御學問所ニ於テ開會。

參列者。參謀總長宮殿下、軍令部總長、平沼樞密院議長、總理、外務、大藏、陸軍、海軍、內務各大臣、參謀次長。

午前十時半總理大臣ハ陛下ノ御前ニ進出シテ陛下ノ命ニ依リ本日ノ議事整理ニ當ル可キ旨ヲ言上シテ復席次テ議案ハ外務大臣ヲシテ說明セシム可キ旨ヲ述ヘ外務大臣議案ヲ朗讀總理大臣ハ議案ニ付テ參謀總長宮殿下竝ニ平沼樞密院議長ノ意見ノ開示ヲ求ム右ノ求メニ依リ樞密院議長ヨリ別紙ノ如キ意見ノ陳述アリ右ニ對シ統帥關係ニ付テハ參謀總長代理トシテ參謀次長ヨリ一般政務ニ付テハ外務、大藏、內務各大臣ヨリ夫々答辯シ最後ニ總理大臣ヨリ議案可決セラレタル旨ヲ奏上ス

陛下入御

十一時五十分頃閉會

樞密院議長陳述ノ意見ニ對シ外務大臣ヨリ答辯セル要領左ノ通

一、蒙疆ニ付テハ防共ノ目的ヲ外ニスルモ強度ノ自治ヲ認ムル必要アリトノ點ニ付テハ議長ノ意見ノ如ク蒙疆ハソノ區域內ニ居住スル民族ノ希望ヨリ云フモ亦滿洲國ト隣接スル關係ヨリ云フモ強度ノ自治ヲ認ムル必要アリ防共云々ト云ヒシハソノ中ノ最モ主ナル目的ヲ摘出シテ提示セルニ過キス

二、治外法權租界ノ問題中治外法權ニ付テハ特ニ漸ヲ追フノ必要アルコトハ勿論ナリ又租界返還ノコトモ日本單獨返還ノ趣旨ニアラスシテ日本返還ノ場合ニハ歐洲諸國ヲシテモ之ニ追隨セシムル如ク仕向ケタル後ナル可キハ論ヲ待タス

三、支那ニ於ケル經濟問題ノ取扱方ニ付テハ調整要綱ノ各條殊ニ經濟問題ノ取扱方ニ付テノ議長ノ意見ニ對シテハ東亞新秩序建設ノ見地ヨリシテ政府ニ於テ之ヲ遂行スル決意ヲ有スルコトハ勿論ナルモ之ヨリ生スル甚タシキ國際摩擦等ハ出來得ル限リ之ヲ避クル方法ヲ執ル可キハ勿論

ニシテ調整要綱ニ掲クル處ノモノハ緩急難易ヲ考ヘテ之ヲ處理スル積リナリ殊ニ經濟關係ニ付テハ要綱末尾ニ掲ケアル如キ方針ニテ臨ム所存ナレハ經濟封鎖ソノ他最惡ノ場合ヲ避ケ得ル積リナリ又避ケ得ル如クシテ行カネハナラスト信ス。

尙大藏大臣ヨリ歐米對策ニ付テハ結局生產擴充ニテ行クヨリ他ニ途ナシト考フルモ生產擴充モ自ラ時ノ問題ナレハソノ間ハ外務大臣ノ述ヘタル如ク英米等ニ依ル經濟制裁ハ出來得ル限リ之ヲ避クル如ク措置セサル可カラスト考ヘ居ル旨答ヘ內務大臣ヨリハ將來更ニ取締ヲ嚴重ニシテ善處スル決心ナリト述ヘタリ

(別　紙)

御前會議ニ於ケル意見陳述ノ內容　平沼樞密院議長

謹テ意見ヲ開陳ス

本案ハ對支關係ノ調整ニ付準據スヘキ事項ノ大綱ヲ示シタルモノニシテ東亞新體制ノ基礎ト爲ルヘキモノナリ、其ノ內容ハ大體ニ於テ機宜ニ適シタルモノト思考ス

本案ハ其ノ趣旨ニ於テ不可ナキモ之ヲ實行ニ移スニ當テハ全ク障害ナキモノト考フルコトヲ得ス總テノ障害ヲ排除シテ所期ノ目的ヲ達成スルコトヲ努ムヘキハ言ヲ俟タス

本案ニ掲ケラレタル項目ヲ見ルニ多クハ將來支那ニ興ルヘキ新政權ト協定ヲ遂クルノ要アルモノナリ又第三國ノ利害ニ重大ナル影響ヲ及ホスモノ少ナシトセス故ニ大體ノ心構ハ定マルト雖モ新政權ノ意向ヲ斟酌シ又第三國トノ關係ヲ考慮シテ緩急ヲ計ルノ必要ヲ生スルモノト考ヘサルヘカラス

本案列記ノ事項ヲ實行ニ移スニ付深ク考慮ヲ要スル前提アリト思考ス其ノ第一ハ支那ニ於ケル治安工作ナリ我占據區域內ニ於テモ今尙ホ共產軍ノ一部正規軍ノ一部又ハ土匪ノ活動スルモノアリ此等ノ者ヲ制壓シ又ハ歸順セシムルニ非サレハ我諸般ノ工作殊ニ經濟上ノ工作ヲ進ムルコト能ハサルヘシ故ニ先決問題トシテ治安回復ノ速ナルコトヲ切ニ希望セサルヲ得ス其ノ第二ハ支那ニ於ケル民心ノ把握ナリ民心ヲ把握セサルトキハ百ノ工作ハ一時其ノ功ヲ收ムルモ永ク之ヲ持續スルコトヲ得ス故ニ支那一般民衆ヲシテ我仁愛ノ精神ヲ會得セシムル途ヲ講スルヲ急務トス蓋我占據區域內ニ於テ安泰ニ生ヲ送リ得ルコト明白ナルニ至ラハ一般民

衆ハ必ス歸服スヘク一般民衆ニシテ歸服セハ知識階級ノ排日宣傳ハ其ノ功ナキニ至ルヘシ第三ハ支那新政權ノ樹立ニ付深キ考慮ヲ拂フコトナリ案スルニ新政權ノ樹立ハ形式ニ於テハ支那人ノ自發工作ニ依ルモノトスルヲ可トスヘシ然レトモ事實ニ於テハ我政府ノ指導援助ニ俟タサルヘカラス我政府之ヲ指導援助スルニ當テハ恩威竝ヒ行ハレ彼ヲシテ我誠意ヲ認識シテ感奮興起セシムルト共ニ我ニ背クコト能ハサルコトヲ自覺セシメサルヘカラス彼レ我ヲ疑ヒ又ハ侮ルコトアラハ事成ラス當局者ハ此點ニ於テ萬一ノ遺算ナキコトヲ期セサルヘカラス

以下各項目ニ付所見ヲ述フ

第一　基礎事項

基礎事項トシテ列記セラレタルモノハ皆當然ナリ

第二　善隣友好ノ原則ニ關スル事項

各項ニ付テハ大體ニ於テ異存ナシ唯二、三ノ事項ニ付當局者ノ注意ヲ喚起スルノ要アリ之ヲ左ニ掲ク

其ノ五ニ新支那ノ政治形態ハ分治合作ニ則リ施策ストアリ、思フニ支那ハ古ヨリ分治合作ヲ便トスル國ナリ今日ニ於テモ此ノ事ニ變化ナキモノト思考ス唯蒙疆區域ニ付テハ特ニ考慮スヘキコトアリ案ニハ蒙疆ハ強度ノ防共自治區域トストアリ卽自治區域ノ上ニ防共ノ二字アリ防共ノ爲ニ強度ノ自治ヲ認ムルコト必要ナランガ防共ノ目的ヲ外ニシテモ強度ノ自治ヲ認ムルコトヲ必要トスヘシ蒙疆ニ於テハ支那ノ宗主權ハ之ヲ認メテ可ナルモ其ノ內政ニ於テハ之ト獨立セシムルコトヲ要ス滿洲國トノ關係ヨリ考フルモ此ノ如ク定メサルヘカラス

其ノ六《(七カ)》ニ日本ハ漸次租界、治外法權ノ返還ヲ考慮ストアリ、此事ニ付テハ異存ナキモ急速ニ之ヲ實行スルコトハ不可能ナリト思考ス、治外法權ニ付考フルニ滿洲ハ我國ト全ク不可分ノ關係ニ在リ且其ノ裁判制度ハ既ニ整備ノ域ニ達セリ故ニ既ニ之ヲ返還シ了レリ

支那ハ滿洲ト同一視スルヲ得ス、今直ニ治外法權ヲ返還スルヲ得サルハ明白ナリ又歐米諸國今尙ホ租界ヲ有シ治外法權ヲ存續ス我ニ於テ之ヲ返還スル以上ハ同時ニ歐米諸國ヲシテ追隨セシムルノ要アルハ勿論ナルヘシ

上海、青島、厦門ハ各既定方針ニ基ク行政區域トストアリ既定方針トハ如何ナルモノナリヤ當局者ノ說明ヲ求ム

第三　共同防衛ノ原則ニ關スル事項

此ノ一段ニ掲ケラレタル事項ニ付テモ異存ナシ唯防共ノ為所要ノ軍隊ヲ北支及蒙疆ノ要地ニ駐屯セシメ又保障ノ為治安ノ確立スルマテ北支及南京、上海、杭州三角地帯ニ軍隊ヲ駐屯セシムルコトハ緊要已ムヲ得サルコトナルカ此ノ如ク軍隊ヲ駐屯セシムル上ハ一定ノ地方ヲ占據區域ト為スノ必要ヲ伴フモノナラン、果シテ然ラハ此等ノ地域ニハ必要ニ應シテ我特別ナル指導ノ下ニ行政ヲ為サシムルノ要アリト思考ス

第四　經濟提携ノ原則ニ關スル事項

此ノ題目ノ内ニ掲ケラレタル事項ハ皆至當ナリ而シ其ノ至當ナルト共ニ之ヲ實行スルニ付難關アリト思考ス、其ノ難關ノ最モ大ナリト思ハルルハ第三國ニ對スル關係ナリ

日滿支提携トイフコトハ第三國ニ少ナカラサル刺戟ヲ與フルモノナリ日滿支カ結ンテ經濟ブロツクヲ作ルコトハ經濟的ニ第三國ヲ支那ヨリ驅逐スルノ前提ナリト疑惑ヲ生スルノ恐アリ此疑惑ヲ解クコトノ必要ナルハ言ヲ俟タス然レトモ三國ノ經濟提携ハ第三國ノ權益ニ影響ヲ及ホササルモノニハ非ス、即本案最後ノ頁ニ示スカ如ク日滿支ノ經濟提携ニ因リ第三國ノ支那ニ於ケル經濟活動竝ニ權益カ自然ニ制限ヲ受クルコトハ當然ナリ此ノ結果ハ新東亞建設ノ為已ムヲ得サルモノニシテ如何ナル國ト雖モ我立場ヲ認ムル以上ハ當然忍ハサルヘカラサルコトナリ我國ハ事理ヲ詳ニシテ其ノ已ムヲ得サル所以ヲ力説シ第三國ヲシテ自省セシムルコトニ努力セサルヘカラス之ニ拘ハラス若シ第三國カ我誠意ヲ認ムルコトナクシテ不當ニ報復ノ手段ヲ講スルカ如キコトアラハ斷乎トシテ之ニ對應スルノ策ナカルヘカラス現在ノ世界情勢ヲ以テ考察スレハ第三國カ直ニ軍事行動ヲ以テ我ニ對抗スルコトナキハ明ナリ然レトモ情勢ノ變化ハ免ルルコト能ハス異日他ノ原因ト相俟テ事端ヲ發生スルノ憂ナシト斷スルコトヲ得ス今ニ於テ之カ對策ヲ講シテ之ニ備フルノ要アルヤ言ヲ俟タス若シ夫レ經濟上ノ報復ニ至リテハ直ニ來ルノ恐アリ之ヲ來ラシメサル樣方策ヲ立ツルハ外交ノ要務ナリ之ト同時ニ其ノ來リタルトキ之ニ對シテ如何ニ應酬スヘキヤヲ講究スト（マヽ）ノ緊要ナルコトヲ痛感セサルヲ得ス此ノ點ニ付當局者ノ周密ナル用意ヲ望ムヤ切ナリ

○

右述フル所ハ要綱ニ掲ケラレタル事項ニ對スル意見ノ大要ナリ此ノ外之ニ關聯スル内政ノ問題ニ付一言致シ度キコト

アリ、思フニ何人ト雖モ此ノ事變ニ於テ我國家ノ拂ヒタル犠牲ノ頗ル大ナルコトヲ痛感セサルハナシ支出シタル國費ハ巨額ニ達シ外征ノ將兵ハ身命ヲ抛テ君國ニ忠節ヲ致シ銃後ノ民克ク艱苦ニ耐ヘテ國家ニ奉仕セリ

我國民中犠牲ノ大ナルヲ思ヒ此ノ要綱以上ノ事ヲ期待シ不滿ノ餘常軌ヲ逸シテ不穩ノ擧ニ出テントスルモノナキヲ保セス一面ニ於テハ教化ヲ普及シテ人心ヲ中正ニ導キ他面ニ於テハ取締ヲ嚴ニシテ危險ノ行動ヲ制壓シ以テ不測ノ災ナカラシムルコトヲ努メサルヘカラス是レ實ニ内政ノ要務ナリ當局者深ク之ニ留意センコトヲ望ム

266 昭和13年12月1日 有田外務大臣より在英国重光(葵)大使、在米国斎藤大使他宛(電報)

「日支新關係調整方針」の決定につき通報

本省 12月1日後8時40分発

合第三四九七號(極祕、至急)

政府ニ於テハ今後ノ日支關係調整ノ爲準據スヘキ大綱ニシテ日支間ニ締約スヘキモノ、對支施策ノ根抵(柢カ)タルヘキモノ竝ニ帝國ノ心構等ヲ取纒メ日支新關係調整方針竝要項トシテ五相會議、閣議ヲ經本三十日御前會議ニ於テ大要別電合第三四九八號(省略)ノ通リ決定ヲ見タリ(本方針及要項全文ハ最近便ニテ托送ス)

尙申ス迄モナク本決定ハ我方ノ腹ニシテ其儘外部ニ出ツルニ於テハ機微ナル關係モ生ズベキニ付嚴ニ貴官限リノ御含ニ止メ置カレ度シ

別電ト共ニ英ヨリ在歐各大使へ、米ヨリ伯へ轉電アリ度シ

本電宛先 英、米、北京、上海

267 昭和13年12月2日 在上海日高総領事より有田外務大臣宛(電報)

銭永銘の重慶行きに関する情報報告

上海 12月2日後発
本省 12月2日夜着

第三六〇〇號(極祕)

二日周文彬ハ岩井ニ對シ錢永銘ハ十一月廿六日再度往復三週間ノ豫定ニテ重慶ニ赴キタルカ錢ハ出發後夫人家族ヲ上海ニ引揚ケシメ自分(周)ニ對シ㈠日本側トノ接觸ハ從前通

リ進行セラレタク㈡重慶行ノ使命成功セハ勿論上海ニ赴クヘク失敗ノ場合モ亦上海ニ歸ルヘキニ付安心アリタキ旨傳言セリ右錢今次重慶行ノ具體的使命ニ付テハ何等通知ナキモ恐ラク和平問題ニ關係アルヘク右ニ失敗セハ家族ヲ上海ニ歸ラシメタル所ヨリ見ルモ愈蔣政權ニ見切ヲ付ケル決心ニテ出掛ケタルモノナルヤニ思ハル云々ト內話シ居タル趣ナリ

268 昭和13年12月6日 在上海日高総領事より有田外務大臣宛（電報）

呉佩孚の擁立は相当困難の模様につき報告

上海 12月6日後発
本省 12月6日夜着

第三六二三號（極祕）

四日北京發路透電ハ日本側ノ聯邦政府組織計畫ハ呉佩孚ノ態度急變シ總統就任ヲ拒絶シタルト日本軍部內ノ意見不一致ノ爲一時停頓ノ已ムナキニ至リタル模樣ナル旨報シ居ル處最近北支ヨリ歸滬セル山田純三郎カ四日森島ニ內話シタル所ニ依レハ往電第三四四〇號全國代表大會招集案等ニ關シテモ陳中孚等ハ關與セス陳ハ呉カ臨時維新兩政府ノ勢力範圍外ニアリ且河南四川等ノ雜軍糾合ニ便利ナル鄭州等ニ出馬シ是等雜軍ノ歸趨ヲ見極メ其ノ地歩ヲ或程度固メタル上更ニ漢口方面ニテモ乘出スコトトナラハ同人ノ時局收拾ノ立場ハ極メテ有利ニ展開スヘシトノ意見ヲ呉ニ獻策シ居ルモ呉ハ北京カ王城ノ地ナルヲ以テ同地殘留ヲ希望シ他ニ動クコトヲ肯セサル趣ニモアリ同人カ時局收拾ノ當面ニ立ツコトハ相當困難視サレ居ル模樣ナルカ右ニ對スル呉ノ態度ハ二、三日中ニハ判明スヘシトノコトナリ

北京、天津、南京、漢口へ轉電セリ

269 昭和13年12月13日 在上海後藤総領事代理より有田外務大臣宛

岩井総領事の香港での政治工作に関する報告書転送について

機密第三九八二號（12月19日接受）

昭和十三年十二月十三日

在上海
總領事代理 後藤鎰尾［印］

外務大臣　有田　八郎殿

岩井副領事ノ提出セル香港ニ於ケル政治工作
第一回報告書進達ノ件

過般御許可ヲ得テ香港ニ出張各種政治工作ニ從事セル岩井副領事ヨリ別紙ノ如キ報告書提出アリタルニ付御査閲相成度シ

追テ本件報告ハ絶對外部ニ洩レサル樣取扱ヒ尚特ニ御留意相成度ク申ス迄モナキ儀乍ラ爲念申添ユ

（別　紙）

香港ニ於ケル政治工作第一回報告書

十月二十七日着港以來十一月十八日離港迄約三週間ニ亘ル工作情況概要左ノ通リ

第一、工作ノ内容

一、陳彬龢ニ對スル工作

略歴、陳ハ上海申報ノ總主筆トシテ其ノ鋭利ナル筆法ハ夙ニ蔣介石ノ認ムルトコロトナリ居タルモ元來カ蔣嫌ヒ國民黨嫌ヒノ彼遂ニ蔣ノ江西剿匪ヲ批評シ「剿匪」カ「造匪」カト揶喩スルノ一文ヲ三日間ニ亘リ申報社説ニ掲ケタルトコロヨリ蔣ノ忌憚ニ觸レ申報社ヲ去ルノ餘儀ナキニ立至レリ彼夙ニ日本研究ニ志シ其ノ日本ニ對スル造詣ノ深キ現代支那ジヤーナリスト中ノ者宿ナリ又蘇聯研究ニモ熱心ニシテ自然宋慶齡等ト往來シ共產黨方面ニモ相當連絡アリ又曩ニ「ウツドヘツド」ノ「チヤイナ、イヤーブツク」驅逐（遂カ）ノ爲メ支那諸名家ト合同英文中國年鑑ヲ主編自ラモ其ノ一部ノ執筆ヲ擔當セリ一昨年春廣西派ヨリ迎ヘラレ李宗仁ニ代ツテ北伐宣言ヲ起草シタルコト亦世人ノ記憶ニ新ナルコトニシテ自然廣西派トノ關係深ク殊ニ現主席黃旭初トハ親交深シ現ニ香港ニ居住シ港報珠江日報編輯長タリシモ昨今之ヲ辭シ專ラ英文月刊雜誌太平洋ヲ主編ス

右樣經歷ニ鑑ミ彼ヲ新中國政權ニ迎ヘ新中國建設竝ニ打倒蔣政權宣傳ノ中樞ニ當ラシムルニ於テハ蓋シ最適任者ト思惟セラレ又彼ノ引出ニハ陸海軍トモ異存ナキ次第ナルヲ以テ去ル六月赴港ノ際二年振リニ舊交ヲ溫メ置キタル次第モアリ今次再度赴港ニ當リテハ卒直ニ我方ノ彼ニ對スル信賴ヲ

告グルト共ニ勇氣ヲ奮ツテ出馬新支那ノ建設ニ參加センコトヲ慫慂セリ然シ乍ラ元來役人嫌ヒノ彼ハ（上海在住中ニモ南京政府ヨリ仕官ヲ勸メラレタルコト再三ナルモ受ケズ又今次國民參政會議ニモ委員トシテ推薦セラレタルヲ固辭シテ今日ニ及ベリ）容易ニ之ヲ肯ゼザリシモ結局我方ノ知遇ニ酬ユル爲メ表面ニハ顔ヲ出サザルモ我方ノ宣傳工作ニ全面的ニ協力センコトヲ約シ差當リ諸外國ノ蔣介石政權ニ對スル過信ヲ是正シ其ノ眞相ヲ知ラシムルコトガ第三國ヲシテ援蔣政策ヲ放棄セシムル基礎的且必須的工作ナリトノ見地ヨリ㈠ Inside China ㈡戰爭時期ノ中國—第一年㈢蔣介石言論集ノ三種英文書籍ノ編纂出版方竝ニ蔣介石政權內部ニ內在スル各黨各派ノ對立摩擦ヲ利用シ各派挑撥ノ宣傳工作實行方ヲ提議スルトコロアリ右三書出版ニ關スル委細竝ニ豫算ハ別添甲號（省略）ノ通リナルガ本書ノ編纂出版工作ガ果シテ所期ノ如キ效果ヲ收メ得ルヤ否ヤハ其ノ出來榮ヲモ見タル上ナラデハ遽カニ判斷シ難キモ同人ヲ究極ニ於テ全面的ニ引付ケ行ク爲メニハ我方亦其ノ彼ニ對シ信賴ノ意ヲ具体的ニ表現スル必要モアリ旁右計畫ニ贊成シ所要經費ノ支出ニ同意シ置キタル次第ナリ

尙各派挑撥離間ノ爲メノ宣傳工作ノ爲メニハ特ニ澳門ニモ祕密機關ヲ設置シ例ヘバ國共分裂ノ爲メニハ或ハ共產黨式ノ祕密文件ヲ僞造シ國民黨ヲ攻擊セシメ或ハ僞造國民黨側出版物ヲ以テ共產黨排擊ノ具ニ供シ現存スル兩者下級分子ノ摩擦ヲ一層激化セシメンコトヲ目的トスルモノナリ

追テ同人ハ右ノ外我方諜報工作ニ付テモ同人ガ從來關係深キ申報社其他西北、西南及南洋等各地ニ活動中ノ彼ガ多年養成セル學生ノ連絡網等ヲ提供シ我方ノ該方面ニ於ケル諜報網組織ニ全面的ニ協力センコトヲ申出ヅルト共ニ差詰メ現狀ニ於テ本官ノ上海滯在中ハ隨時人ヲ派シ各種情報ノ供給ヲ約セリ右情報網組織ニ付テハ同人トモ更ニ具体的ニ研究シ大体別紙乙號（省略）ノ如キ形式ノ諜報網ヲ組織スルコトニ打合セタリ

二、錢新之及杜月笙ニ對スル工作

略歷、省略

萬事錢ノ上海代表周文彬ト協力スル建前トナリ居リ直接働キ掛クルハ不可ト思考セラルルヲ以テ香港ニ於テハ直接接觸ヲ試ミズ（又錢ハ重慶方面旅行中ナリシ次第モアリ）只管周ノ南下ヲ待チタルモ周ニ於テハ未ダ其ノ時機ニ非ラズト

テ大事ヲトリ居リ已ムヲ得ズ一先ヅ引揚ゲタリ二十五日周ニ會見セルニ同人ハ日本側ガ宋子文ノ引出ヲモ策シ居リトノ聞込アリト前置シ宋ガ出馬スル様ニテハ錢等ハ南洋落チデモスル外ナカルベシトノ悲觀論ヲ唱ヘ居タルニ依リ早速例ノ近衛大臣ヨリ谷公使宛ノ本官ノ同人等引出工作ニ對スル激勵ノ書翰ヲ内示セルニ周ハ日本政府ニ於テ既ニ錢等ニ對シ如斯キ方針決定セル以上自分モ安心セリトテ其ノ寫貰ヒ受ケタキ旨申出デタルニ付寫一部手交スルト共ニ今後一層ノ努力方ヲ要望シ置ケリ

尚杜ニ付テハ本官香港ニ於テ前記陳彬龢（杜ノ傳記編纂ノ依頼ヲ受ケ時々杜ノ隱家ニ出入シ居レリ）ヨリ杜ハ蔣介石ヨリ三十五萬弗ノ支給ヲ受ケ在港ノ在野要人ニシテ我方ノ引出目標トナリ居ル種類ノ人物（例ヘバ李思浩（一千弗）章士釗（二千弗）呉光新（二千弗）曾毓雋（目下蘭貢二千弗））ニ對シ一人月額一、二千弗ノ生活費ヲ支給之ガ足止メ工作ヲ爲シ居レリトノ聞込アリタルニ付周ニ確メタルニ（周ハ從來錢ガ出馬セバ杜モ必ズ出ルト言ヒ居レル關係モアリ）右様事情ハ自分モ聞キ居レルモ錢トノ關係ハ深キニ付大丈夫ナリト答ヘ居タリ

追テ陸軍側ニテハ豫テヨリ杜ノ引出ニ腐心シ山下亀三郎カ曾テ同人ト親交アリシ關係ヲ利用、山下ヲシテ同人引出奔走中ニテ山下ノ代表支配人渡瀬《ワタライ》某香港ニテ活動シタル由ナルモ何等得ル所ナク歸國セル由尚軍側ニ於テハ本工作ニ既ニ金拾萬圓ヲ支出セリトハ影佐大佐ノ本官ヘノ内話ナリ

以上ノ如キ情勢ニテ兩人引出工作ハ氣運未タ熟セサルモ谷公使ニ對スル近衛前大臣ノ書翰カ物ヲ言ヒ工作一歩前進セルヤニ觀測セラル

附記、其後周ト會見ノ際周ハ本官ヨリ手交セル近衛大臣書翰寫ハ早速人ヲ派シ香港錢ノ許ニ屆ケタキ旨竝ニ本官次回赴港ノ節ハ錢ト懇談ノ機ヲ造ルコト竝ニ其ノ内銀行用務ヲ表面ノ理由ニ來滬セシメタキ旨語リ居タルカ更ニ其ノ後周ハ錢ノ歸滬ハ愈々決定的ナル旨内話シ居ルコト十二月上旬電報報告ノ通リナリ

三、黄建中ノ利用

黄ハ差當リ專ラ宋子文始メ歐米依存派一派排撃ノ爲メニ利用セントスルモノナリ但シ工作ノ詳細ニ至ツテハ文書ニ認ムルヲ得サル點ハ御諒解ヲ得タシ尚同人ハ現ニ厦門

復興日報社長在職中ノモノヲ本官他用赴厦ノ際張鳴ニ依頼借リ受ケタルモノナルカ曾テ上海ニ於テ華僑聯合會總幹事タリシコトモアリ行ク行クハ華僑工作ニ利用シ得ル優秀ナル人物ナリ

四、杜石山ノ利用

杜ハ李濟深トノ關係モアリ我方廣東攻略前ニモ呉鐵城、余漢謀ニ渡リヲ付ケ兩人ノ我方ヘノ寢返リヲ策シタルコトモアル人物ニテ昨今ハ萱野長知ト連絡シ蔣政權ノ少壯幹部鄭介民(藍衣社創始者ノ一人)ヲ通シ戴笠、康澤、胡宗南、陳誠等ト氣脈ヲ通シ(杜及萱野ハ之等分子トノ連絡ヲ極メテ確實視シ居リ日本側ノ出方一ツニテハ日支少壯軍人ノ提携可能ナリト信シ居ルモノノ如シ)居レリト稱シ居ル處杜及萱野ノ言フカ如クシカク確實ナルヤニ付テハ本官聊カ疑問ヲ有スルモ兎ニ角杜カ西南政界ニ於ケル策士トシテ相當ノ人物タルコトハ從來同人カ陸軍外務機關ニ貢獻シタル幾多ノ事實ニ徵シ明カナルヲ以テ萱野近ク離港ノ上ハ本官ニ於テ直接同人ヲ指導今後ノ工作ニ利用スルコトトセリ

五、蔣國珍

蔣ハ豫テヨリ前記陳彬龢ト本官ノ連絡ニ當リ居ル人物ニシテ先般維新政府香港駐在員(祕密)ニ任命セラレ立法院長溫宗堯內政部長陳群ト良好關係ニアリ曩ニ溫ノ關係ヲ利用シ陳廉伯ノ引出ニ奔走セシメタルコトアルモ未タ效果ナシ

但シ別ニ同人ハ陳ト共ニ宋子文等歐米派排擊ノ爲メ前記黃ノ工作ノ調査方面ヲ擔任セシメ居レリ尤モ本件工作ハ絕對祕密ヲ要スルヲ以テ同人等ト黃トノ橫ノ連絡ハ一切爲サシメ居ラス

六、中村農夫

前南京同盟支局長ニシテ現ニ香港ニ於テ同盟ノ特別任務ニ服シ居レリ同人ハ十數年來第三黨ノ準黨員トモ言フヘキ地位ニアリ第三黨々首故鄧演達トハ親交アリ又現ニ蔣介石ト妥協シ重要役割ヲ演シ居ル黃琪翔、嚴重等トモ熟知ノ間柄ナリ同人ノ右地位關係ヲ利用シ之等連中ノ轉向ニ付努力方豫テヨリ依賴シアリシモ同人ハ支那側ノ根强キ抗日ヲ過信シ工作ヲ無駄ト爲シ容易ニ動カサリシカ今回ノ赴港ヲ機ニ同人ノ積極活動ヲ慫慂シ漸ク其ノ承諾ヲ取付ケタルモノナリ同人ハ差當リ前記黃嚴兩人ノ外蔣政

權ニ加入セサル第三黨有力分子季方、張資平等引出ニ當ル筈ナルカ此ノ手合出馬セハ新中央政權ニ有力鬪士ヲ加フルコトトナルヘシ（以下省略）

〰〰〰〰〰

270　昭和13年12月19日

東亜新秩序建設の意義を経済面から説いた有田外相の外国人記者会見での談話

付記　右英訳文

外人記者會見ニ於ケル有田大臣談

（昭和十三年十二月十九日）

十一月三日ノ帝國政府聲明ニ依リ中外ニ之ヲ闡明シタル如ク日本ノ冀求スル所ハ東亞永遠ノ安定ヲ確保スヘキ新秩序ノ建設ニシテ此ノ新秩序ノ建設トハ日滿支三國相携ヘ政治經濟文化等各般ニ亘リ互助連環ノ關係ニ（ヲカ）樹立スルコトナリ

日滿支三國カ緊密ナル連絡體ヲ作ルコトノ必然性ハ政治的ニハ赤化ノ魔手ニ對スル自己防衛竝ニ東洋文明ノ擁護ノ必要ニ依リ又經濟的ニハ世界一般ニ廣ク行ハルル關税障壁ノ傾向竝ニ經濟的手段ヲ政治目的ニ使用セントスル傾向ニ對シ自衛手段ヲ講スルノ必要ニ依リ說明セラルヘシ

支那ヲ半植民地的地位ヨリ完全ナル現代國家ニ迄引上ケ行クコトハ支那國民自體ノミナラス東亞全體ノ利益ナリ而テ新秩序ノ建設卽日滿支三國互助連環ノ關係ハ日滿支三國カ各自ノ獨立ヲ維持シ各自ノ個性ヲ充分ニ生カシツツ東亞保全ノ共同使命ノ下ニ固キ結合ヲナスコトニ外ナラス

日本ハ此ノ新秩序ノ建設カ國際正義ニ適ヒ又東亞ノ平和ニ資スルモノナリトノ固キ信念ヲ有スルモノニシテ從テ之カ遂行ニ對シテハ確固タル決意ヲ有スルモノナリ

政治文化ノ方面ニ於ケル互助連環ノ關係ニ付テハ之ヲ後日ノ機會ニ讓リ此處ニハ經濟方面ニ於ケルソレニ付テ一言セントス

新體制ノ經濟的方面ハ世界ハ自給自足ノ强大ナル經濟單位ノ存スルニ對應シテ日滿支ノ三國カ經濟的方面ニ於ケル相互連環關係ヲ結成シ密接ナル經濟的協力ニ依リ經濟單位ヲ强化セントスルニ外ナラスカカル關係ハ屢々經濟「ブロック」ナル言葉ニ依リテ呼ハルルコトアルモ此ノ場合ノ經濟「ブロック」ハ決シテ closed system of trade ヲ意味スルモノニ非ス若シ此ノ言葉ニシテ關係國以外ノモノヲ全然排斥

ストノ意ヲ含ムモノトセハカカル言葉ノ使用ハ不適當ナリト云フヘシ

近來稍モスレハ所謂日滿支經濟「ブロック」結成ノ結果日本ハ外國ノ企業、資本貿易等有ユル經濟活動ヲ東亞ヨリ排除センコトヲ考慮シヲレリト解釋スル向スクナシトセス歐米ニ於ケル新聞雜誌ノ批評カ多ク此ノ如キモノナルコトハ遺憾ナリ元來商業上ノ機會均等ハ從來日本ノ世界ニ向テ强ク主張シ來リタル所ナルカ事實ハ必スシモ日本ノ主張通リニハ行カス良質廉價ノ日本品ハ到ル處差別待遇ヲ與ヘラレタリ日本ハ今日ニ於テモ商業上ノ機會均等カ各國ノ繁榮ト世界ノ繁榮トヲ來スモノナリト信シヲリ日本ノ經濟活動カ世界ノ何レノ部分ニ於テモ原則トシテ自由ナル可キヲ主張スルモノナリ從テ東亞ヨリシテ歐米各國ノ經濟活動ヲ全然排除セントハ考ヘヲラサルノミナラス此ノ如キハ不可能事ナリトサヘ考ヘヲルモノナリ然シ乍ラ資源ノ少キ日本、「マーケット」ヲソノ國內ニ持タサル日本、又經濟的ニ力弱キ支那トシテハ相倚リ相助ケテ必要物資ノ自給自足政策ニ必要ナル生產ノ確保ヲ計リ萬一ノ場合ニ於ケル「マーケツト」ノ確保ヲ期スルコトハソノ存立上不可缺ト認ムルモノニシテソノ範圍ニ於テ東亞以外ノ各國ノ經濟活動ノ制限サルルコトハ之ヲ認メサルヲ得ス換言スレハ將來支那ニ於ケル第三國ノ經濟活動ハ新體制ニヨツテ結合サルル三國ノ國防及經濟的自主達成ニ必要ナル制限ヲ受クヘキモノニシテ且政治的特權ヲ伴フモノナラサルコトヲ必要トスル次第ナルカ此種制限ハ各國何レモソノ必要ヲ認メヲルモノニシテ英帝國、米國何レモ同樣ナリト思考ス。然シテ此種制限カ加ヘラルルモ尙廣汎ナル商業的經濟的活動ノ分野カ列國ニ開カレヲルナリ。

日滿支ニ於ケルカ如ク或程度緊密ナル相互關係ニ立ツ經濟集團カ存在シ組織サレタリトスルモ之ト他國トノ貿易ハ決シテ減少スルモノニアラス却テ之カタメ增加スルモノナリ、此機會ニ一言シ置キタキハヨク人ハ滿洲國ノ場合ニツキ列國カ之ヨリ閉出サレタリト云フコトナリ右ハ非當《(ママ)》ナル誤謬ニシテ今之ヲ統計ニ見ルニ滿洲國ノ總貿易額ハ獨立後累年增加シ獨立前一九三〇年ニ於テ十億六千萬元タリシモノカ一九三七年ニハ十五億三千萬元トナレリ然シテ一九三七年度ニ於ケル英、米、佛三國ヨリノ滿洲國ノ輸入額ト獨立前ノソレトヲ比較スルニ英ハ三五・三「パーセント」米ハ九八・九「パーセント」佛ハ三三二・二「パーセント」ノ激増ヲ示シヲリ之等三國ノ貿易ハ滿洲國ノ獨立ニ依リ著ク增進セラレタルモノト云フヲ得ヘシ尙カカル滿洲國ノ輸入ノ增大ハ機械、工具、車輛、金屬製品、木材等ノ建設材料ニ於テ特ニ顯著ニシテ今後滿洲ニ於ケル經濟建設ノ進捗ニ依リ之カ需要ハ更ニ增加スヘシ又統計表ニ現ハレ居ラサルモ之等三國ヨリ日本經由行ハルル貿易ヲモ考慮スルノ要アリ更ニ又滿洲對英米佛屬領トノ貿易額モ累年增加シヲルコトヲ注意スルノ要アリ。

要スルニ帝國ノ企圖スル東亞新秩序ノ建設ニ依リ東亞ノ天地ハ初メテ恆久的安定性ヲ與ヘラレ其ノ結果列國ノ東亞ニ於ケル經濟活動モ却ツテ確實ナル基礎ノ上ニ置カルルニ至ルヘキコトハ余ノ確信シテ疑ハサルトコロナリ。

（付　記）

STATEMENT BY THE MINISTER FOR FOREIGN AFFAIRS, MR. HACHIRO ARITA, GIVEN TO THE FOREIGN CORRESPONDENTS ON DECEMBER 19, 1938.

As has been made clear by the statement of November 3rd made by the Japanese Government, what Japan desires is the establishment of a new order which will ensure the permanent stability of East Asia; or in other words, the establishment of a relationship of mutual helpfulness and co-ordination between Japan, Manchoukuo and China in political, economic and cultural fields.

That the formation of a closely co-operative relationship between the three countries is an imperious necessity is explained by the fact that it is, in its political aspect, a measure of self-defence against the Communist menace and of safeguarding the civilization and culture of the Orient, and in its economic aspect, a measure of self-preservation in presence of the world-wide tendency to erect high Customs barriers and to employ economic measures for political ends.

It is not only of benefit to the Chinese people themselves but to the whole of East Asia, to lift China from its present semi-colonial status to the position of a modern

State. The establishment of the new order, that is, of a relationship of mutual aid and co-ordination between Japan, Manchoukuo and China, simply signifies the creation of solidarity between these three countries for the common purpose of preserving the integrity of East Asia, while enabling each nation to maintain its independence and fully to develope its individuality.

It is the firm conviction of Japan that the establishment of such a new order will be perfectly in consonance with international justice and will contribute toward the peace and tranquillity of East Asia, and it is her inflexible resolution to carry out her policy in this regard.

Leaving for a later occasion the political and cultural phases of the proposed tripartite relationship, I wish today to offer a few remarks on its economic aspect.

The new order envisages a certain degree of economic cohesion and co-ordination between Japan, Manchoukuo and China, and the formation of a single economic unit in presence of the similar units which already exist elsewhere and which are both powerful and self-sufficient. Although the term "bloc economy" is frequently applied to such an arrangement, the proposed unit in East Asia is by no means to be a system of closed trade. If by "block economy" is meant the exclusion of all interests other than those of the parties directly concerned, the employment of the term is wholly improper in the present case.

At the moment, not a few observers seem inclined to feel as though Japan, by the inauguration of the so-called "Japan-Manchoukuo-China Economic Bloc" were airning at the exclusion from East Asia of all enterprises, capital investments, trade and other economic activities on the part of foreigners. It is quite regrettable that some such idea is to be seen reflected in the comments of various newspapers and magazines published in Europe and America. Japan has long stoutly upheld before all the world the principle of equality of commercial opportunity — though as a matter of fact, that principle has received scant regard elsewhere, and Japanese products of good quality and moderate price have everywhere been subjected to discriminatory treatment. Japan, nevertheless, still believes that the way to bring about the prosperity of each and every nation is to give effect to the principle of equality of commercial opportunity, and she upholds the freedom of economic activity in all parts of the world as a matter of principle. It is far from Japan's thought to aim at excluding European and American economic activities from East Asia.

However, it is most natural and proper that the two neighbour nations closely bound together by the ties of race and culture — Japan, poor in natural resources and without a large domestic market, and China, still economically weak — should work together in order to ensure their independence as regards vital supplies as well as their markets in times of emergency. Within those limits it must be admitted that the economic activities of the countries which lie outside the limits of East Asia world have to be regulated. In other words, it is imperative that the economic activities of other Powers should be subject to certain restrictions dictated by the requirements of the national defence and economic security of the countries grouped under the new order, and that no political privileges should be attached to those activities. The necessity of such restrictions is recognized by "all modern states," including, I am sure, the British Empire and the United States. But even if these restrictions are put in force, there will remain vast fields of commercial and economic activity open to the people of other Powers.

The formation and existence of an economic co-partnership of nations, such as is contemplated for Japan, Manchoukuo and China, would by no means entail any diminution of the trade between that group and other countries. In this connection I might add a few words regarding Manchoukuo. To say that the new state has been closed to Powers other than Japan is a gross misstatement. Statistics show plainly the progressive increase that has characterized the foreign trade of Manchoukuo during the past few years. The total value of the foreign trade of that country, which was 1,060,000,000 yuan in 1930, the year before her independence, leaped to 1,530,000,000 yuan in 1937. As for the imports from other countries during the same period, they witnessed an increase of 35.3% for Great Britain, 98.9% for the United States, and 332.2% for France. Especially conspicuous was the increase in the importation of machinery, tools, vehicles, hardware and timber, the demand for which is expected to expand further, with the progress of the work of economic construction in Manchoukuo. We should also take into consideration the imports from Western countries via Japan, though these are not indicated in the statistics. Again, we should take note of the trade of Manchoukuo with the British and French colonies, which is fast developing with the years.

In brief, the proposed new order for East Asia, when established, will not only bring permanent stability to this part of the globe but will also serve, I am firmly convinced, to put the economic activities of Occidental Powers in East Asia upon a far more solid foundation than at present.

271 昭和13年12月22日 日中国交調整の根本方針に関する近衛総理声明

近衛內閣總理大臣談

昭和十三年十二月二十二日

政府ハ本年再度ノ聲明ニ於テ明カニシタル如ク、終始一貫、抗日國民政府ノ徹底的武力掃蕩ヲ期スルト共ニ、支那ニ於ケル同憂具眼ノ士ト相携ヘテ東亞新秩序ノ建設ニ向ツテ邁進セントスルモノデアル。今ヤ支那各地ニ於テハ更生ノ勢澎湃トシテ起リ、建設ノ氣運愈々高マレルヲ感得セシムルモノガアル。是ニ於テ政府ハ更生新支那トノ關係ヲ調整スヘキ根本方針ヲ中外ニ闡明シ、以テ帝國ノ眞意徹底ヲ期スルモノデアル。

日滿支三國ハ東亞新秩序ノ建設ヲ共同ノ目的トシテ結合シ、相互ニ善隣友好、共同防共、經濟提携ノ實ヲ擧ゲントスルモノデアル之ガ爲ニハ支那ハ先ヅ何ヨリモ舊來ノ偏狹ナル觀念ヲ清算シテ抗日ノ愚ト滿洲國ニ對スル拘泥ノ情トヲ一擲スルコトガ必要デアル卽チ日本ハ支那ガ進ンデ滿洲國ト完全ナル國交ヲ修メンコトヲ率直ニ要望スルモノデアル。次ニ東亞ノ天地ニハ「コミンテルン」勢力ノ存在ヲ許スベカラザルガ故ニ、日本ハ日獨伊防共協定ノ精神ニ則リ、日支防共協定ノ締結ヲ以テ日支國交調整上喫緊ノ要件トスルモノデアル。而シテ支那ニ現存スル實情ニ鑑ミ、コノ防共ノ目的ニ對スル充分ナル保障ヲ擧グル爲ニハ、同協定繼續期間中、特定地點ニ日本軍ノ防共駐屯ヲ認ムルコト及ビ內蒙地方ヲ特殊防共地域トスベキコトヲ要求スルモノデアル。日支經濟關係ニ就テハ、日本ハ何等支那ニ於テ經濟的獨占ヲ行ハントスルモノニ非ズ、又新シキ東亞ヲ理解シコレニ卽應シテ行動セントスル善意ノ第三國ノ利益ヲ制限スルガ如キコトヲ支那ニ求ムルモノニモ非ズ、唯飽ク迄日支ノ提携ト合作トヲシテ實效アラシメンコトヲ期スルモノデアル。卽チ日支平等ノ原則ニ立ツテ、支那ハ帝國臣民ニ支那內地ニ於ケル居住營業ノ自由ヲ容認シテ日支兩國民ノ經濟的利益ヲ促進シ、且ツ日支間ノ歷史的經濟的關係ニ鑑ミ、特ニ北支及內蒙地域ニ於テハソノ資源ノ開發利用上、日本ニ對シ積極的ニ便宜ヲ與フルコトヲ要求スルモノデアル。日本ノ支那ニ求ムルモノノ大綱ハ以上ノ如キモノデアル。日本ガ敢テ大軍ヲ動カセル眞意ニ徹スルナラバ、日本ノ支那ニ求ムルモノガ區々タル領土ニ非ズ、又戰費ノ賠償ニ非ザルコトハ自ラ明カデアル。日本ハ實ニ支那ガ新秩序建設ノ分擔者トシテノ職能ヲ實行スルニ必要ナル最少限度ノ保障ヲ要求セントスルモノデアル。日本ハ支那ノ主權ヲ尊重スルハ固ヨリ、進ンデ支那ノ獨立完成ノ爲ニ必要トスル治外法權ヲ撤廢シ且ツ租界ノ返還ニ對シテ積極的ナル考慮ヲ拂フニ吝ナラザルモノデアル。

272　昭和13年12月27日　在上海後藤総領事代理より有田外務大臣宛（電報）

孔祥熙使者樊光との会談に関する土肥原内話につき報告

上　海　12月27日後発
本　省　12月27日夜着

第三八二四號（極祕）

往電第三八一四號ニ關シ

樊光ハ二十一日歸滬シ二十七日ＡＭニ內話シタル所ニ依レ

ハ王正廷ハ形勢観望ノ形ニテ敢テ香港ヲ動カサルカ樊ハ二十六日夜中央社ノ「ラヂオ」放送ニ依リ蔣介石ノ汪精衛(脱?)(往電第三八一三號)ヲ知ルヤ直ニ孔祥熙宛將來ノ方針指示方電請シタルニ對シ二十七日孔ヨリ祕密協定ヲ結フモ可ナリトテ依然和議繼續方電命シ來レル趣ナルカ二十六日土肥原カ森島ニ對スル內話ニ依レハ二十五日樊ト會見ノ際樊ハ日本側ヨリ進ンテ停戰ヲ實行スルコトヲ希望シタルニ對シ土肥原ハ支那カ長期抗戰ノ一途ニ出テ居ル以上先ツ支那側ヨリ停戰ヲ實行スヘキモノニシテ右ナキ限リ日本側限リニテハ考慮ノ餘地ナキ旨應酬セル趣ナリ

香港へ轉電アリタシ

北京、天津、南京へ轉電セリ

---

273 昭和14年1月4日　在香港田尻総領事より有田外務大臣宛(電報)

汪兆銘離脱の背景には対日和平をめぐる蔣介石との確執があるとの情報に鑑み孔祥熙を通じた和平工作には警戒方意見具申

付　記　昭和十四年一月十二日発在上海三浦(義秋)総領事より有田外務大臣宛電報第五三号

孔祥熙を通じた和平交渉を継続すべきとの樊光内話について

香　港　1月4日後発
本　省　1月5日前着

第一二號(極祕、館長符號扱)

孔令侃ヨリ出テタル消息トシテ三日XYZノ內報スル所ニ依レハ汪脱出ノ原因ハ戰局ノ前途ニ對スル絶望カ其ノ主因ナルコト勿論ナルカ他面汪カ蔣介石ニモ議和ノ意アリ別ニ土肥原ト接洽セシメツツアルコトヲ薄薄感知シ自派勢力挽回ノ爲之カ先手ヲ打タントセルモノナルコトモ其ノ一因ナリ(孔祥熙ノ意ヲ承ケ樊光ト土肥原トノ間ニ接觸アルコトハ上海發閣下宛電報ノ通リ)汪脱出ニ對シ蔣介石トシテハ最近英米ノ態度モ支那側ニ有利ニ展開セル一方日本側トシテハ之以上戰爭繼續ノ力ナク和平ヲ熱望シ居ルコトトテ今暫ク粘ルニ於テハ直接交渉ニ依リ有利ナル條件ニテ講和ヲ爲シ得ヘシト考ヘ居タル矢先ナリシヲ以テ汪ノ拔駈的行動ニ依リ結局其ノ意圖スル和平計畫ヲ打毀ス結果トナリ憤慨シ居ル趣ナルカ卅一日重慶發申報航空便ニモ略同樣趣旨ノ

消息ヲ傳ヘ居リ他方別電[編注]ノ通リ汪側ニ於テ汪ノ聲明ニ對スル一日ノ東京發路透電ヲ大分氣ニシ居ル模樣ニモアリ重慶側ニ對スル今後ノ工作上孔祥熙ヲ通スル和平交渉ニ付テハ餘程警戒ヲ要スルモノト認メラル

右ニ付テハ今井中佐モ同意見ニシテ五日當地發歸朝ノ途寄滬シ土肥原中將ニモ然ルヘク進言ノ筈ナリ

上海ヘ轉電セリ

編注　別電第一三号は本書第419文書として採録。

(付記)

上海　1月12日後発
本省　1月12日夜着

第五三號(極祕、館長符號扱)

[1]香港發貴大臣宛電報第一二號ニ關シ

當地滯在中ノ樊光ハ十一日清水ニ對シ今囘ノ汪兆銘ノ脫出事件ハ汪カ和平解決ヲ餘リニ焦リ過キタル結果ニシテ斯ル方法ニテハ全般的和平解決ハ不可能ナリ蔣介石モ和平ヲ希望シ居ルコトハ決シテ汪ニ劣ラサレトモ其ノ方法ニ至ツテハ別ニ考慮シ居ルモノト察セラル而シテ蔣ヲ動カスニハ孔祥熙ヲ通シテ工作スルコト最モ捷徑ナルヲ以テ此ノ際日本側トシテハ汪ノ失敗ニ懲リス從來通リ孔ヲ通スル連絡工作ヲ續クル樣努力セラレ度シ其ノ第一手段トシテハ平沼內閣ヨリ更メテ國民政府トノ和平解決ヲ斷念セルモノニアラサルカ如キ聲明ヲ發シテ夫レトナク國民政府ニ呼掛クルト共ニ汪ノ工作ハ一應失敗セルモノトシテ見切ヲ付ケ之ニ係リ合ハサル態度ヲ表明スルコト必要ナリト思考セラル

[2]自分(樊)モ最近二、三囘書面ヲ以テ汪ノ事件ニ拘ラス日本側トノ連絡ヲ繼續シ和平解決ニ努力スルコト然ルヘキ旨進言シ置キタルカ土肥原將軍(十一日北上下旬歸滬ノ豫定)ト面會ノ上月末頃香港ニ赴ク豫定ナリト內話セル趣ナリ尙孔ヨリハ當地江藤豊次(事變前ヨリ事業關係ニテ孔ト密接ナル連絡ヲ有ス)ニ對シ舊臘以來數囘ニ亘リ來香方電報シ來レルニ對シ江藤ヨリ孔ノ赴香ヲ促シ來レル處最近孔ヨリ代表者ヲ香港ニ派遣スヘキ趣ヲ以テ江藤ノ來香ヲ切ニ促シ來レルモ江藤ハ日本側關係方面トモ打合ノ上赴香ヲ見合セ居レリ右ニ依リ孔祥熙一派ノ動向ヲ窺フニ足ルヘク冒頭電ノ次第モアリ御參考迄

香港へ轉電アリタシ

274　昭和14年1月4日　沢田外務次官／在本邦オットー独国大使　会談

ドイツの和平斡旋提案をめぐる沢田・オットー会談

日支和平交渉斡旋ニ關スル獨逸大使來談ノ件

一月四日、獨逸大使澤田次官來訪

在重慶獨逸代表者（代理大使ニハアラズ）ヨリノ情報ナリトシテ

一、一月二日汪兆銘一味ノ二百名重慶ニ於テ監禁セラレタルコト

二、蔣介石ハ汪ノ國民黨籍剝奪ニハ自身贊成ニハアラサリシモ餘義ナク黨ノ決議ヲ容レサルベカラサリシコト

三、現下ノ重慶ノ空氣ニテハ汪兆銘聲明ハ反響薄キ樣認メラルルコト（獨代表者ノ觀測）

ヲ陳べ、獨逸トシテハ何時ニテモ希望アラバ調停者ノ役目ヲ欣ンデ取ル樣自分ヨリ伯林政府ニ進言スヘキ旨ヲ附言シタリ

尙獨逸大使ハ聲ヲ低クメナガラ近衞內閣ハ本日辭表提出シタル趣ナル處新內閣ニヨリ政策ヲ新タニスル趣旨ニテ蔣介石ヲモ相手トシテ和平ヲ講スルコトニハ行カサルモノニヤト質問セリ

右ニ對シ澤田ハ獨逸側ノ和平斡旋ニ付テノ好意ハ常ニ多トスル所ナルカ、最近又モヤ今一ト押シセバ日本ガ財政的ニ行詰ルベシトノ誤レル觀測ノ下ニ對支「クレディット」ナドヲ設定スル旨モアル折柄日本トシテハ如何ナル第三國ニ對シテモ調停ナト依頼スル意向ナシ、又近衞內閣辭職ノ結果如何ナル內閣成立ストモ日支事變處理方針ハ先月下旬政府ノ聲明セル所ヲ變更スルコトナシト思考スト答へ、尤モ重慶側ニテ右帝國政府聲明ニ呼應シテ彼ヨリ歩ミ寄リ來ラバ其出方ニヨリ我方モ考へ樣モアルベシト答へタルニ獨逸大使ハ獨逸トシテモ蔣介石ヲ「インデュース」シテ和平交涉ニ應スル樣「インフルエンス」ヲ用ヒ見度シト言フニアリト答へタルニ付獨逸トシテハ顧問等ノ引揚ヲ行ヒ爲ニ重慶側トシテハ獨逸ニ對シテ不滿ナラント思ハルル位ナルカ而モ尙「インフルエンス」ヲ用ヒ得ル見込アル次第ナリヤト反問セルニ獨逸大使ハ之ヲ用ヒタル結果蔣介石ガ聽從ス

ルヤ否ヤハ疑問ナルモ實ハ顧問引揚ト共ニ獨逸ノ對支取引ハ著シク壓迫ヲ受クベシトテ在支獨逸商人ハ右引揚ニ非常ニ反對ナリシカ引揚ノ結果ハ別ニ獨逸商人モ支那側ヨリ不當ノ取扱モ受ケサル實情ナリ（此點獨逸ハ日本ニ好意ヲ表シタル結果對支取引ニハ不利ヲ招キ居ルトノ獨逸側ノ從來ノ言分ト多少異ナル所アルヤニ思ハル）卽チ支那トシテモ依然獨逸ノ好意ヲ繫キ置キ度キ氣持アルヤニ認ムルヲ以テ茲ニ獨逸トシテ「インフルエンス」ヲ用フル餘地アリト考へ居ルモノナル旨答へタリ

5 平沼・阿部・米内三内閣期

275 昭和14年1月18日

在北京秋山（理敏）大使館一等書記官より
有田外務大臣宛（電報）

孔祥熙の使者を通じて蔣政権側へ和平案を提示したとの何澄内話について

北京　1月18日後発
本省　1月18日夜着

第六一號（部外極祕）

東京及上海ヨリ歸來シ更ニ近日中ニ赴滬ノ筈ナル何澄カ十八日原田ニ爲セル内話左ノ通リ

一、難局ニ逢着シツツアル日支關係ノ打開ハ最早武力ニアラスシテ政治ニアルハ何人モ首肯シ得ル處唯問題ハ日本ノ一、一六聲明タル蔣介石ヲ對手トセストノ人ヲ對象トセル態度ハ具合惡シク日本カ飽迄本聲明ヲ固執スルニ於テハ恐ラク解決ノ日程遠キコトト存セラル依テ今後ハ論事不論人卽チ人ヲ對手トセス事ヲ對象トスル態度ニ改變セラルレハ今後ノ仕事ハ遣リ易クナル次第ナリ

二、自分（何）カ上海ニ於テ蔣介石、汪精衛及孔祥熙代表ニ打診ノ結果ハ蔣側ニ於テモ之以上ノ抗戰ヲ欲セス何トカ局面ノ打開ニ苦慮中ノ模様ナルコト明瞭トナレル爲日本側ノ贊同ヲ得タル一ノ方案ヲ先方ニ通シ置ケルカ（孔ノ代表ハ本案ヲ携行重慶ニ赴キ近ク歸滬ノ筈）國民黨トシテハ憲政期ニ入ラハ政治ハ國民ニ委ヌルコトトナリ居レル爲國民政府ト別個ノ全民政府ヲ組織シ共產黨ヲ除ケル有力分子及臨時、維新、蒙疆ノ各政府有力分子ヲ糾合シ右首領ニ汪精衛ヲ据ヘルコトトナリ而シテ右段取ハ當方ヨリスルコトナク國民政府側ヲシテ爲サシムヘク又蔣ノ處置トシテハ日本側ヨリ壓迫スルコトナク自動的ニ下野ニ導クコト策ヲ得タルモノト稱スヘク之カ爲ニハ濫リニ日本側及臨時、維新、蒙疆各政府等ニ於テ反蔣的聲明ハ差控ヘ暫シ傍觀的態度ヲ以テ臨ムコト本案ヲ成功セシムル所以ナリ

上海へ轉電セリ

276　昭和14年1月19日　五相会議決定

「孔工作ニ關スル件」

孔工作ニ關スル件

昭和十四年一月十九日

五相會議決定

一、孔ノ代表ノ資格竝ニ汪トノ關係未タ明瞭ナラサルヲ以テ孔ニ對シテハ暫ク不卽不離ノ態度ヲ持シ差當リ

(一)孔ノ蔣ニ對スル眞意

(二)孔ト汪トノ關係

ニ就キ探査逐次五相會議ニ報告セシム

二、之ト同時ニ汪工作者ニ對シテ孔工作ノ概要ヲ通報スルト共ニ孔ノ蔣ニ對スル眞意、孔ト汪トノ關係ニツキ探査報告セシム

277　昭和14年1月21日

第七十四回帝国議会における有田外相演説

第七十四回（昭和十四年一月）

有田外務大臣

時恰も支那事變を繞り、我國際關係が愈々複雜多岐とならうとしまする時に當りまして、玆に我外交政策竝に對外情勢の全般に付きまして說明する機會を得ましたことは、私の最も欣快とする所であります。

帝國外交が國體の本義に立脚し、帝國の道義的使命の達成を以て其の根幹と爲し、常に東亞諸民族と協力提携して其の興隆を圖り、進んで世界の進運に貢獻せんとするものでありまするることは、今更申すまでもない所であります。

彼の滿洲國の成立しまするや、五族協和日滿兩國の融合發展を以て其の建國の理想とし、帝國政府は日滿善隣不可分の基礎に立ち、同國が獨立國として健全なる發達を爲すことに協力することを國策となし來つたのでありますが、兩國の此の如き理想に基く協力提携に付きましても、之を以て或は領土的野心の僞裝的發露なりとし、或は列國權益の殲滅排擊を策するものなりとして、論難を加ふる者も少くなかつたことは御承知の通りであります。然るに建國僅に

六年後の實績を見まするに、國內の制度、秩序は着々として確立せられ、各種資源の開發は著しく促進せられ、三千萬民衆は其の業に安んじ、國礎は益々鞏固を加へ、之を承認した國も既に七個國に及んで居るのであります。治安の確立、產業の勃興に連れ列國の享受する利益は著しく增進を見つゝあるのでありまして、對英及對米貿易の如きも事變前に比較して顯著なる增加を示して居るのであります。是偏に滿洲國朝野一致の努力に依るは勿論、帝國が其の道義的使命に卽し、一意同國の健全なる發達に寄與協力したる結果に外ならないのであります。

今次事變に對しても、帝國政府の根本方針と決意とは客年十一月三日の聲明に依り中外に闡明せられたる通りでありまして、日本の冀求する所は東亞永遠の安寧を確保すべき新なる秩序を建設するにあるのであります。此の新なる秩序の建設とは日滿支三國が、各自の獨立を維持し其の個性を十分に生かしつゝ、相携へて政治、經濟、文化の各般に亙り積極的互助連環の關係を樹立し、以て道義的基礎に立つ新東亞を建設せんとすることに外ならないのでありまして、帝國政府は、斯る新なる秩序の建設こそ、日滿支三國の存立發展上絕對に必要であるばかりでなく、又世界の眞の安寧平和に資するものであるとの堅き信念を有して居るのであります。更に同十二月二十二日、帝國政府は、支那に於ける同憂具眼の士と相携へ、東亞新秩序建設を共同目的として結合し、相互に善隣友好、共同防共、經濟提携の實を擧げんとするものなる趣旨を聲明致しますると共に、帝國の支那に求むる所のものが區々たる領土に非ず、又戰費の賠償に非ずして、帝國は支那の主權を尊重するは固より、進んで支那の獨立完成の爲に必要とする治外法權の撤廢、租界の返還に關して積極的なる考慮を拂ふに吝ならざるものなることを表明致しましたが、之皆均しく帝國の道義に發足する國策を宣明したものであります。

最近一部方面に於きまして、帝國政府累次の說明にも拘らず帝國が愈々支那の門戶を閉鎖するが如き誤解を抱いて居る向のありますのは、誠に遺憾に堪へざる次第であります。固より日滿支三國の互助連環に依り新なる東亞の建設に乘出しまする以上、三國の國防及經濟的自主達成に重大なる影響を及ぼすべき分野に於きましては或程度の制限乃至施設を行ふの要あることは當然でありますが、右は自ら前述の目的に必要なる限度に限らるゝ次第でありまして、斯る措置は畢竟東亞が內を治め、世界經濟の一環として進んで其の發展に寄與せんとするものに外ならないのでありますす。從つて右措置以外の廣大なる範圍に於きましては、第三國の經濟的權益、第三國の平和的通商企業等は毫も影響を受くること無きのみならず、寧ろ進んで其の參加をも歡迎せらるゝ次第でありますが故に、全體として第三國の經濟的活動は益々隆盛活潑となることゝ信ずるのでありま す。

帝國政府は通商上の各種障碍を除去し、世界各國間の經濟的協力を促進することが、世界人類の繁榮と幸福とを齎す所以なりと信じまして、從來之が爲努力を續けて來たのでありまして、今後も此の方針に變りはないのであります。前に述べました如く、日滿支互助連環の關係に於きまして、第三國の經濟的活動の制限を、國防及經濟的自主達成に必要なる最小限度に止めんと致しますするのも、畢竟右の方針に基くものであります。私は關係列國が帝國の眞意を認識し、東亞の新なる秩序の建設に積極的協力を吝まざるべきを切望し、且期待するものであります。

尙今次事變に際しまして、在支第三國人の個々の權益にして損害を受け、或は其の居住往來を制限せらるゝが如き事態が發生致しましたのは遺憾でありますが、是等は軍事行動の必要に出でた萬已むを得ない出來事でありまして、關係國に於ても事情を諒とし居るものと信ずるのでありまナ。之等の點に付ては帝國政府としても亦細心の注意を怠らないのでありまして、既に懸案となれる諸案件に關しましては、事情の許すもの、又は調査完了のものより逐次解決するの方針を取り、現在迄に圓滿解決の運びと爲つた案件も少く無いのであります。

佛領印度支那其他を通じて蔣政權側に齎らさるゝ武器輸送の情報に關しましては、累次關係國の注意を喚起し來つた次第でありますが、必要なる場合には帝國として適當なる措置を執る所存であります。今や廣東陷落、武漢三鎭の攻略に依つて支那事變は茲に新なる段階に入り、一面に於ては抗日政權壞滅の手を緩めざると共に、他面積極的に建設に鋭意すべきことゝなつたのであります。

惟ふに蔣政權は今尙所謂長期抗戰を標榜して居りますが、既に僻陬に逃避し純然たる一地方的存在と化して仕舞ひましたるに反し、皇軍占據地域に於きましては反共親日の氣運が勃然として起りつゝあるのでありまして、臨時、維新及蒙疆各政權も各々堅實なる發展を遂げ、着々民心を收めて居るのであります。更に昨年秋には臨時、維新兩政府の間に聯絡委員會の組織をも見、漢口、廣東方面にも地方政權樹立の氣運を見つゝある狀態でありまして、帝國政府としては新中央政府が速かに成立し、我方と協力して事變の收拾を圖るに至らんことを期待して居る次第であります。尚最近所謂和平派首領の脫出事件等が起りましたが帝國政府としては其成行に付注意を拂つて居るのであります。

帝國は曩に共產インターナショナルの破壞的活動に對抗するため日獨防共協定を締結し、後更に伊太利國の加盟を見たのでありますが、此の共產インターナショナルの活動たるや隱顯出沒誠に端睨すべからざるものがあるのでありまして、歐羅巴に於ても、亞細亞に於ても、平和秩序の多少なりとも亂されたるが如き事件の背後には必ずや彼等の活動の存することを發見するのであります。彼の勃發以來既に三年に垂とする西班牙內亂の如きはその最も顯著なる例でありますが、彼等の常套手段は局部的問題を導火線として一般戰爭を誘起し以て世界の赤化を圖らんとするにあるのであつて、誠に彼等こそ秩序破壞、平和攪亂の元兇と云ふべきであります。

東亞に於きましても、今次事變以前より彼等は既に國民政府に働き掛け、蔣をして抗日侮日の政策を執らしめて居つたのでありますが、事變勃發後は急速度にその魔手を延し、遂に國民政府の軍事及政治の中樞に割込み、軍政兩面に對する領導的地位を獲得しつゝあるのであります。而して所謂長期抗戰、遊擊戰術なるものは、元來共產黨の建策に基くものでありまして、畢竟支那大衆の犧牲に於て出來る限り事變の解決を遷延せしめ、以て支那延ては世界の赤化を招來せんとする陰謀に外ならないのであります。

幸にして日獨伊防共協定の威力は、共產インターナショナルの破壞工作を、歐羅巴に於けるが如く亞細亞に於ても或程度に之を喰ひ止め得て居るのでありますが、吾人は過去の經驗に顧み此協定を將來に於て一層擴大强化することが世界平和の保障を一層强からしむる所以であると信じて居るのであります。最近滿洲國及洪牙利國が本協定に參加の決意を表明致しましたことは防共陣營の擴大として慶賀する所であります。

對蘇關係に付きましては、張鼓峯事件に際し非常に緊迫せる關係に置かれたのでありましたが日本側の適切なる措置によつて大事に至らずして濟んだのであります。北樺太に於ける石油、石炭に對する我權利の不法壓迫は依然として已まず、其の行使をして愈々困難ならしむる狀態に陷れて居るのであります。又漁業問題に付きましては曩に案文の妥結を見ましたる條約の成立に付、引續き有らゆる努力を拂ひましたるに拘らず、蘇聯邦側に於ては條約と關聯なき問題までも提起致しましたる爲め交渉は今以て纒るに至らないのであります。一方暫定取極も客年末を以て期限滿了となりますので同取極の更新方の商議に移りましたが、之に付ても蘇聯邦側は幾多の無理な條件を提起して讓らなかつた爲め年内に妥結を見ず、依て蘇聯邦に對し漁業の現狀に變化を來すが如き措置を執らざる樣申入れ越年交渉を繼續することゝした次第であります。政府としては蘇聯邦側が誠意を以て本交渉に當り結局取極成立に至るべきことを期待するものでありますが、我が正當なる既得の權益擁護の爲めには固より適宜の措置を講ずる覺悟であります。

惟ふに世界の恆久平和なるものは、人類親和の道義的基礎に立脚し公正なる均衡を基調としてこそ始めて築き得らるゝものでありまして、今日國際間不安動搖の原因は素より複雜なるものがありますが、要するに事實上不公正なる現狀を其の儘維持せんことに努め、功利的精神により新興勢力の發展向上を阻害せんとすることが、其の重大原因たることは爭ふべからざる所であります。帝國の企圖する東亞新秩序の建設こそ道義を根幹とし、國際正義に適ふものでありまして、列國との關係を眞に健全なる基礎の上に益々親善ならしめ、眞の世界平和を招來する所以であると信ずるのでありまするが、之に對しては今尙誤解を抱いて釋然たらざる者があるのでありますから、此の國策の遂行に當りましては、國民一般正を履んで畏れざるの覺悟を必要とするのであります。

278　昭和14年1月30日　在北京秋山大使館一等書記官より有田外務大臣宛（電報）

孔祥熙を通じた和平工作に対する蔣政権側の反応を何澄内話について

北京　1月30日後発
本省　1月30日夜着

第一〇七號（部外絶對極祕、館長符號扱）

往電第六一號ニ關シ

三十日何澄カ原田ニ爲セル內話左ノ通リ

一、過般上海ニ於テ自分（何）トノ打合ヲ濟マシ重慶ニ赴ケル孔祥熙代表ヨリノ香港經由密電（三十日接到）ニ依レハ同代表カ孔ヲ通シ蔣介石ニ復命ノ結果蔣ハ意大イニ動キ（何ノ示セル電文ニ依レハ頗爲動容另詳細談トアリ）引續キ具體案研究中ノ趣ニテ右代表ハ右具體案ヲ携行更ニ上海ニ來ル筈ナルニ付自分（何）ハ二日發赴滬スヘク大局ノ收拾ニ一抹ノ光明ヲ認メ來リタルハ同慶ニ堪ヘサル所ナリ由來本案ハ自分（何）カ上海ニ於テ土肥原將軍ト話合ノ結果更ニ東京ニテ板垣大臣（影佐、今井ヲ含ム）ノ贊成ヲ得タルモノニテ土肥原中將ハ寧ロ本件ニ付テハ側面ノ關係ニアリ

二、吳佩孚ノ和平救國通電（往電第一〇六號參照）モ既ニ發出セラレタル處次ノ綏靖工作ハ其ノ實現ハ至難トセラレ從テ本運動ハ差當リ本通電發出ヲ以テ一先ツ梟ヲ付ケタルモノト言フヘク和平空氣醞釀ニハ多少ノ效果ハアルヘキモ大局ニハ左シタル影響無キヤニ觀ラル

上海へ轉電セリ

279　昭和14年2月8日　在上海三浦総領事より有田外務大臣宛（電報）

杜月笙の上海復帰については蔣介石側との関係などを充分検討し慎重対応方意見具申

上海　2月8日後発
本省　2月8日夜着

第三〇〇號（極祕、館長符號扱）

[1]本官發香港宛電報

第二五號

貴官發大臣宛第一二五號ニ關シ

最近杜月笙カ汪一派トノ聯絡進展シ上海復歸ノ意嚮頓ニ動キツツアルヤノ趣ノ處右ハ從來影佐大佐等軍側ノ山下ヲ通スル工作乃至ハ軍側モ承知ノ岩井ノ周文彬、錢永銘ヲ通スル引出工作（岩井ノ錢及杜兩人引出工作ニ對シ帝國政府ニ於テ全幅ノ支持ヲ表明スル近衞前大臣ヨリ谷公使ニ與ヘラ

レタル書面寫モ周ヲ通シ錢ニ與ヘアリ右ハ錢ト杜トノ關係ニモ顧ミ自然杜ニモ通シ居ルモノト見テ差支ナシ）ヨリ見レハ大イニ歡迎スヘキ現象ナルハ言フ迄モナキ處汪一派ト杜トノ間ニ如何ナル約束アリヤハ貴電ノミヲ以テシテハ不明ナルモ杜ノ上海復歸ハ同人カ今尙當地ニ隱然タル實力ヲ有シ居ル現狀ニ鑑ミ今後上海地方ノ治安狀況ニ善惡何レニセヨ相當ノ影響アリ一應杜從來ノ態度又ハ行動ニ關シ充分ナル檢討ヲ加ヘ

彼[(2)]カ我方竝ニ汪一派ト眞ニ協力スル決心アリヤ否ヤヲ再吟味スル必要アリ卽チ確實ナル情報ニ依レハ

一、杜ハ從來蔣介石ノ手先トナリ多額ノ金錢ヲ貰ヒ我方樹立ノ新政權ニ參加ノ惧アル吳光新、李思浩、章士釗、曾毓雋其ノ他ノ老政客ニ生活費ヲ給シ之カ足留工作ヲ爲シツツアル外杜自身モ生活費トシテ毎月約五萬元ノ支給ヲ受ケツツアリ（XYZ、XY、周文彬何レモ此ノ事實ヲ認メ居レリ）（客年十一月十三日附日高總領事發大臣宛機密第三九八二號參照）

二、杜ハ客臘重慶ニ赴キ蔣ヨリ重慶政權擁護ノ爲沿海二千五百萬鹽民ノ組織方任務ヲ與ヘラレ居レリ（香港發大臣宛第三五號末段參照）

三、孔祥熙及孔夫人トノ從來經濟的關係深ク今回ノ當地譯報ノ買收モ杜ヲ通シテ行ハレタルコトハ往電第二五七號（大臣宛）ノ通リニシテ

此[(3)]ノ種流民仲間ノ信義ハ極メテ固キモノニシテ遽ニ孔ヲ裏切ル如キ態度ヲ執リ得サル事情アリ（XYZノ內話）尤モ此ノ點孔從來ノ不斷ノ求和的態度ニ顧ミ孔ノ日本接近ノ意ヲ受ケ居ルトモ見ルヲ得サルニアラサルモ孔ト不仲ノ汪派ニ對シ接近シ居ルコト及爾餘ノ諸情報ハ斯ノ如ク甘キ觀測ヲ許ササルモノアリ

四、杜ハ名譽慾强ク常ニ側近者ニ對シ日本側ヨリ五千萬元提供ヲ條件ニ自分（杜）ノ上海復歸方勸說アリ又再三出馬慫慂ノ使者モ來リ居ルモ何レモ拒絕シ居レリト法螺ヲ吹キ抗日英雄氣取ニテ人氣ヲ固ムルニ腐心シ居リ其ノ結果彼ノ聲望ハ益々昂マリ居リ香港ニ來ル者ハ必ス杜ノ許ニ挨拶ニ出ル現狀ニテ從テ態度ノ急轉換ハ爲シ得サル心理狀態ニアリ（XYZノ情報及觀測）

五、一昨年上海退去ノ際杜ハ國民政府委員乃至ハ交通部長就任ノ希望アリ

更[4]ニ政府ニ於テ彼ヲシテ資本金五千萬元ノ西南實業公司ヲ經營セシムヘシトノ約束アリタルニ拘ラス何一ツ實現シタルコトナキニ付テハ心中必スシモ快カラス一部彼ノ部下ハ右ヲ理由ニ蔣政權ニ見切ヲ着ケ上海復歸ヲ希望スル者アルモ以上各種ノ事情アル外他ノ一部部下ハ飽迄徹底抗日ヲ主張シ彼ノ復歸ニハ極力反對シ居リ杜ノ態度如何ニ依リテハ杜ヲ遣ツ付ケ間敷キ勢アリ(XYZノ情報)

六、杜カ上海ニ於テ勢威ヲ振ヒタル當時多數ノ人命ヲ殺メ居リ又現在ニ於テハ杜ニ代ツテ上海ノ地盤獲得ヲ夢ミル手合相當アリ是等ヨリノ怨恨ト相當執拗ナル反對ヲ受ケツツアルコト(上海軍側一部ノ杜ニ對スル反對ハ此ノ手合ノ策動モアルヤニ認メラル)(XYZノ內話及客年中村總領事發大臣宛電報林知淵內話參照)

七[5]、杜ノ上海代表ハ徐采丞(大臣宛往電第二五七號譯報買收ノ責任者)及姚惠泉ノ兩名アル處殊ニ姚ノ如キハ上海ニ於テ多數補習學校ヲ經營之ヲ抗日活動ノ機關トシ居リ是等態度ハ何等變化シ居ラス(XYZノ內話)

八、殊ニ當地軍事委員祕密辦事處祕書ニ入リタル情報ニ依レハ最近蔣介石ヨリ杜ニ對シ上海ノ問題ハ矢張リ上海人ニ於テ負責工作スル方宜シカルヘク杜ノ復歸ヲ望ム旨ノ電報アリ右ニ對シテハ杜カ如何ナル返電ヲ爲シタルヤハ不明ナルモ右蔣ノ出馬勸說ハ勿論杜ヲシテ上海ニ於ケル抗日團體ノ組織及江南遊擊隊援助ノ任務ヲ負ハシメル魂膽ニ出テタルコト明白ナリ(XYZ情報及觀測)

果シテ然ラハ杜ノ出馬ノ意嚮カ事實トスルモ其ノ目的ハ我方ニ取リ歡迎ニ値スヘキモノナリヤ否ヤ卽チ

(一)假令汪一派ト聯絡ノ手トハ言ヘ右ハ汪派ノ我方トノ關係ヲ熟知シ居ル蔣介石側ニ於テ殊更ニ杜ヲ接近セシメ同派ノ活動監視ヲ爲サシメ(ントスル)反間苦肉ノ策ニアラサルヤ

(二)[6]蔣ノ爲ノ後方攪亂工作ヲ爲スニアラサルヤ

愼重考慮ノ要アルヘシ尤モ杜カ內心如何ニ意圖ヲ挿ムニセヨ上海ニ來テ了ヘハ我方ノ監視モ一應屆ク譯ナルカ一方租界ノ實情ハ大臣宛往電第二九八號ノ一事ヲ以テモ證明シ得ル如ク我方ノ實力ハ勿論監視モ殆ト及ヒ得サル實情ニアリ從テ杜カ容易ニ我方ト接近ヲ裝ヒ乍ラ裏面ニ於テ如何ニ悪辣ナル反日工作ヲ行フ場合ト雖我方トシテハ容易ニ之ヲ制壓シ得ヌ次第ニシテ又我方從來ノ「テロ」工作モ今日迄ノ實

情ニ徴スレハ其ノ技術及效果ニ於テ支那側ノ夫レニ比シ貧弱極マルモノニシテ到底彼等ヲ畏怖セシムルニ足ラス從ツテ杜カ我方ニ對シ誠心誠意協力スル場合ニ於テコソ杜ノ出馬ハ最モ歡迎セラルヘキモノナレト然ラスシテ我方カ彼ヲ歡迎スル意嚮ニ迎合スル如ク見セ掛ケ內實蔣側ノ廻シ者トシテ來ル場合ニハ其ノ弊害ノ及フ所惧ルヘキモノアリ累[7]次往電ノ通リ最近左ナキタニ積極化シ來レル支那側ノ租界內ニ於ケル抗日工作乃至ハ江南遊擊隊工作ヲ益々助長スル結果トナリ却テ飼犬ニ手ヲ嚙マルル惧ナシトセス

就テハ杜ノ出馬ノ事象ノミヲ見テ無條件ニ之ヲ歡迎スルハ禁物ニシテ汪派ヲ通シ我方ノ了解ヲ求メ來リ居ル今日ノ場合ニ於テモ亦將來影佐大佐ノ手紙ノ結果等ニ依リ直接我方ニ接近シ來ル場合ト雖少クトモ前記各種情報ニ基キ充分杜ノ眞意ヲ質シ上海復歸後ノ條件等ニ付テモ相當嚴重取極メ置ク必要アリト思考セラル

尚當方ト聯絡アリ曩ニ杜ノ招電ニ依リ香港ニ赴ケル市黨部王蔓雲モ既ニ歸滬セルヤニテ又潘子欣。。(蘇州青幇ノ巨頭ニシテ事變後ハ杜ノ客分トシテ滯滬シ居レリ)モ杜ヨリノ強ツテノ招電ニ依リ近ク南下ノ筈ナルカ其ノ際ハＸＹモ他用旁之ニ同行ノ筈ニモアリ且又ＸＹＺモ近日中ニハ歸香ノ筈ニ付杜ノ眞意乃至蔣側トノ關係ニ付テハ漸次判明スヘク追報ノ豫定ナルモ右不取敢御參考迄

大臣ヘ轉電セリ

280　昭和14年2月14日　在上海三浦総領事より有田外務大臣宛(電報)

対日和平問題をめぐる重慶方面政治情勢に関する情報報告

上　海　2月14日後発
本　省　2月14日夜着

第三六三號

重慶方面情勢ニ關シ杜月笙及錢新之ノＡＬ聯絡者ニ爲シタル談話要領左ノ通リ

一、共產黨ハ對日政策上又廣西派ハ對蔣政策上共ニ抗戰强行ヲ主張シテ讓ラス爲ニ蔣ハ和平ヲ主張セハ下野ヲ餘儀ナクセラレ若シ其ノ地位ヲ保持セントセハ抗戰ヲ繼續セサルヘカラサル狀態ニテ全ク共產黨及廣西派ノ傀儡タリ尤モ支那ニ對スル英米ノ財政的、蘇聯ノ物質的、人的援助

モ蔣ヲシテ抗戰繼續ヲ決意セシムル一因ナリ
二、支那ハ絶對ニ休戰和平ヲ必要トスルモノナルカ主和派タル陳果夫、孔祥煕、葉楚傖、張公權及呉鼎昌等スラ敢テ之ヲ口ニスル者一人モナク重慶ハ今ヤ抗戰ニ熱狂シ居レリ
三、乍併國民黨内主戰論者トテモ最後ノ勝利ヲ確信シ居ル次第ニハアラス敢テ抗戰繼續ヲ主張シ居ルハ英米ヨリ日本ノ力盡クルヲ俟チ國際的平和會議ヲ開カントスル意嚮アル旨ヲ暗示シ居ルニ依ルモノナリ一方主和論者ハ汪ノ失敗ニ鑑ミ今後ハ先ツ中下層ニ働掛ケ和平空氣ヲ作リ漸次輿論ヲ轉換セシメ然ル後ニ地位アル要人ヲ表面ニ立タシムル方策ニ出テサルヘカラスト爲シ居レリ
尚滞滬中ノ丁默村モ當館館員ニ對シ重慶歸來者談トシテ目下重慶ニハ主和論者鮮カラサルモ口ニ出ス者一人モナキ旨竝ニ汪派ノ運動モ前記三、後段ノ「ライン」ニテ準備工作ヲ進ムルコト成功ノ捷徑ナル旨語レル趣ナリ
香港へ轉電アリタシ
北京、天津、南京、漢口へ轉電セリ

281 昭和14年3月8日 在ハノイ鈴木（六郎）総領事より有田外務大臣宛（電報）

龍雲に帰順の意向を非公式打診について

ハノイ　3月8日後発
本　省　3月9日前着

第五一號
龍雲[1]ノ意嚮打診ノ爲舊年末昆明ニ歸省スルYニ託シテ龍ト舊知ノ間柄ナル館員ヨリ非公式ニ「龍カ我方ニ對シ何等意圖ヲ有セサルヤ若シ意圖アラハ河内迄代表ヲ派遣シテハ如何」トノ旨ノ書翰ヲ蔣政府委員タルYノ父ヲ通シ龍ニ屆ケシメタル處一昨日歸來セルYノ報告竝ニ雲南狀況左ノ通リ
一、右書翰ニ對シ龍ヨリ目下ノ自分トシテハ實ニ苦シキ立場ニ在リ殊ニ中央機關（外交及財政部）ノ一部既ニ昆明ニ移遷シ來リツツアル今日中央トノ關係ハ誠ニ機微ナル關係ニ在ルヲ以テ時機ヲ見テ善處致度キ所存ナリ但シ若シ中央機關カ全部昆明ニ移轉シ來ルコトトモナレハ自分トシテハ如何トモ爲シ能ハサル立場ニ至ルヘキ旨當方ニ回答スヘキ様傳言越セリ
二、雲南ハ二月四日ノ貴陽ニ對スル空爆ノ被害大ナリシコト

我方海南島占據及廣西方面爆撃ノ影響ヲ受ケテ一般人心戰々兢々トシテ經濟界全ク恐慌狀態ニ陷リ居レリ昆明市ノ如キ在來ノ住民ノ三分ノ二ハ有產無產ノ別ナク未戰ノ地方ニ逃避シ晝間ハ市中往來少ク商店ノ如キハ午後二時頃ヨリ夕方迄開店スルニ過キス但シ夜間ハ逃難者集リ來リ賑カナルカ一般ニ商人ハ商品少ク且政府側課稅苛斂ナル爲物價法外ニ暴騰シ商業殆ト停頓狀態ニアリ

目下中央、中國、交通及農民銀行四支店、中央經濟部ノ「バック」ノ下ニ盛ニ銀行券ヲ發行シテ活動シツツアルカ農民銀行券ハ一般ニ氣受好カラス

又舊普滇銀行券ハ三月一日限リ使用ヲ禁止セラレ新普滇銀行券流通シ居レルモ爾後ノ發券ヲ禁止セラレ新普滇銀行券二元ニ對シ中央、中國、交通銀行券等一元ノ割ニシテ蔣政府側ノ支持及焦慮アルニモ拘ラス新普滇銀行券ハ一般受渡ニハ喜ハレ居ラス

三、(2)現在龍雲麾下ノ軍隊トシテハ二個ノ近衞旅（兵力約八千）及二個ノ獨立大隊（約一萬）ト新ニ募集セル二箇旅（約八千）ニ過キス中央ノ徵兵令實施ニモ拘ラス之ニ服セス省內壯丁ハ殆ト山間避《（僻カ）》地ニ忌避逃走シ爲ニ生活ニ窮シ多クハ匪賊ト化シツツアリ龍雲ハ新ニ徵集セル兵力ヲ以テ之カ猖獗ヲ極メツツアル維西方面ニ討伐ヲ行ヒツツアリ

飛行基地トシテ完成セルモノハ昆明、呈貢、祥雲、昭通（最モ大規模）、蒙自、麗江、大理ナリ

昆明ヨリ安寧ニ向フ途上馬街子ニ武器彈藥ノ大倉庫アリ

又耀龍發電所ノアル石龍壩ニハ漢陽兵工廠（移リ來レルモノ）竝ニ「ガソリン」貯藏大「タンク」アリ

四、敍昆鐵道及滇緬鐵道ハ共ニ二月十六日起工式ヲ行ヒ《（敍カ）》　昆鐵道ハ各分段共ニ一齊ニ着工シツツアリ

重慶昆明間長距離電話ハ三月一日ヨリ開通セリ（詳《（詳カ）》細ハ追報申進ス）

北京、滿、上海ヘ轉電アリタシ

~~~~~~~~~~~~~~~~~~~~

282　昭和14年4月6日　在ハノイ鈴木総領事より有田外務大臣宛（電報）

帰順打診に対する龍雲の反応について

ハノイ　4月6日後発
本　省　4月7日前着

第七六號（極祕）
~~~~~~~~~~~~~~~~~~~~

往[1]電第五一號前段ニ關シ
當地防空視察ノ爲雲南ヨリ本月三日海防ニ着セル防空司令官陸軍中將揚(楊カ)如軒カ龍雲ヨリノ傳言ナリトシテ Saki ヲ通シ橋丸ニ左ノ通リ申越セリ
今回自分(龍)ハ信任スル揚(楊カ)司令ヲ通シ過般ノ書翰ニ對スル回答ヲ爲スト前提シ㈠御來示ノ代表派遣方ニ付テハ自分ハ豫テヨリ望ミ居ル所ナリ㈡元來自分ハ獨力ニテ目的達成可能ナリト信ス卽チ現在昆明ニハ中央ヨリ監察使派遣セラレ居レルモ監察使ニハ雲南省政府ヲ左右スル丈ケノ實力ナク現在自分ハ動コウト思ヘハ動クコトヲ得㈢乍併今後自分カ動キタル場合日本側ハ如何ニシテ自分ヲ援助セラルルヤ此ノ點極祕裡ニ日本政府ノ意嚮ヲ尋ネ願ヘマシキヤト申出アリタリト
右ニ對シ橋丸ヨリハ不取敢本國政府ニ電報スヘキ旨答ヘシメ置キタルカ本件龍ノ動キハ西南工作上竝ニ武器通路遮斷方策上蔣ノ死命ヲ制スル上ニ極メテ有力且重要ナリト思考セラルルニ付中央ニ於テ軍側共篤ト御協議ノ上何分ノ儀御回示相仰度シ(當方ニ於テハ門松及山田商館聯絡濟)
惟[2]フニ對雲南方策ハ對廣西工作ト平行セシムルコト良案カト存セラル卽チ現在廣西ノ白崇禧ハ廣西ヲ握リ蔣ヨリ離反セリト見ラレ曩ニ白ハ龍ヲ訪問セル事實アリトモ言ハレ從テ白ト龍トノ間ニハ何等話合アルニアラスヤトモ思ハルル之カ爲(一語不明)旣ニ白參謀連ヲ抱込ミ白ヲ動カシメサル工作ヲ施シ居ル一方蔣ハ李宗仁ト白カ合作スルヲ極力惧レテ阻止シ居レル趣ナルカ將來龍カ起ツ際ニハ白ヲシテ之ニ應セシメ一方龍雲西康貴州ニ呼掛ケ雲南廣西ト相呼應シテ西康貴州ヲ動カシ而シテ四川ヲモ引摺リ込ム工作ヲ執ルニ到ラシメテハ如何カト思考セラル
尙上記龍ノ意圖カ如何ナル程度迄眞實性ヲ有スルヤハ今俄ニ判斷シ能ハサルモ本省ニ於テ前記龍援助ノ具體案アラハ龍ノ使者ヲ當地ニ派遣セシメ之ト討議スル等ノ方法ニ依リ龍ノ意圖ノ程度ヲ察知シ得ルヤニモ思考セラル右報告旁々卑見何等御參考迄

283

昭和14年4月12日　在香港田尻総領事より有田外務大臣宛(電報)

わが方の和平方針を喬輔三打診について

香港　4月12日後発
本省　4月12日夜着

第四五八號（極祕、館長符號扱）

曩ニ蕎輔三ヨリ孔祥熙ノ招電ニ依リ近ク重慶ニ赴ク處孔ノ和平希望ハ今猶變化ナキニ付日本側最近ノ方針ヲ承知シタシト申出アリ依テ本月初篤ト我方針ヲ説示シタル上重慶側ニ於テ先ツ抗戰容共ヲ放棄シ親善提携ヲ明白ニ表示スル一方日本ノ要求ヲ俟ツ迄モナク蔣介石自身進ンテ一切ノ責ヲ負ヒ引退スルニアラサレハ和平ハ問題トナラサルヘク又孔ニ於テ今後和平ニ付テノ話合ヲ遂ケントスル場合ハ先ツ以テ抗戰實力派ヲ説伏シ内部ノ輿論ヲ統一スル充分ナル確信ヲ必要トスル旨述ヘ置キタリ蕎ハ蔣ノ下野ニ付日本側ニテ寛大ナル考慮ヲ拂ヒ得ルニ於テハ和平ノ實現左シテ困難ナラスト述ヘ居タルカ往復約一箇月ノ豫定ヲ以テ十日出發シタリ

上海ヘ轉電アリタシ

284　昭和14年4月26日　在北京堀内大使館参事官より有田外務大臣宛（電報）

重慶でカー英国大使が蔣介石に対し対日和平の可能性を打診したとの情報をめぐる伊国武官との意見交換について

北京　4月26日後発
本省　4月26日夜着

第五四九號（極祕）

[1]目下滯京中ノ伊太利大使ニ隨行シ來レル同國大使館附武官「プリンチピニ」大佐廿五日門脇ヲ來訪シ（本官同日病臥中）大使ノ命ニ依ル旨ヲ前提シ伊太利大使ハ廿三日在重慶伊太利大使館參事官ヨリ「同地ニテ得タル情報ニ依レハ先般上海ニ於ケル「クレイギー」「カー」兩大使會見後「カー」大使カ重慶ニ赴キタル際蔣介石ニ對シ日本トノ和平ノ可能性ヲ打診シタル趣ニテ又「カ」大使ハ日本政府ハ一昨年十二月南京陷落直後松井司令官カ蔣介石トノ直接交渉ニ依リ時局ヲ解決シ得ヘシト考ヘ居タル當時ト同一ノ條件ニ依リ時局收拾ヲ辭セサル意嚮ヲ有スルカ如キ印象ヲ有シ居ル趣ナル旨」ノ電報ニ接セルカ右ニ關スル何等情報ナキヤト尋ネタルヲ以テ門脇ハ「ク」大使ノ赴滬ハ專ラ現地ノ實情視察ノ爲ナル旨公表セラレ居ルモ其ノ眞ノ目的ハ奈邊ニ

在ルヤ不明ナル處「カ」大使カ重慶ニ於テ蔣介石ニ和平問題ヲ持出シタル趣ノ情報ハ當方モ有シ居リ又夫レ位ノコトハアリ得ルコトト存スルモ右カ帝國政府ノ意嚮ト何等關係アルモノトハ考ヘラレス少クトモ此ノ點當館ニ於テ何等情報ヲ有シ居ラス殊ニ南京陷落直後ト現在トハ情勢全ク一變シ居リ約一年半前ノ情勢下ニ於ケル條件ト同一條件ニテ今日和平ノ談合ヲ爲スカ如キコトハ斷シテアリ得ヘカラサルコトナリ「カ」大使カ事實斯ル印象ヲ有ストセハ一顧ノ價値ナキ錯覺ナリト述ヘタルニ對シ

同武官[2]ハ全ク同感ニシテ議論ノ餘地ナキ所ナランモ一應御尋ネシタル次第ナルカ事實茲一年間ニ支那ノ情勢カ一變セリ歐洲ハ御存知ノ通リニシテ英國ハ歐洲ニ備ヘンカ爲極東ノ事勿レヲ願ヒ種々策動スヘキモ日本ハ世界情勢ノ大局ヨリ善處セラルルモノト思考スト述ヘタルヲ以テ門脇ヨリ此ノ點御安心アリテ然ルヘシト答ヘ置キタル由更ニ武官ヨリ之ハ自分一個ノ考ナルカト前提シ伊太利大使ハ未タ信任狀ヲ提出シ居ラサル處其ノ住所ヲ南京上海等何レニスヘキヤヲ考慮シ居ル模様ナルカ右ハ新中央政府成立竝ニ之ニ伴フ首都ノ決定ト關係アル處是等ノ點如何ナリ居ルヤト問ヒタルヲ以テ門脇ヨリ誰シモ新中央政府成立ノ必要ヲ感シ居ルモ此ノ問題ハ急速ニ取運フコト禁物ニシテ鞏固ナル中央政府成立ノ爲ニハ其ノ下地ヲ充分ニ作ルコト肝要ナレハ今ヨリ其ノ成立ノ大體ノ時期ニテモ決定スルコト困難ナリ又首府ノ決定モ豫メ北京南京等ト定メルコトハ臨時、維新兩政府間其ノ他トノ關係ヨリ極メテ機微ニシテ之亦決定ニ至ラサル様承知シ居ルカ何レニスルモ漸次具體的決定ヲ見ル様進行シツツアルモノト思考スト答ヘタルニ武官ハ好ク了承セルモ大使ニハ北京カ非常ニ氣ニ入リ居レル旨述ヘ居タル趣ナリ

上海ヘ轉電セリ

285　昭和14年4月27日　在香港田尻総領事より有田外務大臣宛(電報)

日本側と接触した張熾章の言動につき報告

別　電　昭和十四年四月二十七日発在香港田尻総領事より有田外務大臣宛第五五二号

和平問題に関する張の内話要領

香　港　4月27日後発
本　省　4月27日夜着

第五五一號（極祕、館長符號扱）

大公報ノ張季鸞ハ政廳側ノ監視ヲ恐レ本官トノ會見ヲ避ケ來レルカ過般上海ヨリ來香セル波多博ニ對シ二十六日大要別電第五五二號ノ如キ內話ヲナセリ尙其ノ節ハ舊知ノ間柄ニモアリ抱キ付イテ嬉ヒ民間ノ同志トシテ和平實現ニ努力シタシ材料ハ幾何テモアルニ付是非滯在ヲ延期シ協力ヲ與ヘラレ度シト熱心ニ勸メタルニ對シ波多ハ和平ノ希望アラハ日本ヨリハ寧ロ重慶カ態度變更ノ先手ヲ何等カノ形式ニテ打ツコト肝要ナル旨ヲ一應述ヘ置キタル由同人ハ引續キ滯留右趣意ニテ連絡啓發ニ當ラシムル考ナリ
上海ヘ轉電アリタシ

（別　電）

香　港　4月27日後発
本　省　4月27日夜着

第五五二號（館長符號扱）

一、[1]重慶側內部ハ黨派、階級、老若ヲ論セス依然蔣介石ノ統率下ニ在リ共產黨ノ如キモ黨トシテハ其ノ主張ヲ棄テ鋒芒ヲ現ハシ居ラス其ノ活動ハ河北、山西、山東、綏遠等占領地域ノ攪亂ニ集中サレ居リ擧國一致ノ抗戰氣分盛ナルカ右ハ英、米、佛、蘇ノ援助ニ依ル變態的熱病トモ謂フヘク實際ニハ戰爭ニ依ル人的及物的損害夥シク之カ回復ハ旣ニ容易ノ業ニアラス今平和トナルモ果シテ支那カ立チ直リ得ルヤモ疑ハルル程ニテ內心戰禍カ更ニ增大スルヲ避ケル爲事變ノ終結ヲ欲シ居リ半年カ一年內ニハ何ントカセサルヲ得サル立場ニ在リ

一、戰爭ノ繼續ハ日本トシテモ蘇聯ノ思フ壺ニ嵌ルモノナルカ陝西ノ共產軍訓練所ニ在ル學生靑年層一萬五千人ノ內ニハ良家ノ子弟モ相當アリ日支ノ將來ノ爲憂慮セラル

一、[2]和平實現ノ爲ニハ日本カ先ツ蔣ヲ相手トセストノ聲明ヲ何等カノ形ニテ緩和シ實際上國民政府ヲ相手トスルコト肝要ナル處若シ此ノ點日本側ニ妙案アラハ條件ニ付テハ支那ノ內部ハ容易ニ纏マリ得ル見込ナルカ唯對蘇軍事同盟ヲ卽時締結スルコトハ困難ナリ

一、汪兆銘ハ重慶ニテハ一度モ和議主張ヲ爲サス五全會議ノ內容ヲ暴露シ（事實其ノ通リナリ）又高宗武ヲ再度日本ニ

派遣スル等其ノ遣口陰謀的ナル爲反感甚タシク特ニ軍人側ハ反逆ノ首魁トシテ處斷スルコトヲ主張シ居ル實情ナリ和平ハ一個人ノ私スヘキモノニアラス
一、新聞ニ日本ノ實力ヲ低ク評價シ又與太ノ戰捷記事ヲ書キ居ルハ已ムヲ得サル所ニテ自分ハ素ヨリ重慶側要人モ日本カ先ニ參ルトハ信スル者ナシ
上海へ轉電アリタシ

286 昭和14年5月9日 在北京堀内大使館参事官より有田外務大臣宛

孫潤宇の時局談につき報告

機密第五三一號　（5月23日接受）

昭和十四年五月九日

在中華民國（北京）
大使館參事官　堀内　干城［印］

（欄外記入）

外務大臣　有田　八郎殿

前河北省政府孫祕書長ノ時局談ニ關スル件

前河北省政府祕書長孫潤宇（目下閑職ニ在リ）カ當館諜者ニナセル時局談何等御參考迄ニ左記ノ通リ報告申進ス

記

一、中央政府樹立問題
臨時政府内ノ各要人中ニ王克敏ニ不滿ヲ懷クモノ少カラサル模様ナルカ當分ハ王ノ天下ナルヘシ所謂中央政府ハ汪精衞、吳佩孚合作ノ下ニ組織セラルルヲ最モ適當トス而シ臨時政府維新政府ノ各要人共ニ成立ノ當初コソ餘リ我儘モ言ハサリシカ今日トナリテハ其上ニ支配者ヲ戴クコトハ必ス不服ナルヘキヲ以テ之ニ對シテハ日本ノ力ニテ抑ヘルヨリ外ニ方法ナク先ツ日本側ノ方針ヲ統一スル要アリ然ラスンハ支那側ノ統制ハ素ヨリ中央政府ノ實現モ亦不可能トナラン
二、重慶政府問題
駐支英大使ノ重慶行ニ關シ支那側ノ一部ニハ之カ和平ノ導火線トナルヤモ知レスト想像セルモノアリタルカ其後ノ經過ハ全ク之ニ反セリ同政府ヲ凹マスニハ外交手段ヲ以テ英、米、佛トノ關係ヲ引離スヨリ外良策ナカルヘシ同政府部内ノ暗闘カ割合ニ表面化セス又出先各軍隊カ依然抗日ヲ繼續シツツアルハ一ニ英、米等ノ經濟的軍事的援助カ斷絶セサル結果ナリ從テ王克敏ハ梁鴻志トノ間ニ

之カ對策トシテ一大反英運動ヲ起シ同時ニ天津上海租界ヲ回收スヘク談合セル趣ナリ

三、汪精衞ノ和平運動

汪ハ曩ニ重慶政府脫出後雲南ニ赴キ同地ノ軍隊ヲ有スル勢力家ヲ自派ニ引入ルヘク劃策セルモ之ニ失敗シ河內ニ逃避セル經緯モアリ目下其背後ニ實力者ヲ有セサル同人ノ和平運動ハ容易ニ成功シ難カルヘシ

四、閻錫山ノ動向

閻錫山ハ元來共產黨トハ相容レサルニ拘ラス之ト抗日ニ協力シツツアルハ蔣介石ヨリ約束ノ軍資金ヲ受ケ居ル結果ニシテ萬一右供給杜絕セハ我方ニ抱込ムコトハ絕對不可能ニ非ス若シ山西、綏遠、甘肅等ヲ一國トスル政府ヲ造成シ同氏ヲ其長トナシ得レハ時局ノ收拾上多大ノ效果アルヘシ單ニ北京等ニ形式的ノ反英運動ヲ起シテモ大ナル效果ナカラン

本信寫送付先　上海　南京　天津

（欄外記入）

同ジモノガ他館ヨリ來テ居ルノハ醜態ナリ

---

287 昭和14年6月6日　五相会議決定

「新中央政府樹立方針」

付記一　昭和十四年六月三日

右方針案提案に関する陸軍省軍務局長説明要旨

二　昭和十四年六月三日、東亜局作成

右方針案に関する外務省意見

昭和十四年六月六日

五相會議決定

新中央政府樹立方針

一、新中央政府ハ汪、呉、既成政權、翻意改替ノ重慶政府等ヲ以テ其ノ構成分子トナシ支那側ノ問題トシテ此等ノ適宜協力ニ依リ之ヲ樹立スヘキモノナリ

二、新中央政府ハ日支新關係調整ニ關スル原則ニ準據シテ日支ノ國交ヲ正式ニ調整スヘク之カ構成分子ハ豫メ右原則ヲ受諾スヘキモノナリ

三、新中央政府ノ構成竝樹立ノ時期ハ全局ニ亘ル戰爭指導上ノ段階ニ即シ自主的見地ニ基キテ律セラル之カ爲特ニ人

的要素及基礎的實力ノ具備ヲ必要トス

四、支那將來ノ政治形態ハ其ノ歴史及現實ニ卽スル分治合作主義ニ則ルヘキモ其ノ內容ニ關シテハ日支新關係調整方針ニ準據シ北支ヲ國防上及經濟上(蒙疆ハ特ニ高度ノ防共自治區域)又揚子江下流地域ヲ經濟上ノ日支强度結合地帶トシ南支沿岸特定島嶼ニ特殊地位ヲ設定スルノ外內政問題トシテ支那側ニ委スルヲ本則トシ努メテ之ニ干涉スルコトヲ避ク特ニ新中央政府ノ形態ニ卽シ且其ノ爲政者ノ意志ヲ尊重スルト共ニ既成政權ニ對スル我特殊關係ノ處理ヲ考慮ス

五、國民黨並三民主義ニ關シテハ容共抗日ヲ放棄シ親日滿防共ヲ方針トスル如ク改ムルニ於テハ他ノ親日防共ヲ主義トスルモノト等シク其ノ存在ヲ妨ケス

六、重慶政府カ抗日容共政策ヲ放棄シ且所要ノ人的改替ヲ行フコト並前記第一及第二項ヲ受諾シタル場合ニハ之ヲ屈伏ト認メ新中央政府構成ノ一分子タラシム

別　紙

「汪」工作指導腹案

一、指導ノ方針

汪ヲシテ吳及既成政權等ト協力シ文武ノ實力ヲ具備セル强力ナル政府ヲ樹立セシム之カ爲先ツ所要ノ準備ヲナサシメ且其ノ間特ニ重慶政府諸勢力就中其ノ要人ノ獲得ニ努力セシム

二、指導要領

1汪ヲシテ吳及既成政權等ト協力シ强力ナル政府ヲ樹立スル爲所要ノ準備工作ヲナサシム

而シテ準備工作ハ基礎地盤ノ設定、對重慶工作、既成諸勢力ノ糾合、資金準備、兵力整備等ノ各般ニ亙ルモノトシ之ニ對スル我方ノ表面的干與ハ努メテ之ヲ制限ス

2新中央政府ノ樹立ハ我自主的戰爭指導ノ段階ニ卽應シテ律セラルヘク之ニ關シ帝國トシテ汪ニ要望スヘキ條件左ノ如シ

イ、新中央政府樹立準備期間ニ於テ汪、吳、既成政權等相協力シ極力重慶政府諸勢力就中其ノ要人ヲ獲得スルニ努ムルト共ニ基礎地盤ヲ確立シ以テ文武ノ實權ヲ具備セル强力ナル政府ヲ樹立セシム

ロ、新中央政府ハ日支新關係調整ニ關スル原則ヲ認ムヘク之カ樹立時機竝其内容等ハ右準備工作ノ進展、就中人的要素及基礎的實力ノ具備ノ報度（程カ）ニヨリ日本側ト協議ノ上之ヲ定ムルモノトス但シ支那將來ノ政治形態ハ分治合作ノ主義ニ則リ其内容ハ日支新關係調整方針ニ準據シ北支ヲ國防上及經濟上（蒙疆ハ特ニ高度ノ防共自治區域）又揚子江下流地域ヲ經濟上ノ日支強度結合地帶トシ南支沿岸特定島嶼ニ特殊地位ヲ設定スルコトヲ受諾セシム、又既成政權ニ對スル我特殊關係ニ就テハ十分考慮セシム

ハ、國民黨竝ニ三民主義ニ關シテハ容共抗日ヲ放棄シ親日滿防共ヲ方針トスル如ク改ムルニ於テハ他ノ親日防共ヲ主義トスルモノト等シク其存在スルヲ妨ケス

ニ、事變中我カ占據地域内ニ於テハ日本側ノ認メサル國旗等ヲ掲揚スルヲ許サス

三、所要經費

本工作實施ノ爲既定經費以外ノ支出ヲ必要トスル場合ハ別途考慮スルモノトス

四、本工作ニ關シテハ日本側トシテ必要ノ積極的内面支援ヲ與フルモノトス

（註）吳及既成政權等ニ對シテモ亦汪ト協力セシムル如ク工作スルモノトス

（備　考）

應對要領

(イ)事變處理ノ方針ヲ自主的ニ堅持シ其根本方針ニ就テハ汪ヲシテ服從セシムルモ其他ハ彼ノ意志ヲ暢達セシメテ前途ノ光明ト絶對信頼ノ印象トヲ附與ス

特ニ東亞新秩序建設乃至日支關係調整ニ關スル信念、事變處理ニ關スル決意竝我正義ト寛容トヲ宣示スルコトヲ主眼トシ細部ニ迄立入リテ詮議立テセサルモノトス

(ロ)汪ニ面接スル範圍ハ五相及近衛前總理ト豫定ス

（付記一）

新中央政府樹立方針ニ就テ軍務局長説明要旨

六月三日　於第一會議室

御手許ニ差上ケタ新中央政府樹立方針ニ就テ御説明申上ケ

マス（主任者ヲシテ朗讀セシム）

本案ノ基本的觀念ヲナスモノハ新中央政府ヲ何故ニ樹立セネハナラヌカ。又之レカ樹立方針ハ如何ナル考ヘニテ決定セラルヘキカノ問題テアリマス。此ノ事ニ關シマシテハ次ノ様ニ考ヘテ居ルノテアリマス

（別紙ノ要旨説明）

次ニ内容中ノ要點ヲ説明シマス。第一項ノ構成分子中飜意改替ノ重慶政府トハ蔣介石及共產黨系ヲ除イタモノカ抗日容共政策ヲ放棄シタ場合ニ起リ得ルモノテアリマシテ重慶政府カ一括シテ來ル場合ト其ノ內ノ部分的分子カ入ル場合トヲ考ヘテ居リマス

第二項ノ日支新關係調整ニ關スル原則トハ日支新關係調整方針中支那側ニ示スヘキ原則テアリマシテ其ノ內容ハ必要ニ應シ別ニ定メラルヘキモノテアリマス

第三項ハ只今説明シタ通リ帝國ト致シマシテハ今後ノ推移ニ應シ如何ナル中央政府ヲ樹立スヘキカト云フ方針ヲ極メマシテ必要ナル內外諸般ノ準備ヲ整ヘ十分ナル決意ト責任トヲ以テ自主的ニ之カ方針ヲ決定スヘキモノナルコトヲ明示シタノテアリマシテ殊ニ樹立セラルヘキ中央政府カ人的要素及基礎的實力ヲ具備スルヤ否ヤハ帝國ノ態度決定ノ要素テアルト考ヘテ居ルモノテアリマス

第四項ノ政治形態ニ就テハ日支新關係調整方針ニ明示サレテ居ルノテ別ニ説明ヲ要シナイト思ヒマスカ南支沿岸特定島嶼ノ件ハ主トシテ軍事上ノ問題テアリマシテ政治的ニハ主トシテ厦門ヲ指シテ居ルノテアリマス

第六項ハ重慶政府カ如何ナル場合ニ新中央政府構成ノ一分子タルカヲ明ニシタノテアリマスカ帝國カ蔣介石ヲ相手トシ之ヲ中央政府ノ首班トスルカ如キ事ハ絶對ニアリ得ナイ問題テアルコトハ申ス迄モアリマセン

次ニ別紙ニ就テ御説明致シマス

別紙ハ汪ヲ中心トシテノ指導ノ腹案テアリマシテ今後ノ指導上多少ノ裕リノアルモノテアリマス

第一ノ指導方針ハ中央政府樹立ノ爲ノ準備ヲ主眼トシテ居ルノテアリマシテ今後ノ汪工作ハ準備ニ重點ヲ指向スヘキモノト考ヘテ居マス

尙既成政權等トアルノハ重慶政府諸勢力以外ノ黨派等ヲ指スノテアリマス

第二ノ指導要領ノ1ハ前述ノ方針ニ基キ準備工作ノ內容ヲ列擧シ成ル可ク表面ハ彼等自體ノ力テヤル樣ニ仕向ケ帝國トシテハ內面的ニ支援ヲ與フル如クシ度イト考ヘテ居ルノテアリマス

2ハ新中央政府樹立ノ條件テアリマシテ此ノ點ハ既ニ新中央政府樹立方針ニ就テ御說明申シ上ケテアルノテ詳細ノ說明ヲ省略致シマス

別　紙

新中央政府樹立ノ必要ト之レカ決定ニ關スル帝國ノ態度ニ就テ

（昭和一四、五、三一）

一、事變ノ長期持久化ニ伴ヒ擴大セル占據地域ノ治安維持、民心安定ノ施策等ヲ適切强力ナラシムル爲今ヤ從來ノ既成政權ノミヲ以テシテハ滿足シ得サル事態ニ當面セリ

一、一方蔣政權ハ打續ク敗戰ノ重壓下ニ其基礎弱化シ和平反戰ノ空氣濃厚トナリ帝國カ茲ニ不退轉ノ決意ト責任トヲ以テ和平ヲ標榜スル中央政府ノ出現ヲ支持スルトキ時局解決ノ見透シ必スシモ困難トセス

一、更ニ對第三國關係ニ就テ見ルニ英米等ハ帝國ノ決意ト實力トニ對スル認識ヲ缺キ時局ノ推移ヲ憂慮シツツモ尙且援蔣行爲ニヨリ帝國ノ企圖ヲ斷念セシメ得ルカノ如キ錯覺ニ陷リツツアリ

從テ帝國カ斷乎タル決意ヲ以テ重慶政府ニ代ルヘキ新中央政府ノ出現ヲ支持スルコトハ自己ノ利害ニノミ立ツ彼等ニ對シ根本的反省ヲ促ス機會ヲ與フヘク殊ニ租界工作或ハ通貨對策等ヲ徹底化スル爲ニハ中央政府ノ出現ヲ絕對ニ必要トスヘシ

一、飜テ帝國國內ノ情勢ヲ見ルニ事變ノ持久化ト作戰ノ一段落トニ伴ヒ事變見透シニ對スル國民ノ焦慮覆ヒ難キモノアリテ中央政府ノ出現ヲ要望スル聲モ漸ク旺ントナリツツアリ

一、以上客觀的ニ見ルトキ强力ナル統一政府カ成ル可ク速ニ現出スルノ必要ナルコトハ何人モ認ムル所ナルヘシ

一、然レトモ此場合現出スヘキ中央政府ハ自力ヲ以テ事態ヲ解決スルニ足ルヘキ實力ヲ具備スルコト肝要ニシテ此期待ニ應シ得サルカ如キ微力ナルモノナルニ於テハ却テ帝國ノ負擔ヲ大ナラシメ事變處理ノ爲必スシモ有利ナラス

ト思料セラル

一、今觀點ヲ別ニシテ新中央政府ノ實體ヲ考フルニ概シテ次ノ二案ニ大別セラルヘシ

(一)ハ帝國ト正式ニ國交ヲ調整スルノ對象タリ得ヘキ實力ヲ具備スルモノニシテ此場合ニ於テハ重慶政府ノ全部又ハ大部ハ右政府ノ構成分子タルカ或ハ事實上壞滅シアルヘキコトヲ考ヘラルルモノニシテ右ノ如キ政府ノ出現ハ事變解決上最モ希望スル事態ト言ヒ得ヘシ

(二)ハ單ニ皇軍ノ獲得セル占據地域ヲ地盤トシテ之レ等ノ地域ヲ糾合シテ帝國ノ企圖スル事變處理ニ隨伴スル所ノ新中央政府ナリ、而シテ此場合ニ於テハ新中央政府自體ノ力ニヨリ事變ヲ解決スルコトニ付テハ多ク期待シ得サルモノナルコトヲ覺悟セサルヘカラス從テ斯クノ如キ中央政府ヲ樹立スルニ付テハ帝國トシテハ事變解決ヲ近ク豫定スルコトナク大持久戰爭ノ決意ヲ以テ其指導ヲ强化徹底スル事絕對必要ナリ而シテ此場合ニ於テモ重慶政府諸勢力ノ切崩、獲得等ニハ依然努力セシムヘキモ新中央政府ト重慶政府トノ對立狀態ノ現出ハ豫期セサルヘカラス

一、從テ重慶政府ヲ含ム中央政府ノ出現スルコトハ他ノ客觀的條件ヲ白紙ニシテ考フルトキハ事變解決ノ爲最モ希望スヘキ方式ナリト言ヒ得ヘキモ之レカ實現ニ關スル見透シト前述ノ如キ內外諸般ノ情勢ヨリ考察スルトキ此希望ニ執着スルノ餘リ延テ起ルヘキ各般ノ弊害ニ付テモ亦深ク省察セサルヘカラス

殊ニ之レカ見透シニ重大ナル示唆ヲ與フルモノハ今次ノ汪ノ來朝ニシテ此機會ニ時局收拾方策ニ關スル汪ノ本心ヲ十分聽取シ殊ニ重慶政府諸勢力就中其要人獲得方策等ニ付一切ニ拘泥スルコトナク彼ノ眞底ヲ究明スルト共ニ彼ヲシテ今後ノ準備就中重慶政府勢力ノ獲得ニ全力ヲ傾注セシメ之ニ對シ帝國トシテ積極的內面支援ヲ與フルコトニヨリ期待スヘキ中央政府ノ輪廓ヲ明瞭ニシ得ヘク之ニ基キ帝國ノ採ルヘキ方策モ自ラ決定スルモノト考ヘアリ

一、即チ帝國トシテハ以上內外ノ情勢竝諸工作準備ノ關係等ヲ考慮シ概ネ年內ヲ目途トシ汪ヲシテ重慶ヲ含ム中央政府ノ現出ニ努力セシメツツ已ムヲ得サル場合ニハ重慶ヲ含マサル政府ノ樹立スルコトアルヲ豫期シ之カ爲ニ必要

ナル内外諸般ノ準備就中大持久戰移行ニ關スル施策ヲ强化シ情況特ニ右諸準備促進ノ情勢ニ鑑ミ全局ニ亙ル戰爭指導上ノ見地ニ基キ決意ト責任トヲ以テ如何ナル中央政府ヲ樹立スヘキヤ、竝其時機ヲ決定スヘキモノナリトス

(付記二)

新中央政府樹立方針ニ關スル意見

昭和十四年六月三日
東　亞　局

一、速ニ新中央政府樹立工作ヲ促進シ今秋（能フ限リ双十節ヲ目標トス）之カ實現ヲ期ス

二、所謂準備工作ニ依ル實力具備ヲ俟チ中央政權ヲ樹立スルニ非スシテ先ツ汪工作ヲ基幹トスル中央政權ヲ樹立シ之ニ依リ中國各派ヲ吸收シ政府ノ基礎ヲ鞏固ニスルト共ニ重慶政權ノ崩壊ヲ期ス

（欄外記入）

三、中央政府成立ノ上ハ帝國政府ハ適當ノ時期ニ之ヲ承認シ帝國ノ牢固タル決意ヲ中外ニ宣明シ以テ帝國々策ノ進路ヲ確立シ一ハ列國ノ援蔣ヲ斷念セシメ他面支那要人ヲシテ反共和平ノ決意ヲ固メシム

四、帝國ノ外交ハ右國策ノ遂行ニ副フ如ク之ヲ調整スルモノトス

（欄外記入）

昭和十四、六、三、栗原東亞局長ヨリ陸軍町尻軍務局長ニ手交セリ

~~~~~~~~~~~~~~~~~~~~

288　昭和14年6月6日　陸軍省部で起案した呉佩孚工作の指導腹案

「呉」工作指導腹案

昭和十四年六月六日
陸　軍　省　部　案

一、指導方針

呉佩孚ヲシテ新中央政府樹立方針ニ卽シ「汪」工作ニ協力策應スル如ク蹶起セシムルニ在リ

二、指導要領

1.呉ヲシテ實際的ニ出馬シ汪ニ合作セシム

汪、呉兩者合作ニ關スル折衝ハ主トシテ汪、呉相互ニ
~~~~~~~~~~~~~~~~~~~~

實施セシムルモ日本側ハ之カ具現促進ニ關シ積極的ノ理解ト援助トヲ與フルモノトス

2.吳ノ名義ヲ以テ實施スル重慶政府ノ軍權切崩シ工作ハ之ヲ益々强化ス、右工作ハ同時ニ新中央政府ノ軍隊建設工作ノ意義ヲ有スル如ク指導スルモノトス

三、所要經費ニ關シテハ別ニ定ム

~~~~~~~~~~~~~~~~~~~~~~~~~~~~~~~~

289 重慶政権の外交政策や内政事情に関する諜報報告

昭和14年6月10日　在香港田尻総領事より有田外務大臣宛(電報)

香　港　6月10日後発
本　省　6月11日前着

第七四六號

重慶側內情ニ關シXYZカ各方面ヨリノ聞込ヲ綜合シ內報セル所左ノ通リ[1]

重慶方面數月來ノ國策ハ政治主攻軍事主守ニシテ政治ハ特ニ外交ニ重キヲ置キ居レリ

一、外交ニ付テハ英蘇接近ノ傾向アルヤ重慶ハ國際調停說ヲ拋棄シ反侵略陣營ヘノ加入ヲ企圖シ英蘇協定中ニ極東ノ紛爭包括方ヲ希望セルモ英國ノ同意ヲ得ラレス見込違ヒトナレル爲今ヤ工作ノ目標ヲ主トシテ米國ニ集中シ來リ同國ノ對支援助不徹底ニシテ軍需品ノ對日輸出モ猶未タ停止サレサル現狀ニ顧ミ其ノ傳統的極東政策ノ運用ニ依リ日本ノ行動ヲ掣肘セシムル樣仕向ケントシツツアリテ孔、孫、馮等胡適反對ノ先鋒連中ハ胡ノ交迭ヲ主張シ居ル一方對外宣傳亦米國ニ主力ヲ注キ宣傳下手ノ胡ノ輔佐役トシテ于斌、張彭春、梁士純及紐育中國商會長李國欽其ノ他敎會牧師等多數ヲ特派シ(往電第六八〇號參照)每月四、五萬米弗ヲ支出シ居レリ

二、內政方面ニ於テ重慶ノ當面セル困難アリ卽チ[2]

㈠龍雲ハ依然雲南王トシテ容易ニ中央ニ服從セス殊ニ龍汪會見後ハ益不安アル爲重慶ハ周鍾嶽ヲ內政部長ニ据エ龍ノ懷柔ヲ策シ居ルモ(往電第六八四號)現ニ過般汪精衞ニ與ヘタル書面ノ如キ王《(汪カ)》ト會見セシ當時ノ實際トハ符合セサル點モアリ五月初旬重慶ヨリ派遣ノ三團ノ憲兵カ雲南入境ヲ拒絕サレ又數次重慶側ヨリ軍事委員會及中全會列席ノ爲龍ノ來渝方勸告ニ對シ其ノ都度口實ヲ設ケ出席セサル等龍ハ油斷ナリ難キ存在ナリ
~~~~~~~~~~~~~~~~~~~~~~~~~~~~~~~~

㈡盛世才ハ蘇聯ノ技術人材物資ヲ利用シ建設ニ努力中ナルモ決シテ共産黨ニアラス唯重慶側一部ニ從來盛追出シノ計畫（昨年秋某重要軍人ハ二、三師派遣ノ上盛ノ追出シ方主張セシコトアリ又以前新疆往訪ノ中央派遣員カ種々盛ニ不利ナル擧動ヲ爲セルコト發覺セシコトモアル由）アルニ顧ミ其ノ地盤維持ニハ汲々タリ中央派遣員ニ對シテハ極度ニ警戒シ概ネ其ノ入境ヲ拒絶スルノ態度ニ出テ纔ニ蘇聯ヨリノ軍需品通過ヲ認メ居ルノミニシテ中蘇航空聯絡カ一回限リニテ停止セシハ盛ノ反對ニ依ルモノト見ラル

㈢[3]國共兩派ハ戰時緊張時ニハ合作シ屏息時ニハ反目ヲ起スコト過去二十四箇月ノ常例ニシテ現ニ暗鬪頗ル猛烈ナリ尤モ國民黨ノ上層部ニ於テハ大局的見地ヨリ單ニ消極的ニ共産黨ノ活動ヲ制止シ或ハ共産黨入リ青年ヲ横取スル等其ノ反共的態度微温的ナルニ反シ下級幹部ハ積極的ニシテ印刷物ニ依ル公開的反對、共産黨員ノ逮捕事件等屢次發生シ居レル處（往電第七一三號參照）國民黨ノ反共工作ハ大シタ效果モ擧リ居ラサル模様ナリ

㈣白崇禧、陳誠等ハ政治改革ヲ熱心ニ希望シ居リ五月初旬以來孔祥熙ヲ辭職セシメ蔣ヲシテ院長ヲ兼任セシメントシ右ハ差當リ實現ノ模様ナキモ漸次重要ナル政治問題化シツツアリ

三、軍事方面ニ付テハ蔣ハ第三次參政會中假令武器彈藥供給斷絶ストモ二箇年ヲ支フルニ充分ナリト豪語セル處右ハ軍事主守ヲ支持シ同時ニ消極退守ヲ意味ス軍事狀況ノ詳細ハ判明セサルモ新軍編成ノ地點ハ僅ニ廣西、貴州、甘肅ノ三省ニ過キス（四川ハ土匪横行シテ手ノ着ケ様ナシ）更ニ軍事防守モ晉南鄂北方面ニ重點ヲ置クノ外ナキ狀態ナリ

四、[4]經濟建設ニ關シテハ後方工業建設ノ如キ全ク紙上計畫ニ過キス漢口方面（大部分ハ上海ヨリ來レルモノ）ヨリ四川ヘ移入セシ機械ハ三萬餘噸工場合計二百餘軒ナルモ都市ノ爆撃ニ依リ動力供給困難ニシテ操業ヲ開始セシモノ少ク民間日用品自給ノ程度ニスラ達セス昆明方面ニテ準備中ト稱セラル製紙、「セメント」、製紛（粉カ）等各工場ノ如キモ亦口頭禪的宣傳ニ過キス（之ニ對シ上海租界内工場ハ半年内ニ千餘軒ヲ増加セルハ注意ヲ要ス）最近重慶方面ハ

萬策盡キ已ムヲ得ス退イテ敎會西洋人主唱ノ中國工業合。。作社運動ニ贊同シツツアル處右ハ一種ノ商工業遊擊運動ニシテ注意ヲ要スル現象ナルモ之ヲ以テ後方ニ於ケル民生問題ヲ解決シ得ト見ルハ誤ナリ

上海、北京ヘ轉電アリタシ

290 昭和14年7月7日

事変二周年に際しての有田外相談話

昭和十二年七月七日、蘆溝橋事件勃發以來既ニ二周年ヲ閲シタ。ソノ間、皇軍ノ武威ハ全支ヲ風靡シ、西南ノ奥地ニ逃竄シタ蔣政權ヲシテ愈々最後ノ沒落段階ニ於ケル苦惱ヲ深刻ナラシメテヰル。卽チ敗戰ヲ重ネタ軍事的勢力ノ頹廢ハ、最近ノ所謂第二期抗戰局面ニ於テ、ソノ無力ヲ遺憾ナク暴露シ、且ツ多大ノ期待ヲ掛ケタ「ゲリラ」戰法カ、多クノ第三國觀察者ノ證言ニ待ツマテモナク、全ク無價値ナコトカ實證サレタ。而シテ蔣政權カ赤化勢力ト苟合シテソノ驅使ニ甘シ、支那民衆ノ堪ヘ難キ犧牲ニ於テ無益ノ抗戰ヲ繼續スル妄狀ニ不滿ヲ抱ケル憂國ノ國民黨員ノ間ニハ、和平要望ノ機運カ日ニ增シ昂騰シ、重慶政權ノ內部的崩潰ノ豫兆ヲ顯然タラシメテヰル。且ツマタ主要都市竝ニ海港ノ占領ト沿岸航行遮斷ノ强化カ抗戰經濟力ニ致命的打擊ヲ加重シ、全面的潰滅ニ拍車ヲ掛ケテヰル實狀テアル。我國ハ帝國ノ道義的使命ノ達成ヲ期シ、東亞新秩序ノ建設ニヨリ世界ノ進運ニ寄與セントスルモノテアルカラ、毫モ第三國ノ經濟的權益ヲ毀損セントスル意圖ナク、常ニ之カ尊重ニ深甚ノ考慮ヲ拂ツテヰルノテアル。然ルニ支那ヲ依然トシテ半植民地扱ヒニスル舊觀念ヲ持スル第三國カ、我カ平和的意圖ヲ理解セス、支那ニ生起シツツアル現實ノ新事態ニ目ヲ蔽ヒ、蔣政權援助ノ態度ヲ捨テス、之カタメニ無用ノ紛議ヲ繁カラシメテヰルノハ遺憾ニ堪ヘナイ。殊ニ「コミンテルン」ノ破壞的魔手カラ援蔣政策ノ名ニ隱レテ、赤化陰謀ヲ露骨ニシ、各種陰險ナル策謀ヲ弄シテヰル事實ハ、防共ヲ今次聖戰ノ主要眼目トスル帝國ノ斷シテ默視シ得サルトコロテアル。

斯クテ我等ハ事變窮極ノ目的達成ノ途上ニ、尙ホ幾多難關ノ存スルコトヲ覺悟シナケレハナラナイカ、堅忍不拔ノ精神ヲ持シ、國際正義ト防共ノ大旆ノ下ニ、東亞民族ノ自主

自存ノ理想ヲ實現シ、平和的新體制ノ樹立ヲ全ウセサレハ已マサル決意ヲ、此機會ニ新ニセンコトヲ欲スルモノテアル。

編注　本文書は、昭和十四年十二月、情報部作成「支那事變關係公表集（第四號）」から抜粋。

291　昭和14年8月31日　在香港田尻総領事より阿部（信行）外務大臣宛（電報）

孔祥熙が阿部新内閣の和平促進に期待しているとの喬輔三内話について

香港　8月31日後発
本省　9月1日前着

第一一七一號

三十日夜喬輔三ハ館員ニ對シ民衆ハ戰爭ノ慘禍ヨリ日本ヲ恨ム半面強ク生活ノ安定化ヲ欲シ知識分子及上級階級ハ現下ノ混亂セル國際關係カ結局歐米各國ノ利害ヨリ發シ何等日支兩國ニ寄與セサルコトヲ看取戰爭繼續ノ無意味ヲ悟リ各方面ニ平和促進ノ希望增大シ來レルカ汪ノ運動ハ信望モナク實力モ缺ケル爲之ニ依テ全國ノ抗戰人氣ヲ轉換シ和平百年ノ基礎ヲ固ムルカ如キハ先ツ困難ナルヘシ孔祥熙ハ日本新内閣ニ多大ノ期待ヲ掛ケ居ル旨述ヘタルヲ以テ館員ヨリ何時モノ事乍ラ孔ノ和平希望カ實力派ヲ指導シ得ル確タル成算アリテノコトナラハ其ノ具體的意見ヲ承知シタシト應酬シ置ケリ

292　昭和14年9月2日　在香港田尻総領事より阿部外務大臣宛（電報）

事変処理は従来の経緯にとらわれず白紙に還って再検討の必要ある旨意見具申

香港　9月2日後発
本省　9月3日前着

第一一七七號（館長符號扱）

一、[(1)]我事變收拾策ハ汪精衞ヲシテ統一政府ヲ組織セシメ速ニ之ニ國際性ヲ與ヘ其ノ力ニ依リ重慶政府ノ瓦解乃至吸收ヲ計ルニ在リト承知シ居ル處重慶ノ陣營ハ大ナリ小ナリ幾多ノ綻ヒノ徵候ヲ見セ乍ラ對日抗戰ノ氣分衰ヘス支那人ノ人氣ハ依然汪ヨリハ蔣介石ニ集マリ彼カ重慶ノ頭目トシテ存在スル限リ容易ニ其ノ團結カ崩壞スルモノト考ヘラレス依テ我方ハ新政府ノ組織及充實ヲ急キ又長江上流及兩廣方面等ニ於テ重慶ニ對シ更ニ軍事的大打撃ヲ與ヘ以テ重慶內部特ニ國共間ノ破綻ヲ擴大スルカ如ク施策スルト共ニ新國際情勢ニモ鑑ミ第三國ヲシテ新政府ニ協力セシムル一面所謂援蔣政策ヲ放棄セシムル爲ノ努力愈々必要トナリツツアル處果シテ其ノ名ニ叛カサル程度ニ充實セル統一政府カ成立シ財界ヲ始メ青年層及華僑等ノ人心ノ轉換把握ヲ圖リ得ヘキヤ又必要ナル作戰カ近ク實行サレ重慶カ崩壞スヘキヤト云フニ樂觀シ得ヌ事態ニ在リト判斷セラレ一方蘇聯ノ態度ニハ注意ヲ要スヘク伊太利ハ問題ナカルヘキモ獨逸カ新政府ヲ直ニ承認スルヤハ怪シクナリ又英國ニ對シテハ後述ノ通リ余リニ多クヲ期待スルコトハ誤算ナルヘシ

[2]然リトセハ事變ハ新政府ト重慶トノ長期對立トナリ終結ハ早急ニハ望ミ難ク我方トシテ成ルヘク速ニ自由ナル立場ニ還リ國際政局ノ變轉ニ對處セントスルモ當分ハ否應ナシニ事變處理ニ縛ラレ對內的ニ必要ナル經濟政策ノ實行ハ遷延セラレ外交的ニ打チタキ手モ打テヌ狀態ヲ續クルノ外ナキヲ惧ル

三、獨蘇協定締結及日獨伊軍事同盟ノ不成立ハ英米ニ對日關係改善ノ希望ヲ與ヘ特ニ英ハ獨逸包圍政策ノ破綻ヨリ歐洲ニ於ケル地位一層不利トナリ東亞ニ於テ日本トノ妥協ヲ欲スルモノト認メラレ我方トシテモ此ノ際兩國關係ヲ調整シテ之ヲ事變解決ニ利用スル策ヲ樹テ東亞新秩序建設ノ前提タル和平ヲ速ニ招來スルコトヲ緊要ナル處支那ヲ速ニ半植民地ヨリ開放セントスル我方針ハ堅持スヘキノミナラス內外ノ情勢上種々ノ行懸モアリ右調整ニハ幾多ノ迂餘曲折アルヘク果シテ近キ將來ニ之ヲ期待シ得ヘキヤ卽チ對英問題ニ對シテハ占領地ニ關スル有田「クレーギー」協定ヲ一般的援蔣政策ノ拋棄ニ迄押進メ行クコト我既定方策ナルヘク而シテ我方カ英ノ立場乃至面目ヲ或程度ニ認メヤル用意アリ其ノ全面的屈伏ヲ强ユルニアラサレハ(絕對必要ナル一面餘リ無理ヲ伴ハヌ壓迫ヲ必シモ排除セス)英モ相當我主張ヲ容レ來ルヘキ處英カ占領地新政府ヲ承認スヘキヤ又未占領地、緬甸特ニ香港ニ於テ援蔣態度ヲ拋棄シ(廣東發香港宛電報第一九八號參照)又ハ重慶ノ抗戰繼續ヲ「ディスカレヂ」スル迄ニ其

ノ態度ヲ根本的ニ變更シ來ルヘキヤ疑問ナリ

[3]結局速急事變終結ニ英ヲ利用セントスルモ質的、時間的ニ限度アルヘク又東亞ニ於テ比較的自由ナル立場ニ在ル米ハ必スシモ英ト常ニ撥（挟カ）ヲ合セ來ラサルコトモ帝國トシテ留意ヲ要スヘキ處何レニモセヨ國際會議ノ陷穽ニ引懸ルコトナク且如上考慮ノ下ニ先ツ對英外交方針ヲ確立實行スヘキ時機到來セリト認メラル

三、茲ニ注意スヘキハ最近當方面ニ擡頭シ來レル重慶トノ和平說及汪ニ對スル人氣ナリ卽チ重慶ハ我方カ之ヲ相手トセサル限リ抗戰ヲ繼續スヘキモ相當ニ弱リ込ミ和平氣分强キコトモ亦事實ニシテ汪ニ對スル反對ハ主張ノ相違ヨリモ寧ロ出シ拔カレタト云フ感情的ノモノ多分ニ存スルヲ以テ若シ日本カ重慶ヲ相手ニセハ汪トノ關係調整ニ付テハ多少曲折アランモ和平條件ノ如キハ問題ナク纒マルヘシ何故ニ日支双方ハ歩寄リノ方式ヲ眞面目ニ考ヘサルヘキヤ

[4]又日本ノ朝野ニ於テハ統一政府ニ依リ且之ノミニ賴リ新支那カ生レ東洋ニ眞ノ平和招來サルヘシトノ期待アルヘキモ如何ナル支那政府ト雖新裝國家思想ノ澎湃タル潛勢力ニ逆行シ得サル立場ニ置カルヘキ今日汪カ日本ニ約束シ得ルコトハ重慶モ亦內心考ヘ居ルコトニシテ而モ夫レ以上ニ出テス又日本カ現ニ汪ニ要求シ得ルモノハ汪ノ約束ニ依リ實現スルニアラスシテ日本ノ實力ニ依リ實現セシメ得ルニ過キス結局日本ノ實力ノミカ最後ニ物ヲ言フ譯ナリトセハ日本ハ之以上戰禍ノ擴大ニ依リ民衆ノ反感ノ深刻化スルヲ防ク一方日支ノ和平ニ依リ相共ニ歐米ノ新情勢ニ善處スヘキモノニシテ今ヤ最後ノ「チヤンス」到來セルカ之ニハ蔣介石ヲ日本カ利用スルコト最捷徑ニシテ至急實現ヲ要ストノ主張各層支那有力者間ニ力說サレ來レルハ一方汪ニ對シテハ遂ニ國家ノ將來ヲ託スルニ足ル人物ナラストシ從來示サレタル關心カ近來急速度ニ冷却シツツアルハ事實ナリ（日本カ徹底的ニ彼ヲ支持スルヤニ對シテモ猶疑深シ）

四[5]、右和平論ハ日本及汪從來ノ主張及立場ヲ如何ニ取扱ハントスルヤ例ヘハ重慶カ汪ノ主張ヲ容認シ時局ノ解決ヲ彼ヲ首班トスル代表又ハ改組政府ニ一任スト云フカ如キ何等ノ具體案ヲ伴ハス從テ實際運動トハナラサルモ一面ヨリ見レハ重慶側及眞面目ナ支那人カ國際新情勢ニ依リ脅

威ヲ受ケ居ル證左ト認メラレ日本政府ニ於テ新情勢ニ對處スル爲事變收拾ヲ急ク要アリトセハ以テ利用スヘキ動向ナルヘシ素ヨリ斯ク言ヘハトテ汪精衞工作ヲ始メトシ從來ノ方針ニ依ル對支諸般ノ工作ヲ直ニ中絶スル意味テモナク第三國關係ノ調整ヲ計リ時局收拾ニ之ヲ利用スルコトヲ排除スルモノテモナク寧ロ之等ヲ先ツ速急ニ進展セシムルコトニ依リ重慶ニ更ニ强キ壓迫感ヲ與ヘ始メテ實行性ヲ具現シ來ル性質ノ動向ナルヲ以テ當方トシテハ引續キ既定方針ノ下ニ微力ヲ盡シ居ル次第ナルカ政府ニ於テ之等諸問題ヲ中心トシ事變處理方策ニ對シ一應白紙ニ還リ再檢討アルコトモ肝要ナルト共ニ新聞通信等カ憶測ヲ加ヘタル放送ヲ續ケ居ル際成ルヘク速ニ明確ナル御指示ヲ仰度シト存シ當地限リノ情勢觀測及卑見電報ス

上海ヘ轉電アリタシ

293 昭和14年9月7日 在上海三浦総領事より阿部外務大臣宛（電報）

岩井副領事による政治工作の進展に伴い工作費支出方稟請

上海 9月7日後発
本省 9月7日夜着

第二五四九號（極祕、館長符號扱）

豫[1]テ岩井ニ於テ努力中ノJK工作ハ單ニJKノ轉向ニ依ル大「センセイション」ヲ狙ヒ居ルノミナラス同人及同人トノ連絡者XYヲ中心ニ重慶側少壯有爲分子ヲ吸收シ（今般來滬セルXYZモ元來徹底セル反國民黨、反蔣ナルカ期セスシテ岩井ト同樣新勢力ノ結成ニ依リ汪ノ援助ヲ考ヘ居リ本工作ノ重要幹部トシテ參加ノ可能性アリ）汪ノ率ユル國民黨ニ優ルトモ劣ラサル一大親日勢力ヲ結成シ（新黨組織ヲ目標トス）一面新中央政權ノ强化ニ資スルト共ニ他面動モスレハ一黨專制ニ墮セントスル國民黨一派ノ陰謀ヲ牽制シ公明ナル政治ト一貫シテ變ラサル對日親善政策ヲ堅持セシメントスルニ在リ從テ本工作ハ今直ニ汪側ト直接合作スル譯ニアラサル關係上汪ノ工作關係者トノ間ニ何等誤解發生ノ惧モアリタル處今般岩井ヨリ陸軍側影佐、今井、海軍側菅ニ工作目的ノ大要ヲ內話シ軍側ノ協力ヲ求メタル趣ナルカ何レモ贊成ニシテ工作ノ成功ノ一日モ早カランコトヲ切望シ居リ必要ニ迫ラレタル本工作ノ準備事務所モ軍側ヨリ提供ヲ受ケ本工作モ愈々本格的活動ニ入ルコトトナレリ然[2]ルニ本工作ノ重要人物タルＪＫノ決意ヲ更ニ固メシムル必要上香港總領事館側ニ於テ同人ノ活動ヲ援助スル（本官發香港宛電報第一二五號參照）外最モ重要據點タル當地ニ於テ差當リ相當强固ナル活動ノ地盤ヲ作リ行ク必要アリ右ニ基キ昨今藍衣社ノ有力分子ノ抱込工作ハ既ニ積極的ニ進メラレ又青年「インテリ」分子ノ抱込乃至一般民衆ニ對スル宣傳及組織工作ニモ將ニ着手スル許リニ進捗シ居リ又固ヨリ本工作ノ詳細且具體的ナル計畫ニ至リテハ目下關係者ニ於テ鋭意作成中ニテ何レ九月末來滬ノ筈ナルＪＫトモ協議報告ノ筈ナルモ御承知ノ通リ此ノ種工作ヲ此ノ程度ニ持來ス迄ニハ從來ノ個人的友誼關係カ物ヲ言ヒ左程ノ經費ヲ要セサルモ愈々自今本格的活動ヲ開始セハ先立ツハ金ニシテ例ヘハ事務所開設費、事務所用自動車ノ購入費、關係者身邊保護費等ハ勿論宣傳ニ、組織ニ相當潤澤ナル經費ヲ持ツ必要アリ就テハ右樣事情篤ト御諒察ノ上差當リ谷公使及森島參事官時代ノ了解ニ基ク政治工作費（曩ニ御支給ヲ受ケタル經費殆ト殘リ少シ）三箇月分十五萬圓至急御電送相成樣致度ク何分ノ儀御回電請フ

香港へ轉電セリ

294　昭和14年9月9日　在北京堀内大使館參事官より阿部外務大臣宛（電報）

蔣介石の防共共同戦線参加を企図した興亜院の張群に対する工作には北支那方面軍などに反対がある旨報告

付記一　昭和十四年九月十一日、梅機関作成
「張群問題ニ關スル汪側ノ意向」

二　昭和十四年九月十五日、興亜院華北連絡部政務局調査所作成
スチュワート工作に関する王克敏内話情報

三　昭和十四年九月十六日、興亜院華北連絡部政務局調査所作成
右王克敏内話情報続報

北　京　9月9日後発
本　省　9月9日夜着

第一〇三二號（部外絶對極祕、館長符號扱）
往電第一〇一七號ニ關シ

連絡部政務局係官ノ内報左ノ通リ

當地連絡部ヨリ華中連絡部經由影佐少將ニ對シ本件王克敏ノ意嚮ニ付竹内(編注)ノ意見ヲ聴取方打電セル處興亞院中央部ヨリ當地連絡部ニ對シ歐洲情勢ノ變化ニ際シ蔣介石ヲシテ防共共同戰線參加ヲ表明セシムルハ極メテ好都合ニ付張群ヲ北京ニ引張リ出シ右工作ヲ進行セシメテ然ルヘキ旨來電アリタル由ナリ右ニ對シ當地軍、連絡部トモニ蔣介石ニ對スル工作ハ竹内工作ニ多大ノ支障ヲ來スモノニシテ我方トシテハ飽迄竹内ヲ助ケテ蔣介石打倒ニ進ムヘキモノナルカ何レニスルモ竹内ノ意嚮ヲ充分見計ハスシテ實行スルコトハ不可ナリトノ意見ニテ興亞院宛右趣旨ヲ電報セル趣ナリ影佐本件(脱?)九日上京セル由ナリ

上海ヘ轉電セリ

編注　「竹内」は「汪兆銘」を意味する符牒。

(付記一)

昭和十四年九月十一日

張群問題ニ關スル汪側ノ意向

梅機關

張群問題ニ關スル汪、一田第一次會談ノ要旨

昭和十四年九月十日午前九時(一田、清水)

一、一田、(汪ニ北京來電ヲ示シ一讀セシメタル後)之レニ對シ如何ニ考ヘラルルヤ

汪、大體喜多長官ノ意見ト同樣ナリ

若シ蔣介石カ果シテ誠意ヲ以テ和平運動ニ乘出スモノナラハ今尚少ナカラサル地盤ト實力トヲ有スル關係上時局ノ收拾ヲ速カナラシムル效果アルヘシ又若シ蔣ニシテ誠意ヲ有セス張群ヲ派遣スルコトニ依リ何等カノ陰謀ヲタクラムモノトセバ㈠喜多長官ノ電報ニモアル通リ自分ト王克敏、梁鴻志トノ結合ヲ離反セシムル工作ヲナシ㈡自分ノ廣東ニ於ケル放送及其ノ後ノ宣言、聲明、通電等ニ依リ和平ノ氣分濃厚トナリ動搖ヲ始メタル軍隊ヲシテ自分ノ方ヘ走ラザラシムル爲ノ工作トシテ此ノ擧ニ出テントスルモノナルヘシ卽チ蔣ハ軍事長官ナルヲ以テ部下ノ軍隊ニ對シテハ和平ノ場合ニハ自ラ之ニ當リ直チニ日本ト話合ヲナシ得ヘシ。汪精衛ナドニ附ク必要ナシト宣傳スル腹アルヘシ

假リニ蔣カ前記ノ如キ陰謀ヲ以テ張群ヲ派遣スルトスルモ此ノ陰謀ヲ施スニ餘地ナカラシメ却ツテ之ヲ我方ノ有利ナル方向ニ持チ來ラシムルコトモ不可能ニ非ス　卽チ蔣介石カ假令虛僞ニモセヨ和平ヲ唱フルナラハ重慶政府部內ヲ初メ全國ニ亘リテ和平熱ヲ高メ結局吾人ノ和平工作ニ有利ナル環境ヲ造ルコトトナルヘシ又張群カ王克敏、梁鴻志等ニ對シ汪ナドト聯合スルヨリ直接重慶政府ト連絡シテ一擧ニ時局ヲ解決スルコト得策ナリナドト甘言ヲ弄シテ離間策ヲ計ルトスルモ王、梁ト自分トノ三人ノ結合カ鞏固ナラバ之レニ乘セラルル餘地ナシ　是等ノ點ヲ心得テ應待スルナラハ心配ナシ張群ヲ上海ニ呼ヒ南京ニ伴ヒ行クコトハ面白キ企ナリト思フ

二、一田、張群カ蔣ノ代表トスレハ之ヲ貴下ノ工作ニ引入ルルコトハ重キ重慶ヲ輕キ竹內側ニ引込ムコトトナリ主客逆ニナル惧アリト思フカ如何　其ノ際之ヲ防止スル何等カノ妙案アリヤ　又其ノ際蔣介石ヲ如何ニ取扱フ心算ナリヤ

汪、自分ハ元來和平ヲ以テ國家ヲ救ハントノ希望ニテ努力シツツアルモノナルヲ以テ主客顚倒ナドノコトハ何等意ニ介セス國家ノ爲ナラハ喜ンテ之ニ應スヘシ次ニ蔣介石ノ問題ナルカ抑モ日本ハ蔣ヲ相手トセスト言明シ居ラルルカ蔣ヲ相手トスルコト可ナリヤ相手トセサルコト宜敷キヤ　コレハ何レニモ理窟アリ　相手トセサルヲ可トスルノ論ハ蔣ノ性格カ常ニ首鼠兩端ヲ持シ信用出來サル點ヲ見テ立テタル議論ニテ今日假令彼カ和平ニ贊成スルモ何日カハ又抗日ヲヤリ出スカモ知レストノ懸念アリ此ノ點ヨリ見レハ蔣ヲ相手トスルコトハ危險ナリ蔣ヲ相手トスルコト然ルヘシトノ議論ハ一擧ニ時局ヲ解決スル爲ニハ重慶ノ實權者タル彼ヲ利用スルコト捷徑ナリト云フ理由ニ出ツルモノナリ　唯今日ニ於テハ從前ト大分情勢カ變化セルヲ以テ假令蔣カ乘出ストスルモ到底昔日ノ如キ勢力ヲ盛リ返スコトハ出來サルヘシ彼カ若シ和平ニ贊成シ來ルナラハ第一ニ今日迄自分等ノ和平運動ヲ妨害シタル不明ヲ天下ニ暴露シ却ツテ自分(汪)ノ政治的見識ノ優レタルニ屈服スルコトトナリ第二ニハ王克敏、梁鴻志等ニ相當頭ヲ抑ヘラルルコトトナルヘシ

三、一田、唯今ノ質問ハ日本ト蔣ト直接交涉ヲナス場合ノコトヲ尋ネタルニ非ズ自分ノ知ル限リニテハ日本ハ絕對ニ

蔣ト談判スルコトナシ　事件解決ハ一ニ汪先生ヲ中心トシテ之ニ當リ若シ重慶側ニ具眼ノ士アラハ汪先生ノ傘下ニ來リ參スレハ可ナリトノ方針ヲ堅持シ居ルモノナリ今回ノ張群問題ニシテモ此ノ方針ノ下ニ貴下ノ意見ヲ尋ネ居ル次第ナリ此ノ點篤ト留意ノ上改メテ張群ヲ呼フコトノ可否、其他ニ付テ御意見承リタシ

汪、張群ノ來ルコトハ日本側及ヒ我々(汪、王、梁)サヘ注意シ居レハ問題ナシ　彼カ和平ノ爲メ來ルモノナルコトヲ天下ニ公表シテ之ヲ我方ノ和平工作强化ニ利用シ得ラルレバ寧ロ吾々ニ取リ面白キ結果トナルヘシ

四、一田、日本ノ方針ハ前述ノ如キモノナルヲ以テ張群カ重慶側ヲ代表シテ來ル場合ニハ之レニ接觸セス一切貴下ノ處ニ廻スト云フ建前ナリ今回ノ問題ニテモ張群ハ先生ノ下ニ來ルカ至當ナリ王克敏ハ單ニ仲介ノ勞ヲ取ルト云フ形式ニ非サレハ不可ナリト思考ス

汪、張群ハ王克敏ヲ目當テニ來ルモノナルヘシ自分ノ處ヘ來イト云ヘバ恐ラク最初ヨリ來ラサルヘシ若シ張群カ來ルトスレバ絕對的條件トシテ同人カ和平交涉ノ爲來ルコトヲ最初ヨリ公開スルコトヲ要ス其ノ行動ヲ祕密ニスルトキハ必ス重慶側ノ謀略ニ陷ルヘシ以前香港等ニ於テ萱野、小川氏等ガコソ々々ヤリタルガ如キ手ハ絕對ニ用ヒサルコトヲ要スコレ直チニ重慶側ニ利用セラレタル先例アレハナリ　張群カ公開シテ和平交涉ノ爲メ出テ來ルト云フ事實丈ケヲ利用シテ重慶側ノ抗戰態勢ヲ崩壞セシムルヲ得バ政治的ニ寧ロ吾方ノ成功ナリ

又張群ガ來ル時ノ條件ノ第二ハ必ズ先ツ上海ニ來リタル上必要アラハ北京ニ赴カシムルモ可ナリ

五、一田、北京ニ赴カシムルコトハ更ニ研究ノ要アルヘシ必要アラバ王克敏ヲ媒介者トシテ貴下ニ面會スルガ本筋ナラスヤ

汪、此ノ點ハ更ニ研究スベシ要スルニ日本側ノ態度ガ嚴然トシテ居リ自分ト王、梁トノ結合ガ鞏固ナル限リ何等恐ルルニ足ラス而シテ「公開的ニ來ルコト」ト「上海ヘ來ルコト」トノ二條件ヲ附スレバ自分ニハ異存ナシ

明日ノ大連汽船ニテ王克敏ノ連絡者來ル筈ニ付其ノ報告ヲ聽取シタル上更ニ詳細申上グベシ

一田大佐、周佛海第一次會談要旨

一四、九、一〇午後

九月十日午前張群問題ニ關シ汪精衞ノ一田大佐ニ語リタル意見ハ結論トシテ張群ヲ呼出スコトハ何等差支ナキモ「公開シテ來ラシムルコト」及「上海ニ來ラシムルコト」ノ二條件ヲ附スルノ要アリト謂フニ在リシカ次テ同日午後周佛海ハ一田大佐ニ對シ汪精衞ノ旨ニ依リ右條件中ノ「公開」問題ニ關シ左記要旨ノ通修正敷桁（衍カ）スヘキ旨申入レタリ

重慶側ニ對シ最初ヨリ公開シテ來ル様申入ルル時ハ重慶側トシテ固ヨリ之ヲ受入ルル筈ナク實質的ニハ初ヨリ「來ルナ」ト言フニ均シカルヘシ　從テ午前ニ御話セシ「公開シテ來ラシム」ノ條件ハ最初ヨリ公開スル場合ト當初ハ穩密（隱カ）トシテ適時公開スル場合トアルヘク當方トシテハ先ツ重慶側ヲ引出スコトカ先決問題ナルヲ以テ兎モ角モ一應張群ヲ當地ニ呼出シ公開時機ニ關シテハ交渉推移ノ情況ニ依リ適時決定處理スルヲ適當トスル汪精衞ノ意見ナリ　周佛海個人トシテハ敢テ公開ニ固執スルコトナク出來得ル限リ工作ヲ試ミ暗礁ニ乘上ケ前進ノ目途ヲ失ヒタル場合ハ最後ノ手トシテ公開スルコトアルヘキモ交渉順調ニ進ミ所期ノ目的ヲ達シ得ル場合ハ其ノ儘公開セスシテ終ラシムルコト亦有リ得ヘキ腹案ノ下ニ工作ヲ開始スルヲ適當ト考ヘアリ

一田大佐、周佛海第二次會談要旨

一四、九、一一午前

一田、蔣カ代表トシテ張群ヲ派遣スル以上ハ蔣ハ日本ノ絶對的要求タル下野ヲ決行スルヤ否ヤ

周、蔣介石ノ性格ト今迄ノ經歴ヨリセハ今更下野セサルヘシト思フ

一田、然レトモ張群ヲ代表トシテ話ヲセントスル氣カアルナラハ蔣カ下野ヲセサル事ハ意味ヲ成サザルニ非スヤ

周、其ノ事ニ就テハ昨夜汪先生トモ種々研究セシカ若シ蔣カ下野スルナラハ次ノ如キ條件ヲ附スルモノト考フ卽

蔣カ下野ヲスル代リニ汪先生ハ重慶ニ歸リテ國民政府ヲ主宰シテ貰ヒ度シト言フナラン

其ノ事ハ汪派トシテハ最モ困ル問題ナリ

何トナレハ蔣カ下野シテ四億ノ民衆ヲ救フ爲ニ重慶ニ歸ルヘク願出タル場合ハ之ヲ斷ルヘキ名分ナシ

之ヲ斷ラハ蔣ハ必スヤ次ノ如キ宣傳ヲ行フヘシ
汪精衞ハ自分ノ身ヲ捨テテ四億ノ民衆ヲ救ハントノ聲明ヲ屢々發出シタレトモ事實上四億ノ民衆ヲ救ヒ得ヘキ重慶入リヲ肯セサルニ非スヤ　汪ノ發スル聲明ハ支那民衆ノ爲ニ非スシテ自己生命ノ安全ヲ圖ランカ爲ノミト
右ハ目下支那民衆ニ擴延シツツアル汪先生ノ和平運動ニ最大ナル打擊ヲ與フルモノト考フ
故ニ蔣ハ事實上出來サル相談ヲ持チ掛ケテ自ラハ下野セサルニ非スヤト考フ
一田、汪先生カ重慶ニ行カスシテ南京ニ政府ヲ歸還セシムレハ可ナラスヤ
周、蔣側ニテハ次ノ如キ理由ニテ南京歸還ヲ肯セサルヘシ　日本ハ中國ノ獨立ヲ害スルモノニ非スト稱シアリ然リトセハ支那ノ首府カ日本軍ノ占領地域ニ在リトセハ甚タ不合理ナリ
日本軍カ撤兵スル迄ハ重慶ノ現政府ヲ其ノ儘殘置セシムルヲ當然トス
從テ汪先生モ國民政府ノ首班ニナルナラハ其ノ時機迄重慶ニ在ルヲ至當トス
斯ル理由ヲ盾トシテ日本軍ノ南京附近ヨリノ撤退ニ期限ヲ附スルニ違ナシ
若シ日本ニシテ撤兵セサレハ何時迄ニテモ重慶ニ居ルトテ頑張ルナラン
一田、重慶政府ノ要人カ多數一時ニ先生ノ下ニ來ル場合ハ却テ困ラサルヤ
周、如何程來ルモ困ルコトナシ　何トナレハ南京ニ來ル人ハ悉ク平和贊成者ノミナレハナリ　又我々トシテハ重慶側ニ斯ル空氣アル場合ハ先方ノ內部攪亂ヲ圖リ人物ヲ選擇スルコト可能ナリト思フ
一田、蔣側カ誠心誠意先生ト時局解決ニ當ル意志アル場合ハ汪派トシテハ如何ナル對策ヲ以テ蔣ト交渉スルヤ
周、㈠蔣、汪直接會談ヲ行ハシメ問題解決ニ當ル
　其ノ會見場所ハ上海トス
㈡蔣ニシテ次ノ事ヲ承諾セハ汪先生カ重慶ニ行クモ差支ナシト認ム
㈠蔣、汪直接會談ノ上蔣ヨリ汪ニ對シ軍隊ノ指揮權ヲ移スヘキ蔣自筆ノ承認狀ヲ與ヘシムルコト

(ロ)蔣下野セハ彼ヲシテ支那軍隊指揮ヲ不可能ナラシムル爲日本若ハ日本軍ニ於テ充分保護監視シ得ヘキ地域ニ移ラシムルコト

張群問題ニ關スル汪、一田第二次會談要旨

（昭和十四年九月十一日午後九時四十分）

本件談話ハ王克敏ノ使者潘某カ汪ニ會見シ王ノ傳言ヲ果シタル直後ニ一田ニ面談シ聽取セルモノニシテ周佛海同席セリ

一、精衛ハ只今潘ト面會シ克敏ヨリノ傳言ヲ聽取セルニ付其ノ内容ヲ御話シスヘシトテ左ノ通リ語レリ

潘ノ齎セル報告ノ内容ハ大体喜多長官ヨリ影佐少將ニ宛テタル電報ト同一ナルモ只少シク詳細ニ亘レル點アリ

其ノ言フ所ニ據レハ去ル七月末蔣介石ノ使者トシテ鄭悌北京ニ來リ「スチユアート」ノ紹介ニテ王克敏ニ面會セル際鄭ハ克敏ニ對シ和平ニ關スル意見ヲ求メタルニ付克服（敏カ）ニ對シ蔣介石ノ意見ナリトテ

㈠克敏ノ各方面一致シテ和平ニ努力シ度シトノ希望ハ蔣モ同感ナルカ只精衛一派ダケハ除外スルヲ要ス

㈡日本側ニ蔣ヲ對手トスル可能（性欠カ）アラハ張群ヲ派遣シ克敏竝ニ日本側ト談合ヲセシムヘシ

トノ二點ヲ傳ヘタリ而シテ「ス」ノ言フ所ニ據レバ蔣ガ右傳言ヲ「ス」ニ託セル際蔣ノ許ニハ孔祥熙、翁文灝、張群ノ三名同席シタルガ「ス」ハ其ノ後更ニ孔ト會見シ口先タケノ話ニテハ歸燕後證據ナキ憾アルヲ以テ何カ書物ヲ貰ヒ度シト述ベ孔ハ次ノ四項目ヲ記セル文書ヲ「ス」ニ交附セリ

㈠克敏及「ス」ノ努力ハ自己ノ爲メニ非スシテ全ク國家ノ爲ヲ思フ念ニ出テタルモノト認ムルコト

㈡現在猶蔣ヲ相手トスル和平ノ可能性アリヤ否ヤヲ互ニ研究スルコト

㈢重慶側ハ何時ニテモ人ヲ派遣シ和平ノ交渉ニ應スル用意アルコト

㈣王克敏ヨリ日本側ノ誠意ノ有無ヲ重慶側ニ通報スルコト

右四項目ノ㈣ニ記セル日本側誠意ノ有無トハ日本カ蔣ト談合ヲナス意思アリヤ否ヤヲ指セルモノナリヤ否ヤ明カナラズ尚右文書ニハ孔ノ署名ナク克敏ノ宛名モ無ク又其

ノ書体ヨリ見テ孔ノ直筆ニ非サルコト明白ニシテ單ニ孔ノ祕書カ記セル「メモ」ノ程度ナリ克敏ハ右「ス」ノ話ヲ聞キ之ヲ杉山喜多兩將軍ニ傳ヘタルニ兩將軍ハ直チニ根本少將ヲ東京ニ派遣セリ根本少將ガ東京ニ到着セル二日目ニ獨「ソ」協定成立ノ發表アリタルカ根本少將ヨリハ其ノ後今日ニ至ル迄何等ノ返事ニ接セストノ事ナリ

以上ハ潘ノ報告ノ內容ナリ余ハ右報告ヲ聽取セル後潘ニ對シテ克敏ハ東京ニ赴キ度シトノ意嚮ヲ有スルヤニ聞及ヒ居ル處如何ト尋ネタルニ潘ハ以前ハ眼病ノ治療ノ爲メ渡日シ度シト言居リタルモ治癒シ渡日ノ意ナキモノノ如シト答ヘタリ依テ更ニ克敏ハ本件重慶側ノ申出ニ對シ如何ナル意見ヲ有スルヤト訊シタルニ潘ハ其ノ點ニ付テハ克敏ヨリ何等聞キ居ラス只克敏トシテハ阿部內閣ハ或ハ對支政策ヲ變更スルニ非スヤ、阿部ハ武人ニシテ而モ文治派ナルカ爲多數ノ武人ノ候補者中ヨリ選バレテ組閣ニ成功シ外交政策ヲ變更シ得タルカ對支政策モ亦變更スルモノナリヤ否ヤハ不明ナリト觀察シ居ル模樣ナリト答ヘ余ニ對シ意見ヲ求メタルニ付余ハ余ノ意見ハ極メテ簡單ナリ日本ハ既ニ蔣ヲ相手トセスト聲明シ阿部內閣モ亦對支處理方針ノ不變更ヲ言明シ居レリト述ヘ更ニ附加シテ余ガ東京ニ赴ケル際若シ日本カ蔣ト和平ノ交涉ヲナスナラハ余ハ在野ノ一人トシテ之ヲ支援スヘシト言明セシコトアリ之ハ克敏モ知悉シ居ル筈ニテ日本ト蔣ト談合ヲナス際余ヲ除外スルトハ奇怪ナル話ナリト告ケタルニ潘ハ呵々大笑シテ笑殺セリ

尙潘ハ此ノ儘上海ニ止マリ克敏ノ南下ヲ待チ受ケ共ニ歸燕スル豫定ナル由

二、汪ハ右一談ヲ語リ終ルヤ引キ續キ左ノ如ク自己ノ觀察ヲ述ヘタリ

㈠潘ノ話振リ及其ノ持參スル克敏ノ書翰ノ內容ヨリ察スルニ潘ノ來滬ハ余ノ意見ヲ打診センカ爲メニシテ結局曩ニ當方ヨリ上海ニテ面會方打電セルニ對シ潘カ上海ニ來ル序ニ其返書ヲ持參セルニ過キサルヘシ潘ハ克敏ノ側近者ナルヲ以テ克敏ノ心境ノ變化ハヨク知悉シ居ルモ其ノ他ニ重要ナル政治上ノ任務ヲ有シ居ラサルカ如シ(汪ハ克敏ノ態度怪シキモノト考ヘ居ルコト明白ナリ)

㈡尙克敏ノ手紙ハ九月七日附ナルカ其ノ中ニハ今回南京

ニ來ル日程ヲ記シ次ニ張群問題ニ關シテハ別ニ南京ニ於テ御話シ致シ度シト記シアリ、之ニ據レハ潘ノ報告ノ外ニ克敏ヨリ余ニ話スヘキコトアルモノト察セラル而シテ其ノ內容ハ潘ニハ傳ヘ居ラサルモノト思ハル

㈢重慶方面ヨリ斯カル事ヲ克敏ニ申出デ居ル以上恐ラク梁鴻志ニ對シテモ何等カ申來リ居ルモノト察セラル（九月五日汪梁會談要旨參照）只梁ハ克敏ノ如ク卒直ニ當方ニ洩ラサスニ居ルニ非スヤト推測セラル

㈣潘ハ局長級ノ人物ニテ政治上ノ事ハ餘リ知ラサルモ克敏ノ心境ニハ通曉シ居ル人物ナルヲ以テ潘ノ語レル如ク克敏ハ充分日本側ノ方針ニ付承知シ居ル筈ナルカ今回阿部內閣成立後何等カ變更アルニ非スヤト思ヒ居ルコトハ事實ナルベシ尙潘自身ハ阿部內閣ノ對支政策ハ變更ノ可能性アリト觀察シ居レリ

㈤之ヲ要スルニ余トシテハ張群引出工作ハ中止セラレ度ク日本カ本問題ニ對シ嚴然タル態度ヲ示サルル事カ重慶側ヲ動搖セシメ我方工作ヲ强化セシムルモノト確信ス尙余ニ時局收拾ヲ擔當セシメラルル以上余ハ重慶ヨリ重要人物引出ニ全力ヲ注キツツアルヲ以テ重慶側ニ對スル此ノ種工作ハ全部余ニ任セラレ度ク熱望スル次第ナリ

三、汪ノ談話終リタルヲ以テ一田ヨリ何カ此ノ外ニ話ナキヤト尋ネタルニ汪ハ克敏ガ本件ニ付極メテ卒直ニ潘ヲシテ報告セシメタルニ對シ余ハ好感ヲ以テ之ヲ迎フルモノナリ唯克敏ハ阿部內閣ノ對支政策ニ變更アルヤモ知レスト思考シ居ルコトハ事實ナルヘシト答ヘタリ

四、終リニ一田ヨリ明日東京ニ赴クヘキガ影佐少將ニ傳フル事ナキヤト尋ネシニ汪ハ左ノ通リ答ヘタリ

㈠影佐少將ハ十七日迄ニ歸滬セラルルコトヲ希望ス

㈡影佐少將、一田大佐離滬中ト雖モ余等ノ工作ハ既定計劃通リ進行セシムル心算ナリ余等ハ日本ノ方針ニハ何等變更ナキモノト信ス

五、汪トノ會談ヲ終リ汪退席シタル後周佛海ハ影佐少將ニ左記ノ通リ御傳ヘヲ乞ウトテ曰ク

本件ハ豫テ日本側カ祕カニ此ノ種工作中ナリトノ情報ヲ取得シアリ汪先生モ予モ實ハ之ヲ默殺シ居リタリ先般阿部總理ノ談話中（日本新聞紙掲載）ニ幅廣キ言ヒ振リアリテ對支政策變更ノ可能性ヲ暗示セシムルカ如キ節アリ今

回ノ事件ハ必ズシモ右情報ノ眞實性ヲ證明スルモノトハ思ハサルモ日本ノ態度ガ多少グラグラシアリトノ印象ヲ克敏乃至重慶側ニ與ヘタル結果發生セルモノト思考ス要スルニ本件ノ關鍵ハ東京ニ在リト確信スト簡單ニ答ヘタルガ更ニ附加シテ重慶側ハ本件ヲ以テ日本側ノ肚裏ヲ探ル材料トシ阿部內閣成立後ハ特ニ其ノ政策ニ變更アルニ非スヤト思ヒ一層力ヲ入レテ策動スルニ至レルモノト察セラル尙重慶側ハ梁鴻志ヘモ同樣ノ申入ヲナシ居ルモノト推セラルト述ヘタリ

別ルルニ際シ周モ汪ト同樣余等ハ既定ノ方針通リ工作邁進スベシト述ベタル上一田大佐上京ノ上ハ阿部內閣ノ對支方針ノ變更ノ有無成ルベク速カニ電報セラレ度旨依賴スルト共ニ對支政策ニシテ確固タラハ聯合委員會等ノ機會ヲ利用シ日本側ヨリ克敏及梁鴻志等ニ適確ニ申シ渡サルル樣處置方懇望セリ

以　上

（付記二）

王克敏委員長ノ汪精衛運動觀及ヒ蔣介石密使ノ新シキ申出

王克敏氏談

過般汪精衛ノ招集セル國民黨六全大會ハ集マリシ顏觸ニ大シタ有力者無ク一般ヨリハ大シタ反對モ無キ代リニ大シタ贊成者モ無カ如シ、決局大シタ力有ルモノカ出來タトハ言ヘヌ樣ナリ、此ノ次ハ中央政治委員會ヲ作リ、次ニ國民大會ヲ開キ、中央政權設立ト言フ段取リトナルカ、現在ノ情況ヨリ判斷スレハ、出來上リシ政府ノ力ナルモノハ、予等ノ臨時政府ト比ヘテ少シハ勝レタ者カ出來ルカモ知ラヌカ、遠慮無ク言ヘハ予等ノ政府ト大差無キモノナルヘク大シテ力有ルモノカ出來上ルトハ思ヘヌ有樣ナリ

一方重慶政府トシテハ歐洲ノ變局ト共ニ共產勢力ノ增大ヲ來シツツアリ、然ルニ汪ノ新國黨運動ノ强化ト共ニ蔣、汪間ノ惡感情益々激烈トナリシ如ク、此儘ニ進ム時ハ蔣ハ汪ニ對スル反感、及ヒ破レカブレノ經緯ヨリシテ蔣ヲ驅リテ共產ノ方ニ追ヒヤル危險充分ニ有之カ如シ、重慶ニ於テハ國共間ノ摩擦益甚シク、蔣モ大ニ之ニ惱ミ居ルカ如ク、最近心境ノ變化ヲ來シ居ルカ如シ

右ノ證明ハ蔣ハ最近密使ヲ吾カ方ニ送リ來リ、蔣カ日本トノ間ニ直接和平ヲ講シ度ク、汪ニ對シテハ非常ニ反對ニテ、

汪工作ニハ飽迄妨害ヲ加フヘキモ、和平其モノニ對シテハ日本カ公正ナル條件ヲ出シテ呉レルナラハ其ニ應シタク、其仲介ハ臨時政府ニ賴ミ日本政府ニ取次ヲ乞ヒ度ク、日本政府ニテ其意有ラハ大員ヲ派遣セラレタシ、トノ事ヲ申込來リシニヨリ之ヲ知ルヲ得ヘシ、予ハ取不敢其筋ニ其旨ヲ報告シ置キシニヨリ、其筋ニテハ中央ニ報告サレシコトト思フカ、時恰モ中央ニテ內閣交迭ノ際ナリシニヨリ、其ニ對スル意向ハ未タ承ラス、予ノ見ル處ニヨレハ汪氏カ聲ヲ擧クレハ孔祥熙、張群等ヲ始メ、重慶側ノ有力者及ヒ香港等ニアル有力者モ必ス之ニ呼應スルモノト豫定セシモノラシカリシカ、今日ニ至ルマテ有力者ノ參加殆ント望無キカ如シ隨ツテ汪氏ノ運動カ強キ力ヲ持チ得ルヤ否ヤハ聊カ疑問無キ能ハス、之ニ反シ、蔣卽重慶政府自體カ其衝ニ當レハ、其力遙カニ汪ノ勢力ヲ凌駕スヘク、眞個ノ和平ヲ實現スルニ至ルヘシ

併シ茲ニ考慮スヘキ問題二點有リ、一ハ此工作カ進ム時ハ汪ノ工作ト如何ナル關係ヲ生スヘキヤ、日本ハ汪工作ニ對シ力強キ支持ヲ與ヘ居ルコトナレハ、其間ノ調整ヲ如何ニスヘキヤ痛シ痒シノ感無キ能ハス第二ノ點ハ日本カ蔣ノ申出ヲ取上テ大員ヲ派遣セシ場合、蔣カ果シテ現在申出ノ如ク眞面目ニ此ニ應スルヤ否ヤ、予トシテハ必ス然リト云フ丈ノ充分ナル自信ヲ未タ持テヌコトナリ、要之ニ蔣ハ和平ハ汪ニ遣ラサスシテ自分ノ手ニテ遣リタシト考ヘ居ルコトハ事實ナルカ如シ

註　王氏ハ尙談ヲ續ケル筈ナリシカ急用出來ニツキ、談ヲ打切リ南京ヘ出發前ニ再ヒ機會ヲ作リ再談スルコトトナレリ

汪精衛ノ工作實狀調査ノ爲メ在北支有力者ノ赴南ト對四川將領工作

汪工作ニ對スル北支方面有力者ノ意向ハ、成功ハサセ度シ、但北支方面ニ國民黨勢力其儘ヲ持來ルコトハ大ニ考慮ヲ要ス、隨ツテ北支ニハ第三勢力ヲ樹力（ママ）シ、㈠汪ヲ支持シ成功ヲ援ク、㈡汪カ誤リアル時ハ之ヲ是正ス、㈢汪カ失敗スル時ハ其後ヲ引受クトノモツトーノ下ニ一勢力ノ結成ヲ必要トスルコトニ一致シ來リシカ、其前提トシテ汪ノ工作實際狀況ヲ知ル必要アリトシテ、其役目ヲ引受ケ中國公論社長喩熙傑氏ハ十五日上海方面ニ赴クコトトナレリ

尙四川軍閥ノ操縱ハ從來ヨリ之ヲ必要トサレ、四川出身者ノ間ニ折々工作ヲ進メツツアリシカ、時機至リシモノノ如ク其前提トシテ先ツ四川省外ニアル軍隊將領ヲ操縱スル爲メ、上海ニ其根據ヲ置ク可ク、四川出身吳將軍祕書長陳廷傑氏ノ甥ニシテ元劉湘ノ部下タリシ陳新尼氏カ其ニ當ルコトニナリ、近ク三四日内ニ上海ニ赴クコトトナレリ

（九月十三日　北京）

編　注　本付記は、昭和十四年九月十五日、興亜院華北連絡部政務局調査所作成「興華北連政調特祕情報」第十二号より抜粋。

（付記三）

汪精衞工作及ヒ蔣側提案ニツイテ王克敏ノ意向

（十三日談話ノ續、十五日王蔭泰總長同席談話）

王委員長曰ク、昨年十二月汪氏カ河内ヨリ聲明書ヲ發表スルヤ、予ハ次ノ如ク感シタリ、蔣ハ直接日本ト講和ヲ言出シ難キニツキ蔣ハ合意ノ上汪ヲシテ重慶ヲ脱出セシメ和平工作ノ聲ヲ上ケシメシモノナラン、時局ノ完全ナル收拾ニハ蔣汪兩者ノ力ヲ合ササレハ完成セサルヘシト、汪カ來北セシ際、天津ト北京トニテ會見セシ際モ、談其事ニ及ヒタリ

一、蔣方面及ヒ國民黨要人方面ノ參加ノ見込如何

二、軍隊方面ノ參加如何

右兩者共汪氏ハ見込アリトノ見解ヲ述ヘラレ、次ニ中央政權ト地方政權トノ關係ニツキテ强力ナル中央集權ハ不適當ナリ、地方政權ノ存在ヲ認メ、其地方ニ特有ノ情態ニ應シタル政治ヲ行フヲ必要トスルコト、華北ノ特殊性ヲ認ムルコトニツキテモ兩者ノ意見大體一致ヲ見タルニヨリ、汪工作ヲ支持スルコトニ方針ヲ決定シ今日ニ至ルマテ其意見變更無シ、但シ之カ前提トシテ、汪工作カ强力ナルモノナラサル可ラサルコト是ナリ、然ルニ其後ノ經過ヲ見ルニ、國民黨六全大會ニ集マリシ人達ニ國民黨内ノ有力者ノ參加ヲ見ス、最初蔣汪兩者暗默ノ諒解有ルモノト推測セシニ全ク其事無ク、蔣ハ汪ニ對シ非常ノ惡感ヲ抱キ居リ到底合作ノ見込無ク、重慶方面ノ要人ノ參加絶望ノ事明トナリシ上ニ更ニ香港上海等ニ在ル有力者ノ參加モ見ル能ハサルノミナラス、軍隊方面ニテハ全ク一兵モ參加無キコト判明シ、汪

ニ對スル期待カ裏切ラレタル如ク最近感スルニ至レリ、重慶方面ノ參加無クシテ幸ニ他ノ方面ノ有力者參加スル場合ニ於テモ、和平ハ不可能、第二ノ西班牙トナルノミニシテ之ニテハ我等ノ希望ト反スルコトニナルカ、今日ノ汪ノ現狀ニテハフランコ將軍丈ノ力ヲ保持セシムル事サヘ不可能ナラント觀察サル

此際ニ蔣ヨリ前同談話ノ如キ密使來リ、臨時政府ニ對シ日本トノ橋渡ヲ依頼シ來リシモノナルカ、其眞僞ノ程度如何ヲ疑ヒ居リシ際、昨十四日其密使再ヒ來訪セリ、其密使トハ米國教會ノ牧師スチユワード氏ナルカ密使カ決シテ怪ムヘキモノニアラサルコト及ヒ蔣ノ依頼ヲ受ケ居ルモノナルコトヲ證明スルニ足ル、米國大使館ノ書類ヲ所持シ居レリ、密使ニ對シ果シテ蔣カ眞面目ニ言ヒ出シ居ルモノナリヤ否ヤヲ質問セシ所彼曰ク

此事ニ關シテハ、米國カ英國ト圖リテ方針ヲ決定シ、蔣ニ勸メシモノニシテ、蔣カ假リニ米英ノ言ヲ聽カサル場合ハ米、英、佛、共ニ援蔣ヲ打切ルコトニナリ居ルニヨリ必ス應スルコトニナリ居レリトテ、重慶ノ電報ヲ大使館ノ用紙ニ受信シタルモノヲ示シタルニヨリ、予ハ蔣カ汪ニ合流シテ局面收拾ニ盡シテハ如何ト言ヒタルニ對シ彼ノ答ハ蔣ハ絕對ニ汪ト合流セス、汪トノ合流ヲ要望スルトキハ局面惡化シ蔣ハ共產方面ニ走ルヘシ、然シ第三國ノ紹介ハ日本カ承知セサル可キニヨリ、臨時政府ニ紹介橋渡ヲ依頼セシモノナリ

トノ說明ヲ爲シ、此ノ後方ニハ米、英ノ對蔣强力壓迫アリ、其ノ意味ハ蔣ヲ共產ニ走ラセス、ソ聯勢力ノ發展ヲ防禦スルヲ目的トスル爲メ、蔣ト日本トノ妥協、支那ノ和平恢復ヲ希望スルモノナリト說明セリ

右昨十四日ノ密使スチユワードノ談ハ未タ日本側ニ報告シ居ラサルニヨリ至急報告シ置キタシト考ヘ居レリ

但シ茲ニ右工作ヲ進メル場合ニ於テ、從來汪ヲ支持シ工作ヲ進メシメアリシ點ヲ如何ニ調整スルカ、蔣汪合作カ出來ル樣ニ適當ニ努力スルコトハ必要ト思フカ、其カ出來サル時、然シテ蔣カ妥協ニ應スル意向明瞭ニナリシ時ニ、對汪處置ハ非常ニ複雜デリケートノ問題トナルヘク、汪ヲ强ク支持スル爲、蔣ヲ共產陣ニ追ヤルコトモ將來時局ヲ此上長引カセ、然カモ徹底的ニ討伐ヲヤル以外ニ方法無キコトトナリ、更ニ日支兩方ノ消耗疲弊ヲ招クコトトナルヘク、之

又好マシカラサルコトトナル可ク、眞ニ六ケ敷ジレンマニ陥リシ感アリ、此點ニ就テ日本當局ハ如何ニ處置サルルヤ、熟慮ノ上ニ熟慮スルヲ要シ、然シテ斷ノ一字ヲ振フヲ要スルト思フ

此時王蔭泰總長ハ、臨時政府ノ態度ヲ定ムヘク閣僚會議ヲ開キシ際ノ模様ヲ語リ、閣僚ノ内、齊總長ハ軍事顧問ノ注意ニヨリ態度決定ヲ保留スト云ヒ、湯總長ハ汪合流ニ不贊成、他ノ閣僚ハ默シテ語ラス、故ニ予ハ吾カ政府成立ノ意義ハ、中央政權成立シ和平統一ヲ圖ル前提ノ一ノ序次トシテ成立セシモノナリ、故ニ名カラシテ臨時政府ト云フ、今和平統一ノ爲メ中央政權成立セントスル場合ハ、一切個人ノ立場等ノ事ハ之ヲ打捨テ、將ニ生レントスル中央政權ヲ全面的ニ支持シ其ニ合流スヘキモノナリ、但シ汪工作ノ力弱リ、中央政權設立ノ見込薄ナリトノ判斷ツキシ際ハ之又卒直ニ日本ニ云フ可キナリトノ意見ヲ提出シタル處、王委員長ハ右ニ贊成セラレ、爾來臨時政府ノ態度ハ右ニヨリテ進退スルコトトナレリト語レリ

王委員長ハ更ニ曰ク、來ル二十日ニ開ク南京會議ニ列席スヘク十七日出發シ二十三、四日歸來スルカ、今度南京ニ行ケハ大體汪工作ノ狀況如何ノ見透モツクヘク最後ノ態度ハ其上ニテ決スルヲ得可シト思フ　云云

（九月十五日　北京）

編注　本付記は、昭和十四年九月十六日、興亜院華北連絡部政務局調査所作成「興華北連政調特祕情報」第十四号より抜粋。

〰〰〰〰〰〰〰〰〰〰

295　昭和14年9月18日

陸軍省部が作成し外務省に検討を要請した「歐洲戰爭ニ伴フ當面ノ對外施策」について

付　記　昭和十四年十月二日、陸軍作成

「現下情勢ニ應スル英國利用方策」

歐洲戰爭ニ伴フ當面ノ對外施策（陸軍案）ニ關スル件

（昭和十四、九、十八　亞一）

九月十八日陸軍省軍務局高山中佐東亞一課長ヲ來訪シ別添「歐洲戰爭ニ伴フ當面對外施策」ヲ手交シ左ノ通リ說明ヲ加ヘタリ

一、本案ハ陸軍部内省部決定ナリ
二、外務省ニ於テ本件御立案ノ際本陸軍案ヲ參照セラレ度キ趣旨ナリ尤モ本案ハ相當尊重セラレンコトヲ希望ス（陸軍側ハ本案ヲ基礎トシテ外務省ニ於テ討議シ貰ヒ度キ希望アルヤニ感セラレタリ）
三、當面ノ對外施策ハ結局ニ於テ外陸海三省決定トシ置キタシ
四、本陸軍案ニ付御希望アラハ何時ニテモ説明ニ參上致スヘシ

（別　添）

歐洲戰爭ニ伴フ當面ノ對外施策

方　針

帝國ハ中立的態度ヲ維持シ國際情勢ヲ利導シテ既定方針ニ基ク事變處理ノ强化促進ニ資スル如ク自主豁達ナル對外施策ヲ實施ス

特ニ對ソ關係ノ正常化、對英施策、對佛印及蘭印工作ハ現下我緊急施策ノ重點トス

戰爭ノ初期ニ在リテハ戰局ノ擴大セサルコトヲ考慮シテ施策シ特ニ焦燥ヲ戒ム

要　領

一、日ソ關係ノ正常化ニ努ム之カ爲日ソ直接交渉ニ依ルヲ本則トスルモ獨ノ仲介ヲモ利用スルコトアリ
イ、國交正常化ノ爲ニハ一般國境問題解決、懸案解決、通商協定締結等ヲ考慮ス
ロ、一般國境問題解決ノ爲ニハ日滿ソ蒙間ニ於テ國境ノ安全ヲ尊重シ國境紛爭ハ武力ニ訴フルコトナク平和的折衝ニ依リテ之ヲ解決スルノ趣旨ニ於テ國境紛爭處理及國境劃定ノ兩委員會ノ設置ヲ企圖ス
ハ、不侵略條約ハ差當リ之ヲ締結スル意志ナキモ先方ヨリ提議アリタル場合ニハ之ヲ取扱フコトアリ
二、英國ニ對シテハ彼ヲシテ我事變處理ニ同調協力セシムルコトヲ主眼トシ之カ施策ヲ重視ス此際特ニ米國トノ不可分關係ニ留意ス
支那ニ於テハ彼ヨリ協調ヲ求メ來ル場合ニ在リテハ之ヲ利導シ然ラサルニ於テハ歐洲情勢ヲ利用スル强硬施策ト其權益ニ對スル措置トニ依リ之ヲ善導シテ我ニ同調協力スルノ止ムヲ得サルニ至ラシム、具体案ニ就テハ別ニ研

究ス
天津問題ニ關スル交渉再開等ノ場合努メテ之ヲ事變處理一般問題ニ關スル交渉ニ發展セシムル如ク之ヲ誘致ス
以上ト共ニ帝國ノ支那ニ於ケル對英措置ト相俟ツテ歐洲情勢ノ機微ヲ利用シ英屬領竝ニ南洋方面ニ於ケル我貿易、通商ニ對スル障碍ヲ除去スルニ努ム
三、佛國ニ對シテハ英ニ準スルモ特ニ之ヲ利用シテ對英措置ヲ容易ナラシムル如ク施策スルノ考慮ヲ加フ
情勢ノ推移ニ應シ佛印ニ關シ左ノ件ヲ要求ス
イ、援蔣及抗日援助行爲ノ放棄
之カ爲佛印ヲ通スル重慶側ニ對スル軍需品ノ輸送監視ニ關シ所要ノ取極メ設定ヲ提議ス
ロ、平等互惠ノ原則ニ基ク通商條約ノ改訂
ハ、情況ニ依リ事變處理ノ爲我措置ニ對スル便益供與
之カ爲要スレハ佛印ノ安全ヲ保障スルコトアリ
四、米國ニ對シテハ對日干渉ノ口實ヲ與フルコトヲ避クルト共ニ極東ノ新事態ニ對スル認識ヲ改メ實質的ニ我ニ同調セシムル如ク努ム
イ、在支權益ニ對シテハ適宜友好的ニ取扱ヒ特ニ無用ノ刺激ヲ避クルコトニ留意ス
之カ爲在支米人ノ保護、通商旅行ノ制限緩和、懸案ノ迅速解決等ニ關シ徹底促進ヲ企ル
ロ、在支交戰國警備權益等ノ米國移管ニ關シテハ之カ阻止是正ニ努ム
但シ之カ爲强制措置ニ出ツルコトハ愼ム
ハ、事變處理ニ關シ支那ニ於ケル米ノ活動及權益ニ對スル措置ニ關スル帝國ノ意向ヲ明示シ我ニ同調セシムルニ努ムルト共ニ新通商條約ノ締結促進ヲ企圖ス
之カ爲要スレハ有力ナル經濟使節ヲ派遣ス
ニ、比島トノ友交關係設定ニ努ム
五、獨伊ニ對シテハ依然友好關係ヲ保持シ特ニ之カ活用ニ努ムルト共ニ日獨伊ノ疏隔ヲ印象付クルカ如キ措置ハ嚴ニ之ヲ愼ム
六、貿易ノ振興竝ニ國防自給圈確立ヲ促進强化スル目的ヲ以テ情勢ヲ利導シ列强トノ經濟關係ヲ調整スルト共ニ一般通商ノ偏在的關係ヲ調節シ特ニ南洋方面ニ對スル施策ヲ重視ス
イ、蘭印ニ於ケル通商協定ノ改正及企業開發ニ關スル制

限ヲ緩和スル爲和蘭トノ交渉ヲ開始スルニ努ム之カ爲其安全保障ヲ約スルコトアルヲ考慮ス

ロ、タイ國ニ對シテハ相互親善關係ヲ助長スルト共ニ貿易振興竝ニ重要資源ノ取得利用ヲ企ル之カ爲要スレハ不可侵ヲ約スルコトアリ

ハ、中南米及西南亞細亞方面ニ對スル經濟進出ヲ促進ス

備　考

戰局ノ擴大狀況ノ變化等ニヨリ更ニ施策ヲ研究スルモノトス

（付　記）

現下情勢ニ應スル英國利用方策

昭和十四年十月二日

最近ニ於ケル英國ノ動向ヲ善導シテ我カ對支處理ニ同調セシムル如ク施策ス但之カ爲對「ソ」國交調整及對獨親善關係ヲ阻害セサル如ク留意スルト共ニ爲シ得レハ之ヲ對英牽制ニ利用ス

一、日英基本交渉（於倫敦）

帝國ノ對支處理方針ニ關シ重光大使ニ豫メ左ノ件ヲ示シ英國政府トノ交渉ニ任セシメ交渉ノ經過中英國ノ誠意ヲ認ムレハ適宜之ヲ英國政府ニ了解セシム

1.支那新中央政府樹立方針

2.日支新關係調整原則

3.在支ノ第三國就中英國權益ノ取扱ニ對スル方針

右ニ對シ英國側ノ東洋就中支那ニ對スル希望ヲ開陳セシメ以テ兩國意見ノ一致ヲ圖リ英國ヲシテ帝國ノ對支處理ニ同調協力セシムル如ク指導ス

右日英基本交渉ハ天津會談ト併行シテ行フ

備考　九ケ國條約ニ對シテハ之ニ觸レサルヲ希望スルモ已ムヲ得サル場合アルヲ顧慮シ之ニ對スル觀念及取扱ニ關シ研究準備ス

二、右ノ對英交渉カ成功シタル場合若クハ少クモ英國ノ對日態度ニ積極的同調ノ誠意ヲ認メ得タル場合日英兩國ハ「汪」及重慶ニ對シ左ノ如ク施策ス

(イ)日本ハ先ツ汪精衞ト左ノ件ニ關シ根本觀念ヲ一致セシム

日本及「汪」ハ英國ヲシテ協力セシムル爲ニ如何ニ之ヲ利用スヘキカ

日本及「汪」ハ英國ヲシテ重慶ニ對シ如何ナル働キヲナサシムヘキカ

(ロ)英國ハ先ツ「汪」ニ對シ其日本及重慶ニ對スル意嚮ヲ傳ヘ「汪」ヲ支持スヘキコトヲ了解セシム

(ハ)英國ヲシテ重慶政府ニ對シ左ノ如ク橋渡シセシメ我工作ト相俟テ日支直接交渉ノ端緒ヲ開カシム

(1)停戰許容條件ノ内示(日本ノモノヲ取次ク)

(2)蔣ノ自主的下野ノ慫慂(日本ノ意志ヲ英國ノ意志トシテ取扱フ)

(3)汪トノ合作ニ對スル斡旋

296

昭和14年9月22日　在北京堀内大使館参事官より阿部外務大臣宛(電報)

新中央政府樹立は急ぐ必要がないとの北支那方面軍の軍中央への意見上申について

北京　9月22日後発

本省　9月22日夜着

第一〇六四號(館長符號扱、部外極祕)

當地連絡部係官ノ内報ニ依レハ當地軍側ヨリ中央ニ對シ支(欄外記入)那中央政權ハ餘リ急ク要ナキ旨意見具申セル由ニテ連絡部ニテモ大體右ニ同意見ナル旨近ク興亞院ニ上申ノコトトナルヘキ趣ナルカ其ノ理由トスル所ハ元來中央政府樹立ハ我方カ實力ヲ以テ征服シ得サル場合政府ニ對シ其ノ内部的瓦壊ヲ招來セシメ以テ時局收拾ヲ急速ナラシムル一種ノ謀略的ノモノニシテ從テ中央政府樹立カ右目的ニ達セサル結果ヲ招來セハ右樹立ノ意義ヲ沒却スル次第ナルカ此ノ際過早ニ政府ヲ樹立セハ必然的ニ重慶側トノ對立關係ヲ生シ結果ハ却テ重慶側態度ヲ硬化セシメ之ヲ驅ツテ蘇聯ニ投セシメ斯テ實力ヲ有スル抗日政府ノ永久的存在トナリ事實上ノ時局收拾ノ結果ヲ擧クルコト困難トナリ政府樹立ノ目的ニ反スルコトナキヲ保セス然ルニ重慶政府ハ先般來相當和平ニ熱心ニシテ之カ爲孔祥熙又ハ張群邊ヲシテ交渉ニ當ラシムルヲ辭セサル意嚮ヲ有シ居ル旨ノ情報モアリタルカ(往電第九六三號參照)最近ハ特ニ歐洲諸國及日蘇間國際情勢ノ變化ニ伴ヒ重慶側ハ何トカ速ニ事變ヲ終結セシメタキ强キ希望ヲ有シ居ルカ如キヲ以テ英米ハ蔣介石カ完全ニ蘇聯ニ走ルコトヲ惧レ速ニ日本ト和平スヘキ旨寧ロ脅迫的態度ニテ說得ニ努メ居ル旨ノ情報アリ

右ノ形勢ヲ利用シ寧ロ實力ヲ有スル蔣政權ノ崩壊ヲ策シ重慶側要人ノ抱込ヲ計リ强力ナル政府ヲ樹立シ以テ新中央政府ヲ唯一ノ支那政府タラシムルコトカ眞ノ時局收拾ノ途ナルヘク依テ過早ニ中央政府樹立ニ焦ラス事前ニ右ノ意味ニ於ケル相當ノ工作ヲ要スヘシト言フニ在ルカ如シ

上海ヘ轉電セリ

（欄外記入）

九、二三幹事會ニテ興亞院側ヨリ披露アリタリ

297 昭和14年9月27日 在上海三浦総領事より野村（吉三郎）外務大臣宛（電報）

孔祥煕と汪兆銘の和平に向けた合作を樊光が褚民誼に提議したとの情報報告

上海 9月27日後発
本省 9月27日後着

第二七七七號

褚民誼カ二十六日清水ニ内話スル所ニ依レハ最近孔祥煕ノ代表樊光（目下上海ニ在リ）ハ人ヲ褚ノ許ニ派遣シ來リ孔祥煕ハ目下熱心ニ和平ヲ考慮シ居ルニ付竹内モ孔ト合作シテ和平工作ニ當ラレンコトヲ希望スト申越シ來レルニ付褚ハ之ニ對シ若シ孔ニシテ衷心和平ヲ希望スルナラハ竹内ノ傘下ニ馳セ參スレハ可ナリ竹内モ素ヨリ之ヲ歡迎スヘシ唯此ノ際注意スヘキハ主客ヲ顚倒セサルコトナリ即チ竹内カ孔ノ運動ニ參加スルコトハ御斷リナリ宜シク孔カ竹内ノ運動ニ參加スヘキモノナリト回答シタル處樊光モ之ヲ諒トシ早速之ヲ孔ニ傳フルト共ニ必要アラハ樊自身重慶ニ赴クヘシトノ意ヲ表示シタル趣ナリ

北京、天津、南京、漢口、廣東、香港ヘ轉電セリ

298 昭和14年9月27日 在上海三浦総領事より野村外務大臣宛（電報）

蔣介石の四川省主席兼任は下野への布石であるとの諜報報告

上海 9月27日後発
本省 9月27日夜着

第二七七八號

日支和平問題ニ關シ四月離渝シ二十四日來滬セル徐謨ノ祕

書徐某ノ當地中國通信社三宅ニ對スル談話要旨左ノ通リ
日支和平ノ順序ハ汪派ト日本側トノ初歩的和議ニ次キ蔣介石側ト日本側トノ協定ニ依ル眞ノ和平回復ノ二段階ニ分チ得ヘシ尤モ後者ノ段階ニ於テ蔣ノ下野ハ不可避ノ情勢ニアルモ現下ノ難局ニ處シ蔣ヲ措イテ他ニ支那ヲ統制スル人物ナキヲ以テ今次蔣カ四川省主席ヲ兼任スルコトトナリタルハ彼カ右情勢ニ善處スル爲一時軍事委員長ヲ辭シ一地方領袖トシテ同省ニ逃避スル準備工作タルノミナラス一面日支和平ノ前途ニ對スル彼ノ明確ナル意思表示トモ言ヒ得ヘシ
又同時ニ蔣ハ將來自己政權ノ重要據點トシテ四川省ノ計畫ニ乘出シ現ニ同省ヲ三省ニ分チ重慶、成都、敍府ヲ夫々省城所在地ト爲シ何レモ蔣ニ於テ各主席ヲ兼任スルコトトナリ居ルノミナラス今次ノ第四次國民參政會ニ對シ四川省回復三年計畫案ノ決議方要請スル等永久的基本事業トシテ同省ノ開發經營ニ當ルコトトナリタリ
北京、南京、漢口、香港へ轉電セリ

---

299 昭和14年9月28日 在香港田尻総領事より野村外務大臣宛(電報)

萱野工作ひとまず打切りについて

香　港　9月28日後発
本　省　9月28日夜着

第一二七四號(館長符號扱)
茅(萱カ)野ハ老國民黨員ニシテ比律賓有力華僑タル黎耀西。。(致公堂首領)ノ懷柔ニ當ラシムル爲當地ニ留メ置キ黎ノ引出シ
(欄外記入)
ニハ成功セシモ黎ハ來香早々罹病シタルニ加ヘ戴笠ヨリ重慶ニ赴ク樣執拗ニ迫ラレ遂ニ馬尼剌ニ逃ケ歸レルニ付本工作ヲ一ト先ツ打切リ茅(萱カ)野モ五日發歸國ノ豫定ナリ尙同人ハ重慶ニ對シテハ何等働キ掛ケス接近シ來ル者アラハ當方ノ指導ニ依リ汪精衞ノ立場ヲ無視シ重慶カ和平工作ヲ爲サントスルモ效果無キ旨ヲ說カシメツツアリ巷間色々ノ取沙汰アル矢先ニ付爲念
上海、廣東へ轉電アリタシ

(欄外記入)
最近小川平吉氏ノ黃田領事ニ語レル所ト相違ス

300　昭和14年9月29日　在上海三浦総領事より野村外務大臣宛(電報)

蔣介石が短期間の下野を承諾する事変収拾案を独ソが検討中との情報に対しその危険性を指摘した汪兆銘意見について

上　海　9月29日前発
本　省　9月29日後着

第二七九三號(極祕、館長符號扱)

二十四日竹内ハ影佐ニ對シ眞僞不明ナルモ最近獨逸蘇聯邦ハ重慶ヲシテ日本ト講和セシメタキ意圖ヲ有スルコト竝ニ獨逸ハ日本カ蔣ヲ相手トセサル從來ノ方針ヲ變更シ蔣トノ間ニ話合ヲ爲サンコトヲ要望シ其ノ代リ蔣ヲシテ停戰後六箇月間ハ其ノ地位ヲ離レシムル考案ヲ有スル旨ノ情報ヲ入手セリト報告セル後大要左ノ通リ意見ヲ述ヘタル趣ナリ

一、蔣ハ西安事變ニ於テ共產黨ト關係ヲ生シテ以來自主的ノ立場ヲ失ヒ殊ニ現在ニ於テハ蘇聯邦ノ絕對的支配力ノ下ニ在ルヲ以テ蘇聯邦ノ了解ナクシテ日本ト講和スルコトハ不可能ナル實情ニ在リ從テ蔣ヲシテ講和セシムルニハ蘇聯邦ノ壓力ヲ必要トス而シテ萬一蘇聯邦カ蔣ニ壓力ヲ加ヘ日本トノ講和ヲ慫慂スル場合アリトセハ蘇聯邦ハ如何ナル魂膽ヲ藏スルヤ測リ知ルヘカラサルハ勿論蘇聯邦ヲシテ日支問題ニ介入セシメ之ニ何等カノ報酬ヲ與ヘサルヘカラサル破目ニ陷ルヘシ元來英帝國主義ト蘇聯邦ノ共產主義トハ日支ノ共通ノ目標ナル處萬一蘇聯邦ニ斯ル發言權ヲ與フルコトハ右目標ニ一大狂ヒヲ來スコトトナルヘシ

二、假ニ蔣カ半年間下野ヲ承諾スルコトアリトセハ蔣トシテハ恐ラク我等カ日支國交調整ニ努力シツツアル間蔭ニ隱レテ講和反對ノ策動ヲ爲シ和平折衝ヲ不可能ニ陷ラシメタル後機ヲ見テ我等ヲ排擊シ再起ヲ圖ラントスルノ下心ニ出ツルモノナルコト蔣ノ心理ヲ熟知スル我等ノ豫想シ得ル所ナリ從テ半箇年ノ期間ヲ以テ彼ヲ下野セシムルコトハ極メテ危險ナリ

三、日本カ蔣ヲ相手トシテ停戰ヲ行フト言フコトハ理論トシテハアリ得ヘキモ和平ノ妨害者タル蔣ト直接停戰スルコトハ實際上面白カラス蔣ヲ下野セシメタル後停戰ヲ實行スル如ク指導セラルルコト上策ト思考ス

北京、南京、廣東、香港ヘ轉電セリ

301　昭和14年9月30日　在北京堀内大使館参事官より野村外務大臣宛(電報)

汪兆銘から閻錫山に対し合作を提議した書簡は監視が厳しく未だ手交不能との蘇體仁山西省長内話について

別電　昭和十四年九月三十日発在北京堀内大使館参事官より野村外務大臣宛第一〇八七号
右書簡要領

北京　9月30日後発
本省　9月30日後着

第一〇八六號(部外絶對極祕、館長符號扱)

大倉林ノ内話ニ依レハ同人ハ在南京谷萩參謀ノ密令ヲ帶ヒ九月上旬太原ニ赴キ省長蘇體仁ヲ通シ閻錫山ニ對シ汪精衞トノ合作方別電第一〇八七號ノ如キ申入ヲ爲シタル趣ノ處偶々來京中ノ蘇省長ハ三十日原田ニ對シ目下閻錫山ハ高桂滋軍(陝西軍)及蔣介石ヨリ特派セラレタル國民黨青年團等ノ監視裡ニ在リ其ノ眼ヲ盜ミ書翰ヲ手交スルコトハ到底不可能ニシテ曩ニ河邊村ニ在リタル閻ノ副官ヲシテ本件同様書翰手交方取計ハシメタル處中途發見セラレタル爲閻ハ前記青年團ヨリ詰問(ママ)ヲ受ケタルコトアリ従テ前記書翰ハ今猶自分(蘇)ニ於テ保管シ居リ適當ノ機會ニ特使ヲ派シ口頭ヲ以テ傳達スル所存ナル處閻ノ家族ハ目下四川ニ居住シ居ル關係モアリ其ノ態度愼重ニシテ急速ニ右ニ應スルモノトハ思料セラレサル旨内話セル趣ナリ

別電ト共ニ上海、南京ヘ轉電セリ

(別　電)

北京　9月30日後発
本省　9月30日後着

第一〇八七號(部外絶對極祕、館長符號扱)

貴下ト志ヲ同シウスル汪精衞ト合作シ東亞新秩序ノ建設ニ當ラレンコト切望ニ堪ヘス左ニ私見ヲ述ヘ置キタル處右ニ御不滿ノ點アラハ改メテ斡旋ノ勞ヲ執ルヘキニ付何分ノ御回示相成度シ

㈠貴下ノ生命財産ニ對シテハ特別ノ保障ヲ爲ス
㈡元老トシテ新政府ノ工作ニ從事ス
㈢山西軍ノ全部ヲ改編シ新政府ノ軍隊トナス
㈣沒收ノ私有財産ハ全部返還ス

302　昭和14年9月30日　在上海三浦総領事より野村外務大臣宛（電報）

スチュワート工作は汪兆銘による新中央政府樹立工作の妨害を目的とする重慶側の策動であるとの観測について

上　海　9月30日後発
本　省　9月30日後着

第二八〇六號（極祕、館長符號扱）

北京[1]發貴大臣宛電報第一〇一七號ニ關シ

九月十日王克敏ノ使トシテ他用ヲ帶ヒ來滬セル潘某カ竹内ニ報告セル所ニ依リ「スチユアート」カ克敏ニ齎セル傳言ニ依レハ蔣介石ハ日本トノ和平交渉ニ當リ竹內ヲ除外スヘキコトヲ第一ノ條件トナシ克敏ヲシテ日本ノ意嚮ヲ打診セシメントノ希望ナルコト明カトナリ竹內側ニテハ之等ノ情報ニ基キ詳細檢討ヲ加ヘタル結果右ハ全ク竹內工作ニ對スル牽制ナリト看做シ充分警戒ヲ加ヘツツアルカ克敏トシテハ新內閣ニ於テ或ハ右直接交渉ヲ受容ルル可能性全然ナキ次第ニモアラサルヘシト想像シ多少其ノ方面ニ色氣ヲ出シタル形跡アリ南京ニ於ケル所謂三巨頭會議ニ於テモ克敏ハ竹內及梁ニ對シ再三右重慶側ノ和平工作ノ話ヲ爲シ氣ヲ引キタル模樣ニテ從テ新政權樹立ノ協議ニモ最初ノ間ハ餘リ氣乘セサル態度ヲ示シ結局十九日午後赴寧セル參謀本部樋口第二部長及影佐少將ヨリ三巨頭同席ノ所ニテ蔣ヲ相手トセサル日本ノ方針ニ變リナキコト、日本側ハ絕對的ニ竹內ヲ支持シテ新政權ノ樹立ニ邁進スル方針ナル旨政府ノ意向トシテ明確ニ之ヲ傳ヘ一時南京會談ヲ蔽ヒタル暗雲モ之カ爲漸ク一掃セラレタル實情ナリ

其ノ後右重慶側ノ克敏ニ對スル働キ掛ケノ經緯ハ當地方ニ於テモ相當廣ク知レ亘リ最近ハ其ノ他ノ筋ヲ通スル放送モアリ一方投機業者ノ故意ニ放送セル「デマ」等モ加ハリ之カ爲一般支那人ハ其ノ眞相ヲ捕促（捉カ）スルニ苦シミ結局暫ク竹內工作ヲ見送リ今後ノ推移ヲ見極メントシテ形勢觀望ノ氣配濃厚トナリ新中央政權樹立ニ對シ熱ヲ冷却セシメ居ル傾向アリ

右[2]重慶側ノ策動ハ國際情勢ノ變化ニ依リ窮地ニ陷リタル局面ヲ打開セントスル最後ノ足掻ナリト觀ル向アルモ支那人消息通ハ右ハ全ク竹內工作ニ對スル離間策ニシテ之ニ依リ竹內工作ノ進展ヲ引延ハシ日本ヲシテ結局重慶ニ手ヲ延ハ

ササルヲ得サル様仕向クル爲ノ謀略ナリト判斷シ又政治ニ關係ナキ方面ノ識者ハ今後支那ノ政權ヲ握ル者ハ必ス和平運動ニ成功シタル者ナルヘキヲ以テ重慶側要人等ハ竹內ノ運動ノ成功ヲ妬ミ何トカシテ之ヲ挫折セシメ自ラ別ニ和平運動ヲ試ミントスルハ當然ニシテ要スルニ政權爭奪ノ一ノ現レナリト觀測シ居レリ尤モ重慶方面ノ消息ニ比較的通シ居ル者ハ蔣ハ陳誠、孫科、馮玉祥、白崇禧等ノ主戰派及共產黨ニ圍繞セラレ居ルヲ以テ到底自ラ日本側ノ希望スルカ如キ條件ニテ和議ノ交涉ヲ爲シ得スト看做シ何等實現性ナキ一時ノ謠言ナリトシテ之ヲ默殺シ一方比較的竹內側ニ好意ヲ有スル者ハ日本ハ今頃一氣ニ停戰和平ヲ期待スル空想ヲ以テ重慶ノ誘ヒノ手ニ引懸ルトキハ重慶側ニ飜弄セラレテ時局解決ハ更ニ二、三年引延ハサルルコトトナリ且場合ニ依リテハ蚍蜂取ラスニ終ル虞アリ此ノ際充分日本ノ眞意ヲ了解シ居ル竹內ヲ支持シテ速ニ中央政府ヲ組織セシメ日本側カ眞ニ言行一致近衛聲明ノ精神ヲ以テ之ニ對處スルコト時局收拾ノ最捷路ニシテ重慶ヲ內部ヨリ分裂セシメ之ヲ崩壞ニ導キ以テ全國的和平ヲ來スニハ之以外ニ術ナシト看做シ居レリ

北京、南京、天津ヘ轉電セリ

303　昭和14年10月4日

興亜院作成の「支那事變處理促進ノ爲ノ工作方針(案)」

支那事變處理促進ノ爲ノ工作方針(案)　(昭一四、一〇、四)

一、諸工作ヲ一途ノ方針ノ下ニ集中的ニ行ヒ其ノ綜合勢力ニ依リ速ニ蔣政權ノ壞滅ヲ策ス

二、重慶政府內ニ於ケル國共兩派ノ軋礫(轢カ)ヲ助長激化シ其ノ抗戰勢力ヲ弱化シ爲シ得ル限リ速ニ蔣ヲ下野セシムル如ク指導ス、之ガ爲特ニ第三國ヲ巧ニ利用スルコトニ努ム

(1)日英會談ノ速ナル結末ヲ遂ク、之カ爲我方ノ條件ヲ別紙第一ノ如ク限定ス

(2)第三國關係懸案解決ノ促進ヲ圖リ第三國ヲシテ權益ヲ蹂躪セラルルカ如キ疑念ヲ去ラシムルト共ニ揚子江ノ一部解放等ヲ活用シテ對第三國特ニ對米外交ノ好轉ヲ期ス

(3)前二項ノ工作ニ依リ第三國特ニ英國ヲシテ援蔣行爲ヲ放棄セシムルト共ニ爲シ得レハ蔣介石ノ下野竝ニ翻意改替ノ重慶政府ヲ汪ノ傘下ニ入ラシムル如ク協力セシム

(4)汪ヲ中心トスル關係各方面ノ重慶側切崩シハ更ニ之ヲ活潑ナラシム

三、前諸項實施ノ爲益々國防態勢ノ强化ヲ圖リ武力ニ依ル無言ノ睨ミヲ活用スルト共ニ狀勢ニ依リテハ統帥部ノ許容限度ニ於テ武力ノ積極的直接協力ヲ期待ス

四、第三國ノ日支和平斡旋ニ對スル帝國ノ態度別紙第二ノ通リ

五、歐洲方面戰況ノ推移ハ巧ニ之ヲ利用スルコト特ニ英國ノ戰爭遂行意志ノ强化ニ關シ統一的施策ヲ實行スルコト

六、東洋問題ニ事寄セル彼等ノ大同團結ニ對シテハ機ヲ失セス之カ封止ノ策ヲ講ス

七、以上施策ハ本年末ヲ目標トシ内外各機關一貫シテ之カ實行ニ當ルコト其ノ細部ハ別ニ計畫ス

◎備考　事變處理ニ對スル帝國ノ態度竝ニ方寸ヲ爲シ得ル限リ民衆ニ知ラシメ輿論ノ統一喚起ヲ圖ル

別紙第一

北支問題處理ニ關スル日英會談再開ノ場合ニ於ケル我方ノ態度

（昭一四、一〇、二）

中央ノ交涉ニ於テハ經濟關係事項ニ付英國ヲシテ左記原則的承認ヲ爲サシムルモノトス

記

一、京津兩市現銀保管委員會保管現銀ニ對スル臨時政府側ノ如何ナル措置ニ對シテモ英國側ハ行政的ニモ將又軍事的ニモ何等妨害行爲ヲ爲ササルコト

(註)現銀ニ對スル我方ノ措置トシテハ必ズシモ卽刻ノ搬出ノミニ之ヲ限定セズ別途ノ處置ヲモ包含セシメ得ル餘地ヲ存セシメントスルモノナリ

二、北支ニ於ケル聯銀券ノ圓滑ナル流通ニ關シ英國側ハ積極的協力ヲ爲スコト

(註)一、法幣ノ流通禁止ト聯銀券ノ流通促進トハ結局スルニ表裏不可分ノ關係ニ在リ、然レドモ先方ニ面子其他ノ問題アルヲ考慮シ正面ヨリ先方ヲシテ屈伏

セシムルノ途ヲ擇バズ裏面ヨリスル表現ニ依リ我方ノ要求ヲ滿足スルノ方法ヲ採リ其ノ間異ル所アルガ如キ感觸ト多少要求實現上ニ於ケル時間的乃至段階的ノ餘裕ヲ含蓄セシムル意ナリ

二、一及二ニ洩レタル支那側銀行及錢舖ニ對スル取締等重要ナル要求事項ヲ一般的ナル表現ノ下ニ抱擁セシメテ之ヲ補フト共ニ將來ノ措置ニ對スル言質取得タルノ餘地ヲモ存セシメントスル意ナリ

備　考

一、會談ハ大掛ニ行ハザルコト

二、日英會談ハ兩者ノ意見合致シ圓滑ナル妥結ニ到達セリトノ發表位ニ止ムルコト

別紙第二

（昭一四、一〇、四）

第三國ノ日支間和平斡旋ニ對スル帝國ノ態度（案）

一、第三國ノ日支和平斡旋如何ニ拘ラス帝國ハ汪ヲ中心トスル新中央政府樹立ニ關スル既定方針ニ基キ着々諸具體策ヲ實行ス

二、第三國ノ斡旋（但シ蘇聯ノ斡旋ヲ除ク）ハ重慶政府ノ崩壊屈伏ニ重點ヲ置キ先ツ以テ蔣介石ノ停戰、下野ヲ促進シ飜意改替ノ重慶政府ヲ汪ノ傘下ニ入ラシムル如ク指導ス

三、第三國ノ和平斡旋ニ對スル交渉ハ其ノ努力ニ酬ユル具體案ヲ暗示シテ堂々ト工作シ卑屈ニ陥ラサル態度ヲ堅持ス

304　カー英国大使が自らの和平腹案を重慶側に提示する心算との諜報報告

昭和14年10月6日　在上海三浦総領事より野村外務大臣宛（電報）

上　海　10月6日後発
本　省　10月6日後着

第二八五一號（極祕）

四日「カー」大使ノ張國輝（當館政治部諜者、人名鑑參照）ニ對スル談話中參考トナルヘキ點左ノ通リ

張ヨリ大使ニ對シ支那全國民衆ハ何レモ和平ヲ希望シ居ル處和平實現ノ捷徑ハ此ノ際歐米列國殊ニ英國ノ對蔣援助ヲ中止スルコト必要ナリト述ヘタルニ對シ「カー」ハ日支間ノ和平ハ素ヨリ贊成ニシテ自分ハ兩國交渉ノ橋渡（居中調

停ニアラスト言ヘリ）ノ役ヲ努ムルニ吝ナラサル次第ナルカ日本カ蔣政權ヲ相手トセス無力空名ニ等シキ汪政權ヲ相手トシテ和平ヲ畫策スル限リ其ノ和平ハ僞物ニシテ從テ兩國ノ抗爭ハ永續スヘク又重慶側トシテハ共產黨ニ牛耳ラレ居レリト言フハ日本側ノ宣傳ニシテ蔣ノ威令完全ニ行ハレ居ルコトニ對シテハ太鼓判ヲ押シテモ可ナリト言ヘルニ付然ラハ眞ノ和平方策如何ト問ヘルニ「カー」ハ

㈠兩國ノ戰鬪行爲中止

㈡重慶側及汪精衞派等ヨリ代表ヲ選出シテ代表團ヲ組織シ日本側ト和平條件ヲ交涉セシメ

㈢國民大會ヲ召集シテ兩國交涉ノ結果ヲ諮リテ和平ヲ策スルコト

最實際的ニシテ實現性アルヘク自分ハ他用ヲ以テ五日離滬香港經由往復約二週間ノ豫定ヲ以テ重慶ニ赴クヘキ處適當ノ機會ニ重慶側ニ對シ本私案ヲ提示シテ見ル積リナリト述ヘタル趣ナリ

北京、南京、廣東、香港へ轉電セリ

305　昭和14年10月12日　在香港岡崎（勝男）総領事より野村外務大臣宛（電報）

和平問題に対する重慶側の意向など宋子文の時局談話情報につき報告

香　港　10月12日後発
本　省　10月12日夜着

第一三二五號（極祕）

十二日李思浩ノ內話左ノ通リ

六日歸香ノ宋子文ハ唐壽民ニ對シ重慶ハ和平希望漸次强キモ直接交涉ニ依ル場合日本カ果シテ全面的ニ成案ヲ履行スルヤ不安カル氣分濃厚ナルヲ以テ第三國調停ノ形式ヲ執ラストスルモ之ニ對シ例ヘハ英米ヨリ保障ヲ得ラルルコトトモナラハ何トカ打開ノ途アルニアラスヤト語リタル由ナルカ自分（李）トシテハ和平ノ際最モ懸念サルルハ共產黨ニシテ他ノ實勢力ニハ格別問題起キサルヘク又蔣介石ニシテモ日本カ彼ノ面子ヲ考ヘ將來ニ對スル約束ヲ與ヘル等餘裕ヲ置ケハ（例ヘハ一時的下野）强チ下野ニ反對セサルヘシト思考ス一方汪精衞ノ運動ニハ幾多ノ困難伏在シ例ヘハ維新政府側ハ兎モ角トシ王克敏ト眞ノ協調迄ニハ相當骨カ折レル

ノミナラス汪派ノ牽引力弱ク（陳璧君ハ寧ロ邪魔ニナル程ナリ）又最近ノ長沙戰況ハ汪派カ目當トスル各地軍隊及政治勢力者ヲシテ更ニ消極的ナラシメタリ王克敏ハ宋子文ト今猶聯絡ヲ續ケ（絶對極祕ニ願度シ）可成リ重慶ノ手カ强ク働キ居ルモ同人ハ北京ヲ離ルルコトヲ好マサル模様ニ付汪トシテハ當分ノ措置トシテ彼ノ希望ヲ容レテ遣ルコトモ必要ナルヘク又日本ハ占領地ヲ外國ニ鎖ス遣方ヲ緩メ此ノ際寧ロ彼ノ經濟力ヲ利用シ勢力下ノ繁榮省民ノ福利ヲ圖ルコト上策ト存セラル尚宋子文ノ駐米大使説ハ孔祥熙ノ仕業ナルモ本人ハ就任ノ氣持ナク「カー」大使ハ七日飛行機ヲ借切リ重慶ニ豫告ナク飛ヒ周作民ハ重慶側ノ誤解ヲ解ク爲近ク來香ノ旨申越セリ

北京、上海、廣東ヘ轉電アリタシ

306　昭和14年10月

小川平吉作成「重慶方面關係經過概要」

昭和十四年十月

重慶方面關係經過概要

去ル六月予ガ香港ヨリ歸京後孔祥熙ヨリ「具体的意見ヲ研究シ指導ヲ乞フ」旨ノ電報アリタルハ赴香始末末尾所記ノ如シ然レドモ當時日支双方ノ事情ニ鑑ミテ深ク考慮スル所アリ汪兆銘新政府樹立ノ目標タリシ双十節ニ近キ九月頃ヲ以テ交渉再開ノ好機ナリト思惟シ冷静緩徐ノ方針ヲ以テ彼レニ臨ミタル末八月上旬ニ至リ萱野氏ニ一書ヲ贈リテ日本政府當局ノ意向ヲ報告シ「蔣ノ下野ニ代ハルベキ先決問題タル予ノ私案（共産黨討伐云々）ハ兼々明言セル通リ蔣又ハ孔ニ代ルベキ重要人物ト直接會見ノ上ナラデハ之ヲ示シ難キモ蔣ニシテ反共親日ノ誠意ヲ有スルナラバ該私案ハ必ズ兩國政府ノ承認ヲ得ベキコトヲ確信スルコト及ビ先方ノ希望ナラバ昨年ノ軍艦會見ノ例ニ倣フコトモ亦可能ナルベク此場合ニ於テモ結局協調ヲ見ルニ至ルベキコトヲ信ズル」旨ヲ述ベ併セテ英露ニ對スル支那側ノ蒙ヲ啓ラクニ足ルベキ事情等ヲ申送リタル處萱野氏ハ之ヲ蔣、孔ノ代表ニ示シ彼等ハ直チニ重慶ニ電報シタル由ナルガ間モナク侍從副官張某來港、關係者ニ就イテ予ノ書面ヲ借覽シ撮影ヲ乞ヒタルモ許サレズ張ハ數囘繰リ返ヘシ熟覧ノ上欣然歸重シタル由ナリ然ルニ八月二十六日付ニテ重慶ナル柳雲龍ヨリ「昨日參政會常務員會ニ於テ和平問題ヲ議決シ張君勱（交通大臣張公權ノ弟ニシテ國家社會黨員〔反共ノ急先鋒〕）ヲ代表トシ各派ニ交渉セシムルコトトナリタリ」ト電報アリ引續キ同人ヨリ、「蔣下野セズトモ和議開始可能ナル」旨發電ヲ求メ來リタルヲ以テ當方ヨリ「日本ハ蔣ニシテ排共親日ノ誠意ヲ示セバ下野セズトモ和議開始可能ナル」旨ヲ萱野氏宛返電シタリ、時恰モ重慶ニハ汪兆銘新政府樹立ガ予定ノ双十節ニ間ニ合ハズ延期サルベキ旨ノ情報アリタリトノコトニテ彼等ハ大イニ喜ビテ新政府成立前ニ事ヲ成サント欲シ着々準備ヲ進メ行政院長孔祥熙ハ一身ヲ犠牲ニスルノ決心ヲ以テ和平案ヲ參政會ニ提出シタル由ナリ、然ルニ是ヨリ先キ我ガ國ハ新タニ軍司令部ヲ南京ニ新設シテ新政權ノ援助ニ便スルコトトナリ上海南京方面ヨリ重慶ニ向ツテ日本ハ蔣トノ講和ヲ絶對ニ排斥スル旨ノ報告頻々タル折柄九月十四日日本政府ノ汪兆銘新政權支援ノ聲明發表セラレタルガ爲メ彼等ハ日本ノ意向ニ對シテ疑懼ヲ感ジ形勢急變シテ「講和ノ機會ハムシロ汪新政權ノ實力試驗ノ後ニ在リ」トノ意見多數ヲ占ムルニ至リ參政會ハ和平案ノ提出セラレタル會議ノ最終日九月十六日ニ之ヲ否決シ去リタリ（上記電報ハ既ニ報告濟ナリ）、重慶政府ガ朝野共ニ和平ヲ希望セルニ拘ハラズ形勢急變參政會ニ於テ否決セラレタル理由トシテ彼等ノ報告スル所ヲ綜合概括スレバ

一、汪兆銘新政府支援ノ聲明幷ニ之ニ關聯スル現地日本側ノ報告ニヨレバ重慶政府ニ於テタトヘ和平交渉ニ着手スルトモ現在ノ情勢ハ到底和議ヲ成立セシムルノ見込ナク萬一中途失敗セバ非常ノ窮地ニ陷ルベキコト

二、日本ハ汪兆銘ノ新政府ニ多大ノ望ヲ屬シ居リ之ニヨリテ支那ノ統治ヲ擴張シ、之ニヨリテ蔣政權ノ崩壞ヲ期待シ居ルガ如キモ之ハ大ナル錯誤ナリ汪ハ已ニ逆賊ノ名ヲ負ヒタレバ支那ノ人民一般ハ之レニ與ミセズ又重慶側軍政要人ハ和戰共ニ蔣一人ニ統一スベシトノ議ニ一致シ居レバ軍政兩方面ノ有力者ハ一身ノ危險モアリ旁々蔣ヲ去リテ汪ニ就ク者ナシ

三、又汪ノ新政府樹立ニ付テハ日本トノ政治經濟其他ノ取リ極メニ關シ汪ハ其ノ立場上各種權益ヲ囘收セントスルモ日本ハカノ戰爭ヲ終結スルコト能ハズ且ツ統治力ノ微弱ナル新政權ニ對シテ軍ノ占領權ニ由ル權益ヲ抛棄スルヲ

肯ンズマジクタトヘ交讓妥協ヲ見ルトモ結局有力ナル政權ノ成立ハ不可能ニシテ日本ハ遂ニ新政權ニ失望スルニ至ルベシ從テ和平ノ機會ハ汪政權ノ實力試驗後ニ在リト思惟スルニ至リタル事

四、日本ノ所謂日滿支新秩序ナル文字ハ日本ガ支那ヲ以テ滿洲國ト爲サント欲スルモノナリト解釋スル事（之ハ今春議會ニ於ケル有田外相ノ答弁其他ニヨリテ一旦疑惑氷釋シタル筈ナルガ曲解カ誤解カ近來又々コノ解釋ヲ主張スルモノアリト見ヘタリ）

五、露國ノ增援期待ノ外米國朝野ノ反日思想ガ旺盛且ツ深刻ナルヲ見テ其ノ支援ヲ期待シ特ニ來年一月日米通商條約消滅後軍需品向日輸出禁止ヲ以テ日本ヲ壓迫シ得ル時機ニ達セバ自ラ和平ノ機會ヲ發見シ得ベキ事

等ニ在リ依テ此上尙ホ應答ヲ繼續スルモ無益ナルヲ以テ最終ノ說諭ヲ試ミタル上萱野氏ハ去ル十三日一ト先ヅ香港ヲ引揚ゲテ廿三日東京ニ歸還シタリ

重慶ニ於ケル官民ノ大多數ハ戰爭長期ニ亘リ日支兩國共ニ疲弊シテ共產黨ノ獨リ勢ヲ逞ウスルヲ見ルニ忍ビズ和平ノ希望頗ル熾烈ナルモノアリ、特ニ共產黨ハ近來蔣介石ノ彈壓ニ對シテ心ニ平カナラザルモノアリシガ今夏香港ノ和平交涉ヲ探知シテ憤懣ノ情ヲ增シタル處去ル九月中旬和平案ノ參政會ニ提出セラレタルヲ見ルニ及ンデ彼レ等ハ遂ニ國共共同抗戰ノ前途ニ失望シ、スターリントモ協議ノ上國共決裂後ニ於ケル自己ノ地盤ヲ築クニ汲々トシテ兩者ノ反目ハ日ニ益々激化シツツアリ、從ツテ重慶ノ官民ハ益々對日和平ノ必要ヲ痛感スルニ至リタルモノノ如シ

然ルニ蔣介石ガ進ンデ和議ヲ開始スル能ハザル所以ノモノハ香港ニ於ケル予等交涉ノ經過ニ徵スルモ、又今回和平頓挫ノ經緯ニ徵スルモ彼レハ我ガ國ニ於ケル硬派ノ人々ガ蔣介石下野ノ議ヲ固執シ之レガ爲メニ和議ノ交涉ガ中途決裂シテ自己ガ窮地ニ陷リ共產黨ノ乘ズル所トナルヲ深憂セルガ爲ナル事極メテ明白ナリトス、故ニ我ガ政府ガ適當ナル機會ニ於テ、『蔣介石ニシテ我ガ主張ニ服從シ排共親日ノ誠意ヲ示サバ必ズシモ下野ヲ主張スルモノニ非ルコト』ヲ明白ニセバ彼レハ必ズ何等カノ方法ヲ以テ和議ニ着手スルニ至ルベシト思料ス、重慶ノ要人等ガ『和戰ノ鍵ハ日本ノ手ニ在リ』トイヘルハコノ意味ナリ、萬一コノ場合ニ至ルモ蔣ガ共產黨ニ和シテ講和ヲ肯ンゼズンバ重慶ノ軍政要人

ハ蔣ノ和平救國ニ絶望シ彼レヲ離レテ獨立セントスル者ヲ生ズルニ至ルベク重慶政府ヲ瓦解セシムルコト難キニ非ルベシ此點ハ特ニ注意ヲ要スベキモノナリト信ズ

我カ國ノ一部ニハ今春議會ニ於ケル平沼首相ノ言明アルニ拘ハラズ今尚ホ蔣介石ヲ下野セシメテ而ル後チ和ヲ議スベシト主張スルモノアリ、又聞ク所ニヨレバ現内閣ハ蔣ニシテ講和ノ意アラバ汪兆銘ヲ通ジテ交渉ヲ開始セシムベシトノ意向ナルガ如シト雖モ予ノ見ル所ヲ以テスレバ兩者共ニ到底不可能ノ議ニシテ究竟ハ戰爭ヲ繼續スベシトノ結論ニ達スルノ外ナシ今ヤ内閣新タニ成ルノ時ニ際シ予ハ茲ニ聊ガ愚見ヲ述ベテ當局諸公ノ參考ニ供セント欲ス

(一)汪兆銘ヲ援助スルコトハ昨年來予モ亦熱心ニ主張セル所ナレドモ汪ニ對スル重慶側官民ノ反感ハ汪ガ日本來朝以來俄カニ熾烈トナリテ逮捕令ハ發布セラレ新聞紙ハ汪ヲ目スルニ逆賊ヲ以テシテ其ノ稱呼ニハ必ズ逆ノ字ヲ附シテ汪逆ト稱スルニ至リ汪ト重慶トノ關係ハ殆ント讎敵ノ間柄ニ似タルモノアリ、カノ面目ヲ重ンズル蔣等ニシテ之ヲ通ジテ日本ト和ヲ講ズルガ如キハ今日ノ情勢ニ照ラシテ殆ンド想像シ能ハザル所ナリ、故ニ一應ノ策トシテ之ヲ試ムルハ則チ可ナルモ汪ヲ經由スルニ非ズンバ徹頭徹尾和議ヲ開始セズト主張スルハ畢竟講和其物ヲ絶對ニ否認スルト同一ノ結果ニ歸着スベク恰モ蔣介石トハ絶對ニ和ヲ議セズトノ主張ト同一筆法ニシテ思慮アル政治家ノ執ルベキ態度ニ非ルベシ

(二)我ガ聖戰ノ目的トスル所ハ國民政府ヲシテ容共抗日ヲ捨テシムルニアリ、故ニ彼レニシテ容共抗日ヲ捨テテ我ガ排共睦隣ノ主張ニ服從セバ直チニ講和ヲ開始スベキハ當然ノ順序ナリ、蔣ヲ下野セシムベキヤ否ヤハ講和條件ノ一トシテ之ヲ協定シテ可ナリ元來講和ナルモノハ戰爭ノ相手タル敵將ト交渉スベキモノナリ戰爭ノ相手ト交渉セズシテ誰レト講和スベキヤ常識ニテハ諒解ニ苦シム所ナリ柳(ママ)モ昨年一月ノ我ガ聲明ハ國民政府ガ講和不誠意ナル無禮ノ態度ヲ詰責シタル威嚇的宣言ナリ故ニ彼レ若シ其ノ態度ヲ翻ヘシテ我レノ主張ニ聽從シ誠意ヲ以テ和ヲ講ゼントセバ直チニ之ニ應ジテ可ナリ何ゾ必ズシモ自己ノ宣言ニ束縛セラレ尾生ノ信ヲ守リテ橋下ニ溺死スルヲ要センヤ況ンヤ其ノ宣言ナルモノハ何人トモ約束セシモノニ非ズ一時權宜ノ意思表示ニ過ギザルニ於テヲヤ、然ル

ニ蔣ノ抗日ヲ憎ムノ餘リコノ宣言ニ據リテ講和ヲ阻止セントスルハ決シテ我ガ皇道仁義ノ精神ニ合スルモノニ非ズト信ズ

予ハ今回事變ノ性質ト敵國ノ實情トニ鑑ミ戰局ノ際限ナク發展スベキヲ憂ヒ一昨年七月當局者ニ對シ、『苟モ機會ダニ來ラバ之ヲ捕捉シテ戰局ヲ收拾スベキコト』ヲ切言シタリシガ我軍ノ北京天津占領ヲ見ルニ及ビ北支ニ於ケル我ガ勢力確立ノ可能ナルヲ思ヒ双方撤兵停戰ノ議ヲ建言シテ成ラズ、次イデ南京攻略ニ際シ再ビ當局ニ進言シテ『今回ノ事變ハ恰モ漢ノ匈奴ニ於ケルガ如ク又唐ノ突厥ト戰フト似テ懸軍萬里撃テバ逃レ止マレバ反攻シテ底止スル所ヲ知ラズ、タトヘ高祖平城ノ難、那翁モスコーノ敗ヲ招クコトナキモ前途ノ困難ハ容易ナラサルモノアリ』トノ趣旨ヲ再三陳述シ殊ニ共產露國ガ北方ニ虎視眈々タルヲ指摘シテ講和ヲ切論シタルガ當局者モ亦當初ヨリ戰局ノ收拾ニ關シテ苦心焦慮セラレタル折柄偶々獨乙大使ノ斡旋アリテ和議ニ着手スルニ至リタリ然ルニ不幸ニシテ事成ラズ已ニシテ漢口ノ攻略ニ際シ復タ講和ノ建議ヲ爲シタルガ恰モ好シ孔祥熙ノ萱野氏ニ對スル發案ニ初マリ日支兩國代表會見ノ順序ニ運ビタルモ偶然ノ事情ハ九仞ノ功ヲ一簣ニ欠クニ至リタリ爾後今春ニ至リ陳誠ノ萱野氏ニ對スル發意ニ初マリ予モ亦其間ニ斡旋シタルハ赴香始末ニ記スル所ノ如シ

今ヤ戰亂已ニ三年ニ亘リ皇軍ハ疾風ノ勢ヲ以テ敵軍ヲ驅逐シ全世界ヲ驚倒セシメタルモ蔣介石ハ容易ニ沒落セズ其ノ軍隊ノ勢力モ尙ホ侮ル可ラザルモノアリ加之支那國民ノ抗戰意識ハ頗ル旺盛ニシテ最後ノ勝利ヲ得ベシトノ宣傳ヲ信ズルモノ少ナカラザルノ實情ニ在リ而シテ汪兆銘ノ新政府ハ近ク成立スベシト雖モ其ノ統治ノ實力ハ容易ニ我軍ノ占領地域以外ニ及ボシ難カルベク支那地方ノ大部分ハ依然トシテ敵國ノ支配下ニ在ルノ實情ナリ此クノ如クニシテ交戰久シキニ亘ランカ我カ聖戰ノ目的ニ反對シテ日支ノ親善ハ益々阻害セラレ共產黨ノ勢力ハ日々ニ猖獗ヲ加ヘ支那ノ事態ハ紛糾錯亂收拾ス可ラズ之ヲ統一シテ東洋ノ平和ヲ確立スルハ前途遼遠ノ感ナクンバアラズ不幸ニシテ國際關係上一朝不慮ノ變ヲ生ズルガ如キコトアラバ之レガ對策ハ實ニ容易ナラザルモノアリ予ハ我軍ガ益々進ンデ敵ヲ殲滅スルヲ冀フト同時ニ當局諸公ガ東洋平和ノ確立ニ就キテ深ク思ヲ致サンコトヲ切望シテ止マザルモノナリ

編　注　野村外相、谷外務次官、堀内東亜局長の閲了サインあり。

307　昭和14年10月24日

外務省作成の「事變處理ト之ニ對スル外交的措置」

（十四、十、廿四）

事變處理ト之ニ對スル外交的措置

（欄外記入）

㈠今次事變ハ歐洲戰爭長引クトノ見透シ未タ判然タラサル國際情勢（別紙甲參照）（見当ラズ）及事變處理ヲ速ニ完成シテ日滿支三國經濟的自給自足ノ体勢ノ急速確立ヲ必要トスル外對米關係ノ惡化ハ事變處理竝國防及戰時經濟体制ノ既定計畫ノ遂行ヲ不可能ナラシムルト云フ帝國經濟財政上ノ必要（別紙乙號參照）（見当ラズ）等ニ鑑ミ可及的速ニ且既定ノ事變處理方針ニ基キ此カ處理ノ完成ヲ計ルト共ニ英米ニ對スル關係ヲ調整シ彼等ヲシテ右帝國ノ事變處理ニ協力セシムル様誘導スルコト目下ノ急務ナリト認ム

㈡事變處理ノ完成ヲ計ル爲ニハ第一ニ其目標トスル中央政府ノ樹立ヲ促進シ之ヲシテ速ニ支那四億民衆ノ人心ヲ把握セシメ之ニヨリ占領地全域殊ニ中南支ニ蠢動スル共匪遊擊隊土匪ニ對スル一般民衆ノ支持ヲ阻止シ依テ以テ治安恢復土匪討伐ニ對スル軍ノ活動ヲ最少限度ニ局限シ得ル如ク仕向ケルコト極メテ肝要ナリ之ノ目的ヲ達スル爲ニハ

⑴中央政權ニ對スル日本ノ把握ヲ絕對必要ナル最少限度ニ止メ中國人ヲシテ新政權ハ正シク眞實ノ中華民國ノ政府ニシテ日本カ屢次聲明セル事變處理ニ對スル國策ハ決シテ羊頭狗肉ニ非ラス之ニ依リ支那ノ領土主權ハ完全ニ保持セラレ新政權ノ從來ノ國民政府ト異ル所ハ容共抗日ニ對シ反共親日ヲ其ノ根本國策トナシ日滿支三國ノ政治經濟文化ノ提携ヲ强化スルト謂フ日本側ノ希望ニ合作スルモノニシテ右ハ獨リ日滿兩國ノ利益タルノミナラス中國ノ生存及國利民福ノ增進ニ寄與スル所以ナリト考ヘシメ全面的ニ新政權ヲ支持スルカ如キモノタルヲ要スルト共ニ

⑵北支ノ特殊性ニ就テモ右⑴ノ如キ中央政府ノ建前ヲ沒

却セシメサル限度ニ於テ之ヲ具体化スルコトヲ必要トスルモノニシテ萬一北支特殊性ノ强化カ恰モ滿洲國又ハ蒙疆政府ノ如キニ到ルコトアラバ其レハ日本ハ獨立性アル中央政權ヲ看板トシテ支那國民ヲ僞瞞シツツ北支ヲ實質的ニ併合シ次テ中南支ヲモ同樣ノ運命ニ陷レルモノナリトノ深刻ナル疑惑ヲ抱カシメ新政權ニ依ル支那人心收攬ノ目的ヲ達スルコト能ハス結局日本ハ數百萬ノ大軍ヲ支那全域ニ配置シ武力ヲ以テ長年月ニ亘リ支那征服ヲ計ルノ外事變收拾ノ道ナキニ立到ルモノニシテ如斯キハ帝國國運ノ前途ヲ危殆ナラシムルモノナリ。

(3)前記ノ如キ事變處理ノ方針ハ帝國朝野ノ識者ノ何人モ異存ナキ所ナレバ右方針ノ決定ハ左マテ困難ナラサルヘキモ其ノ實行カ極メテ困難ナルコトハ從來ノ實例ニ徵シ頗ル懸念セラルル所ナルヲ以テ此際右方針ヲ確實ニ實現シ得ル樣政府トシテ充分綿密ナル措置ヲ決定スルコト亦極メテ肝要ナリ。

㈢事變處理ノ第二ノ目的タル日滿支三國間ノ緊密ナル經濟提携ニ就テモ又同樣ニシテ卽チ

(1)經濟提携ハ日本國民ニ依ル支那國民ノ搾取ニ墮スルコト無ク名實共ニ三國民ノ互助連環共存共榮ヲ實現セシムル樣我實業家ヲ始メ出先各機關全體ヲ指導スルコト必要ニシテ之カ爲先ツ現ニ行ハレツツアル幾多ノ不合理ナル搾取的經濟合作事業乃至軍管理事業ハ漸次之カ調整ヲ計ルコト必要ナリ

(2)右經濟合作ノ現狀ニ就キテ見ルニ中支ハ素ヨリ北支ニ於ケル經濟開發ノ核心ヲ爲ス國策會社ノ事業卽鐵道其他ノ交通通信鑛山電力擴充等ノ所謂基礎的產業ノ現狀ハ何レモ機材ノ不足ノ爲之カ計畫ノ實行ハ遲々トシテ進マス當分オ預ケノ形ニ在リ之カ打開ノ爲ニハ勢ヒ外國側ノ實物出資ヲ認メ極力之ヲ誘致スル外道ナシ又經濟開發ノ他ノ主要部門タル農產物殊ニ棉花ノ改良增產ニ就テハ數年前ヨリ設立セラレタル文化事業部所屬ノ華北產業研究所ハ實業部ノ管理下ニ立チ其ノ技術的研究ト指導ノ計畫ヲ着々進メツツアルモ今回ノ北支大水害ニ於テ之カ實現ハ尙相當ノ年月ヲ要スルコトトナルヘシ

(3)經濟問題ニ就テ更ニ重要ナルハ法幣崩落ニヨル異常ナ

ル外國輸入品ノ缺乏ト之ニ基ク物價暴騰ニ依ル中國國民ノ生活脅威ノ問題ナリ今日ノ現狀ヲ茲數ケ月間放置スルニ於テハ四億ノ中國民衆ハ飢寒ヲ凌クニ由無ク大多數ハ土匪群ニ投シ新秩序建設、經濟復興ノ如キハ問題トナラス治安維持上極メテ寒心スヘキ事態ニ立到ルヘシト觀測セラルル處之カ救濟策トシテハ法幣ヲ崩落前ノ狀態ニ安定セシムルヨリ外途ナキ處之カ方法トシテハ

(A)英米等ヲ誘ヒ平衡資金ノ設定ノ爲ニ借款ヲ供與セシムルコト一案ナルモ此種平衡資金ノ管理運用ハ從來ノ如ク國際管理ニ陷ルコトヲ避ケ新政權ヲシテ主動的立場ニ立タシメ日本之カ内面指導ニ當ルコト必要ナルカ斯ノ如キ條件ヲ以テ英米ノ借款ヲ誘致シ得ルヤ否ヤハ大イニ考慮ノ餘地アリ右不可能ノ場合ニハ

(B)勢ヒ法幣ヲ例ヘハ一志二片ニ釘付シテ爲替貿易ノ管理ヲ行フコト必要ナルヘキカ此措置ハ英米カ從來主張セル在支權益ノ保護乃至門戸開放商業上ノ機會均等ニ正面ヨリ反對スルコトトナリ之カ爲兩國ニ對スル關係上極メテ困難ナル問題ヲ起スコトトナルヘキヲ以テ本案採用ノ場合ニハ例ヘハ

(イ)排英運動ノ徹底的打切リ(ロ)從來毀損セル英米權益ニ對スル合理的調整(ハ)現ニ行ヒツツアル空爆ノ適當ナル調節及(ニ)長江ノ一部開放等ヲ實行シ日本カ事變以來中外ニ聲明シツツアル外國權益尊重門戸開放機會均等主義ノ遵守等ノ方針ヲ着實ニ實行スル用意アルコトヲ彼等ニ納得セシメ而モ此ノ貿易爲替ノ管理ハ支那ヲ滅亡ヨリ救ヒ其經濟ト市場ヲ復興セシムル爲ニ絶對的必要ナル措置ニシテ何等排外的又ハ門戸閉鎖ノ措置ニ非ラサルコトヲ納得セシメ之ニ對スル協力ヲ勸説スルコト必要ナリト考ヘラル。

(四)前記事變處理ノ政治經濟上ノ措置ハ一面支那國民ノ人心ヲ收攬シ之ニヨリ蔣介石ノ長期抗戰ヲ解消セシムル上ヨリ必要ナルノミナラス他面英米其他ノ列國ヲシテ其ノ援蔣政策ヲ放棄セシメ帝國ノ事變處理ニ協力セシメル爲ニモ極メテ必要ナリト思考ス。

蓋シ近ク成立スヘキ汪精衞ヲ中心トスル新中央政權ニシテ既ニ前述ノ如ク傀儡政府ニ非ラス支那全國民ノ支持スルカ如キ立派ナル政權タリ其政治上ノ方針ハ反共親日主

義ニ基キ日本トノ合作ヲ强化スルモ同時ニ何等列國ヲ排斥スルコト無ク門戸開放機會均等ノ主義ヲ嚴守シ但從來ノ蔣介石政權ト異ル所ハ從來列國ノ貿易企業カ常ニ隨伴シタル支那ニ對スル政治的覇制ヲ排除スルニ過キサルコトヲ如實ニ示現スルニ於テハ列國トシテハ之ヲ相手ニシ之ニ依リ貿易企業等自國ノ經濟文化ノ權益ヲ保持增進セシメ得ヘキモノナレハ强ヒテ蔣介石ヲ援助シ之ニヨリ權益ノ擁護ヲ計ル要ナキニ到ルヲ以テナリ。然シテ新政權ヲシテ右ノ如キ經濟的ノ門戸開放機會均等ヲ如實ニ實行セシメルニハ差當リ尠クトモ前記㈢(3)(B)貿易爲替管理實行ノ前提トシテ揭ケタル四個ノ調整ヲ實行セシムルコト必要ニシテ右ノ內長江ノ一部開放ニ就テハ相當異論アルヘキモ現狀ノ下ニ於ケル長江ノ閉鎖ハ作戰上ノ必要ヨリモ寧ロ日本人ノ貿易海運上ノ利益ヲ確保スルコトヲ目的トスルモノト認メラレ（長江ニ於テ土產買入ノ爲ノ支那人同業組合ノ結成觧組合ノ組織等各種ノ措置ハ英米ノ既ニ感知スル所ニシテ我方ニ於テ作戰上ノ理由ヲ强調スルトモ彼等ヲ首肯セシメ難キモノト思考セラル）即帝國カ此上無限ニ長江ノ閉鎖ヲ維持スルコトハ正シク經濟上ノ排他的目的ヲ達スル爲ニ支那ノ門戸ノ閉鎖ヲ固執スルニ外ナラス如之キハ英米ニ於テ實力ニ訴フルトモ容認シ能ハサル所ナルヘシ。猶長江ノ一部開放ハ米國ニ於テ門戸開放ノ主義上極テ重視スル所ナルモ同國ニ對シテハ差シタル實質的利益ヲ與ヘス寧ロ英國ニ對シ實際上ノ利益ヲ提供スルモノナレハ此點ハ對英關係ノ取扱上充分利用スヘキモノト考フ

猶前記四個ノ調整ヲ實行スルニ當ツテハ帝國出先機關ニ於テ中央ノ方針ヲ確實ニ實行スル樣周到ナル措置ヲ講スル要アルコトニ付殊ニ意ヲ用フル必要アリ

更ニ對英米關係ニ於テ殊ニ考慮ヲ用フヘキハ帝國カ客年十一月英米ニ對スル回答ニ於テ列國ノ在支權益ヲ尊重シ門戸開放機會均等主義ヲ尊重スヘキコト勿論ナルモ東亞新秩序建設ノ爲ニハ之ニ對シ或程度ノ制限ヲ加ヘサルヲ得スト言明シ居ル點ナルカ右言明ハ英米ニ對シ帝國カ恰モ廣汎多岐ナル制限ヲ加フルカ如キ印象ヲ與ヘ彼等ヲシテ深ク危惧ノ念ヲ抱カシメ其結果事變處理非協力ノ態度ヲ一層硬化セシメ居ル現狀ニ鑑ミ將來對英米關係ヲ調節シ彼等ヲシテ事變處理ニ協力セシメル爲ニハ右制限ノ範

圍ヲ明示シ帝國カ新秩序建設ノ爲ニ必要トスル外國權益等ノ制限ハ極メテ小範圍ニ止マルコトヲ理解セシムルコト必要ナルヘシ（例ヘハ經濟開發ノ基礎的產業タル鐵道鑛山電力ノ如キ國防ニ關係アル產業ニ就テモ前述ノ如ク日本ハ外資歡迎ヲ必要トスル現狀ニ於テ右範圍ノ限定ハ困難ナラサルヘシ）

猶前記事變處理ニ必要ナル外交的措置ノ實現ニ當リテハ內政上ハ素ヨリ外交上ニ於テモ右ハ帝國ノ事變處理ニ對スル既定方針ノ推進又ハ發展ナルコトヲ充分納得セシメ決シテ從來ノ方針ノ百八十度ノ轉換ナリト云フカ如キ宣傳ニ累セラレサル樣充分ノ措置ヲ講スル必要アリ

（欄外記入）
十月二十三日大臣幹部會議ノ結果ヲ纒メタルモノ
大臣ヨリ二十四日首相關係閣僚ニ腹案トシテ披露

308 昭和14年11月3日 在上海三浦総領事より 野村外務大臣宛（電報）

野村外相の就任により日米関係が修復に向かうとの論調を受け重慶側に焦燥の色が見られる旨の観測報告

上海　11月3日後発
本省　11月3日後着

第三〇六二號

一、[1]獨蘇不可侵條約締結ノ後ヲ受ケテ阿部內閣成立スルヤ當地外人方面ニ於テハ日本ハ愈英米トノ關係調整ニ乘出スヘシトノ觀察ヲ下ス向多ク英國系新聞ノ如キハ進テ我方ニ接近セントスルノ「ジエスチユア」ヲ示シ論調著シク協調的トナリ其ノ後續テ野村外相ノ就任ヲ觀ルヤ前記觀察ハ更ニ一般的トナレリ

米國ニ多數ノ知己ヲ有スル野村大將ノ外相就任ハ政府カ對米關係ヲ重視シ居ルヲ示スモノナル旨九月二十三日東京發同盟ニ依リ報道セラルルヤ當地各英字紙ハ社說ニ於テ新外相ノ主ナル任務ハ日米關係ノ調節ニアリトカ（上海「タイムス」）野村大臣ノ就任ニ依リ日本ノ對米政策ハ次第ニ建設的方面ニ向フヘシトカ（イブニングポスト）論評シ又九月二十七日「チヤイナプレス」ハ外交方針ニ關スル外相ノ談論ヲ論評シ(イ)事變處理(ロ)歐洲戰爭不介入(ハ)

國際關係調整ノ三原則ニ言及シ殊ニ最後ノ點ニ付テハ新外相ハ米國ヲ刺戟セサル樣有ユル手段ヲ講スヘキモ米國權益侵害ハ依然懸案トシテ殘存スヘシト述ヘ我方カ對英米接近ヲ企タツルヲ豫期スルカ如キ筆致ヲ示セリ

前記[2]ノ如キ新聞論調ノ反響トシテ重慶側ニ於テハ明カニ不安焦躁ノ色ヲ示シ日米和解ノ困難ナルコトヲ躍起トナリ宣傳シ始メタルカ九月二十八日ノ王寵惠ノ「ユーピー」特派員「モリス」ニ對スル談話（往電第二七九六號）十月十七日同特派員ニ對スル孔祥熙ノ談話（往電第二九三四號）等ハ其ノ著シキ例ニテ支那側宣傳ハ當地玄人筋ニハ寧ロ逆效果ヲ呈シ日米關係好轉ノ印象ヲ與ヘタル節アリ

二、十月一日西尾總司令官ノ聲明發表セラレタルカ第三國權限ハ努メテ保護尊重スル旨ノ言明アリタルニ依リ外人間ニ好印象ヲ以テ迎ヘラレ更ニ十五日首相ノ新聞記者ニ對スル談話ハ我方ト第三國トノ關係改善ノ前兆ナリトシテ歡迎セラレタリ

三、十月三十日「グルー」大使ノ日米關係ニ關スル演說及之ニ對スル我方新聞ノ論調ハ前記國際好轉ノ當地空氣ヲ曇ラセタルモ日本ト英米トノ國交調節ノ印象ハ相當强キモノアリ殊ニ最近東京同盟及「ロイター」電トシテ政府カ英米トノ會談ヲ開始スヘシトノ報道傳ヘラレ當地英米側ハ右會談ニ大ナル期待ヲ掛クルニ至レリ

斯[3]ル一般ノ空氣ナリシヲ以テ須磨情報部長談トシテ日本政府ハ公式非公式ヲ問ハス英米トノ會談ヲ開始セント試ミタルコトモ無ク其ノ意思モナキ旨十月三十日及十一月一日同盟及「ロイター」電ヲ以テ報道セラルルヤ當地英字紙ハ何レモ之ヲ「トップニュース」トシテ取扱ヒ各方面トモ頗ル期待外レニテ奇異ノ感ヲ抱キタルモノノ如シ

四、前記情報部長談ハ表面ノ談話以外ニ何等カ意味ノアルコトト思考セラルル處當地租界問題乃至第三國權益問題ニ關聯シ英米側ト折衝スル上ニモ又外國新聞記者トノ應酬ノ上ニモ心得置クノ必要アルニ付其ノ眞意御回電アリタシ

北京、天津、南京、漢口、香港、廣東ヘ轉電セリ

309

昭和14年11月15日

外務省が作成し陸海軍の了解を求めた「對外施策方針要綱」

付記一　昭和十四年十一月十九日、東亜局作成
「對外施策方針要綱　陸軍當局ニ手交ニ關スル件」
二　昭和十四年十一月二十三日、東亜局第一課作成
「對外施策方針要綱ニ對スル陸軍側修正意見ニ關スル件」
三　昭和十四年十二月二十八日
「對外施策方針要綱決定ノ件」

對外施策方針要綱

（昭和一四、一一、一五、委員會決定）

歐洲戰爭ノ勃發ニ依リ國際情勢ノ急轉ヲ見タル現下ノ時局ニ於テ之ニ對スル帝國ノ對外政策ハ東亞新秩序ノ建設ヲ基本目標トシ、差當リ對外施策ノ重點ヲ次ノ如ク定メ、情勢ノ變化ニ卽應スヘキ方策ニ付テハ更ニ考究整備スルモノトス

第一　歐洲戰爭對處方針

一、歐洲戰爭ニ對シテハ戰局ノ段階進行シ各般ノ情勢ニシテ明カニ帝國ノ參戰ヲ得策トスルノ時期到來スレハ格別差當リハ不介入ノ方針ニ則リ帝國ノ中立的立場ヲ最モ有效ニ活用シ國際情勢ヲ利導シテ支那事變處理ノ促進ニ資スルト共ニ南方ヲ含ム東亞新秩序ノ建設ニ對シ有利ノ形勢ヲ釀成スル如ク施策スルモノトス

二、帝國ノ中立的立場ノ運用ニ當リテハ特ニ帝國ノ支那事變處理ニ對スル當該國ノ同調性竝ニ帝國國運ノ發展ニ對スル當該國ノ障碍性等ヲ考量ニ入レ適宜按配スルモノトス

三、歐洲戰爭ニ關聯スル國際情勢ノ利用ニ當リテハ戰局ノ變化情勢ノ急轉等ヲ注視シテ機ヲ逸セサル樣留意スルモノトス

第二　支那事變對處方針

一、支那事變處理ハ既定ノ基本方針ニ依ルモノトス

二、支那事變處理ノ促進ヲ圖リ此ノ際特ニ支那新中央政府ノ樹立工作ヲ中心トスル政治的施策ノ効果ヲ確實ナラシムル如ク努ムルト共ニ日滿支經濟建設ニ付テハ成ルヘク速ニ其ノ實效ヲ擧クルコトヲ目途トシテ內外ノ情

勢ニ應シ適當ナル施策ヲ行フモノトス

三、歐洲戰局ノ進展等ト睨ミ合セツツ支那新政權ヲ指導シテ事變目的ノ達成ニ障害アル支那ノ舊國際秩序（例ヘハ租界及治外法權）ヲ逐次調整セシムルノ方針ヲ採ルモノトス但シ我方ニ對スル利害關係ノ重大ナルニ鑑ミ其ノ時期及方法ニ付テハ之ヲ愼重考慮ス

第三　主要列國ニ對スル施策方針

一、帝國ハ不動ノ國策トシテ防共ノ方針ハ之ヲ堅持スルモ蘇聯ニ對シテハ特ニ支那事變中兩國關係ノ平靜化ヲ圖リ就中國境ノ安全ヲ保持シ且國境ニ於ケル紛爭ハ武力ニ訴フルコトナク平和的折衝ニ依リテ之カ解決ヲ圖ル爲所要ノ外交措置ヲ講スルモノトス但シ蘇聯ノ政策ハ時ニ急角度ノ轉向ヲ爲スコトアリ且其ノ赤化政策ハ執拗ナルモノアルヲ以テ警戒ヲ怠ラサルヲ要ス

(イ)國交平靜化ノ爲ニハ一般的國境問題ノ解決、通商協定ノ締結及漁業基本條約、北樺太利權（情況ニ依リ北樺太ノ買收）等ノ懸案解決ヲ考慮ス

(ロ)國境問題ハ平和的折衝ニ依リ解決スヘク紛爭處理及國境確定ノ兩委員會設置ヲ企圖ス

(ハ)不侵略條約ハ蘇聯ノ對支援助放棄及日滿脅威軍備ノ解消等不侵略態勢カ大體確實トナルカ或ハ我方ノ對蘇軍備充實シ必勝ヲ期シ得ル迄ハ之ヲ公式ニ取扱ハス

而シテ先方ヨリ之レカ提議アリタル場合ニハ條約締結ヨリモ本質的態勢確立カ急務タルヘキヲ力說シ此種先方ノ氣持チヲ諸懸案ノ解決促進ニ利用シツツ本質的態勢ノ確立ニ誘導スルモノトス

二、米國ニ對シテハ我事變處理ニ對シ經濟的手段等ニ依リ妨害干涉ヲ加ヘ來ルヲ防止シ少クトモ無條約狀態ニ陷ラサルヤウ努ムルト共ニ實質的ニ我事變處理ニ同調的態度ヲ執ラシムルコトヲ目途トシテ施策スルモノトス

米國ノ對日態度ノ惡化ハ主トシテ(イ)在支米人若ハ米國ノ宗教的文化的施設ニ對スル我軍事行動ノ餘波(ロ)支那ニ於ケル米國ノ經濟活動ニ對スル影響(ハ)支那新秩序ノ實体ニ關スル疑惑不安等ニ起因スルモノナルニ因リ其原因ヲ除去スルノ工作ヲ爲スモ（別紙對米施策參照）我方ノ弱味乃至焦燥的氣分ヲ示スコト無キヤウ留意スルト共ニ場合ニ依リテハ牽制的手段（獨蘇又ハ中南米ト

ノ關係等ヲ考慮シ得ヘシ）ヲ欠カスノ要モアルヘク且米國カ飽クマテ政治的意圖ヲ以テ日本掣肘ノ態度ヲ固持スル場合ニ對スル措置ヲモ考究シ置クヲ要ス

尙情勢ノ推移ニ依リ米國ヲ歐洲戰ニ專念セシムル爲又ハ戰亂ノ太平洋方面ニ波及シ來ルヲ防止シ若ハ我南洋對策遂行ヲ容易ナラシムル爲ニ必要アル場合ニハ米國ニ對シ政治的了解ヲ遂クル等適宜施策スルコトアルヘシ

「フイリツピン」ノ獨立ハ南方亞細亞解放ノ第一歩ナルコトヲ念頭ニ置キ比島ニ對スル米國ノ對日不安ヲ除去シ同島獨立ノ妨害トナラサルヤウ措置スルト共ニ是レト友好經濟關係ノ擴充ニ努力ス

三、英國ニ對シテハ同國カ支那ニ於テ政治的目的ヲ有セストノ同國ノ意嚮及帝國ノ中立的立場ノ利用竝ニ其ノ在支權益ニ對スル取扱等ニ依リ之ヲ利導シテ帝國ノ企圖スル東亞新秩序建設ニ對シ逐次同調スルノ已ムヲ得サルニ至ラシムル如ク施策スルモノトス

支那問題ニ關シテハ我國ハ英國ニ對シ種々ノ牽制手段ヲ有シ且英國カ歐洲戰ニ漸次深入リシ來ルヲ見越シ徐々且逐次ニ前記在支權益ノ調整等ヲモ加味シ個々ノ具體的問題ニ關シ讓歩セシメ牽テ我事變處理乃至東亞新秩序建設ニ資スヘキ基本的了解ノ素地ヲ作ルカ如ク指導スルモノトス尤モ歐洲戰ノ推移未タ逆睹スヘカラス又日支新關係設定モ進行中ノ今日前記在支權益ノ調整等ノ程度ハ英國ノ我事變處理ニ對スル同調的態度ノ程度ニ應シ適宜之ヲ定ムルモノトス

(イ)天津會談ハ前記日英交渉ニ入ルノ端緒トスルノ含ヲ以テ成ルヘク速ニ其後始末ヲ講スルモノトス

(ロ)英國ノ和平斡旋申入ニ對シテハ蔣介石ノ下野及國共絕縁カ先行條件ナリトノ趣旨ニテ應酬シ又英國ノ汪蔣間ノ妥協斡旋ニ對シテモ汪政權ヲシテ前記ノ趣旨ニテ應酬セシムルモノトス

前記支那ニ關スル對英措置ト相俟テ歐洲情勢ノ機微ヲ利用シ英帝國諸地域トノ通商障害ヲ除去シ且特ニ南洋方面ニ對スル我方進出ヲ可能ナラシムル如ク努ムルモノトス（別紙南洋對策（省略）參照）

、、、、、、、

對英米施策ニ關シ

(イ)支那新秩序建設ニ同調セシムルコト主眼點ナルニ依

リ先ツ支那新中央政府ノ樹立及日支新關係調整ノ内容ヲ確立スルヲ要ス其確立前ニ於テハ主トシテ先方肚裏ノ測定乃至懸案ノ交渉ヲ限度トシ我方ヲ拘束スルコトナシニ折衝ス

(ロ)英米ノ不可分關係ニ留意スルト共ニ英ハ支那ニ於テ多大ノ權益ヲ有スレトモ之ヲ保全スルノ實力ナク米ハ支那ニ於テ僅少ノ權益ヲ有スルニ過キサルモ日本ヲ掣肘スル力ハ最モ大ナルモノアルノ事實ヲ考量シ英米共通ノ利害アル問題ト雖モ別個ノ施策ヲ行フト同時ニ對英交渉ノ進捗ニ依リ共通問題ニ對スル米國ノ對日態度ヲ緩和セシムル如ク努ム

(ハ)九國條約問題ハ支那新政權樹立後同政府ト協力シテ解決スヘク此際特ニ之ニ觸ルルヲ避ク

四、佛國ニ對スル施策ハ概ネ對英措置ニ準スルモ特ニ其東洋ニ於ケル立脚點ノ脆弱ナルヲ利用シテ對英措置ヲ容易ナラシムル如ク誘導スルノ考慮ヲ加フルモノトス

情勢ノ推移ニ應シ特ニ佛領印度支那ニ關シ先ツ蔣政權側ニ對スル軍需品輸送ノ停止竝ニ通商關係ノ改善排他獨占的政策ノ修正等ニ付我方要望ヲ容レシムル如ク施策スルモノトス(別紙南洋對策參照)

五、獨蘇協定成立以來情況ノ變化ハアリタルモ獨伊兩國カ世界新秩序ノ建設上帝國ト共通ノ立場ニ立チ得ヘキ點ニ着目シ適度ノ提携及友好關係ヲ持續シ特ニ之カ活用ニ努ムルト共ニ日獨伊ノ疎隔ヲ印象付タルカ如キ措置ハ嚴ニ之ヲ愼ムモノトス

六、蘭國ニ對シテハ蘭領印度ニ關スル同國ノ不安ヲ考量ニ容レツツ我方進出ヲ可能ナラシムル如ク誘導シ差當リ特ニ此ノ方面ヨリノ我所要物資ノ獲得ヲ便ナラシムル如ク施策スルモノトス(別紙南洋對策參照)

七、「タイ」國ニ對シテハ眞ノ獨立完成ヲ支持シ且我方トノ文化的經濟的提携ヲ緊密ナラシムル如ク施策スルト共ニ適當ノ時機ニ於テ一定ノ政治的了解ニ到達スル様誘導スルモノトス(別紙南洋對策參照)

第四　對外經濟政策大綱

日滿支經濟圏内ニ於ケル自給自足ノ促進、竝ニ現下國際情勢及戰後ノ事態ニ對處シ得ル帝國新經濟政策ノ樹立ヲ目標トシ特ニ左記諸點ニ留意シテ適正ナル施策ヲ行フモノトス

(イ)日満支經濟圏ヲ一体トシ之ト諸外國トノ經濟關係ノ調整增進ヲ計ルコト
(ロ)帝國產業貿易ノ特定國ニ對スル偏在的依存關係是正ニ努メ特ニ中南米及西南亞細亞方面ニ對スル經濟的進出ニ留意スルコト英米ニ對スル過度ノ經濟的依存關係ハ成ルヘク速ニ脫却スルノ要アルモ一擧ニ之ヲ爲シ得サル現狀ナルニ鑑ミ英米兩國トノ關係ニ付テハ充分ノ注意ヲ拂ヒ新支那經濟建設ニ協力セシムル樣其ノ誘導ニ努ムルコト
(ハ)通商條約ノ締結等ニ依リ列國トノ經濟關係ヲ調整シ輸出貿易ノ振興ト帝國ノ不足資源ノ獲得ニ力ヲ致シ特ニ左記諸點ニ留意スルコト
(1)求償乃至互惠主義ニ重點ヲ置クコト
(2)當該相手國トノ政治的關係利導ニ努ムルコト
(3)採算上多少ノ不利ヲ忍ヒテモ不足重要資源ノ確保ニ努ムルコト
(ニ)國防經濟自給圏確立ノ見地ヨリ特ニ南方諸地域ニ對スル經濟的進出ニ努ムルコト

(別　紙)

当面ノ對米施策要綱

（昭一四、一一、一五、委員會決定）

一、目　標

米國ノ對日强壓態度ノ故ヲ以テ東亞新秩序建設ノ大方針ヲ枉クルコトヲ許サス此ノ限度ニ於テ日米國交ノ調整ヲ圖リ實質的ニ我事變處理及新秩序建設ニ同調的態度ヲ執ラシムル如ク施策ス

右ト併行シ通商條約問題ニ付テハ少クトモ無條約狀態ニ陷ラサルコトヲ期シテ交涉ス

二、要　綱

(一)新秩序ノ闡明

米國ノ所謂「經濟上ノ機會均等ノ原則」カ新秩序ノ建設ニ依リ如何ナル程度迄制約ヲ受クヘキカヲ個々ノ具体的事例ニ付テ明確ニ說明ヲ與フルト共ニ新中央政權成立ノ進行ニ伴ヒ之ト我國トノ關係竝ニ該政權ト第三國トノ關係ノ公正ナルヘキコトヲ說明シ米國側ニシテ飽迄東亞新秩序建設ヲ妨害スルノ政治的意圖ヲ有スルモノニ非ル限リ我方ト同調シ得サル理ナキコトヲ領得

セシム

新中央政權ニ關スル説明ニ關聯シ之カ成立ニ際シ萬一米國カ全面的否認態度ニ出ツルニ於テハ日米國交現狀打開ヲ期スルノ余地無キニ至ル可キコトヲ適宜了解セシム

敍上ノ説明ニ力ヲ竭スニモ不拘尙米國カ政治的動機ヨリ之ヲ容認セサル態度ヲ示シタル場合ニ對シテ別ニ施策ヲ考慮スルモノトス

㈡懸案ノ解決

日米關係ヲ現狀ニ至ラシメタル重要原因ヲ成ス懸案解決ニ於テハ左ノ通リ施策措置ス

(イ)懸案解決ノ前提トシテ㈠支那ニ於テ大規模ノ軍事行動ノ行ハレ來レル事實竝ニ㈡帝國將兵ノ第三國權益尊重ニ對スル誠意及努力ヲ充分考慮ニ入レサル限リ懸案ノ妥當ナル解決ヲ期シ得サルコトヲ了解セシム

(ロ)軍事行動ノ結果生シタル被害事件ニ付テハ此際事變被害調査委員會ノ活動ヲ一層敏活ナラシメ既定方針ニヨリ文化施設ニ對スル解決ヲ先ニシテ處理シ急速解決ヲ期シ得サルモノニ付テハ其ノ理由ヲ明示ス

(ハ)軍事行動ニ關聯シテ又ハ新事態發展ニ伴ヒ米國人ノ經濟活動ニ課セラレタル制限障碍ニ關スル懸案中㈠新中央政權ニ引繼カル可キモノ、㈡軍事行動ノ遂行中ハ如何トモシ難キモノ、㈢現在何等カノ考慮ヲ拂ヒ得ルモノトノ三種ニ截別シ、前二者ニ付テハ充分其ノ理由ヲ説明シ、第三種ノモノニ付テハ現地解決ヲ促進ス（其ノ爲必要ニ應シテハ中央ヨリ陸海外興等ノ係官ヲ合同出張セシメテ一擧ニ解決ヲ計ルモノトス）

(ニ)前記(ロ)及(ハ)ニ關聯シテ將來此ノ種事案ノ發生スルコトナキヤウ適當ナル措置ヲ講スルコト肝要ナリ卽チ㈠我軍占據地域ニ於ケル米國人及其ノ財產ノ取扱ニ注意シ㈡空爆實施ニ付テハ米國ヲ含ム第三國被害ヲ絶無又ハ極メテ減少セシムル樣考究シ又㈢我方現地機關ニ於テ米國人經濟活動ニ何等制限ヲ加フル場合ハ事前ニ中央又ハ出先最高機關ニ經伺セシムルコトトスル等事案發生防止方ニ付現地ニ充分徹底セシムルコトヲ努ム

又現在實施中ナル對在支米國人宣教師工作ヲ進捗强

化ス

㈢通商條約問題開談ノ時機

以上㈡及㈢ニ關スル談合進行シ米國側ノ意嚮ニ對スル見透シツキ兩國々交現狀打開ノ一般問題ヲ取上ゲ得ル時機ニ達シタリト認メラレタル際機ヲ逸セズ現下ノ行詰リ狀態ニ陷ラシメタル通商條約廢棄問題ノ前後処《(善カ)》置ニ付キ開談スル如ク誘導ス

㈣經濟壓迫措置ノ防止

米國ノ經濟壓迫措置ヲ防止スルカ爲メニハ通商關係カ無條約狀態ニ入ラサルコトヲ急務トナシ之カ爲メニハ新條約締結ニ努ムルコト勿論ナルモ右ニシテ不可能ナルニ於テハ出來得ル限リ有利ナル暫定取極成立ヲ期スル等凡ユル努力ヲ爲ササルヘカラス併シ乍ラ極メテ惡化セル日米國交ノ現狀ニ於テ右モ不可能ナル場合アルヲ以テ右ノ如キ場合ニ備フル外交方策トシテ左ノ通リ施策ス

(イ)主トシテ我方國內ノ輿論指導及對米宣傳工作ニ依リ強固ナル決意ヲ有スル日本ニ對スル米國ノ經濟壓迫ハ米國ヲ日本トノ戰爭ニ捲込ム危險アルコトヲ米國民ヲシテ悟ラシメ、米國政府ヲ牽制セシムル如ク努ム

(ロ)日米國交現狀打開ニシテ不可能ナリトセンカ日本ハ蘇聯トノ間ニ何等カノ協定ヲ遂ケサルヲ得サルノ羽目ニ陷ルノ可能性少シトセス然ル場合ニ於テハ支那ノ赤化ハ免レサルヘキヲ以テ新秩序ノ建設カ全然別ノ形態ヲ採ルコトトナルヘク米國權益ノ保全伸長ハ期シ得サルヘキコトヲ了解セシムルコトニ努ム

但シ前記(イ)及(ロ)ノ宣傳工作實施ニ當リテハ最モ愼重巧妙ナルヘキコトヲ要ス

(ハ)中南米及南洋ニ對スル經濟工作ヲ強化シ又對露通商關係ヲモ改善シテ我國經濟ノ對米依存性ヲ減セシムルコトニ努ム

編　注　本要綱は外務省欧州戦対策審議委員会が起草。

(付記一)

對外施策方針要綱　陸軍當局ニ手交ニ關スル件

（昭和一四、一一、一九、亞）

（本覺ハ必シモ事務上ノ必要ヨリ記錄シ置クモノニ非スシテ極ク最近ノ陸軍當局ノ赤裸々ナル外務省ニ對スル觀方ヲ事務上ノ參考トシテ部外絕對極祕ノ含ミニテ記錄シ置クモノナリ）

調査部第一課長ノ依賴ニ依リ十一月十八日土田東亞局第一課長陸軍省ニ有末軍務課長ヲ往訪シ谷次官發阿南陸軍次官宛封書ヲ手交スルト共ニ陸軍省及參謀本部用トシテ本件要綱（別紙歐洲新情勢ニ對應スル南方政策及當面ノ對米施策要綱ヲ附シタルモノ）ヲ手交シ外務省ニ於テ審議ノ結果決定ヲ見タルモノニテ貴方ノ參考ニ供スル次第ナリト說明シ尙近ク支那問題ヲ中心トスル對英米施策決定ニ至ルヘキニ付出來ノ上ハ直ニ御目ニ掛クヘシト述ヘタル處有末課長ハ本件要綱ノ陸軍省案ハ既ニ一ケ月半前ニ外務省ニ御渡シ置キタルモノナルカ茲ニ三ケ月ノ極メテ重要ナル世界情勢ヲ控ヘ外務當局カ容易ニ結論ヲ決定サレス今頃トナリテ頂キテモ實ハ餘リ熱ヲ持チ得ス尤モ外交施策ハ外務省ニ於テ指導的立場ニ立チ自主的ニ遂行セラルルコト本筋ニシテ右カ所謂外交一元化ナリト思フ次第ナルヲ以テ之ハ能ク拜見シ置クヘキモ自分トシテハ內容ニ付彼是文句ヲ申上クル積リハナシ但シ前ニモ申上ケタル通リ要ハ現在ノ緊要ナル時期ニ於テ事カ具体的ニ着々ト運フコトカ最モ必要ナルニ付事實問題トシテ着々實行ニ移サレンコトヲ希望スル次第ナリトノ所感ヲ述ヘタリ此ノ時永井、高山、石井三中佐等ノ課員課長室ニ入室シ來リ交々本案ヲ繞リテ感想ヲ述ヘ居タルカ其ノ中參考トナルヘキモノ左ノ通リ

一、陸軍案カ一ケ月半ノ長期ニ亘リ放置サレタルカ如キ感シヲ受ケ最早書物ヲ頂戴シテモ大ナル熱意ヲ以テ研究スル氣持ニナリ得ス

二、陸軍側トシテハ現下時局ノ超重大性ニ鑑ミ外交ノ本家タル外務省カ根本方針ヲ容易ニ決定出來ス從テ實際ノ手ヲ打チ得サルカ如ク感セラレ先頃迄ハ隨分焦慮スル氣分ナリシカ今ハ諦メニ近キ考ニナリ居レリ

三、外務省カ貿易省問題ニテ外交一元化ノ原則ヲ守リ通シタルコトニ付テハ種々ノ觀方アルヘキモ自分等トシテハ十分肯キ得タル次第ナルカ扨テ事實ニ付觀ルニ前記ノ如キ始末ナルヲ見テ甚タ落膽シ居レリ

四、世間ニテモ前記ノ如キ自分等ノ感想ニ同感ヲ表スル向多ク外務省賴ミニナラストノ話ヲ度々耳ニスル實情ナリ

五、書物ハ書物トシ今後共外務當局ニ於テ本要綱ヨリ湧キ出タサルル實際ノ外交手段ヲ着々執ラルル様熱望シテ止マス

（右ニ對シテハ土田一課長ヨリ成程書物ヲ御渡シスル時期ノ遅延シタルコトハ事實ナルモ今日持參セル要綱ハ外務當局ノ衆智ヲ集メテ十分練リタルモノナルニ付內容ヲ能ク檢討セラレ度、書物ハ書物トシテ着々手ヲ打タレ度シトノ御希望ハ無論尤モノ次第ニテ本要綱研究中ニ於テモ既ニ必要ナル手ハ夫々打チ居ルコト御承知ノ筈ナリ今後本要綱ヲ基トシ必要ノ具体的工作ヲ行フコトハ御申出ナク共當然外務省ニテヤルヘキコトナルニ付爾ク落膽セラルル必要ナシ等然ルヘク應酬シ置ケリ）

六、本要綱ヲ一瞥シタル處ニテハ餘程海軍側ノ意見カ重キヲ爲シ居ル様感ヲ受ク殊ニ二ツノ別紙ハ大体ニ於テ海軍側ノ常ニ問題視シ居ル所ト思ハレ海軍色甚タ濃キ案ノ如ク思ハル

（右ニ對シテハ土田第一課長ヨリ此ノ際海軍ノ意見トカ陸軍ノ意見トカヲ問題トスルコトハ首肯シ難シ、外務省ニ於テ當然考慮ヲ拂フヘキ現下外交ノ重要項目ヲ取上ケ出來上リタル二ツノ別紙ヲ要綱ト共ニ持參シタルニ過キス近日中ニ支那問題ヲ中心トスル對英米施策ヲ決定ノ上差上クルコトハ前ニモ申シタル通ナリトノ趣旨ヲ以テ應酬シ置ケリ）

尙要綱ノ取扱ニ付テハ外陸海三大臣ノ申合位トシ外相ヨリ閣議ニ適當ノ機會ニ說明セラルル位カ宜シカルヘシト述ヘ居タリ

（付記二）

對外施策方針要綱ニ對スル陸軍側修正意見ニ關スル件

（昭和一四、一一、二三、亞一）

十一月二十三日陸軍省軍務課高山中佐土田東亞局第一課長ヲ來訪シ先日土田ヨリ陸軍側ニ參考迄ニ交付シタル本件要綱ニ付大要左ノ通リ述ヘタリ

本件要綱ニ付其ノ後陸軍省及參謀本部合同檢討ヲ加ヘタルカ大体ニ於テ之ニ基キ外務省ニ於テ御活躍願ヒ度シトノ熱望ニ一致シタルカ唯全体ノ外交ノ手ノ打方ニ付多少陸軍ノ考ト違フ點アルヤニ觀測シ居レリ卽チ陸軍ニ於テハ事變處理ヲ當座ノ帝國ノ基本目標トシ續イテ東亞新秩

序ノ建設完成ニ至ル順序ヲ以テ出來得ル限リ速ニ英・米・蘇等主要列國ノ動向ヲ前記目的ニ引付ケ來ルヤウ工作ヲナスコト必要ナリト考ヘ居リ實ハ此ノ點ハ一刻ヲモ爭ヒ度キ樣ノ氣分ニテ或ハ多少焦慮シ過キル如ク外部ヨリ取ラルルヤモ知レサルモ何トカシテ速ニ事變ヲ收メ度シト日夜苦慮シ居ル次第ナリ

次ニ要綱中出來得レハ御訂正ヲ願ヒ度キ點左ノ如シ

一、第三、主要列國ニ對スル施策方針一ノ(ハ)「不侵略條約ハ」以下ヲ削リ次ノ項ノ冒頭「而シテ」ヲ削リ直ニ「先方ヨリ之カ提案云々」ニ續クルヤウ致シ度シ(理由ハ今ヨリ將來ノコトヲ書キ置ク必要ナク又將來ヲ縛ルノモ適當ナラスト考ヘ居ルカ故ナリ)

二、第三、主要列國ニ對スル施策方針三ノ(ロ)中「蔣介石ノ下野及」ヲ「差當リ」ト變更致シ度シ(理由ハ重光在英大使ニ對スル訓令ノ趣旨ト合致セシメ度キ希望ナリ)

三、第三、主要列國ニ對スル施策方針五ノ中「適度ノ提携」トアルヲ「依然提携」ト改メ度シ(理由ハ原案ニテハ明瞭ヲ缺キ且現在我方ニ於テ提携ノ程度ヲ減ラスカ如キ考ハナキヲ以テナリ)

四、別紙歐洲新狀勢ニ對應スル南方政策中二、個別的政策(四)ノ對蘭政策ノ下ニ「至急實施」ナル字ヲ入レ度シ

(付記三)

對外施策方針要綱決定ノ件

十一月十五日附ノ委員會決定案ハ其ノ後陸海兩省ト交渉ノ結果左記四點ノ修正ヲ加ヘタル上十二月二十八日外務、陸軍、海軍三省間ノ決定事項ト爲シ三大臣之ニ署名セリ

一、原案第三、一(ハ)ヲ左ノ通リ追加修正セリ(陸海兩方ノ希望)

「不侵略條約ハ少ク共蘇聯ノ對支援助拋棄及日滿脅威軍備ノ解消等ヲ前提要件トシ其ノ見透シ確實トナル迄ハ之ヲ公式ニ取扱ハス從テ我方ヨリ之ヲ提議スルコト無シ而シテ先方ヨリ之カ提議アリタル場合ニハ條約締結ヨリモ右前提要件確立カ急務タルヘキヲ力說シ此ノ種先方ノ氣持ヲ諸懸案ノ解決促進ニ利用シツツ不侵略態勢ノ確立ニ透(誘カ)導スルモノトス

但對米施策ヲ有利ナラシムル爲日蘇接近ノ氣配ヲ裝フコトアリ」

二、第三、三(ロ)第一行目(「蔣介石ノ下野及國共絶縁」ノ下ニ「ハ我方ノ對重慶方針ナルモ英國利用ノ觀點ヨリシテ差當リハ國共絶縁」)ヲ加フ(東亞局及陸軍ノ希望)
三、第三、五冒頭第二行目ノ「適度ノ提携」ヲ「依然提携」ト修正ス(陸軍ノ希望)
四、第四、一(ロ)(ハ)(ニ)ノ各項ノ順序ヲ入レ替ヘ(ニ)ヲ(ロ)トシ(ロ)(ハ)ヲ夫(ハ)(ニ)ニ繰下ク(海軍ノ希望)　以上
尙本「方針要綱」ノ附屬タル「南方施策」及「對米施策要綱」ハ今回ノ三大臣申合セヲ一應保留セルコトトセリ

310　昭和14年12月16日

野村外務大臣より
在英国重光大使、在米国堀内大使、在上海加藤(外松)公使他宛(電報)

事変処理に関する当面の外交施策方針につき通報

本　省　12月16日前0時30分発

合第二八五四號(極祕、館長符號扱)

一、現下帝國ノ直面セル内外ノ情勢ニ鑑ミ且帝國國運ノ前途ヲ按スルニ現段階ニ於ケル帝國當面ノ緊要事ハ支那事變ノ處理ニ在リ從テ目下帝國諸般ノ主要施策カ事變處理ノ完遂ヲ目指シテ企劃運用セラレツツアルコト御承知ノ通リニシテ帝國當面ノ外交施策ノ基本目標モ要スルニ事變處理ノ完遂ヲ輔翼スルコトニ存スル次第ナリ
二、事變處理ノ方法トシテ軍事的手段ト相竝ヒテ政略的施策ノ重要ナルコト言ヲ俟タス目下右政略的施策ノ一トシテ御承知ノ通リ汪精衞ヲ中心トスル新中央政府ノ樹立工作カ進メラレツツアル處右ハ飜意改替セル重慶側ヲ之ニ合流セシメ以テ事變處理ノ目的達成ヲ促進セシメントスルモノナルカ之カ爲ニハ一面第三國ヲシテ我ニ同調セシムルノ施策ヲ必要トスルコト敢テ指摘スル迄モナク從テ此ノ角度ヨリスルモ今次事變ニ於テハ曩ノ滿洲事變ノ際ニ於ケルト事情ヲ異ニシ其ノ處理ノ方法トシテ政略的施策トシテノ外交工作ノ重要性ノ比重カ特ニ大ナルモノアルヲ感セラルル次第ナリ
三、事變處理ノ完遂輔翼ヲ當面ノ基本目標トスル現下帝國外交施策ノ任務ハ差當リ物動計畫生產力擴充計畫等我戰時經濟ノ運行ニ重大ナル齟齬ナカラシムル上ヨリスルモ又我軍事的力量ヲ支那事變處理以外例ヘハ對蘇關係ニ於テ消耗スルノ機會ノ發生ヲ防止シ我事變處理態勢ヲ鞏化ス

ルノ必要ヨリスルモ將又前記重慶ヲ睨ム新中央政府樹立工作ノ政治的目的達成ノ上ヨリスルモ益々其ノ重要性ヲ加重シツツアル次第ナル處當面ノ外交施策ノ重點ニ關シ中央ニ於テ抱懷スル意見（總理、外、陸、海大臣諒解濟）要領左ノ通リナルニ付出先ニ於テモ夫々右御含ミノ上此ノ上トモ善處セラレ度

(1)事變處理上對英米外交ハ對蘇外交ト竝ヒテ極メテ重要ナル地位ヲ有スルモノナルカ先ツ米國ニ對シテハ我事變處理ニ對シ經濟的手段等ニ依リ妨害干渉ヲ加ヘ來ルヲ防止シ少クトモ無條約狀態ニ陷ラサル樣努ムルト共ニ新中央政府成立ノ曉實質的ニ同政府ノ立場ヲ認メ之ト協調的態度ヲ執ラシムルコトヲ目途トシテ施策シ之カ爲差當リ(イ)在支米人又ハ米國ノ宗敎的文化的施設ニ對スル我軍事行動ノ餘波ニ基ク被害事件ノ速カナル合理的解決ヲ圖ルト共ニ將來同種事故ノ再發ヲ防止スル爲有效ナル措置ヲ講シ(ロ)在支米人ノ通商的活動ニ對スル既存ノ制限ヲ成ルヘク緩和除去スルト共ニ新ニ通商制限ヲ課スル場合之ヲ合理的ナラシムル爲所要ノ處置ヲ執リ(ハ)上海共同租界北部地域問題及滬西問題等ノ解決ヲ促進シ(ニ)右等措置ニ依リ今後ニ於テモ第三國側ノ貿易企業投資等ニ付既存事實ハ尊重セラレ又將來ニ向テモ廣汎ナル活動分野ノ開放セラレ居ルコトヲ諒解セシメ以テ支那ヨリ閉メ出シヲ喰ハサルルニ非スヤトノ第三國側ノ不安ヲ除去スルノ要アリ

(2)英國ハ目下歐洲戰爭ノ關係上東亞ニ於テハ積極的態度ニ出ツルヲ得サル立場ニアリト雖モ特ニ重慶政府ニ對スル「インフルエンス」ノ大ナルニ鑑ミ事變處理上對英施策ハ極メテ重要ナル意義ヲ有スルモノナルヲ以テ之ニ對シテハ歐洲戰爭ニ對スル帝國ノ中立的立場ノ利用及其ノ在支權益ニ對スル取扱等ニ依リ之ヲ利導シテ我方ニ惹キ付ケ前記重慶ヲ睨ム新中央政府樹立工作ノ政治的目的達成ヲ助成セシムル結果トナルカ如ク施策スルノ要アリ而シテ右在支權益ノ取扱ニ付テハ前記米國ニ對スル取扱ト大体其ノ趣旨ヲ同シウシ英國ノ我事變處理ニ對スル同調的態度ト睨合セツツ之ヲ實行シ（支那ニ於ケル排英乃至排外運動ノ取締ノ勵行ヲ含ム）而シテ天津租界問題交渉ハ對英施策推進ノ端緒トスルノ含ミヲ以テ速カニ之ヲ實施スルノ要アリ

尚對英米施策ニ當リテハ英米利害關係ノ共通性大ナルニ鑑ミ大体ニ於テ双方施策ノ竝進ヲ計ルヲ要ス

(3)蘇聯ニ對シテハ我事變處理態勢ヲ鞏化スルノ必要ヨリ兩國關係ノ平靜化ヲ圖リ就中國境ノ安全ヲ保持シ且國境ニ於ケル紛爭ハ武力ニ訴フルコトナク平和的折衝ニ依リテ之カ解決ヲ期スル爲所要ノ外交措置ヲ講スルト共ニ通商協定ノ締結及漁業條約北樺太利權等ノ懸案解決ヲ考慮スルノ要アリ

(4)佛國ニ對スル施策ハ概ネ對英措置ニ準スルモ其ノ東洋ニ於ケル立脚點ノ脆弱ナルヲ利用シテ之ニ依リ對英措置ヲ容易ナラシムル如ク考慮ヲ加ヘ又特ニ佛領印度支那ニ關シ先ツ蔣政權側ニ對スル軍需品輸送ノ停止竝ニ通商關係ノ改善排他的獨占的政策ノ是正ニ付我方要望ヲ容レシムル如ク施策スルヲ要ス

(5)獨伊兩國ニ對シテハ兩國カ世界新秩序建設上帝國ト共通ノ立場ニ立チ得ヘキ點ニ着目シ依然友好關係ヲ持續シ支那新中央政府樹立工作ノ目的達成竝ニ對英米佛施策上ニ於テモ之カ活用ニ努ムルト共ニ日獨伊ノ疎隔ヲ印象付クルカ如キ措置ハ嚴ニ之ヲ愼シムノ要アリ

(6)蘭領印度、「タイ」國其ノ他南洋諸國ニ對シテハ我經濟自給圈ノ一環タラシムルノ考慮ヨリ差當リ我所要資源ノ獲得竝ニ我商品ノ進出、邦人企業ノ發展ヲ便ナラシムル如ク施策スルノ要アリ

(7)帝國產業貿易ノ特定國ニ對スル偏在的依存關係ノ是正ニ努メ特ニ中南米及西南亞細亞方面ニ對スル經濟的進出ニ留意スルノ要アリ

本電宛先　在外各大公使(加藤公使ヲ含ム)、在支各總領事、香港、「シドニー」、「バタヴィア」、河內、新嘉坡

各大公使ヨリ夫々裁量ニ依リ管下領事ニ本大臣ノ訓令トシテ轉電アリタシ

311

昭和14年12月21日　在上海三浦総領事より野村外務大臣宛(電報)

外交施策方針実施に当たっては軍中央の統制による軍側現地機関への方針徹底が肝要の旨意見具申

上海　12月21日後発
本　省　12月21日夜着

第三三八二號（館長符號扱）

貴電合第二八五四號ニ關シ（事變處理ニ關スル當面ノ外交施策方針ノ件）[1]

段々ノ御訓示ノ次第ハ職ヲ外務省ニ奉スルモノトシテ素ヨリ同感ノ次第ニシテ本官ニ於テ此ノ上トモ全力ヲ盡シ御垂示ノ御方針實現方努力致スヘキモ右實行ニ關聯シ現地ニ於ケル職務遂行上絶對ニ必要ナル左ノ點ノ實現方然ルヘク御高配相煩度シ

事變以來ノ經緯ニ鑑ミルニ現下ノ對外諸懸案ハ何レモ軍事行動ニ關聯シテ發生シタルモノニシテ之カ現實ノ調整ハ軍部ニ於テ實權ヲ握リ居リ現地外務機關ハ謂ハハ一種ノ取次機關ニ過キサルヲ以テ其ノ最善ノ努力ニモ拘ラス之ヲ調整スルノ決心ト熱意トカ無キ限リ其ノ解決ハ得テ望ムヘカラサル所ナリ而シテ軍部現地機關各個ニ於テモ各其ノ立場ヲ異ニスル結果必スシモ意見ノ完全ナル一致ヲ見ス獨自ノ行動ニ出ツルコト往々ニ之有ル有様ナリ從テ是等懸案ノ解決ニハ陸海軍ノ中央當局ニ於テ確固不動ノ方針ヲ定メ之ヲ其ノ現地機關ニ徹底セシムルト共ニ同一地ニ在ル同部内各機關自體ノ内部的統制ヲ計リ以テ中央ノ意圖ヲ如實ニ遵奉セシムルヨリ外ニ有效適切ナル方策ヲ發見スルニ苦シム次第ナルニ付貴大臣ニ於カレテハ既ニ篤ト御承知ノコトト存スルモ右軍ノ中央ト出先官憲トノ方策ノ密接ナル聯繫ノ實現方盡力アランコトヲ切望シテ熄[2]マス更ニ本件方針ノ樹立（不明、照會中）ニ當リテハ現地ノ特殊事情ヲ篤ト研究シ其ノ實施ノ準備完了ヲ見極メタル上實行ニ着手スルニアラスンハ却テ國際信義ヲ失フノミナラス寧ロ新タナル懸案ノ續出ヲ來スニ過キサル惧多分ニアリトナルヘキヲ以テ實施ニ關スル充分ノ準備ヲ整フ迄之ヲ表面化セサルコト極メテ肝要ナリト存ス所期ノ目的タル國交調整ト凡ソ隔絶セル現象ヲ生スルコ

在支各總領事、香港ヘ轉電セリ

312　昭和14年12月29日　在上海加藤公使より野村外務大臣宛（電報）

土橋中将など派遣軍の将官達が南京政府要路に対し事変解決には蔣介石との和議が必要の

旨汪兆銘に伝達方依頼したとの情報報告

上　海　昭和14年12月29日発
本　省　昭和15年1月31日着

郵第八〇號（館長符號扱）

二十九日興亞建國運動組黨準備委員會主席團ホーキミンカ二十七日汪派國民黨中央委員唐蟒（日本陸士出身）ヨリ聞込トシテ內報スル所左ノ通リ右ハ或ハ中央ニテモ御存知ト存セラルルモ爲念

最近唐カ土橋藤田廣野各中將等ニ面會ノ際同中將等ハ汪派ノ現狀ニ鑑ミ假令新中央政權成立スルモ重慶側トノ和議出來サル限リ戰爭繼續セラルヘク斯ノ如キ和平ハ無意義ナレハ事變ノ解決ノ爲ニハ汪精衞ニ於テ何等カノ手段ニ依リ蔣介石ヲ引出シ兩人協力ノ上和平交渉ヲ爲スコト必要ナリト考ヘ居ル處汪ニ於テ果シテ此種方針ヲ容諾スル度量アリヤ否ヤ又此種方針ニ依ルコトカ結局ニ於テ汪自身ノ工作ニ取リ不利トナルヘキヤノ點唐ニ研究方竝ニ右適當ノ機會ニ汪ニ傳達方依賴シタル由ナルカ其際唐ハ此ノ種蔣ヲ和平交渉ノ矢面ニ立ツルコトハ汪トシテハ河內ニ在リタル當時迄考ヘ居タル所ニシテ汪自ラ乘出セシハ日本側ニテ蔣トノ直接交渉ヲ欲セサリシ結果ナリ從テ若シ日本側ニ於テ汪蔣合作ヲ以テ和議ノ相手トスルコトニ承知ナル以上勿論異存無カルヘシ尤モ右意見ハ果シテ日本政府ノ意見ヲ代表スルモノナリヤ一部個人ノ意見ナリヤト反問セルニ同中將等ハ阿部首相ニ於テモ贊成ナルカ同內閣ノ基礎頗ル動搖シ居リ從テ本方針ノ實行ハ內閣ノ改組乃至新內閣ノ出現ヲ俟テ爲サルヘシ同中將等ノ意見ハ既ニ東京ニ具申シアル處何レ近ク何等カノ回答アル筈ニテ東京ニテ同意アリタル際ハ唐モ一肌脫キ必要ニ依リテハ日本側代表ト共ニ赴カシ度シト述ヘ居タル趣ナリ

尚其際ホーヨリ唐ニ對シ右將軍連ノ意見ハ汪精衞ニ報告濟ナリヤト問ヘルニ唐ハ汪ニ對シテハ東京ヨリノ回答ヲ待ツコトトシ先ツ陳公博（陳今次ノ汪派參加ハ蔣ノ意嚮ヲ受ケ居レリトノ別途確報アリ）丈ケ耳ニ入レ置キ度シト再三電話セルモ未タニ會ヘサル次第ナリト答ヘ居タル趣ナリ又其際同中將等ハ在東京佛大使ヨリモ汪蔣合作ニ依ル和平斡旋方東京政府ニ建議アリタリトモ語リ居タル由右御參考迄

313　昭和15年1月16日　在上海三浦総領事より有田外務大臣宛（電報）

米内新内閣に対する重慶方面の論調報告

上　海　1月16日後発
本　省　1月16日夜着

第八三號

米内新内閣ニ關シ重慶側官邊ハ全部ノ閣僚ノ顔振カ判明スル迄批評ヲ差控ヘ居ルモ日本ノ事情ニ精通セル支那人間ニ於テハ米内内閣ハ恐ラクヨリ適當ナル人物ノ發見セラルル迄ノ混亂期ニ於ケル過渡的内閣ナルヘシトナスト共ニ米内大將カ近衛、平沼内閣ニ於テ獨伊トノ軍事同盟締結ニ反對セル人物ニシテ日本ニ於ケル自由主義者ト認メラレ居ル點ヲ强調シ同大將ノ希望ハ英米蘇ニ對シ妥協政策ヲ採ル意圖ニ出ツルモノナルヘキモ新内閣ハ既ニ陸軍ノ完全ナル支持ヲ失ヒ且國際關係ヲ改善シ得ルニ足ル海外方面ノ協力少キヲ以テ生彩ニ乏シク結局同内閣ハ國内危機ヲ一時緩和シタル後他ノ支那事變ヲ處理シ得ル人物ニ内閣ヲ讓ルヘシト認メ居レリ十五日中央日報ハ社說ニ於テ何人カ首相ニナルトモ日本ヲ救フコトハ不可能ナリト斷シ米内大將ハ國際事情ニ精通スルモ日本ノ海軍軍人ハ何人モ米國ヲ假裝（想カ）敵國トスル傳統的思想ヲ有スルコトヲ强調シ日米關係ノ惡化ト日本ノ對支軍事行動ノ强化ハ必至ニシテ之ハ結局日本ヲ最後的破滅ニ導クヘシト論セリ又大公報ハ新内閣ハ阿部内閣ノ爲シタル長江開放ノ如キ種々ノ約束ヲ反古ニスル可能性アリト斷シ阿部内閣ノ相剋摩擦ヲ强調シテ同内閣ノ後繼者ハ何人モ不幸ナリト論シ居レリ（以上十五日重慶發路透及「ユーピー」電）尚當地漢字紙中申報、大美報、中美日報等ハ十六日社說ニ於テ何レモ新内閣ノ對米政策ニ重點ヲ置キ米内、有田ノ「コンビ」ニテハ從來ノ對内外認識ノ不足ヲ是正セサル以上日本ノ國際的地位ヲ改善シ得スト云フニ大體一致シ居レルカ中華日報ハ米内大將カ近衛内閣ノ一員タリシコトヲ指摘シ新内閣カ引續キ聲明ノ原則ニ依リ歷代内閣ノ完成シ得サリシ問題ヲ一括解決センコトヲ期待スル旨强調スルト共ニ日本ハ對支全面的和平ヲ求メテコソ始メテ對英米關係ノ調整ヲ行ヒ得ヘシト爲シ新内閣ニ對シ日支和平運動ノ前途ヲ把握シ一段ノ協力ヲ要望シ居レリ

支、天津、南京、漢口ヘ轉電シ香港ヘ略送セリ

314　昭和15年1月24日　在香港黄田(多喜夫)総領事代理より有田外務大臣宛(電報)

高宗武と重慶側との関係に関する諜報報告

香　港　1月24日後発
本　省　1月24日夜着

第五二號

XYZカ杜月笙近親者ヨリノ聞込左ノ通リ

一、高宗武ハ張群ヲ經テ豫テヨリ蔣介石ニ聯絡シ居タルカ上海ノ日本側ヨリ常ニ異端者扱ヒサレ且彼ノ目指ス蔣汪合作ニ依ル和平カ望ミ薄ナル爲陶希聖ヲ動カシ當地ニ逃ケ發表ノ協定ハ杜カ重慶ニ携行シ(KCニ依レハ杜ハ吳鐵城ト其ノ取扱方ニ付協議セリ往電第四一號參照)蔣ノ意思ニテ蕭同茲ヲシテ發表振リノ采配ヲ振ラシメタルモノニシテ(蕭ハ杜ト同道十八日夜來香ス)重慶側ハ之ニ依リ日米接近ヲ阻止シ且將來國際調停ニシ?テ成功セル場合其ノ條件ト本件協定トノ開キヲ國民ニ知ラシメ反對ヲ押ヘ得ト爲シ居レリ(別途諜報ニ依レハ宋美齡、孔祥熙、王寵惠カ汪政權ノ成立ヲ危惧シ居ル折ヲ利用シ調停ヲ依賴スヘシト主張シツツアリ)又陳公博ハ重慶トノ關係密接ニシテ或ハ再度赴渝スルコトトナルヤモ知レス(陳ハ往電第四八號等ノ同人ニ關スル言分ニ對シ未タ何等應酬セス)

二、往電第三八號閻錫山ノ新軍ハ八路軍、舊軍勢力ハ蔣介石ニ於テ夫々支持ス當分ハ激化セサルヘキモ何レ爆發スヘシ賀國光成都ニテ刺客ニ襲ハレタルモ辛ウシテ難ヲ免レタリ

上海、廣東ヘ轉電アリタシ

315　昭和15年1月25日　在香港黄田総領事代理より有田外務大臣宛(電報)

高宗武背反の国際的反響などに鑑み重慶政権は対日和平には当分応じないとの杜月笙内話情報報告

香　港　1月25日後発
本　省　1月25日夜着

第五三號

JK

一、杜月笙ニ依レハ重慶ハ英米側ヨリ入手ノ情報ニ基キ日本

ハ資源拂底シ今後半年モ戰ハ內部ノ崩壞ヲ免レスト爲ス一方汪トノ協定暴露ニ依リ汪政權ノ流產ヲ豫想セラレ假令之カ外レテモ少クトモ英米ヲ重慶ニ抱キシメル上ニ效果アリト見居ル處汪ハ蔣トノ合作ニ依ル和平ヲ狙ヒ幹部ノ重慶內通ヲ許シ居タルモ却テ蔣ニ背負投ヲ喰ヒタル形ニテ今後蔣汪合作ハ勿論日本ト蔣トノ交渉モ當分望ナシト見ラル（CFニ依レハ重慶ノ汪同情ノ空氣モ日本ト直接和平ヲ講セントスル機運モ共ニ一掃サレ黃埔系及中共ノ鼻息殊ニ荒シ又別途聞込ニ依レハ高宗武ハ二十日海防行ノ旅券ヲ取リタル由重慶ニ赴クモノト思ハル）

二、新四軍長葉挺ハ軍ノ實權ヲ行營ニ握ラレ且軍內精銳ニ壓迫セラレ澳門ニ逃ケ來レルカ蔣介石モ同人ノ陳述ニ對シ取合ハサル爲當分同地ニ閑居ノ筈

上海、廣東ヘ轉電アリタシ

316　昭和15年2月11日　在北京藤井（啓之助）大使館参事官より有田外務大臣宛（電報）

閻錫山帰順工作の促進を意図した軍側による山西省との物流増大計画の実施について

北京　2月11日後発
本　省　2月11日夜着

第一一二號（部外極祕）

閻錫山歸順工作ニ關シ十日大倉組林ノ原田ヘノ內話左ノ通リ

一、本月初當地ニ於テ開催ノ參謀長會議ニ出席セル山西部隊田島參謀長ハ自分（林）ニ對シ依然對峙中ノ閻錫山軍ニ對シ適當ノ方法ヲ以テ歸順ニ導キタキ處何等妙案ナキモノナリヤト內密相談アリタルニ付私案トシテ閻ニ對スル直接ノ和平工作ハ從來ノ經緯ニモ鑑ミ未タ其ノ時機ニアラサルニ付右ハ第一段トシテ差當リ閻治下ノ人民ヨリ手懷ケ漸次閻ニ及ホスヲ可トスヘク卽チ閻治下ニダブツキ居ル雜穀其ノ他ノ物資ヲ當方占領地區內ニテ聯銀券ヲ以テ高價ニ買付ケ右聯銀券ハ其ノ儘地區內擔保ニ止メ置キ右ヲ以テ先方ニ必要ナル物資ヲ購入セシメ相互物資ノ交流ヲ計ル一方山西省政府側ニテ回收セル舊山西票ヲモ適宜利用スルコト等ニ依リ經濟的ニ物及人ノ交流ヲ計ラシメ以テ地區內民心ヲ我方ニ引付ケ現在ノ膠着狀態ヲ緩和セシメタル上第二段トシテ圓（閻カ）ニ對スル政治工作ニ移ラント

スルモノニシテ右ニハ日本側ハ介入セス飽迄山西人ヲシテ當ラシメントスル案ヲ開陳セリ

一、右ニ對シ同參謀長ハ極メテ賛意ヲ表シ來京中ノ各部隊參謀長及方面軍司令部參謀ヲ交ヘ正式會議ニ附シタル結果愈本案實施ノコトニ決定ヲ見タル次第ニテ自分(林)ハ司令部囑託ノ資格ニテ兩三日中太原ニ赴キ之ニ着手ノコトトナレリ尚右進行經過ハ追テ在太原白井領事ヲ通シ貴官ニ内報スヘキ處軍側ニ於テハ本案ニ對シテ效ヲ收ムルコトトモナレハ之ヲ他地方ニモ及ホシ本格的ノ宣撫工作ニ乘出サント考慮シ居ル次第ナリ云々

上海公使、南京、漢口、太原ニ轉電セリ

第一二四號

317　昭和15年2月14日　在北京藤井大使館參事官より有田外務大臣宛(電報)

新中央政府が成立しても時局収拾に大して有益とは思われないとの許修直内話について

北　京　2月14日後発
本　省　2月14日夜着

時局收拾ニ關シ十二日許修直ハ左ノ通リ諜者ニ語レル趣ノ處當方面及王側ハ一般ニ大體右ト同樣ノ考ヲ懷キ居ルニ付御參考迄

中央政府ハ近ク成立スヘキモ現在ノ模樣ニテハ臨時、維新兩政府ト大差ナク時局收拾ニ左シテ役立タサルヘシ强ヒテ之カ方法ヲ求ムレハ重慶政府トノ直接折衝及之カ擊滅ノ兩者ヲ擧ケ得ヘキ處右ハ現狀ニテハ何レモ實行困難ニ付此ノ際日本トシテハ支那人心ノ收攬ト生產ノ增進トヲ計リツツ氣長ニ可然キ機會ヲ待ツ外ナカルヘシ

尚日本トシテ深ク愼ムヘキハ聲明ノ亂發ニ依リ時局收拾上融通性ヲ失ヒツツアルコトナリ云々

上海、南京、天津、青島、濟南へ轉電セリ

318　昭和15年3月26日　在香港岡崎総領事より有田外務大臣宛(電報)

新中央政権樹立への重慶側の反発に関する李思浩内話について

香　港　3月26日後発
本　省　3月26日夜着

第一五四號

二十六日館員李思浩ニ面會ノ機會ニ新政權ニ對スル腹藏ナキ意見ヲ求メシメタル處左ノ通リ內話セル趣ナリ

新政府ニ對シテハ樂觀悲觀兩說相讓ラサル處顔觸ニモ相當苦心ノ跡見エ現在ノ所之以上ニハ出來サルヘシ要ハ今後出來得ル限リ自主的立場ニ於テ實際政務竝ニ外交ヲ運用シ殊ニ財政金融ニ周到ナル注意ヲ拂フニ在リ

重慶側ハ新政權ニ對シテハ臨時維新政府ト異リ非常ナ關心ヲ拂ヒ執拗ナル妨害工作ヲナシ今尚自分ニモ新政府部內ノ緣故者買收方申入來ル有樣ナリ又數日前愈々新政府成立カ明カトナルヤ法幣ノ下落ヲ懸念シ香上銀行ヲ經テ額ハ明カナラサルモ相當多額ノ法幣買上ヲナシタルコトアリ自分ハ重慶側ノ前記ノ如キ申入ニ對シテハ之カ事變解決ノ根本ニ何等利益ナキヲ理由ニ拒絕シタルカ新政府トシテハ何處迄モ人民ヲ主トスル善政ヲ心掛ケ日本モ之ヲ支持セラルルコト切望ニ堪ヘス尚宋子文錢新之ハ二十日頃赴渝シ宋美齡ハ近ク歸渝ノ筈

上海公使、廣東、北京、南京ヘ轉電アリタシ

319　昭和15年4月4日　在上海三浦総領事より有田外務大臣宛(電報)

「支那事變處理方策要綱」の重点および留意点について

付記一　昭和十五年三月六日
「支那事變處理方策要綱」

二　昭和十五年三月六日
「新中央政府外交指導要綱」

上　海　4月4日前発
本　省　4月4日前着

第一五二號(至急、極祕、館長符號扱)

[1]東亞局長ヘ杉原ヨリ

一、極メテ困難ナル環境ト複雜ナル諸條件ノ下ニ於テ各方面ノ絕大ナル苦心經營ノ結果愈新中央政府ノ成立ヲ見ルニ至リタルコトハ我事變處理方策ノ有力ナル一翼ヲ形成スル具體的端緒ヲ見タルモノトシテ御同慶ニ堪ヘサル處新政府樹立ノ事變處理上ニ於ケル意義ヲ所期ノ如ク眞ニ生カシ得ルヤ否ヤハ一ニ今後ノ施策ノ宜シキヲ得ルヤ否ヤ其ノ成績ノ如何ニ懸ル次第ニシテ此ノ點ハ今後展開セラ

ルヘキ對重慶工作及第三國外交施策竝ニ軍事行動ノ成績ト共ニ今後ノ我事變處理完遂ノ成否ヲ決スル關鍵ナルコト敢テ指摘スル迄モ無キ儀ナリ

二、抑々我事變處理ノ政略的方法タル(イ)新中央政府工作(ロ)對重慶工作及(ハ)對第三國外交工作ハ(ニ)軍事的戰略的方法ト相竝ヒテ我事變處理方策ノ主要部門ヲ形成シ而シテ右(イ)(ロ)(ハ)(ニ)ノ各部門ハ夫々各自特殊意義ヲ有スルト共ニ事變處理ノ目的完遂ヲ中心トシテ相互ニ密接不可分ノ關聯性ヲ持チツツ全體トシテ一ニ統合的ナル體系ヲ構成シ共同ノ目的ト使命トヲ有スルモノナルコト言ヲ俟タス而シテ今ヤ新政府ノ成立ヲ契機トシ我方トシテハ內外ニ於ケル現實ノ情勢ニ對シ活眼ヲ開キテ八方睨ノ姿勢ヲ執リツツ玆ニ事變處理段階ニ於ケル一大劃期線ヲ鮮カニ刻。スルノ抱負ヲ以テ前記事變處理方策ノ各部門ノ綜合的躍進的推進ヲ圖ラサルヘカラス

三、今後實踐ニ移スヘキ我事變處理方策ノ具體的內容ニ關スル卑見トシテハ過般上京中田尻課長ト相談ノ上整理シタル「支那事變處理方策要項（綱カ）」ノ「ライン」ニ依ルヲ大體適當ト信スルモ更ニ右要項掲記ノ方策中ノ重點ノ所在點及右方策運用ニ當リ留意スヘキ事項等ニ關スル管。見左ノ通リ稟申スルニ付對重慶工作及承認問題等ニ關スル既。電稟申ノ分ト併セ事變處理方策御企畫ノ最後ノ參考ニ供セラレタシ尙御裁量ニ依リ適當ノ部分ハ特派大使ノ出發前ニ荒搾ヘヲセラルル爲本省ニ於テ打合セラルル場合ノ一參考資料ニセラレタシ

(一)[2]新中央政府ニ對スル施策ノ一大重點ヲ新政府ノ自主的活動ニ對スル我方ノ掣肘干渉ヲ出來得ル限リ手控ヘ其ノ自由裁量ノ範圍ヲ可及的廣ク認メ自主性ノ點ニ於テ既成政權トハ異ル本質ヲ有スルモノタルノ實證ヲ如實ニ示シ而シテ先ツ地域的ニハ中支就中滬、寧、江、浙ノ地方ニ於テ內外人ニ對スル善政ノ謂ハバ模範區ヲ建設セシムルコトニ存スト思料ス其ノ理由ハ縷述ノ要ナキモ國家ノ「獨立自由」ノ體面保持ニ對スル支那ノ國民的要望カ今日如何ニ熾烈ナルカハ殆ト日本人ノ想像以上ニシテ此ノ一點ニ於テ其ノ國民的面子ヲ損スルカ如キコトニ節制ヲ加ヘスシテ一方ニ於テ新中央政府ニ對シ其ノ使命ヲ發揮スルノ能力ヲ期待セントスルハ全ク霞ニ向ツテ走ルコトヲ求ムルコトニ等シク又右ノ點

カ第三國側ノ新政府ニ對スル態度決定ノ根本要因ノ一ナルコト明カニシテ更ニ治安民生經濟活動等ノ分野ニ於テ內外人關心ヲ滬寧江浙地方ニ於テ所謂模範區ヲ建設スルコトハ新政府ノ基礎强化及其ノ和平能力培養ノ直接要因タルノミナラス重慶崩壞及第三國誘引ノ基本工作トシテ最モ重要且效果的ナルコト一點ノ疑ヲ容レサル所ナリト信ス

(二)今後ノ我カ事變處理方策ノ實行過程上ニ於テ現實ニ幾多ノ問題ヲ惹起シ來ルヘシト豫想セラルルハ所謂北支特殊化ノ要請ニ關聯スルモノニシテ北支政務委員會ト中央政府トノ關係ノ如キモノニ付テモ遠カラスシテ種々面倒ナル事態ノ發生カ豫感セラルル次第ナリ其ノ間ニアリテ最必要ナリト認メラルルハ北支ニ對スル我カ絕對的要求ノ種目範圍限度ヲ具體的ニ明確化スルコトニ依リ所謂北支特殊化ノ具體的內容ノ指標ヲ與フルト共ニ北支ト中支トノ間ノ相互理解ノ基礎ヲ作ルコトニシテ此ノ點ニ於テ大局ヲ誤ラサル樣中央及現地ノ責任當局ニ於テ今後一層切實ナル考慮及工夫ヲ加フルノ要緊切ナルモノアリト思料ス

(三)對重慶工作ニ關シ本省ニ於テ懷キ居ラルル考へ方ハ小官モ全然同感ナルニ付該工作自體ニ於テ此ノ際言及スルハ無用ナリト存スルモ小官ノ今日迄諸方面ト接觸シタル印象ヲ綜合シテ得タル感想ヨリスレハ重慶工作ニ熱中スル所謂重慶派ト新政府工作ニ熱中スル謂ハハ汪精衛派ノ人々ノ間ニ於ケル意思疏通ノ不充分ナルコト驚クヘキモノニシテ此ノ點ハ動モスレハ感情的對立トスラ見ラルルカ如キ迄激シキモノアルヤニ觀測セラル(勿論全部ニアラス好ク分リ居ル人士モ鮮カラサルコト事實ナリ)重慶工作モ新政府工作モ前記ノ如ク事變處理方策ノ全體系中ニ於テ夫々ノ地位ト意義トヲ有シツツ相互ニ關聯性ヲ有スルモノニシテ一ヲ以テ他ヲ排斥スルモノニアラス然ルニ之ヲ二者擇一ノ關係ニ於テ把握シ相互ノ關聯性ヲ切離シテ何レカ一方ノミニ單一獨立性ヲ認メ事變處理ノ政略的方法トシテノ意義ヲ何レカ一方ニノミ屬セシメントスルハ共ニ誤レルモノナルコト言ヲ俟タサル所ナルヲ以テ重慶工作及新政府工作ノ兩者ヲ之ヲ體系的ニ把握シ相互補翼(輔カ)的ノモノナルコトヲ徹底セシメ所謂重慶派ト所謂汪精衛派トノ對立

的空氣ヲ緩和解消スルコト內輪ノ結束ヲ固ムル上ニ於テ絕對必要ナリト愚考ス

(四)[3]新政府ノ承認問題及基本協定締結問題ニ關シテハ既ニ稟申ノ次第アルヲ以テ玆ニ再説スルヲ避クルモ基本協定ノ內容ヲ曩ニ電報ヲ以テ申進シタル趣旨ノ如キモノ（支那ノ主權尊重原則ヲモ折込ム）トスルトキハ承認問題以外單ニ和平促進策ノ角度ヨリスルモ有意義ナリト認メラルルニ付本件ニ付テハ速ニ政府ノ方針御確定ヲ請フ（尙祕密取極ヲ以テ梅協定ノ內容具現ヲ計ルヘキ旨ヲ定ムルコトヲ妨ケサル意見ナリ）

(五)重慶トノ全面的停戰ニ至ル過程トシテ新中央政府成立ヲ契機トシ各地方ニ於ケル個別的停戰ノ機會ヲ作リ停戰支那軍ト新政府トノ結付ケヲ策スルコトハ今後着眼スヘキ重要點ノ一ナルヘシト認メラル

(六)中國共產黨及共產軍問題ハ當面ノ問題トシテ觀ルモ將又東亞ノ將來ノ問題トシテ觀ルモ帝國ノ深刻ナル關心事タラサルヲ得サル重大問題ナルカ此ノ問題ノ政治的ノ取扱ニ付テハ帝國ノ態度ハ少クトモ當分ハ中共對日滿支間限リノ問題トシテ取扱ヒ中共問題ニ蘇聯問題ヲ結付ケテ之ヲ一體トシテ政治的ニ取扱ヒ而モ之ニ對スル我方ノ陣營ニ東亞以外ノ勢力例ヘハ英米等ヲ加ヘタル國際戰線ヲ結成シテ對抗スルカ如キ取扱方ハ現段階ニ於ケル國際情勢ヨリ觀テ嚴ニ避クルヲ要スト信ス從テ日支間ノ防共協定ニ英米等ヲ參加割込ヲ認ムルカ如キハ今日ノ國際情勢ヲ基礎トシテ觀レハ絕對ニ不可ナルノミナラス新政府ノ反共方針モ支那國內ニ於ケル範圍ニ限局シ日本及滿洲國ノ關係ヲ別ニスレハ專ラ國內政治的方面ニ限定シ而モ北支方面ハ兎モ角中支方面ニ於テハ民衆ニ呼掛クル政治的「スローガン」トシテハ「反共」ヨリモ寧ロ「和平」ニ重點ヲ置クヲ却テ實際的ナリト思考ス

(七)對第三國外交工作ニ關シテハ前記「要項」中ニモ要錄セラレ居ル外本省ニ於テ高キ觀點ヨリ廣ク見渡シテ萬遺憾ナキヲ期シ居ラルルコトト信スルヲ以テ愚見ヲ開陳スルヲ憚ル次第ナルモ單ニ二、三小官ノ氣付ヲ中上クレハ

(甲)[4]歐洲ノ情勢ヲ觀ルニ蘇芬協定ノ成立ト之カ「スカンヂナビア」「ダニユーブ」及巴爾幹等ノ小中立國群

ニ與ヘタル政治的心理的影響「ヒトラー」及「ムッソリニ」ノ「ブレンネル」會談「テレツキー」ノ伊太利訪問英佛ニ於ケル内閣交迭又ハ改組問題等最近ノ一連ノ事象ニ依リテ象徴セラルル所ヨリ察スルモ英佛側ノ對獨屈服戰ハ其ノ宣傳ノ如クニハ容易ナルモノニ非サルヘク左レハトテ獨逸カ米國ノ後盾アル英佛側ヲ破ルコトモヨリ多大ノ困難ヲ伴フヘク若シ夫レ蘇聯邦ノ態度ニ至リテハ今日ヲ以テ明日ヲ測ルヘカラス又伊太利ノ態度モ未タ英佛側ヘハ勿論獨逸側ヘモ完全ニ「コミット」シ居ルモノト斷スヘカラス斯ル情勢ノ下ニ於テ英國ノ現在ニ於ケル對日政策ノ基調ヲ臆測スルニ其ノ骨子ハ

(イ)現下ノ國家的死活問題タル對獨戰ノ關係ニ於テ戰爭中日本ヲシテ敵方ニ廻スカ如キコト無カラシムルコト

(ロ)現下ノ對獨戰爭中ハ勿論戰後ノ將來ヲ考慮ニ容ルルモ蘇聯邦牽制ノ爲出來得ル限リ日本ノ力ヲ利用スルコト

(ハ)歐洲戰爭ダニ片付ケハ其ノ上ハ極東問題ハ米國等ノ力ヲ借リテ如何樣ニモ再調整スルノ途アリトノ相當ノ自信ヲ有シ居ルヘキコト

(ニ)從テ(イ)及(ロ)ニ基ク對日妥協ハ將來(ハ)ニ依リ復舊シ得ヘキ限度ニ於テハ之ヲ敢テスルノ用意アルヘキコト

等ニ存スト判斷セラル若シ果シテ然リトセハ我方トシテハ自ラ對英施策ノ方途及其ノ限度ヲ定ムルノ目安ヲ明瞭ニ畫キ得ル次第ニシテ此ノ際外交的手腕ヲ發揮スルハ對英關係ニ於テ其ノ餘地最大ナリト感セラル

(乙)米國ニ對スル關係ニ於テ最近興味アル一ノ事實ト目セラルルハ極東問題ニ對スル米國ノ態度ト英佛現下ノ態度トノ間ニ於ケル比較對照ノ中ニ發見セラルルモノニシテ最近兩者ノ間ニ色彩濃淡ノ懸隔カ可成リ強クナリツツアルモノト觀測セラル勿論兩者ノ間ニ本質的同一性ノ伏在スルハ之ヲ否定シ難シト雖現在ニ於テ前記ノ如キ現象ノ現レツツアルコトハ我方トシテ確實ニ之ヲ捉ヘテ新政府及對重慶問題等ニ利用スルノ途ヲ講セサルヘカラス尙卑見ヲ以テスレハ米

國側ノ新政府問題其ノ他極東問題ニ對スル聲明等ニ對シテハ我方トシテハ餘リ之ヲ氣ニセス一々取合ハヌ様ナ氣構ヲ以テ取扱フコト却テ米國側聲明等ノ對外的政治的效果ヲ減殺スル所以ナルニアラスヤト愚考ス

㈹伊太利トノ關係ハ極メテ重視スヘキモノト信ス對英佛對獨及對蘇何レノ關係ニ於テモ日伊ハ現在極メテ「デリケート」ナル類似ノ地位ニ在ル事實ニ鑑ミ伊太利トノ聯絡了解ヲ密ニスルコトハ將來ニ備フル所以ニシテ又伊太利ノ新政府ニ對スル態度ノ如キハ決シテ之ヲ粗末ニ取扱フヘキモノニアラス對伊關係ヲ從來ヨリ一層重視シテ帝國ノ戰時外交施策ヲ構成セラレンコトハ小官ノ切ニ希望スル所ナリ

北京、南京へ轉電セリ

（付記一）

昭和十五、三、六

公使機關

支那事變處理方策要綱

第一、目　標

支那民心ノ把握及第三國ノ利導ニ留意シ新中央政府ノ成立發展ヲ助成スルト共ニ重慶側ニ對シ軍事行動ト相呼應シテ政治工作ヲ行ヒ重慶政權ノ飜意合流ヲ施策スルコトニ依リ遲クモ本年一杯ニ事變ノ終結ヲ期ス

第二、實施要領

一、新中央政府關係

1、速カニ新中央政府ヲ樹立セシム

2、新中央政府成立ト共ニ大正六年勅令第六四號ニ依ル特派大使ヲ南京ニ派遣シ且興亞院連絡部機構ニ對シ適當ノ調整ヲ加フ（詳細別紙「特派大使機關案」（省略）參照）

3、新中央政府成立後事變處理ノ大局的見地ヨリ適當ナル時期ヲ選ヒ成ルヘク速ニ同政府ヲ正式ニ承認ス右正式承認ノ形式ハ諸般ノ事情ヲ考慮ニ入レ將來ノ決定ニ俟ツモ大体基本條約ノ締結ニ依ルモノト豫期ス

4、客年末日支工作員間申合ノ內容ヲ條約化スルニ當リテハ重慶側及第三國側ニ對スル施策上ノ效果ヲモ

睨ミツツ事情ノ許ス限リ名ヲ棄テ實ヲ收ムル心組ニテ其ノ形式ヲ選フト共ニ其ノ內容モ絶對必須ノ程度ニ止ムルノミナラス第一次ニ締結スル基本條約ノ內容ハ根本原則ノミニ止ム

5、新中央政府當面ノ政綱ハ反共和平建國ニ重點ヲ置ク

6、新中央政府ノ對外方針ハ(イ)對日關係ニ於テハ客年末日支工作員間申合ニ則リ之カ具現ヲ圖ラシメ日滿支三國ノ緊密ナル提携合作ヲ誘致セシムルト共ニ(ロ)第三國關係ニ於テハ各友邦ノ正當ナル權益ヲ尊重シ以テ友誼ヲ增進スルコトニ依リ新中央政府ノ國際的地位ヲ培養强化スル一方重慶政府ト第三國トノ離間ニ資セシムルコトヲ基調トシ(ハ)國權囘收ニ付テハ合法的漸進主義ニ依ラシム(詳細別紙「新中央政府外交指導方針要綱」(編注)參照)

7、第三國トノ間ノ問題ニシテ帝國カ直接當事者トナルヘキ事項ニ關セサル限リ帝國ハ新中央政府ノ職能ヲ代行セス第三國ヲシテ新中央政府ヲ相手トセシムル如ク施策ス

8、占領地域ニ於ケル人(外支人ヲ含ム)及物ノ活動流通ニ對スル制限ヲ能フ限リ緩和撤廢シ(長江開放ノ範圍擴張ヲ含ム)經濟復興及貿易振興ニ努メ關稅鹽稅及統稅收入ノ增加ヲ計ル

9、中南支ハ固ヨリ北支ニ於テモ軍事上ノ絶對的必要アルモノノ外軍管理中ノ工場鑛山等ノ移管ヲ速ニ實施シ、日支合辦事業ニ關スル支那側關係者ノ權利利益ノ尊重ニ付適正ナル調整ヲ加ヘ、惡性營業(阿片窟、賭博場等ヲ含ム)ヲ肅正シ、邦人ノ支那人家屋占據ヲ適法ノモノタラシメ、難民ノ綏撫流亡ノ安定ニ力ヲ盡シ且日本側ノ經濟進出ノ結果支那側ノ民業壓迫ノ弊ニ陷ラサル樣特ニ留意シ以テ民心ノ把握ニ努ム

前記財產整理、合辦事業調整及必要ニ應シ既成政權トノ契約事項再審議ノ爲所要ノ各委員會ヲ設置ス

10、新中央政府ニ於テ速ニ財政計畫ヲ確立シ內債及外債ノ支拂ヲ爲ス建前ヲ執リ支拂ノ困難又ハ不可能ナルモノニ付テハ適當ノ調整方法ヲ講シ以テ外支財界ノ協力促進ヲ圖ル

11、新中央銀行ノ設立及新通貨ノ發行乃至通貨ノ安定等通貨金融政策ノ確立ヲ圖ル爲必要ナル準備ヲ促進ス

12、速ニ占領地ニ於ケル食糧政策ヲ確立シ且北中支間ニ於ケル物資ノ流通ニ必要ナル諸般ノ措置ヲ講ス

13、速ニ中央及地方行政機構ヲ整備シ且税制ノ確立及税務機構ノ復舊ヲ圖ル

右ニ關スル新中央政府ノ措置ハ差當リ滬寧方面ニ重點ヲ置ク

14、新中央政府ノ宣傳機關ヲ整備擴充シ輿論ノ善導ニ努ム

二、第三國關係

1、帝國ノ外交態勢ヲ鞏化シ我事變處理ノ完遂ヲ輔翼スル爲列國ニ對シ別紙（見当ラズ）「帝國對外施策方針要綱及追補事項」ニ依リ施策ス

2、右施策ノ實行殊ニ支那ニ於ケル排外運動ノ禁遏、權益毀損ニ對スル補正、通商制限ノ緩和除去、租界問題調整等第三國側ノ權益ニ關スル諸措置ノ實施ニ當リテハ第三國ニ對スル心理的效果ヲ考慮ニ入レ且新中央政府ノ成立トモ睨ミ合セ特ニ其ノ時期ニ付最モ效果的ナラシムル様留意スルト共ニ第三國側ノ要望ニ對シ帝國ノ容認シ得ル限度ヲ明示ス

3、英米佛獨伊等第三國ニ對シ必要ニ應シ日本側及汪側協議ノ上双方ヨリ客年末日支工作員間申合ノ内容及之ト第三國ノ權益トノ關係ヲ適宜説明シ第三國ヲシテ新中央政府樹立工作ヲ阻害セシメス之ニ對シ理解アル態度ヲ執ラシムル如ク誘導ス

三、重慶政府關係

1、迫力アル軍事行動ノ展開ト相呼應シテ汪側乃至新中央政府側ト密ニ連絡シ之ト合作シテ重慶政權ノ飜意合流ヲ施策スルト共ニ敵軍ノ寢返リ工作ヲ計リ全般的停戰ヲ目途トシツツ先ツ地方的停戰ヲ講ス

2、重慶側ニ對スル我方ノ右政治工作ノ出先主任機關ハ差當リ外陸海興ヨリ各主任者ヲ定メ右主任者一体トナリ之ニ當ル

右工作主任機關ハ梅機關乃至特派大使機關ト密ニ連絡ヲ保持ス

前記主任機關以外ノモノニ依ル我方對重慶工作ハ之

ヲ嚴禁ス

3、第三國ヲ利用シ具体的ニ重慶側ニ働キ掛クルコトハ以上ノ工作カ相當見透シ立チタル上情勢ニ依リ之ヲ考慮ス

編注 本書第319文書付記二として採録。

(付記二)

昭和十五、三、六

公使機關

新中央政府外交指導方針要綱

第一、方針

新中央政府ヲシテ先ツ對日關係ニ於テハ客年末日支工作員間申合ノ內容ニ則リ之カ具現ノ歩ヲ進メツツ正式國交調整ノ基本態勢ヲ整備セシメ帝國ニ於テ諸般ノ情勢ヲ見極メタル上自主的ニ決定スル適當ノ時期ニ帝國政府トノ間ニ正式國交調整交渉ニ入ラシメ且日滿支三國ノ緊密ナル提携合作ヲ誘致セシムルト共ニ第三國關係ニ於テハ各友邦ノ正當ナル權益ヲ尊重シ友誼ヲ增進スルコトニ依リ新中央政府ノ國際的地位ヲ培養强化スル一方重慶政府ト第三國トノ離間ニ資セシムルモノトス

國權ノ囘收ニ付テハ合法的漸進主義ニ依ラシム

第二、要領

一、對日關係

1、差當リ客年末日支工作員間申合ノ內容ニ則リ之カ具現ノ歩ヲ進メツツ正式國交調整ノ基本態勢ノ整備ニ專心セシム

2、右申合ヲ基礎トスル新中央政府ト帝國政府トノ間ノ正式國交調整交渉開始ノ時期ハ帝國ニ於テ諸般ノ事情ヲ考慮ニ入レ自主的ニ決定スル所ニ依ラシム

3、支那ノ輿論ヲ指導シ成ルヘク速ニ日滿支三國ノ緊密ナル提携合作ノ空氣ヲ釀成シ終局ニ於テ日滿支三國ヲ中核トスル東亞聯盟ノ結成ヲ實現スヘキ地盤ヲ培養セシム

二、第三國關係

1、既存ノ國際義務ハ國際法及通例ノ國際慣例ニ基キ之ヲ尊重セシメ且右趣旨ヲ聲明セシム

2、重慶政府カ事變發生以來新ニ締結セル契約等ハ差當

リ之ヲ積極的ニ否認セサル態度ヲ採ラシメ適當ノ時期ニ之カ調整ヲ期セシム

3、既存ノ外債ハ主義上之ヲ認メ且特ニ擔保確實ナルモノニ付テハ成ルヘク速ニ部分的ナリトモ之カ支拂ヲ開始セシム但シ財政上支拂ノ困難又ハ不可能ナルモノニ付テハ外國側ト協議ノ上適當ノ調整方法（所要期間「モラトリウム」ヲ含ム）ヲ講セシム

4、既存ノ借款契約ニシテ政治的色彩濃厚ナルモノニ付テハ逐次合法的手續ニ依リ之カ調整ヲ計ラシム

5、日支合辦事業ヲ含ム既設及新規ノ企業ニ對シ第三國側ノ投資ヲ誘致スル如ク施策セシメ且第三國側ノ單獨又ハ支那側若ハ日本側トノ合辦ニ依ル企業ノ設立經營ヲ許容セシム但シ政治的色彩アル企業ニ付第三國側カ經營上ノ優越的地位ヲ占ムルコトナカラシム

6、關稅上ノ差別待遇殊ニ特惠關稅ノ設定ヲ爲サシメスス

7、一般ニ通商上ノ均等待遇ヲ認メ爲替管理貿易管理ヲ實施スル場合ニ於テモ差別待遇ヲ爲サシメス

8、通貨金融政策ノ確立ニ付第三國側ノ協力ヲ得ル如ク施策セシムルモ支那ノ通貨金融ヲ第三國側ノ支配下ニ置カサル様留意セシム

9、第三國側ノ布教教育病院經營等ノ文化的活動ニ關シテハ新中央政府ノ基本政綱ニ反セサル限リ之ヲ許容セシム

10、租界、公使館區域、治外法權、內水航行權等ノ不平等條約關係ノ清算其ノ他國權囘收ニ付テハ合法的漸進主義ニ依ラシメ暫ク急激ナル發動ヲ爲サシメス

11、海關、鹽務、郵政其ノ他ノ具体的涉外事項ノ處理ニ關シテハ別紙「海關鹽務郵政等涉外事項處理要領」ニ依ラシム

12、歐米依存政策ヲ根本的ニ清算セシメ東亞ノ自主性及日滿支ノ連帶性ヲ自覺セシムル意味ニ於テ九國條約廢棄及國際聯盟脫退ノ基本觀念ヲ內部的ニ確立セシム但シ之カ實施ニ付テハ差當リ觸レス且將來時期到來ノ場合ニ於テモ之カ實施ニ付テハ帝國ト協議ノ上爲サシムルモノトス

13、反共政策ハ差當リ專ラ國內ニ於ケル反共措置ヲ徹底セシムルコトニ重點ヲ置キ當分對外的ニハ第三國トノ間ニ防共協定ノ締結又ハ參加ノ措置ヲ執ラシメス

14、蘇聯ノ重慶政權援助ノ緩和乃至打切リヲ施策セシム
右對蘇施策トシテハ差當リ內蒙ト外蒙トノ友好關係保持及反共政策ノ國內性ノ宣明等ヲ考慮セシム
15、第三國關係ニ付テハ一般ニ帝國ノ對第三國外交方針ト同一歩調ヲ執ラシム
備考、本要綱ハ當面ノ指導方針要領ヲ定メタルモノニシテ今後ノ各段階ニ於ケル方針ハ逐次之ヲ策定ス

320

昭和15年6月24日　有田外務大臣より
在独国来栖大使宛（電報）

重慶政権との和平および第三国利用に関するわが方見解について

本　省　6月24日後9時30分発

第四〇〇號（極祕、館長符號扱）

貴電第六五八號（編注一）ニ關シ

一、重慶側ハ新中央政府成立ニ對シ凡ユル妨害ヲ試ミ之カ爲政府成立直前日本トノ直接交渉ニ依リ事變解決ヲ圖ルカ如キ氣勢ヲ示シタル實例モアリ今次新政府ヲ相手トスル條約交渉進行スルニ伴ヒ再ヒ之カ妨害ヲナスモノト豫期セラルル處新政府ヲ中心トシテ事變處理ヲ計ラムトスル既定方針ノ實現ニハ幾多ノ困難アリ卽急ニ其ノ目的ヲ達シ得サル見透ナルコト往電合第一三一〇號（編注二）ノ通ナルヲ以テ帝國トシテハ世界新秩序ニ對處スル爲速ニ消耗態勢ヲ脫却スル必要上何等便法アラハ蔣介石側トノ間ニ停戰ヲ講シ之ヲ基礎トシテ事變ノ終結ヲ圖ルコト望マシキ次第ニシテ之カ前提トシテハ重慶カ容共抗日政策ノ抛棄ヲ聲明スルト共ニ蔣介石自ラ共產黨軍ノ討伐ニ當ルコト是非共必要ナルカ蔣カ右ノ如キ政策轉換ヲ行フ場合ニハ蔣ヲ相手ニセストノ我方方針ハ必スシモ再考ノ餘地ナキニ非スト考ヘラル

二、然レトモ蔣介石ハ一面帝國ノ戰時態勢ノ强化不徹底ノ現情ヲ皮相的ニ觀察シテ長期抗抵ノ結果有利ナル和平條件ヲ獲得シ得ルモノト考ヘ居リ他方抗日戰線ノ强化ニ依リ維持サレ居ル國共合作ヲ核心トスル重慶陣營ノ現情ニ鑑ミ蔣ニ於テ今遽カニ前記所述ノ如キ反共政策ニ轉換シ得サルモノト考ヘラルル處最近英佛敗退ノ歐洲情勢ハ重慶側ニ相當ノ衝動ヲ與ヘ居ルハ事實ニシテ其ノ結果蔣トシ

テハ世界大戰ヲ前ニシ日支雙方相爭フノ愚ナルコト乃至支那再建設ノ爲速ニ憲政ヲ實施スル要アルコト等ノ口實ヲ以テ所謂主戰派或ハ共產黨ノ煽動ヲ抑ヘル可能性ナキニシモ非スト認メラル

三、前述重慶側ノ現情ニ鑑ミ之ヲ和平ニ誘導スル筋道トシテハ新政府要人ヲ通シ行フコト最モ希望スル所ナルカ汪蔣ノ關係ハ現在ノ段階ニ於テ之ヲ許ササルヘク（昨年末ノ日支間協議書類ハ全部重慶側ニ筒拔トナリ居レリ）又我方カ直接之ニ當ルコトハ從來ノ經驗ニ鑑ミ未タ其ノ時期ニアラス一方第三國ヲ之ニ利用スルコトヲ考フルニ英米蘇聯ハ其ノ日本トノ關係ニ鑑ミ利用ノ限ニ在ラス結局歐洲戰爭ノ展開ニ伴ヒ或ル時期ニ到達セハ獨逸ヲシテ是カ役ヲ買ハシムル可能性アルヘキモ（往電合第一三一〇號ノ三、參照）獨逸ヲ右ニ利用スル場合其ノ後ニ來ルヘキ惡影響ニ付テハ或ハ英米ヲ利用スル場合ニ比シ甚シキモノアリヤ否ヤモ檢討ヲ要スヘク殊ニ獨逸カ英佛ノ勢力ヲ繼承シテ政治的ニ東洋ニ乘出スカ如キ場合ヲ想定スル必要アル事勿論ナルカ當方ニ於テモ利用ノ可能性アル見透シノ下ニ戰後ニ於ケル獨伊ノ東亞ニ對スル出方等モ考量ニ入レ今日ヨリ獨伊ニ對スル政治的關係ノ促進方ヲ愼重ニ考量シツツアル次第ナリ但シ目下ノ情勢ニ於テ日本ノ對蘇、對英米、對獨伊外交ハ鼎ノ三足《ミツアシ》ヲナスモノナルニ付前記考量ハ固ヨリ此ノ三者ニ對スル關係ト綜合的ニ之ヲ爲スヘキコト勿論ナリ右不取敢貴大使限リノ御含ミ迄

編注一　本書第1091文書。
　二　本書第573文書。

321　昭和15年7月7日

事変三周年に際しての有田外相演説

昭和十二年七月七日蘆溝橋事件勃發以來早クモ茲ニ三週年ヲ迎フルコトトナリマシタ。熟々考フルニ日支兩國ハ東亞ニ於ケル同文同種ノ二大民族國家トシテ、互ニ友好親善ノ長イ歷史ヲ持チ遠ク隋唐兩朝トノ交通以來、支那文化カ我國ニ傳來シ、我國固有ノ文化ト交流シテ茲ニ東亞獨自ノ發展ヲ遂ケタコトハ申ス迄モナイノテアリマス。斯クノ如ク日支本來ノ關係ハ長短相補ヒ所謂唇齒輔車ノ關係ニ在ルニ

モ不拘、不幸今次事變ノ勃發ヲ見マシタノハ蔣政權カ日支ノ提携ヲ實現セントスル帝國ノ眞意ヲ解セス、一黨一派ノ利己的政權欲ニ捉ハレタル爲テアリマス。

然ルニ今ヤ皇軍ノ武威ハ全支ヲ風靡シ、重慶政權ハ奥地敗殘ノ地方政權トシテ餘命ヲ繫クニ過キス、然モ彼等カ賴ミトシテキタ援蔣國家ノ補給路モソノ內、最モ輸送能力ノ大キカツタ佛印經由ノ輸血路ハ最近我國ヨリノ嚴重ナル申入レノ結果、佛印側ニ於テ援蔣物資ノ禁絶ヲ應諾シマシタノテ、我方カラ檢査員ヲ派遣シテ之カ實況ヲ監視シテ居リマスコトハ既ニ御承知ノ通リテアリマス。更ニ我國ハ目下「ビルマ」國境ヨリ昆明ニ通スル滇緬公路及ヒ香港領域カラスル輸血路ノ切斷ニ關シテモ「イギリス」政府ト交渉中テアリマス。

斯クノ如ク重慶政權ト外部トノ交通遮斷及ソノ他ノ諸般ノ措置カソノ效果ヲ顯シマスレハ事變以來嚇々タル戰果ヲ擧ケテ居リマスル皇軍ノ積極的作戰ト相俟ツテ重慶政權ハ戰爭ヲ繼續スル力ヲ失ヒ、自滅ハ免レサル處ト信スルノテアリマス。

重慶政權カ衰亡ノ一途ヲ辿ツテ居リマスルニ反シ、去ル三月南京ニ成立シマシタ汪精衛氏ヲ首班トスル新中央政府ハ既ニ四ケ月ヲ經過シ其ノ基礎ハ愈々鞏固トナツテ參リマシタ。新中央政府ハ重慶政權カ謬レル抗日政策ヲ固執シテ居リマスルニ反シ、故孫文氏ノ大「アジア」主義ノ理想ヲ繼承シ近衛聲明ノ三原則ニ共鳴ト同感ノ意ヲ表シ、善隣友好、反共、經濟提携ヲ以テ東亞ノ新秩序建設ニ協力センコトヲ根本方針トシテ宣言シテ居リマス。斯クシテ蔣政權ノ抗日政策ヲ糺彈シ、和平救國ノ國民動動《(運カ)》ハ澎湃トシテ全支ニ漲テヰルノテアリマス。

ソコテ我國ト致シマシテハ東亞民族ノ使命ニ覺醒セル新支那トノ間ニ將來ノ平和的關係ヲ確立スル爲ニ、去ル七月五日ヨリ日支基本條約ノ締結交渉ヲ開始シタノテアリマシテ、之カ成立致シマスレハ、日支共存共榮ノ新關係カ樹立サレ茲ニ輝カシイ東亞ノ黎明ヲ迎フルコトトナルノテアリマス。但シ茲ニ私カ諸君ノ注意ヲ喚起致シタイト思ヒマスル點ハ、東亞新秩序ノ建設ハ決シテ一朝一夕ニハ完成サレナイト云フコトテアリマス。日支間ノ戰爭狀態カ終熄致シテモ東亞新秩序ノ建設ヲ完ウスルニハ長イ間ノ忍耐ト努力ヲ必要トスルノテアリマシテ、國民ト致シマシテハ更ニ一段ノ覺悟ヲ致サネハナラナイノテアリマス。飜ツテ歐洲ノ情勢ヲ考ヘマスルニ獨逸ノ勇猛果敢ナル作戰カ見事效ヲ奏シ「ノルウエー」、「デンマーク」、「オランダ」、「ベルギー」、「ルクサンブルグ」及「フランス」ノ諸國ハ相次イテ「ドイツ」ノ支配下ニ入リ、爲ニ戰局ハ急激ナル大變化ヲ遂ケマシタ。其ノ結果、東亞ニ於ケル「オランダ」領東印度、「フランス」領印度支那ノ地位ニ關シテモ尠カラサル影響ヲ與ヘント致シテ居リマス。

然シ乍ラ斯ル世界的大變動ニ直面致シマシテモ帝國外交ノ根本方針ハ肇國以來一定セル搖キナキ基礎ノ上ニ立ツテヰルノテアリマシテ、卽チ萬邦ヲシテ各々ソノ處ヲ得セシムルニアルノテアリマス。コレコソ實ニ世界平和ノ基礎テナケレハナラヌノテアリマス。而シテコノ理想ヲ實現致シマスル爲ニハ地理的、人種的、文化的、經濟的ニ密接ナル關係ニアル諸民族カ共存共榮ノ分野ヲ作リ、先ツ其ノ範圍內ニ於ケル平和ト秩序トヲ確立スルト共ニ順ヲ追ツテ他ノ分野トノ間ニモ同樣ノ關係ヲ樹立セネハナラヌノテアリマス。帝國カ東亞新秩序ノ建設ニ邁進シテヰルノモ總テコノ意味ニ外ナラナイノテアリマシテ、從テ歐洲戰爭ノ餘波カ東亞ノ安定ニ好マシカラサル影響ヲ及ホスカ如キコトハ東亞ノ安定勢力タル帝國ノ使命ニモ鑑ミ到底默過出來ヌコトハ課々ヲ要シナイ處テアリマス。

斯クノ如クニシテ我國ノ外交ハ支那事變ノ處理、東亞新秩序ノ建設ニ最善ノ努力ヲ怠ラス、興亞聖業完成ノ根本方針ヲ堅持シテ參ルヘキテアリマス、ソシテコソ之ヲ基礎ト致シマシテ客觀情勢ノ變化ニ應シテ、隨時、隨所ニ臨機應變ノ手ヲ打ツテ行クコトモ出來ルノテアリマス。世界ハ洵ニメマクルシイ變化ヲ遂ケツツアリマスケレトモ、此ノ根本方針サエ確立シテ居リマスレハ少シモ慌テル必要ハナイノテアリマス。

例ヲ取ツテ申シマスト、丁度劍道ノ試合ニ於キマシテ劍ハ一筋テアリ、目標ハ相手ノ急所ヲ狙フコトニアルノテアリマスカ、然シ周圍ノ狀態ト相手ノ姿勢ノ變化ニ應シ、或ハ正眼ノ構ヘトナリ、或ハ上段、下段ニ構ヘルト同樣テアリマス。卽チ帝國ノ目標ハ東亞安定ヲ起點トシ世界ノ安定ニ貢獻スルニアリマスカ、之ヲ實現シ、之ヲ遂行スルニ當ツテハ、國際間ノ客觀的諸條件ニ對應シテ多種多樣ノ姿勢ヲ取ツテ之ニ處スル處カナクテハナラナイ譯テアリマス。

殊ニ國際關係ハ大戰ノ進展ニ依リ、却ツテ我國ノ爲有利ニ推移シテ居ルト申ス向モアリマスカ、卒直ニ申セハ、我國ニトツテ、有利ナラシムルモ有利ナラシメナイノモ一ニ懸ツテ吾々國民ノ覺悟ニアルノテアリマス。卽チ我國民カ國家ノ總力ヲ總動員シテ、其ノ精神力ヲ最大級ニ昂揚シ、不退轉ノ勇猛心ヲ喚起セネハナラナイ所以ハ茲ニ在ルノテアリマス。

今日我等ノ日常生活カ、此ノ非常時體制ノ强化ニ連レテ、種々ノ不便ニ遭遇スルコトハ固ヨリ覺悟シナケレハナラナイノテアリマス。然シ現在我國民ノ生活ノ如キ、之ヲ「ヨーロッパ」交戰國ノ狀態ニ比較致シマスレハ、未タ未タ種々ノ點ニ於テ餘程餘裕カアルコトカ分ルノテアリマス。

今日日本ニ取リ最大ノ問題ハ、日常生活ノ難易トカ、物資ノ多イ少ナイトカ云フカ如キ事實ニ存スルノテハナク、凡ユル困難ヲ克服シ、所期目的ニ邁進スル旺盛ナル精神力ニ在ルト思フノテアリマス。

大戰以來、「ヨーロッパ」諸國カ遭遇シタ運命ヲ觀察致シマスト、賴ムヘキハ自力ノ外ニナイト云フコトヲ痛感スルノテアリマス。自力ヲ計ラス、他國ノ援助ニノミ自國ノ存立ヲ托シタ國家ノ悲慘ナル運命ハ哀ムヘキモノテアリマス。自力ニ依賴スルホト强イモノハナイノテアリマス。日本ハ惠マレタル環境ニ立チ大戰ノ齎ス影響ヲ有利ニ活用シ、他國ノ興隆ヲ他山ノ石トナシ、生產力ノ擴充ト軍備充實トヲ怠ツテハナラナイノテアリマス。

要之今日我帝國ハ世界政局ノ大轉換期ニ際シ、支那事變ノ處理ニ邁進シ、東亞新秩序ノ建設ヲ完遂スルト同時ニ歐洲戰爭カ招來シツツアル客觀的情勢ノ激變ニモ對應シ自主的立場ヨリ萬遺憾ナキヲ期シ仍テ世界的新秩序ニモ大ナル役割ヲ果スノ要アルノテアリマスカラ我々ト致シマシテハ上下擧ツテ肇國以來ノ大精神ニ透徹シ、擧國一致ノ體制ヲ强化シ、最大限ノ綜合國力ノ發揮ニ盡瘁シ、以テ皇國大理想ノ實現ニ勇往致サネハナラヌノテアリマス。終ニ臨ミ今次事變勃發以來東亞永遠ノ平和建設ノ人柱トナツタ我忠勇ナル戰歿將士ノ英靈ニ對シ茲ニ心カラナル感謝ヲ捧クルト共ニ國民諸君ト誓ツテ相倶ニ今次聖戰ノ目的完遂ニ邁進セントスルノ決意ヲ新ニスルモノテアリマス。

編　注　本文書は、昭和十五年十二月、情報部作成「支那事變關係公表集（第五號）」から抜粋。

322　昭和15年7月18日　在上海三浦総領事より有田外務大臣宛（電報）

米内内閣総辞職に関する報道振り報告

上　海　7月18日後発
本　省　7月18日後着

第一四八二號

今次ノ我政變ニ關シ十八日當地漢字紙ハ一齊ニ之ヲ重視シ大々的ニ報スルト共ニ社說ヲ掲ケ居レルカ何レモ米内々閣總辭職カ陸軍ノ壓力ニ依リ生シタル點ヲ指摘シ假令近衛内閣ノ出現ヲ見ルトモ軍部ノ壓力ヲ封シ得サルヘシトシテ新内閣ノ前途モ悲感（觀カ）的觀測ヲ下シ居ル處申報ハ近衛ノ抱懷スル新政治體制ハ軍權カ一切ヲ超越シ依然封建制ニ富ム社會機構ヲ有スル日本ニ於テハ異常ナル困難ニ當面スルハ明カナリ現下ノ國際情勢ニ刺戟セラレ實力以上ノ冒險ヲ敢テセントスル現日本ハ後繼内閣カ何人ナルニセヨ軍部ノ壓力ヲ封スル由ナク其ノ外交政策モ極端ナル轉換ヲ餘儀ナクセラレ國運ヲ狂瀾ニ賭スルコトトナルヘシト論シ居レリ尙中華日報ハ近衛内閣ノ出現ヲ歡迎シ其ノ新政治體制ニ基ク政治改革ハ現下日本ノ地位及國際情勢上最モ重大意義アリトナシ殊ニ日支事變カ日本ノ基本國策タル近衛聲明ノ基礎ノ下ニ迅速ナル解決ヲ見ルヘシト大ナル期待ヲ寄セ居レリ

北大、天津、南大、漢口ヘ轉電シ香港ヘ暗送セリ

6　第二次近衛内閣の成立から太平洋戦争開戦まで

323　昭和15年7月25日　在北京藤井大使館参事官より松岡(洋右)外務大臣宛(電報)

重慶政権内の親ソ勢力増大や汪兆銘政権の対重慶工作妨害など和平工作の問題点に関する何澄内話について

北　京　7月25日前発
本　省　7月25日前着

第五五八號(極祕、部外祕、外信、館長符號扱)

上海[1]ニ於テ特殊工作ニ從事シ居リタル何澄來燕中ノ處二十三日原田(二欠カ)對スル内話要領左ノ通リ御參考迄

一、曩ニ新疆、西藏ヲ巡視中自分ト面會ノ爲蔣介石ヨリ香港行ヲ命セラレタル吳忠信(蒙藏委員會委員長)ト六月中旬同地ニテ會見シタルカ其ノ際吳ハ和平ニ關スル日本側ノ條件ヲ探リタルニ付自分ハ率直ニ支那側ハ「人民ノ生活ノ安定」ヲ條件ニ日本ニ戰勝國トシテノ光榮(領土ノ割讓(滿洲國ノ承認ヲ意味ス)及賠償)ヲ與フルコトニ肚ヲ定メタル上双方ヨリ正式代表ヲ派シ具體的交渉ニ入ルコト然ルヘキ旨語リタル處吳ハ之ヲ書付ニシ持チ歸リタルカ自分ノ得タル印象ニ依レハ重慶ニ於テハ親蘇派ノ勢力カ日増ニ増大シ此ノ儘押進ムニ於テハ蘇聯邦ト全面的ニ合作スルニ至ルニアラスヤトノ感ヲ抱カシムルモノアリタリ尚二日ニ亘ル吳トノ會見ヲ終リタル上南京ニ赴キ板垣總參謀長ニ面會委細報告スルト共ニ此ノ際從來ノ日本側ノ多元的對重慶特殊工作ヲ一擲シ日本政府ヨリ一元的代表ヲ派シ之ニ當ラシムルコト然ルヘキ旨建言シ置キタリ

二、[2]汪政權ハ一般ヨリ國民黨腐敗分子ノ寄集メト觀ラレ事實漸次馬脚ヲ現シ來リ日本側ニ對シテハ重慶側トノ橋渡シヲ努ムヘキ旨言ヒ振ラシ居ルモ其ノ實對重慶工作ニ種々ノ妨害ヲ加ヘツアリ現ニ上海ニ於テ自分等カ祕密裡ニ會合シタル重慶側密使等ヲ逮捕監禁セル事實モアル處右ハ日本側ト重慶トノ間ニ和議成立スルニ於テハ彼等ハ臨

時維新両政府ノ場合ト同様ノ憂キ目ニ會フヘキヲ惧レ居ル爲ニ外ナラス現ニ政府要人ニシテ之ヲ自分ニ洩セル者アリ自分ヨリ這般ノ事情ヲ板垣總參謀長ノ耳ニ入レタル處同參謀長モ困惑ノ色ヲ示シ居タリ

三、過般ノ華北政務委員會委員長ノ更迭ニ絡マル紛糾ハ當初ノ王克敏ノ策動ニ依リタルモノナルカ彼ノ程度迄紛糾ヲ續ケタルハ南京側一部策士ノ北支乘取ノ策動アリタルモ一因ナリ過般ノ陳內政部長、傅鐵道部長ノ來燕ハ右ヲ裏書スルモノナルカ曲リナリニモ王揖唐ノ就任ヲ見タル今日ニ於テハ當分ハ策ヲ施スニ由無キ次第ニテ目下ハ重態ナル湯爾和ノ死ヲ豫想シ其ノ地位ヲ狙ヒツツアリ一般ニ於テハ南京側ノ卑劣サハ言語ニ絶シ心中日本モ無ク支那モ無ク唯自己ノ榮達ノミヲ計ルモノト看做サレ居リ上海南京方面ニ於テハ「南京虫」ト渾名セラレ毛嫌ヒセラレツツアル有様ナリ

右ハ何澄カ上海、南京ニ於テ見聞セル所ヲ率直ニ語リタルモノナルニ付テハ右御含ミノ上同人ノ立場ニ迷惑ヲ掛ケサル様取扱上充分御配意相煩度シ

南京、上海、漢口、廣東、天津、青島、濟南へ轉電セリ

324　「基本國策要綱」　昭和15年7月26日　閣議決定

昭和一五、七、二六

閣議決定

世界ハ今ヤ歴史的一大轉機ニ際會シ數個ノ國家群ノ生成發展ヲ基調トスル新ナル政治經濟文化ノ創成ヲ見ントシ、皇國亦有史以來ノ大試錬ニ直面ス、コノ秋ニ當リ眞ニ肇國ノ大精神ニ基ク皇國ノ國是ヲ完遂セントセハ右世界史的發展ノ必然的動向ヲ把握シテ庶政百般ニ亘リ速ニ根本的刷新ヲ加ヘ萬難ヲ排シテ國防國家體制ノ完成ニ邁進スルコトヲ以テ刻下喫緊ノ要務トス、依ツテ基本國策ノ大綱ヲ策定スルコト左ノ如シ

基本國策要綱

一、根本方針

皇國ノ國是ハ八紘ヲ一宇トスル肇國ノ大精神ニ基キ世界平和ノ確立ヲ招來スルコトヲ以テ根本トシ先ツ皇國ヲ核心トシ日滿支ノ强固ナル結合ヲ根幹トスル大東亞ノ新秩序ヲ建設スルニ在リ

之カ爲皇國自ラ速ニ新事態ニ卽應スル不拔ノ國家態勢ヲ確立シ國家ノ總力ヲ擧ケテ右國是ノ具現ニ邁進ス

二、國防及外交

皇國内外ノ新情勢ニ鑑ミ國家總力發揮ノ國防國家體制ヲ基底トシ國是遂行ニ遺憾ナキ軍備ヲ充實ス

皇國現下ノ外交ハ大東亞ノ新秩序建設ヲ根幹トシ先ツ其ノ重心ヲ支那事變ノ完遂ニ置キ國際的大變局ヲ達觀シ建設的ニシテ且ツ彈力性ニ富ム施策ヲ講シ以テ皇國國運ノ進展ヲ期ス

三、國內態勢ノ刷新

我國內政ノ急務ハ國體ノ本義ニ基キ庶政ヲ一新シ國防國家體制ノ基礎ヲ確立スルニ在リ之カ爲左記諸件ノ實現ヲ期ス

1、國體ノ本義ニ透徹スル教學ノ刷新ト相俟チ自我功利ノ思想ヲ排シ國家奉仕ノ觀念ヲ第一義トスル國民道德ヲ確立ス尙科學的精神ノ振興ヲ期ス

2、强力ナル新政治體制ヲ確立シ國政ノ綜合的統一ヲ圖ル

イ、官民協力一致各々其ノ職域ニ應シ國家ニ奉公スルコトヲ基調トスル新國民組織ノ確立

ロ、新政治體制ニ卽應シ得ヘキ議會制度ノ改革

ハ、行政ノ運用ニ根本的刷新ヲ加ヘ其ノ統一ト敏活トヲ目標トスル官場新態勢ノ確立

3、皇國ヲ中心トスル日滿支三國經濟ノ自主的建設ヲ基調トシ國防經濟ノ根基ヲ確立ス

イ、日滿支ヲ一環トシ大東亞ヲ包容スル皇國ノ自給自足經濟政策ノ確立

ロ、官民協力ニヨル計畫經濟ノ遂行特ニ主要物資ノ生產、配給、消費ヲ貫ク一元的統制機構ノ整備

ハ、綜合經濟力ノ發展ヲ目標トスル財政計畫ノ確立竝ニ金融統制ノ强化

ニ、世界新情勢ニ對應スル貿易政策ノ刷新

ホ、國民生活必需物資特ニ主要食糧ノ自給方策ノ確立

ヘ、重要產業特ニ重、化學工業及機械工業ノ劃期的發展

ト、科學ノ劃期的振興竝ニ生產ノ合理化

チ、內外ノ新情勢ニ對應スル交通運輸施設ノ整備擴充

リ、日滿支ヲ通スル綜合國力ノ發展ヲ目標トスル國土

開發計畫ノ確立

4、國是遂行ノ原動力タル國民ノ資質、體力ノ向上竝ニ人口増加ニ關スル恆久的方策特ニ農業及農家ノ安定發展ニ關スル根本方策ヲ樹立ス

5、國策ノ遂行ニ伴フ國民犧牲ノ不均衡ノ是正ヲ斷行シ厚生的諸施策ノ徹底ヲ期スルト共ニ國民生活ヲ刷新シ眞ニ忍苦十年時難克服ニ適應スル質實剛健ナル國民生活ノ水準ヲ確保ス

編　注　本要綱は昭和十五年八月一日に内閣から発表された。

325　昭和15年7月26日　在上海三浦総領事より松岡外務大臣宛（電報）

重慶側が政権内での和平問題討議の風聞を全面否定し抗戦継続の決意を示したとのロイター電報告

上　海　7月26日後発
本　省　7月26日後着

第一五七一號

二十五日重慶發「ルーター」電ニ依レハ七月二十二日開催ノ國防委員會ニ於テ和戰問題討議ノ爲八月一日各軍事領袖會議決定説及民主國擁護ノ外交政策ヲ變更シ樞軸國家接近策採用説ニ關シ同地消息通ハ何レモ之ヲ否認シ前者ニ關シテハ七中全會中央執監委員會國防委員會席上國府紀念週及緬甸、滇越兩「ルート」遮斷後發表セル蔣介石ノ各宣言中ニ於テ國際情勢ノ發展如何ニ不拘支那ハ和平提議ヲ考慮セス飽迄繼續抗戰ノ決意ヲ有スル旨明示セルコトヲ指摘シ且目下日本或ハ英國側ヨリ何等和平提議ニ接シ居ラサルノミナラス事變三年來南京陷落前「トラウトマン」獨大使カ支那ニ探リヲ入レタル程度ノ和平提議アリタル以外時々責任ナキ方面ヨリ種々和平提議アリタルモ政府ハ之ヲ重視シタルコト無シト斷シ後者ニ關シテハ佛國ノ懊惱ト英國ノ緬甸公路封鎖後喧傳セラレタルモノニシテ最近支那側當局集會ノ際世界情勢ノ激變ニ對應シ獨伊蘇三國關係ノ緊密ヲ計リ其ノ外交政策ヲ調整スル必要アル旨主張セル若干ノ首腦部アリタルモ最高當局ハ既定外交政策ノ維持繼續方堅持シ國際情勢ノ進展ニ依リ之ニ變更ヲ加フヘキニ非ストテ一面獨伊トノ關係ヲ保持スルト共ニ他面米蘇ノ抗戰援助ヲ促進セシムル政策ヲ固執シ居ルヲ以テ現在ノ處其ノ外交政策ニ何

等變更無シト爲シ居レル趣ナリ
北京、天津、南京、漢口ニ轉電シ
香港ニ暗送セリ

326 昭和15年7月27日 大本営政府連絡会議決定
「世界情勢ノ推移ニ伴フ時局處理要綱」

◉世界情勢ノ推移ニ伴フ時局處理要綱

昭和一五、七、二七
大本營政府連絡會議決定

方針

帝國ハ世界情勢ノ變局ニ對處シ内外ノ情勢ヲ改善シ速ニ支那事變ノ解決ヲ促進スルト共ニ好機ヲ捕捉シ對南方問題ヲ解決ス

支那事變ノ處理未タ終ラサル場合ニ於テ對南方施策ヲ重點トスル態勢轉換ニ關シテハ内外諸般ノ情勢ヲ考慮シ之ヲ定ム

右二項ニ對處スル各般ノ準備ハ極力之ヲ促進ス

要領

第一條 支那事變處理ニ關シテハ政戰兩略ノ綜合力ヲ之ニ集中シ特ニ第三國ノ援蔣行爲ヲ絶滅スル等凡ユル手段ヲ盡シテ速ニ重慶政權ノ屈伏ヲ策ス

對南方施策ニ關シテハ情勢ノ變轉ヲ利用シ好機ヲ捕捉シ之カ推進ニ努ム

第二條 對外施策ニ關シテハ支那事變處理ヲ推進スルト共ニ對南方問題ノ解決ヲ目途トシ概ネ左記ニ依ル

一、先ツ對獨伊蘇施策ヲ重點トシ特ニ速ニ獨伊トノ政治的結束ヲ强化シ對蘇國交ノ飛躍的調整ヲ圖ル

二、米國ニ對シテハ公正ナル主張ト嚴然タル態度ヲ持シ帝國ノ必要トスル施策遂行ニ伴フ已ムヲ得サル自然的悪化ハ敢テ之ヲ辭セサルモ常ニ其動向ニ留意シ我ヨリ求メテ摩擦ヲ多カラシムルハ之ヲ避クル如ク施策ス

三、佛印及香港等ニ對シテハ左記ニ依ル

(イ)佛印(廣州灣ヲ含ム)ニ對シテハ援蔣行爲遮斷ノ徹底ヲ期スルト共ニ速ニ我軍ノ補給擔任、軍隊通過及飛行場使用等ヲ容認セシメ且帝國ノ必要ナル資源ノ獲得ニ努ム

情況ニヨリ武力ヲ行使スルコトアリ

(ロ)香港ニ對シテハ「ビルマ」ニ於ケル援蔣「ルート」ノ徹底的遮斷ト相俟チ先ツ速ニ敵性ヲ芟除スル如ク强力ニ諸工作ヲ推進ス

(ハ)租界ニ對シテハ先ツ敵性ノ芟除及交戰國軍隊ノ撤退ヲ圖ルト共ニ逐次支那側ヲシテ之ヲ囘收セシムル如ク誘導ス

(ニ)前二項ノ施策ニ當リ武力ヲ行使スルハ第三條ニ據ル

四、蘭印ニ對シテハ暫ク外交的措置ニ依リ其重要資源確保ニ努ム

五、太平洋上ニ於ケル舊獨領及佛領島嶼ハ國防上ノ重大性ニ鑑ミ爲シ得レハ外交的措置ニ依リ我領有ニ歸スル如ク處理ス

六、南方ニ於ケル其他ノ諸邦ニ對シテハ努メテ友好的措置ニヨリ我工作ニ同調セシムル如ク施策ス

第三條　對南方武力行使ニ關シテハ左記ニ準據ス

一、支那事變處理概ネ終了セル場合ニ於テハ對南方問題解決ノ爲内外諸般ノ情勢之ヲ許ス限リ好機ヲ捕捉シ武力ヲ行使ス

二、支那事變ノ處理未タ終ラサル場合ニ於テハ第三國ト開戰ニ至ラサル限度ニ於テ施策スルモ内外諸般ノ情勢特ニ有利ニ進展スルニ至ラハ對南方問題解決ノ爲武力ヲ行使スルコトアリ

三、前二項武力行使ノ時期、範圍、方法等ニ關シテハ情勢ニ應シ之ヲ決定ス

四、武力行使ニ當リテハ戰爭對手ヲ極力英國ノミニ局限スルニ努ム

但シ此ノ場合ニ於テモ對米開戰ハ之ヲ避ケ得サルコトアルヘキヲ以テ之カ準備ニ遺憾ナキヲ期ス

第四條　國内指導ニ關シテハ以上ノ諸施策ヲ實行スルニ必要ナル如ク諸般ノ態勢ヲ誘導整備シツツ新世界情勢ニ基ク國防國家ノ完成ヲ促進ス

之カ爲特ニ左ノ諸件ノ實現ヲ期ス

一、强力政治ノ實行

二、總動員法ノ廣汎ナル發動

三、戰時經濟態勢ノ確立

四、戰爭資材ノ集積及船腹ノ擴充

（繰上輸入及特別輸入最大限實施竝ニ消費規正）

五、生產擴充及軍備充實ノ調整

327 昭和15年8月3日 基本国策大綱に関する中国紙報道振り報告

在上海三浦総領事より
松岡外務大臣宛（電報）

上海　8月3日後発
本省　8月3日後着

第一六五六號

我基本國策ノ要項ハ二日當地各漢字紙共其ノ大要ヲ掲ケ之ヲ重視シ居レルカ三日ニ至ルヤ中美日報及神州日報ハ社説ヲ掲ケ右ハ日本ノ野心ト焦慮ヲ具體的ニ表現セル紙上一片ノ幻想ニ過キス特ニ日本カ依然支那ヲ屬國化セントスル陳腐ナル主張ヲ改メス大陸政策ト南進政策ノ同時實現ヲ計ラントスルハ全然夢想ノ域ヲ脱セス實現ノ可能性ナシトテ例ノ如ク故意ニ之ヲ誹謗シ居レルカ中美日報ハ右ハ前内閣ニテ發展的傾向ニ在リタル諸政策ヲ繼承シ之ヲ純化シ其ノ全貌ヲ露出セントスル點ニ於テ特徴アリ斯クテハ近衛内閣ノ對外課題ハ確定セリト雖現下複雑怪奇ノ國際情勢下ニ於テハ之ヲ明朗ナル行動ニ移スニハ相當ノ距離アルヘシト論シ居レリ

支、天津、北京、漢口ニ轉電シ香港ニ郵送セリ

328 昭和15年8月10日 事変解決への抱負に関する松岡外相談話

松岡外務大臣車中談（八月十日）

我國ノ外交基本方針ハ八月一日ニ發表セラレマシタ基本國策要綱及同日私カ致シマシタ談話ニ依ツテ略明瞭ニサレタト信シマスカ、凡ユル突發性ノ機會ヲ包藏シテ居ル現下ノ複雑ナル國際情勢ニ處スルニハ、内速ニ新體制ヲ整ヘ高度ニ國防ヲ鞏化シ國力ヲ培養シ、外皇道ノ精神ニ則リ先ツ東亞諸國、諸民族ヲシテ各々ソノ處ヲ得セシメ相與ニ大東亞共榮圏ノ確立ニ向ツテ邁進セネハナラヌト思フノテアリマス。而シテ大東亞共榮圏確立ニ當リマシテハ我方ト其ノ所信ヲ同シクスル國々ト提携シ否、左様ナル國ヲ一國テモ多ク作リツツ他方凡ユル障害ハ敢然之ヲ排除スル覺悟テアリマス。ソレニツケテモ出來ルコトナラ支那事變ヲ一日モ速ニ處理シナクテハナラヌト思ヒマスルカ、併シソレモ世界

全般ノ情勢カラ切放シテ出來ルモノテハナク又姑息ナル處理ノ斷シテ不可ナルコトハ申ス迄モアリマセヌ。ソノ處理ニ急ナル兎モスレハアセリ氣味ニナル危險ノアルコトハ朝野等シク戒メネハナリマセヌ。南京ニ於ケル阿部大使ト汪精衛氏トノ間ノ交渉ハ順調ニ進捗シ遠カラス結末ニ到達スルテアラウト存シマス。重慶政權ハ未ニ迷夢醒メス抗日ノ途ヲ辿ツテ居リマスカ皇軍陸海將士ノ勇猛果敢ナル徹底的武力討伐ニ依ツテ今ヤ彼等ハ最後ノ關頭ニ立至ツテ居リマス。私ハ蔣介石ヲハシメモシ眞ニ中國ヲ愛シ東亞諸民族ノ將來ヲ憂ヘソシテ歐米否世界空前ノ大動搖、大轉換ノ機ヲ察スルタケノ聰明サト眞劍味ヲ持ツナラハソノ內皇國ノ眞意ヲ悟ルノ日カ到來スルテアラウコトヲ期待スルモノテアリマス。彼等カ今日迄餘喘ヲ保チ得タ主タル所以ハ佛領印度支那或ハ英領「ビルマ」等ヲ通スル諸外國ヨリスル物資供給ニアリマシタカ、佛領印度支那ニ關シマシテハ佛國側ハ近來漸次我方ノ公正ナル要求ニ應スル姿勢ヲ取ツテ來テルノテアリマス。目下現地ニ於キマシテハ我軍、外務官憲ハ佛印官憲ノ協力ヲモ得テ物資輸送路ノ監視ニ大努力ヲナシテ居リ又「ビルマ」ヲ通スル對重慶物資輸送ニ關シマシテモ巳ニ世人周知ノ通リ之カ禁壓實行ニ付キマシテマタ一時的テハアリマスカ兎モ角英國モ讓歩シ我方モ目下最善ヲ盡シテ居ル次第テアリマス。

尙歐米ニ於ケル情勢ハ日ニ緊迫複雜ノ度ヲ加ヘ來ツテ居ルノテアリマスルカ、ソノ推移ハ固ヨリ我カ國策遂行ニ重大ナル影響ヲ及ホスモノテアリマスノテ我方ト致シマシテハ斷エス歐米諸國ノ動向ヲ注視シ此ノ間ニ善處センコトヲ期シテ居ル次第テアリマス。

又通商貿易ノ部面ニ於キマシテモ此ノ如キ世界ノ情勢カ之ニ及ホシツツアル影響ハ眞ニ輕視スヘカラサルモノカアリマスカ今後ニ於ケル經濟情勢ニハ一大變革カ來ルモノト豫想セラレマスノテ之ニ卽應シテ臨機應變ノ策ヲ講シテ居ルノテアリマス我方カ重點ヲ置イテ居リマス東亞經濟圈ノ建設ト云フコトモ亦右ニ述ヘマシタ世界經濟情勢ノ變革ニ對處スルモノニ外ナラナイノテアリマス。

私ハ東亞民族相提携シ先ツ以テ大東亞新秩序ノ建設ヲ完成シ延イテ公正ナル世界恆久平和ノ達成ニ寄與スルコトコソ大和民族否東亞諸民族全體ニ課セラレタ大使命ト確信スルモノテアリマシテ、素ヨリ之カ達成ハ一日ニシテ成ルモノテハナク又其前途幾多ノ困難ヲ覺悟シナケレハナリマセンカ一億一心之ニ精進セハ必スヤ此大理想ヲ實行シ得ルコトヲ信シテ疑ハサルモノテアリマス。

編注 本文書は、昭和十五年十二月、情報部作成「支那事變關係公表集(第五號)」から拔粋。

329 昭和15年9月5日

外務省東亜局第一課作成の「日支全面和平處理方策ニ關スル試案」

日支全面的和平處理方策ニ關スル試案　(昭和一五、九、五、亞一)

一、阿部大使ニ於テ南京政府ヲ相手トシ交渉中ナリシ條約問題ハ客月末ヲ以テ一段落シ右ニ關スル再交渉(必要アル場合)及日支兩國ノ國内手續(調印前ニ於ケル樞密院御諮詢ヲ含ム)カ順調ニ進行スルモノトセハ十月末若ハ十一月初旬ニ條約調印從テ南京政府ノ正式承認ノ運ヒトナルヘキ順序ナル處右ハ必スシモ日支間ノ全面的和平ヲ卽急ニ招來スルコトトハナラス日支事變ハ寧ロ長期戰トナル可能性大ナルヲ以テ右條約調印ニ至ル期間内ニ於テ全面的和平ノ實現、換言セハ重慶政權ノ屈服ヲ招來スル爲ノ有ユル努力行ハルルヲ要スヘシ右努力ノ一トシテ目下總軍ニ於テ實行中ノ謀略工作ノ成果ヲ速カニ擧クル樣之カ進行ヲ計ルコトモ一方法ナルヘキ處本件謀略ハ今日迄ノ經過ニ徵スルニ百%成功スルカ百%失敗スルカノ性質ノモノニシテ他ノ努力ノ爲右工作ノ進展ヲ妨害スルコトハ差控フルヲ要スルモ本件謀略ノミニ依賴シ其ノ他ノ方法ハ一切手ヲ出サスト言フカ如キハ此際執ルヘキ方策ニアラサル情勢ナルヲ以テ右謀略ト別箇ニ政府ニ於テ廟議ヲ定メ全面的和平工作ヲ進行スルノ要アリ

其ノ一ハ實質上重慶ヲ相手トスル和平交渉ニシテ他ノ一ハ第三國(獨逸)ヲ利用スル方法ナルヘシ

二、重慶ヲ相手トスル交渉ハ「之ヲ相手トセス」トノ近衛聲明ノ建前上事實上ノ交渉トシテ之ヲ行フヲ要スル處(右ニテ充分ニシテ必スシモ近衛聲明ノヤリ直シヲスル要ナシ)右交渉ニ關聯シ交渉ノ基礎案、右ニ對スル政府ノ讓歩腹案、交渉ノ實行方法及順序等ノ問題發生スヘシ

(イ)交涉ノ基礎案トシテハ阿部汪兆銘間ニ一應妥結ヲ見タル條約案ノ內容ヲ以テ之ニ充ツルコトトスルノ外ナカルヘシ蓋シ右ト全然懸ケ離レタル案ヲ基礎案トシテ示スコトハ汪トノ關係牽イテハ支那民衆ニ對スル關係ニ於テ帝國政府ノ信義ヲ問ハルル結果トナルヘキヲ以テナリ尤モ當初ヨリ條約案其ノ儘ヲスヘテ重慶ニ提示スル要ハナカルヘク基礎案トシテハ條約案中ノ重要ナル問題ノミヲ抽出シテ先ツ提示スルコト然ルヘキモノト認ム卽チ右基礎案ハ基本條約案ノ諸事項及撤兵事項、滿洲國承認問題竝ニ北支內蒙ノ特殊性ノ範圍ニ止メ差支ナク南京政府ヲ相手トスル場合ニ必要ナル過渡的便法例ヘハ特殊事態ノ存在ヲ諒承シ事變處理ニ協力セシムル件ノ如キハ當然ニ之ヲ提案スル必要ナク又北支蒙疆以外ノ支那內政ニ關スル事項、顧問協定、軍事ニ關スル協力事項ノ如キハ和平實現ニ際シ討議シ差支ナキ問題ト認メラル

(ロ)右基礎案ニ對シ重慶カ讓歩ヲ求メタル場合ニ於ケル政府ノ腹案ハ豫メ廟議ヲ決定シ置クヲ要スヘク右基礎案及ヒ讓歩ノ腹案ハ別項（省略）「日支全面的和平實現ノ見地ヨリ考察セル和平條件（條約）問題」中ニ一應明ニシ置キタリ

(ハ)交涉ノ實行方法トシテハ先ツ南京政府トノ間ニ帝國政府ニ於テ事實上重慶ヲ相手トシ全般的和平ヲ招來スル爲必要ナル豫備交涉ヲ進ムヘキ趣旨ノ諒解ヲ遂ケタル上前記交涉ノ基礎案ニ基キ(一)南京政府側ヲシテ日本政府ハ右案ニ依リ眞面目ニ全面的和平問題ヲ考慮シ居ルヲ以テ此際南京側ト共ニ和平實現ニ乘リ出スコト得策ナルヘキ旨ヲ說得セシムヘキ方法モアルヘク又(二)帝國政府自ラ特派スヘキ者ヲ用ヒ重慶要路ニ對シ直接同樣ノ說得ヲ試ミル方法モアルヘク（政府要路ノ中心人物カ自ラ乘出ササル場合ハ不取敢政府代表ノ資格ヲ與ヘ民間人ヲ重慶ニ特派スルコト最モ有效ナリト考ヘラル例ヘハ頭山滿翁又ハ其ノ代表トシテノ子息秀三郎ノ如キ重慶部內ニ信用アル者ヲ起用スルコトモ眞面目ニ考慮スルヲ要スヘシ）或ハ上海、香港方面ニ在ル重慶政權關係者特ニ蔣介石ニ親シク接近シ得ル人物（周作民、錢永銘、張季鸞ノ如シ尙陳誠戴笠ノ代表者トノ連絡ノ筋モ確實ナルモノアリ）ヲ通シ同樣ノ說得ヲナス方法

モアルヘシ唯茲ニ注意ヲ要スルハ右何レカノ方法ヲ併セ行フニ當リ重慶ニ傳達スヘキ條件ニ喰違ヲ生スルコトヲ絶對避クルヲ要スル點ナリ

右政府ノ眞意傳達及説得ニ關聯シ且之ト併行シ第三國（獨逸）ヲ利用スルコトハ重慶ヲシテ帝國政府ノ意向ニ對スル信頼ヲ高メシメ又アル程度ノ安心ヲ持タシメ或ハ其ノ面子ヲ傷ケサラシムル爲當然考ヘラルル所ナリ但シ前述ノ如ク我カ政府ノ意向ヲ重慶ニ傳達シ置キ必要ニ應シ直接交渉ヲナシ得ル途ヲ開キ置クコトナクシテ獨逸ノミヲ通シ和平ノ申入ヲナス方法ニ依ルトセハ重慶政府ニ於テ獨逸ヲ以テ調停者タラシメントスル策動行ハレ従テ獨逸カ調停者トシテ日支間ノ和平條件ノ内容ヲ是非云々スル立場ニ立ツヘキ危險大ナルヲ以テ重慶ニ對シテハ獨逸利用ノミノ方法ニ依ラス獨逸利用ニ先チ或ハ遲クトモ之ト併行シテ前述ノ何レカノ方法ニ依リ重慶ニ對シ別箇ニ働キカクルコトトシ以テ前記ノ如キ危險ヲ防止スルコト必要ナリ

右帝國政府ノ意思表示乃至説得ニ對シ重慶ハ直接或ハ間接ノ方法ヲ以テ和平條件ノ緩和ヲ申出ツルコトヲ豫想セラルル處右申出ニ對スル我カ腹案ハ別紙ノ通リニシテ我カ最少限度ノ要求ヲ承認セシムルヲ要スル處右ニ關スル交渉ハ數多ノ「チャンネル」ヲ通スルコトナク一本ノ筋道ニテ行フヲ要スヘシ然ラサレハ重慶ノ乘スル所トナリ我方ノ豫想シ居ル限度以上ニ妥協ヲ必要トスル場合ヲモ生スヘシ而シテ右交渉ノ「チャンネル」ハ汪兆銘ヲ通シ汪ノ面子ニ免シ重慶ノ言分カ通リタル形式ヲトルコト今日迄ノ南京政府トノ關係上最モ妥當ナルヘキモ重慶トシテハ右方法ハ最モ嫌フ所ナルヘキヲ以テ或ハ重慶ノ選フ方法ニ依リ日支代表者ノ間ニ於テ交渉取纏メルコトトナルヨリ外ナカルヘシ

交渉ハ重慶トノ停戰、汪蔣合作、重慶ト南京トカ合流セル政府トノ條約締結ノ順序ニ依ルヘキコト別紙記載ノ通リニシテ停戰ハ重慶ヲ相手トセル調印ヲナスヘキモ右以外ノ事項ハ重慶トノ間ニ豫備交渉トナル次第ナルヘシ

三、日支和平ニ第三國ヲ利用スル場合不取敢實現ノ可能性アルハ獨逸ナル處（本件ニ關シテハ評論ヲ避ク）獨逸利用ニ當リテハ日獨間ノ全般的政治新關係設定ノ一環トシテ之

ヲナス建前ヲ取リ日本カ辭ヲ低クシテ獨逸ニ依賴シ特ニ事變ノ解決ヲ講スルカ如キ立場ヲ取ルコトハ絶對避クルヲ要スルモ去リトテ一般政治協定ノ成立ヲ俟チ或ハ右成立ト同時ニ支那問題ヲ解決セントスルニ於テハ事變ノ處理甚タシク遲レ南京政府トノ間ニ於ケル條約ノ調印豫定日前ニ於テ少クトモ右方法ニ依ル事變處理ノ見透シヲツケントスル要望ニ副ハサルニ付日獨政治問題ノ討議行ハルル場合其ノ一項目トシテ取上ケ先ツ本問題ノミノ進展ヲ計ル如ク交渉ヲ誘導スルコトヲ妨ケサルモノトス

右獨逸利用ニ當リ重慶ハ前述ノ如ク獨逸ヲシテ調停者ノ立場ニ立タシメ和平條件ノ內容ノ緩和ニ獨逸ヲ利用セントスヘキハ勿論和平條件ノ保障者ノ地位ニ獨逸ヲ立タシメントスル策動モ行ハルヘキ處和平條件ノ妥結ハ日支間限リニ於テ之ヲナスコトヲ必要トシ且爲シ得ル見透シナキニアラサルヲ以テ獨逸カ事變處理ニ介入スル場合ニ於テモ我方トシテハ獨逸ニ對シテハ和平條件ノ基礎案ヲ示シ先ツ獨逸ヲシテ之ヲ納得セシムルヲ上乘トシ、（右和平條件ハ日本ノ要求スル最大限度ナルコトヲ強調セシメ之ヲ甘受シテ速カニ停戰ヲ實施スヘキ趣旨ニテ獨逸ヨリ重慶ヲ說得スル段取トナルヘシ）從テ獨逸ニ對シ讓步ノ限度ヲ示スコトハ出來ル限リ差控フルヲ要スヘシ又獨逸カ和平ノ保障者トナル點ニ付テハ日本政府ニ於テ之ヲ認ムルコトヲ得サルモ獨逸政府カ承認セル和平條件ヲ日本政府カ蹂躪スルコトハナカルヘキ趣旨ニテ獨逸ニ言質ヲ與ヘ獨逸政府ノ裁量ニ依リ獨支間限リノ問題トシテ獨逸カ適當ノ「フォームラ」ニ依リ和平ヲ保障スル立場ニ立ツコトハ敢テ拒否スヘキニ非スト認メラル

四、獨逸カ事變處理ニ介入スル代償トシテ各種ノ條件ヲ提出スヘキコトハ當然之ヲ豫想シ其ノ對策ヲ講シ置クヲ要スル處先ツ經濟部門ニ於テ其ノ一ハ支那ニ於ケル獨逸ノ經濟活動ノ限度ノ問題ナルヘク右ニ付テハ前掲「日支全面的和平實現ノ見地ヨリ考察セル和平條件（條約）問題」ノ末尾ニ一應之ヲ明ニシ置キタリ第二ノ問題ハ南洋ニ於ケル獨逸ノ資源獲得ノ點ナルヘク又第三ノ問題トシテ日、滿ト獨逸トノ貿易關係問題モ提起セラルヘキ處右第二、第三ニ付テハ通商局ニ於テ研究ノ案ニ依ルコトト致度

五、和平條件ノ基礎案ハ前述ノ如ク先ツ獨逸ヲシテ之ヲ呑込マシムルコト上乘ナル次第ニシテ獨逸トシテモ主義ノ問

題トシテハ之ヲ呑込ムモノト豫想シ得サルニアラス然ルニ右ノ中共同防共就中重慶ノ容共拋棄、反共或ハ討共ノ態度闡明ニ關シテハ實際政治ノ問題トシテ日本カ果シテ何ヲ期待シ居ルヤ日本ノ實政策如何ヲ獨逸ヨリ反問シ來ル場合ナキヲ保シ難カルヘシ而シテ我方トシテ主義上停戰又ハ和平ト同時ニ重慶カ反共態度ヲ明示シ右ニ副フ措置ヲトルコトヲ要求スヘキハ當然ノコトニシテ右ハ原則事項トシテ獨逸モ諒解スヘキモ實際ニ如何ナル限度ニ之ヲ實行セシムル方針ナリヤハ獨逸ノ質問ヲ俟ツ迄モナク日本政府ニ於テ肚ヲ決メ置クヘキ問題ナルヘシ共同防共ト云フモ外蒙及新疆ニ於ケル赤色勢力ノ驅逐ハ當分言フヘクシテ行ハレ得サルヘキ問題ナルヲ以テ日本ニ於テ之カ實行ヲ迫ル意向ナキハ當然ナルヘク從テ問題トナルハ西北地區（大体陝西、甘肅ノ兩省）其ノ他ニ於ケル中共ノ措置問題ナルカ和平克服後直ニ中共ヲ討伐スヘキ旨蔣介石カ誓約スルコトアリトスルモ右カ中共ニ洩レル場合ニハ（當然洩レル譯ナリ）中共ノ逆宣傳等ニ依リ蔣ノ實力的地位ハ覆サレ防共ヲ實行シ得ルモノナキニ至リ支那ハ愈々混亂狀態ニ陷リ殊ニ我方ノ重視スル北支方面卽チ河北、山西、山東省ニ於テ共產黨ノ使嗾スル雜軍及民衆ニ依ル「ゲリラ」戰ハ止ムヘクモ非ス北支蒙疆ノ開發ノ如キ到底實行シ得サルニ至ルヘシ斯ク觀シ來レハ實際政治ノ問題トシテハ防共ハ看板ニ止メ置キ實際ニハ陝西、甘肅ニ於ケル中共ノ勢力ヲ暫定的ニ認メツツ中共側ヲシテ河北、山西、山東等右西北二省以外ノ地方ニ於ケル中共ノ活動ノ中止及之カ西北ヘノ撤退ヲ約束セシメ一時國共ノ妥協ヲ認メヤルコト已ムヲ得サルノミナラス寧ロ日支雙方ノ爲ニモ利益ナリトノ結論モ生スヘク從テ帝國政府ニ於テ右方針確立スルヲ得ハ獨逸ヨリ質問アリタル場合ニ之カ應酬モ容易ナルヘク又右ヲ極祕ノ含ミトシテ重慶ニ通シ和平ノ促進ヲ圖ル方法モ講シ得ヘク更ニ日蘇關係ノ調整ニモ裨益スル所大ナルモノアルヘシ右ハ相當重大ナル問題ナルカ斯ノ如キ妥協ハ必スシモ防共ノ趣旨ニ反スルモノニ非サルニ付實際政治ノ問題トシテ帝國政府ニ於テ早キニ及ンテ決心ヲナスヘキ事項ナリト認メラル

330　昭和15年9月16日　外務省作成の「支那事變急速處理方針」

支那事變急速處理方針

（昭一五、九、一六）

一、現下ノ國際情勢及重慶政府ノ動向ニ鑑ミ此際帝國政府ニ於テ速ニ事實上重慶政府ヲ直接相手トスル全面的和平交渉ヲ行フ

二、世界ノ新秩序建設ヲ共同目的トスル日獨伊提携强化ヲ斷行シソ聯トノ國交調整ヲ計ルト共ニ獨逸國ヲ利用シ我カ對重慶政府直接交渉ヲ促進ス

三、和平條件ハ現在ノ條約案ヲ基礎トシ之ニ全面的和平ニ伴フ諸般ノ政治的考慮ヲ加ヘタルモノ（別紙甲號）トス

四、全面的和平ハ停戰、重慶南京合流、和議ノ順序ヲ豫定ス

五、南京政府ニ對シテハ帝國政府ニ於テ事實上重慶ヲ相手トシ全面的和平招來ノ爲必要ナル交渉ヲ進ムヘキコトニ付豫メ諒解ヲ遂ク

南京政府トノ條約交渉ハ差當リ既定方針ニ依リ其ノ手續ヲ進ムルモノトス

六、前記對重慶工作ノ奏效セサル場合ハ南京政府ノ速時承認、蔣政權ニ對スル交戰權發動及占領地行政ノ再編成ヲ急速實施ス

支那事變急速處理要領（案）

(甲)方　針

帝國ヲ中心トスル大東亞共榮圈確立ノ爲ニハ支那事變ノ急速解決ヲ以テ最緊要事トス、依テ此際速ニ蔣政權ニ對シ直接交渉ヲ開始シ獨伊ノ斡旋ヲ利用シツツ概ネ今秋中ニ對支全面的和平ノ實現ヲ期スルモノトス

(乙)實施要領

一、對重慶攻勢ノ强化

(一)外交體制ノ强化

急速ニ獨伊ト同盟條約ヲ締結スルト共ニ對蘇關係ノ調整打開ノ實現ニ努ム

(二)對重慶軍事經濟體制ノ强化

(イ)佛印ニ對スル派兵竝航空基地ノ前進、重慶爆撃ノ强化等ニ依リ軍事壓力ヲ極力大ナラシム

援蔣「ルート」ノ遮斷ニ一層努力ス

(ロ)新國民政府トノ國交調整概ネ整ヒタル狀況ヲ利用シ重慶政府ニ對シ一層ノ壓力ヲ加フ

(ハ)第三國ニ對シテハ我國カ米國竝南方諸地方ニ對シ直ニ實力行使ニ出ツルカ如キ印象ヲ與ヘサル樣留意シ以テ重慶側カ第三國ノ合力ニ望ヲ囑スルカ如キコト無キ樣善處ス

二、全面的和平交涉

前記對重慶攻勢ノ概ネ整ヒ且佛印ニ對スル平和的軍事行動ノ實現セル頃ヲ見計ヒ左記要領ニ依ル和平工作ヲ行フモノトス

(一)對重慶直接交涉

(イ)政府ニ於テ直ニ我方重慶間直接和平交涉ニ必要ナル豫備的措置ヲ講ス

(ロ)近衛聲明ハ其ノ儘トシ先ツ事實ノ問題トシテ交涉ニ入ル

(ハ)我方交涉全權トシテ政府ハ特ニ總理大臣級ノ大物ヲ任命シ廣汎ナル裁量ノ權限ヲ與フ

從來ノ謀略機關ニ依ル交涉ハ一切之ヲ止ム

(ニ)交涉ノ基礎案別紙第二號ノ通

(ホ)和平ノ程序ハ先ツ停戰協定、重慶南京合流、和議ノ三段階ニ分ツ如ク施策ス

(二)獨逸ノ和平斡旋

(イ)日獨間ニ提携强化ニ關シ主義上ノ話合纏リタル頃ヲ見計ヒ獨逸側ニ對シ重慶政府トノ直接交涉ノ仲介ヲ申入ル

(ロ)和平斡旋ハ單純ナル仲介ニ止マラス狀況ニ應シ進ムテ重慶側ニ對シ充分壓力ヲ加ヘシム

(ハ)必要ニ應シテハ條約實施ノ保障蔣介石ノ地位保障等ニ付テモ獨支間ノ問題トシテ取扱ハシム

(ニ)前記和平基礎條件ヲ內示ス

(ホ)支那ニ於ケル獨逸側利益擁護ニ付テハ別紙第一號ノ「ライン」ニ依リ考慮ス

(ヘ)獨逸ト共ニ伊太利ヲシテ和議仲介ニ當ラシムル場合アルヘシ

(三)對汪政權關係

(イ)對重慶和平交涉及對獨申入等ニ關シテハ適當ノ時期ヲ見計ヒ事前ニ汪政權側ヲシテ諒解セシム

(ロ)重慶政權ト汪政權トノ合流兩派要人ノ地位將來等ニ

付テハ出來得ル丈ケ支那側内部ノ話合ニ委ス

(四)和平交渉ト國交調整條約締結トノ關係

(イ)國交調整條約ノ樞府御諮詢等國内手續ハ和平交渉ノ狀況ト睨ミ合セツツ概ネ既定方針ニ依リ進ムルモノトス

(ロ)國交調整條約ヲ有耶無耶ニ葬ルカ如キ印象ヲ外部ニ與ヘ我國ノ信ヲ内外ニ失スルカ如キコト無キ様最善ノ方途ヲ講ス

三、和平工作不成功ノ場合ノ措置

(一)新國民政府ノ承認

(イ)速時新國民政府トノ間ニ國交調整條約ヲ締結シ同政府ヲ承認ス

(ロ)國民政府ノ民心把握ニ必要ナル施政ニ積極的ニ協力ス

(二)對重慶政權措置

(イ)交戰團體トシテ認メ帝國ハ交戰權ヲ發動ス

(ロ)戰時封鎖ヲ實行シ且連續航海主義ヲ適用ス

(ハ)租界問題列國軍隊問題等敵性除去ニ付强硬且徹底的措置ヲ講ス

(三)占據地域體制一新

(イ)戰線ノ整理ヲ斷行ス

(ロ)占領地ニ於ケル政治財政經濟體制ヲ一新シ重點且統一的施策ヲ斷行シ我方負擔ノ輕減ヲ策定ス

別紙第一號

支那ニ於テ獨逸ニ對シ許容シ得ヘキ事項及限度

支那ニ於テ獨逸ニ與フヘキ事項ニ付テハ日獨間提携ノ根本的了解成立ノ見込立ツコトヲ先決要件トスヘキモ獨逸側カ新東亞建設ヲ理解スルコトヲ條件トシテ經濟上ノ權益ニ付差當リ左記諸項ニ關シ了解ヲ遂クルコト差支無カルヘシ

一、日滿ニ次キ第三國ニ優先スル事實上ノ地位ヲ認ム

二、獨逸ノ必要トスル特定資源ニ付一定量ノ供給ヲ約ス

三、通商貿易ニ關シテハ原則トシテ日本ト平等ノ待遇ヲ與フ
但シ日支通貿ノ特種關係ヨリスル待遇ノ事實上ノ相違ハ此ノ限ニ在ラス

別紙第二號(甲號)

日支和平基礎條件

東亞ニ於テ道義ニ基ク新秩序建設ノ共同理想實現ノ爲兩國ハ互惠ヲ基調トスル緊密ナル協力提携ヲ目標トシ左記諸項ヲ協議決定ス
一、滿洲國ノ承認竝日滿支三國相互間ノ領土及主權ノ尊重
二、一般親和竝好誼ヲ破壞スルカ如キ措置及原因ノ撤廢禁絶
三、支那ノ內地開放及不平等條約ノ撤廢ニ關スル日本ノ協力
四、道義ニ基ク新東亞ノ秩序破壞ニ對スル共同防衞竝ニ支那ノ特定地域ニ於ケル軍事上ノ協力
五、新東亞圈建設ヲ目標トスル兩國經濟提携ノ强化
六、北支及蒙疆ニ於ケル日支間ノ緊密ナル國防上及經濟上ノ共存共榮具現機構設定
七、平和克服後直ニ撤兵開始及治安確立後六月以內ニ於ケル之カ完了
○附　和平交渉開始ニ當リ豫メ諒解ヲ必要トスル事項
一、支那ハ媾和使節ヲ一定ノ日限內ニ日本ノ指定スル地點ニ派遣スルコト
二、世界情勢ノ大變革ニ對應シ東亞ノ防衞及再建ノ爲日支ノ和平ヲ必要トシ玆ニ兩國ハ速ニ善隣友好ノ關係ニ入ルヘキ趣旨ノ大局的見地ニ立脚スル聲明ヲ行フコト
三、南京政府ト合流ヲ遂クルコト但シ右合流ハ支那ノ內政問題トシテ處理セラルルモ差支ナキコト
四、第三國ノ利用ハ差支ナキコト但シ和平交渉ノ內容ハ日支兩國ニ於テ之ヲ議スルコト

331　昭和15年10月1日　外務、陸軍、海軍三省協議決定

「對重慶和平交渉ノ件」

付記一　昭和十五年十月二日、外務省作成
「對重慶和平豫備交渉準備要項」
二　昭和十五年十月二日
「日支和平基礎條件提示項目」

對重慶和平交渉ノ件
（昭和十五年十月一日閣議後首相官邸ニ於テ外、陸、海、三相協議決定）

一、帝國政府ハ概シテ南京政府トノ間ニ成立ヲ見ントスル基本條約（海南島ニ關スル附屬祕密協定ヲ含ム）ニ準據シ重慶政權トノ間ニ和平交渉ヲ行フモノトス（別紙參照）
二、右和平交渉ハ汪蔣合作ヲ意圖シ先ツ日支ノ直接交渉ニヨ

リ之レヲ行フモノトス

本交渉ハ十月中ニ實效ヲ收ムルヲ期ス

註　十月中ニ目鼻ツカサレハ獨蘇兩國ニ對スル施策ニ重點ヲ轉換スルノ意ナリ又汪政府ノ承認ハ本件ニ拘ラス豫定通リ進捗セシムルヲ可トス

三、前第二項交渉ノ情況ニヨリ本和平交渉ヲ容易ナラシムル爲メ要スレハ獨逸ヲシテ之カ仲介タラシムルト共ニ對蘇國交調整ヲモ利用スルコトアルモノトス

（別　紙）

第一項日本側要求條件試案（參照）

一、支那ハ滿洲國ヲ承認スルコト

註　本件ハ情況ニ依リ別途談合スルコトトシ差支ナカルヘシ

二、支那ハ抗日政策ヲ放棄シ日支善隣友好關係ヲ樹立シ世界ノ新情勢ニ對應スル爲日本ト共同シテ東亞ノ防衛ニ當ルコト

三、東亞共同防衛ノ見地ヨリ必要ト認ムル期間支那ハ日本ガ左記駐兵ヲ行フコトヲ認ムルコト

(一)防共ノ爲蒙疆及北支三省ニ軍隊ヲ駐屯ス

(二)支那海交通ノ安全ヲ確保スル爲海南島及南支沿岸特定地點ニ艦船部隊ヲ留駐ス

四、支那ハ日本ガ前項地域ニ於テ國防上必要ナル資源ヲ開發利用スルコトヲ認ムルコト

五、支那ハ日本ガ揚子江下流三角地帶ニ一定期間保證駐兵ヲナスコトヲ認ムルコト（情況ニ依リ機宜取捨ス）

（註）

右條件ノ外左記我ガ方要求ハ實質的ニ之ヲ貫徹スルニ努ムルヲ要ス

記

一、蔣、汪兩政權ノ合作ハ日本ノ立場ヲ尊重シツツ國內問題トシテ處理スルコト

二、日支ノ緊密ナル經濟提携ヲ具現スルコト

經濟合作ノ方法ニ關シテハ從來ノ方法ヲ固執セス平等主義ニヨリ形式的ニハ努メテ支那側ノ面子ヲ尊重スルモノトス

三、經濟ニ關スル現狀ノ調整ハ日支双方ニ混亂ヲ生ゼシメザル樣充分ナル考慮ヲ以テ處理スルコト

（付記一）

對重慶和平豫備交渉準備要項

（昭和十五、一〇、一一、外務省）

一、從前行ハレ居リタル對重慶謀略工作ハ一切之ヲ禁絶シ爾後和平交渉ハ帝國政府ノ責任ヲ以テ一元的ニ之ヲ行フモノトス

二、豫備交渉妥結ノ時期ニ至ル迄ハ事實上重慶ヲ相手トスルノ建前ニテ進ムモノトス

三、和平交渉ノ豫備打診ハ速時之ヲ開始スルコトトシ日支間直接交渉ノ經路ニ依リ打診ヲ行フ

右直接交渉ニ依ル打診ハ差當リ汪政權ヲ通スルノ方法ニ依ルモノトス

四、日支間直接豫備交渉開始ト同時ニ獨逸側ヲシテ仲介ノ目的ヲ以テ重慶側ニ接觸セシム

右接觸ハ伯林ニ於テ行ハシメ要スレハ最適ノ獨人大物ヲ重慶ニ派遣セシムル場合ヲモ考慮ス

五、速ニ「ソ」聯トノ國交調整交渉ヲ促進シ獨側ノ重慶接觸ニ當リテハ出來得ヘクンハ「ソ」聯ノ或程度ノ了解アルカ如キ立場ニ於テ交渉シ得ル樣施策ス

六、和平條件ニ關スル商議ハ日支間ニ於テ直接之ヲ行フコトヲ本則トスルモ情況ニ依リ獨逸ノ壓力利用ノ途ヲ講シ置クモノトス

七、和平商議ニ當リテハ適當ナル方法ニ依リ汪政權代表者ヲ參加セシムル如ク措置ス情況已ムヲ得サル場合ニ於テモ交渉成立後汪ヲ含メル會議ニ於テ形式的ニ交渉内容ヲ決定スル如キ手續ヲ豫メ考慮シ置クモノトス

八、少クトモ本年十一月中旬頃迄ニハ停戰協定成立シ得ルコトヲ目途トシテ諸般ノ工作急速實施ニ當ルモノトス

（付記二）

日支和平基礎條件提示項目

（昭和一五、一〇、一一）

一、東亞ニ於テ道義ニ基ク新秩序ヲ建設スヘキ共同理想ノ實現ヲ目標トシ兩國ハ大東亞共榮圈ノ建設及其ノ防衛ニ付緊密ニ協力提携スヘキコトヲ國交調整ノ基準タラシムヘキコト

二、支那ハ滿洲國ヲ承認シ日滿支三國ハ相互ニ其ノ領土及主

権ヲ尊重スルコト
三、支那ハ排日等好誼ヲ破壊スル如キ措置及原因ヲ撤廢禁絶シ兩國ハ政治上緊密ナル協力ヲ遂クルコトトシ特ニ日本ハ支那ノ不平等條約ノ撤廢ニ協力スルコト
四、新東亞ノ秩序破壊ニ對シ共同シテ防衛ニ當ル爲兩國ハ緊密ナル軍事協力ヲ行フコトトシ之カ爲所用期間中支那ノ一定地域ニ於テ軍事協力ヲ行フコト
五、大東亞ノ經濟共榮圏建設ヲ目標トシ兩國ノ經濟提携ヲ強化シ之カ爲資源ノ開發利用ニ付相互ニ特別ノ便宜ヲ供與シ物資ノ需給合理化、一般通商ノ振興其ノ他交通、通信ノ復興發達等ニ關シテモ密ニ相協力スルコト
六、内蒙古ノ自治ヲ認メ又北支ニ於テハ日滿支三國ノ共存共榮ヲ積極的ニ實現スルニ適當ナル行政組織ヲ存續スルコト
七、和議成立後撤兵ヲ開始シ速ニ完了スルコトトシ右ニ伴ヒ支那ノ治安確立ヲ保障スルコト

332　昭和15年10月1日

南京政府と重慶政権の合流による日中和平実現をめざした銭永銘と西義顕との合意事項

付　記　昭和十五年十月二日

右和平実現に向けた条件として銭側が松岡外相に提出した意見

南京重慶合体及和平問題

（昭一五、一〇、一　亞一）

一、○ト△（編注）トノ諒解ニ依レハ○ハ南京ト重慶トヲ合流セシメ以テ新タナル國民政府ヲ樹立シ支那ノ統一及日支全面和平ヲ實現スル爲努力スルコトトナリ之カ爲左ノ諸項ニ付兩人限リノ問題トシテ意見ノ合致ヲ見タリ
(イ)日本軍隊ハ事變開始前支那ニ在リタルモノヲ除キ事變開始後派遣セラレタルモノハ總テ撤退スルコト
(ロ)互惠平等ノ原則ニ依リ日支經濟提携ヲ行フコト
(ハ)支那ハ新國民政府ニ依リ統一セラルヘキコト又支那人ノ財産ハ和議成立後返還セラルヘキコト
(ニ)停戰ハ日支雙方ノ軍事代表機關ニ依リ實施スルコト
(ホ)停戰實施後速ニ日支兩國代表會商シ兩國ノ新關係ヲ議シ以テ東亞聯帶ノ實ヲ擧クルコト

二、尚前記諸事項ニ關シ

(イ)撤兵ニ付テハ七七以前ニ於テ日本ハ既ニ河北及內蒙ニ派兵シ居リタルヲ以テ右ハ撤兵ニ及ハス又其ノ數モ問題トスル意向ナキモノノ如ク尚進ンテハ日支間ニ防守同盟ヲ締結シ右ニ基ク駐兵トシテ之ヲ撤兵ノ對象トセサルコトトシ差支ナキ意向アルカ如シ

尚南支方面ニ於テハ日本カ支那ノ海軍ニ協力スル建前ノ下ニ實質的ニ日本側ノ施設及艦船部隊ノ駐留ヲ認メ差支ナキ意向ニシテ形式トシテ右ノ如キ日支ノ協力關係ヲ强調シ居ルモノノ如シ

(ロ)經濟合作ニ付テハ合辨組織ヲ止メ之ヲ借款ニ改メ度キ主張相當强キ處支那ニ於ケル合辨事業ハ禁止セラレ居ラサルヲ以テ右ハ一切ノ合辨ヲ排除スル意味ニ非サルヘク右主張ノ趣旨ハ國權回收ト關係深キ鐵道、航空通信ニ關スル合辨事業ニ付テハ調整ヲ必要トストノ意見ナルヘシ尤モ航空及無線通信ニ關シテハ既ニ合辨ノ先例アリ或ハ外國ニ其ノ事業ヲ委任シタル實例モアルヲ以テ之亦全面的ニ合辨組織ヲ拒否スルモノトハ考ヘラレサルモ鐵道ニ付テハ國權回收ノ對象トシテ支那カ努力ヲ續ケタル經緯ニ鑑ミ北支鐵道經營ニ關スル現在ノ諒解ヲ改メ合辨會社ヲ止メ國有國營トシ日本側ノ出資モ借款ノ形式ニ改ムルコトヲ最モ强硬ニ主張スルモノト認メラル

(ハ)新國民政府カ支那ヲ統一スルコトニ付テハ必スシモ蒙疆ノ自治ヲ否定スル意向ナキカ如ク本件ハ未タ曾テ話題トナリタルコトナキ由又北支ニ於ケル現行組織ハ國民政府ニ依ル統一ノ建前ヲ貫ク爲地方的機關ヲ設クル場合ニハ之ヲ行政院ノ出張所トシ度キ意向ナルカ如シ

(ニ)停戰及和議ニ關シテハ特ニ説明スルコトナシ

支那側ニ於テ新國民政府ナル用語ヲ用ヒ重慶ト南京トノ合流ヲ當然ノ事トシ南京側モ右建前ノ下ニ二〇ノ和平斡旋ヲ依賴シタル由ニシテ此ノ點ハ南京政府ニ對スル信義ヲ重ンスヘシト爲ス帝國政府ノ主張ト合致スルモノナルコトハ注意ヲ要ス

三、前記以外ノ和平條件ニ關シ

滿洲國承認問題ハ和平成立ト同時ニ正式手續ヲ執ルコトヲ困難トスルモ和議ノ際祕密文書ヲ以テ滿洲國ノ承認ヲ約束スルコトハ異議ナキモノノ如シ

編　注　「○」には「銭永銘」、「△」には「西」との書き込みあり。

（付　記）

南京、重慶合体問題

（昭和一五、一〇、一一、亜、一）

一、南京、重慶合体及全面和平實現ニ關スル條件竝ニ實行段取ニ關シ○ノ代表者カ外務大臣ニ提出セル意見左ノ通

(イ)第一段ニ於テ新國民政府ノ健全統一ヲ實現ス

右ハ南京、重慶兩政府カ合体シ新政府ヲ樹立シ排日等ノコトナキ健全ナル統一ノ實現ヲ期スルモノナルカ實際方法トシテ汪ハ主席代理ヲ罷メ重慶政府ノ行政院長ハ林森ニ對シ辭表ヲ提出シ林ハ國民政府ノ改組ヲ命シ兩政府ノ事實上ノ合体ヲナサントスル意味ナリ

(ロ)第二段トシテ停戰ヲ實施ス

停戰ノ具体的條件ハ兩國軍事代表者間ニ於テ協定ス

右ニ先チ兩國政府ハ左ノ趣旨ノ聲明ヲ發ス卽チ

(1)日本政府ハ停戰實施後六ケ月以內ニ若シ不可能ナラハ更ニ六ケ月ヲ延期シ右期間內ニ撤兵ヲ完了スヘキコト（日本ノ要望スル駐兵ニ付テハ別ニ防守協定ニ依リ之ヲ定ムヘキ旨ノ祕密諒解ヲ同時ニ成立セシム）

(2)新政府カ支那ノ最高唯一ノ統一政權ナルコトヲ承認スルコト

(3)支那ノ官私有財產ヲ所有主ニ返還スヘキコト

支那側ハ右ト同時ニ聲明ヲ發ス其ノ內容ハ切實ニ日支經濟提携ノ具現ヲ圖ルヘキ趣旨トシ滿洲國ノ承認ニ付テハ七・七以前ノ既成事實ナルヲ以テ之ヲ承認スヘキ旨祕密文書ヲ以テ諒解ヲ成立セシムルモ公表ハナサザルモノトス

(ハ)第三段トシテ日支兩國代表者間ニ東洋興隆會議ヲ開催シ日支間ノ新關係及對外的協力關係ニ付詳細協定ス其ノ項目左ノ通

(1)善隣友好

(2)經濟提携

(3)防守協定

以　上

333 昭和15年10月2日

三国同盟成立が対重慶和平にもたらす影響や日本の中国共産党対策など事変解決策をめぐる汪兆銘の見解について

昭和十五年十月二日

日高參事官歸朝ノ挨拶ヲ兼ネ汪精衞ヲ訪問會談シタル際汪ノ語レル所左ノ通

一、三國同盟締結ニ依リ重慶側ニ與ヘタル影響トシテ各方面ノ情報ヲ綜合スルニ重慶側ハ之ヲ機會ニ一層米國ノ援助ヲ要求セントスルモノノ如ク宋子文ノ如キモ目下躍起トナリテ運動中ナリトノコトナリ、恐ラク今後米國ハ財的ノ援助ヲ以テ重慶側ヲ支持シ極力對日抗戰ヲ續ケシムルノ擧ニ出ツルモノト察セラル、次ニ親獨派ト稱セラルル孔祥熙、朱家驊等ノ一派ハ是レ迄モ獨逸ヲ動カシテ對日和平ヲ講セント試ミツツアリタルモノナルカ今回ノ同盟締結ヲ機會ニ漸次活潑ニ右運動ヲ展開スルモノト豫想セラル、予ノ觀測ヲ以テスレハ若シ獨逸カ蘇聯ヲ動カシ蘇聯カ重慶ヲ動カシ特ニ中國共產黨ヲ抑ヘテ和平ニ反對セサル樣何等カノ手段ヲ講スルナラハ之等和平派ノ發言權ハ增大スルコトトナルヘシ、但シ從來予カ漢口、重慶等ニ在リテ又其ノ後ニ於テ觀察スル所ニ依レハ獨逸ニハ二派アリ、一派ハ舊式外交官連ニシテ之等ハ重慶派ノ實力ヲ認メ支那ノ統一政權ハ依然重慶ナリトノ先入主的觀念ヲ有シ、他ノ一派ハ「ナチス」ノ黨員ニシテ之等ハ重慶ハ既ニ共產黨ノ勢力下ニアリト見做シ現在ノ南京國民政府ハ假令其ノ力微弱ナリト雖モ將來ノ支那ノ中央政權トナリ得ヘキモノナリトノ認識ヲ有シ同シク和平運動ヲ試ミル場合ニ於テモ其ノ派別ニ依リ其ノ內容ト方法トヲ異ニスルコトトナルヘシ、又獨蘇カ和平ノ調停ニ乘出シタル場合ハ英米カ調停スル場合ト其ノ行キ方ヲ異ニシ從ツテ實質的ニ和平ノ性格カ變更セラレルコトトナルヘシ、更ニ吾人ノ注意スヘキハ獨蘇兩國カ調停ニ立ツ場合獨逸カ指導權ヲ握リ蘇聯ヲ引廻スコトトナラハ結構ナルモ若シ獨逸カ蘇聯ニ利用セラレ蘇聯ノ思フ儘ニ引摺ラルル時ハ面白カラサル結果ヲ招來スヘキコトナリ聞ク所ニ依レハ獨逸人ノ一部ニハ湖南、廣西、雲南、貴州、四川ノ所謂西南地區ヲ蔣介石ノ地盤トシテ保有セシメ西北ヲ共產黨ノ地盤ニ與フルヲ條件トシテ日支間ノ停戰ヲ謀ラント考ヘ居ル者アル由ナルカ之レ果シテ事變解決ノ爲メ有利ナルヤ否ヤ大イニ研究ノ要アリト信ス

二、事變解決ノ爲速カニ全面的和平ヲ實現セシムルコトハ吾人ノ日夜苦慮シツツアル所ナルカ現在ノ狀況ニテハ今回ノ國交調整條約調印セラレ之ヲ發表スルモ一般ニ大シタ影響ヲ與フヘシトハ斷言シ難ク又國民政府ハ其ノ力薄弱ナリトノ理由ニテ日本側ニテ喜ンテ政府ニ仕事ヲ任セヌト云フ目下ノ狀態續クトキハ全面和平實現ノ前途ハ尙遼遠ナリト云フノ外ナシ、殊ニ現在ノ支那ニ於ケル一大問題ハ共產黨ノ問題ナルカ共產黨ハ常ニ日本軍ハ點ト線トヲ占領シ居ルニ過キス、點ト線以外ノ面ハ吾人ノ手中ニアリト豪語シ此ノ面ノ共產化ニ狂奔シ居ル實情ナリ事實此ノ儘ニ放任セハ所謂面ノ方ハ共產黨ノ爲破壞セラルル惧レアリ、予カ重慶ヲ脫出シテ和平ヲ提唱セルハ全ク此ノ面ヲ保持セムカ爲ナリシナリ、如何ニシテ此ノ面ヲ保存スヘキヤニ付テハ日本側ニ於テモ充分研究セラルル樣希望ニ堪ヘス

現在日本ハ軍事力ヲ以テ此面ノ肅正ニ努力シツツアルモ支那ノ俗語ニアル通リ兵來レバ匪去リ兵去レハ匪來ル狀態ニシテ甚シキニ至リテハ討伐ヲ行フ每ニ却ツテ地方ヲ匪化スル傾向スラアリ、予ハ日本ノ戰略ニ對シ兎角ノ批評ヲスル次第ニハ非サルモ今日ノ實情ヨリ見テ日本軍カ重慶ニ對スル攻擊ノ必要上點ト線トヲ握ルコトハ固ヨリ當然ニシテ共產黨カ之ヲ以テ日本軍ノ爲ス所恐ルルニ足ラスト云フハ全ク見當違ヒナリ、要ハ點ト線以外ノ面ヲ如何ニシテ共產黨ヨリ奪回スルヤニアリ、卽チ一度肅正シタル地方ハ再ヒ共產黨ノ手ニ移ラサル樣確固タル政治ノ組織ヲ作ルコト必要ニシテ之カ爲ニハ此ノ面ノ保持ヲ國民政府ニ任セ日本ノ武力行動ト國民政府ノ政治的施策トヲ合セ用フレハ右目的達成ニ遺憾ナキヲ期シ得ルニ非スヤト思料セラル、顧ルニ共產軍ハ蘆溝橋事變前僅ニ四、五千挺ノ小銃ヲ有シタルニ過キサリシカ事變後ノ今日ハ四、五十萬ノ銃ヲ有スル狀況ニシテ當方面ニ於ケル新四軍モ近ク十五萬ニ擴張ノ計畫アリ、我方ニテハ之ニ對スルニ僅ニ五萬ノ綏靖部隊ヲ以テスルニ過キス、特ニ我方ニテハ武器ノ買入、軍ノ編成等極メテ不自由ナル立場ニアリ、今後如何ニシテ之等有力ナル共產軍ニ對抗スヘキ

ヤ一大問題ナリ、唯共產軍ハ目下彈藥ノ缺乏ニ苦ミ居リ其ノ兵員銃器ノ多數ナルニ拘ラス彼等カ思フ通リ跳梁シ得サルハ勿怪ノ幸ナリト謂フヘシ、然レ共現ニ共產黨ノ地方ニ於テ執リツツアル政策ハ極メテ巧妙ニシテ以前ノ如ク民衆ヲ殺戮セス却テ民心ノ收攬ニ重點ヲ置キ此ノ點ニ於テハ寧ロ重慶政府ヨリ上手ナリトノ評スラアリ、結局共產黨ハ抗戰タルト和平タルトヲ問ハス如何ナル場合ニ於テモ巧ミニ自己ノ勢力ヲ扶植シ自己ノ政策ヲ實行セントスルモノニシテ此ノ點ハ少シモ油斷出來サル次第ナリ、思フニ今次ノ支那事變ヲ解決スルニ當リ對共產黨ノ關係ヨリ論スレハ日本トシテ

㈠共產黨ト共ニ支那ヲ分割シテ支配スルカ

㈡共產黨ト協調シテ支那問題ヲ解決スルカ

㈢飽ク迄反共的立場ヲ以テ事變ヲ解決スルカ

ノ三者ヲ出テサルヘシ、而カモ此ノ際中國共產黨ノ問題ハ蘇聯ノ國交トハ別個ニシテ重大ナル支那ノ國內問題タル事ヲ考慮セサルヘカラス、支那ノ傳統ト共產主義トハ絕對ニ相容レス予ハ政治、經濟、文化、軍事各方面ヨリ徹底的ニ之カ壞滅ヲ圖ルコト支那ノ爲絕對ニ必要ナリトノ信念ヲ有スルモノナリ

三、貴官歸國ノ上ハ現地ノ實情及國民政府ノ狀況竝今日自分ノ語レル所ヲ充分近衞總理初メ其他關係各方面ニ御傳アラハ幸甚ナリ

334 昭和15年11月[7]日　松岡外務大臣より在独国来栖大使宛（電報）

わが国の南京政府承認を前に対重慶和平の推進に向け独国政府の尽力方同国大使に申入れについて

付記一　昭和十五年十月二十六日、外務省作成

「新國民政府ノ承認ト三國同盟條約締結ニ就テ」

二　昭和十五年十月九日起草、松岡外務大臣より在独国来栖大使宛電報案

日ソ国交調整および対重慶和平に関する独国政府の意向探査方訓令

三　昭和十五年十一月九日起草、松岡外務大臣より在独国来栖大使宛電報案

対重慶和平に関するわが方方針追報

本　省　11月7日発

第八〇二號（極祕、館長符號扱）

往電第七九三號ニ關シ

六日次官ヨリ在京獨逸大使ニ對シ冒頭往電一ノ點ヲ申入レタル處獨大使ハ「ルーズベルト」當選後ニ豫想セラルル米國ノ情勢ニモ鑑ミ獨逸トシテハ日支間ニ一日モ早ク全面的和平ノ到來センコトヲ希望シ居ル旨述フルト共ニ右目的達成ノ爲ニハ結局和平ノ條件カ問題トナルヘシトテ其ノ內容ヲ質ネタルヲ以テ次官ヨリ詳細ハ目下言明ノ限リニ非ルモ要ハ近衞聲明ノ具体化、換言スレハ帝國主義的征服及搾取ヲ排シ平等互惠ノ原則ノ下ニ支那ノ資源ヲ開發シ東亞ニ新秩序ヲ建設セントスルニ在リテ北支、蒙疆及海南島ヲ含ム全支那ノ主權ハ勿論之ヲ尊重セントスルモノナリトノ趣旨ヲ述ヘ置ケリ。尚其ノ際大使ヨリ本件ハ陳介ニノミ申入ルル次第ナリヤ又伊太利トノ關係ハ如何トノ質問アリタルヲ以テ次官ヨリ右申入ノ趣旨ハ獨逸ニ對シ仲介ヲ依賴セントスルモノニ非シテ日本政府ノ意トスル所カ獨逸政府ノ思付トシテ陳介其ノ他適當ノ筋ヲ通シ蔣介石ニ傳ハランコトヲ希望シ居ル旨竝ニ來栖大使宛電報ハ在伊大使ニモ轉電シ置キタルカ「リ」外相ニ於テ本件措置ハ伊太利政府ト共同ノ上之ヲ執ルコトヨリ有效ナリト思考セラルルニ於テハ右樣取計ハルルコトニ何等異存ナキ旨答ヘ置ケル趣ナリ

獨ヨリ蘇及伊ニ轉電アリ度シ

（付記一）

新國民政府ノ承認ト三國同盟條約締結ニ就テ

（昭一五、一〇、二六）

帝國ノ支那事變處理ニ關スル方針ハ

(イ)汪精衞ヲ首班トスル新國民政府ヲ育成强化シ國交調整條約ノ締結ニ依リ同政府ヲ承認ス

(ロ)右ト併行シテ重慶政權トノ間ニ和平交渉ヲ行フ（先ツ日支直接交渉、情勢ニ依リ對獨蘇施策ニ重點轉換）

コトニ依リ全面的和平促進ニ在リ而シテ(イ)ニ付テハ手續大ニ進捗シ遠カラス條約調印ノ運ニ至ルヘク(ロ)ニ付テハ豫備的施策進行中ナルモ此際三國同盟締結ニ依ル國際情勢ヲ活用シ帝國ノ汪政權承認ヲ取リ上ケ重慶側ニ壓迫ヲ加フルコト得策ナルベク從テ獨、伊、蘇等ニ對シ次ノ如ク施策スル

コトトス

一、在獨大使ニ訓電ノ上「リッペントロップ」外相ヲシテ支那側ニ對シ左記趣旨ニ依リ接觸セシム

(イ)三國同盟ノ締結ニ依リテモ明ナル如ク獨伊兩國政府ハ飽迄汪政權ヲ支持强化シテ重慶政權ヲ切崩サントスル日本政府ノ對支方針ヲ支持スルモノナリ。日本政府ノ新國民政府承認ハ目捷ノ間ニ在リ日本政府ニ於テ汪政權ヲ承認ノ上ハ獨伊ハ勿論ノコト西班牙、羅馬尼、洪牙利竝ニ佛蘭西等モ之ヲ承認スルコトトナルベク斯クテ新政府ノ基礎ハ益々鞏固ヲ加フルニ至ルヘシ。此ノ國際情勢ニ處シ重慶政府ニシテ無用ノ對日抗戰ヲ一日モ速ニ抛擲シ汪政權ト合作スルノ態度ニ出テサルニ於テハ世界新情勢ノ進展ニ取殘サルルヤ必セリ。

(ロ)右申入ノ際情勢ノ如何ニ依リテハ左記趣旨附言方「リ」外相ニ依頼スルコトモ一案ナリ。

「尤モ重慶側ニ於テ從來ノ建前上今日急ニ汪政權ト合流スルヲ至難トスル事情アルニ於テハ重慶側ノ誠意如何ニ依リテハ汪政權ヲ通セス日本ト直接折衝ノ道モアルヘク、重慶側ニ於テ希望スルニ於テハ橋渡シノ勞ヲ取ルモ可ナリ」

二、蔣介石陣營内ニ於ケル和平論者ノ勢力擡頭ニ對シ最大ノ障害トナリ居ルモノハ中國共產黨ノ存在ナリ。右中共ヨリノ妨害排除ニ關シテハ先ニ研究セル所ニ基キ速ニ日蘇國交ノ調整ニ乘リ出スコト肝要ナリ之ガ爲速ニ獨逸ヲ通ズル工作ヲ開始スルコト

三、速ニ在佛大使ヲ任命派遣シ「ヴィシ」政府ヲシテ前記三國同盟締結後ニ於ケル帝國ノ對支方策ニ同調セシムル如ク工作セシムルノ要アリ

(付記二)

(極祕、館長符號扱)

一、日獨伊三國同盟ノ締結ハ右外交体制ヲ利用シ日支事變ヲ急速終結ニ導クト共ニ我南方施策ヲ容易ナラシメ大東亞共榮圈ノ確立ヲ促進セントスルニアルモノナル處就中右ニ依リ帝國當面ノ最大關心事タル日支事變ノ急速處理ニ必要ナル對重慶外交攻勢ヲ速時且適切ニ發動セシメンコトヲ期待シ居ルモノナリ

二、日支事變ヲ處理シ全面和平ヲ招來スル爲ニハ何等カノ形

ニ於テ重慶トノ間ニ妥結ヲ計ルノ必要アル處對重慶和平ノ促進上最モ障害ヲ爲スモノハ米蘇ノ重慶支援ト認メラレ殊ニ日蘇關係ノ調整ハ獨リ蘇聯ノ直接援助ヲ控。制。スルニ止マラス中國共產黨ノ抗日性ヲ抑制シ蔣ヲシテ和ヲ講シ得ル如キ情勢ヲ馴致スル上ヨリ最モ重視シ居ル案件ニシテ三國同盟締結ノ狙ヒモ亦茲ニ存ス從テ日蘇國交調整ハ差當リ日支事變處理ニ寄與セシムヘキ目標ト限度ニ於テ急速且短期間ニ之ヲ實現スルコトヲ要シ右觀點ヨリスル對蘇國交調整案ニ付テハ目下猶研究中ナルモ骨子ハ(イ)不侵略條約ノ締結ヲ第一ノ目標トシ右ニ關聯シ(ロ)日蘇兩國カ從來支那ニ關シ獲得シ來レル地位ヲ相互ニ尊重スルコト(ハ)日本ノ南方發展ニ對應シ蘇聯ノ中央亞細亞方面ヘノ進出ヲ認ムルコト等ニ關シ了解ヲ遂クルト共ニ蘇聯ヲシテ援蔣態度及行爲ヲ拋棄セシメントスルニアリ所謂利權問題ニ付テハ出來得レハ之ヲ確保スルニ努ムルモ政治協定成立ノ爲已ムヲ得サル場合ニハ適當調整ヲ加フルコトヲモ考慮シ居レリ右ニ關シテハ先ツ日獨間ニ將來蘇聯ヲ如何ニ處置スヘキヤ又蘇聯ノ勢力竝ニ發展ヲ如何ナル限度ニ認ムヘキヤ等ニ關シ隔意ナキ話合ヲ遂ケ置クコト絕對ニ必要ニシテ且目下ノ情勢上蘇聯ノ要求ヲ抑制シ速ニ國交調整ヲ實現センガ爲ニハ三國條約ノ經緯ニモ鑑ミ帝國トシテハ此ノ際獨ノ積極的斡旋努力ニ特ニ期待シ居ル次第ナリ

三、三國同盟ノ成立ハ英米ハ素ヨリ重慶ニ對シテモ相當ノ衝擊ヲ與ヘ居リ英米ハ其ノ協力關係ヲ一層緊密ナラシムルト共ニ蘇聯ノ抱込ミニ關シテハ獨蘇ノ關係一應不動ナル現況ニ於テ特ニ對日牽制ノ觀點ヨリ種々工作ヲ進メ重慶ヲモ抱込ミ進ンテ同盟關係ヲ結成セントスル如キ氣配モ多分ニ觀取セラルル處斯クノ如キ情勢ハ帝國直接ノ利害ニ關スルハ素ヨリ三國同盟締約國全体ノ利益ノ爲ヨリモ速ニ之ヲ阻止スルノ要アリ然ルニ重慶ハ蘇聯ノ援助ニ期待シ居ル關係上獨ノ對蘇動向ニ關シテハ至大ノ關心ヲ有シ居ル如クナルヲ以テ此ノ際獨ニ於テ獨蘇ノ政治關係ヲモ適宜利用シ重慶ノ英米陣營ヘノ參加ヲ速ニ阻止シ大局的ニ日支間ノ和平急速實現ヲ考慮セシムル如ク施策シ重慶ヲシテ世界新秩序建設ノ方向ニ協力セシムル如ク誘導スルノ要アリト存ス

四、帝國政府ニ於テ汪政權ヲ樹立シ之カ育成ヲナシ來レル所

以ハ固々右ニ依リ重慶政權ノ內部ヲ切崩シ全面的和平ヲ速ニ招來セシメントノ意圖ニ出タルモノナルヲ以テ重慶側ニ於テ眞ニ和平ノ誠意アルコト判明スルニ於テハ汪側ノ諒解ヲモ得タル後重慶ヲ事實上ノ相手トシテ和平ノ話ヲ進ムルコト然ルヘク右話合ハ結局汪蔣ノ合作ヲ前提トスル處汪蔣ノ合作ハ支那ノ內政問題トシテ汪蔣相互ノ話合ニ委シテ可ナリト考ヘ居レリ。日支ノ全面的和平成立ノ見込立ツニ於テハ現ニ汪政權トノ間ニ一應折衝ヲ了シタル新條約案ノ如キモ和平ノ條件トシテ必シモ之ニ執着スルノ要ナシト思考シ居ル處何レニセヨ帝國政府トシテハ日支ノ和平ハ東亞共榮圈ノ確立ヲ共同ノ目標トシテ先ツ日支兩國間ノ直接折衝ニ依リ開始セラルヘキモノナリトノ建前ヲ堅持スルモノナリ(要之スルニ帝國トシテハ前記一乃至三ヲ以テ申進タルカ如ク對重慶施策上帝國ノ外交体制强化ニ關スル獨逸側ノ斡旋ヲ此ノ際最モ希望スルモ右日支間直接折衝ニ對シテハ差當リ獨逸側ノ仲介ヲ期待シ居ル次第ニ非ス)

五、就テハ貴官ハ敍上ノ次第御含ノ上至急左記諸點ニ關シ獨逸政府(「リ」外相ノ他「ゲーリング」「ヘス」等各方面ト接觸セラレ度)ト隔意ナキ懇談ヲ遂ケラレ結果回電アリ度

㈠獨逸ハ將來蘇聯ヲ如何ニ處置スル意向ナリヤ又蘇聯ノ勢力範圍或ハ其ノ發展ヲ如何ナル限度ニ於テ認メントスル意向ナリヤ

㈡日蘇ノ國交調整ニ關シ獨逸側ハ如何ナル手段方法ヲ以テ其ノ間ノ斡旋ヲナス意向ナリヤ又爲シ得ヘキヤ

㈢獨逸政府ハ重慶政權ヲシテ英米陣營ニ趨ラシメサル樣如何ナル措置ヲ採ルヘキヤ(狀勢ノ發展如何ニ依リテハ獨逸ヲシテ重慶トノ仲介ニ當ラシムル必要モ生スヘキ處貴大使ハ此ノ點ヲモ御含ノ上適當話合ヲ行ハレ度)

編　注　本電報案は廃案となり、発電されなかった。

(付記三)

往電第　　號及貴電第一四二六號ニ關シ和平問題及重慶內部ノ情勢ニ關シ左記追電ス貴官御含ミノ上「リ」外相トノ會見ニ際シ適當利用セラレ度

一、新國民政府トノ條約ハ現地交渉一應妥結シ引續キ既定ノ方針ニ從ヒ國内手續ヲ進メツツアルヲ以テ特別ノ事情無キ限リ概ネ月末ニハ所要手續完了ノ見込ナルカ帝國政府ニ於テハ當初汪政權ヲ樹立セル本旨ニモ鑑ミ又三國同盟締結後ノ我外交体制ヲ活用シツツ世界情勢ノ急轉ニモ對處セントスルノ趣旨ニ於テ此ノ際重慶ニシテ眞面目ニ全面和平ヲ取上ケントスルノ誠意アルニ於テハ重慶側ノ立場モ考慮シ條約調印前從テ新政府承認ノ時期ニ先立チ重慶ヲ事實上ノ相手トシテ全面和平招來スルノ途ヲ開クコト現段階ニ於ケル最終的試トシテ一應適當且必要ナル措置ナルヘシトノ結論ニ達シ帝國政府當面ノ方針トシテ決定ヲ見タル次第ナリ但シ右ハ情勢上荏苒時日ノ遷延ヲ許容シ得ルモノニ非ス概ネ今月末迄ニ依然何等和平ノ誠意ヲ認ムルコトヲ得ストノ結論ヲ得ルニ於テハ既定方針ニ從ヒ斷乎新政府ヲ承認シ事變ノ自主的處理ニ邁進スルノ方策ニ出スヘキコト勿論ナリ

二、萬一重慶ニシテ和平ノ誠意ヲ示シ來タレル場合和平交渉ハ原則トシテ日支間ノ直接交渉ヲ本旨トスルコト勿論ナリト雖モ要スレハ和平交渉ニ第三國ノ保障ヲ附加スルノ意味合ニテ獨ヲ通シ和平條件ヲ提示スルコト必スシモ異存ナシ

三、帝國ノ對支方策ハ好ンテ支那ヲ分裂ニ導カントスルモノニ非ス從ツテ重慶政府カ抗日政策ヲ清算シ我和平條件ヲ受諾スルニ於テハ汪蔣兩政權合流ノ方式ニ關シテハ特ニ我方ヨリ干渉スルノ意嚮ナク汪蔣ノ話合ニ依リ內政問題トシテ處理セラルルコトニ異存ナク從テ右ノ結果ニ基キ蔣カ改メテ新政府ノ首班トナルコトニ付テハ我方トシテ別段異議ナキ次第ナリ

四、英米昨今ノ動キヲ見ルニ支那ヲシテ日本牽制ノ具ニ利用スルヲ有利トスル利害打算ヨリ對支援助ノ現況ヲ一歩進メ英米トノ間ニ同盟ノ關係ヲ設定セントスルカ如キ意圖十分ニ看取セラルル處斯ノ如キ事態ハ帝國ノ利害ニ關スルハ固ヨリ三國全般ノ利ヨリスルモ速ニ之ヲ阻止スルノ必要アリ爲シ得レハ支那カ英米ノ手先トナリ獨リ自國ノ消耗ヲ招クノ愚ヲ止メ日支間ノ急速和平ノ實現ニヨリ自國ノ再建ヲ計ルコト賢明ナル方策ニ出ツルノ利ヲ覺ラシメ進ンデ三國側ノ陣營ニ之ヲ引入ルル樣努ムルコト當面ノ必要ナル施策ナリト認メラル

編　注　本電報案は廃案となり、発電されなかった。

335　昭和15年11月13日　御前会議決定

「支那事變處理要綱」

支那事變處理要綱

方　針

支那事變ノ處理ハ昭和十五年七月決定「世界情勢ノ推移ニ伴フ時局處理要綱」ニ準據シ

一、武力戰ヲ續行スル外英米援蔣行爲ノ禁絶ヲ强化シ且日蘇國交ヲ調整スル等政戰兩略ノ凡ユル手段ヲ盡シテ極力重慶政權ノ抗戰意志ヲ衰滅セシメ速ニ之カ屈伏ヲ圖ル

二、適時内外ノ態勢ヲ積極的ニ改善シテ長期大持久戰ノ遂行ニ適應セシメ且大東亞新秩序建設ノ爲必要トスル帝國國防力ノ彈撥性ヲ恢復增强ス

三、以上ノ爲特ニ日獨伊三國同盟ヲ活用ス

要　領

一、重慶政權ノ屈伏ヲ促進シ之ヲ相手トスル息戰和平ヲ圖ル爲ノ諸工作次ノ如シ

本工作ハ新中央政府承認迄ニ其ノ實效ヲ收ムルコトヲ目途トシテ之ヲ行フ

㈠和平工作ハ帝國政府ニ於テ之ヲ行ヒ關係各機關之ニ協力スルモノトス

（註）

從來軍民ニ依リテ行ハレタル和平ノ爲ノ諸工作ハ一切之ヲ中止ス

右工作ノ實施ニ方リテハ兩國交涉從來ノ經緯ニ鑑ミ特ニ帝國ノ眞意ヲ明カニシ信義ヲ恪持スル如ク善處スルモノトス

㈡和平條件ハ新中央政府トノ間ニ成立ヲ見ントスル基本條約（之ト一體ヲナスヘキ艦船部隊ノ駐留及海南島ノ經濟開發ニ關スル祕密協約ヲ含ム）ニ準據スルモノトシ日本側要求基礎條件別紙ノ如シ

㈢右和平交涉ハ汪蔣合作ヲ立前トシ日支間ノ直接交涉ニ依リ之ヲ行フヲ以テ本則トスルモ之ヲ容易ナラシムル爲獨逸ヲシテ仲介セシムルト共ニ對蘇國交調整ヲモ利用ス

支那側ノ實施スル南京及重慶ノ合作工作ハ之ヲ促進セシムルモノトシ帝國政府ハ之ニ對シ側面的援助ヲ爲ス

(四)新中央政府ニ對スル條約締結ハ遲クモ昭和十五年十一月末迄ニ完了スルモノトス

二、昭和十五年十一月末ニ至ルモ重慶政權トノ間ニ和平成立セサルニ於テハ情勢ノ如何ニ拘ラス概ネ左記要領ニ依リ長期戰方略ヘノ轉移ヲ敢行シ飽ク迄モ重慶政權ノ屈服ヲ期ス

長期戰態勢轉移後重慶政權屈伏スル場合ニ於ケル條件ハ當時ノ情勢ニ依リ定ム

(一)一般情勢ヲ指導シツツ適時長期武力戰態勢ニ轉移ス

長期武力戰態勢ハ一般情勢大ナル變化ナキ限リ蒙疆、北支ノ要域及漢口附近ヨリ下流揚子江流域ノ要域竝ニ廣東ノ一角及南支沿岸要點ヲ確保シ常ニ用兵的彈撥力ヲ保持スルト共ニ占領地域内ノ治安ヲ徹底的ニ肅正スルト共ニ封鎖竝ニ航空作戰ヲ續行ス

(二)新中央政府ニ對シテハ一意帝國綜合戰力ノ强化ニ必要ナル諸施策ニ協力セシムルコトヲ主眼トシ主トシテ我占據地域内ヘノ政治力ノ浸透ニ努力セシムル如ク指導ス

重慶側ハ究極ニ於テ新中央政府ニ合流セシムルモ新中央政府ヲシテ之カ急速ナル成功ニ焦慮スルカ如キ措置ハ採ラシメサルモノトス

(三)支那ニ於ケル經濟建設ハ日滿兩國ノ事情ト關聯シ國防資源ノ開發取得ニ徹底スルト共ニ占領地域ノ民心ノ安定ニ資スルヲ以テ根本方針トス

(四)長期大持久ノ新事態ニ卽應スル爲速ニ國内體制ヲ積極的ニ改善ス在支帝國諸機關ノ改善改廢ヲ斷行シ施策ノ統制ヲ强化ス

別　紙

日本側要求基礎條件

一、支那ハ滿洲國ヲ承認スルコト

（本項具現ノ方式竝ニ時期ニ付テハ別途考慮スルコトヲ得）

二、支那ハ抗日政策ヲ放棄シ日支善隣友好關係ヲ樹立シ世界ノ新情勢ニ對應スル爲メ日本ト共同シテ東亞ノ防衛ニ當ルコト

三、東亞共同防衞ノ見地ヨリ必要ト認ムル期間支那ハ日本カ左記駐兵ヲ行フコトヲ認ムルコト
(一)蒙疆及北支三省ニ軍隊ヲ駐屯ス
(二)海南島及南支沿岸特定地點ニ艦船部隊ヲ留駐ス
四、支那ハ日本カ前項地域ニ於テ國防上必要ナル資源ヲ開發利用スルコトヲ認ムルコト
五、支那ハ日本カ揚子江下流三角地帯ニ一定期間保障駐兵ヲナスコトヲ認ムルコト（情況ニ依リ機宜取捨ス）
（註）
右條件ノ外左記我カ方要求ハ實質的ニ之ヲ貫徹スルニ努ムルヲ要ス

左記

一、汪蔣兩政權ノ合作ハ日本ノ立場ヲ尊重シツツ國內問題トシテ處理スルコト
二、日支ノ緊密ナル經濟提携ヲ具現スルコト
經濟合作ノ方法ニ關シテハ從來ノ方法ヲ固執セス平等主義ニヨリ形式的ニハ努メテ支那側ノ面子ヲ尊重スルモノトス
三、經濟ニ關スル現狀ノ調整ハ日支双方ニ混亂ヲ生セシメサル様充分ナル考慮ヲ以テ處理スルコト

336 昭和15年11月29日 在香港矢野（征記）総領事より松岡外務大臣宛（電報）

香港での対重慶和平交渉の結果判明までは日華基本条約調印を延期するよう汪兆銘説得方田尻参事官より影佐少将へ要請について

付記一 昭和十五年十一月（日付不明）、在香港矢野総領事より松岡外務大臣宛電報写
十一月十八日夜の西・銭会談内容
二 昭和十五年十一月二十一日付
十一月二十日夜の西・田尻・銭会談内容に関するメモ

香港 11月29日前発
本省 11月29日前着

第六七〇號（大至急、極祕、館長符號扱）
南京[1]へ轉電アリタシ
第一四號
外信

影佐少将ヘ田尻ヨリ

一、二十二日ノ四相會議ハ十二月五日迄ニ停戰ノ實行方等ヲ條件トシ新政府承認ノ延期ヲ決議シ右ハ錢永銘ニ傳言セリ右ニ對シ蔣介石ハ兎ニ角代表ヲ派シ（彼ハ交通通信狀況ノ不備及當時英國側ノ妨害ノ爲日本ノ眞意ヲ充分ニ了解スル材料ヲ有セスシテ右派遣ヲ決定シ之ヲ通告越セリ）和平ヲ開談スルノ誠意ヲ示シ本官等ハ目下其ノ來香ヲ待チツツアリ然ルニ帝國政府ハ右代表ノ來香ヲ待タス從テ交渉ノ結果ヲ見極ムルコトナクシテ三十日承認ニ決定シ別電（見当ラス）ノ如キ通告ヲ蔣介石ニ對シ爲スヘキ旨ヲ本官ニ訓令セリ

二、重慶ハ南京政府ノ承認延期及無條件全面撤兵ヲ先決條件トシ和平交渉ニ應スヘキ提案ヲ爲シ我方ハ之ヲ承認ノ上其ノ旨ヲ通告シ代表ノ派遣ヲ待チ協議ニ入ルヘキ段取ニシテ日本ハ右交渉カ來月五日前ニ開談セラルル限リ之カ結果ヲ見極メタル上ニアラサレハ新政府承認ノ最終的宣告ヲ爲シ得サル立場ニ在リ而モ之ヲ敢テ實行シ之カ説明トシテ別電ノ通告ヲ爲スノ如キ汪精衛ニ對スル以上ニ帝國ノ信義ヲ世界ノ市場ニ問ハルル問題ナリ

三、重慶カ政治軍事代表ヲ派シ和平ヲ求ムルハ必スシモ米蘇關係ヲ天秤ニ掛ケタル策謀ニアラス其ノ誠意ハ充分ニ認ムヘキモノト信ス

四、根本問題ハ斯カル法律論形式論ニ存セス我カ國策カ要求スル急速和平實現カ果シテヨク重慶トノ直接交渉カ或ハ新政府ノ承認カノ孰レニ依リ良ク達成セラルルヤニアルヘキ處虚心坦懷公平ナル判斷ニ依リ前者ニ依ルノ外無シトハ何人モ意見合致スル所ニシテ右ハ貴官ノ僞ラサル心情ナルヘク阿部大使モ亦同意セラルル所ナルヲ信シテ疑ハス

五[2]、要ハ重慶カ果シテ誠意アリヤ否ヤニ在リ之カ判斷ハ或ハ日本人ヨリハ汪精衛ノ私心ナキ觀測ヲ俟ツヲ公正トスヘシ本官トシテハ汪氏カ重慶トノ今日迄ノ交渉ノ經緯ヲ知ルニ於テハ敢テ二、三週間ノ時日ヲ爭ハス當地ニ於ケル交渉ノ成果ヲ見究ムルノ雅量アルヲ信シテ疑ハス況ンヤ中國人タル汪氏カ日本トノ信義或ハ大臣トノ友誼ヲ先ニシテ支那ノ將來乃至ハ日支關係、東亞和平ノ保全ヲ無視スルカ如キ私心アリトハ斷シテ信スルヲ得サル所ナリ

六、本官汪氏ヲ知ルコト歲アリ松岡外相ノ誠意及之ニ呼應セ

ル蔣介石ノ心境ヲ知ラハ同氏ハ凡ユル個人ノ苦心ヲ忍ヒテ日支双方及東亞全局ノ利益ノ爲自己ヲ犠牲トスル第一人者タルヲ疑ハス同氏カ蔣介石トノ交渉ノ前途ヲ見究ムル爲ニ承認ヲ多少延期スルノ用意アルコトヲ信シ貴官ニ於テ特ニ當地交渉ノ見透シ付ク迄汪氏カ自ラ承認ヲ辭退スル用意アル眞意ヲ突キ止メラレ右ニ事ヲ取リ纒メラレ度シ本官ハ當地ニ於テ汪氏ノ衷情ニ甘ヘ彼ヲ欺クカ如キ不信行爲ハ爲ササルヘシ

七、東亞ノ將來、日本ノ前途カ如何ニナルヤノ重要ナル時期ナリ誠意ト信頼ヲ以テ敢テ廟議ニ捉ハレス　陛下ノ臣民タル徵《(微カ)》衷ヲ致サントス貴官ノ御協力ヲ得是非トモ三十日ノ承認ノ延期方望ムコト切ナリ時間切迫シ意盡サス御判斷ノ上刻下ノ大局ヲ誤ラレサルコトヲ祈ル

八、予ハ汪精衞ノ眞意ヲ信ス三十日ノ承認ハ同氏ノ發意ニ依リ是非トモ延期セラルヘキナリ

大臣ヘ轉電セリ

（付記一）

秋†山ヨリ

左記池田《西》ノ發電トシテ安達《外相》ニ手交アリタシ

記

十八日夜池田《西》ハ木下《銭》ニ會見シ左ノ重大通告ヲ接受セリ

一、志賀《蔣》ノ祕書長L《陳》、C《布》、P《雷》(三九二)ハ其ノ代理トシテ近ク來香シ安達《外相》ノ承認セル結婚《和平》法案ヲ原則的ニ承認シ本法案ヲ基礎トシテ速ニ櫻《日本》ト結婚《和平》ノ協議開始ノ意思アル旨安達ノ代理トシテ來香セル秋山《田尻》ニ正式ニ通告スヘキコト

二、L《陳》、C《布》、P《雷》ノ來香ハ二十日迄ト豫定サレ居タル處若干ノ延期ヲ免レサル事情ニアリ但シ前項ノ趣旨ヲ以テ來香スル事實ハ確定的ナルヲ以テ是ヲ速ニ櫻《日本》側ニ通告スルコト

事態ノ意義ノ重大ナルニ鑑ミ木下《銭》ノ確信ニ於テ豫告スルモノナルコト

以上

木下《銭》等結婚《和平》仲介者談及京城《重慶》側ノ事ヲ運フ態度カ愼重ヲ極メ居タル爲交渉進捗程度ニ關スル具体的通報遲延勝チニテ本通告カ既ニ時期ヲ失セル憾アルコトヲ憂ヘサルヲ得ス但シ本通告ヲ發スルニ至ル迄ノ經過ヲ冷靜ニ判斷スルニ先方ノ誠意ハ極メテ認ムヘキモノアリ而モ此ノ重大問題ヲ決定スルニ此ノ如ク短時日ナルハ京城《重慶》側トシテハ未曾有ノコトナ

ルヘク其ノ內部事情ノ困難ナルニ鑑ミテ當局者ノ苦心ト英斷ヲ認メサル能ハス偶々櫻《日本》ノ横濱《南京》ニ對スル關係處理事情ノ接迫ノ爲時間的ニ我方ノ期待ヲ滿タシ得サル感アルハ公平ナル觀測者ノ焦慮ニ堪ヘサル所ナリ

先方ハ櫻《日本》ノ機密保持機能ニ對シ極度ノ不信感ヲ抱キ居ルヲ以テ本項ノ漏洩ハ特ニ御警戒相成度シ

十八日東京U、P電ニ依リ代表來香ノ延期ヲ惧ルルモノナリ

編注　本電報写には近衛総理の閲了サインがあり、「陸、海、両相、一五、一一、二一、内閣済」、「香港629」、「大至急」の書き込みあり。

（付記二）

十九日夜[†]　陳（蔣ノ祕書長）極祕裡來香

蔣　錢ニ傳達　蔣ノ代理トシテ錢ニ委囑　日本ト交涉ヲ委囑

二十日夜　錢ト西　田尻會見

先決條件

一、南京承認セバ和平絶望　强迫ト見ル　承認延期

二、撤兵　防守同盟ヲヤル　一應撤兵ノ立前ヲトラシメル

實際ハ別　防守同盟ノ立前デ再駐兵

右二點承認セハ蔣ハ誠意ヲ以テ日本ト交涉　彼自ラ日本ノ代表者ト會同

下關條約後ノ李ヲ學バズ

右ニ對シ日本ノ提示案ヲ原則トシテ認メタル上ナリヤト問フ

錢

蔣ハ法案以上ニツツ込ンダル提携　東亞百年ノ大計

八月ヨリ有利

南京ノ取扱　日本ノ立場ヲ尊重

尙南京ニハ當分祕密

和平絶望ノ聲ヲワザト出ス

一、近衛三原則

二、汪蔣合作

三、今同ノ戰爭行爲ニ關スル限リ主義上全面撤兵

四、防守同盟

北樺買收 一億四千萬圓

一、二條件 原則承認ス

二、マカオデ停戰商議 引續キ和平

三、交渉員誰ヲ出スカ

四、誠意ヲ示ス爲十二月五日前迄ニマトメルコト

五、マトマラズバ南京政府承認

印象 田尻 樂觀 錢 重慶窮迫 ノドカラ手ガ出ル

編 注 本メモは近衛総理が書いたものと思われる。

337 昭和15年12月6日 阿部中国派遣大使より松岡外務大臣宛(電報)

南京政府承認後の事変処理方策につき意見具申

南京 12月6日発
本省 着

特第(編注一)號(極祕)

一、國民政府承認後ノ事變處理方策遂行方ニ關シテハ既ニ中央ニ於テ周到ナル御用意アルモノト拜察セラルル處今後我方施策ノ一大重點カ支那民心ノ把握ニ基ク新政府ノ政治力ノ培養鞏化ニ存スヘキコト言ヲ俟タサル所ニシテ右ニ關スル我方施策ノ今後ノ實績コソ事變處理推進ノ原動力ヲ構成スル一大關鍵ナリト信ス而シテ之カ爲ニハ政治經濟文化等各般ニ亘リ施策ノ適正ヲ圖ルヘキモノ尠ナカラス所謂北支特殊性ノ意義及其ノ限度ノ區劃竝ニ軍管理工場ノ整理及合辦事業ニ關スル調整ノ如キモ右施策ノ一要目トシテ重視セラルヘキモノナルコト指摘スル迄モナキ所ナリ

右施策具現ノ爲ニハ直接實施ノ衝ニ當ル現地各機關ニ於テ相互ニ連絡ト理解ヲ密ニスヘキコト勿論ナルモ根本方針ノ歸一ニ於テ現地各機關一致ノ方途ニ出ツル様中央ニ於テ適切ナル指導ヲ與ヘラルルコト肝要ナルノミナラス我方施策ノ實行ニ當リテハ其ノ政治的效果ヲ最大限度迄發揮スル爲支那側ノ創意ト積極的活動ニ對シ充分ノ機會ヲ與フル様工夫スルコト絶對必要ナリト思考ス

二、占領地域ニ於ケル經濟施策ノ適否ハ作戰、治安維持、民

心把握其ノ他各般ノ見地ヨリシテ我カ事變處理方策ノ成否ヲ決スル重大問題ナルコト論ヲ俟タサル所ナルカ右問題ノ重要性ノ比重ハ今後益々大ヲ加フル次第ナリ占領地域ニ於ケル物資ノ流通、非占領地域及第三國ヨリノ物資ノ吸收、支那民族資本ノ利用及第三國資本ノ活用等ニ付テハ特ニ大局ヨリ適切ナル具體方策ノ運用ヲ見ルコト最モ必要ト認メラル而シテ右ニ關シテハ直接軍事上ノ必要ニ基ク措置ト不可分ノ關係ニアルモノ尠ナカラサルヲ以テ中央ニ在リテモ政府ニ於テ軍トノ連絡協調ヲ特ニ密ニシ速ニ施策ノ適正ヲ圖ル基礎ヲ作ラルル様切望ニ堪ヘス

三、今後ノ重慶工作ニ關シテハ政府ニ於テ既ニ御腹案ヲ有セラルルコトト存スル所本使ノ見ル所ヲ以テスレハ今次新政府ノ承認ト重慶工作トハ本質上互ニ矛盾スルモノニ非スシテ却テ相輔翼スル關係ニ在ル處重慶ノ翻意合流ノ爲ニハ未タ客觀情勢ノ熟セサルモノアリ殊ニ帝國ト蘇聯及米國トノ關係カ現在ヨリモ或ル程度迄調整セラルルコトハ重慶工作ノ奏功上必須ノ要件ナリト思料セラルル次第ニシテ蘇聯トノ「アンタント」ノ樹立及米國トノ「アピーズメント」ノ關係釀成ニ付テハ既ニ政府ニ於テ折角御努力中ト存スルモ重慶工作ニ關シテモ右ノ角度ヨリ考量シ帝國ノ世界政策トノ關聯ニ於テ之ト睨合セツツ運用シ目下施策ノ焦點ヲ對蘇及對米關係ノ調整ト三國同盟ノ活用ノ點ニ置クコト適切ナリト信ス

編注一　本電報は電報番号および着電日不明。

二　本文書は、東京大学近代日本法政史料センター原資料部所蔵「阿部信行関係文書」より採録。

338

昭和16年1月21日

第七十六回帝国議会における松岡外相演説

付　記　昭和十六年一月三十日

松岡外相議会答弁概要「重慶政権ノ合流ハ時期到來セズ」

第七十六議會松岡外相外交方針演説

（一月二十一日）

本日第七十六議會ノ初ニ當リマシテ、茲ニ我ガ外交ノ近況ニ就キ説明スル機會ヲ得マシタコトハ、私ノ最モ欣幸ト

スル所デアリマス。

皇國ノ外交ガ我ガ肇國ノ理想タル八紘一宇ノ大精神ニ隨ヒ、萬邦ヲシテ各々ソノ所ヲ得シムルニ存スルコトハ申スマデモナイ所デアリマス。昨年九月二十七日締結サレマシタ、日獨伊三國同盟條約ノ目標トスル所モ、亦斯カル大理念ノ貫徹ニアルノデアリマシテ、同條約締結ニ當リ、畏クモ大詔ノ渙發ヲ拜シ、國民ノ向フベキ所ヲ御明示下サレマシタルコトハ、寔ニ、恐懼ニ堪ヘヌ所デアリマス。

三國同盟條約　本條約ニ於テ獨伊兩國ハ皇國ガ大東亞ニ新秩序ヲ建設シ、且ツソノ圈内ニ於テ指導力ヲ保有スルコトヲ承認シタノデアリマス。皇國ノ志ス所ハ大東亞圈内ニ於ケル各民族ヲシテソノ本然固有ノ姿ニ立返ラシメ、和衷協同、共存共榮、謂ハバ、國際的ニ隣保互助ノ實ヲ擧ゲ、以テ世界大同ノ範ヲ垂レンコトヲ期スルト云フ事ニ盡キルノデアリマス。又我ガ國ハ獨伊兩國ノ「ヨーロッパ」ニ於ケル同樣ノ努力ニ關シソノ指導的地位ヲ認メ、之ヲ支援シ、之ニ協力センコトヲ約シタノデアリマス。卽チ、三國同盟條約ハ何國ヲモ敵視セズ、世界新秩序建設ヲ目的トスル强力ナル提携デアルノデアリマス。既ニ本條約ニ基キ三國ノ首都ニ混合委員會ノ設置ヲ見ル運ビトナリ、三國ノ親善關係ハ政治的ニモ軍事的ニモ經濟的ニモ將又文化的ニモ愈々緊密ノ度ヲ加ヘツツアリマス。又昨年十一月中本條約前文ノ趣旨ニ從ヒ「ハンガリー」、「ルーマニア」及ビ「スロヴアキア」ノ三國ガ本條約ニ參加致シマシタ。申ス迄モナク今後我ガ國ノ外交ハ八紘一宇ノ大理念ヲ基調トシ、コノ三國條約ヲ樞軸トシテ運用セラルルモノデアリマス。

尙本條約ニ就イテ特ニ説明ヲ加ヘテ置キタイト思ヒマスコトハ、ソノ第三條デアリマス。卽チ、同條ニ依レバ「三締約國中何レカノ一國ガ現ニ歐洲戰爭又ハ日支紛爭ニ參入シ居ラザル一國ニ依テ攻撃セラレタルトキハ、三國ハ有ラユル政治的、經濟的及ビ軍事的方法ニ依リ相互ニ援助スベキ」義務ヲ負ウテヰルコトハ明白デアリマシテ、苟モ斯カル攻撃ヲ受ケタル場合ニハコノ規定ニ依ル義務ハ當然發生スルノデアリマス。

序ヲ以テ一言致シマスレバ、伊太利ノ軍事行動ニ就キ種々ノ宣傳ガ行ハレテ居ル樣デアリマスガ、遠カラズ我ガ盟邦伊太利ガソノ所期ノ目的ヲ達スルコトハ、私ノ疑ハザル所デアリマス。

英米恃ム重慶　大東亞ニ於ケル諸國ノ中我ガ國ト特殊不可分ノ關係ニ在リマスル滿洲國ハ、建國以來早クモ十年ノ歳月ヲ重ネ國礎漸ク固キヲ加ヘ、國際的地位モ日ヲ逐フテ向上シ、國運隆昌ニ赴キツツアルコトハ、御承知ノ通リデアリマス。而シテ、昨年皇紀二千六百年ニ當リ、我ガ皇室ニ御祝祠ヲ述ベサセラレル爲、同國皇帝陛下ノ御訪問ヲ見マシタルコトハ、愈々以テ兩國ガ、一億一心ノ關係ヲ具現シツツアルコトノ顯著ナル表徵トシテ、日滿兩國民ノ、等シク慶賀措ク能ハザル所デアリマス。又過般ハ、日華基本條約締結ト同時ニ、日滿華共同宣言ニ依リ、中華民國ハ滿洲國ヲ承認シ、滿華兩國間ニ大使ノ交換ヲ見ルコトトナリマシタ。

出來得ルコトナラバ、一日モ速ニ、支那事變ヲ處理スルコトガ、大東亞共榮圏樹立ニ就テ望マシキコトデアリマスノデ、現內閣成立以來、蔣政權ノ反省ヲ促シ、汪精衞氏ヲ主班トセル南京政府ヘノ合流促進ヲ企圖シタノデアリマスガ、同政權ハ未タニ反省スル所ナク、抗戰ヲ續ケテ居リマス。然シ乍ラ、蔣政權內部ノ分裂軋轢漸ク激化シ來リ、同政權支配下ノ民衆ハ、物價騰貴、物資不足ソノ他アラユル艱難窮乏ニ惱マサレテ居リ、又一面蔣政權ノ抗戰力モ低下シ、他面最近ハ共產軍ノ勢力頓ニ增大シ、次第ニ國民軍ノ地盤ヲ蠶食シツツアルヤウナ實情デアリマシテ、蔣介石モ共產軍ノ跋扈跳梁ニハ餘程苦シメラレテ居ル模樣デアリマス。窮狀斯クノ如キニモ拘ラズ、今猶抗戰建國ヲ標榜スル主ナル原因ハ、英米殊ニ米國ノ援助ニ望ミヲ掛ケルト共ニ、過去ノ行懸リニ捉ハレテ居ル爲デアルト思ハレマス。英國ハ、昨年六月、一時香港及ビ緬甸援蔣「ルート」ヲ通ズル物資ノ輸送ヲ止メタノデアリマスガ、三國同盟成立後十月十八日ニ至リ緬甸「ルート」ヲ再開シ爾來物資ノ輸送ニ努メテ居ル模樣デアリマス。又最近蔣政權ニ對シ一千萬磅ノ借款ヲ與ヘマシタ。米國モ亦之ト前後シテ一億弗ノ借款ヲ約束シマシタガ、目下米國ハ國ヲ擧ゲテ英國ニ對シテ大規模ノ援助ヲ企テテ居ル際デモアリ、又忠勇果敢ナル我ガ航空部隊ノ適切ナル處置ニ依リ緬甸「ルート」ガ屢々大破損ヲ蒙リツツアル現狀ニ於テ實際幾許ノ援助ヲナシ得ルカ甚ダ疑問デアリマス。

南京政府承認　右ノ如キ情勢ニ鑑ミ我ガ政府ハ既定方針ニ從ヒ、昨年十一月三十日南京ノ國民政府ヲ承認シ之ト基本條約ヲ結ンダノデアリマス。コノ條約ハ善隣友好經濟提携及ビ共同防共ノ三原則ヲ具體化シタモノデアリマシテ、日華兩國ハ相互ニ其ノ主權ト領土トヲ尊重シツツ平等互惠ノ原則ニ依リ緊密ナル經濟提携ヲ行ヒ、又兩國ハ共同シテ共産主義ヲ防壓スル爲、蒙疆及ビ華北ノ一定地域ニ皇軍ノ駐屯スルコト等ヲ規定シテ居リマス。皇國ガ領土及ビ戰費ノ賠償ヲ求メズ、又進ンデ治外法權ヲ撤廢シ、租界ヲ返還スルノ方針ヲ約シタコトハ、東亞民族ノ道義ニ依ル結合ヲ衷心念願シテ居ル一ツノ確乎タル表現デアリ、證左デアリマス。已ニ基本條約ヲ締結シ、日滿華共同宣言モ發セラレタル以上、我々ハ一意專心、汪精衛氏ヲ主班（首カ）トスル國民政府ヲ援助シ、名實共ニ之ヲ中華民國ノ中央政府タラシメネバナリマセヌ。斯クテ日滿華三國ヲ根幹トシ愈々大東亞共榮圈ノ樹立ニ向ツテ萬難ヲ排シ邁進セントスルノ態勢ヲ執リ來ツタノデアリマス。

蘭印トノ交渉　次ニ大東亞共榮圈內ノ蘭領印度、佛領印度支那及ビ泰國等ノ關係ヲ一瞥シマスルニ蘭印、佛印等ハ地理的情勢ソノ他ノ上ヨリモ、我ガ國ト緊密不可分ノ關係ニ在ルベキデ、從來之ヲ阻害シ來ツタ事態ハ、飽クマデ之ヲ匡正シ、相互ノ繁榮ヲ促進スル爲、隣保互助ノ關係ノ設定ヲ期セネバナリマセン。政府ハコノ見地ヨリシテ、昨年九月初旬特ニ小林商工大臣ヲ蘭印ニ派遣致シマシタノデアリマスガ、石油購入ソノ他ニ關シ、重要ニシテ急ヲ要スル問題ノ交渉一段落ヲ告ゲタルヲ機會ニ、長ク現地ニ滯在スルコトヲ許サナイ事情モアリマスノデ、同代表ノ歸朝ヲ見ルニ至リ、次デ政府ハ過般ソノ後任トシテ、芳澤元外務大臣ヲ派遣シ、已ニ交渉ヲ再開シテ居ルノデアリマス。

佛印ト泰國　佛印ハ支那事變ガ勃發致シマシテ以來、援蔣「ルート」ノ最モ重要ナルモノデアリマシタガ、昨年六月、「ヨーロッパ」ニ於ケル情勢ノ急變ト共ニ、日本ト佛印ノ關係モ亦變化ヲ來シ、佛印ノ支那國境閉鎖、皇軍進駐等ノ事實ガ相次イデ起ツタノデアリマス。尙昨年八月私ト駐日佛國大使トノ間ニ交換セラレマシタ文書ニ基キ、目下東京ニ於テ交渉ガ開カレテ居ル次第デアリマスガ、頗ル友好的雰圍氣ノ裡ニ進捗シテ居リマス。右ハ佛蘭西ガ世界ノ新情勢ト東亞ノ新事態ニ基キ、日、佛提携ノ必要ヲ認識シタカラニ外ナラヌト思考致シマス。

佛印問題ニ關聯シテ申上ゲ度イノハ、我ガ國ト泰國トノ關係デアリマス。昭和八年ノ滿洲事變ニ關スル國際聯盟總會ノ際、同國代表ガ議場ニ留マリ、獨リ敢然トシテ棄權ヲ聲明シマシタコトハ、今猶我ガ國民ノ記憶ニ新タナル所デアリマス。

昨年六月、彼我ノ間ニ、友好中立條約ガ調印セラレ、十二月二十三日盤谷ニ於テ批准交換ヲ了シ、兩國ノ親善關係ハ益々緊密ヲ加ヘツツアルノデアリマス。同國ニ於テハ、今次佛印ニ於ケル失地回復運動ガ澎湃トシテ起リ、目下同國ノ軍隊ハ佛印軍ト國境ニ於テ對峙シ、衝突頻發ノ模樣デアリマスガ、斯カル紛爭ハ東亞ノ指導者タル我ガ國ノ到底無關心タリ得ザル所デアリマシテ、我ガ國トシテハ、ソノ一日モ速ニ解決ヲ見ムコトヲ希望スル次第デアリマス。

其ノ他トノ關係　今回我ガ國ト濠洲トノ間ニ公使ヲ交換スルコトトナリマシタガ、傳統的友好關係ニ結バレタル兩國ハ、今後直接膝ヲ交ヘテ隔意ナキ話合ニ依リ、不必要ナル誤解ヲ一掃シ、兩國ノ親善促進ニ依ツテ、太平洋ノ平和増進ニ貢獻センコトヲ期シテ居リマス。

猶「イラン」國トノ間ノ修好條約ハ既ニ御批准ノ手續ヲ完了シ、我ガ國ト近東諸國トノ關係モ更近頓ニ親善ニ赴キツツアリマス。

更ニ我ガ國ト亞爾然丁國トノ間ニモ、過般相互ニ公使館ヲ大使館ニ昇格スルコトニ致シマシタ。又「ブラジル」國トハ同ジク昨年九月文化協定ガ締結セラレ既ニ御批准ヲ見ルニ至リ、兩國關係ハ益々敦睦ヲ加ヘツツアリマス。之等諸國ト我ガ國トノ關係ガ、近年政治的ニモ、經濟的ニモ、文化的ニモ、急速ニ密接トナリツツアルコトハ、眞ニ慶賀スベキコトデアルト思ヒマス。

斯クノ如キ外交關係ノ進展ヲ見マスル一方、歐洲戰爭ノ影響ニ依リ、在歐大公使館中ニハ引揚又ハ廢止ノ餘儀ナキニ至ツタモノモアリマス。併シナガラ、在外外交機關ニ就テハ重點主義ニ依リ、着々ソノ充實ヲ圖ツテ居ルノデアリマシテ、就中大東亞共榮圈内ニ於テハ極力外交網ノ整備ニ努メテ居リマス。

日「ソ」委員會　大東亞共榮圈ヲ建設シ、東洋平和ヲ確保スル爲ニハ、コノ日「ソ」兩國ノ國交ヲ現在ノ儘ニ推移セシムルコトハ望マシクアリマセムノデ何トカシテ相互ノ誤解ヲ除キ、出來ルコトナラバ、進ンデ全面的ニ且根本的ニ國交ノ調整ヲ計リタイト云フ考ヘヲ以テ折角努力中デアリマス。滿蒙國境問題、漁業問題、北樺太利權問題等ニ付キマシテモ鋭意交渉ヲ續ケテ居リ、就中漁業問題ニ關シテハ漁業本條約改訂ノ爲ノ日蘇混合委員會設置竝ビニ取敢ズ本年度漁業ニ關スル暫定取極ニ付既ニ合意ヲ見タ樣ナ次第デアリマス。三國條約第五條ノ規定モ、コノ趣旨ヲ以テ本條約ガ「ソ」聯邦ニ對スルモノデナイコトヲ明カニシタモノデアリマスガ、獨伊兩國モ亦同感デアルノデアリマス。「ソ」聯邦ガ速ニ我ガ方ノ眞意ヲ諒解スルニ至リ、兩國ガ交讓妥協ノ精神ヲ以テ國交調整ニ成功セシムルコトヲ希望シテ居リマス。

日米關係　我ガ國ノ通商貿易ハ滿支兩國以外ニ於テハ、主トシテ英米兩國及ビソノ植民地屬領トノ間ニ行ハレテ居ルノデアリマスガ、米國ハ一昨年七月、日米通商條約廢棄ノ通告以來、逐次我ガ國ニ對シ、飛行機、武器彈藥、航空用「ガソリン」、工作機械、屑鐵、鐵製品、銅、「ニツケル」ソノ他ノ重要軍需資材ノ輸出ヲ禁止若クハ制限シ、又英國屬領各地ニ於テハ我ガ國ノ海運ニ對シ種々ノ妨害ヲ加ヘテ居リマス。之等ニ對シテハ、我ガ方ヨリソノ都度抗議ヲ提出シテ居ルノデアリマスガ、コノ傾向ハ最近益々甚ダシク、我ガ國トシテモ充分ナル用意ヲ以テ之ニ處スルコトガ必要デアリ、殊ニ我ガ國ハコノ壓迫ニ堪フル必要カラシテモ、大東亞共榮圈ニ於テ、自給自足ノ經濟生活ヲ確保シ、高度國防國家體制ノ建設ニ邁進セザルヲ得ナイノデアリマス。

コノ點ニ關聯シ、日米關係ニ言及致シマス。米國ハ日本ノ大東亞共榮圈建設ガ、我ガ國ノ死活的要求デアルコトニ對シ充分ナル理解ヲ示サヌノデアリマス。米國ガ一面、自ラ東ハ中部大西洋ヲ、西ハ獨リ東太平洋ノミナラズ、他面更ニ支那及ビ南洋ヲ以テ、ソノ國防ノ第一線デアルカノ如キ態度ヲ執リ、日本ノ西太平洋支配ヲスラ野心視シテ、之ヲ非難スル如キ口吻ヲ洩ラスニ至ツテハ、餘ニモ身勝手ナル言分デアリ、ソシテ、ソレハ決シテ世界平和ノ增進ノ寄與スル所以デハアリマセン。

卒直ニ申セバ、私ハ日米國交ノ爲ニ太平洋上ノ平和ノ爲ニ、將又世界全般ノ平和ノ爲ニ、斯カル米國ノ態度ヲ頗ル遺憾トスルモノデアリマス。大國民タル米國民ハ須ラク、ソノ世界平和ニ對シテ負フ所ノ責任ニ目覺メ、眞ニ神ヲ畏レル敬虔ノ念ヲ以テ、深ク反省シ、行懸リノ如キハ大悟シテ之ヲ一掃シ、現代文明ノ危機ヲ打開スル爲、ソノ力ヲ用ヰンコトヲ希望シテ止マナイモノデアリマス。

　現下世界政局ノ混亂ハ、猶當分鎭靜ノ模樣ナキノミナラズ、次第ニ依ツテハ一層激化セントスル傾向ニアリマス。今後、若シ、米國ガ不幸ニシテ歐洲戰爭ニ捲キ込マレ、我ガ國モ亦遂ニ參職《(戰カ)》ノ餘儀ナキニ立至ルガ如キコトアラバ、名實共ニ、眞ニ戰慄スベキ第二ノ世界大戰トナリ、容易ニ收拾スベカラザル事態ニ立チ到ルデアリマセウ。殊ニ將來勢ノ激スルトコロ、今日迄用ヒラレタ以上ノ、强烈ナル新鋭武器ヲ以テ戰フコトニモナレハ、誰ガ現代ノ沒落戰タラザルヲ保證出來ルデアリマセウカ。故ニ、我々ハ大東亞共榮圈樹立ノ努力ヲ進ムルト共ニ、ソノ遂行途上ニ於テ世界ノ混亂ノ擴大ヲ防止センガ爲、一ツニハ三國條約ヲ結ンダノデアリマス。今後我々ハ一日モ速カニ、現在ノ戰爭ヲ終熄セシメ、世界ノ混亂ヲ鎭靜セシムルト同時ニ、將來斯クノ如キ禍亂ヲ再發セシメザル方途ニ就キ、今日カラ考ヘテ置ク必要ガアルト思フノデアリマス。

　惟フニ、我ガ國ハ上ニ萬世一系ノ天皇ヲ戴キ、團結鞏固ナルコト世界無比ナル家族國家デアリマシテ、國難ト共ニ益々朝野ノ團結ヲ强メルノヲ特徴ト致シマス。更ニ我々ノ意ヲ强ウスルノハ、世界政局ヲ左右スルニ足ル皇國ノ絶好ナル地理的條件デアリマシテ、「光ハ東方ヨリ」ナル民族的信念ニ生キ八紘一宇ノ大理念ニ燃エ、三國同盟條約ノ目標タル世界新秩序建設ノ大業ニ精進スベキデアリマス。私ハソノ成功ヲ疑ヒマセン。而シテコノ間ニ處シ、我ガ國民ニシテ充分ナル覺悟ダニアラバ皇國ノ前途亦眞ニ洋々タルモノノアルコトヲ確信致シマス。

　終リニ、私ハ、謹ンデ聖戰ノ爲メニ斃レタル我忠勇ナル將士ノ英靈ニ對シ、衷心ヨリ其ノ冥福ヲ祈ルト共ニ皇軍全體ノ勞苦ニ對シ深甚ナル感謝ノ意ヲ表シ、其武運長久ヲ祈ルモノデアリマス。

（付　記）

重慶政權ノ合流ハ時期到來セズ

　松岡外相ハ一月三十日ノ外務豫算分科會ニ於テ中山福藏氏ノ質問ニ答ヘ、重慶政權合流問題ニ關シ左ノ如ク所信ヲ明ニシタ。

答辯內容　近衞聲明ハ國民政府ヲ相手ニセズトイフコト

デアッテ、確カソノ年ノ十一月頃ダッタカト記憶シテヰルガ、國民政府ト雖モ飜然改メテ、日本ノ方針ニ共鳴シ來ルナラ相手トスルトイフヤウニ變更サレテヰル。ソノ變更サレタ方針ニヨッテ重慶政權トモ、イロイロ現内閣ガデキル前ニオイテ既ニ民間ニオイテモソノ運動ガアッタ。現内閣ノ方針ハヤハリソノ變更サレタ方針ニ基イテ彼ノ反省ヲ求メテキタ。ソノ反省ノ眼目ハ主トシテ汪精衞氏ヲ首班トシテヰル南京政府ニ合流センカ、サウシテ考ヲ變ヘテコノ合流サレタ基礎ノ上ニワガ政府ト全面和平ノ商議ハ遂ゲンカトイフヤウナ考デ試ミテキタノデアルガ、過日私ガ言明シタヤウニナカナカ反省シナイノデ、タウトウソノ反省ヲ待ッテヰラレナイカラ、實ハ南京政府ヲ支那ノ中央政府トシテ基本條約ノ締結ヲ見タヤウナ次第デ、コレカラドウナルカト申スト、スデニ南京政府ヲ中央政府トシテ認メタ以上、モウ一層南京政府ニ合流シナイカトイフ反省ヲ促ス時期ガアッタナラバシテ見タイト、イマ折角考ヘテヰル。今度ハ同ジ話合ヲスルニシテモ南京政府ヲ認メテヰナカッタ時代ノ話合トハソノ點ニオイテ重點ノ置キ所ガ非常ニ變ッテ來ルトイフコトヲ申上ゲタイ。イマハ時期ガ來ナイトイフコトデ、重ネテ反省ノ手段ハトッテヰナイ。

續イテ井上良次氏ノ質疑ニ對シテハ、

合作サストイフノデハナク彼等ガ合作スルノハ支那國内ノ問題デ、タダ今日ワガ方モ一日モ速カニ支那事變ヲ終熄セシメタイノデアルカラ、モシワレワレガ助言ヲシテ重慶政權ノ人達ヲ反省セシメ、南京政府ニ合流サスコトガデキルナラバ、コレヲ努メタイト思ッテヰルダケノコトデ、一應打切ッテ以來マダ何モコノ點ニツイテ日本政府トシテハシテヰナイ。汪精衞氏云々トイハレルガ、汪精衞氏ハ日本國政府ニヨッテ承認サレル以前カラ、極力重慶政權ノ人タチヲ飜シテコレト合作シタイ。カウイフ希望ハヒトリ私ニ判ッテヰルノミナラズ相當公ニモ知ッテヰル。汪精衞氏ノ心事ハ南京政府承認前デモ重慶政權ト日本ト全面和平ガ成立スルナラ死ストモカナリトイフ通電ヲ出シテヰル。モシ汪精衞氏ガ南京政府ノ首班デヰルコトガ日支ノ全面和平ヲ妨ゲルノナラ自分ハ死ンデモヨイ。亡命シテモイイ。地位ヲ捨テル。カウイフ氣持ハ私ハ承知シテヰル。ソレカラワガ政府ガ南京政府ヲ民國政府トシテ承認シタ後ニ、私ノ記憶デハ間モナク談話ノ形カ何カデ公表シテヰルト思フガ、コレハ決シテ重慶政権ト合流スルコトヲ妨ゲルモノデハナイ。イツデモ自分ハ重慶政権ガ反省サヘスルナラバ合流スルニ吝カデナイトイフ意思ヲ明ラカニシテヰル。ソコデコノ點ニ關シテ私ノイツタコトモ、コツチガカウ說イテサトストイフ意味デハナカツタトイフコトヲ御承知願フト共ニ、コレハ主トシテ支那ノ國內問題デアルトイフコト、決シテ汪精衛氏始メ今日ノ民國政府ノ要路者達ノ意思ト反シタコトヲシタリ、又面目ヲ潰スヤウナコトハシナイトイフコトダケ御諒承願ヒタイ。ト帝國政府ノ對支外交方針ヲ明示シタ。

339　昭和16年2月25日　在上海堀内総領事より松岡外務大臣宛(電報)

新四軍問題を契機に国民党と共産党の間に内争発生の情報について

上　海　2月25日発
本　省　3月27日着

郵第三號
P[1]P情報

一、國共間ノ內争ハ新四軍問題ヲ契機トシテ遂ニ表面化シ收拾困難ノ事態ヲ出現セリ國民黨ハ新四軍事件ヲ以テ表面軍規肅正ノ局部問題ト爲シ之ヲ簡單ニ解決セント爲シ居ル處內實ハ決シテ單ナル軍規問題ニアラス國民黨側カ周到ニ計畫セル共產黨勢力消滅策ニ外ナラサル處共產黨又國民黨側ノ企圖ヲ充分察知シ居ル次第ニシテ從テ該事件發生後共、國間ニ幾多ノ折衝行ハレ又斡旋ニ努力者アリタルカ相互ニ滿足スルヲ得ス既ニ談判ニ依リテ解決セラルヘキ時機ハ經過シ相互ニ積極的實際行動ノ準備ヲ進メツツアル情勢ナリ卽チ重慶側ハ大軍ヲ以テ河北ニ於ケル第八路軍包圍監視態勢ヲ取リ一方河北ニ於ケル第八路軍枝隊ヲ卽時武力ヲ以テ殲滅スルノ決意ヲ爲シ湯恩伯ヲ討伐軍總司令ニ任命四個軍十二師ノ兵ヲ集結セシメ其ノ先頭部隊李先舟(仙洲カ)、王仲簾(廉カ)ノ指揮スル二軍ハ一度安徽省南部皐陽ニ到着セルカ時偶々京漢線西部ニ於ケル日本軍ノ進攻アリ危險トナリタルヲ以テ右二軍ハ急遽該方面ニ移動セシメラレタリ若シ其ノ事ナカリセハ數日前蘇北及揚子江南方面ニ於ケル共產黨討伐戰カ活潑ニ展開セラレタルモノト認メラル然レトモ重慶側共產黨討伐決意ハ之カ爲ニ毫モ變ラス最近更ニ第六三師及第四〇師ヲ討伐軍ニ參加セシメタル外山東江蘇及揚子江以南ノ各遊撃司令ニ對シ八路軍新四軍江南抗日軍挺身隊等モ共産軍ノ小部隊及工作員ハ容赦ナク捕捉殲滅スヘキ旨ノ命令ヲ發シ居ル由ナリ

二、[2]又共産黨側ノ動靜トシテ國民黨側ノ入手セル所ニ依レハ延安ニハ近日共産黨側ノ要人多數集マリ近ク「討逆人民政府」ヲ成立セシメ國民黨側ニ投?降方協議中ニシテ二月一日ニハ蘇聯邦側派遣ノ軍事代表モ參加シ討伐人民政府組織籌備會ヲ開催國民黨ノ罪惡ヲ痛激シ對日徹底抗戰ヲ宣言シ同時ニ林彪、チユウハクセイ、徐向前ヲ蘇聯邦ニ派シ機械化部隊ノ指揮方法ヲ習得セシメ且國民黨ト分離後ニ於ケル蘇聯邦側ノ中共援助問題ヲ協議セシムルコトトセリ

三、重慶側ニ於テハ新四軍問題カ斯クモ困難ナル事態ヲ招來スヘシトハ事前ニ全然考慮シ居ラス卽チ重慶側ノ見解トシテハ蘇聯邦ハ目下支那ノ對日抗戰繼續ヲ必要トシ居ルヲ以テ重慶側カ新四軍ヲ武力解決スルモ蘇聯邦政府ニ對シ共産黨側ヲ押ヘ問題ヲ紛糾セシメサル樣要求スルコト可能ナリト考ヘ居レリ故ニ重慶側カ事件發生後直チニ在重慶蘇聯邦大使ニ對シ蘇聯邦政府ヨリ中國共産黨ニ對シ重慶側ノ新四軍解決措置ニ服從スヘキ旨命令方依頼セルカ右ニ對シ大使ハ該事件ハ事前ニ何等ノ了解ヲ求メス今ニ至リテ責任ノミヲ執ラシメントスルモ絶對ニ爲ス能ハストシテ之ヲ拒絶シ一方蘇聯邦ヨリ延安ニハ多數ノ軍事專門家ヲ飛來セシメ共産黨軍側ノ軍事對策ニ協力セシムル外重慶側ニ對スル武器及物資ノ輸送ヲ中止シ又若シ重慶側カ日本ニ對シテ妥協スルカ如キコトアラハ直チニ武力ヲ以テ共産軍ヲ援助スヘキ旨嚴重ナル威嚇警告ヲ發スル所アリタリ斯ノ如ク重慶側ハ目下頗ル苦境ニ立チ居リ來遊中ノ「カリー」モ一方經濟方面ノ調査ニ從事シ居ル外主トシテ米大使「ジヨンソン」及英大使「カー」等ト共ニ重慶側ノ苦境打開ニ協力奔走シ居レリ

南京大使、北京大使、香港ヘ轉電セリ

340　昭和16年3月24日　在中国本多（熊太郎）大使より近衛臨時外務大臣事務管理宛（電報）

国共内争問題に関する汪兆銘との意見交換に

ついて

南　京　3月24日後発
本　省　3月24日夜着

第一七七號（極祕）

二十三日汪主席ハ非公式ニ本使ヲ晩餐ニ招待シ周佛海、梅思平、林柏生、徐良等ノミ同席セルカ食後ノ會談ノ内容ノ中重要ナル點左ノ通リ[1]

一、汪ハ最近ノ國共衝突問題ヲ繞ル重慶側ノ動向ニ關シ蔣ハ最近部下ノ者等ノ共產黨ノ横暴ニ對スル憤慨甚シク此ノ儘放任シ置クトキハ部下ニ對スル統制ヲ失フニ至ルヘキヲ惧レ先手ヲ打チテ三月初メ頃ニハ共產黨彈壓ヲ決行スル心算ナリシカ偶三月八日「ジヨンソン」米國大使蔣ニ面會國民黨カ共產黨ト合作スルヤ將又相抗爭スルヤノ問題ハ我々ノ興味ヲ有セサル所ナルモ過去ノ歷史ニ徵スルニ國共合作ノ際ニハ國民黨ハ分裂シ國共抗爭ノ時ニハ國民黨ノ内訌治マルヲ常トス此ノ際ノ共產黨彈壓ハ軈テ南京トノ合流惹ヒテ日本トノ和平ニ導カルニ至ルヘシ米國ハ終始抗日政權ヲ援助スルモノナリト告ケタル爲蔣ハ共產黨ト手切レノ結果ハ蘇聯ヨリ見放サルルノミナラス米國ヨリノ援助モ斷ハラルルコトニナリテハ一大事ナリトテ折角ノ共產黨肅正工作ヲ中止シ再ヒ妥協ヲ計ルコトトナリタル趣ナリ

右ハ香港ニ於ケル重慶側ノ或人物ヨリノ内報ニシテ十二分ニ確實性ヲ有ス斯カル米國側ノ策動ハ憎ミテモ餘リ有ルカ重慶側内部ニ於テ一度起レル反共ノ風潮ハ容易ニ消滅セサルヘク蔣ト雖此ノ後永ク之ヲ統制スルニハ相當ノ困難ニ逢着スヘク此ノ際吾々トシテハ益々反共ヲ標榜シ重慶側ノ反共分子ヲ我方ニ引付クル樣努力スル積リナリ[2]

二、國民政府トシテ考慮スヘキハ日蘇ノ關係カ調整セラレ不可侵條約ニテモ締結セラレタル場合從來通リノ反共ノ「スローガン」ヲ持續スルコトハ對蘇關係其ノ他ヨリ觀テ差支無キヤ否ヤニアリ此ノ點ニ付貴大使ノ敎ヘヲ仰度シ

三、右ニ對シ本使ハ善ク考ヘテ見ルヘキカ御承知ノ如ク日本ニテハ防共協定締結當時ヨリ蘇聯ト第三「インターナショナル」トハ別個ノ存在ナリト看做シ所謂防共トハ第三「インター」ノ破壞的工作ニ對處スルノ意味ナリトノ建前ヲ執リ居ル次第ナリ日蘇間ニ國交調整セラレタル場合

ニ於テモ國民政府側ニ於テ第三「インター」ヲ對象トシテノ「反共」標榜ハ差支無カルヘキヤニ思考スト說キタルニ汪モ同感ノ意ヲ表シ支那ニ於テモ從來反共ノ目標ハ第三「インター」ニシテ蘇聯ヲ目標トシタルコト無シト答ヘタリ

四、最後ニ本使ヨリ國共妥協ノ條件ヲ尋ネタルニ汪ハ抗日戰線ノ强化ニ依ルノ外無カルヘシト答ヘタル後最近三年間ノ戰爭ニ於テ注目スヘキ現象ハ共產軍カ日本軍ニ對シテ戰ハサル方針ヲ持ツテ居リ(曾テ初期ノ頃山西省ニ於テ一度衝突セルコトアリシノミ)專ラ中央軍ノ地盤ヲ食ヒ且民衆ノ間ニ勢力ヲ擴張スルニ努メツツアルコトナリ蓋[3]シ彼等ハ國民黨ト拮抗スルニ足ル勢力ヲ充實シ出來レハ輕擧ヲ避ケ戰爭ヲ繼續セシメテ漁夫ノ利ヲ占メントスルモノナルヘシ一方蔣ハ自分ノ治下一寸ノ土地テモ殘ル限リハ之ヲ守リテ將來ヲ俟ツト云フ主義ニテ先年「トラウトマン」大使ノ調停ノ時和平問題ニ付議論セル時モ蔣ハ「君等ノ和平ハ一歩ヲ誤レハ國土全部ヲ失フニ至ルヘシ吾人ノ抗戰モ其ノ前途極メテ容易ナラサルヘキモ苟クモ一寸ノ土地ニテモ殘ル限リ其ノ地域丈ケニハ絕對ニ吾人ノ自由アリ」ト語レルコトアリ彼ハ暫ク現在ノ地域丈ニテモ握リ居レハ其ノ中ニ世界ノ情勢モ變ルヘク何トカ轉換ノ途有ルヘシトノ賭博心理ニ驅ラレ居ルモノニシテ結局共產黨カ四川、雲南、貴州等ノ蔣ノ地盤ニ手ヲ着ケサル限リ構ハヌト云フ主義ナリ斯ル事情ヨリ國共妥協ノ餘地有ル次第ナルカ其ノ結果ハ聽テ部下ノ共產黨ニ對スル憤慨トナリテ再ヒ分裂ヲ來シ一部ハ和平陣營ニ投シ來リ茲ニ全面和平運動ノ進展ヲ見ルニ至ルヘシト思考スト述ヘタリ

北大、上海、廣東ヘ轉電セリ

341　昭和16年3月28日　在中国本多大使より近衛臨時外務大臣事務管理宛(電報)

外政機構整備統合問題に関し意見具申

南　京　3月28日後発
本　省　3月29日前着

第一九四號

外[1]政機構整備ノ件ニ關シテハ中央ニ於テ折角具體案審議中ノコトト存セラルル處事態ノ性質ト其ノ帝國外交ノ上ニ及

ホスヘキ影響ノ重大ナルニ鑑ミ僭越ヲ顧ミス敬ンテ左ニ卑見ノ概要ヲ稟申ス

一、本件機構問題ハ帝國ノ對支國策乃至事變處理ノ根本方針ト本質上不可分ノ關係ニ在リ右方針ヲ離レテ機構問題ヲ論スルヲ得ス若シ夫レ支那ヲ我カ內政ノ延長タル特種行政ノ對象トシテ或ハ又軍政ノ對象トシテ取扱フコトヲ以テ帝國ノ對支國策乃至事變處理ノ根本方針ト合致スルモノナリトセハ本件機構モ宜シク右ニ相應シ內政機關又ハ軍政機關タル性格ヲ有セシムル如ク決定スルヲ要スヘク而モ右ノ場合ニハ斯ル機關ヲ外務大臣ノ管理ノ下ニ置クハ明カニ矛盾ナリト言ハサルヘカラス然ルニ帝國既定ノ對支國策乃至事變處理ノ根本方針竝ニ日華基本條約等ノ指示スル所カ支那ノ獨立性及統一性ヲ尊重スルノ原則ヲ要素トスルモノナルコト照々トシテ明カナル以上殊ニ況ンヤ國民政府承認ノ今日ニ於テハ本件機構問題ノ取扱振ハ右原則ヲ破壞シ又ハ之ヲ晦冥ナラシムルカ如キモノタルヲ許サス

此ノ[2]際中央機構及現地機構ノ全體ニ亘リ筋道ノ透徹ヲ期スル我カ國家意思ノ統一ヲ保持シ大義名分ヲ貫ク上ヨリシテ極メテ肝要ナリト存ス

二、本件機構問題ヲ取扱フニ當リ基礎原則ノ一トスヘキハ統帥ト一般國務ノ系統ヲ明徵ニシ統帥機關ト行政機關トノ責任分野ヲ明確ニスルニアリ蓋シ右ハ至尊ニ對スル輔弼責任ノ所在ヲ確定シ健全ナル國家機能ノ發揮ヲ期スル上ヨリシテ絕對ノ條件ナレハナリ今日重大ノ時局ニ於テ最モ切實ニ要請セラルル統帥機關ト行政機關トノ圓滿ナル強調ノ如キモ此ノ兩者ノ間ニ相互ニ其ノ責任分野ヲ明カニシ互ニ之ヲ尊重スルノ精神アリテ甫メテ全キヲ得ルモノト言ハサルヘカラス

統帥及國務ノ兩系統ヲ明徵ニシ兩系統機關ノ責任分野ヲ明確ニスルノ要請ヲ具現スルニ當リテハ單ナル表現的形式的ノ僞裝ヲ許スヘカラス指揮命令ノ系統及人的構成等各般ニ亘リ總テ實質上ニ於テ右要請ノ精神ヲ適合スルモノナラサルヘカラス而シテ右ハ中央及現地ノ全機構ヲ通シ遵守セラルヘキ要綱ナリト思考ス

三、[3]本件機構問題ハ帝國外交ノ全體ノ上ニ於テ支那ノ占ムル地位及之ト全體トノ關聯ヲ餘所ニシテ之ヲ考フルヲ得ス支那ニ對シ又ハ支那ニ關スル外交ノ機關カ帝國外交ノ他

ノ分野ノ機關ヨリ實質上分離シテ存スルニ至ルカ如キコトアラハ右ハ單ニ對支外交ノミナラス帝國外交全體ノ破壞ヲ意味スルモノト思ハサルヘカラス從テ本件機構具體案作成ニ當リテハ形式的統合ニ急ニシテ外政機構ノ實質的分裂ヲ來シ帝國外交ヲ破壞ニ導クカ如キ重大ナル過誤ヲ犯ササル樣愼重工夫スルノ要アリト信ス

四、本件機構問題ハ單ナル內國官廳ノ場合ト異リ其ノ決定振リ如何ハ直ニ對外的外交的ニ重大ナル影響ヲ齎スモノナリ第三國ニ對スル影響ノ問題ハ暫ク別トスルモ儻シ本件機構カ實質上支那ノ獨立性又ハ統一性ヲ無視スルカ如キ性格ヲ有スルモノトナル場合ニ於テハ國民政府及重慶側ニ對シ如何ニ深刻ナル政治的惡影響ヲ及ホスヤハ火ヲ見ルヨリモ明カニシテ帝國政府ノ庶幾スル全面和平招來ノ一大障碍トナルニ至ルコト必然ナリ從テ本件機構具體案決定ニ當リテハ斯ル政治的影響ノ觀點ヨリモ深甚ノ省察ヲ加フルノ要アリト思料ス

五、[(4)]如上諸點ノ要請ハ事變進行中ナルノ故ヲ以テ阻却セラルヘキ性質ノモノニアラスシテ却テ事變中ナルカ故ニ之ヲ强調スルノ要益々緊切ナルモノアリト信ス蓋シ夫レ中央機構ニ於テ名ハ外政機構ノ統合ト言フモ實質上興亞省ノ如キモノヲ設ケ其ノ長官カ事實上在支外政機關ヲ全面的ニ指揮スルノ權ヲ掌握スルカ如キ又現地機構ニ於テ其ノ(?)業務指揮分野ヲ限定シテ條約ノ外ニ數多ノ地域ニ實質上謂ハハ割據的ノ代表機關ヲ設クルカ如キコトアラハ前述本使ノ所信ト全面的ニ衝突スルモノニシテ前記理由ニ基キ斷シテ國家ノ爲ニ採ラサル案ナリト思考ス

六、尙本使ノ所見ヲ忌憚ナク申進スルヲ許サルレハ現下重大ノ時局ニ於テ眞ニ國家總力ヲ最大限度迄發揮スルヲ要スルノ秋統帥府及政府ノ間ニ最高國防會議トモ言フヘキ最高機關ヲ設ケ政戰兩略ノ運行ヲ根源ニ於テ完璧ナラシメラルル樣中央ニ於テ御工夫アランコトヲ希望スルモノナリ

342　昭和16年4月5日　在中国本多大使より近衛臨時外務大臣事務管理宛（電報）

事変解決への楽観的期待など日本内地の認識には中国の現地実情と相当の乖離があるとの褚民誼内話について

南　京　4月5日後発
本　省　4月5日夜着

第二〇六號（極祕、部外祕）

褚大使ハ四月二日影佐少將ニ面會ノ際長時間ニ亘リ種々感想ヲ述ヘタル趣ナルカ其ノ內御參考ト成ルヘキ點左ノ通リ

一、日本ニ於テ意外ニ感シタル事ハ內地ノ日本人カ㈠對重慶工作カ簡單ニ出來得ルカ如ク考ヘ居ル事㈡國共ノ分裂カ相當速ニ實現スルモノト見込ミ之トノ關聯ニ於テ事變解決ノ期待ヲ懸ケ居ル事㈢國民政府側カ對重慶工作ニ熱意無シト見居ル事ナリ右ハ現地ノ實狀ト認識トハ相當ノ隔リ有ルモノナリ

二、東京ニ於テハ伊太利大使トモ面會シタルカ（獨逸大使トハ未タ面會セス）其ノ口吻ヨリ察スルニ獨伊側ニ於テハ暫ク國民政府ノ承認ヲ見送リ重慶トノ合流等ノ機會ニ一役買ツテ出テ將來ノ發言權ヲ留保セントスル肚ナルヤニ見受ケラレタリ

三、赴任後約二箇月ヲ經テ歸國シテ受ケタル第一ノ印象ハ政府部內ノ者モ一般民衆モ憂鬱トナリ居ル狀態ナリ右ハ一面政府ノ希望スル調整カ遲々トシテ進マス例ヘハ南京ニ於ケル政府ノ役人ノ家屋ノ如キモ今尚敵產ノ名目下ニ日本側ニ管理セラレ居ルカ如キ心理的ニ相當ノ失望ヲ與ヘ居ル事實有ルコト一原因ナルヘキカ他面法幣ノ暴落ト食糧ヲ始メ物價ノ昂騰トニ依リ一般ニ生活難ニ陷リ居ルコトモ主要ナル原因ナルヘシ

尙褚大使トハ先方ノ希望ニ依リ來ル七日會食ノコトニナリ居レリ何レ今少シク踏込ンタル內輪話有ルコトト思ハル

上海、北大ヘ轉電セリ

343　昭和16年4月8日

在中国本多大使より
近衛臨時外務大臣事務管理宛（電報）

重慶政治情勢に関する汪兆銘の観測について

南　京　4月8日後発
本　省　4月8日夜着

第二一二號

七日汪主席ノ日高ニ對スル內話要點左ノ通リ

一、八全會ニ關スル各方面ノ情報ヲ綜合スルニ重慶側ノ態度ハ左シタル變化ヲ見ス蔣介石ハ抗戰ト經濟建設トヲ口號シ歐洲戰爭ノ結果ニ依ル時局ノ好轉ヲ待ツ氣持看取セラ

ル
最近ノ人事移動モ大シタ政治的意義ナシ再開國防會議ノ如キハ蔣介石ノ訓辭ヲ聞ク程度ノ權威ナキモノナリ
二、最近當地ニ開催セル軍事委員會會議ニテ重慶側ト對峙接觸シ居レル第一線將領ノ報告ヲ聞キテ得タル結論ハ(イ)重慶側ノ戰鬪力著シク低下セルコト(ロ)彼等カ日本軍トノ戰鬪ヲ回避スルコトノ二點ニシテ蔣ハ米國ノ援助ヲ賴リ空軍ノ再建ニ努メ歐洲戰爭ノ狀況ニ依リ空軍ニ依ル反擊ニ出テント考ヘ居ルモノノ如シ
尙同日周佛海ハ日高ニ對シ重慶側ハ松岡大臣ノ渡歐ヲ氣ニ病ミ居リ駐蘇大使邵力子ハ着任以來未タ一回モ「スターリン」ト面會出來サル爲此ノ際居タタマレス辭意ヲ洩シ蔣介石ニ慰撫セラレタル由ノ情報アリ又王寵惠ノ外交部長辭任ハ本人ノ意思ニ出テ張群ノ最高國防委員會祕書長辭任ハ四川省主席ニ專念スル爲ト觀測セラルトテ汪ト同趣旨ヲ述ヘタル趣ナリ
北大、上海ヘ轉電セリ

344

昭和16年4月12日　在北京土田(豊)大使館参事官より近衛臨時外務大臣事務管理宛(電報)

閻錫山が帰順の条件を提示したとの情報報告

北京　4月12日後発
本省　4月12日夜着

第二五一號(館長符號扱、部外極祕)
往[1]電第一九五號ニ關シ
林ハ三月三十日北京發太原ニ赴キ閻錫山代表趙承綬ト會見四月十日歸燕セルカ其ノ報告左ノ通リ
一、林ハ趙承綬ノ親友梁上椿ト共ニ三月三十一日太原着第一軍參謀部ト打合セタル結果趙ノ求ニ依リ第一軍宮內參謀及梁ト共ニ臨汾西北四五支里ノ白頭關(閻側地盤)ニ赴キ(臨汾白頭關ハ興亞軍ノ護衛ヲ受ク)四月七日趙ト會見セリ
二、趙ハ閻ノ正式代表トシテ先ツ根本問題トシテ(イ)防共ニ付テハ日本ト同意見ナルカ中共ノ討伐ハ閻軍ヲシテ行ハシムルコト(ロ)重慶側ノ英米蘇依存ハ東洋平和ト相容レサルコトヲ自覺シ日本ト合作シテ支那更生ヲ圖リタク其ノ第一歩トシテ從來ノ關係モアリ閻ノ手ニテ山西省ノ治安ヲ

回復セシムルコトノ二條件ニ付日本側ノ了解ヲ得タク右二條件ヲ日本側ニ於テ許容セラルルナラハ次ニ具體問題トシテ(ハ)山西軍ノ現有兵力ハ十七萬(日軍約一萬)ニシテ蔣介石ヨリ軍費トシテ月額五百萬元ヲ受領シ居ル處右軍費ハ九箇軍分ニシテ他ハ八箇軍分ハ閻自身ニ於テ調辦シ居リ閻トシテハ日本側ト了解成立ノ上ハ右軍隊ヲ三十萬ニ增强シ現在山西軍ヲ圍繞スル中央軍カスナン(中條山脈一帶)部[2]下三十萬及第八路軍十五萬ニ對スルコトトシタキ意嚮ナルニ付右山西軍ノ增强竝ニ裝備ニ關シ日本側ノ援助ヲ得タキコトノ三條件ヲ申出ツルト共ニ物資ノ缺乏(特ニ鹽)ヲ訴ヘ居タリ

三、宮內參謀ヨリ閻ノ早急赴燕方申出テタルニ對シ趙ハ山西軍アリテノ閻ニシテ山西軍ヲ捨テ置キ單獨中央ニ乘出スモ何等役ニ立タサルコトヲ良ク了解シ居ルヲ以テ山西軍處理解決セサル以上中央又ハ華北政權ノ求ニ應シ出廬スルコトナカルヘシ(現ニ北京及南京ヨリ出廬方內密ニ勸誘シ來リタルモ之ヲ拒否セル經緯アリ)ト答ヘタリ

四、右會見ハ林、宮內、梁及趙ノ四名ニテ餘人ヲ加ヘス行ハレタルカ趙ハ事變以來今日ノ如ク氣持良ク話シタルコトナシトテ大ニ感激シ居タリ

五、林ハ本月末田中兵務局長ノ來燕ヲ俟チ同局長トモ協議ノ上梁ト共ニシツ縣(霍縣西方)ニ於テ閻ト會見スルコトニ趙ト打合セタリ尚林ハ今次會見ノ次第ヲ今明日中畑司令官ニモ説明スル積リナル旨附言セリ

上海、南京へ轉電セリ
香港へ轉電アリタシ

345 昭和16年4月14日 在上海堀内総領事より近衛臨時外務大臣事務管理宛(電報)

汪兆銘下野を条件とする山崎靖純の和平工作は重慶政権に日本の弱腰を示す結果となっているとの情報について

上 海 4月14日後発
本 省 4月14日夜着

第五八九號(極祕、館長符號扱、部外極祕、外信)

十三日張群ト反對側ニ立ツ重慶側大立物(特ニ名ヲ祕ス)ノ駐滬代表ヨリ岩井ニ對シ日本側ハ引續キ山崎正《靖カ》純ヲ通シ錢

永銘、張群ノ筋ヲ通シ蔣介石トノ全面和平交渉ヲ進メ㈠蒙疆、青島ニ少數ノ駐兵及海南島ノ利用ヲ支那側ニ於テ許容スルコト㈡滿洲國承認問題ニ觸レサルコト㈢汪精衞ノ下野外遊等ノ條件ヲ提議シ居ル處㈠ノ點ハ問題ナキモ㈢ノ點ハ日本側ノ弱腰ヲ見透カサルル外何等好結果ヲ得ラルルモノニ非ス現ニ蔣ハ右條件ヲ見テ米國ヲ交渉ニ參加セシメラルルナラハ和平交渉ニ應スルモ差支ナキ旨日本ノ到底許容シ難キ條件ヲ提出セル等ノ經緯有ルカ日本側カ餘リニ焦テ斯カル條件ヲ提出スルハ徒ニ蔣介石ノ態度ヲ硬化セシムルノミニテ全面和平ヲ促進スル上ニ百害有ツテ一利ナキ次第ニテ寧ロ武力南進位ノ氣勢ヲ示シ強キニ出ツルコト必要ナリト内報シ居ル趣ナリ

右ハ何ノ程度眞相ニ觸レ居ルヤ不明ナルモ御參考迄

南總、香港へ轉電セリ

346 昭和16年4月14日 在中国本多大使より 近衛臨時外務大臣事務管理宛（電報）

日ソ中立条約に対する南京政府要路の評価につき報告

南京 4月14日後発
本省 4月14日夜着

第二三三號

日蘇中立條約締結ニ關スル記事ハ何レモ「トップニユース」トシテ十四日及十五日ノ各漢字紙ニ掲載セラレ居ル處右ニ關シ十五日南京新報ハ本條約カ三國同盟ヲ強化シ日蘇關係ノ改善ニ寄與シ重慶側ノ友タリシ蘇聯邦カ其ノ態度ヲ豹變シテ中共從來ノ詭辯カ暴露サレ和平ノ力カ益々強クナリタル旨ヲ說ケルカ徐外交部長ハ往訪ノ記者ニ對シ「日本ハ今後全力ヲ擧ケテ東亞新秩序ノ建設ニ邁進スルヲ得ヘク重慶ハ中共ノ援助ヲ失ヒ益々苦境ニ陷リ全面和平ハ一段ト輝キ來タレリ」トノ趣旨ヲ語リタル由十五日ノ新聞ニ掲載セラレ林宣傳部長モ記者團トノ會見ニ於テ同樣意見ヲ述ヘタル趣ナリ尚右ニ關シ汪主席ハ本朝他用ニテ往訪セル王揖唐ニ對シ劈頭本件ノ話題ニ入リ之ニテ重慶モ蘇聯邦ノ支援ヲ失ヒタル次第ニテ其ノ影響スル所大ナルヘシトテ頗ル悅ヒ合ヒタルカ王揖唐自身モ係官ニ對シ特ニ華北ニハ好影響アルヘク米國モ極東ニハ輕々ニハ手ヲ出スコトナカルヘシト述ヘ心カラ悅ヒ居タル趣ナリ

徐外交部長モ日高ニ對シ前顯新聞記者談ヲ汪主席ニ報告セル處主席ハ右ニテ結構ニテ重慶ノ當カ外レ好影響アルヘシトテ略王揖唐ニ對スルト同様ノ見解ヲ洩ラセル趣語タレル由ナリ不取敢

興亞院へ轉報アリタシ

在支各總領事、滿へ轉電セリ

347　昭和16年4月15日　在北京土田大使館参事官より近衛臨時外務大臣事務管理宛（電報）

日ソ中立条約に関する華北方面の反響につき報告

北　京　4月15日後発
本　省　4月15日夜着

第二五七號

日蘇中立條約成立ニ依リ支那側民衆ニ對シ對共產黨態度ニ何等カノ變化アルヤノ印象ヲ與フル惧アリタルヲ以テ當地軍、興亞院、當館係官協議ノ結果不取敢華北政務委員會ヲシテ「蘇聯ト中共トハ別個ノ存在ニシテ對中共政策ニハ從來ト何等變化無キ」旨ノ情報局長談ヲ發表セシメタルカ（既ニ御氣付ノコトト存スルモ日本側トシテモ此ノ點ヲ明カニシ置クコト對支那關係其ノ他ニ鑑ミ必要ト認メラル）本條約成立ニ關スル當方面支那側有識者ノ意見大要左ノ通リ御參考迄

一、本條約成立ニ依リ日本ハ滿蘇國境其ノ他北方ヨリスル蘇聯ノ脅威ヨリ解放セラレ後顧ノ憂ヲ斷チテ南進政策ニ專心シ得ルコトトナルヘシ

二、蘇聯ノ中共援助ニ依ル重慶側抗戰力保持ニハ急激ノ變化アリトハ思ハレサルモ少クトモ重慶ノ宣傳シ來レル日蘇開戰説ハ其ノ根據ヲ失ヒ抗戰陣營ニ一大打撃ヲ與ヘ全面和平ニ數歩ヲ進メタルモノト云フヘク日本ハ事變處理上有利ノ地位ニ立ツコトトナレリ

三、日米關係ニ付テハ(イ)米ノ對日態度ハ本條約ニ依リ一大變化ヲ餘儀ナクセラルヘク日米開戰ノ可能性稀薄トナルト見ル者ト(ロ)蘇聯ハ本條約ニ依リ日本ヲ焚付ケ日米戰爭ヲ促進スル魂膽ナリト見居ル者トアリ

四、現在蘇聯ハ日本ト斯ル條約ヲ締結スル積極的必要無キニ拘ラス本條約ノ成立ヲ見タルハ蘇聯ニ何等カ魂膽アリト見ルヲ妥當トスヘク日本ハ國際無信義ニ定評アル蘇聯ニ頼リ過キテ背負投ケヲ喰ハサル様注意ノ要アリ

南大、上海、天津、漢口、廣東、青島、濟南、滿大へ轉電セリ

348 昭和16年4月16日 在中国本多大使より近衛臨時外務大臣事務管理宛(電報)

日ソ中立条約に関する宣伝要項の作成について

別　電　昭和十六年四月十六日発在中国本多大使より近衛臨時外務大臣事務管理宛第二三五号

右宣伝要項

南　京　4月16日後発
本　省　4月16日夜着

第二三四號

本使發北京、上海宛電報

合第九二號

日蘇中立條約締結ニ關スル宣傳ニ關シ總軍側トモ協議ノ上別電合第九三號ノ要項ヲ作成シ支那側ニモ内示セル處全然之ニ同意シ十五日右ノ趣旨ヲ各新聞社幹部ニ手交セル趣ニ付右御含ノ上輿論指導方御取計相成度シ

別電ト共ニ大臣ヨリ興亞院政務部長へ轉報アリタシ

本電宛先　在支各總領事、大臣、滿大へ轉電セリ

(別　電)

南　京　4月16日後発
本　省　4月16日夜着

第二三五號

本使發北京、上海宛電報[1]

合第九三號

日蘇中立條約宣傳要項

一、方針

日蘇中立條約ハ世界的戰亂ノ擴大ヲ防止シ大東亞全局ノ平和ヲ確保建設セントスル崇高ナル目的ノ爲締結セラレタルモノニシテ本條約ノ締結ハ樞軸外交ノ强化擴大ヲ意味スルモノナル點ヲ指摘シ延イテ重慶側及第三國側ノ輿論ヲ善導シ全面和平ノ招來ヲ促進セシムルコトニ主眼點ヲ置キ反復之ヲ宣傳啓發ニ利用スルモノトス

二、要領[2]

右方針ノ下ニ概ネ次ノ諸點ヲ强調スルモノトス

(イ)日蘇間ノ諸懸案(漁業、北樺太ノ重要資源一般通商等)漸

次調整セラレ紛争ノ種ヲ根絶スルニ到ルヘシ
(ロ)重慶ニ對スル日本ノ壓力カ益々増大スヘシ
(ハ)日蘇間、獨蘇間ノ離間ヲ圖レル英米側ノ策動ハ完全ニ失敗シ蘇聯邦ハ樞軸國側ノ外廓的存在トナリ其ノ陣營ニ參加セリ
(ニ)從テ日獨伊蘇四國ノ關係ハ今後益々親密トナルヘク獨伊ノ對英戰ヲ一層有利ナラシムルノ外米國ノ極東政策ヲ再考ノ餘儀ナキニ到ラシムヘシ
(ホ)蘇聯邦ヲ利用シテ對日牽制ヲ策セル重慶側ノ企圖ハ完全ニ失敗シ其ノ英米蘇重慶ノ連繋ノ企圖モ畫餅ニ歸シタリ
(ヘ)重慶ハ今後ハ蘇聯邦ヨリスル物心兩面ノ援助ハ絶無トナリ全然困窮ニ陷ルヘシ
(ト)重慶側ノ連蘇派タル孫科、宋慶齡等ノ面目ハ丸潰レトナリ重慶ニ於テ彼等ノ意見ハ今後益々價値ナキモノトナルヘシ
(チ)重慶側ニ於ケル國共ノ關係ハ今後益々氣拙クナルノ外重慶ノ抗日陣營ハ四分五裂スルニ到ル傾向ヲ助長スヘシ

349　昭和16年4月16日　在中国本多大使より近衛臨時外務大臣事務管理宛（電報）

日ソ中立条約はソ連と重慶政権の関係を薄弱化しないとの汪兆銘観測について

南　京　4月16日後発
本　省　4月16日夜着

第二四二號（館長符號扱）

日蘇中立條約ニ關シ汪主席ハ影佐少將ニ對シ素人タル個人ノ見解ナルカト前提シ左ノ通リ語リタリ

條約成立ノ此ノ際ニ於テ日本ハ米國ニ働キ懸クルコト緊要ニシテ米國大統領モ聰明ナレハ嘗テ蘇聯邦カ獨逸ヲ利用シテ英ニ對シ戰爭ヲ嗾カケタルト同樣今囘ハ日本ヲ驅テ米國ニ開戰セシメントスル底意アルコトハ良ク承知シ居ルヘシ自分トシテハ宣傳上中立條約ニ多少ニテモ罅ヲ入ラシムルコトナキ樣全力ヲ注クコトハ當然ナルモ本條約ノ成立ニ依テ直ニ日本ハ滿洲ヨリ撤兵シ得ルモノトハ思考スルヲ得ス換言スレハ本條約ニ依存シテ滿洲ニアル軍隊ヲ他ニ轉用シ得ルニ至ルヘシト信スル者ナシト確信ス又重慶ト蘇聯邦トノ關係カ薄弱化スルナラント判斷スルコトハ至當ナラサル

へシ要之本條約ノ成立ニ依テ實際上ノ情勢カ變化ヲ來タスヘシトハ思考セラレサルモ樞軸國側カ勢得タル精神的效果ハ偉大ナルモノアリ此ノ機會ヲ利用シ米國ニ工作シ彼等ヲシテ日本ニ對シ譲歩セシムル樣仕向クニ於テハ其ノ結果更ニ效果的ニアラサルカト思考ス

北京、上海、漢口、廣東ニ轉電セリ

350　昭和16年4月16日　在北京土田大使館参事官より近衛臨時外務大臣事務管理宛(電報)

閻錫山帰順工作の進捗状況に関する蘇體仁の内話情報報告

北　京　4月16日後発
本　省　4月16日夜着

第二五九號(極祕、館長符號扱)

往電第二五一號ニ關シ

閻工作ニ關スル林ノ報告ト四月九日附外機密第四〇七號拙信中進ノ鷲澤前代議士ノ原田ニ對スル内話トノ間ニ多少喰違アリタルヲ以テ十五日原田ハ目下來燕中ノ山西省長蘇體仁ヲ往訪シ夫レトナク確メタルニ蘇ハ一時停頓中ナリシ閻工作モ過般ノ田中局長ノ來原ニ依リ促進セラレ成功ノ望アリ閻トシテハ山西軍自身ノ手ニ依リ先ツ山西ノ治安回復ヲ圖リ次テ地方ニ及ヒタキ希望ニテ右希望ニ對シ精神的了解ヲ與へ適當ノ名義ノ下ニ閻ノ面子ヲ保持スル樣措置シクレルナラハ夫レニテ充分ニテ最初ヨリ華北綏靖總司令等ノ如キ實力ヲ背景ニ持タサル空位地位ヲ求メ居ル譯ニアラス(トテ往電第二五一號ノ三ノ趣旨ヲ述へ)田中局長ハ趙承綬トノ談合ニ依リ右閻ノ希望ヲ充分承知ノ上歸國シ中央ト協議ノ結果ヲ齎シ本月末ニハ再ヒ來原ノ豫定ニテ一方趙承綬ハ閻ノ正式代表トシテ二十日頃來原ノ旨通知アリタルニ付自分ハ一兩日中ニ多田軍司令官ニ會見シ從來ノ經過ヲ報告ノ上十九日太原ニ歸ル積リナリト述へ且今次日蘇條約ノ成立ハ抗日陣營ニ大打撃ヲ與ヘタルハ必定ナルヲ以テ閻工作モ大ニ遣リ良クナリタル譯ナリト附言シタル趣ナリ

尚十六日林來翰報告ニ依レハ閻工作ハ今後北支軍指導ノ下ニ第一軍田中局長ト協力シ之ニ當ルコトトナル趣ナリ

南京、上海へ轉電セリ

香港へ轉電アリタシ

351　昭和16年4月24日　在中国本多大使より松岡外務大臣宛（電報）

山崎靖純の活動など無統制な対重慶工作が各方面に及ぼす悪影響につき考慮方具申

南　京　4月24日後発
本　省　4月24日後着

第二六一號（極祕、館長符號扱）

貴電第一二三號ニ關聯シ信憑スヘキ聞込ニ依ルニ山崎ハ重慶側ニ對シ貴電ニ所謂「先方ノ空氣打診」ヲ行フニ當リ日本政府ノ意嚮トシテ

㈠汪兆銘ハ下野外遊スルコト

㈡全面撤兵ヲ行フコト

㈢滿洲國承認ヲ求ムルコトノ

三項ヲ提示シタルモノノ如ク在上海重慶側某有力者ノ如キ其ノ遣口ノ抵劣サヲ冷笑シ居レリト言フ一方青島ヘモ最近日本ヨリ某氏來着王克敏邊ヲ動カシテ工作ヲ試ミントシツツアルヤノ說アリ上海ニモ例ノ「ブローカー」的重慶工作業者ノ蠢動今猶絕ヘサル模様ナルカ一々事實トシテ取リ擧ケル次第ニハアラサルモ此ノ種素人筋浪人連ニ依ル無統制ノ行動ノ各方面ニ及ホスヘキ悪影響ハ特ニ指摘スル迄モナキ儀ニ之有リ何トカ御考慮相成様致度シ爲念申上ケ置ク

352　昭和16年4月27日　在中国本多大使より松岡外務大臣宛（電報）

対重慶工作実施に当たっては南京政府に了解を求めるべきとの周仏海質疑につき応答振り請訓

別　電　昭和十六年四月二十七日発在中国本多大使より松岡外務大臣宛第二六四号
周仏海の談話内容

南　京　4月27日前発
本　省　4月27日夜着

第二六三號（極祕、館長符號扱）

別電第二六四號ノ通リ影佐少將ヨリ內報告アリ周佛海來訪ノ節ノ應答方ニ付折返シ御回訓アリタシ

（別　電）

南　京　4月27日後発
本　省　4月27日夜着

第二六四號（極祕、館長符號扱）

重慶工作ニ付周佛海ノ質疑提出ニ關スル件

一、四月二十三日周佛海ハ影佐少將ニ對シ左ノ如ク質問シ日本側眞意ヲ質セリ

二（一、カ）、十月中旬松岡外務大臣ハ影佐少將ヲ通シ汪主席ニ對シ「錢永銘工作ハ汪精衞、周佛海モ同意ナリトノ前提ノモトニ實施シアルモノニシテ國民政府ノ了解ナキコトヲ實施セントスルノ意思ヲ有セス」ト傳言セラレタリ該工作ハ國民政府承認ト共ニ中止セラレタルモノト思料スル處爾今重慶工作ハ國民政府ト完全ナル了解協力ノ下ニ實施セラルルモノト考ヘ居レリ

二、然ルニ最近日本政府ハ國民政府ト何等關係ナク重慶工作ヲ實施セラレアル情報鮮シトセス此ノ例左記列擧ノ如シ斯ノ如キハ松岡外務大臣ノ傳言ノ趣旨ト背馳スル所ニシテ日本側ノ國民政府育成ノ熱意冷却セリトノ情報ト對照シ眞ニ不愉快ニ存スル處ナリ

三、盛沛東ハ松岡外務大臣ノ委任ヲ受ケタル西義顯ノ代理ナリト稱シ上海ヨリ香港ニ至リ當時重慶ニ在ル錢永銘ニ對シ錢ヲ追ヒ重慶ニ赴キタシトノ電報ヲ發セシモ錢ハ之ヲ拒絶シタル趣ニシテ錢ハ香港ニ歸來後リホク（李北濤カ）トウヲ周佛海ニ派シテ右事情ヲ述ヘ右ハ國民政府ノ了解セル所ナルヤ竝ニ西義顯來香ノ際之ト會見スヘキヤ否ヤヲ問合セ來レリ

周佛海ハ右ニ付日本側ヨリ何等聞キタルコトナク國民政府トシテ關係ナシト回答セリ

四、香港ヨリノ情報ニ依レハ山崎靖純松岡外務大臣ノ意圖ヲ受ケ赴香シ重慶直接交渉ヲ工作中ニシテ國民政府ヲ無視スルカ如キ條件ヲ提出セリト

五、日本政府ノ意思ニ依リ某中將過般青島（一説ニハ上海）ニテ蔣介石直系某ト會見シ條件等モ大體纏リタルモノノ如ク王克敏モ之ニ關係アリトノ情報ヲ得アルモ右重慶側ノ當事者ノ誰ナルヤハ詳カナラス

六（三、カ）、右ニ對シ影佐少將ハ昨年十月ノ松岡外務大臣ノ傳言ヲ再確認スルト共ニ國民政府ト無關係ナル重慶工作ハ松岡外務大臣ノ意思ナラサルモノト思料スルモ右諸情報ノ眞僞ハ余ノ關知セサル所ニシテ直接本多大使ニ質問セラルルヲ本筋トスヘシト應酬セリ

353　昭和16年4月28日　在香港矢野総領事より松岡外務大臣宛（電報）

日ソ中立条約成立をめぐる重慶政権動向に関する情報報告

香港　4月28日後発
本省　4月28日夜着

第二一一號

[1]日蘇協定ニ關スルCF情報左ノ通リ

一、本協定成立前蔣ハ孫科ノ赴蘇要求ヲ一蹴シタルノミナラス陳銘樞、李宗仁等ヨリ滿蒙ヲ犧牲ニ對蘇關係ノ積極的打開方獻策アリシニ對シテモ右地方カ日本支配下ニ在ル限リ新疆ノ前例ニモ鑑ミ蘇ヲ納得セシメ難ク且ハ民主軸心兩國家ニ對スル有利ナル立場ノ放棄トモ見ルヘキ蘇ノ對日屈服ハ斷シテ考ヘラレストノ朱家驊、孔祥熙、何應欽等ノ反對意見ヲ支持シ之ヲ拒否シ白ハ諸方面ノ確報ヲ綜合スルモ蘇ノ援支政策ニ變化ナキヲ以テ松岡大臣ノ努力モ效果ヲ齎スコトナカルヘシト多寡ヲ括リ唯李濟深ノミハ松岡大臣ノ往路露都立寄リ當時蘇聯ヨリ種々暗示ヲ與ヘ率直ニ表示アリシニ拘ラス斯カル好機ヲ捉ヘ得サリシハ當局餘リニモ無能ナリト慨シ居タリ

二、重慶ハ右協定成立ノ六時間前ニ邵大使ヨリ何等ノ聞込ナク松岡頗ル失意ナリト電報越セル矢先米ヨリ協定成立ノ「ニユース」ニ接シ直ニ重要會議ヲ開催不取敢邵大使ヲ叱責シ再調査ヲ電命セル一方王部長ヲシテ共同聲明ニ反對ヲ表示セシムルト共ニ蘇聯ノ態度靜觀ノ方針ヲ決定セルカ其ノ後邵大使ヨリハ蘇當局ハ發表以外ニ何物モナシト稱シ且本協定ハ自衛ヲ目的トシ重慶ノ抗戰ヲ妨害セス蘇支物資交換協定モ繼續セラルヘキ旨間接ニ表示アリ一般ハ日英米ノ衝突促進カ目的ナリト評シ居ル旨入電アリシ趣ナリ

三、[2]外交部ニテハ今後日本ハ大規模ノ軍事行動ト共ニ外交上ノ包圍攻勢ニ出テ英米ノ極東政策ニ對スル破壞工作ヲ強化スヘシトノ見透シナルカ駐米胡大使ヨリハ米ノ態度ハ歐洲情勢ノ變化ニ依リ再ヒ對日綏撫ニ立戻ル惧無シトセス且援助強化ノ交渉モ捗々シカラスト電報越シ又日本カ南進中止ヲ條件ニ米ニ働キ掛ケ居ル旨別途確報モアリシ趣ノ處一方重慶一般要人ノ意見モ米ノ援助強化サレスンハ抗戰ノ可能性無ク對策考慮ノ要アリト爲シ此ノ間和平

論ノ擡頭アルコト等ニ鑑ミ郭泰祺ニ對シ米ノ明確ナル意嚮ヲ確メ且米支ニ不利ナル對日和平ヲ迫ラサル様申入方電命又胡、宋ニ對シテハ此ノ際切メテ基金協定丈ケテモ成立ヲ計リ其ノ他ノ件ハ後廻シトセヨト訓電シタル趣ナルカ二十五日ノ英米金融協定成立ニ漸ク一息入レタル模様ナリ

四、中共ハ本協定ヲ以テ何等中國ヲ害ネサルモノト聲明依然團結抗戰ヲ標榜シ居ルコト上海電報ノ通リニシテ國民黨ハ和戰兩様ノ備ヘヲ爲シ最近迄何應欽ヲ西安ニ派シ對共軍事ノ布置ヲ爲サシメ中共ノ西北發展ト蘇聯邦ヨリノ軍需供給ヲ監視中ナルカ蘇聯邦ヨリハ中共ノ發展ヲ妨害セサルヲ條件ニ重慶ノ抗戰ニ援助方仄メカシ居ル趣ニテ對共武力發動カ蘇聯邦ノ動向ニ重大ナル關係アリ旁此ノ所軍事行動ヲ差控ヘ輿論ノ制裁ト分化ノ施策ヲ事トシ居ル趣ナリ

五、[3] 對日和平ノ空氣擡頭ハ前述ノ如クナルカ曩ニ何應欽ハ米ヲ評シ專ラ物資援助ニ依ツテ自國ノ參戰ヲ避ケントシ乍ラ對支援助ニ付テハ重慶ノ要望タル第一期二百臺ノ戰鬪機配給スラ實現シ得サル現狀ナレハ今後何程期待シ得ヘキヤ疑問ナリ結局自力ニ頼ル以外ニ途無ク要ハ機ヲ見テ日本ト政治的解決ヲ計ルニアリト述ヘタルコトアリ張群等ト共ニ滇緬香港ノ防備力ニ對シテモ到底日本ノ攻撃ヲ支ヘ得スト觀測ス目下在緬中ノ商震モ英ノ統治的地位安定ヲ缺キ土民ノ反英恐日心理高シト評シ心アル要人ハ英米支ノ軍事合作ノ成否如何ニ拘ハラス密ニ西南「ルート」ノ前途ニ危惧ヲ抱キ居ルモノノ如シ尤モ對日和平ニ付テハ既ニ顧大使カ蘇聯邦ノ調停アルモ反對ナリト聲明ヲ發セル通リ重慶内部ニ於テモ米蘇獨何レカヨリ調停ノ申出アルヤモ知レサルカ右ハ内外ノ形勢特ニ米ノ態度ト日本ノ條件ナリト說ク者アル趣ナリ尙本件協定成立後重慶外交部ハ田尻參事官來香ノ情報入レリトテ密ニ實否確メ方當地ニ電報越シタル事實モアリ旁和平擡頭モ一概ニ否定シ得サルモノト思考セラル

南大、上海、北大、廣東、滿大ヘ轉電アリ度シ

---

354 昭和16年5月1日 在中国本多大使より 松岡外務大臣宛(電報)

対重慶工作に関する周仏海質疑につき応答振

り報告

南　京　5月1日後発
本　省　5月1日後着

第二七九號（極祕、館長符號扱）

往電第二六三號ニ關シ

五月一日午前周佛海來訪往電第二六四號影佐少將ニ對スルト大要同シ意味ヲ述ヘ（但シ一層嚴肅且詳細ニ）汪主席ノ名ニ於テ質問セルニ付本使ハ「大使トシテハ何等承知スル所ナシ御希望トアラハ政府ニ問合セテ可ナリ」ト答ヘタルニ「左樣取計ヒクレタシ」トテ引取リタリ右會談要領二日發特使ヲ以テ空送ス御覽ノ上何分ノ御回電ヲ請フ

〜〜〜〜〜〜〜〜〜〜

355　昭和16年5月5日

「支那事變處理要綱」の実施振りに鑑み外務省が作成した「對支緊急施策要綱（案）」をめぐる関係省間の協議概要

對支緊急施策要綱（案）ノ決定ニ關スル件

（昭和一六、五、五　亞一）

一、序言

汪主席ノ渡日希望ニ關聯シ先般來興亞院側ヨリ汪主席渡日ノ際ノ具体的遣方及應對要領等ニ關シ關係省間ニ於テ打合ヲナシ度旨申出アリタルニ對シ當方ニ於テハ「支那事變處理要綱」ノ實施振ニモ鑑ミ此際先ツ對支政策ノ重點ヲ何處ニ置クヘキヤノ根本方針ヲ決定スルコト肝要ニシテ個々ノ具体的應對要領等ハ右ニシテ決定セハ直ニ書上ケ得ルノミナラス德王來朝ノ際ノ先例ニ徵スルモ詳細ナルコトヲ書物ニスルコトハ上局ニ依ル政治的話合ノ實情ニ適セス、先ツ政策ノ根本ヲ決定シ其レ以後ノコトハ外務大臣ニ一任シ事務當局ニ於テ兎ヤ角文句ヲ附ケサルコトカ日蘇中立條約成立ノ經過ニ鑑ミルモ賢明ナリトノ趣旨ヲ以テ對應シ、以テ汪主席ノ渡日ニ引掛ケ何トカシテ對支政策ノ轉換ヲハッキリ決定シ得ル樣氣運ノ釀成ニ努メ來レリ

二、五月三日興亞院幹事會ノ情況

本多大使ヨリノ來電及來信等ニ依リ汪渡日ノ問題ハ愈々逼迫シ來レルヲ以テ興亞院側ノ希望ヲ容レ五月三日ノ幹事會ニ於テ太田ヨリ汪主席ヲ渡日セシムルヤ否ヤハ世界

政策トモ關聯シ一ニ外務大臣ノ判定如何ニ懸ルモノニシテ事務當局ニ於テ云々スヘキ性質ノモノニ非スト思考スルモ各方面ニ於テ興味ヲ有セラルル模樣ニ就キ實情ヲ御説明スヘシトシテ㈠渡日ニ關シ汪精衞及本多大使ハ如何ニ考ヘ居ルヤ㈡日支條約締結後ニ於ケル國民政府ノ現狀㈢支那事變處理要綱ノ實施振㈣日蘇中立條約成立後ニ於ケル國際情勢及重慶ノ態度等ヲ説明スルト共ニ事變處理要綱起案者ノ意圖ニ徴スルモ將又其後ノ實施情況ヲ見ルモ支那事變處理要綱ハ作文トシテハ「占領地域內ノ治安ノ肅正」「占據地域內ヘノ政治力ノ浸透」「占領地域內ノ民心ノ安定」等ヲ記述シ居ルモ施策ノ重點ハ國民政府ヲシテ帝國綜合戰力ノ强化ニ必要ナル諸施策ニ協力セシムルコトノミニ注カレ居リ換言スレハ日支附屬議定書第一條第一項「戰爭行爲遂行ニ伴フ特殊事態ノ存在」ノミニ重點ヲ置キ第二項「特殊事態ノ調整」ヲ疎ニシ居ルハ遺憾千萬ニテ此ノ四箇月間ニ於ケル支那事變處理要綱ノ實績ヨリ見ルモ寧ロ國民政府ノ政治力ノ浸透卽チ我方占據地域內ニ於ケル民心ノ把握ニ依ル新政府ノ育成强化ヲ圖ルコトニ重點ヲ置クコトカ却ツテ我方ノ目的タル帝國綜合戰力ノ强化ニ支那側ヲ協力セシムル所以ナルヘク今後ノ遣方トシテハ先ツ國民政府ノ育成ヲ圖リ其ノ自然的結果トシテ我方ニ對スル協力ノ效果增大ヲ狙フ方カ賢明ナリ

本日御相談ヲ願フ爲ニ持參セル「對支緊急施策要綱」（案）ハ右趣旨ニテ起案セルモノニシテ是ハ別ニ支那事變處理要綱ニ反對セントスルモノニ非ス又新ナル方針ヲ決定セントスルモノニモ非ス要ハ支那事變處理要綱ノ讀ミ方及取扱方ヲ國民政府育成强化ニ重點ヲ置イテ實行セントスルモノナリ、尤モ自分トシテハ現地出先官憲ニ對シ本案ヲ重カラシムル爲閣議決定更ニ進ンテハ大本營連絡會議決定ト致度積リニテ尙又右緊急施策要綱サヘ決定スレハ之ニ依リ自ラ汪精衞ニ對スル應對要領モ決定スルノミナラス右要綱ノ要領ニ規定シアルコトハ大体渡日ノ際汪精衞ヨリ申出アルヘキ事項ヲ網羅シ居ルモノト考ヘ居レリトテ別紙「對支緊急對(施カ)策要綱」ヲ讀上ケ之カ字句ニ付詳細一時間ニ亘リ説明ヲ加ヘタリ

三、陸軍側ノ意見

陸軍省主務者ハ別紙「對支緊急施策要綱」（案）ニ對シ左ノ意見ヲ述ヘタリ

緊急施策要綱中ニ記載セラレ居ル方針ニ關シテハ勿論異存ナシ但外務省案中ニハ帝國綜合國力ノ彈撥性ノ强化ヲ圖ル爲云々ト注意シアルモ末尾ニハ育成强化ニ向ツテ集中ストアリ如何ニモ此ノ點ノミニ重點ヲ置カレ居ル様ニモ受取ラルルヲ以テ育成强化以外ニ帝國綜合力ノ强化ヲ圖ル意味ヲモ謳ハルレハ更ニ好都合ナリ。

次ニ要領ニ關シテモ軍ニ於テハ現ニ右ノ如キ考方ヲ以テ實行ニ當リ居リ唯事變繼續中ノ特殊事態ノ爲不充《(ママ)》分目的ヲ達シ得サル次第ナルモ趣旨ニ於テハ異存ナシ、尤モ要領

(一)「支那側ノ自主的處理ノ範圍ヲ廣ク認メ」ヨトノコトナルカ此ノ點モ結構ナルカ如何ナル部門ニ於テ如何ナル程度ニ於テ之ヲ認メントスルモノナリヤ充分支那側ノ意向ヲ聽取致度ク出來得ルモノハ成ルヘク支那側ノ要望ニ應シ差支ナシ

(二)ノ第二項「物資流通ニ對スル現行制限ノ緩和」ニ關シテハ軍トシテハ重慶政權ニ對シ武力及經濟凡ユル方面ヨリ壓迫ヲ加フルコトヲ必要ト考ヘ居リ從ツテ重慶側ニ物資ノ流入スルコトハ依然希望セサルモ占領地域内ニ於テハ民心把握ノ爲出來得ル限リ制限ヲ合理化セントスル意向ニテ善處シ居レリ尤モ出先軍ノ末梢部分ニハ中央ノ意圖充分徹底セス支那側ニ種々不便ヲ與ヘ居ル點モアル可キヲ以テ最近總軍第四課ニ於テハ課長ヲ始メ參謀ヲ各地ニ派遣シ實狀調査中ニシテ近ク開催セラル可キ參謀長會議ニ於テ右調査ノ結果モ判明ス可キカ末梢部分ニ於テハ詰マランコトニテ支那側ニ不便ヲ與ヘ居ルカ如キ點モ多々有ル模様ニ付右様ノ點ニ付テハ調査ノ結果判明次第之ヲ是正スルニ吝カナラス。

(三)ノ軍票價値維持ノ點モ素ヨリ軍ノ希望スル所ニシテ從來ヨリ軍票金庫等ニ關シ種々意見出テタルカ軍トシテハ單ニ政府ニ於テ積極的措置ヲ執ルト云フノミニテハ不滿足ニシテ軍票ノ値下リ等ニ依リ軍カ損失ヲ蒙リタル場合ニハ政府ニ於テ責任ヲ以テ補償シテ吳レルトノ見透カハツキリ付カサル限リ政府ニ任セ切レサル譯ナリ。軍トシテハ一日モ此ノ問題ヲ早ク政府ニ移シテ安ンシテ一任シ得ルカ如キ機構ノ出來ンコトヲ希望シ居ル次第ナリ

(四)ノ國民政府ノ保持ス可キ兵力ニ關シテハ軍ニ於テハ別

ニ妨害ヲ爲シ居ル次第ニ非ス尤モ空軍ニ關シテハ從來重慶側ヨリ飛行機ニテ逃ケ來レル者ハ大体旅費稼キヲ目的トシ再ヒ逃ケテ歸ルト云フ實狀ナルヲ以テ空軍ノ充實ニハ警戒ヲ加ヘ居レリ

(五)ノ軍管理工場等ノ返還ニ關シテハ總軍ニ於テハ漸進主義ニ依リ話合着キタルモノヨリ一ツ一ツ返還スルノ方針ニテ、又北支ニ於テハ宣傳上ノ效果ヲモ狙ヒ近ク一括シテ大規模ニ返還スルコトトナリ居リ軍トシテハ出來得ル限リ特殊事態ノ調整整備ヲ促進實行スル考ナリ之ヲ要スルニ外務省案ニ記載セラレ居ル所ハ何レモ支那事變處理要綱ノ考方ト其ノ軌ヲ一ニシ居リ軍中央部ニ於テハ出來得ル限リ右ノ「ライン」ニテ實行方苦慮シ居ル次第ナルヲ以テ方針要領共別ニ異存ナシ。但之ヲ更メテ正式ノ閣議決定又ハ大本營聯絡會議決定トナスハ實施期間僅ニ四箇月ノ支那事變處理要綱カ如何ニモ最初ノ企圖ノ如ク實行セラレ居ラストノ印象ヲ外部ニ與フルコトトモナリ又新決定ヲ爲スコト自体カ却ツテ出先軍側ヲ刺戟シ面白カラスト考フ。仍ツテ對支政策ノ變更ト解セラルルカ如キ新決定トナスコトニハ反對ナリ。尙太田課長ハ大本營決定トスルニ非サレハ現地軍ニ於テ言フコトヲ聞カストノ意味ヲ言ハレタルカ右ハ心外ニシテ陸軍大臣ノ了承セルコトニ關シテハ陸軍省ハ責任ヲ以テ現地軍ヲ抑ヘル心算ナリ。陸軍側ノ考方ハ敍上ノ通ニテ卒直ニ申上クレハ外務案ニ記載サレアルカ如キ事柄ハ何レモ本多大使ニ於テ總軍ト十分懇談サルレハ出先限リニテ相當程度解決ノ出來ルコトニシテ態々大使及主席ノ上京ヲ煩ハス程ノコトニ非スト思考ス。何レニセヨ陸軍トシテハ汪精衞ノ渡日ヲ阻止スルコトハ今日ノ情勢ヨリ見テ出來サルヘク汪渡日ノ上ハ儀禮ノ點ハ拔キニシ先ツ汪ト關係大臣トカ膝ヲ交ヘテ懇談シ先方ノ言フコトヲ充分聽取シテヤルコトカ必要ニテ其ノ際本外務省案ノ方針及要領ノ趣旨ニテ各大臣カ應酬セラルルコトニ關シテハ何等異存ナシ

四、興亞院側ノ意向

興亞院側ノ意向ハ大要左ノ通リ

外務案ノ趣旨ハ結構ナルモ但之ヲ實行ニ移ス場合ニハ今少シク詳細ナルコトヲ決定シ置クノ要アルヘク又本多大使來信ハ汪精衞ノ言フコトノミヲ採上ケ居ル處日本側ト

シテモ種々汪ニ對シ言ヒ度キコトアリ此點ニ關スル本多大使ノ應酬振判明セス。外務案ノ趣旨ニ依ツテ應酬スル場合假令汪精衞ハ日本側ノ立場ヲ善ク諒解スルトシテモ汪精衞歸國後部下ニ對シ汪精衞ノ申入レタルコトニ關シ日本側ハ何テモ彼テモ諒承セリトノ誤解ヲ與フルカ如キコトアリテハ今後ノ對支施策上面白カラサルニ付例ヘハ(1)如何ナル部面ニ付テ如何ナル程度ノ自主的處理ノ權能ヲ欲スルヤ(2)物資流入ニ對スル現行制限ハ如何ナル點ニ於テ特ニ支那側ニ苦痛ヲ與ヘ居ルヤ(3)軍票ノ價値維持ニ付キ政府ニ於テ如何ナル積極的措置ヲ具体的ニ執ルヘキヤ(4)特殊事態ノ調整整備ト云フモ支那側ハ特ニ如何ナル事項ノ調整整備ヲ希望シ居ルヤ等詳細汪精衞ノ意向ヲ承知致シ度シ。本多大使來信ニ依レハ「偖テ汪精衞氏渡日ノ上ドンナ問題ヲ持出スカニ付テハ本使ニ於テ大体見當カ付キ居レリ」トアル處右具体的内容ヲ承知致シ度シ

（海軍側ハ外務案ニ對シ異存ナシ）

五、事務當局ニ於ケル本案ノ取扱振

最後ニ太田ヨリ只今陸軍省主任者ノ御話ニ依レハ支那事變處理要綱ノ讀ミ方ハ外務省起草ノ本案ノ趣旨ト全然同一ニシテ軍ニ於テモ其通リ實行シ居リ又今後モ其通リ實行スル考ナリトノコトヲ聽キ極メテ心强ク感セリ。本案ヲ新ナル決定ト爲スコトニ付テハ異存アルカ如キヲ以テ本外務案ハ差當リ「汪精衞渡日決定ノ場合、汪ヨリ國民政府育成ニ關スル帝國政府ノ根本方針ニ關シ質問アリタル場合總理及外務大臣等ニ於テ帝國政府ノ意圖ハ此通リナリト應酬スル爲ノ枠トシテ取扱フコトトシテハ如何」ト諮レルニ關係省トモ異存ナカリキ。仍ツテ次回（五月七日）會議ニ於テハ右趣旨ニテ本案ヲ取扱ヒ若シ字句ノ修正等ヲ要スル點アラハ互ニ研究ノ結果ヲ持寄ルコトニ打合セタリ。尙ホ興亞院側ノ希望タル詳細ナル應待要領ヲ決定スルコトニ關シテハ右國民政府ノ育成强化ニ關スル根本方針サヘ決定スレハ後ハ上司ニ於テ可然ク取計ハルヘク、詳細ノコトヲ上局ニ連絡シ置クモ實際應對ニ當ルヘキ汪精衞及總理大臣等ハ具体的ノコトハ承知セサルヘク又論議モセサルヘキヲ以テ其ノ必要ナカルヘシト存スルモ支那側ニ對スル今後ノ誤解ヲ防止スル意味合ニテ別ニ右根本方針ノ枠内ニ於テ詳細具体的ノ應對要領ヲ書面ニ認メ置クコトハ異存ナシト述ヘ置ケリ

六、本案今後ノ取扱方ニ關スル事務當局ノ希望

本案審議ノ情況ハ敍上ノ通ニシテ事務當局トシテハ汪精衞來朝ヲ機トシ此ノ際日蘇中立條約成立後ニ於ケル國際情勢ヲモ考慮ニ容レ、支那事變處理促進ノ見地ヨリ何トカシテ明確ニ對支政策ノ轉換ヲ決定シ置カント努力シ居ルモ本問題ハ結局客年十一月十三日支那事變處理要綱決定ノ際詳細上司ニ御報告申上ケ置キタル通リ處理要綱ノ作文ノ點カ問題トナルニ非シテ起草者ノ意圖シ居ル氣持及要綱實施者ノ氣分ノ持方カ最モ問題トナル次第ニシテ客年十一月十三日御前會議ノ際モ外務大臣ヨリ汪政權ヲ傀儡政權トセサル様十分念ヲ押シ置カレタル經緯ハアルモ前記三ノ如ク軍ヨリ「處理要綱ノ精神ハ外務案ト同シモノナリ」ト云ハルレハ夫迄ノコトナリ從ツテ今日ノ處對支緊急處理（施策カ）要綱（案）ヲ其ノ儘正式ノ閣議決定又ハ大本營連絡會議決定トナスコトハ遺憾乍ラ機未タ熟セサル感アルモ本案討議ノ經緯ハ敍上ノ通リナルヲ以テ事務當局ニ依ル本案ノ折衝ト併行シテ、外務大臣ヨリ本案ノ趣旨（体裁及字句ハ情勢ニ依リ適宜修正セラレ度）ヲ總理及陸、海、大藏大臣等ニ説明セラレ右ヲ五相會議諒解トセラルルト共ニ更ニ進ンテハ政府大本營連絡會議ノ席上參謀總長及軍令部長ニモ説明セラレ政府及統帥部連絡會議諒承ノ意味合ニテ關係者ノ花押ヲ得ラルル様御盡力相成度サスレハ尠クトモ軍ヨリ對支政策ノ根本方針ニ關スル解釋ニ關シ一本取付ケ置ク意味ニ於テ今後事務當局ノ施策上極メテ好都合ナリト存ス

（別　紙）

対支緊急施策要綱（案）

昭和十六、四、二八、亞一

第一、方　針

日支新條約締結後ニ於ケル國民政府ノ狀況竝ニ最近國際情勢下ニ於ケル重慶政權ノ動向ニ鑑ミ究極ニ於ケル日支全面和平ノ招來ヲ企圖シ且世界情勢ノ逼迫急轉ニ對處スル帝國綜合國力ノ彈撥性ノ鞏化ヲ圖ル爲昭和十五年十一月十三日決定「支那事變處理要綱」ニ準據シ支那ニ對スル當面緊急ノ政治的施策ノ重點ヲ主トシテ局部和平ノ完成即チ占領地域内民心把握ニ依ル新政權ノ育成强化ニ向ツテ集中ス

第二、要　領

㈠南京政府及華北政務委員會等支那側ノ自主的活動ノ範圍ヲ廣ク認メ其ノ傘下ニ民衆ニ對シ指導性アル有爲ノ人材ヲ結集シテ其ノ政治力ヲ高メシメ之ヲシテ治下民心ノ把握ニ專念セシムルコト

㈡右政治目標ハ主トシテ新政府側ニ對シ治下民生ノ安定ニ關スル經濟施策ニ付廣汎ナル自主的處理ノ權能ヲ認ムルコトニ依リ達成セシムルコト

占領地内ニ於ケル物資流通ニ對スル現行制限（但シ武器、彈藥、ガソリン等特殊品ニ關スルモノヲ除ク）ヲ緩和スルト共ニ非占領地域ヨリノ物資吸引ヲ可能ナラシムル如ク所要ノ措置ヲ執ルコト

我カ軍需及物動物資ノ調辨ニ付テハ出來得ル限リ支那側諸機關ヲ利用スルコト

㈢軍票ノ價値維持ニ付テハ政府ニ於テ積極的措置ヲ執ルコト

㈣新中央政府ニ於テ國土守護ニ必要ナル十分ノ兵力ヲ維持シ得ル樣我方ヨリ積極的ノ支援ヲ與フルコト

㈤軍管理工場ノ返還、合辨會社ノ調整、南京其ノ他ニ於ケル占據家屋ノ明渡等特殊事態ノ調整整理ヲ積極的ニ促進實行スルコト

㈥支那側諸機關ニ對スル我方ノ指導振ヲ根本的ニ改善スルコト

356　昭和16年5月9日　在上海堀内総領事より松岡外務大臣宛（電報）

対重慶工作のような南京政府育成上有害な行動は慎むよう井上興亜院連絡部次長に本多大使から注意喚起について

上　海　5月9日後発
本　省　5月9日後着

第七六九號（機密、館長符號扱、外信）

本多大使ヨリ

往電第七六八號（編注）末段井上聯絡部次長（現在長官代理）招致ノ機會ニ於テ左ノ通リ同官ニ申聞ケ置キタリ右ハ南京出發前畑司令官ニモ豫メ内話濟ナリ御含迄

聯絡部首腦者トシテ政治外交上ニ關聯スル何等カノ施策考案ヲ思ヒ付カルルコトアル場合ニハ總テ大使ト相談セラル

ル様希望ス又大使館員トシテノ貴官ニ對シテハ例ヘハ所謂重慶工作ノ如キ行動ハ他ノ館員ニ對スルト同樣一切之ヲ禁止スルモノト心得ラレ度支那派遣軍總司令部ハ所謂重慶工作ノ如キ國民政府育成上竝ニ治安維持上有害ノ行動ハ軍ノ占據地域ニ於テ治安維持ノ立場ヨリ要スレハ之ヲ彈壓スル方針ニテ其ノ旨中央ニ電報シタルコトハ既ニ御承知ト存ス冒頭往電ト共ニ北京南總(外信)ニ轉電セリ

編注　本書第597文書。

357　昭和16年5月19日　在中国日高臨時代理大使より松岡外務大臣宛(電報)

対重慶工作に関する日本政府の対応方針を汪兆銘に説明について

南　京　5月19日後発
本　省　5月19日夜着

第三二二號(極祕、館長符號扱)

貴電第一六五號ニ關シ(重慶工作ニ關スル件)

日高ヨリ

十八日午後二時半本官汪主席ヲ往訪シ御訓令ノ次第ヲ申入レタル處主席ハ大イニ安堵ノ色ヲ示シ將來共對重慶工作ニ付テハ双方腹藏ナク打開ケテ協力致スヘク閣下竝ニ本多大使ニ感謝ノ意ヲ傳ヘラレタキ旨述ヘタリ

358　昭和16年5月23日

南京政府の育成強化に関する外務省方針案

國民政府强化ニ關スル緊急施策ノ件　(昭一六、五、二三　亞一)

一、國民政府ノ育成强化案ヲ繞ル興亞院其ノ他關係方面ノ空氣ニ關シテハ「對支緊急施策要綱ノ決定ニ關スル件(昭一六、五、五、亞一)」ヲ以テ詳細御報告申上置キタル處此ノ際中央ニ於テ事務的ニ育成强化ノ具体案ヲ論議スル時ハ各種ノ派生問題ニ付意外ノ紛糾ヲ來タス惧アリ問題ノ急速解決ヲ計ル所以ニ非スト認メラルルニ就テハ下記ニノ趣旨ニ依リ先ツ一般方針ヲ定メ置キ之カ具体化ハ現地機關ニ一任スルノ方針ニテ進ムコトト致度シ

二、就テハ最近ノ政府及統帥部連絡會議ニ於テ大臣ヨリ「國

民政府ヲ育成强化シテ名實共ニ支那ノ中央政府タラシムルコトコソ事變處理ノ要諦ナルコトハ客年十一月十三日御前會議ノ際ニモ本大臣ヨリ申述ヘ置キタル所ニシテ支那事變處理要綱ノ精神モ亦茲ニ存スル次第ナリ今般本多大使歸朝セラレ國民政府强化ニ關スル一般方針ヲ關係ノ向ニ説明セラレタルニ何レモ御賛成ナリシ由承知シ居ル處別紙「國民政府强化ニ關スル緊急施策ノ件」ハ右一般方針及支那側ノ希望竝ニ現地關係機關ノ意向等ヲ斟酌シ既定ノ方針ノ範圍内ニ於テ此ノ際速ニ實行ニ移シ差支ナシト認メラルルモノヲ記載シタルモノニシテ從來ノ方針ト何等異ナル所ナク又之ニ依リ形式張リタル新決定ヲナサントスルモノニモ非ス只現地ニ於ケル事務ノ處理上豫メ各位ノ御諒承ヲ得置クコト好都合ト存シ書面ニ認メ來レル次第ナリ」トノ趣旨ヲ可然ク御説明願ヒ連絡會議ノ諒承ヲ經タル意味合ニテ別紙ニ總理、陸、海相及參謀總長、軍令部總長（特ニ統帥部ノ諒承ヲ希望シ居レリ）等ノ花押ヲ取付ケテ頂クニ於テハ今後ノ處理上極メテ好都合ナリト存ス

三、尚其ノ際大臣ヨリ口頭ヲ以テ「別紙ハ主トシテ現地機關ニ於テ取扱フヘキ問題ヲ記載シタルモノナルカ國民政府强化ノ爲ニハ中央トシテモ(1)軍票價値維持工作ノ大任ヲ總軍經理部ニノミ任セ置カス政府ノ責任ニ於テ積極的措置ヲ講スルコト肝要ニテ又(2)國民政府ノ財政强化ニ資シ治安ノ確立ヲ計ル爲ニハ支那側ノ希望ニ應シ軍器借款等ノコトヲ考慮シ遣ルコト必要ト認ムル處右(2)ノ點ニ關シテハ何レ汪主席ヨリ何等申出アルヘシト存セラルルニ就テハ(1)ノ點ト共ニ政府トシテ出來得ル限リ之ニ好意的考慮ヲ加フル樣致度」旨ヲ附言シ置カレ度シ

（別　紙）

國民政府强化ニ關スル緊急施策ノ件

一、日支新條約締結後ニ於ケル國民政府ノ狀況竝ニ最近國際情勢下ニ於ケル重慶政權ノ動向ニ鑑ミ究極ニ於ケル日支全面和平ノ招來ヲ企圖シ且世界情勢ノ逼迫急轉ニ對處スル帝國綜合國力ノ彈撥性ノ鞏化ヲ圖ル爲昭和十五年十一月十三日決定「支那事變處理要綱」ニ準據シ支那ニ對スル當面緊急ノ政治的施策ノ重點ヲ主トシテ局部和平ノ完成卽チ占領地域内民心把握ニ依ル國民政府ノ育成强化ニ

向ツテ集中ス

二、右目的達成ノ爲日支協力ノ下ニ差當リ左記各項ノ急速具現ヲ計ルコトトシ之カ具体的方法ハ現ニ進捗シツツアル方向ニ於テ我方出先機關ノ施策ニ一任ス

㈠占領地内ニ於ケル物資流通ニ對スル現行制限ヲ緩和スルト共ニ物資ノ敵地流出ニ對シテハ日支協力シテ合理的管理ヲ實行スルコト

㈡各級地方政府ノ人事異動等ニ關スル國民政府ノ自主的權能ヲ出來得ル限リ廣ク認メ以テ國民政府ノ各級地方政府ニ對スル統馭力ヲ强化セシムルコト

㈢日支間既存ノ約定ニ基キ武漢及華北方面等ニ對スル國民政府ノ權威ヲ强化セシムルコト

㈣軍管理工場ノ返還、合辨會社ノ調整、占據家屋ノ明渡等特殊事態ノ調整整理ヲ積極的ニ促進實行スルコト

㈤日支兩國間ノ協力關係ヲ促進シ國民政府ノ財政强化ニ資スル爲支那側ノ課稅ニシテ合理的ナルモノニ對シテハ出來得ル限リ之ヲ承認乃至默認スルコト

---

359 昭和16年5月24日 在中国日高臨時代理大使より松岡外務大臣宛(電報)

スチュワートを通じた米国の和平斡旋説に関する独国側との意見交換について

南京 5月24日後発
本省 5月24日夜着

第三三七號

二十三日獨逸總領事中村參事官ヲ來訪シ日本カ重慶トノ間ノ和平ニ付「スチュワード」ヲ介シテ米國ノ斡旋ヲ求メツツアリトノ説傳ヘラレ居ル處其ノ眞否ヲ質シ且本多大使カ歸朝ニ際シテモ新聞記者ニ對シテ種々國民政府ノ育成强化ニ關シテ忌憚ナキ意見ヲ發表セラレ居ル處右ハ中央ト出先トノ間ニ意見ノ杆(扞カ)格テモアル樣ニ思ハレルカ如何ト質問シタルニ付中村ヨリ米國ノ斡旋ヲ求メタル事實ナク大使ハ「スチュワード」ニ面會シタルコトモナク又「スチュワード」ニ何等ノ興味スラ持チ居ラス種々新聞記者ニ語ラレタルハ御説ノ如キ流言モ耳ニ入リ居ルニ付新聞記者ノ求メニ應シテ帝國ノ既定ノ根本方針ヲ開陳セラレタルモノニテ何等新方針ヲ發表セラレタル次第ニ非ス從テ政策ノ轉換ト言

フコトハ當ラサルハ勿論意見ノ杆《(扞カ)》格等ノコト絶對ニナシト然ルヘク説明シ置キタリ
尚獨逸ノ承認問題ニ關シテハ彼ノ方ヨリ過般松岡外相訪獨ノ際ニモ承認問題ハ大臣ヨリ進ンテ討議スルヲ好マレサリシ如ク仄聞スルカ如何ナル話アリタルヤ承知致度ク元來承認問題ハ寧ロ日本側ノ意嚮ニテ獨逸ハ動クモノト自分ハ了解シ居ル次第ナリ重慶ハ親英ノ郭泰祺ヲ外相ニ据エ歸國ノ途次華府ヲ訪問シ米國トノ關係ヲモ益々緊密化ヲ計リ英米依存ノ風潮ハ今後トモ増大スルニ反シテ南京政府ニ於テハ日獨伊ノ樞軸ニ對シテ充分理解ヲ有シ居ルモノト思ハルルニ付國民政府ヲ承認スル政治上ノ條件ハ備ハツテ居ル様ニ思考ス唯獨逸ハ承認ニ對シテハ國民政府カ支那ニ於テ獨逸人ヲ日本人ト同様ノ取扱ヲ爲スコトヲ期待スルモノニシテ實ハ重慶政府ノ時代ニ治外法權ヲ抛棄シ居ル爲ニ種々不當ナル待遇ヲ受ケ苦杯ヲ舐メタル經驗アリ又目下通商上ニ於テモ相當制限ヲ受ケテ居ルヲ以テ之等ノ點ニ付國民政府ノ態度ヲ承知シ度ク又既ニ消滅シタルモノト思考シ居ル「ポーランド」其ノ他ノ獨逸ノ併合セラレタル諸國トノ外交關係ヲ設定セサルコトノ二點ヲ重要視シ居ルモノナリト述ヘタリ
尚總領事ノ往訪ハ政府ノ訓令ニ基クモノノ如ク觀取セラレタリ
上海、北大へ轉電セリ

360　昭和16年6月2日　在広東高津（富雄）総領事より松岡外務大臣宛（電報）

余漢謀および李品仙への懐柔工作につき報告

広　東　6月2日後発
本　省　6月2日夜着

第一九一號（館長符號扱）
往電第一四六號ニ關シ
澳門ニ於テ中山縣縣長趙鼎華ヲ通シテ余漢謀及李品仙懷柔工作ニ當リ居ル山縣ハ昨一日次ノ如ク本官ニ語レリ（同人二日當地發上京）
一、余漢謀工作ハ余カ態々韶關ヨリ派遣セル機要祕書張家順及余ノ兄弟分ト稱スル在香港呂次眉（趙縣長トモ昵懇）トノ間ニ折衝中ナルカ余ヨリ日本側代表テ《(ヲカ)》韶關迄派遣方竝ニ部下懷柔費トシテ差當リ大洋十萬元提供方要求シ來リ日本側代表ノ為飛行機仕立ツヘキ旨申出テ居ルモ南支軍ニ於テモ何等事故ノ發生ヲ恐レ日本側代表ノ韶關派遣ニハ賛成セサル方針ナル為其ノ積リニテ目下折衝中ナリ

二、次ニ安徽省主席李品仙懐柔ニ付テハ李ノ使者王彦南（軍人）外一名澳門ニ來リ之ト折衝中ナルカ李ヨリ日本側カ大洋三百萬元ヲ提供セラルルナラハ受領後一週間以内ニ重慶離叛通電ヲ發スヘシト稱シ居ル處俄ニ應シ難キモ兎モ角趙縣長ニ於テ右買收費ノ捻出方考慮中ナリ

三、敍上余漢謀及李品仙工作共未タ兩人ノ眞意明確ナラス折衝意ノ如クナラサルモ無理押シ趙ヲ中山縣長ニ据エタル手前モアリ鋭意工作中ナリ

南大、上海、香港ヘ轉電セリ

361　昭和16年6月2日　在上海堀内総領事より松岡外務大臣宛

重慶方面などを視察した米国人記者スティールの内話情報報告

機密第一四七一號　（接受日不明）

昭和十六年六月二日

在上海

總領事　堀内　干城

外務大臣　松岡　洋右殿

「スティール」ノ重慶方面事情ニ關スル歸來談報告ノ件

過般四ケ月ニ亘リ新嘉坡、蘭印、「バンコック」、蘭貢、昆明、重慶方面ヲ視察此程歸來セル市俄古「デーリー、ニユース」當地特派員「A. T. Steele」ノ當館情報部員ニ内話セル要旨左ノ通リ

一、國内問題

余ハ蔣政權カ重慶ニ移リテヨリ半年毎ニ重慶ヲ訪問セルカ蔣介石其他要人ハ今日モ依然抗戰意識ニ燃エ居ル反面最近ノ國際情勢ノ激變ニ依ル或程度ノ不安氣分カ觀取セラレタルカ最近國内問題ニテ相當頭ヲ惱マシ居ルトコロ軍事政治問題ハ三割位ニテ最モ深刻ナルハ財政、經濟問題ナルカ如シ奥地ニ於ケル昨年度農産物收獲ハ例年ノ六割半ニシテ食料不足モ訴ヘ居レルカ本年度ノ農産收獲ハ大體良好ト豫想セラレ居レリ

一、蔣介石ノ信望

蔣介石ノ信望ハ絶對的ナルモノアリ言ハハ蔣ハ一身ニ全國民ノ視注ヲ集メ居ルカ如キ狀態ニシテ若シ其ノ生命ニ異常アレハ蔣政權ハ直チニ潰滅スト稱スモ誇張ナラス宋美齡ノ地位及勢力等ニ付テハ新聞ハ大袈裟ニ報道シ居レルモ其ノ政治、軍事的勢力ハ全然無シ

一、外人顧問

曾テノ蔣介石顧問タリシ濠洲人「ドナルド」ハ約半ケ年前ヨリ敬遠セラレ現在ハ「サモア」島ニ在リト云ハル蘇聯軍事顧問ハ相當數アリ獨逸人技術員數名ハ反「ナチ」黨員ト目サレ居ルニ拘ラス今尚獨本國ト連絡ヲ保チツツアル模樣ナリ米國人顧問ハ主トシテ技術員殊ニ道路建設關係者多ク最近飛行機賣込ト共ニ右技術員ノ數漸次增加シツツアリ又滇緬道路建設監督局ノ總監督ハ在支永年ニ亘ル支那事情精通者タルJOHN EARL BAKERナルカ同道路建設及輸送事業ニ關聯シ支那ニ於テ不可避的存在ノ不正「スクイーズ」ニハ惱マサレ居ル模樣ニテ東京朝日ノ言フカ如ク重慶政府カ眞ノ米國ノ傀儡ナルニ於テハ「不正取引」ノ禍根ハ除去シ得ヘキ筈ナリ在重慶外交團中蔣ノ最大ノ相談役ハ米國大使ニシテ之ニ次キ人氣アルハ蘇聯及英大使ナランモ両者ニ對シテハ重慶側ト《（モカ）》警戒ヲ怠ラサルノミナラス英大使ニハ大シテ信ヲ措キ居ラス

一、借款問題

從來英米ノ對支借款ノ使途ニ付テハ兎角ノ噂アリタル所ナルカ「カリー」特使ノ使命ノ一ハ之カ探査ニアリタルモノノ如ク「ゴース」新大使モ此點ニ付キ如才ナク監督ヲ怠ラサルヘシト觀ラル從テ前大使程ノ「ポプユラリティー」ハ無シ大使更迭ノ事情ノ一端モ此ノ邊ニ在ルニ非スヤト思考セラル

一、日本軍ノ今次作戰ニ對スル支那側觀測

支那側ニテハ日本軍ノ今次春季攻勢ハ西北諸省ノ支那軍要衝迄進出スルモノト不安ヲ以テ觀測セラレ居タルカ當地ニ歸來シテ作戰終了ノ旨ノ日本軍「スポークスマン」ノ發表ニ依リ重慶側ハ安堵シ居ルヘシ

一、防空施設

重慶ノ防空設備ハ最近全ク完備シ優ニ三十萬名ノ收容能力アリ主要官廳ノ通路ハ地下道ニテ又目下自動車用「トンネル」ヲ造ルヘク計畫中ナリト云ハル日本軍ノ空爆ハ要人市民ニ大ナル恐怖ヲ與ヘ居ルハ事實ナルモ今日ノ如

ク完全ナル防空設備アルニ於テハ陸軍ニ依リ當地ヲ占領スル以外ニハ重慶政府ヲ潰滅スルハ至難ニシテ又斯ル場合ニモ政府ハ更ニ奥地ニ遷都シテ抗戰ヲ繼續スヘシ

一、兵器製造問題

輕兵器、彈藥ノ製造工廠ハ重慶ヲ中心ニ二十數ケ所アリ其ノ貯藏武器ハ十分ニシテ設備、技術、製造能力共優秀ナルモ唯問題ハ原料ヲ如何ニシテ補給スルヤニアリ

一、援蔣「ルート」問題

滇緬道路ノ「メコン」「サルウイン」河ノ補助橋ハ既ニ第四番目ノモノカ建造中ナルカ更ニ五十「ガロン」入空罐ヲ竝ヘ浮橋ヲ造リ上ケ其ノ輸送能力ハ大シテ變化ナカルヘシ尚日本軍ノ爆撃ニ對スル修繕器材人夫ハ至ル處待機シ居レリ

一、和平問題

最近和平カ宣傳セラレタルカ蔣其他要人ニシテ和平ヲ口ニスルモノナク和平氣分ハ全然見ラレス特ニ日本ノ汪政權承認後日支和平ハ絶望視サレ居レリ

右報告申進ス

本信寫送付先　在北京參事官　天津　漢口　在支大使　在滿大使　香港

362　昭和16年6月16日　在中国日高臨時代理大使より松岡外務大臣宛（電報）

汪兆銘を通じて日本軍が李済深に示した帰順条件について

南　京　6月16日後発
本　省　6月16日夜着

第三九九號（極祕、館長符號扱）

東亞局長ヘ中村參事官ヨリ

過般御内報シ置キタル李濟深ノ使者來訪ノ件ハ其ノ後進捗シ李乃超（假名ナルカ如シ）ヨリ汪主席出發前ニ總司令官又ハ總參謀長ヨリ李ニ對シ書面ヲ與ヘラレタキ旨希望シタルモ我方ヨリ直接一札ヲ與フル筋ニモアラサルニ付結局總參謀長ヨリ汪主席ニ對シ

一、責任アル代表ヲ派遣スルコト

二、停戰成立後ハ日本軍ハ廣西軍ノ許諾無クシテ其ノ駐屯區域ニ進入セサルコト

三、停戰成立ノ上ハ廣西軍ヲ友軍ト看做スヘシ

トノ三項ヲ認メタル書面ヲ與ヘ汪ヨリ之ヲ李濟深ノ使者ニ傳フルコトトナリタル趣ナリ
尚汪ハ以上ノ經緯ヲ上海ニ於テ島田長官ニ內話セリ前信補足ノ爲電報ス

363　独ソ開戦により重慶政権は援助国の一つを失ったとの見解を南京政府へ披瀝について

昭和16年6月23日　在中国中村臨時代理大使より松岡外務大臣宛(電報)

南　京　6月23日後発
本　省　6月23日夜着

第四一五號(至急)

二十三日國民政府宣傳部長代理ヨリ獨蘇開戰ニ關シ新聞竝ニ輿論指導方針ヲ問合セ來タレルニ付此ノ際愼重ニ取扱フ要アルモ不取敢本戰爭ニ依リ重慶ハ完全ニ援蔣國ノ一ヲ失ヒタル次第ナレハ日本及國民政府側ニ於テハ既定ノ方針ニ依リ斷然重慶ニ重壓ヲ加ヘ事變處理ニ邁進スヘク結局獨蘇開戰ハ全面和平ノ實現ニハ都合好クナレル次第ヲ指導ノ目標トスヘキ旨指示シ置キタリ

就テハ本件ニ關スル支那新聞指導方針至急御垂示相煩度シ
在支各總領事ニ轉電セリ
廣東ヨリ香港ヘ轉報アリタシ

364　重慶政権が緊急会議を開催し独ソ開戦への対応を協議したとの諜報報告

昭和16年6月24日　在上海堀内総領事より松岡外務大臣宛(電報)

上　海　6月24日後発
本　省　6月24日夜着

第一〇七六號

HQニ據レハ二十二日夜重慶最高國防委員會ハ緊急會議ヲ招集シ獨蘇開戰ト對重慶關係ニ關シ種々意見ヲ交換セルカ一部ニハ國際情勢ノ激變ニ失望シ日支和平ノ再檢討ヲ主張スルモノアリ議論百出一時騷然タルモノアリシカ結局獨蘇戰今後ノ發展ト英米側ノ態度ヲ見極メタル上善處スルコトニ大體意見一致シタルモノノ如ク政府當局ハ英米大使館側ト密接ナル接觸ヲ保チ速ニ之カ善後策ヲ講スルコトトナリタル由(情乙)

尙重慶電ニ依レハ重慶側ハ英蘇協定成立說ト日本今後ノ出方如何ヲ重視シ居レルカ二十三日中央日報ハ蘇聯邦ニ同情シ蘇聯ノ必勝ヲ豫想シ大公報ハ日本ノ對蘇進攻開始セラルヘシトテ蘇聯ノ注意ヲ喚起シ居ル趣ナルカ上海正言報ハ英米蘇支四國ノ理想的合作ヲ期待スルモ日本ハ孤立無援ノ今日樞軸ヲ見捨テテ對英米綏靖政策ヲ敢行スルヤモ測ラレス若シ英米カ其ノ術中ニ陷ラハ支那ニ取リ最モ不幸ト成ルヘキニ付吾人ハ此ノ種策動ヲ嚴重監視ノ要アル旨力說セリ

北大、天津、南大、漢口、滿、香港ヘ轉電セリ

365　昭和16年6月30日　在上海堀内総領事より松岡外務大臣宛(電報)

独ソ開戦が国共対立の緩和をもたらしたとのUP電報告

上　海　6月30日後発
本　省　6月30日夜着

第一一二〇號

二十九日重慶發「ユーピー」電ニ依レハ獨蘇開戰英米ノ對蘇援助及日本ノ對蘇協定價値ニ對スル懷疑等ハ國共衝突ノ重要因素ヲ解消セルモノノ如ク現ニ大公報ハ最近十八集團軍カ山西ニ於テ中央軍ト合作セリトノ正式報告ニ接シ喜ヒニ堪エスト論シ又周恩來ハ二十三日中共機關紙上ニ過去四年來抗戰ノ中心ハ孫文ノ三民主義ニシテ中共モ之カ中心ヲ擁護シ且勝利ノ要素タル國民黨内部ノ進步及發展ヲ承認シ之ニ贊意ヲ表スルモノナルカ中共カ國民黨ニ反對スルハ僅ニ其ノ内ノ反共分子ニ過キストテ中共ノ國民黨打倒計畫說ヲ否認スル等其ノ態度ヲ緩和セル論文ヲ發表シ更ニ二十九日新華日報紙上ニテ日本ハ對蘇攻擊ニ出ツル可能性多シトテ全國ニ對シ對日總反抗ニ轉スル事ヲ要請シ現在東京方面ニテ之カ決定ヲ澁リ居ル所以ハ㈠北進セハ對支事變解決不能ニ陷リ㈡西比利亞資源ハ蘭印ノ夫レニ及ハス㈢北進卽決ニ成功セサレハ日本ハ冬季戰ノ苦境ニ陷リ㈣英米ノ對日攻擊ヲ誘發スル惧アルニ依ル旨力說セル趣ナリ

南大、漢口、北大、天津、香港、滿ヘ轉電セリ

366　昭和16年6月30日　在漢口田中(彥藏)総領事より松岡外務大臣宛(電報)

独ソ戦の事変に及ぼす影響に関する各方面の

観測報告

漢　口　6月30日後発
本　省　6月30日夜着

第二一六號

獨[1]蘇開戰ニ關スル當地各方面ノ動向左ノ通リ

一、支那側輿論ヲ綜合スルニ官界ニ於テハ本開戰ニ依リ重慶政府ハ蘇聯ヨリ援助ヲ受ケルコト事實上不可能トナリ事件解決ヲ促進セシムヘシトノ樂觀説行ハレ居ルモ一般商工界ハ之ヲ樞軸側ニ對スル大打擊ナリトシテ獨ハ一時的ニハ相當ノ戰果ヲ收メ得ヘキモ蘇ヲ屈服セシムルコト不可能ニシテ結局長期戰トナリ三國側ニ取リ不利ナル形勢ヲ生シ日獨關係モ重大ナル變化ヲ來タスヘク日蘇條約モ終ニ其ノ意義ヲ喪失セリ今後日本ハ米蘇兩方面ヨリ同時ニ壓迫セラルルコトトナリ事變處理モ愈困難トナルヘシ日[2]本ハ東亞自主ノ立場ヨリ從來ノ行懸ヲ清算シ米國ヲ動カシ事變ヲ先ツ解決シ將來ニ備フル外ナカルヘシトノ悲觀的觀測ヲ爲ス者多ク日本ノ態度ニ多大ノ關心ヲ示シ居レリ

二、獨伊側ハ表面冷靜ナル態度ヲ示シ何等批判ヲ避ケ居ルモ伊國領事「プリジデイ」ハ三國同盟及日蘇關係ハ頗ル困難ナル問題トナリタリト洩ラシ又米國領事官補ハ獨蘇開戰ニ依リ日米關係直ニ惡化スルコトナカルヘキモ三國同盟ニ基因スル開戰ノ危機ハ增大セリト語レリ

三、當地日華紙及英文楚報ハ各「ニュース」ヲ掲載スルノミニテ批判ヲ差控ヘ居レリ

南大、上海、北大、天津ヘ轉電セリ

367　昭和16年7月5日

閻錫山が帰順条件の細目提示について

在太原田中(正一)総領事より
松岡外務大臣宛(電報)

太　原　7月5日後発
本　省　7月6日前着

第六四號(至急、極祕、館長符號扱)

往[1]電第五八號ニ關シ

三日午前劉吉甫來原閻ノ條件トシテ左ノ通リ申出テタリ

一、防共合作蔣介石打倒ヲ根本條件トス

二、山西票價値維持ノ爲五千萬圓ノ「クレジット」設定

三、山西軍(現在兵力六、七萬)ノ?實力(差當リ三十萬ヲ目途

トス）ノ爲小銃十萬挺、輕機一、二千挺、大砲三百門支給

四、右ニ依リ實力ヲ增强シ直ニ反共討蔣ノ宣言ヲ發シ各地將領ヲ糾合シテ目的達成ニ邁進ス尙一面蔣ニ對シ全面和平ヲ勸告ス

此ノ[2]附帶條件トシテ

(イ)山西西北實業公司ノ復活

(ロ)閻ヲ華北國防總司令官南京政府軍事委員長ニ任命

(ハ)將來每年軍費二千萬圓武器十萬挺大砲二百門ヲ南京政府ヨリ閻ニ交付

(ニ)將來華北民衆ノ救濟費トシテ南京ヨリ一億圓支給

等ノ希望ヲ申出テタル由

右[3]ニ對シ田中兵務局長ハ今囘ノ工作ハ事變處理ノ最上唯一ノ手段ニシテ種々苦心ノ結果之迄ニ漕付ケタル次第ニ付此ノ際大乘的ニ本件ヲ處理シ得ル樣至急閣議決定方ヲ要望シ居リ又當地軍司令官モ全面的ニ贊成シテ本五日軍ヨリ陸軍省ニ右次第ヲ電報シタル由ナルカ局長ハ特ニ外務省ノ全面的支持ヲ切望シ居ルニ付細部ハ陸軍省ヨリ御聽取ノ上至急閣議ニ附議決定ノ上何分ノ儀嚴究?後御電訓相成樣御配慮相成度

尙局長ハ御電訓ヲ待ツテ一應內地ニ歸還シ本件今後ノ接衝ハ現地軍ニ於テ進ムル豫定ナリ

368 閻錫山の帰順には李済深など各方面で共鳴者が出る見込みとの田中兵務局長内話について

昭和16年7月6日　在太原田中総領事より松岡外務大臣宛（電報）

太原　7月6日後発
本省　7月6日夜着

第六五號（極祕、館長符號扱）

往電第六四號ニ關シ

田中局長ノ內話ニ依レハ劉吉甫來原ノ際閻錫山ノ親書ヲ同局長ニ寄セ居リ又閻ノ母堂及夫人ハ過般密ニ成都ヲ拔ケ出シ郷里陝西省三原ニ到着近ク濮縣ニ來ル事トナリ居レリ尙閻ノ防共合作打倒蔣介石ノ「スローガン」ニハ李濟深ヲ始メ四川、湖南、湖北、東北ノ雜軍ハ共鳴シ一致ノ行動ヲ執ル事ニ默契成リ居ルトノ事參考迄

369

昭和16年7月9日　在太原田中総領事より松岡外務大臣宛（電報）

閻錫山の帰順条件細目を軍側は全面応諾する見込みについて

太　原　7月9日後発
本　省　7月10日後着

第六八號（極祕、館長符號扱）

往電第六四號ニ關シ

劉吉甫ハ閻ノ機密祕書ニシテ現ニ總司令部機要處長ノ要職ニ在リ當分當地ニ滯在ノ豫定尚當地軍及北支方面軍ハ先方ノ條件ヲ鵜呑ミニシテ本件ヲ一氣呵成ニ進捗セシメ度キ意嚮ニテ南京總軍參謀副長モ九日北京ニ來リ出先軍トシテノ方針ヲ決定スルコトト成リ居ル趣ナリ田中局長ハ中央部ノ意見ヲ至急取纏メノ爲十一日當地發空路東京ニ赴ク筈

370

昭和16年7月14日　在北京土田大使館参事官より松岡外務大臣宛（電報）

閻錫山帰順工作の進展振りに関する大林組社員の内話報告

北　京　7月14日後発
本　省　7月14日夜着

第四五五號（館長符號扱、部外極祕）

往[1]電第二九〇號ニ關シ（對閻工作ノ件）

田中局長ト共ニ五月三十日當地發七月十一日迄太原ニ滯在シ本件工作ニ從事セル林ノ歸來內報スル所左ノ通リ

一、趙承綬病氣（窒扶斯）ノ爲其ノ代トシテ閻ノ腹心劉吉甫來原シ田中局長ト種々折衝ノ結果(イ)山西軍事委員ノ手ニ依リ山西ノ治安恢復ヲ計ルコト（往電第二五九號御參照）(ロ)山西軍ヲ三十萬ニ增强シ日本側ヨリ南京政府ヲ通シ軍費及武器彈藥ヲ支給ス(ハ)以上二項決定ノ上日本側トノ間ニ停戰協定ヲ締結ス(ニ)停戰協定成立ト同時ニ閻錫山ノ名ヲ以テ防共及東亞新秩序建設協力ニ關スル通電ヲ發スルト共ニ重慶離脫ヲ聲明シ同志ノ參加ヲ勸說ストノ四條件ノ下ニ歸順スルコトニ交涉纏リ交通不便ノ關係モアリ約三週間後ニ太原ニ於テ協定ニ調印スルコトトナリ田中局長ハ中央ニ報告ノ爲明十五日東上ノ豫定ナルカ右調印ニハ山西側ハ趙承綬或ハ王靖國日本側ハ田邊北支軍參謀長或ハ岩松第一軍司令官之ニ當ルコトトナリ居レリ

二、[2]尚閻側ヨリハ(イ)山西票發行額約三千萬元ニ對スル「クレジット」設定(ロ)閻錫山所有ノ西北實業公司（軍管理）ノ返還及(ハ)晋北十三縣ノ山西省復歸ヲ申出テタルニ對シ田中局長ヨリ(イ)及(ロ)ハ問題ナカルヘキモ(ハ)ハ蒙疆政府トノ關係モアリ實現困難ナル旨申聞ケタルニ先方ハ之ヲ諒承セリ

三、閻錫山ハ目下西安ニ在ル山西軍武器工場ノ山西移轉及四川方面ニ在ル家族呼寄方手配中ニテ又陝西、山東方面ニ人ヲ派シ新規募兵ノ準備ヲ進メツツアリ又太原方面ニハ于學忠其ノ他各將領ノ代表潛入シ居リ閻側ノ手ニテ交渉成功ノ上ハ之ニ共應シタシト申出テ居リ外部ニモ種々取沙汰セラレ居レリ又重慶側トノ關係モアリ田中劉協議ノ上正式發表迄外部ニ對シテハ今次交渉ハ決裂セリト宣傳スルコトニ打合セタリ

南總、上海ニ轉電セリ

香港ニ轉電アリタシ

371 昭和16年7月15日 在上海堀内総領事より松岡外務大臣宛（電報）

独ソ開戦後における重慶政権の対米態度などに関する情報報告

上海 7月15日発
本省 7月16日着

郵第八號

獨蘇戰ヲ繞ル重慶側ノ動向竝ニ蘇聯ノ對支態度ニ關スル十一日ＪＫノ內報要旨左ノ通リ

一、豫テＡＢＣ同盟ヲ强調シ殊ニ獨蘇開戰以來ハ英米蘇支軍事同盟ノ結成ニ依ル米側ノ實力援助ヲ期待シ居タル重慶當局ハ今日ニ至ルモ米側ノ援助カ過般ノ借款及少數ノ飛行機ノ供給以外何等積極化セサルニ對シテハ痛ク失望シ居レリ蓋シ重慶側トシテハ獨蘇開戰ノ結果獨逸ノ大西洋方面ノ脅威一時緩和セラルヘキヲ以テ米國ハ自由ニ日本ノ南進北進何レニ對シテモ重壓ヲ加ハヘ得ヘク自然蔣介石ノ理想トスル反抗妙理ノ實現モ難カラス假令一歩ヲ讓ルモ米國ニシテ此ノ機ヲ逸セス日支戰ノ調停ニ當リ呉レルナラハ重慶側トシテハ必スヤ公平且有利ナル和平ヲ贏チ得ヘシトノ思惑ヲ有シ居タルニ不拘却テ昨今米國ハ依然對日妥協ヲ希望シ直接日本ニ壓力ヲ加フルヲ欲セスト

ノ消息モアリ米國ノ援蔣政策ノ目的モ期スル所僅カニ蔣ニ對シ若干ノ援助ヲ爲シツツ其ノ對日抗戰ヲ持續スルコトニ依リ日本ノ太平洋ニ於ケル自由行動ヲ阻止セシメントノ利己的魂膽ニ出ツルモノナルコトヲ痛感スルノ餘儀ナキニ立至リタレハナリ

二、蔣ノ目下最モ恐ルル所ハ日米妥協成立シ日本軍カ佛印及「タイ」ヨリ緬甸ニ進出滇緬公路ヲ武力遮斷スルニ至ランコトナリ其ノ際米國ハ單獨ニ對日戰爭ヲ開始シ得サルヘク他方蘇聯亦對獨戰ニ援支ノ餘裕ナク旁々一切ノ外國ヨリノ援助中斷セラルル惧アレハナリ素ヨリ蔣ニ於テハ日米妥協可能ノ程度ト今後ノ發展如何ニ付テハ充分ノ見透ナキカ如キモ蔣カ七月六日ノ友邦ニ告クルノ書ニ於テ「若シ日本ノ萬一ノ反省ヲ期待シ對日態度ヲ緩和スルカ如キコトアラハ各友邦ハ歐洲ノ獨逸ニ於ケル覆轍ヲ踏ムヘシ云々」ト述ヘ暗ニ米國ノ注意ヲ喚起シ又顧維鈞ヲシテ七月七日倫敦ニ於テ米國ノ對日宥和態度ニ警告的言辭ヲ爲サシメタル如キ何レモ其ノ危惧ノ現レニ他ナラス

三、同時ニ蔣ハ日本カ北進南進何レヲ爲スニセヨ其ノ兵力ノ分散ニ依リ支那ハ失地回復ノ好期ヲ得ヘシト之ヲ歡迎シ居レルカ他面日本カ獨蘇戰ニ乘シ兵力ヲ重慶打倒ニ集中センコトヲ恐レ居リ此ノ見地ヨリモ日米妥協ノ空氣ヲモ睨ミ居レリ

四、此ノ種蔣ノ對米危惧心理ノ增大ハ蘇聯ノ挑發ニ依ルコト鮮シトセス卽チ第三國際ハ「ヘス」ノ英國行後英國共產黨ヲシテ宣言ヲ發表シ獨側ニ對英媾和及共同反蘇ノ意アルヲ指摘セシメ又周恩來ヲシテ新華日報ニ日米間ニ極東「ミユンヘン」協定成立ノ可能性アルコト西歐ニ於テ共同反蘇ノ隱謀進行シツツアリトノ談話ヲ發表（特調班作製「日蘇協定後ニ於ケル重慶政權ノ動向」末段參照）セシメタルカ右ハ何レモ其ノ一例ナリ尤モ蔣ニ於テハ當初之等宣傳ヲ重視セサリシモ獨蘇開戰後ノ米國ノ對蘇態度カ英國ノ夫レニ比シ兎角煮切ラサルノ事實ニ鑑ミ漸次疑惑ヲ持ツニ至リタルカ如ク最近モ邵力子駐蘇大使ニ對シ米蘇關係改善ノ可能性ノ有無ニ付電照セシメタルニ對シ邵ヨリ蘇聯外務人民委員次長「ロゾフスキー」ノ「蘇聯ハ米國ヲ信賴シ居ラス米國ハ支那ヲ犧牲ニスルコトヲ交換條件ニ日本ヲシテ蘇聯ヲ攻擊セシメント考ヘ居レリ從テ日本軍ノ滇緬公路切斷ノ時ハ直ニ米國ノ援支停止セラ

ルル時ナリ日本ハ北進ヲ欲シ居ルモ右ハ獨ノ對蘇勝利決定的トナル時期ニシテ同時ニ支那事變ノ徹底的解決ノ後ナルヘシ」トノ趣旨ノ內話返電アリタル趣ナルカ偶々之ト前後シテ日米談判說傳ヘラレ益々邵ノ對米疑惑ヲ深メ遂ニ前項ノ如キ蔣及顧ノ對米警告トナリタル次第ナリ

五、而シテ蘇聯カ如斯重慶ニ對シ挑發態度ヲ取リ居ル眞意ハ日本ノ北進ヲ恐ルル爲ナルハ勿論ナルカ同時ニ「帝國主義者ハ共同シテ蘇聯ニ對抗シ彼等自身ニ內在スル矛盾解決ノ一方法タラシムルコトアルヘシ」トノ理論ニ基キ假令獨ノ反蘇戰爭カ事前ニ於テ英米トノ了解ナカリシトスルモ其ノ發展ノ前途ニ於テ戰爭カ膠着狀態ニ陷ル時又ハ蘇聯敗戰ノ際ニ於テ米國側ヨリ歐洲問題解決ノ爲ニ蘇聯ノ分割ヲ提議スル可能性アリ又最低限度日本ノ南進ヲ阻止スル爲對日讓歩ヲナシ進ンテ對蘇攻擊ヲ煽動スル惧モアリ旁々重慶側カ英米ニ利用セラレサル樣トノ用意ニ出ツルモノト認メラル

南(大)、北(大)ヘ暗送セリ

372

昭和16年7月17日　在上海堀内総領事より松岡外務大臣宛(電報)

重慶政権は対日和平に応じる意図なしとの郭泰祺の談話報道について

上　海　7月17日後発
本　省　7月17日夜着

第一二七九號

十六日重慶發UP電ハ郭祺泰(泰祺カ)ノ談トシテ左ノ通リ報シ居レリ

獨逸ト重慶トハ外交關係斷絕直前再ヒ獨カ日支和平交渉ノ調停ヲ申込メリトノ報アレトモ余ハ何等知ル處無シ日支事變ハ世界戰爭ノ一部ナルヲ以テ大戰終了後全國際和平問題ノ一部トシテ解決セラルヘク假令米國ノ調停ト雖支那ハ和平交渉ニ應スル意圖無シ

米國カ日本向ケ石油ノ輸出禁止ヲ逡巡シ居ルハ同國ノ緩和政策ニ依ルモノナルモ斯ル懷柔策ハ最後ニ却テ仇トナルヘシ

南京、北京ヘ轉電セリ

373　昭和16年7月17日　在中国日高臨時代理大使より松岡外務大臣宛（電報）

近衛内閣総辞職および内閣改造に関する汪兆銘への説明振り報告

南　京　7月17日後発
本　省　7月22日前着

第四八六號

日高公使十七日本多大使出發延期ノ報ヲ齊(齎カ)ラシ汪主席ヲ往訪シ今回ノ近衛内閣總辭職ノ政府ノ聲明ヲ引用シ説明シ現地軍當局ニ於テモ之ニ依リ何等不安動揺ヲ見サルノミナラス寧ロ今後益々施策ヲ進メ居ルモノト期待シ居ル状況ナリト述ヘタルニ汪主席ハ今回ノ總辭職ハ飛躍的國策ヲ展開スル爲ノ準備ナルヘシト言ヘルニ付日高公使ハ必シモ具體的ニ何事カヲ引起ス準備ニハ非サルヘク時勢ニ卽應センカ爲ノ國内ノ體制ヲ整備强化スルト謂フニ在ルヘシト答ヘ置キタリ然ルニ主席ハ依然歐洲方面ニ近ク貴國カ軍事行動展開セラルルニ非スヤト此ノ方面ノ形勢ニ多大ノ關心ヲ有シ居ル様見受ケラレタリ

北大、上海ヘ轉電セリ

374　昭和16年7月20日　在中国日高臨時代理大使より豊田（貞次郎）外務大臣宛（電報）

内閣改造を説明した近衛総理の汪兆銘宛メッセージ手交について

別　電　昭和十六年七月二十日発在中国日高臨時代理大使より豊田外務大臣宛第四九五号
右メッセージに対する汪返信
付記一　昭和十六年七月二十二日発豊田外務大臣より在中国本多大使宛電報第三〇四号
右メッセージ交換の公表について
二　昭和十六年七月二十二日発豊田外務大臣より在中国本多大使宛電報第三〇五号
右公表用の汪宛近衛メッセージ

南　京　7月20日後発
本　省　7月20日夜着

第四九四號（大至急）

貴電第三〇二號ニ關シ（汪主席ニ對スル近衛首相「メッセージ」）

二十日日高公使汪主席ヲ往訪シ首相ノ「メッセージ」（「パ

ラフレーズ」セルモノ)ヲ手交シ且貴電合第一五六〇號ノ趣旨ニ依リ帝國政府ノ外交方針竝ニ政策ノ不變ナル次第ヲ然ルヘク説明シタルニ汪主席ハ之ヲ謝シ別電第四九五號ヲ首相ニ傳達方依頼セリ然ルヘク御取計相成度シ

尚汪主席ハ本件往復文ヲ發表シタキ(差支アラハ大體ノ趣旨ニテモ)希望ナルニ付何分ノ儀折返シ御回示ヲ請フ

(別　電)

南　京　7月20日後発
本　省　7月21日前着

第四九五號(大至急)

昨聞閣下再膺大命曾由褚大使轉上賀電想承鑒及頃由日高公使轉來惠電備悉閣下之偉抱至爲欣慰貴我兩國基於不動之方針共同努力以蘄實現和平奠安東亞閣下前此已深植其基礎上月把晤契合尤深鄙人獲與閣下提携共進由於互相信頼之熱性鄙人之自信力亦隨以增進決當悉力從事以達(一語不明)謹之致謝竝祝貴國々運隆昌及祝閣下之健康

(付記一)

本　省　7月22日後2時12分発

第三〇四號(大至急)

貴電第四九四號後段ニ關シ

往復文全文發表方可然シト認メ當方ニ於テハ二十三日午前十一時發表スルコトトセルニ付貴方ニ於テモ同様御措置アリ度但シ近衛首相ノ「メッセージ」ニ付テハ貴方ニ於テ「パラフレーズ」セラレタル關係モアリ別電第三〇五號ニ依ルコトトセリ

(付記二)

本　省　7月22日後2時45分発

第三〇五號

今次ノ政變ハ我國内體制ノ急速ナル整備强化ヲ斷行シ以テ世界ノ情勢ニ對處シ國策ノ遂行ヲ活潑ナラシメンカ爲行ハレタルモノニシテ之カ爲内閣ノ構成ニ一大刷新ヲ加ヘタル次第ハ帝國政府ノ發表等ニ依リ御承知ノ通リナリ素ヨリ帝國ノ對外國策ニハ何等ノ變化無ク又貴國ニ對スル既定ノ政策竝貴主席閣下過般御訪日ニ依リ鞏化セラレタル兩國ノ緊密關係ハ微動タモセサル次第ニ付右御諒承ノ上今後益々勇

奮東亜安定ノ爲邁進セラレンコトヲ祈念シテ止マス閣下トノ盟約ニ基キ本大臣ニ於テモ一段ノ努力ヲ以テ兩國提携貴國國運ノ隆昌ニ協力セントスルモノナルコトヲ特ニ附言ス

375　昭和16年8月19日　在中国日高臨時代理大使より豊田外務大臣宛（電報）

重慶から脱出した伊国代理大使の重慶近況に関する内話報告

南　京　8月19日後発
本　省　8月19日夜着

第五八五號

過般重慶ヲ脱出シ目下上海ニテ靜養中ノ「スピネリ」伊太利代理大使ハ密カニ來寧十八日日高公使ヲ來訪シ重慶事情ニ付内話セル所其ノ要點左ノ通リ（同人ハ後宮總參長トモ會談セリ）

一、重慶爆撃ハ實效割合ニ薄ク之ノミニ依リ人心ノ頽廢ヲ期スルハ難シキ様見受ケラレタリ「ビルマルート」ノ爆撃及香港重慶間飛行聯絡ヲ遮斷スル方效果大ナルヘシ（或ハ「ス」ハ之ニ依リ日本ト第三國トノ紛争ヲ期待シ居ルニ非スヤトモ思ハレタリ）

二、重慶外交團中米大使館ハ益々増強セラレ陸海空軍關係者ヲ加ヘ二〇名餘在勤ス英大使ハ北岸ニ居住セシモ本國政府ヨリノ訓令アリタルモノノ如ク南岸ノ「マリンクラブ」ニ引移リタリ蘇聯邦大使ハ矢張リ北岸ニアリ但シ外交團員ハ何レモ不愉快ナル重慶生活ヲ嫌悪シ内心離任ヲ希望シ居ル者多數ナリ

三、重慶物價ハ頗ル昂騰シ苦力等ハ生活ニ困難シ居ルモ金サヘ出セハ適當ノ品ハ入手シ得

四、支那側トハ張群ト最モ聯絡シ居リタルカ三國「パクト」成立後ハ其ノ態度寧ロ一層慇懃トナリタルモ内實他人行儀トナリタルハ否ムヘカラス歸國ニ際シテハ彭學沛カ主トシテ斡旋シタルカ同人ハ汪脱出ノ件モアリ斯ル際ニモ頗ル用心シ居リタル模様ナリ

五、脱出ニ際シ桂林柳州間ハ汽車便ヲ利用シタルカ其ノ運輸ハ廣九線ノ車輛ヲ利用シ可成整ヒ居リタリ同鐵道ハ目下柳州ヨリ江池迄通シ居ルカ目下貴陽迄ノ延長線ヲ鋭意建設中尚桂林ハ新家屋建築セラレ爆撃ノ跡ハ殆ト見受ケラレサリキ

尚「ス」ノ希望モアリ本電内容利用ニ當リ同人ノ名ヲ應用スルコトハ嚴ニ差控ヘラレタシ

北大、上海、廣東、香港、河内ヘ轉電セリ

376 昭和16年8月30日　在マカオ福井(保光)領事代理より豊田外務大臣宛

孔祥熙や孫科に通じると思われる筋からの和平打診に関する情報報告

機密第一〇〇號　(9月9日接受)

昭和十六年八月三十日

在「マカオ」

領事代理　福井　保光[印]

外務大臣　豊田　貞次郎殿

重慶側ノ和平策動ニ關スル件

諜者(祕名)ヨリノ連絡ニ依レハ香港ニ在ル鄭洪年ハ今般重慶側ヨリ表面個人ノ資格ヲ以テ日本側ニ接觸シ所謂土地不割讓トカ不要求賠償ノ如キ曖昧ナル條件ヨリモ華北ニ於ケル經濟合作ノ具体辯法、希望スル割讓地域、及撤兵ノ範圍、時期、方法等ニ關シ日本側ノ有スル忌憚ナキ意見ヲ聽取スル樣委囑サレタル趣ナリ

右ニ關シ本官ヨリ別ニ意見ヲ述ヘサリシヲ以テ目下當地ニ在ル萱野長知氏ニ連絡スルモノト推察サレ萱野氏カ本件ヲ如何取扱フヤ不明ナルカ鄭ハ現在孔祥熙ノ駐香代表ノ如キ地位ニ在リ過般孫科來香ノ節葉恭綽ト三人鼎坐會談セル經緯アル外鄭ト親交アル本官十年來ノ知己香港重慶側大學教授カ特ニ本件ニ關スル聞込ミハナキモ依然政治ニ執着アル鄭ノコトナレハ孫科ノ來香ト關連セシメ必スシモ否定シ得スト述ヘ居タルニ徴シ一應監視ヲ要スルモノト思料サル

右何等御參考迄報告申進ス

本信送附先　南大、北京、上海、廣東、香港

377 昭和16年9月3日　在中国本多大使より豊田外務大臣宛(電報)

近衛総理の対米メッセージをめぐる日米交渉の先行きに関する中国紙報道振り報告

南　京　9月3日後発

本　省　9月3日夜着

第六一三號

內閣情報局公表ノ「近衛メツセイジ」(編注)ヲ繞ル日米ノ動靜ニ付テハ當方面新聞何レモ大々的ニ取扱ヒ居レルカ南京政府側諸紙ハ概ネ同盟ノ記事ヲ掲クル程度ナルモ上海外字紙及敵性華字紙ハ「ユーピー」「ロイター」等ノ外電ヲ特記シ米國ノ立場强硬ニテ經濟的ニ無力ナル日本ハ日米會談ヲ左右スル力無シトカ(二六日正言報)中國ハ民主國家ト合作シ此際對日協同攻勢ヲ强化スヘシトカ(二八日中美日報)乃至ハ平和的解決ハ日本カ其ノ政策ヲ大轉換セサル限リ求メ難ク對英米戰ハ日本ヲ破滅ニ導クノミトノ「ウツドヘツド」論說(三〇日上海「イーヴニングポスト」)等ヲ掲ケ(詳細上海ヨリ通報濟ノ筈)外國筋電報ト相俟チテ本會談ヲ種ニ對日包圍陣ノ强大日本ノ經濟的無力ヲ强調シ又日本國內陣營分裂ヲ示唆シ重慶側ノ氣勢ヲ昂ムル樣工作シツツアル傾向顯著ナリ

在支各總領事、滿大ヘ轉電セリ

編　注　『日本外交文書　日米交渉—一九四一年—』上巻第163文書別電一。

---

378 昭和16年9月4日　在香港矢野総領事より豊田外務大臣宛(電報)

重慶政権が日米交渉の妥結を憂慮し事変解決は米国の実質的援助に依頼するほかないと米国側へ強調したとの情報報告

香　港　9月4日後発
本　省　9月4日夜着

第四四五號(館長符號扱)

重慶ハ米ノ援助カ一ニ米自身ノ利害關係ニ立脚シ進行セラルル爲抗戰强化ニハ未タ實質的效果ヲ齎サス反抗體制ノ再建ノ如キ確タル自信ヲ持テサル有樣ニシテ米ノ遣口ニハ絕エス不安ニ驅ラレ居ル狀況ナルカ今同ノ日米會談ニ對シテモ其ノ成行ハ獨(蘇)戰局ノ展開如何ニ依リ決セラルヘシトノ觀測ヲ下シ居ルトハ言ヘ頗ル警戒的ニシテ胡大使ニ對シテ和平問題論議サルル場合「ロ」ノ八原則ニ依ルヘキ旨訓電セル趣ニシテ本件ニ關スル情報左ノ通リ

一、客月二十二日外交次長傅秉常發孫科宛電報ニ依レハ客月下旬外交部ハ日本カ南進ノ停止乃至ハ米ノ對蘇援助承認ヲ條件ニ日支戰爭ノ解決ニ米ノ斡旋ヲ求メタルニ對シ米ハ對日戰爭ヲ欲セス日本ニ滿足ヲ與フル惧アリ之カ成功ハ重慶ニ不利多シトノ確報ニ接シタルカ米ノ援助ハ代表團ノ重慶派遣問題ノ如ク對日威壓ヲ間接目的トシ不安多キニ鑑ミ郭泰祺ハ二十一日蔣ト協議ノ結果不取敢胡大使宛ニ極東問題ノ徹底的解決ハ一ニ米ノ實質的積極援助ニ依ルノ外期待シ得スト米當局ニ强調方訓電セル趣ナリ尚郭ハ日本ハ樞軸關係ヲ保持シ乍ラ機會ヲ待ツモノト見ラルルカ日米妥協ハ極メテ可能性多ク右ハ一ニ獨蘇戰局ノ進展如何ニ懸ルヘシ一面米蘇間ニハ未タ具體的連繋成リ居ラサルモ蘇ハ日米決裂ト共ニ兩面作戰ノ擔當差支ナシト米ニ申入居レハ日本カ對米關係ノ好轉ヲ急クモ當然ナリト評シ居レリ

三、二十四日陳銘樞ハ李濟深宛胡大使ヨリ米ハ自國ノ立場ヲ堅持シ居レハ日本ニ利用サルル惧ナシトノ入電アリ政學系ハ日米作戰（開カ）ハ可能性ナク必スシモ重慶ニ有利ナラス又時局ノ延引モ軍事ノ進展ハ期シ難ク內部ノ危機ハ益々加ハル計リナリト稱シ日米ノ妥協ニ興奮シ促進ヲ圖ラントシ居リ日米會談カ直ニ成功スルモノト豫期スル譯ニハアラサルモ之カ準備ノ一工作トシテ日支關係ニ亘ル問題ニ付豫メ重慶側ノ方針ヲ明瞭ニスル要アリト申出郭ト非公式ニ種々協議ヲ進メタルモ蔣ハ本月二日外交部ヲシテ米大使竝ニ胡大使ヲ通シ日米會談ニテ重慶側ノ事前承諾ヲ經サル事項決定サルルトモ束縛ヲ受ケサル旨米ニ申入レタル趣ナリ尤モ蔣モ前記ノ通リ日支平和ハ八原則ニ基キ適當措置セラルルナラハ米ノ斡旋ニテ進行差支ヘナシトノ意嚮ハ要人等ニ對シテモ洩ラシタル由

379　昭和16年9月5日　在中国本多大使より豊田外務大臣宛（電報）

日米交渉の先行きに関する南京側および重慶側の観測振り報告

南　京　9月5日後発
本　省　9月5日夜着

第六一九號

往電第六一三號ニ關シ

日米關係ノ緊張ニ對シテハ國民政府ニ於テモ關心ヲ拂ヒ其ノ推移ヲ觀察シツツアル處要人連一般ノ意見ヲ綜合スルニ米國自身對日一戰ノ肚ナシト認メ「チヤーチル」ノ放送及

野村大使ノ活躍等ニ顧ミ日米間ニハ妥協ノ話合進行シ居ルモノト信シ戰爭ノ勃發ヲ見ルニ到ラサルヘシト觀測スルモノ多ク從テ未タ一般ニハ深刻ニ之カ對策ヲ考究スルニ到ラサルヘク突詰テ言ヘハ內心米國ノ國力ヲ過信シ戰爭勃發セハ日本モ敗北スルナキヲ保セス少クモ多大ノ打擊ヲ受クヘキコト必定ニシテ斯ナレハ日本モ國民政府ヲ顧ミル暇ナキニ到リ政府成立ノ根本ニ動搖ヲ來タスノミナラス管下ノ民衆モ如何ナル態度ニ豹變スルヤ計リ難ク治安ノ確保モ覺束ナキニ到ルヘシト杞憂ヲ抱キ從テ日米戰爭回避ノ希望强シ

尙重慶側ノ動向ニ付最近國府宣傳部ノ得タル確實ナル情報ニ依レハ重慶政府ニ於テハ日米關係緊張ニ鑑ミ之カ對策考究ノ爲最近數回ニ亘リ首腦部ノ祕密會議ヲ催シタルカ日米戰爭促進ヲ可トスル者ト不利トスル者トノ二派ニ別レ遂ニ結論ニ到達セサリシ由ナリ右日米開戰ヲ不利トスル者ノ理由ハ一旦日米ノ開戰ヲ見ルニ到レハ米國ハ重慶ヲ顧ミル暇ナキニ到ルノミナラス物資援助ノ途モ杜絶シ重慶ハ非常ナル打擊ヲ受クルニ到ルヘク卽チ日米開戰ハ重慶側ニ取リ不利ナリト言フニアリタル由ナリ斯ル情勢ナルヲ以テ最近重慶側カ日米危機說ヲ流布シ日米戰爭ヲ使嗾シツツアルカ如キ感アルモ右ハ表面的ノ宣傳ニ過キス內心ハ寧ロビクビクモノナルカ如シ（此ノ項林柏生ノ淸水書記官ニ對スル內話）

北大、上海ヘ轉電セリ

380　昭和16年9月12日　在上海堀内総領事より豊田外務大臣宛（電報）

日米交渉の先行きに関する各方面の論調報告

上　海　9月12日後発
本　省　9月12日夜着

第一七〇一號

日米會談[1]ニ關スル新聞論調及外人方面ノ見解ヲ綜合スルニ大體ニ於テ會談ノ成功ヲ希望シ日米和解ハ日本自身及東亞全般ノ爲慶賀スヘキモノトナシ居ルモ反日的英字紙ハ和解ニハ贊成乍ラモ日本ハ窮迫ノ極ミ對米讓歩乃至樞軸離脫ノ餘儀無キニ至ルヘキ旨ヲ宣傳シ獨伊側ハ各方面トモ沈默ヲ守リ居レリ

會談ノ成行ニ關スル各方面ノ見解ハ會談內容ノ不明ナル爲未タ臆測ノ域ヲ出テサルモ大體左ノ通リ

一、蘇聯側ハ一般ニ日米間ニハ早晩局面ノ轉換アルヘシト期

待シ居リ又蘇聯側消息通ハ確實ナル米國側「ソース」ニ依レハ和平交渉ノ基礎ハ既ニ成立シタルモノノ如シト語レル趣ナリ

二、英米側ハ樂觀悲觀相半ハシ居リ官邊及新聞通信者ノ一部ハ過早ニ樂觀的觀測ヲ漏スヲ愼ミ居リ日本ハ後退ニ難色アルニ依リ和解ノ出發點ヲ發見スルコト困難ナリト言ヘリ十日當地發「ユーピー」ハ外交筋ノ情報トシテ會談ハ九日樞密院ノ同意ヲ得タルカ今週中ニ華府及東京ニ於テ基礎的了解成立ノ旨發表セラルヘシト電報シ十二日「ノース、チヤイナ、デイリー、メール」ハ會談ノ門戸ハ未タ鎖サレ居ラサル處日本ハ此ノ機會ヲ利用シ樞軸ヲ離脱スヘキナリト論シ居レリ

三、[2]重慶側ハ會談ノ進展ニ異常ノ注意ヲ拂ヒ居ルコトハ抗日漢字紙カ連日本件ニ關スル通信ヲ大キク取扱フト共ニ日米和解不可能ヲ宣傳シ居ル外八日重慶側「スポークスマン」ハ極東問題ノ解決ハ支那ノ同意無クシテ不可能ナリ日米會談ニ付テハ憂慮シ居ラスト語リ（拙信第二五一七號）又最近日本軍ノ南支中支徹《撤カ》退ヲ前提トスル《ママ》ハ和平條件（拙信第二四三四號）流布セラレ居ル事實等ニ徴スルモ批判ニ難カラサル處右ノ外十一日正言報?ハ日本ノ對米譲歩ハ利己的遷延策ニ過キス支那國民ハ一意對日作戰ニ專念スヘシト論シ同日重慶發「ユーピー」ニ依レハ蔣介石ハ同記者トノ單獨會見ニ於テ支那ハ最後迄對日抗戰ヲ繼續スルノミナラス世界ニ正シキ平和回復スル迄犠牲ヲ惜マス其ノ間米國其他ノ盟邦カ對日經濟壓迫ヲ緩和セサランコトヲ希望シ更ニ日本ハ滿洲事變以來協調ト威嚇トヲ巧ミニ使ヒ分ケ米支兩國トモ屢々欺瞞セラレタルヲ以テ米國ハ最早日本ノ手ニ乘セラルルコト無カルヘシト云々ト語レル趣ニテ米國牽制ニ努メツツアル模様ナリ

南大、北大ヘ轉電セリ

381

昭和16年9月16日　在中国本多大使より豊田外務大臣宛（電報）

李品仙帰順工作の進捗状況につき報告

南京　9月16日後発
本省　9月16日後着

第六五七號（部外祕）

[1]香港發本使宛電報

第一〇號

日高公使へ

李品仙ノ反蔣問題ニ關シ

一、自稱李ノ代表王彦南ナル者曩ニ南京軍大久保中佐延原參謀及前中山縣長趙鼎華等ト聯絡ヲ取リテイヨリ一部資金トシテ三萬弗ノ交付ヲ受ケタルコトアリ其ノ後趙ノ暗殺大久保中佐ノ轉勤ニ依リ聯絡途絶エタル爲王ハ延原參謀ニ對シ今後ノ方針ノ指示方當館經由督促セル處同參謀ヨリハ一應手ヲ切ルコトトシ李カ今後通電ヲ發スルトカ其ノ他ノ方法ニテ誠意ヲ示スコトトモナラハ援助ヲ與フルニ吝カナラス又本件ヲ南京トノ直接折衝ニ移スコト希望ナラハ紹介ノ勞ヲ執リ差支ナキ趣回答越セリ

二、王ハ右ト前後シ別ニ當地自由日報社社長楊昔川ヲ通シ本官ニ對シ李ト打合セノ結果總軍及汪側ト直接折衝ヲ行ヒタク之カ爲李ノ妹婿ニシテ其ノ駐渝?辦事處主任タル馮秀山ヲ赴寧セシムル旨申越シタリ馮ハ二日着香本官ヲ來訪シ李ハ何時ニテモ擧兵シ得ル準備ヲ整ヘ居リ重慶監視モ嚴重ニ付自分ハ短期間ニ折衝ヲ了ヘ速ニ歸還スル要アリ旁々楊ト共ニ四日當地發赴寧スヘク影佐少將ニ紹介アリタシト申出テタリ

三、[2]楊ハ王ノ人物ニ付内査セル處十年前李ト關係アリシハ事實ナルモ現今李ノ代表ヲ務メ居ルヤ否ヤニ付テハ知ル者ナク且王ハ所謂周旋屋ニテ警戒ヲ要スル人物ニシテ豫テ當方調査セル結果トモ符合スルコト判明馮ノ身元モ知ル者ナク輕々馮ヲ同行セハ自身ノ信用ヲ傷クル惧アリトテ出發ヲ躊躇シ居レルカ馮及王ヨリハ馮自身南京ニ乘込ム點ヨリ推シ何等疑ノ餘地ナカルヘク同地ニハ誰カ身元ヲ保證シ得ル人物モ存在スヘシト稱シ楊ニ出發ヲ促シ居ル趣ニテ當方ノ意嚮ヲ質シ來レリ（唐生明ハ馮ノ知合ナルモ重慶側ニ通シ居リ危險ナレハ唐ニハ馮ノ南京行キヲ知ラシメサル樣希望シ居ル由）

右樣ノ經緯ニテ此ノ處馮ノ身元ニ付テハ確信ナキモ馮ハ四箇月前延原參謀ニ會見シタル事實アリ今回モ同參謀ヲ往訪スル豫定ノ由ニ付不取敢馮及楊（馮光及楊運ト假名ス）ヲ九日當地發廣東經由赴寧セシムルコトトシタルカ一行ハ影佐少將ヲ訪問スヘキニ付前記經緯ヲ豫メ同少將ニ御傳ヘ置キ請フ（汪側ニハ楊ヨリ右經緯内報ノ筈）

382

昭和16年9月16日　在中国本多大使より豊田外務大臣宛（電報）

李品仙帰順に関する南京での交渉状況報告

南　京　9月16日後発
本　省　9月16日後着

第六六六號（館長符號扱）

本使發香港宛電報

第一二號

貴電第一〇號ニ關シ

一、兩名ハ十三日來寧シ翌日總軍岡田參謀ト會見更ニ十五日汪主席ニ謁シ李ノ軍隊ハ何時ニテモ和平參加ノ通電ヲ發シ得ル用意アル旨ヲ披露セリ

二、右ニ關シ主席ヨリ李品仙宛信書ヲ馮ニ託セルカ右信書ニ於テ和平參加ノ通電ヲ發出スレハ日本軍トノ局部的停戰ヲ成立セシメタル上先方申出ノ(イ)重慶側支給ノ軍費百八十六萬元ハ南京ヨリ支給スルコト(ロ)軍需品ヲ補充シ兵力ヲ増强セシムルコト(ハ)將來李ノ軍隊ヲ兩廣方面ニ移駐セシムルコトハ差支ナキコト等ヲ認メ李ノ蹶起ヲ促シ居レリ

三、兩名ハ十六日岡田參謀ト同道上海ニ赴キ至急歸香ノ豫定ナリ

廣東へ轉電セリ

本電冒頭貴電ト共ニ大臣へ轉電セリ

383

昭和16年9月16日　在北京土田大使館参事官より豊田外務大臣宛（電報）

日本軍と閻錫山の間に停戦協定調印について

北　京　9月16日後発
本　省　9月16日夜着

第六一一號（館長符號扱）

往電第五九一號ニ關シ

十五日太原ヨリ歸來セル林ノ内報左ノ通リ

一、北支軍田邊參謀長ハ八日シゲザワ參謀及第一軍築山參謀長、土田參謀帶同（林同行）汾陽ニ於テ先着ノ楚山西省長等ト共ニ閻代表趙承綬一行ト會見シタルカ西北實業公司、同蒲鐵道返還問題等ニ關シ趙ト閻トノ間ニ電報照會等ノコトアリ手間取リタル爲同日調印成立セス結局細目ニ付テハ將來成立スヘキ日支專門委員會ニ於テ處理セシムル

コトトシ十一日午前十一時兩者ノ間ニ停戰協定調印ヲ了セリ

二、閻側トシテハ將來兵力ヲ三〇萬或ハ五〇萬ニ增强（現在一七萬ト稱スルモ實兵力ハ五六萬ナルヘシ）シタキ希望ヲ有シ居ル模樣ナルモ右ハ理想ニテ之カ實現ニハ相當年月ヲ要ス軍費其ノ他補給ニ關スル形式ヲ取ルコト貴電御來示ノ通リナリ

三、日本側ハ停戰協定調印ト同時ニ閻ノ重慶離脱、日支合作ニ關スル通電發出ヲ要求セルモ閻側トシテハ山西軍ノ山西省內各地移駐（日本軍ト工作?スル樣配置スル豫定）完了シ中央軍及八路軍ニ對スル手當措置濟ノ上通電發出ノ段取トシタキ意見ナルニ付右ニハ尙數箇月ヲ要スル見込ナリ

四、山西軍ノ實力ハ精々淸鄕工作ニ當ラシムル程度ニテ軍事的ニハ左程重視スル要ナキモ閻ノ政治的勢力ヲ收容シタル點ニ價値アリテ閻ヲ通シ于學忠、傅作義ニモ働キ掛ケ得ル立場ニ立チ（引續キ此ノ種工作ニ着手ノ豫定ナリ）經濟的ニハ山西派金融閥ヲ通シ遠ク華僑ニモ呼掛ケ得ル次第ニテ事變處理上一轉換期ヲ劃スルモノト信ス云々

上海、南京ヘ轉電セリ
香港ヘ轉報アリタシ

384　昭和16年9月19日　在上海堀内総領事より豊田外務大臣宛（電報）

国共関係調整のため蘭州で会議開催の情報について

上　海　9月19日後発
本　省　9月19日夜着

第一七四六號

往電第一七二一號ニ關シ

ＨＱニ依レハ「ラチモア」ヲ始メ中共代表林祖涵、周恩來、葉劍英及重慶側代表張治中、胡宗南、馮玉祥十四日蘭州ニ參集國共會議開催セラレタル趣ナルカ中共側ヨリ國共關係調整ノ要ト團結强化ノ希望ヲ披瀝シタルニ對シ「ラ」ヨリ蔣モ中共ノ意見ヲ出來得ル限リ取入ルル用意アル旨説明アリ十五日ヨリ中共提出ノ意見書（內容不明ナルカ鋭意探査中）ヲ中心ニ討議續行ノ由

南大、北大、香港ニ轉電セリ

385　昭和16年9月26日　在中国本多大使より豊田外務大臣宛(電報)

汪兆銘への説明のため日米交渉経緯につき内示方請訓

南　京　9月26日後発
本　省　9月26日後着

第(脱)號(至急、館長符號扱)

今回ノ會議ニ參集ノ總領事及聯絡部長官等歡迎ノ爲汪主席主催ノ晩餐會席上主席ヨリ來ル三十日席ヲ北極閣上主席公館別館ニ設ケ緩々寛談ヲ得度シトノ招請ヲ受ケタルカ日米交渉問題ヲ當然先方ヨリ話題ニ上スヘキハ想像シ得ル所ニ有之應待上萬一ニモ政府ノ御迷惑トナルカ如キ過チ無キ様本使ノ心得迄ニ本交渉ニ對スル政府ノ御方針竝ニ近衞「メツセージ」以來米國側トノ話合ノ内容等ニ關シ大體ノ要旨ナリトモ御内示相仰度シ大至急何分ノ御回電ヲ請フ

尚先般汪主席滯京中近衞首相ヨリ主席ニ對シ「亞米利加トノ話ハ今尚中々進行セス今後ノ推移ニ付テハ隨時主席ニ通報シ打合セル事ト致シタシ」ト告ケ更ニ「米國ヲ通スル對蔣工作ニ異議ナキヤ」ト念ヲ押サレタルニ對シ汪主席ヨリ「異議ナキ」旨ヲ答フルト共ニ「但シ和平ノ質カ變ラヌ様呉々モ注意サレタシ米國カ日支合作ニ依ル東亞ノ新秩序ヲ承認シ東亞ノ樞軸ヲ攪亂セサル前提ニ非サレハ不可ナリト信ス」ト述ヘ首相モ「同感ナリ」ト言明サレタル事ニモ有之(六月二十四日首相官邸會談要録參照)先方ヨリ話ヲ持出シタル場合本使ニ於テ一時逃レノ遁辭ヲ用ヒ得サル行掛リニアリ爲念ニ申添フ

編注　本電報は電報番号不明。

386　昭和16年9月26日　在中国本多大使より豊田外務大臣宛(電報)

銭永銘を通じた南京政府の対重慶和平工作に関する周仏海内話報告

付　記　昭和十六年十月二日、東亜局作成
対日和平問題などに関する重慶政権近況

南　京　9月26日後発
本　省　9月26日夜着

第六七七號(極祕、館長符號扱)

二十五日周佛海ハ日高ニ對シ過日在香港錢永銘ニ對シ重慶側ニ於テハ米國ヨリノ壓迫ニ依リ對日和平ヲ強ヒラルル前ニ蔣介石側ヨリ進ンテ和平ヲ考フヘキ樣工作方周ヨリ錢ニ申送リタルニ對シ十九日附錢ヨリ來翰アリタリトテ本文ヲ示シタル處錢ノ書翰ニ對スル蔣介石返信ニ依レハ全面和平ニ對シテハ未タ「善意的解釋」ヲ下ス能ハス何トナラハ(イ)日本ニ誠意ナシ卽チ一應重慶ト和平ヲ結ヒ南進若クハ北進シ國際的地位ヲ高メタル上再ヒ重慶ヲ攻擊スル底意アリ(ロ)日米妥結ハ結局不可能ト觀測セラル何トナレハ日本國内ニ於ケル意見一致セス荒木貞夫、鈴木貞一ノ如キ又中野正剛ノ如キ强硬意見ヲ述ヘ居ル者モアリ政變ヲ來ス惧アリ(ハ)獨蘇戰ノ見透ハ今冬前ニ莫斯科ハ陷落セサルヘク來年ニナレハ英米蘇ノ逆襲ニ依リ獨逸ハ弱リ從テ日本亦弱ルト見ラルルニ依リ其ノ時期迄待ツヲ得策トストノ考ナル趣ニテ尙錢ハ十月十二三日頃重慶ニ行キ今一度蔣ニ對シ勸告シタシト思ヒ居ル處同シコトヲ繰返シ述フルモ效ナカルヘキニ付何等カ新シキ事態若クハ論據アラハ知リタシト期待シアリ

尙先般香港ニ赴キ最近歸滬セル周作民ノ談ニ依レハ米國側ニ於テモ胡適大使等ニ對シ日米間交渉ノ内容ニ付何等話シ居ラス宋子文ハ最モ事情ニ通シ居ル地位ニ在ルモ之トテ極ク僅カヨリ知リ居ラサルコト宋蔣間ノ電報往復等ニモ表ハレ居リ重慶トシテハヤキモキシ居ル實情ニテ先般重慶側ニ於テ米國ハ華中華南ノ日本軍撤兵ノミヲ求メ華北等ノ駐兵ヲ認ムトノ噂立チタル爲蔣介石ハ慌テテ去ル九月十八日滿洲ヲ奪還スル迄云々トノ「ステートメント」ヲ發シタル次第ナル趣ナリ

（付　記）

一、財政狀態ニ關シ本年四月孔祥熙ノ參政會常務委員會ニ對スル說明ニ依レハ歲出豫算六十億ナリシモ物價奔騰ノ爲實際ニハ百五十億ヲ要スヘク之ニ對シ稅收五億英米ヨリノ「クレヂット」換算約十五億ニテ右以外ハ結局公債ニ依リ賄フ外途無キ處從來ノ成績ヨリ豫想シ得ル民間ノ公債引受ハ精々五億程度ナレハ殘額約百二十億ノ公債ハ銀行引受トナリ結局法幣增發ヲ見(九月現在發行高百五十億ニシテ年末ニハ二百億トナルヘク上海ノ遊資目下六七十億見當ナリ)外國借款等ノ臨時的手當ナク推移セハ財政ハ十ケ月ヲ出テスシテ破綻スヘシトノ趣ナリシカ其ノ

後之カ對策トシテ勤儉貯蓄ヲ獎勵シ戰時公債購入運動ヲ勵行シタルモ效果ナキ爲㈠省政府財政ノ中央移讓（十月ヨリ實施ノ豫定地方財政ハ縣財政ノミトナル）㈡中央政府ニ依ル田賦接收及田賦ノ實物徵收（法幣一元ニ對シ籾二市斗ノ割合ニテ田賦ノ半額ハ籾ヲ以テ徵收九月十六日ヨリ實施ス）㈢糧食庫券ノ發行（九月四日政府令ヲ發布三千萬石ノ貯米ヲ目標トシ購入ニ際シ三割ハ法幣七割ハ庫券ヲ以テ支拂フ五ケ年分割拂ナリ）㈣專賣事業ノ創設（茶、鹽、酒、煙草、砂糖、燐寸ノ消費專賣方計畫中）㈤上海及香港ノ遊資吸收（却テ奧地ヨリ逆流スル傾向ニアリ）等ヲ準備又ハ實施中ナルカ㈠乃至㈢ハ省財政ニ頼レル地方軍閥ノ不滿ヲ買ヒ或ハ農民ノ負擔增加トナル結果軍事及行政ノ根本的破壞スラ誘發スヘキ幾多ノ由々シキ困難ヲ伴フヘキ一方財政ノ建直ニハ左シテ貢獻スルコトナカルヘシ「カリー」ノ調査ハ杜撰ナリシニ鑑ミ「フオツクス」ハ各方面ニ付熱心ナル研究ヲ爲シ支那財政ハ根本的建直シヲ要シ借款ニ依ル外國ノ一時的援助ハ救濟ノ途ニアラストノ結論ヲ得タルカ如ク蔣介石ハ引續キ專門家ヲシテ財政ノ再建ヲ計リ居ルモ妙案ナキ現情ナリ尙物資ハ揚子江ニ於テハ宜昌ヲ扼サレ主要港灣我方ニ依リ占領乃至封鎖セラレ居リ「ビルマ」公路ハ軍需ヲ主トシ居ル外輸送機構紊亂シ居ル等ノ爲次第ニ窮乏シ前記惡性「インフレ」ト相俟ツテ本年ニ入リ物價ノ奔騰特ニ著シク重慶ニ於テハ戰前ニ比シ本年三月米十三小麥砂糖及鹽十茶及棉花十八石炭三十一木炭四十五倍トナリ最近ハ例ヘハ「ウドン」一杯三元臘（蠟カ）燭一本六元皮靴三百元一人一ケ月ノ生活費五百元食費ノミニテモ二百五十元ヲ要スル情況ナリ

三、所謂抗戰陣營ノ內幕ニ關シテハ一月江南新四軍ノ討伐ニ端ヲ發セル國共ノ衝突ハ對米氣兼ヲ主トスル重慶側ノ一時的妥協策及獨蘇開戰ニ伴フ中共側ノ對重慶要求緩和ノ爲目下小康ヲ得ツツアルモ中共ハ國民黨ノ對日抗戰ヲ煽リ其ノ自滅ヲ計ラントスル根本策ヲ捨テタルモノニアラス又中原作戰ニ於ケル共產軍ノ不參加ハ中央軍將領ノ反共熱ヲ愈々高メ國共ノ摩擦ハ依然トシテ不絕唯タ表面化セサル程度ト認メラルル一方中央軍ノ裝備ハ次第ニ低下シ且前線將兵ハ戰意ヲ缺クニ至リタルカ尙重慶ノ內部關係ニ於テモ單ニ政客ノミナラス實力派間ニ於テモ最近反

蔣反國民黨熱再燃シ來レル證左アリ殊ニ平和後ニ於テ自派勢力ノ地盤ヲ鞏メンカ爲策動シ居ル者ノ數ヲ增シタル情況ニシテ一旦抗戰止ミタル上ハ國共間ノ深刻ナル衝突カ表面化スヘキハ固ヨリ（信頼スヘキ情報ニ依ルニ最近毛澤東ハ國共合作ノ完成ハ國民黨ノ政策綱領ヲ中共カ承認スルコトトナリ中共ノ存在理由ヲ失フヘキヲ以テ中共ハ國民黨ノ弱化及自黨ノ發展ノ爲決シテ國民黨ト合作セサルヘシ但シ現國際情勢上衝突モ不利ナルニ付不即不離ノ關係ヲ持スルモノナル旨洩セル由）國民黨内ニ於ケルCC團ト藍衣社或ハ民主政治實現ニ絡ム國民黨對各黨各派或ハ又地方ト中央トノ抗爭乃至對立尖銳化シ右ハ經濟復興ノ困難ナルト相俟ツテ支那ハ再ヒ内亂ノルツボトナルノ危險アリ而モ事變カ長引ケハ長引ク程愈右危險ノ原因カ深刻トナリ且增加スルノ情勢ニアリ各般ノ情報ニ依ルモ蔣介石モ右危險性ニハ頭ヲ惱マシ居ルカ如シ

三、日支和平ニ關シテハ中共カ反對ナルヲ除キ從來抗戰ヲ强硬ニ主張スト噂サレタル陳誠及實力派ニ於テスラ玆數ケ月以來反共ノ實行ヲ以テ對日和平ノ鍵トナシ自ラ此ノ鍵ヲ摑マントスル意ヲ洩ラセリト傳ヘラルル程ニテ政府モ民衆モ内心速急和ヲ求ムル念强キモ表面抗戰ノ掛聲盛ンナル爲公然ト和平ヲ論スルモノナク殊ニ日本トノ直接交渉ニ依リ和平セントスル一派ハ南京政府ノ承認ニ依リ此ノ希望ヲ絶タレ寧ロ逼息スルノ已ムナキ現狀ナルカ上海方面ニ於テハ最近ノ傾向トシテ既ニ重慶ト内密連絡ノ上和平運動ヲ起サントスル眞面目ナル連中スラアリ（蔣或ハ汪兆銘ノ何レニモ加盟セサル灰色運動ナリ）又重慶要人ニシテ引續キ同方面ニ人ヲ派シ極祕ニ日本トノ直接交渉ヲ求ムルモノモアル處（和平近シト見テ之ニ先鞭ヲツケ自派ノ擡頭ヲ計ル魂膽モアルコト勿論ナリ）然ルニ日米交渉ノ噂傳ヘラルルヤ一般ノ注意ト期待ハ殆ト全部之ニ集注セラレタル觀アリ現ニ蔣自身スラ米國ガ一言口ヲキクニ於テハ直チニ和平ニ乘出スヘシト洩ラシタル事實アル處（客年香港工作關係者ノ内報ニ依ル出所絶對極祕ノコト）右ハ抗戰四年民衆ノ塗炭ノ苦見ルニ忍ヒサルモノアルト前述内亂ノ原因ヲ早目ニ芟除スル必要アル外徹底的抗戰ヲ唱導セル關係上何等都合ヨキ平和ノキツカケヲ要スル處日支ノ友邦タル米ノ一言カ最モ之ニ適當ナリトノ判斷ニ基クモノナルヘキカ抗戰ノ繼續ハ民衆ノ苦痛ヲ増シ勝利ノ望ハナク平和后内亂起ラハ支那自ラ日本ノ駐兵ヲ希望セサルヲ得サル事態發生スヘキ情勢ニ於テ日米交渉ニ多大ノ期待ヲカケルハ當然ナルヘク要スルニ重慶側ハ財政經濟抗戰陣營及國民ノ士氣ニ於テ多分ニ戰争ノ末期症状ヲ呈シ來レル情況ナリ（尙重慶側ハ日米交渉ニ關聯シ强ガリヲ宣傳シ居ルモ右ハ交渉ノ内容ヲ知ラサル爲米國カ重慶ヲ賣ルコト無キヤヲ懸念セル爲ナルコトニ付テハ確實ナル情報ヲ得居リ之ヲ以テ彼等ノ眞意ト解釋スルハ妥當ナラス）

編注　本付記は、田尻参事官および矢野総領事の報告を元に東亜局が作成した文書で、対米交渉の参考として、昭和十六年十月二日発豊田外務大臣より在米国野村大使宛電報第六二二号として発電されたものと思われる。

387　昭和16年10月1日　在中国本多大使より豊田外務大臣宛（電報）

日米交渉の詳細開示なきにより罷免方要望について

南　京　10月1日後発
本　省　10月1日後着

（館長符號、極祕、大臣必親展）

貴電第四二四號拜誦「本使限リノ含迄」トノ御心ヲ込メタル御來示ナルモ本使稟請ノ主點ニ對シ何等要領ヲ得シムル態ノ御内示ニ接シ得サルヲ遺憾トス本使ニ對スル政府ノ信認動搖ヲ物語ル次第カトモ存セラルル處果シテ然リトセハ速ニ御召還ノ御電命相成樣致度シ本使ニトリテモ此ノ重大時局下ニ尸位素餐徒ニ重職ヲ汚スノ誚ヲ免ルルヲ得ヘク幸ニ存スル次第ナリ

本使曩ニ閣下ノ御懇諭ニ依リ留任決定當時首相閣下ヨリ極メテ懇篤且過分ノ御挨拶ヲ賜リタル行懸モ有之ニ付要スレハ首相トモ御相談ノ上何分ノ御回示ヲ請フ

388　昭和16年10月4日　在中国本多大使より豊田外務大臣宛（電報）

近衛総理が影佐少将に託して汪主席に重要書簡を送付したとの情報の真相確認方請訓

南　京　10月4日後発
本　省　10月4日後着

（館長符號、極祕、至急、大臣必親展）

近衛首相ハ歸任挨拶ノ爲九月二十六日伺候ノ影佐少將ニ託シ極メテ重要ナル書面ヲ汪主席ニ送ラレタル事實アリ右書面ノ內容大至急首相閣下ヨリ御確メノ上本官ヘ御內電願度二日附貴電拜誦御懇篤ノ御來意感激ニ堪エス但シ前段ノ件ニ付明確ノ御回示ニ接スル迄ハ一日附拙電中立ノ趣旨ハ差當リ尙留保シ置クノ外ナキヲ遺憾トス

編　注　『日本外交文書　日米交渉―一九四一年―』下巻第249、254、264文書參照。

389　昭和16年10月4日　在上海堀内総領事より豊田外務大臣宛（電報）

蘭州での国共調整会議において両派の全面的合作につき意見一致を見たとの情報報告

上　海　10月4日後発
本　省　10月4日夜着

第一八二〇號

往電第一七四六號ニ關シ

HQニ依レハ蘭州國共會議ニ於テ中共側ヨリ政府及參政會ノ一部改組、未拂軍費ノ精算、反共運動ノ取消シ、民族統一戰線ノ結成强化等ニ關スル要求アリ種々協議ノ結果今後ノ全面的國共合作ニ關シ英米蘇三國ノ保障ヲ取付クルコトニ大體意見ノ一致ヲ見タルヲ以テ一先ツ會議ヲ打切リ「ラチモア」ハ九月二十三日重慶ニ引返シ蔣ニ報告スルト共ニ之カ對策トシテ英米蘇三國ニ保證人トシテ代表ノ派遣方ヲ求メ團結强化、政府及參政會ノ改組ニ對スル各黨派ノ意見ヲ徵シ遲クトモ十二月中旬以前ニ更メテ西安ニテ國共正式會議ヲ開催スル方針ヲ決定シ更ニ之カ準備工作トシテ「ラ」、張群、張治中、王世杰、陳布雷ヲシテ夫々各黨派ノ了解工作ヲ開催セシムルコトトナリタルカ「ラ」ハ右目的ノ爲九月二十六日赴香セリ尙馮玉祥、胡宗南、葉劍英ハ其ノ後引續キ蘭州ニ居殘リ各地國共兩軍ノ對立緩和及衝突防止辦法ニ關シ協議續行中ノ由

南大、北大、滿、香港ヘ轉電セリ

390　昭和16年10月18日　在中国本多大使より豊田外務大臣宛(電報)

東条新内閣の対南京政府態度に関し南京要路へ説示について

南　京　10月18日前発
本　省　10月18日前着

第七三五號(大至急)

國民政府ト近衛公トノ特殊因縁ニ鑑ミ近衛内閣ノ辭職ハ國府側ニ多大ノ衝動ヲ與フルハ當然豫想セラルル處東條陸相ニ大命降下ノ報ニ接スルヤ本使ハ本使ノ國府强化政策カ終始東條陸相ヨリ熱誠强力ナル支持ヲ受ケ來リタル次第ヲ説キ東條内閣ノ對國府態度ニハ近衛内閣ト何等變更ナカルヘキ旨ヲ今夕來館員ヲシテ主ナル要人連ニ説カシメタル處汪主席滯京中陸相ト會談ノ印象モアリ彼等モ大體本使所感ニ同感ニテ只今ノ所格別ノ動搖ノ色モ見エス尙新内閣ニ於テモ恐ラクハ直ニ對米關係ノ破綻ヲ見ルカ如キコトナク政府ハ强硬ナル國内體制ヲ整ヘ毅然タル態度ニテ對米關係ニ善處スルナラント観測シ居リタリ右ハ多分彼等ノ希望ヲ表示シ居ルモノト思ハルルモ御參考迄

香港、上海(總)、北大ヘ轉電セリ

391　昭和16年10月30日　在中国本多大使より東郷(茂徳)外務大臣宛(電報)

日米交渉の先行き不透明によって閻・李工作が停頓のやむなきに至っているとの汪兆銘内話について

南　京　10月30日後発
本　省　10月30日夜着

第七六六號(館長符號扱)

汪主席ハ二十八日歸任挨拶ノ爲往訪ノ日高公使ニ對シ日米會談ノ和平工作ニ及ホシツツアル影響等ニ關シ大要左ノ通リ意見ヲ洩ラシタル趣ナリ

日米會談ハ孰レカニ鼂ヲ附ケラルル樣致度シ現在折角當方ト聯絡ヲ始メタル閻錫山及李宗仁等ノ廣西派ハ日米會談ノ雲行ヲ見テ日和見ノ態度ヲ執リ此ノ方面ノ工作一時停頓ノ已ムナキニ立至レリ蓋シ彼等ハ日米妥協ニ依リ事變ノ解決ヲ望ミ得ラルルモノヲ何ヲ苦シミテ今俄ニ和平ニ參加スルノ必要アランヤ殊ニ今蔣介石ノ怨ヲ買ヒ置クトキハ重慶側ト

南京政府ト合流ノ際蔣ヨリ酷キ目ニ遭フヘシトノ危惧ヲ懷キ居レハナリ我々ハ彼等ニ對シテハ極力日本カ如何ナル態度ヲ以テ全面和平ヲ招來スルニセヨ國民政府ノ强化ハ其ノ中心的方策ナルヲ以テ今日國民政府ニ參加スルコトハ決シテ無意義ニ非ス況ヤ我々カ他日蔣介石ニ打倒セラルルト云フカ如キハ絕對ニナキ所ナルニ於テヲヤ從テ斯カル取越苦勞ハ無用ナリト說得ニ努メツツアル狀態ナリ

392　昭和16年10月30日　在太原田中総領事より東郷外務大臣宛（電報）

閻錫山との間に停戦の細目協定調印について

太　原　10月30日後発
本　省　10月31日前着

第一一五號（極祕、館長符號扱）

往電[(1)]第一〇五號ニ關シ

軍司令部重川參謀ヨリ聽取セル所左ノ通

客月十一日汾陽ニ於テ調印シタル基本竝ニ停戰協定ニ基キ當地ニ於テ閻側代表趙承綬以下八名ノ委員ト日本側楠山參謀長以下七名ノ委員ノ間ニ會談ヲ重ネタル結果去ル二十七日左記要旨ノ通停戰協定ノ細目協定ニ調印セリ

一、吉縣ヲ中心トスル從來ノ山西軍地盤ノ外ニ汾南地區稷山、萬泉ノ二縣竝河津、新絳二縣ノ半分及汾東地區浮山、澤、沁三縣ヲ山西軍ノ地盤トシテ承認ス

二、[(2)]鐵道沿線地方兩側各五「キロ」ノ地區ニハ山西軍ノ進出ヲ許サス

三、山西軍ノ新地盤內ニ於テ既ニ日本軍駐屯スル以上所在地ニハ依然日本軍駐屯ス

四、兩軍ノ衝突ヲ避ケル爲相互ニ標識ヲ定メ地方治安ノ維持反共工作ニ彼我協力ス

南大、北大ヘ轉電セリ

393　昭和16年11月1日　在太原田中総領事より東郷外務大臣宛（電報）

軍費および武器支給に関する閻錫山との交渉状況報告

太　原　11月1日後発
本　省　11月2日前着

第一一六號（極祕）

往電第一一五號ニ關シ[1]
重川參謀ヨリ聽取シタル參考事項左ノ通リ
一、停戰細目協定商議ノ際閻側ハ基本協定中ノ五千萬圓ノ「クレジット」一千二百萬圓ノ軍費、十萬挺ノ武器支給問題等ヲ執拗ニ主張シタルモ我方ハ直ニ實行出來サル事情アリ極力之ヲ回避セリ
二、五千萬ノ「クレジット」ハ先方モ諦メ居ルモノノ如ク軍費一千二百萬圓ハ我方ハ法幣ヲ主張シ先方ハ聯銀券ヲ主張シ居レリ
三、今後モ引續キ會談ヲ進ムル事トナリ居ル處軍費及武器ノ問題ヲ多少容認スレハ閻ハ最後ノ肚ヲ決メ徹底的合作ノ態度ニ出テ來ルヘシトノ見込着ケ居レリ
四、[2]陝西省境黄河西岸地區ニハ閻ノ經營ニ係ル紡績皮革製粉等ノ工場十一箇所アリ(價格約一億圓)閻ハ目下是等財産ヲ山西内ニ移動セシメツツアリ(閻工作遲延ノ一理由ト看做サル)
五、閻ノ家族ハ全部既ニ吉縣ニ歸還セリ
六、我方ハ協定成立後實際黄河東岸地區獅子袈灘一帯ニ進出シテ山西軍ノ背後ニ迫ル中央軍ノ脅威ヲ抑壓シテ山西軍ノ完全(安カ)保障ノ擧ニ出テ居レリ

支、北大へ轉電セリ

394 昭和16年11月6日

日米交渉「甲案」の中国撤兵問題中で特に注意すべき諸点について

廟議決定ノ(三)(A)「支那ニ於ケル駐兵及撤兵」中特ニ注意ヲ要スヘキ諸點

(十六、十一、六)

「支那事變ノ爲支那ニ派遣セラレタル日本國軍隊ハ北支及蒙疆ノ一定地域及海南島ニ關シテハ日支間平和成立後所要期間駐屯スヘク爾餘ノ軍隊ハ平和成立ト同時ニ日支間ニ別ニ定メラルル所ニ從ヒ撤去ヲ開始シ治安確立ト共ニ二年以内ニ之ヲ完了スヘシ

(註)所要期間ニ付米側ヨリ質問アリタル場合ハ概ネ二十五年ヲ目途トスルモノナル旨ヲ以テ應酬スルモノトス」

トノ廟議決定中左記諸點ハ内約及日支新條約成立ノ經緯及日米交渉ノ經緯竝ニ本決定成立ニ至ル迄ノ各種案文作成ノ

經緯等ニ鑑ミ尠クトモ外務省トシテハ（統帥部ハ日支條約ノ解釋ニ何等變化ナシト云フヤモ知レス）日支條約中關係條項ニ關スル日本側ノ解釋ニ對シ重大ナル決定ヲ與ヘタルモノトシテ之ヲ重視スルト共ニ日米交渉ノ推移如何ニ依リテハ右考方ヲ統帥部ニ十分徹底セシムルノ要アリト認ム

(一)「……日支間平和成立後……平和成立ト同時ニ……」

内約及日支新條約ニ依レハ駐兵ニ三種ノ觀念アリ、卽チ(1)防共駐兵（内約別紙第二「共同防共ノ原則ニ關スル事項」、基本條約第三條）(2)治安駐兵（内約別紙第二「共通ノ治安維持ニ關スル協力竝ニ撤兵ニ關スル事項」、基本條約第四條「共通ノ治安維持ヲ必要トスル間ニ於ケル駐屯」）及(3)共通ノ治安維持ノ爲メノ艦船部隊ノ駐留（内約別紙第二、基本條約第五條、附屬祕密協約）ノ三者之ナリ。(3)ニ付テハ暫ク之ヲ措クモ、日支交渉中最モ問題トナリタルハ治安駐兵ノ觀念ニシテ支那側ハ日本カ「治安」ノ名ニ隱レテ防共駐兵及艦船部隊ノ駐留ト同樣殆ト永久的ニ支那ニ駐兵スルニ非サルヤヲ懸念セリ、從ツテ撤兵（治兵駐兵ナリ）開始ノ時期（後述(二)）ヲ判定スヘキ日支兩國間ノ一般的和平關係ノ實質的内容如何カ論議ノ中心トナリタル譯ニテ、内約ニ於テハ「日本ハ平和克復後約定以外ノ軍隊ノ撤兵ヲ開始シ……」ト、又附屬議定書ニ於テハ「兩國間ノ全般的平和克復シ戰爭狀態終了シタルトキハ日本軍隊……撤去ヲ開始シ……」ト規定セラレ更ニ議事錄ニ於テ

「兩國間ノ全般的平和克復シ戰爭狀態終了セル後ニ於ケル中華民國ノ治安ノ確立ハ日本國軍隊撤去完了ノ前提條件ヲ爲スモノナルヲ以テ日本國軍隊ハ治安確立ヲ見ル迄ハ撤去ヲ完了シ得サルハ勿論ナルノミナラス治安確立スルヤ卽時日本國軍隊（日本國中華民國間基本關係ニ關スル條約及兩國間ノ現行約定ニ基キ駐屯スルモノヲ除ク）ノ全部ノ撤去ヲ完了セシメントスルモ事實上其ノ不可能ナルコト明白ナリ仍テ日本國軍隊ノ全部的撤去ハ實際問題トシテ治安確立ノ時期ヨリ多少遲ルルコトトナルヘキモ如何ニ遲ルルトモ二年以内ニハ之ヲ完了スヘシ

右ニ關シ中國側交涉委員ハ左ノ通リ陳述セリ

日本側交涉委員陳述中ノ「治安確立」トハ一般治安ノ確立換言スレハ戰爭狀態終了後ノ社會秩序カ能ク善隣

友好的和平狀態ニ恢復スルニ至レルヲ謂フ

更ニ右ハ(ニカ)關シ日本側交渉委員ハ左ノ通リ陳述セリ

日本側ハ治安不安定ニ名ヲ藉リテ故意ニ撤兵ヲ長引カシメントスル意思ヲ有スルモノニ非ス」

ト記錄セラレタリ

然ルニ今次日米交渉ニ於テハ其ノ經過ニ徵スルモ明ナルカ如ク米國側ハ支那事變ニ關スル限リ全面的撤兵ヲ主義トナシ居リ日本亦「北支及蒙疆ノ一定地域」（卽防共駐兵）及海南島（卽チ治安維持ノ爲メノ駐兵）以外ハ撤去スヘキコトニ緩和セル次第ナルヲ以テ治安駐兵ノ觀念ハ當然清算セラルヘク從ツテ又「治安」ノ根幹ヲナス「平和克復、戰爭狀態終了」ナル思想ハ實質的意味ヨリ本廟議決定ノ如キ形式的意味ニ還元セラルヘキモノニシテ換言スレハ本廟議決定ニ所謂「平和」トハ日米交渉妥決後、日本及蔣介石（或ハ支那統一政府）ノ兩代表者間ニ和平條件ノ「イニシアル」ヲ了シタル時ヲ指スモノト解スヘキ也、（尠クトモ右解釋ヲ執ラサレハ日米交渉モ日支直接交渉モ成立セサルヘシ）

(二)「……平和成立ト同時ニ……撤去ヲ開始シ治安確立ト共ニ……」

内約及日支條約ノ條文中最モ不鮮明ナルハ撤兵（前記(1)及(3)ノ駐兵ニ關シテハ問題トナラス治安駐兵ノ撤兵問題タルコト前述ノ通リ）開始ノ時期及完了ノ時期ナルカ内約ニハ「平和克復後……撤去ヲ開始シ治安確立ト共ニ二ケ年以内ニ之ヲ完了」トアリ又基本條約ニハ「兩國間ノ全般的平和克復シ戰爭狀態終了シタルトキハ……撤去ヲ開始シ治安確立ト共ニ二年以内ニ之ヲ完了」ト規定シ居レリ所謂平和ナル觀念ノ實質的内容ニ關シテハ前記(一)ノ通ナルカ時期ノ點ニ關シ内約交渉ノ際支那側ハ「平和克復後」ノ「後」トハ「ト共ニ」ナル意味ナルコト及「治安確立ト共ニ」ノ「ト共ニ」トハ「後」ニ非シテ「ト同時ニ」ナル意味ナルコトヲ强硬ニ主張シ日本側亦「治安確立ト共ニ」ニ非シテ「治安確立後」ナルコトヲ强硬ニ主張シタル結果内約ノ條文中ニ所謂「治安確立ト共ニ」ナル字句ハ支那側ノ主張ヲ容レ其ノ儘トスルモ日本側ニ於テ右ヲ「治安確立後」ト解ストノ諒解ノ下ニ斯ク妥決シタル經緯アリ本問題ハ日支新條約交渉ノ際ニモ蒸シ返ヘサレタルカ結局前記ノ如キ文句トナレリ（支那文ハ戰

爭狀態終了時開始撤兵竝應件治安確立トシ伴ノ代リニ隨ノ字トスルコトハ之ヲ排擊セリ）汪精衛トノ交涉ニ當リテサヘ右ノ如キ經緯アリ日米交涉及日支直接交涉ニ當リテハ更ニ本問題ヲ繞リ幾多ノ議論豫想セラルル處吾人トシテハ前記㈠及後述㈢ノ通リ本廟議決定ニ所謂「……ト同時ニ……」及「……ト共ニ……」ハ何レモ同時ト云フ意味ニシテ均シク撤兵開始ノ時期（卽チ「ト同時ニ」ナル字句ハ「日支間ニ別ニ定メラル……」ニ懸ルニ非シテ「撤去ヲ開始シ」ニ懸ル）及完了ノ時期（卽チ「治安確立」モ撤兵完了モ二年ニシテ實現サルトノ意味ニシテ更ニ平タク言ヘハ蔣介石ハ日本軍撤兵完了期間タル二年以內ニ治安ヲ確立スル樣努力シ（內約及附屬議定書ニ在ル中華民國ハ本期間ニ於テ治安ノ確立ヲ保障スナル字句ハ問題トナリタル文句ナリ）日本亦和平條件署名（㈠參照）後二年經過セハ支那ノ治安ハ兎ニ角確立セラレタルモノト認定シ文句ヲ附ケヌト云フ意味ナリ）ヲ規定セルモノト解スヘキナリ

㈢「……日支間ニ別ニ定メラルル所ニ從ヒ……」

從來ノ日支交涉ニ於テハ前記㈠ノ通リ治安駐兵從ツテ「和平」ノ實質的內容如何カ問題トナリタルヲ以テ撤兵ニ關シ「日支間別ニ定ムル所ニ從ヒ」ナル文句ヲ必要トセサリシ次第ナルカ（其ノ代リ駐兵ニ關シテハ內約及新條約中ニ「兩國間ニ別ニ協議決定セラルル所ニ從ヒ」ナル字句散見ス）今次日米交涉ニ於テハ米國側ハ全面的撤兵ヲ建前トシ居リ又交涉成立ノ可能性ヨリスルモ撤兵ノ時期及完了ノ時期ハ㈡ノ通リナラサルヘカラサル義ナルヲ以テ此等ノ點ヲ考慮シ特ニ撤兵ニ關聯シテ「日支間ニ別ニ定メラルル所ニ從ヒ」ナル字句ヲ挿入セル次第ナリ。卽チ日本ハ治安駐兵ノ觀念ヲ捨テ平和ノ成立ト同時ニ撤兵ヲ開始シ二年後治安ノ確立ト同時ニ之ヲ完了スヘキモ、何シロ四年以上ニ亘リ大規模ノ戰鬪ヲナシタル結果トシテ、直チニ全部面ヨリ撤兵ヲ開始スルコトハ事實上不可能ナルヲ以テ上海停戰協定ノ例ニモアル如ク日支双方協議ノ上日本側ハ先ツ治安カ回復シ且支那側ノ接防準備カ整ヒテ假令日本軍撤退スルトモ安心シテ撤兵シ得ル地域ヨリ漸ヲ追フテ撤去シ行カントノ趣旨ナリ。

以上㈠㈡㈢ノ如ク解譯《(釋カ)》シテコソ始メテ本廟議決定ハ其ノ意味明白トナリ且九月二十五日我方提案ヲ緩和セルモノトシ

テ今後ノ對米、對支交渉ニ役立チ得ル次第也

㈣參考（註）「……概ネ二十五年……」

永久駐兵ノ觀念カ緩和セラレタルハ一進歩ナルカ本註ニ關シテハ左ノ點注意ヲ要ス

本註中、北支及蒙疆ノ一定地域ニ於ケル駐兵ハ所謂防共駐兵ナルカ近衞聲明ハ「……日本ハ日獨伊防共協定ノ精神ニ則リ日支防共協定ノ締結ヲ以テ日支國交調整上緊要ノ要件トスルモノテアル而シテ支那ニ現存スル實情ニ鑑ミ此ノ防共ノ目的ニ對スル十分ナル保障ヲ擧クル爲ニハ同協定繼續期間中特定地點ニ日本軍ノ防共駐屯ヲ認ムルコト及ヒ内蒙地方ヲ特殊防共地域トナスコトヲ要求スルモノテアル」ト述ヘ右ニ對應シ汪精衞ハ所謂艶電ニ於テ「此ノ問題ハ過去數箇年ニ亘リ日本政府ニ依ツテ極メテ屢々提起サレ來ツタ併シ吾々ハ日本ト斯ル防共提携ハ支那ノ軍事的竝ニ政治的問題ノ干渉ニ迄導ク可能性アリトシテ之ニ對シテ疑惑ノ念ヲ懷イテ來タカ日本カ日支防共協定ハ現存スル日獨伊三國防共協定成文ト同樣ナ精神ニ於テ締結サルヘキ旨ノ極メテ卒直ナル言明ヲナシタ以上斯ル疑惑ハ今ヤ撤回サレテモ可ナリテアル」ト述ヘ居ルノミナラス昭和十四年十二月三十日「日支新關係調整ニ關スル協議書類」（内約）ノ機密諒解事項第一、ハ防共駐兵ノ地點ヲ決定セル外「防共駐兵期間ハ日支防共協定有效期間トス」ト規定シ居レリ。卽チ防共駐兵ハ日獨伊三國防共協定ヲ基準トスル日支防共協定ノ締結ヲ前提トスルモノニシテ有效期間アリ右期間ハ前記聲明及ヒ内約ノ經緯ヨリスルモ日獨伊防共協定ト同樣一應ハ五箇年間ニシテ終了シ更ニ更新セラルヘキヤ否ヤハ日支協議ノ上ニ定メラルヘキ性質ノモノニシテ二十五年ハ豫メ五回ノ更新ヲ豫想スルモノト云ハサルヘカラス

編注一　本文書は外務省で作成されたと思われるが、作成局課は不明。なお、「外機密」の印が押されている。

二　「甲案」については、『日本外交文書　日米交渉—一九四一年—』下巻第291文書参照。

395

昭和16年11月17日

第七十七帝国議会における東条首相演説

臨時議會ニ於ケル東條首相演説

（十一月十七日）

現下重大ナル時局ニ際シ、第七十七回帝國議會開會セラレ、開院式ニ當リマシテハ、優渥ナル　勅語ヲ賜ハリ、洵ニ恐懼感激ニ堪ヘマセン。此ノ機會ニ於キマシテ政府ハ國策遂行ニ關シ、率直ニ所信ヲ披瀝シテ、各位ノ御協力ヲ願ヒ、擧國一體鐵石ノ意志ヲ以テ、現下未曾有ノ國難ヲ克服シ、以テ　聖慮ヲ安ンジ奉リ度イト存ズルノデアリマス。

現下帝國ヲ繞ル世界ノ情勢ヲ按ジマスルニ、支那事變ハ御稜威ノ下忠誠勇武ナル將兵ノ奮闘ト、熱誠强靱ナル銃後ノ活動ト相俟ツテ赫々タル戰果ヲ收メ、重慶政權ノ抗戰力ハ日ニ月ニ低下シツツアリマス。又他方國民政府ノ建設ハ着々進捗シ、今ヤ多數ノ友好列國ハ國民政府ヲ承認シ、事變解決ハ最後ノ段階ニ到達シテ居ルノデアリマスガ、援蔣諸國ノ經濟的、軍事的策動ハ益々活潑トナリ、重慶政權ノ抗戰力ニ對スル唯一最大ノ支柱トシテ帝國ノ事變解決ヲ妨ゲテ居ル次第デアリマス。

更ニ北方ニ於テハ本年六月獨「ソ」開戰以來、事端漸ク滋カランコトヲ思ハシメ、事態ノ推移ハ帝國トシテ無關心タルヲ得ザルモノガアリマスルノデ、我ガ北邊ノ安定ノ爲遺憾ナキ措置ヲ講ジツツアリマス。又、南方ニ於テハ昨年北部佛印ニ皇軍ノ進駐トナリ、次デ日・佛印ノ經濟協定、泰佛印ノ紛争調停等、帝國ト佛領印度支那トノ友好緊密關係ハ漸ク增進シ、南方ニ對スル帝國ノ平和的進展ハ漸ク其ノ緒ニ就カントシテ居リマシタガ、英米蘭諸國ノ軍事的竝ニ經濟的合作ノ强化ニ伴ヒ、蘭印トノ經濟交渉ハ不調ニ終リ、延テ南太平洋ニ於ケル帝國ノ地位ニ、重大ナル脅威ヲ及ボサントスルノ形勢トナリマシタノデ、帝國ハ「ヴイシー」政府ト日・佛印共同防衛ニ關スル取極メヲ爲シ、之ニ基キ七月末南部佛印ニ兵力ヲ增派セラルルコトトナリマシタ。然ルニ英米蘭諸國ハ此ノ帝國ノ當然ナル自衛的措置ヲ迎フルニ猜疑ト危惧トノ念ヲ以テシ、資産凍結ヲ行ヒ、事實上全面的禁輸ニ依リ、帝國ヲ目標トシテ經濟封鎖ヲ實施スルト共ニ、其ノ軍事的脅威ヲ急速度ニ增加シテ參ツタノデアリマス。蓋シ交戰關係ニアラザル國家間ニ於ケル經濟封鎖ハ、武力戰ニ比シテ優ルトモ劣ラザル敵性行爲デアルコトハ言ヲ俟タナイノデアリマス。

斯ノ如キ行爲ハ帝國ノ企圖スル支那事變ノ解決ヲ阻害ス

ルノミナラズ更ニ又帝國ノ存立ニ重大ナル影響ヲ與フルモノデアリマシテ斷ジテ默過シ得ザルモノデアリマス。

然ルニモ拘ラズ常ニ平和ヲ欲スル帝國ト致シマシテハ隱忍自重、忍ビ難キヲ忍ビ、耐ヘ難キヲ耐ヘ、極力外交交渉ニ依リテ危局ヲ打開シ、事態ヲ平和的ニ解決センコトヲ期シテ參ツタノデアリマスルガ今尚其ノ目的ヲ貫徹スルニ至ラズ、帝國ハ今ヤ文字通リ、帝國ノ百年ノ計ヲ決スベキ重大ナル局面ニ立タザルベカラザルニ至ツタノデアリマス。政府ハ肇國以來ノ國是タル平和愛好ノ精神ニ基キ、帝國ノ存立ト權威トヲ擁護シ、大東亞ノ新秩序ヲ建設スル爲、今尚外交ニ懸命ノ努力ヲ傾注致シテ居ル次第デアリマシテ、之ニ依リ帝國ノ期スルトコロハ

(一)第三國ガ帝國ノ企圖スル支那事變ノ完遂ヲ妨害セザルコト

(二)帝國ヲ圍繞スル諸國家ガ、帝國ニ對スル直接軍事的脅威ヲ行ハザルコトハ勿論、經濟封鎖ノ如キ敵性行爲ヲ解除シ、經濟的正常關係ヲ恢復スルコト

(三)歐洲戰ガ擴大シテ禍亂ノ東亞ニ波及スルコトヲ極力防止スルコトデアリマス。

以上三項ニ亙ル目的ガ外交交渉ニ依リテ貫徹セラルルナラバ獨リ帝國ノ爲ノミナラズ、世界平和ノ爲、誠ニ幸デアルト信ズル次第デアリマス。

然シナガラ從來ノ經緯ニ鑑ミ、交渉ノ成否ハ逆睹シ難イモノガアルノデアリマス。

從テ政府ハ前途ニ横ハルアラユル障害ヲ豫見シテ、之ニ對スル萬般ノ準備ヲ整ヘ、斷乎トシテ帝國既定ノ國策ヲ遂行スルニ萬遺憾ナキヲ期シ、依テ以テ帝國ノ存立ヲ完フセントスル固キ決意ヲ有シテ居リマス。帝國ハ實ニ悠久二千六百餘年ノ歴史ノ上ニ於テ、曾テ見ザリシ國家隆替ノ岐路ニ立ツテ居ルノデアリマスカラ、政府ハ深ク思ヲ此ニ致シ、全力ヲ盡シテ輔弼ノ責ヲ全フ致ス覺悟デアリマス。

事態ガ如何樣ニ發展致シマセウトモ、高度國防國家體制ノ完成コソハ正ニ喫緊ノ重大要事デアリマス。之ガ爲ニ益々國民志氣ヲ緊張シ產業經濟ノ能率ヲ最高度ニ發揮スルノ要切ナルモノガアルノデアリマス。之ト共ニ政府ハ國民生活ノ確保ニ關シテハ萬全ノ策ヲ講ズルモノデアリマスガ、之ガ更ニ緊縮ヲ見ルコトハ誠ニ已ムヲ得ザル所デアリマス。私ガ茲ニ衷心ヨリ希望致シマスルコトハ、全國民ガ帝國ハ

今ヤ一大飛躍ノ秋ニ際會シ、前途ニ洋々タル發展ヲ期待シ得ベキコトヲ確信シテ相共ニ今日ノ苦ヲ分チ、國民一丸トナツテ、聖業ノ翼賛ニ邁進センコトデアリマス。政府ニ於キマシテモ政治經濟ノ運營ニ就テ各般ノ改革整備ヲ行フ覺悟デアリマスルガ、其ノ實施ニ當リマシテハ徒ラニ理想ヲ追ハズ、事態ニ卽シテ各專門的機能ノ有機的能率ヲ最大限ニ發揮セシムルヤウ措置致ス心構ヘデアリマス。

私ハ全國民ガ此ノ政府ノ意ノ存ズル所ヲ認識セラレ、積極的ニ政府ニ協力セラルルコトヲ固ク信ジテ疑ハナイモノデアリマス。

今回提案致シマシタ豫算案ハ、主トシテ緊迫セル現下ノ事態ニ對處スルニ必要ナル經費ヲ計上致シタモノデアリ、又、提出法律案モ、特ニ今日緊急ノ要アルモノノミ限定致シタノデアリマス。

諸君ニ於カレマシテハ政府ノ意ノアル所ヲ諒トセラレ、愼重審議ノ上、協賛ヲ與ヘラレ度イノデアリマス。

終リニ臨ミ、政府ハ、滿洲帝國及中華民國國民政府ガ帝國ニ寄セラレタル替ラザル協力ニ深甚ナル謝意ヲ表シ、又盟邦特ニ獨伊兩國ノ偉大ナル功業ニ對シテ深厚ナル慶祝ノ意ヲ表スルト同時ニ、帝國ト共ニ正義ニ基ク世界新秩序建設ニ成功センコトヲ祈ルモノデアリマス。

本大臣ハ此ノ重大時局ニ處シ、諸君ト相携ヘテ大政ヲ翼賛シ奉ルヲ深ク光榮トスルト共ニ、責任ノ愈々重大ナルヲ痛感致ス次第デアリマス。惟フニ難局ノ突破、時艱ノ克服ハ全國民ガ職域奉公ニ邁進シ、國民ノ總力ガ結集セラレテ始メテ成就シ得ルト信ズルモノデアリマス。何卒諸君ニ於カレマシテモ此上トモ御支援御協力ヲ御願ヒ致ス次第デアリマス。

最後ニ、護國ノ英靈ニ敬弔ノ誠ヲ捧ゲ、戰線銃後ノ奮闘努力ニ衷心感謝ノ意ヲ表スルモノデアリマス。

396　昭和16年11月28日　在上海堀内総領事より東郷外務大臣宛（電報）

日米交渉に関して経緯を説明し重慶政権の意向を聴取するため米国が重慶に使者を派遣したとの情報報告

上　海　11月28日後発
本　省　11月28日後着

第二一八一號

二十七日JK來電一括左ノ通リ

一、米國上院外交委員會代表「ハント」大佐ハ香港經由空路二十二日重慶ニ到着セルカ同人ハ「ルーズベルト」ヨリ「ラチモア」ニ宛テタル親書ヲ携行シ居リ其ノ使命ハ重慶ニ對シ日米會議ノ内容ヲ通報スルト共ニ其ノ意嚮ヲ徵スルニ在ル由

二、「ハル」ハ蘇聯大使ニ對シ日米會談ハ米國ノ援蘇政策ヲ弱ムルモノアラサル旨ノ(脱)ヲ與ヘタルカ第二次蘇聯派遣軍事代表團ハ既ニ「アラスカ」經由入蘇セル趣ナリ

三、「ゴウス」ハ本國政府ノ訓令ニ基キ日米會談ノ成行ヲ重慶ニ通告セル由軍事顧問トシテノ計畫ハ從前通リ進行中ナルカ日本側ニテ米國委員ノ提案容レラルル場合ハ「カリー」再來華スルコトトナル模様ナリ

南大へ轉電セリ

397 昭和16年11月28日 在上海堀内総領事より東郷外務大臣宛(電報)

日米交渉が最終段階に至ったとの感を強める上海の報道振りにつき報告

上海 11月28日後発
本省 11月28日夜着

第二一八三號

日米會談ニ關スル各地通信ハ引續キ當地各紙ニ「トップニユース」トシテ掲載セラレ居ル處特ニ二十六日「ハル」長官カ野村、來栖兩大使ニ對シ日本ノ樞軸離脱支那撤兵南京政府支持放棄ヲ主張セルヤノ文書ヲ手交セル旨竝ニ華府官邊筋ニテハ會談決裂セハ日本軍ハ數日中ニ「タイ」及緬甸攻撃ヲ開始スヘシト觀測セラレ居ル旨ノ二十七日華府「ユーピー」ヲ初メ重慶側ハ一般ニ米國ハ支那ヲ賣ルカ如キコトヲ爲サス又日本ノ緬甸攻撃ノ場合英米ハ全面的對支援助ヲ爲スヘシトテ米國ヲ信頼スルト共ニ樂觀氣分ヲ有シ居ル旨ノ同日重慶「ロイター」及「タイ」國政府ハ太平洋ノ危機ニ際シ長時間閣議ヲ開催シ又「ラジオ」ヲ通シテ國民ノ覺悟ヲ促ス所アリタル旨ノ同日「スラバヤ」發「ユーピー」「ロイター」電ハ「マリーン」ノ當地引揚記事竝ニ二十七・二十八日兩日各紙ニ目立ツテ大キク報道セラレ愈々日米關係最後ノ段階ニ立入リタリトノ感ヲ一般ニ與ヘ居レ

リ
南大、北大、香港、河内へ轉電セリ

398　昭和16年12月3日　在北京土田大使館参事官より東郷外務大臣宛（電報）

国際情勢急転の場合のわが方対処方針につき方面軍および興亜院側と意見交換について

北　京　12月3日後発
本　省　12月3日後着

第七六三號（館長符號扱、部外極祕）
南[(1)]總外信
一、十二月一日及二日ノ兩日ニ亘リ北澤ハ北支方面軍有末參謀副長參謀部第四課西村課長及片山主任參謀竝ニ興亞院連絡部鹽澤長官ニ夫々面會シ國際情勢ハ明日ニモ急轉ヲ測リ難キ情勢トナリタルカ愈々戰爭勃發ノ場合ニハ今回ノ戰爭ハ帝國ノ興廢ノ岐ルル所ナレハ從來ノ經緯ヤ局地的問題等ニ徒ニ拘泥スルコトナク只管勝ヲ制シ且我ニ最モ有利ナル情況ニ於テ速ニ局ヲ結フコトニ全力ヲ傾注スルノ絶對肝要ナルハ申迄モナク從テ當方面ニ於ケル施策ニ付テモ右ノ大局的見地ヨリ新タナル考慮ヲ加フルノ要アリ例ヘハ(イ)今回ノ戰爭ハ眞ニ帝國ノ存立ト尊嚴ヲ擁護スル爲ノ正義ニ基ク戰爭ナルコトヲ內外ニ向ツテ明カニシ以テ內國民ノ「モラール」ヲ一層强化シ外世界ノ輿論ヲ我ニ引キ付ケ戰爭ノ遂行乃至和機ヲ摑ム際ニ於ケル我ノ立場ヲ出來得ル限リ有利ナラシメ就中南方諸民族ハ我方ニ誘致シテ英米ノ後方牽制ニ資スルノ要アリ此ノ爲ニハ戰爭勃發ノ際ニ於ケル當方面ノ各種施策ニ付出來得ル限リ國際法ニ準據シ苟モ火事泥的ノ印象ヲ外國側ニ輿《（與カ）》ヘ一時ノ利益ノ爲ニ信ヲ世界ニ失フカ如キコトナキ樣留意スルノ要アルコト
(ロ)[(2)]我ニ有利ナル情況ニ於テ速ニ局ヲ結フニハ結局日露戰爭ニ於ケル「ルーズベルト」大統領ノ如キ仲裁者ヲ要スト認メラルル處現在考ヘ得ルハ羅馬法王位ナレハ早キニ及ンテ法王ニ對スル工作ヲ考慮シ置クノ要アルヘク此ノ見地ヨリモ今回ノ戰爭ニ於ケル帝國ノ立場ハ正義ニ立脚スルモノナルコトヲ實證シ支那ニ於ケル教會其ノ他敵性文化施設等ノ取扱ニ付テモ特ニ手心ヲ加フルノ要アルコト(ハ)今回ノ戰爭ニハ帝國ハ全力ヲ擧ケテ之ニ充當スルノ

要アルハ勿論ニテ從テ支那ニ於ケル我ノ負擔ハ出來得ル限リ之ヲ輕減シ力ヲ節約スルニ努メサルヘカラス依テ政治經濟其ノ他ノ分野ニ於テ支那側ニ委セ得ルモノハ成ルヘク支那側ニ委セ旁々支那側ノ民心把握ニ資スル樣留意スルノ要アルコト(ニ)今回ノ戰爭ハ日支事變以上ノ長期戰ヲ豫想セラルルヲ以テ物資ノ確保ニ重點ヲ指向スルヲ要シ從テ支那ニ於ケル敵地經濟封鎖、物資蒐集ノ方法等ニ付テモ新タナル見地ヨリ考慮ヲ廻ラスノ要アルコト等ノ趣旨ヲ敷衍説明シタルニ

二、(3)軍側ニ於テハ(イ)出來得ル限リ國際法ニ準據スル樣措置スヘキハ勿論ニシテ此ノ上トモ大使館側ト密接ナル聯絡ヲ取ルコトト致度シ殊ニ敎會等ノ保護ニ付テハ軍ニ於テモ充分考慮シ居リ現ニ出先兵團等ノ敎會ニ對スル行過キタル計畫ヲ抑ヘ居ル實情ニテ此ノ點ニ付テハ此ノ上トモ注意スヘキコト(有末ハ當地法王廳使節トハ密接ナル聯絡アリト言ヘリ)(ロ)今回ノ戰爭ノ進行情況ニ付テハ種々ノ想定ヲ爲シ得ル譯ニテ凡ユル場合ヲ考慮シテ北支ニ於ケル政治指導ニ付テモ再檢討ヲ加ヘツツアル次第ニテ此ノ點ハ總軍ニモ協議シ居リ近ク主任參謀南京ニ赴クヘキコト(有末ハ支那側ニ委スコトハ自分ハ素々贊成ニテ其ノ心持ニテ進ミ來レルカ支那側ニ委スニ付テモ支那側ニ日本カ弱リタル結果ト看ラレサル樣注意スルノ要アリト言ヘリ)(ハ)物資確保ノ要アルコト勿論ナルカ敵地經濟封鎖ノ緩和等ニ付テハ凡ユル角度ヨリ檢討スルヲ要スルコト等ヲ述ヘ

三、鹽澤ハ概ネ同感ノ意ヲ表シ戰爭勃發後ニ於ケル北支政治指導ニ付テハ軍側トモ密ニ聯絡シ種々研究シ居ル旨述ヘタル趣ナリ

南總、上海ヘ轉電セリ

---

399 昭和16年12月6日 大本営政府連絡会議諒解

「帝國國策遂行要領ニ關聯スル對支措置」ニ基キ國際情勢急轉ノ場合支那ニ於テ執ルヘキ措置」

十一月十三日連絡會議決定「帝國國策遂行要領ニ關聯スル對支措置」(編注)ニ基キ國際情勢急轉ノ場合支那ニ於テ執ルヘキ措置

（欄外記入）

昭一六、一二、六

連絡會議諒解

一、在支英國租界ニ對シテハ下令ト共ニ所要ノ兵力ヲ進駐シ我カ占領下ニ之ヲ把握ス但シ努メテ現機構ヲ利用シ之カ運營ニ當ルモノトス

二、上海共同租界及北京公使館區域ニ對シテハ下令ト共ニ兵力ヲ進駐セシムルモ右進駐ニ當リテハ所要ノ限度ヲ越ユルコト無ク努メテ靜謐ヲ旨トシ能フ限リ混亂動搖ヲ生セシメサル様措置スルト共ニ帝國領導下ニ努メテ現有機構、施設及人員竝ニ支那側等ノ各種機關ヲ利用シテ諸般ノ圓滑ナル運營ヲ續行セシムルモノトス

厦門共同租界ニ付テハ右ニ準スルモノトス

三、佛國租界ニ對シテハ差當リ兵力ヲ進駐セシメス事態ノ推移ニ即應シ我方ヨリ租界當局ニ對シ所要ノ協力强化ヲ要求スルモノトス

今後ノ情勢如何ニ依リテハ佛國側ノ同意ヲ得タル上兵力ヲ進駐セシム

四、敵國系權益ノ處理ハ原則トシテ帝國自ラ之ヲ行フ

右處理ニ當リテハ我方施策ト併行シ別ニ國民政府ヲシテ所要ノ聲明ヲ發セシムル等中央政府トシテノ同政府ノ立場ヲ保持セシムル如ク努ムルモノトス

海關ニ關シテハ現機構ヲ保全シ努メテ其ノ機能ヲ停止セシメサル如ク措置スルモノトス

國民政府ヲシテ適時邦人主（首カ）席税務司ヲ總税務司ニ任命セシメ總税務司署ヲ接收セシムルト共ニ海關全體ニ亘リ所要ノ敵性職員ヲ排除シ帝國ノ掌握下ニ於テ經濟施策强化ニ寄與セシムルモノトス

六、郵政ニ關シテハ國民政府ヲシテ所要ノ敵性職員ヲ排除セシムルモ郵政機能ノ圓滑ナル運行ヲ阻害セシメサル様留意スルモノトス但シ郵便ハ軍ニ於テ所要ノ檢閲ヲ實施ス

七、英米蘭人竝ニ其ノ權益ハ努メテ公正ニ之ヲ取扱ヒ我方監視下ニ於テ其ノ逃散ヲ防止スルト共ニ之カ利用ニ努ムルモノトス

八、英米蘭ノ外交官及領事官竝ニ大公使館及領事館ニ對シテハ其ノ特權ヲ認メス其ノ職務ヲ停止セシム

國民政府ヲシテ帝國ト同政府トノ關係及未承認等ヲ理由ニ我方ニ準シ適宜措置セシム

九、帝國ノ開戰ニ當リ國民政府ハ差當リ之ヲ參戰セシメス事

實上帝國ト緊密一体ノ施策ヲ行ハシム
十、國民政府ヲシテ我方ト緊密ナル協力ノ下ニ世界長期戰ニ對處スヘキ帝國ノ負擔輕減ニ寄與セシムル爲既定方針ニ則リ國民政府ヲ育成强化シ以テ其ノ自主的活動ヲ誘導促進スルニ努ム
十一、國民政府ヲシテ今次戰爭ノ眞意義ヲ一般ニ徹底セシムル爲帝國ト緊密ナル協力ノ下ニ啓蒙宣傳ニ努メシムルト共ニ極力民生ノ安定ニ力ヲ致シテ一般官民ノ動搖ヲ防止シ進ンテ民心ヲ把握セシムル様措置ス
十二、對支經濟施策ニ當リテハ我方自給圏ニ於ケル綜合經濟力ノ保持増進ヲ目標トシ現地生産力ノ活用、地場資本ノ誘導、必需物資ノ増産獲得等ニ重點ヲ置キ之カ爲必要ナル各般ノ措置ヲ講スルモノトス
備考
前諸項中國民政府ト關係アルモノニ付テハ事前ニ同政府ト緊密ニ連絡スルモノトス
（欄外記入）
案ノ内容ハ現地三機關ニ於テ大体意見一致シ居ルモノニテ本案ノ内容ニ關シテハ陸海軍トモ異議ナシ但シ右様ノ次第ニ付改メテ連絡會議決定トスル必要モナカルヘシトノ陸海軍務當局ノ氣持ナリ

編注　「帝國國策遂行要領」は、『日本外交文書　日米交渉―一九四一年―』下巻第296文書付記一。「「帝國國策遂行要領」ニ關聯スル對外措置」は、『日本外交文書　太平洋戰争』第一冊第2文書付記一。

400　開戦の場合に汪兆銘へ説明すべき開戦理由の詳細回示方請訓

昭和16年12月7日　在中国日高臨時代理大使より東郷外務大臣宛（電報）

南　京　12月7日後発
本　省　12月7日後着

第八六一號（極祕、館長符號）
總軍ニ於テハ南方ニ於ケル軍事行動開始ト同時ニ汪主席ヲ總司令官々邸ニ來訪ヲ求メ開戰ノ事實ヲ説明スルト共ニ日米外交經過及樞軸國ニ對スル態度ニ付テハ大使ヨリ説明ノ

コトニ手配濟ナル處本使モ亦直ニ汪主席ヲ往訪ノ豫定ナルモ今日迄ノ來電ノミニテハ開戰セサルヘカラサル事情ニ關シテハ未タ充分汪主席ヲ納得セシメ得サルモノアリ且米國側モ必ス宣傳的公表ヲ行フヘキニ付何レ開戰ト同時ニ政府ニ於テ御發表モアルコトトハ存スルモ汪主席モ新聞ニ依リテ始メテ事情ヲ知ルコトハ締盟國ノ元首トシテ如何ニモ水臭キ感ヲ受クヘキニ付今後ノ協調上ノ必要ヲモ御考慮ノ上本使ヨリノ説明ノ際ニモ充分打明ケテ從來ノ經過及樞軸國關係ニ付説明致度シ應酬振何分ノ儀至急御回電ヲ請フ

尚閣下ヨリ汪主席ヘノ御傳言ハ五日中村參事官ヨリ傳達セリ

401　昭和16年12月7日　在中国日高臨時代理大使より東郷外務大臣宛（電報）

開戦の際の南京における敵国人関係具体的対策決定について

別電一　昭和十六年十二月七日発在中国日高臨時代理大使より東郷外務大臣宛第八六三号
右具体的対策

二　昭和十六年十二月七日発在中国日高臨時代理大使より東郷外務大臣宛第八六四号
敵国領事への事務停止方通告案

南京　12月7日後発
本省　12月7日夜着

第八六二號（大至急、極祕）

時局急轉ノ際當地ニ於ケル敵國人關係具體的對策ニ付テハ努メテ公正ニ取扱ヒ在敵國我方在留民ニ對スル取扱振ニモ惡影響ヲ來ササル樣中央ノ御趣旨ヲ帶《体カ》シ當地軍側共協議ノ上別電第七六三《八六三カ》號及第八六四號ノ通リ決定實施スルコトニ手配ヲ定メ居ルニ付右御諒承相成度シ

尚本電及別電共ニ軍事上ノ機密ニモ亘ルモノアルニ付取扱特ニ注意アリタシ

（別電一）

南京　12月7日後発
本省　12月7日夜着

第八六三號（大至急、極祕）

(一)[1] 敵國人ニ對スル措置

(イ)敵國領事ノ職務停止

帝國ト某々國ト交戰狀態ニ入リタル際ハ直ニ帝國總領事(領、(事欠カ)以下同樣)ヨリ在南京敵國領事ニ對シ別電第八六四號事務停止ノ公文ヲ手交シ(軍係官同伴)左ノ通措置ス

(1)領事館(大使館、以下同樣)備附ノ無線通信ノ使用ヲ卽時禁止シ通信機ヲ封印シ又ハ引渡サシム

(2)暗號　敵ノ發受禁止

(3)平文　電信竝ニ通信ノ發受ハ總テ許可(豫メ總領事ト協議)

(4)保護及監視ノ爲所要人員(軍係官及帝國總領事館員)ヲ領事館ニ派遣ス

(5)領事館事務所ヲ閉鎖セシム

(6)電話使用停止(電話局ニテ交換ヲ停止ス)

(7)[2]國旗掲揚禁止

(8)領事竝ニ館員ハ從來通リ領事館內ニ居住セシムルモ外部(敵國人中立國人ヲ含ム)トノ接觸ハ軍ノ許可ヲ要ス(會見ノ際ハ帝國官憲立會フ)外出ハ監視シ旅行ハ軍ノ特別許可ヲ要ス

(9)支那人事務員、通譯ノ往來ハ許可ヲ要ス

(10)支那人「ボーイ」、「コック」等ニハ軍ヨリ證明書ヲ發給ス(領事及館員ノ個人生活以外ノ事ニ關與セサル樣豫メ嚴重警告)

(11)領事及館員ノ引揚ニ付テハ帝國官憲ノ指導ニ從フ

(12)引揚後ノ事務所、住宅ハ封印シ保護スヘシ

(ロ)[3]一般敵國人

(1)我方ニ有害ナル行爲ヲ爲ササル旨ヲ特ニ宣誓セシメ轉居旅行ハ軍ノ許可ヲ要ス

(2)郵便物ハ檢閲シ平文電報ハ許可制トス

(3)國旗ノ掲揚禁止

(4)一般敵國人ノ監視

(5)集會講演等禁止

(6)宣教師ニ對シテハ時局問題ハ論議セサル樣警告シ竝ニ教會學校ノ授業ヲ許可ス

(7)一般敵國人使用支那人ニハ身分證明ヲ發給シ當分ノ間現狀ノ儘使用セシム

(ハ)敵國權益

(1)國有財產タル領事館ハ領事退去後ハ封印シ尊重保護

シ軍用ニ使用セス
(2)私有財産中軍用ニ使用シ得ルモノハ特ニ必要トスル場合ハ押收徴發スルコトアリ然ラサルモノハ原則トシテ手ヲ付ケス
(3)教會、學校、病院ハ原則トシテ其ノ儘
(二)第三國人關係
(1)第三國領事ハ帝國總領事ヨリ口頭ヲ以テ敵國領事ノ職務執行停止ノ通告ノ要旨ヲ轉達ス
(2)第三國一般在留民ニ對シテハ特ニ別段ノ措置ヲ執ラス從來通リトス但シ要注意人物及準敵國人ニ對スル監視ヲ强化ス

付右茲ニ傳達致シ候

(別電二)

南京　12月7日後発
本省　12月7日夜着

第八六四號（大至急、極祕）
貴我兩國間ハ既ニ交戰狀態トナリタルヲ以テ南京防衛司令官ヨリ軍事上ノ必要ニ依リ何月何日ヨリ貴官ノ領事トシテノ職務ノ執行ヲ停止スヘキ旨貴官ニ通告方申越アリタルニ

日本外交文書　日中戦争　第一冊

2011年5月2日　初版発行

編　　者　外務省
発 行 者　八木環一
発 行 所　株式会社 六一書房
〒101-0051　東京都千代田区神田神保町 2-2-22
電話 03-5213-6161　FAX 03-5213-6160　振替 00160-7-35346
http://www.book61.co.jp　E-mail info@book61.co.jp
印刷・製本　株式会社　三陽社

ISBN 978-4-86445-001-0 C3021